CATALOGUE
DE LA
BIBLIOTHÈQUE
DE
FEU M. LE COMTE RIANT

de l'Institut,
Membre de l'Académie royale des Belles-Lettres de Suède,
de l'Académie des Sciences de Turin, de l'Académie de Barcelone, etc., etc.,
décoré des ordres du Danebrog, de Saint-Olaf et de l'Étoile polaire.

RÉDIGÉ PAR

L. DE GERMON ET L. POLAIN

DEUXIÈME PARTIE

II

Nᵒˢ 1851 — 5192

PARIS
ALPHONSE PICARD ET FILS, ÉDITEURS
82, RUE BONAPARTE, 82

1899

CATALOGUE

DE LA

BIBLIOTHÈQUE

DE FEU M. LE COMTE RIANT

DEUXIÈME PARTIE

II

Nos 1851 — 5192.

MACON, PROTAT FRÈRES, IMPRIMEURS

CATALOGUE

DE LA

BIBLIOTHÈQUE

DE

FEU M. LE COMTE RIANT

de l'Institut,
Membre de l'Académie royale des Belles-Lettres de Suède,
de l'Académie des Sciences de Turin, de l'Académie de Barcelone, etc., etc.,
décoré des ordres du Danebrog, de Saint-Olaf et de l'Étoile polaire.

RÉDIGÉ PAR

L. DE GERMON ET L. POLAIN

DEUXIÈME PARTIE

II

Nos 1851 — 5192.

PARIS
ALPHONSE PICARD ET FILS, ÉDITEURS
82, RUE BONAPARTE, 82
—
1899

CATALOGUE

DE LA

BIBLIOTHÈQUE

DE FEU M. LE COMTE RIANT

DEUXIÈME PARTIE
TOME II

XI

HISTOIRE

1. Sources.

1851. **Achery** (Luc d'). Spicilegium sive collectio veterum aliquot scriptorum qui in Galliæ bibliothecis delituerant... Nova editio priori accuratior, & infinitis propè mendis ad fidem Mss. Codicum, quorum varias lectiones *V. C. Stephanus Baluze*, ac *R. P. D. Edmundus Martene* collegarunt, expurgata, per *Ludovicum-Franciscum-Joseph De la Barre* Tornacensem. Parisiis, apud Montalant, 1723. 3 vol. in-fol., rel. veau brun.

1852. **Allodi** (L.) e **Levi** (G.). Il Regesto Sublacense del Secolo XI. Roma, 1885. 1 vol. grand in-4, avec 3 pl., d.-rel. chag. rouge, tête dorée, non rogn., couvert.; au dos, chiffre du comte Riant.

Envoi autographe au comte Riant.

1853. Analecta Monvmentorvm omnis aevi Vindobonensia. Opera et stvdio A. F. Kollarii... Vindobonae, J. Th. Trattner, 1761-1762. 2 vol. in-fol., rel. vél., av. pl.

Kollar von Kereszten était directeur de la Bibliothèque de Vienne.

1854. **Archives de l'Empire.** Inventaires et Documents. Monuments historiques par M. *Jules Tardif*. Paris, J. Claye, 1866. In-4, d.-rel. veau, tête dor., non rogn.; au dos, chiffre du comte Riant.

1855. **Ayloffe** (Sir Joseph). Calendars of the ancient charters, and of the Welch and Scotish Rolls, now remaining in the Tower of London. Also Calendars of all the Treaties of Peace entered into by the Kings of England with those of Scotland..... London, Benj. White, 1774. 1 vol. in-4, avec pl., rel. veau f., tr. jasp.

> Cet ouvrage avait été commencé par le Rév. *P. Morant.*
> Exemplaire de la bibliothèque de *John Whitefoord Mackenzie.*

1856. **Baluze** (Étienne). Miscellanea. Paris, François Muguet, 1678-1715. 7 tomes en 3 vol. in-8, rel. vél.

> Ce recueil est fort estimé. Baluze y a réuni toutes les pièces et documents qu'il n'avait pas utilisés ou publiés dans ses divers ouvrages.

1857. — Miscellanea novo ordine digesta et non paucis ineditis monumentis opportunisque animadversionibus aucta, opera ac studio *Joannis Dominici Mansi* Lucensis. Lucæ, apud Vincentium Junctinum, 1761-64. 4 vol. petit in-fol., rel. vélin bl.

1858. **Barth.** Adversariorvm Commentariorvm Libri LX... edvntvr præterea ex vetvstatis monumentis præclara hoc opere non pauca, nec visa hactenus, nec videri sperata. Cvm Vndecim Indicibus. Francofvrti, Sumpt. Iohannis Pressii, Anno M DC XLVIII. 1 fort vol. petit in-fol., rel. bas. viol.; aux armes du Mis de Morante, portr. de Casp. Barth.

1859. BIBLIOTECA STORICA ITALIANA, PUBBLICATA PER CURA DELLA R. DEPUTAZIONE DI STORIA PATRIA. I. L'opera cinquantenaria della R. dep. di Storia patria di Torino. Notizie di fatto storiche, biografiche e bibliografiche sulla R. deputazione e sui deputati... raccolte per incarico dal suo Segretario *Antonio Manno.* — II. Catalogo dei codici manoscritti della Trivulziana, compilato da *Giulio Porro.* — III. Bibliografia storica degli stati della monarchia di Savoia, comp. da *A. Manno* e *Vincenzo Promis.* — IV. *A. Manno, E. Ferrero* e *Pietro Vayra.* Relazioni diplomatiche della monarchia di Savoia della prima alla seconda restaurazione (1559-1814). Francia. Periodo III. Volume I (1713-1715). (Avec un portr. gravé). Torino, Bocca, 1884-1886. 4 vol. in-4, rel. veau fauve, tr. peigne, non rogn.; au dos, chiffre du comte Riant.

> Tout ce qui a paru jusqu'en 1886.

1860. **Böhmer** (Joh. Fr.). Regesta Chronologico-Diplomatica Karolorum. Frankfurt am Main, Fr. Varrentrapp, 1833. — Regesta Imperii inde ab anno M CCC XIIII usque ad annum M CCC XLVII. Frankfurt am Main, S. Schmerber, 1839. — Regesta Imperii inde ab anno M CC XLVI usque ad annum M CCC XIII. Stuttgart, J. G. Cotta, 1844. — Regesta Imperii inde ab anno MCXCVIII usque ad annum MCCLIV. Stuttgart, J. G. Cotta, 1849. — Additamentum tertium ad Regesta Imperii inde ab anno M CCC XIII usque ad annum M CCC XLVII. Innsbrück, Wagner, 1865. Ensemble 5 vol. in-4, cart. br., d.-rel. veau ou chag.

1861. — Regesta Imperii. I. Die Regesten des Kaiserreichs unter den Karolingern. 752-918..... neu bearbeitet von *E. Mühlbacher*. Innsbrück, Wagner, 1880-1886. 4 livr. br.

1862. — Regesta Archiepiscoporum Maguntinensium. (742?-1514), herausgegeben von *Cornelius Will*. Innsbrück, Wagner, 1877-1886. 2 tomes en 1 vol. et 3 livraisons br.

1863. **Böhmer** (J. Fr.). **Winckelmann** (Ed.). Acta Imperii selecta. Urkunden deutscher Könige und Kaiser mit einem Anhange von Reichssachen. Gesammelt von *Joh. Friedrich Böhmer*. Innsbruck, Wagner, 1870. 1 vol. — Acta Imperii inedita seculi XIII..... zur Geschichte des Kaiserreichs und des Königsreichs Sicilien in den Jahren 1198 bis 1273 hrsgg. v. *Eduard Winckelmann*. Innsbrück, Wagner, 1880-85. 2 vol. Ensemble 3 vol. grand in-8, d.-rel. chagr. rouge, tête marbrée, non rogn., couvert.; au dos, chiffre du comte Riant.

1864. **Ceriani** (Ant.) e **Porro** (G.). Il rotolo opistografo del principe Antonio Pio di Savoja. Milano, 1883. 1 vol. in-fol., av. 3 pl. fac-sim., rel. t. — **Loewenfeld** (S.). Acht Briefe aus der Zeit König Berengars gedrückt und erläutert in Ceriani e Porro, Il rotolo..... del principe Antonio Pio di Savoja. [Abd. a. d. *Neues Archiv*..... IX.] In-8, cart.

Édition tirée à 60 exemplaires non mis dans le commerce.

1865. Codex Pomeraniæ diplomaticus. Herausgegeben von *K. F. W. Hasselbach* und *J. G. L. Kosegarten*. Greifswald, Koch, 1862. [Un second titre porte la date de 1843.] 1 vol. grand in-4, av. pl., d.-rel. veau f., tête lim.; au dos, chiffre du comte Riant.

Le titre porte la mention de « premier volume », mais l'ouvrage est complet en un seul.

1866. Les collections d'autographes de M. de Stassart. Notices et extraits par M. le baron *Kervyn de Lettenhove*. Bruxelles, 1879. In-8, cart. — **Huillard-Bréholles**. Examen des chartes de l'Église romaine contenues dans les rouleaux de Cluny. Paris, Imp. impériale, 1865. In-4, rel. toile.

1867. COLLECTION DE DOCUMENTS INÉDITS SUR L'HISTOIRE DE FRANCE. Paris, Imp. nationale. 27 vol. in-4, cart., non rogn.

Comprenant :
Lettres de Rois, Reines et autres personnages des Cours de France et d'Angleterre, depuis Louis VII jusqu'à Henri IV, publiées par *Champollion-Figeac*, 1839-1847. 2 vol.
Documents historiques inédits tirés des collections manuscrites de la Bibliothèque Royale et des Bibliothèques des départements, par *Champollion-Figeac*, 1841-1848. 4 vol.
Le procès des Templiers, publié par *Michelet*, 1841-1851. 2 vol.
Négociations de la Cour de France dans le Levant, publiées par *Charrière*, 1848-1860. 4 vol.
Recueil des chartes de l'abbaye de Cluny, publié par MM. *Aug. Bernard* et *Bruel*. Tomes I et II. 2 vol.
Mélanges historiques, choix de documents,..... 1873-1886. 5 vol.

Inventaire des sceaux de la Collection Clérembault. Tome I, pub. par *Demay*, 1885. 1 vol.

Itinéraires de Philippe le Hardi et de Jean Sans Peur, ducs de Bourgogne, (1363-1419), publiés par *E. Petit*, 1888. 1 vol.

Brunetto Latini. Li vivres dou tresor, publié par M. *Chabaille*, 1863. 1 vol.

Les familles d'Outre-Mer de Du Cange, publié par M. *E. G. Rey*, 1869. 1 vol.

Rey. Etude sur les monuments de l'architecture militaire des Croisés en Syrie et dans l'île de Chypre, 1871. 1 vol.

Catalogue général des mss. des bibliothèques des départements. Tome VII. Toulouse, Nîmes. 1885. 1 vol.

1868. The Correspondence, Inventories, Account rolls, and Law proceedings, of the Priory of Coldingham. London & Edinburg, 1841. 1 vol. in-8, rel. toile (édit.), 1 pl. fac-simil.

Publication de M. *Raine* pour la « Surtees Society ».

1869. Delpit (Jules). Collection générale des documents français qui se trouvent en Angleterre... Tome premier [*seul paru*] : Archives de la mairie de Londres, du duché de Lancastre, de la Bibliothèque des avocats et première partie de l'Échiquier. Paris, Dumoulin, 1847. 1 vol. in-4, rel. toile, non rogn.
— **Michel** (Francisque). Rapport sur les anciens monuments de l'histoire et de la littérature de la France qui se trouvent dans les bibliothèques de l'Angleterre. Paris et Londres, 1835. In-8, rel. toile.

1870. Documenta redivivia Monasteriorum præcipuorum, in ducatu Wirtenbergico sitorum. Tvbingae, apud Philibertum Brunn, M DC XXXVI. Petit in-4 (form. in-8), d.-rel. vél., coins.

1871. Documents historiques bas-latins, provençaux et français concernant principalement la Marche et le Limousin, publiés par *Alfred Leroux*, *Emile Molinier* et *Antoine Thomas*. Limoges, Ducourtieux, 1883-85. 2 vol. in-8, br.

1872. Epistolae principvm, rervmpvblicarvm ac sapientivm virorvm. Ex antiquis & recentioribus, tàm Græcis, quàm Latinis Historijs & annalibus collectæ..... nvnqvam antea editvm. (*Marq. typ.*) Venetiis, Apud Iordanum Zilettum, M.D.LXXIIII. Petit in-8 de 14 ffnc., 418 pp., 1 fnc., rel. vél.

Ce recueil de *Donzellini* (Hieronimo), obscur médecin de Vérone qui vivait au XVIe siècle, est l'œuvre d'un faussaire. Donzellini a beau dire dans la préface qu'il n'est point l'auteur de ces lettres, qu'il les a recueillies dans le cours de ses lectures, elles n'offrent, sauf peut-être quelques lettres du XVe siècle, aucun caractère d'authenticité; celles notamment, en assez grand nombre, relatives aux croisades, ne sont que des exercices épistolaires, sans valeur historique.

1873. Epistolæ regvm, principvm, rervmpvblicarvm..... Antea qvidem Venetiis editum : nunc autem recognitum, Indice quoque auctum. (*Marque typ.*) Argentinæ, Per Lazarvm Zetznervm, M DC XCIII. *In fine* : Basileæ, Typis Iacobi Foilleti, Anno cIɔ.Iɔ.XCIII. In-8 de 10 ffnc., 405(1) pp., rel. mar., tête de nègre, tr. dor., dent. int.; au dos, chiffre du comte Riant. (Dupré).

En 1593, un libraire de Strasbourg, Zetzner, qui avait reçu un exemplaire de l'édition précédente de Sébastien-Théodore Weinsheim, précepteur des comtes Josse-Joseph et Jean-Louis de Durlach, la fit réimprimer à Bâle, en y ajoutant une dédicace aux deux comtes et une table. Ces deux premières éditions sont d'une insigne rareté.

1874. *Le même, à la suite duquel on a relié* : Responsio Johannis Piscatoris ad Elenchos Heizonis Buscheri : quibus doctrinam illius de tropo in verbis sacræ Cœnæ & de propositionibus, quæ vocantur inusitatæ, refellere conatur. (*Marq. typ.*) Herbornæ, Ex officina Christophori Corvini, cIɔ Iɔ xcIII. In-8 de 4 ffnc., 201(1) pp., rel. parch., grandes marges.

1875. Principvm et illvstrivm virorvm Epistolæ, Ex præcipuis scriptoribus, tam antiquis, quam recentioribus, collectæ. Amsterodami, Apud Ludouicum Elzeuirium, A° 1644. In-12 de 4 ff. (y compris le titre gravé), 432 pp., 8 ffnc., rel. mar. rouge, fil., dos orné, tr. dor., dent. int. (Dupré).

Cette édition du recueil de Donzellini a été faite d'après un exemplaire de l'édition de 1574, communiqué à Louis Elzévier par le suédois Lars Broman. Suivant MM. Motteley et Pieters, cet ouvrage est sorti des presses de l'imprimeur Vander Marse et est fort supérieur comme exécution aux éditions même de L. Elsévier; c'est bien lui, toutefois, qui a signé la dédicace à Éric Oxenstjerna.

1876. **Feller** (Joachim Frederic). Monvmenta varia inedita variisqve lingvis conscripta. Jenæ, Bielcke, 1714-1717. 12 parties en 1 vol. petit in-4, d.-rel. basane.

1877. **Georgisch** (Pierre). Regesta Chronologico-diplomatica in qvibvs recensentvr omnis generis monvmenta et docvmenta pvblica..... Francofvrti & Lipsiæ, 1740 & Halæ Magdebvrg., typis Orphanotrophei, 1744. 4 tomes en 2 vol. in-fol., rel. vélin blanc.

Importante collection qui comprend des documents depuis l'an 305 jusqu'à 1730.

1878. **Hahn** (Simon Fred.). Collectio monvmentorvm, vetervm et recentivm, ineditorvm, ad codicvm fidem restitvtorvm, selectiorvm, et rariorvm, diplomatvm nempe, sigillorvm, litterarvm, chronicorvm, aliorvmque insignivm scriptorvm, Antiquitates, geographiam, historiam omnem, ac nobiliores ivris partes havd mediocriter illvstrantivm. Brvnsvigae, ex off. F. W. Meyeri, 1724-1726. 2 vol. in-8, rel. vél.

1879. **Hoffmann** (Christ. Godefroid). Nova scriptorum ac monumentorum partim rarissimorum, partim ineditorum Collectio..... Lipsiae, Sumptibus hæred. Lanckisianorum, 1731. 1 vol. in-4, cartonné.

1880. **Labbe, S. J.** (Philippe). Novæ bibliothecæ manvscript. librorvm. Parisiis, Cramoisy, 1657. 2 vol. in-fol., rel. v. f., exemp. en gr. pap.

Cet ouvrage, dédié au fameux Foucquet, est orné de son portrait gravé par Poilly, d'après le portrait de Le Brun.

1881. **Lami** (Jean). Deliciæ ervditorvm sev vetervm ΑΝΕΚΔΟΤΩΝ opvscvlorvm Collectanea. Florentiæ, Ex typ. Petr. Caiet. Vivianii..... 1736-1769. *18 tomes en 9 vol.* — Novae eruditorum deliciae Collectanea..... *Franciscus Fontani* edidit..... Florentiæ, Allegrini, 1785-88. *2 tomes en 1 vol.* — Vita della B. Oringa Cristiana. Firenze, Albizzi, 1769. — Chronologia virorvm ervditione praestantium .... Florentiae, typ. regiis, 1770. 1 vol. Ensemble 11 vol. in-12, rel. vél. blanc.

<small>Ces divers ouvrages du savant Lami sont d'un grant intérêt pour l'histoire civile et religieuse de la Toscane.</small>

— **Fontani** (Abbate Fr.). Elogio del Dr Giovanni Lami. Firenze, Cambiagi, 1789. In-4, d.-rel. bas. n., 1 portr. en taille-douce.

1882. Layettes du trésor des chartes. Paris, Plon, 1863-75. 3 vol. in-4, d.-rel. veau br., tête dorée, non rogn.; au dos, chiffre du comte Riant.

<small>Les tomes I et II ont été publiés par M. *Alexandre Teulet*, le tome III par M. *Joseph de Laborde*.</small>

1883. Lettere inedite di santi, papi, principi, illustri guerrieri e letterati con note ed illustrazioni del cavaliere *Luigi Cibrario*. Torino, Botta, 1861. Vol. in-8, rel. toile.

1884. Lettere volgari del secolo xiii scritte da Senesi, pubblicate e illustrate con documenti e annotazioni da *Cesare Paoli* e da *Enea Piccolomini*. Bologna, Gaet. Romagnoli, 1871. Petit in-8, br.

<small>Collection de : Scelta di curiosità letterarie inedite o rare dal secolo xiii al xvii, dispensa CXVI.</small>

1885. Letters (A Collection of original royal), written by King Charles the First and Second, King James the Second..... and several other distinguished Persons..... by *Sir George Bromley*. Illustrated with elegant Engravings and a Plate of Autographs and Seals. London, Stockdale, 1787. In-8, rel. veau.

1886. Letters (Original) illustrative of English History; including numerous royal letters : from autographs in the British Museum and one or two other collections with notes and illustrations by *Henry Ellis*. London, Harding, 1827. 4 vol. in-8, cart., avec planches.

1887. Lettres royaux et lettres missives inédites..... relatives aux affaires de France et d'Italie, tirées des Archives de Gênes, Florence et Venise, par *C. Charles Casati*. Paris, Didier, 1877. 1 vol. grand in-8, rel. toile, couvert.

<small>Imprimé à 300 exemplaires sur papier de Hollande.</small>

1888. **Ludewig** (Joh. Petrus de). Reliqviae manvscriptorvm omnis aevi diplomatvm ac monvmentorvm ineditorvm adhvc. Francofurti et Lipsiæ, 1720-1731, et Hallæ Salicæ, Imp. Orphanotrophei, 1733-1741. 12 vol. in-8, rel. toile, non rogn.

1889. **Martene** (Dom E.) et **Durand** (Dom U.). Thesaurus novus anecdotorum. Lutetiae Parisior., 1717. 5 vol. in-fol., rel. vélin.

1890. Mélanges curieux et anecdotiques tirés d'une collection de lettres autographes et de documents historiques ayant appartenu à M. *Fossé-Darcosse*..... publiés avec les notes du collecteur et précédés d'une notice par M. *Charles Asselineau*. Paris, Techener, 1861. 1 vol. in-8, rel. toile, non rogn.

1891. Meslanges historiqves ov recveil de plvsievrs actes, traictez, lettres missiues, & autres memoires qui peuuent seruir en la deduction de l'histoire, depuis l'an 1390. iusques a l'an 1580. Est adjousté vn ancien formulaire pour les Secretaires du Roy..... auec les chartres expediées en faueur de leur College. A Troyes. Par Noel Moreav, dict le Coq..... M DC XIX. 6 parties en 1 vol. in-8, rel. veau mouchet., tr. rouge; au dos, chiffre du comte Riant. (Féchoz-Letouzey.)

Ce recueil, dû à *Nicolas Camusat*, est, pour la plus grande partie, tiré des manuscrits de la collection Dupuy. Notre exemplaire contient la cinquième et la sixième parties, ajoutées après coup, et qui ne sont pas annoncées aux premières pages. *Rare.*

1892. Miscellanea di Storia Italiana edita per cura della regia deputazione di storia patria. Tomes 1 à 26. Torino, 1862-1887. 26 vol. in-8, rel. t., non rogn., planches. Les tomes 25 et 26 sont brochés.

1893. Monumenta historica Britannica, or Materials for the history of Britain from the earliest Period. Volume I (Extending to the Norman Conquest), prepared..... by the late *Henry Petrie*..... assisted by the R^d *John Sharpe*..... published..... [by *Thomas Duffus Hardy*]. London, Eyre & Spottiswoode, 1848. 1 vol. in-fol., d.-rel. chag. rouge, 27 pl. fac-sim.

Tout ce qui a paru.

1894. Monumenta Hungariæ historica. Pest, 1860-1878. 22 vol. in-8, l'un d.-rel. mar. rouge, tr peigne, non rogn., les autres br.

Comprenant :
Codex diplom. Arpadianus continuatus [pub. p. *G. Wenzel*]. 12 vol. — Magyar diplomacziai emlékek az Anjou-Korból. [Documents sur les règnes des rois de Hongrie de la maison d'Anjou.] 4 vol. — Mátyás Király Korából. [Règne du roi Matthias Corvin.] 1458-1490 [p. p. *A. Nyáry* et *J. Nagy*]. 2 vol. — Critoboulos. Vie de Mahomet II. [Texte et traduction.] — Losco (ineditus) e ms. Mediolano Sacc. xv curantibus *C. Hopfio* et *Ph. A. Dethiero*. — Anonymus Thyselii anni 1459, editio II^a ab iisdem. — J. M. Philelfi Amyris Epos de vita rebusque gestis Machometti II, Turcorum principis, curant. iisdem. — Journal du siège de Constantinople, en 1453, de Nicolo Barbaro, accompagné de notes et de documents par *H. Cornet*, traduction avec notes critiques par *P. A. Dethier*. — Mélodie élégiaque sur la prise de Stamboul, composée par Abraham, prêtre arménien, trad. et pub. p. *Dethier*. — Mémoires d'un janissaire polonais et chrétien, écrits vers 1498, publiés par *Th. d'Oksza*, avec notes historiques par *Dethier*. 4 vol.
Toutes ces publications sont très rares, n'ayant pas été mises dans le commerce.

1895. Monumenta Serbica spectantia Historiam Serbiae Bosnae Ragusii edidit *Fr. Miklosich*. Viennae, Guil. Braumüller, 1858. In-8, d.-rel. chag. v.

1896. Monumenta spectantia historiam Slavorum Meridionalium edidit Academia scient. et art. Slavorum Meridionalium. Zagrabiae [*Agram*] apud Fr. Župan. Tomes 1 à 17, 1868-1886. Ensemble 11 vol. in-8; les tomes 1 à 14 d.-rel. chag. vert, tr. limaç.; les tomes 15-17 brochés. — Monumenta historica Slavorum Meridionalium vicinorumque populorum e tabulariis et bibliothecis italicis deprompta, collecta atque illustrata a *Vincentio Makuscev*. Varsaviae, typis district. scholast. Varsav., 1874; Belgradi, typ. reg., 1882. Tomes I et II en 1 vol. in-8, d.-rel. chag. vert, tr. limaç.

1897. MONUMENTA VATICANA HUNGARIÆ. Budapest, Franklin-Társulat Könyvnyomdája, 1884-1887. 4 vol. in-4, d.-rel. mar. rouge, tête dorée, non rogn., couvert.; au dos, chiffre du comte Riant.

 I. Relationes oratorum Pontificiorum (1524-1526).
 II. Acta legationis cardinalis Gentilis, 1307-1311. (4 planches de fac-similés.)
 III. Relationes cardinalis Buonvisi in Imperatoris et Hungariæ regis curia nuntii apostolici, anno MDCLXXXVI exaratæ, in anniversariam arcis Budæ ducentis abhinc annis recuperatæ memoriam typis vulgatæ. (2 portraits).
 IV. Rationes collectorum Pontificiorum in Hungaria, 1281-1375. (1 planche de fac-similé.)
 Tout ce qui a paru jusqu'en 1887 de la deuxième série des « Monumenta vaticana historiam regni Hungariæ illustrantia ».

1898. **Morbio** (Carlo). Lettere storiche di Bonnivet, Montmorency, Mazzarino, degli Sforza, Estensi e d' altri, pubblicate con note da Carlo Morbio. Milano, della Societa tipogr. de' classici italiani, 1838. In-8, plaq. cart. perc. br. — Manuscrits relatifs à l'histoire et à la littérature de France decouverts en Italie. Milan, Pirola, 1839. In-8, cart. perc., avec lettre et dédicace de l'auteur au comte Riant. — Francia ed Italia, ossia i manoscritti francesi delle nostre biblioteche..... Milano, tip. del R. Stab. Ricordi, 1873. In-8, d.-rel. chag. r., tit. r. et n.

1899. **Muratori** (L. A.). Antiquitates Italiæ medii ævi. Mediolani, 1738-1742. 6 vol. in-fol., rel. vél. d'Italie.

1900. **Muratori** (Pietro). Archivio Muratoriano preceduto da una lettera inedita di Lodovico Ant. Muratori intorno al metodo de' suoi studi per cura di *L. V.* Modena, Zanichelli, 1872. Grand in-8, avec planches photograph., br.

1901. **Nonarum.** Inquisitiones in Curia Scaccarii. Temp. Regis Edwardi III. Printed by Command of His Magesty King George III. 1807 [London, Eyre and Strahan]. In-fol., rel. toile (édit.).

1902. Notitia dignitatvm et administrationvm omnivm tam civilivm qvam militarivm in partibvs Orientis et Occidentis..... recensvit *Edv. Böcking*. Bonn, Marcus, 1839-53. 2 tomes et index en 2 vol. in-8, d.-rel. mar. brun, tête limaç., non rogn.; au dos, chiffre du comte Riant.

1903. Ordonnances des Rois de France de la troisième race, recueillies par ordre chronologique par le Mis de Pastoret et Pardessus. Tomes 20-21 et table. Paris, 1840-1847. 3 vol. in-fol., br.; la table est en rel. t., non rogn.

1904. **Potthast** (August). Bibliotheca historica medii aevi. Wegweiser durch die Geschichtswerke des Europaïschen Mittelalters von 375-1500. Berlin, Kastner & Cie, 1862. VIII-1010 pp. — Supplément. Berlin, Weber, 1868. IV-456 pp., 1 vol. in-8, d.-rel. chag. rouge, coins, tr. dorée; au dos, chiffre du comte Riant.

1905. Quellen zur Schweizer Geschichte, hersgg. von der Allg. Gesch. Gesellschaft der Schweiz. Basel, Schneider, 1877-1887. 8 vol. in-8, br.

    Collection comprenant :
    1º Thüring Frickarts Twingherrenstreit. Bendicht Tschachtlans Berner Chronik..... hrsg. von *G. Studer*. — Johannis Gruyere. Descriptio belli Annis 1447 et 1448 gesti, hrsg. von *N. Rædle*.
    2º Les dépêches de J. B. Padavino, envoyé de la République de Venise, écrites pendant son séjour à Zurich (1607-1608).
    3º Die ältesten Urkunden von Allerheiligen in Schaffhausen, Rheinau und Muri, hrsg. von *Baumann, G. Meyer von Knonau*, und *P. Martin Kiem*, mit drei Karten.
    4º Correspondanz der Französischen Gesandtschaft in der Schweiz (1664-1671). hrsgg. von *P. Schweizer*.
    5º Méric de Vic et Padavino. Histoire diplomatique des ligues suisses et grises au commencement du xviie siècle, par *Édouard Rott*.
    6º Conradi Türst. De situ Confœderatorum descriptio. Balci, Descriptio Helvetiæ. F. Felicis Fabri Descriptio Sveviæ. Johannes Stumpf, Reisebericht von 1544.
    7º Ulrici Campelli. Rætiæ Alpetris topographica descriptio, hrsg. von *C. J. Kind*.
    8º Ulrici Campelli Historia Raetica. Tomus I, hrsg. von *Pl. Plattner*.

1906. Recueil de diverses pieces curieuses pour servir à l'histoire. Voyez la Page suivante (*La Sphère*). A Cologne, par Jean dv Castel. M DC LXIV. Petit in-8 de 297(1) pp., rel. mar. rouge, fil., dos orné, dent. int., tr. dor. (Dupré). — Recveil Historiqve contenant diverses pieces cvrievses de ce temps (*La Sphère*). Sur l'imprimé a Cologne chez Christophrevan Dyck. M.DC.LXVI. In-12 de 2 ffnc., 350 pp., rel. mar. rouge, fil., dos orné, dent. int., tr. dor. (Dupré).

    Ces deux recueils se font, pour ainsi dire, suite. Le premier est une jolie édition, souvent attribuée aux Elseviers et qui, suivant M. Pieters, sort des presses de l'imprimeur bruxellois F. Foppens. Le second a été attribué à Louis Maurry, de Rouen, et aurait été calqué ligne pour ligne sur une édition antérieure exécutée par le même Foppens. Ce n'est pas toutefois l'avis de M. Pieters; selon lui, le Recueil de 1676 a été imprimé à Bruxelles par Lambert Marchand. Tous deux contiennent des pièces d'un très grand intérêt et sont peu communs.

1907. Regesta documentorum Germaniæ historiam illustrantium. Regesten... aus den Handschriften der Marcusbibliothek in Venedig, bearbeitet von *Joseph Valentinelli*. München, Straub., 1864. In-4, rel. toile, non rogn.

1908. Rotuli Normanniae in Turri Londinensi asservati, Joanne et Henrico quinto Angliæ Regibus. Accurante *Thoma Duffus Hardy*. Vol. I. London, Eyre and Spottiswoode, 1835. 1 vol. in-8, rel. toile (édit.).

    Tout ce qui a paru.

* 1909. Magni Rotuli Scaccarii Normanniæ sub regibus anglis. Opera Th. Stappleton. Londini, Sumpt. Soc. Antiq. Londonensis, 1840-1844. 2 vol. in-8, avec pl. et 1 carte géog.

1910. Rotuli Litterarum Patentium in Turri Londonensi asservati. Accurante *Thoma Duffus-Hardy*. Vol. I. Pars I. Ab anno MCCI ad annum MCCXVI. London, Eyre and Spottiswoode, 1835. In-fol., rel. toile.

    Tout ce qui a paru.

1911. Calendarium Rotulorum Patentium in Turre Londonensi. London, Eyre and Strahan, 1802. In-fol., cart., non rogn.

1912. **Rymer** et **Sanderson**. Foedera, Conventiones..... Acta publica inter Reges Angliæ et alios quosvis Imperatores, Reges,..... collata et emendata studio *Georgii Holmes*. Editio tertia. Hagæ Comitis, apud Joannem Neaulme, 1745. 10 vol. in-fol., rel. veau f. — Syllabus of the documents relating to England and other kingdoms contained in the collection known as « Rymer's Foedera » by *Thomas Duffus-Hardy*. London, Longman, Green and Co, 1869-1885. 3 vol. in-4, rel. toile.

1913. **Sakcinski** (Ivan Kukuljević). Codex diplomaticus regni Croatiae, Dalmatiae et Slavoniae. Diplomatički Sbornik Kraljevine Hrvatske s Dalmacijom i Slavonijom. Zagrebu, Albrecht Dragut, 1874-76. 2 vol. in-4, br.

1914. **Schafárik** (Joannes). Acta Archivi Veneti, spectantia ad historiam Serborum et reliquorum Slavorum Meridionalium. Belgradi, 1860-62. 2 tomes en 1 vol. in-8, avec fac-sim., d.-rel. chag. rouge; au dos, chiffre du comte Riant.

1915. **Schannat** (Jean Frédéric). Vindemiæ literariæ, hoc est veterum monumentorum ad Germaniam sacram præcipue spectantium..... Fuldæ & Lipsiæ, apud Mauritium Georg. Weidmannum, 1723-24. 2 vol. in-fol., rel. bas. f.

1916. **Theiner**. Vetera Monumenta Poloniae et Lithuaniae gentiumque finitimarum historiam illustrantia. Romae, Typis Vaticanis, 1860-1864. 4 vol. in-fol., d.-rel. veau, tête lim., non rogn.; au dos, chiffre du comte Riant.

1917. — Vetera Monumenta historica Hungariam sacram illustrantia. Romae, Typis Vaticanis, 1859-1860. 2 vol. in-fol., d.-rel. veau gr., tête lim., non rogn.; au dos, chiffre du comte Riant.

1918. — Vetera Monumenta Slavorum Meridionalium historiam illustrantia, maximam partem nondum edita ex Tabulariis Vaticanis... collecta. Tomus I [*seul paru*]. Romae, Typis Vaticanis, 1863. 1 vol. in-fol., d.-rel. veau gr., tête lim., non rogn.; au dos, chiffre du comte Riant.

1919. Variétés historiques et littéraires. Recueil de pièces volantes rares et curieuses en prose et en vers, revues et annotées par M. *Édouard Fournier*. Paris, Jannet, 1855-1863. 10 vol. in-12, rel. toile, non rogn. (éditeur).

1920. Vetera Monumenta contra Schismaticos jam olim pro Gregorio VII aliisqve nonnvllis pontificibvs romanis conscripta, et nvnc primùm in lucem vindicata, stvdio..... Sebastiani Tengnagel. Ingolstadii, Excudebat Andreas Angermarivs, Anno M.DC.XII. In-4, d.-rel. e. f., coins, tr. r.

<small>Ce recueil contient les vies de saint Altman de Pavie, de Thiémon de Salzbourg, le poème de Domnizon sur la comtesse Mathilde et divers autres opuscules.</small>

BULLAIRES ET CARTULAIRES

1921. Bullaire de l'abbaye de Saint-Gilles, publié et annoté par *l'abbé Goiffon*. Nîmes, Jouve, 1882. Vol. in-8, rel. toile, couvert.

1922. Cartulaire de l'Abbaye N.-D. de Bonnevaux au Diocèse de Vienne, Ordre de Cîteaux, publié d'après le ms. des Archives Nationales par le chanoine *Ulysse Chevalier*. Grenoble, F. Allier, 1889. In-8, br.

1923. Cartulaire de l'Abbaye de Saint-Sernin de Toulouse (844-1200) publié pour la première fois par *C. Douais*. Paris, Picard, 1887. Pl. — *Du même* : Inventaire des biens meubles et immeubles de l'abbaye de Saint-Sernin de Toulouse dressé le 14 sept. 1246. Paris, Picard, 1886. 1 vol. & 1 plaq. in-4, br.

Tiré à 162 exemplaires (n° 75).

1924. Cartulaire de l'église du Saint-Sépulcre de Jérusalem publié d'après les manuscrits du Vatican par M. *Eugène de Rozière*. Texte et appendice. Paris, Imp. nationale, 1849. In-4, d.-rel. veau, tête lim., non rogn.; au dos, chiffre du comte Riant.

On a relié avec cet exemplaire une liste manuscrite des patriarches latins de Jérusalem.

1925. Cartulaire de Sauxillanges publié par l'Académie des sciences, belles-lettres & arts de Clermont-Ferrand avec des notes et des tables par *Henry Doniol*. Clermont-Ferrand et Paris, 1864. In-4, br.

1926. Cartulaire des Guillems de Montpellier (Liber instrumentorum memorialium) publié d'après le manuscrit original pour la société archéologique de Montpellier [par *Al. Germain*]. Montpellier, 1884-1886. 1 vol in-4, br.

1927. Cartulaire du prieuré de Marienthal. Premier volume, 1231-1317. Publié par *N. Van Werveke*. Luxembourg, Pierre Bruck, 1885. In-8, br.

Publication de l'Institut R. G.-D. de Luxembourg.

1928. **Chantelou** (Dom Claude). Marmoutier. Cartulaire tourangeau et sceaux des abbés publiés par *Paul Nobilleau*, précédé d'une biographie de l'auteur par *Dom P. Piolin*. Tours, Guilland-Verger, 1879. Fig., in-8, d.-rel. mar. rouge, tête lim., ébarb.; au dos, chiffre du comte Riant.

Exemplaire sur grand papier.

1929. **Lalore** (L'abbé Ch.). *Collection des principaux cartulaires du diocèse de Troyes, comprenant* : Cartulaires de Saint Loup de Troyes; de l'abbaye du Paraclet; de l'abbaye de Basse Fontaine; de l'abbaye de la Chapelle-aux-Planches. Paris, Thorin, 1875-78, 4 vol. — *Du même* : Cartulaire de l'abbaye de Boulancourt de l'ancien diocèse de Troyes. Troyes 1879. — *Du même* : Chartes de l'Abbaye de Mores (Aube). Troyes, 1873, Ensemble, 6 vol. in-8, br.

1930. Oorkondenboek van Holland en Zeeland. Eerste Afdeeling, tot het einde van het Hollandsche Huis bewerkt door *L. Ph. C. Van den Bergh*. Amsterdam, Muller, 1866-1873. 2 tomes en 1 vol. in-4, d.-rel. chagr. vert, tr. marbrée.

1931. **Barbier** (J.). Nécrologe de l'abbaye de Floreffe, de l'ordre de Prémontré, au diocèse de Namur. Louvain, Peeters, 1876. In-8, rel. toile. — **Kothen** (Ch.). Quelques mots sur l'obituaire du xiie au xiiie siècle conservé dans l'église du monastère de Saint-Victor à Marseille jusqu'en 1793. Marseille, Cayer, 1873. In-8, cart., couv. (1 planche).

2. Collections de Chroniques.

1932. Batavia illvstrata seu de Batavorvm Insvla, Hollandia, Zelandia, Frisia, Territorio Traiectensi et Gelria, Scriptores varij notæ melioris, nunc primùm collecti, simulqúe editi. Ex Musæo Petri Scriverii. Lvgdvni Batavorvm, Ap. Lud. Elzevirium, cIɔ.Iɔ.c.ix. 1 vol. in-4, avec fig. et port., de 4 ffnc. et 232-184-56-40 pp. (chaque partie ayant sa pagination particulière), rel. vel.

Première édition de ce Recueil estimé des anciens historiens de la Hollande de *Pierre Schryver* (1576-1660). L'*Historia comitum Hollandiæ* est orné de 36 portraits de ces princes ou princesses, gravés sur bois.

1933. Bibliotheca rerum germanicorum, edidit *Philippus Jaffé*. Berolini apud Weidmannos, 1864-73. 6 vol. in-8, d.-rel. chagr. r., tr. lim..

Contient les Monumenta : Corbeiensia, 1864, 1 vol.; Gregoriana, 1865, 1 vol.; Moguntina, 1866, 1 vol.; Carolina, 1867, 1 vol.; Bambergensia, 1869, 1 vol.; Alcuiniana, 1873, 1 vol.

1934. La Byzantine : Ph. Labbe de historiæ byzantinæ Scriptoribvs publicandis protrepticon. Excerpta de Legationibvs. Eclogæ historicorvm de rebvs byzantinis. Parisiis, typogr. regia, 1648. — Theophylacti Simocattæ historiarvm libri VIII, studio C.-Ann. Fabroti, 1647. — S. Nicephori Breviarium histor.; interprete Dion. Petavio, 1648. 5 parties en 1 volume in-fol., rel. vél.

Tome Ier de la *Byzantine*.

1935. — : **Abraham Ecchellensis**. Chronicon orientale latinitate donatum..... Accessit supplementum historiæ orientalis, ab eodem concinnatum. Nova editio. Parisiis, E typographia regia [S. Mabre-Cramoisy]. 1685. 1 vol. in-fol., rel. veau.

Sur cet auteur, d'origine maronite, d'ailleurs fort connu, qui vint en France au xviie siècle pour coopérer à l'édition de la Bible de Le Jay et professer les langues arabe et syriaque, nous ne saurions trop vanter les renseignements qu'on trouve dans le Dictionnaire de Moréri et la Biographie générale de Hœfer. Les articles qui concernent Abraham Ecchellensis sont des modèles du genre : « Abraham, *voyez* Ecchellensis; Ecchellensis, *voyez* Abraham ». !!

1936. — : **Comnene** (Anne). Annæ Comnenæ. . Alexias... libri qvindecim. E Bibliotheca Barberina nunc primùm editi, et a Petro Possino, S. J. latinâ interpretatione & notis illustrati.. unà cum Sinnamo Continuatore... Accesserunt Præfationes ac Notæ D. Hoeschelii ex editione anni M DC X. Parisiis, typ. regia, 1651. 1 vol. in-fol., rel. veau.

1937. — : Historiæ Byzantinæ Scriptores post Theophanem, partim nunc primum editi, partim recensiti... Cura & studio R. P. Francisci Combefisii... Parisiis, in typ. regia, exc. Seb. Mabre-Cramoisy, 1685. 1 vol. in-fol., rel. veau, tr. r., aux armes.

1938. — : *Le même.* In-fol., rel. veau.

Exemplaire sur grand papier.

1939. — : Joannis Cinnami imperatorii grammatici Historiarum libri sex... Accedvnt Caroli dv Fresne, d. Dv Cange... in Nicephori Bryennii, Annæ Comnenæ & J. Cinnami historiam... notæ. His adivngitvr Pauli Silentiarii descriptio Sanctæ Sophiæ. Parisiis, typ. regia, 1670, In-fol. en grand papier, rel. toile, non rogn.

1940. — : **Zonaras** (Jean). Joannis Zonaræ Monachi, magni antea Vigilum præfecti et primi a secretis Annales. Carolus du Fresne, dom. du Cange..... Wolsianam Editionem cum scriptis Codicibus contulit... Parisiis, e typ. regia (1686-1687). 2 vol. in-fol., rel. veau, tr. r., aux armes.

1941. Choix de Chroniques et Mémoires sur l'histoire de France..... par *J. A. C. Buchon*. Paris, Desrez, 1838. 1 vol. in-8, d.-rel. peau de truie, coins; au dos, chiffre runique du comte Riant.

Entr'autres Chroniques contenues dans le volume, nous citerons *d'Orronville*, « chronique de Louis de Bourbon », *Christine de Pisan, Juvénal des Ursins, Miguel del Verms* (Michel de Bernis)....

1942. Chronica Hungarorum. I. Magistri P. Belae Regis Notarii. II· Magistri Simonis de Keza. Gesta Hungarorum. III. Chronicon pictum Vindobonense. edidit *M. Florianus*. Lipsiæ, 1883. 1 vol. in-8, d.-rel. veau jaune, non rogn., avec chiffre du comte Riant. — Chronica minora. I. Chronicon Posoniense. II. Magistri Rogerii Carmen miserabile. III. Adnotationes historicae. IV. Ducum ac regum Hungariae genealogia triplex. V. Petri Ransani epitome rerum Hungaricarum. Recensuit, et disquisitionem de anno natali S. Stephani regis adjecit *M. Florianus*. Budapestini, 1885. 1 vol. in-8, br. — Chronicon Hvngarorvm Posoniense... nunc primvm editvm. [p. *F. Toldy*]. Budae, 1852. Petit in-fol., rel. toile (édit.), tr. dor.

Les deux publications de *Florianus* forment les tomes II et IV des « Historiae Hungaricae fontes domestici ».

1943. Chronicles of the Crusades being contemporary narratives of the Crusade of Richard Cœur de Lyon... and of the Crusade of Saint Louis... with illustrative notes and an index. London, H. G. Bohn, 1848. 1 vol. in-8, rel. toile (édit.), pl. en chromo.

1944. *Le même.* London, Bell, 1876. In-8, rel. toile (édit.).

Ce Recueil comprend les traductions anglaises de la Chronique de *Richard de Devizes* et de l'« Itinéraire de Richard I » par *Geoffroy de Vinsauf*, une traduction de *Joinville* et des extraits d'*Al Makrizi*. L'édition de 1876 est une réimpression pure et simple de celle de 1848; on s'est peut-être simplement contenté de changer la date du titre.

1945. CHRONIQUES ANGLAISES ÉDITÉES PAR THO. HEARNE : **Beverley** (Alfred de). Aluredi Beverlacensis Annales, sive Historia de Gestis regum Britanniæ, libris IX... Oxonii, 1716. 1 vol. in-8, rel. veau mat, tr. dor., ex-libris d'Edward Shipperdson.

1946. — : **Avesbury** (Robert de). Historia de Mirabilibus Gestis Edwardi III. Accedunt, (1) Libri Saxonici, qui ad manus Joannis Joscelini venerunt. (2) Nomina eorum, qui scripserunt historiam gentis Anglorum... per Joannem Joscelinum... Oxonii, 1720. 1 vol. in-8, reliure veau mat, tr. dor., ex-libris d'Ed. Shipperdson.

1947. — : Robert of Gloucester's Chronicle. Oxford, 1724. 2 vol. in-8, cart., non rogn.

1948. — : Peter Langtoft's Chronicle (as illustrated and improv'd by Robert of Brunne) from the Death of Cadwalader to the end of K. Edward the First's Reign... Oxford, 1725. 2 vol. in-8 avec portrait de *Th. Hearne*, rel. veau f., dos orné, tr. p. Exemplaire de la bibliothèque d'Alexander J. Beresford Hope.

1949. — : Historia Vitæ et Regni Ricardi II Angliæ regis, a Monacho quodam de Evesham consignata. Accesserunt... Joannis Rossi Historiola de comitibus Warwicensibus; Joannis Berebloci Commentarii de rebus gestis Oxoniæ, ibidem commorante Elizabetha regina;... et D. Ricardi Wynni... Narratio Historica de Caroli, Walliæ Principis, Famulorum in Hispaniam Itinere A.D.MDCXXIII... Oxoniæ, 1729. 1 vol. in-8, rel. veau (ex-libris d'Ed. Shipperdson).

1950. — : Joannis de Trokelowe Annales Edwardi II. Henrici de Blaneforde chronica, et Edvardi II. vita a Monacho quodam Malmesburiensi fuse enarrata... Oxonii, 1729. In-8, rel. v. f. Ex-libris d'Ed. Shipperdson.

1951. — : Duo Rerum Anglicarum scriptores veteres, viz. Thomas Otterbourne et Johannes Whethamstede, ab origine gentis Britannicæ usque ad Edvardum IV. Oxonii, 1732. 2 vol. In-8, rel. veau f., tr. dor. Ex-libris d'Ed. Shipperdson.

1952. — : Chronicon sive Annales Prioratus de Dunstaple, una cum excerptis e Chartulario ejusdem Prioratus. Oxonii, 1733. 2 vol. in-8, rel. v., fil. or et à froid (rel. du t. I fatiguée).

1953. Chroniques Anglo-Normandes. Recueil d'extraits et d'écrits relatifs à l'histoire de Normandie et d'Angleterre pendant les XIe et XII° siècles; publié par *Francisque Michel*. Rouen, Frère, 1836-1840. 3 tomes en 1 vol.

in-8, d.-rel. chag. r., tr. lim.; au dos, chiffre du comte Riant. — Ungedruckte Anglo-Normannische Geschichtsquellen, herausg. von *F. Liebermann.* Strassburg, Trübner, 1879. In-8, rel. toile. couv.

1954. Chroniques belges publiées par la Commission royale d'Histoire de Belgique. Bruxelles, 1836-80. 13 vol. in-4, d.-rel. veau gris, tête marbrée, non rogn.

Contient : Chronique rimée de Philippe Mouskes, éditée par *Reiffenberg*, Bruxelles, 1836-38, 2 vol.; Codex Dunensis, édidit *Kervyn de Lettenhove.* 1875. 1 vol.; Jean d'Outremeuse, publié par *Borgnet.* 1864-67, 5 vol.; Istore et croniques de Flandres, publiées par *Kervyn de Lettenhove.* 1879-80, 2 vol.; Recueil des chroniques de Flandre, publié par *J.-J. De Smet.* 1837-56, 3 vol.

1955. CHRONIQUES FLAMANDES. Chronicon Vormelense. Brugis, de Moor, 1847. — Chronicon abbatiæ Warnestoniensis. Brugis, Vande-Casteele, 1852. 2 vol. in-4, rel. toile.

Éditées pour la *Société d'émulation de la Flandre.* Tirage à petit nombre. Nos 55 et 14.

* 1956. Chroniques gréco-romanes, publiées par Charles Hopf. Berlin, Weidmann, 1873. In-8.

Cette collection comprend une édition des « Estoires de Robert de Clari ». Le comte Riant en avait préparé une édition et le texte en avait été imprimé dès 1869, mais diverses raisons firent mettre au pilon l'édition entière, à l'exception d'une quarantaine d'exemplaires déjà distribués.

* 1957. Corpus Francicae Historiæ veteris et sinceræ. In quo prisci eius Scriptores, hactenus miris modis in omnibus editionibus deprauati & confusi... Hanoviæ, Typis Wechelianis, 1613. — Rerum moscoviticarum scriptores varii in unum corpus nunc primum congesti... Francofurti, apud Hæredes Wecheli, 1600. Ensemble 1 vol. in-fol., rel. vél. bleu.

1958. Corpvs Historicvm medii aevi, sive scriptores res in orbe vniverso, præcipve in Germania, a temporibvs maxime Caroli M. Imperatoris vsqve ad finem secvli post C. N. XV. gestas enarrantes avt illustrantes, e variis codd. mss. Lipsiæ, Gleditsch, 1723. 2 vol. in-fol., rel. veau f.

Bel exemplaire de ce recueil publié par *Jean Georges Eccard.*

1959. Corpus scriptorum Historiæ Byzantinæ. Editio emendatior et copiosior, consilio B. G. Niebuhrii instituta, opera ejusdem Niebuhrii, Im. Bekkeri, L. Schopeni, G. Dindorfii, aliorumque philologorum parata. Bonn, Weber, 1828-1855. 45 vol. in-8, d.-rel. mar. brun, tête lim., non rogn., au chiffre du comte Riant.

1960. Cronache dei Secoli XIII e XIV. Annales Ptolemaei Lucencis. Sanzanome Iudicis Gesta Florentinorum. Diario di ser Giovanni di Lemmo da Comugnori. Diario d'Anonimo Fiorentino. Chronicon Tolosani Canonici Faventini. Firenze, Cellini. 1876. In-4, d.-rel. mar. rouge, tête dor., non rogn.; au dos, chiffre du comte Riant.

Tome VI des « Documenti di storia italiana... per le provincie di Toscana, dell' Umbria e delle Marche. »

1961. Cronisti e Scrittori sincroni della dominazione normanna nel regno di Puglia e Sicilia, raccolti e pubblicati... da *Giuseppe del Re*, con discorsi proemiali, versioni, note e comenti de' signori *B. Fabbricatore, S. Gatti, M. Naldi, E. Rocco, S. Volpicella, C. Minieri Riccio*... Napoli, 1845-1868. 2 vol. in-8, d -rel. chag. r., tr. jasp. — Cronache Siciliane del Secoli xiii, xiv, xv, pubblicate per cura del prof. *Vicenzo di Giovanni*. Bologna, Romagnoli, 1865. In-8, d.-rel. chag. r., au chiffre du comte Riant.

> Les « Cronache », publication de la « Collezione di opere inedite o rare de primi tre secoli della lingua », comprennent entr'autres anciennes chroniques, la « Conquesta di Sicilia per manu di lu conti Rugeri... » et un « Volgarizzamento di LXXXVI capi della Cronaca di Raimondo Montaner. ».

1962. Diplomataria et Scriptores Historiae Germanicae medii aevi cvm sigillis aeri incisis... Altenbvrgi, P. E. Riehter, (1753-1760). 3 vol. in-fol., rel. vél., avec fig. (taches d'encre sur la reliure du t. II).

> Ce recueil estimé est dû à *Ch. Schötten* et *C. G. Kreyssig*. Les deux premiers volumes sont précédés d'une préface de *Chr. Gott. Buder*, le troisième de la vie des deux éditeurs par *Henr. Got. Francke*.

* 1963. **Dumbar** (Gérard). Analecta, seu Vetera aliquot scripta inedita,... publici juris facta. Daventriæ, apud J. van Wyk, 1719. 3 vol. in-8, rel. veau.

> Collections d'écrits et chroniques hollandaises.

1964. ENGLISH HIST. SOCIETY : **Malmesbury** (Guillaume de). Willelmi Malmesbiriensis Monachi Gesta regum Anglorum atque Historia Novella... recensuit *Thomas Duffus Hardy*. Londini, Sumpt. Societatis, 1840. 2 vol. in-8, d.-rel. chag. r., tr. lim.; au dos, chiffre du comte Riant.

1965. — : **Wendover** (Roger de). Chronica, sive Flores Historiarum, nunc primum edidit *Henricus O. Coxe*. Londini, Sumptibus Societatis . 1841-1842. Appendix ad Flores Historiarum in qua lectionum varietas additionesque, quibus chronicon istud ampliavit et instruxit Matthæus Parisiensis. Londini, 1844. Ensemble 5 vol. in-8, rel. toile (édit.).

1966. — : **Trevet** (Nicolas). F. Nicholai Triveti, de Ordine Frat. Prædicatorum, Annales sex regum Angliæ, qui a comitibus Andegavensibus originem traxerunt (A.D.MCXXXVI-MCCCVII)... recensuit *Thomas Hog*. Londini, Sumptibus Societatis, 1845. 1 vol. in-8, d.-rel. chag., tr. lim.; au dos, chiffre du comte Riant.

1967. — : Florentii Wigorniensis Monachi Chronicon ex Chronicis, ab adventu Hengesti... usque ad annum M CXVII, cui accesserunt continuationes duæ... illustravit *Benjamin Thorpe*. Londini, Sumpt. Societatis, 1848-1849. 2 vol. in-8, d.-rel. chag. r., tr. lim.; au dos, chiffre du comte Riant.

1968. — : **Newbury** (Guillaume de). Historia Rerum Anglicarum Willelmi Parvi, Ordinis S. Augustini canonici in cœnobio de Newburgh in Agro Eboracensi. Ad fidem codicum mss. recensuit *Hans Claude Hamilton*. Londini, Sumptibus Societatis, 1856. 2 vol. in-8, cart.

1969. Erfurter Denkmäler, herausg. von dem Thüringisch-Sächsischen Alterthumsvereine zu Halle. Halle, 1870. In-8, rel. toile. — Fontes adhuc inediti rerum rhenanarum. Niederrheinische Chroniken, herausg. von D*r* *Gottfried Eckertz*. Mit dem Bildnisse der Göttin Erka. Köln, Heberle, 1864. [Tiré à 250 ex.] In-8, rel. toile. — Die münsterischen Chroniken des Mittelalters, herausg. von D*r* *Julius Ficker*. Münster, Theissing, 1851. In-8, av. pl. facsim., rel. toile, non rogn., couv.

    Les « Erfurter Denkmäler » comprennent « I. Chronicon Sampetrinum, ed. *B. Stübel*. II. Annales Reinhardsbrunnenses, ed. *O. Lorenz*. III. Nicolai de Bibera Carmen satiricum, ed. *Th. Fischer* ». Le second recueil comprend les : Cronica Presulum Coloniensis ecclesiæ » et la « Chronicon conventus montis Calvariæ prope Arwiler... ».

1970. Evtropii insigne volvmen qvo romana historia vniversa describitur... Additæ sunt Græcorum Imperatorum uitæ de rebus in Oriente & Constantinopoli, Persia, Arabiaqȝ gestis..... Quidam Annales Constantinopolitanos appellant. Opus indignū certè quod in tenebris tam diu delituerit. Pavli Diaconi Aquileiensis De gestis Langobardorum Libri VI. (*Marque typ.*) Basileae in officina Frobeniana. Anno M DXXXII. Cum gratia & priuilegio Cæsareo in annos sex. *In fine* : Basileae, per Hieronymvm Froben. et Nicolavm Episcopivm. M D XXXII. Men. Avg. In-fol. de 4 ffnc., 445(1) pp., rel. parch.

    Sigismond Gelenius a publié l'*Historia miscella* de *Paul Diacre*, refondue et continuée par *Landulphe Sagax*.

1971. Extracta e Variis Cronicis Scocie from the Ancient Manuscript in the Advocates Library at Edinburgh. Now first printed. Edinburgh, 1842. In-4, rel. toile (edit.).

    Publié par *John Menzies of Pitfodels* pour l'*Abbotsford Club*, avec une préface de *W. B. D. D. Turnbull*.

1972. Floriacensis Vetvs Bibliotheca, Benedictina, Sancta, Apostolica, Pontificia, Cæsarea, Regia, Franco-gallica... opera Joannis a Bosco. Lugdini, Apud Horatium Cardon, 1605.

    Jean Du Bois, dit *Olivier*, entra dans l'Ordre des Célestins, devint prédicateur du roi Henri IV, eut des démêlés avec les Jésuites qui l'obligèrent à se rendre à Rome, où, dès son arrivée, il fut mis en prison (1611), au château Saint-Ange où il mourut en 1626. Sa publication de la Bibliothèque de l'abbaye de Fleury contient des pièces utiles et intéressantes, un *Anonyme* sur les *Miracles de saint Benoit*, la *Vie de Saint Abbon*, martyr, par *Aymon de Fleury*, etc. Son ouvrage est fort recherché.

1973. Friesche (Oude) Kronijken. Thet Freske Riim. Gesta Fresonum. Die olde Freesche Cronike. Gesta Frisiorum. M. Alvini Tractatus. Uitgegeven door het Friesch Genootschap van Geschied-, Oudheid- en Taalkunde. Leeuwarden, Suringar, 1853. In-4, rel. toile.

1974. Gesta Dei per Francos siue Orientalivm expeditionvm, et regni Francorvm Hierosolimitani Historia a Variis, sed illius æui scriptoribus, litteris commendata : nunc primùm aut editis, aut ad libros veteres emendatis.

Auctores Præfatio ad Lectorem exhibet. Hanoviæ, Typis Wechelianis, apud heredes Ioan. Aubrii. M.DC.XI... 2 tomes en 1 vol. in-fol., rel. mar. rouge (ancien), filets, tr. dorée; chiffre sur le plat.

    Magnifique exemplaire réglé, avec portrait de *Jacques Bongars*. Sur le titre, longue dédicace autographe signée, adressée par Bongars à Frédéric, comte palatin & Electeur.
    Cet exemplaire n'est pas roux, comme le sont d'ordinaire tous ceux de cet ouvrage. Au verso du titre, l'ex-libris du Prof. *Édouard Böcking*.

1975. *Le même ouvrage.* Exemplaire ordinaire, rel. veau f. Très bel état. A peine roux.

1976. **Hankius** (Martin). De Byzantinarum Rerum Sriptoribus græcis liber. Autorum qvinqvaginta, qvi de Constantinopolitanis aliisq; tam Civilibus, qvam Ecclesiasticis Antiqvitatibus monumenta nobis reliqverunt, vitas, scripta, de scriptis judicia distinctiorem in modum recenset.., Lipsiæ, Sumtibus Johannis Adami Kästneri,... Literis Johannis Erici Hahnii, 1677. In-4. d.-rel. veau éc., tr. lim. (portrait de l'auteur).

1977. Hispaniae illvstratae, sev Rervm Vrbivmq. Hispaniæ, Lvsitaniæ, Æthiopiæ et Indiæ scriptores varii. Partim editi nunc primum, partim aucti atque emendati. Quorum seriem sequens post Præfatione pagina exhibet. Tomis aliqvot divisi operâ et studio doctorvm hominvm. Francofvrti, Apud Claudium Marnium & Hæredes Joh. Aubrij. 1603-1608. 4 tomes en 3 vol. in-fol. rel. vél. & peau de truie.

    Importante collection. La préface est d'*André Schott* auquel on doit plusieurs des éditions contenues dans ces volumes.

1978. Historia Rervm in Oriente gestarvm ab exordio mvndi et orbe condito ad nostra haec vsqve tempora. In qva rato ordine et svccincta miraqve breuitate non tantum de origine primum auctuq̃3 & summa felicitate ac mox inclinatione, casu, & tristi interitu nobilissimarum monarchiarum Assyriorvm, Medorvm, et Persarvm, Graecorvm & Macedonvm, verum etiam florentissimi Romani imperij ab urbe condita successus explicantur : deque Constantinopolitana, siue Byzantina Romanæ diu æmula potentia, tandemque miserabili captiuitate luculenter disseritur. Vna cum narratione compendiosa de rebus Tvrcicis & Persicis... Francof. ad Moenum impens. Sigis Feyrabendij. M.D.LXXXVII. 1 vol. in-folio. de 4 ffnc., 297 ff. chif., 45 ffnc., d.-rel. veau.

    Ce recueil qui semble être l'œuvre de l'imprimeur Sigismond Feyerabend contient les chroniques de Zonaras, de Nicetas Acominatus Choniates, de Nicephore Gregoras & de Laonicus Chalcocondyles.

1979. Historiae Francorvm ab anno Christi DCCCC. ad ann. MCCLXXXV Scriptores veteres XI; in qvibvs Glaber, Helgaudus, Sugerius Abbas, M. Rigordus, Guillermus Brito, Guillermus de Nangis & anonymi alii..... Ex Bibliotheca P. Pithoei V. Cl. nvnc primum in lucem dati. Francofvrti, Apud Andreæ Wecheli heredes, Claudinum Marnium & Ioannem Aubrium, M.D.XCVI. In-fol. de 2 ffnc., 504 pp., 18 ffnc., rel. veau rac., tr. rouge.

    Cette collection est encore estimée, car elle donne l'édition princeps de plusieurs historiens souvent réédités depuis lors.

1980. Historiæ Francorvm scriptores coætani, ab ipsivs gentis origine ad [R. Philippi IV dicti Pulchri tempora]. Quorum plurimi nunc primùm ex variis Codd. mss. in lucem prodeunt : alij verò auctiores & emendatiores..... Parisiis, Sumptibus Sebast. Cramoisy, 1636-49. 5 vol. in-fol., rel. vél.; tr. jasp.

Cette importante collection est l'œuvre du célèbre *André Du Chesne*, qui a également publié les *Scriptores Historiæ Normannorum* ; les trois derniers volumes ont été publiés par le fils de l'auteur, *François Du Chesne*.

1981. Historiae Normannorvm Scriptores antiqvi, res ab illis per Galliam, Angliam, Apvliam, Capvæ Principatvm, Siciliam & Orientem gestas explicentes, ab anno Christi DCCCXXXVIII. ad annvm MCCXX..... Lutetiae Parisiorvm, [apud Rob. Foüet, Nic. Buon & Seb. Cramoisy,] 1619. 1 vol. in-fol., d.-rel. vél., non rogn.

1982. Historiae Patriae Monvmenta, edita ivssv regis Caroli Alberti. Avgvstae Tavrinorvm, 1836-1877. 10 vol. in-fol., rel. toile, non rogn.

Comprenant : Chartarum, 2 vol. Scriptores, 4 vol. Liber jurium reipublicae Genvensis, 2 vol. Edicta rerum Lango bardorum, 1 vol. Codex diplomat. Sardiniae, 2 vol. Codex diplomat. Langobardiae, 1 vol. Codex diplomat. ecclesiensis, 1 vol. Leges municipales, 3 vol. Comitiorum. 2 vol.

* 1983. Historiens des Croisades (Recueil des).

1984. **Lappenberg** (J. M.). Geschichtsquellen des Erzstiftes und der Stadt Bremen,..... Bremen, J. Georg. Heyse, 1841. In-8, rel. toile. — Hamburgische Chroniken in niedersächsischer Sprache... herausg. von Lappenberg. Hamburg, 1861. In-8, rel. toile. — **Tratziger**. Chronica der Stadt Hamburg, herausg. von Lappenberg. Hamburg, 1865. In-8, rel. toile. — **Meyer** (Elard Hugo). Johann Martin Lappenberg. Eine biographische Schilderung. Hamburg, 1867. In-8, rel. toile.

1985. **Leibniz**. Godefridi Gvilielmi Leibnitii Accessiones historicæ quibus utilia superiorum temporum historiis illustrandis scripta monumentaque nondum hactenus edita in que iis scriptores diu desiderati continentur. Lipsiæ, Sumpt. Nicolai Försteri, Anno MDCXCIIX. On a relié à la suite : « Alberici monachi Trium Fontium Chronicon è manuscriptis nunc primum editum a Godefredo Gvilielmo Leibnitio. Hanoveræ, Impensis Nicolai Försteri, M.DC.IIC. » Ensemble 1 vol. in-4, rel. vél.

Le premier volume contient : *Chronographus Saxo*, *Johannis Vito Durani Chronicon, Gesta Trevirorum, Vetus Chronicon Holsatiæ*.

1986. — Accessiones Historicæ quibus potissimum continentur scriptores Rerum Germanicarum, & aliorum, hactenus inediti sequentes. Tom. I. 1. Chronographus Saxo. 2. Joh. Vito Durani Chronicon. 3. Gesta Trevirorum. 4. Vetus Chronicon Holsatiæ. Tom. II. Alberici Monachi Trium Fontium Chronicon diu desideratum, &c. Hanoveræ, Sumptibus Nicolai Försteri, M DCC. 2 tomes en 1 vol. in-4, rel. vél.

Le premier tome est une réimpression de l'édition de 1698; quant au second, c'est purement et simplement l'édition d'*Alberic de Trois Fontaines*, également publiée en 1698.

1987. **Mabillon** (Dom Jean) & **Germain** (Dom Michel). Museum Italicum seu collectio veterum scriptorum ex bibliothecis italicis eruta. Lutetiæ Parisiorum, apud Viduam Edm. Martin, Joh. Boudot & Steph. Martin, 1687-89. 2 vol. in-4, rel. vél. blanc.

1988. *Le même ouvrage.* 2ᵉ édition. Paris, Montalant, 1724. 2 vol. in-4, rel. vél. blanc.

La première partie du tome I contient l'*Iter Italicum litterarium* des deux savants bénédictins.

1989. **Martene** (Dom E.). Veterum Scriptorum et Monumentorum historicorum, dogmaticorum, moralium ; collectio nova. Parisiis, P. de Bats, 1700. 2 tomes en 1 vol. in-4, rel. v. f.

1990. **Martene** (Dom E.) et **Durand** (Dom U.) Veterum Scriptorum ..... amplissima collectio. Parisiis, Montalant, 1724-1733. 9 vol. in-fol., rel. v. f.

Cf. le *Thesaurus Anecdotorum* des mêmes auteurs. Nº 1889.

1991. **Matthæus** (Antoine). Veteris ævi analecta, seu vetera monumenta hactenus nondum visa, quibus continentum scriptores varii qui præcipue Historiam Universalem, Expeditiones in Terram Sanctam,... Gesta Equestris Ordinis Teutonici... Memoriæ prodiderunt... Editio secunda... Hagæ-Comitum, ap. G. Block, 1738. 6 vol. in-4, rel. vél.

Le tome I est en reliure ancienne, avec le portrait de Matthæus.

1992. Monvmenta Germaniae historica inde ab anno Christi 500 vsqve ad a 1500. avspiciis Societatis aperiendis fontibvs Rervm Germanicarvm medii aevi, ed. *Pertz.* Hannoverae, 1826-1888. 33 vol. in-fol., d.-rel. mar. r.

Cette collection comprend : Legum, tomes 1 à 4. Scriptorum, tomes 1 à 28. Les tomes 15, 18 et 28 sont brochés. Diplomatum Imperii, tome 1ᵉʳ. Bel exemplaire.

1993. Monumenta historica ad provincias Parmensem et Placentinam pertinentia. Parmae, ex officina Petri Fiaccadori, 1855-1860. 8 vol. in-4, rel. toile, non rogn.

Comprend :
I. Statuta Communis Parmae digesta anno MCCLV. (1856).
II. Statuta Communis Parmae ab anno MCCLXVI ad annum circiter MCCCIV. (1857).
III. Statuta Communis Parmae ab anno MCCCXVI ad MCCCXXV. (1858).
IV. Statuta Communis Parmae anni MCCCXLVII. Accedunt Leges vicecomitum Parmae imperantium usque ad annum MCCCLXXIV. (1860).
V. Statuta varia civitatis Placentiae. (1860).
VI. Chronica Fr. Salimbene Parmensis ordinis Minorum, nunc primum edita. (1857).
VII. Chronica Parmensia a sec. XI ad exitum sec. XIV. Accedunt varia quae spectant ad historiam patriae civilem et ecclesiasticam. (1858).
VIII. Cronica tria Placentina a Johanne Codagnello, ab anonymo et a Guerino conscripta. (1859).

1994. Monumenta inedita Rerum Germanicarum præcipue Cimbricarum, et Megapolensium..... e codd., mss., membranis, et chartis avthenticis instruxit Ernestus Joachim de Westphalen. Lipsiæ, Impensis Jo. Christ. Martini, 1739-45. 4 vol. in-fol., avec portr. de l'aut. et pl., rel. v. f. (reliure fatiguée).

1995. Novum volvmen Scriptorvm Rervm Germanicarvm... Tomvs I & II. e museo Lvdevvigiano. Volvmen primvm complectens Scriptores Rervm Episcopatvs Bambergensis..... [Volvmen secvndvm complectens Scriptores Rervm Germanicarvm].... cvm praefatione et indice locvpletissimo, cvra Ioan. Petri. Ludewig. Francofvrti & Lipsiae, 1718. 2 tomes en 1 vol. in-4, rel. vél. (front. au tome I.)

Cf., n° 1888, un autre recueil également dû à *Ludewig*.

1996. Originvm Rervmqve Constantinopolitanarvm, variis avctoribvs, manipvlvs. F. Franciscvs Combefis Cong. S. Lud. Ord. Præd., ex vetustis Mss. Codd. partim eruit, cuncta reddidit, ac Notis illustravit. Parisiis, S. Piget, M DC LXIV. Vol. in-4, rel. toile.

1997. Portvgaliae Monvmenta historica a saecvlo octavo post Christvm vsqve ad qvintvmdecimvm ivssv Academiae Olisipenensis edita. [Scriptores vol. I; leges et consuetudines vol. I] Olisipone, 1856. 2 vol. rel. en 1, d.-rel. mar., coins, non rogn.

1998. Raccolta di varie croniche, diarj ed altri opuscoli cosi italiani, come latini appartenenti alla storia del regno di Napoli. Napoli, Presso Bernardo Perger, 1780-1782. 5 vol. in-4, rel. vél.

Intéressant recueil dont l'éditeur, qui a signé la préface A. A. P., n'est autre que *Alessio Andrea Pelliccia*.

1999. Raccolta di varii libri overo opvscoli d'historie del Regno di Napoli... di nuouo fedelmente Ristampati... cioè Le Chroniche... di Napoli... di Gio: Villano... Dell' Antichità... e Statue di Roma; Con l' origine di Napoli... per lo R. P. F. Lvigi Contarini... Antichità di Napoli... descritta da Benedetto di Falco... Napoli, Castaldo, appresso Carlo Porfile, 1680. Petit in-4, rel. vél.

2000. Recueil des Historiens des Gaules et de la France, continué par les membres de l'Institut (Académie des Inscriptions et Belles-Lettres). Paris, 1738-1876. 23 vol. in-fol., rel. bas., non rogn., au chiffre du comte Riant.

Le tome 18 est de la réimpression faite par *V. Palmé*; tous les autres volumes sont de l'édition originale commencée par *Dom Martin Bouquet*.

2001. Regii Neapolitani Archivi Monumenta edita ac illustrata. Neapoli, Ex Regia Typogr., 1845-57. 6 tomes en 3 vol. in-4, d.-rel. veau gris, tête marbrée, non rogn.; au dos, chiffre du comte Riant.

2002. Rerum Alamannicarum Scriptores aliquot vetusti, a qu'bus Alamannorum, qui nunc partim Suevis, partim Helvetiis cessere, historiæ tam sæculares quam ecclesiasticæ traditæ sunt, tribus tomis divisi... Ex Bibliotheca Melchioris Haiminsfeldii Goldasti... Editio tertia, prioribus emendatior. cura Henrici Christiani Senckenberg. Francofurti & Lipsiae, impensis Joh. Fred. Fleischeri, 1730. 3 tomes en 1 vol. in-fol., rel. vél.

La meilleure édition de cette collection tirée en grande partie de la bibliothèque de *Melchior Goldast. Senckenberg*, qui l'a donnée, y a ajouté une vie de Goldast et une bibliographie de ses ouvrages.

2003. Rerum Britannicarum medii ævi Scriptores, published under the direction of the Master of the Rolls. 193 vol. in-8, d.-rel. bas. (édit.).

    1. The Chronicle of England, by John Capgrave, ed. by F. C. Hingeston, 1858.
    2. Chronicon Monasterii de Abingdon, ed. by J. Stevenson, 1858. 2 vol.
    3. Lives of Edward the Confessor, ed. by H. R. Luard, 1858.
    4. Monumenta franciscana, ed. by J. S. Brewer and R. Howlett, 1858-1882. 2 vol.
    5. Fasciculi Zizaniorum Magistri Johannis Wyclif cum Tritico, ed by W. W. Shirley, 1858.
    6. The Buik of the Croniclis of Scotland, ed. by W. B. Turnbull, 1858.
    7. Johannis Capgrave Liber de Illustribus Henricis, ed. by F. C. Hingeston, 1858.
    8. Historia... Cantaruensis, by Thomas of Elmham, ed. by Ch. Hardwick, 1858.
    9. Eulogium (Historiarum sive Temporis), ed. by S. Haydon, 1858-1863. 3 vol.
    10. Memorials of Henry the seventh... ed. by J Gairdner 1858.
    11. Memorials of Henry the fifth... ed. by Ch. A. Cole, 1858.
    12. Munimenta Gildhalliæ Londoniensis... ed. by H. Th. Riley, 1859-1862. 3 vol.
    13. Chronica Johannis de Oxenedes, ed. by Sir H. Ellis, 1859.
    14. A Collection of Political Poems and Songs, ed. by Th. Wright, 1859-1861. 2 vol.
    15. The « Opus Tertium », « Opus Minus », &c. of Roger Bacon, ed. by J. S. Brewer, 1859.
    16. B. de Cotton... Historia Anglicana, ed. by H. R. Luard, 1859.
    17. Brut y Tywysogion, ed. by J. W. Ab Ithel, 1860.
    18. A Collection of Royal and Historical Letters during the Reign of Henry IV, ed. by F. C. Hingeston, 1860.
    19. The Repressor... By Reginald Pecock, ed. by Ch. Babington. 1860.
    20. Annales Cambriæ... ed. by J. W. Ab Ithel, 1860.
    21. The works of Giraldus Cambrensis, ed. by J. Brewer and J. F. Dimock, 1861-1877. 7 vol.
    22. Letters and Papers of the Wars of the English in France during the Reign of Henry the Sixth, ed. by J. Stevenson, 1861-1864. 2 tomes en 3 parties.
    23. The Anglo-Saxon Chronicle, ed. and transl. by B. Thorpe, 1861. 2 vol.
    24. Letters... of the Reigns of Richard III, and Henry VII, ed. by J. Gairdner, 1861-1863. 2 vol.
    25. Letter of Bishop Grosseteste... ed. by H. R. Luard, 1861.
    26. Descriptive Catalogue of Manuscripts... by Sir Th. Duffus Hardy, 1862-1871. 3 vol.
    27. Letters of the Reign of Henry III, ed. by W. W. Shirley, 1862-1866. 2 vol.
    28. Chronica Monasterii S. Albani, ed. by H. Th. Riley, 1863-1870. 12 vol.
    29. Chronicon Abbatiæ Eveshamensis, ed. by W. D. Macray, 1863.
    30. Ricardi de Cirencestria Speculum Historiale, ed. by J. E. B. Mayor, 1863-1869. 2 vol.
    31. Year Book of the Reign of Edward the first, ed. and transl. by A. J. Horwood and L. Owen Pike, 1863-1886. 2 vol.
    32. Narratives of the Expulsion of the English from Normandy, ed. by J. Stevenson, 1863.
    33. Historia et Cartularium Monasterii S. Petri Gloucestriæ, ed. by W. H. Hart, 1863-1867. 3 vol.
    34. A. Neckam de Naturis Rerum libri duo... ed. by Th. Wright, 1863.
    35. Leechdoms, Wortcunning, and Starcraft of Early England, ed. by O. Cockayne, 1864-1866. 3 vol.
    36. Annales Monastici... ed. by H. R. Luard, 1864-1869. 5 vol.
    37. Magna Vita S. Hugonis Lincolniensis, ed. by J. F. Dimock, 1864.
    38. Chronicles of the Reign of Richard the First, ed. by W. Stubbs, 1864-1865. 2 vol.
    39-40. Jehan de Waurin. Croniques et anchiennes Istoires... ed. by Sir W. Hardy and Edw. Hardy, 1864-1887. 5 vol.

HISTOIRE

41. Polychronicon Ranulphi Higden... ed. by Ch. Babington and J. R. Lumby 1865-1886. 9 vol,
42. Le Livere de Reis de Brittanie... ed. by J. Glover, 1865.
43. Chronica Monasterii de Melsa... ed. by E. A. Bond, 1866-1868. 3 vol.
44. Matthæi Parisiensis Historia Anglorum, ed. by Sir Fr. Madden, 1866-1869. 3 vol.
45. Liber Monasterii de Hyda... ed. by Edw. Edwards, 1866.
46. Chronicon Scotorum... ed. by W. Maunsell Hennessy, 1866.
47. The Chronicle of Pierre de Langtoft... ed. by Th. Wright, 1866-68. 2 vol.
48. The War of the Gaedhil with the Gaill... ed. by J. Henthorn Todd, 1867.
49. Benedict of Peterborough. Gesta Regis Henrici Secundi... ed. by W. Stubbs, 1867, 2 vol.
50. Munimenta Academica... ed. by H. Anstey, 1868.
51. Chronica Magistri Rogeri de Houedene. ed. by W. Stubbs, 1868-1871. 4 vol.
52. Willelmi Malmesbiriensis. De Gestis Pontificum Anglorum, ed. by N. E. S. A. Hamilton, 1870.
53. Historic and Municipal Documents of Ireland... ed. by J. T. Gilbert, 1870.
54. The Annals of Loch Cé... ed. by W. M. Hennessy. 1871.
55. Monumenta juridica... ed. by Sir Travers Twiss, 1871-1876. 4 vol.
56. Memorials of the Reign of Henry VI : Correspondence of Thomas Bekynton... ed. by G. Williams, 1872. 2 vol.
57. Matthæi Parisiensis Chronica Majora... ed. by H. R. Luard, 1872-1884. 7 vol.
58. Memoriale fratris Walteri de Coventria... ed. by W. Stubbs, 1872-1873. 2 vol.
59. The Anglo-Latins Satirical Poets... of the Twelfth Century... ed. by Th. Wright, 1872. 2 vol.
60. Materials for a History of the Reign of Henry VII... ed. by W. Campbell, 1873-1877. 2 vol.
61. Historical Papers and Letters from the Northern Registers... ed. by J. Raine, 1873.
62. The Register of Richard de Kellawe Lord Palatine and Bishop of Durham,... ed. by Sir Th. Duffus-Hardy, 1873-1878. 4 vol.
63. Memorials of Saint Dunstan... ed. by W. Stubbs, 1874.
64. Chronicon Angliæ (1328-1388), Auctore Monacho quodam Sancti Albani... ed. by Edw. Maunde Thompson, 1874.
65. Thómas-Saga Erkibyskups... ed. by Eiríkr Magnússon, 1875. Tome I seul.
66. R. de Coggeshall Chronicon... ed. by J. Stevenson, 1875.
67. Materials for the History of Thomas Becket... ed. by J. C. Robertson and J. B. Sheppard, 1875-1885. 7 vol.
68. Radulphi de Diceto Decani Lundoniensis Opera Historica, ed. by W. Stubbs, 1876. 2 vol.
69. Roll of the Proceedings of the King's Council in Ireland (1392-93), ed. by J. Graves, 1877.
70. Henrici de Bracton de Legibus et Consuetudinibus Angliæ Libri Quinque, ed. by Sir Travers Twiss, 1878-1883. 6 vol.
71. The Historians of the Church of York, ed. by J. Raine, 1879. Tome I seul.
72. Registrum Malmesburiense... ed. by J. S. Brewer and Ch. T. Martin, 1879-1880. 2 vol.
73. Historical Works of Gervase of Canterbury... ed. by W. Stubbs, 1879-1880. 2 vol.
74. Henrici Archidiaconi Huntendunensis Historia Anglorum, ed. by Th. Arnold, 1879.
75. The Historical Works of Symeon of Durham, ed. by Th. Arnold, 1882-1885. 2 vol.
76. Chronicles of the Reigns of Edward I and Edward II, ed. by W. Stubbs, 1882-1885. 2 vol.
77. Registrum Epistolarum Fratris Johannis Peckham, ed. by Ch. T. Martin, 1882-1886. 3 vol.

78. Register of S. Osmund, ed. by W. H. Rich Jones, 1883-1884. 2 vol.

79. Chartulary of the Ancient Benedictine Abbey of Ramsey, ed. by W. H. Hart and P. A. Lyons, 1884-1886. 2 vol. Tomes I et II.

80. Chartularies of St Mary's Abbey, Dublin,... ed. by J. Th. Gilbert, 1884-1885. 2 vol.

81. Eadmeri Historia Novorum in Anglia... ed. by Martin Rule, 1884.

82. Chronicles of the Reigns of Stephen, Henry II and Richard I, ed. by R. Howlett, 1884-1885 Tomes I et II.

83. Chronicle of the Ancient Abbey of Ramsey, ed. by W. Dunn Macray, 1886.

84. Chronica Rogeri de Wendover, ed. by H. Gay Hewlett. Tomes I et II.

85. The Letter Books of the Monastery of Christ Church, Canterbury, ed. by J. B. Sheppard, 1887. Tomes I et II.

86. The metrical Cronicle of Robert of Gloucester, ed. by W. Aldis Wright, Parts I and II, 1887.

87. Chronicles of Robert of Brunne, ed. by Fr. J. Furnivall, Parts I and II, 1887.

88. Icelandic Sagas... ed. by Gudbrand Vigfusson. Tomes I et II.

89. The tripartite Life of St-Patrick... ed. by W. Stokes, Parts I and II.

90. Willelmi Malmesbiriensis de Regum Gestis Anglorum, ed. by W. Stubbs. Tome I.

2004. Rervm Germanicarvm scriptores aliquot insignes, qui gesta sub Regibus & Imperatoribus Teutonicis, jam inde à Carolo M. vsque ad... [Carolum V...] litteris mandata posteritati reliquerunt... Editio tertia reliquis locupletior & emendatior, curante Burcardo Gotthelffio Struvio... Argentorati, Sumptibus Joh. Reinholdi Dulsseckeri, 1717. 3 vol. in-fol., rel. vélin.

C'est la troisième édition du recueil de *M. Freher*.

2005. **Freher.** Directorivm Historicorvm medii potissimvm aevi post Marqvardvm Frehervm et iteratas Ioh. Dav. Koeleri cvras recognovit, emendavit, avxit M. Geo. Christo. Hambergervs..... Gottingæ, Svmtibvs Vidvæ A. Br. Vandenhoeck, 1772. Vol. in-8, carré, rel. veau, fil. (Ex-libris d'E. Shipperdson).

Ce volume de *Marquard Freher* (1565-1614), publié pour la première fois par *Koeler*, en 1720, est un travail sur les historiens d'Allemagne, destiné à être mis au commencement des *Germanicarum rerum scriptores* du même auteur.

2006. Rervm Germanicarvm scriptores aliqvot insignes, qvi historiam et res gestas Germanorvm medii potissimvm aevi inde a Carolo M. ad Carolvm V per Annales litteris consignarunt... Editio Tertia cvrante Bvrcardo Gotthelff. Struvio. Ratisbonæ, Sumpt. Jo. Conr. Peezii, 1726. 3 vol. in-fol., rel. vél., tr. jaspée.

Le 3e tome du recueil de *J. Pistorius* a pour titre : Rerum germanicarum veteres iam primum publicati scriptores VI. Ratisbonne, 1726. C'est le savant *Struvius* qui a donné la troisième édition de cet ouvrage, c'est également à lui qu'on doit la nouvelle édition du recueil de *Freher*, n° 2004.

2007. Rerum Hungaricarum Monumenta Arpadiana, edidit *Stephanus Ladislaus Endlicher*. Sangalli, Scheitlin & Zollikofer, 1849. Vol. in-8, d.-rel. veau.

Cet ouvrage contient entre autres chroniques ou pièces : *Anonymi Belæ de gestis Hungarorum*, la *Chronicon Posoniense*... les deux légendes de saint Etienne, de nombreuses chartes des rois hongrois

2008. Rerum Italicarum Scriptores..... L. A. Muratorius collegit. Mediolani, 1723-1738. 25 tomes en 28 vol. in-fol., rel. vél., ital. — Indices Chronologici ad Rerum Italicarum Scriptores quos Muratorius collegit scripserunt *J. Calligaris*, *J. Filippi*, *C. Merkel*, operis moderamen sibi susceperunt *C. Cipolla*, *A. Manno*. Augustæ Taurinorum, e regio typographeo, 1885. 1 vol. in-fol., rel. vél.

> Exemplaire complet de cette importante collection, dont on trouve assez difficilement le tome 25. Cf., du même auteur, *Antiquitates Italiæ*, n° 1899.

2009. Ad Muratorii Rerum Italicarum Scriptorum tomum VIII. Appendix; seu Laurentii de Monacis, Veneti Cretæ Cancellarii Chronicon de Rebus Venetis ab U. C. ad Annum MCCCLIV..... Omnia..... illustravit Flaminius Cornelius..... Venetiis, ex typ. Remondiniana, 1758. In-4, rel. toile.

2010. Rerum Italicarum scriptores ab anno millesimo ad millesimum sexcentesimum quorum potissima pars nunc primum in lucem prodit ex Florentinarum Bibliothecarum codicibus. Florentiæ, ex typ. P. Cajetani Viviani, 1748-1770. 2 vol. in-fol., rel. vél., portr. et front.

> L'éditeur est J. M. Tartini.

2011. Rervm Moscovitarvm avctores varii : vnvm in Corpvs nvnc primvm congesti. Quibus & Gentis Historia continetur : et regionvm accvrata descriptio... Francofvrti. Apud hæredes Andreæ Wecheli, Claud. Marnium & Ioan. Aubrium, M.DC. 1 vol. in-4 de 12 ffnc., 443(1) pp., 28 ffnc., 4 pl.

2012. Rervm Sicvlarvm Scriptores... in vnum corpus nunc primum congesti. Francofvrti ad Moenvm, apvd And. Wechelvm, M.D.LXXIX. 1 vol. petit in-fol. de 4 ffnc., 705(1) pp., 18 ffnc., rel. veau est. (xvi° s.).

> La plus grande partie de ce recueil est occupée par le « De rebus Siculis Decades duæ » de l'historien *Thomas Fazelli*.

2013. Scriptores Rerum Austriacarum veteres ac genuini..... edidit..... R. D. P. Hieronymus Pez. Lipsiæ, Sumptibus J. F. Gleditschii, 1721-1745. 3 vol. in-4, rel. vél., tr. rouge.

> Recueil très précieux dû au savant bénédictin *Jérôme Pez* (1685-1762) qui recueillit pendant plusieurs années les documents historiques inédits des bibliothèques d'Autriche et de Bavière. Le tome III, publié 20 ans après le deuxième, renferme la chronique d'*Ottokar d'Horneck*.

2014. Scriptores Rervm Germanicarvm à Carolo M. usq; ad Fridericvm III. inclusivè... in unvm volvmen collecti unà cvm omni re diplomatica Friderici Imp... Accessit etiam Præfatio Jo. Schilteri. Argentorati, ap. J. R. Dulsseckerum, Anno DCCII (1702). 1 vol. in-fol., br., non rogn., front. et 1 pl. Mouillures.

2015. Scriptores rerum gestarum Willelmi Conquestoris in unum collecti ab *I. A. Giles*. Londini, Nutt, 1845. In-8, rel. toile. — HISTORICAL REPRINTS. X. The Reign of William the Conqueror... XI. The Genealogie of the Kings of Britain from Brutus to the death of Alfred... supposed to be written by

Peter de Jckham, M CCLXXV. Privately printed, Edinburgh, 1885. 2 plaq. in-8, br., couv.

2016. Scriptores Rervm Hvngaricarvm veteres ac genvini, partim primvm ex tenebris ervti, partim antehac qvidem editi, nvnc vero ex mss. codd., et rarissimis editionibvs bibliothecae Avgvstae Vindobonensis ab innvmeris mendis vindicati... cvm præfatione Matthiae Belii... cvra et stvdio Ioannis Georgii Schwandtneri. Vindobonæ, imp. Ioannis Pavli Kravs, 1746-1748. 3 vol. in-fol., rel. vél., avec frontisp.

Bel exemplaire de ce recueil estimé de *Schwandtner*.

2017. Scriptores Rerum Prussicarum..... herausgegeben von *Theodor Hirsch*, *Max Töppen* und *Ernst Strehlke*. Leipzig, Hirzel, 1861-1866. 3 vol. in-8, d.-rel. chag. r., tr. lim.; au dos, chiffre du comte Riant.

2018. SOCIÉTÉ DE L'HISTOIRE DE FRANCE. 65 vol. in-8, d.-rel. veau ou br. — Bulletins de la Société, 1834-1835. 2 vol. in-12, d.-rel. chag. — Annuaires Bulletins, 1837 à 1863 et 1867 à 1885.

Les publications de la Société de l'Histoire de France sont les suivantes :
L'Ystoire de li Normant. 1 vol. d.-rel.
Grégoire de Tours. Histoire ecclésiastique des Francs. 4 vol. d.-rel.
Villehardouin. 1 vol., d.-rel.
Grégoire de Tours. Œuvres diverses. 4 vol. d.-rel.
Orderic Vital. 5 vol. d.-rel.
Histoire des ducs de Normandie. 1 vol. d.-rel.
Chronique de Guillaume de Nangis. 2 vol. d.-rel.
Le Nain de Tillemont. Vie de saint Louis. 6 vol. d.-rel.
Commentaires et lettres de Blaise de Monluc. Tome V. 1 vol. br.
Œuvres de Brantôme. Tomes X et XI. 2 vol. br.
Œuvres de Suger. 1 vol. d.-rel.
Joinville. Histoire de saint Louis. 1 vol. d.-rel.
Chroniques des églises d'Anjou. 1 vol. d.-rel.
Chroniques des comtes d'Anjou & Introduction. Ensemble 1 vol. d.-rel.
Chroniques d'Ernoul et de Bernard le Trésorier. 1 vol. d.-rel.
Annales de Saint-Bertin et de Saint-Vaast d'Arras. 1 vol. d.-rel.
Chroniques de Saint-Martial de Limoges. 1 vol. d.-rel.
Nouveau recueil des comptes de l'argenterie. 1 vol. d.-rel.
Chanson de la Croisade contre les Albigeois. 2 vol. d.-rel.
Chronique du duc Louis II de Bourbon, 1 vol. d.-rel.
Chronique de Le Fèvre de Saint-Remy. 2 vol. d.-rel.
Récits d'un ménestrel de Reims. 1 vol. d.-rel.
Anecdotes et apologues d'Etienne de Bourbon. 1 vol. d.-rel.
Extraits des auteurs grecs concernant la géographie et l'histoire des Gaules. 6 vol. d.-rel. et br.
Histoire de Bayart. 1 vol. d.-rel.
Mémoires de N. Goulas. 3 vol. br.
Gestes des évêques de Cambrai. 1 vol. d.-rel.
Les Etablissements de Saint-Louis. Tome III. 1 vol. d.-rel., br.
Chronique normande du xive siècle. 1 vol. d.-rel.
Relation de Spanheim. 1 vol. d.-rel.
Œuvres de Rigord et de Guillaume le Breton. 2 vol. d.-rel.
Mémoires d'Olivier de la Marche. Tomes I à III. 3 vol. br.
Lettres de Louis XI. Tomes I et II. 2 vol. br.
Journal de Nicolas de Baye. Tome Ier. 1 vol. d.-rel.
Mémoires de Villars. Tome Ier. 1 vol. br.

2019. **Tomasini.** Bibliothecæ venetæ manvscriptæ pvblicæ et privatæ, quibus diuersi Scriptores hactenus incogniti recensentur. Opera Iacobi Philippi Tomasini Episcopi Æmoniensis..... Vtini, typis Nicolai Schirrati, MDCL. Petit in-4, rel. parch.

Rare.

3. Chroniques occidentales.

2020. **Abbon.** Le siége de Paris par les Normands en 885 et 886. Poëme d'Abbon avec la traduction en regard, accompagné de notes explicatives et historiques par *N.-R. Taranne*. Paris, Impr. Royale, 1834. — *Le même.* [*Extrait factice des* Nouvelles Annales *de* Dom Toussaint Duplessis], 1752. Ensemble 2 vol. in-8 et in-4, rel. toile, non rogn.

2021. Albert d'Aix : **Kugler** (Bernhard). Albert von Aachen. Stuttgart, Kohlhammer, 1885. 1 vol. petit in-8. — *Du même.* Kaiser Alexius und Albert von Aachen. *S. d.* — **Krebs** (Fried.). Zur Kritik Albertis von Aachen. Münster, Coppenrath, 1881. Ensemble 1 vol. et 2 plaq. in-8, d.-rel. veau, rel. toile et cart.

2022. **Albert de Stade.** Chronicon..... a condito orbe vsqve ad avctoris aetatem, id est, annum Iesu Christi M.CC.LVI. deductum, & nunc primùm euulgatum..... Helmaestadii, Excudebat Iacobus Lucius, Anno M.D.LXXXVII 1 vol. in-4, de 48 ffnc. 222 ff. ch., 1 fnc. blanc, 16 ff. chif. et 5 ffnc., rel. parchemin.

Première édition, donnée par *Reiner Reineccius* de la chronique d'Albert de Stade, qui est la suite de la chronique d'Adam de Brême. Elle est utile pour les croisades, car sans être aussi étendue que les chroniques plus anciennes, elle est plus exacte, surtout pour la première croisade. Cette édition a été publiée d'après un manuscrit de la Bibliothèque d'Henri Ranzow ; les 48 premiers ffnc. contiennent l'Index et la généalogie de la famille Ranzow, avec les portraits gravés sur bois des principaux membres de cette famille et les noms des 118 représentants mâles de ce nom, vivant en 1587.

2023. **Ansbert.** Historia de Expeditione Friderici Imperatoris edita a quodam Austriensi Clerico, qui eidem interfuit, nomine Ansbertus. Nunc primum e Gerlaci Chronico, cujus ea partem constituit, typis expressa, curante *Josepho Dobrowsky*. Pragæ, ap. Cajetanum de Mayregg. 1827. In-8, rel. toile.

Ansbert accompagna en Palestine Frédéric Barberousse. En 1824, Dobrowsky trouva son manuscrit chez un barbier de village et publia sa relation pour la première fois.

2024. Antiquitates Celto-Normannicæ, containing the Chronicle of Man and the Isles, abridged by Camden, and now first published, complete, from the original ms. in the British Museum ; with an english translation, and notes. To which are added extracts rom the Annals of Ulster..... by James Johnstone..... Copenhagen, Aug. Frid. Stein, 1786. In-4, rel. vél., non rogn.

2025. De antiquis legibus liber. Cronica maiorum et vicecomitum Londoniarum et quedam, que contingebant temporibus illis ab anno MCLXXVIII° ad annum MCCLXXIV^m; cum appendice. Nunc primum typis mandata curante *Thoma Stapleton*. Londoniis, Sumpt. Societ. Camdenensis, 1846. In-4, rel. toile.

2026. **Aventinus.** Johannes Turmair's genannt Aventinus sämmtliche Werke, hrsgg. von der K. Akademie der Wissenschaften. München, Christian Kaiser, 1880-1884. Ensemble 5 vol. grand in-8, avec portr., d.-rel. veau jaune, non rogn., au dos, chiffre du comte Riant. — **Dittmar** (Wilh.). Aventin. Nördlingen, Beck, 1862. In-8, rel. toile, non rogn., couv.

2027. — Annalivm Boiorvm libri VII. cvm doctissimorvm virorvm qvibvscvmqve editionibvs collati, emendativs avctivsqve excvsi, Qvibvs eivsdem Aventini Abacvs, simvl ac perrarvs Francisci Gvillimanni de Helvetia, sev rebvs Helvetiorvm Tractatvs lectoris cvriosi commodo accesservnt, præfationem cvrante Nicolao Hieronymo Gvndlingio..... Lipsiæ, Svmpt. Ioann. Frid. Bravnii, 1710. 1 vol. in-fol., rel. veau f.

La meilleure édition des annales d'*Aventinus* alias *Jean Thürmayer*, chroniqueur bavarois (1466-1534).

2028. **Baker** (Geoffroy). Galfridus le Baker de Swinbroke, Chronicon Angliæ temporibus Edwardi II et Edwardi III. Nunc primum ex unico codice msto. Bodleiano edidit *J. A. Giles*. Londini, Bohn, 1847. 1 vol. in-8, rel. toile. — **Warkworth** (John). A Chronicle on the first thirteen years of the reign of King Edward the fourth..... edited by *James Orchard Halliwell*. London, print. f. the Camden Society, 1839. In-8, rel. toile (édit.).

2029. **Baudoin d'Avesnes.** Chronicon Balduini Avennensis Toparchæ Bellimontis sive Historia genealogica comitum Hannoniæ Aliorumque Principum..... primùm nunc edita..... studio Iacobi baronis Le Roy et S. R. I., Domini Sancti Lamberti. Antverpiæ, ex Typ. Knobbariana, apud F. Muller, MDCXCIII. Petit in-fol., d.-rel. bas. n., non rogn., figg. et carte.

2030. **Gachet** (Emile). Les Chroniques de Bauduin d'Avesnes. Extr. du tome IX du *Bull. de la Comm. r. d'hist. de Belgique*. In-8, rel. toile. — **Gadet.** Les Chroniques de Bauduin d'Avesnes. Bruxelles, 1843. In-8, cart., pl.

2031. **Brakelond** (Jocelin de). Chronica Jocelini de Brakelonda, de rebus gestis Samsonis, abbatis monasterii Sancti Edmundi. Nunc primum typis mandata, curante *Johanne Grace Rokewode*. Londini, Sumtibus Societatis Camdenensis, 1840. In-8, av. 1 pl., rel. toile (édit.). — Monachi anonymi Scoti Chronicon Anglo-Scoticum. E codice Durlacensi primum edidit *C. W. Bouterwek*. Elberfeldae, Imp. S. Lucas, 1863. In-8, rel. toile, 1 pl. fac-sim.

2032. **Burchard de Biberach.** Historia Friderici Imperatoris Magni hujus nominis primi Ducis Suevorum et parentelae suae conscripta circa annum

MCCXXVI. Recens edidit..... Georgius Antonius Christmann. Ulmae, In off. lib. Wohleriana, 1790. Vol. in-4, rel. toile.

Édition de la partie de la chronique d'*Ursperg* attribuée à l'abbé *Burchard de Biberach*, mort en 1226.

2033. **Caffaro.** Cronaca della prima crociata scritta da Caffaro ed altra dei Re di Gerusalemme da un anonimo estratto dal Cod. degli Annali Genovesi esistente nella Biblioteca imperiale di Parigi e per la prima volta pubblicate. [Estr. degli *Atti della Soc. Ligure di Storia patria*.] Genova, per T. Ferrando, 1859. — La cronaca della crociata e la prima decade degli Annali di Caffaro. Genova, Sambolino, 1881. Ensemble 2 vol. in-8, rel. toile, non rogn., couv.

2034. — Cafari et continvatorvm Annales Ianvenses edidit *Georgivs Henricvs Pertz*. Hannoverae, Ex bibl. avlico Hahniano, 1862. Grand in-4, cart., 1 pl. chromol.

Chronique importante pour l'histoire de Gênes et celle des croisades; l'auteur *Caffaro*, appelé aussi *Taschifellone*, peut-être de la famille allemande de *Taschenfeld* (1080-1164), assista à la première croisade; ses Annales de Gênes ont été continuées par les magistrats qui lui succédèrent dans sa charge de consul de Gênes. *Francesco Ansaldo* avait publié déjà cette chronique dans une revue italienne et en tirage à part. Cf. n° 2033.

2035. Chronica Regia Coloniensis (Annales maximi Colonienses) cum continuationibus in monasterio S. Pantaleonis scriptis aliisque historiæ Coloniensis monumentis..... recensuit *Georgius Waitz*. Hannoveræ, Hahn, 1880. 1 vol. in-8, rel. toile, non rogn.

2036. Chronicon Angliæ Petriburgense. Iterum post Sparkium..... contulit *J. A. Giles*. Londini, Nutt, 1845. In-8, rel. toile (édit.). — Chronicon Petroburgense, nunc primum typis mandatum, curante *Thomá Stapleton*. Londini, Sumpt. Soc. Camdenensis, 1849. In-8, rel. toile (édit.).

2037. CHRONICON MONTIS SERENI: Incerti auctoris Chronica Montis Sereni. Ex cod. Freheriano recensuit *F. A. Eckstein*. Halis Saxon. In libraria Orphanotrophei, 1856. In-4, rel. toile. — Das Chronicon Montis Sereni kritisch erläutert von *Julius Otto Oppel*. Halle, Buchhand. d. Waisenhauses, 1859. In-8, rel. toile.

2038. Chronicon Sclavicum, quod vulgo dicitur parochi Suselensis. Niedersächsisch und Lateinisch, auf Grund der auf der Lübecker Stadt-Bibliothek erhaltenen Exemplare, der Edd. princ. s. l. et. a., hrsgg. v. Dr *E. A. Th. Laspeyres*. Lübeck, Asschenfeldt, 1865. 1 vol. in-8, rel. toile, non rogn.

2039. Chronique de l'abbaye de St-Hubert dite Cantatorium, traduite par *A. L. P. de Robaulx de Soumoy*, suivie du texte, corrigé sur les meilleures copies. Bruxelles, Meline & Cans, 1847. 1 vol. in-8, d.-rel. veau, tête peigne, non rogn., au dos, chiffre du comte Riant.

2040. Chronique de la Conquête de Constantinople et de l'établissement des Français en Morée, écrite en vers politiques par un auteur anonyme dans les premières années du XIVe siècle, et traduite pour la première fois d'après le ms. grec inédit par *J. A. Buchon*. Paris, Verdière, 1825. 1 vol. in-8, d.-rel. veau br., tête limaç. non rogn.

Cette chronique rimée est divisée en deux livres dont l'un raconte, en 1189 vers, l'histoire de la prise de Constantinople par les Croisés et parle brièvement des événements postérieurs. Le deuxième est relatif aux événements qui se passèrent dans le Péloponèse depuis la conquête de Guillaume de Champlitte et Geoffroy de Ville-Hardouin (1205) jusqu'au règne de la petite-fille de ce dernier, Isabelle (XIVe s.).

2041. Chronique de Rains (La), publiée sur le ms. unique de la Bibliothèque du Roi par *Louis Paris*. Paris, Techener, 1837. 1 vol. petit in-8, cart. — **Perrier** (Eug.). Note sur un manuscrit champenois du XIIIe siècle. Extr. du *Bull. de la Soc. d'Agric. de la Marne*. In-8, cart. couv. — **Wailly** (N. de). Notice sur six manuscrits contenant l'ouvrage anonyme publié en 1837 par M. Louis Paris sous le titre de Chronique de Rains. Extr. des *Mém. de l'Ac. des I. et B.-L.*, t. XXIV. In-4, br.

2042. Chronique du Bec et chronique de François Carré, publiées d'après les mss. 5427 et 5428, f. lat., de la Bibliothèque Nationale, par l'Abbé *Porée*. Rouen, Métérie, 1883. 1 vol. in-8, d.-rel. veau f., tête dorée, non rogn., au chiffre du comte Riant.

2043. Chroniques de France [Les grandes], selon que elles sont conservées en l'église de Saint-Denis en France. Publiées par M. *Paulin Paris*. Paris, Techener, 1836-38. 6 tomes en 3 vol. in-12, d.-rel. chag. r., non rogn., au chiffre du comte Riant.

2044. Chroniqves (Les) et Annales de France dez l'origine des Francoys, et leurs venuës és Gaules. Faictes iadis briefuement par Nicole Gilles..... iusqu'au Roy Charles huictiesme, & depuis additiōnées par Denis Sauuage, iusqu'au Roy François second. A present Reueuës corrigées & augmentées... par Francoys de Belleforest Comingeois... A Paris, Pour Nicolas du Chemin... 1573. (*Titre encadré.*) 1 vol. in-fol. de 32 ffnc., 536 ff. chif., rel. veau, plats ornés (XVIe s.); le dos est refait.

2045. **Conrad de Liechtenaw**. Conradi a Liechtenaw Vrspergensis coenobii,.. qui circa annum Christi MCCXX floruit, Chronicon : quo omnes fere veteres, potissimum vero rerum Germanicarum & Gallicarum Historici succinctè continentur... Accesserunt huic Editioni... Annales Rheginonis Abbatis Brumiensis : & Lamberti Schaffnaburgensis monachi... Editio novissima... Argentorati, Sumptibus Lazari Zetzneri... Anno MDCIX. In-fol., rel. vél.

Cette édition est due à Mélanchton. Cf. n° 2032.

2046. **Conrad le philosophe**. Chronicon Schirense, sæculo XIII conscriptum, a P. F. Stephano, Cœnobii Schirensis Abbate, additionibus quibusdam, notisque auctum, & an. 1623 publicæ luci datum. Ioannis Aventini Chronicon

Schirense, noua hac editione ad præsens vsque tempus perductum. Acc. G. Christiano Ioannis. Argentorati, Dulssecker, 1716. Vol. in-4, rel. toile.

<small>Conrad était moine bénédictin de Scheyern en Bavière; sa chronique va de 1196 à 1226.</small>

2047. [Conquista de Ultramar. Salamanque, Hans Giesser, 21 juin 1503.] 2 vol. in-fol.; car. goth., 2 gr.; 2 col., 48-49 ll., avec signat., tit. cour., init. grav., cartonnés. Tome I (*incomplet*) : ff. chiffrés IX à CCXXIIII, signat. b-z, ꝯ, ꝑ, par 8 ff., ℈, ℈℈ par 10 ff. Contient le texte imprimé du livre 1er, chap. 25 (sauf les premières ll.) jusqu'à la fin, et le livre second. 2 ff. ajoutés en tête contiennent le texte manuscrit du chap. 23 (sauf les premières ll.), du chap. 24 et les premières lignes du chap. 25 du livre premier. *F*. IX, *signé* b, *recto, col*. 1, *incipit* : q̄ siēpre fue costūbrado desdel primer papa q̄ ay ‖ ouiera... *F*. CCXXIIII, *verso, col*. 2, *l*. 43 : ⁋ Aq̄ se acaba el segūdo libro ꝯla conq̄sta ꝯ ‖ vltramar : ꞇ sigue el tercero. el q̄l cōtiene lo q̄ ‖ los pegrinos hizierō despues q̄ ptierō de An-‖tiocha hasta q̄ elegierō rey en Hierusalē ꞇ ouie ‖ rō alla algūas conq̄stas cō los turcos. — Tome II : CCXX ff. chiff., signat. A-Z, AA-BB par 8 ff., & CC, DD par 10 ff. *F*. 1 *recto, col*. 1, *incipit* : ⁋ Capitulo primero. De como fue la hue-‖ste de los cristianos para hierusalem. .... *F*. CCXX *recto, col*. 2, *l*. 40 : ⁋ Esta preclara ꞇ muy excellēte obra fue impre ‖ ssa enla muy noble cibdad de Salamanca por ‖ maestre Hans giesser. Acabo se martes a.xxj ‖ ꝯl de junio : año ꝯ mil ꞇ quinientos ꞇ tres. *Verso blanc*.

<small>Première édition fort rare, dont on ne connaît qu'un petit nombre d'exemplaires, et qui a conservé sa valeur malgré l'édition nouvelle donnée par M. *P. de Gayangos*.</small>

2048. La Gran Conquista de Ultramar, que mandó escribir el Rey don Alfonso el Sabio; ilustrada con notas críticas y un glosario por don *Pascual de Gayangos*. Madrid, M. Rivadeneyra, 1858. (Biblioteca de autores españoles.) Grand in-8, d.-rel. mar. rouge, tête marbrée, non rogn.; au dos, chiffre du comte Riant.

<small>Deuxième édition donnée d'après les trois mss. que l'on possède de cette chronique. En tête, M. de Gayangos a placé une intéressante introduction littéraire et un dictionnaire des noms propres qui se rencontrent dans la chronique, mais il n'a pas noté toutes les variantes du texte.</small>

2049. La Cronaca Veneta detta Altinate di autore anonimo in latino preceduta da un Commentario del Prof. *Antonio Rossi* e la Cronaca dei Veneziani del maestro Martino da Canale nell' antico francese colla corrispondente versione italiana del conte *Giovanni Galvani*. Firenze, Vieusseux, 1843. 1 vol. in-8, d.-rel. veau, tr. jasp.

2050. CRONACA ALTINATE : **Simonsfeld** (Henry). Venetianische Studien. I. Das Chronicon Altinate. München, Th. Ackermann, 1878. In-8, rel. toile, couv. — *Du même*. La Cronaca Altinate, studio... tradotto da *C. S. Rosada*. Estratto dall' *Archivio Veneto*, XVIII-XXI, 1879-1881. In-8, br.

2051. Cronica deli Imperadori. Antico testo Veneziano, ora primamente pubblicato da *A. Ceruti*. Estr. degl' Archivio Glottol. Ital. Roma, 1878. In-8, rel. vél. bl.

Chronique anonyme contenant une histoire sommaire des empereurs d'Occident depuis Octavien-Auguste jusqu'à la mort de saint Louis.

2052. Ekkehard d'Ura. Ekkehardi Uraugiensis abbatis Hierosolymita, nach der Waitz'schen Recension mit Erläuterungen und einem Anhange, hrsgg. von *Heinrich Hagenmeyer*. Tübingen, Franz Fues, 1877. In-8, d.-rel. chag., tête lim., non rogn.; au dos, chiffre du comte Riant.

2053. Eraclius. Deutsches und französisches Gedicht des zwölften Jahrhunderts (jenes von Otte, dieses von Gautier von Arras) nach ihren je beiden einzigen Handschriften nebst mittelhochdeutschen, griechischen, lateinischen Anhängen und geschichtlicher Untersuchung, zum ersten Male hrsgg. v. *H. F. Massmann*. Quedlinburg und Leipzig, Basse, 1842. 1 vol. in-8, d.-rel. chag. r., non rogn.

Tome VI de la « Bibliothek d. gesammt. deutsch. Nat. Literatur ».

2054. Eraclius. Deutsches Gedicht des XIII[en] Jahrhunderts. hrsgg. v. *Harald Graef*. Strassburg, Trübner, 1883. 1 vol. in-8, rel. toile, non rogn.

2055. Eusèbe de Césarée. ❡ Evsebii || Cęsariësis Episcopi Chronicon : quod || Hieronymus presbyter... || ... Latinū facere curauit, & vsqʒ in Va= || lentem Cæsarē Romano adiecit eloquio. || Ad quem & Prosper & Matthęus Pal= || merius, & Matthias Palmerius, demum || & Ioannes Multiuallis com= || plura quę ad hęc vsqʒ || tempora sub= || secuta || sūt || adicere. || Henricvs || Stephan⁹ || *Dernier fnc. r°*, *l*. 33 : Absolutū est in alma Parisiorū Academia... || ... per Henricum Stephanū... || ... diligentia, necnō eiusdē & Iodoci || Badij in hoc opere sociorum paruis expensis An= || no ab incarnatione domini... || ... Millesimo quingen= || tesimo duodecimo || Idibus ve= || ro Iu= || lij. In-8 de 20 ffnc., 175 ff. chif., 1 fnc. — Fasciculus temporum omnes antiquorum || cronicas succincte complectens. || *(Marque de Jean Petit.)* || Venalis in vico sancti ia= || cobi Sub Flore lilij. *F°* xcij *v°*, *l*. 30 : ❡ Opus completum... cū plu || ribus additionibus in nullis antea libris positis : videlicet ab initio pōtificatus Jnno || centii octaui vsqʒ ad annum virginei partus. Mdxii. Sumptibus... Johan-||nis parui....... eo || dem Anno impressum. In-16 de 6 ffnc., 92 ff. chif., car. goth. Ensemble 1 vol., rel. veau estamp. (xvie siècle), dos remonté.

Notre exemplaire a été acheté, en 1518, par Jean Pierre Visconti, prévôt de Milan. Le texte de la Chronique d'Eusèbe de Césarée reproduit celui des éditions de Milan (1475) et de Venise (1485) ; cette édition est due aux soins de *Johannes Multivallis*. Le « Fasciculus temporum » est un manuel d'histoire universelle attribué au chartreux allemand *Werner Rollewinck*. Il a joui d'une immense vogue pendant la seconde moitié du xve siècle et une partie du xvie.

2056. Fordun (Joannes de). Scoti chronicon, cum Supplementis et continuatione Walteri Boweri, Insulæ Sancti Columbæ Abbatis. e codd. mss. editum, cum notis et variantibus lectionibus... curâ Walteri Goodall. Edinburgi, Typis Rob. Flaminii, 1759. 2 vol. in-fol., d.-rel. toile, non rogn.

2057. **Froissart.** Chroniques, publiées avec les variantes des divers manuscrits par M. *Kervyn de Lettenhove*. Bruxelles, 1870-77. 25 tomes en 26 vol. in-8, avec portr., d.-rel. veau jaune, tête limaç., non rogn.; au dos, chiffre du comte Riant.

2058. — Frossardi, nobilissimi Scriptoris Gallici, Historiarvm opvs omne, iamprimvm et breviter collectvm et latino sermone redditum. (*Marque typ.*) Parisiis, Ex officina Simonis Colinæi, 1537. Petit in-8 de 16 ffnc., 115 ff. chif., 1 fnc., rel. veau estampé (rel. xvie siècle un peu restaurée).

Cette édition donnée par *Jean Sleidan*, et précédée d'une épitre au cardinal Jean du Bellay, n'a de valeur et d'intérêt qu'au point de vue typographique. On y a ajouté un portrait d'Alvarus Nonius (anno 1586), gravé sur cuivre par *J. Wieriecx* et d'une remarquable exécution.

2059. — : **Kervyn de Lettenhove.** Froissart. Étude littéraire sur le xive siècle. Paris, Durand, 1857. 2 tomes en 1 vol. in-12, rel. toile, non rogn., couvert.

2060. **Gaguin** (Robert). La mer des || Cronicques et Mi || rouer hystorial De france Jadis compose en latin Par || religieuse personne frere Robert gaguin En son viuāt Mi || nistre general De lordre De la saincte Trinite. Et nouuel || lement traduict De latin en vulgaire francoys... || ... Et augmente De nouueau iouxte les pre- || miers Imprimez De plusieurs faitz aduenuz esditz pais || Depuis le ioyeulx Regne... Du... || Roy de france Francoys premier De ce nom iusques au || moys Daoust Lan de grace mil cinq cens. xxx.. || ..... Nouelle- || ment Imprime a Paris par Jaques nyuerd. || ... (*Titre imprimé en rouge et noir et encadré.*) F° LLxxviii r°, *l.* 49 : ❡ Cy finist la mer des Cronicq̄s..... || ... Leq̄l traicte de to⁹ les faitz aduenuz depuis la destructiō de troye la grāt ius q̄s au || xxiii. io^r daoust lan de grace mil cīq cēs. xxx Et cedict iour a este acheuee de Imprime a || paris par Jaq̄s nyuerd demouant a la rue de la Juifrye a lymage sainct pierre. Et || a la premiere porte du palays. *Au verso, marque de* Nyverd. Petit in-fol. goth. de 10 ffnc. (titre et table), LLxviii ff. chif., prép. p. rel. Raccom. au titre.

2061. **Geoffroy de Courlon.** Chronique de l'abbaye de Saint-Pierre-le-Vif de Sens, rédigée vers la fin du xiiie siècle. Texte et traduction publiés pour la première fois... par M. *G. Julliot*. Sens, Duchemin, 1876. In-8, d.-rel. veau, tête peigne, non rogn.; au dos, chiffre du comte Riant. — *Du même.* Le livre des reliques de l'abbaye de Saint-Pierre-le-Vif de Sens, publié avec plusieurs appendices par MM. *Gustave Julliot* et *Maurice Prou*. Sens, Duchemin, 1887. In-8, br.

2062. **Gesta regum Britanniæ.** A metrical history of the Britons of the XIIIth century, now first printed by *Francisque Michel*. Printed for the *Cambrian arch. association*, 1862. In-8, br.

2063. Grégoire de Tours. Gregorii Tvronensis Episcopi Historiæ Franco-rvm libri decem..... Ex bibliotheca Laur. Bochelli. Parisiis, È Typographiâ Petri Chevalerii, M.DC.X. In-8, rel. parchem.

2064. Grumello (Antonio). Cronaca, pubblicata per la prima volta dal Prof. *Giuseppe Müller.* Milano, Fr. Colombo, 1856-1857. 2 tomes en 1 vol. in-8, avec cartes, d.-rel. veau jaune, non rogn., couvert.; au dos, chiffre du comte Riant.

2065. Guibert de Nogent. Guiberti abbatis S. Mariæ de Novigenio Opera omnia (Édition Migne). Paris, 1853. 1 vol. grand in-8, rel. toile, non rogn.

2066 **Guillaume de Tyr.** Belli sacri hi-|| storia, Libris XXIII comprehen|| sa, de Hierosolyma, ac Terra promis-||sionis, adeoq̃ӡ uniuersa penè Syria per Occidentales principes Chri||stianos recuperata : narrationis serie usq̃ӡ ad regnum Balduini quar-|| ti, per annos LXXXIIII continuata. Opus mirabili rerum scitu di-||gnissimarum uarietate refertum, ac historiæ studiosis ut iucundissi-||mum, ita & utilissimum futurum : ante annos quidem circiter qua-||dringentos conscriptum, nuncque primùm Doctissimi || uiri Philiberti Poyssenoti || opera in lucem editum. || Gvlielmo Tyrio Metropolitano || quondam Archiepiscopo, ac regni eiusdem || Cancellario, autore....... *In fine* : Basileæ, Per Nicolavm Brylin-||gervm et Ioannem Oporinvm || Anno Salutis humanæ M D XLIX. || Mense Martio. Petit in-fol. de 16 ffnc., 578 pp., rel. vél.

Édition princeps de la Chronique de *Guillaume de Tyr*, publiée par *Philibert Poyssenot*. Elle ne contient pas la continution d'Herold, et le 23e livre n'est pas terminé; il n'y en a que la préface.

2067. — Historia della gverra sacra di Giervsalemme, Della Terra di Promissione, e quasi di tutta la Soria ricuperata da' Christiani : Raccolta in XXIII. libri, da Guglielmo Arciuescouo di Tiro,... : La quale continua ottantaquattro anni per ordine, sin' al Regno di Baldoino IIII. Tradotta in lingva italiana da M. Gioseppe Horologgi..... In Venetia, Appresso Vincenzo Valgrisi. M.D.LXII. In-4 de 14 ffnc., 702 pp., 1 fnc., rel. vél. (titre raccom.).

Rare, première traduction italienne du célèbre ouvrage de Guillaume de Tyr.

2068. — Historia belli sacri verissima, lectv et ivcvnda et vtilissima libris uigintitribus ordine comprehensa. In qua Hierosolyma ac terra populo Dei olim promissa & data, unà cum tota ferè Syria, per occidentis principes Christianos, anno reparatæ salutis millesimo nonagesimonono, magna pietate & fortitudine recuperata fuit. Certa narrationis serie, per annos octogintaquatuor, ad regnum Balduini quarti usq̃ӡ, continuata & descripta, Authore olim Vuilhelmo Tyrio Metropolitano Archiepiscopo... Nunc ueró multó castigatior quàm antea in lucem editum. Vnà cum continuatione totius de bello sacro Historiæ..... Cum præfatione Henrici Pantaleonis, atq̃ӡ ipsius Authoris uita... (*Marq. typ.*) Basileæ apvd Nicolavm Brylingerum, Anno

M.D.LXIIII. 1 vol. petit in-fol. de 4 ffnc., 443(1) pp. [faussement marquées 454(1)], 8 ffnc. — *A la suite* : De Bello Sacro Continvatæ historiæ libri VI... Basilio Iohanne Herold avthore. Adiecimus de Expugnatione urbis Ptolemaidos, Monachi Florentini Archiepiscopi Acconensis Rythmum. Insuper etiam de Sarracenis profligatis ab Alphonso X..., rescriptum, cum Epistola procerum eorum, quorum... industria Albigenses hæretici & deuicti & deleti fuerunt... (*Marque typ.*) Basileae, per Nicolaum Brylingervm, Anno M.D.LX. Petit in-fol. de 4 ffnc., 243(1) pp. Ensemble 1 vol. petit in-fol., rel. vél.

2069. — Histoire || de la gverre || Saincte, dite proprement, || la Franciade Orientale, || Contenant ce que les Françoys & autres Princes Occidentaux ont heureusement executé con-||tre les Turcs, Sarrasins & infideles...||... par l'espace de quatre || vingts quatre ans, que les Chrestiens ont tenu le païs d'Orient :... || Faite Latine par Guillaume Archeuesque de Tyr,... || ... : & traduite en François, || Par Gabriel Dv Preav, natif de Marcoussis, pres Mont-lhery. || (*Marque typographique.*) || A Paris, || Pour Robert le Mangnier libraire,... || M.D.LXXIIII. || Auec Priuilege du Roy. Petit in-fol. de 22 ffnc. (pièces liminaires et table des chapitres), 688 pp. (texte) et 30 ffnc. (table des matières). Rel. mar. brun, dos et plats ornés, tr. dor. (anc. reliure), titre remonté.

Première édition française, peu commune.

2070. — Geschichte der Kreuzzüge und des Königreichs Jerusalem. Aus dem Lateinischen des Erzbischofs Wilhelm von Tyrus von *E.* und *R. Kausler*. Stuttgart, Krabbe, 1840. In-8, avec pl. et carte, rel. toile, non rogn. — **Prutz** (Hans). Studien über Wilhelm von Tyrus. [Abd. a. d. *Neues Archiv.*, VIII.] In-8, cart. — **Streit** (Lud.). De rerum transmarinarum qui Guilelmum Tyrium excepisse fertur gallico auctore Specimen. Gryphiswaldiae, 1861. In-8, rel. toile.

2071. — Guillaume de Tyr et ses continuateurs. Texte français du XIIIe siècle revu et annoté par *Paulin Paris*. Paris, Didot, 1879-80. 2 vol. grand in-8, d.-rel. mar. rouge, coins, tête dor., non rogn.; au dos, chiffre du comte Riant.

Un des 100 exemplaires tiré sur papier à la forme (n° 23).

2072. *Le même ouvrage.* Papier ordinaire. 2 vol. brochés.

2073. **Guillaume le Breton.** Gulielmi Britonis Aremorici Philippidos libri duodecim. Caspar Barthius recensuit ..... Cygneæ, Melchior Göpnerus, M.DC.LVII. 1 vol. petit in-4, rel. vél.

Cette édition, imprimée à Zwickau, a été donnée par *Gaspard Barth*, d'après l'édition princeps de *Pithou*, mais le texte en est meilleur et il a été accompagné d'un copieux commentaire.

— **Delaborde** (H. François). Étude sur la chronique en prose de Guillaume le Breton. Paris, Thorin, 1881. In-8, cart., non rogn., couv. — **Gidel** (Car.

Ant.). De Philippide Guillelmi Britonis disputatio. Andecavis, Cosnier et Lachère, 1857. In-8, rel. toile. — **Pannenborg** (A.). Zur Kritik der Philippis. Aurich, Tapper, 1880. [*Programm.*] In-4, cart.

2074. **Gunther de Pairis.** [Ligurinus. Augsbourg, Erhard Oeglin, 1507, avril.] Petit in-fol., 82 ffnc.; car. rom., 2 gr.; 44-55 ll. ll.; signatures A-M par 6 ff., sauf A, C, E. G, I qui en ont 8; tit. cour. et lettrines; rel. vél. *Fnc.* 1 *incipit*: LIGVRINI DE GESTIS IMP. CÆSARIS FRIDERI‖ci primi Augusti libri decē carmine Heroico cōscrip‖ti nnper apud Francones in silua Hercynia & druy‖darum Eberacensi cœnobio A Chunrado‖Celte reperti postliminio restituti. *Fnc.* 3 *signé* Ai *recto* : INCIPIT LIBER PRIMVS LIGVRINI DE GE‖STIS. IMP. CAES. FRIDERICI. PRIMI. AVG. *Fnc.* 75 *verso*, *l.* 41 : Gūtheri Ligurini Poetæ clarissimi de gestis diui Frid. ‖ pri. Decē libri fœliciter editi : & impͣssi per industriū ‖ & ingeniosū Magistrū Erhardū Oeglin ciuem august ‖ ēsem Año Sesquimillesimo & septimo mēse Apprilio ‖. *Fnc.* 76 *recto blanc*. *Fnc.* 81 *verso*, *l.* 46 : Felici fine completus Ligurinus..... *l.* 53 : TENEO TE EVROPA ET TOTA GERMANIA. *Fnc.* 82 *blanc?* Manque.

Première et fort rare édition du « Ligurinus » due aux soins de *Conrad Peutinger* qui l'a dédiée à l'empereur Maximilien. L'authenticité de cette chronique en vers a été, à plusieurs reprises, l'objet de vifs débats; il en a été de même au sujet de son attribution à *Gunther Alamannus* ou *Gunther de Pairis*. Sans trancher complètement la question, le comte Riant a trouvé des arguments en faveur de Gunther par la publication du manuscrit d'une chronique du même auteur sur la conquête de Constantinople où l'on trouve des vers latins qui peuvent être attribués au moine de Pairis.

2075. — Gvntheri ‖ Poëtæ clarissimi, ‖ Ligvrinvs, ‖ seu Opus De Rebus gestis Imp. ‖ Cæsaris Friderici, I. ‖ Avg. Lib. X. ab= ‖ solutum. ‖ Richardi ‖ Bartholini, Perusini, ‖ Avstriados ‖ Lib. XII... ‖ cvm Scholiis ‖ Iacobi Spiegellij Select. V.C. ‖ M.D.XXXI. *A la page 353 de l'* « Austriados » : ‖ ℭ Argent. apud Ioannem Schottum ‖ librarium. Anno a mundo renato ‖ M.D.XXXI. XXVI. Augusti. 1 vol. in-fol. de 3 ffnc., 226 pp., 5 ffnc., 353(1) pp., 8 ffnc. rel. vél.

Édition rare. Chacun des deux poèmes a une pagination séparée, un titre spécial, qui est encadré, ainsi que le recto du deuxième feuillet.

2076. — Guntheri Ligurinus. Sev de Rebvs gestis Imp. Cæs. Friderici primi, PP. Avg. cognomento Aenobarbi, siue Barbarossæ, Libri X. Opvs non solvm poetis lectv ivcvndvm, sed et Historicis & Politicis & Aulicis, ad deliberationum Consiliorum, Legationum..... exempla..... vtile inprimis ac necessarium. Cvnradvs Rittershvsivs... recensuit : qvinque editionibus inter se collatis... Tvbingæ, Apud Georgium Gruppenbachium M.D.XCVIII. In-8 de 18 ffnc., 285(1)-219(1) pp., 2 ffnc. (blancs), rel. vél.; au verso du titre, fig. sur bois : l'empereur Frédéric Barberousse.

Cette fort rare édition est la meilleure de toutes celles qui ont paru autrefois grâce à la préface de Rittershuys et aux excellentes notes qui tiennent toute la seconde partie de l'ouvrage.

2077. — **Guntheri** poëtae Ligurinus. Sive de rebus gestis imperatoris Caesaris Friderici primi Aug. cognomento Aenobarbi. Libri decem ....lectionum varietate atque indicibus auxit Dr *Car. Georg. Dümgé.* Heydelbergae, Engelmann, 1812. Vol. in-8, d.-rel. mar.

2078. GUNTHER DE PAIRIS : **Pannenborg** (A.). Ueber den Ligurinus [Abdr. aus d. *Forsch. z. d. Gesch.*, XI, 1871.] — *Du même.* Noch einmal Magister Guntherus [Abdr. aus d. *Forsch. z. d. Gesch.*, XIV, 1874.] — *Du même.* Der Verfasser des Ligurinus. Abdr. aus dem *Programm des Kgl. Gymn.* Göttingen, Peppmüller, 1883. — **Paris** (Gaston). Dissertation critique sur le poème latin du Ligurinus attribué à Gunther. Paris, Franck, 1872. Ensemble 1 vol. in-8, d.-rel. veau j., tête lim., éb. ; au dos, chiffre du comte Riant, et 1 plaq. in-4, cart., couv. — **Withof** (Joh. Hildeb.). Specimen emendationum ad Guntheri Ligurinum. Præmittitur Sermo Academicus de Fatis Studiorum. Duisburgi ad Rhenum, Sumtibus J. Ovenii, 1731. In-4, cart.

Avec l'ouvrage de Withof, on a cartonné deux autres plaquettes : « Dissertatio de Ottonismo quam.....submittet *M. Io. Georgivs Herrnbavr.* Vitembergae, 1726 » et « Anecdota ad Historiam Erici XIV. Svecorvm Regis spectantia... publico examini sistet *E. H. de Nimtsch.* Giessæ Hassorum, 1719 ».

2079. **Guyse** (Jacques de). Histoire de Hainaut, traduite en français avec le texte latin en regard, et accompagnée de notes. Paris, Sautelet, 1826-37. 20 tomes en 11 vol. in-8, d.-rel. mar. rouge, non rogn.; au dos, chiffre du comte Riant.

Cette publication a été faite par *M. de Fortia d'Urban.* Les tomes 16 à 19 contiennent les Annales du Hainaut de Jean Lefèvre, publiées ici pour la première fois.

2080. **Haython.** Liber Hi=‖storiarvm parti-‖vm Orientis, sive Pas‖sagivm terræ sanctæ, Haytho-‖no, Ordinis Præmonstra-‖tensis, Authore, scriptus ‖ anno Redemptoris ‖ nostri M.CCC. ‖ Haganoæ, per Iohan. Sec. ‖ Anno M.D.XXIX. *Titre encadré.* Petit in-4 de 72 ffnc. (le dernier blanc), rel. mar. rouge, tr. dor., dent. int.; au dos, chiffre du comte Riant. (Dupré.)

Rare. Édition princeps de la traduction latine de l'histoire d'Orient, écrite d'abord en français, d'après les chroniques du moine arménien Haython ou Héthoum, mort à Poitiers au commencement du xive siècle. L'auteur de cette rédaction, un certain Nicolas de Salcon ou Falcon, traduisit son œuvre en latin, sur l'ordre de Clément V. Le Liber Historiarum contient l'histoire de Gengiskhan et de ses successeurs, il est d'une importance considérable pour l'histoire des Croisades.

2081. — Historia orientalis Haythoni Armenii : et hvic svbiectvm Marci Pavli Veneti Itinerarium, item Fragmentum è Speculo historiali Vincentij Beluacensis eiusdem argumenti. (*Fleuron typog.*) *Dernier fnc,* r° : Helmaestadii, Excudebat Iacobus Lucius. Anno M.D.LXXXV. In-4, de 1 fnc., 211 ff. chif., 67 ffnc., rel. vél.

Cette édition est due à *Reineccius,* auteur de l' « Appendix ad Haython », qui remplit les 64 derniers ffnc.

2082. **Haython.** Historie der oostersche Lantschappen; Daar in d'Opkoomst, Voortgang, en Oorlogen, der Tartaren, hun grote Heerschappy, en Verwinningen op verscheide volken, en voornamelijk op de Saracenen; en hun liefde en genegentheit tot de Christinen, vertoont word. Door Haithon van Armenien, Heer van Kurchus..... door J. H. Glazemaker vertaalt. t' Amsterdam, Voor Abraham Wolfgang... 1664. In-4, rel. vél.

> Cette édition hollandaise est peu commune. La même année 1664, Glazemaker a publié des extraits de Haython à la suite d'une traduction de Marco Polo. Cf. n° 1088.

2083. — Les fleurs des hystoires de la terre d'Orient compillées par frère Hayton, seigneur de Courcy et cousin germain du roy d'Arménie..... *A la fin* : cy finist l'hystoire de Tambarlan nouvellement imprimee à Paris, à l'enseigne de l'Escu de France. *Sans date* (vers 1520). Petit in-4 gothique à 2 col., nomb. fig. sur bois, rel. mar. r., fil. à comp., tr. dor. (rel. ancienne aux armes et chiffre de Molé).

> Exemplaire imparfait d'un livre très rare; il manque le titre et les pièces limin. Le texte d'Haython est complet. Il commence au cahier B par : s'ensuyt la première partie qui parle des royaulmes d'Asie.
> La relation d'Haython a été tout d'abord recueillie sous sa dictée, au xiv° siècle, par Nicolas Falcon, Prémontré de Poitiers. Notre texte, traduit sur la rédaction latine, est de Fr. Jehan Lelong d'Ypres, moine à Saint-Bertin, connu sous le nom d' « Yperius ». Sont jointes deux lettres de Pilinski au comte Riant. (A. P..... d.)

— **Paris** (P.). Haython, prince d'Arménie, historien. Extr. du tome XXV de l'*Hist. litt. de la France*. In-4, cart.

2084. **Helmold.** Chronica Slavorum Helmoldi, Presbyteri Bosouiensis, et Arnoldi, Abbatis Lubecensis, in quibus res slavicæ & saxonicæ fere à tempore Caroli Magni usque ad Ottonem IV. seu. ad ann. Ch. cIↄ ccIX exponuntur. Henricus Bangertus..... recensuit et Notis illustravit. Lubecæ, Sumptibus Statii Wesselii, Literis Jacobi Hinderlingii, Anno MDCLIX. Petit in-4, rel. vél., front.

> *Helmold* (1108-1177) est considéré comme le plus ancien des écrivains du Nord de l'Allemagne. Sa chronique, d'une importance historique considérable, a été continuée par *Arnold de Lubeck*; elle a été imprimée pour la première fois en 1556 à Francfort et souvent réimprimée depuis. Notre édition, due aux soins d'*Henri Bangert* (1610-1665), recteur de l'Université de Lubeck, a été faite d'après les deux éditions précédentes de 1556 et 1576 comparées avec quatre manuscrits.

2085. **Henri de Herford.** Liber de rebus memorabilioribus sive Chronicon. Edidit et de Scriptoris vita et chronici fatis auctoritateque dissertationem præmisit *Augustus Potthast*. Gottingen, Dieterich, 1859. 1 vol. in-4, avec facsim., rel. toile, non rogn.

2086. **Herbert Losinga.** Epistolæ Herberti de Losinga, primi episcopi Norwicensis, Osberti de Clara et Elmeri, prioris Cantuariensis. Nunc primum è codicibus mn. editæ a *Roberto Anstruther*. Bruxelles, Vandale; Londres, Nutt, 1846. 1 vol. in-8, rel. toile, non rogn.

2087. **Hermann de Lerbeke.** Chronicon comitvm Schavvenbvrgensivm nvnc primvm in lvcem prodvctvm, notisque illustratum, studio & opera Henrici Meibomii. Francofvrti, Typis Erasmi Kempfferi, Sumptibus Rvlandiorvm. Anno M.DC.XX. In-4, rel. vél.

> La chronique du dominicain saxon *Hermann de Lerberke*, qui vivait dans la première moitié du xve siècle, va de 1030 à 1404. L'éditeur *Henri Meibom* a publié en même temps que cette chronique d'autres pièces sur les comtes de Schaumbourg : la *Chronicon Mindense*, *Lippi Florium sive Poema de comitibus Lippiensibus*, de *M. Iustinus*, et deux poésies d'*Henri Aquilonipolensis*.

2088. Histoire de la conqveste dv Royavme de Iervsalem svr les Chretiens par Saladin. Traduite d'un ancien Manuscrit. Paris, Gervais Clouzier, M.DC.LXXIX. In-12, rel. peau de Suède; sur les plats, armes du comte Riant.

> Suivant Barbier, cet ouvrage qu'on attribue à *Citri de la Guette* est une traduction libre d'une rédaction du xive siècle de *Cabart de Villermont*, dont le manuscrit est conservé à la Bibl. nationale.

2089. Histoire de la Croisade contre les hérétiques albigeois écrite en vers provençaux par un poëte contemporain, traduite et publiée par *C. Fauriel*. Paris, Imp. royale, 1837. 1 vol. in-4, rel. mar. rouge, dos orné, dent. sur les plats, garde doublée de moire, tr. dorée (Levasseur).

2090. Histoire anonyme de la Guerre des Albigeois, nouvelle édition, publiée pour la première fois séparément, revue et corrigée sur l'édition des Bénédictins, sur celle de M. du Mège et sur le manuscrit de Toulouse avec un glossaire et des fragments de langue romane, depuis le xie siècle jusqu'à nos jours et une introduction par un indigène [*le Mis de Loubens*]. Toulouse, Bompard, 1863. In-8, cart. perc.

2091. **Jacques de Vitry.** Iacobi de Vitriaco primvm Acconensis, deindé Tvscvlani episcopi, et S^æ Eccl. R. Cardinalis, Sedisque Apostolicæ in Terra sancta, in Imperio, in Francia olim Legati, Libri dvo Quorum prior Orientalis, siue Hierosolymitanæ : Alter, Occidentalis Historiæ nomine inscribitur. Omnia nunc primùm studio & opera D. Francisci Moschi Niuigellatis I. C^{li} & Armentarianorum Curionis, è tenebris & situ in lucem edita. (*Marque typog.*) Dvaci. Ex Officina Typographica Balthazaris Belleri, sub Circino. Anno 1597. Cum Priuilegio ad sexennium. In-8 de 24 ffnc., 479(1) pp., rel. veau marb., tr. lim.; sur les les plats, fil. et chiffre du comte Riant. Le second fnc. contient un portrait gravé sur cuivre d'Albert d'Autriche, cardinal-archevêque de Tolède.

> Rare. Édition princeps de la Chronique de Jacques de Vitry (mort en 1244); elle est précédée de sa vie par *André Hoy*.

2092. **Jacques Philippe de Bergame.** [Chroniques. Venise, 1553.] *F*° 1 *r*° *incipit* : Incomincia l'opera dignissima et || preclara chiamata supplemento delle Croniche in laquale si tratta in || breuita d'ogni Historia, cominciando dal Principio del Mondo fino || al presente, compilata, & fatta, per il Reuerendo Padre. Frate Iaco‖po Philippo da Bergamo, de l'ordine de gli Heremitani, ‖ di Santo Avgvstino ‖ ..... (*Le texte suit.*) F° ccccxix r°, l. 13 : ☙ In Venetia per Bartolomeo detto l' Imperadore & France ‖ sco suo genero, M D LIII. 1 vol. in-4 de 419 ff. chif., 1 fnc (blanc, qui manque), nomb. fig. sur bois, rel. vél.

Jacques Philippe de Bergame (1434-1520), de la noble famille des *Foresti*, publia en 1483 la première édition de sa chronique universelle écrite en latin, cette œuvre eut un grand succès, fut traduite en italien en 1488 et eut de nombreuses éditions dans les deux langues pendant tout le cours du xvi° siècle. Chacune de ces éditions a été soigneusement tenue à jour par l'auteur lui-même ou par des continuateurs anonymes. Cf. une édition incunable, n° 43.

2093. **Joinville.** L'histoire & Cro-‖niqve dv treschre-‖stien roy S. Loys, IX. ‖ du Nom, & XLIIII. Roy de France. ‖ Escritte par feu Messire Ian Sire, seigneur de Ionuil=‖ le & Seneschal de Champagne, familier & con-‖temporain dudit Roy S. Loys. Et maintenant ‖ mise en lumiere par Antoine Pierre de Rieus. ‖ (*Marque Typog.*) ‖ A Poitiers, ‖ De l'Imprimerie d'Enguilbert de Marnef. ‖ M.D.LXI. In-8 de 6 ffnc., 161 ff. chif., 5 ffnc., rel. mar. rouge, fil. sur les plats, tr. dor., dent. int.; au dos, chiffre du comte Riant. (Dupré.)

Seconde édition de Joinville, la première ayant été donnée à Poitiers, chez de Marnef, en 1547, celle-ci est une réimpression de la première et n'est pas moins recherchée malgré l'incorrection du texte. Le texte est précédé d'une dédicace au roi François I°ʳ, de Anthoine Pierre, et d'une épitre au « bening » lecteur, de Guillaume de la Perriere.

2094. — Histoire et chroniqve ‖ dv ‖ treschrestien ‖ Roy Sainct Loys, ‖ ‖ IX. dv nom, ‖ et XLIIII. Roy de France. ‖ Escrite par feu messire Ian Sire, seigneur ‖ de Ionuille & seneschal de Champagne, ‖ familier & contemporain dudit ‖ Roy S. Loys. ‖ Auec la Genealogie de la maison de Bourbon. ‖ *Fleuron* ‖ Pour Iaques Chouët. ‖ M.D.XCVI. ‖ *S. l.* (Genève). In-12 de 10 ffnc., 320 pp., 6 ffnc., rel. veau violet, romantique, fil. sur les plats, dos orné, tr. dor., titre très abimé et raccom.

Édition faite d'après celle de Rieus (1547).

2095. — Histoire et Croniqve dv tres-chrestien Roy Sainct Loys, IX. dv nom. Et XLIIII. Roy de France. Escrite par feu Messire Ian Sire, seigneur de Ionuille, Seneschal de Champagne, familier & contemporain dudit Roy S. Loys. Auec la Genealogie de la maison de Bourbõ. A Paris, Daniel Gvillemot, M.D.C.IX. In-12, rel. veau.

Cette édition reproduit le texte de l'édition princeps publiée chez de Marnef en 1547.

2096. — Histoire de S. Loys IX. dv nom, roy de France. Par Messire Iean Sire de Ionuille..... Avec diverses pieces dv mesme temps non encor imprimees, & quelques Obseruations Historiques. Par Mᵉ Clavde Menard..... A Paris, En la bovtiqve de Nivelle. Chez Sebastien Cramoisy. ... M.DCXVII. In-8, rel. mar. r., fil. sur les plats, dent. int.; au dos, chiffre du comte Riant (Dupré).

Magnifique exemplaire ayant appartenu à *Le Maistre de Sacy* et à *Louis du*

Breuil, qui y ont ajouté des notes marginales fort intéressantes, et de nombreuses notes et pièces mss. hors texte. Cet exemplaire a également appartenu à Michel Chasles.

2097. Joinville Memoires de Messire Iean, sire de Ionville, seneschal de Champagne Témoin oculaire de la vie de Saint Loüis, quarante-quatriéme Roy de France....Paris, Iacqves Cottin, MDCLXVI. In-12, rel. veau; sur les plats, armes de Jean-François de Macheco, abbé de Saint-Paul et de Sainte-Marguerite.

Reproduction de l'édition de 1547.

2098. — Histoire de S. Lovys IX. dv Nom Roy de France, ecrite par Iean sire de Ioinville Senéchal de Champagne, Enrichie de nouvelles Obseruations & Dissertations Historiques. Avec les Établissemens de S. Lovys, le Conseil de Pierre de Fontaines, & plusieurs autres Pieces concernant ce regne, tirées des Manuscrits par Charles dv Fresne, sieur du Cange... Paris, Sebastien Mabre-Cramoisy, MDCLXVIII. In-fol., rel. veau, armes de France sur les plats (portrait de saint Louis).

Édition recherchée à cause des savantes dissertations de *Du Cange*.

2099. — Memoirs of John lord de Joinville, grand seneschal of Champagne, written by himself... to which arre added, — the Notes & Dissertations of M. *Du Cange* on the above; together with the dissertations of M. le *baron de la Bastie* on the life of St Louis, M. *L'Evesque de La Ravaliere* and M. *Falconet* on the Assassins of Syria... the whole translated by *Thomas Johnes*. At the hafod press, James Henderson, 1807. 2 vol. in-4, d.-rel. mar., coins, tête dorée, non rogn. (5 planches ou cartes géog.).

Traduction de l'édition de 1668 de *Du Cange*.

2100. — Histoire de Saint Louis par Jehan sire de Joinville. Les Annales de son Regne par Guillaume de Nangis. Sa Vie et ses Miracles par le Confesseur de la Reine Marguerite. Paris, Imprimerie Royale, 1761. 1 vol. in-fol., rel. veau f., tr. r.

Édition due à MM. Melot, l'abbé Sallier et Capperonier.

2101. — Cronica de San Luis, rey de Francia, nieto del rey D. Alonso el VIII de Castilla, Compuesta en Frances por el señor de Joinville, traducida al castellano..... por *Jacques Ledel*..... y ahora nuevamente publicada con un Discorso Preliminar y varias Notas..... por *Don Josef Cornide de Saavedra*. Madrid, Sancha, 1794. Vol. in-4, d.-rel. mar. (Thouvenin), carte géog.

Exemplaire en grand papier d'une réimpression de la traduction castillane de Joinville, parue en 1567, d'après l'édition princeps française.

2102. — Mémoires de Jean sire de Joinville..... publiés par M. *Francisque Michel*..... précédés de dissertations par M. *Ambr. Firmin Didot* et d'une notice sur les manuscrits du sire de Joinville par M. *Paulin Paris*. Paris, Didot, 1859. Vol. in-12, rel. toile.

2103. Joinville. Œuvres de Jean sire de Joinville comprenant : l'histoire de Saint Louis, le Credo et la Lettre à Louis X, avec un texte rapproché du français moderne mis en regard du texte original..... par *Natalis de Wailly*. Paris, Adrien Le Clere, 1867. Vol. grand in-8, d.-rel. mar., tête lim., non rogn.; au dos, chiffre du comte Riant (1 planche chromol.). — Mélanges publiés par la Société des bibliophiles français. Credo du sire de Joinville. Paris, Didot, 1837. [*Publié par* Artaud de Montor, *tirage à petit nombre, le fac-similé manque.*] In-4, br. — Credo de Joinville, fac-similé d'un manuscrit unique précédé d'une dissertation par *Ambroise Firmin Didot* et suivi d'une traduction en français moderne par le chevalier *Artaud de Montor*. Paris, Didot, 1870. In-8, rel. toile. *Tiré à 500 exemplaires.* — **Wailly** (Natalis de). Joinville et les enseignements de Saint Louis à son fils. Paris, veuve J. Renouard, 1872. In-8, rel. toile. — **Corrard** (Charles). Observations sur le texte de Joinville et la lettre de Pierre Sarrasin. Paris, Didier, 1867. In-8, cart., couv.

2104. — Histoire de Saint Louis, roi de France, par Sire de Joinville. Édition dédiée à la noblesse française par M. *Paul Gervais*. Paris, Goetschy, Aout 1822. Vol. in-8, d.-rel. veau (gravure). — Histoire de Saint Louis, roi de France..... Nouvelle édition, précédée d'une notice historique sur Sire de Joinville [par *P. Gervais*]. Paris, Désauges, 1826. In-12, rel. toile (gravure). — Collection complète des Mémoires relatifs à l'histoire de France. Joinville. Paris, Rignoux, imprimeur. *S. d.* In-8, d.-rel. veau. — Histoire de S. Louis par Jean, sire de Joinville. Texte rapproché du français moderne par *Mailhard de la Couture*. Société de St Augustin, Desclée, de Brouwer, 1884. In-8, cart. (édit.). — La sesta crociata ovvero l'istoria della santa vita e delle grandi cavallerie di Re Luigi IX di Francia. Bologna, Romagnoli, 1872. In-12, rel. toile, non rogn., couv.

2105. Joinville : Cramer (Franz). Notice sur la vie et les mémoires de Joinville. Programm des Kön. Gymnasiums zu Münstereifel. Bonn, C. Georgi, 1869. 1 plaq. in-4, cart. — **Didot** (Ambroise-Firmin). Études sur la vie et les travaux de Jean sire de Joinville. Paris, Didot, 1870. 1 vol. in-12, rel. toile, non rogn., couvert., avec planches. [Tiré à 500 ex.] — **Paris** (Paulin). Recherches sur les manuscrits de la vie de Saint Louis, par le Sire de Joinville. Amiens, Ledien fils. *S. d.* Pl. in-8, cart. pap. [Plaquette sans titre.] — **Wailly** (N. de). Mémoire sur le romant ou chronique en langue vulgaire dont Joinville a reproduit plusieurs passages. Extr. de la *Bibl. de l'Éc. des Chartes*, t. XXXV. Paris, 1874. In-8, cart. — **Lemoine** (C.). Notice historique sur Jean, sire de Joinville, et généalogie de sa famille. Joinville, Lebrun, 1861. Plaq. in-8, cart., couvert. — **Simonnet** (J.). Essai sur l'histoire et la généalogie des Sires de Joinville (1008-1386) accompagné de chartes et documents inédits. Langres, Firmin Dangien, 1875. In-8, rel. toile.

2106. Kaiserchronik : Der keiser und der kunige buoch oder die sogenannte Kaiserchronik, Gedicht des zwölften Jahrhunderts von 18,578 Reimzeilen Nach 12 vollständigen und 17 unvollständigen Handschriften..... zum ersten Male herausgegeben von *Hans Ferd. Massmann*. Quedlinburg und Leipzig, Gottfr. Basse, 1849-1854. 3 vol. in-8, d.-rel. chag. r., non rogn.

Tome IV de la « Bibliothek der gesammten deutschen National-Literatur ».

2107. **Keza** (Simon de). Simonis de Keza presbyteri hvngari scriptoris saecvli XIII. Chronicon Hvngaricvm, quod..... nvnc primvm, ... excitat Alexivs Horányi. Bvdae, Typ. Catherinae Landerer Vidvae, s. d. (1782). In-8, rel. toile.

Cette chronique va jusqu'en 1357.

2108. Kronyk van Vlaenderen, van 580 tot 1467. Gent, Vanderhaeghen, 1839-40. 2 tomes en 1 vol in-8, d.-rel. chag. rouge.

Publiés par *C. P. Serrure* et *Ph. Blommaert* pour la Société des bibliophiles flamands.

2109. **Lambert**, curé d'Ardre. Chronique de Guines et d'Ardre, revue sur huit mss. avec notes, cartes géographiques, glossaires et table par le Mis de *Godefroy Menilglaise*. Paris, Renouard, 1855. 1 vol. in-8, d.-rel. mar. brun, avec pl. et cartes.

2110. LIBELLUS DE EXPUGNATIONE : Anonymi Chronicon Terrae Sanctae seu Libellus de expugnatione. Danzig, Kafemann, 1876. In-8, cart., couv. — Quellenbeiträge zur Geschichte der Kreuzzüge herausg. von Dr H. Prutz. Erstes Heft. Danzig A. W. Kafemann, 1876. In-8, rel. toile.

Le premier volume n'est qu'un tirage à part du suivant, qui comprend : les « Bella Antiochena » de *Gualterius Cancellarius* et le « Libellus de expugnatione » (1186-1191).

2111. **Lindenblatt**. Jahrbücher Johannes Lindenblatts oder Chronik Johannes von der Pusilie, Officials zu Riesenburg, zum erstenmal herausgegeben von *Joh. Voigt* und *Fr. Wilh. Schubert*. Königsberg, 1828. In-8, cart.

2112. **Muntaner** (Ramon). Chronique. Traduite pour la première fois du Catalan, avec notes et éclaircissements par *J. A. Buchon*. Paris, Verdière, 1827. 2 vol. in-8, d.-rel. chag. r., non rogn., au chiffre du comte Riant.

2113. **Othon de Freising.** Cvm Privilegio. || Ottonis Phrisingen || sis Episcopi, viri clarissimi, Rerum ab ori||gine mundi ad ipsivs vsq3 tempora || gestarum, Libri Octo. || Eivsdem De gestis Friderici primi Aeno= || barbi Caes. Aug. Libri Duo. || Radevici Phrisingen ecclię Canonici Libri || duo, prioribus additi, de eiusdē Friderici Imp. gestis. (*Titre du tome I encadré.*) *Tome II, in fine* : Argentorati, ex aedibvs Matthiae || Schvrerii, Mense Martio. || An. M.D.XV. || Ductu Leonardi & Lucæ Alantsee fratrum. || Regnante Imperatore Caes. Maxi||miliano. P. F. Avg. P. P. || *Marque typ.* 2 vol. grand in-8 de 14 ffnc., CV ff. chif., 3 ffnc. (le dernier blanc) et de 6 ffnc., LXXXIII ff. chif., 1 fnc., rel. veau, dos orné.

Édition princeps de la Chronique d'*Othon de Freising*, publiée d'après un manuscrit de Vienne. Othon, fils de saint Léopold, marquis d'Autriche, prit l'habit religieux dans l'abbaye de Morimont, dont il devint plus tard abbé avant d'être promu à l'évêché de Freising (1138); il mourut à Morimont en 1158. Sa *Chronique*, qui occupe le premier des deux tomes, finit à 1146; elle est précieuse pour le xie et le commencement du xiie siècle. Elle a été continuée jusqu'en 1209 par *Othon de Saint-Blaise*. Le « *De gestis Frederici I* », resté inachevé, a été terminé par *Radewin*, chanoine de Freising.

2114. Othon de Freising..... Chronicon, sive rervm ab orbe condito ad sua vsq3 tempora gestarum, Libri octo. Eiusdem de gestis Friderici I. Cæs. Aug. Libri duo. Radeuici Frising. Canonici de eiusdem Frid. gestis Libri II. priorib. additi. Guntheri poëtæ Ligurinus, siue de gestis Friderici Libri X... Basileae, apvd Petrvm Pernam, M.D.LXIX. 1 vol. petit in-fol. de 8 ffnc, 196 pp., 10 fnc.; rel. vél.

2115. — : **Prutz** (Hanz). Radewin's Fortsetzung der Gesta Friderici imperatoris des Otto von Freising... Danzig, A. W. Kafemann, 1873. In-8, rel. toile, couv. — **Thomae** (Heinrich). Die Chronik des Otto von St Blasien. Kritisch Untersucht. Leipzig, Volbrath, 1877. In-8, cart.

2116. ¶ Les Passa= ‖ ges de oultre ‖ mer. Du noble Godefroy de buillon ‖ qui fut roy de Hierusalem. Du bon ‖ roy sainct Loys, et de plusieurs ver= ‖ tueux princes qui ce sont croisez pour ‖ augmēter τ soustenir la foy crestiēne. ‖ ¶ Auecques autres nobles faitz des ‖ roys Despaigne et de Hongrie con= ‖ tre les ennemys de nostre saincte foy ‖ catholicque. ‖ Cū priuilegio. ‖ ¶ Ils se vendent en la rue saint Ia= ‖ ques a lenseigne de Lelephāt deuant ‖ les Mathurins. (*Titré encadré.*) *Au v⁰ du fnc.* 82, *marque de* François Regnault. In-8 goth. de 82 ffnc., sign. a-v (le dernier cahier de 10 ff.), prép. p. rel.

Cet ouvrage a été publié pour la première fois en 1492 chez F. Regnault, par *G. Nicole Le Huen*; c'est une histoire générale des croisades dont tout le commencement est emprunté à Guillaume de Tyr et à ses continuateurs. Le texte n'est pas le même que celui du numéro suivant.

2117. Les passaiges doultremer ‖ faitz par les Francoys Nouuellement imprime. ‖ *Grande gravure sur bois. F⁰ CC.xxvii, verso :* Cy finist les passaiges doultremer ‖ faictz par les Francoys auecques plusieurs addicions recueillies de plu= ‖ sieurs operations dudict voyage et faictz darmes faictz par lesdictz Fran ‖ coys et aultres seigneurs ayans eu la deuotion de deffendre ladicte ter= ‖ re saincte Nouuellement imprime a Paris. Le vingt-septiesme iour de ‖ Nouembre Lan mil cinq cens et dixhuyt. Par Michel le Noir librai= ‖ re iure en luniuersite de Paris Demourant en la rue sainct Iacques a ‖ lenseigne de la Rose blanche couronnee. *Au verso du dernier fnc., marque de Le Noir.* Petit in-fol., car. goth., à 2 colonnes, de 6 ffnc., CCxxvii ff. chif., 1 fnc., rel. mar. vert jansén., tr. dor., dent. int. (Capé).

Ouvrage écrit en 1454, par *Sébastien Mamerot*, d'après les manuscrits de l'*Eracles*, et publié en 1518. Cf. *Arch. de l'Or. lat.* I, 255.

2118. Pierre de Blois. Petri Blesensis, Bathoniensis archidiaconi, opera omnia nunc primum in Anglia... edidit *J. A. Giles*. Oxoni, I. H. Parker, 1847. 4 vol. in-8, rel. toile (édit.).

2119. Ptolémée de Lucques : **König** (Dietrich). Ptolomaeus von Lucca und die Flores Chronicorum des Bernardus Guidonis. Eine Quellenenuntersuchung. Würzburg, Stuber, 1875. In-8, rel. toile, couv. — *Du même*. Tolomeo von Lucca. Ein biographischer Versuch. Harburg, Lühmann, 1878. In-4, cart. — **Krüger** (Karl). Des Ptolomäus Lucensis Leben und Werke. Göttingen, R. Peppmüller, 1874. In-8, cart., couv.

2120. ℂ Preclara Frā‖corū facinora variaq; ip=‖ sorum certamina : pluribus in locis ta; ‖ contra orthodoxe fidei, q̄; ipsius galli= ‖ ce gentis hostes non impigre gesta. ‖ quicquid item digni memoratu in ip= ‖ so christianissimo francie populo potu ‖ it contingere : ab anno domini millesi= ‖ mo ducentesimo : ad annum eiusdē do‖mini millesimum, cccxj. quo templa= ‖ rij emedio tolluntur ab illustrissimo in ‖ quam principe montisq;fortis comite ‖ dum viueret christi athleta fortissimo ‖ ac rei bellice peritissimo, accuratissime ‖ recollecta : hoc historiali ‖ nusq; tamen viso ‖ claudūtur epi= ‖ thomate. ‖ E. d. ‖ *Titre rouge et noir. S. l. n. d. n. typ.* (commencement du xvi⁰ siècle). Petit in-8 de 56 ffnc., sign. A-G, rel. vél.

Cette histoire ou chronique de Simon de Montfort est attribuée à *Pierre V, évêque de Lodève* en 1312 ; elle a été réimprimée sous le nom de *Guillaume de Puylaurens* par *S. Catel* (Hist. des comtes de Toulouse) et dans la collection d'A. Duchesne. Jean Fornier a traduit cet opuscule en 1562 (Tolose, J. Colomiès) et l'a également attribué à Guillaume de Puylaurens.

2121. **Robertus Monachus**. Historia ‖ di Roberto ‖ Monaco della ‖ gverra fatta ‖ da principi ‖ christiani, ‖ Contra Saracini per l'acquisto ‖ di terra Santa, Tradotta per M. Francesco ‖ Baldelli. ‖ [*Armes des Médicis*] ‖. In Fiorenza M D LII. In-8 de 272 pp., rel. mar. rouge, tr. dor., dent. int.; au dos, chiffre du comte Riant (Dupré).

Édition rarissime (Haym, 130), imprimée chez Torrentino, de la chronique de Robert le Moine, traduite en italien par *Francesco Baldelli*.

2122. — La guerra per li Principi Cristiani guerreggiata contra i Saracini corrente A. D. MLXXXXV, in latino dichiarata per Ruberto Monaco e traslatata in volgare per uno da Pistoia. Si aggiunge la lettera del Sig. *Dureau Delamalle* sopra le due Gerusalemme di Torquato Tasso. Firenze, Leonardo Ciardetti, 1825. In-8, d.-rel. mar. rouge, tête lim., ébarb.; au dos, chiffre du comte Riant, 1 planche.

Traduction due à M. *Sébastien Ciampi*.

2123. **Robert de Torigni**, abbé du mont Saint-Michel. Chronique, suivie de divers opuscules historiques de cet Auteur et de plusieurs religieux de la même Abbaye, le tout publié d'après les manuscrits originaux par *Léopold Delisle*. Rouen, Le Brument, 1872-73. 2 vol. in-8, d.-rel. veau f., tête dor., non rogn.; au dos, chiffre du comte Riant. — **Morlais** (M.). De vita et scriptis Roberti de Torinneis, abbatis in Monte Sancti Michaelis. Parisiis, Thorin, 1881. In-8, cart.

2124. Rishanger (William de). *The chronicle of the barons' Wars. The miracles of Simon de Montfort, edited from mss. in the Cottonian library, by James Orchard Halliwell.* London, Bowyer, 1840. In-4, avec fac-sim., rel. toile.

Publié pour la *Camden Society*.

2125. Rutebeuf. Œuvres complètes, recueillies et mises au jour pour la première fois par *Achille Jubinal*. Paris, Pannier, 1839. 2 tomes en 1 vol. in-8. — *Le même ouvrage.* 2ᵉ édition. Paris, Daffis, 1874-75. 3 vol. in-12. — La complainte d'Outre-Mer, et celle de Constantinople, par Rutebeuf, publiées avec une notice sur ce poète par *Ach. Jubinal*. Paris, Techener, 1834. In-8. — Rustebuef's Gedichte. nach d Handsch. d. Pariser National-Bibliothek hrsgg. v. *Adolf Kressner*. Wolfenbüttel, Zwissler, 1885. In-8. Ensemble 6 vol. et plaq. in-8 et in-12, rel. toile et d.-rel. chag. et veau.

2126. Sabellico. (Marc Antonio). Marci Antonii Coccii Sabel= || lici Exemplorvm Libri || Decem, Ordine Ele= || gantia Et Vtilitate Prae||stantissimi. || G. B. C. || *(Suit une épigramme de 12 vers)*... || Ad Christianae Pietatis || Avgmentvm Et || Decvs. *In fine* : Hos decem Marci Antonij Coccij Sabellici Exemplorum || libros, nouissima fętura editos, Matthias Schūrerius || Heluetensis, stamneis vsus calamis, Argen||torati oppido q̄ʒemendate denuo || exscripsit. iij. idus Decemb. || Anno .M.D.XI. || Conrado duntzenhemio. II. || Dictatore Argentorat. ||..... || Tempus Obserua. Petit in-fol. de 4 ffnc., 99 ff. chif., 1 fnc. (blanc), sign. a-s., rel. bas. estampée (xvɪᵉ siècle).

Marc Antonio Coccio dit *Sabellicus*, né à Vicovaro en 1436, mort en 1506 à Venise, étudia à Rome sous Pomponius Leta et devint, en 1475, professeur d'éloquence à Udine, c'est alors qu'il composa sa célèbre Histoire de Venise. Le « Liber exemplorum » parut après sa mort par les soins d'Egnatius à qui l'auteur avait confié son manuscrit.

2127. — Rapsodie historia||rū Enneadū Mar||ci Antonij Coccij || Sabellici Ab orbe cōdito || Pars prima quinque com||plectens Enneades..... || *(Marque de Jehan Petit.)* || Venundantur in Parrhisiorum Academia Ab Io-||hanne paruo : Et ipso qui impressit Ascensio. *(Titre encadré.)* Tome II : Posterior pars cius||dem Rapsodie Hi||storiarū.....||..... Continēs sex Enneades reliquas || cum earundē Repertorijs et || Epitomis. || *(Marque de Josse Bade.)* || Venundantur vbi & reliqua pars ab Iohanne Paruo & || Io. Badio Ascensio. *(Titre encadré.)* Fᵒ CCCLV vᵒ l. 50 : Rapsodia Historiarum.....||..... recepit finem in ædibus Ascensianis : ad Kalen. Martias. Anni ad || calculum Romanū .M.D.XIII. 2 vol. in-fol. T. I de 22 ffnc., CCCXCIIII ff. chif. T. II, 18 ffnc., CCCLV ff. chif., 1 fnc. blanc, rel. peau de truie est., fermoirs en cuivre.

Cette histoire universelle eut à son apparition (1498-1504) un immense succès et fut mainte fois réimprimée ; elle comprend 92 livres et s'arrête à l'année 1483.

2128. — Deche de lorigine || de Veneti e del princi||pio de la cita fin atem || pi nr̄i de tute le guere||da mar e terra ī Italia || dalmatia grecia & || contra tuti gli īfideli || cōposte p̄lo exᵒ Me||sere Marcho Antᵒ Sa||belico & uulgarizate || per Matheo uiscōte || de san canzian, || (*fleuron*). *Titre en caract. goth. imp. en rouge, bordé d'un encad. noir. Le fnc. suiv. contient un nouveau titre égal. imp. en rouge, car. rom. et encad. en noir* : Chroniche che tractano de la ori-||gine de Veneti. e del principio de || la cita. e de tvtte le gvere da || mare e terra facte in Italia : || Dalmacia : Grecia : e contra || tvti li infideli. Composte || per lo excelentisimo Me||sere Marco Antonio || Sabellico. e volgariza- || te per Matheo Ve-||sconte de Sancto Canciano. || Con gratia || et privi||legio. || ✠. || *Au feuillet chiffré* CC.LXXII *recto, ligne* 19 : Finiscono le Deche del..... Sabellico..... traducte.....||..... per Matheo Vesconte de S. Canciano. Ad Instancia e || Impensa de Oldrato Lampugnano. Stampate cō Gratia e Pri||uilegii..... || *Au feuillet chiffré* CC.LXXXIII *recto, ligne* 18 : Epitaphium eiusdem [*Sabellici*]. || Sabellus Ellegans extinctus uiuit. || Nec unq̄ Venetiæ decidēt diuino || illius elloquio æternales. Iuuentus luget moderatorem optimum. || Finis. || (*Marque typ.*) *Au verso du f. chif.* : le Registre. *S. l. n. d. n. typ.* Petit in-fol. de 8 ffnc., 282 ff. chif. marqués faussement CCLXXXIII, le feuillet I manque. Les ff. chif. sont signés a-z, &, ꝫ, ꝶ., A-V par 6 ff. sauf a et D par 8, d par 4 et V par 10. Le titre et plusieurs ff. sont raccom. et remontés.

Première et rarissime édition italienne de la chronique vénitienne de Sabellicus. La première édition latine a paru à Venise, en 1487, chez A. de Torresanis ; la traduction de *Vesconte* est probablement de 1506 ou 1507, elle ne contient pas les trois derniers livres de la Chronique. C'est très probablement cette édition que Hain (sans l'avoir vue et d'après des renseignements erronés) indique comme incunable, n° 14054. Le feuillet chiffré I, signé a, qui manque, doit contenir quelque pièce liminaire, le texte ne commençant qu'au f. V.

2129. **Sagornino** (Johannes). Chronicon Venetum omnium quæ circumferuntur vetustissimum et Johanni Sagornino vulgo tributum e mss. codice Apostoli Zeno v. cl. nunc primum cum mss. Codicibus Vaticanis collatum, Notisque illustratum in lucem profert H. Fr. Zanetti. Venetiis M DCC LXV..... In-8, rel. parchem.

Bel exemplaire de ce livre rare qui eut à son apparition le plus grand succès,

2130. Salimbene : **Clédat** (L.). De fratre Salimbene et de ejus chronicæ auctoritate. Paris, 1878. In-8, cart., non rogn., av. fac-sim. — **Dove**. Die Doppelchronik von Reggio und die Quellen Salimbene's. Leipzig, Hirzel, 1873. In-8, rel. toile, non rogn., couv., av. 1 pl. — **Levi** (Guido). Aica Traversari. Aneddoto Salimbeniano. Modena, Vincenzi, 1887. In-8, br.

2131. Sanuto (Marino), il vecchio : **Paoli** (Cesare). Notizia di un codice Magliabechiano dei *Secreta Fidelium crucis* di Marino Sanuto. Estr. dall' *Archivio Veneto*, 1883. In-8, cart. — **Postansque** (A.). De libro Secretorum fidelium Crucis, cujus auctor Marinus Sanutus. Monte Pessulano, J. Martel, 1854. In-8, br. (*Thèse*). — *Du même*. De Marini Sanuti Vita et Scriptis. Monspelii, J. Martel, 1855. In-8, rel. toile, couv. — **Simonsfeld** (H.). Studien zu Marino Sanuto dem Aelteren. Hannover, Culemann, *s. d.* In-8, cart., couv. — *Du même*. Intorno a Marino Sanuto il vecchio. (Estratto dall' *Archivio Veneto*, XXIV, Parte II, 1882.) Venezia, Visentini, 1882. — **Stefani** (Fed.). Della vita e delle opere di Marino Sanuto Torsello. Estr. degl. *Atti del reg. Istituto veneto*, VIII, 1881-82. In-8, cart. Ensemble 6 plaq.

2132. **Sidoine Apollinaire.** Œuvres. Paris, Thorin, 1879. 1 vol. grand in-8, d.-rel. veau, tête lim., non rogn.; au dos, chiffre du comte Riant.

Édition due à M. *Eugène Baret*.

2133. **Spinello** (Matteo). Annali di Matteo Spinello da Giovenazzo. Edizione eseguita sopra una stampa del xvii secolo sinora ignota, pubblicata per cura di *Gennaro Vigo* e *Giuseppe Dura*. Napoli, G. Dura, 1872. In-8, rel. toile. [Tirage à 150 exemplaires, l'un des 6 sur grand papier, avec 2 fac-similés en photographies.] — **Barrella** (Matteo). Sulla veracita dei notamenti di Spinello. Napoli, 1872. — **Minieri Riccio** (Camillo). I notamenti di Matteo Spinelli da Giovenazzo difesi ed illustrati. Napoli, Metitiero, 1870. In-8, br. — I notamenti di Matteo Spinelli novellamente difesi. Napoli, Rinaldo e Sellitto, 1874. Br. in-8. — Ultima confutazione agli oppositori di Matteo Spinelli. Napoli, R. e S, 1875. Br. in-8. Ensemble 5 vol. ou pl. in-8, rel. toile ou br.

2134. Die Stretlinger Chronik. Ein Beitrag zur Sagen- und Legenden-Geschichte der Schweiz aus dem xv. Jahrhundert. Mit einem Anhang: Vom Herkommen der Schwyzer und Oberhasler. Herausgegeben von Dr *Jakob Bæchtold*. Frauenfeld, J. Huber, 1877, avec 1 planche chromo-lith. In-8, d.-rel. veau, tête lim., ébarb.; au dos, chiffre du comte Riant. — Kleine Toggenburger Chroniken mit Beilagen und Erörterungen von *Gustav Scherrer*. St.-Gallen, Huber, 1874. In-8, rel. toile, couv.

Chroniques suisses, l'une du xve, l'autre du xvie siècle.

2135. **Sulpice Sévère.** Historia Sacra cvm optimis primisque editionibus accuratè collata & recognita. Lugd. Batavorum, Ex officinâ Elseviriorum, cIɔ Iɔc xxxv. 1 vol. petit in-12, rel. vél.

2136. **Tageno.** Clarissimo Principi et Domino ‖ Domino Arionisto Pientissimo Bathauensiū Pontifici ‖ designato, prefecto Palatino rheni, duci Boiarię ‖ Dedicatum. ‖ Expeditio Asiatica aduersus Turcas & Saracenos Imperato‖ris Friderici Primi Cæsaris Augusti, ex Sueuia oriundi. ‖ Eiusdem Epistola ad Liupaldum ducem Austriæ. ‖ Sibyllæ Reginæ Hierosolymorū Epistola, ad Imperatorem Fridericum primum. ‖ Theodoualdæ Episcopi Bathauësis Epistola, ad Austriacum ‖ Ducem Liupaldum ‖ Tageno Decanus Bathauësis, qui huic Expeditiōi interfuit, ‖ scripsit, Ioannes Auentinus Richobergomi ‖ (monasterium Boiariæ est) ‖ inuenit, & publicādum ‖ curauit. ‖ *In fine* : ‖ M.D.XXII. *S. l. n. typ*. Petit in-4 de 10 ffnc., sign. A par 4 et B par 6 ff.; rel. mar. ol., dos et plats ornés, tr. dor., dent. int. (Chambolle-Duru).

Marq. Freher a réédité la chronique de Tageno dans les « Scriptores rerum Germanicarum ».

2137. **Vaux-Cernay** (Pierre de). Historia Albigensivm et sacri belli in eos anno M.CC.X svscepti, duce & principe Simone à Monte-forti, dein Tolosano comite, rebus strenuè gestis clarissimo. Auctore Petro, cœnobij Vallis-Sarnensis ord. Cisterciencis in Parisiensi diœcesi monacho, cruceatæ huius militiæ teste oculato. Ex M. SS. codicibus, in lucem nunc primùm edita. Trecis, apud Ioannem Grifard, ad pontem Palatij Et Natalem Moreav, qui dicitur le Coq, in vico D. Mariæ, sub signo Galli .M.VI.C.XV. (*1615*). 1 vol. in-8 de 14 ffnc., 326 pp., 8 ffnc. (dont 1 blanc) titre rouge et noir légèrement piqué des vers, rel. parch.

Édition due aux soins de *Nicolas Camuzat*.

2138. **Villehardouin.** L'Histoire || de Geoffroy || de Villehardovyn, || Mareschal de Champagne || & de Romenie; de la conqueste de Constantinople par || les Barons François associez aux Venitiens, l'an 1204. || d'vn costé en son vieil langage; & de l'autre en vn plus || moderne & intelligible; || Par || Blaise de Vigenere,..... || (*Marque typ.*) || A Paris, || Chez Abel l'Angelier, Libraire Iuré tenāt sa boutique || au premier pillier de la grand Salle du Palais. || MDLXXXV. || Avec Privilege dv Roy. In-4 de 14 ffnc., 186 ff. chif., prép. p. rel.

Première édition du texte de Villehardouin. L'éditeur Vigenère était originaire du Bourbonnais et se qualifie de « gentilhomme de la maison de monseigneur le duc de Nivernois et de Rethelois ».

2138. — Histoire de l'Empire de Constantinople sovs les Emperevrs François. Diuisée en deux parties, dont la Premiere contient l'Histoire de la Conquéte de la Ville de Constantinople par les François et les Venitiens, écrite par Geoffroy de Ville-Hardovin..... Auec la suitte de cette Histoire, iusques a l'an MCCXL. tirée de l'Histoire de France Ms. de Philippe Movskes..... la Seconde contient vne Histoire Generale de ce que les François & les Latins ont fait de plus memorable dans l'Empire de Constantinople..... A Paris, de l'Impr. Royale, 1657. 1 vol. in-fol., rel. veau éc., tr. dor. (aux armes).

Bon exemplaire, grand de marges, de cette belle édition.

2139. — Mémoires de..... ou Histoire de la conquête de Constantinople, par les Français et les Vénitiens..... Paris, Foucault, 1819. In-8, d.-rel. bas. v.

Ces mémoires forment le tome Ier de la « Collection complète des Mémoires relatifs à l'histoire de France..... par M. Petitot ».

2140. — Conquête de Constantinople, avec la continuation de Henri de Valenciennes. Texte original, accompagné d'une traduction par M. *Natalis de Wailly*. Paris, Firmin-Didot, 1874. 1 vol. grand in-8, avec frontisp. en couleur, d.-rel. chagr. rouge, coins, tête dorée, non rogn.

Édition tirée à 220 exemplaires sur papier à la forme (n° 137).

2141. — The chronicle of Geoffry de Villehardouin marshal of Champagne and Romania concerning the conquest of Constantinople... Transl. by T. Smith. London, 1829. 1 vol. in-8, prép. pour la rel.

2142. Villehardouin : **Kressner** (Adolf). Ueber den epischen Charakter der Sprache Ville-Hardouins. Abd. a. d. *Archiv. f. n. Sprachen*, LVII. In-8, cart. — **Lucas** (Dr.). Vierter Jahresbericht über das Gymnasium Laurentianum zu Warendorf,..... Inhalt. I. Gottfried von Villehardouin..... II. Schulnachrichten..... Warendorf, J. Schnell, 1860. In-4, cart., couv. — **Wailly** (N. de). Notice sur six manuscrits de la Bibliothèque nationale contenant le texte de Geoffroi de Ville-Hardouin. Paris, Imp. nat., 1872. In-4, rel. toile. — **Sépet** (Marius). Analyse historique et littéraire de Ville-Hardouin. Analyse historique et littéraire de Jean, sire de Joinville. Paris, Didot, 1874. In-8, rel. toile, couv. — **Rambaud** (Alfred). Robert de Clari, guerrier et historien de la quatrième croisade. Caen, Le Blanc Hardel, 1872. Plaq. in-8, rel. toile, non rogn., couvert., avec lettre d'envoi au comte Riant, & Cte-r. de *P. Meyer*.

2143. **Yves de Chartres**. Ivonis Episcopi || Carnotensis || Epistolæ. || Eivsdem Chronicon de || Regibus Francorum. || (*Marque typ.*) || Parisiis, || Apud Sebastianum Niuellium, sub Ciconiis, via Iacobæa. || M.D. LXXXV. || Cvm Privilegio Regis. In-4 de 14 ffnc. 260 ff. chif., 11 ffnc. (le dernier blanc), rel. veau, fil. sur les plats, tr. rouges (Koehler).

2144. Yves de Chartres : **Dombrowski**. Ivo, Bischof von Chartres, sein Leben und Wirken. Breslau, Reid, 1880. Plaq. in-8, cart. — **Ritzke** (E.). De Ivone episcopo Carnotensi, particula prior. [*In.-Diss.*] Vratislaviae, 1863. In-8, cart.

2145. Zimmerische Chronik, hersg. von Dr *K. A. Barack*. Tübingen, 1881-1883. 4 vol. in-8, d.-rel. chag., au chiffre du comte Riant.

Nouvelle édition d'une chronique en dialecte souabe-alaman du xvie siècle, du plus haut intérêt pour l'histoire de l'Allemagne du Sud.

2146. Les courtes Annales du Bec (publiées par *L. Delisle* dans le volume du Cinquantenaire de la Soc. de l'Hist. de France). Extrait. In-8, cart. — Annali veneti brevi tratti da un codice vaticano (*p. p. R. Fulin*). Estratto dall' *Archivio Veneto*, XII. Venezia, Tip. del Commercio, 1876. Plaq. in-8, cart. — Carmen historicum occulti autoris saec. xiii. aufgefunden in einer Handschrift der Prager Universitäts-Bibliothek, von *C. Höfler*. Wien, K. Gerold, 1861. Plaq. in-8, rel. toile. — Das « Chronicon Campi S. Mariæ » in der ältesten Gestalt (1185-1422). Herausgegeben von Dr *Friedrich Zurbonsen*. Paderborn, Schöningh, 1884. Plaq. in-8, rel. toile. [Publié dans les *Münsterische Beiträge zur Geschichtsforschung* de *Th. Lindner.*] — Incerti auctoris Saec. xiii. Chronicon Halberstadense inde ab a. 780 usque ad a. 1209..... herausg. von *Wilhelm Schatz*. (*Programm.*) Halberstadt, C. Dölle, 1839. In-4, rel. toile. — Chronicon veteris monasterii S. Petri de Varatella in Albinganensi dioecesi, edit *Hier. de Rubeis*. Augustae Taurinorum, ex typ. reg., 1871. In-8, br. — Gesta abbatum Fontanellensium, recensuit *S. Loewenfeld*. Hannoverae, Hahn, 1886. In-8, cart. — Chronique de Saint Claude (xiie siècle) publiée par *Ulysse Robert*. [Extrait de la *Bibl. de l'École des Chartes*, t. XLI.]

Paris, 1881. In-8, cart. — Fragmente eines altdeutschen Gedichtes von den Heldenthaten der Kreuzfahrer im heiligen Lande..... von Dr *F. A. Reuss*. Kitzingen, Köppling, 1839. In-8, rel. toile. — Gesta Tancredi in expeditione Jerosolymitana, auctore *Radulfo Cadomensi*, ejus familiari. Ex Ms. Codice Gemblacensi. Extrait factice du *Thes. Anecdotorum*, III. Grand in-4, cart. Ensemble, 10 vol. ou plaq.

2147. **Godefroi d'Ensmingen et autres auteurs**. Chronique de Godefroi d'Ensmingen, notaire épiscopal à Strasbourg (1132-1372), tirée des Chronicalia de *P. A. Grandidier*, annotée et publiée par *Joseph Liblin*. Strasbourg, E. Simon, 1868. Plaq. in-8, rel. toile, couvert. — **Kervyn de Lettenhove**. Conseils sur les devoirs des rois, adressés à Saint Louis par Guibert de Tournay (Ac. roy. de Belgique, Extrait du t. XX des Bull). In-8, cart. — **Delisle** (L.). La chronique d'Hélinand, moine de Froidmont. Extrait du volume du Cinquantenaire de la Soc. de l'Hist. de France. In-8, cart. — Continuazione della cronaca di *Jacopo di Voragine* dal MCCXCVII al MCCCXXXII, pubb. per cura di *Vincenzo Promis*. Genova, Typ. de' sord.-muti, 1876. In-8, rel. toile. — **Maerlant** (J. van). Zwei neue Maerlant-Fragment, mitgetheilt von *F. von Hellwald*. Extr. des *Altpr. Monatschrift*, VII. In-8, br. — **Piero** (Paolino di). Cronica di Paolino Pieri Fiorentino delle cose d' Italia Dall' Anno 1080. fino all' Anno 1305. pubblicata... per la prima volta dal cavaliere *Anton Filippo Adami*. Roma, MDCCLV. A Spese di Venanzio Monaldini..... Stamperia di Giovanni Zempel. In-4, rel. toile, non rogn. — **Pierre Riga**. Un poëme inédit de Pierre Riga, pub. par *B. Hauréau*. Nogent, Daupeley-Gouverneur, 1883. Plaq. in-8, cart. — Prosperi Aqvitani Chronici continuator Havniensis... edidit *Georg Hille*. Berolini, Weidmann, 1866. In-8, cart. — **Oudin** (Casimir). Chronique abrégée de l'abbaye de Bucilly..... publiée..... par *Arthur Demarsy*. Laon, De Coquet et G. Stenger, 1870. In-8, rel. toile. Ensemble, 9 vol. ou plaq.

2148. **Balzani** (Ugo). Le cronache italiane nel medio evo. Milano, U. Hoepli, 1884. 1 vol. in-12, rel. toile, couvert. — **Prost** (Aug.). Les chroniques vénitiennes. Paris, Palmé, 1882. In-8, cart., couv., lettre d'envoi au comte Riant.

2149. **Macray** (William Dunn). A Manual of British Historians to A.D. 1600, containing a chronological account of the early chroniclers and monkish writers their printed works and unpublished mss. London, Pickering, 1845. 1 vol. in-8, rel. toile, non rogn.

2150. **Wedekind** (Anton Christian). Noten zu einigen Geschichtschreibern des Deutschen Mittelalters. Hamburg, Perthes und Besser, 1823 36. 3 tomes en 1 vol. in-8, d.-rel. chag. vert, non rogn. — **Muller** (S.). Lijst van Noord-Nederlandsche Kronijken, met opgave van bestaande handschriften en litteratuur. Utrecht, Kemink, 1880. In-8, rel. t., couv. — **Nitzsch** (Karl. W.). De chronicis Lubecensibus antiquissimis. Regimontii, 1863. In-4, cart.

2151. **Arndt** (Wilhelm). Bischof Marius von Aventicum. Sein Leben und seine Chronik. Leipzig, Kerske & Holmann, 1875. In-8, br. — **Beaumann** (Fr. Fr. L.). Isnyer Geschichtsquellen des zwölften Jahrhunderts und zur Geschichte des Chronicon Ottenburanum. Ab. a. d. *Neues Archiv*..... VIII, In-8, cart. — **Berger** (Élie). Notice sur divers manuscrits de la Bibliothèque vaticane. Richard le Poitevin, moine de Cluny, historien et poète. Paris, Thorin, 1879. 1 vol. in-8, rel. toile, couvert., fac-similé en héliog., hommage autog. au comte Riant. — **Bertheau** (Fr.). Die Gesta Trevirorum vom Jahre 1152 bis zum Jahre 1259, eine Quellenuntersuchung. Göttingen, Huth, 1874. 1 plaq. in-8, cart. — **Castan** (A.). Les chroniques de Burgos traduites pour le roi de France Charles V en partie retrouvées à la bibliothèque de Besançon. (Extr. de la *Bibl. de l'Éc. des Chartes*.) Nogent-le-Rotrou, Daupeley-Gouverneur, 1883. Plaq. in-8, cart. — **Delisle** (Léopold). Lettre à M. Jules Lair sur un exemplaire de Guillaume de Jumièges copié par Orderic Vital. Paris, Picard, 1873. Plaq. in-8, cart. — **Fournier** (August). Abt Johann von Viktring und sein Liber Certarum Historiarum. Berlin, Fr. Vahlen, 1875. In-8, cart., non rogn., couvert. — **Gurewitsch** (J.). Zur Kritik der Geschichtschreiber der ersten Kreuzzugs. Separatabd. a. d. *Forschungen z. deuts. Gesch.* (Göttingen, 1874). In-8, cart. — **Jusserand** (J. J.). De Josepho Exoniensi vel Iscano. (*Thèse*.) Paris, Hachette, 1877. In-8, br. — **Körting** (Gust.). Wilhelm's von Poitiers « Gesta Guilelmi ducis Normannorum et regis Anglorum ». Ein Beitrag zur anglo-normannischen Historiographie. Dresden, Blochmann, 1875. In-4, br. (*Programm*.) — **Komorowski** (Erich). Sicard, Bischof von Cremona. Eine Studie zur Historiographie des XIII. Jahrhunderts. (*In.-Diss*.) Königsberg in Pr., Beyer, 1881. In-8, cart. — **L'Escalopier** (Comte Charles de). Notice sur un manuscrit intitulé Annales mundi ad annum 1264. Paris, Téchener, 1842. Plaq. in-8, rel. toile. Ensemble, 12 vol. ou plaq.

2152. **Meyer** (Paul). Un récit en vers français de la première croisade fondé sur Baudri de Bourgueil. Notice et extraits. Nogent-le-Rotrou, 1876. — La prise de Damiette en 1219. Relation inédite en provençal publiée et commentée. Paris, Vieweg, 1877. — Butentrot. Les Achoparts. Les Canelius, s. d. — Les premières compilations françaises d'histoire ancienne. Paris, 1885. — De quelques chroniques qui ont porté le nom de Brut, s. d. — L'histoire de Guillaume le Maréchal. Nogent-le-Rotrou, 1882. — Richard Cœur-de-Lion et Philippe-Auguste en 1199 d'après l'histoire de Guillaume le Maréchal. Paris, 1882. Ensemble 1 vol. et 5 plaq. in-8, cart., rel. toile et d.-rel. veau, non rogn.

2153. **Morlais** (M.). De vita et scriptis Roberti de Torinneis, abbatis in Monte Sancti Michaelis. (Thèse.) Parisiis, Thorin, 1881. In-8, cart. — **Pollok** (Carolus). Quaestionum de quatuor primi belli sacri historiis, quae sub Tudebodi nomine comprehenduntur. Vratislaviae, Neumann, 1872. In-8, cart.

(*Diss. ac.*) — **Paris** (Paulin). Notice sur le manuscrit de la Chronique des Normands et sur l'édition que M. Champollion en a faite pour la Société de l'Histoire de France. Paris, Techener, 1835. In-8, cart. — **Pasquier** (L'abbé Henri). Un poète latin du xie siècle, Baudri, abbé de Bourgueil, archevêque de Dol, 1046-1130, d'après des documents inédits... Paris, Ern. Thorin, 1878. In-8, cart. perc. bl., couverture. [Auteur d'une histoire de la première croisade : Historia Hierosolymitana, faite d'après l'Anonyme attribué à Tudebode.] — **Reiffenberg** (Baron de). Mémoire sur Jehan Molinet, historien et poète. Cambrai, Lesne-Daloin, 1835. Plaq. in-8, cart. t. — **Rule** (Martin). On Eadmer's Elaboration of the first four books of the « Historia Novorum in Anglia ». From the Cambridge Antiq. Soc., VI. In-8, br., 2 pl. fac-sim. — **Schmidt** (Guil. Adolph.). De fontibus veterum auctorum in enarrandis expeditionibus a Gallis in Macedoniam atque Graeciam susceptis. Berolini, 1834. In-8, rel. toile. — Spuren eines verlorenen grösseren Chronicon Sampetrinum von *O. Posse.* Sans titre, plaq. in-8, cart. pap. [Aus d. Forschungen zur deutschen Geschichte. Göttingen, XIII, 2, (1873).] — **Tessier** (J.). De Orderico Vitali. (*Thèse.*) Pictavii, Boileau et Raimond, 1872. In-8, cart., couv. — **Ulmann** (H.). Gotfrid von Viterbo. Beitrag zur Historiographie des Mittelalters. [*In.-Diss.*] Göttingen, Huth, 1863. In-8, rel. toile. — **Wilmans** (R.). Ueber di Quellen der Gesta Roberti Wiscardi des Guillermus Apuliensis. Abd. a. d. *Arch. d. Ges. f. alt. deutsch. Gesch.* Hannover, 1851. In-8, rel. toile. Ensemble, 11 vol. ou plaq.

4. Chroniques byzantines.

2154. **Comnène** (Anne). Annae Comnenae Porphyrogenitae Alexias. Ex recensione *Augusti Reifferscheidii.* Lipsiæ, Teubner, 1884. 2 tomes en 1 vol. in-8, d.-rel. veau, tête peigne, non rogn.; au dos, chiffre du comte Riant. — **Oster** (E.). Anna Komnena, I-III. Rastatt, Mayer, 1868-1871. In-8, rel. t., couv.

2155. — L'Alessiade di Anna Comnena Porfirogenita Cesarea tradotta per la prima volta nella Italiana lingua, da *Giuseppe Rossi.* Milano, Molina, 1846. 2 vol. in-4, br., avec pl.

2156. — Anna Komnenas Alexiade. Oversat fra græsk og forsynet med historisk indldning og anmærkninger af *O. A. Hovgård*, udgivet..... ved *H. H. Lefolii.* København, Schønberg, 1879-82. 2 tomes en 1 vol. in-8, d.-rel. veau, tête peigne, non rogn.; au dos, chiffre du comte Riant.

2157. **Dorothée**, métropolitain de Monembasie. Livre historique, commençant à la création du monde, allant jusqu'à la prise de Constantinople et même au-delà. Venise, 1750. In-4, dérel. [*En Grec.*]

2158. **Georges l'Hamartole.** Chronicon ab Orbe condito ad annum p. Chr. n. 842 et a diversis scriptoribus ad a. 1143 continuatum nunc primum.....

edidit *E. de Muralto*. Petropoli, tipis Acad. Cæsar. Scient., 1859. 1 vol. avec 1 pl. fac-sim., d.-rel. mar. r., plats toile, non rogn.

Texte grec seul.

2159. **Michel Acominatos**, métropolite d'Athènes. Panegyricus Isaacio Angelo post Andronicum Comnenum regno pulsum, dictus Constantinopoli, primus edidit *Th. L. F. Tafel*. Tubingae, Laupp, 1846. In-4, cart. — **Ellisen** (Adolph). Michael Akominatos von Chonä, Erzbischof von Athen. Göttingen, Dieterich, 1846. In-8, rel. toile, non rogn. — **Lambros**. Μιχαὴλ Ἀκομινάτου τοῦ Κωνιάτου τά σωζόμενα. Ἐν Ἀθήναις, 1879-1884. 2 vol. et 1 plaq. in-8, br.

2160. **Miller** (E.). Mélanges de littérature grecque contenant un grand nombre de textes inédits. Paris, Impr. Impér., 1868. 1 vol. in-4, d.-rel. chag. r., non rogn., au chiffre du comte Riant. — *Du même*. Préface d'un auteur byzantin. Paris, G. Chamerot, 1873. In-8, cart.

2161. **Nestor**. La chronique de Nestor, traduite en français d'après l'édition impériale de Pétersbourg, accompagnée de notes et d'un recueil de pièces inédites touchant les anciennes relations de la Russie avec la France, Par *Louis Paris*. Paris, Heideloff & Campé, 1834-35. Ensemble 2 tomes et table en 1 vol. in-8, d.-rel. chag. r., non rogn., au chiffre du comte Riant.

2162. — Chronique dite de Nestor, traduite sur le texte slavon-russe avec introduction et commentaire critique par *Louis Léger*. Paris, Leroux, 1884. 1 vol. in-8. — De Nestore rerum russicarum scriptore, auctore *L. Léger*. Lutetiæ Parisior., Franck, 1868. Plaq. in-8. Ensemble 1 vol. grand in-8, d.-rel. veau, non rogn., au chiffre du comte Riant, et 1 plaq. cart.

2163. Nestor : **Pogodin** (M.). Nestor, eine historisch-kritische Untersuchung über den Anfang der Russischen Chroniken, ...übersetzt von *F. Löwe*. Angehängt ist : Danilowitsch, über die Litauischen Chroniken..... übersetzt von *F. Löwe*. Petersburg, 1844. In-8, rel. toile, non rogn.

2164. **Nicetas Acominatos**. Historia degli imperatori greci, descritta da Niceta Acominato da Chone Gran Secretario dell' Imperio, & Giudice di Velo in xix. Libri : Li quali seguono, doue lascia il Zonara, dal M.CXVII. sino al M.CCIII. nel qual tempo si uede la declinatione del Imperio. A questi sono aggiunti Gli Annali de gli Imperatori di Constantinopoli con l'Historia... da Haithone... Tradotti in lingua Italiana da M. Ioseppe Horologgi... (*Marque typ.*) In Venetia, Appresso Vincenzo Valgrizi, M.D.LXII. Petit in-4 de 28 ffnc., 279 ff. chif., 1 fnc. Rel. vél.

2165. — Nicetae Acominati Choniatae narratio de statuis antiquis, quas Franci post captam anno 1204 Constantinopolin destruxerunt. Ex codice Bodlejano emendatius edita a *F. Wilken*. Lipsiae, Vogel, 1830. In-8, rel. toile. — Il Frammento di Niceta Choniate sui monumenti distrutti a Costantinopoli dall' esercito crociato l' anno MCCIII, pubbl. con osserv. in occ. delle fauste Nozze Maldura-Rusconi [da *Lodovico Menin*]. Padova, 1838. In-8, fig. h.-t., rel. toile. — **Ouspenski**. Nicetas Akominatos, écrivain byzantin. Saint-Pétersbourg, 1874. In-8, rel. toile, non rogn., couv. [En Russe.]

Avec la « Narratio » se trouve reliée une traduction de *Pausanias* : « Descrizione della cassa di Cipselo, tradotta dal greco... ed illustrata da l'ab. *S. Ciampi.* Pisa, Capurro, 1814. In-8. fig. »

2166. **Philippe de Chypre.** Chronicon Ecclesiæ Græcæ; Qvod primus è Manuscripto Byzantino edidit, Latineqve vertit Nicolaus Blancardus,..... Henricus Hilarius..... recensuit..... Lipsiæ et Francofurti, J. Chr. Wohlfart, 1687. In-8, br., avec 1 pl.

2167. **Pollux** (Julius). Anonymi scriptoris Historia Sacra ab orbe condito ad Valentinianum et Valentem Impp. e veteri codice græco descripta Joannes Baptista Bianconi latine vertit et nonnulla annotavit. Bononiæ, Ex typ. S. Thomæ Aquinatis, 1779. 1 vol. in-4, rel. veau rac., dos orn., fil., tr. marbr.

Cet ouvrage que Bianconi, philologue italien, professeur à Bologne, trouva à la Bibliothèque Ambrosienne, sans nom d'auteur, est l'œuvre de Julius Pollux.

2168. **Procope.** Histoire des gverres faictes par l'empereur Ivstinian contre les Vandales, et les Goths. Escrite en Grec par Procope, & Agathias, & mise en François par Mart. Fumee, S. de Genillé, Chevalier de l'Ordre du Roy... (*Marque typ.*). A Paris, chez Michel Sonnius, rue Sainct Iacques à l'Escu de Basle, & Compas d'Or, M.D.LXXXVII. 1 vol. in-fol., de 16 ffnc., 359(1) pp., 16 ffnc.; rel. vél. bl.

A la suite de l'Histoire de Procope, se trouve relié un autre ouvrage : « La doctrine des temps et de l'astronomie vniverselle. Contenant La demonstration du vray nombre des ans du monde... Par Christofle Lavret de Prouins... Avec une epistre a Nostre St Pere le Pape Clement Hvictiesme... par P. Victor Cayet sieur de la Palme..... A Paris, chez Philippe dv Pré..... M.D.XCVIII. In-fol. de 4 ffnc., 133 ff. chif., 5 ffnc. »

2169. **Theodosius Melitenus.** Chronographia, ex codice graeco regiae bibl. Monacensis edidit et reformavit *Th. L. F. Tafel*. Monachii, G. Franz, 1859. In-4, d.-rel. toile.

2170. **Theophane.** Chronographia recensuit *Carolus de Boor*. Lipsiæ, Teubner, 1883-85. 2 tomes en 1 vol. grand in-8, d.-rel. mar. brun, plats toile, non rogn., au chiffre du comte Riant.

Cette édition contient le texte grec de Theophane, une biographie de Theophane, l'Historia Tripartita d'Anastase le bibliothécaire et une étude sur les mss. de la Chronographie de Theophane. (Ueber die kritische Hülfsmittel zu einer Ausgabe des Theophanes.)

2171. — Chronographia (Probe einer neuen kritisch-exegetischen Ausgabe), von *Th. L. F. Tafel*. [Abd.] *S. l. n. d. n. typ.* In-8, cart. — **Sarrazin** (J. V.). De Theodoro lectore Theophanis fonte praecipuo. [*Diss.-In.*] Lipsiae, Tevbner, 1881. In-8, cart.

2172. **Zotenberg** (Hermann). La chronique de Jean, évêque de Nikiou. Notices et extraits. Paris, Impr. Nat., 1879. In-8, rel. toile, non rogn., couvert.

2173. Excerpta anonymi Byzantini ex codice Parisino Suppl. gr. 607 A. edidit *Max Treu*. Ohlau, Bial, 1880. [*Programm.*] — **Szaraniewicz** (Isidor). Die Hypatios-Chronik, als Quellen-Beitrag zur österreichischen Geschichte. Lemberg, Dobrzanski & Groman, 1872. In-8, cart., couv. — Die ungedruckten Byzantinischen Historiker der St. Marcus Bibliothek. Proben und Auszüge der *Akademie der Wissenschaften* vorgelegt am 1 april 1841 von H^{rn} *Bekker*. S. l. n. d. n. typ. (Berlin, 1843.) 1 plaq. in-4, cart.

5. Chroniques musulmanes, juives et orientales.

2174. **Aboulfaradge.** (Gregorius Barhebræus). تاريخ مختصر الدول Historia Compendiosa Dynastiarvm,... Historiam complectens universalem, à mundo condito, usque ad Tempora Authoris, res Orientalium accuratissimè describens. Arabice edita, & Latine versa, ab Edvardo Pocockio. Oxoniæ, Hall, MDCLXIII. — Supplementum Historiæ Dynastiarvm... Oxoniæ, Hall, 1663. Ensemble 3 parties en 1 vol. in-4, rel. vél. estampé à fr.

Bel exemplaire de cette édition rare, la première qui ait été faite d'Aboulfaradge ; elle comprend le texte arabe et la traduction latine

2175. — Chronicon ecclesiasticum quod e codice Musei Britannici descriptum conjuncta opera ediderunt, latinitate donarunt, annotationibusque theologicis, historicis, geographicis et archæologicis illustrarunt *Ioannes Baptista Abbeloos* et *Thomas Josephus Lamy*. Lovanii, Peeters, 1872-77. Tomes I et III en 1 vol. grand in-8, d.-rel. mar. rouge, tête dorée, non rogn., au chiffre du comte Riant.

2176. — Gregorii Abulpharagii sive Bar-Hebræi Chronicon Syriacum. E codd. Bodleian. descriptum coniunctim ediderunt Paulus Iacobus Bruns et Georgius Guilielmus Kirsch. Lipsiae, apud Adam. Frid. Boehmium, 1789. 2 vol. in-4, d.-rel. veau éc., non rogn., au chiffre dn comte Riant.

Très bel exemplaire de cette édition qui contient la première partie de la chronique d'Aboulfaradge.

— De rebus gestis Richardi Angliæ regis in Palæstina. Excerptum ex Gregorii Abulpharagii Chronico Syriaco. Edidit *Paul. Jac. Bruns*. Oxonii, 1780. Plaq. in-4, rel. toile, non rogn.

2177. **Aboulfathi.** Annales Samaritani, quos ad fidem codd. mss. Berol., Bodlei., Paris., edidit *Eduardus Vilmar*. Gotha, Perthes, 1865. In-8, rel. toile, non rogn.

2178. **Aboulfeda** (Emaddin Ismaël). Annales Mvslemici arabice et latine. Opera et stvdiis Io. Iacobi Reiskii. Svmtibvs atqve avspiciis Petri Friderici Svhmii, nvnc primvm edidit Iacobvs Georgivs Christianvs Adler. Hafniæ, Thiele, 1789-94. 5 vol. in-4, rel. vél.

Très bel exemplaire. Cf. n°s 1380-1381.

2179. **Abou'l Mahaçen ibn Togri-Bardi.** مورد اللطافة اكمال الدين بن تغري بردي Maured Allatafet Jemaleddini filii Togri-Bardii, seu Rerum Aegyptiacarum Annales, Ab anno Christi 971, usque ad annum 1453...... textum Arabicum primus edidit, Latinè vertit, notisque illustravit *J. D. Carlyle.* Cantabrigiæ, Archdeacon..... 1792. 1 vol. in-4, d.-rel. veau, tr. jasp.

Cette chronique, dont voici la première édition, est un abrégé du نجوم الزهر du même auteur, dont le prénom « Abou'l Mahaçen » a été oublié sur le titre.

2180. **Abou-Mohammed Assaleh.** Historia dos Soberanos Mohametanos das primeiras quatro dynastias, e de parte da quinta, que reinarão na Mauritania, escripta en arabe por Abou-Mohamed Assaleh, filho de Abdel-Halim, natural da Grenada, traduzida e annotada por Fr. Józé de Santo Antonio Moura. Lisboa, typ. da Academia Real das Sciencias, 1828. In-8, d.-rel. bas.

2181. Annales Regum Mauritaniæ, a condito Idrisidarum imperio ad annum Fugæ 726 ab Abu-l Hasan Ali ben Abd Allah ibn Abi Zer' Fesano, vel ut alii malunt, Abu-Muhammed Salih Ibn Abd el Halim Granatensi conscriptos..... ad librorum mss. fidem edidit, et notis illustravit *Carolus Johannes Tornberg.* Upsaliæ, 1843-46. 2 tomes en 1 vol. in-4, rel. toile, non rogn., couvertures.

2182. **Al Umari.** Condizioni degli stati cristiani dell' occidente secondo una relazione di Domenichino Doria da Genova. Testo arabo, con versione italiana e note di *M. Amari*. Roma, Salviucci, 1883. — Amari (Michele). Nuovi ricordi arabici su la storia di Genova. [Textes arabes, traduction et 4 planches]. Genova, Tip. dei Sordo-Muti, 1873. — *Du même*. Estratti del Tarih Mansuri. Palermo, Tip. dello « Statuto », 1884. — *Du même.* De' titoli che usava la cancelleria de' Sultani di Egitto nel xiv secolo scrivendo a' reggitori di alcuni stati italiani. Roma, Salviucci, 1886. 4 plaq. in-4, rel. toile, ou cart.

L'auteur du Tarih Mansuri est *Abou al Fadayl Mohammed Ibn Ali ben Hamah.*

2183. Chronicon Samaritanum, arabice conscriptum, cui titulus est Liber Josuae. Ex unico codice Scaligeri nunc primum edidit, latine vertit, annotatione instruxit et dissertationem de codice, de chronico,..... præmisit *Th. Guil. Joh. Juynboll.* Lugduni Batavorum, Luchtmans, 1848. 1 vol. in-4 (texte arabe et trad. latine) avec 1 planche fac-sim., br.

2184. **Djellal Eddin as Soyouti.** History of the Caliphs by Jalálu'ddín a's Suyúti, translated from the original Arabic, by Major *H. S. Jarrett*. Calcutta, 1881. 1 vol. grand in-8, d.-rel. veau jaune, non rogn.; au dos, chiffre du comte Riant.

2185. **Elmacin.** Historia Saracenica, qva res gestae Mvslimorvm, inde a Mvhammede... usque ad initium Imperij Atabacaei... explicantur... Arabicè olim exarata à Georgio Elmacino fil. Abvljaseri Elamidi f. Abvlmacaremi f. Abvltibi. Et Latinè reddita operâ Thomae Erpenii. Accedit & Roderici

Ximenez, Archiepiscopi Toletani, Historia Arabum... Lugduni Batavorum, Ex Typographia Erpeniana... 1625. Prostant apud I. Maire, & Elzevirios. In-4, rel. vél., tr. r.

Cet ouvrage est imprimé sur deux colonnes : textes latin et arabe en regard. L'Histoire de *Rodrigue de Tolède* a une pagination séparée.

2186. **Ibn Foszlan.** ....'s und anderer Araber Berichte über die Russen älterer Zeit. Text und Übersetzung mit kritisch-philologischen Anmerkungen, nebst drei Beilagen über sogenannte Russen-Stämme und Kiew, die Warenger und das Warenger-Meer, und das Land Wisu, ebenfalls nach Arabischen Schriftstellern von *C. M. Frähn*. St. Petersburg, Akad. Buchdruckerei, 1823. In-4, rel. toile, non rogn.

2187. **Ibn-Khaldoun.** Histoire des Berbères et des dynasties musulmanes de l'Afrique septentrionale, traduite de l'arabe par M. le baron *de Slane*. Alger, impr. du gouvernement, 1852-56. 4 tomes en 2 vol. in 8, d.-rel. chag., tr. limaç.; au dos, chiffre du comte Riant.

2188. — Narratio de expeditionibus Francorum in Terras Islamismo subjectas. E codd. Bodleianis edidit et latine vertit *Carolus Johan. Tornberg*. Upsaliae, Leffler et Sebell, 1840. In-4, rel. toile, non rogn.

* 2189. **Ibn-el-Athir.** Chrönika... ifrån Arabiskan öfversatt af *Carl Johan Tornberg*. Lund, Berling, 1851-1853. 2 tomes in-4. — **Tornberg** (C. Johan). Ibn-el-Athirs Berättelse om Arabernas Eröfring af Spanien. Lund, Berling, 1865. In-4.

2190. Incerti auctoris liber de expugnatione Memphidis et Alexandriae, vulgo adscriptus Abou Abdallae Mohammedi Omari filio, Wakidaeo, Medinensi. Textum arabicum ex Cod. Biblioth. L. B. descripsit,..... edidit et annotationem adjecit *Henricus Arentius Hamaker*. Lugd. Batav., Luchtmans, 1825. In-4, rel. toile, non rogn.

2191. **Jellinek** (Adolphe). Zur Geschichte der Kreuzzüge. Nach handschriftlichen hebräischen Quellen herausgegeben. Leipzig, Geldberg, 1854. Plaq. in-8, rel. toile.

Rarissime plaquette contenant, avec des notes de Jellinek, les textes hébreux de R. *Eliezer ben Nathan* de Mayence et de R. *Isaak Zarfati*, fils de Salomon Leroi, relatifs à la première croisade et à celle de Frédéric Barberousse.

2192. **Joseph ben Joshua ben Meir** (Rabbi). The Chronicles of Rabbi Joseph ben Joshua ben Meir, the Sphardi, translated from the Hebrew by *C. H. F. Biallobloztky*. London, Oriental Translat. Fund, 1835-36. 2 vol. in-8, rel. toile (édit.).

2193. **Josué le Stylite**. The Chronicle of Joshua the Stylite, composed in Syriac A. D. 507, with a Translation into English and Notes by *W. Wright*. Cambridge, University Press, 1882. In-8, rel. toile (édit.), avec 2 cartes.

2194. **Makkari** (Ahmed Ibn Mohammed Al-). The History of the Mohammedan dynasties in Spain, translated from the copies in the library of the British Museum, and illustrated with notes... by *Pascual de Gayangos*. London, 1840. 2 vol. in-4, rel. toile, non rogn.

2195. **Makrisi**. Takyoddini Ahmedis al-Makrizii, Narratio de expeditionibus, a Græcis Francisque adversus Dimyatham, ab A. C. 708 ad 1221 susceptis. E codd. mss. excerpsit, latine reddidit & annotatione illustravit *Henricus Arentius Hamaker*. Amstelodami, apud Pieper et Ipenbuur, 1824. In-4, rel. toile, non rogn.

Exemplaire de la bibliothèque Thonnelier, auquel est jointe une lettre en anglais, de *Hamaker*.

2196. — Historia Regvm Islamiticorvm in Abyssinia. Interpretatvs est vna cvm Abvlfedae descriptione regionvm Nigritarvm e codd. Bibl. Leidensis arabice edidit Frid. Theod. Rinck. Lvgd. Batav., apvd S. et J. Lvchtmans, 1790. Petit in-4, rel. toile, non rogn.

2197. — Histoire des sultans mamlouks de l'Égypte, écrite en arabe par Taki-Eddin-Ahmed-Makrizi, traduite en Français et accompagnée de notes... par M. Quatremère. Paris, Printed for the oriental translation fund, 1837-1845. 2 vol. in-8, d.-rel. bas., tr. rouge. (Chaque tome est divisé en 2 parties avec pagination différente.)

2198. **Matthieu d'Édesse**. Chronique de Matthieu d'Édesse (962-1136) avec la Continuation de Grégoire le Prêtre jusqu'en 1162, trad. et acc. de notes par *Édouard Dulaurier*. Paris, Durand, 1858. Vol. in-8, d.-rel. mar., tête peigne, non rogn. — Détails historiques de la première expédition des chrétiens dans la Palestine, sous l'empereur Zimiscès, traduits en français par *F. Martin*, avec notes de M. *Chahan de Cirbied*. Paris, Lemarchand, 1811. In-8, rel. toile, non rogn.

* 2199. **Moh'ammed-ben-Abi-el-Raïni-el-K'aïrouâni**. Histoire de l'Afrique, traduite de l'Arabe par MM. *E. Pellissier* et *Rémusat*. Paris, Imprimerie royale, 1845. 1 vol. in-8.

Tome VII de l' « *Exploration scientifique de l'Algérie pendant les années 1840, 1841, 1842* ».

2200. **Nersès Klaietsi**. Élégie sur la prise d'Édesse par les musulmans, par Nersès Klaietsi, patriarche d'Arménie, publiée pour la première fois, en arménien par le Dr *J. Zohrab*. Paris, Dondey-Dupré, 1828. In-8, rel. toile, couvert.

Ouvrage publié par la Société Asiatique. Texte arménien.

2201. **Raheb** (Pierre). Chronicon Orientale Petri Rahebi Ægyptii Primum ex Arabico Latine redditum ab Abrahamo Ecchellensi..... nunc nova interpretatione donatum a Josepho Simonio Assemano..... Venetiis, Ex typ. Barth. Javarina, M D CC XXIX. 1 vol. in-fol , d.-rel. toile, non rogn.

Édition rare à laquelle Jean Simon Assemani a ajouté 27 dissertations fort intéressantes.

2202. **Sacy** (Silvestre de). Chrestomathie arabe ou extraits de divers écrivains arabes, tant en prose qu'en vers. Paris, Impr. Impériale, 1806. 3 vol. in-8, d.-rel. mar. violet, tête marbr., ébarbé.

2203. **Sempad le Connétable**. Extrait de la chronique de Sempad, seigneur de Babaron, Connétable d'Arménie, suivi de celle de son continuateur, comprenant l'histoire des temps écoulés depuis l'établissement des Roupéniens en Arménie, jusqu'à l'extinction de cette dynastie. Traduit pour la première fois de l'arménien..... par *Victor Langlois*. St-Pétersbourg, 1862. In-4, rel. toile.

2204. Vita et res gestæ Sultani Almalichi Alnasiri, Saladini, Abi Modaffiri Josephi F. Jobi F. Sjadsi. Auctore Bohadino F. Sjeddadi. Nec non excerpta ex Historia Universali Abulfedæ, easdem res gestas, reliquamque historiam temporis, compendiose exhibentia. Itemque specimen ex historia majore Saladini, grandiore cothurno conscripta ab Amadoddino Ispahanensi. Ex Mss. Arabicis Academiæ Lugduno-Batavæ edidit ac latine vertit Albertus Schultens. Accedit index commentariusque geographicus ex mss. ejusdem Bibliothecæ contextus. Lugduni Batavorum. Apud Samuelem Luchtmans, 1732. In-fol., rel. parch. estamp.

2205. **Dulaurier** (E.). Récit de la première croisade, extrait de la Chronique de Matthieu d'Édesse, et traduit de l'arménien... Paris, Duprat, 1850. Plaq. in-4, rel. toile. — **Nève** (Félix). Exposé des guerres de Tamerlan et de Schah-Rokh dans l'Asie Occidentale, d'après la Chronique Arménienne inédite de Thomas de Medzoph. *S. l. n. d. n. typ.* [Extrait.] In-8, cart., couv. — **Petermann** (H.). Beiträge zu der Geschichte der Kreuzzüge aus Armenischen Quellen. (Aus den Abhand. der Königl. Ak. der Wiss. zu Berlin, 1860.) In-4, rel. toile. — **Vetter** (P.). Nerses von Lampron's Bericht über den Tod Kaiser Friedrich's I. aus dem Armenischen übersetzt. Abd. a. d. *Historisches Jahrbuch*, 1881. In-8, cart. — **Vahram Rapoun**. Chronique du royaume arménien de la Cilicie à l'époque des Croisades... traduite par *Sahag Bedrosian*. Paris, B. Duprat, 1864. In-8, rel. toile.

6. Ouvrages généraux. — Polygraphes

2206. **Ancona** (Alessandro d'). Varietà storiche e letterarie. Milano, Treves, 1883-85. 2 vol. in-12, rel. toile, non rogn., couvert.

2207. **Aretin** (Ioh. Chr., baron von). Beiträge zur Geschichte und Literatur, vorzüglich aus den Schätzen der pfalzbaierischen Centralbibliothek zu München. München, 1803-1807. 9 vol. in-8, rel. toile. — *Du même*. Diplomatische Abhandlung über ein zu München aufbewahrtes Fragment eines Sendschreibens des Kaisers Glycerius an den Ostgothischen Feldherrn Widemir. . Prag, Beyer, 1868. In-8, br.

2208. Art de vérifier les dates (L') des faits historiques, des inscriptions, des chroniques et autres monuments. [Édition de MM. *Viton de Saint-Allais, de Courcelles* et *Fortia d'Urban*.] Période avant l'ère chrétienne. Paris, Moreau, 1819. 5 tomes. — Période depuis la naissance de Notre Seigneur. Paris, Valade, 1818-19. 18 tomes. — Période depuis 1770 jusqu'à nos jours. Paris, Arthus Bertrand, 1821-1837. Tomes 1-16. — Tables. Paris, Denain, 1830-31. 2 vols.] Ensemble 41 vol. in-8, rel. veau f., fil., tr. marbrée.

Exemplaire des bibliothèques *Mionnet* et *Fortia d'Urban*.

2209. **Babenstuber** (Ludov.). Prolusiones Academicæ. Libri tres. Augustæ Vindelicorum, sumpt. G. Schlüter & M. Happach, 1724. 1 vol. petit in-8, rel. vél.

Louis Babeno St.-Huber (1660-1726), bénédictin bavarois, traite dans cet ouvrage, avec le plus grand sérieux, de questions historiques et théologiques souvent bizarres ; quelques-unes ont trait aux croisades et guerres religieuses.

2210. **Beyerlinck** (Laurent). Magnvm Theatrvm vitæ hvmanæ : hoc est Rervm divinarvm, hvmanarvmqve Syntagma. Lvgdvni, Sumpt. I. A. Hvgvetan, & M. A. Ravavd, MDCLXV. 8 vol. in-fol., rel. vél., front.

Nouvelle rédaction du « Theatrum vitæ humanæ » de *Lycosthenes* qui avait été continué par *Zwinger*. Le tome I seul porte la mention d' « Editio novissima » et la date de 1666. Le tome VIII n'est autre que l' « Index generalis » rédigé par *Gaspard Princtius*.

2211. **Camuzat** (Nicolas). Chronologia || seriem temporvm, || et historiam rervm in || orbe gestarum continens ab eius origine, || vsq; ad annum à Christi ortu mil-||lesimum ducentesimum. || Auctore Anonymo, sed cœnobij S. Mariani apud Altissiodorum, || Regulæ Præmonstratensis monacho. || Adiecta est ad calcem Appendix ad annvm vsq; mille-||simum CC.XXIII. || Nunc primum in lucem edita opera & studio Nicolai || Camvzæi Tricassini. || Ad Reverendiss. Atissiod. Episcopum. || (*Marque de l'imp*.). || Trecis. || Apud Natalem Moreav qui dicitur le Coq, || in vico diuæ Mariæ, sub signo Galli. || 1608. || Cum Priuilegio Regis. In-4, d.-rel. v. f., 2 ffnc, 113 ff. chiffrés & 3 ffnc. Au recto du dernier fnc., marque de l'imprimeur, différ. de celle du titre.

Ouvrage fort rare et presque inconnu publié par Nicolas Camuzat.

2212 **Cigala** (Mathieu). Νέα Σύνοψις διαφόρων ἱστοριῶν, ἀρχομένη ἀπὸ κτίσεως κόσμου καὶ λήγουσα ἕως σῇ νεώ Ἐχορνία... Ἐνετίησιν, Παρὰ Ἰωάννη Ἀντονίῳ τῷ Ἰουλιανῷ. 1650. 1 vol. petit in-4, rel. veau f.

2213. COLLECTION DES *RÉPUBLIQUES* IMPRIMÉES EN HOLLANDE[1]: 70 vol. in-24, rel. veau, tr. dor. (aux armes), et rel. vél.

Comprenant :

Africæ descriptio, Johannis Leonis Africani, IX libr. absoluta. Lugd Bat., Elzev., 1632. 2 tomes en 1 vol.
— De Republica Anglorum libri tres, Thomæ Smithi et Aliorum. Lugd. Bat., Elzev., 1625. [Cette édition ne porte pas le Privilège à la dernière page.]
— Respublica Atheniensium, Guill. Postelli. Lugd. Bat., Maire, 1635.
— Belgii confoederati Respublica, seu Gelriæ. Holland. ...... chorographica politicaque descriptio. Lugd. Bat., Elzev., 1630. [Première édition de 1630.]
— Respublica Bohemiæ â M. Paulo Stranskii descripta. Lugd. Bat., Elzev., 1634. — Respublica Bojema .... 1643.
— De Bosphoro Thracio lib. tres. Petri Gyllii. Lugd. Bat., Elzev., 1632. [Première édition de 1632.]
— Regni Chinensis descriptio, ex variis authoribus. Lugd. Bat., Elzev., 1639.
— De regno Daniæ et Norvegiæ ..... ac de Holsatia, ducatu Sleswicensi ... Lugd. Bat., Elzev., 1629. [Ouvrage édité par Stephanius : il y a les deux éditions de 1629.]
— Respublica, sive Status regni Galliæ ... Lugd. Bat., Elzev., 1626.
— Gallia ... (*J. de Laet*). Lugd. Bat., Elzev., 1629. [Les deux éditions de 1629.]
— Respublica et status imperii Romano-Germanici. Lugd. Bat., Elzev., 1634. 2 vol. — *Le même*, 1634-1640, 2 vol.
— Græcorum Respublicæ, ab Ubbone Emmio descriptæ. Lugd. Bat., Elzev., 1632. 2 vol. — *Le même*, 1632-1644, 2 vol.
— De Rebuspublicis Hanscaticis tractatus generalis, J.-A. Werdenhagen. Lugd. Bat., Maire, 1631, 4 vol.
— De Republica Hebræorum lib. III, Petri Cunæi editio novissima. Lugd. Bat., Elzev., 1632. [Les deux éditions de 1632, toutes deux portent la mention d'« editio novissima ».]
— Respublica Helvetiorum ..... Lugd. Bat., Elzev., 1627. [L'une des deux éditions de 535 pages.]
— Hispania ... (*J. de Laet*). Lugd. Bat., Elzev., 1629. [Première édition de 1629]. — *Le même*, 1641.
— Respublica Hollandiæ et Urbes (Petri Scriverii). Lugd. Bat., Maire, 1630. [Première édition de 1630.]
— Respublica et status regni Hungariæ. Lugd. Bat., Elzev., 1634.
— De Principatibus Italiæ Tractatus varij (*Th. Segheti*). Lugd. Bat., Elzev., 1628. — *Le même*, 1631.
— Descriptio regni Japoniæ ... ex variis auctoribus ... per Bernhardum Varenium. Amst., Elzev., 1649.
— Respublica Leodiensis. M. Z. Boxhornii, Amst., Jansson, 1663.
— Respublica Namurcensis, Hannoniæ et Lutzemburgensis. Amst., Jansson, 1634.
— De Imperio Magni Mogolis ... (*J. de Laet*). Lugd. Bat., Elzev., 1631. [Édition de 299 pages.]
— Respublica Moscoviæ et Urbes (*M. Z. Boxhornii*). Lugd. Bat., Maire, 1630. [Édition divisée en deux parties.]
— Persia ... cum aliquot iconibus incolarum. Lugd. Bat., Elzev., 1633. — *Le même*, 1647.
— Portugallia ..... Lugd. Bat., Elzev., 1641.
— Rhetia, *F. Sprecheri* ... Lugd. Bat., Elzev., 1633.
— Respublica Romana .... *P. Scriverius* restituit. Lugd. Bat., Elzev., 1526. — *Le même*, 1629. [Les deux éditions de 1629.]
— Russia, seu Moscovia, itemque Tartaria ..... Lugd. Bat., Elzev., 1630. [Édition de 345 pp.]

---

1. Toutes les indications d'édition sont données d'après le Catalogue des *Républiques* de La Faye.

— Sabaudiæ Respublica et Historia (*Lamb. Vanderbuchii*). Lugd. Bat., Elzev., 1634.
— Respublica sive Status regni Scotiæ et Hiberniæ. Lugd. Bat., Elzev., 1627. [Les deux éditions].
— Suecia ... Lugd. Bat., Elzev., 1631. — *Le même*, 1633.
— Turcici Imperii Status, seu Discursus varii de rebus Turcarum. Lugd. Bat., Elzev., 1630.
— Turcici Imperii Status. Accedit de Regn. Algeriano ac Tunetano Commentarius. Lugd. Bat., Elzev., 1634.
— Vallesiæ et Alpium Descriptio. *Josiae Simleri*. Lugd. Bat., Elzev., 1633.
— De Republica Venetorum libri quinque, *Casp. Contareni* ... Lugd. Bat., Elzev., 1626. — *Le même*, editio secunda auctior, 1628. [Édition de 1628 de 447 pp.]
— Dialogi de Rep. Venetorum. *Donati Jannotii* ... Lugd. Bat., Elzev., 1631.

— TRAITÉS QUE L'ON JOINT GÉNÉRALEMENT AUX *RÉPUBLIQUES*.

— **Werdenhagen** (J. A.). — Introdvctio vniversalis in omnes respvblicas sive Politica generalis. Amst, Gvil. Blaev, 1632.
— Aulicus inculpatus, ex Gallico auctoris anonymi [*Marconnet*], trad. a Joach. Pastorio .... Amst., Lud. Elzev., 1644.
— **Busbequius** (A. Gislenius). Omnia quæ extant. Lugd. Bat., Elzev., 1660.
— **Campanella** (Th.). De Monarchia Hispanica. Amst., Elzev., 1641. — *Le même*, 1653.
— **Cluverius** (Ph.). Introductionis in universam Geographiam ..... libri VI; accessit P. Bertii Breviarium orbis terrarum. Lugd. Bat., Elzev., 1627. — *Le même*, Bon. et Ab. Elzev., 1629. — *Le même*, ex off. Elzev., 1659.
— **Grotius** (Hugo) et **Merula** (P.). De Mari libero .... de Maribus, Lugd. Bat., Elzev., 1633. [Édition de 1633 de 267 pp.]
— **Sleidan**. De Quatuor summis Imperiis libri tres. Lugd. Bat., Elzev., 1631.
— *Le même* : postrema editione hac accurate recogniti, 1654.
— **Thysius** (A.). Roma Illustrata, sive Antiquitatum Romanarum Breviarium. Accessit Georg. Fabricii ... veteris Romæ cum nova collatio. Amst., ap. Lud. et Dan. Elzev., 1657.
— *Du même*. Memorabilia celebriorum veterum Rerumpublicarum. Accessit Tractatus Iuris Publici de Potestate Principis. Lugd. Bat., Maire, 1646.
— **La Faye** (de). Catalogue complet des Républiques imprimées en Hollande in-24... Nouvelle édition revue et augmentée par *J. Chenu*. Paris, Potier, 1854. In-16 rel. toile.

2214. Dictionnaire français illustré et Encyclopédie universelle..... dirigé par *B.-Dupiney de Vorepierre*. Paris, 1860-1864. 2 vol. in-4, d.-rel. mar. r., chiffre du comte Riant.

2215. **Dahlmann** (C.-F.). Forschungen auf dem Gebiete der Geschichte. Altona, Hammerich, 1820. 2 vol. in-8, rel. toile.

2216. **Dreyss** (Ch.) Chronologie universelle. 2ᵉ édition. Paris, Hachette, 1858. 1 vol. — *Le même. 5ᵉ édition*. Paris, Hachette, 1883. 2 tomes en 1 vol. Ensemble 2 vol. d.-rel.

2217. **Emmius** (Ubbo). Opvs chronologicvm novvm, plvribvs partibvs constans ; elaboratum & concinnatum ab Vbbone Emmio, Frisio Grethano, Historiarum ac Græcæ linguæ Professore in Academiâ Groninganâ..... (*Marque d'Elsevier*). Groningae, Excudebat Ioannes Sassivs, Typographus Ordinarius.

Sumptibus Elseviriorvm. MDCXIX. 2 part. in-fol. en 1 vol., rel. vél. estampé.

> Ubbo Emmius (1547-1626) professa à Groningue, dont il fit une des principales universités de Hollande ; c'est probablement à son initiative qu'est due l'introduction de l'imprimerie à Groningue, du moins le premier livre imprimé dans cette ville, en 1603, est son traité « de origine Frisiorum ». Son « Opus chronologicum », se consulte encore utilement.

2218. **Eytzing** (Michel d'). Michaëlis a Itsingeri Avstriaci Pentaplvs regnorvm mvndi. (*Marq. typ.*) Antverpiæ, Ex officina Christ. Plantini..... M.D.LXXIX. Vol. in-4, de 2 ffnc., 110 pp. 24 ffnc., 8 planches, rel. vél. blanc.

> Curieux ouvrage de chronologie de *Michel d'Eytzing de Schratental*, historien et diplomate allemand du xvi° siècle. Son ouvrage est dédié à l'empereur Rodolphe, fils de Maximilien II, à la personne duquel il avait été longtemps attaché. Cf. n° 1477.

2219. **Gautier** (Léon). La chevalerie. Paris, Palmé, 1884. 1 vol. grand in-8, rel. toile, tr. dor. (édit.) avec figg. & pl.

2220. **Gervinus** (G.-G.). Historische Schriften. Frankfurt a M., Varrentrapp, 1833. 1 vol. in-8, d.-rel. toile, tr. jasp.

> Contient : « Geschichte der Florentinischen Historiographie bis zum xvi^{en} Jahrhundert. Versuch einer innern Geschichte von Aragonien bis zum Ausgang des Barcelonischen Königstamms. »

2221. **Gottfrid** (Ioh. Ludov.). Historische Chronica, oder Beschreibung der Fürnemsten Geschichten, so sich von Anfang der Welt, biss auff das Jahr Christi 1619 zugetragen, Nach Ausztheilung der vier Monarchien, und beygefügter Jahr-Rechnung, auffs fleissigste in Ordnung gebracht, vermehret, und in acht Theil abgetheilet..... Frankfurt a M., [Mérian,] 1674. 1 vol. rel. veau f., avec front., cartes & nombreuses figg. gr. sur cuivre par Mérian, d'une fort belle exécution.

2222. **Gratiano** (Antoine Marie). De scriptis invita Minerva ad Aloysivm fratrem Libri XX. nvnc primvm editi cvm adnotationibvs Hieronimi Lagomarsini e Soc. Jesv. Florentiæ, 1745-46. 2 vol. in-4, d.-rel. toile, avec beau portr. de Gratiano.

> Intéressant et savant ouvrage que Gratiano ou Graziani, évêque d'Amerina, écrivit sur la demande de son frère Aloys. On y trouve des recherches sur Borgo San Sepolcro, son pays natal, des mémoires biographiques sur sa famille, des récits de voyages, quelques écrits du savant jésuite Possevino &c .... Cette édition a été donnée par le Père Lagomarsini, philologue érudit qui l'a dédiée à Muratori.

2223. [**Guazzo** (Marco)]. Historie di tvtte le cose degne di memoria q vai del Anno M D XXIIII. sino questo presente sono occorse nella Italia, nella Prouenza, nella Franza, ... nella Turchia, nella Persia, nella India, et altri lvoghi, col nome di molti huomini scientiati, Nouamente con la giunta & la Tauola ristampate & corrette. In Venetia M.D.XLIIII. al segno della Croce.

[per Comin da Trino di Monferrato]. Petit in-8 (in-16) de 8 ffnc., 408 ff., rel. vél. (les derniers ff. légèrement mouillés).

Guazzo (1496-1556), poète et historien assez médiocre, a donné deux éditions de son histoire universelle ; la première, publiée en 1540, va jusqu'à cette même année ; la seconde édition va jusqu'en 1544, c'est la nôtre, qui a été plusieurs fois réimprimée sans augmentation.

2224. **Hampson** (R. T.). Medii Ævi Kalendarium, or, dates, charters, and customs of the middle ages with Kalendars from the 10th to the 15th century ; and an alphabetical digest of obsolete names of days ... London, Causton, 1841. 2 tomes en 1 vol. in-8, d.-rel. chag., tête limace, ébarb. ; au dos, chiffre du comte Riant (avec une planche en couleur).

2225. Historia miscella, *Franciscus Eyssenhardt recensuit*. Berolini, Guttentag, 1869. 1 vol. in-8, d.-rel. chagr. rouge, tr. limac.

2226. **Hennin** (Henri-Chrétien de). Historia augusta Imperatorum Romanorum a C. Julio Cæsare usque ad Josephum, imperatorem augustissimum, ex Joannis Petri Lotichii, tetrastichis mnemonicis, et Joannis Jacobi Hofmanni tetrastichis ..... Adduntur Singulorum Imperatorum effigies aere scalpto expressæ ex nummis Christinæ Suecorum reginæ ... Supplementa adjecit Henricus Christianus Henninius. Amstelaedami, apud Franciscum Halmam ; Ultrajecti, apud Gulielmum van de Water. 1707. 1 vol. grand in-4, rel. vél. est. ; front. et fig.

A la suite de l'histoire des empereurs de *Hennin* est relié un court poème latin de *Henri Hamelow* : « Imperatores romani a Julio Cæsare usque ad sacratissimum Imperatorem qui nunc rerum potitur, carmine perpetuo descripti. Editio secunda priori emendatior. Amstelaedami, exc. Fr. Halma, 1707. »

2227. **Harttung** (Julius). Diplomatisch-historische Forschungen. Gotha, Perthes. In-8 avec fac.-sim., rel. toile, non rogn., couvert.

2228. **Hopf** (Karl). Historisch-genealogischer Atlas. Gotha, Perthes, 1858. 2 tomes en 1 vol. in-fol., d.-rel. chag. r., coins, tr. lim. ; au dos, chiffre du comte Riant.

2229. **Jal** (A.). Archéologie navale. Paris, Arthus Bertrand, 1840. 2 vol. in-8. — *Du même.* La flotte de César ; Le ξυστόν ναύμαχον d'Homère ; Virgilius Nauticus : Études sur la marine antique. Paris, Didot, 1861. Ensemble 2 vol. grand in-8 & 1 vol. in-12, d.-rel. chagr., tr. peigne.

2230. **Jourdain** (Ch.). Mémoire sur les commencements de la marine militaire sous Philippe le Bel. Paris, Impr. nat., 1881. In-4 cart., couv. — Excursions historiques et philosophiques à travers le moyen-âge. Publication posthume. Paris, Firmin Didot, 1888. 1 vol. grand in-8, br.

2231. **Jurien de la Gravière**. Souvenirs d'un amiral. Paris, Hachette, 1860. 2 tomes en 1 vol. in-12, rel. toile, non rogn., couvert. — Le Drame macédonien. Paris, 1883. 1 vol. — L'Asie sans maître. Paris, 1883. 1 vol. —

L'héritage de Darius. Paris, 1883. 1 vol. — La Conquête de l'Inde et le Voyage de Néarque. Paris, 1884. — Le démembrement de l'Empire. Paris, 1884. — La marine des Anciens, 2ᵉ édit. Paris, 1880-86. 2 vol. — La marine des Ptolémées et la marine des Romains. Paris, 1885. 2 vol. — Les derniers jours de la marine à rame. Paris, 1885. 1 vol. avec figg. — Les marins du xvᵉ et du xvɪᵉ siècle. Paris, 1879. 2 vol. Ensemble 12 vol. in-18, br., et 1 vol. rel. toile, avec cartes. — **Graser** (Bern.) De veterum re navali. Berolini, Calvary, 1864. Plaq in-4 avec pl., rel. toile, non rogn.

2232. **Lacroix** (Paul). Mœurs, usages et costumes au moyen-âge et à l'époque de la Renaissance. *3ᵉ édition*. Paris, Didot, 1873. — Vie militaire et religieuse au moyen-âge et à l'époque de la Renaissance. Paris, Didot, 1873. Ensemble 2 vol. grand in-8, rel. chagr. r., pl. toile, tr. dorée (éditeur) avec figg. et planches noires et en couleur.

2233. — Dissertations sur quelques points curieux de l'histoire de France et de l'histoire littéraire. Paris, Techener, 1839. In-8, d.-rel. veau f., tr. marbr.

2234. **La Farina** (Giuseppe). Rischiarazioni e documenti sopra nove studi storici del secolo xɪɪɪ. 2ᵈᵃ edizione. Bastia, 1857. — *Du même.* Studi storici nove sul secolo decimoterzo. Parte storica. 2ᵈᵃ edizione. Volume unico. Bastia, 1857. Ensemble 2 vol. grand in-8, rel. toile, non rogn., couvert.

2235. **Lemaire de Belges** (Jean). Le traictie intitule de la diffe = ‖ rence des Scismes ꝛ des Cōncilles : de leglise. Et de la preeminence et vtilite des concilles : de la sain ‖ cte eglise Gallicane. Compose par Jan Lemaire de Belges / ‖ Indiciaire et Hystoriographe de la Royne. ‖ ℭ Auec lequel sont comprinses plusieurs autres choses cu= ‖ rieuses / et nouuelles / et dignes de scauoir. ℭ Sicomme de lentrete= ‖ nement de lunion des princes. ‖ ℭ La vraye histoire et non fabuleuse / du prince Syach ysmail / ‖ du Sophy. ‖ ℭ Et le sauf conduit / que le souldan baille aux Francoys / pour ‖ frequenter en la terre saincte. ‖ ℭ Auec le Blason des armes des Venitiens. ‖ M. Vᶜ. et. xj. ‖ ℭ De peu assez. ‖ Priuilegium Regale. *Fuc.* 40, rᵒ : ℭ Imprime a Paris au mois de Janui ‖ er. lan Mil. vᶜ. et. xij. Pour maistre Jan ‖ Lemaire / Indiciaire / ꝛ Historiographe ‖ par Geffroy de marnef / Libraire iure ‖ de luniversite de Paris Demourant en ‖ la grād rue sainct Jacques / a lenseigne ‖ du Pellican / deuant sainct Yves. *Au vᵒ Armes de Jean Le Maire.* In-4 de 40 ffnc., car. goth. — *Du même.* La legende des Venitiens. ‖ Ou autremēt leur cronique abregee. Par laquelle est demōstre ‖ le tresiuste fondemēt de la guerre contre eulx. ‖ ℭ La plaincte du desire. ‖ Cest a dire la deploration du trespas de monseigneur ‖ le conte de Ligny. ‖ ℭ Les regretz de la dame infortunee. ‖ (*Armes de Jean Le Maire*) ‖ Cū priuilegio Regio Amplissimo. ‖ *Au verso du titre, Incipit* : ℭ Sensuit la teneur du priuillege ottroye par le Roy nostre= ‖ sire et par ces lettres patentes. A maistre Jan Le Maire de ‖ Belges..... ‖ ..... Donne a Lyon / le. xxxᵉ iour de Juillet. Lan de grace Mil. ccccc. et ix..... ‖

HISTOIRE

☙ Lacteur nomme es lettres royaux dessus= ‖ escriptes A faict imprimer ceste sienne oeu= ‖ ure / par Geuffroy de marnef / Libraire iure ‖ de luniuersite de Paris. ‖ (*Grav. sur bois au recto du fnc.* 2.) In-4 de 18 ffnc. (le dernier légèr. raccom.), car. goth. Ensemble in-4, rel. veau fauve, fil. sur les plats, tr. dor. (Bozerian J.).

Exemplaire en très bel état. L'édition de la légende des Vénitiens... est de 1512; la première, celle de 1509, a été imprimée à Lyon, par Jehan de Vingle. La nôtre se trouve habituellement à la suite de la Différence des Scismes... (édition de 1512). Ces deux ouvrages sont rares et recherchés.

2236. — Tractatvs de differentiis Schismatvm et Conciliorum in Ecclesia : & de vtilitate ac præeminentia Conciliorum sanctæ Ecclesiæ Gallicanæ, conscriptus ab Iohanne Maierio Belga... Inservntvr res aliæ singvlares ivcvndæ et cognitu dignæ, vt de concordia Principum conseruanda. Vera item historia et non ficta principis Syach Ismael appellati Sophy. Formvla præterea Diplomatis Soldani, quo Gallis libere permittitur frequentatio terræ sanctæ. Omnia modo ex sermone Gallico in Latinum conuersa, a Ludouico Ioachimi F. Camerario... *Page 205, l. 18* : Lipsiae, Imprimebat Andreas Schneider Typis Voegelianis. Anno M.D.LXXII. Petit in-8 de 1 fnc., 205(1) pp., rel. vél.

2237. **Liverani** (Francesco). Spicilegium Liberianum. Florentiæ, sumpt. F. Cambiagi, 1863. 1 vol. in-fol., rel. toile, non rogn., couvert.

2238. — Opere. Orvieto, presso Sperandio Pompei, [*et*] Macerata, Alessandro Mancini, 1858-59. 5 parties en 3 vol. in-8, avec planches, rel. toile, non rogn., couvert.

2239. **Lünig** (Jo. Christiano). Literæ procerum Europæ, ab imperatoribus, electoribus, principibus, statibusque sacri imperii romano-germanici, ad reges, principes, respubl. liberas, et vice versa, in multifariis, tam lætitiæ, quam tristitiæ casibus, nec non belli ac pacis negotiis, itemque religionis causa, ab anno 1552, usque ad annum 1712, latina lingua exaratæ, in tres partes divisæ, et in lucem editæ a Jo. Christiano Lünig..... Lipsiæ, Jo. Frider. Gleditsch et filium, 1712. 3 vol. petit in-8, rel. parch.

L'auteur s'est beaucoup occupé de recherches historiques, mais il manque quelquefois de l'exactitude désirable dans ces sortes de travaux. Il est né le 14 octobre 1662 à Schwatenberg, comté de Lippe, et est mort à Leipzig le 14 août 1740.

2240. **Marsy** (Comte de). Mélanges. 4 vol. in-8, d.-rel, chag. noir, coins, tête dorée, non rogn.

Le tome I comprend : Armoriaux des évêques de Picardie. Paris, 1866. — Quelques notes concernant Senlis et ses environs à l'époque de Charles VI. Senlis, 1874. — Mélanges sur le Vermandois aux xive et xve siècles. Saint-Quentin, 1874. — Le jubilé de 1775 à Compiègne. Compiègne, 1875. — Saint-Quentin à la fin du xviiie siècle. Paris, 1875. — Excursions archéologiques dans les environs de Compiègne. Compiègne, 1875. — Extrait du registre mortuaire des religieuses du prieuré de Saint-Nicolas-au-pont de Compiègne. Paris, 1876. — Le mobilier d'un gentilhomme Noyonnais à la fin du xvie siècle. Saint-Quentin, 1876. —

L'Hotel de Ville de Compiègne. Tours, s. d. — La ville de Compiègne à l'époque de la bataille de Saint-Quentin. Paris, 1877. — Oxenstierna et Richelieu à Compiègne (Traité de 1635). Paris, 1878. — Racine à Compiègne. Compiègne, 1878. — Documents relatifs à des œuvres d'art conservées à Compiègne en 1792. Paris, 1878. — L'exécution d'un arrêt du Parlement au xve siècle. Amiens, 1879. — La population de Compiègne en 1627. Compiègne, 1879. — La seigneurie d'Houdencourt. Angers, 1880. — Un voyage de Compiègne à Coutance en 1482. Tours, 1883. — Les sceaux picards de la Collection Charvet. Amiens, 1883. — Obituaire et livre des distributions de l'église cathédrale de Beauvais. Beauvais, 1883. — La peste à Compiègne. Amiens, 1884. — La Thiérache militaire. Anvers, 1885. — Le château de Montataire. Compiègne, 1886.

Tome II : Bibliographie Noyonnaise. Paris, Champion, 1877. — Bibliographie Picarde. Amiens, 1879-1884.

Tome III : L'ordre de Saint-Jean de Jérusalem et ses origines. Paris, 1865. — De l'architecture militaire des Croisés en Syrie. Arras et Paris, 1866. — Dissertation de Du Cange sur les armes de Jérusalem. Paris, 1867. — Quelques monuments élevés en l'honneur du Saint Sépulcre de N.-S. J.-C. Arras, 1869. — La commanderie de Saint-Maulvis au grand prieuré de France (Diocèse d'Amiens). Amiens, 1874. — Liste des chevaliers de l'Ordre de Saint-Lazare de Jérusalem et de Notre-Dame du Mont-Carmel, de 1610 à 1736. Paris, 1875. — Le testament de Gauthier VI de Brienne, duc d'Athènes. Paris, 1877. — Balthazar de Monconys. Caen, 1880. — Les pèlerins picards à Jérusalem. Amiens, 1881. — Pierre l'Hermite dans l'histoire et dans la légende. (Extr. de la *Revue du samedi*). — Deux années de la vie d'Antoine Galland. Amiens, 1882. — Pierre l'Hermite, son histoire et sa légende. Amiens, 1884.

Tome IV : L'approvisionnement de Paris sous Louis XII. Extr. du *Bull. de la Soc. d'Hist. de Paris*, 1877. — De la législation danoise sur la conservation des monuments historiques. Paris, Nilsson, 1878. — Une excursion à Saint-Antoine de Viennois. Arras, 1879. — Cueilloir numismatique. Bruxelles, 1879-1885. — La collection de décorations militaires du musée d'artillerie. Paris, 1880. — Note sur un anneau mérovingien en or trouvé près de Compiègne. Compiègne, 1882. — Exposition nobiliaire et héraldique de la Haye. 1880. — Le cérémonial de la Cour de Hesse-Cassel en 1803. — Le langage héraldique au xiiie siècle dans les poèmes d'Adenes le roi. — Un traité d'hygiène composé à Reims en 1599. Arcis-sur-Aube, 1883. — Les cours d'archéologie dans les grands séminaires. Caen, 1885. — Quelques fondeurs de cloches originaires de Lorraine ayant travaillé en Hollande. Nancy, 1886.

2241. **Martini** (Ioh Cristoph.). Thesavrvs Dissertationvm, qvibvs Historia Geographia et Antiqvitates tam sacrae qvam profanae illvstrantvr, maximam partem rarissimarvm, et ex mss. interdvm in lvcem prolatarvm ..... Norimbergae, apvd Carolvm Felseckervm — apvd Caroli Felseckeri Vidvam, 1766-1768. 3 tomes, chacun en 2 parties (la première partie du tome I est de la seconde édition de 1767), rel. vél.

2242. **Morisot** (Cl.-B.). Orbis maritimi sive rervm in mari et littoribvs gestarvm generalis historia..... Authore Clavdio Barthol. Morisoto Diuionensi. Divione, Apud Petrvm Palliot ... MDCXLIII. Grand in-4, rel. vél., front., une pl. grav. sur cuiv. et nomb. figures ou cartes dans le texte.

Ouvrage rare, l'un des premiers écrits sur l'histoire navale, comprenant un grand nombre de particularités intéressantes. L'auteur, Claude-Barthélemy Morisot, seigneur de Chaudenay et de Vernat (1592-1661), était fils d'un conseiller à la Chambre des comptes de Dôle et s'adonna uniquement à l'étude.

2243. **Naucler.** Chronica, succinctim cōpræhendentia res memorabiles seculorū omnium ac gentium, ab initio mundi vsq3 ad annum Christi nati M.CCCCC. Cum Auctario Nicolai Baselij ab anno Domini M.D.I. in annum M.D.XIIII. Et Appendice noua, cursim memorante res interim gestas, ab anno videlicet M.D.XV. vsq3 in annū pręsentem, qui est post Christum natum M.D.XLIIII. Rhapsodis partim D. Cunrado Tigemanno, partim Bartholomæo Laurente ..... Coloniæ ex officina Petri Quentel, anno Christi nati M.D.XLIIII. mense Martio. 1 vol. in-fol., rel. peau de truie, estamp., fermoirs.

<small>Bel exemplaire de cet ouvrage utile à consulter pour l'histoire des xve et xvie siècles.</small>

2244. Oettinger (E.-M.). Moniteur des dates [avec les suppléments du Dr *Hugo Schramm-Macdonald*, jusqu'en 1882]. Dresde et Leipzig, 1866-1882. 9 tomes en 1 vol. in-4, d.-rel. chag. rouge, tranches dorées ; au dos, chiffre du comte Riant.

2245. Peristromata Turcica, sive Dissertatio emblematica, præsentem Europæ statum ingeniosis coloribus repræsentans. Exod. 27. v. 40. IsMaeL VIVet gLaDIo, & pIngVIs est terra eIVs, eX nVbe rorante. (*1641.*) *Petit in-4 de 46 pp. et 1 fnc. au recto duquel on lit* : Lutetiæ Parisiorum primùm Apud Toussaint du Bray, in platea S. Jacobi ad insigne Spicæ. — *A la suite* : Germania deplorata, sive Relatio, qua pragmatica momenta belli pacisqve expendvntvr. Esaiæ 39. v. 8. IehoVa, preCaMVr Vt sIt paX & VerItas In DIebVs nostrIs!. *1 fnc.*, *34 pp. S. l. n. typ.* (*1641*). — Aulæa Romana, contra peristromata Turcica expansa : sive Dissertatio emblematica, concordiæ Christianæ omen repræsentans. I. ad Corinth. XIV. v. XXX. EXVrget protInVs IehoVa, qVIa non est DeVs DIssensIonIs, seD PaCIs. *64 pp.*, *S. l. n. typ.* (*1641*). — Gallia deplorata, sive relatio, de luctuoso bello quod Rex Christianissimus contra vicinos populos molitur. Proverb. XXIX. v. IV. ReX IVstVs erIget terraM IVstICIa, aVarVs DeterIt *51(1) pp. S. l. n. typ.* (*1641*). Ensemble 1 vol. petit in-4, rel. vélin blanc.

<small>Curieux recueil où l'on trouve des figures gravées sur cuivre, dont quelques-unes sont tirées en couleur, en passe-partout représentant des dessins allégoriques. La date de chaque pièce est donnée au moyen de chronogrammes imprimés ainsi que chaque titre en rouge et noir et chacune de ces pièces semble bien, comme la première, provenir de chez Toussaint du Bray.
Nous n'avons pas découvert l'auteur de ces opuscules peu connus. Un seul, la *Gallia deplorata* est cité par *Le Long* (Bibliothèque, n° 28717). C'est un factum contre Richelieu, et nous sommes assez portés à croire que l'auteur serait ou le Père *Caussin* ou un de ses partisans.</small>

2246. Polain (M. L.). Mélanges historiques et littéraires. Liége, Jeunehomme, 1839. 1 vol. in-12, d.-rel. chag. rouge.

2247. Dvello, Libro de Re, Impera= || tori, Principi, Signori, Gentil'homini ; & de tutti Ar= || migeri, continente Disside, Concordie, Pace, Casi || accadenti ; & Iudicii con ragione, Exempli, & || Authoritate de Poeti, Historiographi, Phi= || losophi, Legisti, Canonisti, & Ecclesiasti= || ci. Opera dignissima, & utilissi=‖ ma ad tutti gli spiriti gentili. ‖ (*Gravure sur bois.*) *Fnc.* 8 *r°*, *incipit* : Incomincia il Libro de re Militare in materno. ‖ Composto per il Generoso misser Paris de ‖ Puteo Doctore de lege..... *Fnc.* 199 *v°*, *l.* 9 : Stampato in la Inclita cita de Venetia. ‖ Adi. XII. Maggio. M.D.XXI. ‖ Lavs Deo. *Fnc.* 200 *blanc.* Petit in-8 de 200 ffnc., rel. parch.

> Paris de Puteo ou *de Pozzo*, jurisconsulte napolitain du commencement du xvie siècle, fut conseiller du roi Ferdinand I. Le « de re militari » a été fréquemment imprimé au xvie siècle.

2248. [**Rousselot de Surgy**]. Mélanges intéressans et curieux ou Abrégé d'histoire naturelle, morale, civile, et politique de l'Asie, l'Afrique, l'Amérique, et des Terres polaires. Par M.R.D.S***. A Paris. chez Durand, [*puis*] Panckoucke, Didot ... 1763-1765. 10 vol. in-12, rel. veau f., dos orné, fil., tr. dor.

> Joli exemplaire.

2249. **Ricci** ou **Riccio** (Michaele). Michaelis Ritii Neapolitani. De regibus Francorum lib. III. De regibus Hispaniæ lib. III. De regibus Hierosolymorū lib. I. De regibus Neapolis & Siciliæ lib. IIII. De regibus Vngariæ lib. II. Basileae in officina Frob. M D XXX IIII. *In fine* : Basileae perHieronymvm Frobenivm et Nicolavm Episcopivm M.D.XXXV. Petit in-8 de 276 pp., 6 ffnc., rel. vél.

> M. *Ricci*, patricien de Naples, s'intitule dans les pièces liminaires « jurisconsulte et conseiller du roi de France », qu'il suivit à Milan, et probablement en France, après la perte, par Louis XII, du royaume de Naples.

2250. — De Regibvs Hispaniæ, Hiervsalem, Galiæ, Vtriusque Siciliæ, & Vngariæ, historia. Neapoli, Ex. Regia Typographia Egidij Longhi, 1645. in-4, rel. parch.

2251. **Silvagius** (M.). Opvs pvl=‖ chrvm et stv=‖ diosis viris satis iv‖ cūdum de tribus Peregrinis seu de ‖ colloquijs trium peregrinorum : de ‖ diuinis perfectionibus : de philo‖sophia sancto𝒴 : de partibus mūdi, cli‖ matibus, linguis & populis, ciuita‖tibus & cōditoribus : & de excellē=‖ tijs Romę et Hierusalē ibią̃; multa ‖ notatu dignissima editū & ritę ordi‖natū per Venerādū Patrē Fratrem ‖ Mattheum Siluagium Siculum ‖ Cathanensem sacræ Theolo=‖ giæ professorem ordinis ‖ minorum obseruantiæ. ‖ Venetiis ‖ Anno Virginei partus ‖ M.D.XLII. (*Encadr. gravé sur bois au titre.*) *In fine* : ‖ ℭ Venetijs in ædidus Francisci Bindonti, & ‖ Maphei Pasinei Mense Nouembri. Anno a ‖ uirginis partu. M D XLII. Petit in-8 de 352 ff. chif., 32 ffnc. (le dernier blanc), fig., rel. mar. rouge, fil., tr. dor., dent. int.; au dos, chiffre du comte Riant. (Dupré).

> Ouvrage rarissime, connu seulement par Mira (Bibliografia siciliana). L'auteur, M. *Silvagius*, surnommé *Gangarossa*, y a mis pêle-mêle une grande quantité de matières qui témoignent d'une érudition peu commune, mais d'un manque complet de critique. Entre autres, il contient une courte chronique de Sicile avec la description de quelques villes et un traité sur les douze portes de Jérusalem correspondant aux douze tribus (fig.), etc.....

2252. **Sleidan** (Jean). Historie Book, Hwilken beskrifwer Tilståndet aff thet Andelige och Werldzlige Wäsendet vthi Keyser Carls then Femptes Tijdh, ... På Swenskan afsatt aff Johan Sylvio. Stockholm, aff Nic. Wankijff 1675. 1 vol. petit in-fol., rel. bas. br.

Traduction suédoise de l'histoire de *Jean Philippson*, plus connu sous le nom de *Sleidan*, du nom du lieu de sa naissance. Cet ouvrage est estimé pour son exactitude.

2253. **Stamler** (Joh.). De diversarvm gencivm sectis et mvndi religionibus. Cologne, 1508. Petit in-fol. de 2 ffnc. (Titre front. grav. sur bois). XXXII ff. chif., 2 ffnc., rel. mar. n., tr. dor., dent. int.; au dos, chiffre du comte Riant.

Fnc. 1. r° et v° : le même titre fronstispice. Fnc. 2, r° inc. : Reverendo.in. Christo.patri.et.domino.|| domino Matheo lang Augusteñ : Episcopo Gurcensi : Dyalogus || in modū Comici dramatis formatus : A Iohanne Stamler prespi-||tero : succincte digestus : De Tartarorum : Saracenorum : Turco-||rum : Iudeorum et Gentilium Sectis et Religionibus, ac eorundē || confutatione ..... || ..... Preterea vtriusq̃ Testamenti sacrarū scripturarū Compē-||diose insertarum : approbatione. Dicatus. || ℭ Jacobi.Locher.Philomvsi.Epigrama || ad lectorem ... || Hexastichon.eivsdem.|| Non legat hunc librum. cui nasus putret oleto || Inuidie .....

F° XXXII, v°, l. 42 : Impressum Auguste : per Erhardum oglin. & Ieorgiū Nadler Cura || correctōne et diligentia venerabilis domini Wolfgangi Aittinger || p̄spiteri Augusteñ ..... || Anno nostre salutis. 1.50.&. 8.die.22.mensis May. &c.

2254. **Sybel** (Heinrich von). Kleine historische Schriften. München, Cotta, 1863. 1 vol. in-8, d.-rel. chagr. r., tête limace., non rogn.; au dos, chiffre du comte Riant.

2255. **Tarcagnota** (Giovanni). Delle historie del mondo ... Lequali contengono quanto dal principio del Mondo è successo, sino all' Anno 1513. cauate de più degni, & più graui Autori, che habbino nella lingua Greca, ò nella Latina scritto ... Con l'aggiunta di M. Mambrino Roseo, & del Reuerendo M. Bartolomeo Dionigi da Fano, sino all' Anno 1582. Seguitata ... sino à tempi nostri dal Signor Cesare Campana ..... In Venetia, M D XCVIII. Appresso i Giunti. 5 vol. petit in-4, rel. vél.

G. Tarcagnota est le premier auteur italien qui ait tenté, au XVI° siècle, d'écrire une histoire universelle ; son ouvrage a paru pour la première fois à Venise, en 1562, en 4 vol. Dans notre édition, les premiers volumes seuls sont de Tarcagnota, les deux autres sont les œuvres successives de ses continuateurs *Roseo*, *Dionigi* et *Campana*.

2256. **Thierry** (Augustin). Dix ans d'études historiques. Paris, Tessier, 1835. In-8, d.-rel. veau, dos orné.

2257. **Tweddel** (John). Remains..... being a selection of his correspondence, a republication of his prolusions juveniles..... London, J. Mawman, 1816. In-4, d.-rel. bas , pl.

2258. **Vignier.** La bibliotheqve historiale de Nicolas Vignier de Bar svr Seine, medecin et historiographe dv Roy. Contenant la disposition & concordance des temps, des histoires, & des historiographes, ... A Paris, chez Abel l'Angelier ... 1587-88. 3 vol. in-fol., rel. basane, tr. jaspée.

2259. **Vincent de Beauvais.** Bibliotheca mvndi Vincentii Bvrgvndi..... episcopi Bellovacensis..... recognita..... operâ et studio Theologorum Benedictinorvm Collegij Vedastini..... Dvaci, Ex Officina Typographica Baltazaris Belleri..... MDCXXIV. 4 vol. in-fol., rel. veau.

2260. VINCENT DE BEAUVAIS : **Bourgeat** (Abbé J. B.). Études sur Vincent de Beauvais. Paris, Durand, 1856. In-8, rel. toile. — **Boutaric** (E.). Vincent de Beauvais et la connaissance de l'antiquité classique au treizième siècle. Paris, Palmé, 1875. In-8, rel. toile. — **Friedrich** (Richard). Vincent von Beauvais als Pädagog nach seiner Schrift De eruditione filiorum regalium. Leipzig, Peters, 1883. In-8, cart.

2261. **Vossius** (Gerardus Ioannes). De Historicis latinis Libri III. Editio altera, priori emendatior, & duplo auctior. Lugduni Batavorum, I Maire, 1651. In-4, rel. veau. — De vetervm poetarvm temporibvs libri dvo, qvi svnt de poetis græcis et latinis. Amstelædami, I Blaev, 1662. — Chronologiae sacræ Isagoge Sive de vltimis mvndi Antiquitatibus, ac imprimis de Temporibus Rerum Hebræarum Dissertationes VIII. Hagæ-Comitis. A. Vlacq, 1659. — Dissertationes tres de tribvs Symbolis, Apostolico, Athanasiano, et Constantinopolitano, Editio secvnda..... Amstelædami, I. Blaev, 1662. 3 tomes en 1 vol. in-4, rel. veau.

2262. **Vossius** (Isaacus). Variarum observationum liber. Londini, Robert Scott, MDCLXXXV. In-4, fig. et pl., rel. parch. gauf.

Malgré ses connaissances étendues, l'auteur ne craint pas de donner sur l'ancienne Rome, ainsi que sur la Chine, des détails purement imaginaires.

2263. **Weigel** (Christoph). Orbis terrarvm in nuce, sive Compendium Historiæ Civilis Chronologicum in sculptura memorabili. Die Welt in einer Nusz, oder Kurtzer Begriff der merckwürdigsten Welt-Geschichte in einer Gedächtnüss-hülfflichen Bilder-Lust, ausgefertiget durch Christoph Weigeln, Kupfferstechern ..... Nürnberg, 1722, in-fol., tit. r. et n., 48 pl., rel. parch.

2264. **Weiss** (J.-B.). Die neuere Zeit. Wien, Braumüller, 1881. 2 vol. in-8, d.-rel. chagr. brun, tr. peigne.

Forme la 4e partie des *Lehrbuch der Weltgeschichte* de M. Weiss.

2265. **Wenger** (J.). Unglücks-Chronik oder die denkwürdigsten elementaren Verheerungen und Zerstörungen in Natur- und Kulturleben aller Zeiten. Bern. Jenni, *s. d.* In-8 br.

2266. **Whear** (Degoreus). Relectiones hyemales de ratione & methodo legendi utrasque Historias, civiles & ecclesiasticas ..... quibus appenditur mantissa, de Historicis Gentium Particularium. Accessit Gabrielis Naudæi Parisini Bibliographia politica. Præmittitur Justi Lipsii Epistola ad Nicolaum Hacquevillium, de Historiâ, Historicos legendi Ordine, Fructusque ex iis excerpendi modo ... Cantabrigiæ, ex off. Joan. Hayes, M.DC.LXXXIV. Petit in-8, d.-cart. perc.

2267. **Wolf** (Joh.). Lectionvm memorabilivm et reconditarvm centenarii XVI... Lauingæ, sumtibus Autoris impressit Leonhardus Rheinmichel... anno 1600. (*Titre encadré.*) — In Iohannis Wolfiii... tomos dvos... Index... avthore M. Iohanne Iacobo Linsio, cognomine Hagendorn. Lavingæ. Excudebat M. Iacobus Winter, Anno M.DC.VIII. Ensemble 3 tomes en 2 vol. fort in-fol., rel. vél.

Recueil intéressant d'anecdotes de toutes sortes ; il est assez rare, surtout avec l'Index dû à *Hagendorn* qui a été ajouté à fort peu d'exemplaires.

2268. **Zappullo** (Michele). Sommario istorico da Michele Zappvllo Napolitano. dottor di leggi. Doue con breuità, e con ordine di tempi si tratta delle cose più notabili di tre principali Città, cioè Gerusalem, Roma, e Napoli. Et anco di molti altri paesi, e di varij successi : e delle Tauole Astronomiche, per documento à i Lettori, di bene, e virtuosamente viuere ..... In Napoli, M D X C VIIII. Per Gio : Giacomo Carlino, & Antonio Pace. In-8 de 920 pp., 34 ffnc. (titre remonté), rel. vél.

2269. — Historie di quattro principali Città del Mondo, Gervsalemme, Roma, Napoli, e Venetia, sommariamente descritte da ..... Nelle quali, con ordine di tempi, si trattano le cose più notabili quiui, & in altri paesi auuenute. Aggiuntoui vn Compendio dell' Istorie dell' Indie, & anche le Tauole Astronomiche, ... In Vincenza, Appresso Giorgio Greco, M D CIII. Petit in-4 de 8 ffnc., 449(1) pp. (titre remonté), demi-rel. bas.

2270. — Sommario istorico del dottor ..... ove con occasione di celebrare i successi di quattro gran Città, ... e dell' Indie. Si viene atrattar dei regni del Giappone, della Cina, dell' Egitto, e della Soria. di tvtti i popoli, che fvrono soggetti all' Imperio Romano, & altresi di Saracini, di Turchi, e di Tartari. Onde s'ha luce con ordine di tempi, e con non minor chiarezza, che breuità, di quasi tutte l' Istorie del Mondo. Segve poi vn discorso intorno alle Tauole Astronomiche. Dallo stesso avtore in qvesta, terza impressione ..... In Napoli, Appresso Gio : Giacomo Carlino & Constantino Vitale, M D C VIII. Petit in-4 de 3 ffnc., 587 (1) pp., 12 ffnc., rel. vél.

2271. **Mas Latrie** (L. de). Glossaire des dates des documents du moyen-âge. Paris, Champion, 1883. In-8, rel. toile. couv. — *Du même.* Chronologie historique des Papes et des Conciles. Paris, Krabbe, 1836. In-8, d.-rel. v. f. — *Du même.* Archevêchés, évêchés et monastères de France. Crapelet, 1837. In-32, d.-rel. chag. r., au chiffre du comte de Riant.

2272. **Brandel** (Henri). La Myriade, système chronologique pour une période de dix mille ans, exposée d'après les mss. inédits de M. Brandel, par F.-A. Ewerlöf. Copenhague, Thiele, 1853. Grand in-8, rel. toile. — **Hudelot** (Jules). Le calendrier perpétuel ... de l'an 1601 à l'an 2389. Paris, Delagrave, 1875. In-8, cart., couv. — **Oppert** (J.). La méthode chronologique. (Extrait de la *Revue historique*.) In-8, cart.

7. Biographies générales.

2273. **Bertarelli** (Paolo). Principi del mondo, e segnalati gverrieri, Estinti dall' Anno 1630. sin' all' Anno 1652. Con molti altri auenimenti cosi di guerra, come di altre materie nel medesimo tempo successi..... Milano, Lodouico Monza, M DC LIII. 1 vol. in-12, rel. parch., frontispice.

> Paolo Bertarelli, archiprêtre de Menagio, théologien et chroniqueur de la seconde moitié du xvii⁵ siècle, avait publié son ouvrage pour la première fois sous le titre de *Trionfi della Morte*; c'est un recueil de courtes biographies.

2274. **Bruzen de La Martinière**. Le grand dictionnaire géographique historique et critique. Paris, 1768. 6 vol. in-fol., v. marb.

2275. **Dondini**, S. J. (Guil.). Selecta heroum spectacvla in amphitheatro fortitudinis eleganti poëmate repræsentata... Monachii, sumpt. J. Wagneri, typ. S. Rauch, 1669. In-16, rel. vél.

2276. [**Fichard**]. Virorvm qvi || svperiori nostroqve secvlo ervditione et || doctrina illustres atque memorabiles fuerunt, Vitæ. Iampri= || mum in hoc Volumen collectæ... *Fne* 119, v°, *l.* 12: Francoforti, Christianus Egenolphus excudebat, Mense Septembri. Anno M.D.XXXVI. In-4 de 4 ffnc., 119 ff. chif., 1 fnc., rel. vél.

> Ouvrage fort rare, que plusieurs bibliographes ont jadis vainement cherché pour le décrire. L'auteur de ce recueil est *Jean Fichard* qui a mis son nom à la tête de la Dédicace; mais les biographies ne sont pas de lui et sont tirées de divers auteurs.

2277. **Heilprin** (Louis). The historical reference book, comprising a chronological table of universal history, chronological dictionary of universal history, a biographical dictionary, with geographical notes. New York, Appleton, 1885. In-8, d.-rel. bas. (édit.).

2278. **Jal** (A.). Dictionnaire critique de biographie et d'histoire. Deuxième édition. Paris, Plon, 1872. 1 vol. grand in-8, d.-rel. chag. (édit.).

2279. **Lalanne** (Ludovic). Dictionnaire historique de la France. Paris, Hachette, 1872. In-8. d.-rel. chag. (édit.).

2280. **La Serre** (J. Puget de). Panégyriques des hommes illustres de nostre siècle dédiez au cardinal Mazarin. Paris, 1655. Grand in-fol., rel. vél., 911-67 pp.

Six beaux portraits en pied outre le frontispice : Mazarin, Séguier, Molé, Bellière, Servien et Fouquet. Il y a 2 exemplaires imparfaits au moyen desquels on peut en former un convenable.

2281. De Memora= || bilibvs et claris mvlie= || ribvs : aliqvot di= || versorvm scri= || ptorvm o= || pera. || (*Marque de* S. de Colines). || Parisiis. || Ex ædibus Simonis Colinæi. || M D XXI. In-fol. de 219 ff. chif. 1 fnc. (blanc, qui manque). Rel. veau.

Ouvrage publié par les soins de *Ravisius Textor* (Tixier, seigneur de Ravisi) (1480-1524) ; cette compilation comprend la biographie des femmes célèbres de l'antiquité, la grande biographie des femmes, de *J. de Bergame*,... un poëme de *Valerand de Varennes* (Valerandus Varanius, Abbavilleus) sur Jeanne d'Arc, intitulé « De gestis Ioannæ virginis Francæ, Anglorum expultricis », les vies de sainte Catherine de Sienne, de sainte Clotilde, de sainte Geneviève, d'Anne de Bretagne, etc.

2282. **Moreri.** Le grand dictionnaire historique, nouvelle édition avec les suppléments et les notes de l'abbé Goujet. Paris, 1759. 10 vol. in-fol., rel. v.

2283. Nouvelle biographie générale publiée par MM. Firmin Didot frères, sous la direction de M. le Dr *Hoefer*. Paris, 1854-1866. 46 tomes en 23 vol. d.-rel. veau.

2284. **Ranzov** (H. de). Epigrammatvm Historicvs Liber; Continens Encomia Heroum, Imperatorum & Ducum..... quos in arce sua Bredenberga depingi, & versibus partim à seipso compositis, partim hinc inde collectis ornari curavit Henricus Ranzovivs. Item de claris.... viris.... familiæ Ranzouicæ..... avctore Henningo Cvnradino Gambrivio...... Antverpiae, Ex officina C. Plantini..... M D. LXXXI. In-4 de 166 pp. Au verso du titre, portrait de Ranzov. Br.

L'ouvrage débute par une épitre dédicatoire de *H. Conradinus Gambrivius*. Le portrait de Ranzov daté de 1574 le représente à l'âge de 49 ans.

8. Histoire. — Temps primitifs.

2285. **Dannhauer** (Jean Conrad). Præadamita vtis sive Fabula Primorum Hominum ante Adamum conditorum... Argentorati, Ex off. Jos. Stædelii, 1656. 1 vol. petit in-8, rel. vél.

Curieux ouvrage écrit en forme de dialogue et inspiré par les Præadamitæ d'Isaac de La Peyrère, parus la même année.

2286. [**La Peyrère** (Isaac de]. Præadamitæ, sive exercitatio per Versibus duodecimo, decimotertio, & decimoquarto, capitis quinti Epistolæ D. Pauli ad Romanos. Qvibvs indvcvntvr Primi Homines ante Adamum conditi. Anno Salvtis, M.DC.LV. — (*Du même*). Systema Theologicvm, ex Præadamitarvm hypothesi. Pars Prima. Anno Salvtis, M.DC.LV. (Avec une carte de la Terre Sainte). — [**Le Prieur**]. Animadversiones in librvm Præadamitarvm. In quibus confutatur Nuperus scriptor, &, primum omnium hominum fuisse

Adamum, defenditur. Authore Eusebio Romano..... (*La Sphère*). Anno M.DC.LVI. Ensemble 3 tomes in-12 en 1 vol., rel. v. f., fil. s. l. plats, dos orné, tr. r.

> Ces trois ouvrages ont été imprimés en Hollande, Les deux premiers sont d'Isaac de La Peyrère (1594-1676), c'est dans les Pays-Bas, où il avait suivi le prince de Condé, qu'il fit paraître, en 1655, son premier volume, « Præadamitæ » où il soutenait la thèse de deux créations. Ce livre fut condamné au feu par le Parlement de Paris et valut de nombreuses persécutions à son auteur. Le troisième ouvrage, réfutation des précédents, parut sous le nom d'Eusebius Romanus qui cachait un philologue français Philippe Le Prieur.

2287. *Le même ; sans les* « Animadvertiones » *de* Le Prieur. In-12, rel. vél.

2288. **Lazius** (Wolfgang). De Gentivm aliqvot migrationibvs, sedibvs fixis, reliqviis, linguarumque initiis & immutationibus ac dialectis, Libri XII..... Francofvrti, Apud Andreæ Wecheli heredes M D C. 1 vol. in-fol., de 675 (1) pp; 17 ffnc., sur bois, rel. vél. bl.

2289. **Lehndorff** (Georg graf). Hippodromos. Einiges über Pferde und Rennen in griechischen Alterthum. Berlin, Wiegandt, 1876. In-8, rel. toile, couv. fig. — **Piétrement**. Les chevaux dans les temps préhistoriques et historiques. Paris, Germer Baillière, 1883. In-8, d.-rel. veau.

2290. **Milius** (Abrahamus). De origine Animalium, et migratione populorum,... ubi inquiritur, quomodo quaque via Homines cæteraque Animalia Terrestria provenerint, et post Deluvium in omnes Orbis terrarum partes regiones : Asiam, Europam, Africam, utramque Americam, et Terram Australem, sive Magellanicam, pervenerint. Genevæ : apud Petrum Columesium, M.DC.LXVII. In-12, rel. parch. marbré, fil. or.

2291. **Mitternacht** (Joh. Sebast.). Agon scholasticus, hoc est Hedbas Programmatum... De Curiositate qvorumdam Scripturae sacrae interpretum, inprimis circa Adamum protoplastum. Numburg. M. Muller, 1674. In-8, rel. vél.

2292. **Penka** (Karl). Origines Ariacae. Linguistisch-ethnologische Untersuchungen zur ältesten Geschichte der Arischen Völker und Sprachen. Wien, K. Prochaska, 1883. In-8, rel. toile, non rogn.. couvert.

2293. **Pictet** (A.). Les origines Indo-Européennes. Paris, Cherbuliez, 1859. 2 vol. grand in-8, d.-rel. veau ; au dos, chiffre comte Riant.

2294. **Prichard** (James Cowles). The eastern origin of the Celtic nations proved by a comparison of their dialects with the Sanskrit, Greek, Latin, and Teutonic languages... edited by *R. G. Latham*. London, Quaritch, 1857. In-8, rel. toile (édit.).

2295. **Wietersheim** (Eduard von). Geschichte der Völkerwanderung. Leipzig, Weigel, 1859-64. 4 tomes en 2 vol. in-8, avec carte, rel. toile, non rogn., couvert.

2296. **Wilson** (Daniel). Prehistoric man. Researches into the origin of civilisation in the old and the new world. Cambridge, Macmillan, 1862. 2 vol. in-8, avec planches en couleur et figg., rel. toile, non rogn. (édit.).

2297. **Cetta** (Alberto). Il diluvio. Torino, Speirani, 1886. In-8, br. — **Christ** (Wilhelm). Avien und die ältesten Nachrichten über Iberien und die Westküste Europa's. München, 1865. Plaqu. grand in-4, rel. toile, non rogn., carte. — **Clarke** (Hyde). The early history of the mediterranean populations, &c... in their migrations and settlements. London, Trübner, 1882. Vol. in-8, rel. toile (édit.). — **Lenormant** (F.). Les origines de l'histoire d'après la Bible, de la création de l'homme au déluge. Paris, Maisonneuve, 1880. 1 vol. in-12, rel. toile. — **Darttey**. Les Ibères. Paris, Cousin, 1839. In-8, rel. toile. — **Saporta** (G. de). La paléontologie appliquée à l'étude des races humaines. [Extr. de la *Revue des Deux Mondes*. Août 1848]. In-8, cart. Ensemble 6 vol. ou plaq.

9. Histoire du peuple juif.

2298. **Adrichem** (Christian). Cronicon..... traducido de Latin en Español por Don Lorenzo Martinez de Marcilla... En Madrid, Impr. Imperial, 1679. In-4, rel. bas.

Cette chronique de l'Ancien et du Nouveau Testament de Christian Adrichem, prêtre hollandais du xvie siècle, est remplie de fables. Cf. n[os]1454-59.

2299. **Alessandro** (Gio Pietro d'). Hierosolymæ eversæ..... Libri decem. Neapoli, Ex Typ. Ioannis Baptistæ Gargani, & Lucretij Nucci, M D.C.XIII. In-4, rel. parch.

2300. **Amador de los Rios** (Don José). Études historiques, politiques et littéraires sur les juifs d'Espagne, traduites pour la première fois en français par *J. G. Magnabal*. Paris, Impr. P. Dupont, 1861. 1 vol. grand in-8, **rel.** toile, non rogn., couvert.

2301. **Barradas, S. J.** (Sébastien). Itinerarium filiorum Israel ex Aegypto in Terram repromissionis. Editio nova. Augustæ Vindelicorum; et Græcii Impensis Philippi Jacobi Veith, 1742. 1 vol. in-fol., rel. truie, fermoirs.

La première édition de cet ouvrage a paru à Lyon en 1620.

2302. **Buxtorf** (Jean). Exercitationes ad historiam. Basileæ, Decker, M D C LIX. 1 vol. petit in-4, rel. veau.

Jean Buxtorf (1599-1664) traite dans cet ouvrage de l'arche d'alliance, des feux sacré et céleste, des Urim et Thummim, de la manne, de la pierre du désert, du serpent d'airain, etc.....

2303. **Collet** (L.). Josué ou la Conquête de la terre promise, Poëme en douze chants..... A Bourg, de l'impr. de Janinet..... 1807. 1 vol. in-8, d.-rel. chag. br., coins, non rogn.

A cet exemplaire est joint une lettre autographe signée de l'auteur.

2304. Couret (Alphonse). La Palestine sous les Empereurs Grecs (326-636). Grenoble, Allier, 1869. 1 vol. in-8, d.-rel. veau.

Exemplaire provenant de la bibliothèque de M. Guizot, avec l'Appendice « Liste des monastères fondés en Palestine depuis Constantin jusqu'à l'invasion des Arabes. »

2305. Cramer (Carl Friedrich). Scythische Denkmähler in Palästina. Kiel und Hamburg, bey Carl Ernst Bohn, 1777. In-8, rel. veau marbr., tr. dor.; au dos, chiffre du comte Riant.

2306. Drumont (Édouard). La France juive. Paris, Marpon et Flammarion. *S. d.* 2 vol. — La France juive devant l'opinion. Paris, Marpon & Flammarion, 1886. 1 vol. Ensemble 2 vol. in-18, d.-rel. veau jaune, non rogn., et 1 vol. br.

Éditions originales. Hommage signé adressé au comte Riant.

2307. Fassinius (Fr. Vincent). De Alexandro Magno ingresso Hierosolyma antequam se ad Hammonis oraculum transferret exercitatio..... accedit altera de eiusdem regis imperii divisione ad caput I libri I Macchabaeorum. Florentiæ, Cambiagi, 1780. 1 vol. in-4, rel. vél. — **Hasse** (Fr. Rvd.)...... De prima Nebvcadnezaris adversvs Hyerosolyma expeditione. [Diss. hist.] Bonnae, l. C. Georgianis, 1856. In-4, br.

2308. Hegesippe. Historia d'Egesippo||tra i christiani scrit= || tori antichissimo de le ualorose īprese fatte || da giudei ne l' assedio di Gierusaleme, || e come fu abbattuta quella cit= || ta, e molte altre del paese, || Breve somma del mede= || simo di quanto é compreso ne l'opera. || Tradotta di latino in Italiano per || Pietro Lauro Modonese. || [*Marque de Michel Tramezino.*] || In Venetia, M.D.XLIIII..... Petit in-8, 16 ffnc., 219 ff., et 5 ffnc., rel. vél.

Il ne faut pas confondre, comme l'a fait le traducteur italien, P. Laura, cet Hégésippe avec l'écrivain ecclésiastique.
Le nôtre, de qui on ne sait rien ou pas grand chose, est un abréviateur de Flavius Josèphe. Cette traduction italienne est la première qui en ait été faite.

2309. Jones (George). The history of ancient America, anterior to the time of Columbus; proving the identity of the Aborigines with the Tyrians and Israelites; and the introduction of christianity into the western hemisphere by the apostle S^t. Thomas. London, Longman,... 1843. Vol. in-8, rel. toile (édit.).

2310. Joseph ha Cohen (Rabbi). Emek habacha..... Aus dem Hebräischen ins Deutsche übertragen, mit einem Vorworte, Noten und Registern versehen und mit hebraïschen handschriftlichen Beilagen bereichert von Dr *M. Wiener.* Leipzig, Leiner, 1858. In-8, rel. toile.

2311. **Josèphe.** Josephi Judei Histo= ‖ rici preclara opera : non parua accuratione & diligentia recēter īpręssa ‖ necnō a cōplusculis mēdis..... castigata ‖ De Antiquitatib͡ Libri vigīti..... ‖ De Judaico bello Libri septem... ‖..... necnō ad Aegesippi christia= ‖ ni de hierosolimitano excidio quīq3 libros collati ꝯsiłr atq3 cōcordati. ‖ De antiqua Judeo2Ľ origine..... ‖ Et his oīb͡ Josephi operib͡ adiecta sūt ‖ accurate..... ‖ Roberti goullet sacre pagine pfessoris ‖ eruditissī (qui p̄dicta Josephi opa..... nō sine ma= ‖ gno labore excoluit) Tetramonon : ex ipsius Iosephi, biblię, historiæ ‖ scolasticę Aegesippi epithomatibus..... conciliatum. ‖ .... ‖. (*Marque de* François Regnault, à l'Eléphant.) ‖ ☾ Venundantur parrhisii ī vico diui Ja‖cobi sub intersignio sancti Claudii. ‖ (*Titre imprimé rouge et noir et encadré. Fnc.* 95 v⁰, *l.* 25. : ☾ Finis Lavs Deo. ‖ Habes candide lector preclara Josephi Judei historici ‖ opera vberrime..... elaborata ‖ necnon opera Ioannis Barbier : & impensis Francisci Regnault & Ioannis Petit ‖ librarijs Impressa..... ‖..... Vale Impressū ‖ Parrhisij. Anno Domini Millesimo ‖ quingentesimo decimo. ‖ quarto : penultima ‖ Martij. Petit in-fol. de 1 ffnc., 195 ff. chiff. (chiffrés par erreur cxciiii.), ex ff. chiff., 96 ffnc. (le dernier blanc manque), rel. vél.

Cette édition, due aux soins de *Robert Goullet*, est faite d'après la traduction latine attribuée à *Rufin* ou à *Cassiodore* et qui a été imprimée, en 1470, par Jean Schussler à Augsbourg.

2312. — Flavii Iosephi Iudaei opera omnia. Editio stereotypa. Lipsiæ, Otto Holtze, 1870-1874. 6 tomes en 3 vol. in-12, d.-rel. bas.

2313. [**Le Blon** (Christoff)]. Geistliche Schöpffung und Reise desz wahren Israels ausz Egypten, durch die Wüste in das gelobte Land, darinnen Viele biszanhero unter Mosis-Decke gelegene Wörter und Namen der heiligen Schrift erkläret, und zum geistlichen Zweck desz Christenthums erbaulich gefüget werden, damit der Egyptische Welt-Mensch sich selbst erkenne, sterbe, und zur Aufferstehung in Christo geführet werde..... Franckfurt am Mayn, Christoff Le Blon, M.D.C.LXIV. In-4, rel. vél. — **James** (Dr Constantin). Souvenirs de voyage. Les Hébreux dans l'isthme de Suez..... avec 2 cartes. Paris, Palmé, 1872. In-12, rel. toile.

2314. **Martin** (L'abbé). Histoire de la Terre-Sainte depuis les temps les plus reculés jusqu'en 1838. Paris, Duménil, 1838. In-8, d.-rel. veau, avec cartes et nombr. figg. sur cuivre. — *Le même.* Paris, Béthune et Plon, 1844. In-8, rel. toile, non rogn., 32 pl. — **Poujoulat** (B.). Histoire de Jérusalem, cinquième édition. Paris, Vermot, 1865. 2 vol. in-12, rel. toile.

2315. **Maulde** (M. de). Les Juifs dans les États français du Saint-Siège au Moyen-Age. Documents pour servir à l'histoire des Israélites et de la Papauté. Paris, H. Champion, 1886. In-8, rel. toile.

2316. **Menasseh ben Israel.** Orígen de los Americanos. מקור ישראל esto es Esperanza de Israel. Reimpression á plana y renglon del libro de Menasseh ben Israel..... con un preámbulo, una noticia bibliográfica..... el retrato y la biografia del autor, por *Santiago Perez Junquera*. Madrid, Junquera, 1881. In-12, rel. toile, non rogn., couvert.

Réimpression à 602 exemplaires de cet opuscule imprimé à Amsterdam, chez Semuel Ben Israel Soeiro 5410 (1650), et dans lequel on prétend démontrer que l'Amérique a été peuplée par les 10 tribus perdues.

2317. **Parent** (Auguste). Siège de Jotapata. Episode de la révolte des Juifs (66-70 de notre ère). Paris, Didier et Cie, Bruxelles, A. Decq, 1866. In-8, d.-rel. chag. viol. — **Feuerlein** (Ioh. Iacob). De Christianorum migratione in oppidum Pellam, imminente Hierosolymorum excidio. Jenæ, lit. vid. S. A. Mulleri, MDCXCIV. In-4, cart. [Diss. Ac.]

2318. **Moudjir-ed-Dyn-el-Hanbaly**. Histoire de Jérusalem et d'Hébron depuis Abraham jusqu'à la fin du xve siècle de J.-C. Fragments de la chronique de Moudjir-ed-Dyn, traduits sur le texte arabe par *Henry Sauvaire*. Paris, Leroux, 1876. 1 vol. in-8, d.-rel. mar. brun, plats toile, non rogn.

Le qàdy Moudjir-ed-Dyn est mort en 927 de l'hégire (1521 de notre ère). Il existe un grand nombre de mss. de son livre : Euns el djalil. Des fragments en ont été publiés par *de Hammer*, dans les Mines de l'Orient, et une édition a paru au Caire en l'an 1283 de l'hégire (1866 de notre ère).

2319. **Rhodomann** (Laurent). ΠΟΙΗΣΙΣ ΧΡΙΣΤΙΑΝΗ. ΠΑΛΑΙΣΤΙΝΗΣ, ΗΤΟΙ ΑΓΙΑΣ ΙΣΤΟΡΙΑΣ, ΒΙΒΛΙΑ ΕΝΝΕΑ. Poesis christiana. Palaestinae, Sev Historiæ sacræ, libri novem. Vbi ex S. Bibliis, Iosepho, Historia Ecclesiastica, & aliunde..... recitantur præcipua quæ..... S. Patres, Iudices, Reges,....., Romani, Agareni, Turcæ, & Argonautæ nostri, aliique interim gesserunt. Ad vsum scholasticæ iuuentutis Græcolatina poesi ita concinnati, vt ab omnibus vbique Christianis..... cum fructu & voluptate legi possint..... (*Marque typ.*) Francofvrdi Apud Andreæ Wecheli heredes, Claudium Marnium & Ioan. Aubrium, MD LXXXIX. In-4 de 322 pp., 1 fnc., rel. vél.

Ouvrage de l'helléniste allemand Rhodomann (1546-1606) qui fut nommé, en 1591, professeur de grec à Iéna. Cette édition est précédée d'une lettre et d'un avertissement au lecteur dû à Neander.

2320. **Saige** (Gustave). Les Juifs du Languedoc antérieurement au xive siècle. Paris, Picard, 1881. In-8, d.-rel. mar. r., coins, tête dor., non rogn.; au dos, chiffre du comte Riant. Tiré à 250 ex. num. sur pap. de Hollande, n° 22.

2321. **Sobrino** (Mathias Rodriguez). Histoire de la Terre-Sainte, traduite par *L. Poillon*. Tournay et Paris, Casterman, 1857-58. 2 vol. in-8 avec cartes, rel. toile, non rogn., couvert.

2322. **Spizelius** (Theophilus). Elevatio relationis montezinianæ de repertis in America tribubus israeliticis ; et discussio argumentorum..... a Menasse ben Israel... conquisitorum. Cum..... Buxtorfii..... epistola. Basileæ, apud Ioann. König, 1661. In-12, rel. vél. blanc.

2323. **Tornielli** (Aug.). Annales sacri et ex profanis præcipui ab orbe condito usque ad eumdem Christi passione redemtum..... quos nuper A. M.

Negri additis commentariis..... emendare studuit. Lucæ, Typ. Leon. Ventuturini, 1756. 4 vol. in-fol., rel. vél.

> Tornielli, qui fut à trois reprises général de l'Ordre des Barnabites; il mourut en 1622; cette troisième édition de son livre a été publiée avec les notes de *Negri* par les soins de *Mansi*. C'est un excellent commentaire des livres historiques de l'Ancien Testament.

2324. **Valentinus**. Iosephi || Stephani. Valentini || Episcopi. Oriolani || De. Bello. Sacro. Religionis || cavssa. svscepto || ad. libros. Machabaeorvm || Commentarii || Ad S. D. N || Clementem VIII || P. O. M || Tomus. Primus || Adiecta. Disputatione. De. Vnica. Religione || Ad. Vetus. Dictum. || Salvs. Popvli. Svprema. Lex. Esto || ad || Philippvm. III. Hispa||niarvm. et. Indiarvm. Regem. Catholicvm || Oriolae. in. Palatio. Episcopali. M DC. III || Per. Didacum. de. la. Torre. Typographum . In-4 de 17 ffnc., 366 ff. chif., 26 ffnc., rel. veau, dos refait; sur les plats, monogramme de la Cie de Jésus.

> *Valentinus*, ou mieux *José Estève*, fut nommé, en 1594, évêque d'Orihuela et mourut en 1603. Sa mort interrompit la publication de son ouvrage dont il n'a jamais paru que le tome Ier, divisé en 4 parties. C'est une des premières impressions exécutées à Orihuela, peut-être la seconde. Deschamps, d'après Falkenstein et Cotton, en cite une exécutée en 1602 par l'imprimerie épiscopale dirigée par D. de La Torre, premier imprimeur d'Orihuela.

2325. **Mannheimer** (Moses). Die Judenverfolgungen in Speier, Worms und Mainz im Jahre 1096 während des ersten Kreuzzuges. Darmstadt, Lange, 1877. In-8, rel. toile. — **Neubauer** (Ad.). Le Memorbuch de Mayence. Essai sur la littérature des complaintes. [*Rev. des études juives*, 1882, IV, n° 7.] Paris, Durlarcher, 1882. In-8, rel. toile. — **Poey-d'Avant** (E.). Attaque de Maillezais par les Croisés. Fontenay, Robuchon, 1848. In-8, cart. — **Rispart** (Eugen). Die Juden und die Kreuzfahrer in England unter Richard Löwenherz von Eugen Rispart (Dr Frankolm). Leipzig, Kollmann, 1861. In-8, d.-rel. toile. — Worms und Wien. Liturgische Formulare ihrer Todtenfeier aus alter und neuer Zeit und Namensverzeichniss der Wormser Martyrer aus den Jahren 1096 und 1349..... hrsgg. von D^r *Ad. Jellinek*. Wien, J. Schlossberg, 1880. In-8, rel. toile. Ensemble 5 vol. ou plaq. in-8, rel. toile.

> Ouvrages relatifs aux persécutions exercées contre les Juifs pendant les Croisades, en Allemagne, en Angleterre et en France.

2326. **Bröchner** (Hans). Om det jødiske Folks Tilstand i den persiske Periode. Kjøbenhavn, Bianco Luno, 1845. In-12, cart. — **Dozy** (R.). Die Israeliten zu Mekka von Davids Zeit bis in's fünfte Jahrhundert unsrer Zeitrechnung. Aus dem holländischen übrstzt. Leipzig und Haarlem, 1864. Vol. in-8, rel. toile. — **Meyer** (Eduard). Kritik der Berichte über die Eroberung Palaestinas. Abd. a. d. Zeitsch. f. Alth. Wiss., 1885. In-8, cart. — **Nöldeke** (Theodor). Ueber die Amalekiter und einige andere Nachbarvölker der Israeliten. Göttingen, Dieterich, 1864. In-8, cart. — **Velt-huysen** (Henricus). Bethlehems Huwelijcx-wensch, Das is : Een Tractaetjen van den Wensch, die de Bethlehemiters hebben ghedaen, over het Houwelijck van

Boaz ende Ruth..... Tot Delf, Gedruckt by Abraham Dissius..... 1657. Petit in-12, cart. Ensemble 5 vol. ou plaq.

2327. **Cassini da Perinaldo** (Francesco). Storia di Gerusalemme, corredata di un compendio delle principali vicende dei re e dei principi di Giuda, della guerra giudaica e delle crociate..... Roma, Bertinelli, 1857. 2 vol. in-8, rel. toile. — [**Rondet** (Laur. Et.)]. Histoire de l'ancien et du nouveau Testament, représentée en 586 figures. Paris, Hérissant, 1771. In-8, d.-rel. veau rac., tr. lim. — **Schmidt** (L.). Geschichte der Stadt Jerusalem vom Jahre 2000 vor Christus bis auf unsere Tage..... Hoyerswerda, W. Erbe, 1862. In-8, d.-rel. bas. n.

2328. **Derenbourg** (H.). Un passage sur les Juifs au XIIe siècle, traduit de l'autobiographie d'Ousâma. Breslau, Schottlaender, 1887. In-8, br. — **Eldad**. Relation d'Eldad le Danite, voyageur du IXe siècle; traduite en français, suivie du texte hébreu et d'une lettre chaldéenne, par *E. Carmoly*. Paris, Dondey-Dupré, 1838. In-8, rel. toile. — **Engeström** (Adolf von). Om Judarne i Rom under äldre Tider och deras Katakomber. Upsala, Berling, 1876. Plaq. in-8, cart. — **Paris** (Gaston). Le Juif errant. (Extrait de l'*Encyclopédie des Sciences Religieuses*. Paris), Fischbacher, 1880. In-8, cart., couv. — **Neubaur** (Dr L.). Die Sage vom ewigen Juden. Leipzig, Heinrich, 1884. In-8, rel. toile, couv. — **Schwab** (M.). Histoire des Israélites depuis l'édification du second Temple jusqu'à nos jours. Paris, Blum, 1866. In-12, rel. toile, couv. — *Du même*. Mendelssohn, sa vie et ses œuvres. Son influence philosophique sur le judaïsme moderne. Paris, Wittersheim, 1868. In-12, cart. Ensemble 7 vol. ou plaq.

2329. **Desquiron de Saint-Agnan** (A. T.). Solyme conquise ou la dispersion des Juifs, avec gravures et 1 plan de Jérusalem. Paris, Rapet, 1819. 2 vol. rel. veau. — **Marino** (Caval. Gio: Battista). Il Settimo Canto della Giervsalemme distrvtta. Poema Eroico..... Aggiuntoui alcune altre composizioni del medesimo. Con la Ciabattina Pudica, e la bella Gialla, canzoni d'incerto..... in Venetia, Girolamo Piuti, MDCXXVI. Plaq. in-8, rel. vél. — **Ringhieri** (Don Francesco). La Gerusalemme. Tragedia del padre lettore Don Francesco Ringhieri, monaco ulivetano. Bologna, a Colle Ameno MDCCLV. In-4, frontisp., rel. vél.

10. Histoire ancienne. — Orient. — Grèce. — Rome.

HISTOIRE ANCIENNE DE L'ORIENT

2330. **Carolidis** (Gaulos C.). Cappadokica, ou études historiques et archéologiques sur la Cappadoce. Constantinople, E. Misaelidis, 1874. In-8, rel. toile, couv., 1 pl. (*En Grec*).

2331. Dümichen (Johannes). Geschichte des älten Aegyptens. Mit Illustrationen und Karten. Berlin, Grote, 1879. — **Justi** (Ferdinand) Geschichte des älten Persiens. Mit Illustrationen und Karten. Berlin, Grote, 1879. Ensemble 2 tomes en 1 vol. cart.

Tomes I et IV de l'*Allgemeine Geschichte* de *Wilhelm Oncken*.

2332. Elien. Histoires diverses, traduites du grec, avec des remarques. Paris, Moutard, 1772. 1 vol. in-8, d.-rel. veau f.

Le traducteur est Dacier.

2333. Lieblein (J.). Recherches sur la chronologie égyptienne d'après les listes généalogiques (avec neuf tables autographiées). Christiania, Brögger, 1873, fig. In-8, rel. toile.

2334. Révillout (Eugène). Le procès d'Hermias d'après les documents démotiques et grecs. 1er fascicule. Paris, Leroux, 1882. — Mélanges d'égyptologie. [Auszug aus der Ztschrft für Aegyptische Sprache und Alterthumskunde v. Lepsius.] — Revue Égyptologique. Deuxième année, n°s II et III; troisième année, n^{os} I et III. Paris, Leroux, 1881-1884. Ensemble 1 vol. et 4 plaq. grand in-8, br.

2335. Sabatier (J.). Souvenirs de Kertsch et Chronologie du royaume de Bosphore. Saint-Pétersbourg, de l'imprimerie de la confection des papiers de la couronne, 1849. In-4, rel. toile, 8 pl.

2336. Senart (É). Les inscriptions de Piyadasi. Tome Premier. Les quatorze édits. Paris, Impr. Nat., 1881. (Extr. du *Journal asiatique*.) 1 vol. in-8, br.

Tout ce qui a paru.

2337. Haerne (D. de). Les Belges en Asie-Mineure sous la domination grecque et romaine. [Extrait de la *Revue catholique* de Louvain.] In-8, cart. — **Robiou** (Félix). Histoire des Gaulois d'Orient. Paris, Impr. Imp., 1866. In-8, rel. toile. — **Wormstall** (Joseph). Die Herkunft der Franken in Troja. Zur Lösung eines ethnographischen Problems. Münster, Russel, 1869. In-8, rel. toile.

2338. Lenormant (F.). Manuel d'histoire ancienne de l'Orient jusqu'aux guerres médiques. Paris, Lévy, 1869. 3 vol. in-12, d.-rel. chag. — **Reinaud**. Mémoire sur le commencement et la fin du royaume de la Mésène et de la Kharacène, et sur l'époque de la rédaction du périple de la Mer Érythrée. Paris, Impr. imp., 1861. In-8, br. — **Roehl** (H.). In Franciscum Lenormant inscriptionum falsarium responsio altera. [Abd. a. d. *Hermes*, XVIII]. In-8, br.

2339. Bourquenoud, S. J. (Alexandre). Mémoire sur les ruines de Séleucie de Piérie ou Séleucie de Syrie. — *Du même*. Mémoire sur les monuments du culte d'Adonis dans le territoire de Palæbiblos. Paris, Lecoffre, 1860-1861. 2 plaq. in-8, cart., non rogn., avec pl. — **Berger** (Philippe). La Phénicie. Paris,

Fischbacher, 1881. In-8, br. [Extr. de l'*Encycl. des Sc. religieuses.*] —
Bormann (Eug.) De Syriæ provinciæ romanæ partibus. Berolini, Lange,
(1845). In-8, cart. — **Prutz** (Hans). Aus Phönizien. Geographische Skizzen
und historische Studien. Leipzig, Brockhaus, 1876. In-8, rel. toile, cartes
et pl. — **Roesler** (E.). Die Geten und ihren Nachbarn. Wien, Gerold, 1864.
In-8, cart. — **Walch** (B. G.). De Cyri expeditione in Massajetas. Goettingae,
litt. Barmeieranis, 1767. In-4, cart. Ensemble 5 pl. ou vol.

GRÈCE — ROME

2340. **Brunet de Presle**. Grèce depuis la conquête romaine jusqu'à nos
jours. Première partie. Paris, Didot, 1840. In-8, d.-rel. veau br., tête limaç.,
non rogn., avec 40 pl. gr. sur cuivre. — *Du même.* Recherches sur les
établissements des Grecs en Sicile jusqu'à la réduction de cette île en province romaine. Paris, Imp. royale, 1845. In-8, d.-rel. chag. r., tête dor., non
rogn., au chiffre du comte Riant, avec carte.

2333. **Fanelli** (Francesco). Atene Attica descritta da suoi Principii sino all'
acquisto fatto dall' Armi Venete nel 1687..... divisa in quattro parti con
Varietà di Medaglie, Ritratti, e Dissegni. Venezia, MDCCVII. Appresso
Antonio Bortoli. In-4, d.-rel. bas.

2342. **Geffroy** (M. A.). Rome et les barbares. Études sur la Germanie de
Tacite. Paris, Didier, 1874. 1 vol. in-8, d.-rel. chag. vert, tr. limaç. —
Schierenberg (Aug.). Die Römer im Cheruskerlande... nebst beigefügter
Uebersetzung jener Quellen und der Germania des Tacitus... mit einer Karte
vom Teutoburger Walde. Frankfurt am Main, Jaeger, 1862. In-8, rel. toile.
— **Thierry** (Amédée). Récits de l'histoire romaine au ve siècle. Paris, Didier,
1860. In-8, d.-rel. veau.

2343. **Grote** (G.). Histoire de la Grèce depuis les temps les plus reculés
jusqu'à la fin de la génération contemporaine d'Alexandre le Grand. Traduit
de l'Anglais par *A.-L. de Sadous*. Paris, Lacroix, Verboeckhoven & Cie,
1864-66. 19 tomes en 9 vol. in-8, avec cartes & plans, d.-rel. veau f., tête
limaç., non rogn. couverture; au dos, chiffre du comte Riant.

2344. **Hertzberg** (Gustav Friedrich). Geschichte Griechenlands seit dem
Absterben des antiken Lebens bis zur Gegenwart. Gotha, Perthes, 1876-
1879. 4 parties en 2 vol. in-8, d.-rel. veau f., non rogn.

2345. **Laborde** (Comte Léon de). Documents inédits ou peu connus sur
l'histoire et les antiquités d'Athènes, tirés des archives de l'Italie, de la
France, de l'Allemagne, etc. Paris, Jules Renouard et Cie, 1854. 1 vol. in-8,
avec planches, d.-rel. chagr. rouge, non rogn., au chiffre du comte Riant.

2346. **Lambros**. Λόγος εισιτήριος εἰς τὸ μάθημα τῆς ἑλληνικῆς ἱστορίας ἐκφωνηθεὶς
τῇ 30 Μαρτίου 1878. Ἀθήνησι, 1878. In-8, cart. couv.

2347. **Mommsen** (Théodore). Histoire romaine..... traduite par *C. A. Alexandre*. Paris, Franck, 1863-1872. 8 tomes avec la table en 4 vol. in-8, d.-rel. mar., tête lim. ébarb.; au dos, chiffre du comte Riant.

2348. **Napoléon III**, Empereur. Histoire de Jules-César. Paris, Imp. Impériale, 1865-66. 2 tomes en 1 vol. grand in-4, avec cartes & plans, d.-rel. mar. vert, coins, tête dorée, non rogn.; au dos, chiffre du comte Riant.

Très bel exemplaire.

2349. **Pflugk-Harttung** (Julius von). Perikles als Feldherr..... Stuttgart, W. Kohlhammer, 1884. In-8, rel. toile.

2350. **Suetone**. Caii Svetonii Tranqvilli de XII. Cæsaribvs. Libri VIII. Eivsdem de illvstribvs grammaticis et de claris rhetoribvs. Isaacvs Casavbonvs.... recensuit & libros adiecit Animadversionvm..... Genevæ, apud Samvelvm Crispinvm, MDC.XI. 1 vol. in-4, rel. mar. r., tr. dor., fil. au dos & sur les plats, aux armes.

2351. Titi Livii Historiarum quod extat Ex recensione I. F. Gronovii. Amstelodami, Apud Danielem Elzevirium. A° 1678. In-12, rel. parch.

Le frontispice gravé sert de titre.

11. Histoire du Bas-Empire.

2352. **Almosnino**. Extremos y grandezas de Constantinopla. Compvesto por Rabi Moysen Almosnino, Hebreo, Tradvcido por Iacob Cansino, vassallo de sv Magestad Catolica, Interprete suyo, y Lengua en la Plaças de Oran..... En Madrid. En la Imprenta de Francisco Martinez. Año de M.DC.XXXVIII. Petit in-4, d.-rel. toile, non rogn.

Opuscule intéressant du rabbin Moyse-Ben-Baruch Almosnino qui l'acheva le 24 avril 1567. Le traducteur, *Jacques Cansino*, était aussi d'une famille juive, mais convertie et, en tête de sa traduction d'Almosnino, il a donné quelques renseignements sur plusieurs de ses parents.

2353. **Besold** (Christophe). Historia Constantinopolitana post avulsum à Carolo Magno Occidentem, ad nostra usqu; tempora deducta. Argentorati, Sumptibus Hæredum Lazari Zetzneri, 1634. 1 vol. in-12 de 8 ffnc., 1371 pp., 18 ffnc., avec frontispice. Rel. vél.

2354. **Bikélas** (D.). Περὶ Βυζαντινῶν. Ἐν Λονδίνῳ, Williams and Norgate, 1874. 1 vol. in-8, rel. toile, couvert. — *Du même*. Les Grecs au Moyen-Age. Étude historique, traduite par *E. Legrand*. Paris, Maisonneuve, 1878. 1 vol. in-12, rel. toile, couvert.

2355. **Burigny** (Jean Lévesque de). Histoire des Revolutions de l'Empire de Constantinople depuis la Fondation de cette Ville, jusqu'à l'an 1453..... Paris, De Bure, 1750. 3 vol. in-12, rel. parch.

2356. **Comnenus** (Joannes). Ioannis Comneni medici vita Ioannis Cantacuzeni Romaeorum imperatoris, edidit graece *Chrysanthus Loparev.* Petropoli, 1888. Broch. in-8. — **Parisot** (Val.). Cantacuzène, homme d'État et historien ou Examen critique comparatif des Mémoires de l'empereur Jean Cantacuzène et des sources contemporaines, et notamment des 30 livres dont 14 inédits de l'histoire byzantine de Nicéph. Grégoras qui contrôlent les Mémoires de Cantacuzène..... [*Thèse.*] Paris, Joubert, 1845. In-8, cart. perc. bl.

Cf. n° 2080.

2357. **Cousin** (Louis). Histoire de Constantinople depuis le règne de l'ancien Justin jusqu'à la fin de l'Empire. Suivant la Copie imprimée à Paris chez Damien Foucault M DCLXXXV. 10 vol. petit in-8, rel. mar. vert, dos orn., fil., tr. dor. (rel. anc.).

> Sous ce titre, le président Cousin a donné une traduction estimée des principaux historiens byzantins, notamment Procope, Agathias, Ménandre, Théophylacte Simocatte, Nicéphore, Léon le Grammairien, etc....

2358. **Drapeyron** (L.). L'empereur Héraclius et l'empire byzantin au VIIe siècle. Paris, Thorin, 1869. Vol. in-8, d.-rel. chag., tête peigne, non rogn.; au dos, chiffre du comte Riant.

2359. **Fiorelli** (Giacomo). La monarchia d'Oriente..... Comincia da Costantino 'l grande. Nell' Anno. CCC XXX. E termina in Costantino Paleologo. Nell' Anno M CCCCLIII. In Venetia, Per D. Milocco, M DC LXXIX. Vol. in-4, rel. parch., avec un portrait de G. Fiorelli par *Joa. v. Berg.*

2360. **Gfrörer** (Aug. Fr.). Byzantinische Geschichten. Aus seinem Nachlasse herausgegeben..... von *J. B. Weiss.* Graz, 1872-1877. 3 vol. in-12, rel. toile, non rogn., couvert.

2361. **Gibbon** (Ed.). Histoire de la décadence et de la chute de l'Empire romain... avec une introduction par *J. A. C. Buchon.* Paris, Société du Panthéon littéraire, 1839. 2 vol. in-8, d.-rel. peau de truie, tr. rouge, coins; au dos, chiffre runique du comte Riant.

2362. **Hirsch** (Ferdinand). Byzantinische Studien. Leipzig, Hirzel, 1876. 1 vol. in-8, rel. toile.

2363. **Hug** (Arnold). Antiochia und der Aufstand des Jahres 387 n. Chr..... mit einer lith. Tafel. Winterthur, 1863. In-4, rel. toile. — **Freund** (Albin). Beiträge zur antiochenischen und zur konstantinopolitanischen Stadtchronik. [*In.-Diss.*] Jena, Hossfeld, 1882. In-8, cart.

2364. **Kéri, S. J.** (François Borgia). Historiæ Byzantinæ Epitome, e Compluribus græcis præcipue scriptoribus concinnata, a Constantino Magno, ad Constantinum ultimum, & expugnatam per Turcos Constantinopolim. Tyrnaviæ, Typ. Acad. Societ. Jesu, Annô 1743. 2 vol. in-8, d.-rel. veau, coins.

2365. — Imperatores Orientis, compendio exhibiti, e compluribus græcis præcipue scriptoribus, a Constantino Magno, ad Constantinum ultimum, et expugnatam per Turcos Constantinopolim. Tyrnaviæ, Typis Academicis Societatis Jesu. Anno 1744. In-4, rel. veau, fers à froid sur les plats, avec le monogramme de la Cie de Jésus, tranches dorées. (Manque le portrait de Marie-Thérèse.)

> Le Père Kéri (1702-1768), né Kenyislö, comitat de Zemplin, professa longtemps l'astronomie à Tyrnau, où il mourut. Il avait publié, en 1738, une première édition de son Epitome Historiæ Byzantinæ.

2366. **Krause** (Joh. Heinr.). Die Byzantiner des Mittelalters in ihrem Staats-, Hof- und Privatleben, insbesondere vom Ende des zehnten bis gegen Ende des vierzehnten Jahrhunderts nach den byzantinischen Quellen. Halle, Schwetschke, 1869-70. — **Andlaw** (Franz Freiherrn von). Die byzantinischen Kaiser, ihrer Palast- und Familien-Geschichten, ihre Schicksale. Mainz, Kupferberg, 1865. 3 tomes en 1 vol. in-8, d.-rel. chag. grenat, ébarbé; au dos, chiffre du comte Riant.

2367. **Le Beau.** Histoire du Bas-Empire, continuée par M. Ameilhon. Paris, Saillant & Nyon — Caille et Ravier, 1757-1811. 27 vol. in-12, d.-rel. veau, non rogn.

Bel exemplaire.

2368. **Michel Paléologue.** Imp. Michaelis Paleologi de vita sua opusculum, necnon Regulae quam ipse monasterio S. Demetrii praescripsit fragmentum. Nunc primum edidit I. G. Troitzki. Petropoli, Elaeonski. 1885. In-8, br. (*Textes grec et russe.*) — **Berger de Xivrey.** Mémoire sur la vie et les ouvrages de l'Empereur Manuel Paléologue. *S. l. n. d. n. typ.* (Extrait des *Mémoires de l'Institut de France*, Ac. des Insc. et Belles-Let., XIX.) 1 vol. in-4, rel. toile. *Du même.* Relations de l'empereur Manuel Paléologue avec la France, au commencement du xve siècle. Lecture faite à l'Institut. (Extrait du *Moniteur* du 3 octobre 1840.) Paris, Panckoucke. 1 plaq. in-12, cart.

2369. **Muralt** (Édouard de). Essai de chronographie byzantine pour servir à l'examen des annales du Bas-Empire et particulièrement des chronographes slavons de 395 à 1057. St-Pétersbourg, Eggers, 1855. — *Du même.* Essai de chronographie byzantine, 1057-1453. Bâle et Genève, Georg; St. Pétersbourg, Eggers, 1871. 2 vol. in-8, d.-rel. veau, tête lim., non rogn.; au dos, chiffre du comte Riant.

2370. **Paillard** (Alphonse). Histoire de la transmission du pouvoir impérial à Rome et à Constantinople. Paris, Plon, 1875. Grand in-8, rel. toile, non rogn., couvert.

2371. **Paparrigopoulo** (M. C.). Histoire de la Civilisation Hellénique. Paris, Hachette, 1878. 1 vol. in-8, d.-rel. chag. rouge; au dos, chiffre du comte Riant. — **Marrast** (Augustin). La vie byzantine au vi^e siècle. Préface et

Commentaires par *Adrien Planté*. Paris, Thorin, 1881. 1 vol. grand in-8, rel. toile.

2372. **Paspatis** (A. G.). Βυζαντιναί μελέται τοπογραφικαί καί ίστορικαί μετα πλείστων είκόνων. Constantinople, Coromèla, 1877. 1 vol. petit in-4, rel. t. (36 pl.).

Rare.

2373. — Τα Βυζαντινα Ανακτορα καί τα περιξ αυτων Ιδρυματα. Athènes, 1885. In-8, rel. t.

2374. **Philê**. (Manuel). Carmina ex codicibus Escurialensibus, Florentinis, Parisinis et Vaticanis, nunc primum edidit *E. Miller*. Parisiis, Exc. in typ. Imperiali, 1855-57. 2 vol. in-8, d.-rel. mar. r., plats toile, non rogn., au chiffre du comte Riant.

Manuel Philè, poète byzantin, né à Éphèse vers 1275, mort vers 1340, nous est pour ainsi dire inconnu bien que nous possédions de lui plusieurs ouvrages d'histoire, de littérature et d'histoire naturelle. Ses poésies ont un certain intérêt pour l'histoire de son époque.

2375. **Rambaud** (Alfred). L'Empire Grec au dixième siècle. Constantin Porphyrogénète. Paris, Franck, 1870. 1 vol. grand in-8, d.-rel. veau, br., non rogn., au chiffre du comte Riant.

Excellent ouvrage épuisé et fort rare.

2376. — De byzantino hippodromo et circensibus factionibus. Paris, Franck, 1870. In-8, rel. toile, non rogn., couvert.

2377. **Skabalanovitch**. L'Empire Byzantin et l'Église au xie siècle, depuis la mort de Vassili II jusqu'à l'avènement de Alexis Comnène. Saint-Pétersbourg, 1884. 1 vol. in-8, br. [*En Russe.*]

2378. **Triantafillis** (Cost.) et **Grapputo** (Albert). Συλλογή Ἑλληνικῶν Ἀνεκδότων. Τόμος Α'. Ἐν Βενετίᾳ, 1874.

Tout ce qui a paru.

2379. **Vassilievsky** (V.). Fragments Russes et Byzantins (1874). — Le second Empire Bulgare (1879). — Varègues Russes et Varègues Anglais à Constantinople aux xie et xiie siècles (1874-1876). — Byzance et les Petchénègues (1872). Ensemble 5 plaquettes in-8, cart. [En Russe.] Extr. du *Journal du ministère de l'Instruction Publique.*

2379 bis. — Récits et conseils d'un seigneur byzantin au xie siècle. [*Journal* (russe) *du min. de l'Instr. publ.*, juin, juillet, août 1881.] In-8, rel. toile.

Cet ouvrage est l'analyse d'un traité anonyme de stratégie qui donne des renseignements précieux sur l'histoire de Byzance et notamment sur les services à Constantinople du prince norvégien Harald. On a relié, avec cet exemplaire, une dissertation manuscrite sur ce prince.

2380. **Wilken** (Fr.). Rerum ab Alexio I, Joanne, Manuele et Alexio II Comnenis..... Imperatoribus gestarum libri quatuor. Heidelbergae, Mohr &

Zimmer, 1811. In-8, d.-rel. bas. n., 1 pl. — Andronicus Komnenus. Abd. a. d. *Hist. Taschenbuch*, II. In-12, rel. toile.

2381. **Zambélios** (S.). Études byzantines. Athènes, 1857. 1 vol. in-8, d.-rel. v. f. — *Du même*. Italo-Hellenica, ou étude critique sur les parchemins grecs inédits des archives de Naples. Athènes, 1864. 1 vol. in-8, rel. toile. [*En Grec.*]

2382. Coniectaneorum Byzantinorum libri duo. Berolini, F. Geelhaar, 1852. In-8, rel. toile. — **Fischer** (William). Studien zur byzantinischen Geschichte des elften Jahrhunderts. Plauen i. V., Neupert, 1883. In-4, cart. — **Leonhardt** (Karl). Kaiser Nicephorus II. Phokas und die Hamdaniden. 960-969. *In.-Diss.* Halle, 1887. In-8, br. — **Miller**. Ambassades de Michel Psellus auprès de l'usurpateur Isaac Comnène. Paris, Didot, 1867. In-4, br. — *Du même*. Un poète de la Cour des Comnènes. Paris, Didot, 1874. In-4, br. — **Müller** (Joseph). Ueber einige byzantinische Urkunden. [*Kais. Akad. d. Wiss.*, Wien, 1851, VII.] In-8, cart. — *Du même*. Byzantinische Analekten aus Handschrifften der S. Markus-Bibliothek zu Venedig und der K. K. Hof-Bibliothek zu Wien. Abd. a. d. *Kais. Akademie der Wissensch.*, Wien. In-8, rel. toile. — *Du même*. Urkundliche Beiträge zur Geschichte des sinkenden Romäerreiches. (Abd. a. d. *Kais. Akad. der Wissenschaften*, 1851.) — [**Tafel**]. De regno Andronici Comneni, imperatoris Byzantini. Tubingae, Fues, 1846. In-4, rel. toile. — **Schwartz** (Karl). Die Feldzüge Robert Guiscard's gegen das byzantinische Reich..... (*Programm*.....) Fulda, J. L. Uth, 1854. In-4, cart. — **Zanelli** (Agostino). Una legazione a Costantinopoli nel secolo X°. Brescia, 1863. In-8, br. — Ensemble 11 vol. ou plaq.

ARCHÉOLOGIE BYZANTINE

2383. **Byzantios** (Scarlatos). Constantinople, ou description topographique, archéologique et historique de cette ville fameuse. Athènes, 1851-1862-1869. 3 vol. in-8, d.-rel. v. f., tête peigne, non rogn. (planches).

2384. **Ciampini** (Joh.). De Sacris Ædificiis a Constantino magno constructis. Synopsis historica..... Romæ, apud Joannem Jacobum Komarek, 1693. 1 vol. in-fol., avec frontisp. et 35 pl. gr. sur cuivre, rel. parch.

2385. [**Constantin** (le patriarche)]. Κωνσταντινιας παλαια τε και νεωτερα ητοι περιγραφη Κωνσταντινουπολεως... Εν Βενετια, Παρα Πανω Θεοδοσιου τω εξ Ιωαννινων, 1824. In-8, d.-rel. veau, 5 pl. lith. — Constantiniade ou description de Constantinople ancienne et moderne. Constantinople, 1861. In-8, d.-rel. chag.

2386. **Dethier** (P. A.) und **Mordtmann** (A. D.). Epigraphik von Byzantion und Constantinopolis von den ältesten Zeiten bis zum Jahre Christi 1453. *Erste Hälfte*, mit 8 Tafeln. Wien, 1864. In-4, rel. toile. — **Dethier** (P. A.). Nouvelles découvertes archéologiques faites à Constantinople. Constantinople, Imprimerie Centrale, 1867. In-4, cart. couv. 1 pl. — *Du même*. Fac-simile der Inschrift in der kleinen Hagia Sofia zu Konstantinopel..... mif 1 Tafel.

Wien, 1858. — *Du même*. Der Bosphor und Constantinopel. Wien, Hölder, 1873. (1 carte et 1 planche.) Ensemble 2 plaq. cart. — **Mordtmann** (D^r). Das Denkmal des Porphyrius. (Abd. a. d. *Mitth. des archäol. Inst. in Athen.*, V.) In-8, cart., 1 pl.

2387. **Kodrescu** (Teod.). O Calatorie la Constantinopoli. Iassii, 1844. In-8, rel. t., non rogn. couvert. (*Texte roumain*.).

2388. **Labarte** (Jules). Le palais impérial de Constantinople et ses abords, Sainte-Sophie, le Forum Augusteon et l'Hippodrome tels qu'ils existaient au xe siècle. Paris, Didron, 1861. 1 vol. in-4, d.-rel. chag. r., non rogn., au chiffre du comte Riant.

2389. *Le même*. Avec portr. photogr. de M. Labarte, planches noires et couleurs, rel. mar. rouge, dos et plats ornés, tr. dorée. (Gaillard.)

Exemplaire de M. Jules Labarte, annoté, de sa main, au crayon.

2390. **Kondakov**. Les églises Byzantines et les monuments de Constantinople. Odessa, 1886. 1 vol. in-4, br. (planches photot.) [*En Russe.*] Lettre autographe en français à M. le comte Riant.

2391. **Montucci** (Henry). Les coupes du palais des Empereurs byzantins au xe siècle. Paris, 1877. In-8, rel. toile, couv., 3 pl.

Tiré à 300 exemplaires.

2392. **Texier** (Charles) et **Pullan** (R. Popplewell). L'architecture byzantine ou Recueil de monuments des premiers temps du christianisme en Orient, précédé de Recherches historiques et archéologiques. Londres, Day, 1864. In-fol., rel. toile (édit.), avec 70 planches et 27 grav. sur bois.

2393. Voyage de l'archevêque de Novgorod Antoine à Constantinople à la fin du xiie siècle, publié avec préface et remarques de Paul Savvaïtov. Saint-Pétersbourg, 1872. 1 vol. grand in-8, d.-rel. mar. rouge, avec coins, t. dorée. [*En Russe.*]

Dans le même volume on a relié une traduction française manuscrite du livre dit *le Pèlerin* et une traduction également française du Dr Bruun, professeur à l'Université d'Odessa, d'un fragment de l'Itinéraire de l'ambassadeur castillan Clavijo, fragment relatif à Constantinople et à ses reliques, comme les autres pièces de ce recueil. Lettre à M. le comte Riant. Cf. n°s 1126-1128.

2394. Commission archéologique. Appendice du tome XIV. Carte archéologique des murs terrestres de Constantinople, 1884. In-4, rel. toile, couv., 6 pl. — **Arneth** (Joseph). Archäologische Analekten. Über einen in Ungern gefundenen Schultersmuck eines römischen Kaisers zu Constantinopel. (Mit III Tafeln.) Wien, 1854. Plaq. in-8, cart., planches en couleur. — **Bourquelot** (Félix). La colonne serpentine à Constantinople. Extr. du xxviie vol. des *Mém. de la Soc. des Ant. de France.* In-8, cart. — *Du même.* Note sur une inscription trouvée à la Canée. Paris, Lahure, s. d. In-8, br. — **Brunet de Presle**. Extrait d'une notice sur les tombeaux des Empereurs de Constantinople. Paris, Didot, 1856. Plaq. in-4, rel. toile. — **Dumont** (Albert). Le musée Sainte-Irène à Constantinople. Extr. de la *Revue archéologique*. Paris, 1869. In-8, cart., couv. — **Durand** (J.). Note sur deux tableaux byzantins. Extr. du *Bull. mon.* Tours, Bouserez (1879). In-8, cart., couv. — **Foerster** (Richard). De antiquitatibus et libris manuscriptis Constantinopolitanis commentatio. Rostochii, Adler, 1877. In-4, cart. — **Fontana** (Gian-Jacopo). Illustrazione storico-critica della chiesa di S. Sofia che si riapre al culto divino. Venezia, Molinari, 1836. Plaq. in-8, d.-rel. bas. Ensemble 9 vol. ou plaq.

2395. **Galanaces** (D.). [Album de 13 lithographies représentant d'anciens monuments religieux de Constantinople.] Form. in-8 obl., cart. — **Heyne** (Chr. Gottl.). Priscae artis opera qvae Constantinopoli extitisse memorantvr. Sectio I et II. Serioris artis opera qvae svb Imperatoribvs byzantinis facta memorantvr. Sectio I et II. Artes ex Constantinopoli nvnqvam prorsvs exvlantes vsqve ad instavratas in Occidente artivm officinas. *S. l. n. d.* (1790 à 1795). Ensemble in-4, rel. vél. — **Muller** (Io. Immanuel) et **Beumelburg** (Valent.). Stvdivm coenobivm Constantinopolitanvm ex monvmentis byzantinis ervtvm et illvstratvm. Lipsiæ, Litt. Immanvelis Titii, 1721. In-4, br. — **Pulgher** (D.). Les anciennes églises byzantines de Constantinople. [*Texte seul.*] Vienne, Lehmann & Wentzel, 1878. Grand in-8, rel. toile. — **Sorlin Dorigny** (Al.). Inscriptions céramiques byzantines. (Extr. de la *Revue Archéologique*.) Paris, Didier, 1876. 1 pl. Ensemble 5 vol. ou plaq.

12. Histoire de France.

GÉNÉRALITÉS

2396. **Aemylius Veronensis** (Paulus). Historiae iam denvo emendatae..... De rebvs gestis Francorvm, a Pharamvndo primo rege vsqve ad Carolvm octauum, Libri X.... Basileæ, Per Sixtvm Henricpetri. M.D.LXIX. 1 vol. in-fol., rel. peau de truie, avec fermoirs.

Bel exemplaire de cette édition assez rare.
Paolo Emilio ou *Paul Émile* est le premier des écrivains laïques de l'histoire de France. Il eut la charge d'historiographe sous Charles VIII et Louis XII et c'est par l'ordre de celui-ci qu'il écrivit ces annales qui se recommandent plus par la pureté du style, imitation assez réussie de l'antiquité, que par les qualités critiques. Ce livre qui a eu beaucoup d'éditions fut d'abord imprimé à Paris, chez Vascosan. Celle-ci contient des additions d'*Arnould Le Ferron* de Bordeaux, de *Thomas Freig* et de *Jean du Tillet*, qui ont continué cette histoire jusqu'en 1569; leurs continuations ont chacune une pagination spéciale.

2397. **Anselme** (Le P.). Histoire genealogique et chronologique de la Maison royale de France, des Pairs, grands officiers de la Couronne & de la Maison du Roy & des anciens Barons du Royaume... Troisième édition [revue corrigée et augmentée par les soins du P. Ange et du P. Simplicien]. Paris, 1726-1738. 9 vol. in-fol., rel. cuir de Russie, exemplaire en grand papier.

2398. Boutaric (Edgard). Institutions militaires de la France avant les armées permanentes. Paris, Plon, 1863. 1 vol. in-8, rel. toile, non rogn.

2399. Chéruel (A.). Dictionnaire historique des institutions, mœurs et coutumes de la France. 2ᵉ édition. Paris, Hachette, 1865. 2 vol. in-12, rel. toile, non rogn., figg.

2400. **Ceneau.** Roberti Cœnalis... episcopi Arboricensis... & origine Parisiensis, Gallica Historia, in dvos dissecta tomos : Quorum Prior ad anthropologiam Gallici principatus, Posterior ad soli chorographiã pertinet..... Accessit Appendix commodissima insigniorum Galliæ locorum necnon & fluminum... : ad frontē verò positus est rerum & verborum..... Index alphabeticus..... Parisiis, Apud Galeotum à Prato ad primam columnam Regij Palatij. Cū priuilegio Regis ad decēniū. M.D.LVII. (*Titre encadré.*) *In fine* : Parisiis ex typographia Michaelis Fezendat, impensis honesti viri Galeoti à Prato... anno domini 1557. Mense Octobri. Petit in-fol. de 30 ffnc., 182 ff., chif. 18 ffnc., le dernier blanc, rel. veau, tr. dor.

Ouvrage assez rare de Robert Ceneau, évêque d'Avranches, dédié par lui au roi Henri II. Ceneau commença par être évêque de Vence, puis de Riez; il mourut à Paris, en 1560. Son histoire de France, quoique médiocre, a été réimprimée en 1581.

2401. Deloche (Maximin). La Trustis et l'anstrustion royal sous les deux premières races. Paris, Imp. Nat. 1873. 1 vol. in-8, d.-rel. mar. r., tête limaç., non rogn., chiffre du comte Riant.

Ouvrage recherché, peu commun.

2402. Galeries historiques du palais de Versailles. Paris, Imprimerie royale, 1839-1848. 9 vol. in-8, d.-rel. veau, dos orné.

La révolution de 1848 a arrêté cette publication, dans laquelle chaque tableau ou portrait a donné lieu à une notice historique.

2403. Garnier (Ed.). Tableaux généalogiques des Souverains de la France et de ses grands feudataires. Paris, Franck, 1863. In-4, rel. toile, non rogn.

2404. Gosselin (Antoine). Historia Gallorvm vetervm..... Cadomi, Apvd Petrvm Poisson. M.DC.XXXVI. In-8, rel. veau f.

2405. Guizot. L'Histoire de France, depuis les temps les plus reculés jusqu'en 1789, racontée à mes petits-enfants. Paris, Hachette, 1873-1876. 5 vol. grand in-8, d.-rel. chag., tête dor., non rogn., nombreuses planches et fig.

2406. — Essais sur l'histoire de France. Seconde édition. Paris, Brière, 1824. In-8, d.-rel. veau. — Histoire de la civilisation en France depuis la chute de l'Empire romain. Nouvelle édition. Paris, Didier, 1846. 4 vol. in-12, d.-rel. chag., tr. jasp.

2407. Hardy (E.). Origines de la tactique française. Paris, Dumaine, 1879-1881. 2 vol. in-8, rel. toile, fig. — **La Chauvelays** (de). Le combat à pied de la cavalerie au moyen-âge. Paris, Plon, 1885. In-8, br.

HISTOIRE

2408. **Monteil** (A-A.). Histoire des Français des divers états. Troisième édition. Paris, Coquebert, 1846-47. 5 vol. in-8, d.-rel. chag.

2409. [**Paradin**]. Alliances Ge-‖ nealogiqves ‖ des Rois de France ‖ de lignee ‖ merovingienne. ‖ (*Armes de France*). Dernier fnc. v° : A Lyon ‖ En rue Raizin, à l'enseigne des ‖ deux vipères. 1 vol. in-fol. de 1021(1) pp. [faussement numérotées 1201(1)], 1 fnc., rel. veau (Aux armes [allemandes]).

> Au recto du dernier fnc., se trouve l'Extrait du Privilège du Roi permettant à « Iean de Tournes, Imprimeur & Libraire de Lyon, d'imprimer..... vn livre intitulé *Alliances genealogiques des Rois, & Princes de Gaules*, fait & cōposé par Maistre Claude Paradin..... » Au bas de la page se trouve la mention « Achevé d'imprimer le dixhuitieme de juillet, 1561. ».

2410. **Quicherat** (Jules). Histoire du costume en France depuis les temps les plus reculés jusqu'à la fin du xviiie siècle. 2e édit. Paris, Hachette, 1877. 1 vol. grand in-8, avec figg., d.-rel. chag. vert, coins, tête dor., non rogn.

2411. **Saincte-Marthe** (Scévole et Louis de). Histoire genealogiqve de la Maison de France reveve et avgmentee en cette troisiesme édition. Avec les illvstres familles sorties des Reynes et Princesses du Sang..... Paris, 1647. 2 vol. in-fol., rel. bas., exemp. en grand papier, fortes mouillures.

2412. **Soulavie** (J.-L.). Tableaux de l'histoire de la décadence de la monarchie française. Paris, L. Duprat, 1803. In-4, cart. fig.

2413. **Vuitry** (Ad.). Études sur le régime financier de la France avant la révolution de 1789. Paris, Guillaumin et Cie, 1878. In-8, rel. toile, non rogn., couvert. — L'origine et l'établissement de l'impôt sous les trois premiers Valois (1328-1380). Extr. du *Compte-rendu de l'Ac. des sc. m. et p.* Paris, 1883. In-8, cart. — Les monnaies sous les trois premiers Valois (1328-1380). Extr. du *C.-R. de l'Ac. des sc. m. et p.* Paris, 1881. In-8, rel. toile.

MÉROVINGIENS — CAROLINGIENS — CAPÉTIENS DIRECTS

2414. **Babelon** (Ernest). Les derniers Carolingiens, d'après Richer et d'autres sources originales. Paris, Lib. de la Soc. Bibliog., 1878. 1 vol. in-12, rel. toile, couvert. — **Bart** (Victor). Une charte carlovingienne et une charte du moyen âge. Versailles, Aubert, 1884. In-8, br., facsim. héliog. — **Bonnell** (H. E.). Die Anfänge des Karolingischen Hauses. Berlin, Duncker und Humblot, 1866. In-8, rel. toile. — **Monnier** (Francis). Charlemagne législateur. Paris, Didier, *s. d.* In-8, br.

* 2415. **Boutaric** (Edgard). La France sous Philippe le Bel. Paris, Plon, 1861. 1 vol. in-8, rel. toile.

2416. **Delisle** (Léopold). Catalogue des actes de Philippe-Auguste. Paris, Durand, 1856. 1 vol. in-8, rel. toile.

2417. **Delisle** (L.). Essai de restitution d'un volume perdu des Olim. Paris, Plon, 1863. — Fragments inédits du registre dans lequel Nicolas de Chartres avait consigné les actes du Parlement de 1269 à 1298. Paris, Imp. nat., 1872. 2 vol. in-4, rel. toile.

2418. **Garat**. Éloge de Suger, abbé de Saint-Denis..... Discours qui a remporté le prix au jugement de l'Académie Françoise, en 1779, Paris, **Denonville**, 1779. — Suger, moine de Saint-Denis, *s. l. n. typ.*, 1779. — **Espagnac** (l'abbé d'). Réflexions sur l'abbé Suger et son siècle. Londres, 1780. — [**Saint-Martin** (abbé de)]. Réponse aux réflexions... par M. l'abbé***, Avocat en Parlement. Paris, chez les Marchands de Nouveautés, 1780. Ensemble 4 plaq. in-8 en 1 vol., rel: toile.

2419. [**Gervaise** (Dom)]. Histoire de Suger, abbé de S. Denis, ministre d'État, et régent du royaume sous le règne de Louis-le-jeune. Paris, chez Jean Musier et Fr. Barois, 1721. 3 vol. in-2, rel. veau f.

2420. **Guillaume** (Frère). Le ministre fidelle. Representé sovs Lovis VI en la personne de Svger, Abbé de S. Denys en France, & Regent du Royaume sous Lovis VII. Tiré du Manuscrit Latin de F. Gvillavme. Auecque des Lettres Historiqves du Pape Evgene III. du Roy Lovis VII... Addressées au mesme Svger. Le tout de la Traduction de I. Bavdoin. A Paris, chez Avgvstin Covrbé... M.DC.XL. Vol. in-12, rel. veau marb., tr. rouge, non rogn.; sur les plats, chiffre du comte Riant, portrait de Suger.

> Médiocre traduction de la vie de Suger par Guillaume, religieux de l'abbaye de Saint-Denis. L'auteur de cette traduction, né dans le Vivarais, en 1590, mort en 1650, fut de l'Académie française dès la formation de compagnie. Il est parfaitement oublié.

2421. **Havet** (Julien). Questions mérovingiennes. I. La formule *N. Rex Francorum V. Inl.* II. Les découvertes de Jérôme Vignier. III. La date d'un manuscrit de Luxeuil. IV. Les chartes de S' Calais. Paris, Champion, 1885-1887. — *Du même*. Vir inluster ou Viris inlustribus (Extrait de la *Bibl. de l'Éc. des Chartes*, t. XLVIII, 1887). — *Du même*. A propos des découvertes de Jérôme Vignier (Extrait de la *Bibl. de l'Éc. des Chartes*, t. XLVII, 1886). — **Blanchard** (Louis). La question Gondovald, *s. l. n. d. n. typ.* Ensemble 7 broch. in-8.

2422. **Huguenin** (A.). Étude sur l'abbé Suger. Paris, 1855. In-8, rel. toile, non rogn., couv. — **Combes** (Fr.). L'abbé Suger. Histoire de son ministère et de sa régence. Paris, 1853. In-8, rel. toile, portr. de Suger.

2423. **Kalckstein** (K. von). Abt Hugo aus dem Hause der Welfen, Markgraf von Neustrien. Göttingen, 1874. In-8, cart.

2424. **Lindenbrog** (Erpold). Newe vermehrte Chronica von dem Groszmechtigsten ersten Deudschen Keyser Carolo Magno, seinem jnnerlichen Wandel vnd Priuat Leben oder Sitten, so er vnter den seinigen mit teglich geübten fleiss geführet : Vnd Seinen Herrlichen, Löblichen vnd grossen Thaten, so wol gewaltigen Kriegen... durch Erpoldum Lindenbruch. Hamburg. M.D.XCIII. *Dernier fnc.*, *l.* 28 : Gedruckt zu Hamburg, durch Henrich Steinbach, Typis Hered. Iacobi Wolffii. Anno 1593. Petit in-4 de 12 ffnc. 276 ff. chif., 4 ffnc.

2425. **Monod** (Gabriel). Études critiques sur les sources de l'histoire mérovingienne. Première Partie. Introduction. Grégoire de Tours. Marius d'Avenches. Paris, Franck, 1872. In-8, rel. toile, non rogn.

2426. **Noorden** (Carl von). Hinkmar, Erzbischof von Rheims. Ein Beitrag zur Staats- und Kirchengeschichte des westfränkischen Reiches in der zweiten Hälfte des neunten Jahrhunderts. Bonn, Max Cohen und Sohn, 1863. In-8, cart. perc.

2427. **Richter** (Gustav). Annalen des Fränkischen Reichs im Zeitalter der Merovinger... mit fortlaufenden Quellenauszügen... Halle, 1873. In-8, br.

2428. **Suger.** Vie de Louis le Gros... suivie de l'histoire du roi Louis VII, publiées par *A. Molinier.* Paris, Picard, 1887. In-8, br. — Fragment inédit de la vie de Louis VII,... publié par *Jules Lair.* [Extr. de la *Bibl. de l'Éc. des Chartes*, XXXIV]. Nogent le Rotrou, 1874. In-8, br.

2429. **Ubaldino** (P.). La vita di Carlo Magno Imperadore : Scritta in lingua Italiana, & di nueuo corretta & ristampata da Petrvccio Vbaldino Cittadin Fiorentino. (*Aigle impériale*). 1599. Petit in-4, de 117(1) pp. (1 fnc. blanc? qui manque). Rel. parch.

Une première édition a paru à Londres, imprimée chez G. Wolf, en 1581. Il est probable que celle-ci sort des mêmes presses.

2430. Vita et || Gesta Karoli Magni. || (*Gravure sur bois, Charlemagne et Charles Quint*). *In fine* : (*Marque typ.*) || Apvd inclytam Germaniae || Coloniam Io. Soter || Imprimebat. || An. MDXXI. Petit in-4 de 14 ffnc 169 ff. chif., 1 fnc., rel. vél.

Rare. Ce livre qui commence par une dédicace du comte *Hermann de Nevenar* (ou *Nuenare* ou *Nova Aquila*), et un traité du même « De origine & sedibus priscorum Francorum », contient la Vie de Charlemagne, par *Eginhart*, et les « Annales Pipini, Karoli, Ludovici...... per quædam Benedictinæ religionis monachi... »

2431. **Wailly** (Natalis de). Mémoire sur les variations de la livre tournois depuis le règne de Saint Louis jusqu'à l'établissement de la monnaie décimale. Paris, Imp. impériale, 1857. — *Du même.* Recherches sur le système monétaire de Saint Louis. Paris, Imp. imp., 1857. Ensemble 2 vol. in-4, d.-rel. chag. et br.

2432. **Warnkœnig & Gerard.** Histoire des Carolingiens. Bruxelles et Paris, 1862. 2 tomes en 1 vol. in-8, d.-rel. chag., tr. lim.; au dos, chiffre du comte Riant.

2433. **Barthélemy** (Anatole de). Les origines de la maison de France. [Extrait de la *Revue des questions historiques.*] Paris, Palmé, 1873. In-8, cart.

— **Berger** (Élie). La formule « Rex Francorum et dux Aquitanorum » dans les Actes de Louis VII. Extr. de la *Bibl. de l'Éc. des Chartes*, 1884. In-8, cart.
— **Bruel** (A.). Études sur la chronologie des Rois de France et de Bourgogne, d'après les diplômes et les chartes de l'abbaye de Cluny, aux ixe et xe siècles. Extr. de la *Bibl. de l'Éc. des Chartes*, 1880. In-8, rel. toile.

Exemplaire en grand papier.

2434. **Gasquet** (Am.). Études byzantines. Charlemagne et l'Impératrice Irène. *S. l. n. d. n. typ.* [Extr. des *Annales de la Faculté des Lettres de Bordeaux*, 1884]. Plaq. in-8, cart. — **Harnack** (Otto). Das karolingische und das byzantinische Reich in ihren wechselseitigen politischen Beziehungen. Göttingen, R. Peppmüller, 1880. In-8, cart., couv. — **Venediger** (Edmund). Versuch einer Darlegung der Beziehungen Karls des groszen zum byzantinischen Reiche. Teil I. Halle, Gebauer-Schwetschke. 1872. In-8, cart.

2435. **Boislisle** (A. de). Une liquidation communale sous Philippe le Hardi. Paris, Lahure, 1872. — *Du même*. Le budget et la population de la France sous Philippe de Valois. Paris, 1875. — Bibliographie des travaux historiques de M. A. de Boislisle. Nogent-le-Rotrou, 1884. Ensemble 3 plaq. in-8 et in-4, cart. — **Boutaric** (E.). Les premiers États généraux (1302-1314). Paris, Didot, 1860. — *Du même*. Des origines et de l'établissement du régime féodal et particulièrement de l'immunité. Paris, Palmé, 1875. 2 plaq. in-8, rel. toile. — **Valois** (Noël). Étude historique sur le Conseil du Roi. Introduction à l'inventaire des arrêts du Conseil d'État. Paris, Impr. Nat., 1886. In-4, rel. toile, non rogn., couvert. — *Du même*. Le gouvernement représentatif en France au xive siècle. Étude sur le Conseil du Roi pendant la captivité de Jean le Bon. Bruxelles, Vromant, 1885. In-8, br. — *Du même*. Fragment d'un registre du Grand Conseil de Charles VII (Mars-Juin 1455). Paris, Picard, 1883. In-8, cart., couv.

CROISADE CONTRE LES ALBIGEOIS

2436. **Gui** (Bernard). Practica inquisitionis heretice pravitatis. Document publié pour la première fois par le chanoine *Douais*. Paris, Picard, 1886. Vol. grand in-8, rel. toile, couvert., non rogn.

2437. **Limborch** (Philippe van). Historia Inquisitionis cui subjungitur liber sententiarum Inquisitionis Tholosanæ ab anno Christi 1307 ad annum 1323. Amstelodami, Apud Henricum Wetstenium. 1692. 2 parties avec planches, en 1 vol. petit in-fol., d.-rel. toile, non rogn.

Ouvrage intéressant et écrit avec impartialité. Il se compose d'un recueil de sentences de l'Inquisition de Toulouse que Limborch avait trouvées dans un manuscrit et qu'il édita en y joignant une longue étude sur l'origine de l'Inquisition, ses ministres et son fonctionnement, et les crimes ressortissant de ce tribunal.

HISTOIRE

2438. **Schmidt** (C.). Histoire et doctrine de la secte des Cathares ou Albigeois. Paris et Genève, Cherbuliez, 1849. 2 tomes en 1 vol., d.-rel. bas., dos orné, tr. rouge.

2439. **Barrau** (J.-J.) et **Darragon** (B.). Histoire des croisades contre les Albigeois. Paris, Clarey, 1843. 2 vol. in-8, cart. — **Guibal** (G.). Le poème de la Croisade contre les Albigeois ou l'épopée nationale de la France du Sud au XIIIe siècle. Étude historique et littéraire. Toulouse, Chauvin, 1863. In-8, rel. toile, non rogn. — **Hauréau** (B.). Bernard Délicieux et l'Inquisition albigeoise, 1300-1320. Extr. de la *Rev. des Deux-Mondes*, juin, 1868. In-8, cart.

VALOIS

2440. **Bordier** (Henri). La Saint-Barthélemy et la critique moderne. Genève, Georg, 1879. Grand in-8, rel. toile, figg. 1 pl. chromo et 2 pl. lithog.

Tiré à 300 exemplaires.

* 2441. **Brantôme**. Memoires… contenans les Vies des Dames Illustres de France de son temps. A Leyde, chez Jean Sambix le jeune, à la Sphere, MDCLXV. — … Vies des Dames Galantes de son temps. A Leyde, chez Jean de la Tourterelle, MDCLXVI. — … Vies des hommes illustres et des grands capitaines… Leyde, Sambix, MDCLXVI. Ensemble 9 vol. petit in-12, rel. mar. rouge, tr. dor., dent. int., fil. sur les pl., dos orné.

Cette jolie édition (du reste peu exacte et incomplète) est généralement annexée à la Collection des Elseviers. M. Pieters a soutenu, mais sans preuve, que les volumes publiés par « Jean de la Tourterelle », avec deux tourterelles sur le titre, sortaient des presses elséviriennes.

2442. **Clément** (Pierre). Jacques Cœur et Charles VII. Nouvelle édition revue et ornée d'un portrait et de gravures. Paris, Didier, 1866. Vol. in-8, d.-rel. veau, tête peigne, non rogn.; au dos, chiffre du comte Riant.

2443. **Comines** (Philippe de). Philippi Cominei Grundelighe Beskrifwelse om allehanda wichtige Handlingar, som emellan Konung Ludwijk then Elleffte, medh thet Nampnet, aff Frankrijke, och then nampnkunnige Krijgs-hiälten Hertigh Carl aff Burgund…… förswenskat af Erico Schrodero. Stockholm, hoos Ignatium Meurer, 1624. Vol. grand in-4, rel. vél.

Traduction suédoise des Mémoires de Comines avec une continuation et l'histoire de la conquête de Naples par Charles VIII.

2444. — Lettres et négociations de Philippe de Commines, publiées….. par M. *le baron Kervyn de Lettenhove*. Bruxelles, Devaux, 1867-1868. 2 tomes en 1 vol., d.-rel. chag., tr. peigne; au dos, chiffre du comte Riant.

2445. **Froumenteau**. Le Secret des finances de France, descouuert, & departi en trois liures par N. Frovmenteav, & maintenant publié, pour ouurir les moyens legitimes & necessaires de payer les dettes du Roy, descharger ses suiets des subsides imposez depuis trente vn ans, & recouurer tous les deniers prins à sa Majesté..... cIɔ. Iɔ. LXXXI. (Sans nom de lieu ni d'imprimeur probab. imprimé en Hollande). 3 parties en 1 vol. petit in-8, de 28 ffnc., 152 pp., 472 pp., 4 ffnc., 439(1) pp. (chaque partie ayant sa pagination différente).

Ce curieux ouvrage qui renferme le budget des règnes des derniers rois Valois, avec une statistique des excès commis pendant les guerres de religion, a été souvent attribué à Nicolas Barnaud de Crest, auteur protestant qui a publié de nombreux ouvrages sous différents pseudonymes. Quelques exemplaires de ce livre portent comme titre *le Thrésor des Thrésors* de France. Notre exemplaire est de la bonne édition et non de la contrefaçon.

2446. Illvstrivm || aliqvot germano- || rvm carminvm liber. || De immanissima summeq́; miseranda Christiano- || rum laniena ab impijs & crudelissimis Galliæ Tyran- || nis, Lutetiæ Parisiorum, Lugduni item, alijsq́ue eius- || dem regni locis truculentissimè sceleratissi- || meq́; patrata. || Anno Salutis M.D.LXXII. || Vna cum Epicedijs & Epitaphijs quibusdam præstantissimi Herois D. || Casparis Collignij Comitis, Castilionæi, Amiralij Franciæ, nec non || aliarum quarundam præstantium personarum. || Quibus addidimus ad summæ gloriæ apicem Fœdus Hen- || rici cum Turca : & Conditiones Caroli IX. Polonis || oblatas ad regni ambitum cum Com= || mentarijs. || Vilnæ || M.D.LXXIII. Plaq. in-4, de 48 pp., br.

Cette curieuse et rare plaquette sur la Saint-Barthélemy est une des premières impressions latines exécutées à Vilna, dans l'imprimerie protestante fondée vers 1570 par un prince Radziwill, peu de temps après la fondation de l'Université de Vilna. M. Brunet a contesté cela, mais sans raisons suffisantes, et il n'a dû avoir entre les mains qu'un exemplaire incomplet, si toutefois il en a eu un, car la description qu'il en donne est parfaitement inexacte. Les premières pages (3 à 39) contiennent des poésies sur les victimes de la Saint-Barthélemy, ou s'est servi pour l'impression de caractères italiques ; dans les dernières pages (41 à 48), imprimées en caractères romains, on donne la preuve que les rois de France, persécuteurs des chrétiens, sont au contraire les fidèles alliés et amis des Turcs.

2447. Lettre de Philippe de Valois à Alphonse VI, roi d'Aragon..... publiée... par *Francisque Michel*.. Paris, Silvestre, 1835. In-8, cart.

Tiré à 125 exemplaires.
Lettre du 3 septembre 1305 relative aux affaires de Jérusalem et d'Égypte.

* 2448. **Montégut** (Président de). Inventaire des bijoux de Jeanne de Bourdeille, dame de Sainte-Aulaire et de Laumary. 1595. Publié pour la première fois d'après le manuscrit original de la Bibliothèque Nationale par le président de Montégut. Périgueux, Dupont, 1881. In-8, titre r. et n., pap. vergé, cart. perc. n., exemplaire numéroté, envoi d'auteur.

2449. [**Poncet?**]. La || France-Tvrqvie, || C'est à dire, || Conseils et Moyens || tenus par les ennemis de la Cou- || ronne de France, || povr redvire le || royavme en || tel estat que la Tyrānie || Turquesque. || A Orléans, || De l'Imprimerie de Thibaut des Murs. || M.D.LXXVI. || *Au verso du titre* : Sommaire dv con || tenu en ce liure. || Conseil Du Cheualier Poncet, donné en || presence de la Royne mere & du Conte de Retz pour || reduire la France en mesme estat que la Turquie. || L'Antipharmaqve du Cheuali- || er Poncet. || Lvnettes de Christal de Roche, par les- || quelles on void clairemēt le chemin tenu pour subiu- || guer la France à mesme obeissance que la Turquie : || adressees à tous Princes, Seigneurs, Gentils-hommes || & autres d'vne & d'autre Religion, bons & legiti- || mes François. || Povr seruir aussi de cōtre-poison à l'Antiphar- || maque du Cheualier Poncet. Plaq. in-8, de 14 pp., rel. mar. rouge, tr. dor., dent. int. ; sur les plats, armes du comte Riant. (Hardy).

Suivant le P. Lelong, « le prétendu chevalier Poncet est peut-être Maurice Poncet, Bénedictin de l'abbaye de Saint-Pierre de Moulin, curé à Paris, fameux prédicateur sous Henri III et grand frondeur de la corruption et de la tyrannie de ce temps-là. »

2450. **Quicherat** (Jules). Rodrigue de Villandrando, l'un des combattants pour l'indépendance française au quinzième siècle. Paris, Hachette, 1879. 1 vol. in-8, rel. toile, non rogn. — **Molinier** (E.). Documents relatifs aux Calaisiens expulsés par Édouard III. Paris, Picard, 1878. Extr. du *Cabinet historique*, Tiré à 125 exemplaires. In-8, cart., couv.

2451. **Ruble** (Le baron Alphonse de). Le mariage de Jeanne d'Albret. Paris, Labitte, 1877. 1 vol. avec portrait. — Antoine de Bourbon et Jeanne d'Albret. Paris, Labitte, 1881-86. 4 vol. Ensemble 5 vol. grand in-8, br.

Exemplaires en grand papier.

2452. — Le duc de Nemours et mademoiselle de Rohan (1531-1592). Paris, Labitte, 1883. In-8, d.-rel. rouge, coins, tête dor., non rogn. ; au dos, chiffre du comte Riant. [Tiré à cent-soixante-dix Exemplaires.] — François de Montmorency, gouverneur de Paris (1530-1579). Extr. du tome VI des *Mém. de la Soc. de l'hist. de Paris*. Paris, 1880. In-8, rel. toile.

2453. **Wallon** (H.). Jeanne d'Arc. Paris, Hachette, 1860. 2 vol. in-8, d.-rel. veau, tr. marbr. — **Delisle** (Léopold). Nouveau témoignage relatifs à la mission de Jeanne d'Arc. Paris, Champion, 1885. In-8, br.

2454. **Frémy** (E.). Henri de Mesmes, seigneur de Boissy et de Malassise, d'après ses mémoires. Paris, Gervais, 1881. In-8, cart., couvert. — **Gourjon** (Horace). Le massacre de Vassy d'après un manuscrit tiré d'un couvent de Vassy. Deuxième édition. Paris et Genève, 1844. In-8, br., 1 pl. — **Jullien de la Boullaye** (E.). Entrées & séjours de François Ier à Langres. Langres, Dangien, 1873. In-8, cart. couv. — **Kervyn de Lettenhove** (baron). La conférence de Bayonne en 1565. Bruxelles, F. Hayez, 1883. In-8, cart., couv. — **Lecoy de la Marche** (A.). Louis XI et la succession de Provence. Extrait de la *Revue des Questions historiques*. Paris, 1888. In-8, br.

BOURBONS

2455. Les Affaires Qui sont aujourd'huy entre les Maisons de France et d'Avstriche. [*La Sphère.*] M DC XLIX. In-12, rel. veau, armes sur les plats.

> Rare. Le P. Lelong ne cite de ce curieux ouvrage anonyme qu'une édition publiée chez Quinet en 1662, et dit que « ce petit traité est curieux, en ce qu'il remet sous « les yeux tout ce qui s'était passé depuis Charles Quint, & la raison des préten- « tions des deux partis. »

2456. **Aubery.** Des Justes Pretentions du Roy sur l'Empire. (*La Sphère.*) Suivant la Copie Imprimé, à Paris, MD CLXVII. Vol. in-12 de 182 pp., 1 fnc.

> Rare. Antoine Aubery (1616-1695), avocat au Parlement et aux Conseils du Roi, écrivit des histoires de Richelieu et de Mazarin, que les ennemis de ces deux ministres dénigrèrent fortement, mais qui contiennent de précieux renseignements. Son *Traité des justes prétentions du Roi sur l'Empire* valut la Bastille à son auteur ; Louis XIV s'étant ému du bruit que cet ouvrage faisait en Allemagne, crut devoir désavouer ainsi les idées d'Aubery, que l'on disait avoir écrit par son ordre.

2457. **Bernis** (Cardinal de). Mémoires et lettres du cardinal de Bernis (1715-1758), publiés d'après les manuscrits inédits par *Frédéric Masson*. Paris, Plon, 1878. 2 vol. in-8, rel. chag. rouge, tr. peigne, non rogn., au chiffre du comte Riant. — **Masson** (F.). Le cardinal de Bernis depuis son ministère (1758-1794). Paris, Plon, 1884. In-8, br.

2458. **Bongars.** Epistolæ ad Joachimum Camerarium... scriptæ et historicis ac politicis documentis instructæ. Nunc primum editæ. Lvgd. Batav. Ex officinâ Elzeviriorum. CIƆ IƆ CXLVII. In-16, rel. mar. rouge, tr. dor. — Lettres latines de Monsievr de Bongars, resident et ambassadevr sous le Roy Henry IV en diverses negociations importantes. Tradvites en francois & dediées a Monseignevr le Davphin. Paris, Pierre le Petit, 1668. In-12, rel. veau.

2459. **Bonneau-Avenant.** La duchesse d'Aiguillon (1604-1675). Paris, Didier, 1879. 1 vol. in-8, br., portrait. — **Boucher de Guilleville.** Concino-Concini, marquis d'Ancre,... Récit de sa mort par J. Boucher de Guilleville, échevin d'Orléans, témoin oculaire, suivi de pièces justificatives par *J. S. Doinel*. Orléans, Herluison, 1883. In-8, br., lettre de M. Doinel au comte Riant.

* 2460. **Cléry.** Journal de ce qui s'est passé à la Tour du Temple pendant la captivité de Louis XVI, roi de France. Première édition publiée par la famille. Paris, Bertin, 1861. 1 vol. in-8, avec portr., pl. et fac-sim., d.-rel. veau jaune, tête limaç., non rogn.

2461. Correspondance de Louis XIV avec le marquis Amelot, son ambassadeur en Portugal, 1685-1688, publiée... par le Bon *de Girardot*. Nantes, Ve Mellinet, 1863. In-8, rel. toile.

> Tiré à 100 exemplaires.

* 2462. **Correspondance** secrète entre Marie-Thérèse et le Cte de Mercy-Argenteau, avec les lettres de Marie-Thérèse et de Marie-Antoinette. Publiée avec une introduction et des notes par le chevalier *A. d'Arneth* et *M. A. Geffroy*. Paris, Didot, 1874. 3 vol. in-8, d.-rel. veau, non rogn., couvert., au chiffre du comte Riant. — Lettres de la reine Marie-Antoinette à la Landgrave Louise de Hesse-Darmstadt [pub. p. le *comte de Reiset*]. Paris, Plon, 1865. In-8, br.

2463. **Élisabeth de France** (Madame). Mémoires, annotés et mis en ordre par *F. de Barghon Fort-Rion*. Paris, Vaton, 1860. 1 vol. in-8, rel. toile, non rogn., couvert.— **Chantelauze** (R.). Les derniers chapitres de mon Louis XVII. Paris, Didot, 1887. In-8, br.

2464. Die || Frantzöische Türckey, || Angerichtet durch || Die grossen Stats = Männer, || Ariante und Polidor, || oder kurtze Erzehlung || Der vornehmsten Thaten || des Königs in Franckreich, || Und was er ferner vor hat, sein Reich in solchen Zustand || zusetzen, als das || Ottomannische Käyserthum, || Umb zur Monarchie und allgemeinen Beherrschung || zu gedeyhen. || Gantz kürtzlich entdeckt durch || Alexander Christian de Metre. || (*Sphère*.) || Roterdam, || Bey Friedrich Neustadt auff der Kaye. || Anno M DCLXXIII. Petit in-4 de 52 pp., 2 ffnc. — Theses || von der || Gerechtigkeit vnd Berechtigung. || Zum Kriege, || Itziger Zeit in Franckreich üblich, || Welche || Unterm Præsidio derer Stats-erfahrnen Professoren, || Der Herren de || Lionne und Colbert, || Wider || Aller Rechts = Gelehrten Einwürffe || zu defendiren sich vorgesetzt || Ludovicus der XIV. || König in Franckreich und Navarra, || Gehalten am 14 Juanuarii, 1672. || Im Königlichen Palatio zu Paris. || Nach der Copey. || Zu Paris unterm Königlichen Privilegio || Verdeutscht Anno 1673. Petit in-4 de 4 ffnc. Ensemble rel. vél.

> Pamphlets allemands contre la politique de Louis XIV, le titre du premier est inspiré de la « France-Turquie », ouvrage du xvi° siècle attribué à Maurice Poncet. Cf. n° 2449.

2465. **Gualdo Priorato** (Comte Galeazzo). Histoire du ministere du cardinal Jules Mazarin. T. I et III. Amsterdam, Henry & Theodore Boom, 1671. — T. II. A La Haye, chez Abraham Trojet, 1681. Ensemble 3 vol. in-12, rel. vél. et veau.

> A la fin du tome III on a relié l'ouvrage : « Le Cardinal Mazarin, Joué par un Flamand. Ou relation de ce qui se passa à Ostende le 14 de May, de l'année 1658. (*La Sphère*), à Cologne, chez Pierre Marteau, 1671. » In-12 de 16 ffnc., 131(1) pp. Curieux pamphlet imprimé en Hollande et attribué parfois à *F. de Bock*.

2466. [**La Roque** (De)]. Memoires touchant Mr. De Thou où L'on voit ce qui s'est passé de plus particulier durant son ambassade d'Hollande Par Mr. D. L. R. A Cologne, Chez Pierre Marteau M.DCC.X. Petit in-8, 3 ffnc., 100 pp. y compris le frontisp., rel. veau br.

2467. **Lisola**. Bouclier d'estat et de justice, contre le dessein manifestement découvert de la Monarchie Universelle, sous le vain pretexte des pretentions de la Reyne de France, M.DC.LXVII. [*Bruxelles.*] In-12, rel. vél.

L'un des plus célèbres pamphlets du fameux diplomate et publiciste franc-comtois François Paul, baron de Lisola (1613-1675); cet écrit a été traduit dans un grand nombre de langues de l'Europe.

2468. **Mazarin.** Epistolario inedito del Cardinal Mazzarino pubblicato da *Carlo Morbio.* Milano, Silvestri, 1842. In-12, rel. toile, portrait.

2469. **Masson** (F.). Le Marquis de Grignan. Paris, Plon, 1882. 1 vol. in-8, rel. toile. — **B.** (N. de). Le comte de Plélo, 1699-1734. Nantes, Forest et Grimaud, 1874. In-8, cart.

2470. Nouvelles à la main sur la comtesse du Barry, trouvées dans les papiers du comte de ***, revues et commentées par *Émile Cantrel.* Introduction par *Arsène Houssaye.* 2 port. et 1 autog. Paris, Plon, 1861. 1 vol. in-8, d.-rel. veau, tr. peigne.

* 2471. **Reiset** (Le comte de). Modes et usages au temps de Marie-Antoinette. Livre-journal de Madame Eloffe, marchande de modes. Paris, Firmin-Didot, 1885. 2 vol. grand in-8, 110 pl. dont 68 en couleur, nomb. grav.

2472. **Torcy.** Journal inédit... . publié par *Frédéric Masson.* Paris, Plon, 1884. In-8, br.

2473. **Trabouillet** (L.). L'État de la France, contenant tous les Princes, Ducs & Pairs,..... Les noms des Officiers de la Maison du Roy..... Paris, Augustin Besoigne, MDC LXXXXIX. 3 vol. in-12, rel. veau, dos orné.

2474. **Geffroy** (A.). Fragments d'une notice sur la vie et le role politique de Mme des Ursins. Paris, Durand, 1858. In-8, d.-rel. chag. — **Magnienville** (R. de). Le maréchal d'Humières et le gouvernement de Compiègne, 1648-1694. Paris, Plon, 1881. In-8, br., portr. — **Ribbe** (Ch. de). Une famille rurale au XVIIe siècle. Paris, Soc. Bibl., 1882. In-8, br.

HISTOIRE CONTEMPORAINE

* 2475. **Blocqueville** (A. I. d'Eckmühl, marquise de). Le maréchal Davout, prince d'Eckmühl, raconté par les siens et par lui-même. Paris, Didier, 1879-1880. 4 vol. in-8, d.-rel. chag. rouge, tr. dorée, non rogn., dos orné du chiffre du comte Riant, avec deux lettres d'envoi de Mme de Blocqueville au comte Riant.

2476. **Chauveau** (Le R. P.). Souvenirs de l'École Ste-Geneviève. Notices sur les élèves tués à l'ennemi. Paris, Albanel, 1873. 3 vol. in-12, rel. toile, non rogn., couvert.

2477. Maria Stella ou échange criminel d'une demoiselle du plus haut rang contre un garçon de la condition la plus vile. Troisième édition. Paris, 1838.

In-8, d.-rel. mar., coins, tête dorée ; au dos, chiffre du comte Riant. — Procès contre le duc d'Aumale et la baronne de Feuchères. Paris, Dentu, 1861. In-8, d.-rel. p. de Suède, tr. lim.

« Maria Stella » est un curieux pamphlet contre Louis-Philippe, qui n'aurait été qu'un enfant supposé.

2478. **Port** (Gélestin). La Vendée Angevine. Les Origines, L'Insurrection (janvier 1789-31 mars 1793). Paris, Hachette, 1888. 2 vol. — *Du même.* Questions angevines. Angers, Lachèse et Dolbeau, 1884. 1 vol. Ensemble 3 vol. in-8, et in-12. rel. toile, non rogn.

2479. **Posselt** (Ern. Ludov.). Bellvm popvli Gallici adversvs Hvngariae Borvssiaeqve reges eorvmqve socios — Annus cIɔIɔccxcii — Gottingae, apvd Vandenhoek et Rvprecht, 1793. In-8, cart. perc. orange.

2480. Le prince Lucien Bonaparte et sa famille. Ouvrage accompagné de douze portraits. Paris, Plon, 1889. 1 vol. in-8, br.

2481. Recueil de 5 pièces sur 1870-1871. Les Prétendants ou la Couronne aux enchères. (Placard av. fig. color.) Paris, imp. Vallée. — Le Siège de Paris. Tablette au jour le jour. Du dimanche 9 au vendredi 14 octobre 1870, n° 2. — La Carmagnole par Touchatout, n° 3, 12 mars 1871. — Les bons avis du père Duchêne, n° 3, 18 ventôse an 79. — La Grande Colère du Père Duchêne, n°s 2 et 5, 17 et 20 ventôse an 79. Ensemble 1 plaq. form. in-8, cart.

2482. **Enault** (Louis). Paris brûlé par la Commune. Ouvrage illustré de douze gravures. Paris, Plon, 1871. In-12, rel. toile, couv. — **Fontoulieu** (Paul). Les Églises de Paris sous la Commune. Paris, Dentu, 1873. In-12, rel. toile, non rogn. [Lettre d'envoi au comte Riant.] — **Maignen** (Maurice). Notice sur l'abbé Henri Planchat, l'un des otages de la Commune, assassiné à Belleville le 26 mai 1871. Paris, 1871. In-8, rel. toile. — **Perny** (Paul). Deux mois de prison sous la Commune, suivi de détails authentiques sur l'assassinat de Mgr l'archevêque de Paris. 3e édition. Paris, Lainé, 1871. In-12, rel. toile. — **Veuillot** (Louis). Paris pendant les deux Sièges. Paris, Palmé, 1871. 2 tomes en 1 vol. in-8, rel. toile. — Une visite de la Commune de Paris, précédée d'un avertissement par M. *l'abbé Holaind.* Moulins, Desrosiers, 1871. In-8, cart., couv. Ensemble 6 vol. ou plaq.

HISTOIRE DE FRANCE. — PROVINCES

2483. **Arbois de Jubainville** (H. d'). Histoire des ducs et des comtes de Champagne depuis le vie siècle jusqu'à la fin du xie. Paris, Durand, 1859-1866. 6 tomes en 4 vol. in-8, d.-rel. chag., tr. lim. ; au dos, chiffre du comte Riant.

2484. **Bourrousse de Laffore** (de). Notes historiques sur des monuments féodaux ou religieux du département de Lot-et-Garonne. Agen, Lamy, 1879. 1 vol. in-8, rel. toile, couvert.

2485. Buzelinus, S. J. (Jean). Gallo-Flandria sacra et profana : in qva vrbes, oppida, regivnvlæ, mvnicipia, et pagi præcipvi Gallo-Flandriæ tractvs describvntvr ..... Dein Annales Gallo-Flandriæ. Dvaci, Ex Officinâ Marci Wyon, Anno 1625. 2 vol. in-fol., rel. veau, dos orné.

L'auteur *Jean Buzelin* ou *Bucelin* était jésuite et originaire de Cambrai. Le tome second a un titre particulier : « Annales Gallo-Flandriæ » et porte la date de 1624. Du reste, la « Gallo-Flandria sacra et profana » porte également la date de 1624 au verso du dernier feuillet.

2486. Cécyl (Aymé). Histoire du royaume de Boisbelle. Paris et Bourges, 1863. 1 vol. in-12, rel. toile.

Le royaume de Boisbelle ou principauté d'Henrichemont appartenait au ministre Sully.

2487. Chamard (Dom François). Les premiers seigneurs de Cholet. Nantes, Forest et Grimaud, 1886. — Chronologie historique des vicomtes de Châtellerault avant la fin du XIIIe siècle. Poitiers, Dupré, 1872. — Réponse à M. L. Delisle relativement à la Chronologie des vicomtes de Châtellerault. Poitiers, Dupré (1873). Ensemble 3 plaq. in-8, br.

2488. — L'Aquitaine sous les derniers Mérovingiens au VIIe et VIIIe siècle. Paris, Palmé, 1864. In-8, br. — **Mabille** (Em.). Le royaume d'Aquitaine et ses marches sous les Carlovingiens. Toulouse, Privat, 1870. In-4, cart.

2489. Chartes, manuscrits, autographes, documents historiques sur la Bourgogne faisant partie d'une collection particulière. Paris, Picard, 1886. In-8, rel. toile.

2490. Chassaing (Augustin). Spicilegium Brivatense. Recueil de documents historiques relatifs au Brivadois et à l'Auvergne. Paris, Impr. nat., 1886. 1 vol. in-4, br.

2491. — Notice sur Étienne de Médicis, chroniqueur du Puy-en-Velay, 1475-1565. Le Puy, Marchessou, 1874. — Notice historique sur Jean Burel, chroniqueur du Puy-en-Velay, 1540-1603. Le Puy, 1875. Ensemble 1 vol. in-4, rel. toile, non rogn., couv. — Note sur l'orfèvrerie du Puy au Moyen-Age et à la Renaissance. Le Puy, 1874. In-8, cart. — Chartes de coutumes seigneuriales de Chapteuil et de Léotoing (Haute-Loire). Paris, Larose et Forcel, 1882. In-8, br. — Calendrier de l'église du Puy en-Velay au Moyen-Age. Paris, Champion, 1882. In-8, cart. — Ordonnance de Louis XI sanctionnant des articles arrêtés entre les consuls et les habitants du Puy-en-Velay. Paris. Larose et Forcel, 1884. In-8, br. Ensemble 1 vol. et 4 plaq.

2492. Chevalier (Ulysse). Choix de documents historiques inédits sur le Dauphiné. Montbéliard, 1871. — Notice sur le Mont-Calvaire de Romans. Romans, 1883. — Itinéraire de Louis XI Dauphin. Voiron, 1886. — Compte de Raoul de Louppy, gouverneur du Dauphiné de 1361 à 1369. Romans, 1886. — Itinéraire des Dauphins de la troisième race (1282-1355). Valence, 1887. 1 vol. et 4 plaq. in-8, br.

2493. **Cocheris** (H.). Dictionnaire des anciens noms des communes du département de Seine-et-Oise, précédé d'une notice sur l'origine des noms de lieux de l'arrondissement de Corbeil. Versailles, Cerf, 1874. Vol. in-8, rel. toile, couvert. (av. une cart. géog.). — **Feuilloley.** Notice sur la ville de Magny en Vexin. Magny, Petit, 1865. In-12, rel. toile, non rogn. — **Pinard.** Histoire, archéologie, biographie du canton de Longjumeau. Paris, Durand, 1864. In-8, d. rel. mar. rouge, coins, tête dorée, ébarb., au chiffre du comte Riant.

2494. **Cochet** (L'abbé). Notice historique et descriptive sur l'église collégiale de Saint-Hildevert de Gournay-en-Bray. Ornée de 32 gravures sur bois. Rouen, 1851. — Les anciens vignobles de la Normandie. Rouen, 1866. — Notice sur une sépulture gauloise trouvée dans la basse forêt d'Eu, en juin 1865. Rouen, 1866. — Note sur les ports et les havres dans l'antiquité et au moyen âge. Imp. imp., 1866. — Catalogue du musée d'antiquités de Rouen. Rouen, 1868. — Étretat, son passé, son présent et son avenir. Cinquième édition, revue, augmentée, ornée de 2 lithographies (port. de l'auteur) et de 50 gravures sur bois. Dieppe, 1869. Ensemble 6 vol. ou plaq. in-8, rel. toile ou cart.

2495. **Delaville le Roulx** (J.). Registres des comptes municipaux de la ville de Tours. Tours, Semeur-Laplaine; Paris, Picard, 1878-1881. 2 vol. in-8, br., avec 2 phototypies.

Exemplaire sur papier vergé tiré pour le comte Riant.

— *Du même.* Notices sur les chartes originales relatives à la Touraine antérieures à l'an mil. Tours, Rouillé-Ladevèze, 1879. In-8, cart., couv.

2496. **Delisle** (Léopold). Recueil de jugements de l'Echiquier de Normandie au XIIIe siècle (1207-1270). Paris, Imp. imp., 1864. Vol. in-4, br.

2497. **Dion** (A. de). Lettre sur le château de Gisors. Pontoise, 1885. — Le Puiset au XIe & au XIIe siècle. Chartres, Garnier, 1886. — Les seigneurs de Breteuil en Beauvaisis. Paris, 1884. Ensemble 3 plaq. in-8, avec pl., br. & rel. toile, non rogn. — **Marquis** (Léon). Notice historique sur le château féodal d'Étampes. Paris, Aubry, 1867. In-8, rel. toile, carte et grav.

2498. **Du Chesne** (André). Histoire genealogiqve de la maison de Montmorency et de Laval, ivstifiee par Chartes, Tiltres, Arrests, & autres bonnes & certaines preuues ..... A Paris, Chez Sebastien Cramoisy, MDCXXIIII. 1 vol. in-fol., rel. veau (reliure brisée). Ex-libris d'E. Gulston.

2499. — Histoire genealogiqve de la maison des Chasteigners, seignevrs de la Chasteigneraye, de la Rochepozay, de Saint-Georges de Rexe, de Lindoys, de la Rochefaton, & autres lieux..... A Paris, Chez Sebastien Cramoisy, MDCXXIV. 1 vol. in-fol., rel. veau. Ex-libris d'E. Gulston.

2500. — Histoire genealogiqve de la maison de Vergy ... A Paris, chez Sebastien Cramoisy, M.DC.XXV. 1 vol. in-fol., rel. veau. Ex-libris du duc de Longueville et d'E. Gulston.

2501. Du Chesne (A.). Histoire de la maison de Chastillon svr Marne ... A Paris, Chez Sebastien Cramoisy, MDCXXI. — Maison Chastillon sur Marne, Nontolio, seu Nantueil oggi dell' Antoglietta in Italia. Napoli, 1874. Ensemble 1 vol. in-fol., rel. veau et 1 plaq. in-fol. cart.

2502. — Histoire genealogiqve de la maison de Bethvne ... Paris, chez Sebastien Cramoisy, M.DC.XXXIX. 1 vol. in-fol., rel. vél.

2503. — Histoire généalogique des maisons de Gvines, d'Ardres, de Gand, et de Covcy, et de qvelqves avtres familles illustres, qui y ont esté alliées ... Paris, Sebast. Cramoisy, M.DC.XXXI. 1 vol. in-fol., rel. veau f. Ex libris de J. Gage.

2504. Douay (L'abbé). Histoire généalogique des branches de la maison de Béthune existantes en Flandre et en Artois, et connues pendant plusieurs siècles sous le nom de Desplanques ... Pour servir de supplément à la Généalogie ... dressée par André Duchesne. A Paris, 1783. In-fol., br., figg.

2505. Dupuy (A.). Histoire de la réunion de la Bretagne à la France. Paris, Hachette, 1880. 2 tomes en 1 vol., d.-rel. chag., tête peigne, non rogn.; au dos, chiffre du comte de Riant. [Avec des lettres de MM. Paris, Kervyn de Lettenhove et Dupuy (A.)].

2506. Durrieu (Paul). Documents relatifs à la chute de la maison d'Armagnac-Fezensaguet. Auch, Cocharaux, 1883. Vol. in-8, rel. toile, couvert.

L'un des 75 exemplaires sur papier de Hollande non mis dans le commerce.

2507. Fournel (Victor). Les cris de Paris. Paris, Didot, 1887. In-8, avec figg. — **Fournier** (Édouard). Le vieux neuf. Paris, 1859. 2 vol. in-12. 3 vol. in-8 et in-12, br. et rel. chagr. — **Lacroix** (Paul). Curiosités de l'histoire du vieux Paris. Paris, Delahays, 1859. — *Du même.* Paris ridicule et burlesque au XVIIe siècle. Paris, Delahays, 1859. 2 vol. in-12, d.-rel. chagr. Ensemble 5 vol. in-8 et in-12.

2508. Généalogie des comtes de Toulouse ... avec leurs portraits ... Nouvelle édition ... avec un prologue par *J.-G. Laurac*. Toulouse, Bompard, 1864. In-8, rel. toile. 8 pl.

* **2509. Genet** (l'abbé J.-V.). Une famille rémoise au XVIIIe siècle. Études historiques sur Louis-Jean Lévesque de Pouilly, Jean Lévesque de Burigny, Gérard Lévesque de Champeaux & Simon-Louis Lévesque de Pouilly. Reims, Impr. coopérative, 1881. 1 vol. in-8, avec planches, d.-rel. mar. rouge, n. rogn., couv.; au dos, chiffre du comte Riant.

2510. Germain (A.). Du principe démocratique dans les anciennes écoles de Montpellier. Montpellier, Boehm, 1881. — Le cérémonial de l'Université de médecine de Montpellier. M., 1879. — Les maîtres chirurgiens de l'École de chirurgie de Montpellier. M., 1880. — La faculté de théologie de Montpellier. M., 1883. — Pierre Flamenchi. Étude historique et littéraire. M., Martel, 1884.

— Les Pèlerins de la science à Montpellier, 1879. — Géographie historique du comté de Melgueil et de la seigneurie de Montpellier. Montpellier, 1882. — Le comte de Provence à Montpellier, 28 juin 1777. Montpellier, 1882. Ensemble 8 plaquettes in-4 et in-8, cart. et rel. toile, non rogn.

2511. **Goethals** (Félix-Victor). Histoire de la maison de Wavrin et de quelques familles qui en sont issues. Bruxelles, Polack-Duvivier, 1866. 1 vol. in-4, rel. toile. — Une vieille généalogie de la maison de Wavrin, publiée avec des notes sur les sénéchaux et les connétables de Flandre, par *Félix Brassard*. Douai, Crépin, 1877. In-8, rel. toile, non rogn.

2512. **Gourgues** (Vte de). Dictionnaire topographique du département de la Dordogne. Paris, Impr. nat., 1873. 1 vol. in-4, rel. toile, non rogn., couvert.

2513. **Grouchy** (Vte de) et **Marsy** (Cte de). Thomas de Grouchy, sieur de Robertot, conseiller au Parlement de Metz 1610-1675. Gand, Vanderhaegen, 1886. In-8, av. pl. — Étude sur Nicolas de Grouchy et son fils Timothée de Grouchy, par le Vte *de Grouchy* et *Émile Travers*. Paris, Champion, 1878. Ensemble 2 vol. br. et rel. toile, non rogn., couvert.

2514. **Guigue** (M.-C.). Notes historiques sur les fiefs et paroisses de l'arrondissement de Trévoux. Lyon, A. Brun, 1863. Vol. in-8, rel. toile, couvert.

2515. **Guillaume** (Paul). Recherches historiques sur les Hautes-Alpes. Gap, Jouglard, 1881. 2 parties en 1 vol. in-8, rel. toile, avec 16 pages manuscrites de M. Guillaume (Lettres à M. le comte Riant).

2516. **Huillard-Bréholles**. Titres de la maison ducale de Bourbon. Paris, Plon, 1867. 2 tomes in-4, d.-rel. veau. br., tête dor., non rogn., couvert. au dos chiffre du comte Riant. — **Chazaud** (A.). Étude sur la chronologie des sires de Bourbon (x^e-xiiie siècles). Moulin, Desrosiers, 1865. In-8, rel. toile.

2517. **Labbe, S. J.** (Le Père Philippe). Histoire dv Berry abbregée dans l'Éloge panegyriqve de la ville de Bovrges capitale dvdit païs, Presenté a Monseignevr le Prince. Paris, Chez Gaspar Metvras ... M.DC.XLVII. In-12, rel. vél., sur les plats, armes du couvent des Feuillants de Paris.

2518. **Labutte** (A.). Études historiques sur l'arrondissement d'Yvetot, précédées d'une esquisse sur l'histoire de la conquête et de l'établissement des Normands en Neustrie. Rouen, Le Brument, 1851. In-8, avec planches, d.-rel. bas.

2519. **Longnon** (Auguste). Livre des vassaux de Champagne et de Brie, 1172-1222. Paris, Franck, 1869. In-8, d.-rel. chag., tr. lim.

2520. **Mabille** (Émile). La pancarte noire de Saint-Martin de Tours, brûlée en 1783, restituée ... Paris et Tours, 1866. In-8, rel. toile. — Notice sur les divisions territoriales et la topographie de l'ancienne province de Touraine. Paris, Henaux, 1866. In-8, rel. toile.

2521. **Malte-Brun** (V.-A.). Histoire de Marcoussis, de ses seigneurs et de son monastère. Paris, Aubry, 1867. 1 vol. petit in-8, avec frontisp., pl. et carte, d.-rel. mar. bleu, non rogn., au chiffre du comte Riant.

Tiré à 310 exemplaires.

2522. **Melleville**. Dictionnaire historique, généalogique et géographique du département de l'Aisne. Ouvrage orné de planches d'armoiries des villes et des familles. Laon et Paris, Dumoulin, 1857. In-8. d.-rel. chag., tranch. lim.; au dos, chiffre du comte Riant.

2523. SOCIÉTÉ ACADÉMIQUE DU PUY. Mémoires, publiés par *Augustin Chassaing*. Le Puy en Velay, Marchessou, 1869-1885. 4 vol. in-4, br.

Publications tirées à 100 exemplaires, comprenant le « Livre de Podio » ou Chronique d'*Étienne de Médicis*, bourgeois du Puy, les Mémoires de *Jean Burel* et d'*Antoine Jacmon*, tous deux également bourgeois du Puy. Cf. n° 2491.

2524. SOCIÉTÉ DE L'HISTOIRE DE PARIS ET DE L'ILE-DE-FRANCE.

Mémoires, tomes 1 à 14, 1875 à 1887. Les tomes 1 à 12, d.-rel. v. f., non rogn. 13 à 14, br.

Bulletin, 1874 à 1888. En n°s; manquent : 1876, n°s 1 et 6; 1882, n° 5; 1888, n°s 1 et 2.

Journal des guerres civiles de Dubuisson-Aubenay, 1648-1652, publié par G. Saige, 1883-1885. 2 vol. in-8, 1 rel. d.-rel., 1 br.

Journal d'un bourgeois de Paris, 1405-1499, publié par Tuetey, 1881. 1 vol. in-8, d.-rel. v. f., non rogn.

Paris sous la domination anglaise, 1420-1436, par Longnon, 1878. 1 vol. in-8, d.-rel. v. f., non rogn.

Documents parisiens sur l'iconographie de saint Louis, publiés par Longnon, 1882. 1 vol. in-8, br., pl.

Polyptique de l'abbaye de Saint-Germain-des-Prés, rédigé au temps de l'abbé Irminon, publié par Longnon. 1re partie, texte du Polyptique. 1886. 1 vol. in-8, br.

Table décennale des publications de la Société de l'histoire de Paris, 1874-1883. 1885. 1 vol. in-8, br.

Les comédiens du roi de la troupe française pendant les deux derniers siècles, par Campardon, 1879. 1 vol. in-8, d.-rel. veau f., non rogn.

2525. **Turpin** (Thomas). Comitum Tervanensium seu Ternensium, modo S. Pauli ad Thenam, a primo ad postremum Annales historici ... Duaci Apud Carolum Ludovicum Derbaix, 1731. In-8. rel. veau marb., dos orné, tr. r.

Ouvrage recherché.

2526. **Viellard** (Léon). Documents et mémoires pour servir à l'histoire du territoire de Belfort. Besançon, Paul Jacquin, 1884. Grand in-8, br.

2527. **Cardevacque** (A. de). Notice historique sur le canton de Beaumetz-les-Loges (arr. d'Arras.) Arras, Sueur, 1873. In-8, cart., couv. — **Collin** (J.). Tablettes historiques de Joinville (Haute-Marne). Chaumont, Miot-Dadant, 1857. In-8, br., avec 1 pl. facsim. — **Mercier** (Le R. P.). Récits bretons. La Ligue à Quimper et dans le diocèse de Cornouailles. Paris, Albanel, 1872. In-12, cart., couv. — **Lebeau** (Isidore). Notice historique sur la terre et les seigneurs d'Estroeungt ... augmentée par *Michaux* aîné. Avesnes, Michaux aîné, 1859. In-8, cart. — **Molinier** (Aug. et Em.). Najac en Rouergue. Extr.

de la *Bibl. de l'École des Chartes*, tome XLII. Paris, 1881. In-8, cart., couv. — **Saige** (G.). Le protectorat espagnol à Monaco. Monaco, 1885. In-8, d.-rel. veau f., tête lim., non rogn., au chiffre du comte Riant. [Tiré à 200 exemplaires.] — **Tardieu** (Amb.). Histoire abrégée ... de la ville d'Herment en Auvergne. Herment, 1885. In-12, cart., couv., fig. Ensemble 7 vol. ou plaq.

* LYONNAIS

2528. **Bernard** (Aug.). Description du pays des Ségusiaves pour servir d'introduction à l'histoire du Lyonnais (Rhône et Loire). Paris et Lyon, 1858. 1 vol. in-8, d.-rel. chag. brun, avec 3 planch. lithog. et 1 carte. — **Cucherat** (F.). Les origines du Beaujolais et l'autel d'Avenas. Lyon, Mougin-Rusand, 1886. In-8, br.

2529. Catalogue des Noms de Messieurs les Recteurs et Administrateurs de l'Hôpital général de la Charité et Aumône générale de Lyon, depuis son institution. (*Armes de l'Hôpital.*) A Lyon, De l'Imprimerie d'Aimé Delaroche, M.DCC.XLII. 1 vol. in-4, rel. veau marbré.

2530. **Fayard** (E.). Histoire administrative de l'œuvre des enfants trouvés abandonnés et orphelins de Lyon. — Études sur les anciennes juridictions lyonnaises. Paris, Guillaumin; Lyon, Giraudier, 1859-1863. Vol. in-8, rel. toile, non rogn. et plaq. in-8, cart.

2531. Institvtion de l'Avmosne Generale de Lyon, Ensemble l'Oeconomie & Reiglement qui s'obserue dans l'Hospital de nostre Dame de la Charité, où sont les Pauures renfermez de ladite Aumosne. Reueuë & augmentée de nouueau. Troisième édition. (*Armes de l'hôpital.*) A Lyon, MDC XXXII. 1 vol. petit in-4, rel. parch.

2532. Lyon en 1793. Procès-verbaux authentiques et inédits du comité de surveillance de la section des Droits-de-l'Homme. Lyon, Mothon, 1847. In-8, d.-rel. mar., coins, tête dorée, non rogn., titre encadré, planches.

Publication due à M. *P.-M. Gonon.*

2533. [**Monfalcon**]. Bibliographie de la ville de Lyon contenant l'indication des ouvrages imprimés ou manuscrits qui existent sur cette cité et sur le Lyonnais. Lyon, 1850. 1 vol. in-fol., d.-rel., non rogn.

2534. — Le livre d'or du Lyonnais, du Forez et du Beaujolais. Lyon, Bibliothèque de la ville, 1866. In-8, d.-rel. chag., tr. lim.; au dos, chiffre du comte Riant, 1 planche en couleurs. — **Niepce** (Léopold). Les titres de la noblesse ancienne et moderne du Lyonnais. Lyon, Georg., s. d. (*1880?*). In-8, rel. toile, couv.

2535. **Pinet** (Antoine du). Plant pourtraict et description de la ville de Lyon au xvie siècle ... de nouveau mis en lumière par *P.-M. Gonon.* Lyon, L. Boitel, 1844. In-8, rel. toile, 1 pl.

2536. **Pointe** (J.-P.). Histoire topographique et médicale du Grand Hôtel-Dieu de Lyon. Paris, J.-B. Baillière, 1842. 1 vol. grand in-8 avec pl., d.-rel. bas. v.

2537. Relation des Entrées solemnelles dans la Ville de Lyon, de nos Rois, Reines, Princes, Princesses, Cardinaux, Légats, et autres grands Personnages, depuis Charles VI, jusques à present. Imprimée pour Messieurs du Consulat. (*Armes de Lyon.*) A Lyon, De l'Imprimerie d'Aymé Delaroche, Imprimeur de Monseigneur le Duc de Villeroy, du Gouvernement & de l'Hôtel de Ville. M.DCC.LII. 1 vol. in-12, rel. mar. vert, dos orné, dent. sur les plats, tr. dor. [Exemplaire des bibliothèques du roi Louis-Philippe et de M. Renard.] — **Vital de Valous.** L'entrée de Charles IX à Lyon en 1564. Texte de la relation contemporaine, accompagné de pièces justificatives et de figures, publié par les soins et avec la collaboration de *A. Steyert.* Lyon, Brun, 1884. In-8. rel. toile.

2538. Recveil des Privileges, Avthoritez, Povvoirs, Franchises & Exemptions des Preuost des Marchands, Escheuins & Habitans de la ville de Lyon, Auec les arrests de verification d'iceux. (*Armes de Lyon.*) A Lyon, Par Guillaume Barbier, MDCXLIX. 1 vol. in-4, rel. vél.

2539. Recueil des Titres et autres Pieces autentiques concernant les Privileges & Franchises du Franc-Lyonnois, Extrait sur les Originaux qui sont dans les Archives à Neufville. Imprimez aux dépens de la Communauté Et se vend, à Lyon, chez Philibert Chabanne, ... M.DCC.XVI. In-4, rel. veau.

2540. [**Steyert**]. Armorial général du Lyonnais, Forez et Beaujolais. Lyon, Brun, 1860. 1 vol. in-8, rel. toile.

2541. **Morel de Voleine.** Familles lyonnaises, De Combles. Lyon, Vingtrinier, s. d. In-8, cart. — Familles lyonnaises, Dugas de Bois-Saint-Just. Lyon, Vingtrinier, 1866. In-8, cart. — **Valous** (V. de). Recherche des usurpateurs des titres de noblesse dans la généralité de Lyon (1696-1718). Lyon, Brun, 1882. In-8. rel. toile. — *Du même.* Le domaine ordinaire du Lyonnais au commencement du XVIe siècle. Lyon, Brun, 1865. In-8, rel. toile. — Citoyens et Bourgeois de Lyon ... Famille de Chaponay ... Lyon, A. Brun, 1882. In-8, rel. toile, couv. — **Steyert** (A.). A propos d'une prétendue Histoire des Institutions municipales de Lyon avant 1789, par M. Marc Guyaz. Lyon, Waltener, 1884. In-8, br. — Étude sur le Cartulaire des francs-fiefs du Forez, publié par le comte de Charpin-Feugerolles. Lyon, Pitrat, 1883. — Le Pays de Dombes et la Bibliotheca Dumbensis. Lyon, Brun. 1887. 2 plaq. Ensemble, 8 plaq. in-8, br.

PICARDIE

2542. **Belleval** (René de). Rôle des nobles et fieffés du bailliage d'Amiens convoqués pour la guerre le 25 août 1337, publié pour la première fois avec un avant-propos, des notes et des éclaircissements. Amiens, Lemer aîné, 1862. 1 vol. in-12, rel. toile, couvert. — Azincourt. Paris, Dumoulin, 1865. 1 vol. in-8., av. carte, rel. toile, couvert. — Jean de Bailleul, roi d'Écosse et sire de Bailleul-en-Vimeu. Paris, Dumoulin, 1866. 1 vol. in-8, rel. toile. Ensemble 3 vol. in-12 et in-8, rel. toile.

2543. **Cocheris** (H.). Notices et extraits des documents manuscrits conservés dans les dépôts publics de Paris et relatifs à l'histoire de la Picardie. Paris, Durand, 1854-1858. 2 tomes en 1 vol., in-8, d.-rel. chag., tr. peigne ; au dos, chiffre du comte Riant.

2544. **Decagny** (L'abbé Paul). Histoire de l'arrondissement de Péronne et de plusieurs localités circonvoisines. Péronne, Quentin, 1865-67. 2 vol. grand in-8, d.-rel. veau jaune, tête limaç., non rogn. (couvert.), au dos, chiffre du comte Riant. — Notice historique sur le château de Suzanne ... et sur la maison d'Estourmel. de l'ancienne province de Picardie. Péronne, Quentin, 1857. In-8, rel. toile, couv.

2545. **Du Cange.** Histoire des comtes d'Amiens, par Charles du Fresne, sieur Du Cange. Amiens, Duval et Herment, 1841. Vol. in-8, rel. toile, non rogn.

2546. **Dusevel** (H.). Histoire de la ville d'Amiens depuis les Gaulois jusqu'en 1830, ornée de 12 lithographies. Amiens, Machart, 1832. 2 vol. in-8, rel. veau, coins, dos orné.

2547. **Gosselin** (L'abbé J.). Mailly et ses seigneurs, sires de Haut-Bers et Mailly-le-Franc. Péronne, Trépant, 1876. In-8, rel. toile, non rogn., couv.

2548. **Janvier** (A.). Boves et ses seigneurs. Étude historique sur la commune de Boves. Amiens, Douillet, 1877. 1 vol. in-8, pl., rel. toile, non rogn. — Petite histoire de Picardie. Dictionnaire historique et archéologique. Amiens, Douillet, 1884. In-4, rel. toile. [Tiré à 150 ex. N° 39.]

2549. Nécrologe de l'Église d'Amiens par M. l'abbé *Roze*. Amiens, Douillet, 1885. In-8, rel. toile, couv.

2550. **Roger** (P.). Noblesse et chevalerie du comté de Flandre, d'Artois et de Picardie. Amiens, Duval et Herment, 1843. 1 vol. grand in-8 avec planches, rel. toile, non rogn.

2551. — Archives historiques et ecclésiastiques de la Picardie et de l'Artois. Amiens, Duval et Herment, 1842. 2 vol. — Bibliothèque historique, monumentale, ecclésiastique et littéraire de la Picardie et de l'Artois. Amiens, Duval et Herment, 1844. 1 vol. Ensemble 3 vol. grand in-8, avec pl. lithogr., cart. et d.-rel. chagr.

2552. **Sachy** (Eustache de). Essais sur l'histoire de Péronne. Péronne, Trépant, 1866. In-8, d.-rel. veau f., tête lim., ébarb. ; au dos, chiffre du comte **Riant.**

2553. **Daire** (L'abbé). Histoire civile, ecclésiastique et littéraire du doyenné de Picquigny ... publiée par M. *J. Garnier*. Amiens, veuve Herment, 1860. In-12, cart., pl. — **Darsy** (F.-I.). Picquigny et ses seigneurs, vidames d'Amiens. Abbeville, Briez, 1860. In-8, rel. toile, couv. — **Peigné-Delacourt**. Agnès Sorel était-elle Tourangelle ou Picarde ? Noyon, Andrieux-Duru, 1861. In-8, cart., couv. — **Witasse** (G. de). Catalogue des aveux et dénombrements relatifs à la Picardie. Amiens, Delattre-Lenoel, 1883. In-8, rel. toile, couv. — Recherches généalogiques sur les familles nobles de plusieurs villages des environs de Nesle, Noyon, Ham et Roye ... [Extrait] *s. l. n. d. n. typ.* In-8, cart. Ensemble 5 plaq.

13. Histoire d'Allemagne.

OUVRAGES GÉNÉRAUX

2554. Annalivm De Gestis Caroli Magni Imp. Libri V. Opus auctoris quidem incerti..... Accessit Godefridi Langi de capta à Turcis Constantinopoli narratio, & ipsa iam primùm in lucem emissa studio & opera Reineri Reineccii Helmstædii typ. Lucij..... Anno M.D.XCIIII. 18 ffnc., 93 ff. chif., 2 ffnc. — Apologa pro divo imp. Cæs. Ottone IV..... ab *Henr. Meibomio*. Helmstad, Lucius, 1624. Avec 3 pl. — Historiæ tam sacræ qvam profanæ cognitio, a R. Reineccio.... Francof.. & Lipsiæ, Förster, 1685. — Historia Henrici Aucupis..... Giessæ Hassorvm, Hampel, 1663. — Historia Othonis Magni... Giessæ, Hampel, 1663. Ensemble 1 vol. petit in-4, rel. veau f.

2555. **Borchgrave** (Émile de). Histoire des colonies belges qui s'établirent en Allemagne pendant le douzième et le treizième siècle. Bruxelles, Muquardt, 1865. 1 vol. in-4, rel. toile. — **Eelking** (Joan.). De Belgis seculo XII. in Germania adventis variisque institutis atque juribus ex eorum adventu ortis. Goettingen, Schultz, 1770. In-4, rel. toile.

2556. **Cluver** (Philippe). Germaniæ antiqvæ Libri tres. Opus post omnium curas elaboratissimum, tabulis geographicis, et imaginibus, priscum Germanorum cultum moresque referentibus, exornatum. Adjectæ sunt Vindelicia et Noricum ejusdem auctoris. Lugduni Batavorum. Apud Ludovicum Elzevirium Anno CIƆ IƆC XVI. 1 vol. in-fol., titre front. gravé, avec cartes et pl., rel. vél.

2557. **Dahn** (Félix). Die Könige der Germanen. Das Wesen des ältesten Königthums der germanischen Stämme und seine Geschichte bis auf die Feudalzeit. München, Fleischmann, 1861. Würzburg, Stuber, 1866. 4 parties en 1 fort vol. in-8, d.-rel. chagr. r., tr. limaç.

2558. **Eccard** (Ioh. Georg). De Origine Germanorvm eorvmqve vetvstissimis coloniis, migrationibvs ac rebvs gestis libri duo... edidit Christ. Lvdov. Scheidivs. Gœttingæ, Schmidt, 1750. In-4, rel. veau f., avec planches. —

Gryphiander (J.). De Weichbildis Saxonicis, sive Colossis Rvlandinis urbium quarundam saxonicarum, Commentarius historico-juridicus..... : simulque fabulosa Caroli Magni Cæsaris & Rulandi militis historia ad libram veritatis expenditur..... Argentorati, imp. J. Schütz, Anno M.DC.LXVI. In-4, rel. toile, tit. raccom.

2559. **Engel** (André). Holsteinische Chronica darinnen ordentliche Warhaftige Beschreibung der Adelicher Geschlechter beneben derselben Wapen, Staṁ-Register vnnd Bildnissen..... angezeit..... worden..... Aus glaubwirdigen Scribenten mit fleiss zusammen getragen, vnd in Druck verfertiget, Durch M. Andream Angelium..... MDXCVII. In Verlegung Henningi Grossen..... zu Leipzig. In-4 de 12 ffnc., 240-40 pp., 8 ffnc. — *Du même*. Holsteinischer Städte Chronica darinnen..... kurtze Beschreibung Woher die Städte den Namen haben, Wo oder an welchem Ort sie gelegen..... MDXCVII. In verleg. H. Grossen..... zu Leipzig. In-4 de 2 ffnc., 95(1) pp. — **Petersen** (Johann). Chronica Oder Zeitbuch der Lande zu Holsten, Stormarn, Ditmarschen vnd Wagern, Wer dieselben Lender regiert, Was sich vor Christi Geburt, biss in das MDXXXj Iahr darinne zugetragen..... Im Iahr 1599. Gedrucht in..... Lübeck, bey Laurentz Albrecht..... In-4 de 18 ffnc., clxxvij(1) pp. Ensemble vol. rel. vél.

> Les deux ouvrages d'Engel contiennent plusieurs planches et de nombreuses figures sur bois représentant des blasons ou des portraits de personnages notables. Le premier est divisé en deux parties, au dernier fnc. de la seconde se trouve la mention « Wittenberg, Gedruckt durch Wolff Weisner, MDIVC » et la marque de l'imprimeur. La Chronique de Petersen se trouve généralement jointe aux deux premières, comme dans notre exemplaire.

2560. **Kruse** (Friedr.). Deutsche Alterthümer oder Archiv für alte und mittlere Geschichte, Geographie und Alterthümer insonderheit der Germanischen Völkerstämme..... Halle, Ruff, 1824-27. 4 tomes en 2 vol. in-12, rel. toile, non rogn.

2561. **Lentz** (Samuel). Historisch-Genealogische Untersuchung der in die deutsche Reichs-Historie Einschlagenden Abend- und Morgenländischen, Christlichen und Türckischen Käysere, auch der Könige von Jerusalem, mit Verschiedenen Anmerckungen aus den neuesten Scribenten... Franckfurth und Leipzig, MDCCXXXIX. In-4, d.-rel. bas. n.

2562. **Leroux** (Alfred). Recherches critiques sur les relations politiques de la France avec l'Allemagne de 1292 à 1378. Paris, Vieweg, 1882. In-8, br. [50e fascicule de la Bibliothèque de l'École des Hautes-Études.] — **Heller** (Joh.). Deutschland und Frankreich in ihren politischen Beziehungen vom Ende des Interregnums bis zum Tode Rudolfs von Habsburg. Göttingen, Peppmüller, 1874. In-8, br.

2563. **Lorenz** (Ottokar). Deutschlands Geschichtsquellen im Mittelalter seit der mitte des dreizehnten Jahrhunderts. Dritte in Verbindung mit *Dr Arthur*

Goldmann umgearbeitete Auflage. Berlin, Hertz, 1886-1887. 2 tomes en 1 vol. in-8, d.-rel. mar. bleu, coins, tête dorée, ébarbé, couvert.; au dos, chiffre du comte Riant.

2564. **Mosheim** (R. von). Hiervsalem nova, per microsynodum monarchicam, à septem principib. Electorib. sacri Ro. Imperij per Verbum unitatis ædificanda & restituenda. Das neuw Hierusalem, So durch den Monarcheyschen microsynodum..... mit dem Wort der ainigkait, vnd der leere von der Monarchey unnd widergeburt des Christlichen glaubens auffzubauwen vnd widerzubringen ist, Durch herrn Ruprechten von Mossham, Doctor, Thumbrechant zu Passau,..... Anno 1540. den xiij. Junij. *S. l. n. typ.* Petit in-4 de 66 ffnc., rel. vél., tr. r.

Au verso du fnc. 65 se trouve la mention suivante : « Beschehen und geben zu Passau den vj Augusti. Im 1539. Iare. Nachmals durch obermelten von Mossham vbersehen, corrigirt vnnd emendirt zu Cölln am Rhein, den xij. Iunij .M.D.XL. » Le fnc., 66 r° contient les Errata.

2565. **Oesterley** (Hermann). Historisch-geographisches Wörterbuch des deutschen Mittelalters. Gotha, Justus Perthes, 1883. Vol. grand in-8, d.-rel. veau, tête lim., non rogn., couv.; au dos, chiffre du comte Riant.

2566. **Rolewinck** (Werner). De Westphalorvm sive Antiqvorvm Saxonvm sitv, moribvs, virtvtibus, et lavdibvs libri III... Colonia, sumpt. Balth. Clipei, 1602. Petit in-8, rel. vél. — **Elsner** (Aloisius). De vita et scriptis historicis Werneri Rolewinck. Vratislaviae, Lindner, 1872. In-8, cart.

A la suite de l'ouvrage de *Rolewinck* on a relié le « De Turcarum moribus » de *Georgiewitch*, édition de Lyon, 1629.

2567. **Stumpf-Brentano** (Karl). Die Reichskanzler vornehmlich des X, XI, und XII. Jahrhunderts nebst einem Rueckblicke auf die Merovinger- und Karolinger-Urkunden. Innsbruck, Wagner, 1865-1881. 3 tomes en 2 vol. in-8, rel. toile, non rogn. (couv.), avec 1 portr.

2568. **Sudendorf** (H.). Registrum oder merkwürdige Urkunden für die Deutsche Geschichte. Jena, Fromman, 1849. 3 tomes en 1 vol. in-8, rel. toile, non rogn.

2569. **Thülemeyer** (Henr. Günther). Tractatio de Bulla Aurea, Argentea, Plumbea & Cerea in Genere, necnon in Specie de Aurea Bulla Caroli IV Imperatoris..... Francofurti ad Mœnum, apud J. Fr. Fleischerum, 1714. Petit in-fol., rel. vél., front. et fig.

2570. Tractatus historico-politici, quibus vera Sacri-Romani Imperii præsentium per Evropam bellorum, historiarum et lurium novissimorum..... cognitio, omnibus... deducitur. Coloniæ, sumpt. J. A. Kinchii, Anno 1657. Petit in-8, br., non rogn.

2571. **Wattenbach** (W.). Deutschlands Geschichtsquellen im Mittelalter bis zur Mitte des dreizehnten Jahrhunderts. Berlin, Hertz, 1885-86. 2 tomes en

1 vol. grand in-8, d.-rel. mar bleu, coins, tête dor., non rogn., au chiffre du comte Riant.

2572. — Deutschlands Geschichtsquellen im Mittelalter bis zur Mitte des dreizehnten Jahrhunderts. [*3e édition refondue.*] Berlin, Hertz, 1873-74. — **Lorenz** (Ottokar). Deutschlands Geschichtsquellen im Mittelalter seit der Mitte des dreizehnten Jahrhunderts. [*2e éd. refondue.*] Berlin, Hertz, 1876-77. — **Dahlmann** (F. C.). Quellenkunde der Deutschen Geschichte. [*4e éd.*] — **Waitz** (G.). Quellen und Bearbeitungen der Deutschen Geschichte neu zusammengestellt. [*2e éd.*] Göttingen, Dieterich, 1875. Ensemble 2 vol. in-8, d.-rel. veau olive, non rogn., au chiffre du comte Riant.

2573. **Gersdorf** (E. G.). Die Urkundensammlung der Deutschen Gesellschaft. In-8, cart. [Extrait.] — **Jordanus von Osnabrück**. Buch über das Römische Reich hrsg. von G. Waitz. Aus der *Abhand. d. k. Gesells. d. Wiss. z. G.* Göttingen, Dieterich, 1868. In-4, rel. toile, couv. — **Scheffer-Boichorst** (P.). Beiträge zur Kritik deutscher und italienischer Quellenschriften. Aus d. *Forsch. z. d. Gesch.*, XI. Göttingen, 1871. In-8, cart. — **Simonsfeld** (H.). Zur deutschen Geschichte aus Venedig. [Abd.] *S. l. n. d. n. typ.* In-8, cart.

LES EMPEREURS — LA NOBLESSE ET LES VILLES

2574. **Abel** (Heinr. Fr. Otto). König Philipp der Hohenstaufe. Berlin, Hertz, 1852. 1 vol. in-8, avec tabl. généalog.; rel. toile, non rogn., couv.

2575. Apologia Civitatis Imperialis Colmariensis, darinn Vorderist so woln desz H. Römischen Reichs-Freyer- und Reichs-Stätt vnzweiffelicher ohnmittelbarer Standt : vnd die rechtliche befugsame durch Sie, gleich andern Ständen, die Augspurgische Confessions übung vffzurichten, und einzuführen : Als auch was es bey der Belägerung gedachter Reichs Statt Colmar, und übergab an der Königl: Schwedischen Feld-Marschallen, Herren Gustav Horn, &c..... Gedruckt zu Colmar, M.DC.XLV. In-4, titre imprimé dans passe-partout gravé, d.-rel. parch.

2576. **Boettiger** (Carol. Guil.). De Henrico Leone reipublicae christianae per Germaniam septentrionalem statore et propagatore, a contumeliis et iniuriis sacerdotum vindicatio diss. Lipsiæ, Glück, (1817). In-4, rel. toile. — **Boehmius** (Joh. Gotlob.). De Henrico Leone Bavariae et Saxoniae dvce, nvnqvam comite Palat. Saxoniae, Commentatio. Lipsiæ. Ex off. Langenhemia, (1758). In-4, rel. toile. — **Heigel** (Carl Theodor) und **Riezler** (Sig. Otto). Das Herzogthum Bayern zur Zeit Heinrichs des Löwen und Ottos I von Wittelsbach. München, J. G. Cotta, 1867. In-8, rel. toile, couv. — **Prutz** (Hans). Heinrich der Löwe, Herzog von Baiern und Sachsen. Ein Beitrag zur Geschichte des Zeitalters der Hohenstaufen. Leipzig, Hirzel, *s. d.* In-8, rel. toile. Ensemble, 4 vol. ou plaq.

Henri le Lion (1129-1195) avait entrepris, en 1172, un pèlerinage à Jérusalem qui a donné lieu à plusieurs travaux. Cf. n° 1396.

2577. **Bonnus** (Hermann). Chronica der vörnemelikesten Geschichte vnde handel, der Keyserliken Stadt Lübeck, Vpdat körtese voruatet, vnde mit vlite vortckent Dorch Magister Hermannum Bonnum Superintendenten. Gedrücket tho Magdeborch, dorch Hans Walther. *In fine* : M.D.LIX. Petit in-8, de 96 ffnc. (le dernier blanc manque). Rel. vél., tr. r., titre remonté.

> Cette chronique, écrite en haut-allemand a été traduite ensuite en latin par *Just Gobler*. Son auteur, H. Bonn (1504-1548) était originaire des environs d'Osnabrück et remplit d'importantes fonctions ecclésiastiques à Lubeck.

2578. **Brinckmeier** (Eduard). Itinerarium der deutschen Kaiser und Könige von Conrad dem Franken bis Lothar II. Halle, Schwetschke, 1848. 1 vol. in-8, rel. toile.

2579. **Brouwer** (Christophe). Antiquitatum et Annalivm Trevirensivm libri XXV dvobvs tomis comprehensi. Leodii, Ex off. typ. Jo. Math. Hovii M.DC.LXXI. 2 tomes en 1 vol. in-fol., rel. toile, non rogn.

> Édition peu commune, la seconde et la seule complète de cet ouvrage. La première qui est extraordinairement rare n'a jamais été achevée et fut supprimée par l'ordre de l'électeur de Trêves, Philippe Christophe de Soetern. Celle-ci, donnée par *Jacques Masen* de Juliers, qui l'a divisée en 2 tomes, contient, de plus que la première, la *préface* que Brouwer avait écrite et qui n'avait pas été imprimée, des additions importantes de Masen et une Table.

2580. **Büdinger** (Max). Oesterreichische Geschichte bis zum Ausgange des dreizehnten Jahrhunderts. Leipzig, Teubner, 1858. 1 vol. in-8, rel. toile, non rogn. — **Loserth** (Johann). Die Krönungsordnung der Könige von Böhmen. [Abd. a. d. *Archiv. f. Œster. Gesch.*, LIV, 1876]. In-8, cart.

* 2581. **Fock** (Otto). Rügen'sch-Pommersche Geschichten aus sieben Iahrhunderten. Leipzig, Veit, 1861-68. 5 parties en 1 vol. in-8, rel. toile, non rogn.

2582. **Fossetier**. De la glorieuse victoire divinemēt obtenue deuāt Pavie par Lēpereur Charles quint de ce nom... Imprime par Jean Enschede et fils a Harlem Pour la Librairie Tross a Paris. M D CCC LXVIII. In-4 de 20 pages, rel. vél.

> Réimpression à très petit nombre d'un poëme sur Charles-Quint de *Julien Fossetier*, elle a été imprimée avec de véritables caractères du xve siècle dont les poinçons, gravés vers 1470, sont conservés dans l'imprimerie de Jean Enschede, à Harlem. Notre exemplaire est l'un des cinq sur papier non destiné au commerce (envoi autog. de l'éditeur Tross à M. le comte Riant).

2583. **Grautoff** (F. H.). Historische Schriften. Lübeck, Rohden, 1836. 3 vol. in-8, d.-rel. veau. — **Dittmer** (G. M.). Sammlung vermischter Abhandlungen aus dem Gebiete des Rechts und der Geschichtes. Lübeck, Rohden, 1851. In-8, rel. toile, non rogn.

2584. **Huschberg** (Joh. Ferd.). Aelteste Geschichte des durchlauchtigste Hauses Scheiern-Wittelsbach bis zum Aussterben der gräflichen Linie Scheiern-Balai. München, Cotta, 1834. 1 vol. in-8, cart.

2585. **K.** (R. v.). Nachrichten zur Geschichte des Dynasten- und Freiherren-Geschlechtes von Krosigk. Zusammengestellt aus Urkunden, Autentischen Schriftstellern, Archiv- und Familien-Nachrichten von R. v. K. Berlin, Petsch, 1856. 1 vol. grand in-8, avec portr., d.-rel. chag. — Nebe (Gustav). Conrad v. Krosigh, Bischof von Halberstadt. 1201-1209. † 21 Juli 1225. Ein Lebensbild. [Abd. a. d. *Zeitschr. d. Harzvereins*, XIII, 1880.] In-8, cart.

2586. **König von Königsthal** (Gustav Georg). Nachlese in dem Reichs-Geschichten, bestehend in einer neuen Sammlung von ungedruckten Reichs-Tags- und ins besondere von Reichs-Städtischen-Collegial-Handlungen unter der Regierung Kaiser Friederichs III. Frankfurt am Mayn, 1759. 2 tomes en 1 vol., d.-rel. parch. avec c., ex libris. — Dewitz (R.). Reichstage und Reichsverfassung unter Friedrich III, Kaiser von Deutschland (1439-1493). Offenburg, Reiff, 1880. In-4, cart.

2587. **Loeber** (M. Gotthilf Fridemann). De Bvrggraviis Orlamvndanis Commentatio. Docvmentis Genvinis et nvnqvam antehac editis variisqve observationibvs Comitvm maxime Orlamvndanorvm historiam illvminantibvs illvstrata... Ienae, svmtv Marggrafiano. ∞ I⊃ cc xxxxI. In-4, titre r. et n., d.-rel. bas. n.

2588. The Manifest of the most Illustrious, and Soveraigne Prince, Charles Lodowick, Count Palatine of the Rhine, Prince Electour of the Sacred Empire: Duke of Bavaria, &c., Concerning the Right of his Succession both in the Princedome, Lands, and Estates of the Palatinate : as also in the Dignity, Voice, Session, and Function of the Electorship-Palatine thereunto annexed. Translated, Anno MDCXXXVII. London, printed by A. G. for I. N. and R. W... MDCXXXVII. Petit in-4, d.-rel. bas. n.

2589. **Monro** (Robert). Monro his expedition with the worthy Scots Regiment (called Mac-Keyes Regiment) levied in August 1626 by Sr Donald Mac-Key lord Rhees, Colonell for his Majesties service of Denmark, and reduced after the Battaile of Nerling, to one Company in September 1634 at Wormes in the Paltz.... London, Wil. Jones, 1637. Grand in-4, rel. bas.

2590. **Raumer** (Friedrich von). Geschichte der Hohenstaufen und ihrer Zeit. Leipzig, Brockaus, 1857-58. 6 tomes en 3 vol. in-8, d.-rel. mar. vert, tr. limaç., avec planches, cartes & table généalog.

2591. Relatione || della Felice || e gloriosa vittoria || Hauuta dal Sign. Prencipe di Vuolgstain Duca di Fried-|| lant adi 25. Aprile contro Mansfelt. || E d'vna rotta data dal Conte di Tilli al Haberstadt. || Tradotta dalla lingua Tedesca nella nostra Italiana. || (*Vign. sur bois*) || In Milano, || Nella Reg. Duc. Corte, per Gio Battista Malatesta, || Stampatore Regio Camerale. || Con licenza..... In-4, de 1 fnc., 4 pp., 1 fnc. (blanc, qui manque), rel. vél.

2592. Relatione || della vittoria || ottenvta || dal serenissimo Signor || Dvca di Michelbvrgh || Generalissimo di S. M. Ces^a || Contro il Conte della Torre,

& altri Capi || del partito di Suetia. || Seguita alli 11. Octobre 1633. || a Stain in Slezia || (*L'aigle impériale*) || In Milano. || Per Gio Battista Malatesta Stampator Regio Camerale. || Con licenza..... In-4 de 4 ffnc., cart.

2593. **Spangenberg** (Cyriacus). Chronicon in welchem der Hochgebornen... Graffen zu Holstein Schaumburg Sterberg und Gehmen ankünfft und wie sie die Graffeschafften bekommen wie lange sie die auch das Hertzogthumb Schleiswich innengehabt.... (*Titre front.*) *In fine* : Gedruckt zum Stadthagen. 1614. In-4, rel. veau.

L'imprimerie n'a été établie que cette même année 1614 à Stadthagen, petite ville de la principauté de Schauenburg-Lippe, et les premiers ouvrages qui ont été publiés sont fort rares.

2594. **Toeche** (Theodor). Kaiser Heinrich VI. Leipzig, Duncker und Humblot, 1867. In-8, d.-rel. v., tête lim., non rogn.; au dos, chiffre du comte Riant.

2595. **Winkelmann** (Eduard). Philipp von Schwaben und Otto IV. von Braunschweig. Leipzig, Duncker u. Humblot, 1873. — Eine Consistorialrede des Papstes Innocenz III vom Jahre 1199. 1875. — Livländische Forschungen. Riga, Häcker, 1868. Ensemble 2 vol. in-8, d.-rel. veau gris, non rogné & 2 plaq. in-8, cart.

2596. [**Rossel**]. Eberhard I, Graf von Katzenelnbogen, und die Grabstätte seines Geschlechts in der Abtei Eberbach. *S. l. n. d. n. typ.* In-8, br., 1 pl. lith. — **Schaumann** (A. F. H.). Geschichte der Grafen von Valkenstein am Harze bis zu deren Ausgang 1332... mit einem Titelkupfer und fünf Holzschnitten. Berlin, Duncker, 1847. In-8, cart. — **Tangl** (Karlmann). Die Grafen von Pfannberg. II Abtheilung von 1237 bis 1282. [Abd. a. d. *Archiv. f. k. Œster. Gesch.*, XVIII, 1857]. In-8, cart. — **Wolf** (Joh.). Versuch die Geschichte der Grafen von Hallermund und der Stadt Eldagsen zu erläutern. Göttingen, 1815. In-4, rel. toile, 1 pl. — Stadtbuch von Leipzig vom Jahre 1359 aus der Originalhandschrift hrsg. v. *E. G. Gersdorf*. [Abd. a. d. *Mitth. d. D. Gesch. in Lpz.* I.] In-8, cart. Ensemble 5 vol. ou plaq..

2597. **Berno von Reichenau**. Brief Abt Berno's von Reichenau an König Heinrich III. herausgegeben von Dr *E. Strehlke*. Abd. a. d. *Arch. für Oester. Gesch.*, XX, 1858. In-8, cart. — **Busson** (Arnold). Die Doppelwahl des Jahres 1257 und das römische Königthum Alfons X. von Castilien. Ein Beitrag zur Geschichte den grossen Interregnums. Münster, Aschendorff, 1866. In-8, br. — **Fanta** (A.). Unedirte Diplome II. Mit einem Excurs über die Urkunden Ludwigs II. für Montamiata. Aus d. *Mittheil. des Inst. f. Œster. Gesch.* V, 1884., In-8, cart. — **La Rosière** (de). État de la Cour de Brandebourg en 1694. (publ. par Ch. Schefer). Paris, Ern. Leroux, 1887. Broch. in-8. [Extrait de la Revue d'histoire diplomatique.] — **Jungfer** (Hans). Untersuchung der Nachrichten über Friedrichs I. griechische und normannische Politik bis zum Wormser Reichstage (31. März 1157). Berlin, Weber, 1874. Plaq. in-8, cart., non rogn., couvert. — **Moltmann** (Johan.). Theophano, die Gemahlin Ottos II., in ihrer Bedeutung für die Politik Ottos I. und Ottos II. Schwerin, Bärensprung, 1878. In-8, cart. — **Pflugk-Harttung** (J. von). Ein Phantast auf dem Kaiserthrone. Breslau, Schottlaender, 1881. In-8, cart., couv. — **Scheffer-Boichorst** (Paul). Kaiser Friedrich'I. lezter Streit mit der Kurie. Berlin, Mittler, 1866. In-8, rel. toile, couv. — **Schoene** (Gustav). Kardinallegat Kuno Bischof von Präneste. Ein Beitrag zur geschichte der Zeit Kaiser Heinrichs V. Weimar, Böhlau, 1857. 1 vol. in-8, cart. — **Tononi**. Nuovi documenti intorno alla pratiche di pace tra Federico Barbarossa e i Lombardi. (Estr. dall' *Archivio St. Lombardo*, 1877). In-8, rel. toile, avec un compte-rendu de C. *Desimoni* et 4 pl. photog. — Urkunden Günther und Karls IV. Mitgetheilt von *Theod. Lindner.* A. d. *Neues Archiv*, VIII. In-8, cart. Ensemble 11 vol. ou plaq.

14. Histoire d'Angleterre, d'Ecosse et d'Irlande. — Histoire de Belgique et de Hollande. — Histoire d'Espagne et de Portugal.

ANGLETERRE

* 2598. **Buckle** (Henry Thomas). History of Civilization in England. 3ᵈ *Edition*. London, Parker, 1861. 2 vol. in-8, rel. toile.

2599. Calendar of state papers and manuscripts, relating to English affairs, existing in the archives and collections of Venice, and in other libraries of Northern Italy. Vol. I., 1202-1509, edited by *Rawdon Brown*. London, Longman, 1864. Grand in-8, rel. toile (édit.). 3 pl.

2600. **Chamberlayne**. L'Estat present de l'Angleterre, Avec plusieurs reflexions sur son ancien estat; Traduit de l'Anglois d'Éduard Chamberlayne, de la Société Royale. Troisième édition, corrigé d'une infinité de fautes qui s'estoient glissées dans les Impressions precedentes, & augmenté par l'Auteur mesme de plusieurs choses tres-remarquables. A Amsterdam, chez Jean Blaeu, 1671-72. 2 vol. in-12, rel. vél.

2601. **Fiesque** (Manuel de). Lettre ... concernant les dernières années du roi d'Angleterre Édouard II, publiée par *A. Germain*. Montpellier, Marcel, 1878. In-4, cart.

* 2602. **Giles** (Le Rev.). Memorials of King Alfred, being Essays on the history and antiquities of England during the ninth century, the age of King Alfred, by various authors. London, Russel, 1863. 1 vol. grand in-8 avec planches, rel. toile, non rogn.

2603. **Guasconi**. Relazione della Storia d'Inghilterra del MDCXLVII scritta dal colonnello e residente in Londra Bernardino Guasconi ed inviata a

Ferdinando II in Firenze. Firenze, Ricci, 1886. Plaq. in-8 avec pl., rel. toile. non rogn., couv.

Per Nozze Guasconi-Gardini, tiré à 150 exemplaires non mis dans le commerce (n° 35) avec lettre d'envoi de l'éditeur G. Gargani au comte Riant.

2604. **Lappenberg** (J.-M.). Geschichte von England. Hamburg, Friedr. Perthes, 1834-58. 5 vol. in-8, rel. toile, non rogn.

2605. **Lingard** (Dr J.). Histoire d'Angleterre, traduite de l'Anglais par C. Boxton. 3e édition. Paris, Mairet, 1842-46. 5 vol. in-8, d.-rel. chag.

2606. **Wikelmann** (Eduard). Geschichte der Angelsachsen bis zum Tode König Aelfreds. Berlin, Grote, 1883. In-8 avec pl., rel. toile, non rogn., couv.

2607. **Bonnechose** (Émile de). Les quatre conquêtes de l'Angleterre. Paris, Didier, 1852. 2 vol. in-8, rel. toile. — **Poncet La Grave**. Histoire générale des descentes faites tant en Angleterre qu'en France depuis Jules César jusqu'à nos jours. Paris, Moutardier, an VIIe de la République française. 2 tomes en 1 vol. in-8., rel. toile, carte géog. et pl. — **Thierry** (Augustin). Histoire de la conquête de l'Angleterre par les Normands. Nouvelle édition. Paris, Furne, 1859. 2 tomes en 1 vol. in-8, rel. toile.

ÉCOSSE

2608. **Chéruel** (A.). Marie Stuart et Catherine de Médicis. Étude historique sur les relations de la France et de l'Écosse dans la seconde moitié du xvie siècle. Paris, Hachette, 1858. In-8, d.-rel. chagr., br., tr. jasp.

2609. Inventaire chronologique des documents relatifs à l'histoire d'Écosse conservés aux Archives du royaume à Paris. Édimbourg, imprimé par la Société d'Abbotsford, 1839. Grand in-8, rel. toile (édit.).

2610. **Michel** (Francisque). Les Écossais en France, les Français en Écosse. Paris, Frank, 1862. 2 vol. in-8, d.-rel. chagr., tr. peigne ; au dos, chiffre du comte Riant.

2611. **Teulet** (Alexandre). Relations politiques de la France et de l'Espagne avec l'Écosse au xvie siècle. Paris, Renouard, 1862. 5 vol. in-8, d.-rel. chagr. r., tr. limaç.

2612. **Theiner**. Vetera Monumenta Hibernorum et Scotorum historiam illustrantia. Romæ, Typ. Vaticanis, 1864. 1 vol. in-fol., d.-rel. veau, tête lim., non rogn., au chiffre du comte Riant.

2613. **Tytler** (Patrick Fraser). The history of Scotland, from the accession of Alexander III. to the Union. Edinburgh, Nimmo, 1864. 4 tomes en 2 vol., d.-rel. veau, coins, tr. lim.

2614. **Wiesener** (L.). Marie Stuart et le comte de Bothwell. Paris, Hachette, 1863. In-8 rel. toile, non r., couv.

IRLANDE

2615. **O'Curry** (Eugène). Lectures on the manuscript materials of ancient Irish History ... Re-issue. Dublin, Wil. A. Hinch, 1878. In-8, cart. perc. — **Perraud** (R. P. A.). Études sur l'Irlande contemporaine. Paris, Douniol, 1862. 2 vol. in-8. br.

PAYS-BAS

2616. Archives de Clervaux, analysées et publiées par *M. F. X. Würth-Paquet et N. van Werveke*. Luxembourg, Schrœll, 1883. In-8, br.
Publication de l'Institut R. G. D. de Luxembourg.

2617. Archives du Hainaut. Inventaire des Archives des Chambres du clergé, de la noblesse, et du tiers-état, par *A. Lacroix*. Mons, Hoyois, 1852. In-4, br.

2618. **Le Mire** (Aubert). Opera diplomatica, et historica, in quibus continentur Chartæ Fundationum ac Donationum piarum, Testamenta, Privilegia, Fœdera Principum, & alia tum sacræ tum profanæ Antiquitatis Monumenta, à Pontificibus, Imperatoribus, Regibus, Principibusque Belgii edita ..... Editio secunda auctior et correctior à *Ioann. Franc. Foppens* edita. Lovanii, Typis Ægid. Denique, 1723-1748. 4 vol. in-fol. avec portrait, d.-rel. bas. n., non rogn. — **Le Glay** (A.). Revue des « Opera diplomatica » de Miræus, sur les titres reposant à Lille. Bruxelles, Hayez, 1856. In-8, rel. toile.

2619. **Saint-Genois** (Bon Jules de). Inventaire analytique des chartes des comtes de Flandre avant l'avènement des princes de la maison de Bourgogne. Gand, Vanryckegem-Hovaere, 1843-1846. 1 vol. grand in-8, rel. toile.

2620. **Wauters** (Alphonse). Table chronologique des chartes et diplômes imprimés concernant l'histoire de la Belgique, mise en ordre et publiée sous la direction de la Commission royale d'histoire. Bruxelles, Hayez, tomes 1 à 7 (première partie), 1866-1885. 7 vol. in-4, d.-rel. veau, non rogn., au chiffre du comte Riant.

2621. **Bentivoglio** (Le cardinal). The history of the warrs of Flanders : written in Italian by that learned and famous cardinall Bentivoglio ; englished by the Right Honorable Henry, earl of Monmouth. Illustrated with a Map of the 17 Provinces, and above 20 Figures of the chief Personages ... London, Humphrey Moseley, 1654. Vol. in-4, rel. bas. (ex-libris de John Chambers, Esq.).
Cette édition contient d'intéressants portraits gravés sur cuivre, mais non celui du traducteur Monmouth.

2622. **Croonendael** (Paul de). Cronicque contenant l'estat ancien et moderne du pays et conté de Namur, la vie et gestes des seigneurs, contes et marquis d'icelluy. Publiée intégralement pour la première fois et annotée par le comte de !Limminghe. Bruxelles, Olivier, 1878-79. 2 vol. in-4 avec planche, cartonné, non rogn.

2623. **Junius** (Adrien). Hadriani Ivnii Hornani, Medici, Batavia. In qua præter gentis & insulæ antiquitatem, originem, decora, mores, aliaque ad eam historiam pertinentia, declaratur quæ fuerit vetus Batauia, quæ Plinio, Tacito, & Ptolemæo cognita : quæ item genuina inclytæ Francorum nationis fuerit sedes. (*Marque typ.*) Lvgdvni Batavorvm, Ex officina Plantiniana, Apud Franciscum Raphelengium. cIɔ.Iɔ.lxxxviii. In-4 de 10 ffnc., 411(1) pp., 1 fnc. (blanc qui manque), rel. mar. rouge, plats ornés d'armoiries prob. espagnoles, tr. dor.

Adrien Junius (1515-1575), né à Horn, s'est surtout fait connaître par un poème sur le champignon « Phallus batavicus. Son histoire de Hollande a paru pour la première fois à Leyde, en 1588, et a été réimprimée à Dordrecht, en 1652. Cet ouvrage a été condamné par la Congrégation de l'Index. Sur le titre de notre exemplaire, on peut lire : « Auctoris damnati, opus vero cum expur-||gatione permissum », et sur le verso, de la même main : « Como Visitador General de las Librerias de estos Reinos ; corregi esto libro, conforme al Indice || expurgatorio del año de 1640. En Madrid á de Octubre de 1698. || Don Geronimo Diaz Ximenez » ; et, en effet, plusieurs passages sont raturés et sur d'autres on a collé un épais papier. Sur le plat postérieur de la reliure se trouvent des armes dont l'une des pièces principales est une multitude d'étoiles avec la devise : « Revolvta Foecvndant ».

2624. **Langendyk** (Pieter). De Graaven van Holland, in jaardichten beschreven, door Pieter Langendyk. Verrykt met alle de Beeldtenissen dier prinsen, naauwkeurig getekend, naar de echte aloude tafereelen, op de zaal van't Raadhuis der Stad Haarlem. Te Haarlem, by J. Bosch, MDCCXLV. 2 tomes in-4, en 1 vol., titr. r. et n., frontisp., 32 grav. h. t. — Willem de Eerste, prins van Oranje; stadhouder van Holland en Zeeland, grondlegger der Nederlandsche Vryheid..... nieuwe en verbeterde Uitgave. Te Haarlem, by J. Bosch, MDCCLXII. In-4. Ensemble, 1 vol. d.-rel. v. rac. — **Kervyn de Lettenhove**. Le prince d'Orange. Bruxelles, Havez, 1881. In-8, cart. couv.

2625. **Mantelius** (R. Pater Joannes). Historiæ Lossensis libri decem... cui adjuncta sunt Diplomata Lossensia, Privilegia, Paces, Pacta, Donationes, Infeudationes, &c., necnon recollectio Edictorum, Constitutionum, Declarationum, Jurium, &c., cum topographia seu descriptione Urbium, Pagorum & Locorum ejusdem Comitatûs. Labore & studio..... Laurentii Robyns... Leodii, Typis F. Alexand. Barchon, 1717. In-4, tit. r. et n., rel. v. rac.

Les Diplomata lossensia ... et Statuta lossensia ... contenus dans le même volume, ont un titre à part et une pagination spéciale.

2626. **Petri** (Suffridus). De Scriptoribvs Frisiæ, Decades xvj. & semis : in qvibvs non modo pecvliares Frisiae, sed et totivs Germaniae commvnes antiqvitates plurimæ indicantur, & veterum Historicorum ac Geographorum loci hactenus non intellecti explicantur : Causæq̃; redduntur dilucidæ, cur veteres Germani præter meritum ruditatis & imperitiæ à quibusdem in re literaria arguantur. Authore Svffrido Petro Louardiensi,..... Coloniae Agrippinae, Apud Henricum Falckenburgh, Anno 1293 (*1593*). Petit in-8 de 18 ffnc., 288 pp., 6 ffnc., rel. vél.

Sjurd Peeters, en latin *Suffridus Petri* (1527-1597), né en Frise, étudia à Louvain et ouvrit plus tard une école à Leeuwarden, fut professeur dans plusieurs universités et finit ses jours à Cologne où il était chanoine de l'église des Douze-Apôtres. Les Etats de Frise lui avaient donné le titre d'historiographe ; les travaux qu'il a faits sur les origines de son pays sont fort érudits, mais dépourvus de toute critique.

2627. — De Scriptoribus Frisiæ decades XVI. et semis : in quibus non modo peculiares Frisiæ, sed & totius Germaniæ communes antiquitates plurimæ indicantur ..... Franequeræ, Typ. & imp., J. Horrei, M DC XCIX. In-16, rel. vél.

2628. **Worper de Renismageest.** Worperi Tyaerda ex Renismageest, prioris in Thabor, Chronicorum Frisiae libri tres. Leovardiae, Suringar, 1847, In-8, rel. toile, non rogn.

Édition publiée par *M. J.-G. Ottema*. Cette chronique du xv° siècle renferme un intéressant chapitre sur la prédication de la croisade en Frise.

2629. **Bruyne** (Ph. de). Histoire du règne de Jean Ier, duc de Brabant. Namur, Douxfils, 1855. In-8, rel. toile. — **Mannier** (E.). Les Flamands à la bataille de Cassel (1328). Paris, Aubry, 1863. In-8, rel. toile. — **Reiffenberg** (Baron de). Coup d'œil sur les relations qui ont existé jadis entre la Belgique et la Savoie avec des rectifications pour l'histoire de la Flandre et du Hainaut. — Coup d'œil sur les relations qui ont existé jadis entre la Belgique et le Portugal. — Notice sur frère Corneille de Saint-Laurent, poète belge inconnu jusqu'ici. [Extraits des « *Mém. de l'Ac. r. de Belgique* ».] Ensemble 1 vol. in-4, rel. toile. — *Du même*. Extraits de divers manuscrits relatifs à la Belgique. Extr. du tome VII, n° 2, des *Bull. de la Comm. r. d'hist.* (de Belgique). — **Van Werveke** (N.). Urkundenbuch der Abtei Bonneweg bei Luxemburg. Luxemburg, P. Bruck, 1880. In-4, rel. toile. Ensemble 5 vol. ou plaq.

ESPAGNE

2630. **Benevides** (Francisco da Fonseca). Rainhas de Portugal. Estudo historico con muitos documentos. Retratos e numerosas illustrações no texto cobre, aço e madeira desenhos e gravuras. Lisboa, Castro Irmão, 1878-1879. 2 tomes en 1 vol. in-8, d.-rel. mar. rouge, dos orné du chiffre du comte Riant; nomb. fig.

Envoi autographe de l'auteur au comte Riant.

2631. **Herculano** (A.). Historia de Portugal. [2ᶜ *édition.*] Lisboa, Vᵃ Bertrand e filhos, 1853-62. 4 vol. in-8, rel. toile, non rogn., couv.

2632. Historia de la Corona de Aragon (La más antigua de que se tiene noticia) conocida generalmente con el nombre de Crónica de San Juan de la Peña, impresa ahora per primera vez..... Zaragoza, Imprenta del hospicio, 1876. Petit in-fol., rel. toile, non rogn., couv.

2633. **Marca** (P. de). Marca Hispanica sive Limes Hispanicvs, hoc est Geographica & historica descriptio Cataloniae Ruscinonis et circumjacentium populorum. Parisiis, 1688. 1 vol in-fol., rel. v. brun, carte.

2634. **Noronha** (Tito de). Ordenações do Reino. Porto, imprensa portugueza, 1873. In-8, d.-rel. chag. r., tête lim., non rogn. ; au dos, chiffre du comte Riant.

> Tiré à 250 exemplaires. 2ᶜ volume de la collection « A imprensa portugueza no secolo XVI... »

* 2635. **Candidus** (Pantaleon). Gothiberis Hoc est de Gothis per Hispaniam regibvs, e tevtonica gente originem trahentibvs : Libri sex... à Pantaleone Candido Avstriaco... Argentorati Typis Antonij Bertrami. Anno cIɔ Iɔ XX CVI. 1 vol. petit in-4 de 6 ffnc. 131(1) pp.

> Le nom de famille de cet auteur allemand (1540-1608) était Weiss ; il était pasteur protestant à Deux-Ponts, et c'est là qu'il a publié son histoire des Goths, dont certains exemplaires portent la marque de Strasbourg et d'autres celle de Deux-Ponts.

2636. Abrégé de l'histoire d'Espagne, de Portugal et de Navarre. Paris, Ch. de Sercy, 1652. In-12, rel. veau. — **Belgrano** (L.-T.). Un ammiraglio di Castiglia. Estratto dall' *Archivio st. ital.*, XIII. Firenze, 1884. In-8, cart., couv. — **Tourtoulon** (Ch. de). Les Français aux expéditions de Mayorque et de Valence sous Jacques le Conquérant (1229-1238). Paris, Dumoulin, 1866. In-8, cart., couv.

ITALIE

2637. **Cais di Pierlas** (Comte E.). I conti di Ventimiglia, il priorato di San Michele ed il principato di Seborga. Torino, Paravia, 1884. 1 vol. in-8, rel. toile, couvert. (avec 2 lettres de l'auteur et une de M. L. Blancard au comte Riant). — Documents inédits sur les Grimaldi et Monaco et leurs relations avec les ducs de Savoie, suivis des statuts de Menton. Turin, Bocca, 1885. 1 vol. in-8. rel. toile, couv.

2638. **Cantu** (César). Histoire des Italiens, traduite sous les yeux de l'auteur par M. *Armand Lacombe*, sur la deuxième édition italienne. Paris, Didot, 1859-1862. 12 tomes en 6 vol. in-8, d.-rel. chag., tr. peigne.

2639. **Contelorio** (Felice). Mathildis ‖ comitissae ‖ Genealogia ‖ avthore ‖ Faelice Contelorio ‖ vtrivsqve signatvrae referendario, ‖ et basilicae principis aposto- || lorvm canonico || Opvs posthvmvm || [*Fleuron*]. || Interamnae, || Apud Bernardinum Arnazzinum. MDLVII, || Superiorum Consensuum. Petit in-4, 7(1), 142 pp. et 2 pl., rel. parchemin.

La date est inexacte ; c'est 1657 et non 1557 qu'il faut lire.

2640. Durrieu (Paul). Les Gascons en Italie. Auch, Foix, 1885. — Le royaume d'Adria. Épisode se rattachant à l'histoire de la politique française en Italie sous le règne de Charles VI (1393-1394). Paris, Palmé, 1880. — La prise d'Arezzo (1384) par Enguerrand VII sire de Coucy. Paris, 1880. Ensemble 1 vol. et 2 plaq. in-8, rel. toile, couvert.

2641. Ficker (Julius). Forschungen zur Reichs- und Rechtsgeschichte Italiens. Innsbruck, Wagner, 1868-1874. 4 tomes en 2 vol. in-8, d.-rel. chag. rouge, tête dor., non rogn. ; au dos, chiffre du comte Riant.

2642. Fiorentini (Francesco-Maria). Memorie della gran contessa Matilda restituita alla patria lucchese. Seconda Edizione con note di *Gian Domenico Mansi*. Lucca, Stamperia di Vincenzo Giuntini, 1756. In-4, d.-rel. toile, non rogn.

Exemplaire en grand papier.

2643. Irico (Abbé Jean André). Rerum patriæ libri III... ubi Montisferrati principum, episcoporum, aliorumque virorum gesta... recensentur. Accedit... dissertatio de S. Ogliero,... Locediensis monasterii Abbate.... cum figuris, et indicibus. Mediolani, (1745). 1 vol. in-4, rel. veau rac., tr. r. ; au dos et sur les plats, chiffre du comte Riant.

2644. Repetti (Emanuele). Dizionario geografico fisico storico della Toscana contenente la descrizione di tutti i luoghi del Granducato, Ducato di Lucca, Garfagnana e Lunigiana... Firenze, presso l'autore e editore, 1833-1843. 5 vol. in-8, cart. — Introduzione supplemento e appendice al dizionario geografico... della Toscana. Firenze, 1846. In-8, cart.

2645. Rumohr (C. F. von). Italienische Forschungen. Berlin und Stettin. Nicolai, 1827. 2 vol. in-8, d.-rel. veau olive, non rogn.

2646. Solis (Giulio Cesare). Descrittione di molte Isole famosissime ; nella qvale brevemente si narrano le cose principali di quelle. Con l'origine di molte Città del Mondo. Et particolarmente di quelle d'Italia, col nome de' fondatori di esse. Insieme col Dominio, potenza, Cerimonie, & Legge de' Turchi... (*Marque typ.*). In Padoua, per il Pasquato. M.D.XCVII. (*Titre encadré*). In-8, de 2 ffnc. 70 ff. chif., rel. vél.

2647. Tesauro (D. Emanuel). Del regno d'Italia sotto i Barbari. Epitome del Conte & Caualier Gran Croce D. Emanvel Tesavro con le Annotationi dell' Abbate D. Valeriano Castiglione. In Torino M.DCLXIIII. Per Bartolomeo Zauatta. In-fol. de 3 ffnc. (y compris le titre gravé), 225(1)-138 pp., 1 fnc., avec nombreuses gravures et portraits, rel. veau.

Cet ouvrage fort rare ne se trouve exactement décrit nulle part. Graesse, d'après des renseignements fantaisistes, lui attribue *sept* gravures ou portraits alors que nous avons trouvé environ cinquante-six gravures ou portraits, y compris celui de l'auteur, trois cartes géographiques et sept gravures en taille-douce. On a parfois attribué cet ouvrage à *San Martino d'Aglie*, mais sans raisons suffisantes.

2648. **Calisse** (Carlo). Il Governo dei Bisantini in Italia. Torino, Bocca, 1885. In-8, cart. couv. — **Bluhme** (Fr.). Die Gens Langobardorum und ihrer Herkunft. Bonn, Marcus, 1868. In-8, cart. — **Petit de Baroncourt**. De Langobardorum regum Ratchidis Aistulfique ineditis legibus. Saintes, Guiraudet et Jouaust, 1846. In-8, rel. toile. — **Wattrangh** (Carol.). De regno Longobardorum in Italia. Upsaliæ, p. J. H. Werner, (1709). In-8, rel. vél. — **Prinz** (P.). Markward von Anweiler, Truchsess des Reiches, Markgraf von Ancona, Herzog der Romagna und von Ravenna... Emden, Wittwe, 1875. In-8, cart. couv. Ensemble 5 vol. ou plaq.

2649. **Carutti** (Domenico). Il conte Humberto I (Biancamano) e il re Ardoino. Ricerche e documenti. Seconda edizione corretta e rifusa con aggiunte. Roma, Loescher. In-8, br. — **Savio** (Fedele). I primi conti di Savoia. Torino, Bocca, 1887. In-8, cart. (édit.). — **Vassalo** (Carlo). Pietro di Savoia detto il piccolo Carlo Magno (1203-1268). Biografia e cantica. Asti, Raspi, 1873. In-8, br.

2650. **Adriani** (G. B.). Sopra alcuni documenti... di cose subalpine od italiane conservati negli archivi.... della Francia meridionale..... Torino. Stamp. dell' Un. tip.-editrice, 1855. In-8, rel. toile. — **Beltrano** (Carlo). I marchesi di Saluzzo e i loro successori. Torino, Bona, 1885. In-8, rel. toile, grav. — **Cerrato** (Giuseppe). La Bataglia di Gamenario (M CCC XLV). Testo antico francese da un codice ms. della Cronica del Monferrato di *Benvenuto San Giorgio*... Genova, 1887. In-8, br. — **Desimoni** (C.). Sui marchesi di Massa in Lunigiana e di Parodi nell' Oltregiogo Ligure nel secoli xii e xiii, *S. l. n. d. n. typ*. In-8, cart. — **Rusconi** (A.). I conti di Pombia e di Biandrate secondo le carte Novaresi. Milano, Manini, 1885. In-8, br. — **Sancio**. Cenno storico intorno ai marchesi del Monferrato di stirpe Paleologa. Casale, Maffei e Scrivano. 1835. Petit in-8 car., cart. — **Schels** (J. B.). Die Belagerung von Padua durch Kaiser Maximilian I, im Iahre 1509. *S. l. n. d. n. typ.* [Abd. a. d. *Oestr. milit. Zeitschr.*. I, 1828]. In-8, cart. — **Staglieno** (Marcello). Atti nuziali di una figlia del conte di Carmagnola. Genova, 1885. In-8, br. [*Per Nozze*]. Ensemble 8 vol. ou plaq.

2651. **Azeglio** (Massimo d'). L'Italie de 1847 à 1865. Correspondance politique... avec notes par *Eugène Rendu*. Paris, Didier, 1867. In-8, rel. toile. — **Brimont** (A. de). Une révolution à faire. Lettre à M. Gladstone. Paris, 1868, In-8, rel. toile. — *Du même*. Ce qu'il y a sous les masques à Turin. Bruxelles, Goemare, 1864. In-8, cart. — **Casati** (C. C.). S. A. R. Madame Marguerite de Savoie, princesse royale d'Italie. Notes biographiques. Paris, Dentu, 1868. In-12, cart., couv. [L'un des 25 exemplaires sur papier de Hollande]. — *Du même*. La meilleure alliée de la France, c'est l'Italie. Paris, Dentu, 1864.

In-8, cart. — **Langdon** (W. Chauncy). Some account of the catholic reform movement in the italian Church : to which is added a sketch of a recent tour in Lombardy and Venetia... London, Rivington, 1868. In-8, rel. toile.

ROYAUME DES DEUX SICILES

2652. **Bazancourt** (De). Histoire de la Sicile sous la domination des Normands, depuis la conquête de l'île jusqu'à l'établissement de la Monarchie. Paris, Amyot, 1846. 2 vol. in-8, br.

2653. **Beltrani** (Giambattista). Documenti longobardi e greci per la storia dell' Italia meridionale nel medio evo. Roma, tip. poliglotta della s. c. de prop. fide, 1877. 1 vol. in-8, rel. toile.

2654. **Blasiis** (Giuseppe de). La insurrezione pugliese e la conquista normanna nel secolo XI. Napoli, Detken, 1864-1873. 3 tomes en 2 vol. in-8, d.-rel. chag. rouge, dos orné, tr. peigne.

2655. **Bozzo** (S. V.). Note Storiche Siciliane del secolo XIV avvenimenti e guerre che seguirono il vespro della pace di Caltabellotta alla morte di Federico II L'Arragonese (1302-1337). Palermo, Vizzi, 1882. In-8, rel. toile, non rogn., couv.

2656. [**Buffier, S. J.** (Claude)]. Histoire de l'origine du royaume de Sicile et de Naples. Contenant les Avantures & les Conquestes des Princes Normands qui l'on établi. A Paris, chez Anisson,... 1701. In-12, rel. veau f., tr. jaspée. — [**Chastenay de Lenty** (Victorine de)]. Les Chevaliers normands en Italie et en Sicile, et considérations générales sur l'histoire de la chevalerie... par Mme V. de C***. Paris, Maradan, 1816. In-8, d.-rel. v. coins.

2657. Codice diplomatico del regno de Carlo I° e II° d'Angiò..... dal 1265 al 1309... pubblicati per *Gabriele del Giudice*. Napoli, stamp. d. r. Università, 1863-1869. 2 tomes in-4 en 1 vol., d.-rel. veau f., tête lim., non rogn.; au dos, chiffre du comte Riant. — Diplomi inediti di re Carlo 1. d'Angiò riguardanti cose maritime, pubb. da *Giuseppe del Giudice*. Napoli, De Angelis, 1871. In-8, cart., couv.

2658. **Delarc** (O.). Les Normands en Italie depuis les premières invasions jusqu'à l'avènement de S. Grégoire VII. (859-862. 1016-1073). Paris, Leroux, 1883. 1 vol. grand in-8, d.-rel. mar. vert, tête lim., non rogn., couv.; au dos, chiffre du comte Riant. — Les Normands en Italie et en Sicile. XI et XIIe siècles... [Extr. du *Contemporain*, 1880.] Plaq. in-8, cart.

2659. **Du Moulin.** Les Conqvestes et les Trophées des Norman-François aux Royaumes de Naples & de Sicile, aux Duchéz de Calabre, d'Antioche, de Galilée, & avtres Principautez d'Italie & d'Orient .. A Roüen, chez David dv

Petit Val et Iean & David Berthelin,... MDCLVIII. In-4, rel. veau rac., fil. sur les plats; sur les plats et au dos, chiffre du comte Riant. Titre remonté.

> Ouvrage important imprimé chez David Maurry, à Rouen et suivi à la fin d'une « Chronologia inclytæ Vrbis Rhotomagensis per *De La Marc*, advoc... » qui a une pagination séparée. Gabriel Du Moulin, auteur également d'une Histoire de Normandie très estimée, était curé de Maneval.

2660. **Gauttier d'Arc** (E.). Histoire des conquêtes des Normands, en Italie, en Sicile et en Grèce. Première époque : 1016-1085. Paris, L. de Bure, 1830. 1 vol. in-8 et 1 atlas, rel. toile, non rogn. — **Héon** (E.). Les Normands d'Italie. Coutances, Salette, 1866. In-8, rel. toile, non rogn.

2661. **Giustiniani** (Lorenzo). Saggio storico-critico sulla tipografia del regno di Napoli. Napoli, stamp. Vincenzo Orsini, 1793. 1 vol. in-4, rel. parch.

2662. *Le même*. Seconda edizione. Napoli, Pasca, 1818. 1 vol. in-4, d.-rel. bas. noire, non rogn.

2663. **Goltzius** (H.). Sicilia et Magna Græcia sive historiae urbium et populorum Græciae ex antiquis numismatibus restitutae (*planches*). Siciliae historia posterior... Brugis, 1576. 2 vol. in-fol., rel. bois ou peau truie gaufrée.

Édition originale préférée pour les planches.

2664. **Lenormant** (F.). La Grande Grèce, paysages et histoire. Paris, Lévy, 1881. 3 vol. in-8, rel. toile.

2665. **Minieri Riccio** (Camillo). Saggio di codice diplomatico formato sulle antiche scritture dell' Archivio di Stato di Napoli. Napoli, Rinaldi e Sellitto, 1878; Furchheim, 1880. 2 tomes en 1 vol. in-8, d.-rel. veau, tête lim.; au dos, chiffre du comte Riant.

Extraits des Archives depuis 964 jusqu'en 1667 (27 nov.).

2666. — Alcuni Studii Storici intorno a Manfredi e Corradino della imperiali Casa di Hohenstaufen. Napoli, Iargo, 1850. In-8, br. — Genealogia di Carlo I. di Angiò. Prima generazione. Napoli, Priggiobba, 1857. In-8, br. — Alcuni fatti riguardante Carlo I. di Angiò dal 6 di Agosto 1252 al 30 di Decembre 1270. Napoli, 1874. In-8, br. — Il regno di Carlo I. di Angiò negli anni 1271 e 1272. Milano, Napoli e Pisa, 1875. In-8, br. — Il regno di Carlo Iº d'Angiò (Estr. dall' *Archivio st. Italiano*). Firenze, 1875-1881. 9 fasc. in-8, br. [Années 1273-1277, 1279-1280, 1283-1284]. — Diario Angioino dal 4 Gennaio 1284 al 7 Gennaio 1285 formato su' registri Angioini del grande Archivio de Napoli. Napoli, 1873. In-8, br. — Cenni storici intorno i grandi uffizii del Regno di Sicilia durante il regno di Carlo I. d'Angiò. Napoli, 1872. In-8, br. [Tiré à 125 exemplaires]. Ensemble 15 plaq. in-8, br.

2667. — Brevi notizie intorno all' Archivio Angioino di Napoli. Napoli, Priggiobba, 1862. In-8, rel. toile, couv. (Tiré à 250 exemplaires.

— Brevi notizie intorno all' Archivio Angioino...... dopo le quali si pubblica per la prima volta parti di quei registri ora non più esistenti. Napoli, A. Detken, 1862. In-8, br. — Studii storici fatti sopra 84 Registri Angioini dell' Archivio di Stato di Napoli. Napoli, Rinaldo & Sellitto, 1876. In-8, br. — Notizie storiche tratte da 62 Registri Angioini..... Napoli, R. & S., 1877. In-8, br. — Della dominazione Angioina..... nel Reame di Sicilia. Napoli, 1876. In-8, br. — Nuovi studii riguardante la dominazione Angioina..... Napoli, 1876. In-8, br. — Alcuni fatti di Alfonso I. di Aragona dal 15 Aprile 1437 al 31 di Maggio 1458. Napoli, Giannini, 1881. In-8, br. Ensemble 7 plaq. ou vol.

2668. **Mortillaro di Villarena** (Vincenzo). Leggende storiche siciliane dal XIII al XIX secolo. 2ª edizione. Palermo, P. Pensante, 1866. In-12, br.

2669. Syllabus Membranarum ad Regiae Siclae Archivum pertinentium. Neapoli, ex Regia Typographia, 1824-1832. 2 tomes in-4 en 1 vol. d.-rel. veau.

Ce « Syllabus », dont le premier volume est dû à *A. A. Scottus*, a été continué par *Antonio di Aprea*, il comprend les pièces de 1266 à 300.

2670. **Ubaldini** (Giouambatista). Istoria della casa de gli Vbaldini, e de' fatti d' alcuni di quella Famiglia. Libro primo..... e la vita di Niccola Acciaioli, Gran Siniscalco de' Regni di Cicilia, e di Gierusalemme, descritta da Matteo Palmieri..... (*Marque typ.*) In Firenze, Nella Stamperia di Bartolommeo Sermartelli, MDLXXXVIII. In-4, de 10 ffnc., 181(1) pp., d.-rel. bas. n.

Page 135 commence, avec un nouveau titre, la vie de Nicolas Acciaiuoli, traduite du latin de *Matteo Palmieri* par *M. Donato Acciaioli*, chevalier de Rhodes.

— **Tanfani** (Leop.). Niccola Acciaiuoli. Firenze, Le Monnier, 1863. In-12, rel. toile.

2671. **Durrieu** (Paul). Notice sur les registres angevins en langue française conservés dans les Archives de Naples. Rome, Imprimerie de la Paix, 1883. Plaq. in-8, rel. toile, cart. — *Du même*. Études sur la dynastie Angevine de Naples. Le Liber donationum Caroli primi. Rome, Cuggiani, 1886. In-8, br. — **Lustro** (Giacomo Notar di). Degli Archivii Ricerche Archeologiche Storiche Critiche Diplomatiche. Napoli, De Angelis, 1880. In-8, br. — Nuovi volumini di registri angioini. Nota di *Bartolomeo Capasso*. Napoli, Giannini, 1886. In-8, br. — **Sanudo Torsello** (Marino, il vecchio). Storia di Carlo d' Angiò e della guerra del vespro siciliano..... Brani..... pubblicati da *Carlo Hopf*. Napoli, A. Detken, 1862. In-8, cart. — **Travali** (Giuseppe). I diplomi angioini dello Archivio di Stato di Palermo. Palermo, Amenta, 1886. In-8, br. Ensemble 6 plaq. in-8, br.

2672. **Knight** (Henry Gally). The Normans in Sicily. London, Murray, 1838. In-8, rel. toile. — **Lafortuna** (Nic.). I Duchi di Calabria dal 969 al 1154.

Siracusa, A. Norcia, 1880. In-8, rel. toile, non rogn., couv. — **Petit de Baroncourt.** De la politique des Normands pendant la conquête des Deux Siciles. Paris, Chamerot, 1846. In-8, rel. toile. — **Palomes** (A.). La storia di li Nurmanni 'n Sicilia cuntata di lu griddu. Palermu, Puglisi, 1883. In-12, rel. toile. — **Sthâhl** (Car. H.). De Normannis Italiam occupantibus, Dissert. histor. Lund, Berling, 1826. In-4, rel. toile, non rogn. — **Wagner** (Aug.). Die unteritalischen Normannen und das Papsttum in ihren beiderseitigen Beziehungen von Victor III bis Hadrian IV (1086-1156) [*In.-Diss.*]. Breslau, R. Reid, 1885. In-8, d.-rel. toile (édit.). Lettre de l'auteur au comte Riant. Ensemble, 6 vol. ou plaq.

VILLES

2673. AMALFI : **Camera** (Matteo). Memorie storico-diplomatiche dell' antica Città e Ducato di Amalfi. Salerno, tip. nazionale, 1876-1881. 2 tomes en 1 vol. in-4, d.-rel. chag. rouge, tête lim., non rogn., couv.; au dos, chiffre du comte Riant.

2674. — : — Istoria della città e costiera di Amalfi, in due parte divisa, con rami..... Napoli, Stamp. del Fibreno, 1836. 1 vol. in-8, d.-rel. chag. r., tr. peigne, au chiffre du comte Riant. — **Minieri Riccio** (Camillo). Un duca di Amalfi finora sconosciuto. Napoli, 1876. In-8, br.

2675. — : **Pansa** (Francesco). Istoria dell' antica repubblica d'Amalfi..... data alla luce per mezzo delle stampe dal dottor Don Giuseppe Pansa. Napoli, P. Severini, 1724. 2 tomes in-4 en 1 vol., d.-rel. bas.

2676. ASTI : **Gorrini** (Giacomo). Il comune Astigiano e la sua storiografia. Firenze, Ademollo, 1884. Vol. in-12, rel. toile, couv.

2677. BARLETTA : **Leon** (Francesco Paolo de). Della obligazioni della Confratellanza del Real Monte di Pietà di Barletta. Così circa l'amministrazione del Real Conservatorio, che circa il soccorso, che dee a Poveri..... Opera utilissima a tutt' i Barlettani. Napoli, Donato Campo, 1772. In-4, d.-rel. toile. — **Santoro.** Discorso del sottindendente di Barletta al consiglio distrettuale nella Sessione del 1853, seguito da un cenno storico delle opere e degli antichi monumenti delle città varie del distretto. Napoli, Stamp. del Fibreno, 1853. In-8, br.

2678. BOLOGNE[1] : **Ghirardacci** (Le R. P. Cherubino). Della Historia di Bologna. Parte prima. Bologna, Per Giouanni Rossi. MDXCVI. — Parte seconda... data in lvce dal *R. P. M. Avrelio Agostino Solimani*. In Bologna, Per Giacomo Monti MDCLVII. 2 vol. in-fol., d.-rel. toile, tr. jaspée.

Pour composer cette Histoire, Ghirardacci fit dans les archives publiques et

---

1. Cf. n°⁸ 558-559, 583, 887-890.

particulières de longues et patientes recherches, et publia soit in extenso, soit par extrait, un grand nombre de documents. Il n'eut pas le temps de publier autre chose que le premier volume. Le 2e fut publié après sa mort par le célèbre prédicateur Solimani.

2679. — : **Mattioli** (Pietro di). Cronaca Bolognese... pubblicata da *Corrado Ricci*. Bologna, Gaetano Romagnoli, 1885. In-8, br.

Tiré à 202 exemp. num., n° 49. Première édition, publiée dans les « *Scelta di Curiosità Letterarie*..... », d'une chronique inédite d'un prêtre bolonais qui mourut vers 1525.

2680. — : **Savioli** (Lodovico Vittorio). Annali Bolognesi. Bassano, *s. typ.*, 1784-1795. 2 tomes en 6 vol. in-fol., rel. toile, non rogn., avec front. et planches.

Bel exemplaire de cet important ouvrage.

2681. — : **Golinelli** (Domenico). Memorie istoriche antiche e moderne di Budrio Terra nel Contado di Bologna. Bologna, Lelio dalla Volpe, 1720. In-4, cart., 6 planches.

2682. Borgo S. Sepolcro : [**Farulli** (Gregorio)]. Annali e memorie dell' Antica, e Nobile Città di S. Sepolcro, intorno alla sua Origine, e Vita de' Santi Arcadio, ed Egidio Fondatori..... dall' abate *Pietro Farulli*. Foligno, Nicolò Campitelli, *s. d.* (*1713*). Vol. in-4, rel. vél.

Très rare monographie de la ville de Borgo S. Sepolcro, près d'Arezzo. L'auteur est non pas *Pietro* mais *Gregorio* Farulli, camaldule florentin. Cf. sur Borgo S. Sepolcro *Gratiano* ou *Graziani* (Scripta invita Minerva), n° 2222.

2683. Brescia : **Biemmi** (Giammaria). Istoria di Brescia. Brescia, G. Colombo, 1748-1749. 2 vol. petit in-4, rel. vél.

Jean-Marie Biemmi, prêtre, né en 1708, mort après 1759, a écrit cette histoire de Brescia qui va jusqu'à 1117; les ennuis que lui occasionna la publication des deux premières parties l'empêchèrent de faire paraître la fin de son ouvrage qu'il comptait mener jusqu'aux temps modernes.

— **Medin** (A.). Descrizione della Città e terre Bresciane nel 1493. Milano, Prato, 1886. In-8, br.

2684. Camerino[1] : **Lilii** (Camillo). Dell' historia di Camerino. *S. l. n. d. n. typ.* 2 parties en 1 vol. in-4, rel. vél.

Exemplaire en parfait état d'un ouvrage de la plus grande rareté; c'est la première et la meilleure edition du travail de *Camillo Lilii*, malgré certains défauts : car dans tous les exemplaires manquent les titre et frontispice dont les pierres ont été perdues pendant l'impression, et dans la première partie manquent les pp. 219 à 224 et 257-258 qui terminent. Cette édition a été imprimée à Macerata de 1649 à 1652 par les typographes Serafino Paradisi et Agostino Grisei qui se sont succédé pour ce travail. Ce qui manque a été complété dans les éditions postérieures de Rome et de Venise par le P. *Philippe Camerini* qui a retrouvé les manuscrits de l'auteur, historiographe de Louis XIV; en revanche, ces éditions ne contiennent pas tout ce qui est dans la première.

1. Cf. n° 893.

2685. Casal[1] : **Conti** (Vincenzo de). Notizie storiche della città di Casale del Monferrato. Casale, 1838-1842. 11 vol. in-8, rel. toile, couv.

Le dernier volume contient les tables alphabétiques.

2686. Césène : **Braschi** (Jean-Baptiste). Memoriæ Cæsenates sacræ, et profanæ per sęcula distributæ. Cum Figuris Æneis Malatestarum, aliorumque Principum qui Cæsenæ Dominati sunt..... Opus posthumum. Romæ, Typis Ansillioni, 1738. Petit in-4, d.-rel. veau.

J. B. Braschi (1664-1727), né à Césène, devint évêque de Sarsina et archevêque titulaire de Nisibe.

2687. Chieri : **Cibrario** (Luigi). Delle storie di Chieri libri quattro. Torino, 1827. 2 vol. in-8, br.

2688. Fano : **Amiani** (Pietro-Maria). Memorie istoriche della città di Fano. Fano, G. Leonardi, 1751. 2 vol. in-fol., d.-rel. bas. n., non rogn.

Exemplaire bien complet et en bon état de cette rare et importante monographie.

2689. Farfa : **Catino** (Gregorio di). Il Regesto di Farfa, pubblicato a cura di *I. Giorgi* e *U. Balzani*. Roma, 1879-1883. 2 vol. in-fol. br. [Forme les tomes 2 et 3 de la Biblioteca della Società Romana di Storia patria.] — **Giorgi** (I.). Il Regesto di Farfa e le altre opere di Gregorio di Catino. Roma, 1879. In-8, cart., couv. — Il Regesto del Monasterio di S. Anastasio ad Aquas Salvias. Roma, 1877. In-8, cart., couv.

2690. Fermo[2] : Cronache della città di *Fermo*, pubblicate per la prima volta ed illustrate dal cav. *Gaetano de Minicis* colla giunta di un sommario cronologico,..... a cura di *Marco Tabarrini*. Firenze, Cellini, 1870. 1 vol. grand in-4, d.-rel. chag. r., tête limaç., non rogn., couvert.; au dos, chiffre du comte Riant. — **Fracassetti** (Giuseppe). Notizie storiche della città di Fermo. Fermo, Paccasassi, 1841. In-8, rel. toile, non rogn.

2691. Florence[3] : **Machiavel**. Historiae Florentinæ... libri octo, in quibus migrationes populorum septentrionalium, post devictos à C. Mario Cimbros : item ruina imperii romani, & incrementum Pontificum : inprimis Florentinorum origo et progressus; eorumque res gestæ, simul & universæ Italiæ status, ad Caroli VIII. regis Galliæ trajectum in Italiam, acuratissimè describuntur..... Argentorati, Impensis Lazari Zetzneri, MDCX. In-8, rel. parch. — **Levi** (Guido). Bonifazio VIII e le sue relazioni col comune di Firenze. Contributo di studi e documenti nuovi alla illustrazione della Cronica di Dino Compagni. Roma, Forzani, 1882. (Estr. dal' *Archivio d. soc. Rom. d. stor. patr.*, *vol.* 5.) In-8, cart., non rogn., couv. — Quellen und Forschungen zur ältesten Geschichte der Stadt Florenz, herausgegeben von *Otto Hartwig*.

1. Cf. n° 899.
2. Cf. n° 902.
3. Cf. n° 584.

Erster Theil. 1. Sanzanomis Gesta Florentinorum. 2. Chronica de origine civitatis. 3. Florenz bis zum Anfang des XII. Jahrhunderts. Marburg, Elwert, 1875. In-4, rel. toile, couv.

2692. **Gaete** : **Federici** (Giovanni Battista). Degli antichi Duchi e Consoli o Ipati della citta' di Gaeta. Napoli, Flauto, 1791. Vol. in-4, d.-rel. veau.

Ouvrage important.

2693. **Gênes** [1] : **Belgrano** (L. T.). Della vita privata dei Genovesi. Seconda edizione accresciuta di moltissime notizie, aggiuntevi alcune tavole comparative dei valori monetarii genovesi colla odierna moneta italiana, compilate da C. Desimoni. Genova, Tip. del r. istituto d. sordo-muti, 1885. 1 vol. in-12, d.-rel. mar. rouge, tr. lim.; au dos, chiffre du comte Riant.

Tirage à 100 exemplaires, envoi autographe de M. Belgrano au comte Riant.

2694. — : **Bizzari** (Pierre). Senatvs popvliqve Genvensis rervm domi forisqve gestarvm historiæ atqve annales : cvm lvcvlenta variarvm rerum cognitione dignissimarum, quæ diuersis temporibus, & potissimùm hac nostra tempestate contigerunt, enarratione..... Antverpiæ, Ex officina Christophori Plantini, M D LXXIX. In-fol. de 4 ffnc., 802 pp., 1 fnc., xxxv(I) pp., 10 ffnc., rel. veau marb.

Rare. La dernière partie, pp. I à xxxv, est occupée par un ouvrage intitulé « Leges novae Reipublicae Genuensis.. Genuæ die XVII. Martii MDLXXXVI publicatæ ». L'auteur avait promis, dans sa préface, de donner une nouvelle édition pour corriger des fautes venant d'une trop grande précipitation, mais celle-ci est la seule qu'il ait publiée.

2695. — : **Bracelli**. Iacobi Bracellii Genvensis de Bello Hispaniensi libri qvinqve. Eiusdem De claris Genuensibus libellus. Oræ Ligusticæ descriptio. Romae, Apud Hęredes Antonij Bladij Impressores Camerales. M.D.LXXIII. Petit in-4, rel. vél.

Édition *fort rare* de ces deux opuscules. Leur auteur, Jacques Bracelli, vivait au xvᵉ siècle et ce ne fut qu'après sa mort (1460) que ses travaux furent publiés. Le de Bello Hispaniense est le récit de la guerre que Gênes soutint contre Alphonse V d'Aragon. Le style en a été loué par Beroalde qui l'a comparé à celui de César.

2696. — : Descrizione di Genova e del Genovesato. Genova, tip. Fernando, 1846. 3 vol. avec nombr. pl. et cartes, cartonné (cart. orig.). — **Alizeri** (F.). Guida..... per la città di Genova. Genova, 1846. 2 vol. in-12, rel. toile.

2697. — : **Fregoso** (Gianbatista). Bap. Fvlgosii factorvm dictorvmqve memorabilivm libri IX a p. Ivsto Gaillardo Campano, in Paris. Senatu aduocato, aucti & restituti. Præfixa est eiusdem Gaillardi, De vtilitate & ordine historiarum præfatio, deprōpta ex suis institutionibus historicis :....... Parisiis, Apud Petrum Cauellat..... 1578. Vol. in-8 de 20 ffnc., 370 pp., 16 ffnc., rel. parch.

Gianbatista II Fregoso, doge de Gênes en 1478, prit une part active aux factions qui déchiraient la république; à la fin il fut obligé de s'exiler, il se retira en

---

1. Cf. n° 903.

France (1483) et vint habiter Lyon où il se livra à l'étude et aux belles-lettres Camillo *Ghilini* traduisit de l'italien en latin son livre *de Dictis factisque memoralibus*, et le publia à Milan, in-fol. 1509. Notre édition est due à *J. Gaillard*, et a été réimprimée en 1602.

2698. — : **Federici** (Federico). Lettera dell' illvstriss. sig. Federico Federici scritta al Sig. Gasparo Scioppio, conte di Claravalle nella quale si narrano breuemente alcune memorie della Republica Genouese..... In Milano, Per Gio: Batta Bidelli 1634. Vol. in-8 de 79(1) pp., titre gravé, rel. parch.

2699. — : **Foglieta** (Uberto). Uberti Folietae Clarorum Ligurum Elogia retractatius, pleniusque edidit *Aloisius Iacobus Grassius Alaxias*..... disceptationem addidit de prioribus, sanctisque genuensium episcopis..... Genuae, venundantur a Vincentio Canepa, 1864. Vol. petit in-8, br. — **Scioppio** (Gaspar). Doriarvm Genvensivm Genealogia Et ex ijs Imperatorvm et Regvm Origo. (*Armes des Doria*.) Avgvstæ Vindelicorvm, Typis Andreæ Apergeri, Anno M.DC.XXXI. In-4, cart.

2700. — : **Interiano** (Paolo). Ristretto delle Historie Genovesi. *In fine* : In Lvcca per lo Busdrago. MDLI. Petit in-4 de 232 ff., 2 ffnc., rel. parch. (titre gravé et encadré).

2701. — : **Salvago** (Alessandro). Cronaca di Genova scritta in francese... pubblicata da *Cornelio Desimoni*. Genova, Tip. de' Sordo-Muti, 1879. In-8, d.-rel. chag., tête dorée, ébarb. ; au dos, chiffre du comte Riant.

    Salvago (en français Saulvaige) composa sa Chronique à la demande de sire de Champdenier, gouverneur de Gênes pour Louis XII, ce n'est qu'un abrégé succinct de l'histoire de Gênes jusqu'en 1507.

2702. — : Statuto dei padri del Comune della Repubblica Genovese. Illustrato dall' avv. *Cornelio Desimoni*. Genova, Pagano, 1885. 1 vol. grand in-8, d.-rel. veau, tête peigne, non rogn.; au dos, chiffre du comte Riant.

2703. — : Anneau d'investiture pour la souveraineté de la Corse donné en 1453 à Saint Georges de Gênes, conservé au Musée de Besançon. [Extr. des *Mém. de la Soc. des Ant. de Fr.*) Paris, 1883. In-8, br. — **Claretta** (Gaudenzio). Un' impresa contro Genova sotto il regno del duca Ludovico di Savoia. Genova, Tip. de' S.-M., 1879. In-8, cart. — Magistrato di misericordia di Genova. Conto morale per 1881. Genova, Martini, 1883. In-8, br. — La Porta soprana di Sant' Andrea. Genova, Tip. de' S.-M., 1882. In-4, cart., 3 pl. héliog.

2704. INCISA : **Molinari** (Gioseffantonio). Storia d'Incisa e del gia' celebre suo marchesato. Asti, Massa, 1810. 2 tomes en 1 vol. in-8, d.-r. chag. r., tr. lim.

2705. LUCQUES[1] : **Matraja** (Giuseppe). Lucca nel milleduecento. Lucca, Guidotti, 1843. 1 vol. in-8, cart., 1 planche lithog.

    Peu commun.

---

1. Cf. n°ˢ 585, 905.

2706. — : **Tommasi** (Girolamo). Sommario di storia di Lucca dall' anno MIV all' anno M D CC..... continuato sino all' anno 1799..... per cura di Carlo Minutoli. Firenze, Vieusseux, 1847. In-8, br.

Tome X de l'« Archivio Storico Italiano ».

2707. Luna : **Promis** (Carlo). Dell' antica città di Luni e del suo stato presente..... Torino, Stamperia reale, 1838. In-4, cart. pap. — **Travers** (Julien). Prise de Luna par les Normands. Caen, Hardel, s. d. In-8, cart.

2708. Milan[1] : **Giulini** (Conte Giorgio). Memorie spettanti alla storia, al governo, ed alla descrizione della Città, e della Campagna di Milano ne' secoli bassi. Milano, Giambattista Bianchi, 1760-1775. — Continuazione delle Memorie..... Milano, Giambattista Bianchi, s. d. Ensemble 12 vol. in-4, d.-rel. veau éc., tr. peigne; au dos, chiffre du comte Riant, nomb. fig. et planches.

Le comte G. Giulini (1714-1780) a consacré sa vie à éclaircir l'histoire de Milan, aussi son ouvrage sur cette ville est-il le plus important de ceux qui aient été publiés ; il contient une masse énorme de matériaux pour l'histoire du Milanais au moyen âge, mais s'arrête à l'année 1447. On l'a réédité à Milan en 1854-57. L'édition origin[al] è peu commune.

2709. — ,alli (Angelo). Le vincende di Milano durante la guerra con Federico I[c] atore... seconda edizione arricchita della vita dell' Autore di Tavole e di te per cura di *Massimo Fabi*. Milano, Colombo, s. d. (1854). Vol. in-8, 1 .. toile, avec 1 portrait d'A. Fumagalli, 9 planches gravées dont 2 en couleur, et 1 plan de Milan.

Réédition de l'excellent ouvrage de *Fumagalli* (1728-1804), abbé de Saint-Ambroise à Milan. La première édition est de 1778.

2710. Modica : **Carraffa** (Placido). Prospetto corografico istorico di Modica volgarizzato da Filippo Renda. Modica, Mario La Porta, 1869. 2 vol. in-8, br.

Le second volume a comme titre : « Biografie degli uomini celebri... che vissero in Modica..., compilate da *Giovanni Renda* e continuate... da *Filippo Renda*. »

2711. Monza : **Frisi** (Anton-Francesco). Memorie storiche di Monza e sua corte. Milano, Gaet. Motta, 1794. 3 vol. in-4, d.-rel. veau rac., ébarbé, avec planches gr. sur cuivre.

Important ouvrage d'une belle exécution typographique.

2712. Orvieto : **Fumi** (L.). Codice diplomatico della Città d'Orvieto. Firenze, Vieusseux, 1884. 1 vol. in-4, d.-rel. chag., rogn. — **Piccolomini-Adami** (Conte T.). Guida storico-artistica della Città di Orvieto. Siena, 1883. In-12, rel. toile.

2713. Pise[2] : **Moltke** (L. N. de). Conclave, in quo Fabius Chisius nunc dictus Alexander VII summus Pontifex creatus est..... Matthæi Palmerii, Florentini, de Captivitate Pisarum Historia, ex recensione L. N. M., cum ejusdem Præfatione conclavi præfixa....... Sleswici, excud. Joh. Holwein,

1. Cf. n°˙ 586-593, 906-910.
2. Cf. n°˙ 597-598, 916-917.

sumt. Joh. Carstens, Bibl., Anno M.DC.LVI. Vol. in-8, rel. vél., frontispice signé *Chr. Rotgresser.*

<blockquote>Levin Nicolas de *Moltke*, conseiller intime du duc de Schleswig-Holstein, vivait au xviie siècle. A la page 247 commence son édition de la chronique de *Palmerius* sur la chute de Pise, trahie par Giovanni Gambacorta.</blockquote>

2714. Pise : **Roncioni** (Raffaello). Delle istorie Pisane libri XVI, con illustrazioni di *Francesco Bonaini*. Firenze, Vieusseux, 1844-45. 2 vol. in-8, d.-rel. veau gris, tr. jasp.

2715. — : **Tronci** (Paolo). Memorie istoriche della Citta di Pisa. In Livorno, Appresso Gio: Vincenzo Bonfigli, M DC LXXXII. In-4, d.-rel. veau éc.; au dos, chiffre du comte Riant.

<blockquote>Cet ouvrage rare et estimé a été réimprimé à Pise, 1828-1829, en quatre volumes sous le titre d' « Annali Pisani ». Cette édition est dédiée à Francesco Maria, prince de Toscane ; l'auteur, noble pisan, avait été vicaire général de l'archevêque de Pise, Julien de Médicis (mort en 1636).</blockquote>

2716. — : **Levi** (Guido). Diario Nepesino di Antonio Lotieri de Pisano (1459-1468). Roma, 1883. (Estr. dell' *Archivio d. soc. rom. d. stor. patr.*, *vol. 7*.) In-8, cart., non rogn., couvert. — **Tanfani Centofanti** (L.). S. Andrea in Chinzica e la prima citadella edificata in Pisa dai Fiorentini. Pisa, Vannuchi, 1885. In-8, br.

2717. Posidonia : [**Major** (Thomas)]. Les ruines de Pæstum, autrement Posidonia, ville de l'ancienne Grande Grèce, au royaume de Naples : Ouvrage contenant l'histoire ancienne & moderne de cette Ville ; la description & les vues de ses antiquités, ses inscriptions, &c. avec des observations sur l'ancien Ordre Dorique. Traduction libre de l'anglois imprimé à Londres en 1767. Par M***..... A Londres & se trouve à Paris chez Ch. Ant. Jombert, 1769. In-fol., d.-rel. bas. noire, contenant 19 pl. et 2 tableaux gr.

<blockquote>Le traducteur serait, d'après Barbier, *Jacques Varennes*. Les planches sont de *Gabr. Martin Dumont.*</blockquote>

2718. Rome : **Borghesi** (Bartolomeo). Les préfets de Rome. [2e Partie du Tome IX des Œuvres complètes.] Paris, Imprimerie nationale, 1884. In-4, br. — **Calisse** (Carlo). I Prefetti di Vico. Roma, a cura della R. Soc. Rom. di storia patria, 1888. In-8, br.

2719. — : **Contelorio** (Felice). De præfecto Urbis Liber. (*Titre front. gravé*). Fnc. 1, verso, *l. 12*. Romæ, Ex Typ. Reu. Cam. Apost., M.DC.XXXI. In-4, rel. parch.

<blockquote>Ouvrage orné d'un frontispice et de 6 planches sur cuivre fort curieuses.</blockquote>

2720. — : **Corsini** (Odoardas). De Praefectis Vrbis, sive Series Præfectorum Vrbi, editis, ineditisque marmoribus, et conlatis, emendatisque innumeris Vett. Scriptorum locis exposita et constituta. Pisis, Typ. August. Pizzorno, 1766. 1 vol. in-4, rel. parch., tr. marbr.

2721. — : Liber Confraternitatis B. Marie de Anima Teutonicorum in Urbe. Romae, 1875. In-8, br.

2722. SAN GIMIGNANO : **Coppi** (Gio: Vincenzio). Annali Memorie ed Hvomini illvstri di San Gimignano ove si dimostrano le Leghe e Guerre delle Repubbliche Toscane. Firenze, Bindi, 1695. 1 vol. in-4, rel. vél.

2723. SARDAIGNE : **Fara** (Jean François). De chorographia Sardiniae libri dvo. De rebvs sardois libri qvatvor. Edente *Aloisio Cibrario*. Avgvstæ Tavrinorvm, ex. typ. regia, 1835. 1 vol. in-4, avec 1 portr., d.-rel. bas., non rogn.

Cette chronique est un des meilleurs ouvrages historiques qu'on possède sur la Sardaigne.

2724. — : Pergamena di Arborea, illustrata dal Caval. *Pietro Martini*..... Cagliari, A. Timon, 1846. In-4, cart. pap. — **Scintu** (Salv. Ang.). Raccolta di memorie d'Arborèa, tratta in gran parte da documenti inediti. Oristano, tip. Arborense, 1873. In-8, rel. toile. — **Vesme** (Carlo). Prima [e seconda] poscritta alle osservazioni intorno alla relazione sulla sincerita dei manoscritti d'Arborea pubbl. negli Atti della R. Ac. delle Scienze di Berlino. [Estr.] *S. l. n. d. n. typ.* In-8, br.

2725. SAVONE : **Verzellino** (Gio. Vincenzo). Delle Memorie particolari e specialmente degli Uomini illustri della città di Savona..... curate e documentate dal *A. Astengo*. Vol. I. Savona, Bertolotto & Isotta, 1885. In-4, br.

2726. TRAETTO : **Ciuffi** (Gaetano). Memorie storiche ed archeologiche della Città di Traetto. Napoli, Serafini, 1854. Br. in-8.

Rare, suivant Lozzi (Bibl. istorica d'Italia).

2727. TRANI : **Prologo** (Arcangelo). Le carte che si conservano nelle Archivio del Capitolo Metropolitano della città di Trani (dal IX secolo fino all' anno 1266). Barletta, Vecchi, 1877. In-8, rel. toile, couv.

2728. TRÉVISE : **Bonifaccio** (Giov.). Istoria di Trivigi... Nuova edizione molto emendata... e adornata di varie figure. In Venezia, presso G. Albrizzi, 1744. Grand in-8, d.-rel. vél., portr. de l'auteur, carte et nomb. vignettes finem. grav.

2729. VERCEIL : Svmmarivm monvmentorvm omnivm qvae in Tabvlario mvnicipii Vercellensis continentvr ab anno DCCCLXXXII ad annvm MCCCCXLI ab incerto avctore concinnatvm et nvnc primvm editvm cvrante *Sereno Caccianottio*. Vercellis, Gvillielmoni, 1868. Grand in-8, rel. toile, non rogn.

2730. VIGEVANO : **Biffignandi Buccella** (Pietro Giorgio). Memorie istoriche della citta' e Contado di Vigevano. Vigevano, 1810. In-4, br

2731. DIVERS : Cronica particolare delle cose fatte dalla città di Faenza... dal DCC fino al MCCXXXVI. Faenza, P. Conti, 1885. In-12, br. — **Spata** (Giuseppe). Sul cimelio diplomatico del Duomo di Monreale. Palermo, 1865.

In-12, cart., couv. — **Tononi** (A. G.). Una pagina di storia Piacentina. — La peste degli anni 1348, 1361 e 1374 in Piacenza. — Le truppe tedesche e francesi a Piacenza. 31 maggio, 25 Giugno 1800. — Velleia studiata da un erudito francese. [4 Estr. dalla *Strenna Piacentina*, 1883-1887.] 4 plaq. in-12, cart. ou br. — *Du même*. Documenti inediti intorno alla scoperta di Velleia e gli illustratori delle sue antichitá. Modena, Vincenzi, 1881. In-8, cart., couv. — **Venturi** (A. G. Batt.). Relazioni dei governatori di Reggio al duca Ercole I in Ferrara. Modena, Vincenzi, 1884. In-8, cart. Ensemble 8 plaq.

VENISE

2732. Barbaro (Francesco). Francisci Barbari et aliorum ad ipsum Epistolae ab Anno Chr. 1425 ad Annum 1453, nunc primum editae. Accedit ampla earundem mantissa. Brixiae, J. M. Rizzardi, 1743. — Diatriba praeliminaris in duas partes divisa ad Francisci Barbari epistolas. Brixiae, Rizzardi, 1741. Ensemble 2 vol. in-4, rel. parch., avec portr. de Barbaro grav. par *Patrini*. — Centotrenta lettere inedite, precedute dall' ordinamento critico cronologico dell' intero suo epistolario, seguite da appendici di *Remegio Sabbadini*. Salerno, tip. nazionale, 1884. In-4, rel. toile, couv.

Barbaro (1368-1454) était un savant et un homme d'État vénitien, il est surtout connu comme auteur d'un traité « De re uxoria ». Le cardinal Quirini a donné l'édition de 1743.

2733. Bembo. Petri Bembi Cardinalis || viri clariss. rervm ve || netarvm Historiae || Libri XII. || Lvtetiae || Ex officina Michaëlis Vascosani, uia Iacobæa || ad insigne Fontis M. D.LI. 1 vol. in-8, de 20 ffc., 311 ff. chif., 1 fnc (blanc). rel. truie estampée (datée de 1567).

Pierre Bembo (1470-1547), historiographe de Venise, écrivit cette histoire qui va de 1486 à 1513. Son ouvrage imprimé par les Alde, petit in-folio, fut la même année réimprimé à Paris chez Vascosan.

2734. Brown (Rawdon). Ragguagli sulla vita e sulle opere di Marin Sanuto detto il juniore, veneto patrizio e cronista pregevolissimo de Secoli xv, xvi. intitolati dall' amicizia di uno straniero al nobile J. V. Foscarini..... Venezia, Alvisopoli, 1837-1838. 3 tomes en 1 vol. in-8, d.-rel. chag., tête lim. ébarb.; au dos, chiffre du comte Riant.

La chronique de Marin Sanuto (1466-1535) a été imprimée dans les *Ital. script.* de Muratori, t. XXII. Il existe un autre chroniqueur du même nom auquel on doit un important récit des Croisades. Cf. n° 2131.

2735. Cecchetti (Bartolomeo). Il doge di Venezia. Venezia, Naratovich, 1864. 1 vol. in-8, d.-rel. chag., tr. peigne. — La vita dei Veneziani nel 1300. Le vesti. Venezia, tip. Emiliana, 1886. 1 vol. in-8, br. — Autografi, bolle ed assisa dei Dogi. Venezia, Naratovich, 1881. In-8 obl. br.

2736. Cicogna (Emmanuele Antonio). Delle inscrizioni veneziane. Venezia, 1824-1853. 6 tomes en 3 vol. in-4, d.-rel. veau, tête lim. non rogné, couv.; au dos, chiffre du comte Riant.

2737. **Doglioni** (Gio. Nicolo). Historia Venetiana scritta breuemente da ..., delle cose successe dalla prima fondation di Venetia sino all' anno di Christo M.D.XCVII..... (*Marque typ.*) In Venetia, M.D.XCVIII. Appresso Damian Zenaro. Vol. in-4 de 40 ffnc., 1055(1) pp., rel. parch.

> J. N. Doglioni a écrit un grand nombre d'ouvrages assez estimés sur l'histoire de Venise.

2738. Examen de la liberté originaire de Venise traduit de l'italien. Avec une harangue de Loüis Hélian, ambassadeur de France contre les Vénitiens. Traduite du latin. Et des remarques historiques. (*La sphère*). A Ratisbonne, Chés Jean Aubri, Imprimeur de Sa Majesté Impériale..... M.DC.LXXVII. In-8, rel. mar. rouge, fil. et armes sur les plats, dos orné, tr. dor. (Anc. rel).

> Curieux ouvrage. « L'Examen de la liberté » a été attribué à don Alfonse de la Cueva ou à Marcos Velseras, a paru en 1612 à Mirandola chez Giovanni Benincasa, sous le titre « squittinio delle Libertà veneta, nel quale si adducono le ragioni dell' Impero Romano..... »... Cet ouvrage attaquait avec violence la république et le Sénat de Venise, et ce dernier le condamna au feu. La traduction des deux pièces est due à A. N. Amelot de la Houssaye.

2739. **Filiasi** (conte Giacomo). Memorie storiche de' Veneti primi e secondi. In Venezia, Appresso Modesto Fenzo, 1796-1798. D.-rel. bas. — *Du même* : Ricerche storico-critiche sull' opportunita' della Laguna Veneta pel commercio, sull' arti, e sulla marina di questo stato. Venezia, Gio: Antonio Curti, 1803. Ensemble 9 tomes in-8, en 10 vol., d.-rel. bas. n.

2740. **Fulin** (Rinaldo). Errori vecchi e documenti nuovi a proposito di una recente publicazione del Co. Luigi di Mas Latrie. Venezia, Antonelli, 1882. In-8, rel. toile.

> Réponse à un article sur un projet d'empoisonnement de Mahomet II pour le compte des Vénitiens.

2741. **Giustiniani** (Pancrace). Pancratii Ivsti ‖ niani patritii Ve ‖ neti, senatorii, aeqve/‖ srisqve ordinis, et ‖ comitis palatini ‖ de praeclaris ‖ Venetae ari/‖ stocratiae ‖ Gestis Li ‖ ber. *In fine :* Venetiis per Ioãnem Tacuinũ de Tridino ‖ Anno domini M.D.XXVII. ‖ Mensis Augusti. In-8, carré, de 54 ffnc., rel. vél.

> Rare. Au feuillet 40 commence un autre opuscule « Epistolae eivsdem ‖ Ivstiniani. » L'ouvrage de *Justiniani* ou *Giustiniani* comprend des vies d'illustres Vénitiens depuis 1006 jusqu'en 1454.

2742. **Giustiniani** (Pierre). Rervm Venetarvm ab vrbe condita ad annvm M.D.LXXV. Historia..... Ab eodem Autore denuo revisa..... cui hæc accesserunt opuscula Bernardi Justiniani..... Oratio apud Sixtum IV..... Ludovici Heliani Vercellensis..... de bello suscipiendo adversus Venetianos et Turcas oratio. Coriolani Cepionis..... de Petri Mocenici.... contra Ottomannum..... rebus gestis Libri III..... Argentorati, Sumptibus Lazari Zetzneri, M.DC.XI. In-folio, rel. vél., tr. r.

> Ce recueil comprend également les ouvrages suivants : « S. Callimachi Experientis de his qvæ à Venetis tentata sunt, Persis ac Tartaris contra Turcas

movendis narratio. Alexandri Peantii Benedicti Veronensis Physici de Bello Venetorum cum Carolo VIII. Gallorum Rege... Pamphili Sassi... de eodem bello carmen. »

2743. **Graziani** (J.). Joannis Gratiani... Historiarum Venetarum libri XXXII, quorum XXIV priores nunc prodeunt. Patavii, ex Typ. Seminarii, apud J. Manfrè. 1728. 2 vol. in-4, rel. mar. rouge, tr. dor., fil. sur les plats (reliure XVIII° s.). Front. au tome I.

Cette histoire, dont les 24 premiers livres seuls ont paru, est une continuation de l'Histoire d'*André Morosini* et va de 1615 à 1700.

2744. **Hélian** (L.). Ludouici Heliani Vercellensis Christianissi= || mi Francoᶉ Regis Senatoris : ac oratoris de || bello suscipiēdo aduersus venetianos & Tur || cas oratio, Maximiliano Augusto, in cōuen || tu Pręsulū : Principum : Electoᶉ : & ciuitatum || Romani Imperii in Augusta uindelica || IIII : Idus Aprilis. Anno a partu virginis Mil || lesimoquingentesimodecimo. *Au f° 13 v° commence un poëme latin* : Eiusdem Lodouici Heliani uenatio leonū. Pon || tifex Max. Cęsar Augustus : Rex Francoᶉ : || Rex Aragonum Venatores. *Fnc.* 18 r°, l. 19 : Impressum Auguste Vindelicoᶉ. per M. Ioannem || othmar apud Cenobiū sanctę Vrsulę. cis Licum || Anno salutis humanę. M.D.X. die XII. Maii. In-4 de 18 ffnc., sign. a par 8 ff., b par 4 ff., c par 6 ff. (deux ff. remontés).

Rare. Le discours de l'ambassadeur de Louis XII à Augsbourg a été publié un mois après avoir été prononcé, par les soins de Jacques Bonnicius, secrétaire de l'Empereur. Il contient une violente attaque contre les Vénitiens qu'il accuse de faire le jeu des Infidèles. Tout cela ne put empêcher la formation de la Ligue dite *Sainte* où le pape Jules II se détachant de Louis XII et de l'empereur Maximilien s'unit à Venise, aux Suisses et à François le Catholique pour chasser les Français d'Italie. Cf. n° 2738 : « Examen de la liberté originaire de Venise » et n° 2742.

2745. — Lodouici Heliani Vercellensis Christianissimi Franco⅞ || Regis Senatoris, ac oratoris de bello suscipiendo || aduersus Venetianos & Turcas oratio, Maxi || miliano Augusto, in cōuentu Præsulū, || Principum, Electo⅞, & Ciuitatū || Romani Imperij dictā in Au =|| gusta Vindelica. IIII. Idus || Aprilis. Anno a partu || virginis. M.D.X. *Au verso du f° 11 :* Eiusdē Lodouici Heliani venatio leonū Pontifex || Max. Cæsar Augustus, Rex Francorum, || Rex Aragonum Venatores. *Au recto du f° 16 :* Ad Reuerendissimos & illusirissimos sacri || Romani Imperij Electores, Reliquosqȝ || inclytos in cōcilio Augustēsi Ger =|| mano⅞ Principes, Carmen || exhortatorium. || *S. l. n. d. n. typ.* In-4 de 22 ffnc., sign. a par 8 ff., b-c par 4 ff., d par 6 ff., rel. vél.

Cette édition ne porte pas de nom d'imprimeur.
Les lettres initiales sont peintes à la main.

2746. — Arringa di Luigi Hèlian ambasciatore di Francia contro i Veneziani, pronunziata alla Dieta di Ausburgo l'anno 1510. Dalle stampe del Cittadino Zatta, Anno I della Libertà Italiana. Pet. in-8, d.-rel. bas.

Traduction italienne de la plaquette précédente. Rare.

2747. Iäger (Ed.). Storia documentata dei corpi militari veneti e di alcuni alleati (milizie di terra) negli anni 1848-1849. Venezia, Bartolameo, 1880. 1 vol. in-8, br.

Contient la liste des morts et blessés pendant la défense de Venise.

2748. Lamansky (Vladimir). Secrets d'État de Venise. Documents, extraits, notices et études servant à eclaircir les rapports de la Seigneurie avec les Grecs, les Slaves et la Porte Ottomane à la fin du xve et au xvie siècle. Saint-Pétersbourg, 1884. 1 vol. in-8, d.-rel. chagr. brun.

2749. Molmenti (P. G.). La vie privée à Venise depuis les premiers temps jusqu'à la chute de la République. Venise, Ferd. Ongania, 1882. 3 parties en 1 vol. in-12, avec figg. et planches, d.-rel. mar. rouge, non rogn.; au dos, chiffre du comte Riant.

2750. Morosini (Paolo). Historia della Città e Republica di Venetia..... distinta in Libri Vintiotto. Venetia, MDCXXXVII. Presso P. Baglioni. In-4, rel. vél., mouillures.

Morosini a suivi le plus souvent l'histoire de Sabellicus, sans ajouter de faits nouveaux, bien au contraire. Ce Paolo Morosini ne doit pas être confondu avec le diplomate du même nom qui vivait au xve siècle et a laissé quelques ouvrages, dont un également sur Venise. Le nôtre était bien vivant au moment de la publication de son Historia.

2751. Palatius (Johannes). Fasti ducales ab Anafesto I ad Silvestrum Valerium, Venetorum Ducem, cum eorum Iconibus, Insignibus, Nummismatibus Publicis, et Privatis ære sculptis : Inscriptionibus ex Aula M. Consilii, ac Sepulchralibus. Adiectæ sunt adnotationes, ad vitam cuiusque Principis, rerum, quæ omissæ fuerant..... Venetiis, typis Hieronymi Albrizzi, MDCXCVI. In-8, fig. grav., rel. étoffe damassée rouge.

2752. Pierre Orséolo (Saint) : **Fontanini** (Just.) De Sancto Petro Vrseolo Dvce Venetorvm postea monacho ordinis Sancti Benedicti, ex primæva Ecclesiæ disciplina Sanctorum Confessorum canoni adscripto, dissertatio..... Romæ, Roch. Bernabò, 1730. In-4, rel. vél. — **Grandi** (Guido). Vita del Glorioso Prencipe S. Pietro Orseolo, Doga di Venezia, Indi Monaco, ed Eremita santissimo, primo Discepolo di S. Romualdo..... Venezia, Giuseppe Bettinelli, 1733. In-4 br., 2 pl. — **Kohlschütter** (Otto). Venedig unter dem Herzog Peter II. Orseolo, 991 bis 1009. Göttingen, Kaestner, 1868. In-8, cart. — **Mas Latrie** (L. de). Translation des reliques du doge Orséolo Ier de France à Venise. [Ext. de l'*Ann. Bull. de la Soc. de l'hist. de Fr.*] In-8, cart. Ensemble 4 vol. ou plaq.

Orseolo se distingua principalement dans les luttes que les Italiens soutinrent à la fin du xe siècle contre les Sarrasins établis en Sicile.

2753. Predelli (R.). I Libri commemoriali della Repubblica Veneta regesti Venezia, tip. Visentini, 1876-1883. 3 vol. gr. in-8, brochés.

2754. **Sansovino** (Francesco Tatti). Venetia citta nobilissima et singolare, Descritta in XIIII. Libri..... In Venetia, Appresso Iacomo Sansovino MDLXXXI. *In fine* : Stampata in Venetia, Appresso Domenico Farri, M D LXXXI. 1 vol. petit in-4 de 4 ffnc., 282-38 ff. chif., 34 ffnc., rel. vél.

> Entre autres choses, ce livre contient des renseignements sur les bibliothèques privées existant à cette époque.

2755. — Venetia città nobilissima, et singolare descritta già in XIIII. Libri,... et hora con molta diligenza corretta e più d' vn terzo di cose nuoue ampliata dal M. R. D. Giovanni Stringa... In Venetia, Presso Altobello Salicato, M D CIIII. 1 vol. in-4, rel. parch.

2756. **Tafel** & **Thomas**. Der Doge Andreas Dandolo..... Mit den Original-Registern des Liber Albus, des Liber Blancus und der Libri Pactorum aus dem Wiener Archiv. München, G. Franz, 1855. In-4, rel. toile. — **Simonsfeld** (Henry). Andreas Dandolo und seine Geschichtswerke. München, Ackermann, 1876. In-8, rel. toile, couv. — Andrea Dandolo e le sue opere storiche, traduzione del dott. B. Morossi. Est. dall *Archivio Veneto*, XIV, 1877. In-8, cart.

> André Dandolo, doge de Venise en 1343, se distingua au siège de Gara et dans les guerres du xive siècle de Venise contre les Turcs.

2757. **Thomas** (Georg. Martin). — Die Stellung Venedigs in der Weltgeschichte..... München, Straub, 1864. Plaq. in-4, cart. — Venezia nella storia universale..... versione italiana di *A. S. Minotto*. Venezia, tip. della Gazzetta Ufficiale, 1865. Plaq. in-8, cart. couv. — Einen Bericht über die ältesten Besitzungen der Venezianer auf Cypern. Extrait *s. l. n. d. n. typ.* Plaq. in-8, cart. — Capitular des Deutschen Hauses in Venedig zum erstenmal bekannt gegeben. Berlin, Asher, 1874. Vol. in-4, rel. toile, couv. — Zur Quellenkunde des venezianischen Handels und Verkehres, mit archivalischen Beilagen. München, Straub, 1879. In-4, d.-rel. toile (édit). — Commission des Dogen Andreas Dandolo für die Insel Creta vom Jahre 1350..... München, Straub, 1877. In-4, d.-rel. toile (édit.) — Handelsvertrag zwischen der Republik Venedig und dem Königreich Granada vom Jahre 1400. München, 1885. In-4, rel. toile. Ensemble 1 vol. et 6 plaq.

2758. Venezia e le sue lagune. Venezia, Antonelli, 1847. 2 parties en 4 vol. in-4, avec nombr. pl. en lithogr., d.-rel. bas. fauve.

> Ouvrage tiré à petit nombre publié par ordre de la municipalité de Venise, Cicogna (Bibliog. venez., I, 606) donne les noms des nombreux auteurs qui ont collaboré à cette importante publication, parmi lesquels se trouve *Daniele Manin*.
> Notre exemplaire (n° 354) est celui du géographe *Carl Ritter*.

2759. **Zabarella** (Conte Giacomo). Il Galba overo Historia della Sereniss Fameglia Qvirina. Padova, Cadorin, M DCLXXI. In-4, rel. parch., plusieurs planches, nombreux blasons; portraits de Giacomo Zabarella, l'auteur, et de Hieronymo Quirini, procurator di S. Marco; ce dernier gravé en 1670 par *Jo: Langlois*.

2760. **Busenello** (Francesco). Panegirico all' Illustriss. & Eccellentiss. Sig. Lazaro Mocenigo... Capitan General da Mar per la Serenissima Repvblica... contro il Turco. Venetia, Pinelli, MDCLVII. — **Nores** (Iason de). Panegirico... in lavde della Sereniss: Rep: di Venetia al clarissimo sig: Benedetto Georgio dell'... signor Alvise... (*Marque typ.*) In Padova, M.D.XC. Appresso Paolo Meietti. In-4 de 4 ffnc., 40 ff. chif. — **Zamboni de Silvii** (Francesco). Del dominio del mare Adriatico, Ouero Golfo di Venetia. Venetia, Zattoni, M.DC.LXXVI. — **Sarpi** (Fra Paolo). Memoria inedita presentata al senato veneto... intorno al modo da tenersi dalla Repubblica per il buono et durevol governo del suo Stato. In Colonia. Presso Pietro Mortier (*Hollande*), 1760 Ensemble 1 vol. in-4, d.-rel. veau, coins, dos orné.

2761. **Baer** (Aug.). Die Beziehungen Venedigs zu Kaiserreiche in der Staufischen Zeit. Innsbruck, Wagner, 1888. In-8, br. Envoi d'auteur au comte Riant. — **Corniani degli Algarotti** (Lauro). Tre brani storici viniziani... pub. p. *Antonio Artelli*. [*Per Nozze.*] Venezia, Bragadin, 1843. In-8, d.-rel. bas. n. — Cronachetta Veneziana dal 1402 al 1415 [pub. p. *Vincenzo Joppi*]. S. l. n. d. n. typ. Estr. dell' *Archiv. Veneto*, 1879. N° 34. In-8, cart. — **Morlopino** (Abbate). Le illustri azioni de' serenissimi principi della famiglia Moceniga. [*Per Nozze* Mocenigo-Spaur, pub. p. *A. Quaddri*]. Venezia, tip arm. di S. Lazaro, 1840. In-8, br., av. portr., forte mouillure aux premiers ff. — **Mulionus** (Seb.). Chronicon Glemonense ab anno MCCC ad MDXVII. [*Per Nozze* Gropplero-Concato.] Udine, Seitz, 1877. In-8, br. — **Sanuto**. Il Dogado di Pietro Mocenigo nel manoscritto autografo di Marino Sanuto. [*Per Nozze* pub. p. *R. Fulin.*] Venezia, M. Visentini, 1882. In-8, cart., couv. Ensemble 6 vol. ou plaq.

2762. **Angelucci** (Angelo). I Cannoni veneti di Famagosta. L'armeria dell' arsenale ed il museo civico di Venezia. Estratto dall' *Archivio Veneto*, VIII. In-8, cart. — **Johanneau** (Éloi). Lettre.. .. à M. le chevalier de Rossi sur l'inscription prétendue runique du Lion de Venise. S. l. n. typ., 1808. In-8, cart. — **Pinton** (Pietro). Venezia Byzantina?! Oderzo, Bianchi, 1874. In-8, rel. toile. — **Saccardo** (G.). I Pilastri acritani. Estratto dall' *Archivio Veneto*, XXXIV, 1887. In-8, br.

2763. **Mustoxidi** (Andrea). Sui quattro cavalli della Basilica di S. Marco in Venezia. Padova, Bettoni, 1816. In-8, cart., non rogn., 1 doub. pl. — **Dandolo** (Girolamo Antonio). Sui quattro cavalli della Basilica di S. Marco in Venezia. Osservazioni. Venezia, Tip. Alvisopoli, 1817. Plaq. in-8, d.-rel. bas. noire, non rogn. — Descriziones torica e cronologica dei quattro superbi cavalli... della I. R. Basilica di S. Marco in Venezia... Venezia, G. Molinari, s. d. 2 ffnc. (form. in-4), cart. — **Haydon** (B. R.). Comparaison entre la tête d'un des chèvaux de Venise, qui etoient sur l'arc triomphale des Thuilleries et qu'on dit être de Lysippe et la tête du cheval d'Elgin du Parthenon. Londrès, W. Bulmer, 1818. Plaq. in-8, cart. — **Cicognara** (Leopoldo). Dei quattro cavalli riposti sul pronao della Basilica di S. Marco. Narrazione storica. Venezia, Alvisopoli, 1815. In-4, rel. toile. — **Zanella** (Giacomo). I Cavalli di S. Marco. Padova, Prosperini, 1877. In-12, rel. toile, couv. (*Per Nozze*). Ensemble 6 vol. ou plaq.

* 16. Suisse.

2764. **Berlepsch** (H. A.). Schweizerkunde. Land und Volk übersichtlich vergleichend dargestellt. Zweite Auflage. Braunschweig, Schwetschke, 1875. 1 vol. in-8, rel. toile.

2765. **Bridel.** Glossaire du patois de la Suisse romande. Avec un appendice comprenant une série de traductions de la parabole de l'enfant prodigue... le tout recueilli et annoté par *L. Favrat*. Lausanne, Bridel, 1866. 1 vol. in-8, d.-rel. chag., tête peigne, non rogn.; au dos, chiffre du comte Riant. — **Monnet** (L.). Voyage de Favey et Grognuz ou deux paysans Vaudois à l'Exposition universelle de 1878. Nombreuses vignettes par E. Déverin. Lausanne, Vincent, 1880. In-8, cart., couv.

2766. **Charrière** (L. de). Les dynastes de Grandson jusqu'au XIIIe siècle. Lausanne, Bridel, 1866. In-4, rel. toile, pl. généal.

2767. Deux visites à Nicolas de Flue. Relations de *Iean de Waldheim* & d'*Albert de Bonstetten*, traduites par *Édouard Fick*, docteur en droit et en philosophie. Genève, Fick, 1864. In-8, rel. vél.

2768. **Fontana** (Fulvio) et **Mariani** (Gio Antonio). Imagini di persone della Elvezia, Rezia, Valesia, e Tirolo, intervenvte in abito di penitenza nelle Missioni fatte dalli PP. della Comp^a di Giesú..... *S. l. n. typ.*, 1711. Recueil de 24 planches gravées, petit in-fol.

2769. **Gautier** (Adolphe). Les armoiries et les couleurs de la Confédération et des cantons suisses. Seconde édition... ornée de vignettes et de quatre planches en chromo..... Genève et Bâle, H. Georg, 1875. Vol. in-8, rel. toile, couvert.

2770. **Gelpke** (E. F.). Kirchengeschichte der Schweiz. Bern, Dalp, 1856-1861. 2 vol. in-8, br.

2771. **Hisely** (J. J.). Guillaume Tell et la révolution de 1307.....; réfutation de la fameuse brochure Guillaume Tell, fable danoise (répétée dans cet ouvrage). Delft, Allart, 1826. In-8, rel. toile, couv. — **Muralt** (E. de). Les origines de la liberté en Suisse et les sources de l'histoire de Guillaume Tell. Lausanne, Blanc, Imes et Lebet, 1871. In-8, cart. — **Rilliet** (Albert). Les origines de la Confédération suisse. Histoire et légende. Seconde édition. Genève et Bâle, Georg, 1869. In-8, rel. toile.

2772. **Lefort** (Ch.). Notices sur d'anciens membres de la Société d'Histoire de Genève. Genève, Fick, 1888. Grand in-8, br.

2773. **Le Fort** (Charles). Adhémar, évêque de Genève (1385-1388). Berne, K. J. Wyss, 1887. In-8, br. — **Vuy** (Jules). Adémar Fabri, prince-évêque de Genève. Turin, J. B. Paravia, 1888. In-8, br.

2774. **Lehr** (Ernest). La Handfeste de Fribourg dans l'Uechtland de l'an MCCXLIX. Textes latin, français et allemand... étude comparative sur le droit des trois villes kybourgeoises de Fribourg, Thoune et Berthoud au XIIIe siècle. Lausanne, Benda, 1880, fac-similé en héliog. In-8, rel. toile.

Tiré à 450 exemplaires.

2775. **Martignier** (D.) et **Crousaz** (Aymon de). Dictionnaire historique, géographique et statistique du canton de Vaud. Lausanne, Corbaz, 1867. 1 vol. in-8, d.-rel. chag.

2776. **Montet** (Albert de). Extraits de documents relatifs à l'histoire de Vevey depuis son origine jusqu'à l'an 1565. Turin, Paravia, 1884. In-8, rel. toile, couv.

2777. **Mülinen** (Egb. Fried. von). Prodromus einer Schweizerischen Historiographie. In Alphabetischer Reihenfolge die Historiker aller Cantone und aller Jahrhunderte umfassend. Bern, Huber, 1874. In-8, rel. toile, couv. — Schweizerisches Orts-Lexicon, neue, umgearbeitete und vermehrte Ausgabe. Manuel-lexique des localités suisses. Berne, Haller, 1878. In-8, rel. t., non rogn., couv.

2778. **Robida** (A.). Les vieilles villes de Suisse. Ouvrage orné de 105 dessins de A. Robida. Paris, Dreyfous, 1879. In-8, d.-rel. mar. r.; au dos, chiffre du comte Riant.

2779. **Simler**. La Repvblique des Svisses. Comprinse en deux liures, contenans le gouuernement de Suisse, l'estat public des treize Cantons & de leurs Confederez en general & en particulier..... descrite en Latin par Iosias Simler de Zurich, & mise en François. Cinqviesme edition, reveve et augmentee à la fin de quelques particularitez. Specialement d'vne exhortation aux Suisses, pour leur conseruation (fig.). Par Gabriel Cartier. M.DC.VII. S. l. (Genève). 2 vol. petit in-8, rel. vél. et cart.

L' « Exhortation aux Suisses » qui a un titre et une pagination différente a été reliée séparément.

2780. **Gerster** (J. S.). Acht Karten zur Veranschaulichung der Hauptperioden der Schweizergeschichte mit erläuterndem Text. Zürich, Hofer & Burger, 1886. In-8, br. — Joh. von Müllers Reise in die Schweiz zu Gunsten; einer Vereinigung der schweizerischen Eidgenossenschaft mit dem deutschen Fürstenbund in Sommer 1787. [Abd. a. d. *Beitr. z. Schaff. vaterl. G.*, II, 1866.] In-8, cart. — **Müller** (Johann. B.). P. Martin de Lavallaz. Benedictiner von Maria-Ensiedeln (1755-1832), sein Beruf zum Kloster, seine Erlebnisse

in den Tagen der franz. Revolution. Brünn, Rohrer, 1880. In-8, cart., couv.
— **Sickel** (Th.). Ueber Kaiserurkunden in der Schweiz. Zürich, Höhr, 1877. In-8, cart., couv. — **Vetter** (Ferd.). Ueber die Sage von der Herkunft der Schwyzer und Oberhasler aus Schweden und Friesland. Bern, K. Schmid, 1877. In-8, cart. — **Wirten** (Axel Emil). De Colonia Suecorum in Helvetiam deducta Dissertatio. Upsaliæ, 1828. In-4, rel. toile. Ensemble 6 plaq.

VALLAIS

2781. **Aubert** (Édouard). Trésor de l'Abbaye de Saint-Maurice d'Agaune. Paris, Vᵛᵉ Morel, 1872. 1 vol. grand in-4, 45 pl. d.-rel. mar. r., coins, tête dorée, non rogn.; au dos, chiffre du comte Riant.

2782. **Baldessano**. La Sacra Historia Thebea del Sig. Gvglielmo Baldesano di Carmagnola... Diuisa in due libri. In Torino, Per l'Herede del Beuil'acqua, 1589. 1 vol. in-8 de 10 ffnc., 325(1) pp., 11 ffnc., rel. vél., notes ms. sur le titre.

Ouvrage rare, dont, suivant Graesse, l'auteur se nomme véritablement *Bernardino Rossignoli*, jésuite.

2783. — La Sacra historia di S. Mavritio Arcidvca della legione Thebea, et de' suoi valorosi Campioni... In Torino, Appresso Gio. Domenico Tarino. M.DCIIII. 1 vol. petit in-4 de 12 ffnc., 423(1) pp., 22 ffnc., rel. vél., titre remonté et raccom.

2784. **Bernard de Montmélian** (J.). Saint Maurice et la Légion thébéenne. Paris, Plon, 1888. 2 vol. in-8, br. — **Ducis** (Le chanoine). Saint Maurice et la Légion thébéenne. Anney, Niérat, 1887. In-8, br.

2785. **Berthout van Berchem** (J. P.). Itinéraire de la vallée de Chamonix, d'une partie du Bas-Vallais et des montagnes avoisinantes. A Lausanne, chez Jean Mourer, 1790. 1 vol. in-12, rel. toile, non rogn., avec 2 cartes. — **Gerlach** (H.). Die Bergwerke des Kantons Wallis. Sitten, Galerini, 1873. In-8, cart., couv., 1 pl.

2786. **Boccard** (Le chanoine). Histoire du Vallais avant et sous l'ère chrétienne jusqu'à nos jours. Genève, Berthier-Guers, 1844. 1 vol. in-8, br. — **Rameau** (Abbé B.). Le Valais historique. Châteaux et Seigneuries. Sion, Galerin, 1886. In-4, rel. toile.

2787. Concilium Epaunense Assertione clara et veridica loco suo, ac proprio Fixum in Epaunensi Parochiâ Vallensium seu Epaunæ Agaunensium vulgo Epenassex per Sedunensem Canonicum Seb. B..... 1741..... Seduni, Typis Magnifici Senatûs, apud Michaëlem Mayer. In-8, rel. veau, tr. dor. — **Ducis** (Le chanoine). L' Epaona du concile de 517. Thonon, Dubouloz (1886). In-8, br.

2788. **Eschassériaux**. Lettre sur le Valais, sur les mœurs de ses habitans... Paris, de l'Imprimerie de Cellot, chez Maradan, 1806. Plaq. in-8, rel. toile.

— [**Mallet** (Georges)]. Lettres sur la route de Genève à Milan par le Simplon, écrites en 1809. Paris et Genève, J. J. Paschoud, 1810. In-12, rel. veau marb.

<small>Le second ouvrage, sans nom d'auteur, est généralement attribué à G. Mallet, mais certains bibliographes l'ont aussi attribué à *P. X. Leschevin de Précour.*</small>

2789. **St Eucher**. D. Mavricivs, Thebææ legionis Dvx et signifer, Jam olim a S. Evcherio episcopo Lvgdvnensi XX. Nunc iterum a Pietro Stevartio Leodio..... in theatrum productus..... Accessit etiam Officium S. Mavricii..... Ingolstadii, Ex Typographæo Ederiano, apud Elisabetham Angermariam Viduam, Anno M.DC.XVII. Vol. in-4, rel. vél.

2790. **Fauconnet** (D^r Ch.). Excursions botaniques dans le Bas-Valais. Genève & Bâle, Georg, 1872. Plaq. grand in-8, rel. toile, couv. — **Murith**. Le guide du botaniste qui voyage dans le Valais. Lausanne, Vincent, 1810. In-4, rel. toile.

2791. **Furrer** (P. Sigismund). Geschichte von Wallis. — Statistik von Wallis. — Urkunden, welche Bezug haben auf Wallis. Sitten, Calpini-Albertazzi, 1850-52. Ensemble 3 parties en 1 vol. grand in-8, d.-rel. veau f., tête marbr., non rogn.; au dos, chiffre du comte Riant.

2792. **Gilliéron** (Jules). Petit atlas phonétique du Valais Roman (Sud du Rhône). Paris, Champion, s. d. In-8 obl., 30 pl., rel. toile, couv.

2793. **Gremaud** (L'abbé J.). Documents relatifs à l'histoire du Vallais. Lausanne, Bridel, 1875-1884. 5 vol. in-8, d.-rel. chag. r., tr. limace, couv.

2794. Réminiscence des faits réels et des évènements historiques concernant nos Alpes Pœnines depuis les temps primitifs jusqu'à notre ère... *S. l.*, 1881. In-8, cart. perc. br., couv.

2795. **Ribordy** (Louis). Documents pour servir à l'histoire contemporaine du canton du Valais. Sion, J. Beeger, 1885. In-8, br.

2796. **Rivaz** (P. de). Eclaircissements sur le martyre de la Légion Thébéenne, et sur l'époque de la persécution des Gaules sous Dioclétien et Maximien. Paris, Berton, 1779. In-8, rel. veau f., tr. dor.

2797. **Schiner**. Description du département du Simplon ou de la ci-devant République du Valais. Sion, Antoine Advocat, 1812. In-8, d.-rel. chag., tête lim., non rogn.; au dos, chiffre du comte Riant.

2798. **Sigismond de Saint Maurice** (Le P.). Histoire dv glorievx sainct Sigismond Martyr, Roy de Bovrgongne, fondatevr dv celebre monastere de Sainct Mavrice, fidellement recveillie des anciens, et novveaux avthevrs..... Ornee, et enrichie de Sentences tant de l'Escripture saincte, que de saincts Peres, & autres Autheurs..... Devx traictes sont adioincts a cette histoire l'vn des Miracles du-dit Sainct, & l'autre de ses sainctes Reliques. Vn autre traicté des Reliques de la Reyne sa femme, & de ses deux Enfants, Gistal &

Gondebal, Pvis devx traictez des reliqves de Saint Maurice, & de ses Compagnons..... Imprimé à Syon..... chez Henri Lovys Escrivain, l'An 1666. In-4, d.-rel. veau éc., tr. rouge, front.

> Ce livre a été longtemps regardé comme la première impression certaine qui ait été faite à Sion (Valais). Mais il existe un catéchisme de Pierre Canisius, traduit en grec par Georges Mayr, qui porte la date de 1644 et la mention « Seduni, apud Heinricum Streler... ». Ce Streler aurait même exercé sa profession d'imprimeur à Sion dès 1642.

2799. **Simler.** Vallesiæ Descriptio Libri Dvo. De Alpibvs Commentarivs, Iosia Simlero avctore. Describvntvr vero in his libris, primo quidem regionis situs, populi mores, Reipublicæ forma, vrbes, arces, pagi, montes, flumina, aliaq; memoratu digna : & præterea Vallesianorū res gestę. Deinde Alpium natura & magnitudo, vetera nomina & itinera : & multa quæ propria & peculiaria sunt Alpibus commemorantur : Auctorum etiam loci plurimi citantur & explicantur. Accessit his Appendix descriptionis Vallesiæ. Tigvri Excvdebat Ch. Froschouerus. 1574. In-8 de 8 ffnc., 151 ff. chif., 1 fnc., rel. vél.

> Ouvrage dédié à Hildebrand de Riedmatten, évêque de Sion. L'appendice qui commence au feuillet 135 comprend un récit du martyre de saint Maurice, un éloge du cardinal Schiner, par *Paul Jove*, une étude sur les sources thermales du Valais, par un pharmacien de Sion, *Gaspard Collinus*. A la suite de cet ouvrage, on a relié : « Cornelivs Nepos de Viris Illustribus. Lvgdvni, Sub Scuto Coloniensi, apud Ioannem & Franciscum Frellonios, fratres, 1543. »

2800. **Franc** (Léon). Notice sur Morgins et ses environs. Fribourg, 1885. In-8, br., envoi d'auteur au comte Riant. — *Du même*. Notice sur un Celt découvert à Vérossaz. Fribourg, imp. cath., 1881. In-8, br. — *Du même*. Nouvelles preuves de l'indigénat des Celtes dans le Bas-Valais. Genève, Tremblay, 1883. In-8, br. — **Grillet** (J. H.). Loèche-bains, canton du Valais. Deuxième édition. Genève, Vaney, 1866. In-8, rel. toile, couv. — **Reichenbach** (E.). Louesche-Leukerbad. Paris, Masson, 1876. In-8, cart. couv. — Die Tapete von Sitten. Ein Beitrag zur Geschichte der Xylographie. Zürich, Bürhli, 1857. In-4, cart., 4 pl. Ensemble 6 vol. ou pl.

2801. **Colladon.** Notes sur les inconvénients du tunnel du Mont Blanc. Avantages d'un chemin de fer par le Simplon. Genève, Schuchardt, 1880, In-8, cart., couv. 1 pl. — **Meyer** (J.) et **Huber** (W.). Percement du Simplon. Mémoire technique à l'appui des plans et devis dressés en 1881 et 1882. Lausanne, Benda, 1882. In-4, cart., couv. — **Motta** (Emilio). Dei personaggi celebri che varcarono il Gottardo nei tempi antichi e moderni. Bellinzona. Colombi, 1884. In-8, rel. toile, couv. — **Stockalper** (E.). Les grands tunnels Alpins et la chaleur souterraine. Lausanne, Vincent, 1883. In-4, cart., couv., 3 pl. — **Vautheleret** (Bᵒⁿ Marius de). Le Grand Saint-Bernard trajet direct de Londres à Brindisi. Paris, Kugelmann, 1882. In-8, cart., couv., 1 cart. géog. Ensemble 5 vol. ou plaq.

2802. **Gros** (E.). Le pèlerin à Sᵗ Maurice d'Agaune en Vallais. Fribourg, 1884. In-12, rel. toile, couv. — **Mossion.** Lettres sur la vérité du martyre de

Saint Maurice et de sa légion. Angers, Launay-Gagnot, 1839. In-8, d.-rel. veau, dos orné, pl. lithog.

2803. **Angreville** (J. E. d'). Armorial historique du canton du Vallais [publié par *de Mandrot*]. Neuchâtel, Furrer, (*1868*). Petit in-fol., rel. toile.

Recueil de 16 planches de blasons en couleur.

17. Hongrie — Russie — Pays slaves

HONGRIE

2804. **Cimerio** (Pierre). Pet. Cinerii Dissertationes litterariae Varia Hebdomade publicatae..... Florentiae, Bruscagli, 1742. Petit in-8, rel. vél.

Recueil de dissertations sur divers sujets religieux, d'histoire (principalement de Hongrie) et de géographie.

2805. **Ensz** (Caspar). Rerum hungaricarum historia; novem libris comprehensa. Coloniæ Agrippinæ, sumpt. W. Lutzenkirchen, 1604. — Ad rerum hungaricarum historiam appendix. Col. Ag., Apud W. Lutzenkirchen, 1608. 2 tomes en 1 vol. in-8, rel. vél.

Caspar Ensz, théologien et historien luthérien, archiprêtre de Lorich, vivait à la fin du xvie siècle et au commencement du xviie. Avec son histoire, on a relié, à une époque ancienne, le recueil de *Rosen* :
« Georgii Agricolæ Chemnicencis Oratio de bello adversus Turcam.... Ioannis
« Baptistæ Rasarii De victoria Christianorum ad Echinadas oratio, cum duabus
« eâdem de re Ioan. Sturmii epistolis. De Saracenis et Tvrcis Chronicon
« Wolfgangi Dreschleri, emendatum & auctum a Georgio Fabricio Chemnicensi..
« Lipsiæ, M.D.XCIII. »

2806. **Fessler** (Ignaz Aurelius). Geschichte von Ungarn. 2te verm. und verb. Auflage bearb. v. *Ernst Klein*. Mit einem Vorwort von *Michael Horváth*. Leipzig, Brockhaus, 1867-74. 3 vol. in-8, rel. toile, non rogn., couvert.

2807. **Bel** (Carolus Andreas). De avitis Hungarorum sedibus e bibliotheca Vaticana, monumentum. *S. l. n. d. n. typ.* Plaq. in-4, cart. (*incomplet*). — **Büdinger** (Max). Ein Buch Ungarischer Geschichte, 1058-1100. Leipzig, Teubner, 1866. In 8, rel. toile, non rogn. — **Garuffi** (Gius. Malatesta). Topografia alfabetico-istorica di tutti i comitati dell' Vngheria. Bologna, G. Monti, 1684. In-4, rel. parch. — **Huber** (Alfons). Studien ueber die Geschichte Ungarns im Zeitalter der Árpáden. Wien, Gerold, 1883. In-8, cart. — **Marczali** (Heinr.). Ungarns Geschichtsquellen im Zeitalter der Árpáden. Berlin, Hertz, 1882. In-8, rel. toile, couv. — **Thierry** (Amédée). Histoire d'Attila. Nouvelle édition. Paris, Didier, 1864. 2 tomes en 1 vol. in-8, rel. toile. Ensemble 6 vol. ou plaq.

RUSSIE

2808. Antiquités Russes d'après les Monuments historiques des Islandais et des anciens Scandinaves, éditées par la Société Royale des Antiquaires du

Nord. Copenhague, Berling, 1850-1852. 2 tomes in-fol., en 1 vol. d.-rel
chag. rouge, tête dorée, coins; au dos, chiffre du comte Riant, nomb. pl.

2809. **Antoniewicz** (Nic.). Warägen und Russen. Przemysl, Drukiem
A. Zupnika i Knollera, 1882. In-8, cart.

2810. **Bonnell** (Ernst). Russisch-Liwländische Chronographie von der
Mitte des neunten Jahrhunderts bis zum Jahre 1410. St Petersburg, 1862.
1 vol. in-4, rel. toile.
  Mouillures.

2811. **Cassel** (Paulus). Der Chazarische Königsbrief aus dem 10. Iahrhundert. Ein Beitrag zur Geschichte des südlichen Russland. Berlin, Weber,
1877. Plaq. in-8, rel. toile, non rogn. — **Garkavi** (A.). Les récits des écrivains Juifs sur les Khazars et leur empire (*En Russe*). S^t. Pétersbourg, 1874.
1 vol. in-8, rel. toile, non rogn., couv.

2812. **Combes** (François). La Russie en face de Constantinople et de
l'Europe depuis son origine jusqu'à nos jours. Paris, Dentu, 1854. In-8, rel.
toile. — **Couret** (Alph.). La Russie à Constantinople. Premières tentatives
des Russes contre l'Empire grec (865-1116). Paris, Palmé, 1876. In-8, rel.
toile, couv., non rogn. — **Kruse**. Les premières expéditions des Russes
contre Byzance. [*En Russe*]. In-8, rel. toile, non rogn.

2813. **Dorn** (B.). Über die Einfälle der alten Rüssen in Tabaristan.
St Petersbourg, 1875. 1 vol. grand in-4, rel. toile, non rogn., couv. —
Duchiński (F. H.). Peuples Aryâs et Tourans. Nécessité des réformes dans
l'exposition de l'histoire des peuples..... particulièrement des Slaves et des
Moscovites. Paris, Klincksieck, 1864. In-8, rel. toile, 2 cartes géog.

* 2814. **Esneaux** (J.). Histoire philosophique et politique de Russie. Paris,
Corréard, 1828-1830. 5 vol. in-8.

2815. **Gedeonov** (S.). Varègues et Russes. Recherches historiques. 1re partie
(*seule parue*). Saint-Pétersbourg, 1876. 1 vol. in-8, rel. toile, non rogn.,
couv. [*En Russe*]. Nous y joignons le compte rendu critique de Pewolf.
Journal Inst. Publ., 1877. In-8, rel. toile, non rogn.

2816. **Herberstein** (Sigismond, baron d'). Rerum Moscoviticarum Commentarij..... Quibus Russiæ ac Metropolis eius Moscouiæ descriptio, Chorographicæ tabulæ, Religionis indicatio, Modus excipiendi & tractandi oratores,
Itineraria in Moscouiam duo & alia quædam continentur. His nunc primùm
accedunt, scriptum de Graecorum fide, quos in omnibus Moscorum natio
sequitur : et Commentarius de bellis Moscorum adversus finitimos, Polonos,
Lituanos, Suedos, Liuonios & alios gestis ad annum usque LXXI, scriptus ab
Ioanne Leuuenclaio. Basileae, ex offic. Oporiniana 1571. 1 vol. petit in-fol.,
d.-rel. toile. 6 ffnc., 227(1) pp. & 10 ffnc., avec 3 cartes & planches.
  Ouvrage estimé et très intéressant qui a été longtemps le premier bon livre
qu'on ait sur la Russie. Son auteur y fit deux séjours comme ambassadeur de

l'Empereur Maximilien et son ouvrage a été imprimé une dizaine de fois pendan le xvie siècle. Cette édition-ci est la première où ait paru le commentaire de *Lœwenklau* sur les guerres de la Russie avec les Polonais, les Suédois, &c..... Cf. n° 2821.

2817. **Hammer** (J. de). Sur les origines russes. Extraits des manuscrits orientaux. Saint-Pétersbourg, Imp. de l'Acad. imp. des Sciences, 1827. In-4, rel. toile, non rogn., titre gravé aux armes du chancelier N. de Romanzoff.
— **De Goeje** (M. J.). Een belangrijk arabisch Bericht over de slawische Volken omstreeks 965 n. Ch. [Extr. des *Versl. en Med. Afd. Letterk.* 2de R. D.IX]. In-8, cart.

2818. **Igelström.** Epître sur les causes de l'obscurité et de l'incertitude qui règnent dans l'ancienne Histoire de Russie. Dédiée à Madame la Comtesse d'Igelström au jour de Sa Naissance par son respectueux fils Joseph d'Igelström. Le 1 Mars 1793. Leipsic, imprimé chez W. G. Sommer. In-8, cart.

2819. **Ilovaisky.** Recherches sur les origines de la Russie. Introduction à l'histoire de Russie. Moscou, 1876. 1 vol. in-8, rel. toile, non rogn., couv. — Histoire Russe. Ire période Kiévienne. Moscou, 1876. 1 vol. in-8, rel. toile, non rogn., couv. [*En Russe.*] — Sur les origines Russes. La Russie de Zamarkhand. — A propos de la question de la Chronique Russe (*Nestor*) et des origines de la Russie (1873). — Quelques considérations sur les monuments de la Russie Zmutarakhane. — Encore la question des Normands. — Bulgares et Russes sur les bords de la mer d'Azof. — De l'origine slave des Bulgares Danubiens, 1874. Ensemble 1 vol. et 6 plaq. in-4 et in-8, cart.

Eu Russe. Tirages à part du Journal de l'Inst. Publ., du Messager Russe et des Publications de la Soc. Hist. de Moscou. Ilovaiski est célèbre par sa prétention de transformer les Normands et les Bulgares en Slaves.

2820. **Iourgatitch.** Les prétendus noms Normands dans l'histoire Russe. Odessa, 1866. In-4, rel. perc. — **Kruse** (Fr.). Les frontières de la Normandie et les noms des Normands et des Russes principalement d'après les chroniques franques. S. Pétersbourg, 1839. In-8, rel. toile, non rogn.[*En Russe*].

2821. **Jove** (Paul). Die Moscouitische Chronica, das ist ein grundtliche beschreibung oder Historia dess mechtigen vnd gewaltigen Grossfürsten in der Moscauw, sampt derselben Furstenthumb vnd Länder, auch dess trefflichen Landts zu Reussen, von jrem Herkommen, Religion, Sitten vnd Gebreuchen, dessgleichen jre Schlachten, Krieg vnd mannliche thaten, auff das fleissigest zusammen gebracht,... Erstlichen durch... . Herrn Paulum Jouium, dessgleichen durch..... Herrn Sigmund Freyherrn zu Heberstein.... selbst persönlich erfahren, vnd folgendes durch den... Herrn Doctor Pantaleon... aus dem Latein ins Teutsch gebracht.. (*vignette sur bois*). Getruckt zu Franckfurt am Mayn M.D.LXXVI. [durch Johannem Schmidt in verlegung Sigmund Feyerabends]. Grand in-4 de 4 ffnc., 139 ff. (faussement numérotés

138), 3 ffnc., d.-rel. parch., figg. dans le texte et 1 double pl. représentant le plan de Moscou.

2822. **Khangkov.** Le mss. de la Bibl. Roy. de Dresde se rapportant à l'histoire Russe. Lettre de M. Khangkov au défunt chancelier N. P. Roumiantsov datée de Dresde 19/41 Mars 1823. In-8, br. [*En Russe.*] — **Kostomarov.** Leçons sur l'histoire Russe publiées d'après les notes des auditeurs par N. G. I : Sources de l'histoire Russe. S. Petersbourg, 1861. In-8, rel. perc., non rogn. [*En Russe.*]

2823. **Krug** (Philipp). Forschungen in der älteren Geschichte Russlands. St. Petersburg, Eggers, 1848. 2 vol. in-8, rel. toile.

2824. **Labanoff de Rostoff** (Le Prince Alexandre). Recueil de pièces historiques sur la reine Anne ou Agnès épouse de Henri Ier, roi de France et fille de Iarosslav Ier Grand'Duc de Russie, avec une notice et des remarques. Paris, Didot, 1825. xxij pp., 1 fnc., 60 pp. & 1 pl. — Notice sur les principales familles de la Russie, par le comte d'Almagro. Paris, Didot, 1843. 97(1) pp. et 1 fnc. Ensemble 1 vol. in-8, d.-rel. veau, tr. jasp.

> Ces deux ouvrages sont peu communs ; le premier n'a été tiré qu'à 230 exemplaires seulement. Celui-ci est en grand papier. Un exemplaire se vendit 27 francs à la vente de Ch. Nodier. Le second a pour auteur le prince Pierre *Dolgorouky* qui a pris, pour le publier, un pseudonyme. Il s'attira par cette publication la colère de l'Empereur Nicolas qui l'exila dans une ville de l'intérieur de la Russie. A cet exemplaire est joint une lettre d'envoi à M. Chaumette Desfossés.

2825. **Lubomirski** (Prince Joseph). Souvenirs d'un page du tzar Nicolas. Paris, E. Dentu, 1869. In-16, cart. perc. r.

2826. **Margeret** (Le capitaine). Estat de l'Empire de Rvssie et Grande Duché de Moscovie. Auec ce qui s'y est passé de plus memorable et tragique pendant le regne de quatre Empereurs : à sçauoir depuis l'an 1590 jusques en 1606 en Septembre..... Novvelle Edition..... par *Henri Chevreul.* Paris, Potier, 1860. In-12, d.-rel. chag. vert, coins, tête dorée, non rogn.

> Réimpression de l'édition de 1607.

2827. Mélanges Russes tirés du Bulletin Historico-Philologique de l'Académie Impériale des Sciences de Saint-Pétersbourg. 1849-1851. 5 parties en 1 vol. in-8, rel. parch., non rogn. (cartes fac-similes).

> En Allemand, Russe et Français. On y a joint une plaquette : Notice sur l'expédition maritime de la Baltique.

2828. **Ouspenski** (Th.). Documents se rattachant à l'histoire de Russie extraits des Archives et Bibliothèques d'Italie. In-8, rel. perc. [*En Russe.*]

2829. **Pazowski, S. J.** (Joseph). Novogrodecum ducum Novogrodensium olim Regia Urbs hodie Princeps Palatinatus Novogrodensis, Ducatus aliquando in Lithvania Amplissimi. Ex Historiarum Monumentis erutum, Atq; in decem

Sectiones descriptum..... Ducum & Palatinorum Novogrodensium rebus gestis..... auctum atq; illustratum..... Leopoli, Anno MDCCLIX.

<small>Ouvrage sorti de l'imprimerie particulière que les Jésuites avaient établie dans leur collège de Lemberg, au xviie siècle.</small>

2830. **Pogodin** (Mich.). Recherches, notes et leçons d'histoire russe. Tomes IV, V, VI, VII. Moscou, 1850-1857. 4 vol. in-8, br. [*En Russe.*]

2831. **Potocki** (Comte Jean). Mémoire sur un nouveau peryple du Pont Euxin ainsi que sur la plus ancienne histoire des peuples du Taurus, du Caucase et de la Scythie. A Vienne, chèz Matthias André Schmidt, 1796. In-4, d.-rel. veau. 1 pl.

<small>Peu commun.</small>

2832. — Voyage dans quelques parties de la Basse-Saxe pour la recherche des Antiquités Slaves ou Vendes, fait en 1794. Hambourg, G. F. Schniebes, 1795; *avec* 31 *planches.* — Fragments historiques et géographiques sur la Scythie, la Sarmatie et les Slaves. Recueillis et commentés. A Brunswick, dans la librairie des écoles, 1796. 4 tomes en 2 vol., avec une carte. Ensemble 3 vol, in-4, d.-rel. veau f.

<small>Le comte Potocki étudia le premier l'histoire, la langue et les antiquités des peuples slavo-polonais, et il a consigné une grande partie de ses observations dans le *Journal* de son voyage, « dans le but de propager la connaissance des « antiquités slaves, & d'y intéresser ceux qui peuvent contribuer à les faire « connaître encore davantage à scavoir les souverains et les gouvernements qui « peuvent ordonner & diriger des fouilles, & les particuliers qui ont sur leurs « terres des tertres sépulchres, ou entre les mains desquels le hazard fait « tomber quelque antique slave. »
Ces excellents ouvrages ont été malheureusement tirés à peu d'exemplaires, et se rencontrent fort rarement.</small>

2833. **Schlözer** (Aug. Ludw.). Probe Russischer Annaler. Bremen und Göttingen, Förster, 1768. In-8, rel. toile.

2834. **Schlözer** (Kurd von). Russlands älteste Beziehungen zu Scandinavien und Constantinopel. Berlin, W. Besser, 1847. In-8, rel. toile. — Les premiers habitants de la Russie : Finnois, Slaves, Scythes et Grecs. Paris, Klincksieck, 1846. In-8, rel. toile. — **Sjögren** (Andreas). Über die Wohnsitze und die Verhältnisse der Jatwägen. Ein Beitrag zur Geschichte Osteuropas um die Mitte des XIII Jahrhunderts. St Petersburg, 1858. [Ext. des *Mém. de l'Ac. imp. des Sciences.*] In-4, rel. toile.

2835. **Solovieff**. Histoire de la Russie. Moscou, 1857-1869. 19 tomes en 9 vol. in-8, rel. toile. [*En Russe.*]

2836. **Stella** (Erasme). Erasmi Stellae || Libono || thani de Borvs- || siae Antiqvi- || tatibvs Li || bri dvo. || . *Titre encadré. Dans le cadre* : Apvd inclytam || Germaniae Basileam || . *Au dernier fnc., recto* : Basileae apvd || Ioannem Fro- || benivm Men || se Martio || An. $\overline{\text{M.D.}}$ || $\overline{\text{XVIII.}}$ || *Au verso, marque typ.* Petit in-4 de 38 pp., 1 fnc., rel. vél.

<small>Première édition *excessivement rare* du traité d'Erasme Stella († 1521) origi-</small>

naire de Leipzig, réimprimé dans le « *Novus orbis* » de Sim. Grinæus, et les « Scriptores rerum polonicarum » de Pistorius.

2837. **Stritter** (Joan. Gotth.). Memoriae popvlorvm, olim ad Danvbivm, Pontvm Evxinvm, Palvdem Maeotidem, Cavcasvm, Mare Caspivm, et inde magis ad Septentriones incolentivm e scriptoribvs Historiae Byzantinae ervtae et digestae. Petropoli, imp. Acad. scient., 1771-1779. 4 vol. in-4, d.-rel. toile.

2838. **Brun**. Les Goths de la Mer Noire et traces de leur long séjour dans la Russie méridionale. [Extr. des *Mém. de l'Ac. des Sc. de Pétersbourg*, t. XXIX, fasc. I]. In-8, cart. [*En Russe*.] — **Hanus** (J. J.). Zur slavischen Runen-Frage. [Abd. a. d. *Archiv f. k. œster. Gesch.*, XVIII, 1857.] In-8. cart. — **Krahmer** (A. W.). Die Urheimath der Russen in Europa und die wirckliche Localität und Bedeutung der Vorfälle in der Thidreksaga. Moskwa, Arlt, 1862. In-8, rel. toile. — **Lehrberg** (A. C.). Untersuchungen zur Erläuterung der älteren Geschichte Russlands, hrsg. durch *P. Krug*. St Petersburg, 1816. In-4, d.-rel. bas. n. — **Noltenius** (R. A.). De Genvinis historiae Rvssicae fontibvs. Lipsiae, apvd Jacobvm Schvster, 1739. In-4, rel. toile, non rogn. — **Pierling** (Le P.). La Sorbonne et la Russie (1717-1747). Paris, Leroux, 1882. In-8, rel. toile, couv. — **Sirtema de Grovestins** (Baron). Tableau politique et moral de la Russie aux XVIe et XIXe siècles. Paris, Amyot, 1854. In-8, rel. toile. Ensemble 7 vol. ou plaq.

PAYS SLAVES

2839. **Avanci da Ferino** (Giuseppe). Chorographia del ducato e provincia del Sirmio..... Roma, Stamp. Domenico Antonio Ercole in Parione, 1700. Petit in-4, 5 ffnc., 128 pp., et 1 fnc. Br.

Il ne faut pas confondre, comme quelques-uns l'ont fait, Sirmione du lac de Garde avec le Sirmione dont il s'agit ici et qui est une petite ville de l'Illyrie.

2840. **Bulletin Universitaire** de Varsovie, 1872. (La Bulgarie au XIIe et XIIIe siècles, p. *Makoucher*. — Esquisse de géographie historique Russe, p. *N. Barsov*.) In-8, br. [*En Russe*, articles importants.]

2841. [**Cromer**]. Poloniae, || gentisqve et || reipvblicae Polo-||nicae descriptionis, || Libri duo. || Quorum prior Poloniæ & vicinarum regionum descriptio-|| nem, hominum mores, victum & ingenium : alter reipubli-||cæ administranda formam complectitur. || Opus nunquam antea visum. *Grande marque de Wechel*. Francofvrti, || Ex officina typographica Andreæ Wecheli. || M.D.LXXV. Plaq. in-fol., 43(1) pp., rel. vél.

Cet opuscule anonyme serait, suivant une note d'une main contemporaine, de *Martin Cromer*, historien polonais, né a Biecz en 1512, mort en 1589, et qui se recommande autant par les mérites de son style que par ses connaissances historiques et géographiques.

2842. **Du Cange.** Illyricum vetus et novum sive Historia regnorum Dalmatiæ, Croatiæ, Slavoniæ, Bosniæ, Serviæ atque Bulgariæ locupletissimis accessionibus aucta, atque a primis temporibus usque ad nostram continuata ætatem. Posonii, Typis Hæredum Royerianorum, anno M DCCXLVI. 1 vol. in-fol., rel. veau f.

Cet ouvrage a été composé par *Jos. Keglevich de Busin* au moyen de la Byzantine de Du Cange.

2843. **Hilferding** (A.). Geschichte der Serben und Bulgaren. Aus dem Russischen, von *J. E. Schmaler*. Bautzen, Schmaler, 1856-1864. 2 tomes en 1 vol. in-8, d.-rel. veau, couv.

2844. **Jireček** (Constantin Jos.). Geschichte der Bulgaren. Prag, Tempsky, 1876. 1 vol. in-8, rel. toile, non rogn., couv. — **Šafařik** (Paul Jos.). Geschichte des Serbischen Schriftthums. Aus dessen handschriftlichen Nachlasse hrsg. von *J. Jireček*. Prag, Tempsky, 1865. In-8, rel. toile.

2845. **Lassota von Steblau** (Erich). Tagebuch..... herausgegeben von *Reinhold Schottin*. Halle, Barthel, 1866. In-8, rel. toile. — **Schottin** (R.). Das Diarium des Erich Lassota von Steblau... (Programm.) Budissin, E. M. Monse, 1854. In-4, rel. toile.

Ouvrage des plus intéressants pour l'histoire et les mœurs des peuplades cosaques au xvie siècle.

2846. **Lucius** (Jean). De regno Dalmatiæ et Croatiæ libri sex. Amstelædami, apud Ioannem Blaev, 1666. 1 vol. in-fol., rel. vél. bl.

Première édition de cet excellent ouvrage, pour lequel Lucius a utilisé un grand nombre de documents des archives de Venise.

2847. **Massuet** (P.). Histoire des rois de Pologne, et des révolutions arrivées dans ce Royaume depuis le commencement de la Monarchie jusqu'à présent, nouvelle édition, corrigée et augmentée... à Amsterdam, François l'Honoré, MDCCXXXIV. In-12, cartes, titre r. et n., 5 vol., d.-rel. v. tach.

2848. **Ouspenski** (Theod.). Le second empire bulgare. [*En Russe.*] (Mémoires de l'Université de la Nouvelle-Russie, XXVII). Odessa, 1879. In-8, rel toile.

Ouvrage important pour l'histoire de la première et de la quatrième croisade.

2849. **Pharus Sarmatica.** Europæo Trioni Augustis ignibus irradians. Serenis^{mvm}... Vladislavm IV Sigismvndvm... Auspicato Fasces Regni Poloniæ & Diadema prehendentem... Educta manu Palladia Societatis Iesv... proponit. *In fine* : Cracoviæ, In Officina Typographica Francisci Cæsarij, Anno M.DC.XXXIII. In-4, d.-rel. toile. — Epistola cujusdam primariæ nobilitatis Poloni ad Cognatum suum... N. N. Palatinum... Anno M.DC.LVIII. *S. l. n. d. n. typ.* In-4, cart.

2850. **Scherer** (Jean Benoît). Annales de la Petite-Russie ou Histoire des Cosaques-Saporogues et des Cosaques de l'Ukraine. Paris, Cuchet, 1788. 2 tomes en 1 vol. d.-rel. veau mouch., tr. lim.; au dos, chiffre du comte Riant.

2851. **Brandowski** (Alfred). De Stanislai Oxii Orichovii Annalibus Polonicis. Commentatio historica. Berolini, Lange, 1860. Plaq. in-8, rel. toile, non rogn. — **Herda** (Reinh.). Quaestiones de fontibus, quibus Dlugossius usus sit in componenda historia polonica... Wratislaviae, L. Freund, 1865. In-12, cart. — **Trzebicki** (André). Manipvlvs orationvm ab ervditis Polonicae nationis, diversis temporibus & occasionibus scriptarum. Romæ, Ex typ. Hæredum Francisci Corbelletti, 1639. In-4, rel. parch., tr. jasp.

2852. **Bresslau** (Harry). Die Bulgaren in Mittelalter. [Abd. a. d. *Deutsche Revue*, II, 1877.] In-8, cart. — **Rosen** (Georg). Die Beziehungen des Serbenvolks zu Russland. [Abd. a. d. *Histor. Taschenbuch*, Funfte F. VIII.] In-12, cart. — **Mas Latrie** (Comte de). Les Rois de Serbie. Paris, Klincksieck, 1888. In-8, br.

XII

NUMISMATIQUE — HÉRALDIQUE — ARCHÉOLOGIE

1. Numismatique et Sigillographie[1].

2853. **Blancard** (Louis). Le trésor d'Auriol et les dieux nègres de la Grèce, Marseille, s. d. 1 plaq. in-8, cart., 2 photographies dans le texte. — Les vicomtes de Marseille descendent d'Arnulfe, seigneur de Trets. Marseille (1883). 1 plaq. in-8, cart., couv. — Les marcs de la ville et de la cour romaine d'Avignon, de la ville de Marseille et du comté de Provence. (Extr. des Comptes-rendus du Congrès archéol. de France.) Tours, Bousrez, s. d. — Un procès monétaire sous François Ier. Paris, Dumoulin (1883). Ensemble 1 plaq. in-8, cart., couv. — Sur la lettre de change. (Extr. du *Sémaphore* du 18 septembre 1883.) Marseille (1883). — Essai sur les monnaies de Charles Ier, comte de Provence. Paris, Dumoulin, 1868. 1 vol. in-8, rel. toile, couv., 5 planches et nomb. fig. dans le texte. — La Saiga mérovingienne dérive de la Silique byzantine. Marseille, décembre 1883. — Gillats ou carlins des rois Angevins de Naples. (Extr. de la *Revue Numismatique* de 1883.) Ensemble 1 plaq. in-8, cart. — La pile de Charlemagne, étude sur l'origine et les poids des deniers neufs et de la livre de Charlemagne. — Les deux follis des édits impériaux du IVe siècle. (Extr. de l'*Ann. de la Soc. de numismatique.*) Mâcon, Protat, 1887-1888. 2 plaq. in-8, br. — Nouveau classement des monnaies bretonnes antérieures au monnayage de Philippe-Auguste. (Extr. des *Mém. de l'Acad. de Marseille.*) Marseille, 1888. 1 br. in-8. — L'auréus romain se divisait en six millièmes au milieu du IIIe siècle après J.-C. Extr. *S. l. n. d. n. typ.* — Sur les chiffres romains ou grecs. XX ou K, XXI ou KA, des monnaies impériales du IIIème siècle. Marseille, s. d. — Des monogrammes E$_{7}^{T}$ et EX inscrits dans le champ de certains deniers capétiens (avec 1 planche). Marseille, s. d. — Rapport sur une notice de M. F. Hucher, concernant le Trésor de Vallon. Marseille, s. d. — Sur quelques points obscurs de la numismatique de Charles VII. (Extrait de la *Revue Numismatique* de 1883.) Paris, Boudet, (1883). — La médaille d'argent de Fauquembergue au type de la dame au faucon. Marseille, septembre 1883. — L'origine du marc. Extr. de l'*Ann. de la Soc. de Num.* Mâcon, 1888. — Monnaies féodales françaises par M. Caron. Résumé analytique. Draguignan, 1885. Ensemble 18 vol. ou plaq. in-8, cart., rel. toile ou br.

---

[1]. La numismatique et sigillographie des Croisades et des ordres religieux et militaires se trouvera à la suite de chacun de ces chapitres particuliers.

2854. **Cinagli** (Angelo). Le monete de' papi descritte in tavole sinottiche. Fermo, nella tip. di Gaetano Paccasassi, 1848. Grand in-4, br. — **Rossi** (Comm. G. B. de). Di una bolla plumbea papale del secolo in circa decimo scoperta nel foro romano. Roma, Salviucci, 1882. In-4, cart.

2855. **Cuper** (Gisbert). De elephantis in nummis obviis exercitationes duae nunc primum editæ. Hagæ Comitum, *s. typ.*, 1719. Avec figg. et pl. — Numismata moduli maximi vulgò medagloni ex Cimeliarchio Ludovici XIV potentissimi Galliarum Monarchæ,..... Eleutheropoli, *s. typ.*, 1704. Suite de 41 planches. Ensemble 1 vol. in-fol., d.-rel. veau f.

2856. **Demay** (G.). Inventaire des Sceaux de la Flandre recueillis dans les dépôts d'archives, musées et collections particulières du département du Nord. Paris, Impr. Nat., 1873. 2 tomes en 1 vol. in-4, avec 30 planches photoglyptiques, d.-rel. chag. rouge, non rogn.; au dos, chiffre du comte Riant.

2857. — Inventaire des sceaux de l'Artois et de la Picardie recueillis dans les dépôts d'archives, musées et collections particulières des départements du Pas-de-Calais, de l'Oise, de la Somme et de l'Aisne, avec un Catalogue de pierres gravées ayant servi à sceller..... Paris, Impr. Nat., 1877, avec 24 pl. photoglyptiques. — Inventaire des sceaux de la Normandie..... avec une introduction sur la paléographie des sceaux. Paris, Impr. Nat., 1881, avec 16 pl. Ensemble 1 vol. in-4, d.-rel. chag. r., non rogn.; au dos, chiffre du comte Riant.

2858. — Le costume au moyen-âge d'après les sceaux. Paris, Dumoulin, 1880. 1 vol. grand in-8, avec figg., d.-rel. chag. r., tête dor., non rogn. (éditeur). — Les sceaux du moyen-âge. Paris, 1877. Plaq. in-8, cart.

2859. **Douët d'Arcq**. Collection de sceaux. Paris, Plon, 1863-1868. 3 tomes en 2 vol. in-4, d.-rel. veau olive, tête dor., non rogn.; au dos, chiffre du comte Riant.

2860. **Döring** (Eduard). Handbuch der Münz-, Wechsel-, Mass- und Gewichtskunde. Coblenz, Hölscher, 1862. 1 vol. in-8, rel. toile, non rogn., couv.

2861. **Durand** (Anthony). Médailles et jetons des numismates. Genève, Georg, 1865. 1 vol. grand in-4, avec XX pl., rel. toile, non rogn.

2862. **Ficoroni** (Francesco de). I Piombi antichi. Roma, Girolamo Mamardi, 1740. 39 planches et 1 front. In-4, rel. parch.

Important ouvrage de l'antiquaire italien Ficoroni (1664-1747), traduit dix ans après en latin par *D. Cantagalli.*

2863. **Forgeais** (Arthur). Collection de plombs historiés trouvés dans la Seine. Séries 1 à 5. Paris, Dumoulin, 1858-1866. — Numismatique des corporations parisiennes. Paris, 1874. — Blasons et Chevaliers du Majeur.

Paris, 1877. Ensemble 2 vol. in-8, d.-rel. chag. rouge, non rogn., et 1 plaq. br.

2864. **Fraehn** (C. M.). De Numorum Bulgharicorum forte antiquissimo libri duo. Casani, F. Bockelmann, 1816. In-4, d.-rel. v., coins, 1 pl. — Die Münzen der Chane vom Ulus Dschutschi's oder von der Goldenen Horde nebst denen Verschiedener anderen muhammedanischen Dynastien im Anhange aus der... Sammlung des Hn. *von Fuchs*, zu Kasan. St Petersburg, W. Graeff; und Leipzig, C. Cnobloch, 1832. In-4, rel. toile, 18 pl. sur cuivre et 4 fig. — Über die Tatarischen Münzen der Russen, mit Bezug auf des *Baron's Chaudoir*. Aperçu sur les monnaies Russes. *S. l. n. d. n. typ.* In-8, cart. — **Sallet** (A. von). Beiträge zur Geschichte und Numismatik der Könige der Cimmerischen Bosporus und des Pontus. Berlin, Weidmann, 1866. In-12, rel. toile. — **Schoen** (J.). Novae quaedam in rem numariam antiquae Rossiae observationes. Wratislaviae, Korn, 1829. In-8, rel. toile. — **Gille** (F.) et **Langlois** (V.). Lettre à M. Victor Langlois sur une monnaie attribuée à Oleg, duc de Novgorod. Paris, 1861. In-8, cart., couv., fig. Ensemble 6 vol. ou plaq.

2865. **Germain** (A.). Mémoires sur les anciennes monnaies seigneuriales de Melgueil et de Montpellier. Montpellier, Martel, 1852. 1 pl. — De la monnaie mahométane attribuée à un évêque de Maguelone. [Appendice au mémoire précédent.] Montpellier, Martel, 1857. Ensemble 2 plaq. in-4, cart. et rel. toile, non rogn., couv., avec lettre d'envoi au comte Riant.

2866. **Gleichius** (Joh. And.). Historia numismatum succincta. Lipsiæ, sumpt. hæred. Grossianorum, 1698. In-4, rel. parch., avec pl. — **Goltzius** (Hubert). Thesaurus rei antiquariae huberrimus. Antverpiae, ex off. Plantini, 1579. In-4, rel. parch., avec pl. — **Guenther** (Max). Ivs sigillorum medii aevi ex formulis sphragisticis proprii sigilli absentiam vel defectum indicantibus illustratum. Lipsiae (1813). In-4, dérel.

2867. Die neueren Hamburgischen Münzen und Medaillen. Ein Fortsetzung des Hamburgischen Münz- und Medaillen-Vergnügens von Langermann..... Hamburg, Meissner, 1843. — Hamburgische Münzen und Medaillen, hrsgg. von *O. C. Gaedechens*. Hamburg, Meissner, 1850-54. 2 parties. Ensemble 1 vol. in-4, d.-rel. chag. r., tr. limaç.

2868. **Hueber** (Philibert). Avstria ex Archivis Mellicensibvs illvstrata. Libri III. I. Continet nvclevm historico-genealogicvm, diplomatarvm, chartarum..... II. Complectitvr sigilla Romanorvm pontificvm, principvm..... III. exhibet collectanea pro tabvlis genealogicis principvm..... Lipsiæ, svmptibvs J. F. Gleditschii B. filii, MDCCXXII. 1 vol. in-fol., rel veau, avec 1 front. grav., 45 pl.

La plupart de ces planches (38) représentent des sceaux tirés du monastère, les autres sont relatives à divers objets, notamment des réliquaires conservés dans cette abbaye.

2869. **Lalore** (L'abbé Ch.). Documents pour servir à la généalogie des anciens seigneurs de Trainel. Troyes, 1872. Avec 4 pl. — Le sceau et les armoiries du chapitre de la cathédrale Saint-Pierre de Troyes. Troyes, Dufour-Bouquet, 1887. Avec 2 planches. 2 plaq. cart. et br.

2870. **Langlois** (Victor). Numismatique de l'Arménie au moyen-âge. Paris, Rollin, 1853. Avec 7 pl. — Monnaies inédites ou peu connues de la Cilicie. Paris, Rollin, 1854. Avec 7 pl. Ensemble 1 vol. in-4 et 1 plaq. in-8, rel. toile, non rogn., couv.

2871. — Numismatique de la Géorgie au Moyen-Age. Paris, Leleux, 1852. Avec 5 pl. — Essai de classification des suites monétaires de la Géorgie, depuis l'antiquité jusqu'à nos jours. Paris, Impr. Impér., 1860. Avec 10 pl. Ensemble 1 vol. in-4, rel. toile, non rogn.

Mouillures. Exemplaire de M. *Dulaurier*.

2872. [**Migieu** (Marquis de)]. Recueil des sceaux du moyen âge dits sceaux gothiques. Paris, Antoine Boudet, MDCCLXXIX. In-4, d.-rel. veau bl., front., 29 pl. gr. s. acier. (La planche 1 manque.)

* 2873. **Morel Fatio** (Arnold). Histoire monétaire de Lausanne (1394 à 1476). Lausanne, Bridel. (Extrait du tome XXXIV des *Mém. de la Soc. d'hist. de la Suisse romande.*) In-8, cart., couv., 5 pl. — Genève. Monnaies inédites et imitations italiennes fabriquées à Bozzolo, Dezana, Passerano et Messerano. Zurich, D. Burkli, 1866. In-4, cart., pl. — Histoire monétaire de Neuchâtel. Lausanne, Corbaz, 1870. In-8, cart., pl. — Trouvaille monétaire de Rumilly. Annecy, L. Thésio, 1870. In-8. cart. — Guy de Prangins. (Extr. de la *Rev. de num. belge*, II, 5e série, 1869.) In-8, cart., pl. — Ferreyres. Description de quelques monnaies du XIIe siècle trouvées dans cette localité. Annecy, L. Thésio, 1871. In-8, rel. toile, 2 pl. — Imitations ou contrefaçons de la monnaie suisse fabriquées à l'étranger aux 16ème et 17ème siècles. Zurich, David Burkli, 1862. (Extrait de l'*Indicateur d'histoire et d'antiquités suisses*, n° 4, 1862.). 2 pl. — Macagno et Pomponesco. Imitations de diverses monnaies suisses. Zurich, Burkli, 1864. (Extrait de l'*Indicateur*, n° 3, 1864) 1 pl. — Neuchâtel en Suisse. Monnaies inédites d'Anne Geneviève de Bourbon (duchesse de Longueville) et de son fils Charles-Paris. Paris, Thunot, 1866. (Extrait de la *Revue numismatique*, nouv. s., t. XI, 1866.) 2 fig. — Faux kreutzers de Berne et du Valais fabriqués en Italie. Lausanne, Bridel, 1866. 1 pl. — Bellinzona, teston anonyme frappé dans cette localité par les cantons d'Uri, Schwytz et Underwald au XVIe siècle. Paris, Thunot, 1866. (Extrait de la *Rev. num.*, nouv. s., t. XI, 1866.) — Essai sur le mot Querne employé par les monnayeurs lausannois au XVIe siècle. Lausanne, Bridel, 1866. — Monnaies apocryphes de Bargen et Saugern au canton de Berne. Paris, Thunot, 1867. 1 pl. 1 vol. in-8, rel. toile. Ensemble 1 vol. et 6 plaq.

2874. **Ponton d'Amécourt** (Vte G. de). Monnaies mérovingiennes du palais et de l'école. Paris, 1862. In-8, br. — Description raisonnée des monnaies mérovingiennes de Chalon-sur-Saône. (Extr. de l'*Ann. de la Soc. fr. de Num. et d'Arch.*, t. IV.) Paris, 1874. 5 pl. — Recherche des monnaies mérovingiennes du Cenomannicum. (Extr. de la Rev. hist. et arch. du Maine, tomes X, XI et XII.) Tirage à 200 ex. Mamers et Le Mans, 1883. — Monnaies mérovingiennes de Saint-Denis. (Extr. de l'*Ann. de la Soc. fr. de Num. et d'Arch.*, 1884.) Mâcon, Protat, 1884. — Le même et **Moré de Préviala** (E. de). Monnaies mérovingiennes du Gévaudan. (Extr. de l'*Ann. de la Soc. fr. de Num. et d'Arch.*, 1883.) Paris, Pillet et Dumoulin, 1883. 5 pl. Ensemble 3 vol. et 2 plaq. in-8, br.

2875. **Ramus** (Christian). Catalogus numorum veterum græcorum et latinorum musæi regis Daniæ. Hafniæ, Schubart, 1816. 2 tomes en 1 fort vol. in-4, d.-rel. veau brun, tête marbr., non rogn.; au dos, chiffre du comte Riant.

2876. **Rentzmann** (Wilhelm). Numismatisches Wappen-Lexicon des Mittelalters und der Neuzeit [*m. d.*] Index. Berlin, H. Veit, 1876. In-fol., rel. toile et plaq. in-8, av. pl. — Numismatisches Legenden-Lexicon des Mittelalters und der Neuzeit. Berlin, Wegener, 1865-1866. — **Rudolph** (C. A.). Recentioris ævi numismata virorum de rebus medicis et physicis meritorum memoriam servantia, denuo edidit emendavit et auxit *C. L. de Duisburg*. Dantisci, Bertling, 1862. Ensemble 1 vol. in-8, d.-rel. chag. r.; au dos, chiffre du comte Riant.

2877. **Révillout** (E.). Lettre à M. P. Charles Robert sur les monnaies égyptiennes. *Ann. de la Soc. de num.* Mâcon, 1884. — Note sur les plus anciennes monnaies hébraïques. *Ann. de la Soc. de num.* Mâcon, 1884. — **Rougé** (Vte J. de). Description de quelques monnaies nouvelles des nomes d'Égypte. *Ann. de la Soc. de num.* Mâcon, 1882. 3 vol. ou plaq. in-8, br.

2878. **Saulcy** (F. de). Recueil de documents relatifs à l'histoire des monnaies frappées par les Rois de France, depuis Philippe II jusqu'à François Ier. Tome premier. Paris, Imp. nationale, 1879. In-4, d.-rel. chag. rouge, tr. lim., non rogn.; au dos, chiffre du comte Riant.

> Tout ce qui a paru. On a relié, à la suite, une brochure de M. *de Saulcy* « Histoire d'un livre. Paris, 1880 », expliquant les causes de l'interruption de cette publication.

2879. [**Vettore** (Francesco)]. Il fiorino d' oro antico illustrato di un accademico etrusco, indirizzato al sig. dottore Antonio Francesco Gori..... In Firenze, 1738. 1 vol. in-4, rel. vél.

2880. **Vignolius** (J.). Antiquiores Pontificum Romanorum Denarii, Nunc primum in lucem editi notisque illustrati. Romae, apud Rocchum Bernabejum, 1709. Nomb. fig. — *A la suite* : Joannis Vignolii Epistola ad Antonium Gallandium de Nummo Imp. Antonini Pii qui in tertio ejus consulatu percussus columnam quandam exhibet in cimelio D. Foucault. Romæ, apud Franciscum Gonzagam, 1709. Fig. Ensemble 1 vol. in-4, rel. vél.

2881. **Wree** (Olivier de). Les seaux des comtes de Flandre et inscriptions des chartres par evx pvbliees, avec vn esclaircissement historiqve... Traduit du Latin, par L. V. R. (*Sceau de Philippe IV, roi d'Espagne.*) A Brvge en Flandre, chez Iean Baptiste & Lvcas Van den Kerchove, 1641. Petit in-fol., rel. veau.

> Cet ouvrage renferme 56 pages de sceaux gravés en taille douce; c'est la traduction de la première partie d'un ouvrage plus considérable demeuré inachevé.

2882. **Barthélemy** (Anatole de). Monnaie gauloise inédite de Luctérius, chef cadurque. (Note lue à la séance de l'Académie des inscriptions et belles-lettres, du 9 Juillet 1880.) *S. l. n. d. n. typ.* (Extrait.) — *Du même* : Liste des noms d'hommes gravés sur les monnaies de l'époque mérovingienne. (Extrait de la *Biblioth. de l'Éc. des Chartes*, XLII, 1881.) — *Du même* : Note sur les monnaies gauloises trouvées au Mont César (Oise). (Extrait de la *Revue archéologique*, Fév. et Mars 1881.) Avec 3 planches. Paris, 1881. Ensemble 3 plaq. in-8, cart. — **Levezow**. Über mehrere im Grossherzogthum Posen in der Nähe der Netze gefundene uralt-griechische Münzen. (Gelesen in der Ak. der Wiss. am 9 Mai 1833.) In-4, rel. toile, 3 pl. — **Lindberg** (Jac. Chr.). Commentatio de nummis Punicis Sextorum olim Canacæ et Concanæ tributis. Hauniæ, Jani Hostrup Schultzii, 1824. In-8, plaq. cart. perc. — **Mowat**. Explication d'une marque monétaire du temps de Constantin. (Extr. des Comptes rendus de l'Ac. des I. et B.-L., 1886.) — **Remedi** (Angelo Alberto). Relazione delli scavi fatti in Luni nell' autunno 1858 e 59, e Descrizione di un ripostiglio lunense di medaglie consolari d' argento trovato in Carrara nell' Aprile 1860. Sarzana, Ponthenier, 1860. In-8, cart., couv. — [**Robert** (Charles)]. Monnaies gauloises. Description raisonnée de la collection de Ch. Robert. Paris, Pillet, 1880. Grand in-8, cart., couv., pl. et fig.

2883. **Dannenberg** (H.). Pommerns Münzen im Mittelalter. Berlin, Schneider, 1864. Plaq. grand in-4, avec 2 pl. — **Leitzmann** (J.). Bibliotheca numaria. Verzeichniss sämmtlicher in dem Zeitraume 1800 bis 1866 erschienenen Schriften über Münzkunde. Zweite Auflage der Ausgabe von 1841. Weissensee, Grossmann, 1867. In-8, rel. toile. — **Sperling** (Ottho). De nummorum bracteatorum et cavorum nostræ ac superioris ætatis Origine et progressu...... Lubecæ, Joh. Wiedemeyer, MDCC. In-4, 2 pl. h.-t., rel. vél. — **Lelewel** (J.). Notice sur la monnaie de Pologne. Paris et Bruxelles, 1842. In-4, cart., 1 pl.

2884. **Barbier de Montault**. Le grand sceau de Raoul du Fou, 35e abbé de Saint-Thierry. Extr. *S. l. n. d. n. typ*. In-8, br. — **Chamard** (Dom François). Les bulles de plomb des lettres pontificales. Paris, Palmé, 1883. Plaq. in-8, cart. — **Cessac** (P. de). Un trésor de monnaies des comtes de la Marche et leur atelier monétaire de Bellac. Paris, Rollin, 1882. — *Du même*. Chronologie des comtes de la Marche au point de vue du classement de leurs monnaies. (Extr. de la *Rev. num.*, 1886.) 2 plaq. in-8, br. —

Marsy (Comte de). Cueilloir numismatique. (Extrait de la *Revue belge de numism.*, année 1887.) In-8, br. — **Perreau** (A.). Recherches sur les comtes de Looz et sur leurs monnaies. Bruxelles, A. Van Dale, 1845. In-8, cart., 3 pl. — **Prost** (Aug.). Notice sur un sceau de Landfriede du xiv⁰ siècle. (Extr. des *Mém. de la Soc. des Antiq. de Fr.*, t. XXXIX. Paris, 1879.) In-8, cart., 1 pl. — **Vallet de Viriville**. Notice sur la Médaille frappée à Paris en souvenir de l'expulsion des Anglais de 1451 à 1460..... avec huit effigies gravées..... par M. *Dardel*. Paris, Soc. de num. et d'arch., s. d. Grand in-8, rel. toile. — **Van Werweke**. Catalogue descriptif des monnaies luxembourgeoises, conservées au Musée de l'Institut royal grand-ducal. Luxembourg, V. Buck, 1880. In-8, cart. — Catalogue de Sigillographie du Musée de Troyes. Troyes, 1887. In-8, br. — Catalogue de la collection de sceaux-matrices de M. *Eugène Hucher*. Paris, Derache, 1863. In-8, br. — Collection Charvet. Médailles, antiquités, sceaux-matrices..... Paris, 1883. Grand in-8, rel. toile, couv., nomb. fig. Ensemble 12 plaq. ou vol.

2885. **Camera** (Matteo). Importante scoperta del famoso tarèno di Amalfi e di un' altra moneta inedita del doge Mansone III. Napoli, 1872. In-8, cart., couv. — **Daugnon** (F. F. dei). La vera arma della citta' di Crema e il sigillo di Giovanni Paleologo marchese di Monferrato. Relazione storica-araldica. Fermo, 1874. — Ancora dello stemma della città di Crema. Pisa, 1874. Plaq. grand in-8, cart. — **Lazari** (Vincenzo). Le monete dei possedimenti veneziani di oltremare e di terraferma. Venezia, Santini, 1851. In-8, br., 14 pl. — **Manno** (Antonio). Sopra alcuni piombi sardi. Stamp. r. di Torino, 1878. In-8, cart., couv., 1 pl. — **Marks von Marksfeld** (Jos.). Vierzig Münzen der Normannen, Hohenstaufen und Anjou in Sicilien und Neapel von 1166 bis 1309. Mailand, Redaelli, 1858. In-8, rel. toile, 4 pl. — **Morbio** (Carlo). Monete franco-italiche ossidionali..... Asti, tip. Raspi e Comp., 1865. In-8, pl. h.-t., cart. pap. — *Du même* : Delle monete battute da Carlo Magno in Italia. Asti, tip. Raspi, (1866). In-8, 1 pl. h.-t., cart. pap. — *Du même* : Opere storico-numismatiche..... e descrizione illustrata delle sue raccolte in Milano. Bologna, Gaetano Romagnoli, 1870. In-8, titr. r. et n., d.-rel. mar. r. — VI° Catalogo dei duplicata delle raccolte del C°..... Morbio. Milano, Rechiedei, 1876. In-8, cart., couv. — **Promis** (Domenico). Monete dei Romani Pontefici avanti il mille. Torino, Stamp. Reale, 1858. In-8, br., 10 pl. — **Travers** (Émile). Le sceau de Loja et la sigillographie pittoresque principalement en Espagne. Paris et Toulouse, 1885. In-8, br. Ensemble 11 vol. ou plaq.

NUMISMATIQUE ET SIGILLOGRAPHIE BYZANTINES

2886. **Lambros**. Νομίσματα τῆς Νήσου Ἀμοργοῦ καὶ τῶν τριῶν αὐτῆς πόλεων Αἰγιάλης, Μινώας καὶ Ἀρκεσίνης. Ἀθήνησι, 1870. Ensemble : Ἀνέκδοτα νομίσματα κοπέντα ἐν Πέρχν..... Ἀθήνησι, 1872. 2 plaq. en 1 vol. in-8, cart., pl. et fig.

2887. — Ἀνέκδοτα νομίσματα κοπέντα ἐν Γλαρέντσα κατὰ μίμησιν τῶν Ἑνετικῶν

ὑπὸ 'Ροβέρτου τοῦ ἐξ 'Ανδηγαυῶν, ἡγεμόνος τῆς Πελοποννήσου (1346-1364). Ἐν
'Αθήναις, 1876. Grand in-8, rel. toile, couv., 2 pl.

2888. **Lambros.** Ἀνέκδοτα νομίσματα καὶ μολυβδόβουλλα τῶν κατὰ τοὺς μέσους
αἰῶνας Δυναστῶν τῆς Ἑλλάδος. Ἐν Ἀθήναις, 1880. 4 pl. — Νομίσματα καὶ μετάλλια
τῆς Ἑπτανήσου Πολιτείας καὶ τῆς προσωρινῆς τῶν Ἰονίων Νήσων παρὰ τῶν Ἄγγλων.
κατοχῆς. Ἀθήνησι, 1884. 5 pl. — Νομίσματα τῶν ἀδελφῶν Μαρτίνου καὶ Βενε-
δίκτου Β' Ζαχαριῶν Δυναστῶν τῆς Χίου. Ἐν Ἀθήναις, 1884. 1 pl. — Μεσαιωνικα
νομίσματα τῶν Δυναστῶν τῆς Χίου. Ἐν Ἀθήναις, 1886. 11 pl. Ensemble 4 plaq.
grand in-8, br.

2889. **Sabatier** (J.). Description générale des monnaies byzantines frappées
sous les empereurs d'Orient depuis Arcadius jusqu'à la prise de Constantinople par Mahomet II. Paris, Rollin et Feuardent. 1862. 2 tomes en 1 vol. in-8,
avec planches, d.-rel. chag. r., tr. limaç.; au dos, chiffre du comte Riant. —
Plombs, bulles et sceaux byzantins. (Extr. de la *Rev. archéol.*) Paris, Leleux,
1858. In-8, cart., 1 pl.

2890. **Schlumberger** (Gustave). Sigillographie de l'Empire byzantin. Paris,
Leroux, 1884. 1 vol. in-4, avec 1100 figg., d.-rel. mar. rouge, coins, tête
dorée, non rogn.; au dos, chiffre du comte Riant.

2891. **Carrara** (Francesco). Teodora Ducaina Paleologhina, piombo unico
inedito della collezione di S. E. R. Monsignor Lodovico de' Principi Altieri.
Vienna, tip. de' PP. Mechitaristi, 1840. In-8, cart., couv., 1 pl. — **Marchant**
(N. D.). Mélanges de numismatique..... ou Correspondance sur les médailles
et monnaies des Empereurs d'Orient, des princes croisés d'Asie,..... Paris,
Fournier; Metz, de Villy, 1818. In-8, rel. toile, fig. — **Miller** (E.). Bulles
byzantines de la Collection de M. le baron B. de Köhne et de diverses autres
provenances. 2 pl., 16 pp. in-8. (Extrait de la *Revue de numismatique*, n. s.,
t. XII, 1867.) — *Du même* : Fragment inédit de Nicetas Choniate relatif à un
fait numismatique. In-8, 12 pp. (Extrait de la *Revue numismatique*, n. s.,
t. XI, 1866.) — *Du même* : Bulle byzantine inédite du Musée du Louvre. In-8,
7 pp. (Extrait de la *Revue de numismatique*, n. s., t. VI, 1861.) Ensemble
1 plaquette cart. perc. v. — **Mordtmann** (Dr A.). Περὶ βυζαντινῶν μολυβδοβούλλων
(Μετάφρασις Λ. Διουμα.). [Extr. des Ἑλλην. φιλολογ. Σύλλογος. Τόμος Ζ.] In-8,
cart. pl. — *Du même* : Sur les sceaux et plombs byzantins. Constantinople,
Imp. du « Phare du Bosphore », 1873. In-8, cart., couv. — **Pfaffenhoffen**
(F. de). Essai sur les aspres Comnénats, ou blancs d'argent de Trébisonde...
Paris, Rollin, 1847. In-4, 18 pl. h.-t., cart. perc. v. — *Du même* : Lettre à
M. de Saulcy sur quelques monnaies byzantines. (Extr. de la *Rev. num.*,
nouv. s., t. X, 1865.) In-8, cart., 1 pl. — **Schlumberger** (G.). La Vierge, le
Christ, les Saints sur les sceaux byzantins des Xe, XIe et XIIe siècles. — *Du
même* : Sceaux byzantins. Le Thème de Cherson et la Bulgarie. (2 extr. des
Mém. de la Soc. des ant. de France. Paris, 1883.) In-8, rel. toile, couv. —
Du même : Documents pour servir à l'histoire des Thèmes byzantins. Sceaux

de plomb... de fonctionnaires provinciaux. (Extr. de la *Rev. arch*. Paris, J. Baer, 1883.) In-8, cart., couv., 2 pl. — *Du même* : Monuments byzantins inédits (sceaux, bagues, poids... médailles de dévotion). [Extr. de la *Gazette arch*. Mâcon, Protat, 1884.] In-4, cart., couv., 1 pl. — *Du même* : Sceaux en plomb de chefs des Manglavites impériaux à Byzance. (Extr. de l'*Annuaire de la Soc. fr. de Num. et d'arch*., 1882.) In-8, cart., couv., 1 pl. — *Du même* : Deux chefs normands des armées byzantines au xie siècle. Sceaux de Hervé et de Roussel de Bailleul. (Extr. de la *Revue historique*.) Paris, 1881. In-8, cart., couv., fig. — *Du même* : Sceaux byzantins. Les Églises, les Palais, le Cirque de Constantinople. (Extrait du *Bull. de corresp. hellénique*, VII.) In-8, cart., couv. — *Du même* : Deux Exagia de l'époque des Paléologues. — Sceau d'un capitaine arménien au service de Byzance au dixième siècle. (Extr. de la *Rev. num*., 1884.) Paris, Rougier, 1884. In-8, br. — *Du même* : Cinq sceaux de l'époque byzantine. (Extr. de la *Rev. num*, 1883.) In-8, cart., couv. 1 pl. — *Du même* : Monuments numismatiques et sphragistiques du moyen-âge byzantin. (Extr. de la *Rev. arch*.) In-8, cart., 1 pl. — **Soret** (Frédéric). Trois lettres sur des monnaies byzantines. Genève, A. Cherbuliez, 1837. In-8, rel. toile, 2 pl. — **Sorlin-Dorigny** (Al.). Sceaux et Bulles des Comnènes. (Extr. de la *Rev. arch*., s. d.) In-8, cart., couv., 1 pl. Ensemble 21 plaquettes.

NUMISMATIQUE MUSULMANE

2892. **Adler** (Jacques Georges). Mvsevm Cvficvm Borgianvm. Romæ, apud Anton. Fulgonium, 1782. 1 vol. in-4, avec XII pl., rel. bas. f.

2893. **Erdmann** (Franc.). Numi asiatici Musei Universitatis Caesareae Literarum Casanensis. Pars I. Volumen primum. Casani. In Un. Ces. typographia, 1834. 1 vol. fort in-4, avec 5 pl., d.-rel. veau, tête lim., non rogn.; au dos, chiffre du comte Riant.

Tout ce qui a paru.

2894. **Fraehn** (C. M.). Antiquitatis Muhammedanae Monumenta varia. Petropoli, litteris Academicis, 1820-22. 2 parties en 1 vol. in 4, avec 3 planches, rel. vél. blanc.

Cet ouvrage contient : 1° Epitaphium cuficum Melitense et onyx cuf. Sorano-Neapolitanus; 2° Inscriptiones Thecæ Koranicæ Kasimowensis, Lampadis Bylariensis, Pallii et Tibialium Imperat. Germ. Inauguralium.....

2895. — Recensio Numorum muhammedanorum Academiae Imp. Scient. Petropolitanae, inter prima Academiae Imp. saecularia edita. Petropoli, litteris acad., 1826. 1 vol. in-4, d.-rel. veau f., tr. lim.; au dos, chiffre du comte Riant.

2896. — Nova supplementa ad recensionem Numorum muhammedanorum Academiae Imp. Scient. Petropolitanae... edidit *Bernh. Dorn*. Petropoli, Eggers, 1855. In-8, d.-rel. v. f., tête lim., non rogn.; au dos, chiffre du comte Riant. Portr. de l'auteur en lithog.

2897. **Fraehn**. Numophylacium orientale Pototianum. Rigae, Casani, 1813. In-8, pap. bleu, d.-rel. bas. n. — Novae symbolae ad rem numariam Muhammedanorum ex Muscis Pflugiano atque Mannteufeliano Petropoli necnon Nejelowiano Kasani. Petropoli, Mayer ; Halis Saxonum, Hemmerde, 1819. In-4, cart., 5 pl. — Das Muhmmedanische Münzkabinet des Asiatischen Museums der Kaiserl. Akademie der Wissenschaften zu St. Petersburg. Ged. in der Typ. der Akad. der Wissensch., St. Petersburg, 1821. In-8, cart., couv., fig. — De aliquot Numis kuficis ante hac ineditis, qui Chersonesi humo eruti esse dicuntur. Commentatio... Numos Chalifarum complectens. [Extr. des *Mém. de l'Ac. de Saint-Pétersbourg*, X], 1824. In-4, cart. — De Musei Sprewitziani Mosquæ Numis Cuficis nonnullis antehac ineditis, qui Chersonesi humo eruti esse dicuntur, Commentationes duæ. Petropoli, Litteris Acad., 1825. In-4, rel. toile, non rogn. — Beiträge zur Muhammedanischen Münzkunde aus St. Petersburg,... aus dem Kabinet des... Herrn G. Pflug. Berlin, Reimer, s. d. In-4, rel. toile, 1 pl.

2898. **Hallenberg** (Ionas). Numismata orientalia... Upsaliae, Palmblad, 1722. In-8, 2 tomes reliés en 1 vol. ; t. I, 14 pl., t. II, 10 pl., d.-rel. bas. n. — Collectio nummorum cuficorum, quos aere expressos, addita eorum interpretatione, subjunctoque alphabeto cufico, edidit... Stockholmiae, Henric. A. Nordström, 1800. Petit in-8, 8 pl. h.-t., cart. perc.

2899. **Mainoni** (Stefano de). Descrizione di alcune monete cufiche. Milano, Stamp. di Paolo Emilio Giusti, 1820. In-4, avec 3 pl., rel. mar. écr. r., dos et plats ornés, tr. dor.

Exemplaire en grand papier.

2900. — Descrizione di alcune monete cufiche del Museo di St. De Mainoni. Milano, Giusti, 1820. 3 pl. — **Castiglioni** (Carlo Ott.). Osservazioni sull' opera intitolata Descrizione di alcune monete cufiche..... Milano, Lamperti, 1821. Ensemble 1 vol. in-4, rel. toile, non rogn.

2901. **Tornberg** (C. J.). Numi Cufici Regii Numophylacii Holmiensis, quos omnes in Terra Sueciæ repertos, digessit & interpretatus est Carolus Johannes Tornberg. Upsaliæ, Leffler et Sebell, 1848. In-4, avec XIV pl., d.-rel. veau brun, tête marbr., non rogn. ; au dos, chiffre du comte Riant.

2902. — Symbolæ ad rem nummariam Muhammedanorum. Ex museo regio Holmiensi. Upsaliæ, Leffler et Sebell, 1846-62. 4 part. en 1 vol. in-4, avec planches, rel. toile, non rogn. — *Du même* : Découvertes récentes de monnaies koufiques en Suède. (Extr. de la *Rev. de num. belge*, 5e série, t. II.) In-8, cart., 1 pl. — Om de i Svensk jord funna Österländska mynt. (Extr. d. *K. Witterh. Historie och Antiqv.-Ak. Handl.*) Stockholm, 1857. In-8, rel. toile. — **Winbom** (Jonas Arvid). Dissertatio de recentioribus numis arabicis reg. academiæ Upsal. Upsaliæ, Zeipel et Palmblad, 1815. In-4, rel. toile, non rogn., 1 pl. et figg.

2903. **Tychsen** (Olaus Gerh.). Introdvctio in rem nvmmariam Mvhammedanorvm, svbivnctis sex tabvlis aere expressis. Rostochii, ex off. Stilleriana, 1794. Petit in-8, rel. toile, pl. — **Tychsen** (Th. Chr.). De nvmis Hasmonaeorvm paralipomena. [Extr. des *Comment. Hist. et Phil.*, t. XI, 1792.] In-4, cart., 1 pl.

2904. **Blancard** (Louis). Le besant d'or Sarrazinas pendant les Croisades. Étude comparée sur les monnaies d'or, arabes et d'imitation arabe, frappées en Égypte et en Syrie, aux XIIe et XIIIe siècles, suivie de la Table des poids de 300 dinars fathimites dressée par *H. Sauvaire*. Marseille, Barlatier-Feissat, 1880. 1 plaq. in-8, rel. toile, couv., 1 planche et plus. gravures. — Sur l'origine du monnayage musulman. Paris, Rougier, s. d. 1 plaq. in-8, cart., couv. — Le gros tournois est imité du Sarrazinas chrétien d'Acre. Lettre à M. Anatole de Barthélemy. Marseille, (1882). 1 plaq. in-8, cart., avec une lettre de l'auteur au comte Riant. — Essai d'interprétation des lettres B. N. inscrites sur certains dinars musulmans d'Espagne. Marseille, s. d. 1 plaq. in-8, cart., avec une lettre de l'auteur au comte Riant. — **Cipelli** (Don Luigi). Di una moneta turca coniata nella zecca di Parma. Parma, Ferrari, 1868. In-8, cart., couv., 1 pl. — **Dirks**. Souvenirs numismatiques des croisades. (Extr. de la *Revue de num. belge*, V, 3e s.). In-8, cart. — **Maxe-Werly** (M. L.). Note sur l'origine du gros tournois. (Extr. des *Mém. de la Soc. nat. des Antiquaires de France*, t. XL.) Paris, 1880. In-8, 1 pl., plaq. cart. pap. — **Reinaud**. Explication de cinq médailles des anciens rois musulmans du Bengale, accompagnée de quelques observations générales sur les monnaies musulmanes à figures. Paris, Dondey-Dupré, 1823. Br. in-8, 1 pl. — **Schlumberger** (Gust.). Les monnaies à légendes grecques de la dynastie turque des fils du Danischmend. (Extr. de la *Revue arch.*, mai 1880. In-8, cart., couv., 1 pl. — Une nouvelle monnaie à légende grecque des émirs Danischmendiens de Cappadoce. (Extr. de la *Rev. num. franç.*, 1887. In-8, br.

2905. **Bohlen** (P. von). Ueber den wissenschaftlichen Werth und die Bedeutsamkeit der in den Ostseeländern... gefunden Arabischen Münzen. *S. l. n. typ.*, 1835. In-8, cart. — **Erdmann** (F. von). Zur Muhammedanischen Münzkunde. St. Petersburg, 1856. In-8, rel. toile. — **Grigorjew** (W.). Über Kufische Münzen... die in Russland und den Ostseeländen gefunden worden. Odessa, 1842. — **Schott** (W.). W. Grigorjew's Beschreibung Kufischer Münzen. (*Deux Extr.*) In-8, br. — **Kehr** (G. J.). Monarchiæ Asiatico-Saracenicæ status, qvalis VIII. et IX. post Christvm natum seculo fuit, ex nummis argenteis..... Lipsiæ, Schuster, 1724. 3 pl. — Monarchiæ Mongolo-Indici vel Mongolis Magni Aurenk-Szeb nvmisma indo-persicvm.... Lipsiæ, Takke, 1725. Fig. et 1 pl. Ensemble in-4, rel. toile. — **Krehl** (Ludolf.). De numis muhammadanis in numophylacio regio Dresdensi asservatis. Lipsiæ, Sumtibus Lib. Dykianæ, 1856. In-8, rel. toile. — **Loewe** (L.). Observation on a unique cufic gold coin issued by Al-Âamir Beâkhcam Allah, Abû Ali Manzour Ben Mustali, tenth Caliph of the Fatimite dynasty. London, Nutt, 1849. In-8, cart., fig. — **Mœllerus** (J. H.). De numis orientalibus in numophylacio Gothano asservatis Commentatio prima. Nummos chalifarum et dynastiarum cuficos exibens... editio altera aucta et emendata. Gothae, Engelhard-Reyer, 1826. In-4, pl. h.-t., cart., perc. v. — *Du même* : De numis orientalibus in numophylacio Gothano asservatis Commentatio altera. Numos dynastiarum recentiores exhibens..... Erfordiae et Gothae, Flinz, 1831. In-4. Ensemble 2 vol. cart. perc. — **Nesselmann** (G. H. F.) Die Orientalische Münzen des Akademischen Münzcabinets in Königsberg... Leipzig, Brockhaus, 1858. In-8. — **Pietraszewski** (Ign.). Numi Mohammedani. Fasciculus I. continens numos Mamlukorum dynastiae..... accedunt XV tabulae. Berolini, apud A. Duncker, 1843. In-4, rel. toile. — **Stickel** (D. G.). Die Grossherzogliche morgenländische Münzsammlung in Jena. Jena, Schrelber, 1846. In-8, cart.

2. Héraldique, histoire nobiliaire.

2906. [**Baudoin** (Jean)]. Iconologie ou la science des emblèmes, devises, &c... enrichie & augmentée d'un grand nombre de Figures avec des moralités, tirées la pluspart de Cesar Ripa. Amsterdam, A. Braakman, 1698. 2 tomes en 1 vol. in-12, rel. vél.

2907. **Bétencourt** (Dom). Noms féodaux ou noms de ceux qui ont tenu fiefs en France. Deuxième édition. Paris, Schlesinger, 1867. 4 tomes en 2 vol. in-8, d.-rel. chag. rouge.

Édition due à M. *Morand*.

2908. **Borel d'Hauterive**. Annuaire de la noblesse de France et des maisons souveraines de l'Europe. Paris, 1857-1876. 16 vol. in-12, dont 7 d.-rel. peau de Suède, coins, et les autres br.

Comprenant les 14e-32e années de cette collection.

2909. **Borrelli** (Carlo). Vindex neapolitanæ nobilitatis. Animadversio in Francisci Ælii Marchesii librum de Neapolitanis familiis. Neapoli, Ap. Aegidium Longum, 1653. 1 vol. in-4, rel. parch.

L'ouvrage est divisé en deux parties : la première partie comprend une réfutation point par point des assertions d'Ælius, avec 74 blasons gravés. (Les pages 61-62 sont refaites à la main). La deuxième a comme titre particulier : « Litterarum ab antiquitate repetitarum monumenta quæ Francisci Ælii Marchesij errata detegunt. » — Ouvrage intéressant pour l'histoire des grandes familles napolitaines.

2910. **Burgermeister** (J. St.). Bibliotheca equestris. Ulm, Gassenmeyer, 1720. 2 parties en 4 vol. petit in-4, d.-rel. bas.

Jean Étienne Burgermeister de Deyzisau (1663-1722), mort conseiller de l'empereur Charles VI, a réuni dans ce recueil un certain nombre de traités nobiliaires rares ou jusque là inédits. Le tome I est orné d'un frontisp., le tome II a 3 planches gravées, dont une double, d'une belle exécution, représentant des tournois.

NUMISMATIQUE — HÉRALDIQUE — ARCHÉOLOGIE

2911. **Burgermeister** (J. St.). Codex diplomaticus equestris cum continuatione, oder Reichs-Ritter-Archiv mit dessen Fortzetzung..... Ulm, E. D. Süssen, 1721. 2 forts vol. in-4, rel. vél.

Important *corpus* de tous les Décrets, Rescrits, Privilèges, etc., de la noblesse allemande, depuis 1392 jusqu'à 1705.

2912. [**Carpentier** (S.)]. La véritable origine de la très illustre maison de Sohier avec une table généalogique. Leyden, 1661. 1 vol. in-fol., rel. v. (aux armes) blasons et fig. Exemplaire en grand papier.

2913. **Chassant** (Alph.). Les nobles et les vilains du temps passé ou recherches critiques sur la noblesse et les usurpations nobiliaires. Paris, Aubry, 1857. — Nobiliana. Curiosités nobiliaires et héraldiques. Paris, Aubry, 1858. Ensemble 2 vol. in-12, d.-rel. peau de Suède, coins (Gruel). — **Chassant et Tausin**. Dictionnaire des devises historiques et héraldiques. Paris, Dumoulin, 1878-1880. 3 vol. in-12, br.

2914. [**Coyer** (Abbé)]. La noblesse commerçante. A Londres, et se trouve à Paris, chez Duchesne... 1756. — *Le même*, A Londres, chez Fletcher Gilles,... M DCC LVI [*1756*]. — [**Sainte-Foix**]. La noblesse militaire opposée à la noblesse commerçante, ou le patriote françois. A Amsterdam, 1756. — **Coyer** (L'abbé). Développement et défense du système de la noblesse commerçante. Amsterdam et se trouve à Paris, chez Duchesne, 1757. 5 tomes en 3 vol., rel. veau. — **Beaupré**. Les gentilshommes verriers ou Recherches sur l'industrie et les privilèges des verriers dans l'ancienne Lorraine au xve, xvie et xviie siècles. 2° Édition. Nancy, Hinzelin, 1846. In-8, rel. toile, non rogn.

Le premier ouvrage, qui ne porte pas de nom d'auteur, est du célèbre abbé *Gabriel François Coyer* (1707-1782), aumônier général de la cavalerie. Le deuxième, également anonyme, dû à *Philippe Auguste de Sainte-Foix, chevalier d'Arcq*, essaya de réfuter la thèse de Coyer qui voulait prouver à la noblesse française, en train de tomber dans la ruine, que le salut pour elle était dans le commerce. Coyer riposta immédiatement à l'attaque de Sainte-Foix par son « Développement et Défense » ; ces divers ouvrages firent grand bruit à l'époque de leur apparition.

2915. Dictionnaire des ennoblissemens, ou Recueil des Lettres de noblesse depuis leur origine..... Paris, Au Palais Marchand, 1788. 2 tomes en 1 vol. in-8, d.-rel. veau rac., tr. lim. ; au dos, chiffre du comte Riant.

2916. **Fine** (Cl. Oronce, *dit* de Brianville). Iev d'armoiries des Souverains et Estats d'Europe, pour apprendre le blason, la géographie et l'histoire curieuse..... Troisième édition. Lyon, Benoist Coral, M DC LXV In-12, rel. veau.

2917. **Franckenau** (Gerh. Ern. de). Bibliotheca Hispanica historico-genealogico-heraldica. Lipsiæ, Sumtibus M. G. Weidmanni, 1724. In-4, rel. veau, fil.

2918. **Gourdon de Genouilhac**. Dictionnaire des fiefs, seigneuries, châtellenies, etc, de l'ancienne France. Paris. Dentu, 1862. 1 vol. in-8, d.-rel. chag., tr. peigne. — *Le même* et **Paris** (Louis). Dictionnaire des anoblissements..... précédé d'une étude sur les noms propres par le *comte Hallez-Claparède*. Paris, Bachelin-Deflorenne, 1869. 2 tomes en 1 vol. in-8, d.-rel. chag., tr. peigne; au dos, chiffre du comte Riant.

* 2919. **Hozier** (Charles d'). Indicateur du grand Armorial général de France... Publié sous la direction de M. *Louis Paris*. Paris, Bachelin-Deflorenne, 1865. 2 tomes en 1 vol. in-8, d.-rel. chag. r., tr. marbrée. — Indicateur nobiliaire de France, de Belgique,..... d'après les collections manuscrites des Bibliothèques publiques de Belgique. Paris, Bachelin-Deflorenne, 1869. In-8, d.-rel. chag., tr. peigne; au dos, chiffre du comte Riant. — **Robert** (Ulysse). Indicateur des armoiries des villes, bourgs, corporations, etc., contenues dans l'Armorial général de d'Hozier. Épernay et Paris, 1879. In-8, rel. toile, couv.

* 2920. **La Chesnaye-Desbois** et **Badier**. Dictionnaire de la Noblesse. *3ᵉ Édition*, Paris, Schlesinger, 1863-66. Vol. in-4, rel. veau rac., tr. marbr., avec chiffre du comte Riant sur les plats.

2921. **Le Bouvier** (Gilles). Armorial de France, Angleterre, Écosse, Allemagne, Italie et autres puissances, composé vers 1540. Texte complet publié pour la première fois par M. *Vallet de Viriville*. Paris, Bachelin-Deflorenne, 1866. In-8, d.-rel. veau brun, tête lim., non rogn. (couverture), avec 1 pl. — **Forgeais** (Arthur). Blasons et Chevaliers du moyen âge d'après les plombs historiés trouvés dans la Seine. Extr. du *Musée Arch*. Paris, 1877. In-8, rel. toile, fig. — Armorial de France de la fin du xivᵉ siècle publié et annoté par *Douet d'Arcq*. Paris, Dumoulin, 1861. In-8, rel. toile, couv.

2922. **La Porte** (A. de). Histoire généalogique des familles nobles du nom de La Porte. Poitiers, Oudin, 1882. 1 vol. grand in-8, d.-rel. chag., chiffre du comte Riant.

Ce livre a été tiré à 200 exemplaires et n'a pas été mis dans le commerce.

2923. **Lusignan** (Étienne de). Les genealogies de soixante et sept tresnobles et tres-illvstres maisons, partie de France, partie estrageres, yssuës de Meroüée, fils de Theodoric 2. Roy d'Austrasie, Bourgongne, &c.... Auec le Blason & declaration des Armoyries que chacune maison porte. Par le R. P. Estienne de-Cypre, de la Royale Maison de Lvsignan, Docteur en Theologie, de l'Ordre des Freres Prescheurs. A Paris, chez Gvillavme le Noir... M.D.LXXXVI. In-4 de 4 ffnc., 128 ff. chif., rel. veau; sur les plats, armes d'un prince ou seigneur polonais. — *Du même* : Affinitates omnivm Principvm christianitatis cvm serenissimo Francisco Medices Magno duci Hetrvriæ. Inuente ac collecte à R. P. Stephano, Doctore ordinis Fratrum Prædicatorum, ex familia Lusignanorum...... Parisiis, apud Dauid le Clerc... M.D.LXXXVII. Grand in-4 de 38 ffnc. (un manque), d.-rel. bas. n.

On a relié avec le premier ouvrage un autre traité d'*E. de Lusignan* : « Les Droicts..... qve prétendent av royavme de Hierusalem, les Princes..... Paris, Le Noir, M D L XXXVI ». Cf. infr. nº 3043.

2924. **Menestrier** (Le P.). Nouvelle méthode raisonnée du blason ou de l'art héraldique..... mise dans un meilleur ordre et augmentée de toutes les connoissances relatives à cette science par M. L*** [*Lemoine*]. Lyon, P. Bruyset Ponthus, 1780. In-8, rel. veau rac., tr. r. front. et pl.

2925. Revue historique, nobiliaire, héraldique et biographique, publiée par MM. *Bonneserre de Saint-Denis*, & *Sandret*. Paris, Dumoulin. Années 1862 (*origine*) à 1880 et table des deux premières séries (1862 à 1875). 18 tomes (table comprise) en 13 vol. — Revue nobiliaire et d'archéologie héraldique publiée sous la direction de M. *Sandret*. Paris, Soc. bibliogr., 1882 (1re année). 1 vol. Ensemble 14 vol. avec planches in-8, rel. toile, non rogn., couv.

2926. **Pfanner** (Tobias). Liber de præcipuis Germaniæ principum gentibus earum nempe ortu, divisione in familias, sive lineas,..... Francofurti, ap A. Boëtium, 1678. In-12, rel. parch. — **Grundlach** (O.). Bibliotheca familiarum nobilium. Neubrandenburg, Brünslow, 1883. In-8, cart. — **Stephani** (Matth.). Tractatvs de nobilitate civili. Francofvrti, typ. N. Hoffmanni, sumpt. P. Koffij, 1617. In-16, rel. vél.

* 2927. **Rietstap** (J. B.). Armorial général. Deuxième édition. Gouda, G. B. van Goor Zonen, 1884-1887. 2 vol. in-8, rel. mar. rouge, tête dor., non rogn.; au dos, chiffre du comte Riant.

2928. **Simon** (Henry). Armorial général de l'Empire Français. Paris, 1812. 2 tomes en 1 vol. in-fol., d.-rel. mar. rouge, coins, planches coloriées.

Petites mouillures aux titres.

2929. **Soultrait** (Comte Georges de). Armorial du Bourbonnais. Moulins, Desroziers et fils, 1857. Grand in-8 avec planches, d.-rel. chagr. rouge, tête dor., non rogn.

2930. — Armorial historique et archéologique du Nivernais. Nevers, Michot, 1879. 2 vol. grand in-8, avec planches, br.

2931. **Villevieille** (Dom Jacques Joseph). Trésor généalogique, publié par *Henry* et *Alphonse Passier*, Paris, Champion, s. d. 2 tomes en 1 vol. in-4, d.-rel. chag. r.; au dos, chiffre du comte Riant.

2932. **Vulson de la Colombière** (Marc.). La science héroïque, traitant de la noblesse, et de l'origine des armes; de leurs blasons, & symboles; des timbres, bourlets, couronnes, cimiers, lambrequins, supports, tenans, & autres ornemens de l'écu;... *Seconde Édition*. Paris, chez Seb. Mabre-Cramoisy, 1669. 1 vol. in-fol., rel. veau f., tr. jaspée.

Très bel exemplaire.

2933. **Batjin** (N.). Histoire complète de la noblesse de France depuis 1789 jusque vers l'année 1862. Paris et Bruxelles, 1862. 1 vol. in-8, d.-rel. veau marron, couvert., non rogn.; au dos, chiffre du comte Riant. — **Bessas** de la Mégie (Comte Oscar de). Légendaire de la noblesse de France. Paris, Librairie Centrale, 1865. 1 vol. in-8, rel. veau, couv., au dos, chiffre du comte Riant. Le titre est imprimé en plusieurs couleurs. — **Matagrin.** La noblesse du Périgord en 1789. Périgueux, Boucharie, 1857. 1 vol. in-8, rel. toile. — **Muller** (L.). Catalogue et armorial des présidents, conseillers… au conseil souverain d'Alsace. (Cent exemplaires). Paris, Dentu, 1875. In-8, br.

2934. **Barthèlemy** (Édouard de). La noblesse en France avant et depuis 1789. Paris, Librairie nouvelle, 1858. 1 vol. in-12, d.-rel. veau fauve, dos orné, coins (Gruel). — **Beaune** (Henri). Des distinctions honorifiques et de la particule. 2e édition. Paris, R. Muffat, 1862. In-12, rel. toile. — **Chastel** (L. F.). De l'édit concernant la police des armoiries. Lyon, Vingtrinier, 1859. Plaq. in-8, d.-rel. veau, coins (Petit-Simier). — **Chergé** (Ch. de). Lettres d'un paysan gentilhomme sur la loi du 28 mai 1858..... relatifs aux noms et titres nobiliaires. Poitiers, Dupré, 1860. Vol. in-8, d.-rel. veau, coins (Petit-Simier). — [**Estaintot** (d')]. Des usurpations de titres nobiliaires au double point de vue de l'histoire et du droit pénal, par le vicomte Robert d'E..... Paris, Dentu, 1858. Plaq. in-8, d.-rel. veau, coins, tête dorée, non rogn. (Petit-Simier). — **Levesque** (A.). Du droit nobiliaire français. Paris, Plon, 1866. 1 vol. in-8, rel. toile. — **Naudet.** De la noblesse et des récompenses d'honneur chez les Romains. Paris, Durand, 1863. In-8, rel. toile, couv. — **Sémainville** (Cte P. de). Code de la noblesse française ou précis de la législation sur les titres. . 2e édition. Paris, 1860. In-8, cart. perc. v., couverture. — **Tardy** (Jules de). La particule nobiliaire. Réplique à quelques magistrats. Paris, Ledoyen, 1861. In-8, rel. toile. — Le Cérémonial officiel ou les honneurs, les préséances et rangs..... dans les cérémonies publiques et à la Cour. Paris, Paul Dupont, 1865. 1 vol. in-8, rel. toile. — Recueil des statuts, décrets, ordonnances et avis relatifs aux titres nobiliaires et au Conseil du sceau des titres... Paris, impr. impér., 1860. In-8, cart. perc. — **Barbier de Felcourt.** Faculté de droit de Paris. Droit romain : du Colonat. Droit français : des titres de noblesse et des noms dits nobiliaires. (Thèse pour le doctorat). Paris, de Mourgues, 1867. 1 vol. in-8, rel. toile. Ensemble 12 vol. ou plaq.

3. Archéologie.

2935. **Banchero** (Giuseppe). La tavola di bronzo, il pallio di Seta ed il codice Colomboamericano nuovamente illustrati. Genova, Ferrando, 1857. 1 vol. grand in-8, avec nombr. facsim., d.-rel. veau gris, tr. marbr.

2936. **Bertrand** (Alexandre). Les voies romaines en Gaule, voies des Itinéraires, résumé du travail de la Commission de la topographie des Gaules. Paris, Didier, 1864. — Sépultures à incinération de Poggio Renzo, près Chiusi (Italie). (Extr. de la *Revue archéol.*, Avril, 1874), *s. l. n. d. n. typ.*, avec 2 planches. — Rapport sur les questions archéologiques discutées au Congrès de Stockholm. Paris, Imprimerie Nationale, 1875. — De la valeur historique des documents archéologiques. Chartres, Garnier, 1879. — Les bijoux de Jouy-le-Comte (Seine-et-Oise) et les cimetières mérovingiens de la Gaule. Extr. de la *Rev. archéol.* Paris, Didier, 1879. Avec une carte et une photogravure. — L'autel de Saintes et les Triades gauloises, avec cinq planches et seize bois dans le texte. Paris, Didier, 1880. Ensemble, 6 plaq. in-8, cart. ou rel. toile.

2937. **Castan** (Auguste). Les Capitoles provinciaux du monde romain. — Les Arènes de Vesontio et le square archéologique du canton nord de Besançon. — La Minerve de Besançon au château de Chantilly. Besançon, Dodivers, 1886. 3 vol. ou plaq. br.

2938. **Caylus** (Comte de). Correspondance inédite avec le P. Paciaudi, théatin (1757-1765), suivie de celles de l'abbé Barthélemy et de P. Mariette avec le même, publiées par *Charles Nisard.* Paris, Imprimerie nationale, 1877. 2 vol. in-8, d.-rel. chag., tête peigne, non rogn.; au dos, chiffre du comte Riant. — **Nisard** (Ch.). Le comte de Caylus d'après sa correspondance..... avec le P. Paciaudi. Extr. de la *Revue de France.* Paris, Pougin, 1877. In-8, cart.

2939. **Chabouillet.** Catalogue général et raisonné des camées et pierres gravées de la Bibliothèque impériale. Paris, Claye, s. d. 1 fort vol. in-12, d.-rel. chag., coins, tête dorée, non rogn.; au dos, chiffre du comte Riant. — *Du même* : Réunion annuelle des délégués des Sociétés savantes. Discours et compte rendu des lectures faites à la section d'archéologie. Années 1878-79-80. Paris, Imprimerie Nationale, 1878-1881. 3 plaq. in-8, cart. et broch. — **Le Brun-Dalbanne.** De l'intérêt des pierres gravées pour l'étude de l'antiquité. Besançon, Dodivers, 1873. In-8, cart. Ensemble 1 vol. et 4 plaq.

2940. **Chytræus** (Nathan). Variorvm in Evropa itinervm Deliciæ, sev, ex variis manv-scriptis selectiora tantvm inscriptionvm maxime recentium Monvmenta..... Hebornæ Nassouiorum. 1594. Petit in-8 de 10 ffnc., 846 pp., rel. vél.

2941. Journal archéologique. Année 1862. Athènes, typ. de la Laconie, 1863. [*En Grec.*] In 4, rel. toile, nomb. pl.

2942. **Longpérier** (Adrien de). Œuvres, réunies et mises en ordre par *G. Schlumberger.* Paris, Leroux, 1883, avec planches. — **Longpérier** (Henri de). Des rouelles et des anneaux antiques, considérés comme agents de suspension. Paris, Didier, 1867, avec 3 planches. — Note sur les rouelles antiques de bronze et sur un usage finnois..... *S. l. n. d.* (1867). Extr. du Bulletin de la Société des antiquaires de France, 15 mai 1867. — **Promis** (Vincenzo). Adriano de Longpérier. Torino, Loescher, 1882. Ensemble 2 vol. in-8 br. & 3 plaq. in-8, rel. toile.

2943. **Montaiglon** (Anatole de). Antiquités et curiosités de la ville de Sens. Paris, Detaille, 1881. In-4 br., 1 planche et nomb. fig.

> Extrait de la *Gazette des Beaux Arts*. Tirage à part sur Hollande à 50 exemplaires.

2944. Monuments Grecs publiés par l'Association pour l'encouragement des études grecques en France. Premier volume. Paris, Maisonneuve, n°s 1 à 10. 1872-1881. 1 vol. in-4, rel. toile, nomb. pl. — n°s 11-13 (1886). 1 fasc. br. avec pl.

2945. **Pauly**. Real Encyclopädie der classischen Alterthumswissenschaft in alphabetischer Ordnung. Zweiter völlig umgearbeitete Auflage hrsgg. v. *Wilh. Sigm. Teuffel*. Stuttgart, Metzler, 1862-66. 6 tomes en 8 vol. in-8, rel. toile, non rogn.

2946. **Piette** (Édouard). Nomenclature des temps anthropiques primitifs. Laon, Le Vasseur, 1880. In-8, cart., couv. — Note sur plusieurs inscriptions récemment découvertes dans les ruines d'Elusa. Cauterets, Cazaux, 1881. In-8, cart. — Note sur les tumulus de Bartrès et d'Ossun. Paris, Reinwald, 1882. In-8, br., 4 pl. — Exploration de quelques tumulus situés sur les territoires de Pontacq et de Lourdes. Planches par M. *Pilloy*. Paris, Reinwald, 1884. In-8 br., 4 pl., 11 figg. — **Piette** (E.) et **Sacaze** (Julien). La montagne d'Espiaup. Paris, Hennuyer, 1877. In-8, cart. — **Sacaze** (J.). Les anciens dieux des Pyrénées. Saint-Gaudens, Abadie, 1885. In-8, br., figg. — Quelques faux dieux des Pyrénées. Saint-Gaudens, Abadie, 1885. In-8, br. Ensemble 7 plaq.

2947. **Robert** (Charles). Mélanges d'archéologie. Paris, Dumoulin, 1875. In-8, rel. toile, fig. et 4 pl. — Quelques noms gaulois. [Extr. du *Bull. épig. de la Gaule*]. Vienne, Savigné, 1881. In-8, cart., couv., fig. — Études sur quelques inscriptions antiques du musée de Bordeaux. Bordeaux, Ve Cadoret, 1878. In-8, cart., couv., 5 pl. — Cinq inscriptions de Lectoure. Paris, Picard, 1881. In-8, cart., couv., fig. — Rapport sur l'épigraphie romaine de Vence et de ses environs, notice publiée par M. E. Blanc. [Extr. de la *Rev. des Soc. sav.* 6e série, V, 1877]. In-8, cart., couv.

2948. **Rossi** (G. B. de). Piante iconografiche e prospettiche di Roma anteriori al secolo XVI. Roma, 1879. 1 vol. texte in-4 et plans col. dont 1 collé sur toile.

> Préparé pour la reliure avec les onglets pour monter les plans.

2949. Scritti inediti e rari di diversi autori trovati nella Provincia d'Otranto e pubblicati con prefazioni de *Francesco Casotti*. Napoli, Vaglio, 1865. 1 vol. in-8, br. (6 planches dont 2 en couleurs.)

2950. **Wilde** (W. R.). A descriptive catalogue of the antiquities of Stone, earthen, and vegetable materials in the Museum of the royal irish Academy. Dublin, M. H. Gill, 1857. In-8, nombreuses figures, d.-rel. veau f., avec coins.

2951. Archéologie celtique : **Barranger** (A.). Étude d'archéologie celtique, gallo-romaine et franque, appliquée aux antiquités de Seine-et-Oise. Paris, Courcier, 1864. In-8, cart. — **Hahn** (Alexandre). Monuments celtiques des environs de Luzarches (Seine-et-Oise). Paris, Boucquin, 1867. Plaq. in-8, cart. — **Galles** (R.). Manné-er-H'roëk. Dolmen découvert sous un tumulus à Locmariaquer. Vannes, J. M. Galles, 1863. In-8, cart. 6 pl. — **Martin** (Henri). Études d'archéologie celtique. Notes de voyages dans les pays celtiques et scandinaves. Paris, Didier et Cie, 1872. In-8, cart. perc. bl. — **Nicaise** (Auguste). L'Époque gauloise dans le département de la Marne. Découvertes et études archéologiques. Paris, Émile Lechevalier, 1884. In-8. [Envoi d'auteur sur la couverture.] — *Du même :* Études historiques. Paris, Aug. Aubry, 1858. in-8, cart. perc.

2952. Antiquités romaines : **Barthèlemy** (Anatole de). Vases sigillés et épigraphiques de fabrique Gallo-Romaine. Paris, Lévy, 1878. Plaq. in-4, cart., avec 1 pl. — **Ducis** (Le chanoine). Mémoire sur les voies romaines de la Savoie. Annecy, Thésio, 1863. Br. in-8. — **Du Seigneur** (Maurice). Les arènes de Lutèce. Paris, 1886. In-8, br., pl. et fig. — **Guillaume** (Abbé Paul). Une excursion à Pompéï. Paris, Picard, 1880. In-8, cart. — **Miola** (Alfonso). Pel Centenario di Pompei. Ricordi vesuviani. Carme. XXV Settembre 1879, *s. l.* In-8, cart. — **Nicaise** (A.). Jupiter-Sérapis. Buste en bronze découvert à Cernay-les-Reims (Marne). Paris, Imp. nationale, 1886. In-8. br. — **Rochebrune** (O. de). Sépulture d'un légionnaire romain découverte au bourg de Jart (Vendée). Niort, Clouzot, 1878. 1 pl. — Sépulture du légionnaire romain... Dernières fouilles. Niort, Clouzot, 1879. 1 pl. 2 plaq. in-8, (*tirées chacune à 70 ex.*), en 1 vol., rel. toile. Ensemble 8 plaq.

2953. Épigraphie : **Dezeimeris** (Reinhold). Remarques sur des inscriptions antiques récemment découvertes à Bordeaux. Bordeaux, V Cadoret, 1880. Plaq. in-8, br. (Une photogravure). — **Chabouillet** (M. A.). Notice sur des inscriptions et des antiquités provenant de Bourbonne-les-bains, données par l'État à la Bibl. nationale. Paris, Didier, 1881. In-8, cart., 2 planches. — **Gauthier** (Jules). Les inscriptions de la cathédrale Saint-Étienne de Besançon, avec 3 planches. — L'origine des armoiries de l'église de Besançon, avec 2 planches. — Un poëme franc-comtois inédit, d'après un manuscrit de la bibliothèque de Neuchâtel. (Trois Extraits des *Mém. de l'Acad. de Besançon*, 1880.) *S. l. n. d. n. typ.* 3 plaq. in-8, cart. — **Geffroy** (A.). L'épigraphie doliaire chez les Romains. Paris, Imprimerie nationale, 1886. In-4, br. — **Mowat** (R.). Inscriptions d'Amsoldingen (Suisse). Un mot sur le milliaire d'Auxiliaris à Arles. Vienne, Savigné, 1885. In-8, br. — **O'Kelles** (Edw.). Sulla lapida rodia esistente nel seminario patriarcale in Venezia. Venezia, Casali, 1836. In-8, cart., couv. — **Rayet** (O.). Inscriptions du Musée de l'école évangélique, à Smyrne. (Extr. de la *Revue arch.*) Paris, Didier, *s d.* In-8, cart., couv. — **Renier** (Léon). Inscription inédite de Beyrouth. Paris, Imp. nat., 1878. In-8, br. 1 pl. héliog. — **Sanguinetti** (Angelo). Iscrizioni greche della Liguria. *S. l. n. d. n. typ.* Grand in-8, rel. toile, fig. — **Hübner** (E.). Über mechanische Copieen von Inscriften. Berlin, Weidmann, 1881. Plaq. in-8, cart. Ensemble 13 plaq.

2954. **Bähr** (J. K.). Die Gräber der Liven. Ein Beitrag zur nordischen Alterthumskunde und Geschichte. Dresden, R. Kuntze, 1850. In-4, cart. (édit.), 21 pl. lith. et 2 fig. — **Becker** (Paul). Ueber eine Sammlung unedierter Henkelinschriften aus dem südlichen Ruszland. Leipzig, B. G. Teubner, 1862. In-8, rel. toile. — **Fraehn** (Ch. M.). Ueber alte Sued-Sibirische Graeberfunde mit Inschriften von gewissem Datum; mit einer Kupfertafel. St. Petersburg, 1837. In-4, cart., 1 pl. — **Spassky** (Gregorius). De antiquis quibusdam sculpturis et inscriptionibus in Sibiria repertis. Petropoli, typ. N. Gretschii, 1822. In-8 obl., rel. toile, 7 pl. — **Waxel** (Léon de). Recueil de quelques antiquités trouvées sur les bords de la Mer Noire appartenant à l'Empire de Russie, dessinées d'après les originaux en 1797 & 1798. Berlin, Schüppel, 1803. & *Suite*. In-4, avec 18 planches et 1 frontisp., cart. Ensemble 5 vol. et plaq.

2955. **De Baye** (Baron J.). Les instruments en pierre à l'époque des métaux. Paris, Menu, 1881. 1 plaq. in-8, cart. — **Boucher de Molandon**. Le Tumulus de Reuilly, son vase funéraire de l'âge primitif du bronze. Orléans, Herluison, 1887. Broch. in-8. — **Montelius** (O.). Sur les poignées des épées et des poignards en bronze. [*Extrait*.] In-8, cart., couv., 69 fig. sur bois. — *Du même* : Tombe ed antichità galliche in Italia. Roma, Salviucci, 1877. In-8, cart. — **Petersen** (Chr.). Ueber das Verhältniss des Broncealters zur historischen Zeit bei den Völkern des Alterthums. Hamburg, Meissner, 1868. In-4, cart. — **Tononi** (A. G.). Scoperta di un bronzo etrusco nel Piancentino. Estratto dallo *Spettatore*. Milano, 1879. In-12.

2956. **Murr** (Christ. Theoph. de). Inscriptio arabica litteris cvficis avro textili picta in infima fimbria pallii imperialis, Panormi, A.C. 1133 confecti, inter S. R. Imp. Germ. klinodia Norimbergae adservati. Norimbergae, ap. A. Th. Schneidervm, 1790. In-4, rel. toile, 3 pl. — **Reinaud**. Rapport sur la chape arabe de Chinon. Paris, Derache, 1856. — **Cavallari** (Saverio). Lettre sur la chape arabe de Chinon, adressée à M. Reinaud. Paris, 1857. 2 br. in-8. — **Schio** (Almerico da). Di due astrolabi in caratteri cufici occidentali trovati in Valdagno (Veneto), con sei tavole. Venezia, Ongania, 1880. In-4, rel. toile, couv. — **Spencer-Smith** (J.). Précis d'une dissertation sur un monument arabe en Normandie..... Seconde édition. Caen, Chalopin, *s. d.* (1820). In 8, cart. (édit.), 5 pl. (Tiré à 300 ex.). Ensemble 5 plaq.

2957. **Adelung** (Friedr.). Die Korssunschen Thüren in der Kathedralkirche zu Heil. Sophia in Nowgorod. Berlin, Reimer, 1823. In-4, rel. toile, non rogn. — **Babelon** (E.) et **Schwab** (M[so]). Un vase judéo-chaldéen de la Bibliothèque nationale. *S. l. n. d. n, typ.* (Extr. de la *Revue des Études juives*, 1882. II.) 1 plaq. in-8, cart. — **Marchand** (Louis). Ampoules de pèlerinages en plomb trouvées en Bourgogne. Dijon, Manière-Loquin, 1873. In-4, cart, 1 pl. (Tiré à 150 exempl.) — **Mortillet** (G. de). Les potiers allobroges. Méthodes des sciences naturelles appliquées à l'archéologie. Annecy, Perrissin, 1879. In-4, cart., couv., 2 pl. — **Saglio** (E.). Réponse à un libelle intitulé « L'article cælatura du Dictionnaire des antiquités grecques et romaines ». Paris, Hachette, 1879. In-8, cart. — **Travers** (E.). Une voie saxonne à Caen. Caen, Le Blanc-Hardel, 1875. In-8, cart. — **Van Werveke** (N.). Mélanges archéologiques. Luxembourg, Buck, 1882. In-8, cart. Lettre d'envoi de l'auteur au comte Riant. — Das germanische Nationalmuseum und seine Sammlungen. Nürnberg, 1860. In-8, rel. toile, pl. et fig. —**Lindenschmit** (Ludwig). Die vaterländischen Alterthümer der fürstlich Hohenzollern'schen Sammlungen zu Sigmaringen. Mainz, V. V. Zabern, 1860. In 4, 43 pl., 103 grav. interc., couv., carton. — **Reinach** (S.). Catalogue du Musée Impérial d'antiquités [de Constantinople]. Constantinople, Imprimerie « Levant Times », 1882. In-8, cart., couv. Ensemble 10 vol. ou plaq.

XIII

LES CROISADES

1. L'Orient au moyen âge.

OUVRAGES GÉNÉRAUX

2958. **Brehme** (A. G.). Geschichte des Orients besonders Palästina's älterer und neuerer Zeiten. Gotha, Ettinger, 1801. 2 tomes en 1 vol. in-12, cart.

2959. **Franck** (Adolphe). Études orientales. Paris, Lévy, 1861. 1 vol. in-8, d.-rel. veau f., tr. peigne.

2960. Fundgraben des Orients..... Mines de l'Orient, exploitées par une Société d'amateurs. Vienne, chez Ant. Schmid, 1809-1818. 6 tomes en 3 vol. in-fol., d.-rel. chag. rouge, coins, tête dor., non rogn. (couverture); au dos, chiffre du comte Riant.

Bel exemplaire de cette collection estimée.

2961. **Herbelot** (D'). Bibliothèque orientale ou dictionnaire universel contenant tout ce qui regarde la connoissance des peuples de l'Orient [avec le Supplément par Visdelou et Galand]. Maestricht, 1776-1780. 2 tomes en 1 vol. in-fol., rel. bas.

2962. **Hottinger** (Jean Henri). Historia orientalis ..... ex variis ..... monumentis collecta..... Tigurino, J.-J. Bodmer, 1651. In-4, rel. vél.

Hottinger, né à Zurich en 1620, mort en 1667, a été l'un des orientalistes les plus distingués du xviie siècle et son « Historia orientalis », dépassée depuis, a été, pour l'époque, un ouvrage remarquable.
Cet exemplaire porte au bas du titre la signature du savant *Baluze*.

2963. — Αρχαιολογια orientalis, exhibens I. Compendium theatri orientalis... II. Topographiam ecclesiasticam orientalem.... Heidelbergæ, Typis Samuelis Broun, 1662. — *Du même* : Cippi Hebraici sive Hebræorum, tam veterum... quam recentiorum..... monumenta..... latine donata, notisque illustrata..... Editio secunda auctior. Heidelbergæ, Typis Samuel Broun, 1662 (*avec 7 planches gravées sur cuivre*). Ensemble 2 tomes en 1 vol. in-8, rel. vél.

2964. **Postel** (Guillaume). De Originibus, sev, de varia et potissimum orbi Latino ad hanc diem incognita, aut incōsyderata historia, quū totius Orientis, tum maximè Tartarorum, Persarum, Turcarum, & omnium Abrahami &

Noachi alumnorum origines, & mysteria Brachmanum retegente : Quod ad gentium, literarumq̃ʒ quib. utuntur, rationes attinet. Ex libris Noachi & Hanochi..... Guilielmus Postellus posteritati eruit, exposuit & proposuit. Basileae, per Ioannem Oporinum, *s. d.* (*1553*). Petit in-8 de 135(1) pp., rel. veau.

HISTOIRE DES ARABES

2965. Analecta arabica edidit, latine vertit..... *E. F. C. Rosenmüller* Lipsiae, svmtibvs Io. Amb. Barthii, M D CCC XXV-M D CCC XXVIII. 3 plaq. in-8, br.

    Les « *Analecta* » comprennent I. Institutiones iuris Mohammedani... II. *Zohairi Carmen*.... III. Syria descripta a *Scherifo El-Edriso* et *Khalil ben-Schafin Dhaheri*.

2966. **Curion** (C. A.). Caelii Avgvstini Cvrionis Sarracenicae historiæ libri tres, ab autore innumeris locis emendati atqʒ expoliti..... His accessere Volfgangi Dreschleri earundem rerum Chronicon siue breuiarium. Item, Cael. Avgvst. Cvrionis Marochensis regni in Mauritania nobilissimi à Sarracenis conditi, descriptio, nunquam antea edita. Caelii Secvndi Cvrionis de bello Melitensi à Turcis gesto, historia noua...... Basileae, ex Officina Oporiniana, 1568. 1 vol. petit in-8 de 504 pp., 15 ffnc., rel. vél., tr. rouge.

    Cœlius Augustin Curion (1538-1567), fils cadet de *Cœlius Secundus*. Son histoire des Sarrasins a eu une première édition in-fol. à Bâle. L'ouvrage de son père sur la guerre de Malte parut en 1567. Notre catalogue contient un exemplaire de cette première édition.

2967. **Defrémery** (C.). Recherches sur le règne de Barkiarok, sultan seldjoukide (485-498 de l'Hégire= 1092-1104 de l'ère chrétienne). Paris, Imp. imp., 1853. In-8, d.-rel. chag. — Mémoires d'histoire orientale, suivis de mélanges de critique, de philologie et de géographie. Paris, Didot, 1854-1862. 2 parties en 1 vol. in-8, d.-rel. chag., tête peigne; au dos, chiffre du comte Riant. — Mémoire sur cette question : Jérusalem a-t-elle été prise par l'armée du calife d'Égypte pendant l'année 1096 ou dans l'année 1098? Paris, Imp. nat., 1872. In-8, rel. toile.

2968. **Drechsler**. Chronicon Saracenicvm et Tvrcicvm Wolfgangi Drechsleri a Georg. Fabricio & Joanne Rosino emendatum auctumque..... nec non Appendicem secundam ad A. M DC LXXXIX. usque addidit M. Joannes Reiskius. Accedit B. Joh. Andreæ Bosii Dissertatio de Imperio Turcico..... Lipsiæ, Impensis J. Chr. Wohlfart,... Anno M DC LXXXIX. Petit in-8, rel. vél.

    La dissertation de *J. And. Bosius* a été réimprimée dans cet ouvrage « ob raritatem exemplarium ». La chronique de Drechsler avait déjà paru dans le recueil imprimé à Bâle en 1568. Cf. n° 2966.

2969. **Hammer** (J. de). Histoire de l'Ordre des Assassins. Ouvrage traduit de l'allemand et augmenté de pièces justificatives par *J.-J. Hellert* et *P. A. de*

La Nourais. Paris, Paulin, 1833. Vol. in-8, rel. toile. — **Falconet.** Dissertation sur les Assassins, Peuple d'Asie. Extr. des *Mém. de litt. de l'Ac. des I. et B.-L.* In-4 cart., 1 pl. — **Guyard** (Stanislas). Un grand maître des Assassins au temps de Saladin [d'après *Aboû Firâs*]. *S. l. n. d. n. typ. Extrait factice du* Journal Asiatique, 7ᵉ série, IX. (Texte arabe et trad. française.)

2970. **Le Bon** (Dʳ G.). La Civilisation des Arabes. Paris, Didot, 1884. 1 vol. grand in-8, fig. et pl., d.-rel. chag.

2971. **Marigny** (L'abbé de). Histoire des Arabes sous le gouvernement des Califes. Paris, chez la Vᵛᵉ Estienne & fils..... Desaint & Saillant..... Jean-Thomas Hérissant..... M D CCL. 4 vol. in-12, rel. mar. bleu, tr. dor., dos orné.

2972. **Marin.** Histoire de Saladin, sulthan d'Egypte et de Syrie, avec une Introduction, une Histoire Abrégée de la Dynastie des Ayoubites fondée par Saladin..... Paris, Tilliard, M DCC LVIII. 2 vol. in-8, rel. veau marbr., tête lim., non rogn.

2973. **Ouspenski.** Melik-Gazi et Dzoul-noun Danichmend. 1879. In-4, rel. pap. [T. à. p. des Mém. Soc. Imp. Hist. d'Odessa, t. XI.] [*En Russe.*]

2974. **Reiskius** (Jo. Jac.). Primae lineae historiae regnorum Arabicorum et rerum ab Arabibus medio inter Christum et Muhammedem tempore gestarum. Cum tabulis genealogicis tribuum Arabicarum.... e libro manuscripto Bibliothecae Gottingensis.... edidit *Ferdinandus Wüstenfeld.* Gottingae, Dieterich, 1847. In-8, rel. vél.

2975. **Rasmussen** (Janus Lassen). Annales Islamismi sive tabulæ synchronistico-chronologicae Chalifarum et Regum Orientis et Occidentis, accedente Historia Turcarum, Karamanorum, Selgiukidarum Asiæ Minoris, ak Kuviuli et Kara Kuviuli, Ghaderitarum, Ramadhanitarum, Devhenditarum, Sufiorum Persiæ, Uzbeci et Jeschbeci Chan..... Hauniae, Fr. Brummer, MDCCCXXV. In-4, cart. perc. n.

2976. **Schmidt** (Valdemar). Indledning til Syriens Historie i Oldtiden efter Ikke-Bibelske Kilder. Kjøbenhavn, Wøldike, 1872. In-8, d.-rel. chag. r., tête lim., non rogn.; au dos, chiffre du comte Riant.

2977. **Walpole** (F.). The Ansayrii, (or Assassins,) with travels in the further East, in 1850-51 including a visit to Nineveh. London, Bentley, 1851. 3 vol. in-8, rel. toile, non rogn.

2978. **Weil** (Gustav). Geschichte der Chalifen. Nach handschriftlichen grösstentheils noch unbenützten Quellen bearbeitet. Mannheim, Friedr. Wassermann, [*puis*] Metzler, 1846-62. 5 vol. — Geschichte der islamitischen Völker von Mohammed bis zur Zeit des Sultan Selim. Stuttgart, Rieger, 1866. 1 vol. Ensemble 6 vol. in-8, d.-rel. chag. r., tr. peigne.

2979. **Wüstenfeld** (Ferdinand). Register zu den genealogischen Tabellen der Arabischen Stämme und Familien, mit historisch und geographisch Bemerkungen. Göttingen, Dieterich, 1853. 3 parties en 1 vol. in-8, d.-rel. veau f., non rogn. — Vergleichungs-Tabellen der muhammedanischen und christlichen Zeitrechnung. Leipzig, Brockhaus, 1854. In-4, rel. toile. — Das Heervesen der Muhammedaner und die arabische Uebersetzung [v. Ibn Mammâti] der Taktik des Aelianus. Göttingen, Dieterich, 1880. In-4, br., pl.

2980. **Lalanne** (Lud.). Recherches sur le feu grégeois et sur l'Introduction de la poudre à canon en Europe. 2mo édition. Paris, Corréard, 1845. In-8, rel. toile, non rogn. — **Reinaud**. De l'art militaire chez les Arabes au moyen âge. Paris, Imp. nat., 1848. In-8, br. — Description d'un fusil oriental. Extr. du n° 7 (1856) du *Journal Asiatique*. In-8, br. — Nouvelles observations sur le feu grégeois et les origines de la poudre à canon. (Extrait du *Journal Asiatique*.) Paris, Imprimerie nationale, 1850. In-8, br. — **Reinaud et Favé**. Controverse à propos du feu grégeois. Réponse aux objections de M. Ludovic Lalanne. (Extrait de la *Bibl. de l'École des Chartes*, 2e série, t. III.) Paris, Typ. Didot. In-8, br. — **Quatremère**. Observations sur le feu grégeois. (Extr. du *Journal Asiatique*, n° 4 de 1850.) In-8, rel. toile.

2981. **Goeje** (M. J. de). Mémoire sur les Carmathes du Bahraïn. Leyde, Brill, 1862. — Mémoire sur le Fotouho's-Scham attribué à Abou Ismaïl al-Bacri. Leyde, Brill, 1864. — Mémoire sur la conquête de Syrie. Leyde, Brill, 1864. 3 plaq. en 1 vol. in-8, rel. toile. — **Reinaud**. Notice sur la vie de Saladin. Paris, Dondey-Dupré, 1824. In-8, rel. toile.— *Du même* : Mahomet. Paris, Didot, 1860. In-8, br. — Die Posaune des heiligen Kriegs aus den Munde Mohammed, Sohns Abdallah des Propheten. Herausgegeben von *Johann von Müller*. Leipzig, Gleditsch, 1806. In-8, cart.

LES ARABES EN EUROPE

2982. **Amari** (Michele). Storia dei Musulmani di Sicilia. Firenze, Le Monnier, 1854-1872. 3 tomes (le tome III en 2 parties) en 2 vol. in-8, d.-rel. chag., tr. lim.; au dos, chiffre du comte Riant. — Prime imprese degl' Italiani nel Mediterraneo. [Extr. de la *Nuova Antologia*, 1866.] Plaq. in-8, cart.

2983. — I diplomi Arabi del R. Archivio Fiorentino. Testo originale con la traduzione letterale e illustrazioni. Firenze, Le Monnier, 1863. 1 vol. in-4, cart.

2984. — Biblioteca Arabo-Sicula. Versione italiana. Torino e Roma, Ermanno Lœscher, 1880. 1 vol. in-fol., rel. vél. blanc, non rogn., couverture.

* 2985. **Aschbach** (Dr Joseph). Geschichte der Ommaijaden in Spanien nebst einer Darstellung des Entstehens der spanishen christlichen Reiche. Wien, Braumüller, 1860. 2 tomes en 1 vol., d.-rel. chag.

2986. **Conde** (Don Jose Antonio). Historia de la dominacion de los Arabes en España. Madrid, Imp. que fue de Garcia, 1820-1821. 3 tomes en 2 vol. in-4, rel. veau rac.

* 2987. **Dozy** (R.). Recherches sur l'histoire et la littérature de l'Espagne pendant le moyen âge. Seconde édition. Leyde, Brill, 1860. 2 tomes en 1 vol. in-8, d.-rel. chag.

* 2988. — Histoire des musulmans d'Espagne jusqu'à la conquête de l'Andalousie par les Almoravides (711-1110). Leyde, Brill, 1861. 4 tomes en 2 vol. in-8, d.-rel. chag.

2989. **Martini** (Pietro). Storia delle invasioni degli Arabi e delle piraterie dei Barbareschi in Sardegna. Cagliari, A. Timon, 1861. In-8, cart. perc. v. Couverture.

2990. **Reinaud**. Invasions des Sarrazins en France et de France en Savoie, en Piemont et dans la Suisse, pendant les 8e, 9e et 10e siècles de notre ère. Paris, Dondey-Dupré, 1836. In-8, d.-rel. veau.

2991. **Sainte-Garde**. Les || Sarrazins || chassez || de France. || Poëme heroïqve. || Premiere partie. || *Par le sieur* DE SAINTE-GARDE, || *Consciller & Aumosnier ordinaire du Roi.* || [Fleuron typogr.] || A Paris, chez Clavde Barbin, sur le se- || cond Perron de la Sainte Chappelle. || M.DC.LXVII. || Avec Privilege du Roi. In-12, 16 ffnc., 130 pp., rel. mar. rouge, fil., dent. int., tr. dor.; au dos, chiffre du comte Riant (Dupré).

> Première édition contenant seulement 4 chants, d'un ouvrage de Jacques Carel de Sainte-Garde, que M. Boileau a attaqué dans le troisième chant de son Art poëtique pour avoir choisi Childebrand, prétendu ancêtre de Hugues Capet, comme héros de son poëme. Boileau pouvait plus justement critiquer le style très médiocre de l'auteur. Une seconde édition, parue en 1668 et que Brunet indique comme la première, a comme titre « Charles Martel ou les Sarrasins... » une nouvelle édition de 1679, en 2 vol. in-12, est complète et a 16 chants. Notre édition contient en tête un petit traité « De la versification propre au poëme héroïque » et certaines notes grammaticales.

2992. **Wenrich** (Joannes Georgius). Rerum ab Arabibus in Italia insulisque adjacentibus, Sicilia maxime, Sardinia atque Corsica gestarum Commentarii. Lipsiæ, Vogel, 1845. In-8, rel. toile, non rogn.

2993. Mélanges. 1 vol. in-8, rel. toile.

> Comprenant : **Ollivier** (Jules). Lettre à M. Reinaud, sur les opinions émises par quelques écrivains touchant le séjour des Sarrasins en Dauphiné, suivie d'un précis historique des invasions de ces peuples dans la même province. Valence, Borel, 1837. — **Berger de Xivrey**. Occupation de Grenoble par les Sarrasins au xe siècle. — **Pilot** (J.-J.). Lettre à M. Ollivier, Jules, sur l'occupation de Grenoble et du Graisivaudan par une nation payenne désignée sous le nom de Sarrasins. Valence, Borel, 1837. — **Ollivier** (Jules). Notice historique et bibliographique sur les cartulaires de saint Hugues, évêque de Grenoble. Valence, Borel, 1838. — [**Benoiston-Chateauneuf**]. Précis historique des guerres des Sarrasins dans les Gaules. Paris, 1810. — [**Desnoyers** (J.)]. Histoire des invasions des Arabes et des Maures en Sicile, en Italie, en Sardaigne et en Corse. *S. l. n. d. n. typ.* — **Pilot** (J.-J.). Coup d'œil sur le Dauphiné au xe siècle. Grenoble, Baruel, *s. d.* — **Menabrea**

(Léon). De la marche des études historiques en Savoie et en Piémont depuis le xive siècle jusqu'à nos jours. Chambéry, Puthod, 1839.

2994. Coolidge (W. A. B.). The Saracens in the Alps. (Extr. de l'*Alpine Journal*, 1879.) In-8, cart. — Goergens (E. P.). Der Islam in der Schweiz. [Extr. des *Sonntagsblatt des Bunds*, 1878, n° 18 et suiv.] In-4, cart. — Guillaume (Paul). Recherches historiques sur les Hautes-Alpes. 2^e partie. Les Sarrasins & les Hongrois. Gap, Jouglard, 1881. In-8, br. — Keller (Ferdinand). Der Einfall der Sarazenen in die Schweiz um die Mitte des X. Iahrhunderts. [Extr. des *Mitth. der antiq. Gesells. in Zürich.*] Zürich, 1856. In-4, cart., couv. — Richter (Eduard). Die Saracenen in den Alpen. Extr. des *J. d. d. und œster. Alpenvereins*, 1880. In-8, cart. — *Du même* : Les Sarrasins dans la vallée de Saas. *S. l. n. d. n. typ.* [Extr. de l'*Écho des Alpes.*] In-8, cart. Ensemble 6 vol. ou plaq.

2995. [Benoiston-Chateauneuf]. Précis historique des guerres des Sarrasins dans les Gaules, par M. B...n C...f. Paris, Moreaux, 1810. In-8, rel. toile, non rogn. — Bertolotti (Davide). Gli Arabi in Italia, esercitazione storica. Torino, Baglione, 1838. 1 vol. in-8, rel. toile. — Castelli (Ignazio). I Saraceni a Roma. Istoria del secolo ix. Roma, tip. Forense, 1863. Plaq. in-12, cart. — La Primaudaie (F. Elie de). Les Arabes en Sicile et en Italie. Les Normands en Sicile et en Italie. (Extrait des *Annales des Voyages*). Paris, Challamel, 1868. In-8, rel. toile, couvert., non rogn. — Martorana (Carmelo). Notizie storiche dei Saraceni Siciliani..... Palermo, Pedone e Muratori, 1832-1833. 2 tomes, cart. perc., en 1 vol. in-12. — Bataille de Tours, gagnée par Charles-Martel, sur les Sarrasins, l'an 732, par un Officier-général en retraite. Tours, Mame, 1824. 1 plaq. in-8, cart., non rogn. — Dorr (Robert). De bellis Francorum cum Arabibus gestis usque ad obitum Karoli M. Dissertatio. Regimonti Pr., Dalkow, 1861. (*Thèse*). Plaq. in-8. Ensemble 7 vol. ou plaq.

HISTOIRE DE L'ORIENT. — TARTARES, MONGOLS, ETC.

2996. Erdmann (Franz von). Temudschin der unerschütterliche. Nebst einer geographisch-ethnographischen Einleitung und den enforderlichen besondern Anmerkungen und Beilagen. Leipzig, Brockhaus, 1862. Vol. in-8, rel. toile.

2997. Guignes (Joseph de). Histoire générale des Huns, des Turcs, des Mogols et des autres Tartares occidentaux, &c., avant et depuis Jésus-Christ jusqu'à présent..... Paris, Desaint & Saillant, 1756-58. 5 vol. in-4, rel. veau f.

2998. M*** D*** (Le Chevalier) [Ohsson (Ignace Mouradja d')]. Tableau historique de l'Orient, dédié au roi de Suède..... à Paris, Didot jeune, an XII-1804. 2 vol. in-8, cart. pap.

2999. **Ohsson** (C. d'). Histoire des Mongols depuis Tchinguiz-Khan jusqu'à Timour Bey ou Tamerlan. Amsterdam, Fred. Muller, 1852. 4 vol. in-8, d.-rel. chag. r., avec une carte de l'Asie au xiiiᵉ siècle.

3000. **Saint-Yon.** Histoire du grand Tamerlan, tirée d'un excellent Manuscrit, et de quelques autres Originaux. Tres-propre à former un grand capitaine, par le Sieur de Sainctyon. A Utrecht, chez Jean Ribbius, 1679. Petit in-12, rel. vél.

3001. **Schnitscher** (J.-Christ). Berättelse om Ajuckiniska Calmuckiet, eller om detta Folkets Ursprung. Stockholm, Salvius, 1744, In-12, rel. vél. — **Strindberg** (Aug.). Berättelse om de i Stora Tartariet boende Tartarer som träffats längst nordost in Asien på Ärkebiskop E. Benzelii begäran upsatt af Ambjörn Molin. 1725. Stockholm, Seligmann, 1880. Grand in-8, rel. toile.

3002. **Guiracos.** Les Mongols d'après les historiens arméniens. Fragments traduits sur les textes originaux par *E. Dulaurier.* Premier fascicule, Extrait de Guiracos. Paris, Imprimerie Impériale, 1858. Plaq. in-8, rel. toile. — **Harenbergius** (Joan. Christ.). De primis Tatarorum vestigiis victoribus orbem christianum terrentibus atque adfligentibus..... nunc a cl. auctore recognita et aucta. Bremae, Jo. Henr. Crameri, 1771. (*Diss.*) Petit in-8, cart. pap. — **Palacky** (Franz). Der Mongolen Einfall im Jahr 1241. Eine kritische Zusammenstellung und Sichtung aller darüber vorhandenen Quellennachrichten, mit besonderer Rucksicht auf die Niederlage der Mongolen bei Olmütz. [Extrait de *Abhandlungen der K. böhm. Gesellschaft der Wissenschaften* (*V. Folge, Bd.* 2.)]. Prag, Kronberger und Riwnač, 1842. In-4, cart. perc. v.

3003. **Prêtre Jean** (Légende du). Van die wonderlichedē eñ costelicheden van Pape Jans landen. Antwerp, Van Doesborg, *s. d.* — **Matkovich** (P. P.). Das Reich des Priesters Johannes. Agram, L. Gaj, 1859. — **Oppert** (Gust.). Der Presbyter Johannes in Sage und Geschichte. Berlin, Springer, 1864. — **Zarncke** (Fr.). De epistola Presb. Johannis. Lpzg, 1874. — De patriarcha Johanne. 1875. — De epistola Alexandri papæ. 1875. — De rege David filio Israël. 1875. — Quis fuerit primus qui presbyter Johannes vocatus sit. 1875. — Zwei lateinische Redactionen des Presbyterbriefes. 1877. — Der Priester Johannes. Leipzig, Hirzel, 1876-1879. Ensemble 7 vol. et plaq. in-8 et in-4 cart., rel. toile & vél., non rogn.

2. Histoire des Croisades.

OUVRAGES GÉNÉRAUX

3004. **Accolti** (Benedetto). Benedicti || de Acoltis Aretini de Bello || a Christianis contra Bar= || baros gesto pro Chri= || sti Sepvlchro et Iv= || dæa recvperandis. || lib. IIII. || (*Figure sur bois : Les trois Parques.*) F. 63 *verso*, *l.* 34 : Venetijs per Bernardinum Venetum de Vitalibus || Anno Dñi M.D.XXXII.

Petit in-4 de 4 ffnc., 63 ff. chif., 1 fnc., rel. mar. vert, dos et plats ornés, tr. dor. Très bel exemplaire, grand de marges, avec l'ex-libris d'E. Shipperdson. (Rel. anglaise de *F. Brown*.)

Édition princeps, rare, de cet ouvrage fameux qui servit de texte au Tasse pour écrire sa Jérusalem délivrée. Son auteur, *B. Accolti* (1415-1466), surnommé il Vecchio, naquit à Arezzo, devint un des plus remarquables professeurs de droit de l'Italie et remplaça Pogge comme secrétaire de la République de Florence. Il a dédié son histoire des Croisades à Pierre de Médicis, elle a été éditée en 1532 par les soins de *Francesco Cheregati* qui l'a fait précéder d'une épître dédicatoire au cardinal Benedetto degli Accolti, neveu de l'auteur.

On a joint sous la même reliure : « In Angeli Politiani nvtritia commentarij. Auth. Ioan. Ludouico Brassicano... Norimbergæ, apud Iohan. Petreium anno M.D.XXXVIII. » (67 ffnc.)

3005. — De Bello con/||tra Barbaros a Chri/||stianis gesto, pro Christi || sepulchro & Iudæa recuperan/||dis, Benedicti de Acoltis || Aretini Libri IIII. || [*Petite marque de Winter.*] || Robertvs VVinter, || Basileae, 1544. Petit in-8, 136 ffnc., rel. vél.

Seconde édition rare de cet ouvrage, donnée par Jean Gast de Brisach qui l'a dédiée à Frédéric de Homburg, commandeur de l'ordre teutonique à Bucken. Le nouvel éditeur a supprimé l'épître dédicatoire de Fr. Cheregati.

3006. — La Gverra || fatta da Christia||ni contra Barbari || per la ricvperatio-||ne del sepolcro di || Christo et della Givdea, || di Benedetto Accolti Are=|| tino, tradotta per Fran||cesco Baldelli || da Cortona. || [*Fleuron*] || Con privilegio. || [*Marque de Giolito.*] || In Vinegia Appresso Gabriel || Giolito de Ferrari. || M D XLIX. Petit in-8, 127 ff. ch. & 1 fnc. blanc, rel. vél. bl. tr. dor.

Bel exemplaire de cette édition rare, qui est la princeps de la traduction italienne. L'auteur est ce *Francesco Baldelli*, originaire de Cortone et célèbre par les nombreuses et belles traductions italiennes qu'il a données de plusieurs auteurs anciens ; il était de l'académie des *Umorosi* de Bologna, où il était désigné par le sobriquet de *Assetato*. Il s'est plaint vivement de la négligence apportée par Giolito dans la correction typographique de son œuvre. Cette traduction est dédiée à l'évêque de Cortone, Giovanni Battista d'Aricasoli. La dédicace de Cheregati a été omise dans cette traduction.

3007. — Benedicti Accolti || de bello a christianis || contra barbaros gesto, || Pro Christi Sepulcro, & Iudęa || recuperandis. || Libri IIII. || Thomas Dempsterus. I.C. Baro a MuresK Scotus, cum alijs || scriptoribus collatos, & mendis expurgauit, & notis || non vulgaribus, illustrauit. || [*Marque.*] || Florentiæ, || Apud Zenobium Pignonium .MDCXXIII. || Svperiorvm Permissv. Petit in-4, 22 ffnc., 280 pp., cart.

Bel exemplaire de cette édition, la troisième du texte latin et la première édition critique qui ait été faite du texte d'Accolti. Elle est aussi *rare* que les précédentes. Les éditeurs furent, avec *Leonardo* et *Pietro Accolti*, parents de Benedetto, *Thomas Dempster*, polygraphe écossais, qui y a joint des notes et une vie de l'auteur. L'épître dédicatoire est adressée, par les frères Accolti, à Christina de Lorraine, grande duchesse de Toscane.

3008. — De Bello a Christianis contra Barbaros gesto, pro Christi Sepulcro, et Judaea recuperandis, Libri IV. Thomas Dempsterus..... cum aliis scriptoribus collatos, **Notis** non vulgaribus, illustravit. Nunc denuo ad exemplar Florentinum cɪɔɪɔcxxɪɪɪ. ab innumeris et fœdissimis mendis expurgatum, emaculatius recudendos curavit Henricus Hofsnider cum Indice..... Groningae, Typis Jacobi Sipkes,..... 1731. In-8, 14 ffnc., 14 & 415(1) pp. & 30 ffnc., d.-rel. chagr., tr. marbr.

> La meilleure édition de ce livre, qui reproduit, mais améliorée, l'édition donnée en 1613 par *Dempster* dont la biographie a été ajoutée ici par *Henri Hofsnider*.

3009. **Æmilio** (Paolo). La Sacra Impresa, e Gverra di Terra Santa, L'acquisto, e la perdita di Gierusalemme, e di tutti i stati di Soria; Descritta da Paulo Emilio Veronese Historico, dalle Croniche di Francia. Ridotta per ordine, vnita, e tradotta dalla latina in lingua volgare da Francisco Rachio Piemontese, consignor di Carpeneta......... (*Armes de Ch. Emm. de Savoie.*) In Tvrino, Appresso Antonio de' Bianchi, 1589. In-8 de 72 ff. chif., 10 ffnc., rel. vél., titre raccom.

> Paolo Æmilio ou Paul-Émile, né à Vérone en 1529, vint en France sous Charles VIII et fut chargé de continuer l'œuvre historique des moines de Saint-Denis. Ses Annales en X livres parurent à diverses reprises sous le titre de « De Rebus gestis Francorum ». Notre traduction n'en est qu'un extrait. Cf. n° 2396.

3010. **Angleberme** (J. Pyrrhus d'). Militia Francorvm Regvm || Pro Re Christiana ad || Magnvm Franciae || Cancellarivm || Anto. Pra= || tvm. || (*Marque typ.*) || Vænundatur cum quibusdam Ioannis Pyrrhi epigram||matis in ædibus Ascensianis. *Fnc.* 12 *recto*, *l.* 8 : Finis. sub prælo ascensiano Nono Calendas Mar= || tias svb annum humanæ redemptionis sesquimil= || lesimum decimumoctauum. [*Paris.*] In-8 carré de 12 ffnc., rel. vél.

> *Jean Pyrrhus d'Angleberme* (1470-1528), né à Orléans où il fut professeur de droit. Son ouvrage, dédié au chancelier Duprat, est un petit traité des services rendus par les armes françaises à la chrétienté, notamment en Terre Sainte.

3011. **Aubert.** L'Histoire || des gverres fai-||ctes par les Chrestiens || contre les Tvrcs, sovs || la conduicte de Godefroy de Buillon, || Duc de Lorraine, pour le recouure-||ment de la terre saincte. || Par G. Aubert de Poictiers, Aduocat en la Court de Parlement de Paris. || (*Marque typ.*) || A Paris, || Pour Vincent Sertenas.........||......... à l'enseigne sainct Iean l'Euangeliste. || 1559. || Auec Priuilege du Roy, & de sa Court de Parlement. Petit in-4 de 4 ffnc., 74 ff. chif., rel. mar. rouge, fil. sur les plats, tr. dor., dent. int.; au dos, chiffre du comte Riant. (Dupré.)

> Très bel exemplaire. Guillaume Aubert, sieur de Massoignes (1534-1601), devint avocat général à la Cour des aides. Cet ouvrage s'arrête au livre I, lequel contient 21 chapitres ; dans le dernier, Aubert raconte le départ pour la Terre-Sainte du comte de Toulouse et d' « Aymard Euesque du Puy »..... et « comme toutes les armes des Chrestiens se ioignirent ensemblement deuant la ville de Nicée en Bithynie ».

3012. **Besold** (Christophe). Historiæ Urbis et Regni Hierosolymitani, Regum item Siculorum et Neapolitanorum, ad quos illius Regni titulus pervenit, series ac rec gestæ :..... Argentorati, Sumptibus Hæredum Lazari

Zetzneri. M.DC.XXXVI. 1 vol. in-12 de 6 ffnc., 1293(1) pp., 20 ffnc., 1 frontispice, rel. vél.

Chr. Besold (1577-1638), né à Tubingue, obtint, en 1610, la chaire de jurisprudence dans cette ville et, s'étant converti au catholicisme, se retira à Ingolstadt où il professa le droit et mourut.

✱ 3013. **Blancmesnil** (Comte de Delley de). Versailles, salle des Croisades. Paris, Ch. Gavard, *s. d.* 2 vol. in-8 et 1 vol. in-4, d.-rel. mar. brun, coins, tr. dorée ; au dos, chiffre du comte Riant. — Notice sur quelques anciens titres suivie de considérations sur les salles des Croisades au Musée de Versailles. Paris, Delaroque, 1866. 1 vol. in-4, d.-rel. chag. r., tête dor., non rogn.

✱ 3014. **Borel d'Hauterive**. Description historique des cinq salles des Croisades du Musée de Versailles. Réponse à M. Laîné. 1 plaq. in-8. *S. l. n. d. n. typ.* — [**Laîné**]. Musée de Versailles, Salle des Croisades. Paris, imp. Hauquelin, *s. d.* (1844). In-8, cart. — Documents historiques [publiés par] le baron *François de Straten-Ponthoz*. Extr. de la *Revue d'Austrasie*. In-8, cart. — **Thezan** (Denis de). Histoire et philosophie mêlées. Des Croisades à propos du Musée de Versailles. Paris, Aubry, 1866. In-8, rel. toile.

3015. **Canaes de Figueiredo Castello-Branco** (José Barbosa). Apontamentos sobre as relações de Portugal con a Syria no seculo 12º. Lisboa, Typ. da Academia, 1854. In-4, rel. toile. — **Navarrette** (Martin Fernandez de). Disertacion historica sobre la parte que tuvieron los Españoles en las guerras de Ultramar ó de las cruzadas..... (Madrid, 1817). [*Extrait sans titre.*] In-4, rel. toile.

3016. **Centeno** (A.). Historia de Cosas del Oriente primera y segunda parte. Contiene vna descripcion general de los Reynos de Assia con las cosas mas notables dellos. La Historia de los Tartaros y su Origen y principio. Las cosas del Reyno de Egipto. La Historia y sucesos del Reyno de Hierusalem. Traduzido y recopila de diuersos y graues Historiadores, por Amaro Centeno natural de la Puebla de Senabria en la Montaña de Leon..... Impresso en Cordoua en casa de Diego Galuan....., Año 1595. A costa de Miguel Rodriguez mercader de Libros..... Petit in-4 de 8 ffnc. (titre et pièces liminaires), 138 ff. chif., 4 ffnc. (p. la table), prép. p. rel.

Ouvrage rare, divisé en deux parties. La première, qui va jusqu'au f. 62 incl., comprend l'histoire des Tartares et celle des sultans d'Égypte. La seconde commence au f. 63 et a un titre particulier : « Parte segvnda....., en la qual se contienē las Iornadas que los Principes Christianos hizieron a la recuperacion de la tierra Sancta, dende Godufre de Bullon, hasta que se perdio del todo..... ».
Les deux titres et le f. 66 ont été refaits d'après le procédé Pilinski.

3017. **Cleaveland** (E.). A Genealogical History of the Family of Courtenay, in three parts. The first giveth an Account of the Counts of Edessa of that Family ; the second, of that Branch that is in France ; the third, of that Branch that is in England. Exon, Edw. Farley, 1735. Petit in-fol.. dérel.

3018. Collin de Plancy (J.). Légendes des Croisades depuis les premiers temps jusqu'à nos jours. Paris, Plon, s. d. (1862). 1 vol. in-8, avec front., rel. toile, non rogn., couv. — La Chronique de Godefroid de Bouillon et du royaume de Jérusalem... (1080-1187), avec l'Histoire de Charles-le-Bon, récit contemporain (1119-1154). 3e édition, ornée de 4 grandes gravures. Paris, 1848. Vol. in-8, rel. toile. — La cronica di Goffredo di Bullione... [Traduction italienne de *Isidoro Franchini*.] Spese, 1856. Vol. grand in-8, rel. toile.

3019. Cottin (Mme). Tableau historique des Croisades, servant d'Introduction au roman de Mathilde. Paris, 1818. Vol. in-12 de 2 ffnc., 159(1) pp., d.-rel. veau. (Thouvenin.)

> Tirage à part à 25 exemplaires, extrait de l'édition des *Œuvres* de Mme Cottin, publiée par Auguis en 1818.

3020. Dansey (Crairshank). The English Crusaders. Part I. Executed in Lithography, and Published by Dickinson and Co. 178 planches form. in-4, rel. veau, tr. dor. (édit.).

> Tout ce qui a paru. Magnifique publication de la plus grande rareté, contenant les blasons en couleurs des chevaliers anglais ayant pris part aux Croisades, et des notices sur chacun d'eux. Le texte n'est imprimé que d'un seul côté, en caractères gothiques, sauf l'introduction, les errata et l'index en caractères romains. La reliure est légèrement fatiguée.

3021. Dorsch (Jean-George). Heptas dissertationum historico-theologicarum, De Spiritu S. In Specie Columbæ, inventione Crucis, expeditionibus ad Terram S. & Sepulchrum Domini, earumq; fraudibus, Hierarchico Motu Spiritus S. circa Gideonem, Visione Gregorii Thaumaturgi, qua à B. Virgine Mysterium S. Trinitatis doctus est..... Rostochii, Typis Hæredum Nicolai Kilii..... 1660. 1 vol. in-12, rel. vél.

> *Jean-George Dorsch* (1597-1659), professa la théologie à Strasbourg, puis (1654) à Rostock, où il mourut.

3022. Duchat (Yves). Histoire de la gverre saincte, faite par les Francois & autres Chrestiens, povr la deliurance de la Iudee, & du S. Sepulchre. Composée en Grec & François, par Yves Dvchat Troyen. A Paris, chez Iean Petit-Pas, rüe Sainct Iacques à l'Escu de Venise prés les Mathurins. M.DC.XX. Avec privilege dv Roy. In-8, rel. mar. rouge, fil. sur les plats, tr. dor., dent. int.; au dos, chiffre du comte Riant. (Dupré.)

3023. — ΥΒΩΝΟΣ ΔΟΥΧΑΤΙΟΥ ΤΡΗΚΕΩΣ. ΤΟΥ ΙΕΡΟΥ ΠΟΛΕΜΟΥ,..... Yvonis Dvchatii Trecensis. Belli sacri a Francis aliisque Christianis, aduersus Barbaros gesti, pro Sepulchro & Iudæa recuperandis, narrationes quatuor. Ex Latinis Gvilelmi Tyri Episcopi, sed maximè Benedicti de Acoltis Aretini excerptæ. Parisiis, apud Ioannem Petit-Pas, via Iacobæa, sub scuto Venetiarum. M.DC.XX. Cvm privilegio Regis. Petit in-8, rel. mar. rouge, fil. sur les plats, tr. dor., dent. int.; au dos, chiffre du comte Riant. (Dupré.)

> Ce volume contient le texte grec de l'ouvrage d'Yves Duchat ou Le Duchat emprunté pour la plus grande partie à l'ouvrage d'Accolti.

3024. **Essarts** (Alfred des). La Croisade des enfants (1213). Paris, Le Clere, s. d. 1 vol. in-12, rel. toile. — **Jourdain** (Amable). Lettre à M. Michaud sur une singulière Croisade d'enfants. Paris, Michaud, 1817. In-8, cart.

3025. **Fourmont** (H. de). L'Ouest aux Croisades. Nantes, Forest; Paris, Aubry, 1864-1867. 3 tomes en 1 vol. grand in-8, d.-rel. chag., tête peigne, non rogn.; au dos, chiffre du comte Riant. — Études sur le Maine. Noblesse du Maine aux Croisades. Le Mans, Monnoyer, 1859. In-8, rel. toile.

3026. **Fuller** (Thomas). The history of the holy Warre by Thomas Fuller B. D. Prebendarie of Sarum, late of Sidney Colledge in Cambridge. The fourth edition. Printed by Thomas Buck... and are to be sold by Philemon Stephens... Anno Dom. 1651. In-4, rel. mar. tête de nègre, tr. dor., dent. int.; au dos, chiffre du comte Riant. (Dupré.)

> Une première édition a été publiée à Cambridge en 1631; elle a, comme la nôtre, un très curieux frontispice gravé sur cuivre par *W. Marshall*, et une carte géographique.

3027. — The holy state. Cambridge, 1648. 1 vol. petit in-fol., rel. v. br. (*moderne*), front. et portraits.

3028. **Funck.** Gemälde aus dem Zeitalter der Kreuzzüge. Leipzig, Brockhaus, 1821-1824. 4 tomes en 2 vol. in-8, rel. toile.

3029. **Garlande** (Jean de). De triumphis ecclesiæ libri octo. A latin poem of the thirteenth century, edited from the unique manuscript in the British Museum by *Thomas Wright*. London, Nichols & son, 1856. 1 vol. in-8, d.-rel. mar. br., non rogn. — **Gatien-Arnould** (A. F.). Jean de Garlande, docteur-régent de grammaire à l'Université de Toulouse, de 1229 à 1232. [Extr. de la *Revue de Toulouse*, 1866.] In-8, cart. — **Hauréau.** Notice sur les œuvres authentiques ou supposées de Jean de Garlande [Notices et Extraits des mss. de la Bibl. nat., t. XXVII.] In-4, rel. toile.

> La vie de Jean de Garlande est assez mal connue. M. Wright est le premier qui ait montré les erreurs commises par Dom Rivet; on sait maintenant que Garlande vivait au xiiie siècle, était Anglais et avait d'abord étudié à Oxford sous Jean de Londres, l'ami de Roger Bacon, puis à Paris. Son poème « De triumphis Ecclesiæ », en huit livres et 4,614 vers élégiaques, célèbre les expéditions des rois de France et d'Angleterre contre les infidèles, et les guerres contre les Albigeois. Il n'est pas sans offrir une réelle utilité pour l'histoire des Croisades.

3030. Geschichte der Kreuzzüge nach dem heiligen Lande. Frankenthal, L. B. F. Gegel..... 1785. 3 vol. petit in-8, d.-rel. bas. br.

3031. **Gibbons** (Edward). The life and letters of Edward Gibbons with his History of the crusades... with index by *W. J. Day*. London, Warne, s. d. (avec 1 portrait de l'auteur). Vol. in-8, rel. toile.

3032. **Goergens** (E. P.). Arabische Quellenbeiträge zur Geschichte der Kreuzzüge übersetzt und herausgegeben..... unter Mitwirkung von *Reinh. Röhricht.* Erster Band : zur Geschichte Salâh ad-dîn's. Berlin, Weidmann,

1879. In-8, d.-rel. mar. vert, tête limaç., non rogn., couv.; au dos, chiffre du comte Riant.

3033. **Guarmani** (Carlo). Gl' Italiani in Terra Santa. Bologna, Garagnani, 1872. In-8, d.-rel. mar. vert, non rogn.; au dos, chiffre du comte Riant. — **Bonucci** (Carlo). I Napoletani nella Siria. [Estr. dalla *Sirena*, anno 1854.] Stamp. d. Fibreno. In-8, cart., couv.

3034. **Haken** (Joh. Christ. Ludw.). Gemälde der Kreutzzüge nach Palästina zur Befreiung des Heiligen Grabes. Frankfurth a. d. Oder, Flittner, 1808-1820. 8 tomes en 2 vol. in-8, d.-rel. chag., tête lim., non rogn.; au dos, chiffre du comte Riant.

3035. **Heeren** (A. H. L.). Versuch einer Entwickelung der Folgen der Kreuzzüge für Europa. Göttingen, J. F. Röwer, 1808. Vol. in-12, rel. toile. — Essai sur l'influence des Croisades... traduit de l'allemand par *Charles Villers*. Paris et Strasbourg, Treuttel et Würtz, 1808. In-12, rel. veau marb., tr. lim.; au dos et sur les plats, chiffre du comte Riant. — Utweckling af Korsstågens Följder för Europa. Öfvertsättning. Strengnäs, Ekmarck, 1816. In-12, d.-rel. mar, f., tête lim., non rogn.

3036. **Heinrich** (A.). Geschichte der Kreuzzüge. Leipzig, Ernst Klein, 1840-1842. 2 vol. in-12, br. — **Heller** (Wilhelm Friedrich). Geschichte der Kreuzzüge nach dem Heiligen Lande. Mannheim, Tobias Loeffler, 1816. 3 tomes en 1 vol. in-12, rel. toile.

3037. **Henne am Rhyn** (O.). Die Kreuzzüge und die Kultur ihrer Zeit; illustriert bei *G. Doré*. Leipzig, s. d. (1883). 30 livraisons in-4, br. (100 grav. hors texte de G. Doré.)

3038. **Heyck** (Eduard). Genua und seine Marine im Zeitalter der Kreuzzüge. Beiträge zur Verfassungs -und zur Kriegs-Geschichte. Innsbruck, Wagner, 1886. In-8, rel. toile, non rogn., couv.

3039. **Jauna** (Dominique). Histoire générale des roïaumes de Chypre, de Jérusalem, d'Arménie, et d'Égypte, comprenant les Croisades, et les faits les plus mémorables de l'Empire Ottoman, avec plus d'exactitude qu'aucun Auteur moderne ne les a encore rapportés. Leide, Murray, 1785. 2 vol. in-4, avec portr., d.-rel. veau f., non rogn.

3040. **Kirchmann** (Johan.). Commentarii historici duo hactenus inediti : Alter de Regibus vetustis Norvagicis, Alter, de profectione Danorum in Terram Sanctam circa annum MCLXXXV susceptam, eodem tempore ab incerto autore conscriptus : cura olim... J. Kirchmanni, Nunc primum editi, ab hujùs Nepote Bernh. Casp. Kirchmanno. Amstelodami, Apud Jansonio Wabsbergios : 1684. In-16, rel. vél.

3041. **Kugler** (Bernhard). Geschichte der Kreuzzüge. Berlin, Grote, 1880. 1 vol. avec carte, fig. et pl. — Boemund und Tankred, Fürsten von Antiochien. Ein Beitrag zur Geschichte der Normännen in Syrien. Tübingen, Fues, 1862. Ensemble 1 vol. et 1 plaq. in-8, cart. et rel. toile.

3042. **Lusignan** (Estienne de). Histoire contenant vne sommaire description des Genealogies, Alliances, & gestes de tous les Princes & grans Seigneurs, dont la pluspart estoient François, qui ont iadis commādé és Royaumes de Hierusalem, Cypre, Armenie, & lieux circonuoisins. Composé par le R. Pere F. Estienne de Lusignan, de la Royale maison de Cypre, Lecteur en Theologie, de l'Ordre S. Dominique. (*Marque typ.*) A Paris, chez Guillaume Chaudiere,..... 1579. Avec Privilege Dv Roy. In-4 de 4 ffnc., 72 ff. chif., rel. veau rac., fil., au dos, chiffre du comte Riant.

Frère Étienne de Lusignan portait, avant d'entrer en religion, le prénom de Jacques.

3043. — Les Droicts, Avtoritez et Prerogatives qve pretendent av Royavme de Hierusalem, les Princes & Seigneurs Spirituels & Temporels cy apres nommez : Le Pape, Patriarche, Empereur, Rois de France, Angleterre, Arragon, Naples, Hongrie, Cypre & Armenie, les Republiques de Venise & Genes, les Ducs d'Anjou, Bourbon, Sauoye, Lorraine & Montferrat, les Comtes de Briene, Laual & autres. A Paris, chez Gvillavme le Noir, ruë S. Iacques,... M.D.LXXXVI. Petit in-4, de 8 ffnc., 40 ff. chif., cart.

3044. [**Mailly**]. L'esprit des croisades, ou histoire politique et militaire des guerres entreprises, par les Chrétiens contre les Mahométans, pour le recouvrement de la Terre-Sainte, pendant les xie, xiie et xiiie siècles. A Dijon, chez l'auteur et L. N. Frantin, à Paris, chez Moutard, M D CC LXXX. 4 vol. in-12, rel. mar. cit., tr. dor., dos orné.

3045. **Maimbourg** (Le P. Louis). Histoire des Croisades pour la délivrance de la Terre Sainte. Paris, Sebastien Mabre-Cramoisy, 1686. 2 vol. in-4, front., rel. veau rac.

3046. — . — Seconde édition. Suivant la Copye imprimée à Paris, chez Sebastien Mabre-Cramoisy, MDCLXXXII. In-12, 4 vol. rel. parch.

3047. — . — 4e édition. Paris, Vve Sebastien Mabre-Cramoisy, MDCLXXXVII. In-12, 4 vol. rel. v. f., tr. dor.

3048. — Histoire universelle des Croisades d'après les principaux historiens. Texte du P. Maimbourg... Paris, Degorce-Cadot, 1868. In-4, cart. perc., illustré.

3049. — The history of the Crusade;..... Englished by *John Nalson*. London, Th. Dring, M DCLXXXV. In-4, rel. toile.

3050. — Istoria delle Crociate per la liberazione di Terra Santa..... trasportata dal francese all' italiano da D. Gabriele d'Emilliane..... In Piazzola, nel luoco delle Vergini, MDCLXXXIV. In-12, 4 vol. rel. parch.

3051. **Michaud**. Histoire des Croisades. Paris, Michaud, 1812-1822. 7 vol. in-8, d.-rel. veau br., non rogn., avec cartes.

3052. **Michaud.** Histoire des Croisades. 4ᵉ édition revue, corrigée et augmentée. Paris, André, 1825-29. 6 vol. in-8, d.-rel. veau, avec cartes.

3053. — Sixième Édition, faite d'après les derniers travaux et les dernières intentions de l'auteur, et précédée d'une vie de Michaud par M. *Poujoulat.* Paris, Furne, 1841. 6 vol. in-8, avec figg. sur acier & cartes, d.-rel. veau fauve, tr. jaspée.

* 3054. — Édition illustrée de 100 grandes compositions par Gustave Doré. Paris, Furne & Jouvet, 1877. 2 tomes en 1 vol. in-fol., rel. mar. r., tr. dor.; au dos, chiffre du comte Riant.

Exemplaire sur Chine, nº 15.

3055. — Storia delle crociate, recata in lingua italiana per cura del cav. *Luigi Rossi.* Milano, Soc. tipogr., 1819-1826. 9 vol. in-8, d.-rel. bas. f., avec cartes.

3056. — Storia delle crociate..... nuovamente recata in italiano sopra la sesta edizione francese con la biografia dell' autore, scritta dal signor Poujoulat. Con note dell' autore, dell editore francese e del traduttore italiano. Firenze, per Vincenzo Batelli e. C., 1842-45. 2 vol. grand in-8, avec portr. de Michaud, 100 pl. gr. sur bois et carte, d.-rel. veau, non rogn.; au dos, chiffre du comte Riant.

3057. — Bibliothèque des Croisades. Paris, Ducollet, 1829. 4 vol. in-8, rel. toile, non rogn.

3058. — Bibliographie des Croisades. Paris, Michaud, 1822. — Pièces justificatives de l'histoire des Croisades. Ensemble 3 vol. in-8, rel. veau et rel. toile.

3059. **Mills** (Charles). The History of the Crusades, for the recovery and possession of the Holy Land. London, Longman & Cº, 1821. 2 vol. in-8, avec front., d.-rel. veau, tr. peigne.

Exemplaire de la bibliothèque de *H. G. Goltermann.*

3060. — [*3ᵉ édition.*] London, Longman & Cº, 1822. 2 vol. in-8, avec front., rel. veau fauve, dos ornés, tr. jasp.

Exemplaire de la bibliothèque d'*Edward Shipperdson.*

3061. **Molanus.** Militia Sacra Dvcvm et Principvm Brabantiæ, Auctore Ioanne Molano..... Adiectæ sunt ad huius historiæ illustrationem Annotationes M. Petri Louwij Sylvæducensis. Antverpiae, Ex Officina Plantiniana; Apud Viduam, & Ioannem Moretum, *s. d.* (1592). *Titre front. grav. s. cuivre.* In-8 de 20 ffnc., 179(1) pp., 2 ffnc. (1 blanc), rel. vél.

Jean Molanus ou van Meulen (1533-1585), né à Lille, mort à Louvain. La *Militia sacra* est son œuvre la plus intéressante et contient l'histoire des guerres entreprises par les ducs de Brabant pour le triomphe de la religion catholique, et notamment l'histoire de la Croisade de Godefroy de Bouillon. Ce volume, publié après la mort de Molanus, débute par une épître dédicatoire de Henri de Cuyck, doyen de Saint-Pierre de Louvain.

3062. **Mossi** (Antonio). Breve Descrizione dell' aqvisto di Terra Santa..... Doue sommariamente si contengono tutte le cose occorse dal principio della guerra per insino che il Duca Goffredo fù fatto Re, Et della forma, & stato del Regno Gierosolimitano, & sua militia, & di quanto è auuenuto à Gierusalem, dopò ch' ella fu edificata sino al presente..... In Firenze Appresso Giorgio Marescotti. MDCI. Ad instanza di Bernardo Chiti. Petit in-4 de 3 ffnc., 74 pp., 1 fnc., rel. vél.

3063. **Pavie** (Eusèbe). L'Anjou dans la lutte de la Chrétienté contre l'Islamisme. Première Partie : Les Pèlerinages en Terre-Sainte & les Croisades. Angers, impr. Germain & Grassin, 1880. In-8, rel. toile, non rogn., couv. — **Pointeau** (Abbé Ch.). Les Croisés de Mayenne en 1158. Étude sur la liste donnée par Jean de la Fustaye. (Extr. de la *Revue hist.et arch. du Maine*, tome IV.) Le Mans, 1879. In-8, rel. toile, couv.

3064. **Prutz** (Hans). Kulturgeschichte der Kreuzzüge. Berlin, Ern. Sieg. Mittler, 1883. In-8, d.-rel. chag. r.

On a relié, avec des comptes rendus de cet ouvrage, une lettre signée Raynaud, adressée au comte Riant, et le n° du 15 août 1883 du *Göttingische Gelehrte Anzeigen*, contenant une analyse et une critique de l'ouvrage de Prutz, par B. Kugler

— Christenthum und Islam während des Mittelalters und die culturgeschichtlichen Ergebnisse der Kreuzzüge. (Abd. a. d. *Hist. Taschenbuch*, 5e série, VIII, 1878.) In-12, cart.

3065. **Reineccius** (Reiner.). Chronicon Hierosolymitanvm, Id est, De Bello Sacro Historia, exposita libris XII. & nunc primùm in lucem edita..... Quæ Operis subiecti est Pars Prima..... Cum Indice locupletissimo. (*Marque typ.*) Helmaestadii Typis Iacobi Lucij. M.D.LXXXIIII. Petit in-4 de 20 ffnc., 268 ff. chif., 60 ffnc. — *Tome II* : Pars secvnda. Continens dvorvm priorvm familiae Lvcebvrg. Imperatorvm Historiam, in quibus alterius, Caroli IIII. vnà cum Oratione funebri de eodem, nunc primùm euulgatur. Accessit propter argumenti affinitatem cum Chronico Hierosol..... Historia Orientalis Haythoni..... item Fragmentum è Speculo historiali Vincentii Belvacensis..... Helmaestadii Ex Officina Iacobi Lucij. M.D.LXXXV. In-4 de 16 ffnc., 48 ff. chif., 16 ffnc. (le dernier blanc). 2 tomes en 1 vol. rel. vél.

Reineccius a réuni de nombreux extraits d'historiens antérieurs, auxquels il a ajouté des commentaires.

3066. Saggio critico sulle Crociate; se sia gusta la idea invalsane comunemente. e se sieno adattabili alle circostanze presente fattovi qualche cambiamento. *S. l. n. d. n. typ.* In-8, rel. toile.

Pamphlet contre la Révolution française.

3067. **Sporschil** (Joh.). Geschichte der Kreuzzüge..... mit Stahlstichen nach Originalzeichnungen von J. Kirchhoff. Leipzig, Volckmar, 1843. In-8, cart. (édit.), front., 10 planches et 1 carte.

3068. **Sporschil** (J.). Geschiedenis der Kruistogten, uit het Hoogduitsch met Platen. Amsterdam, Binger, 1845. 2 vol. in-8, d.-rel. chag.

3069. **Van Kampen** (N. G.). Proeve eener Geschiedenis der Kruistogten naar het Oosten, tot op de herovering van Ptolemais in het jaar 1291. Haarlem, Fr. Bohn, 1824-26. 4 vol. in-8, d.-rel. chag. r., tête dor., non rogn.

3070. **Vaublanc** (Le v^{te} de). La France au temps des croisades ou recherches sur les mœurs et coutumes des Français aux xiie et xiiie siècles. Paris, Techener, 1844-47. 4 tomes en 2 vol. in-8, d.-rel. mar. brun, non rogn.; au dos, chiffre du comte Riant.

3071. **Vaulx, S. J.** (Leonard de). Bellum sacrum Ecclesiæ militantis contra Turcum communem hostem Christianorum. Tessera sacræ militiæ Crucigerorum. Leodii, apud Guilielmum Henricum Streel, M DCLXXXV. Petit in-8, rel. vél.

> Après une dédicace à l'empereur Léopold, viennent deux pages de chronogrammes.

3072. **Voltaire.** Histoire des Croisades. M.DCCLIII. *S. l. n. typ.* In-12, rel. veau; sur les plats, armes de Mme de Pompadour.

3073. — Le Micromigas avec une histoire des Croisades et un nouveau plan de l'histoire de l'esprit humain par le même. Berlin, 1753. 1 vol. in-12, prép. pour la reliure.

3074. **Wietrowski, S. J.** (Maximilien). Historia de Bello Sacro pro liberanda Terra Sancta, in compendium reducta et tomis tribus comprehensa..... Vetero-Pragae, Typis Caroli Joannis Hraba, 1724. 3 tomes en 2 vol. in-12, rel. parch.

3075. — Historia de Bello Sacro... Cassoviæ, Typis Collegii Academici Soc. Jesu, Anno M.D.CC.LXVII. In-8, rel. veau marbré.

3076. **Wilken** (Friedrich). Geschichte der Kreuzzüge nach morgenländischen und abendländischen Berichten. Leipzig, Crusius & Vogel, 1807-1832. 7 vol. in-8, d.-rel. chag. rouge, tête dorée, non rogn.; au dos, chiffre du comte Riant. — Commentatio de bellorum Cruciatorum ex Abulfeda historia... Gottingae, J.-D. Dieterich (1798). In-4, cart. perc.

3077. [**Zon**]. Nieuwe Bijdrage tot de geschiedenis der Kruisvaarten, in hare Betrekking tot ons vaderland, door Mr P. D. W. V. Z. 'S Gravenhage, Ter Nederlansche Drukkerij, 1818. In-8, cart.

3078. **Beauvais** (F.). Des Croisades. Notice historique accompagnée de développements et de considérations sur les causes et sur les effets de ces guerres lointaines. Angers, Lecerf, 1853. 1 vol. in-8, rel. toile, non rogn. — **Bonturini.** Le crociate e la civiltà europea. (Extrait de la *Strenua Veneziana*,

1845.) *S. l. n. d. n. typ.* 1 plaq. in-8, cart. — **Choiseul-Daillecourt** (Maxime de). De l'influence des Croisades sur l'état des peuples de l'Europe. Paris, Tiliard, 1809. Vol. in-8, rel. toile. — **Cox** (George W.). The Crusades. 2ᵈ Edit. London, Longmans... 1874. In-32, rel. toile, avec carte. — Cronologia delle Crociate, dedicata a S. E. il Cavaliere D. Giovanni Acton..... Napoli, Orsini, 1792. 1 plaq. in-12. rel. toile. Ensemble 5 vol. ou plaq.

3079. **Dubois** (E.). Les Croisades. Rouen, Mégard, 1856. Vol. in-8, d.-rel. chag.; sur le plat, armes de C. de Mandre. — **Farine** (Charles). Histoire des Croisades. 4ᵉ édit. Paris, Ducrocq, 1863. In-8, rel. toile, non rogn., avec front. — **Feldmann.** Vorstudien zu den Kreuzzügen. Altona, Hammerich, 1852. In-4, cart. — **Fornelli** (Nicola). Saggio critico-storico sulle vere cause delle crociate. Napoli, Morano, 1874. Plaq. in-12, rel. toile, couv. — **Galvani** (Giovanni). Le crociate e l'amore. *S. l. n. d. n. typ.* In-8, br. — [**Giraud**]. Beautés de l'histoire des croisades..... orné de six..... gravures. Paris, Alexis Eymery, 1820. Vol. in-12, d.-rel. bas. — **Greulinck** (J. H.). De expeditionibus crvciatis. (*Diss. Ac.*) Halæ Magdebvrgiæ, litteris Josuæ Stegmanni (1694). In-4, rel. toile. Ensemble 7 vol. ou plaq.

3080. **Heuzé** (G.). De l'influence exercée par les croisades sur l'agriculture au moyen-âge. Paris, Dusacq (1854). In-8, cart. — **Laçhmé.** De Kruistogten. Amsterdam, F. Günst, 1863. In-12, br. — **Lemoine** (J. J.). Discours qui a obtenu la première mention honorable, sur cette question proposée par l'Institut de France : Quelle a été l'Influence des Croisades sur la liberté civile des peuples de l'Europe, sur leur civilisation, et sur les progrès des lumières, du commerce et de l'industrie... Paris, Dentu, 1808. In-8, d.-rel. chagr. v. — **Léotard** (E.). Les Croisades. Lyon, Pitrat, 1875. Plaq. in-8, cart., couv. — **Magnasco** (Salvatore). Le Crociate. Trattenimento Accademico per la distribuzione de' premi agli alunni del Ven. Seminario arcivescovile di Genova... Genova, tipog. arcivescovile, 1884. In-8. Ensemble 5 vol.

3081. **Maier** (Johan Christoph). Versuch einer Geschichte der Kreuzzüge und ihrer Folgen. Berlin und Stettin, Fried. Nicolai, 1780. 2 tomes en 1 vol. in-8, d.-rel. bas, avec coins. — **Michelet** (J.). Les Croisades, 1095-1270. Paris, Hetzel, *s. d.* In-8, rel. toile. — **Meerhemius** (Godof. Aug.). De Vtilitate expeditionum crvciatarvm... Vitebergae, ex off. Boehmeria, 1776. 2 parties en 1 plaq. in-4, rel. toile. — **Pastoret** (Marquis de). Instructions à l'usage des voyageurs en Orient,..... Les Croisades. Paris, impr. impér., 1856. In-8, d.-rel. perc. v. — **Regenbogen** (J.). Commentatio de fructibus, quos humanitas, libertas, mercurata, industria, artes atque disciplinae per cunctam Europam perceperint e bello sacro. Amstelaedami, apud P. den Hengst et filium, MDCCCIX. In-8, rel. v. — **Röhricht** (R.). Quellenbeiträge zur Geschichte der Kreuzzüge. Berlin, Moeser, 1875. In-8, d.-rel. veau, tête lim., non rogn. — **Saint-Maurice** (M.). Résumé de l'histoire des Croisades. Nouvelle édition. Paris, Lecointe, 1825. In-32, rel. toile, non rogn. Ensemble 7 vol. ou plaq.

3082. **Schlosser** (Fried. Christoph). Weltsgeschichte in zusammenhängender Erzählung. Dritten Bandes, erster [und zweyter] Theil. Geschichte der Zeiten der Kreuzzüge..... Geschichte der Europäischen Reiche von Anfang des dreyzehnten Jahrhunderts.... Frankfurt am Main, Varrentrapp, 1821-1824. 3 vol. in-8, rel. toile. — **Sybel** (H. Von). The history and literature of the Crusades, from the German edited by Lady *Duff Gordon*. London, Chapman, 1861. In-8, rel. toile, non rogn. — *Du même* : Sagen und Gedichte über die Kreuzzüge. [Extr. des *Allg. Monatschr. f. Wiss. u. Litt.*, Julius 1881.] In-8, cart. — **Terwecoren, S. J.** (Ed.). De l'origine des Croisades. Bruxelles, Vandereydt, 1855. In-8, cart., couv. — **Urcullu y Zulueta** (D. Felix Maria de). Causas religiosas y políticas de las Cruzadas..... Discurso leido ante el claustro de la Universitad Central..... Madrid, M. García, 1864. In-8, rel. toile. — **Valentin** (F.). Abrégé de l'histoire des Croisades (1095-1292). Dix-septième édition. Tours, Mame, 1873. In-12, rel. toile. — **Wolff** (Jean Michel). Commentatio historica de Sacris Galliæ Regvm in Orientem Expeditionibvs quam..... Die 2 Septemb. M D CC XXIV..... defendet..... Wolffivs..... Argentorati, Literis Viduæ Joannis Friderici Welperi, *s. d.* (1724). (*Thèse.*) Petit in-4, rel. vél. Ensemble 8 vol. ou plaq.

3083. **Roger** (P.). La noblesse de France aux Croisades... Paris, Derache et Dumoulin, 1845. Grand in-4, front., fig. h.-t. et interc., couverture impr. — **Couret** (Alphonse). Les comtes de Champagne aux Croisades. Grenoble, Allier, 1870. Plaq. in-8, rel. toile, couv., avec une lettre de M. Couret au comte Riant. — **Duvernoy** (Cl.). Les Montbéliards en Palestine. (Extrait de la *Revue d'Alsace.*) *S. l. n. d.* (avec un tableau généalogique). In-8, cart. — **Vachez** (A.). Les familles chevaleresques du Lyonnais, Forez et Beaujolais aux Croisades. Lyon, Brun et Cathabard, 1875. In-8, rel. toile, fig. Ensemble 4 vol. ou plaq.

3084. **Le Glay** (Edward). Les Flamands aux Croisades. Lille et Paris, Lefort, 1879. In-8, rel. toile, couv., gravure. — **Van den Helden** (Pet. Corn.). Quam partem habuerunt Belgæ in Bellis Sacris, et quosnam fructus ex iis perceperunt? *S. l. n. d. n. typ.* In-4, rel. toile. — **Mortier** (L. P.). Responsio ad quæstionem..... Quam partem habuerunt Belgæ in Bellis Sacris, et quosnam fructus ex iis perceperunt... *S. l. n. d. n. typ.* (ouvrage ayant obtenu le premier prix le 2 octobre 1826 à l'Académie de Gand). — **Nève** (Félix). Les chefs belges de la première Croisade, d'après les historiens arméniens. Bruxelles, A. Decq, 1859. In-8, cart. couv. — **Van Hasselt** (A.). Les Belges aux Croisades. Bruxelles, Jamar, *s. d.* 2 tomes en 1 vol. in-12, d.-rel. veau, tête lim., non rogn.; au dos, chiffre du comte Riant (planches). Ensemble 5 vol. ou plaq.

3085. **Anchersen** (Joh. Petr.). De Cruciata Norvegica sive expeditione Hierosolymitana Sigurdi regis Norvegiæ. Hafniæ, N. Chr. Höpffner, 1762. In-4, rel. toile. (*Diss. Ac.*) — **Beronius** (Magnus Olavus). Disputatio... sistens

Peregrinationes gentium septentrionalium in Græciam, cujus partem priorem... pro gradu defendet... Beronius. Upsaliæ, L. M. Höjer, 1758. In-4, rel. vél. — **Bring** (Ebbe Samuel). Om Valfarterna och Korstågen från Skandinavien till heliga Landet; en historisk Undersökning. Lund, Berling, 1827. 1 vol. in-8, rel. toile, non rogn. — **Krook** (Johan And.). Dissertatio historica de Peregrinationibus religiosis Scandinavorum. Lund, Berling (1808). Plaq. in-4, rel. toile. — **Mellin** (Samuel Gustaf). De peregrinationibus et expeditionibus Scandinavorum in Palaestinam sacris, meliorem litterarum et vitæ cultum adjuvantibus. Lund, Berling (1814). 1 plaq. in-4, rel. toile. Ensemble 5 plaq.

3086. **Meibomius** (Henricus). De Dvcvm Brvnsvicens. et Lynebvrg. contra infideles Saracenos et Tvrcos a sexcentis amplivs annis expeditionibvs bellicis Narratio. Helmestadl, Typ. Georg. Wolfgangi Hammii, Anno MDCLXXXVI. In-4, rel. vél. — *Du même* : Andronici, eius nominis secundi, Imperatoris Constantinopolitani, Aurea Bvlla Data Henrico, Henrici mirabilis F. Alberti magni N. Duci Brvnsvicensi, regiones Orientis perlustranti ante annos penè ccc. Helmaestadl, Ex officina typographica Iacobi Lvcii, cIɔ Iɔ cXIV. In-4, rel. vél. — **Mormayr** (J. Freiherrn von). Die Bayern in Morgenlande. München, G. Franz (1882). In-4, rel. toile. — **Röhricht**. Die Deutschen auf den Kreuzzügen. Ein Katalog der wichtigsten deutschen Kreuzfahrer..... Erster Theil (1096-1190). (Extrait de *Zeitschr. f. deutsche Philologie*, VII, 1877.) In-8, rel. toile. — **Egli** (E.). Die Theilnahme der Schweiz an den Kreuzzügen. (Separatabd. aus den *Zeitstimmen f. d. reform. Kirche d. Schw.*, 1881.) In-8, rel. toile. *On a joint à notre ex., deux importantes lettres de M. Ph. Roger.* Ensemble 5 vol. ou plaq.

3. La première Croisade.

3088. **Delbare** (Th.). Histoire de Tancrède, l'un des chefs de la première croisade (*portrait*). Paris, Janet, 1822. 1 vol. in-12, rel. toile, couvert. — **Sydow** (O. von) Tancred. Ein Lebensbild aus den Zeiten der Kreuzzüge. Leipzig, Böhme, 1880. In-8, rel. toile.

3089. **Hagenmeyer** (Heinrich). Peter der Eremite. Ein kritische Beitrag der Geschichte des ersten Kreuzzuges. Leipzig, Otto Harrassowitz, 1879. 1 vol. in-8, d.-rel. chagr. rouge, tête lim., non rogn.; au dos, chiffre du comte Riant.

3090. Hertzog Gotfrid || wie er wider die Tür || gen vnd haÿden ge⸗ || stritten vnd dʒ heÿlig || Grab gewünen hat. *Au verso du titre, fig. sur bois : Urbain II prêchant la croisade. Fnc. 2 signé aij recto incipit* : H Ienach volgt ein warhaff || te vnd bewerte Hystori wie || die Türcken vnd andere ge⸗ || schlechte..... *Fnc.* 110 *verso l.* 12 : ⁌ Dise warhafftige Hystorj hat gedruckt

‖ Lucas Zeissenmair zů Augspurg. Vnd ‖ volenndet am afftermontag vor Jeorij ‖ Als mā zelt nach ℨ geburt Cristi vnsers ‖ herren Fünfftzehehundert vñ zwey iar. [*1502*]. Petit in-8, 110 ffnc., cart. goth. 2 gr. (le titre en gros caractères), 27 ll. ll.; signatures a-o par 8 ff, sauf o qui en a 6, fig. & init. gr. sur bois; rel. mar. grenat, plats ornés à froid, doublé de mar. violet orné à froid, tr. dor. (Chambolle-Duru).

Bel exemplaire de ce livre peu commun.

3091. **Hody** (baron de). Description des tombeaux de Godefroid de Bouillon et des rois latins de Jérusalem..... Bruxelle, Goemare, 1855. In-12 avec 11 pl. — *Du même* : Godefroid de Bouillon et les rois latins de Jérusalem. [2ᵉ *édit. de l'ouvrage précédent.*] Paris & Tournai, Casterman, 1859. Avec pl. Ensemble 1 vol. grand in-8, d.-rel. veau brun, & 1 vol. in-12, rel. toile, non rogn.

3092. **Lannel** (Jean de), écuyer, seigneur du Chaintreau et du Chambort. — La vie de Godefroy de Bouillon duc de Lorraine et premier roy chrétien de Ierusalem. Paris, S. Cramoisy, 1625. 1 vol. petit in-8, dérel.

Cet ouvrage n'est pas un roman historique comme le nom de l'auteur pourrait le faire supposer. Livre peu connu.

3093. **Michaud**. Histoire de la première Croisade, suivie d'un commentaire..... [par *Ant. Goebel.*]. Deuxième édition. Munster, Theissing, 1857. — Histoire des Croisades. Herausgegeben von E. Pætsch. I Theil. Première Croisade. Bielefeld und Leipzig. Velhagen & Klasing, 1884. — Histoire de la première Croisade. Ercklärt von Dr. F. Lamprecht, mit einer Karte. Zweite Auflage. Berlin, Weidmann, 1885. Ensemble 3 vol. in-8 et in-12, d.-rel. chagr. r. ou cart.

3094. **Negri** (Gio Francesco). Prima Crociata Ouero Lega di Militie Christiane, Segnalate di Croce. Liberatrice del Sacro Sepolcro di Giesv' Christo, E del Regno di Terra Santa. In Bologna, MDCLVIII. Presso Gio. Battista Ferroni. In-4, rel. vél.

J.-F. Negri (1593-1659) a traduit la *Jérusalem* du Tasse en dialecte bolonais. Son histoire de la première croisade est dédiée au pape Alexandre VII.

3095. Notices sur le lieu de naissance de Godefroi de Bouillon. 19 plaq. en 2 vol. in-8, d.-rel. toile ou cart.

Ces plaquettes sont l'œuvre de MM. l'abbé *Barbe, Gachard*, l'abbé *Haigneré*, P. *Hédouin*, le baron *de Hody*, *Kervyn de Lettenhove*, J.-F. *Ozeray*, M.-L. *Polain*, A. *de Poucques d'Herbinghem*, *de Ram*, *And. Van Hasselt*.

3096. **Oultreman, S. J.** (P. d'). La vie ‖ dv venerable ‖ Pierre ‖ l'Hermite, ‖ Autheur de la premiere Croisa-‖ de & conqueste de Ierusalem, ‖ Pere et Fondateur de l'Abbaye ‖ de Nevf-Movstier, ‖ & de la Maison des ‖ l'Hermites. ‖ Auec vn Brief Recueil des Croisades ‖ suiuantes, qui contient un abregé de ‖ l'Histoire de Ierusalem iusques à ‖ la perte de ce Royaume. ‖ ... A Paris, ‖ chez Lovis Bovlanger... ‖ M DC XXXII. (La date du titre est raccommodée). In-12, rel. mar. rouge, fil. sur les pl., dent. int., tr. dorées; au dos, chiffre du comte Riant (Dupré).

Ouvrage de la plus grande rareté, mais tout à fait dénué de critique ; il a été réimprimé dans ces dernières années. Il contient « le vray portraict de Pierre l'Hermitte auteur de la premiere Croisade et premier viceroy de Ierusalem », et une planche donnant la généalogie des l'Hermite. Le « Brief recueil » a un titre et une pagination particulière.

3097. **Paulet** (Léon). Recherches sur Pierre l'Hermite et la Croisade. Paris et Bruxelles, 1856. 1 vol. in-8, d.-rel. bas. — Dissertation sur la naissance de Pierre l'Hermite. Namur, J. Rouvroy, 1854. In-8, rel. toile, couv. — **Polain** (M. L.) Pierre l'Hermite picard ou liégeois. (Extrait du tome XXI des *Bulletins de l'Ac. Roy. de Belgique*). In-8, cart.

3098. **Peyré** (J.-F.-A.). Histoire de la première Croisade. Paris, Durand ; Lyon, Giraudier, 1859. 2 vol. in-8, rel. toile.

3098 *bis*. *Le même*, d.-rel. veau, coins, tête dorée, non rogn. ; au dos, chiffre du comte Riant.

Exemplaire en grand papier.

3099. **Pico** (Ranuccio). Il Goffredo overo La Vita del Famoso Gottifredo dvca di Bvglione re di Gervsalemme Nella quale si contiene la vera Historia della Impresa di Terra Santa..... Ristampata nuouamente con le Annotat. in margine..... In Venetia, M D CXXVII. Appresso Giouanni Guerigli. Petit in-4, rel. vél.

3100. **Prévault** (H.). Geschiedenis van Godefridus van Bouillon. Rousselaere, David Vanhee, 1835. In-12, rel. toile, couv. — **Schrant** (J. M.). Lofrede op Godfried van Bouillon. Gend, A. B. Stéven, 1826. In-4, grand papier, portr., rel. bas., plats rac., dos rouge.

3101. **Sybel** (Heinrich von). Geschichte des ersten Kreuzzuges. Düsseldorf, Schreiner, 1841. In-8, d.-rel. chagr., tr. lim. ; au dos, chiffre du comte Riant. — *Le même. Deuxième édition revue.* Leipzig, Fleischer, 1881. In-8, d.-rel. chagr., tête lim., non rogn.

3102. Thiémon de Salzbourg. **Heinrich zu Bretenau.** Passio (inedita) S. Thimmonis, archiepiscopi Iuuauiensis, von Dr *Nolte*. Wien, Gerold, 1876. In-8, cart. couv. — **Ankershofen** (Gottlieb Freih. v.). Ob der Salzburger Erzbischof Gebehard und Erzbischof Thiemo ihr selbes vorenthalten habe? *S. l. n. d. n. typ.* In-8, cart.

3103. **Waha, S. J.** (Guillaume de). Labores Herculis Christiani Godefredi Bullionii. Insulis Flandrorum, Typis Nicolai de Rache..... M.DC.LXXIV In-12, rel. parch.

Cet ouvrage a eu beaucoup de succès, surtout à cause des mérites du style ; la première édition est celle de Lille (1774).

3103 *bis*. *Le même*. Leodii, typis Arnoldi Bronckartii... M.DC.LXXXVIII. In-12, rel. veau.

Il y avait déjà eu une autre édition à Liége, en 1777.

3104. **Beyer** (Gustave). Vita Godefridi Bullionis. Marburgi-Cattorum, Elwert, 1874. In-8, rel. toile. — **Froboese** (Julien). Gottfried von Bouillon. Berlin, Habel, 1870. In-8, cart. — **Monnier** (Francis). Godefroi de Bouillon et les Assises de Jérusalem. Paris, Didier, 1874. In-8, rel. toile. — **Reichau**. Gottfried von Bouillon. Wehlau, Peschke, 1869. In-4, cart. — **Vétault** (Alph.). Godefroi de Bouillon. Tours, Mame, 1874. In-8, rel. toile. Ensemble 5 vol ou plaq.

3105. [**Grandgagnage**]. Chaudfontaine. Wallonnade. Liége, Carmanne, 1853. In-8, rel. toile. avec 1 pl. & 1 carte. — **Ingerslev** (A.). Peter fra Amiens og det förste Korstog. Kjöbenhavn, forl. af den Gyldendalske Bogh., 1859. In-12, rel. toile. — **Guillon** (Félix). Étude sur Pierre l'Ermite. Orléans, Séjourné, 1874. Plaq. in-12, rel. toile. — **Marsy** (Comte de). Pierre l'Hermite, son histoire et sa légende. Amiens, Delattre-Lenoel, 1884. Vol. in-8, rel. toile, couv. — **Prat** (Henri). Pierre l'Hermite et la première Croisade. Paris, Librairie de la Reine, 1840. In-8, rel. toile. — **Vion** (Michel). Pierre l'Hermite et les croisades ou la civilisation chrétienne au Moyen-Age..... Amiens, Lenoel-Herouart, 1853. In-8, cart. perc.

3106. Abrisz einer Geschichte des ersten Kreuzzuges der Christen nach Palästina. Mit einer Landkarte und zwölf historischen Vorstellungen von *D. Chodowiecki*. [Extrait de l' « Historisch-genealogischer Kalender auf das Gemein-Jahr 1801.] Petit in-12, rel. bas. — **Arbellot** (L'abbé). Les chevaliers limousins à la première croisade (1096-1102). Paris, Haton, 1881. Plaq. in-8, rel. toile, couv. (avec deux lettres du chanoine Arbellot au comte Riant). — **Hildebrand** (T.). De prima expeditione cruciata. (*Thèse.*) Lipsiæ, Typ. Christoph. Fleischeri, (1694). Plaq. in-4, rel. toile. — **Kervyn de Lettenhove**. Un fragment de l'histoire des croisades. [Extr. des *Bull. de l'Ac. r. de Belgique*, 2ᵉ série, X.] In-8, cart. — **Pfahler** (Johann Georg.). Der erste Kreuzzug, oder : die Eroberung des heiligen Grabes.... Zweite Auflage. Lindau, Stettner, 1868. In-12, d.-rel. chagr ; au dos, chiffre du comte Riant. — Det första Korståget eller den heliga Grabens eröfring. Ein Berättelse för ungdomen..... Stockholm, P. A. Huldberg, S. D. (1871). Petit in-8, cart. perc., couverture illustrée. — **Smet** (J.-J. de). Mémoire sur Robert de Jérusalem, comte de Flandre à la première Croisade. [Extr. des *Mém. de l'Ac. r. de Belgique*, t. XXXII.] In-4, rel. toile. — **Tononi** (Gaetano). Actes constatant la participation des Plaisançais à la 1ᵉ Croisade. Gênes, 1881. In-8, cart.

4. Deuxième et troisième Croisades.

3107. **Badiche** (Marie Léandre). De l'influence de Saint Bernard sur son siècle. Thèse présentée à la Faculté de théologie de Paris pour le doctorat. Paris, de Soye et Bouchet, 1859. In-8, cart., couv. — **Neander** (Aug.). Der heilige Bernhard und sein Zeitalter. Ein historisches Gemälde. [3º *éd.*] Gotha, Perthes, 1865. In-8, rel. toile, non rogn.

3108. **Saint Bernard.** Li Sermon Saint Bernart. Älteste französische Uebersetzung der lateinischen Predigten Bernhards von Clairvaux, zum ersten Mal herausgegeben von *Wendelin Foerster*. Erlangen, Deichert, 1885. 1 vol. in-8, rel. toile couv.

3109. **Adelphus.** Barbarossa. || Ein Schône Vnnd || Warhaffte beschreibung des Le= || bens vnnd der geschichten Keyser Friderichs || des ersten / genant Barbarossa / durch Johannem Adelphum || Stattartzet zů Schaffhausen / erstmals in latin ver= || samlet / auss allen glaubwürdigē geschrifften vn̄ || Historien ↄ altē Chronicken / vn̄ aber yetz= || und in Teütsche sprach verdolmetscht. || vnd von newem wider getruckt || vnd mitt fleisss corrigiert || (*fleuron*); *au dessous, gravure sur bois. Dernier fnc. recto* : Getruckt inn der loblichen statt Straszburg || durch Bartholomeum Brüninger jn dem jar... || M.D.XXX.V. Vnnd vollendet auff || Sant Thomans des heiligen || zwelffbotten a= || bendt. || ꝛc. || (*fleuron*). Petit in-fol. de 65 ff. chif., 1 fnc., d.-rel. vél., coins.

Il semble qu'il manque à cet exemplaire les feuillets 5 et 6 du premier cahier, contenant des pièces liminaires.
Cet ouvrage est fort rare, et les éditions (la première est de 1520) en sont recherchées lorsqu'elles ont comme la nôtre les curieuses gravures sur bois attribuées à *Hans Baldung Grün* et à ses élèves.

3110. — Ein schone warhafftige history || von Kayser Fryderich dem ersten Den die Wal||hen nenten Barbarossa / wie er Jherusalem vnd || das Heylig landt gewunen hat Vn̄ wie der frum || Kayser so Erbarmlych durch den Babst Allexander dem || drytten yn den todt verratē wardt dem Soldanischen Ko= || nyg / der yngefengklich hielt etliche zeyt Vnnd wie der Punt= || schuch auff yst komen yn Bairn̄. || *Gravure sur bois. Fnc. 10 recto, l. 31* : Gedruckt zů Cöln by sant Lupus. || S. d. In-4 de 10 ffnc., sign. A par 4, B par 6 ff., 32 ll. ll.; non rogn. Rel. mar. rouge jans., tr. dor., dent. int. (Dupré.)

Rarissime édition de ce curieux roman sur l'empereur Barberousse, tiré de la Chronique d'Adelphus, et qui a eu un grand succès au xvıe siècle. Les bibliographes connaissent deux éditions de 1519, l'une de Landshut, l'autre d'Augsburg (réimpression); la nôtre n'est pas datée.

3111. — Ein warhafftige historij von dem Kayser || Friderich der erst seines namens / mit ainem || langen rotten Bart / den die Walhen nen= || ten Barbarossa / derselb gewan Jerusa= || lem / Vnnd durch den Bapst Alexan= || der den dritten verkuntschafft ward || dem Soldanischen Künig / der in || gefencklich hielt etlich zeyt / Vn̄ || wieder Pundtschůch auff ist || khomen in Bairn̄. || (*Vignette gr. s. bois.*) *Fnc. 8 recto, l. 9* : ☙ Gedruckt zů Augspurg. M.D.xix. Petit in-4 de 8 fnc., sign. A-B, cart., non rogn.

Rare. Weller (Repert. typ., éd. 1864) cite une édition de cette curieuse légende imprimée la même année à Landshut.

3112. Amadeo III di Savoja guira la sacra lega per le guerre di Terra

Santa in mano di papa Eugenio III. Dipinto del cav. Cavallieri, illustrazione di F. Torre. Roma, 1846. In-8, cart. — **Castan** (Aug.). Un épisode de la deuxième croisade. Besançon, Roblot, 1862. In-8, cart., couv. — **Winand**. Ein Brief der koelnischen Priesters Winand über den Kreuzzug gegen Lissabon im Jahre 1147, hrsg. v. *Ernst. Duemmler*. In-8, cart.

3113. **Aytoun**. The life and times of Richard the First surnamed Cœur-de-Lion, king of England. London, William Tegg, 1861. In-12, rel. toile, non rogn., avec portr. — **Chardon**. Histoire de la reine Bérengère, femme de Richard Cœur-de-Lion et dame douairière du Mans. Le Mans, Monnoyer, 1866. Plaq. in-8, rel. toile.

3114. **Bunau** (H. von). Leben und Thaten Friedrichs I, Römischen Kaysers. Leipzig, Fritsch, 1722. 1 vol. in-4, d.-rel. veau éc., tête peigne, non rogn.; au dos, chiffre du comte Riant.

Henri, comte de Bunau (1697-1762), célèbre bibliophile et historien de mérite, a publié, de 1728 à 1743, une histoire des empereurs et de l'empire d'Allemagne, très estimée et malheureusement incomplète. Il avait commencé par publier à part la vie de Frédéric I.

3115. Der Cardinal und Erzbischof von Mainz, Conrad I, Pfalzgraf von Scheyern-Wittelsbach. München, Palm, 1860. Vol. in-8, rel. toile, couv. — **Will** (Cornelius). Konrad von Wittelsbach, Cardinal, Erzbischof von Mainz und von Salzburg, deutscher Reichserzkanzler..... Regensburg, New York & Cincinnati, 1880. In-8, cart., couv.

3116. **Hagen** (Friedrich von der). Des Landgrafen Ludwig's des Frommen Kreuzfahrt. Heldengedicht der Belagerung von Akkon am Ende des zwölften Jahrhunderts. Leipzig, Brockhaus, 1854. In-8, rel. toile, non rogn. — **Prutz** (Hans). Ein zeitgenössisches Gedicht auf die Belagerung Accons. Extr. *S. l. n. d. n. typ*. In-8, rel. toile. — **Schönbach** (Anton). Neue Fragmente des Gedichtes über die Zerstörung von Accon. [*Sitzungsberichte der K. Kais. Akad. d. Wiss. zu Wien*, 1880, XCVII.] Wien, Gerold, 1881. In-8, cart., couv.

3117. **James** (G. P. R.). A history of the life of Richard Cœur-de-Lion king of England. London, Saunders and Otley, 1842-1849. 4 vol. in-8, rel. toile (édit.)

3117 *bis*. *Le même*. New edition, complete in two volumes. London, Bohn, 1854. 2 vol. petit in-8, rel. toile (édit.) (portraits).

3118. Narrazione storica contemporanea delle avventure e delle imprese di vna flotta di Crociati partita dalle Foci della Schelda l'anno 1189,... pubblicata dal cavaliere *C. Gazzera. S. l. n. d. n. typ*. [Extr. des *Mem. della R^{le} Ac. di Torino*, serie II, Tom. II.) (1840.) Plaq. in-4, rel. toile, planch. en fac-simile. — Relação da derrota naval, façanhas, e successos dos Cruzados que parti'rão do Escalda para a Terra Santa no anno de 1189. Escrita en Latim por hum dos mesmos Cruzados, traduzida e annotada por *João Baptista da Silva Lopes*. Lisboa, Typ. da Academia Real das Sciencias, 1844 (avec un plan de Silves). In-4, rel. toile.

3119. **David** (Étienne). Un épisode de la IIIe croisade. Mort de l'Empereur Frédéric-Barberousse en Cilicie. (Extr. de l'*Investigateur*, janv.-févr.) Paris, 1876. In-8, cart. — **Fischer** (Karl). Geschichte des Kreuzzuges Kaiser Friedrich's I. Leipzig, Duncker & Humblot, 1870. In-8, rel. toile, non rogn., couv. — **Prutz** (Hans). Kaiser Friedrich I. Grabstätte. Danzig, Gruihn, 1879. In-8, cart. — Prise de Jérusalem par Saladin et Croisade de l'Empereur Frédéric I Barberousse. [Pub. par le *baron de Reiffenberg* dans le *Bull. de l'Ac. R. de Belgique.*] In-8, cart. — Bruchstück über den Kreuzzug Friderich's I. herausgegeben von *F. Freiherrn von Reiffenberg*. Stuttgart, ged. auf Kosten des liter. Vereins, 1844. Plaq. in-8.

3120. **Mignard**. Un Régulus au xiie siècle. *S. l. n. d. n. typ.* In-8, cart. — **Reinaud**. Notice sur la vie de Saladin. Paris, Dondey-Dupré, 1824. In-8, br. — **Smet** (J. J. de). Mémoire historique et critique sur Philippe d'Alsace, comte de Flandre et de Vermandois (1157-1191). [Extr. des *Mém. de l'Ac. R. de Belgique*, t. XXI.] In-4, rel. toile. — **Thomas** (G. M.). Ein Tractat über das heilige Land und den dritten Kreuzzug. München, 1865. In-8, rel. toile, couv.

5. Quatrième Croisade.

LA CONQUÊTE DE CONSTANTINOPLE

* 3121. **Hanotaux** (Gabriel). Les Vénitiens ont-ils trahi la chrétienté en 1202 ? Paris, 1877. Plaq. in-8, rel. toile, non rogn., couv. Avec 2 lettres de M. Hanotaux au comte Riant. — **Tessier** (Jules). Quatrième Croisade. La diversion sur Zara & Constantinople. Paris, Leroux, 1884. In-8, br.

3122. **Ljubić** (Sime). Krizobojnici u Zadru. Ulomak iz mletackoga krizoboja 1202-1204. Izvjestje o kralj Velikoj Gimnaziji u Osieku...... U Osieku, Drag. Lehmann, 1862. In-4, rel. toile. — **Makusev** (V.). Nekoliko novih Izvora za Historiju Juznih Slovena. U Zagrebu, stamparija Dragutina Albrechta, 1868. In-8, rel. toile.

3123. **Manente**. Le Glorie Tradite dell' Asiatico Impero nel Triumuirato di Casa Lascari. L'Arme Pietose de Veneti, e Collegati nel glorioso acquisto di Constantinopoli. Le Magnanime Imprese de Veneti medemi, al mantenimento di quel Europeo Impero..... Del P. Andrea Manente di Cocaglio, de Minori Osseru... In Brescia, MDCLX. Per Gio : Battista Gromi. Petit in-4, rel. vél.
  Le frontispice, gravé sur cuivre, donne comme titre : « L' Heroiche imprese della Serenissma Repca di Venetia nel Glorioso Acqvistᵒ del Greco Impero. »

3124. **Moresini** (Andrea). L'Imprese, et Espeditioni di Terra Santa, et l' acqvisto fatto dell' Imperio di Constantinopoli dalla Serenissima Repvblica di Venetia... In Venetia, MDCXXVII. Appresso Antonio Pinelli. In-4, rel. vél.

Andrea *Morosini* ou *Moresini* (1558-1618) fut nommé en 1598 historiographe de la République de Venise. Ses ouvrages n'ont paru qu'après sa mort, publiés par son frère *Paolo*.

3125. **Pears** (Edwin). The Fall of Constantinople being the story of the fourth Crusade. London, Longmans, Green & C°, 1885. 1 vol. in-8, rel. toile, non rogn. (édit.).

3126. **Ramusio** (Paolo). Della Gverra di Costantinopoli per la restitvtione de gl' imperatori Comneni fatta da' Sig. Venetiani, et Francesi, L'Anno MCCIV. Libri sei. Di Paolo Rannvsio Venetiano. Con Privilegio. (*Marque typ.*) In Venetia, MDCIV. Appresso Domenico Nicolini. In-4, avec 3 pl. sur cuivre (portr. de l'empereur, de l'impératrice de Constantinople et de leur fils), rel. vél.

Édition italienne due à Girolamo Rannusio; il paraissait la même année une édition latine. Le nom de *Ramusio* s'écrit également *Rannusio* et *Ramnusio*.

3127. — De Bello Costantinopolitano Et Imperatoribvs Comnenis per Gallos, et Venetos restitvtis Historia Pauli Ramnusij. Editio altera..... Venetiis, Apud Marc. Ant. Brogiolum. M DC XXXIV. Grand in-4, 3 pl., rel. vél.

Très bel exemplaire, à toutes marges. L'éditeur en est un *Jacobus Gaffarellus* qui a dédié cet ouvrage au cardinal de Richelieu.

3128. **Stamatiadis** (I.). Ἱστορία τῆς ἁλώσεως τοῦ Βυζαντίου ὑπὸ τῶν Φράγκων καὶ τῆς αὐτόθι ἐξουσίας αὐτῶν 1204-1261... Ἀθήνησι, 1865. In-8, d.-rel. chag. r., tête lim., non rogn.; au dos, chiffre du comte Riant.

* 3129. **Streit** (Ludov.). Commentationis de avctoribvs qvartae qvae habetvr sacrae expeditionis historiam spectantibvs epitome. Pvtbvsii, typ. A. Knaakii, 1863. In-4, cart. — Venedig und die Wendung des vierten Kreuzzuges gegen Constantinopel. Anklam, Krüger, 1877. In-4, rel. toile. — Venezia e la quarta Crociata. Estratto dall' *Archivio Veneto*, tomo XVI, 1878. In-8, rel. toile, couv.

3130. **Benincasa** (Bartholomeo). Vita di Enrico Dandolo. *S. l. n. d. n. typ.* 1 plaq. in-4, cart. — **Caliari** (P.). Enrico Dandolo all' assalto di Costantinopoli. Vaona, 1862. In-8, br. — **Desimoni** (C.). Il marchese Bonifacio di Montferrato e i trovatori provenzali alla Corte di Lui. Estr. dal *Giornale Ligustico*. Anno V. In-8, cart. — **Hopf** (Karl). Bonifaz von Montferrat, der Eroberer von Konstantinopel und der Troubadour Rambaut von Vaqueiras. Herausgegeben von Dr *Ludwig Streit*. Berlin SW., C. Habel, 1877. In-8, cart. — **Klimke** (C.). Die Quellen zur Geschichte des vierten Kreuzzuges. Breslau, Aderholz, 1875. In-8, rel. toile. — Lettera di papa Innocenzo III data nel dì 8 Maggio 1201 diretta al Clero Veneto colla quale lo invita ad aiutare la Crociata colle proprie rendite. Padova, 1859. [*Publié* par A. M. Marcolini *et* A. Rossi *en l'honneur de la première messe de* Don Antonio Cadena.]. In-8, rel. toile. — **Schels** (J.-B.). Die Eroberung Constantinopels durch die Lateiner, im Jahre 1204. *Abd. a. d. Oester. milit. Zeitschr.*, 1828. II. In-12, d.-rel.

mar. r., coins, tête dorée; au dos, chiffre du comte Riant. — **Todt** (B.). Die Eroberung von Constantinopel i. J. 1204. Mit zwei Karten. Halle, 1878. Petit in-8, rel. toile, couv. — La presa di Costantinopoli ossia il Marchese di Montferrato, narrazione storica di un Piemontese..... Torino, tip. del progresso, 1854. In-12, rel. toile.

SUITES DE LA QUATRIÈME CROISADE

3131. **Buchon**. Recherches et matériaux pour servir à une histoire de la domination française aux XIIIe, XIVe et XVe siècles dans les provinces démembrées de l'empire grec à la suite de la quatrième croisade. Paris, Desrez, MDCCCXI (*1840*). 2 tomes en 1 vol. in-8, d.-rel. veau.

La première partie de cet important ouvrage renferme 9 planches de sceaux et tables généalogiques, la seconde donne les Chroniques de Villehardouin et de son continuateur.

3132. — Recherches historiques sur la principauté franque de Morée et ses hautes baronnies. Première époque. Conquête et établissement féodal, de l'an 1205 à l'an 1333. Paris, Renouard, 1845. 2 tomes en 1 vol. grand in-8, d.-rel. chag., tête peigne, non rogn.; au dos, chiffre du comte Riant.

La première partie comprend le « Livre de la Conqueste de la princée de Morée », publié pour la première fois par *Buchon*; la seconde partie donne un nouveau texte grec de la Chronique Métrique de Morée « Βιβλίον τῆς Κουγκεστας », avec une carte de la principauté d'Achaïe.

— Établissement féodal de la principauté française de Morée. [Extr. de la *Revue indépendante*, 25 juillet 1843.] In-8, rel. toile.

3133. — Nouvelles recherches historiques sur la principauté française de Morée et ses hautes baronnies..... Volume Ier, Partie Ière. Paris, Au Comptoir des Imprimeurs unis, 1843. 1 vol. grand in-8, d.-rel. chag., tête peigne, non rogn.; au dos, chiffre du comte Riant. — Atlas des Nouvelles recherches historiques sur la principauté française de Morée. Paris, Comptoir des Imprimeurs réunis, *s. d.* 1 vol. in-fol. de 42 planches, d.-rel. chag.

Tout ce qui a paru de cet excellent ouvrage.

3134. — Histoire des conquêtes et de l'établissement des Français dans les États de l'ancienne Grèce sous les Ville-Hardouin. Tome premier. Paris, Renouard, 1846. 1 vol. in 8, d.-rel. chag., tr. peigne.

Tout ce qui a paru.

3135. **Datta** (Pietro Luigi). Storia dei principi di Savoia del ramo d'Acaia signori del Piemonte dal MCCXCIV al MCCCCXVIII. Torino, Stamp. reale, 1832. — **Claretta** (Gaudenzio). Roberto di Durazzo, dei reali di Napoli, e la famiglia di Iacopo di Savoia, principe d'Acaia. Torino, Paravia, 1880. Plaq. in-8, cart., couv. — **Saraceno** (F.). Giunta ai Giullari e Menestrelli, viaggi, imprese guerresche dei principi d'Acaia (1390-1428). (Extr. de *Curiosità e Ricerche Storiche*, IV.) In-8, cart.

3136. Diplomatarium Veneto-Levantinum sive Acta et diplomata res venetas graecas atque Levantis illustrantia a 1300-1350. Venetiis, typ. Visentini, 1880. 1 vol. in-4, d.-rel. chag. r., tête lim.; au dos, chiffre du comte Riant.

Tome V des Mon. stor. dalla R. Dep. Veneta di storia patria.

3137. **Du Cange** (Charles Du Fresne). Historia Byzantina duplice commentario illustrata. Prior familias ac stemmata imperatorum Constantinopolitanorum, cum eorumdem Augustorum Nomismatibus, & aliquot Iconibus; Præterea familias Dalmaticas complectitur. Alter descriptionem urbis Constantinopolitanæ qualis exstitit sub imperatoribus Christianis. Venetiis, Ex typ. Barthol. Javarina, 1729. 1 vol. in-fol., avec figg. et pl., rel. vél.

Excellent livre où Du Cange donne de nombreux détails sur les anciennes familles de Constantinople.

3138. — Histoire de l'empire de Constantinople sous les empereurs Français jusqu'à la conquête des Turcs, revue par Buchon. Paris, 1826. 2 vol. in-8, d.-rel., non rogn.

3139. **Eustathius, Metropolita Thessalonicensis.** Opuscula. Accedunt Trapezuntiae historiae scriptores Panaretus et Eugenicus. E codd. mss. Basil., Paris., Veneto nunc primum edidit *Theoph. Lucas Frider. Tafel.* Francof. ad Mœnum, Schmerber, 1832. 1 vol. in-4, d.-rel. bas.

3140. **Fallmerayer** (J. Phil.). Geschichte der Halbinsel Morea während des Mittelalters. Stuttgart und Tübingen, Cotta, 1830. 2 tomes en 1 vol. in-8, d.-rel. chag., tête peigne, non rogn.; au dos, chiffre du comte Riant.

3141. — Geschichte des Kaiserthums von Trapezunt. München, Weber, 1827. — Original-Fragmente, Chroniken, Inschriften und anderes Materiale zur Geschichte des Kaiserthums Trapezunt. [2 parties.] Ensemble 1 vol. in-4, rel. toile, non rogn.

* 3142. **Finlay** (George). The history of Greece from its conquest by the crusaders to its conquest by the Turks and of the Empire of Trebizond (1204-1461). Edinburgh and London, Blackwood, 1851. Vol. in-8, rel. toile (édit.).

3143. **Hahn** (Johann Georg von). Albanesische Studien. Iena, Friedr. Mauke, 1854. 3 parties en 1 vol. grand in-8, d.-rel. chag. r., non rogn.; au dos, chiffre du comte Riant. — **Cecchetti** (Bartol.). Degli stabilimenti politici della reppublica veneta nell' Albania e delle sollevazioni in Oriente, fino al secolo XVI. (Estr. degli *Atti del R. Ist. venete*, vol. III, serie IV.) In-8, cart.

3144. **Hopf** (Karl). Griechenland im Mittelalter und in der Neuzeit. Leipzig, Brockhaus, 1867. In-4, d.-rel. chag. rouge, tête lim., non rogn.; au dos, chiffre du comte Riant.

3145. — De Historiae ducatus Atheniensis fontibus. Bonnae, Weber, 1852. — Urkunden und Zusätze zur Geschichte der Insel Andros und ihrer

Beherrscher in dem Zeitraume von 1207 bis 1566. [Abd. a. d. *Wiener Sitzb* ; Sitzung von 16. Juli 1856.] — Geschichte der Insel Andros und ihrer Beherrscher in dem Zeitraume von 1207-1566. [Abd. a. d. *Wiener Sitzb.*, XXI. Bd., II. Hft.] — Dissertazione documentata sulla storia dell' isola di Andros e dei suoi signori dall' anno 1207 al 1566... tradotta... da *G. B. Sardagna.* Venezia, 1859. — Gratianos Zorzis, prince de Leucade, étude historique... traduite de l'allemand par *Jean Romanos.* Corfou, 1870. [*Traduction grecque.*] — Geschichtlicher Überblick über die Schicksale von Karystos auf Euboea in dem Zeitraume von 1205-1470. [Abd. a. d. *Wiener Sitzb.*, XI. Bd., III. Hft.] — Walther von Brienne, Herzog von Athen und Graf von Lecce. [*Hist. Taschenbuch*, Dritte F., V.] Ensemble 7 vol. ou plaq. in-8, rel. toile, cart. ou br.

3146. **Jóannidès** (Sab.). Ἱστορία καὶ Στατιστίκη Τραπεζοῦντος καὶ τῆς περὶ ταύτην χώρας..... Ἐν Κωνσταντινουπόλει, 1870. 1 vol. in-8, rel. toile, non rogn., couv.

3147. **Lambros**. Αἱ Ἀθῆναι περὶ τὰ τέλη τοῦ δωδεκάτου αἰῶνος κατὰ πηγὰς ἀνεκδότους..... Ἀθήνησι, 1878. In-8, rel. toile, couv.

3148. **Medovikov** (P.). Empereurs Latins de Constantinople, études d'histoire. Moscou, 1849. 1 vol. in-8, rel. t., non rogn., couv. [*En Russe.*]

3149. ΜΝΗΜΕΤΑ ΕΛΛΗΝΙΚΗΣ ΙΣΤΟΡΙΑΣ. Monuments inédits relatifs à l'histoire de la Grèce au moyen âge... par *C. N. Sathas.* Tomes I à V. Paris, Maisonneuve; Athènes, A. Coromillas, 1880-1884. D.-rel. veau, tête lim., ébarb.; au dos, chiffre du comte Riant. T. VII, broché. Ensemble 6 vol. grand in-8.

3150. **Moncada** (Francisco de). Espedicion delos Catalanes y Aragoneses contra Tvrcos y Griegos Dirigida a Don Ivan de Moncada Arçobispo de Tarragona Por don Francisco de Moncada Conde de Osona su Sobrino. Año 1623. *Titre encadré.* F° 184 *verso* : En Barcelona, En la Emprenta de Lorenço Deu, delante el Palacio del Rey, Año M.DC.XXIII. Petit in-4, 4 ffnc., 184 ff., 4 ffnc. et 1 titre gravé, rel. veau f. *Quelques mouillures.*

Édition originale.
Moncada écrivit ce livre d'après Pachymère et Nicéphore Grégoras, et surtout d'après le chroniqueur espagnol Muntaner qui avait été témoin oculaire de cette expédition des Catalans et des Aragonais en Orient, puisqu'il y servit dans les rangs de l'armée.
Cette édition parut après la mort de Moncada; cela explique la présence de plusieurs fautes.

3151. — Expedition des Catalans et des Arragonais contre les Turcs et les Grecs... Traduit de l'Espagnol par M. le comte *de Champfeu.* Paris, Trouvé, 1828. — Espedición de los Catalanes y Aragoneses contra Turcos y Griegos... con un prólogo y notas por D. *Jaime Tió.* Barcelona, Juan Oliveres, 1875. Ensemble 2 vol. in-8 et in-12, d.-rel. chag.

3152. **Oultreman, S. J.** (Le Père Pierre d'). Constantinopolis Belgica, sive de Rebvs gestis a Baldvino et Henrico Impp. Constantinopolitanis ortv

Valentianensibvs Belgis. Libri qvinqve. Accessit de excidio Græcorvm Liber singvlaris. Cm vberibus ad vtrosque Notis... Tornaci, Ex Officinâ Adriani Qvinqvé Typographi Iurati, Sub Signo SS. Petri & Pauli. Anno M.DC.XLIII. In-4, rel. vél.

> Important ouvrage, malheureusement fait avec une critique insuffisante, du jésuite P. d'Oultreman, de Valenciennes (1591-1656). Il a été imprimé chez A. Quinqué, l'un des premiers et le plus célèbre imprimeur de Tournay.

3153. **Pagano** (Carlo). Delle imprese e del dominio dei Genovesi nella Grecia libri quattro. Genova, fratelli Pagano, 1852. In-8, d.-rel. chag. ponc., fil. or sur les plats. — **Promis** (Domen.). La zecca di Scio durante il dominio dei Genovesi. Torino, Stamp. r., 1865. In-4, br.

3154. **Poujoulat** (Baptistin). Histoire de la conquête et de l'occupation de Constantinople par les Latins. Nouvelle édition. Tours, Mame, 1873. In-12, d.-rel. mar., pl. — **Schayes**. Sur l'état de Constantinople depuis sa conquête par les Croisés jusqu'à sa prise par Mahomet II. (Extr. des *Bull. de l'Ac. r. de Belgique*, t. XIX.) In-8, cart. — **Grar** (J.). De quelques documents sur la quatrième croisade et ses suites. (Extr. de la *Revue de Valenciennes*, 1856.) In-8, br.

3155. **Rubió y Lluch** (Antonio). Los Navarros en Grecia y el ducado Catalán de Atenas en la época de su invasión. Barcelona, Jaime Jepús, 1886. (Avec une lettre de l'auteur.) Grand in-8, d.-rel. veau, tête lim., ébarb., couv.; au dos, chiffre du comte Riant. — La Espedición y dominación de los Catalanes en Oriente juzgadas por los Griegos. Barcelona, Jaime Jepús, 1883. Grand in-8, rel. toile, couv. — Nicéforo Gregoras y la espedición de los Catalanes á Oriente. [Est. d. *Musco Balear*, Epoca II, tomo II, n° 11, 1885.] In-8, rel. toile.

3156. **Sathas** (Constant. N.). Bibliotheca Græca medii ævi. Μεσαιωνικη Βιβλιοθηκη επιστασια. Εν Βενετια, τυπους του χρονου, 1872-1877. 6 vol. in-8, d.-rel. chag. grenat, plats toile, tête marbr., non rogn.; au dos, chiffre du comte Riant. — **Miller**. Bibliotheca medii ævi... edidit C. Sathas. [*Compte-Rendu extrait du* Journal des Savants, août 1874.] In-4, cart.

> Cette collection comprend principalement des chroniques byzantines ou grecques relatives à la période de la IV⁰ croisade et de l'Empire latin de Constantinople, ce qui explique sa place dans cette subdivision du catalogue.

3157. — Chronique inédite de Galaxidi ou Histoire d'Amphissa, de Naupacte, de Galaxidi, de Lidoriki et des localités circonvoisines. Athènes, Cassandre, 1865. In-8, rel. toile. — Textes grecs inédits. Athènes, 1867. 2 tomes en 1 vol. in-8, d.-rel. (*En Grec*.)

Cf. n° 3149.

3158. **Stamatiadis** (Ép.). Les Catalans en Orient. [Athènes], 1869. In-8, d.-rel. chag. r., tr. dorée. (*En Grec*.)

Cf. n° 3128.

3159. **Cahour**, S. J. (Le P. A.). Baudouin de Constantinople, Chronique de Belgique et de France. Paris, Poussielgue, 1850. In-12, rel. toile, non rogn. — **Le Glay** (Edward). Histoire de Jeanne de Constantinople, comtesse de Flandre et de Hainaut. Lille, Vanackere, 1841. Vol. in-8, rel. toile. — Notice du xive ou xve siècle sur Bertrand de Rayns, Hermite qui, sous le nom de Baudouin de Constantinople, cuidoit par sa déception estre Conte de Flandres et de Haynau, publiée par... M. *Lucien de Rosny*. Paris, Techener, s. d. In-8, rel. toile. (*Imprimé sur papier jaune.*) — **Ribbegourt** (Éveline). Jeanne de Constantinople. (Extrait du *Journal des Demoiselles*, XIV, 1846.) In-8, cart. — **Smet** (J. J. de). Mémoire historique et critique sur Baudoin IX, comte de Flandre et de Hainaut (1195-1202). (Extr. des *Mém. de l'Ac. R. de Belgique*, t. XIX.) In-4, rel. toile. — *Du même*. Mémoire sur Baudoin IX. (Extr. des *Mém. de l'Acad. R. de Belgique*, t. XXXI.) In-4, rel. toile. — **Thil-Lorrain**. Baudoin de Constantinople, fondateur de l'empire latin d'Orient d'après Ville-Hardouin et Nicétas. Bruxelles, Lebègue, s. d. In-8, d.-rel. chag., tr. peigne; au dos, chiffre du comte Riant. Ensemble 7 vol. ou plaq.

3160. **Beving** (Ch. A.). La principauté d'Achaïe et de Morée, 1204-1430. Bruxelles, Muquardt, 1879. 1 vol. in-8, rel. toile. — **Fani** (Enrico). Il duca d'Atene, signore di Firenze. Firenze, Campolmi, 1872. In-8, cart., couv. — **Gauthier** (Jules). Othon de la Roche conquérant d'Athènes et sa famille (1217-1335). [*Mém. de l'Acad. de Besançon*, 1880.] In-8, cart. (avec 4 planches et une lettre de M. Gauthier au comte Riant). — **Mas-Latrie** (Comte L. de). Les princes de Morée ou d'Achaïe, 1203-1461. Venezia, 1882. Grand in-8, rel. toile.

3161. **Padiglione** (Carlo). Di alcune nobili famiglie Leccesi. Lettere e notizie estratte da un ms. della biblioteca Bramacciana di Napoli... [*Giornale Araldico*, VI.] Pisa, 1879. Grand in-8, cart. pap. gr. — **Paoli** (Cesare). Della signoria di Gualtieri duca d'Atene in Firenze. Firenze, Cellini, 1862. In-8, rel. toile, couv. — **Sassenay** (Comte Fernand de). Les Brienne de Lecce et d'Athènes. Histoire d'une des grandes familles de la féodalité française (1200-1356). Paris, Hachette, 1869. In-12, rel. toile. — [**Saulger** (Le P. P. Robert)]. Histoire nouvelle des anciens Ducs et autres souverains de l'Archipel : Avec la description des principales îles... Paris, Ét. Michallet, 1698. 1 vol. in-12, rel. toile. [Première édition.] — **Terrier de Loray** (Le marquis). Un parlement de dames au xiiie siècle. [Extr. du *Bull. de l'Acad. de Besançon*, 1880.] In-8, cart. — **Yemeniz** (E.). Les ducs français d'Athènes. Lyon, C. Riotor, 1877. In-8, cart.

LES ILES GRECQUES

3162. **Bulgaris** (N. T.) et **Manesis** (N. B.). Ἀληθὴς ἔκθεσις περὶ ἐν Κερκύρᾳ θαυμκτουργοῦ λειψάνου τοῦ ἁγίου Σπυρίδωνος,... Venise, imp. du Phénix, 1880. In-8, rel. toile, non rogn., couv.

3163. **Carmoly** (E.). Don Joseph Nassy, duc de Naxos. Seconde édition. A Francfort-sur-le-Mein, Hess, 1868. In-8, cart. — **Dugit** (Ernest). De insula Naxo [*Thèse*]. Paris, Thorin, 1867. In-8, br., avec carte. — **Lévy** (Dr M. A.). Don Joseph Nasi, Herzog von Naxos, seine Familie und zwei jüdische Diplomaten seiner Zeit. Eine Biographie nach neuen Quellen dargestellt. Breslau, Schletter, 1859. In-8, rel. toile, non rogn., couv.

3164. **Lambros** (Spyr. P.). Κερκυραϊκὰ ἀνέκδοτα ἐκ χειρογράφων ἁγίου "Ορους, Κανταβριγίας, Μονάχου καὶ Κερκύρας..,.. Ἐν Ἀθήναις, 1882. In-8, rel. toile, couv. — Ἱστορικὰ Μελετήματα. Ἐν Ἀθήναις, 1884. In-8, br. — **Rômanos** (Ιὼannes A.). Δημοσία Κερκυραϊκή. Πρᾶξις λατινιστὶ συντεταγμένη περὶ ἀποδόσεως ἐθελοδούλων ἐκ βαγενετίας τῆς Ἠπείρου..... Corfou, J. Nachamouli, 1882. In-8, cart., couv.

3165. **Lunzi** (Ermanno Co.). Della condizione politica delle isole Jonie sotto il dominio Veneto, preceduta da un compendio della storia delle Isole stesse dalla divisione dell' imperio Bizantino..... versione con note di Marino d' Typaldo-Foresti e Nicolò Barozzi, riveduta e aumentata dall' Autore. Venezia, tipogr. del Commercio, 1858. In-8, couverture. — Storia delle isole Jonie sotto il reggimento dei repubblicani francesi. Venezia, tipogr. del Commercio, 1860. In-8, couverture. Ensemble 1 vol. cart. perc. v. — **Guidi** (Ignazio). Iscrizione Greca medievale Corcirese. Roma, Salviucci, 1881. Plaq. in-8, cart. couv. (planche).

3166. **Marmora** (Andrea). Della Historia di Corfv.... Libri otto..... Venetia Presso il Curti, MDCLXXIII. In-4, front. signé *A. Bosio*, portrait de l'auteur dessiné par *Cafeure*, gravé par *A. Bosio*, cartes et fig. sur cuivre dans le texte. Rel. vél. ital.

Bon ouvrage, important surtout pour la période vénitienne.

3167. **Meursius** (J.). Creta, Cyprus, Rhodus Sive De Nobilissimarum harum insularum rebus & antiquitatibus Commentarii postumi, nunc primum editi. (*Marque typ.*) Amstelodami, Apud Abr. Wolfgangum, 1675. In-4, rel. vél.

Jean de Meurs, en latin *Meursius* (1579-1639), né à Losdun, près de La Haye, étudia à Leyde où il fit de rapides progrès dans la langue grecque; après des voyages il fut nommé professeur à Leyde et historiographe des États de Hollande. Obligé de quitter Leyde, il gagna le Danemark où il finit ses jours comme professeur d'histoire à Sora et historiographe royal. Ses ouvrages témoignent de plus de savoir que de critique, mais sont intéressants par l'accumulation des renseignements qu'ils donnent.

3168. **Miliarakis** (A.). Géographie et histoire des Cyclades. Athènes, 1874. 1 vol. in-8, rel. toile. [*En grec.*]

3169. [**Mustoxidi** (Andrea)]. Notizie per servire alla Storia Corcirese dai tempi eroici fino al secolo XII. Corfù, Appresso Dionisio Sarandapoulo, M.DCCCIV. In-8, rel. toile.

C'est l'un des premiers ouvrages imprimés à Corfou, où l'imprimerie n'a été introduite qu'en 1799. Un décret du Sénat de la République des Sept-Iles, contresigné *Conte Capodistria*, décida que cette histoire de Corfou serait imprimée aux frais du gouvernement chez Sarandapoulo, premier imprimeur corfiote.

3170. — Illustrazioni Corciresi di Andrea Mustoxidi, istoriografo dell' isole dell' Ionio. Milano, C. G. Destefanis, 1811-1814. 2 tomes en 1 vol. in-8, rel. toile.

3171. **Mystakidis** (M. L.). Mélanges historiques et philologiques. Tome 1er (*Tout ce qui a paru?*). Corfou, 1872. In-8, br.

3172. **Omèridès** (P. S.). Συνοπτικη Ιστορια των τριων ναυτικων νησων Υδρας Πετσων και Ψαρων καθ' οσον συνεπραξαν υπερ της ελευθερας της αν αγεννηθεισης Ελλαδος το 1821, και πρωτον ετος της ελληνικης αυτονομιας..... Εν Ναυπλια, εκ της τυπ. Ε. Αντωνιαδου. 1831. In-8. cart.

3173. **Quirini** (Angelo Maria). Primordia Corcyræ ex antiquissimis monumentis. Ex Typ. Inclytæ Civitatis Lycij penes Mazzéi, 1725. In-4, rel. parch.

3173 *bis*. Primordia Corcyræ post editionem Lyciensem anni M DCC XXV ab autore nuperrime recognita et multis partibus adaucta. Brixiæ, Exc. J. M. Rizzardi, 1738. Fig., 1 vol. grand in-4, rel. vél.

Girolamo, en religion *Angelo Maria Quirini* ou *Querini* (1680-1759), prit l'habit de bénédictin à Florence, en 1696, et s'abandonna à l'étude avec l'encouragement de Bernard de Montfaucon. Il fut sacré en 1723 archevêque de Corfou et devint, en 1727, évêque de Brescia et Cardinal. Il profita de son séjour à Corfou pour écrire une histoire très estimée de cette île. Il avait été nommé en 1743, membre correspondant de l'Académie des Inscriptions de France.

3174. **Skion** (Karolos I.). Histoire de l'île de Siphnos depuis les temps les plus anciens jusqu'à nos jours, avec la description de ses anciennes mines d'or et d'argent. (*En grec*). Syros, 1876. In-8, rel. toile.

Siphnos ou Siphanos, appelé également Sifanto, île de l'Archipel.

3175. **Vlasto** (Alexandre M.). Χιακα ητοι Ιστορια της νησου Χιου Απο των αρχαιοτατων χρονων..... Εν Ερμουπολει, εκ της τυπ. Γεωργιου Πολυμερη, 1840. 2 tomes en 1 vol. in-8, rel. toile, couv.

6. La cinquième Croisade.

3176. [**Gaufred Vinisauf**]. Incerti scriptoris narratio de rebus in bello sancto gestis A.D. MCCXVII-MCCXVIII. Primum edidit ex unico codice, qui in bibliotheca Aulæ-Graianæ servatur, *Joannes Allen Giles*. Londini, apud N. Nutt, 1846. Plaq. in-8, cart., avec annotations manuscrites du comte Riant et de M. Röhricht.

M. le comte Riant, dans une note du feuillet de garde, dit que Giles est tombé dans une grossière erreur et que cette chronique n'est autre que l' « Histoire de la prise de Damiette », de Gaufred Vinisauf, peut-être le même que Gauthier de Constance.

* 3177. [**Lafitau** (Jean-François)]. Histoire de Jean de Brienne, roy de

Jerusalem et empereur de Constantinople. A Paris, chez Charles Moette et Pierre Simon. MDCCXXVII. 1 vol. in-12, rel. veau.

<small>Voir pour Jean de Brienne les ouvrages sur les suites de la quatrième Croisade.</small>

3178. Schrevel (Theod.). Harlemias, Oste, om beter te seggen, De eerste stichtinghe der Stadt Haerlem,.... t' Haerlem, Thomas Fonteyn, 1648. In-4, rel. vél., front.

<small>A la fin du volume se trouve une poésie hollandaise relative à la prise de Damiette par les croisés de Harlem.</small>

3179. — Trophaeum Pelvsiacvm, in qvo, ob res prosperè, & feliciter gestas, Harlemo-Batavis (Quorum ductu auspiciisque, Legio exercitusque Christianorum, Pelvsivm subegit) Bellicæ virtutis insignia in sempiternam memoriam D. D. Fredericvs I. Imper. Cæsar Romanvs. Anno cIɔ C. Lxxxviii. Auctore T. Scrivelio Harlemense. (*Gravure en taille-douce*). Harlemi ex officina AEgidii Romanni, sub Prælo aureo, Anno cIɔ Iɔ xcviii. In-4 de 17(1) pp., 2 ffnc., br.

<small>Ouvrage fort rare. L'avant-dernier fnc. contient un récit en prose d'*Hadrianus Junius* sur l'expédition des habitants de Harlem à Damiette.</small>

3180. Arbois de Jubainville (H. d'). Recherches sur les premières années de Jean de Brienne, roi de Jérusalem, empereur de Constantinople. Paris, Imp. impériale, 1868. Plaq. in-8, cart., couvert. — **Georges** (L'abbé Étienne). Jean de Brienne, empereur de Constantinople et roi de Jérusalem. Troyes, Bouquot, 1858. 1 vol. in-8, rel. toile, non rogn., couv. — **Montcarmet** (Elias de). Jean de Brienne, roi de Jérusalem et empereur de Constantinople..... Limoges, Barbou frères, s. d. In-12, frontisp., cart. perc. br. — **Vitry** (Jacques de). Narratio patriarchæ Hierosolymitani coram summo pontifice de statu Terræ Sanctæ sive..... Historiæ orientalis Liber III. (Extr. fact. du tome III du *Thes. Anecdot.*) In-fol., rel. vél. — **Matzner** (Franciscus Leopoldus). De Jacobi Vitriacensis crucis predicatoris Vita et rebus gestis. (Diss.) Monasterii, typis Theissingianis, 1863. In-8, cart. perc. — **Saint-Genois** (Baron Jules de). Sur des lettres inédites de Jacques de Vitry écrites en 1216. Extrait des *Mém. de l'Ac. r. de Belgique*, t. XXIII. In-4, rel. toile. — **Zarncke**. Ueber Oliver's Historia Damiatina und das sog. dritte Buch der Historia orientalis des Jacob von Vitry. (Abd. aus der Kön. Sächs. Gesellsch. der Wiss. 1875, 12 Juni). In-8, cart., couv.

3181. Gazzera (Costanzo). Esame di alcune carte antiche concernenti ai Piemontesi che agli stipendii del conte Amedeo IV furono alla quinta crociata. Torino, dalla stamperia reale, 1844. In-4, rel. toile. — **Junkmann** (W.). Magister Oliverius Scholasticus, Bischof von Paderborn, Kardinalbischof von S. Sabina und der Kreuzzug von Damiette, Anno 1217-1221. Abd. a. d. *Kathol. Zeitsch*. II & III. In-8, cart. — **Hoogeweg** (Hermann). Der Kreuzzug von Damiette 1218-1221. Abd. a. d. *Mittheil. des Inst. für öst. Gesch.*, VIII. In-8, br. — **Dirks** (J.). Noord-Nederland en de Kruistogten..... [Extr. de *De*

Vrije Fries] (Leeuwarden, 1841). In-8, rel. toile. — Herinnering an den Kruistogt der Friezen in het jaar 1217. [Extr. fact. du *De Vrije Fries*, 1883] avec une planche. Plaq. in-8, cart. — **Flamare** (H. de). La cinquième croisade et les Chevaliers teutoniques en Nivernais. Nevers, Fay-Vallière, 1886. In-8, br. — Reisverhaal von een Kruisvaarder, uit de XIIIe Eeuw, uitgegeven door J. C. A. Hezenmans. [Extr. de *De Warande N. Reeks*, 1875.] In-8, cart. — **Van Zierikzee** (Johannes Ægidius). Bijdrage tot de Geschiedenis van het Innemen van Damiate in 1219; door G. H. M. Delprat. S. l. n. d. n. typ. In-8, br.

7. Frédéric II.

3182. **Bilbassov** (V.). Croisade de l'empereur Frédéric II. Saint-Pétersbourg, 1862. 1 vol. in-8, rel. toile, non rogn., (couv.). [*En Russe.*]

3183. **Huillard-Bréholles** (J.-L.-A.). Historia diplomatica Frederici secundi..... collegit, recensuit...., et notis illustravit Huillard-Breholles, auspiciis et sumptibus *H. de Albertis de Luynes*. Paris, Plon, 1859-1861. 6 tomes en 12 vol. in-4, d.-rel. veau jaune, non rogn.; au dos, chiffre du comte Riant.

3184. — Vie et correspondance de Pierre de la Vigne, ministre de l'empereur Frédéric II. Paris, Plon, 1865. In-8, d.-rel. chag., tête peigne, ébarbé; au dos, chiffre du comte Riant. — Nouvelles recherches sur la mort de Conradin et sur son véritable héritier. Paris, Adm. de l'Inst. historique, 1851. Plaq. in-8, cart.

3185. **Schirrmacher** (Fr. Wilh.). Kaiser Friderich der Zweite. Göttingen, Vandenhoeck und Ruprecht, 1859-61. 2 tomes en 1 vol. in-8, rel. toile, non rogn., couv.

3185 *bis*. *Le même, nouvelle édition*. Göttingen, 1864. 2 tomes en 1 vol. in-8, rel. toile, non rogn., couv.

3186. **Winkelmann** (Eduard). Geschichte Kaiser Friedrichs des Zweiten und seiner Reiche. 1212-1235. Berlin, Mittler, 1863. — Kaiser Friedrichs II Kampf um Viterbo, *s. d.* — Bischof Harduin von Cefalu und sein Prozess. Eine Episode aus dem Leben Kaiser Friedrichs II. Innsbruck, Wagner, 1884. Ensemble 1 vol. et 2 plaq. in-8, rel. toile & br.

3187. **Kestner** (E.). Der Kreuzzug Friedrichs II. Göttingen, R. Peppmüller, 1873. In-8, rel. toile, couv. — **Léotard** (E.). Frédéric II et Saint Louis. Lyon, Pitrat, 1877. Plaq. in-8, cart., couv. — **Mehren** (A. F.). Correspondance philosophique d'Ibn Sab'în avec l'empereur Frédéric II. Florence, Le Monnier, 1879. In-8, cart., couv. — **Schirrmacher** (F. W.). Beiträge zur Geschichte Kaiser Friedrichs II. Abd. a. d. *Forschungen f. d. Gesch.* XI. Göttingen, 1871. In-8, cart. — Due lettere, missiva di Federico II. Imperatore e responsiva di Gregorio IX. Papa..... Saggio di studii filologici di *Bart. Sorio*. Modena, Eredi Soliani, 1857. In-8, cart., couv. — Vier griechische Briefe Kaiser Friedrichs des Zweiten, hrsg. v. *Gustav Wolff*. Berlin, Springer, 1855. In-8, rel. toile.

8. Saint-Louis.

3188. **Félix Faure** (J.-A.). Histoire de Saint Louis. Paris, Hachette, 1866. 2 vol. in-8, br.

3189. [**Filleau de La Chaise**]. Histoire de S. Louis. Divisée en XV Livres. Paris, chez Jean-Baptiste Coignard, 1688. 2 vol., rel. veau f.

3190. **Hersent** (Charles). L'Empire de Dievs || dans les saincts, || Ou bien || l'Eloge de Sainct Lovis || Roy de France || Prononcé à Rome le iour de sa Feste : Et dedié au Pape auec || la permission & agréement de sa Saincteté. || Par le sieur Hersent Predicateur ordinaire du Roy, & Chancelier || de l'Eglise Cathedrale de Mets. || Veu, approuué, & permis de publier auec l'Epistre, par le || R. P. Candide Maistre du Sacré Palais. || Et depuis à l'insceu de sa Saincteté très-iniustement persecuté par || certains Religieux Politiques ennemis declarez de la Grace || de Iesus-Christ en faueur du Pelagianisme. || Iouxte la coppie imprimée à Rome l'An 1650 par || Mascardy : Auec la permission des Superieurs. || M.DC.LI. In-4 de 35(1) pp., rel. vél.

Charles Hersent entra, en 1615, dans la congrégation de l'Oratoire qu'il quitta en 1625. Il y rentra plus tard et fut de nouveau obligé d'en sortir. Son panégyrique de Saint Louis, prononcé à Rome en 1650, lui valut une accusation de jansénisme ; traduit devant l'Inquisition, il refusa de comparaître, fut déclaré excommunié, déchu de toute dignité, ce qui le détermina à faire paraître son sermon, avec une apologie, après son retour en France. Il mourut en Bretagne, après 1660.

3191. **Le Breton** (Gaston). Essai iconographique sur Saint Louis. Avec 20 fig. dans le texte. Paris, Aubry, 1880. Grand in-8, rel. toile, couv. [Tiré à petit nombre.] — **Longnon** (A.). Documents parisiens sur l'iconographie de S. Louis. Paris, Champion, 1882. In-8, rel. toile, 16 pl. phot. et eaux-fortes.

3192. **Mathieu** (Pierre). Histoire de sainct Lovys Roy de France, IX. Dv Nom, XLIIII. Dv Nombre. A Paris, Chez Bertrand Martin.... M.DC.XVIII. In-12, d.-rel. toile, tr. rouge. — Dell' historia di S. Lvigi IX. re di Francia, E delle cose più memorabili occorse nella Guerra da lui fatta con Saracini per l'acquisto di Terra Santa..... Libri Quatro, Del signor Pietro Mattei..... Historiografo Regio, Tradotta..... in Italiano dal Signor Gio : Battista Parchi. In Venetia, nella stamperia di Francesco Baba, M.DC.XXVIII. Vol. in-4, rel. vél.

3193. Notices sur la relique du cœur de Saint Louis. 4 vol. ou plaq. d.-rel. chag., rel. toile ou cart., quelques-unes avec planches.

Cette collection comprend une vingtaine d'opuscules de MM. *Letronne, Berger de Xivrey, A. Deville, Dubeux, L. Fallue, Le Prévost, Paulin Paris, Domenico Lo Faso Pietrasanta*, duca di Serradifalco, *Natalis de Wailly*.

3194. **Valenzuela** (Gabriele Maria). Luigi nono il santo, Vita, e Massime a' principi. ... alla Sacra Cattolica Maestà di Filippo V..... In Roma, Antonio de' Rossi, 1726, In-4, rel. vél., front. dess. et grav. par J. Vieira, 2 cartes. (France et Espagne.)

* 3195. **Wallon** (H.). Saint Louis. Tours, Mame, 1878. 1 vol. grand in-8, cartes, pl., facsim. et figg., rel. mar. rouge, tr. dor.

Exemplaire sur papier vergé, n° 73.

3196. **Belgrano** (T. L.). Documenti inediti riguardanti le due crociate di San Ludovico IX. (Avec 2 fac-similé.) 1 vol. in-8. Le titre et la dernière page manquent. — **Gaillard** (Victor). Expédition de Gui de Dampierre à Tunis, en 1270. Gand, Herbelynck, 1853. In-8, br. — **Gervais** (Ernest). Les croisades de Saint Louis. Paris, Lévy, 1860. In-8, rel. toile, non rogn. — **Jal** (A.). Mémoire sur quelques documents génois relatifs aux deux croisades de Saint Louis. [Extr. des *Ann. maron. et colit.*] Paris, Imprimerie Royale, 1842. Plaq. in-8, rel. toile, couv. — **Reinaud**. Histoire de la sixième croisade et de la prise de Damiette, d'après les écrivains arabes. Paris, Dondey-Dupré, 1826. In-8, rel. toile. — **Sacy** (Baron Silvestre de). Mémoire sur le traité fait entre Philippe-le-Hardi et le roi de Tunis, en 1270, pour l'évacuation du territoire de Tunis par les croisés. Paris, Dondey-Dupré, 1825. Plaq. in-8, rel. toile.

3197. **Delisle** (Léopold). Mémoire sur les ouvrages de Guillaume de Nangis. Paris, Imp. Nationale, 1873. — **Guillaume de Nangis**. Vie et vertus de Saint-Louis d'après Guillaume de Nangis et le Confesseur de la reine Marguerite. Texte établi par René de Lespinasse. Paris, Société bibliographique, 1877. In-12, portr., titre r. et n., cart. perc. r. — **Kervyn de Lettenhove**. Guibert de Tournay..... (Fragments de lettres). Bruxelles, A. Decq, 1860. In-8, cart. — Conseils sur les devoirs des rois, adressés à Saint Louis, par Guibert de Tournay. Extr. du tome XX des *Bull. de l'Ac. r. de Belgique*. In-8, cart. — Relation de la première croisade de Saint Louis par Guibert de Tournay. Extr. des *Bull. de l'Acad. royale de Belgique*, 2ᵉ série IV. In-12, cart. — **Wailly** (Natalis de). Examen critique de la vie de Saint Louis par Geoffroy de Beaulieu. (Extrait de la *Bibliothèque de l'École des Chartes*, t. V.) Paris, Didot. In-8, cart. — Lettre à M. Gaston Paris sur le texte de Joinville. (Extrait de la *Romania*, t. III, 1874.) In-8, cart.

3198. **Daurignac**. Blanche de Castille, mère de Saint Louis et de Sainte Isabelle, avec une introduction par le R. P. Th. Ratisbonne. Paris, Bray, 1861. 1 vol. in-12, rel. toile, couv. — **De Barthèlemy** (E.). Le tournoi de Compiègne qui eut lieu en présence du roi Saint Louis, au mois de juin 1237, publié d'après le manuscrit de la Bibliothèque de Valenciennes. Saint-Quentin, Triqueneaux-Devienne, 1873. 1 plaq. in-8, avec une planche d'armoiries, cart., couv. — **Lecoy de la Marche** (A.). Saint Louis, sa famille et sa cour, d'après les anecdotes contemporaines (*Rev. des quest. hist.*, t. XXII, octobre 1877). In-8, cart. — **Ledain** (Bélisaire). Histoire d'Alphonse, frère de Saint

Louis et du comté de Poitou sous son administration (1241-1271). Poitiers, Oudin, 1869. In-8, rel. toile, couv. — **Louis** (Saint). Instructions de Saint Louis, roi de France, à la famille royale, aux personnes de sa Cour et autres, extraites du Recueil des Historiens contemporains de sa vie, imprimé... en 1761, par M. *l'abbé de Villiers*. Paris, Lottin et Musier, 1761. In-12, rel. veau. — Compte de dépenses de la chevalerie de Robert, comte d'Artois, à Compiègne, en juin 1237. Par M. *Peigné-Delacourt*. Amiens, Duval et Herment, 1853. In-8, rel. toile.

3199. **Pagezy** (Jules). Mémoires sur le port d'Aiguesmortes. Paris, Hachette, 1889. 1 vol. in-8, rel. toile, non rogn. — **Pietro** (F. Em. di). Notice sur la ville d'Aiguesmortes avec deux vues de la ville et une carte de ses environs. Paris, Delaunay, 1821. In-8, cart. — *Du même* : Histoire d'Aiguesmortes. Paris, Furne, 1849. In-8. 2 planches, d.-rel. veau. — **Topin** (M.). Aiguesmortes. 3e édition. Nîmes, Clavel-Ballivet, 1865. In-8, rel. toile.

3200. **Bury** (De). Histoire de Saint Louis, roi de France, avec un abrégé de l'Histoire des Croisades. Paris, Desaint, 1775. 2 vol. in-12, rel. veau. Joli frontispice dessiné par B. L. Prévost, gravé par de Launay le Jeune. — **Caillot** (Ant.). Vie de St Louis roi de France à l'usage de la jeunesse. Paris, Boiste, 1826. In-12, avec figg. sur cuivre, rel. toile, non rogn., couv. — **Cros**, S. J. (L. J. M.). Vie intime de Saint Louis, roi de France. Toulouse, Regnault, 1872. Vol. in-12, rel. toile. — **Manuel** (M.). Coup d'œil philosophique sur le règne de S. Louis. A Damiette (*lieu supposé*), 1786. 1 vol. in-8, d.-rel. bas., non rogn. — **Sayous**. La France de Saint Louis d'après la poésie nationale. Paris, Durand, 1866. In-8, rel. toile, couv. — **Villeneuve-Trans** (Le marquis de). Histoire de Saint Louis, roi de France. (Introduction.) Nancy, Grimblot, 1839. In-8, cart., couv. — **Zeller** (B.). Saint Louis. Paris, Hachette, 1884. In-12, rel. toile.

3201. **Ancelot**. Louis IX, tragédie en cinq actes. 3e édit. Paris, chez Mme Huet, Décembre 1819. — **Lemercier**. Louis IX en Égypte, tragédie en cinq actes, par Népomucène L. Lemercier..... A Paris, chez J. N. Barbu. Ensemble 1 vol. in-8, rel. chag. r., non rogn.

La tragédie de Lemercier est en exemplaire de mise en page portant les corrections et le bon à tirer.

3202. **Chennevières** (Ph. de). Les aventures du petit roi Saint Louis devant Bellesme. Paris, Hetzel, *s. d.* 1 vol. in-12, rel. toile.

3203. **Garnier** (Sébastien). La Henriade et la Loyssée de Sebastian Garnier, Procureur du Roi Henri IV, au Comté & Bailliage de Blois. Seconde édition, sur la copie imprimée à Blois, chez la veuve Gomet, en 1594 & 1593. Paris, Musier, 1770. In-8, rel. veau écaille, fil., tête rouge, non rogn.; au dos, chiffre du comte Riant.

La Loyssée de Garnier (mort en 1607), dédiée à Catherine de Bourbon, sœur de Henri IV, n'a pas été poussée par son auteur au delà des 3 premiers livres.

L'édition de 1593 avait pour titre : « Les trois premiers livres de la Loyssée, « contenant le voyage de Sainct Loys, roi de France, pour aller en Egypte, contre « les Sarrazins, son embarquement et son arrivée en l'Isle de Chypre, et adventures surprenautes. » Cet ouvrage ainsi que la Henriade étaient parfaitement oubliés quand l'apparition de la Henriade deVoltaire donna idée de réimprimer les œuvres de Garnier.

3204. [Le Moyne (Le P.)]. Saint Lovis, ov le Heros Chrestien. Poëme Heroïqve. joûxte la copie Imprimée, (*La sphère*) A Paris, chez Charles Dv Mesnil, ruë sainct Iacques, près S. Yues, à la Samaritaine, 1656. — *Un second titre avec le portrait de St-Louis, gravé sur bois porte* : S. Lovys ov le Heros chrestien. Poëme Heroïqve..... In-12, rel. mar. bleu.

Cette édition, sans nom d'auteur, ne comprend que les 7 premiers livres du poème de Saint Louis, auxquels l'auteur ajouta plus tard 11 nouveaux livres après en avoir complètement remanié un grand nombre de vers.

3205. — Saint Lovys ov la Sainte Covronne reconqvise. Poeme heroiqve, par le P. Pierre Le Moyne, de la Compagnie de Iesvs. A Paris, chez Thomas Iolly..... M DC LXVI. In-12, rel. veau, front. et 18 pl. signées *Chauveau*. — *Le même*. A Paris, chez Lovys Bilaine... MDCLXVI. In-12, rel. veau, mêmes frontisp. et pl. que l'ouvrage précédent.

3206. **Gringoire** (Pierre). La vie de Monseigneur Saint Louis par personnages..... publiée pour la première fois par M. *Anatole de Montaiglon*. Paris, Daffis, 1877. Vol. in-12, d.-rel. veau, tête lim., non rogn. — **Maury** (L'abbé). Panégyrique de Saint Louis, roi de France, prononcé dans la chapelle du Louvre, le 25 Août 1772, en présence de l'Académie Françoise..... A Paris, chez Le Jay, M.DCC.LXXII. In-8, de 103(1) pp., d.-rel. bas.

Le panégyrique de Saint Louis valut à l'abbé Maury l'abbaye de la Frenade et le titre de vicaire général et official de Lombez. Ce fut le commencement de sa fortune.

— **Nourry** (Abbé G.). Saint Louis, prisonnier en Égypte. Tragédie en cinq Actes. Paris, Berche et Tralin, et Séez. S. d. (1878). In-8, rel. toile, couv.

9. Le royaume latin de Jérusalem. — Les principautés franques de Syrie.

3207. Assises d'Antioche reproduites en français... Venise, Imprimerie Arménienne médaillée, 1876. In-4, rel. toile, couv. — Assises d'Antioche et Sempad le Connétable. [Tirage à part de l'Introduction de la plaquette précédente.] In-4, br.

3208. Assises du royaume de Jérusalem (textes français et italien) publiées sur un ms. de la bibliothèque de St Marc à Venise par *Victor Foucher*. Rennes, Blin, 1839. 2 vol. in-8, d.-rel. toile, non rogn.

3209. Les livres des Assises et des usages dou Reaume de Jerusalem sive

Leges et instituta regni Hierosolymitani primum... edidit *E. H. Kausler*. Vol. I. Stuttgardiæ, ap. Adolphum Krabbe, 1839. In-4, d.-rel. mar. br., 1 pl.

Tout ce qui a paru.

3210. **Beaumanoir** (Philippe de). Coustumes de Beauvoisis... Assises et bons usages du royaume de Jérusalem, par messire Jean d'Ibelin,... et autres anciennes coutumes le tout tiré des Manuscrits, avec des Notes & Observations, & un Glossaire... par *Gaspard Thaumas de la Thaumassiere*. Bourges, chez François Toubeau, et à Paris, en la boutique de L. Billaine, chez Jacques Morel. 1690. 2 parties en 1 vol. in-fol., rel. veau f., tr. jaspée.

Exemplaire avec l'ex-libris de *F. N. E. Droz*, avocat à Besançon.
Cette édition est rare et encore fort recherchée.

3211. **Castiglione** (Mathieu de). De Origine, Rebvs gestis, ac Privilegiis Gentis Castilioneæ... Commentaria. (*Marq. typ.*) Venetiis, Apud Ioannem Baptistam Hugolinum. MDXCVI. Sumptibus Jo. Antonij Finatij... 1 vol. in-4 de 2 ffnc., 136 pp., rel. vél.

Études généalogiques sur la famille milanaise de Castiglione à laquelle se rattache le fameux prince franc Renaud de Chatillon.

3212. **Clermont-Ganneau** (Ch.). Monuments inédits pour servir à l'histoire des Croisades. Inscriptions médiævales de Palestine. Paris, Leroux, s. d. — Sur une inscription arabe de Bosra, relative aux Croisades. (Extr. du *Journal Asiatique*.) — La pierre de Bethphagé. (Extr. *S. l. n. d. n. typ.*) — La présentation du Christ au Temple (d'après un chapiteau provenant de Jérusalem). Paris, 1877. 4 plaq. in-8, cart. ou br. — **Mas-Latrie** (Comte L. de). De quelques seigneuries de Terre Sainte oubliées dans les Familles d'Outre-Mer de Du Cange. (Extr. de la *Revue historique*, VIII.) — Le fief de la Chamberlaine et les Chambellans de Jérusalem. (Extr. de la *Bibl. de l'Éc. des Chartes*, XLIII, 1882.) — Les seigneurs du Crac de Montréal. (Extr. de l'*Archivio Veneto*.) Venise, Visentini, 1883. 3 plaq. in-8, cart. Ensemble, 8 plaq.

3213. **Clewberg** (Christ.). De regno Hierosolymitano sub Francis. Upsaliæ, Werner, 1726. In-16, rel. vél. — Cronologia de' Re latini di Gerusalemme. Livorno, Falorni, 1784. In-8, rel. toile, non rogn.

3214. **Corbizzi** (Monaco de'). Memorie istoriche di Monaco de' Corbizzi Fiorentino Patriarca di Gerusalemme raccolte da Giovanni Mariti. *In fine* : Firenze 1781. Nella Stamperia di Antonio Benucci. In-8, avec pl., rel. mar. grenat, fil. sur les plats, dent. int.; au dos, chiffre du comte Riant. (Chambolle-Duru.)

Bel exemplaire d'un livre intéressant et peu commun.

3215. **Delaborde** (H. François). Chartes de Terre-Sainte provenant de l'abbaye de N.-D. de Josaphat. Paris, Thorin, 1880. Avec 1 pl. fac-sim. — — **Delaville Le Roulx**. Les archives, la bibliothèque et le trésor de l'ordre de St-Jean de Jérusalem à Malte. Paris, Thorin, 1883. Ensemble 1 vol. in-8, d.-rel. mar. rouge, tête dor., non rogn.; au dos, chiffre du comte Riant.

3216. **Pardessus**. Mémoire sur un monument de l'ancien droit coutumier de la France, connu sous le nom d'Assises du Royaume de Jérusalem. Paris, Plassan, 1829. In-8, cart.

3217. **Rey**. (E.). Les colonies franques de Syrie aux xiime et xiiime siècles. Paris, Picard, 1883. In-8, d.-rel. chag., tête dor., non rogn.; au dos, chiffre du comte Riant.

3218. — Essai sur la domination française en Syrie durant le moyen âge. Paris, Thunot, 1866. In-4, rel. toile. — Recherches géographiques et historiques sur la domination des Latins en Orient. (Extr. des *Mém. de la Soc. des Ant. de France.*) Paris, 1877. In-8, rel. toile. — *Le même, avec corrections et notes manuscrites de* M. le comte Riant. D.-rel. veau; au dos, chiffre du comte Riant. — Étude sur la topographie de la ville d'Acre au xiiie siècle. (Extr. des *Mém. de la Soc. des Ant. de France*, t. XXXIX.) Paris, 1879. In-8, rel. toile, couv. — La Société civile dans les principautés franques de Syrie. Paris, Picard, 1879. In-8, cart. — Note sur les territoires possédés par les Francs à l'est du lac de Tibériade, de la Mer Morte et du Jourdain. (Extr. des *Mém. de la Soc. des Ant. de France*, t. XLI. Paris, 1881.) In-8, cart., couv. — Sommaire du Supplément aux Familles d'Outre-Mer. Chartres, Durand, 1881. In-8, rel. toile, couv. — Notice sur la Cavea de Roob ou Scheriat-el-Mandour. (Extr. des *Mém. de la Soc. des Ant. de France*, t. XLVI.) Paris, 1886. In-8, br. Ensemble 8 plaq. in-4 et in-8.

3219. **Röhricht** (R.). Die Kreuzpredigten gegen den Islam... im 12. und 13. Jahrhundert. Abd. a. d. *Zeitschr. f. K.-G.*, VI. In-8, cart. — Zusätze und Verbesserungen zu Du Cange, Les familles d'outre mer. Berlin, Gaertner, 1886. (*Programm.*) In-4, rel. toile. — Die Kreuzzüge des Grafen Theobald von Navarra und Richard von Cornwallis nach dem heiligen Lande. (Abd. a. d. *Forsch. zur deutsch. Gesch.*, 1886). Plaq. in-8, rel. toile. — Die Eroberung Akkâs durch die Muslimen (1291). *S. l. n. d. n. typ.* (Extr.) In-8, cart. Ensemble 4 vol. ou plaq.

3220. **Cerrato** (Giuseppe). La famiglia di Guglielmo il vecchio, marchese di Monferrato nel xii secolo. Torino, Bocca, 1884. — *Du même* : Il « Bel cavaliere » di Rambaldo di Vaqueiras. Torino, Loescher, 1884. 2 plaq. in-8 en 1 vol. rel. toile. — **Desimoni** (C.). Il marchese di Monferrato Guglielmo il Vecchio e la sua famiglia... Genova, tip. de' sordo-muti, 1886. In-8, br. — **Savio** (Fedele). Studi storici sul marchese Guglielmo III di Monferrato e i suoi figli. Torino, Bocca, 1885. In-8, d.-rel. veau f., tête lim., non rogn.; au dos, chiffre du comte Riant. Lettre d'envoi de l'auteur. — **Ilgen** (Theodor). Markgraf Conrad von Montferrat. Marburg, Elwert, 1880. In-8. rel. toile, couv.

3221. **Kühn** (Fritz). Geschichte der ersten lateinischen Patriarchen von Jerusalem. Leipzig, Fock, 1886. In-8, br. — **Savio** (Fedele). Il marchese Bonifacio del Vasto ed Adelaide contessa di Sicilia, regina di Gerusalemme.

Torino, E. Loescher, 1887. In-8, br. — **Sybel** (Von). Ueber das Königreich Jerusalem, 1100-1131. Aus d. *Zeitschrift f. Geschichtsw.*, III, 1845. In-8, cart. — **Wolff** (Alfred). König Balduin I. von Jerusalem. (*In.-Diss.*) Königsberg in Pr., Leupold, 1884. In-8, cart. — **Zander** (A.). Balduin I, König von Jerusalem. Königsberg, Hartung, 1885. In-4, cart. (*Prog.*) — Zwei syrische Lieder auf die Einnahme Jerusalems durch Saladin. Mitgetheilt von *Theod. Nöldeke*. S. l. n. d. n. typ. (Extrait.) In-8, cart., couv.

10. Histoire de Chypre.

3222. **Bustron** (Florio). Chronique de l'île de Chypre, publiée par M. *René de Mas Latrie*. Paris, Imp. Nat., 1884. In-4, d.-rel. chag. rouge, tête lim., non rogn., couv.

3223. **Engel** (Wilh. Heinr.). Kypros. Eine monographie. Berlin, Reimer, 1841. 2 vol. in-8, rel. toile, non rogn. — **Folliot de Crenneville** (Victor, Graf). Die inseln Cypern in ihrer heutigen Gestalt. Wien, Faesy & Frick, 1879. Plaq. in-8, cart., couv.

3224. **Giblet** (Henri). Histoire des rois de Chypre de la Maison de Lusignan. Et les différentes Guerres qu'ils ont eu contre les Sarrazins & les Genois. Traduit de l'Italien du Chevalier Henri Giblet Cypriot. Paris, Cailleau et Saugrain, 1732. 2 vol. in-12, rel. veau éc., dos et plats ornés, tr. jasp. *Mouillures*.

Giblet n'a été que l'éditeur de ce livre dont l'auteur serait *Étienne de Lusignan* (cf. n° 3228), historien grec du xvie siècle, qui entra dans l'ordre des Dominicains, et a laissé divers travaux sur l'histoire de Chypre.

3225. — Historie de' Re' Lvsignani, Pvblicate da Henrico Giblet Cavalier. Libri vndeci. In Bologna, Per Giacomo Monti, 1647. Grand in-8, rel. toile, non rogn.

3226. **Hamilton-Lang** (R.). Cyprus, its history, its present resources, and future prospects. London, Macmillan & C°, 1878. In-8, avec 2 figg. & 4 cartes, rel. toile (édit.).

3227. **Herquet** (Karl). Cyprische Königsgestalten des Hauses Lusignan... mit einer Karte. Halle a. S., Buchhand. des Waisenhauses, 1881. In-8, rel. toile. — Charlotta von Lusignan und Caterina Cornaro, Königinnen von Cypern. Regensburg, New-York & Cincinnati, 1870. In-8, rel. toile.

3228. **Lusignan** (Etienne de). Chorograffia, et breve Historia vniversale Dell' Isola de Cipro principiando al tempo di Noè per in sino al 1572. per il R. P. Lettore Fr. Steffano Lusignano di Cipro, dell' Ordine de Predicatori. (*Marque typ.*). In Bologna, Per Alexandro Benaccio, 1573. In-4 de 4 ffnc., 123 ff. chif., 1 fnc., rel. vél.

Première édition de la chronique de Chypre de Jacques, dit Étienne de Lusignan (1537-1590), évêque titulaire de Limisso (1578). Cf. n° 3224.

3229. **Lusignan** (E. de). Description de tovte l'Isle de Cypre et des Roys, Princes, et Seigneurs, tant Payens que Chrestiens, qui ont commandé en icelle : Contenant l'entiere Histoire de tout ce qui s'y est passé depuis le Deluge vniuersel, l'an 142. & du monde, 1798. iusques en l'an de l'incarnation & natiuité de Iesus-Christ, mil cinq cens soixante & douze..... Composee premierement en Italien, & Imprimee à Bologne la Grasse, & maintenant augmentee & traduite en François. (*Marque typ.*) A Paris, chez Guillaume Chaudiere, ruë S. Iacques, à lenseigne du Temps & de l'Homme sauuage. 1580. Avec privilege dv Roy. In-4 de 10 ffnc., 292 ff. chif.,.18 ffnc.; rel. parch., dos et plats ornés.

Les dix premiers ffnc. contiennent les dédicaces à Louis de Saint-Gelais Lansac (de la maison de Lusignan), à M. de Saint-André, chanoine de Notre-Dame, à Paris, et les attestations prouvant que le dominicain Étienne de Lusignan appartient réellement à la Maison royale de Chypre.

3230. **Machéras** (Léonce). Chronique de Chypre. Texte grec et traduction française publiés par *E. Miller* et *C. Sathas*. Paris, Leroux, 1882. 2 vol grand in-8 avec une carte, d.-rel. chag. rouge, tête dor., non rogn., couv.; au dos, chiffre du comte Riant.

Publication de l'École des langues orientales vivantes.

3231. **Mas Latrie** (Louis de). Histoire de l'île de Chypre sous le règne des princes de la maison de Lusignan. Paris, Imp. impériale, 1861-65. 3 vol. — Documents nouveaux servant de preuves à l'histoire de l'île de Chypre sous le règne des princes de la maison de Lusignan. Paris, Imp. Nat., 1872. Ensemble 3 vol. grand in-8, & 1 vol. in-4, d.-rel. chag. rouge, tête dor., non rogn. ; au dos, chiffre du comte Riant.

3232. — Nouvelles preuves de l'histoire de Chypre sous le règne des princes de Lusignan. [*Première et deuxième livraisons.*] Paris, Baur et Detaille, 1873-1874. 2 plaq. in-8, br. et cart. — Texte officiel de l'allocution adressée par les barons de Chypre au roi Henri II pour lui notifier sa déchéance. Paris, Palmé, 1888. In-8, br. — Rapport..... sur une mission en Chypre. Paris, P. Dupont, s. d. (1846). In-8, cart. — Fragments d'histoire de Chypre. Paris, Didot, 1855. In-8, cart., couv. — L'île de Chypre, sa situation présente et ses souvenirs du moyen âge..... avec une carte. Paris, Didot, 1879. In-12, rel. toile. — Notice sur la construction d'une carte de l'île de Chypre. Paris, Lainé et Havard, 1862. In-8, br.

3233. **Reinhard** (Johann Paul). Vollständige Geschichte des Königreichs Cypern. Erlangen und Leipzig, Wolf. Walther, 1766-1768. 2 tomes in-4, rel. en 1 vol., pl. h.-t., cartes, d.-rel. v. tacheté.

3234. Saint Pierre Thomas : **Mézières** (Philippe de). Vita S. Petri Thomasii, ex Ordine Fratrum B.^{mæ} Virginis Mariæ de Monte Carmelo, Episcopi Pactensis, & Coronensis, Archiep. Cretensis, & Patriarchæ Constantinopolitani, ac Legati Apostolici : scripta ab oculato teste Philippo Mazzerio, Cancellario Cypri, & à Godefrido Henschenio, S. J., illustrata. Antverpiæ, Apud Iacobvm Mevrsivm Anno M DC LIX. Petit in-8, rel. vél.

3235 — : **Quilici** (Giuseppe Maria). Il legato apostolico Espresso mirabilmente nella vita prodigiosissima dell' Inuittissimo Martire S. Pietro Tomaso Carmelitano, Patriarcha di Constantinopoli, Gran Promotore della Guerra contro del Turco, Descritta... dal... Givseppe Maria Qvilici di Lucca Carmelitano. In Lucca, per Saluatore Marescandoli..... 1674. In-12, cart.

3236. — : **Waddingus** (Fr. Lucas). Vita et Res gestæ B. Petri Thomæ Aqvitani, Ex Ordine B. Mariæ Virginis à Monte Carmelo Patriarchæ Constantinopolitani et Sedis Apostolicæ Legati..... Lvgdvni, Svmptibvs Lavrentii Dvrand. (1637). In-8, rel. vél., front. grav.

> Saint Pierre Thomas, né dans le diocèse de Sarlat, joua un grand rôle religieux et politique en Orient dans la seconde moitié du xive siècle; il fut longtemps légat général du Saint-Siège pour toute la Thrace, couronna Pierre de Lusignan roi de Chypre et fut légat du pape dans la croisade dirigée par ce prince, et qui aboutit à la prise d'Alexandrie. Pierre Thomas mourut peu après (6 janvier 1366) des blessures reçues devant cette ville.

3237. **Stubbs** (William). The medieval kingdoms of Cyprus and Armenia. Oxford, Hall, (1878). In-8, rel. toile.

> Tiré à 30 exemplaires.

3238. [?] Trattato delle ragioni sopra il Regno di Cipro appartenenti alla Sereniss. Casa di Sauoia. Con narratione d'historia del violento spoglio, commesso dal bastardo Giacomo Lusignano. (*Armes de Savoie*). In Torino, Appresso Luigi Pizzamiglio,..... M DC XX. Petit in-4, dérel. — **Giannotti** (Gasparo). Parere..... scritto al signor C. Catelmi sopra il ristretto delle revolvzioni del Reame di Cipri, e ragioni della Serenissima Casa di Sauoia sopra die esso, e sopra vn breve trattato del Titolo Regale douuto a S. A. Serenissima, stampati in Turino, senza nome d'Autore. In Francoforti. M DC XXXIII. In-4, d.-rel., bas. n. — [**Monodo S. J.** (Pietro)]. Trattato del titolo regio dovvto alla Serenissima Casa di Savoia. Insieme con vn ristretto delle Riuolutioni del Reame di Cipri appartenente alla Corona..... Torino, Tarino, M DC XXXIII. In-4, d.-rel. bas. n.

3239. **Herzsohn** (Is. Ios. H. Paul). Der Überfall Alexandrien's durch Peter I, König von Jerusalem und Cypern, aus einer ungedruckten arabischen Quelle mit historischen und kritischen Anmerkungen dargestellt. *Erstes Heft*. Bonn, Georgi, 1886. Plaq. in-8, br. — **Mas Latrie** (L. de). Guillaume de Machaut et la prise d'Alexandrie. Extr. de la *Bibl. de l'Éc. des Chartes*. Paris, 1876. In-8, cart. — **Rabanis** (J.). Notice sur Florimont, sire de Lesparre. Bordeaux, Faye, 1843. In-8, cart.

3240. **Faccioli** [(P. Giovanni Tommaso)]. Vita e virtù del beato Bartolommeo de' Conti di Breganze dell' ord. de' predic. Vescovo prima di Nicosia in Cipro poi di Vicenza sua patria, da un Religioso suo divoto descritta e tratta dai più autentici ed irrefragabili documenti. Dalle reale tipografia Parmense, 1794. In-4, cart. perc. — **Mas Latrie** (L. de). Jacques II de Lusignan archevêque de Nicosie et ses premiers successeurs. [Extr. de la *Bibl. de l'École* *des Chartes*, t. XXXVIII.] In-8, cart. — **Sotzmann**. Ueber die gedruckten Literae indulgentiarum Nicolai V Pont. M. pro regno Cypri von 1454 und 1455. Leipzig, Weigel, 1844. Plaq. in-8, avec pl., rel. toile, non rogn.

3241. **Kervyn de Lettenhove**. Thierry de Flandre, empereur de Chypre au treizième siècle. Extr. du t. XVIII des *Bull. de l'Ac. r. de Belgique*. In-8, cart. — **Löher** (Franz von). Cypern. Reiseberichte über Natur vnd Landschaft, Volk und Geschichte. 2te *Auflage*. Stuttgart, Cotta, 1878. In-12, rel. toile, non rogn., couv. — Cypern in der Geschichte. Berlin SW., C. Habel, 1878. Br. in-8. — Kaiser Friedrich II. Kampf um Cypern. Aus den *Abhand. der k. k. Ak. d. Wiss.* München, F. Straub, 1878. In-4, rel. toile, couv.

3242. **Chéon** (de). L'île de Chypre et la République française au Congrès de Berlin. Paris, Dentu, 1878. 1 vol. in-8, br. — **Thain-Davidson** (J.). Cyprus : its place in Bible history. London, Hodder and Stoughton, 1878. Plaq. in-12, rel. toile. — **Fisher** (Fred. H.). Cyprus our new colony and what we know about it; with maps. London, Routledge, 1878. Vol. in-12, cart. (édit.). — **Lake** (J.-J.). Ceded Cyprus : its history, condition,..... London, E. Wilson, 1878. In-8, cart. — **Sassenay** (Mis de). Chypre, histoire et géographie. Paris, Delagrave, 1878. In-8, cart., couv. 1 carte géog. — **Schneider** (Carl). Cypern unter den Engländern. Köln, 1879. In-8, br.

3243. **Eschavannes** (E. d'). Notice sur la maison de Lusignan, en Occident et en Orient. Paris, Rouvier, 1853. Plaq. in-8, cart. — **Mas Latrie** (L. de). Généalogie des rois de Chypre de la famille de Lusignan. Venise, M. Visentini, 1881. In-8, rel. toile, couv. — **Roux de Lusignan** (J.). La vérité sur la famille des Lusignan du Levant. Paris, Levé, s. d. (1881). In-8, rel. toile, couv. — **Fiorio** (Girolamo). La regina di Cipro, romanzo storico. Mantova, Negretti, 1838. 1 vol. in-12, rel. toile, couv. — **Sperduti** (Gab.). Iolanda di Cipro, tragedia in cinque atti. Milano, Borroni e Scotti, 1847. In-12, cart. couv. — **Zanotto** (Francesco). La regina Catterina Cornaro in atto di cedere la corona di Cipro alla Repubblica Veneziana. Quadro di Paolo e Carlo Caliari. Venezia, Antonelli, 1840. In-8, cart., couv.

14. Histoire d'Arménie.

3244. **Agathangelos**. Storia di Agatangelo, versione italiana illustrata dai monaci Armeni Mechitaristi riveduta quanto allo stile da *N. Tommaséo*. Venezia, tip. di S. Lazzaro, 1843. 1 vol. in-8, cart.

Histoire de l'introduction du christianisme en Arménie.

3245. **Alishan** (Le P. Léonce M.). Sissouan. Venise, impr. de St-Lazare, 1885. 1 fort vol. in-4, d.-rel. chag. rouge, tête limace, non rogn., couv., avec nombreuses figg. et planches noires et en couleur ; au dos, chiffre du comte Riant.

Ce magnifique ouvrage, rédigé en arménien, est le travail le plus complet sur

cette partie de l'Asie-Mineure connue sous le nom d'Arméno-Cilicie, et à laquelle, au xii⁰ siècle, le patriarche Grégoire IV donnait ce nom de Sissouan, que le père mékhitariste Alishan a choisi comme titre.
Avec cet exemplaire on a relié cinq lettres du P. Alishan au comte Riant.

3246. **Alishan.** Léon le Magnifique, premier roi de Sissouan ou de l'Arménocilicie, traduit par le *P. George Bayan*. Venise, impr. Mekhitariste de St-Lazare, 1888. — Physiographie de l'Arménie. 2ᵈᵉ Edition. Venise, 1870. Ensemble 1 vol. grand in-8, avec figg., br., et 1 plaq. in-12, cart.

3247. **Arisdaguès de Lasdiverd.** Histoire d'Arménie, comprenant la fin du royaume d'Ani et le commencement de l'invasion des Seldjoukides... traduite pour la première fois de l'arménien sur l'édition des RR. PP. Mékhitaristes de Saint-Lazare et accompagnée de notes par M. *Evariste Prudhomme*. Paris, Duprat, 1864. In-8, rel. toile. — **Hübschmann** (Heinr.). Zur Geschichte Armeniens und der ersten Krieges der Araber aus dem Armenischen des Sebêos. Leipzig, Breitkopf et Hartel, s. d. In-8, cart.

3248. **Dulaurier** (Édouard). Recherches sur la chronologie arménienne technique et historique. Tome Iᵉʳ. Chronologie technique. (*Tout ce qui a paru.*) Paris, Imp. imp., 1859. Vol. in-4, d.-rel. veau, tête peigne, non rogn.; au dos, chiffre du comte Riant. — Étude sur l'organisation... du royaume de la petite Arménie à l'époque des Croisades. Paris, Imp. imp., 1862. Vol. in-8, rel. toile.

3249. [**Fleuriau** (Le P.)]. Estat present de l'Armenie, tant pour le Temporel que pour le Spirituel. Avec une Description du Pays & des mœurs de ceux qui l'habitent. A Paris, chez la Veuve de Jacques Langlois et Jacques Langlois. . M.DC.XCIV. Petit in-8, 10 ffnc., 396 pp. et 1 fnc.; rel. veau fauve.

Le père Thomas-Charles Fleuriau, jésuite, à qui l'on doit de très intéressantes lettres sur les missions, et notamment sur celles d'Égypte, est l'auteur de cet ouvrage.

3250. Historiens d'Arménie. **Brosset.** Analyse critique de la Всеобщая История de Vardan, édition princeps du texte arménien et traduction russe par *M. N. Ernin*. Saint-Pétersbourg, 1862. — **Mkhitar d'Aïrivank.** Histoire chronologique, traduite de l'arménien par M. *Brosset*. Saint Pétersbourg, 1869. — **Kiracos de Gantzac.** Histoire d'Arménie; **Oukhtanès d'Ourha.** Histoire en trois parties, traduites par M. *Brosset*. Saint-Pétersbourg, 1870. — **Arakel de Tauriz.** Registre chronologique, annoté par M. *Brosset*. Saint-Pétersbourg, 1873. Ensemble 1 vol. grand in-4, rel. toile, non rogn., couv.

3251. **Jean Catholicos.** Histoire d'Arménie par le patriarche Jean VI, dit Jean Catholicos, traduite de l'arménien en français par M. *J. Saint-Martin*. Paris, Imprimerie royale, 1841. In-8, rel. toile.

3252. **Langlois** (Victor). Collection des Historiens anciens et modernes de l'Arménie. Tome I : Historiens Grecs et Syriens traduits en arménien.

Paris, Didot, 1867. — Tome II : Première période : Historiens arméniens du cinquième siècle. Paris, Didot, 1869. Ensemble 1 vol. in-8, d.-rel. peau de truie, non rogn.

3253. — Le Trésor des chartes d'Arménie ou Cartulaire de la chancellerie royale des Roupéniens, comprenant tous les documents relatifs aux établissements fondés en Cilicie par les Ordres de chevalerie institués pendant les Croisades & par les Républiques marchandes de l'Italie, etc. Publiés pour la première fois. Venise, typ. de St Lazare, 1863. — Mémoire sur les relations de la République de Gênes avec le royaume chrétien de la Petite Arménie pendant les XIIIe et XIVe siècles. Turin, impr. royale, 1861. Ensemble 1 vol. et 1 plaq. in-4, rel. toile, non rogn.

3254. — Rapport sur l'exploration archéologique de la Cilicie et de la Petite-Arménie, pendant les années 1852-1853. Impr. impériale, août 1854. In-8, cart. — Lettre sur la succession des rois d'Arménie de la dynastie de Roupén et de la maison de Lusignan. (Extr. du *Bull. de l'Ac. des sc. de St-Pétersbourg*, tome IV.) In-8, cart. — Documents pour servir à l'histoire des Lusignans de la petite Arménie (1342-1394). (Extr. de la *Rev. arch.*) Paris, 1859. Plaq. in-8, cart. — Étude sur les sources de l'Histoire d'Arménie de Moïse de Khorĕn. *S. l. n. d. n. typ.* In-8, br.

12. Les arrière-croisades.

GUERRES DES XIVe ET XVe SIÈCLES

3255. [**Cabaret d'Orville**]. Histoire de la vie, faicts heroiqves, et voyages, de tres valleureux Prince Louys III. Duc de Bourbon, arriere fils de Robert Comte de Clermont en Beauuoisis, Baron de Bourbon, fils de Sainct Louys. En laqvelle est comprins le discours des Guerres des François contre les Anglois, Flamans, Affricains, & autres nations, sous la conduicte dudict Duc, pendant les regnes de Iean, Charles cinquiesme, & Charles sixiesme Roys de France..... Paris, F. Hvby, M.DC.XII. 1 vol. petit in-8, rel. veau; aux armes de Caumartin de Saint-Ange.

Première édition, devenue fort rare, d'un ouvrage réédité par M. *Chazaud* pour la Société de l'Histoire de France. Le premier éditeur de cette chronique est *I. Masson*, archidiacre de l'église de Bayeux, qui l'avait tirée de la bibliothèque de *Papirius Masson*, avocat au Parlement.

3256. **Cippico** (Coriolano). Delle cose fatte||da M. Pietro Mocenico || Capitano Generale || di mare della sere-||nissima signoria || di Venetia || Libri tre, || di Coriolan Cepione Dalmato ; || nuouamente dal Latino tradotti. || ..... || In Venetia, per Domenico, & Gio Battista Guerra, || fratelli .MDLXX. 1 vol. in-8 de 8 ffnc., 51 ff. chiff., 4 ffnc., rel. vél.

Première édition de la traduction italienne des « Gesta Petri Mocenici », imprimés à Venise en 1477. L'auteur, *Coriolan Cippico*, ou *Cepio*, né en 1425 à

Trau, en Dalmatie, mort en 1493, prit une part active aux guerres dont il s'est fait l'historien. Cette traduction a été publiée chez Guerra par les soins de *Jacques Morelli*.

3257. **Cippico** (C.). Delle Guerre de' Veneziani nell' Asia dal M CCCC LXX al M CCCC LXXIIII Libri tre... riprodotti nel solenne ingresso di S. E. Cavaliere messer Antonio Cappello alla dignità di procuratore di San Marco. Venezia, C. Palese, M.DCC.XCVI. In-4, avec front., d.-rel. bas. n.

3257 *bis*. *Le même*. Bel exemplaire dans son cartonnage original.

3258. **Datta** (Pietro). Spedizione in Oriente di Amedeo VI conte di Savoia. Torino, Per Alliana e Paravia, 1826. 1 vol. in-8, rel. toile, non rogn.

3259. **Delaville le Roulx** (J.). La France en Orient au xive siècle. Expéditions du maréchal Boucicaut. Paris, Thorin, 1885-1886. 2 vol. in-8, br.

3260. **Ferrariis** *detto* **il Galateo** (Antonio de). Svccessi dell' Armata tvrchesca nella citta d' Otranto nell' anno M.CCCC LXXX. Progressi dell' Essercito, & Armata, condottaui da Alfonso Duca di Calabria; scritti in lingua Latina..... et tradoti in lingva volgare per l' Abbate Gio Michele Martiano d' Otranto. Napoli, Lazzaro Scoriggio, MDCXII. In-4, rel. vél. — **Marco** (Saverio de). Istoria del martirio, che nel 1480 incontrarono per la S. religione cattolica otto. cento, e piu' naturali della citta' di Otranto..... Napoli, Presso Amato Cons. M D CCCII. In-4, d.-rel. bas., 1 pl. in-fol., grav. sur cuivre par *Benedetto Cimarelli*. — **Porcia** (Conte Jacopo). Due invasioni dei Turchi in Friuli, narrate dal... raccolte da Giovanni Giuseppe Liruti di Villafredda. Udine, tipog. Vendrame, 1851. Plaq. in-8, cart. perc., br.

3261. **Jenkins** (Robert C.). The last crusader : or, the life and times of Cardinal Julian, of the house of Cesarini. London, Bentley, 1861. In-8, rel. toile (édit.).

3262. **Tubero** (Lud.). Commentariorvm de Rebvs qvae temporibvs eivs in illa Evropæ parte, qvam Pannonii & Turcæ eorumq; finitimi incolunt, gestæ sunt, Libri vndecim..... Francofvrti, Impensis Claudij Marnij, & hæredum Ioannis Aubrij. M.DC.III. In-4, rel. vél.

L'ouvrage de *L. Tubero* « Ludovici Tuberonis Dalmatæ Abbatis » va de 1490 à 1522. Il a été réimprimé dans les *Script. Rer. Hung.* de Schwandtner.

3263. **Arenst** (N.). Beschreibung der Festfeier, die Herzog Philipp der Gute von Burgund in Jahre 1454 zu Lille veranstaltete.... an einem Kreuzzuge zu bewegen. Trier, Lintz, 1868. (*Programm.*) In-4, cart. — **Boislisle** (A. de). Projet de croisade du premier duc de Bourbon (1316-1333). Paris, Lahure, 1872. 1 plaq. in-8, cart. — **Braunar** (Alois). Die Schlacht bei Nikopolis 1396. [*In.-Diss.*] Breslau, Lindner, 1876. Plaq. in-8, cart. — **Köhler** (Général G.). Die Schlachten von Nicopoli und Warna. Breslau, Koebner, 1882. Plaq. in-8, rel. toile, couv. (deux plans).

3264. **Cornet** (Enrico). Le guerre dei Veneti nell' Asia, 1470-1474. Documenti cavati dall' Archivio ai Frari in Venezia. Vienna, Tendler, 1856. In-8, rel. toile, non rogn. — **Fincati** (L.). La deplorabile battaglia navale del Zonchio (1499). Roma, Forzani, 1883. In-8, br., 1 pl. — **Grasso** (Giacomo). Documenti riguardanti la costituzione di una lega contro il Turco nel 1481. Genova, tip. d. Sordomuti, 1880. In-8, rel. toile, non rogn., couv. — **Rizzardo**. La presa di Negroponte fatta dai Turchi ai Veneziani nel M CCCC LXX descritta da Girolamo Rizzardo autore contemporaneo ed ora per la prima volta pubblicata [per *Benedetto co. Valmarana*]. Venezia, G. Merlo, 1844. [Per nozze *Catticich-Cavazza*.] In-8, cart.

SCANDERBERG. — SAINT JEAN CAPISTRAN

3265. **Barletius**. Coronica del || Esforçado Principe y Capitan || Iorge Castrioto, Rei de Epi||ro, ó Albania. || Tradvzida de lengua || Portuguesa en Castellana ||, por Ivan Ochoa de la Salde, || Prior perpetuo de san Iuan de Rona || (*Marque typ.*) || Con licencia, || En Madrid, por Luis Sanchez : || Año M.D.XCVII. || A costa de Iuan de Montoya mercader de libros. Petit in-fol. de 2 ffnc., 207 ff. chif., 3 ffnc., rel. parch. Le titre et les 2 derniers ffnc. de la table fortement endommagés.

Ouvrage peu commun, traduction espagnole du livre de *Barletius* d'après la traduction portugaise de *Francisco de Andrade* publiée en 1567.

3266. **Bussieres**, S. J. (Jean de). Ioannis de Bvssieres e' Societate Iesv, Scanderbergvs. Poema. Accessit Dissertatio de Descriptionibus in Poëmate Epico. Lvgdvni, sumpt. L. Anisson & Ioan. B. Devenet, M.DC.LVI. In-12, rel. vél. — Providentia, seu Scanderbegus puer, peculiari Dei consilio in bonum rei christianæ servatus. Der junge Scanderbeg... in einem Lateinischen Klein-Helden-Spiel vorgestellt, in dem befreyten Regulirt-Canonischen Stifft... in Ulm, An. 1748... Modulos musicos composuit Isfridus Kayser... In-4. *S. l. n. d. n. typ.* (Ulm, 1748). D.-rel. bas. n.

3267. Commenta||rio de le cose de || Tvrchi, et del S. Geor= || gio Scanderbeg, || Principe di || Epyrro. || Con la sva vita, et || le uittorie per lui fatte, con l' aiuto de || l' altissimo Dio, & le inestima= || bile forze, & uirtu di || quello, degne || di memo= || ria. || M.D.XLIIII. *In fine* : Stampato in Vinegia per Bernardino de Bindoni. || Nell' anno del Signore, M.D.XLV. Petit in-8 de 50 ff. chiff., 2 ffnc. Rel. vél.

Rare. L'ouvrage débute par une dédicace au duc de Mantoue, datée du 1er juillet 1539.

3268. **Lavardin** (J. de). Histoire de Georges Castriot, svrnommé Scanderbeg, Roy d'Albanie. Contenant ses illustres faicts d'armes, & memorables victoires à l'encontre des Turcs, pour la foy de Iesus Christ. Par Iaqves de Lavardin Seigneur du Plessis, & de Bourrot... Reueuë, augmentee &

poursuiuie du mesme autheur iusques à la mort & tombeau de Mahomet second, Monarque des Turcs. (*Marque typ.*) A Paris, Chez G. Chavdiere... M.D.XCVII. In-8 de 20 ffnc., 447 ff. chif., 13 ffnc., rel. parch.

> Intéressant ouvrage dont le texte est principalement emprunté à Barletius. La première édition a été donnée chez Chaudière en 1576, celle-ci contient deux portraits gravés sur cuivre de Scanderberg et de Mahomet II, ce dernier signé Ja: de Weert, tous deux d'une bonne exécution.

3269. **Meneses** (Luis de). Exemplar de virtvdes morales en la vida de Jorge Castrioto, Llamado Scanderbeg, Principe de los Epirotas, y Albaneses, Offrecido a la llustre Juventud Portuguesa..... Lisboa, Miguel Deslandes, Año 1688. In-4, rel. vél.

> Rare. *Don Luis de Meneses, comte de La Ericeyra* (1632-1692), fut général d'armée et contrôleur des finances sous le règne de Pierre II de Portugal.

3270. [**Monardo** (Gio. Maria)]. Gli illvstri et gloriosi gesti, et vittoriose imprese, fatte contra Tvrchi, dal Sign. D. Giorgio Castriotto, detto Scanderbeg, Prencipe d' Epirro. Doue si mostra la vera maniera del guerreggiare, di gouernare eserciti, di far pronti i soldati al combattere, & di restar vincitori in ogni difficile impresa. Nuouamente ristampati, & con somma diligenza corretti. (*Marque typ.*) In Vinegia, Presso Altobello Salicato. 1584. In-4 de 8 ffnc., 87 ff. chif., 1 fnc. (blanc qui manque), avec portrait sur bois de Scanderberg au verso du fnc. 4, rel. vél.

> L'ouvrage commence fnc. 2 par une dédicace à Girolamo Angelo Flavio, signée *Giovan Maria Bonardo*, nous croyons que c'est une faute d'impression pour *Monardo*.

3271. [—] Gli illvstri et gloriosi gesti, et vittoriose imprese, fatte contra Tvrchi, Dal Sign. D. Giorgio Castriotto, detto Scanderbeg, Prencipe d' Epiro. Doue si mostra la vera maniera del guerreggiare, di gouernare eserciti, di far pronti i soldati al combattere, & di restar vincitori in ogni difficile impresa. Nuouamente ristampati, & con somma diligenza corretti. (*Marque typ.*) In Vinegia, Presso Altobello Salicato. 1591. Petit in-4 de 7 ffnc., 87 ff. chif. Au verso du fnc. 4 se trouve un portrait de Scanderbeg gravé sur bois. Rel. parch.

> Cet ouvrage, identique au précédent non seulement comme titre mais comme texte, commence au second fnc. par une dédicace à Girolamo Angelo Flavio, mais elle est signée cette fois Giovan Maria Monardo; il est évident que le *Bonardo* de l'édition précédente et notre *Monardo* ne sont qu'une seule et même personne.

3272. **Pétrovitch** (Georges T.). Scanderberg (Georges Castriota). Essai de bibliographie raisonnée. Paris, Leroux, 1881. Vol. in-8, d.-rel. veau, tête limace, ébarb.; au dos, chiffre du comte Riant. [Tirage à 150 exemplaires, n° 22.] — **Padiglione** (Carlo). Di Giorgio Castriota Scanderbech e de' suoi discendenti... Napoli, F. Giannini, 1879. In-4, rel. toile, couv.

3273. **Possenti**. Il Flagello de' Tvrchi. Historia Discorsa da Antonio Possenti da Fabriano. (*Marque typ.*) In Bologna, MDCXLVIII. Per Carlo Zenero. In-4, avec front. et pl., rel. parch.

Cet ouvrage raconte en 8 livres la vie du célèbre Scanderberg; il est demeuré, ainsi que la contrefaçon de Rome, inconnu à M. Petrovics, et nous n'avons pu recueillir aucun renseignement sur l'auteur. L'édition qui suit est purement et simplement celle de Bologne, à laquelle on a mis un nouveau titre et une dédicace de *Gioseppe Corvo* au dominicain R. Capisuccho.

3274. **Possenti**. Il Principe armato ò vero Flagello della Casa Ottomana Historia, quanto vera, altretanto ripiena di ammaestramenti Politici di Antonio Possenti..... In Roma...., 1648. Per Bernardino Tani. In-4, rel. vél.

Cette édition est quasi identique à la précédente, on y retrouve jusqu'aux mêmes fautes d'impression, mais celle-ci ne contient pas la table des corrections, est imprimée sur papier plus ordinaire et n'a ni frontispice ni planches.

3275. **Sarrocchi** (Margherita). La Scanderbeide Poema Heroico...... In Roma, Per Andrea Fei, MDCXXIII. In-4, rel. vél.

Poème en 23 chants, publié par *Giovanni Latini*.

3276. **Barberio** (Gio: Battista). Vita, virtv', grandezze, e portenti dell' invitto, e gloriosissimo B. Giovanni di Capistrano Vera, & Apostolica Nodrice dell' Europa..... Nuouamente con accuratezza maggiore raccolte..... In Roma, MDCXC. Nella Stamperia di Givseppe Vannacci. Petit in-4, rel. vél.

3277. **Hermann** (Amand). Capistranvs trivmphans, sev Historia fvndamentalis de Sancto Joanne Capistrano, Ordinis Minorvm..... Coloniæ, apud Balth. Joach. Endterum, An. MDcc. 1 vol. in-fol., d.-rel. toile, non rogn., avec 2 frontispices.

3278. **Massonio** (Salvatore). Dalla marauigliosa vita, Gloriose Attioni, et Felice Passagio al Cielo del B. Giovanni di Capistrano, frate minore osservante, Cittadino, & Protettore della fedelissima Città dell' Aquila. Et vittorioso Capitan Generale dell' Essercito della Cruciata per Santa Chiesa contra Mahometh Secondo..... l' Anno 1456. Libro primo,..... In Venetia, MDCXXVII. Appresso Marc' Antonio Brogiollo. In-4, avec front., premier titre gravé, portraits de Massonio et de St Jean Capistran, rel. vél. (quelques ff. remontés).

Ouvrage rare dont l'auteur, médecin à Aquila, écrivit seulement la première partie. Il mourut en 1624, dans sa 70e année. Son œuvre a été publiée par son petit-fils Lorenzo Bernardo Massonio.

3279. Vita di S. Giovanni di Capistrano Religioso dell' Ordine de' Minori Osseruanti..... scritta Da vn Sacerdote diuoto del medesimo Santo..... In Roma, M.DC.XC. A spese di Nicolò Corallo..... Nella Stamperia di Gio: Francesco Buagni. In-12, d.-rel. veau éc., tête peigne; au dos, chiffre du comte Riant. — Zelo, valore, e progressi dell' invitto,..... Capistrano..... Con vn nuouo Prodigio accaduto nella Statua di detto Beato..... *P. 28, l. 21*: In Roma, Nella Stamperia di Nicolò Angelo Tinassi..... M.DC.LXXXV.

Petit in-4, d.-rel. bas. n. — Lettre de Saint Jean Capistran au duc de Bourgogne, publiée par M. *de Beaucourt*. S. l. n. d. n. *typ*. In-8, cart.

13. La Chute de Constantinople. — La fin des familles impériales.

3280. Ἅλωσις τῆς Κωνσταντινουπόλεως ὑπὸ τῶν Τούρκων, Ἐρανισθεῖσα ἐκ τῶν Χρονικῶν τοῦ Γ. Φράντσῃ. Πρωτοβεστιαρίου τοῦ τελευταίου Αὐτοκράτορος τῶν Ἑλλήνων Κωνσταντίνου Παλαιολόγου. Ὑπὸ Γ. Θεοφίλου. Ἐν Ἀθήναις, 1865. In-8, d.-rel. mar. r., tête dor., non rogn.; au dos, chiffre du comte Riant. 1 pl. grav. sur bois.

3281. **Barbaro** (Nicolò). Giornale dell' assedio di Costantinopoli. 1453. Corredato di note e documenti per *Enrico Cornet*. Vienna, Tendler, 1856. In-8, rel. toile. — **Montaldo** (Adamo di). Della conquista di Costantinopoli per Maometto II nel M CCCCLIII.... opusculo ripubbl..... dal *Cornelio Desimoni*. [Estr. d. *Atti Soc. Lig. St. Patria*, vol. X]. In-8, rel. toile.

3282. **Eparque** (Antoine). Thrène sur la catastrophe de la Grèce, nouv. édit. par *Émile Legrand*. Paris, 1870. In-12, d.-rel. mar. r., tr. dor., non rogn. — **Mélissinos** (S.). La chute de Byzance. Corfou, 1859. In-8, rel. toile. *En Grec*.]

3283. **Léonard de Chio**. Historia || captae a Tvrca Con= || stantinopolis, descripta || à Leonardo Chiensi Theologiæ professore, & Mi= || tylenes Archiepiscopo, qui ab hoste unâ ob= || sessus & captus fuit, neq3 alia scribit, quàm || quæ coram uidit & cognouit. || Item, Michaelis Rottingi in eandem Præfatio. || (*Portrait sur bois, de profil, de l'empereur Mahomet. Devant ce profil, une banderolle avec le mot* : GVARDA; *au-dessous de cette vignette* : Mahometis primi Cons= || tantinopolis Imperatoris Effigies.) Fnc. 27 r°, l. 14 : Norimbergæ, in officina Ioannis Mon= || tani, & Vlrici Neuber, M.D.XLIIII. Petit in-4 de 28 ffnc. (le dernier blanc? manque), y compris le titre, sign. A-aa-b-c-d-e-f., aa par 2 ff., dérel.

> Première et rarissime édition de cette plaquette. Le dominicain Léonard de Chio avait été envoyé à Constantinople avec le cardinal Isidore par le pape Eugène IV pour travailler à l'union des églises grecque et latine. Cette mission n'eut pas de succès; Mahomet II s'empara de Constantinople, d'où le cardinal et son compagnon eurent toutes les peines du monde à s'échapper. Revenu dans Chio, sa patrie, Léonard adressa sous forme de lettre, au pape Nicolas IV, sa relation de la prise de Constantinople, dont on peut comprendre l'intérêt.

3284. — De Capta a Mehemete II Constantinopoli, Leonardi Chiensis et Godefridi Langi narrationes sibi invicem collatæ. Accessere Isidori cardinalis Epistola et Ducæ super urbe capta deletoque Christianorum, in Oriente, imperio monodia. Recensebat *Joa.-Bapt. L'Ecuy*. Lutetiæ Parisior. 1823. In-4, d.-rel. mar. gren., tête lim., non rogn.; au dos, chiffre du comte Riant.

— De Lesbo a Turcis capta epistola Pio papæ II, edidit *Carolus Hopf.* Regimonti, 1866. In-8, cart.

Cette nouvelle et excellente édition de la lettre de Léonard de Chio a été faite d'après un manuscrit de la Bibl. Nat., au frais de lord Stuart et du baron de Vincent, respectivement ambassadeurs d'Angleterre et d'Autriche en France ; elle sort des presses de Didot et n'a été tirée qu'à 60 exemplaires non mis dans le commerce.

3285. **Major** (Georgius). De capta || Constantinopo || li, Anno || 1453. || Oratio recitata || cum decerneretur gradus Do= || ctoris Reuerendo D. Paulo ab || Eizen Superintendenti || Ecclesiæ Dei in incly || ta urbe Ham- || burga. A Georgio Maiore || Doctore. || VVitebergae. || 1556. *Fnc. 16 verso, l. 8* : Ex officina typographica || Viti Creutzer. Plaq petit in-8, 16 ffnc., rel. vél.

3286. **Vlasto** (E. A.). 1453. Les derniers jours de Constantinople. Fin du règne de Jean Paléologue. Nouvelles tentatives pour amener l'union des deux Églises..... Avec préface de *Émile Burnouf.* Paris, Leroux, 1883. In-8, rel. toile, non rogn., couv.

3287. **Corblet** (Abbé J.). Discours sur la destruction de l'empire d'Orient... Amiens, Duval, 1856. In-8, br. — **Dolfin** (Zorzi). Belagerung und Eroberung von Constantinopel im Jahre 1453 aus der Chronik von Zorzi Dolfin, herausgegeben von *Georg M. Thomas.* München, Straub, 1868. In-8, rel. toile, couv. — **Hammer** (J. de). De Byzantinae historiae vltimis scriptoribus ex historia Osmanica elucidandis et corrigendis. Extr. *S. l. n. typ.* (1825). In-4, cart. — **Lohenschiold** (O. Ch. de), **Hoelderlin, Weckherlin, Schwarz** (Ph. I.). De Expvgnatione Vrbis Constantinopoleos per Mvhammetem II. Tvbingae, lit. Sigmvndianis, 1757. In-4, rel. vél. — **Michele della Vedova da Pola.** Lamento di un istriano per la caduta di Costantinopoli. [Pub. p. *Ludovico Frati.*] Roma, Forzani, 1886. In-8, br. — **Mordtmann** (A. D.). Belagerung und Eroberung Constantinopels durch die Türken im Jahre 1453. Stuttgart und Augsburg, J. G. Cotta, 1858. In-8, rel. toile. — **Schels** (J. B.). Die Belagerung und der Fall von Konstantinopel unter Konstantin dem Neunten, nach den Byzantinern und Gibbon. Abd. a. d. *Oest. milit. Zeitschrift*, 12. Wien, 1824. — La spada di Costantino Paleologo, ultimo imperatore di Costantinopoli. Venezia, Antonelli, 1874. In-4, cart., couv., 1 pl.

3288. **Alcala et Burgos** (Joan. de). Flores Genealogici Augustæ Familiæ Juliæ Flaviæ Lascaræ ac Comnenæ Angelæ olim Imperii, mox M. Magistratus Constantiniæ Militiæ S. Georgii ; necnon Imperialis Comitatus Vintimillii possessione toto Orbe celeberrimæ ;..... Lugduni, A. Lulieron, 1727. In-4, rel. vél.

3289. **Comnène** (Ang. Flavio). Genealogia diversarvm principvm familiarvm mvndi incipiendo ab Adamo.... In lucem edita per Io. Andream Angelvm

Flavivm Connenvm..... Venetiis, Apud Euangelistam Deuchinum, MDCXXI. (*titre encadré*). Plaq. grand in-8, rel. toile.

Curieux mais fantaisiste ouvrage où l'auteur donne les tableaux généalogiques des familles royales de France, d'Autriche..... de plusieurs familles italiennes, des Comnène, des Paléologue...

3290. **Comnène** (Demetrius)]. Precis historique de la maison imperiale des Comnenes, ou l'on trouve l'origine, les mœurs et les usages des Maniotes, Précédé d'une Filiation directe & reconnue..... depuis David, dernier empereur de Trébizonde, jusqu'à Demetrius Comnène, Actuellement Capitaine De Cavalerie en France. Amsterdam, 1780. — *Du même*. Lettre à M. Koch, membre du Tribunat, sur l'éclaircissement d'un point d'histoire relatif à la fin tragique de David Comnène, dernier empereur de Trébizonde. Paris, Rondonneau, 1807. — **Hénin** (Le Ch[er] d'). Coup d'œil historique et généalogique sur l'origine de la maison impériale de Comnène. Venise, Vincent Formaleoni, 1789. — **Comnène** (Le prince Georges). Sur la Grèce. Paris, Didot, octobre 1831. — **Comnène** (Pierre Stephanopoli de). Précis historique de la Maison Imperiale de Comnene précédé d'une filiation directe depuis le prince Nicéphore Comnene... jusquà Niccolò George Garidacci Stephanopoli Comnene, fils de l'auteur de cet ouvrage..... Pise, Rayner Prosperi, 1841. Ensemble 1 vol. in-8, d.-rel. v. f. et 3 plaq. in-8, rel. toile ou d.-rel. chag. — **Almeruth** (Io. Martin). Origines avgvstae Comnenorvm in Graecia gentis..... Helmstadii, literis H. Hessii, (1700). In-4, rel toile.

3291. Genealogia || d'Imperatori Romani et || Constantinopolitani || et de Regi Prencipi || et Signori || Che da Isatio Angelo & Vespasiano Impe,| ratore suo nipote son discesi per || insino al presente Anno || MDLI. || (*Armes de Jules III*) || In Roma, per Valerio Dorico & Luigi || Fratelli Bresciani, L'anno. || M.D.LI. In-4 de 38 pp., 1 fnc. (ce dernier et le titre remontés), rel. parch.

La dédicace est adressée au Pape Jules III par « Il Duca & Conte Driuasten, Andrea Angelo ». Cet ouvrage renferme de curieux renseignements, notamment sur Scanderberg. Notre exemplaire provient de la bibliothèque de Michele Justiniani ou Giustiniani, historien italien du xviie siècle, qui a ajouté au dernier feuillet quelques notes manuscrites sur la généalogie de sa famille.

3291 *bis*. *Le même*. Édition de 1553. In-4 de 47(1) pp., prép. p. rel.

Cette édition, qui est mise à jour jusqu'en 1553, sort des mêmes presses que la précédente.

3292. [**Patri dalla Rosa** (Pier Luigi)]. La falsità svelata contro a certo Giannantonio, che vantasi de Flavj Angeli Comneni Lascaris Paleologo, nell' esame della pretesa sua discendenza di maschio in maschio da Emanuele II Paleologo imperatore di Costantinopoli. Parma, nella Stampería di S. A. S. M DCC XXIV. 1 vol. petit in-fol. avec tableau généalog., rel. vél. blanc.

3293. **Puteo** (Julius à). Imperialis Gentis Lascaris Genealogia à Iul. à Puteo Nob. Ivd. Coll. conscripta Eminētissimo Fr. Io. Paulo Lascari Magno Melitæ

Præceptori D. Ex Officina Amerviana. Veronæ. M DCLVI. (*Titre front. gravé.*) In-4, rel. vél.

3294. **Vintemille** (Sieur de). Discours de l'Estat et généalogie des Comtes de Vintemille, Paleologues et Lascaris..... publié pour la première fois par *Ludovic de Vauzelles*. Lyon, A. Vingtrinier, 1873. In-8, fac-similé, cart. perc. couv.

3295. **Rhodocanakis.** Ο ΛΕΩΝ ΤΗΣ ΘΑΛΑΣΣΗΣ. Διήγημα ΔΗΜΗΤΡΙΟΥ Ι. ΡΟΔΟΚΑΝΑΚΗ. « Ἀγώνισμα ἐς τὸ παραχρῆμα ἀκούειν ξύγκειται. » Θουκυδ. Ξυγ. Α. Κ. 22. ΕΝ ΕΡΜΟΥΠΟΛΕΙ ΣΥΡΟΥ, ΤΥΠΟΙΣ Γ. ΜΕΛΙΣΤΟΥΣ (Ὀδὸς Ἀγορᾶς Ἀριθ. 674) 1857. In-16 de 4 ffnc., 88 pp., br., couv. conservée.

Tiré à cinquante exemplaires.

3296. — The Imperial Constantinian Order of St. George. A review of modern impostures and a sketch of its true history. By His Imperial Highness the Prince Rhodocanakis. In two parts. London, Longmans, M DCCCLXX. Grand in-4, br., 2 planche en taille-douce.

3297. *Le même.* Grand in-4, rel. toile.

Exemplaire sur grand papier, contenant la photographie de l'auteur portant l'étoile et le grand cordon de l'Ordre Constantinien de Saint-Georges. Ces exemplaires sont fort rares, et M. Legrand, dans la remarquable critique qu'il a consacrée à ce faussaire fameux, n'en parle que par ouï-dire. A la suite de cet ouvrage est relié : « Reply to a criticism in the Saturday Review on the Imperial House of Rhodocanakis. Westminster, Nichols, M DCCC LXX. », plaq. in-4, avec 3 planches représentant les armoiries de « Joannes Rhodocanakis, Hereditary Sovereign of the Byzantine Empire » et celles de la mère de l'auteur et de l'auteur lui-même. Fort rare avec ces planches. « Des cinq exemplaires que j'ai eus sous les yeux, dit M. Legrand, aucun ne contient ces divers enrichissements ». Les deux ouvrages contiennent une dédicace autographe de D. Rhodocanakis à James Grossley.

3298. — Λέοντος τοῦ Ἀλλατίου Ἑλλάς..... Leonis Allatii Hellas cum versione latina a Guidone de Souvigny edidit Demetrius Rhodocanakis princeps. Athenis, typis Parthenonis, M DCCC LXXII. In-4, av. 2 pl., rel. toile, non rogn.

Cet ouvrage contient une bibliographie de L. Allatius, composée par Rhodocanakis, et des notes qui sont « un salmigondis de détails apocryphes » (LEGRAND, *Dossier Rhodocanakis*, 101).

3299. — Life and writings of Constantin Rhodocanakis a prince of the imperial houses of Doucas, Angelus, Comnenus, Paleologus, and honorary physician of Charles II. Athens, 1872. Grand in-4, rel. toile, portrait. — Essay on the life and writings of Georgius Coressius by H. I. H. the prince Rhodocanakis. Athens, Lazarus D. Villaras, 1872. [Avec le portrait lithog. de Coressius]. 1 vol. in-4, rel. toile, couv. — I principi Rhodocanakis di Chio e l'Imperiale Ordine Costantinio di S. Giorgio. (Extr. du *Giornale Araldico*, 1882.) [Pl. lithog. des armoiries de Rhodocanakis.] In-8, rel. toile.

14. Excitatoria [1].

3300. Ain Trost spruch || wider den Türcken. ||
Man thût yetzt allenthalben sagen /
Ach Gott wer nur der Türck erschlagen.
Erkenn dich selbs / ware bůsswürck /
Gott sendt dir hilff wider den Türck.
Zur hilff ist er allzeyt berait /
Wie diss Bůchlin seyn kurtz anzaigt.
Vnghrechtigkait / Sünd / Laster / Schand /
Treibt den Türcken zů uns inns Land.

S. l. n. d. n. typ. In-4 de 4 ffnc., rel. vél.

— Ein Christenlicher || zůg / wider den || Tůrcken. ||
Hierin findt man ein new gedicht
Zů einem Krieg ists zůgericht
Darin man hôrt wie from vnd wol
Ein jeder Landtsknecht sich hal=
ten sol.

S. l. n. d. n. typ. In-4 de 14 ffnc. (manque le dernier, probablement blanc), rel. vél.

Ces deux rarissimes plaquettes, sans date, très probablement de la première moitié du xvie siècle (la seconde est, suivant *Maltzahn*, imprimée en 1532), sont l'une et l'autre en vers. La deuxième contient toutefois (verso du fnc. 12 et fnc. 13) une pièce en prose intitulée « Lied im Thon Vom Fräwlin ausz Britannia », divisée en neuf strophes.

3301. **Ammirato** (Scipione). Orazione del Sig. Scipione Ammirato al Beatiss. et Santiss. Padre et Signor nostro Sisto Qvinto. Intorno i preparamenti che hauerebbono á farsi contra la potenza del Turco. (*Marque typ.*) In Firenze, per Filippo Givnti, M.DXCIIII. In-8 de 4 ffnc., 30 pp., 1 fnc. — Orazione... al Santiss. et Beatiss. Padre... Clemente VIII. (*Marque typ.*) In Fiorenza, Appresso gli Heredi di Iacopo Giunti, M.D.XCIIII. In-4 de 1 fnc., 32 pp. — Orazione... scritta alla nobilta napoletana confort andola ad andar alla guerra d'Ungheria contra i Turchi. (*Marque typ.*) In Fiorenza, Appresso gli H... di I... Giunti. 1594. In-4 de 1 fnc., 14 ff., 1 fnc. (blanc? qui manque). — Orazione... al Beatissimo et Santiss. Padre... Clemente VIII. Detta Clementina seconda. (*Marque typ.*) Firenze, Appresso Giorgio Marescotti, MDXCV. In-4 de 26 pp., 1 fnc. — Orazione... al cristianissimo Enrico Quarto Re di Francia, et di Navarra. Dopo la pace fatta con Spagna. Firenze, Marescotti, MDXCVIII. In-4 de 2 ffnc., 27(1) pp. Ensemble 1 vol. rel. vél.

1. Sous ce titre *Excitatoria* nous rangeons les divers ouvrages en prose ou en vers publiés principalement aux xvie et xviie siècles et ayant pour but d'exciter les peuples ou princes chrétiens à chasser les Turcs d'Europe et à reconquérir la Terre Sainte. On pourrait considérer comme Excitatoria le plus grand nombre des recueils de prophéties publiés au xvie siècle (n°s 399-419) et un grand nombre de Traités sur les mœurs des Turcs. *Vid. infra* n°s 3522 et suiv.

3302. — Orazioni..... a diversi principi. Intorno i preparamenti che s' aurebbono a farsi contra la potenza del Turco. Con vn dialogo delle imprese del medesimo. Aggiuntoui nel fine le Lettere, & Orazioni di Monsignor Bessarione Cardinal Niceno, Scritte a Principi d'Italia. (*Marque typ.*) In Fiorenza. Per Filippo Givnti. M.D.IIC. In-8 de 4 ffnc., 148 pp. — Oratione..... al Beatiss. et Santiss... Clemente VIII. Detta Clementina Terza. (*Armes pontif.*) In Firenze, per Filippo Givnti. MDXCVI. In-8 de 27(1) pp. — Orazione..... fatta nella morte di Don Francesco de Medici, Gran Duca di Toscana, svo signore. (*Marque typ.*) In Fiorenza. Nella Stamp. di Filippo Giunti e' Fratelli. MDLXXXVII. In-8 de 24 pp. — Il Rota overo delle Imprese Dialogo..... ne qual si ragiona di molte Imprese de diuersi eccellenti Autori,..... (Florence, 1598.) [*Le titre manque.*] — **Bessarion**. Lettere, & Orazioni di Monsignor Bessarione Cardinal Niceno Scritte à Principi d'Italia Intorno al collegarsi, et Imprender guerra contro al Turco. Volgarizate dal Signor Filippo Pigafetta, con vna Orazione del Sig. Scipione Ammirato partenente alla medesima materia. (*Marque typ.*) In Firenze, per Filippo Givnti, MDXCIIII. In-8 de 10 ffnc., 57(1) pp., 1 fnc. — **Ammirato**. Orazione..... al...., Enrico quarto. Firenze, Marescotti, MDXCVIII. — Della Segretezza. Venezia, MDXCVIII. per Filippo Givnti. Ensemble 1 vol. rel. vél.

<small>Sc. Ammirato (1531-1601), né à Legge, d'une famille d'origine florentine, finit par devenir, après une vie agitée, chanoine de Florence. Il a énormément écrit et ses discours aux papes et aux princes relatifs à la guerre contre les Turcs ont eu, dans leur temps, un réel succès.</small>

3303. **Andree** (Jacob.). Dreyzehen Predigen vom Türcken. In wölchen gehandelt wiirdt von seines Regiments Vrsprung / Glauben vnnd Religion / Vom Türckischen Alcoran / vnnd desselben grundtlicher Widerlegung durch sein selbs dess Alcorans Zeugnussen / Von seinem Glück vnd Wolfart / warumb jme Gott so lange zeit wider sein arme Christenheit zůgesehen / Wie jhme zubegegnen / und wider jhne glücklich zustreitten / Vnd von seinem endtlichen Vndergang......... Getruckt zu Tübingen / bey Vlrich Morharts Wittib. M.D.LXIX. In-8 de 8 ffnc., 477(1) pp., rel. vél.

<small>I. Andree (1528-1590), né en Wurtemberg, successivement élève, professeur, chancelier et prévôt à l'université de Tubinge, fut l'un des plus ardents défenseurs du luthérianisme contre les calvinistes et les papistes. Ses contemporains le surnommèrent *Schmidlein* ou *Fabricius* à cause de la profession de son père.</small>

3304. **Anisius** (Fra Michael, franciscanus). Siben Catholische Predigen, Beygemeinen Processionen, Kirch vnnd Bittfahrten wider dess Christlichen Namens Erbfeind dem Türcken, gehalten zu Bamberg, im 4. vnnd 95. Jar.... Gedruckt zu München, bey Adam Berg..... M.D.XCIX. In-4 de 4 ffnc., 222 pp., 4 ffnc. *A la suite* : Zwo Leichpredigen Gehalten bey der Fürstlichen Besingknuss / dess.... Herrn H. Philippen.... Cardinals und Bischouen zu Regenspurg /.... 1598. Getruckt zu Ingolstadt, durch Adam Sartorium. In-4 de 1 fnc., 61(1) pp. Ensemble 1 vol. in-4, rel. vél. rouge.

3305. **Arrigo de Settimello**. Arrighetto ovvero Trattato Contro all' avversita' della fortuna. In Firenze, Appresso Domenico Maria Manni. M D CC XXX. Petit in-4, rel. parch. Ex-libris de Jean Bizzaro.

Arrigo de Settimello, plus connu peut-être sous le nom de Henricus Pauper qui lui fut donné à cause de son extrême pauvreté, écrivit ce poème en latin, en vers élégiaques, et il fut imprimé à diverses reprises au xve siècle. Cette édition-ci est la première de la version italienne dont l'auteur n'est pas connu. *Gio. Cinelli* a cru qu'elle était de Arrigo de Settimello lui-même, mais telle n'est pas l'opinion du savant éditeur *Domenico Maria Manni*, qui croit qu'elle fut faite en 1340. Cette traduction italienne a été mise au nombre des *Testi di lingua*. Le poème d'Arrigo contient d'éloquents appels à la Chrétienté pour la délivrance des Lieux Saints. (Cf. une édition incunable, n° 13.)

3306. — Arrighetto... Prato, Guasti, 1841. In-12, rel. toile, couv.

3307. **Becichemo** (Marino). *Fnc.* 1 *recto* : Marini Becichemi Scodrēsis Pu= || blici Patauinæ Academiæ Rhæ= || toris orationes tres. || Prima habita est ad Serenissimū ve||neto⚜ Principē Antoniū Grimanū. || Altera ad pientissimuȝ Cardinalem || Cornelium Patauij habita. || Tertia in publico Patauini gym= || nasij cōuentu ad Andream Prio= || lum p̄hum eloquētissimū habita. *Fnc.* 23 *verso*, *l.* 4 : ⁌ Dictus in publico Patauinæ Academiæ conuentu. || XV. Kalendas Ianuarias .M.D.XX. *Fnc.* 24 *blanc. S. l. n. d. n. typ.* [Venise?] Plaquette petit in-4, 24 ffnc., car. rom. et goth., 32 ll. ll., avec signat. A-F. par 4 ff., init. grav., rel. vél. blanc.

Les bibliographes connaissent deux écrivains de ce nom; l'un, né à Scutari vers 1468, quitta cette ville après sa prise par les Turcs et se réfugia en Italie où il fut professeur d'éloquence et de littérature latine à Brescia, à Venise et à Padoue. L'autre est Marinus Barletius, auteur d'une vie de Scanderberg, également originaire de Scutari et qui vivait vers 1450. Plusieurs auteurs l'ont confondu avec le premier, et on n'est pas encore bien d'accord sur ce qui appartient à l'un ou à l'autre. L'opuscule ci-dessus est du premier de ces deux auteurs, qui le rédigea en 1521 à Padoue où il professa. Les bibliographes que nous avons consultés n'en parlent pas, mais ce silence ne doit pas étonner parce que tous les ouvrages de Becichemo sont *fort rares*. Cette édition parait faite à Venise, peut-être chez Erhard Ratdolt.

3308. **Bessarion**. Bessarionis || Nicenis Cardinalis || orationes || De grauissimis periculis, quæ Rei= || publicæ Christianæ à Turca || iam tum impendere || prouidebat. || Eiusdem ad principes de pace inter||se conciliãda, & bello aduer||sus Turcas suscipien= || do, exhor= || tatio. (*Titre encadré.*) *Fnc.* 37 *verso*, *l.* 18 : Romæ || In ædibus Francisci Priscianensis || Florentini M D XLIII. In-4 de 32 ffnc., sign. a-i (il manque le fnc. 28), rel. vél.

3309. — Orationes dvae accvratissimae D. Bessarionis Nicæni Cardinalis olim ad principes Italiæ habitæ, quarum vna de periculis imminentibus propter Turcicas irruptiones, altera de discordijs sedandis, & bello in Turcam decernendo,..... tractat..... nvnc itervm edita et... illustrata, à Ioachimo Camerario..... Noribergæ Ex Officina Typographica Iohannis Hofmanni. Anno, cIɔ.Iɔ.XCIII. 1 vol. petit in-8 de 60 ffnc., le dernier blanc, rel. vél.

3310. — Lettere, et Orationi del Reverendiss. Cardinale Bessarione,

Tradotte in lingua Italiana. Nelle quali esorta i Prencipi d' Italia alla Lega, & à prendere la guerra contra il Turco... In Venetia, Appresso Comin da Trino di Monferrato, M D LXXIII. Petit in-8 de 2 ffnc., 30 ff. chif., rel. vél.

— Lettere, & Orazioni di Monsignor Bessarione Cardinal Niceno Scritte à Principi d' Italia intorno al collegarsi, et Imprender guerra contro al Turco. Volgarizate dal Signor Filippo Pigafetta, con vna Orazione del Sig. Scipione Ammirato partenente alla medesima materia..... In Firenze, per Filippo Givnti. M D XCIIII. In-8 de 10 ffnc., 57(1) pp., 1 fnc., d.-rel. bas. n.

L'une et l'autre traduction sont dues à *Filippo Pigafetta*. Cf. n° 3302.

3311. **Bezold** (Georgius). Eine Türcken Predigt. || Am Vierden Son=|| tage des Aduents / aus dem ge= || wöhnlichen Euangelio Johannis am ersten || Anno 92. Darinnen mit Christlicher beschei= || denheit tractiret vnd gehandelt wird. ||..... *Fnc.* 38, *colophon* : Gedruckt zur Liegnitz / durch || Nicolaum Schneider. || Jm Jahr / || M.D.XCIII. In-4 de 38 ffnc. — *Du même*. Svmmaria || Vber das Buch Judith. || Als in deme beschrie= || ben wird / wie wunderbalich Gott || die Stad Betulia, von des Holofernis, Königes Ne=|| bucadnezars Feldhaubtmans / vorgenomenen trotzi= || gen..... || Gedruckt zur Liegnitz durch Nicolaum || Schneider. Anno 1596. In-4 de 24 ffnc. — **Heydenreich** (Esaias). Eine Christliche Predigt Vber den Euangelischen Text S. Lucæ am 6. Capitel..... Gedruckt zu Görlitz / durch Johann Rhambaw. 1597. In-4 de 16 ffnc. — **Rivander**. Eine Christliche / vnd hertzlich wolmeinende || Heerpredigt / || Wieder den abgesagten Erb vnd Ertz= || feind Christliches Namens den Türcken. ||..... Durch || M. Ionam Rivandrvm.... Anno MDVIC. *Fnc.* 24 *verso* : Gedruckt zur Liegnitz / durch || Nicolaum Schneider. In-4 de 24 ffnc. — Nothwendige und Christliche Vermahnung An alle Prediger vnd Kirchendiener, der Churfürstlichen Pfaltz / Sampt Zweyen Gebetten, für alle anligende Noth, sonderlich wieder die grausame Tyranney der Türcken / Tartarn / vnd anderer Feinde der Betrubten Christenheit. Auss..... Anordnung dess..... Herrn Friderichen Pfaltzgrauen bey Rhein..... *[Écusson.]* Gedruckt in..... Heydelbreg, durch Abraham Smesman, 1594. In-4 de 16 pp. Ensemble 1 vol. rel. toile et 1 plaq. rel. vél.

Opuscules rares. Les deux premiers et le quatrième sont particulièrement intéressants pour l'histoire de l'imprimerie ; on doit les ranger, en effet, parmi les plus anciennes impressions exécutées à Liegnitz. Deschamps cite comme le premier imprimeur de cette ville le nommé Sartorius qui serait venu y exercer en 1595. Nicolas Schneider devra être considéré désormais comme le plus ancien typographe de Liegnitz. Quelques-uns de ces opuscules ont des piqûres de vers.

Dans la première pièce, l'auteur est nommé sur le titre *George Pezold* de Goldberg, mais au verso du titre, comme au titre de la pièce suivante, son nom est écrit *Bezold* ; il avait été pasteur à Schönau et était « pastor et superintend. » à Liegnitz.

3312. **Bibliander** (Théodore). Ad nominis chri||stiani socios con-||sultatio, Quâ nam ratione Turcarum dira potentia repelli possit ac || debeat à populo chri||stiano ‡ ||Theodoro Biblian-||dro autore. || Reperies hic quoqჳ Lector, de rationibus, || quibus solida certaqჳ concordia & pax in Eccle-||sia & repub.

Christiana constitui possit, deq̃ȝ or-‖tu & incrementis imperij Turcici, item de super-‖stitione Mahumetana, & alijs quibusdā ‖ rebus lectu & cogitatu pla‖nè dignissimis. ‖ Basileae. *Fnc.* 86 *verso* : Basileae, ex officina ‖ Nicolai Brylingeri, ‖ Anno 1542. Mense Martio. 1 vol. in-16 de 88 ffnc., le fnc. 86 pour la date typographique, les deux derniers blancs, rel. vél. Ex-libris de la biblioth. Miller de Brasso.

>L'un des plus rares ouvrages du Suisse *Th. Buchmann*, dit *Bibliander* (1504-1564), professeur de théologie à Zurich (1532) où il succéda à Zwingle.

3313. Bobadilla (Francisco). Franci/‖sci Bovadillii Ar= ‖ chidiaconi Toletani, Sal= ‖ maticensis Scholastici, Paraphrasti‖ca precatio ad Deum Opt. Max. ‖ pro adipiscenda uictoria, defen= ‖ dendaq̃ȝ rep. Christiana à Tur‖carum Christiani nominis ‖ hostium uiribus, super ‖ psalmum : Deus ue= ‖ nerunt gentes. ‖ *(Blason.)* ‖ Norimbergæ apud Io. Petreium, Anno ‖ M.D.XXXII. Petit in-8 de 32 ffnc. (les 4 derniers blancs), rel. vél.

3314. Boskhier (Philippe). Orator Terræ Sanctæ, et Hvngariæ; sev Sacrarvm Philippicarvm, in Tvrcarvm Barbariem, et importvnas Christianorvm discordias, Notæ..... *(Marque typ.)* Dvaci Catvacorvm Apud Petrvm Borremans..... 1606. 1 vol. petit in-8 de 8 ffnc., 422 pp., 1 fnc., rel. vél.

>*Philippe Boskhier* ou *Bosquier* (1561-1636), prédicateur flamand de quelque renommée. Cet ouvrage, intéressant pour la Bibliographie Douaisienne, porte au titre la marque de P. Borremans, mais sort des presses de *Laurent Kellam, 1605*. Au verso du 8e feuillet se trouve une fine vignette signée *J. Waldor*, graveur liégeois bien connu.

3315. Brandt (Séb.). Ad divvm Maxi‖milianvm Caesarem invictissi‖mum, cunctosq̃ȝ Christiani nominis princi= ‖ pes & populos, Nęnia Sebastiani brant, ‖ In Thurcarum nyciteria, cum arri‖piendę in eosdem expeditio= ‖ nis exhortatione. *Fnc.* 4 *recto*, *l.* 10 : Ex Argentoraco Nonis Februarijs͵ ‖ Anno M.D.XVIII. Plaq. in-4 de 4 ffnc., rel. vél.

>Petit poème latin de 96 vers du célèbre auteur satirique allemand *S. Brandt* ou *Brant*, né à Strasbourg en 1458, mort en 1520.

3316. Brentz (Jean). Homi‖liae viginti ‖ duę, Sub incursionem ‖ Turcarum in Germa= ‖ niam, ad populū dictę. ‖ Avtore Ioan= ‖ ne Brentio. ‖ Cum Præfatione D. ‖ Martini Lutheri. ‖ Vitebergę 1.5.32. [*Titre encadré.*] *Fnc.* 140 *recto*, *l.* 7 : Vitebergae per Ioan= ‖ nem Weiss. Anno ‖ M.D.XXXII. Men= ‖ se Febrva. Petit in-8 de 140 ffnc., rel. vél.

>*Jean Brentz* (1499-1570) était chanoine quand il adopta avec ardeur les idées de Luther, dont il devint le disciple puis l'apôtre; il organisa l'église de Halle, se maria et fut jusqu'à sa mort un des principaux acteurs de la Réforme.

3317. Callimaco (Ph.). Philippi Callimachi Florentini, In Synodo Episcoporvm de contribvtione cleri, Oratio. *(Marque typ.)* Cracoviae In Officina Lazari : Anno Domini, M.D.LXXXIIII. In-4 de 12 ffnc., cart.

>Préface de *Jacob Gorsch*.

3318. Cantoral (H. V. de). Hyeronimi Valentini cognomento de Cantoral.....

Tractatvs Bellicvs de Tvrca vincendo & funditùs euertendo Militiâ Germanicâ..... Cum Appendicula de modo vincendi. Ienae Typis Tobiae Steinmanni Anno M.D.IIC. Petit in-8 de 76 ffnc., rel. vél.

Ce nom de *Cantoral* est un pseudonyme : tout ce que l'on sait de l'auteur est qu'il semble avoir d'abord été militaire et s'est mis plus tard à étudier à l'Université d'Iéna.

3319. [Catalani (Michael)]. De vita et scriptis Dominici Capranicae Cardinalis Antistitis Firmani Commentarius. J. A. Paccaronius excudit anno M.DCC.XCIII. In officina Firmana Palladis. In-4, br.

Travail estimé sur Capranica (1400-1458), auteur, entre autres ouvrages, d'un traité « De Actione belli contra Turcos gerendi ».

3320. **Chavigny** (J. A. de). Discovrs || Parenetiqve || svr les choses || Tvrqves, || Divisé en trois livres, || Ou est proposé, s'il est expedient & vtile à la Republi-||que Chrestienne, de prendre les armes par commu-||nes forces, & les porter iusqu'en Grece, & Thrace, || contre ce iuré & pernicieux ennemi, du nom Chre-||stien, qui par toutes voyes cerche d'enuahir & rui-||ner la Chrestienté. Et ou par occasion sont inserez || quelques Presages sur l'horrible eclipse de Soleil, || qu'on a veu dernierement au mois d'Octobre 1605. || Est adiousté vn Traicté sur le comete, qui apparut l'an || precedent 1604. audit mois d'Octobre. || Le premier liure & second traduits du Latin de B. Georg. Hongrois : || le reste colligé & mis à l'auant par I.A.D.C.B. || (*Marque typ.*) || A Lyon, || Chez Pierre Rigavd, en ruë Merciere au coing || de ruë Ferrandiere à l'Horloge. 1606. || Avec Permission. Petit in-4 (form. in-8) de 9 ffnc., 190 pp., rel. mar. olive, tr. dor., plats ornés, dent. int. (Chambolle-Duru.)

Le premier livre seul est la traduction du célèbre traité de *Georgiewitz* (Cf. n°s 3540 et suiv.), les deux autres et le « Traité du novveav Comete...» qui forme une quatrième partie sont l'œuvre de l'astrologue Jean-Aimes de Chavigny, de Beaune (né vers 1524, mort vers 1606), bien connu pour ses Commentaires sur les prédictions de Nostradamus dont il avait été le disciple.

3321. Classicum Belli Christiani, || ad || Christiani Principes Orbis, || adversvs || Christiani nominis hostes, || Ottomannidas. || cIɔ Iɔc LXI. Plaq. petit in-4, 20 ffnc., le dern. blanc, rel. vél. — De subito adversus Osmannidas subsidio. CIƆ IƆC LXIV. *S. l. n. d. n. typ.* In-4 de 23(1) pp., rel. vél.

3322. **Clichtove** (Josse). ℭ De bello et pace || opusculũ, Christianos prin=||cipes ad sedandos bel-||lorũ tumultus || & pacẽ || cõ= || ponendam exhortans. || Parisiis || Ex officina Simonis Colinæi || 1 5 2 3. *F° 3 recto, incipit* : ℭ De Bello et pace opv=|| sculum : per Iuodocum Clichtoueum,..... Petit in-4 de 30 ff., 2 ffnc., dérel.

3323. **Conring** (Hermann). De bello contra Turcas prudenter gerendo libri varii, selecti, & uno volumine editi..... HelmestadI, Typ. & sumpt. Henningi Mvlleri, Anno cIɔ Iɔc LXIV. 1 vol. petit in-4, rel. vél., tr. rouges.

Le recueil de Conring (1604-1689) contient entre autres ouvrages, plus ou moins complètement reproduits, ceux de *Tarducci*, *Sansovino*, *Busbec*, *Tarnovius*.;.... on y rencontre également la traduction d'une lettre d'Henri de La Tour, vicomte de Tourenne (*Turenne*, plus tard *duc de Bouillon*), sur la nécessité et la manière de combattre les Turcs.

3324. Consilia bellica a Svmmis Pontificibvs, Imperatoribvs, cæterisqve Sac. Rom. Imperii Electoribus, Principibus ac statibus, nonnullis etiam alijs hominibus doctissimis... contra Turcam explicata..... Edita Ex officina Grosiana. 1603. *In fine* : Islebiæ. Iacobvs Gvbisivs Excvdebat. 2 parties en 1 vol. petit in-4, rel. parch.

Recueil intéressant.

3325. **Coppin** (Jean). Le Bouclier de l'Europe, ou la Guerre Sainte, contenant des avis politiques & chrétiens, qui peuvent servir de lumière aux Rois & aux Souverains de la Chrétienté, pour garantir leurs Estats des incursions des Turcs, & reprendre ceux qu'ils ont usurpé sur eux. Avec une relation de Voyages faits dans la Turquie, la Thébaïde & la Barbarie..... Imprimé av Pvy. Et se vend a Lyon, chez Antoine Briasson..... MDC.LXXXVI. 1 vol. in-4, avec planches, rel. veau raciné.

L'auteur de cet ouvrage, Jean Coppin, fut d'abord officier de cavalerie et servit comme tel dans les guerres de la France contre l'Autriche. Il voyagea ensuite à diverses reprises en Afrique et en Orient et exerça à Damiette les fonctions de consul de France. Il finit par entrer dans l'ordre des Hermites au diocèse du Puy. L'idée d'une nouvelle croisade le hantait depuis longtemps et il fit en ce sens des démarches auprès du Pape et de Louvois. N'ayant obtenu aucun succès, il se résolut, à l'âge de 70 ans, à écrire ce livre où il expose tout le plan de cette croisade.

Le plat supérieur de la reliure de cet exemplaire, qui provient de la bibliothèque Sobolevski, porte le nom : Malmaison. Au bas du dos les lettres P. B. laissent supposer que ce volume a appartenu à Pauline Borghèse.

3326. **Coptius** (Franciscus). Francisci Coptii || Narniensis ad Caesa||rem oratio pro || Christiana Repv. || De Concordia || Principvm ad || versvs Tvr||cas. (*Titre encadré.*) *Fnc.* 12 *recto*, *l.* 7 : Impressum Romæ in Campo Floræ per || Magistrum Marcellum die octaua || Augusti. M.D.xxiii. Petit in-4 de 12 ffnc., sign. A-C, rel. vél.

L'auteur, originaire de Narni (Ombrie), a dédié son ouvrage à Louis de Cordoue, duc de Sessa, vicaire de l'empereur en Italie.

3327. **Cuspinien** (J.). Oratio pro=|| treptica Ioannis Cvspiniani ad Sacri|| Ro. Imp. Principes & proceres, ut bellum suscipiant contra || Turcum cum descriptione conflictus, nuper in Hunga= || ria facti, quo perijt Rex Hungariæ Lvdovicvs. || Et qua uia Turcus Solomet ad Budam || usq; peruenerit ex Albagræca, Cum enu||meratione clara dotium, quibus à || natura dotata est Hungaria, || cū insertione multarum || rerū annotatu dignis || simarum. Lege le||ctor & iudi=|| ca in quam || miseriā || ho=|| die Christia=|| nitas est coniecta. || (*Blason.*) *Fnc.* 16 *verso*, *l.* 11 : Excusum Viennæ Austriæ, per || Ioannem Singrenium. || (*Marque typ.*) Petit in-4 de 16 ffnc., dérel.

Au verso du titre, une dédicace de *Cuspinien* à Bernard Clesius, évêque de Trente (1514-1539), depuis cardinal-archevêque de Brescia.

3328. — De Turcarum Origine, Religione, ac immanissima eorum in Christianos tyrannide; Deque viis, per quas Christiani Principes Turcas profligare & invadere facile possent; Liber olim ad utilitatem Reipublicæ Christianæ editus,..... Lugduni Batavorum, ex off. J. Maire, cIɔ Iɔ CLIV. In-16, rel. vél.

Jean Spieshammer, dit Cuspinien (1473-1529), garde de la Bibliothèque de l'empereur Maximilien I, mourut avant la publication de son « De Turcarum origine », imprimé pour la première fois en 1541, à Anvers.

3329. **Decianus** et **Frangipani**. Io. Francisci Deciani Ivris vtr. Doctoris, Psalmvs. Ad implorandum diuinum auxilium in Bello. Clavdiiq. Cor. Frangipanis ad Devm Opt. Max. Hymnvs. [*Titre encadré avec la marque typ. des imprimeurs vénitiens les Guerra en 1570.*] Plaq. in-4 de 4 ffnc., rel. vél.

3330. **Del Rio** (B.). Baltasaris || Del Rio Pallantini : Archidiaconi Cesenat. || Sanctissimi. D. Nostri Leonis Papæ De-||cimi Cubicularii Oratio ad eundem Do||minum nr̄m Papam & Sacrosanctum || Lateraneñ Concilium de expeditio|| ne contra Turchas ineunda. ha||bita Romę in Basilica. S. Io. || Lateraneñ in septima Ses||siōe celebrata Die. xvii. || Iunii. M.D.Xiii. || Pōtificatus Sui || Anno. || Primo. *Fnc.* 10 *recto, l.* 12 : Romæ Impressum per Iacobum Mazochium Die || octaua Iulii Anno Domini .M.D.XIII. || Deo Gratias. || Finis. || Plaq. in-4 de 10 ffnc., rel. vél.

3331. **Denys le Chartreux**. D. Diony= || sii Carthvsiani || contra Alchoranum & sectam || Machometicam libri quinque. || 1. De perfidia Machometica & fide catholica, || in generali. || 2. Contra Alchorani errores singulos, in speciali. || 3. Contra Machometi doctrinam, multaq̄ᴣ || Sarracenorum scripta. || 4. Alchorani refutatio ex Euangelicis documētis. || 5. Dialogus Chr̄iani & Sarraceni de fide vtriusqᴣ. || Eivsdem || De instituendo bello aduersus Turcas, & || de generali celebrando Concilio. || Contra vitia superstitionum. || Cvm gratia et privilegio. || Coloniæ apud Petrum Quentel. || Anno XXXIII [*1533*]. Petit in-8 de 8 ffnc., 628 pp., 1 fnc., fig. sur bois, rel. mar. rouge, fil. tr. dor., dent. int.; au dos, chiffre du comte Riant. (Dupré.)

Ce livre est devenu rare. Si l'on en croit *Peignot*, il aurait été condamné au feu. Son auteur prétendait avoir eu des révélations en vertu desquelles il exhortait les princes chrétiens à prendre les armes contre les Turcs.

3332. **Donato** ou **Donati** (Jérôme). Hieronymi Donati Dignissimi Oratoris Veneti Ad || Cæsarem pro re Christiana. Oratio. || [M]agna & præclara res est Serenissime || Cæsar imperii :..... *Fnc.* 4 *verso, l.* 28 : Impressum Venetiis per Bernardinum Venetum || De Vitalibus Anno Domini .M.CCCCCI. || Die Primo Mensis Iunii. || Cum gratia. Et Priuilegio. Petit in-4 de 4 ffnc., sign. A., caract. rom., 32 ll. ll., rel. vél.

J. Donato, d'une des premières familles de Venise, occupa des charges importantes et, nommé en 1510 ambassadeur auprès de Jules II, il réussit à réconcilier la République de Venise avec ce pontife. Panzer, qui cite un discours de Donato au roi de France imprimé la même année 1501, à Venise chez Alde, ne signale pas cette rare impression.

3333. **Eck** (J.). Sperandam || esse in brevi victoriam || aduersus Turcam, Iohan. Eckij Homiliæ V. || ex Byblia desumptæ. Ad Reuerendiss. patrē || & dominum D. Bernhardum, S. R. E. Car= || dinalem, ac Episcopū Tridentinum.|| (*Armes du cardinal Bernard de Glöss*.) || Fnc. 27 *verso*, *l*. 6 : Augustæ Vindelicorum, per Alexan= || drum Vueissenhorn. M.D.XXXII. In-4 de 28 ffnc., le dernier blanc, rel. vél.

3334. **Eckhard Fidelis** *alias* **Alethophilus Franco**. Ratio status Orbis Turcici et Christiani : sive Gog Duæ alæ; I. Populorum externorum in fœdus & societatem assumtio, II. Christianorum interna discordia; maximè adhuc formidabiles & metuendæ, vivis coloribus expressæ..... Lipsiæ, Sumtibus ac Prælo Ritzschiano, Anno M DC LXIII. In-4, d.-rel. bas.

La « Ratio » est dédiée à Frédéric-Guillaume, duc de Saxe-Cobourg. L'auteur, dans sa dédicace, dit être natif du duché de Cobourg et avoir fait ses études à Roda, petite ville appartenant au duc de Saxe-Altembourg; le nom qu'il prend est supposé et nous n'avons pu savoir rien d'autre sur son existence.

3335. **Efferhen** (Henri). XIII Homiliae in Capvt XXXVIII. et XXXIX. Prophetæ Ezechielis, De Gog & Magog, Seu de Tvrcis. Qvibvs docetvr, imperivm svb lege Mahometis collectum, in perniciē Christianorum, vt populi Dei, tanquā insigne flagellum, à Deo esse excitatum : ac tunc interiturum, cum populus Dei, iuxta Danielis & Ezechielis Vaticinium, fuerit in eius manus, propter securitatem & scelera sua, traditus : Atque vt hic euentus melius perspici possit, inserta est Historia, de Origine & progressu Mahometici Imperij. Authore Henrico Efferhen S. Theologiæ Doctore. Argentorati Excudebat Theodosius Rihelius. Anno M.D.LXXI. Vol. petit in-8 de 208 ffnc., rel. vél.

Henri von Efferhen (1530-1590), d'une famille noble du Rhin, embrassa l'état ecclésiastique, étudia à Paris puis à Tubingen et fut nommé, en 1578, prédicateur de la ville de Winnenden où il mourut.

3336. **Eobanus Hessus** (H.). Divo ac || invicto Imp. Caes. Caro= || lo. V. Augusto Germaniam ingredienti || Vrbis Norimbergæ gratulatoria Acclamatio. || Ad eundem de bello contra Turcas susci= || piendo Adhortatio. || Per H. Eobanum Hessum. || In aduentum eiusdem, Vrbis Francofurdij Gra= || tulatio. Per Iacobum Micyllum. || *Suit une épigramme de six vers latins adressés* « Ad librum ». || Fnc. 16 *r*°, *l*. 10 : Io. Petreivs excvde-||bat Norembergae. || An. M.D.XXX. Petit in-8 (in-16) de 16 ffnc., rel. vél.

Helius Eobanus Hessus (1488-1540), poète et historien allemand, fut longtemps professeur de belles-lettres à Nüremberg; c'est en cette qualité qu'il a écrit la pièce de vers contenue dans cette *rarissime* plaquette. *J. Micyllus* ou *Moltzer* (1503-1558) a été l'un des humanistes les plus distingués du xvi° siècle.

3337. Epistola || Drizata per vn seruo de Dio al||la setta delli Agareni ditti Saraceni, annontian*i*||doli el gran mysterio che lo omnipotente Dio || Iesu Christo vero Signore tene a punir le ini*i*||quita de falsi Christiani per reformare, & cō*i*||fortare li boni a far bene, & patir male, & || per conterire prestamente, & conuer*i*||tire le Mahumetice genti alla sua fe||de orthodoxa santissima. || ✠ || [*Figure sur bois au trait.*] *S. l. n. d. n. typ.* Plaq. petit in-8, car. rom., 36 ll. ll., signat. A, cartonné.

3338. Erasme (D.). Vtilis :||sima consvltatio de || bello Turcis inferendo, & obiter enar= || ratus Psalmus XXVIII. per || Des. Erasmvm Ro= || terodamvm. || Opus recens & natum, & æditum. || Vænit Parisiis apud Christianum || VVechel sub scuto Basilæensi, in || uia Iacobæa. || 1530. (*Encadrement gravé sur bois au titre.*) *In fine* : Lvtetiae Parisiorvm. || Mense Iunio. Anno || M.D.XXX. Petit in-4 (aspect in-16) de 32 ffnc., rel. veau f. estamp. (jolie reliure du xvie siècle, légèrement restaurée).

A la suite de la « Consultatio », on trouve relié le traité » De Civilitate morvm pverilivm Per Des. Erasmvm Roterodamum libellus nunc primum & conditus & æditus. (*Marque typ.*) Parrisiis Christianus Wechel..... 1530 ». Petit in-4 de 16 ffnc. Ces deux rares éditions sont sorties des presses de Wechel, l'ami et correspondant d'Erasme, peu après les éditions de Fribourg et de Bâle.

3339. — Des. Erasmi || Roterodami || Consultatio || De || Bello Turcis inferendo. || Opus cum cura recens editum. || (*Marque typ.*) || Lugduni Batavorum, || Ex officinâ Joannis Maire. || cIↄ Iↄc XLIII. In-12 de 91(1) pp., rel. vél.

3340. Estienne (Henri). Henr. Stephani Orationes II. I. Aduersus lib. Vberti Folietæ De magnitudine & perpetua in bellis felicitate imperii Turcici. II. Ad expeditionem in Turcas fortiter & constanter persequendam exhortatoria. Quæ Avgvstiss. Cæsari & universis Rom. imp. ordinibus, Ratisbonæ conuentũ habentibus, ab eodem oblatæ, & illis acceptissimæ fuerunt. Francfordii, Typis Wechelianis, M.D.LXXXXIIII. Petit in-8 de 208 pp., rel. vél.

3341. Excitatorium contre les Turcs. Plaq. in-4 de 5 ffnc., rel. vél. — Fac-similé d'un incunable. F° 1 r°, *inc.* : Ernmanũg d· cristēheit widd· die durkē || O Almechtig kōnig in himels..... F° 5 r°, *l.* 20, *expl.* : tage so sehs stunde her zu keeren.. ·:· .... || Eyn gut selig nuwe Jar. ||.

3342. Facchinelli (Agostino). Nelle Gverre Correnti d' Europa Si supplica la Santitá di N. S. Papa Clemente Decimo Ad interporsi per la Pace, ed à portar l'armi contro il Turco. Oda..... Humiliata alla Grandezza dell' Emin..... Principe il Signor Cardinale Altieri, Nipote di Sua Santita'. Venetia, Presso il Catani, M.DC.LXXV. Plaq. in-8 de 8 ffnc., rel. vél.

3343. Farra Viceconte (Grassino). La cristianita svelgiata che con Tromba di Religione eccita i suoi Principi a mouersi in cosi opportuna occasione contra la Potenza Ottomanna & insieme Svona i modi facili per totalmente distruggerla. Con vn compendioso racconto degli acqvisti fatti sin' ora dall' armi cristiane. Opera nuouamente Espostta in Publico dal Dottor Grassino Farra Viceconte..... In Venetia, Per il Prodocimo, M CLXXXVI (*1686*). Petit in-4 de 23(1) pp., rel. vél., titre r. et n.

A la suite on a relié le traité anonyme « Raggvaglio historico a Prencipi Christiani..... ove si tratta de l' Origine de Turchi e loro conquiste » que l'on rencontre assez souvent sans le premier cahier. (Cf. n° 3393.) Le traité de Farra Viceconte est d'une exécution typographique très grossière.

3344. Filiarchi (Cosimo). Trattato della gverra, et dell' vnione de' Principi Christiani contra i Turchi, & gli altri Infedeli... In Vinetia, Appresso Gabriel Giolito di Ferrarii, MDLXXII. In-4 de 6 ffnc., 163(1) pp., rel. vél.

3345. [**Francke** (Christian)]. Dolivm Dio= ǁ genicvm strepitv svo col= ǁ laborat Dynastis Christianis ǁ Bellvm in Tvrcas pa= ǁ rantibus. ǁ (*Gravure sur bois représentant Diogène dans son tonneau.*) ǁ Diogenes. ǁ Voluto ego etiam dolium meum, ne solus feriari ǁ inter tot laborantes videar. ǁ *S. l. n. d. n. typ.* (Prague, 1594.) Petit in-4 de 12 ffnc., sign. A-C, le dernier raccom., rel. vél.

Le visionnaire *Francke* ou *Francken*, né en 1549 dans la Vieille-Marche, se fit catholique en 1568 et vint à Rome où il entra cette même année dans l'ordre des Jésuites; il abandonna, en 1579, l'ordre et même la religion catholique, et sa vie, jusqu'en 1595, où il cesse de faire parler de lui, n'est plus qu'une succession d'extravagances. Il composa son « Dolium Diogenicum » pour gagner les bonnes grâces de la cour de Vienne et l'adressa pour cela aux conseillers impériaux Anselme de Vels in Intzing et Jacobus Curtius ab Senfftenaw. Cette rare édition a été réimprimée dans les « Selectissimæ Orationes... de bello Turcico » de *Reusner* et dans le recueil de Conring. Maltzahn (*Deutsch. Büch.*) en signale une édition en allemand, imprimée à Magdebourg en 1605.

3346. Frangepán (F. de). Oratio reve= ǁ rendissimi in Christo patris ǁ D. Francisci comitis de ǁ Frangepanibus / Archiepi= ǁ scopi Coloceñ. et Episco= ǁ pi Agrien. Oratoris re= ǁ gni Hungarie ad Cae= ǁ sarem / Electores ǁ et Principes ǁ Germa= ǁ niae. ǁ ✠ ǁ M.D.XLI. *S. l. n. d. n. typ.* [Bâle?] Petit in-4 de 8 ffnc., rel. vél.

Discours prononcé à Ratisbonne, le 9 juin 1541, en présence de Charles-Quint, dans lequel Franz de Frangepán, archevêque de Colocza, dépeint le malheureux état de la Hongrie tombée sous la domination des Turcs et exhorte les princes chrétiens à la lutte contre Soliman.

3347. Gebet wieder ǁ des Tûrckens zunemen= ǁ de vnd wachsende ǁ gewalt. ǁ Von wegen vnser zunemenden ǁ sûnden vnd vnbuszfertigen ǁ lebens / aus etlichen ǁ Psalmen. ǁ Durch ǁ Andream Musculum ǁ D. ǁ Zu Franckfurt an der ǁ Oder / druckts Johann. ǁ Eichorn. ǁ 1566. Petit in-8 de 8 ffnc. — Ein Bitgesang ǁ zu Gott Vater / Sohn / vnd ǁ Heiligen Geist / inn gegenwertiger ǁ Tûrcken noth. Jm Thon : Aus ǁ tieffer Noth / ꝛc. Vor der ǁ Predigt zu singen. ǁ Sampt Zweyen Schônen Christlichen ǁ Gebeten / gegen dem Erbfeind dem ǁ Tûrcken, Gott vmb hûlff ǁ an zu ruffen. ǁ (*Fig. : aigle impériale*). *Au verso du titre, fig. sur bois. Fnc.* 8 *recto* : Gedruckt zu Breszlaw / durch ǁ Georgium Baw= ǁ mann. Jm Jahre. ǁ M.D.XCIII. Petit in-8 de 8 ffnc. Ensemble rel. vél. bl.

3348. Zwey Gebet ǁ wieder den Tûrcken. ǁ (*Fig. sur bois : Calvaire*) ǁ 1593. *Verso blanc. Fnc.* 4 *recto, l.* 11 : Gedruckt zur Neysz / durch ǁ Andream Reinheckel. ǁ 1593. *Verso blanc.* 4 ffnc., sign. A. — Zwey Schône ǁ vnd Christliche Gebet / wi= ǁ der den grausamẽn Erbfeind des ǁ ewigen

Sohnes Gottes vnd der gantzen || Christenheit / den blutdûrstigen Tûrcken / || Zu diesen gefehrlichen Zeiten zu || Beten zum hôchsten von || nôthen. || (*Fleuron typ.*) || Gedruckt zu Bresslaw / || Durch || Georgium Bawmann. || 1593. 8 ffnc., le dernier blanc manque. — Ein Christlich || Gebet wider den || Tûrcken. || Gestellet / durch || M. Adamum Curæum || weiland || Predigern zu S. Maria Magda= || lena in Bresslaw. || (*Fleuron typ.*) || Gedruckt zu Bresslaw / durch || Georgium Bawmann. || M.D.XCIII. *Au verso du titre, fig. sur bois pareille à celle signalée au numéro précédent.* 8 ffnc., le dernier blanc? manque. Ensemble 1 plaq. rel. vél. bl.

Le premier de ces opuscules est une rarissime plaquette, la plus ancienne impression faite, à notre connaissance, à Neiss dans la Silésie prussienne. Deschamps (*Dict. géog.*) pense avec Falkenstein que l'imprimerie à Neiss ne remonte pas au delà de l'année 1612. Cette affirmation est détruite par l'existence de cette prière contre les Turcs, impression populaire datée de 1593; mais on sait combien ce genre d'impressions a été facilement détruit par l'usage.

La seconde pièce est signée *M. Casparus Orthmanus.* (Fnc. 7 verso.)

3349. **Ein Christlich** || Gebet wider den Tûr= || cken. || Gestellet / durch || M. Adamum Cureum / Pre= || diger zu S. Maria Magda= || lena in Bresslaw. || (*Fleuron typ.*) || M.D.Lxvj. *Au verso du 1ᵉʳ fnc.*, fig. sur bois représ. la Sainte-Trinité. *Au verso du fnc.* 6: Gedruckt zu Breslau / durch Cri= || spinum Scharf= || fenberg. Plaq. de 6 ffnc., car. goth., 2 gr., 16 ll. ll., cart.

Cette prière de M. *Adam Cureus* ou *Curæus* a été réimprimée à Breslau en 1593. (Cf. nº précédent.)

3350. **Ferrarius** (Zacharie). Ad Venetos Reue || rendi in Christo pat. dñi Zacharie || Ferrar. Vincētini Subasien. Abbat. || de eorū dominio breui diruendo. || Et vd ad cor reuertantur. Elegia. || *Le texte suit.* Fnc. 2 verso, *l.* 31 : Data Venetiis xvj Cal. Decembr. M.D.vɪɪj. || Plaq. de 2 ffnc. In-4, car. goth., 2 grand., sign. A-Aij (remontés). Rel. vél.

Ferrarius montre à Venise que si elle ne revient pas à elle et n'écoute pas les avis du pape, Soliman se prépare à lui enlever ses possessions d'Orient.

3351. **Gemistus** (Joannes). Ad Sanctissimvm Dominvm No- || strvm Leonem Decimvm Pon. || tificem Maximvm. Ioannis || Gemisti Graeci Secreta || rii Ancone. Protre. || pticon. Et. Prono || sticon. || (*Gravure sur bois représentant l'auteur à genoux offrant son poème à Léon X; au-dessous, armes de ce pape.*) Fnc. 36 *verso*, *l.* 12 : ☙ Impressum Anconæ per Bernardinum Guerral || dum Vercellēsem Anno Dñi M.CCCCC.XVI. Die XVIII, Mensis Ianuarii : || Laus Deo : || Finis. || Plaq. in-4 de 36 ffnc., car. rom., prép. p. rel.

Poème héroïque dans lequel l'auteur, Grec de nation, réfugié en Italie, engage Léon X à se mettre à la tête des princes chrétiens pour délivrer les Grecs du joug ottoman. B. Guerralda est le premier imprimeur qui ait exercé à Ancône et l'on ne cite pas de livre antérieur à 1511 qui soit sorti de ses presses.

3352. **Geuder de Heroltzberg** (Jacques). Tvrca ΝΙΚΗΤΟ'Σ : Hoc est; De Imperio Ottomannico evertendo, et bello contra Tvrcas prospere gerendo, consilia tria, lectione & cognitione valde digna : I. Lazari Soranzii, Patr.

Veneti : quod Ottomannvm, siue de rebus Turcicis : II. Achillis Tarduccii : quod Tvrcam vincibilem inscribere placuit : III. Anonymi cuiusdam Dissertatio, De statv Imperii Tvrcici, cuiusmodi sub Amurathe III. fuit : deq; eius euertendi modo. Nunc primum ex Italico idiomate in Latinum conuersa..... cum Indice copioso. (*Marque typ.*) Francofvrti, Typis Wechelianis,... MDCI. Petit in-8, 8 ffnc., 389(1) pp. et 13 ffnc., rel. vél. blanc.

3353. **Ginius** (Leonardus). Ad Christianos Principes de svscepto pro Christiana Rep. contra Turcas bello communiter conficiendo Leonardi Ginii Cortonensis Oratio. Ad Serenissimvm Franciscvm Medicem Magnvm Etrvriae Principem. Senis, Apud Lucam Bonettum Typographum Eccellentiss. DD. Iuristarum. 1572. Plaq. in-4 de 47(1) pp., rel. vél.

3354. **Gomez.** Jervsalem Libertada, Y Restauracion de toda la Palestina. Caida, y dessolacion de la Secta de Mahoma. Profezia del Santo Varon Nicolas Factor; anunciandola, y señalando la parte por donde han de entrar los Exercitos Christianos à conquistar la Morisma. Lamentaciones, y vaticinios, dolorosos con que el Sabio Filosofo Achàm Turuley, natural de Arabia Felize, llora la vltima Ruina de su Agarena Gente, dando las señas fixas del Gran Rey, y Nacion Heroyca que los ha de conquistar, y destruir à sangre, y fuego. Por el Doctor Don Rodrigo Gomez de Aguilera y Saavedra... En Madrid : Por Lucas Antonio de Bedmar y Baldivia... Año de 1684... In-8 de 3 ffnc. (dont 1 front. grossièrement gravé sur bois), 10 pp., cart.

> Impression populaire. Gomez de Aguilera y Saavedra, chevalier de Saint-Jacques, était natif de Malaga ; la prophétie de Nicolas Factor a été écrite en 1430, celle de l'arabe Turuley en 1200 ; cette dernière avait été traduite au xvie siècle en espagnol par un certain *Ioachin Mendez* qui avait été captif en Terre Sainte.

3355. **Hulten** (Ulrich de). Vlrichi || de Hvtten Eqvitis Germani || ad Principes Germaniæ, vt bellum Tur||cis inuehant. Exhortatoria. || Publico Germaniæ Concilio apud Augustam || Vindelycorum. Anno domini. || M.D.XVIII. || Maximiliano Avstrio || Imperatore. || Cvm privilegio || imperiali. *Titre encadré. Fnc.* 20 *recto, l.* 34 : ¶ In officina excusoria Sigismundi Grim̄ Medici, & Marci || Vuyrsung. Augustę. An. M.D.XVIII. In-4 de 20 ffnc., rel. vél.

> Première édition du célèbre pamphlet d'Ulric de Hutten (1488-1523). Il gourmande la cour de Rome qui n'a jamais songé à faire la guerre aux Turcs que pour demander de l'argent à l'Allemagne ; il demande aux princes allemands de cesser leurs débauches et leurs brigandages pour s'unir contre l'ennemi commun. Ulric de Hutten, qui n'avait pas encore rompu à ce moment avec les catholiques, avait suivi l'archevêque Albert de Mayence à la diète d'Augsbourg.

3356. **Jonas** (Just.). Das siben||de Capitel Danielis / von || des Türcken Gottes || lesterūg und schreck=||licher mörderey/||mit vnter=|| richt. || Justi Jonae. || Wittemberg. M.D.XXX. (*Titre encadré.*) Petit in-4 de 44 ffnc., rel. vél.

> Rare. Cet opuscule, qui porte le nom du fameux *J. Jonas* (1493-1555), est, paraît-il, en grande partie l'œuvre de *Mélanchton*. (Cf. Strobel, *Bibl. Mel.*)

3357. **Knellinger, S. J.** (Balthasar). Predigen Zu Zeit dess Tûrken = Kriegs Von Anno 1683. In welchen das Christen = Volk Zur Buss / vnd Andacht / Dann auch Zu Lob= vnd Dank = Sprechung Auffgemahnet worden... München, In Verlegung Johann Hermann von Gelder,... Gedruckt bey Sebastian Rauch, im Jahr 1687. 3 tomes en 1 vol. in-4, rel. vél. Ex-libris de J. L. A. Baldinger.

3358. **Lauterbach** (Johan.). De Bello contra Tvrcas svscipiendo. Commentatio..... Confvsio Sectæ Mahometanæ ab eodem Latinitate donata. (*Marque typ.*) 1595. Lipsiæ. *In fine* : Lipsiæ, Excudebat Abraham Lamberg, M.D.XCV. Petit in-8 de 7 ffnc., 268 pp., 1 fnc., rel. vél.

J. Lauterbach, né en 1550 à Noscowitz, vivait encore en 1616. La seconde partie de son livre est une traduction latine du traité contre l'Alcoran d'*André le More*, d'après la traduction italienne.

3359. **Leibnitz.** De expeditione Ægyptiaca Ludovico XIV Franciae Regi proponenda scripta quæ supersunt omnia... edidit *Onno Klopp*. Hanoveræ, Impensis Klindworthianis, 1864. In-8, portrait de Leibnitz grav. sur acier, d.-rel. mar. rouge, tête lim., ébarb.; au dos, chiffre du comte Riant.

3360. Libre del orde ☩ Cauayleria compost a Miramar ☩ Mallorca p Mestre Ramon Lull. Barcelona : libreria den Alvar Verdaguer (1879). — Procehint per quïze inuocacions de la Uerge Maria, pregant la per la destructio del gran Turch y sos sequaces, o per la conuersio de aquells a la sancta Fe catholica. *S. l. n. d. n. typ.* Ensemble 2 plaq. in-8 et petit in-4, rel. vél.

(*Bibliotheca ☩ obretes singulars del bon temps ☩ nostra lengua materna estampades en letra lemosina.*)

3361. **Locher** (Jacques). Spectaculum a Jacobo Locher. more tra= || gico effigiatum. In quo christianissimi Re||ges. aduersum truculentissimos Thurcos|| consilium ineunt. expeditionemq3 bellicam || instituunt. inibi salubris pro fide tuenda ex= || hortatio. Eiusdem iudiciū Paridis de pomo aureo. || de triplici hominum vita. de tribus deabus. || que nobis vitam contemplatiuā. actiuam. || ac voluptariam representant. ᴢque illarum || sit melior. tutiorq3. (*Grav. sur bois au verso.*) *S. l. n. d. n. typ.* Petit in-4 de 24 ffnc., sign. a-e par 4 ff., sauf a et c qui en ont 6; car. goth., rel. vél.

Jacques Locher, surnommé parfois Philomusus (1470-1528), était professeur de rhétorique à Fribourg quand une querelle littéraire avec Erasme le força à quitter cette ville pour s'établir à Ingolstadt. Cet ouvrage ne porte pas de nom d'imprimeur; il sort probablement des presses de J. Kachelofen, le premier imprimeur d'Ingolstadt, qui avait déjà, en 1499, imprimé des ouvrages de Locher. On lit à la ligne 7 du dernier feuillet (recto) : Actum in studio Ingolstadensi .xiij Calendas Julij. || Anno dñi M ccccc.ij.......

3362. **Luther** (Martin). Ene Heer || predigt wider den || Turcken. || Mart. Luther. || Wittemberg. || M.D.XXX. [*Encadrement gr. sur bois au titre.*] Fnc. 22 recto, *l.* 23 : Gedruckt zŭ Nŭrnberg durch || Iohann Stuchs. Fnc. 22 verso blanc. Petit in-4 de 22 ffnc., signat. A-F (E n'a que 2 ff.), init. gr., broché.

Cette édition ne contient pas la carte des quatre empires de Daniel qu'on trouve dans celles indiquées ci-après (n°s 3367 & 3368).

3363. **Luther.** Vermanunge || zum Gebet / || Wider den || Türcken. || Mart. Luth. || Wittemberg. || M D XLI. [*Ce titre est entouré d'un encadrement gr. sur bois.*] *Fnc.* 27 *verso*, *l.* 9 : Gedrůckt zu Wit= || temberg / durch || Nickel Schir || lentz. Anno || M.D.XLI. *Fnc.* 28 *blanc.* Plaq. petit in-4, 28 ffnc., signat. A-G, init. gr., dérelié.

3364. — Eine Heer= || Predigt / Wider || den Türcken. || Mart. Luth. || Wittemberg. || 1 5 4 2. || [*Ce titre est placé au centre d'une figure représentant David tuant Goliath.*] *Fnc.* 32 *recto*, *l.* 10 : Gedrůckt zu Wit= || temberg / durch || Nickel Schir= || lentz. Anno || M.D.XLII. *Au fnc.* 5 *recto : carte des quatre Empires (Daniel*, *c.* 7.) Plaquette petit in-4, 32 ffnc., signat. A-H, avec deux figures sur bois (carte et titre), init. gr., d.-rel. bas.

Cet opuscule avait déjà été imprimé par N. Schirlentz en 1529 et en 1530. Heinrich Stayner l'imprima également en 1542. (Cf. *infrà* n° 3368.)

3365. — Ein Heer= || predigt / Wider den || Türcken. || Mart. Luth. || M.D.XXXXII. [*Ce titre est entouré d'un encadr. gr. sur bois.*] *Fnc.* 25 *verso*, *l.* 29 : Gedruckt zu Augspurg durch || Hainrich Stainer. *Fnc.* 26 *blanc.* Plaq. petit in-4, 26 ffnc., signat. A-G (G n'a que 2 ff.). *Au fnc.* 4 *recto, la carte des* 4 *empires de Daniel.* Init. gr., dérelié.

3366. — Vom Kriege / || Wider den || Türcken. || Mart. Luth. || Wittemberg. || M D XLII. [*Le titre se trouve au milieu d'une gravure sur bois, la même que celle employée ci-dessus* (n° 3367)]. *Fnc.* 42 *verso* : Gedruckt Zu Wit= || temberg / durch Nickel || Schirlentz. || M.D.XLII. Plaq. petit in-4, 42 ffnc., signat. A-K (K est par 6 ff.), manch., init. gr., dérelié.

Luther écrivit ce traité le 9 octobre 1523 et fut imprimé en 1529, le 16 avril, par H. Weiss.

3367. — Vermanunge || zum Gebet / || Wider den || Türcken. || Mart. Luth. || Wittemberg. M D.XLII. *Fnc.* 23 *verso* : Gedruckt zu Wit= || temberg / durch || Nickel Schir= || lentz. Anno || M.D.XLII. *Fnc.* 24 *blanc.* Plaq. petit in-4, 24 ffnc., signat. A-F, init. gr. et encadr. au titre, le même que pour l'édition de 1541 (cf. n° 3366), dérel.

3368. — Vermanung zum || friede. || Item : Verma= || nung zur Busse vnd Gebet / || wider den Türcken. || D. Mart. Luth. || Gedruckt zu Wittemberg / || durch Hans Lufft. || 1.5.47. Plaq. petit in-4, 16 ffnc. (le dernier blanc), signat. A-D, init. gr., dérel.

Luther écrivit les trois sermons dont se compose cette plaquette, en 1542 et 1543. Cette édition a été donnée par Jean Bugenhagen qui y a ajouté une préface (ffnc. 1 à 3). Il a d'ailleurs pris part à la rédaction du troisième sermon.

3369. **Menichini** (Andrea). Discorso...... nel qval' essorta i potentati della Christianità, che vniti vadano à far l' vniuersal Crociata Contra gl' Inimici di Santa Chiesa. Con alcune sue Compositioni in Verso...,. In Trivigi, Appresso

Vangelista Dehuchino. M DXCVII. In-4 de 8 ffnc., 158 pp., 8 ffnc. — Rime.....
a' Prencipi Christiani & altri Personaggi per l' Vniuersal Crociata Contra
gl' inimici di Santa Chiesa. In Trevigi, Appresso Euangelista Dehuchino.
MDXCVII. In-4 de 165(1) pp., 4 ffnc. Ensemble 1 vol. in-4, rel. vél., avec
beau portrait à l'eau-forte d'A. Menichini, signé *Franco Valezo*.

3370. **Mercure** (J.). Exhortationes in Barbaros || Thurcos Scijthas Johannis || mercurij corigiēsis perornate. || *Fnc.* 49 *blanc*; *Fnc.* 50 : Hoc diuum & p̄cla-rissimū opus Iohañis mercurii corigiē || sis. Impressum est in mercuriali opido Antuuerpiēsi per || Theodoricū martini. Anno quingētesimo seūcdo die ve || ro xx. mensis Iulii. || In-8 de 50 ffnc. sign. A-H, par 8 ff. sauf C, E, G, qui en ont 4 et H qui en a 6, tit. goth., le reste car. rom., 37 ll. ll., rel. vél.

3371. **M. J. S.** Gûldener Rauch-Altar Des machtigen Gebets der Heiligen Christenheit In Türcken-Kriegs-Noth / Auff welchem Dem Drey-Einigen Herrn Zebaoth Hundert und siebenzehen unterschiedne Türcken Busz-Gebet / Vormahlen dargebracht und geräuchert / und ferner in solchem Nothfall mit heiliger Andacht zu opffern / nach der gewissen / oder vermutli-chen Zeit-Ordnung / Durch viel Gottselige Sorg und Müh zusammen gebracht..... Ratzeburg, Gedruckt bey Niclas Rissen. Jm 1685sten Jahre. Petit in-8, rel. vél.

3372. **Misiewski** (Thomas Antonius de Smielowa Wola). Cherub in Porta Paradisi Ecclesiæ Dei, contra Portam Otthomannicam cum Flammeo Versatili Gladio excubans, D. Andreas Corsinus, Florentinvs..... Episcopvs Fesv-lanvs,..... Oratione Panegyrica celebratvs. Anno Salutis 1686. Mense Februario. Cracoviæ, typis Universitatis. Petit in-fol. de 10 ffnc., br. — **Monterde** (Fr. Geronymo). Espejo sacro profetico, a favor de la iglesia, contra el imperio ottomano, y secta mahometana. En Valencia : Francisco Mestre, Año 1686. In-4, rel. vél.

3373. **Mohy**. R. Mohyi ab Rotondo-Campo Svasoriæ Epistolæ, Christiani Orbis Primatibus & populis scriptæ, pro suscipienda in Turcam expeditione. Leodii. Ex Officina Christiani Ouwerx, Typog.... M. DCVI. In-16 de 48 ffnc., rel. vél.

<blockquote>
Renacle Mohy, né en 1555, à Ronchamp (évêché de Liége), mort en 1621, se fit prêtre et, devenu curé d'Huccorgne, y ouvrit une école où il enseignait les langues anciennes. On a de lui plusieurs ouvrages latins ou français, tous d'une grande rareté.
</blockquote>

3374. **Monstres** || prodigievx || advenvs || en la Tvrqvie, || depuis l'année de la Comette, || iusqu'en l'an present 1624. || Menaçans la fin & entiere ruyne de || l'Empire Turquesque. || Le dernier Prodige arriua au mois d'Auril der-nier || en la Ville d'Ostrouizze, Forteresse du Turc, || d'vn Enfant, ayant a la teste trois cornes, trois || yeux, deux oreilles d'Asne, vne seule narine, || & les pieds tortus & renuersez, ainsi qu'il est representé par la figure suiuante. || Aussi l'interpretation & signification d'iceluy monstre, par les Deuins, &

Astrologues des Turcs. || A Paris. || Chez Iean de Bordeavx, ruë Daufi- || ne, à la Fleur de Lys. 1624. || Iouxte la coppie Imprimée à Rome par Loys Grignani, || Auec Permission des superieurs. || Plaq. in-8 de 16 pp., rel. vél., exemplaire réglé, non rogn.

Au verso du titre, une curieuse gravure sur bois représente « L'enfant monstrueux, aux trois yeux et aux trois cornes. »

3375. **Mora** (Domenico). Parere || del capitano || Domenico Mora || da Bologna, || Sopra l'ordine di Guerreggiare la potenza del || Turco, & quello, che in ciò egli giudica || necessario di fare per superarlo. || Al illvst.^{mo} et eccel.^{mo} || Sig. Castellano di S. || Angiolo il S. Giacomo || BonCompagni. || (*Armes d'un pape*) || In Bologna, per Alessandro Benacci. 1572. || Con licenza..... Plaq. form. in-16, sign. A-D par 4 ff., rel. parch.

Très rare opuscule avec le cachet de la Bibliothèque de l'archevêché de Bologne.

3376. **Mylius** (Georg.). Zehen Predigten || vom Türcken || In welchen ge= || handlet wird vom vrsprung vnnd || Anfang, Glauben vnd Religion, vnfug || vnd Tyranney, beharrlichen Sieg vnnd langwirigem Glück || des Türcken wider die Christenheit..... || .....Auch wie || diesem Feinde von der Christenheit müsse begegnet, || vnnd jme glücklicher Widerstand vnd ab= || bruch gethan werden, || Gehalten || in.....Jena || Durch || Georgivm Mylivm ||..... || Gedruckt zu Jena durch Tobiam Stein= || man, In verlegung Salomon Gruners, || Bibliopolæ Ienensis, Anno 1595. (*Titre en rouge et noir encadré.*) Petit in-4 de 4 ffnc., 130 ff. chif. — **Gessner** (Salomon). Funffzehen Predigten || Vom Türcken, || Vber das 38 vnd 39 capi= || tel Ezechielis, in welchen der vr= || sprung des Mahometischen Blutreiches, || neben der grausamen tyrannen vnd dem || Alcoranischen vnglauben, so wol der || Christen Sicherheit aus Gottes wort, || .....widerlegt vnd || gestrafft wird. || Gehalten in der Schlosskirchen || zu Wittemberg || durch || Salomonem Gessnerum, || ..... || Gedruckt bey Wolffgang Meissner, || In Verlegung Clemen Bergers. || ..... 1597. (*Titre en rouge et noir, encadré.*) Petit in-4 de 4 ffnc. 288 pp. — **Büntigus** (G.). Gründliche Erklerung || Der hertzlichen Geist= || reichen..... Sieben letzten Wort, || dess ewigen Sohn Gottes, vnnd einigen Erlöser || Menschlichen geschlechts, Jesu Christi, || zu Jerusalem : || Für nummehr 1565. Jahren, den 3 Tag Apri || lis, am Stamm dess Creutzes ausgesprochen. || ..... || Durch || M. Godeschalchvm Büntigvm || ..... || Gedruckt durch Friderich Hartman Buchführer in || Franckfurdt an der Oder. || Im Iahr : || M.D.XCVIII. (*Titre en 2 couleurs.*) Petit in-4 de 14 ffnc. (le premier blanc), 248 pp. faussement marquées 242(1). Ensemble 1 vol. in-4, rel. peau de truie estampée. (XVIe siècle.)

3377. **Mysinger de Frundeck** (Joachim). Ioachimi Mynsingeri Dentati a Frvndeck, Ivreconsvlti, Neccharides. Eivsdem Exhortatio ad bellum contra Turcos suscipiendum. Hymni in aliquot festa. Murium & ranarum pugna ex Homero translata. Naufragium venetum. Elegiarum liber unus. Epigrammatum liber unus. (*Marque typ.*) Basileæ, apud Mich. Isingriniū, MDXL. In-4 de 4 ffnc., 170 pp. — Ioachimi..... Avstriados libri dvo. (*Marque typ.*) Cum gratia & priuilegio inclytæ Cæsareæ Maiest. Basileæ, apud Mich. Isingriniū, MDXL. In-4 de 6 ffnc., 75(1) pp. Ensemble 1 vol. in-4, rel. vél.

Joachim Mysinger (1517-1588) était, à dix-neuf ans, professeur à l'Université de Fribourg ; il fut ensuite chancelier du duc de Brunswick et décida celui-ci à fonder l'Université d'Helmstædt,

3378. **Natta** (M. A.). Marci Antonii Nattae Astensis Orationes..... (*Marque typog.*) Papiæ. Apvd Franciscvm Moschenivm. Cal. Decembris. M.D.LII. Petit in-4 de 4 ffnc., 80 ff. chif., rel. vél. (Titre et dernier feuillet raccom.)

Recueil de huit Discours du jurisconsulte italien Marc-Antoine Natta, remarquables pour l'élégance et la pureté de leur latinité. Le dernier, qui va du f° 60 verso au f° 80 recto incl., a pour titre : « De bello in Turcas gerendo. »

3379. **Neser** (Augustinus). Ein newe Catholische Predig. Auff des Türcken Niderlag / mit hülff Gottes / durch den drifachen heiligen Catholischen Bundt / beschehen. Darinn vermeldet : 1 Warumb der Allmechtig Gott / Gaisel vnd ruth (wie der Türck ist) vber die Christenheit verhenge. 2. Ob man solcher Gaisel vnnd Ruth mit gegenwehr möge begegnen. 3. Wie man sich / wo solche Ruth gebrochen / mit dancksagung von Hertzen vnnd Mundt / zu Gott soll auffrichten. Darbey Ein kurtze Instruction an alle Stend der Christenheit / wie sie jrem Erbfeindt / dem Blutdurstigen Tyrannen dem Türcken / mit Gebet / Waffen / vnnd in ander weg begegnen könden und söllen..... Gedruckt zu München / bey Adam Berg. Anno M.D.LXXII. Petit in-4 de 63 ff. chiff., 1 fnc. (blanc qui manque), rel. vél. — *Du même.* Wie man dem grimmen Wüterich vnd Christlichen blûts durstigen Tyrannen... Ingolstadt, A. v. S. Weyssenhorn. M.D.LXVI. In-4 de rel.

Le second ouvrage est incomplet ; c'est la première édition d'un sermon contre les Turcs reproduit dans l'édition de 1572.

3380. **Nil** (Saint). Nili Patris Sancti || et Archiepiscopi Con- || stantinopolitani illivs || misericordis, oratio ad Devm || contra Barbarorum incursiones. || bella intestina, pestem, || famem ac mor || tis uim || præsentem. || Joanne Sambvco || Pannonio Tirnauiensi || interprete. || . || Patavii [*S. d. n. typ., circ.* 1555]. Petit in-4 de 6 ffnc. (le dernier blanc), rel. vél.

Cette traduction, due à l'érudit hongrois bien connu *J. Sambucus* et appliquée par lui aux menaces d'invasions turques, est dédiée à Nicolas VI Oláh, archevêque de Gan, primat de Hongrie ; la lettre dédicatoire est datée du mois d'août 1555. Au verso du fnc. 5 se trouvent trois poésies latines dont les auteurs sont : *George Bona*, transylvain, *Nicolas Isthvanfi*, historien et homme d'état hongrois, et *François Pesthy*.

3381. **Obrecht.** Georgii Obrechti IC..... Discursus Bellico-politicus Invictissimo et Avgvstissimo Principi.... Rudolpho.... Romanorum Imperatori.... In Quo Qvomodo adversvs Tvrcicvm Tyrannum bellum commodè geri possit, quàm felicissimè ostenditur. Anno Christi, M.DC.XVII. *S. l. n. typ.* In-4, de 1 fnc., 59(1) pp., 1 fnc. blanc., rel. vél.

Georges Obrecht (1547-1612), enseigna la jurisprudence dans Strasbourg, sa ville natale, devint recteur de l'Université, avocat de la ville et fut nommé, en 1607, comte palatin. A la page 59, l. 13 : «.... Argentorati, Calend. Anno || Christi, MDC.IV. » Ce qui nous donne la date à laquelle a été composé cet opuscule.

3382. **Olearius** (Johan). Türckenfall, Vnd seiner Grossmächtigen Tyrannischen Grausamkeit Entgegen gesetzter unüberwindlicher Wiederstand, Zu Erweckung warer Busse, Kindliches Vertrauens, Hertzerquickenden Trosts, und unablässigen Gebets aus Gottes Wort gezeiget, Vnd nechst beygefügtem Türcken-Gebet mit denckwürdigen Geschichten und Exemplen erkläret..... Leipzig, Joh. Wittigauen, 1664., front. grav. sur acier, signé *J.-B. Paravicin*. — Lutherus Germaniæ modernæ periclitantis Helias. Oder des Dritten Eliæ Und Deutschen Propheten D. Martini Lutheri Hinterlassene Prophetische Reden und Schrifften / der Christenheit abgesagten Ertz-Feind Den Türcken ...Leipzig, Joh. Wittigauen, 1664. — **Wagner** (Tobie). Türcken-Büchlein, das ist : Hauptsummarische Beschreibung des Ottomanischen Hauses Herkommen, Zunam, und geführten Kriegen biss zu vnsern Zeiten, vom Autore selbsten auss seinen Liminibus Genealogicis ins Deutsch versetzt..... Vlm, Balthasar Kühn, M.DC.LXI. 3 tomes en 1 vol. in-8, rel. parch.

L'auteur des deux premiers ouvrages est *Jean Olearius*, de la famille bien connue qui avait quitté son ancien nom de *Kupferman*. Jean, né en 1611, mort en 1684, fut quelque temps prédicateur à Halle, puis surintendant général à Weissenfels. *Tobie Wagner* était professeur et pro-chancelier de l'Université de Tubingen.

3383. Onvs Ecclesiæ temporibvs hisce deplorandis Apocalypseos svis æqve conveniens, Tvrcarvmqve Incursui iam grassanti accommodatum, non tam lectu, quam contemplatu dignissimum. Iamprimvm Avthoris exactiore adhibita lima typis a mendosis expurgatum... Opus compilatum est anno 1519. typis excusum Anno 1531. Nunc ad petitionem doctissimorum virorum luci redditum. M.DC.XX. (*Titre encadré.*) S. l. n. typ. 1 vol, in-4, front. grav. sur cuivre de même que les encadrements du titre, rel. vél.

Curieux ouvrage longtemps attribué à un prétendu Jean, évêque de Chiemsee qui n'a jamais existé. L'édition originale et la plus rare de ce livre est celle de 1524. L'auteur inconnu de cet ouvrage (autrefois fort recherché) fait un noir tableau des souffrances de l'Église ; le chapitre 49 a rapport aux Turcs et contient une chaude exhortation à les combattre.

3384. [**Pangalus** (Theod.). **Marchianus** (Salvator)]. Cælestes christianæ in Tvrcas expeditionis Dvces. Sive orationes dvæ De Sanctis Alexandriæ, Et Constantinopolis Præsulibus Athanasio Magno et Gregorio Theologo dictæ ab Alumnis Collegij Græcorum cum annotationibvs, præsertim explicantibus Præsagia euertendi quamprimùm Turcici Imperij. Romæ. Ex Typographia Reu. Cam. Apost. M DC LXXXIV. In-4 de xxxii pp., rel. vél. Armes sur les plats, fil. et tr. dor.

3385. **Parthenius** (Tranquillus). Oratio Tranqvilli Parthenii Andronici Dalmatæ contra Turcas ad Germanos habita. (*Fleuron typ.*) Ienæ, Typis

Tobiæ Steinmanni, Anno M.D.XCIIX. (*Titre encadré*). Petit in-4 de 12 ffnc. dérel.

<small>*A la suite se trouve* : Seditionis Corcyræorvm Descriptio : apud Thucydidem, libro tertio. Quæ expressa imago est præsentium in Ecclesia & Republica seditionum & certaminum intestinorum..... In-4 de 2 ffnc.</small>

3386. **Pfaltz** (Christ. Aug.). Abominatio Desolationis Turcicæ, Der Türckische Verwüstungs= Grewel durch Unsern Herrn und Heyland Iesum Christum Vorgesagt : Wann jhr sehen werdet den Grewel der Verwüstung, dass er stehet an dem heyligen Orth, ꝛc..... Bey diesen bedrangten, elenden letzten Zeiten, sambt dessen Ursachen, vnd Beyfügung heylsamen Trosts vom Türckenfall, mit Theologischen, Sittlichen und Historischen Discursen...... Gedruckt zu Prag in der Vniversität Carolo-Ferdinand : Druckerey, in Coll. Soc. Iesu apud S. Clementem; Durch Wilhelmum Knauff. Jm Jahr Christi 1672. In-4, front., d.-rel. toile.

3387. **Pistalocius** (V.). D.O.M.A. || Ad Invictissi= || mvm; ac aeqve gloriosissi-|| mum..... Rvdolphvm II......... || .... Romanorum Imperatorem.......... || Vincentij Pistalocij (Dei item gratia) verè Catholici, in bel-|| lico quàm maximo, ac itidem quàm grauissimo, & vbiq; gentiũ || perquam necessario ac vtilissimo negotio vel subiecto, præser-|| tímque ac quàm maximè contra immanissimum Tyrannũ Tur-|| cam ipsum :..... || Oratio : Vel potius noua quædam superinde multò præstantior, || longéq; efficatior Mathematica..... || .....veraq̃; ac verissima Alchymia || ..... Vel etiam apprimè conueniens, & irrefragabilis || superinde discursus,....... ac toti || Christianæ Reipub. perquam saluberrimus. || Pragae, || Anno : cIɔ.Iɔ.XXC. || Mense viridante ac triumphante Maio. In-4 de 30 ffnc., rel. veau, plats estamp.

<small>Curieuse reliure du xvɪe siècle, sur le plat antérieur se trouve frappé le portrait de l'empereur Rodolphe, avec l'inscription RVDOLPHVS II IMP. ANNO : 15.76. Au verso les armes de l'Empereur.</small>

3388. **Prætorius** (Joh.). Turci-cida Oder der vielfach=vorgeschlagene Türcken=Schläger / Das ist : Ein Historischer Tractat / darinnen deutlich und vollständig / doch unvorgreifflich / von denen meisten Potentaten und Leuten gehandelt wird / welche lange Zeit her in unterschiedlichen Warsagungen begriffen und angedeutet gewesen / als solte bald dieser / bald jener das Mahometische Reich vertilgen und ausrotten : Fürnehmlich aber ist zu letzte gantz ausführlich die Bekümmernisse erörtert und ausgeleget / wegen der Welt= und Weiber= bekanten Weissagung / Dass der Türcke von einer alten Frauen bey Cölln am Rhein müsse erleget werden,..... Zwjcŕuv, Gedruckt und verlegt durch Melchior Göpnern / Jm Jahr Christi 1664. Petit in-4, d.-rel. bas. n.

3389. **Preces** et orationes, collectae, Pro Clero Avgvstano, ad vsum quadraginta horarum, tempore belli Turcici. (*Gravure sur bois.*) Apud Ioannem Mayer. (*Titre encadré.*) P. 115, l. 16. : Dilingæ, Apud Ioann. Mayer. 1594. In-12 de 115(1) pp., 2 ffnc. (blancs), rel. vél.

3390. Raggvaglio Historico a Prencipi Christiani Per deprimer la Potenza Ottomana, ove si tratta De l'Origine de' Tvrchi, e loro conquiste. Il rito della Setta Mahomettana, costumi, & vsanze loro. L'Imperio Ottomano secondo lo stato presente..... Il modo di far' vna Lega per distruggerlo..... Con vn verissimo, & facil modo per metter' insieme vn grossissimo essercito, & far dinari per sostenerlo, col quale sicuramente potrebbe distruggersi quella potenza..... In Venetia, Per il Prodrocimo, M.DCLXXXV. Petit in-4, rel. parch.

> On a relié, avec cet opuscule, un traité de *Giuseppe Malatesta Garuffi* « Topografia alfabetico-istorica di tvtti i comitati dell' Vngheria. Bologna, Monti, 1684. »
> Le « Ragguaglio historico » est assez souvent incomplet du titre et du premier cahier, qui ne contient que des pièces liminaires, on le trouve alors sous le titre de la page 1 : « Origine de Turchi e loro conquiste ». Cf. n° 3346.

3391. Relatione || delle piv nota-|| bile gverre || Successe tra Turchi, & Principi Christia-|| ni, sino à questo giorno presente. || Con vn Pronostico sopra la Casa || Ottomana.. || Et vn bellissimo Capitolo in esortar ogni valoroso || Soldato ad andar alla guerra, contra i Turchi, à || combater per la fede di Iesu Christo. || *Monogramme de la Cie de Jésus, encadré.* || In Lvcca. || *S. d. n. typ.* Plaq. de 4 ffnc. (format in-16), cart.

> Cette rarissime plaquette qui semble avoir été imprimée en 1571, peu après la bataille de Lépante, contient d'abord une brève chronique de 1453 à 1571 (verso du f° 1, f° 2 et recto du f° 3 en partie) ; puis vient une prédiction annonçant pour l'année 1575 la ruine de l'Empire ottoman, et une exhortation en vers aux soldats chrétiens de combattre les Infidèles.

3392. **Rogierus.** Propositio Sacri Fœderis Inter Christianos Principes ineundi, Ad Imperium Othomanum delendum, Universumque Orientem Christianæ Reipublicæ restituendum : qua Rei hoc tempore gerendæ facilitas, opportunitas ostenditur, Ad eamque perficiendam hoc unum tantummodo deesse, ut velint : Sanctissino Patri Clementi XII..... oblata..... *S. l. n. d. n. typ.* (1745?) In-8, rel. vél.

> La dédicace à Clément XII, datée de Naples, 1738, est signée d'un certain Joannes Rogierus, probablement de la famille des di Rogiero, de Palerme, qui était en 1731, professeur d'éloquence sacrée, à Rome, au collège de la Propagande. Ce traité contient de nombreuses lettres écrites par l'auteur ou adressées à lui par différents personnages. Ces lettres sont datées généralement de 1742 à 1744.

3393. **Sadolet** (Jacques). Iacobi Sadoleti de Bello || svscipiendo contra Tvr || cas ad Lvdovicvm Regem || Galliarvm Oratio. || *Le texte suit. S. l. n. d. n. typ.* Petit in-4 de 46 ffnc., sign. A-L, par 8 ff., sauf L qui en a 6 ; car. rom., rel. vél.

> Cette édition fort rare, que Graesse indique comme imprimée avant 1500, ne saurait l'avoir été qu'entre 1509 et 1517, car, d'une part, Sadolet rappelle à Louis XII ses victoires sur les Vénitiens et, de l'autre, il ne prend pas le titre d'évêque de Carpentras, siège auquel Léon X l'éleva en 1517. Ce discours a été probablement imprimé en Italie ; il a été réimprimé à Bâle, en 1538, avec d'autres pièces du même genre.

3394. — Iac. || Sadoleti || Tit. S. Callisti || S. R. E. Presbyteri || Cardinalis, et || Episcopi Car-|| pentora-|| ctis, || De regno Vngariæ ab hostibus Turcis || oppresso, & capto, || Homilia. || (*Marque typ.*) || Lvgdvni apvd Seb. || Gryphivm, || M.D.XLI. Petit in-4 de 28 pp., rel. vél.

3395. **Sadolet, Brunfels, Fontanus, Nanni, Vivès.** Iacobi Sadoleti Episcopi Carpentoracensis uiri doctissimi, de bello Turcis inferendo, Oratio. Eiusdem Argvmenti, Othonis Brvnfelsii ad Christianos Principes Oratio. Iacobi Fontani de Rhodi expugnatione Epistola. Petri Nannii Alcmariani Declamatio. Lodovici Vivis de uita Christianorum sub Turca opusculum..... *P.* 247, *l.* 17 : Basileae, per Thomam Plattervm, Anno M.D.XXXVIII. Mense Martio. Petit in-8 de 247(1) pp., rel. vél.

3396. **Scampoli** (Giulio). La tromba eroica dell' orbe christiano. Discorso... ove si mostra qual necessità tenga in questo Secolo la Christianità dell' Vnione in se stessa, & insieme della Confederatione contro le forze del Turco. Torino, Gio : Giacomo Rustis, 1647. In-4, rel. vél.

3396 *bis. Le même.* Nuouamente Stampata, e Ricorretta..... Macerata, Serafino Paradisi, 1649. Petit in-4, d.-rel. bas.

3397. Selectissimarvm Orationvm et Consvltationvm de Bello Tvrcico variorvm et diversorvm avctorvm Volumina Quatuor. I. Ad Cæsares & Principes Ordinesq̃ Imperij in Comitiis Augustalibus inde à Friderico III Imperatore vsq̃ ad Rudolphum II Augustum. II. Ad Pontifices Romanos..... III. Ad Reges & Principes totius orbis Christiani. IV. Ad eosdem Principes..... unà cum consilijs..... de ratione belli Turcici administrandi. Recensente Nicolao Revsnero Leorino..... 15 [*marque typ. de* Henningius Grosius, *de* Leipsick] 96. 4 tomes en 2 vol., d.-rel. peau de truie est.

Les tomes II-III, du recueil de *Reusner*, portent le nom de H. Grosius et la mention de Leipsick.

3398. **Sepulveda** (Io. Genesius). Ad || Carolvm || V. Imperatorem in= || uictissimum vt facta cum om || nibus Christianis Pa= || ce Bellum, su || scipiat in || Turcas. || Io. Genesij Sepuluedæ Cordu= || bensis Cohortatio. || (*Titre encadré*). S. l. n. d. n. typ. (*XVIᵉ siècle*). In-8 de 28 ffnc., dérel.

3399. **Serarius, S. J.** (Nicolas). Lvtherotvrcicae Orationes, qvarvm, post Præfationem, Indicvlvs; Scriptae, dictæ..... Mogvntiæ,..... E. Balthasaris Lippij Typographeo. Anno M.DCIV. Petit in-8, rel. vél.

Réimpression de plusieurs traités de N. Serarius (1555-1609) déjà publiés séparément. Les trois premiers sont dirigés contre Luther, les deux autres ont trait aux Turcs, nos péchés sont les causes de leurs victoires, il faut prendre d'autres procédés pour faire la guerre aux Turcs. Le sixième et dernier discours est : « Utrum in sua quisque fide salvari potest? ».

On a relié avec cet ouvrage :

Litteræ Annuæ Iaponicæ a Reverendissimo P. *Francisco Pasio* V. Provinciali..... Anno Domini M DCI datæ, Romanæ primvm Anno M D CIII apvd Lvdovicvm Zanettum Italico Idiomate, Nunc autem Mogvntiaci à Balthazare Lippio Latino excusæ. Anno M D CIV. Petit in-8. — Brevis relatio historica rervm in provincia Pervana apvd Indos à Patribus S.-I. gestarum a *R. P. Iacobo Torrensi*..... conscripta. Accessere Annvæ literæ rerum ab iisdem gestarum in insulis Philippinis..... Mogvntiæ Latino redditæ Et ibidem typis B. Lippij editæ. Anno M DCIV. Petit in-8.

3400. **Surget** (J.). ℭ Johannis Surgeti natione galli ‖ Suessioneñ dioceβ. in legibus licentiati : militaris ‖ discipline Enchiridion. in quo varie iuris mate= ‖ rie et peregrine questiones continentur. Cuius fi= ‖ nis est pacis persuasio inter principes xp̄ianos. ꝛ ‖ belli exhortatio in saracenos et infideles / hostes ‖ religionis catholice. ‖ (*Marque de Jehan Petit*) ‖ ℭ Venūdantur Parrhisijs ab Joanne paruo ‖ Sub lilio aureo in via regia ad diuū Jacobū. ‖ Petit in 8, car. goth., de 87 ffnc. (le dernier blanc manque), rel. vél., tr. r.

    Cet opuscule est dédié au Chancelier de France, Jean de Ganay. Le privilège qui occupe le verso du f° 87 est daté du « vj Dauril. l'an M.cccc. et. xj ».

3401. Tractatus qui intitulatur ‖ Fedus christianū. Editus ‖ pro interminabili et indis ‖ solubili federe ac christia= ‖ norum pace. ‖ Ioannis fenisece Augñ. ‖ ad lectorem Decastichon. ‖ ..... *Fnc.* 21 *verso, l.* 32 : Tractatus de fœdere christiano a fratre Ambro= ‖ sio Alantsee Chartusiense editus foelicitˇ explicit. ‖ Domino Blasio holczel Silionense Secretario ‖ Regio curante. Johānes Rynmannus Oringen ‖ sis. impensa sua Augustae Vindelicae impressit ‖ Anno Christi. M.D.iiij.   viij Ydus Augusti. *Fnc.* 22 *blanc, manque*. 22 ffnc., car. goth., 2 gr., 38 ll. ll., signat. a-d par 6 ff., sauf d qui en a 4. tit. cour., et manchettes. Rel. parch.

3402. Türckisches ‖ Post- vnd Wechterhorn : ‖ An ‖ Käyser, Könige, Chur= vnd Fürsten, Stände ‖ vnd Städte, des heiligen Römischen Reichs Teutscher ‖ Nation : auch alle andere Potentaten Christliches Glau= ‖ bens vnd Namens, so dann alle Menschen in der ‖ gantzen Christenheit ‖ Daraus lauter zu hören vnd zu vernehmen, wel= ‖ cher gestalt der Türckische Tyran, der Christenheit Ohnei= ‖ nigkeit vnd Kriege,..... ‖ Im Jahr Christi Anno 1620. In-4 de 1 fnc., 50 pp., rel. vél.

3403. **Typotius** (Jac.). Iac. Typotii Orationes III. I. Ad Christianos. 2. Ad Reges et Principes Christianos. III. Ad Imp. Rudolfvm II. Vt Christiani à se mutuo in Turcarum Tyrannum arma conuertant, opus quippe est concordia deinde societate. Quæ si à Christianis impetrari posset; Imp. Rudolfo certa spes foret victoriæ. Litteræ binæ. 1. De Mahometis III morte & inauguratione Mahometis IIII. necnon de victoria Sigismundi Transyluaniæ Principis. Vbi Turcas vinci posse ostendimus. 2. Contra Rumusculos, & benè sperandum de Victoria. Opvs ded..... Duci D. Mauritio, Comiti Nassouiæ. (*Fleuron typ.*) Francofvrti, Ex Officina Typographica Iohannis Kollitz, impensis Pauli Brachfeldts. 1595. In-4 de 32 ffnc., rel. vél.

3404. Vnterrede vnd an ‖ schlege zu kriegs ‖ ordnung wid= ‖ der die Tur= ‖ cken. ‖ Wittemberg. ‖ 1527. (*Titre encadré, au bas de l'encadrement deux hommes d'armes soutiennent un écu où sont imprimés ces mots* : Wach auff

Osterreich. Virtus viuit post mortem; *dans un cartouche du haut se trouve la devise* : Nusquam tuta fides, *soutenue par deux cigognes*.) *Fnc.* 23 *recto*, *l.* 28 : Gedruckt durch Hans Lufft am. 24. || tag Januarij / Jm Jar 1527. *Au verso du Fnc.* 23 *se trouve une pièce de vers. Fnc.* 24 *blanc* (?) *manque.* In-4 de 24 ffnc., rel. vél.

3405. Uzier. Triomphe dv Corbeav contenant les proprietés, perfections, raretés, & vertus souueraines auec les significations, des mysteres releués de nostre foy, & le Triomphe du Monarque Lorrain remettant par fauorable presage le Spectre de Iudée en l'Auguste maison de ses Deuanciers. Faict par Messire Anthoine Vzier Curé a Enuille au Parc Commingeois. A Nancy, En l'Hostel de Ville, Par Iacob Garnich Imprimeur Iuré ord. de son Alt. 1619.

Réimpression pour la Société des Bibliophiles français, faite en 1869, chez P. Trenel, à Saint Nicolas de Port, pour Cayon-Liébault, Nancy.

3406. Vuimannus (Nicolaus). Syncretismvs, sive Conspiratio nobilis Germaniæ, totiusq; adeò Christiani orbis, contra impiam atq; efferam immanissimi Turcæ tyrannidem..... Præterea quædam alia in calce libelli scitu non indigna candidus reperiet Lector. (*Marque typ.*)..... Coloniæ excudebat Ioannes Gymnicus. Anno M.D.XLI. In-4 de 4 ffnc., 242 pp., 14 ffnc., rel. vél.

3407. Wimpheling. De vita et miraculis || Joannis Gerson. || Defensio wymphelingij p di||uo Joanne Gerson : ꝛ clero se||culari : qui in libro (cui titulus) || supplemētū celifodine) graui||ter taxati sunt et reprehensi. S. l. n. d. n. typ. (vers 1520). Petit in-4 de 8 ffnc., rel. vél.

Le titre est imprimé en caractères gothiques, le corps de la plaquette en caractères romains. Cet opuscule débute par un abrégé de la vie de Gerson, que suivent une lettre de Christophe, évêque de Bâle, au chapitre de Lyon, et la réponse du chapitre (1504), une épitaphe en vers de Gerson, enfin la défense de Gerson, par le théologien *Wimpheling* (mort en 1528). Cette défense finit en ces termes (*Fnc.* 8 *verso*, *l.* 23) : « Valeant pij lectores : nec inuicem se mordeant : sed ut veri Christi imitatores mutuam caritatem seruent. nō in seipsos arma & calorem vertant : sed in Sarracenos. » Cette idée de lutte contre les Sarrasins hantait Wimpheling qui a laissé entre autres ouvrages une « Oratio sive Consilium de Bello movendo contra Turcas ». Cf. n° 99.

3408. Wolder (Simon). Türckisher Untergang, Oder Rähtliches Bedencken Käyserl. May. Ferdinando dem Ersten, glorwürdigster Gedächtnis, Anno 1558 übergeben : Welcher Gestalt, ohne sonderbare Beschwernis... der Gross-Türke... zu Wasser und Land zu überziehen... wäre?... Woraus erscheinet dass leichtlich an Volck etlich hundert tausend Mann, und an Gelt viel Millionen Gold, wider den Erb- und Erzfeind aus recht Christlichen Eyser aufzubringen wären... Im Iahr Christi 1664. In-4 de 24 ffnc., le premier porte au verso une grav. sur cuivre, d.-rel. bas.

Nouvelle édition d'un rarissime écrit publié pour la première fois à Francfort en 1558.

3409. Zinus (Vincentius). De Confoe||deratione princi-||pvm christianorvm || contra Tvrcas. || (*Marque typ.*) || M.D.LI. *Fnc.* 16 *verso* : Finis. || Impressum Mantuæ per Venturi-||num de Rusinellis. Anno || M.D.LI. Petit in-4 (form. in-16) de 16 ffnc., rel. chag. vert, fil.; sur les plats, armes du marquis de Morante.

<small>Vincent Zino, de Brescia, a publié dans cet opuscule trois pièces de vers adressées au pape Jules III, à Charles Quint et à Henri II pour les exhorter à s'unir pour combattre les Turcs.</small>

3410. **Faust** (Isaac Henri). De Turcis ex Europa pellendis. (*Diss. Ac.*) Argentorati, J. Pastor., s. d. (*1718*). Plaq. in-4, rel. toile. — **Karcher** (J. D.). Dissertatio moralis de Turcis ex Europa pellendis. (*Diss. Ac.*) Argentorati, Lit. viduæ Johannis Pastorii, (*1718*). Plaq. in-4, rel. vél. — **Ludolf** (Job). De Bello turcico feliciter conficiendo. Accedunt Epistolæ quædam *Pii V.* Pont. Max. & alia nonnulla ejusdem argumenti. Francofurti, ap. J. D. Zunnerum, cIɔ Iɔc LXXXVI. In-4, rel. toile. — **Pantzer** (Christ. Wilh.). Exercitatio... de Eripienda Turcis Palæstina. Regiomonti. typ. F. Reusneri, MDCXCIX. In-4, rel. vél. — **Tipaldo-Foresti** (P.). Progetto del Cardinal *Alberoni* per ridurre l' impero turchesco alla obbedienza dei principi Cristiani..... Venezia, Naratovich, 1866. In-8, cart., couv. (*Per Nozze.*) — **Schiara** (Antonius Thomasus). Conatus Turcarum per Christianæ Reipublicæ Reges, ac Principes reprimendus; ratiocinio Theologico-Juridico, atque Historico, iterum exponitur variis... cum Additionibus... Romæ, Typis Rocchi Bernabò, 1718. In-12, rel. veau, front. — **Ulnerus** (Israël). Dissertatio historico-politica de Origine et statu hodierno Turcarum. (*Thèse.*) Upsaliæ, Literis Wernerianis (*1722*). In-12, rel. vél. — Zwo nachdenckliche Schrifften, Als : I. Ein Streit zwischen einen Türcken und Christen, das Gebet und Gottesdienst betreffend. II. Ein besonderer Traum eines alten Cartheusers, von der Armuth in Deutschland. Franckfurth vnd Leipzig, 1752. In-4, d.-rel. bas. — Les regards d'un chrétien tournés vers le Saint Sépulcre de Jérusalem, ou invitation aux rois et aux princes souverains de l'Europe de se coaliser... pour garantir à jamais le tombeau de Notre Seigneur des insultes des infidèles... par C. A. C. Paris, 1819. In-8. cart.

15. Bulles de la Croisade.

3411. **Acosta de Andrada** (Sébastien). Qvaestionarivm variae theologiæ ad explicationem sanctae Bvllae Crvciatae. Eboræ, Ex Officina Emmanuelis de Lyra..... Anno M.DC.VI. Petit in-4, rel. parch.

3412. BULLE D'ALEXANDRE VI : *Le fnc. 1 manque. Fnc. 2, signé* aij, *incip.* : Summaria declaratio Bulle In||dulgentiaɤ sacratissimaɤ quas sūmus pōtifex ordinauit debet publicari in Ger||manie. Dacie. Suecie. Norwegie. Frisie. Prussie. omnibusqɜ...||... locis etiam sacro Romano Imperio in germania subiectis..... p expeditiōe quā intendit facere contra || perfidissimos ꝫ Rabidos Thurcos. Quaɤ indulgentiaɤ..... || Idem summus pontifex dedit cōmissionem

Reuerendissimo..... || .....Raymūdo..... || .....presbitero Cardinali Gurcenci. ad dictas prouincias aposto= || lice sedis de latere legato. *Fnc.* 12, *recto*, *l.* 37 : Datū Rome.. .. Anno Incarnationis do= || minice Millesimoquingentesimo- tercio Noñ Octobris. Pontificatus nostri. || Anno Nono. *Fnc.* 12 *verso blanc.* *S. l. n. d. n. typ.* [Rome, 1503.] Petit in-fol. de 12 ffnc., sign. Avi, car. goth. 46 ll. ll., rel. vél.

3413. BULLE DE LÉON X : Bulla absolutionis Concilii Late/ || raneū. cum decreto expeditionis in Turchos generalis : ac imposition. || Decima⅖ per Trienniū : Lecta in || Duodecima ꝯ Vltima Sessione : p || R. P. Patriarcham Aquilegieñ. || (*Armes de Léon X*). *Fnc.* 4, *recto*, *l.* 35... Datum Rome in publica Sessione in Lateraneñ. sacro. *Fnc.* 4, *verso*, *incipit* : sancta Basilica :..... Anno incarnationis || dominice. Millesimoquingentesimosextodecimo. Decimo|| septimo Kaɫ. Aprilis..... || Bembus. || F. de Vega. *S. l. n. d. n. typ.* [Rome, 1516]. In-4, de 4 ffnc., titre goth., car. rom., 35 ll. ll. *A la suite se trouve* : Breue Julij secundi Pont. Maximi ad || Reges / Duces / & Principes Chris- tianos : in quo cōtinentur po || tiores : licet plures sint alie cause priuationis Cardi || nalium Hereticorum Scismaticorumqʒ. || (*Armes de Jules II*). *Fnc.* 1, *verso*, *incipit* : Ivlivs Papa II. || Carissimo in Christo filio nostro Maximiliano || Electo Imperatori... *Fnc.* 2, *verso*, *l.* 23 :..... Datū Rome apud S. Petrum ||... Die. xxiiii. Octobris M.D.XI. Pont. nostri. Anno || Octauo. Sigismundus. *A la suite se trouve la liste des princes auxquels a été adressé un bref semblable.* *S. l. n. d. n. typ.* 2 ffnc. de 40 ll., car. rom., sauf la 1ʳᵉ ligne du titre. Ensemble 1 plaq. rel. vél.

3414. — : Bulla absolutionis con || cilii Lateraneñ. cum de= || creto expe- ditionis in Turchos generalis. ac imposition || Decimarum per Triennium Lecta in Duode || cima & Ultima Sessione : per R. D. Pa || triarcham Aquilegieñ. || (*Armes de Léon X.*) *Fnc.* 4, *recto*, *l.* 32 : ❡ Impresse fuerunt Rome hac Bulle Sacri concilij La || teraneñ. Per Magistrum Stephanū Guillireti de Luna || riuilla Tulleñ. Dioc. Anno a Natiuitate Dñi. M.D.xvij. || Die vero Uigesima Octaua Mensis Julij..... Très petit in-4, de 4 ffnc., car. goth., 38 ll. ll., dérel.

Impression très médiocre.

3415. — : Transcriptum Bullę Apo || stolicę super Cruciata seu || Expedi- tione in Turcos : et || plenaria remissione. *S. l. n. d. n. typ.* [Paris, Josse Bade ou Jean Petit?, 1516 ou 1517.] In-8 de 12 ffnc., sign. A.-B. par 8 et 4 ff. (fortement rognés), titre en car. goth., le reste en car. rom., 32 ll. ll., manch. en car. goth., rel. vél.

3416. Explicacion de la Bula de la Santa Cruzada, que para la mayor como- didad de los Reverendos Parrocos y utilidad de todos los Fieles, manda dar a luz el Illᵐᵒ Sʳ Comissario General de la misma Santa Cruzada. En Toledo, Año de 1758. Por Francisco Martin. Petit in-8, rel. parch. — **Moeller** (Io. Geo. Pet.) De Bvlla Crvciata vvlgo Die Crevzbvlle disserit..... Academiae Gryphicae Rector...., Litteris Rösenianis. (*Gryphisvald*, 1770.) In-4, rel. vél.

3417. **Filangieri.** *Deux mandements et trois affiches de* Serafino Filangieri, archevêque de Naples, *relatives à la prédication de la Bulle de la croisade accordée au royaume de Naples* (1778-1782). Placard in-fol. et 4 pièces in-4, cart.

3418. **Gomez** (Antonio). Dilvcida, vera, et fidelis Sanctae Crvciatae Bvllae explicatio, et Concionatoribus, et Confessariis omnibus deniq; quibus animarum cura demandata est aprimē vtilis & necessaria, Ab Antonio Gomecio in iuris Pontificij Minerua assignato, necnon totius Comitatus de Fuensalida Prætore, in lucem ædita. Cui adiecta est subtilis quædam proprij Pij V. Pont. Max. de censibus interpretatio..... Compluti, Ioannes Iñiguez à Lequerica,..... 1593. In-4, 10 ffnc., 173 feuillets chiffrés, 4 ffnc. dont 1 blanc, rel. parch.

3419. **The Holy Bull, And Crusado of Rome** : First published by the Holy father Gregory the xiii and afterwards renewed and ratified by Sixtus the fift : for all those which desire full pardon and indulgence of their sinnes : and that for a litle money, to weete, for two Spanish Realls vz. thirteene pence. Very plainely set forth, and compared with the testimony of the holy scriptures,..... Imprinted first By Richard Schilders Printer to the States of Sealand..... September 1588..... And reprinted at London by Iohn Wolfe, dwelling in the Stationers Hall. 1588. Petit in-4 goth. de 59(1) pp., 2 col., rel. mar. bl. longs grains, fil., comp., tr. dor., qq. piq. sur un plat; (exemplaire fortement rogné; il lui manque le 2ᵉ fol. probablement blanc).

<small>Curieux pamphlet protestant contre les « Bulles d'indulgence » destinées à encourager les croisades et appliquées par les Papes à la grande campagne de Philippe II contre l'Angleterre, campagne célèbre par la perte de l'*invincible Armada*.</small>

3420. **Mendo, S. J.** (Andreas). Bvllæ Sanctæ Crvciatæ Elvcidatio vbi Bvlla commvnis vivorvm : .... & defvnctorvm : necnon facvltates Commissarij Generalis Cruciatæ exponvntvr. Opvs ad Confessariorvm praxim elaboratum... Matriti, Ex Typographia Mariae de Qviñones, anno MDC LI. Sumptibus Emmanuelis Lopezij. In-fol., rel. parch.

3421. **Nogueira, S. J.** (Le P. Louis). Expositio Bullæ Cruciatæ Lusitaniæ concessæ. In qua etiam declaratur Bulla Hispanica..... Coloniæ Agrippinæ, Sumptibus Fratrum Huguetan MDC LXXXXI. 1 vol. in-fol., rel. truie estamp., fermoirs. Reliure en très bon état, aux armes d' « Vdalricvs Abbas Zwiefaltensis ».

3422. **Onofri** (Pietro d'). Spiegazione della Bolla della S. Crociata che incomincia (Catholicæ Ecclesiæ) Dal Regnante Pontefice Pio VI. inviata al regno di Napoli a richiesta della Regal Maesta' di Ferdinando IV Re delle due Sicilie ec. ec. Napoli, stamperia Raimondiana, 1778. In-8 (1 pl.), rel. parch.
— *Du même.* Sermoni cinque d' invito a prendere la S. Bolla della Crociata. Napoli, Stamp. Raimondiana, 1783. In-8, rel. toile (1 planche).

3423. **Perez de Lara** (Alonso). Compendio de las tres gracias de la Santa

Cruzada, Subsidio, y Escusado, que su Santidad concede a la Sacra Catolica Real Magestad del Rey don Felipe III. nuestro señor. para gastos de la guerra contra infieles, y la pratica dellas, assi en el Consejo, como en los Iuzgados de los Subdelegados. Recopilado de mandado del Señor Don Martin de Cordoua..... Comissario general de la Santa Cruzada..... Madrid, En la Imprenta Real, MDCX. Petit in-fol., 2 parties avec pagination séparée rel. en 1 vol. vél. (Manque la dernière page de la table.)

3424. — Compendio de las tres gracias de la Santa Crvzada..... En Leon de Francia, A Costa de Pedro Chevalier, M.DC.LXXII. In-4, rel. vél.

Imprimé à Lyon.

3425. **Ramos** (Fr. Diego). Tratado sobre la Bvla de la Santa Crvzada con vnas advertencias tocantes a los oratorios..... Con dos indices..... En Zaragoça, Por Avgvstin Verges..... Año 1673. In-8, rel. veau.

3426. **Sylva** (Fr. Emmanuele). Tractatvs theologicvs de Bvlla Crvciatæ cum distinctione inter Bullam Hispaniæ, & Lusitaniæ..... Ulyssipone, Ex Typographia Michaelis Deslandes.... Anno 1694. 1 vol. petit in-4, avec front. rel. parch.

3427. **Vella** (Cajetano). Dissertatio historica dogmatico-moralis in Bullam S. Cruciatæ Neapolitano huic Regno concessam,..... Neapoli MDCCLXXXIX. Expensis Aloysii Migliacci. In-12, rel. vél. — *Du même* : Epitome seu Compendium Dissertationis historicæ dogmatico-moralis in Bullam S. Cruciatæ Neapolitano Regno concessæ..... Neapoli, ex tip. Tramater, 1829. In-12, rel. toile. — **Manzo** (Michele). Breve dissertazione su la facoltà del Commissario generale apostolico della Bolla della S. Crociata nel Regno di Napoli. Napoli, Tizzano, 1844. In-8, cart.

Vella était chanoine de la cathédrale de Naples; son nom ne se trouve, pour le premier ouvrage, qu'au bas de la dédicace au cardinal Zurlo, archevêque de Naples, commissaire général de la Croisade.

16. Numismatique des Croisades.

3428. **Lambros** (Paul). Monete inedite dei gran maestri dell' ordine di S. Giovanni di Gerusalemme in Rodi. Venezia, 1865. In-8, rel. toile, 1 pl. — Monete... dell' Ordine di S. Giovanni... Primo supplemento. Venezia, 1866. In-8, br., 1 pl. — Monnaies de Chypre et de Salona. Extr. de la *Rev. Num.*, 1866. In-8, cart., 1 pl. — Monnaies inédites de Raimond Zacosta. Athènes, P. Perris, 1877. In-8, cart., fig., couv. — Ἀνέκδοτον νόμισμα Σαρουχχάν ἐμίρου τῆς Ἰωνίας κοπὲν ἐν Ἐφέσῳ (1299-1346). Ἐν Ἀθήναις, 1870. In-8, cart., fig.

3429. **Saulcy** (F. de). Numismatique des Croisades. Paris, Rollin, 1847. In-4, rel. toile, couv., 19 pl. — Numismatique de la Terre-Sainte. Notes supplémentaires. Extrait des *Mélanges de Numismatique*. 1re sér., tome II.

1877. In-8, cart., fig. — **Friedlaender** (Julius). Recherches sur les monnaies frappées dans l'île de Rhodes par les Grands-maîtres de l'Ordre de Saint-Jean de Jérusalem..... Ouvrage..... annoté par *Victor Langlois*. Paris, Rouvier, 1855. — Die Münzen des Johanniter-Ordens auf Rhodus 1309 bis 1522. Berlin, Trautwein, 1843. Ensemble in-4, d.-rel. chag. or., 2 pl.

Exemplaire de M. de Saulcy.

* 3430. **Schlumberger** (G.). Numismatique de l'Orient Latin. Paris, Leroux, 1878. 1 vol. in-4, avec 19 planches, d.-rel. chag. rouge, coins, tête dorée, non rogn.; au dos, chiffre du comte Riant.

3431. — Les principautés franques du Levant d'après les plus récentes découvertes de la numismatique. Paris, Leroux, 1877. In-8, rel. toile, couv., fig. — Monnaie inédite des Seigneurs du Toror, en Syrie. Extr. de la *Rev. Arch.* Paris, Didier, 1875. In-8, cart., couv. — Deux plombs satiriques ayant trait à l'histoire des Latins d'Orient. Extr. de la *Rev. Arch.* Paris, Didier, 1878. — Sceau de la ville de Métélin sous la domination génoise au Moyen Age. Extr. de la *Rev. Arch.*, juin 1878. Ensemble in-8, rel. toile. — Sceaux et bulles de l'Orient latin au Moyen-Age. Extr. du *Musée arch.* Paris, Morel, 1879. In-4, rel. toile, couv., figg. — Sceau inédit de Boniface de Montferrat. Extr. de la *Rev. Numism.*, 2ᵉ trimestre, 1886. In-8, br.

3432. **Dechant** (Norbert). Kreuzfahrer- Münzen welche in der Münz-Sammlung des stiftes Schotten in Wien aufbewahrt sind. Wien, 1868. Plaq. in-8, cart., rel. toile. — **Delattre** (R. P.). Souvenirs de la croisade de Saint Louis trouvés à Carthage. Lyon, Mougin-Rusand, 1888. Plaq. in-8, br. — **Deville** (Achille). Dissertation sur les sceaux de Richard-Cœur-de-Lion. Rouen, Nicétas Périaux le Jeune, 1828 (3 planches gravées). Plaq. in-4, cart. — **Lavoix** (Henri). Monnaies à légendes arabes frappées en Syrie par les Croisés..... Paris, Jos. Baer et Cⁱᵉ, 1877. Plaq. grand in-8, cart. v. — **Münter** (F.). Om Frankernes Mynter i Orienten. *S. l. n. d.* 2 parties cart. perc. gr. (Extr. de : Vid. Sid. Skri. IV Del I Heft.) — **Pfaffenhoffen** (F. de). Le prince croisé Baudoin. Extrait de la *Revue Numismatique*, nouv. sér., tome VIII, 1863. — Monnaies des marquis d'Incisa. Extrait de la *Revue Numism.*, nouv. sér., tome IX, 1864. Ensemble 2 plaq. in-8, cart., fig. — **Schweitzer** (Federico). Medaglia di Ugone III re di Cipro e di Gerusalemme. Trieste, Papsch, 1846. In-8, br., 1 pl. — **Vogüé** (Mⁱˢ de). Monnaies inédites des Croisades. Extr. de la *Rev. Num.*, nouv. sér., tome IX, 1864. In-8, rel. toile, fig.

3433. **Delaville le Roulx** (J.). Des sceaux des prieurs anglais de l'ordre de l'Hôpital aux xiiᵉ et xiiiᵉ siècles. Extr. des *Mélanges d'archéol. et d'hist.*, tome I. Rome, Imprimerie de la Paix, 1881. Plaq. in-8, cart., avec planche. — Des sceaux des prieurs anglais..... Note complémentaire. Extr. des *Mélanges d'archéol. et d'hist.*, tome VII. *S. l. n. d.* Br. in-8. — Note sur les sceaux de l'Ordre de Saint-Jean de Jérusalem. Paris, 1881. Plaq. in-8, cart.,

2 planches. — Les sceaux des archives de l'Ordre de Saint-Jean de Jérusalem à Malte. Paris, 1887. Br. in-8, fig. — **Friedlaender** (Julius). Recherches sur les monnaies frappées dans l'île de Rhodes par les Grands-Maîtres de l'Ordre religieux et militaire de Saint-Jean de Jérusalem. Ouvrage traduit de l'allemand et annoté par *Victor Langlois*. Paris, Rouvier, 1855, avec planches. 1 vol. in-4, rel. toile. — Fränkische im Orient geprägte Münzen. *S. l. n. d. n. typ.* In-8, cart., 1 pl. et fig. — **Laugier**. Étude historique sur les monnaies frappées par les Grands-Maîtres de l'Ordre de Saint-Jean-de-Jérusalem. Marseille, Vict. Boy, 1868. In-8, 6 grav. h.-t., cart. perc. Ensemble 7 vol. ou plaq.

XIV

LA LUTTE CONTRE L'ISLAM
DEPUIS LA CHUTE DE CONSTANTINOPLE JUSQU'A NOS JOURS[1]

3434. Pièces allemandes sur les Turcs, XVIe siècle (1501-1533) :

(1) Uon der Schlacht geschehen dem Turcken || von dem grossen Sophi jn Calimania der Prouintz / nach bey Lepo||dem Castel. Vnd von dem todt des grossen Türcken vnd des So= || phi. Vnd võ den Schlachtungen geschehen auff dē Meer / vñ || auff dem Landt. In dem. 1514. An dem. xvij. tag Junij. || (*Vignette sur bois d'exécution très primitive ; un combat de cavalerie.*) Fnc. 6 recto, l. 22 : ¶ Geteütscht auss welsch durch Peter Wernher. || ¶ Getruckt zu Nuremberg durch Hieronymū Höltzel. S. d. (1514). 6 ffnc., sign. Aiij, 35-37 ll. (format petit in-4).

(2) Naw getzeiten von dē Turckē durch || den konig von Neapolis keiserlicher || Maiestat zugeschickt. || Augspurg. || Am. xij. tag des Mayen Anno. || xv.C.xviij. zu Neapolis in dē Newē Schlosse bescheheen. || ¶ Ist gewesen eyner Bartolomes vonn Busels / der aus der || Turckey komen..... || Fnc. 2 verso, l. 13 : ¶ Vnd ich Anthony de Vron königlicher Secretari vnd No=|| tarius des bemeltē königreich aus Neapolis hab das zu placeben || vnderschriben. S. l. n. d. n. typ. 2 ffnc., sign. Aij, (format in-4).

(3) Das ist ein anschlag || eins zugs wider die Türcken. Vnd || alle die wider den Christen= || lichen glauben feind. || (*Gravure sur bois : l'aigle impériale à deux têtes avec, sur la poitrine, l'écu des rois de Jérusalem, et, sous chaque patte, un* W). S. l. n. d. n. typ. (Nuremberg, F. Peypus, circa 1518.) Petit in-4 de 4 ffnc., 36 ll., sans sign. ni récl.

Cette plaquette a été souvent imprimée sous ce titre, en 1518 et années suivantes, à Bâle, à Breslau, à Nuremberg.

(4) Ein sonder vnd furnem || bedenken / Wie man wider den Turcken / der sich itzt || mit Gewalt erfür gibt / Ziehen / vnnd densel= || bigen füglicher weiss bekreigen vnd dempf=||fen kan. Gestellet durch eynen lieb=|| haber Götliches worts / || vnd der gantzen || Christenheit ||.

---

1. Cette collection, presque impossible à reconstituer, se compose de plaquettes pour la plupart rarissimes et est contenue dans des boites imitant la forme de volumes in-8, d -rel. mar. rouge, coins ; au dos, chiffre du comte Riant.
Dans chaque numéro les plaquettes sont rangées par ordre chronologique.

(*Fleuron.*) *S. l. n. d. n. typ.* Petit in-4 de 8 ffnc. (le dernier manque, probablement blanc) de 27 ll., sign. A-B.

C'est le même texte que la plaquette précédente.

(5) Ein schon New Tractetlein / Von || dem Glauben Betten vnd Fasten / || so in der Türckey gehalten || wirt / durch das gantz || jar / hyerinn kurtz= || lich begriffen in || disem buch= || lein / || gantz kurtz= || weylig zu lesen. *S. l. n. d. n. typ.* (Imprimé vers 1520.) In-4 de 4 ffnc. (le dernier raccommodé) de 28 ll., sans sign. ni récl.

Il existe deux autres éditions de ce petit traité, imprimées vers la même époque.

(6) Ain anschlag wie man dem Türckē || widerstand thûn mag vnd durch gantz christenhait baide || von gaistlichē vn̄ weltlichē stant geleyche bürde getragē || würde on beschwerniss mit ordenung der müntz gar||schōn zū lesen yetz new gedruckt. Año MDXXij. (*Gravure sur bois.*) *S. l. n. typ.* In-4 de 8 ffnc., sign. A-B.

Au fnc. 7 recto se trouve le portrait gravé sur bois de Charles-Quint. Au verso du fnc. 7 et au recto du fnc. 8 est imprimée une prophétie (textes latins et allemands en regard) d'un certain *Cobole*, mort en 1488. Cette prophétie, écrite en 1440 et trouvée à Bologne dans le monastère de Saint-Sauveur, annonce qu'un prince Charles-Philippe deviendra roi des Grecs et détruira la puissance turque. Le verso du fnc. 8 est blanc.

(7) Ain Ermanung wider || Die Türcken / Vnd wie sy die Christen || durchechtent. Im land Vngern. (*Gravure sur bois : des soldats Turcs poussent devant eux du bétail et un troupeau de prisonniers.*) || ¶ Im iar MDXXII. *S. l. n. typ.* (Augsbourg, Sylvan Otmar.) In-4 de 4 ffnc., sign. Aiij.

La marge de droite de chaque ff. est occupée par un bandeau gravé sur bois. Petit poème de 136 vers.

(8) Türcken biechlin || Ain Nutzlich Gesprech oder || Vnderrede etlicher personen / zū besserung || Christlicher ordenung vn̄ lebens / || gedichtet. In die schweren || leüff diser vnser zeyt || dienstlich. ||

⁜ Das Türcken büechlin bin ich freygenant
 Vnd beger den Christen werden bekant
 Domit Sie sich zū besserung keren
 Vnd dester bas des Türcken erweren.

Fnc. 22 recto, l. 12 : Geendet im Mayen als || man zalt / Nach Christi geburt / || Tausent Fünffhundert || zwayntzig vnnd || zway jar (1522). 22 ffnc., sign. A-E par 4 ff., sauf E qui en a 6, titre courant.

(9) Ain Sendbrief Wie||sych der Turckisch kaysser So grausamlich für || die stat Rodis belegert / vnd gewonnen hat / Vnd || von anfang biss zūm end / Auch wie sich die froṁen Her || en vnd Ritter zū Rodis gehalten hond / gar erschrock-||enlich zū leessen allen stånden der Christenhait. || Aussgangen von Venedig. Im Iar M D XXi. || (*Gra-*

vure sur bois : des Turcs emmènent des prisonniers, femmes, enfants et bétail.) || *Au verso du titre* : Lieber brůder dieweil wir zů Venedig seind gelegen || da ist ain Rodisser hertzů mir kommen, haisst Herr || Simon Eyselin von Costentz..... || Actum Im jar MDXXiij. || *S. l. n. d. n. typ.* (Augsbourg, Sylvan Osmar. 1523). In-4 de 12 ffnc. (le dernier blanc), sign. A-C.

(10) **Cronbergk** (H. von). Eyn sendbrieff an Bapst Adri= || anum : daryn mit Christlichem || warhafftigē grund angetzeigt || wurd eyn sicherer heylsamer || weg zu ausreuttung aller ket= || tzereyen : vñ zu heylsamer ret= || tung gantzer Christenheyt vö || des Turcken tyranney. || Von Hartmudt von || Cronbergk. || Wittemberg. || M.D.xxiij. Petit in-4 de 6 ffnc. (le dernier blanc manque) signés A-B.

(11) Auszug eines brie||fes wie einer so in der Tür= || ckey wanhafft seinem freund in dise land || geschriben vnd angezeygt was / das || Tůrckisch regiment vnd wesen sey || vñ wie er es mit den landen so er || erobert zůhaltenn pfligt / kůrtz= || lich in Teutsch sprach gepra||cht / nützlich diser zeyt zů || wissen. 1526. *S. l. n. typ.* In-4 de 4 ffnc.

Le titre est entouré d'un encadrement où figurent de chaque côté sur des colonnes deux individus dans des poses grotesques et inconvenantes. La lettre est datée d'Andrinople, mars 1526.

(12) Auszzug aines Brieffs / wie || ainer / so in der Türckey wanhafft / seinem Freünd || in dise Land geschriben / vnnd angezaigt / was das || Türckisch Regiment vnd wesen sey / Vnd wie Er || es mit den Lannden / so er erobert / zuhalten || pfligt / kurtzlich in Teütsche Sprach || gebracht / nutzlich diser || zeyt zůwissen. *S. l. n. d. n. typ.* 6 ffnc. (format in-4), sign. a-b par 4 et 2 ff.

Le texte est le même que celui de la plaquette précédente ; il n'y a que des différences de typographie et d'orthographe.

(13) **Jonas** (Just.). Das siben= || de Capitel Danielis / von || des Türcken Gottes || lesterūg vnd schreck= || licher mörderey / || mit vnter= || richt. || Justi Jonae. || Wittemberg. || M.D.XXX. (*Titre encadré.*) In-4 de 24 ffnc., sign. A-F, 33 ll.

Cf. n° 3359 où le nombre des ffnc. est inexactement marqué 44.

(14) Warhafftige zeytung / || das der Grossmeister von Rodiss durch || seinen Capitanio Saluiaten vñ Kayserlicher Maie= || stat Haubtman Andre de Doria / die Stat Modo-||na / so der Tůrck vergangner jar / mit verlierung || etwa vil Tausent man erobert / welcher Stat || sich auch der Tůrck biss her zu seinem für= || nemen wider die Christenheyt / sunder= || lich von Constantinopel auss / vnd so || er wider das Kónigreich Vngern || ziehen wóllen / uit wenig getrôst || gehabt / mit geschwinder vn= || erhôrter practick yetzo || widerumb abge= || wunnen ||

hat. *Fnc*. 2 *recto*, *incipit* : Schreyben auss Venedig / den 28 Septembris. || Anno 1531. || Am 24 tag obberürts Monats ist zeytung.....In-4 de 4 ffnc. (le dernier [blanc ?] manque) sans sign. ni récl.

(15) **Brentz** (Johan). Wie sich Prediger || vnd Leyen halten sollen / so || der Turck das deutscheland || vberfallē würde / Christliche || vnd notturfftige vnterricht / || Johannis Brentij Predi= || gers zu Hall in Swaben. || Anno M.D.||xxxj. || Wittemberg. (*Titre encadré*.) In-4 de 8 ffnc., sign. A-B.

Cf. n° 3319.

(16) Copey vnnd lautter || Abschrifft ains warhafftigen Sendtbrieffs / || wie der Türckish Kayser Solyman / disen sein || yetz gegenwürtigen Anzug wider die || Christenhait geordnet / von Con=|| stantinopel aussgezogen / vnd || gen Kriechischen Weys=|| senburg ankomēn || ist / wie volgt. || Auss frembder sprach in hoch || teutsch Transsferiert. || M.D.XXXII. *S. l. n. typ.* In-4 de 8 ffnc. (le dernier blanc), sign. A-B.

C'est un journal des mois de mai et de juin 1532. Le texte finit ainsi (fnc. 7 verso) : « Datum Belligradi, das ist Kriechisch Weyssenburg. Im Heerleger Solymans, am sibenden tag Julij, im 1532. »

(17) Erinnerung der verschulten || plagen / des Teutschlands / sampt ainer ge= || trewen ermanung zū Christenlicher be||kerung / vnnd schuldiger hilff / wi=|| der des Türcken grausam für=|| nemen vnnd erschrocken= || lichen angriff / in dem Ertzhertzogtumb || Osterreich || gethūn. *S. l. n. d. n. typ.* In-4 de 4 ffnc., 35 ll., sign. Aiij.

Cette pièce ne porte aucune date, mais est évidemment relative aux événements de 1532 et a dû être imprimée à cette époque.

(18) **Jurischitz** (Nicolaus). Des Türcken erschrö= || ckenliche belegerung / der Stat vnd || Schloss Günss / vn̄ des selben nach || zwelff verlorn Stürmen abzug / || durch den Tewren Ritter Ni= || claus Jurischitz Haubtman || doselbs / Römisch. Künig. Mayestat auss Günss / || warhafftiglich zuge || schrieben. || 1532. *S. l. n. typ.* In-4 de 8 ffnc. (le dernier blanc), sign. A-B.

Deux lettres du 20 et du 30 août 1532.

(19) Newe zeyttung / vn̄ war= || hafte anzaygūg / wie die streif||fend rott des Türckischen Tyrannen vnd ver= || folger des Christlichen plůts / auss hilff || vnd gnad des almechtigen Gots / || durch die vnsern erlegt vnd || vmbgebracht / Am 18. || Septembris ge= || schehen. || (*Gravure sur bois, combat de cavalerie*.) || M.D.XXXII. In-4 de 4 ffnc., sign. Aiij, 29 ll.

(20) Warhafftige Anzaygung, || der geschicht dess Türckischen kriegs / || wie es sich in disem 32. Jar / des Monats September / || In Osterreich vnd Steyrmarckt zů getragen vn̄ || verloffen hat / Auch wie der Türckisch || Keyser / mit grossem schaden seines || volcks abgezogē /

vnd wenig || syßs erlangt hat. || (*Gravure sur bois : des soldats allemands mettent en fuite une armée turque.*) *S. l. n. d. n. typ.* In-4 de 12 ffnc. (le dernier blanc), sign. A-C.

(21) **Vives** (Johannes Ludovicus). Wie der Türck || die Christen haltet so vn-||der jm leben / Johannis Ludouici || Viuis Valentini gschrifft. || Sampt der Türcken vrsprung || fürgang vnd erweiterung biss auff || den heüttigentag. || Neülich durch D. Caspar Hedion verteütscht || in disen schweren forgklichen leüffen / allen || liebhabern Christlicher religion vnd || Teütscher nation wolzülesen. || M.D.XXXij. || Strassburg. *Fnc.* 18 *recto, in fine* : Getruckt zů Strassburg durch Balthasar || Becken am holtzmarckt / im jar || M.D.XXXij. In-4 de 18 ffnc., les cahiers marqués A.B.C.E. ont 4 ff., le cahier D en a 2 seulement.

Le traducteur Hedion était un prêtre attaché à la cathédrale de Strasbourg.

(22) was Kayserlicher || Maiestat oberster Haubt= || man / Andrea Dorea / auff dem Meer für || Stet dem Türcken / nit weyt von || Constantinopel / abgedrun= || gen und erobert hat. *Fnc.* 1 *verso, incipit* : Newe zeitung so vom An||drea Dorea gen Venedig komen / wie be= || melter Dorea mit seiner Armada vnd || kriegs volckt in der Turckey sey an= || komen..... || Laus Deo. 1532. auss Venedig. || ..... 2 ffnc., form. petit in-4, sans sign. ni récl.

3435. PIÈCES ALLEMANDES SUR LES TURCS, XVIe SIÈCLE (1533-1536) :

(1) Zweyerley Newe || Zeyttung / vom Bapst Cle||mentis absterbung / vnd der erweelung Pauli || der Dritten dises Namens.   Die Ander || von Barbarossa des Sophois haupt||man / vn̄ dem Kônigreych Tunysi. || M.D.XXXIIII. *S. l. n. typ.* In-2 de 4 ffnc., sign. Aiij.

(2) Auszug ettlicher Mey= || lendischen vnd Genue||sischen frischer Schreiben / der Kai||serlichen vnd Christlichen Ar= || mata anzug und Kriegss= || růstung in Affrica || betreffend. || Getruckt. 15. Maij. 1535. *S. l. n. typ.* (Nuremberg). In-4 de 4 ffnc.

Cette plaquette porte la date du 25 Avril 1535.

(3) Summari etlicher schrei||ben aus Barzelona / Meyland / Genua / || Neapls / Barri vnd Monopoli / Kayserli= || cher Maiestat vnd derselben grossge= || waltigen Armata und kriegssrů= || stung wider die vnglaubigen / || gelegenheit / anzug vnd an-||kunfft in Sardinien ɀc. || betreffend. || 26. Junij. || 1535. *S. l. n. typ* (Nuremberg). In-4 de 4 ffnc.

Cette plaquette contient les noms des principaux seigneurs espagnols qui ont suivi Charles-Quint à Tunis.

(4) Newe zeytung || von Kaiserlicher Maiestat Kriegs-||rüstung / wider den Barbarossa / gegen || der Statt Thunis in Affrica zů || schicken / Auss Neapolis || vnd andern or= || ten geschri= || ben. || M.D.XXXV. In-4 de 4 ffnc.

(5) Newe zeyttung || Welcher massen römische kayserliche || Mayestat / im jüngstuerschynen monatt Junio / von || Sardinien auss / gehen Aphricam geschifft / vor || Thûnis ankomen / auch wes jr Mayestat || daselbst von dem Barbarossa vnnd || Tûrcken begeget ist jm XXXv. || *Vign. sur bois : L'empereur renverse un pacha turc.*) 2 ffnc. (format in-4).

(6) Römischer Keyserli= || cher Maiestat Christenlichste Kriegs Rû= || stung wider die vnglaubigen / anzug in Hispanien vñ || Sardinien / Ankunfft in Africa / vnd eroberung des || Ports zu Thunisi im monat Junio Anno 1535. Aus Teutschen / Italianischen vnd Frantzosischen schrifften || vnd abtrucken fleissig ausgezogen. || (*Gravure sur bois : un crucifix avec ces mots* : Der Keyserlichen vñ Christlichsten || Armata Obrister Hauptman ||. M. || Mihi autem adhærere Deo bonum est. || C. S. D.) || 24. Julij 1535. *S. l. n. typ.* (Nuremberg.) 6 ffnc. (le dernier blanc), format in-4, sign. iiij.

(7) Keyserlicher Maiestat || eroberung des Kônigreychs Thunisi / || wie die vergangener tag von Rom / Neapls / || vnd Venedig / gen Augspurg gelangt || hat / vnd von Genua den xij. Au= || gusti hieher geschriben ist. || (*Les armes de Charles Quint.*) || Getruckt zu Nůrnberg. xiij. Augusti. || 1535. In-4 de 4 ffnc.

(8) Verteutscht schreibē von || Kayserlicher Maiestat wunderbarlicher erobe||rung der kônigklichen Statt Tunis in || Africa / do selbst den xxiij. Julij. 1535. || an herrn Fernanden des Hertzogen || von Mantua ꝛc. brudern / auss= || gangen || (*Armes de Charles-Quint.*) || Getruckt zu Nûrnberg. xxxj. Augusti. || 1535. In-4 de 4 ffnc.

(9) *La même.*

La seule différence de cette plaquette avec la précédente se trouve dans le titre où il n'y a plus les armes de Charles-Quint, l'aigle à deux têtes encadré des colonnes d'Hercule.

(10) Sendtbrief so die Rô= || misch / Keyserlich vnnd Hispanisch || Kůnigklich Maiestat / jres erlangten sygs / gegen || dem Barbarossa im Kůnigreich Thunis / sei= || ner Keyserlichen Maiestat Brůder || dem Römischen Kůnig / den. xxiij. || Julij. Anno. 1535. auss || Affrica zůgeschriben hat. || (*L'aigle impériale à 2 têtes*). Fnc. 6 *verso, l.* 20 : Gedruckt zů Nůremberg || den. xv. Septembris. 6 ffnc., sign. A-B, par 4 et 2 ff., 28 ll.

(11) Senndtbrieff so die Rô₁|| misch Kayserlich vnd Hispanisch Königlich || Maystat / jres erlangten sigs / gegen dem Barbaros||sa im Königreich Thunis / seyner Keyserlichen / Mayestat brůdern dem Römischen Kônig || den xxiij Julij / Anno M.D.xxxv. || auss Affrica zůgeschrieben hat. || Mihi autem adhærere Deo, bonum est. || Getruckt zu Nurmberg || Am. 18. Septemb. 6 ffnc. sign. Av., 28 ll.

(12) Sendtbrief so die Römisch || Keiserlich vnd Hispanisch || Künigklich

Maiestat / jhres erlangten Sygs / gegen || dem Barbarossa im̄ Künigreich Thunis / sei= || ner Kayserlichen Mayestat Brŭder Fer= || dinando / dem Rômischen Küng / || den XXIII. tag Julij. Anno. || M.D.XXXV. Auss Affri= || ca zŭgeschriben hat. || (*Armes de Charles-Quint.*) *S. l. n. d. n. typ.* (Nuremberg?) In-4 de 6 ffnc., sign. Aijij. 31 ll.

(13) *Le même*, sur papier moins fort.

Ces quatre plaquettes présentent le même texte avec quelques légères différences typographiques ou d'orthographe.

(14) Newe zeytung von der || Römischen Kay. May ϟc. || zug / vnd eroberung des Künig= || reychs Thunesse ϟc. || (*Armes de Charles-Quint.*) *S. l. n. d. n. typ.* In-4 de 4 ffnc., sign. Aiij.

(15) Neü Zeittung von || der Rômischen Kayserlichen Maiestât || Zug / vnd Eroberung des Künigreichs || Thunisse / kürtzlich von Venedig || inn Teütsch land ge= || schrieben. || (*Fleuron.*) *S. l. n. d. n. typ.* In-4 de 4 ffnc., sans sign.

Le texte de ces deux plaquettes est le même, mais elles n'ont probablement pas été imprimées dans la même ville. La seconde sort peut-être des presses de Strasbourg.

(16) Vertrags artickel Rômi || scher Keis. Ma. vnd des restituirten Kô || nigs von Tunisi. || Sampt jrer Maiestet an || kunfft in Italien / vnd ettlichen andern || frischen zeytungen. || M. || Mihi autem adherere deo, bonum est. || C. S. D. || 30. Septembris. 1535. *S. l. n. typ.* (Nuremberg). In-4 de 4 ffnc. (le dernier blanc), sign. iij.

(17) Warhafftige Newe zeitung || des Kayserlichen Sigs / zŭ || Galetta vnd Thunis geschehen / || (*Plan de Tunis et des côtes*) || M.D.XXXV. *S. l. n. typ.* In-4 de 8 ffnc. (le dernier blanc), sign. A-B.

Du fnc. 3 recto ad finem se trouve la traduction d'une lettre de *Don Fernando de Gonzague, duc d'Adriano*, envoyée le 23 juillet, de Tunis, à son frère, le duc de Mantoue.

(18) Das ist der erst kriegs zug vnd || warhafftige geschicht / So auff dem || barbareyschen keyserischen zug || gehandelt vnd geschehen ist. || M.CCCCC.xxxv. || (*L'aigle impériale à deux têtes.*) Fnc. 4 recto, *in fine* : Getruckt zu Nŭrnberg durch || Steffan Hamer. In-4 de 4 ffnc., sans sign. ni récl. ; non rogné.

(19) Newe Zeittung / von || Keiserlicher Maiestat / von || dem Türcken / vnd von || dem grossen So= || phi / ϟc. || Aus Venedig gen Augspurg || geschriben. || 1535. || (*Vignette sur bois : Bataille entre cavaliers chrétiens et orientaux.*) *S. l. n. d. n. typ.* (Augsbourg?) 2 ffnc., format in-4, sign. ij.

(20) Newe zeytung von || Kayserlicher Maiestat / võ || dem Türcken / vñ von || dem grossen So= || phi / ϟc. || Ausz Venedig gen Aug= || spurg

geschriben. || M.D.XXXV. *S. l. n. d. n. typ.* In-4 de 4 ffnc., le dernier blanc.

Le texte de ces deux plaquettes est le même avec de légères différences typographiques.

(21) Triumphierlich einrei= || ten Röm. Keyserlicher Maiestat zu Mes || sina den 21. Octobris / vnd zu Neapo= || lis den 25. Nouembris. || Anno 1535. || Item Zeytung aus Constantinopel vnd aus Vene= || dig den 14. Decembris / anno 1535. Von erlegung || des Türcken nachzugs / von dem Sophi ɫc. || (*Armes de Charles-Quint.*) || Mihi autem adhærere Deo, bonum est, ponere in || domino Deo spem meam. Psal. lxxij. || Getruckt 5. Januarij. 1536. *S. l. n. typ.* (Nuremberg). In-4 de 8 ffnc. (le dernier blanc), sign. a-b.

3436. PIÈCES ALLEMANDES SUR LES TURCS, XVᵉ SIÈCLE (1536-1556) :

(1) Rathschlag vnd verma= || nung an alle künig / Fürsten vnnd herren || der gantzen Christenheit vnnd sonderlich || an den aller gross= mechtigsten / vnüberwintlichsten keyser || Carólum. Mit welcher gestalt dem schedlichen || feindt der Christenheit (nemlich dem Türcken) || mit Gottes hilff / widerstandt besche= || hen möcht. || Anno M.D.XXXVI. Im Herbstmonat. || (*Gravure sur bois.*) *S. l. n. typ.* In-4 de 4 ffnc.

Pièce de vers occupant les ff. 2, 3, 4.

(2) **Eck** (Johan von). Vmb den grossen sig Kai || serlicher Maiestat / in Thunis ver= || lihen / Got zů dancken / zwů predig || (*Armes de Charles-Quint.*) || Hierin findestu / wie die teutschen kayser / künig / vnd fürsten / auch || ander potentatē / vil meerfart wider die vnglaubigē gethon habē. || Iohan von Eck Doctor, ɫc. M.D.XXXVI. *Fnc.* 20 *recto*, *l.* 13 : Getruckt jn der Kayserlichen stat / Augspurg || durch Alexander weyssenhorn. || M.D.XXXVI. In-4 de 20 ffnc., sign. A-E.

(3) Warhafftige beschrey= || bung / wie der Sophi auss Persia den || Türcken erlegt / die Statt Babilonia eingeno= || men / auch was Glauben / Sitten / vnd kriegss || rüstung er im brauch habe. || Item wie der Türck / || nach demder Barbarossa auss Africa ver= || triben / all sein macht wider die Christen zusetzen wil || lens ist / Auch auss was vrsach er sein fürnemb= || sten Hauptman Abraim Bassa || erstochen hat. || M.D.XXXVI. || 6 Junij. *S. l. n. typ.* In-4 de 8 ffnc., sign. A-B.

(4) Newe zeyttung / wie die || Römisch Kayserlich Mayestat ɫc. Vnser Aller= || gnediger Herr / von Thunis auss Affrica / iñ die || furne- misten zwů Stett / Messana vnd Neapols || ankomēn / vnd jrer Kay. May. daselbst grosse vnnd || herrliche Eher / erzaygt / vnd mit was vnschätzli= || chem kostē jrer Kay. May. zů hochlöblicher gedecht= || nuss / schöne Spectacula vnd hiltzine gepew / || auffgericht worden

sein / Alles durch Rô. || Kü. May. Secretarien Adam Karl be||schriben / auss Welsch zu Latein / || vñ jetz zů teütsch gebracht. || (*Armes de Charles-Quint.*) || M.D.XXXVI. (*S. l. n. typ.*) In-4 de 12 ffnc.

Le fnc. 2 est occupé par une lettre adressée au baron de Grünbühel & Strecha, conseiller de l'empereur.

(5) Ernstliche Newe || zeytung / so sich zwischen Kaiserlich || vnnd Künigklichen Maiestaten / dem || Bapst / Herrschafft zů Venedig / || an ainem / Vnd anders || tails dem Türcken || zůgetragen. || Auch wie der Türckish Kaiser || Corfon belegert hat. || (*Armes de Charles-Quint, entourées de deux blasons.*) || M.D.XXXVII. *S. l. n. typ.* In-4 de 4 ffnc.

(6) **Brentz** (Johann). Türcken Biech= || lein. || wie sich Prediger vnd Laien || halten sollen / so der Türck das || Teutsche Land überfallen || wurde. || Christliche vnd notdürfftige || vnderrichtung / || durch || Johann. Brentz. || M.D.xxxvij. *S. l. n. typ.* In-4 de 8 ffnc.

Maltzahn (*Deutsch. Bücherschatz*, 27) cite une édition de cet opuscule imprimée la même année à Wittemberg, chez G. Rhaw, mais dont la description ne répond pas à la nôtre. Cf. n° 3437(15) une autre plaquette du même Brentz.

(7) Ein Summari der || Türckischen Botschafft. wer||bung / an die Herrschaft zu Venedig / in Welscher || sprach beschehen / sampt des Venedischen || Senats gegebne antwort. || Copia eins brieffs dem Cardinal von || Neapolis zugeschickt / inhaltend die anzal der Tür||ckischen Armada vnd kriegssuolcks zu ross || vnd fůss wider Italien. || Zu Venedig gedrůckt || vnd yetzt von wort zu || wort verteutscht Anno 1537. || (*Gravure sur bois : un Turc tient d'une main un parchemin et a l'autre sur la garde de son cimeterre.*) *S. l. n. typ.* In-4 de 4 ffnc.

Le cardinal de Naples était *Vincent Carafa* (mort en 1544); la première lettre est datée de Tarente, le 16 février 1537. Elle est suivie d'une lettre écrite de Raguse le 24 février de la même année.

(8) Verteutschte verrüff= || ung des Anstandts in Picardien / || zu Lyon beschehen. || Verteutschte Missif / || Herrn Erasmus von Oria / von er= || oberung der Schiffschlacht / || mit den Türcken. || Des Türcken flüchti= || ger abzug aus Apulien. || Mense Septembri. 1537. *S. l. n. typ.* (Nuremberg.) In-4 de 8 ffnc.

La lettre écrite à *Erasme Doria* a comme titre particulier : « Verteutschte Missif... die niderlag der xxv Türckischen Schiff vnd Galeen, inhaltent, aus Corfhun... geschrieben den xxij. Julij. 1537. » *Fnc.* 3 recto, *l.* 20 se trouve la devise que nous avons souvent rencontrée sur le titre des plaquettes allemandes imprimées à Nuremberg : « Psal. LXXII. || Michi autem adhærere Deo bonum est, || ponere in Domino Deo spem meam. || M. || Cehri. Scheurl Doct. || vij. Septemb. 1537. » Le verso est blanc.

(9) Abschrifft eines brieffs / || von Constantinopel / auss wel= || lichem man zůuernemen hat / welcher gestalt der || Gross Türck / seine Priester vnd Doctores hat || lassen umbbringen || auss vrsachen / das sie besten= || diger weiss bekant / vnd mit vrsachen bekrefti= || get

haben / Das Christliche Gesetz vnd Glaube || warhafftig / Das Machometisch aber falsch || sey / Vnd was für grosse zeychen erschy= || nen sein in den selbigen Stellen / || des geûbten Todtschlags / || Jm Jar do man zalt || M.D.XXXIX. *Fnc. 6 recto, explicit* : ..... Datum zû Constantinopel den. xxiij. || Augusti, Anno .M.D.xxxix. *S. l. n. typ.* In-4 de 6 ffnc., sign. A par 4 et B par 2 ff.

(10) [**Magnesius** (Eleutherius)]. Gute zeyttung / von der || Christlichen Armata eroberung Castello || nouo vnd Rixana, Auch Barbarossa || vnd der Türcken erlittem Schiff= || bruch vnd flucht. || In zweyen lateinischen getruckten Missiuen, vast || ordenlich begriffen, vnd vleissig verteutscht. || Jm monat Januario. || 1539. || (*Gravure sur bois*.) || Si Deus pro nobis, quis contra nos? *Au verso du titre* : Dem Edeln..... || Herren Georgen von Loxan, auff Rarisperg Rittern..... ||....., wunscht Eleutherius Magnesius Epidau= || rius glück vnd hail. *S. l. n. typ.* 6 ffnc., sign. aiiij.

A la suite des deux lettres, adressées à George von Loxan auff Rarisperg, se trouvent deux poésies latines de *G. Logus.*

(11) [**Baiul** (Francesco)]. Copia ains brieffs auss || Andronopoli / der innhalt der bindt= || nuss vnd freündtschafft / So der Sophi || mit dem grossen Tartero / widern Türcken || Gemacht hat. M.D.XXXIX. || Wie der Grosz Türck gemelter sachen || halb / sein höre des er wider die Christen ver= || ordnet / Abgeschafft / vnd von dem Radt / so zû || Constantinopel gehalten worden ist. || Die anzal / so der Grosz Türck wider || die Tartern / Vnd den Sophi Künig in || Persia Gesandt hat. || *Fnc. 4 recto, in fine* : ..... / Dero || ich mich euch alweg || besilch. ꝛc. || Ewr williger Diener. || Francescho Baiul. || Getruckt zû Auspurg Durch || Melchior Kaminger. In-4 de 4 ffnc., sign. Aiij.

(12) **Piscatorius** (Joannes). Herkomen / vrsprung || vnnd auffgang des Türckischen vnnd || Ottomannischen Kayserthums / vnnd was die || selben für Künigreich / Länder vnd Stett / so iñ kur= || tzen Jaren / den Christen / abgedrungen sollen haben / || Auch von dem Schlachten vñ Syg wider die selben / || auff das kürtzest / mänigklichen zû gût /..... || ..... beschriben. || Durch Ioannem Piscatorium Litho= || politanum / Prediger zû || Baltza. || (*Gravure sur bois, coloriée.*) || Gedruckt zû Augspurg / durch || Hainrich Stayner / Anno || M.D.XXXXI. In-4 de 14 ffnc., sign. A-D, le dernier cahier D par 2 ff.

(13) Treffenlicher vnnd || Hochnützlicher anschlag / Bündtnusz || vnd verainigung / durch die..... || ..... Chur vnnd Fürsten / Hertzogen zû || Sachsen / Marggrauen zû Brandenburg / vnd Landt= || grauen zû Hessen ꝛc. Des Türcken zugs haben für= || genömen / bedacht vnd berhatschlagt. Auch || was anzal Kriegs volcks zû Ross vnnd || fûss / Dessgleichen geschütz vnd an= || der notdurfft / wider gemel= || ten

Erbfeind soll gehal= || ten vnnd geschickt || werden. || Der Schlesischen Fürsten || vnd Stennd gefandten Instruction vnnd || beuelch / obgerůrten Türckenzug || vnd hilff belangend ꝛc. || M.D.XLI. *Fnc.* 12 *recto, l.* 14 : Getruckt zů Augspurg / durch || Philipp Vlhart. In-4 de 12 ffnc.

(14) Anschlag wider die graw || samen vnd blutdürstigen Tyran= || ney des Türcken / durch welchen || biss her vil Christen blůts vergossen / || sampt Land vnd lewten besche= || digt vnd verderbet || worden. || M.D.XLI. *S. l. n. typ.* In-4 de 6 ffnc., sign. A-B, B par 2 ff.

(15) **Zwickaw** (J. von). Vermanung an || gantze Deudsche Nation / wid= || der den Türckischen Tyrannen / || Sampt einem Gebet zu Gott / Vmb || errettunge von demselben || Erbfeinde. || Sonderlich aber vnd fürnem= || lich / dem Churfürsten zu Brandenburg ꝛc. || Dedicirt vnd zugeschrieben. || Durch Joachim Greff || von Zwickaw. || Auch ein schöner Latinischer || Hymnus /..... *Fnc.* 14 *recto, l.* 30 : Gedruckt zu Wittemberg / || durch Veit Creutzer. || 1 5 4 1. In-4 de 14 ffnc., sign. A-C, A et B par 4, C par 6 ff.

(16) Warhafftige vnd gewise || Newe zeytung / Wie die Rôm. Key. Mey. || auff den xx. Octobris / dess xlj. Jars / mit einer treffen= || lichen Armada / die Statt Algiero zů Erobern / daselbst ankommen / Was || auch Jr Meye. als ein hertzhaffter Kriegssherr / vonn tag zů tag / zů || Eroberung bemelter Statt / gehandelt / vnd wie mannlich Jr || Maye. sampt der selben Kriegsvolck / sich daselbst / so lang || gehalten / biss das Jr Maye. auss getrangter hungers || not / mit verlust etlicher schiff / sich wyderumb dem || vngestůmen Meer / sampt allem Kriegss= || volck / zum abzug / befelhen müssen. || (*Gravure sur bois: la flotte chrétienne devant Alger.*) || *Fnc.* 2 *recto, incipit :* Ain Hauptman || mit namen Philip= || pin Celese / ist wide= || rumb zů rugk vonn || Algiero herkomen / || wôlcher fürwar nit || gůte zeittungen von ||.... Keyser= || licher Mayestet Ar= || mada gepracht..... || ..... / hatt Herr Johann Antonio || de Fauo gehayssenn / der erzelet nachuol= || gender gestallt ꝛc. ||..... *Fnc.* 6 *recto :* Gravure sur bois, verso blanc. *S. l. n. d. n. typ.* (Vers 1541.) In-4 de 6 ffnc.

(17) **Cnustin** (Heinrich). Von geringem herkom || men / schentlichem leben / schmehlichem en= || de / des Türckischen Abgots Machomets / || vnd seiner verdamlichen vnd Gotsslesteri= || schen Ler / allen fromen Christen zu disen || geferlichen zeiten zur sterckung vnnd trost || im glauben an Jesum Christum / || durch M. Heinricum Cnusti || num zusamen gebracht. || Anno 1542. || Mense Maio. In-4 de 26 ffnc., sign. a-f, par 4 ff., sauf f qui en a 6 (le dernier, blanc, manque), quelques coins raccommodés.

(18) **Dietrich** (Vitus). Wie man das volck zur || Bůsz / vnd ernstlichem

gebet wi= || der den Türcken auff der || Cantzel vermanen sol. || Sambt einer vnterricht vom 'gebet / || Vnd einer kurtzen auszlegnng des || LXXIX. Psalmen. || Durch Vitum Dietrich / || zu Nuremberg Prediger. || 1542. *Fnc.* 36 *recto, l.* 19 : Gedruckt / vnd vollendet zu Nůrmberg / || durch Johan vom Berg / vnd Vlrich || Neuber. Anno 1542. die Junij 7. In-4 de 36 ffnc., sign. a-i.

(19) Ein gemeyne Predig || zů den Kriegszleüten / so wider die || vnglaubigen kriegen wôllen. || Fünff stuck werden hierinn tractiert. || I. Das Euangelion Luce xix. Von der zerstô= || rung Hierusalem. || II. Ob sichs gezimē / das man kriege vñ streite. || III. Warumb man kriegen und streyten soll. || IIII. Wer streyten und kriegen môge und solle. || V. Was die thůn vnd lassen sollen / die glücklich || kriegen und streyten wôllen. || M.D.XXXXII. *Fnc.* 8 *recto, l.* 20 : Getruckt zů Augspurg / durch || Haynrich Stainer. Petit in-4 de 8 ffnc., non rogn. ni coupés.

Exemplaire dans son état primitif, préparé pour la reliure.

(20) Ein kurtze Christliche || Ermanung / wie man inn disen geferlich= || sten zeiten / sich zu Gott keren / vnd dem Türcken || obsigen môge / einem jeden Christlichen Re= || genten vnd Kriegsman nützlich || zulesen. || Anno XLII. *S. l. n. typ.* (1542). In-4 de 10 ffnc., sign. A-B, B par 6 ff.

(21) Newe zeytung Auss Cal= || lipoli / Inn der Türckey gelegen gen || Venedig geschriben. || Zv Constantinopel ist ij. tag vnd nacht finster gewesen / das der || tag von der nacht nicht erkandt hat mügen werden / der geleich || auff ain stundt lang blūt / vnd wasser gerengt der geleichen was inn || des Türcken pallast / vnd im newen Schloss Vnd Seraigo / oder ver= || sperrung ist geschehen / vnd wie vil person sein vmbkummen. || Newe zeyttung wie der Türck vnd || der Sophi mit einander kriegen / unnd was der / Sophi dem Thürcken hat abgewuñen / || vnd warum̄ das geschehen ist / vñ || die zal / vnd namen der die der || Sophi dem Türcken ab || gewunnen hat. || Auss welscher sprach inn hoch Teutsch gebracht. || Vnd ist zū Venedig aussgangen. *Fnc.* 4 *recto, l.* 4 : ... / Datum Callipoli den 12 tag Genaro dess 1543. || Jar. || Auss Welscher || sprach verdeutscht. *S. l. n. typ.* In-4 de 4 ffnc.

(22) Newe zeytung von etlich || enwunderzeychen / so gesehen sind worden || in lüfften / ober einer Stat / Stabonicchio genant / ligt in || Judea / gegen Auffgang des Sonnen / gehört dem grossen Tur= || cken / sein grosse hauffen Vôlcker in lüfften gesehen worden. || Newe zeytung wie ein Kneblein in Maremān geboren || sey / grösser wañ ein gemein newgeboren kindlein sein sol / vnd || als bald nach der geburt / reden vnd gehn künden. || Newe zeytung wie vnd was newlicher zeyt für wunder || zeychen zu Florentz vnd derselben

gegent / auch Erdtbiden / ǁ grausame gewitter vnd seltzamer gesicht / so das gesehen / ǁ vnd erhôrtsein worden. ǁ Auss der Welschen sprach ins Teutsch gebracht. ǁ 1543. ǁ (*Gravure sur bois*.) ǁ Diss ist der form des Cometen / so newlichen drey tag aneinander vber ǁ der Stat Florentz gestanden / so ist er 15. tag aneinander für vnd für vber ǁ der Stat Constantinopolis ober dem Pallast des Türckischen Keysers / ǁ gestanden / vnd gesehen worden. *S. l. n. typ.* In-4 de 8 ffnc. (le dernier manque, probabl. blanc).

(23) Newe Zeitung. ǁ Was sich in Africa im M.D.Xliij. jar / ǁ mit Einnemung vnd Eroberung des Kô= ǁ nigreychs Tremetzen / sambt vil andern Stetten vnnd ǁ Landen / durch den wollgebornen Graffen von Al= ǁ caudette / Kayserlicher May. vnsers...ǁ... ǁ Herrn...ǁ... Feldthaubtman / mit den Mo= ǁ ren vnd Türcken / verlauffen hat. ǁ Auss Hyspannicher / in Italianische / vnnd ǁ her nach in Hochteutsche sprach transferirt ǁ H. F. ǁ (*Portrait de Charles-Quint gravé sur bois*.) ǁ *Fnc.* 4 *recto, l.* 24 : ..... Datum Tremeǁtzen / adi 18. Februarij dess 1543. Jars. ǁ E. genaden diener ǁ Don G. Tegliem. *S. l. n. typ.* In-4 de 4 ffnc.

(24) Auszug oder Co= ǁ pey eines Briefs / ǁ Wie einer / so in der Tur= ǁ ckeywonhafftig / inn Deutz= ǁ sche land / an einem Namhafftigen ǁ Herrn geschrieben / antzeigend / was das ǁ Türckish Regiment vnd Wesen sey / Vnd ǁ wie es der Türckisch Keyser mit den ǁ Landen / so er erôbert / zuhalten pfleget / ǁ kurtzlich in Deutsche sprach ge= ǁ bracht / nützlich itziger zeit zu ǁ wissen. ǁ (*Gravure sur bois : portrait*.) *Fnc.* 10 *recto, l.* 19 : ..... Datum Anǁdernopel am ersten tag ǁ des Mertzen. ǁ E. E. Vetter ǁ N. N. ǁ Gedrnckt. 1547. Jar. *S. l. n. typ.* In-4 de 10 ffnc., sign. A-C par 4 ff., sauf B qui en a 2 ; les 4 derniers ff. raccommodés, la déchirure du dernier a enlevé une partie du texte.

(25) Die eroberung der ǁ Stat Affrica / sampt ǁ den Obersten der Hauptleut / Auch an= ǁ derer treffenlichen / vnnd namhafftigen ǁ personen. Auch die anzal der todten vnd verwund= ǁ ten / bayder seyten. Vnd wie sich die handlung nach ǁ ainander begeben hat / Sambt der resolution / ǁ was das Kayserlich Hôr thon solt. ǁ Beschehen im September. ǁ Anno M.D.L. ǁ (*L'aigle impériale, grossière gravure sur bois*.) *Fnc.* 4 *recto, l.* 23 : ..... Datü in Affrica / ǁ den 13 tag dess monats Septembris / ǁ Anno Domini / 1550. ǁ Gedruckt zů Nůrmberg durch ǁ Valentin Neuber. *Verso blanc*. In-4 de 4 ffnc.

(26) Von dem newge= ǁ bornen Abgott zu Babel. Ein ab= ǁ schrieft / Welche durch die Kauffleut von Rodiess ǁ für ein warheit gen Venedig vnd in Welschland ǁ auch nachmals auss Rom den letzten decembris ǁ im 49. vnd auss Venedig den 9. Januarj ǁ dieses Fünfftzigsten Jares ʒ. ǁ An die Kauffleut gen Augspůrg ǁ geschriebenn. ǁ

Kauff mich O frümmer Christ in trewen /
Lass dich zulesen keyn mûhe rewen.
Dann dir ist viel hieran gelegen /
Von des Sathans schalckheit wegen.
1550.

S. l. n. typ. In-4 de 4 ffnc., sans sign., 32 ll.

(27) Newe zeitungen. || Vom dem new ge= || bornen Abgott zu Babel....||
..... vnd aus Venedig den 9. Januarj || dieses Funfftzigsten Jars etc.||.....
Kauff mich O fromer Christ in trewen /
Lass dich zu lesen keine mûhe rewen.
Dan dir ist viel hieran gelegen /
Von des Sathans schalckeit wegen.

S. l. n. d. n. typ. In-4 de 4 ffnc., sans sign., 32 ll.

Ces deux plaquettes ne présentent que quelques légères différences typographiques ou d'orthographe. Toutefois la seconde n'est pas datée, alors que la première porte sur le titre la date de 1550.

3446. Pièces allemandes sur les Turcs, XVIe siècle (1556-1600) :

(1) Newe Zeitunge auss Hun=|| gern /₁ Wie abermals die vnsern / durch mithûlffe || Göttlicher Gnaden / dem Bluthunde der gantzen Christen= || heit / in etlichen Scharmützeln obgesieget / vnnd auch vier Türckische || Fahnen daruon gebracht haben / Welches geschehen ist den drey vnd zwen= || tzigsten tag des Hewmonts / dises Jars / Anno M.D.LVI. || (*Vignette sur bois : combat de cavalerie entre chrétiens et musulmans*) || Item / Ein erschrecklich Wunderzeychen / von zweyen Erd= || bidemen / Welche geschehen sind zu Rossanna vnd Con= || stantinopel / im M.D.L vj. Jar. *Fnc.* 4 *recto, in fine* : Gedruckt durch Valen= || tin Geissler. *S. l.* (Nuremberg). In-4 de 4 ffnc.

(2) **Wolder** (Simon). New Türckenbûchlin / dergleichen || vor diser zeit nie getruckt worden. || Rathschlag / vnd || Christliches bedencken / wie || one sonderliche beschwerde der Obrig-||keit / auch der Vnderthanen / der Christenheit || Erbfeind / der Türck / zu wasser vnnd Land / zuûberziehen / vnnd mit || hilff des Almechtigen zu vberwinden were / Gemeyner Christen-: || heit also zu gûtem / auff verstendiger leute verbessern / || zusamen getragen vnd begriffen / || Durch Simon Wolder / Pomern. || Dabei auch die vrsach vnsers verderbens / vnnd wie||dem fûrzukomen / auch wo allerlei kriegsnotturfft an leutē / gelt / pro-||fiant / ꝛc. zu nemen sei / vermelt wirt / Sampt eim kurtzen Summari-||schen ausszug durch Johañ Newdorffer Rechen-|| meister zu Nûrnberg darauss gezogen. || Primum quærite regnum Dei, & omnia adijcientur uobis. || Diligite iustitiam..... || Halt nicht für schertz / bring dir sonst schmertz / || Has wol gesehn / wie andern bschehn. || M.D.LVIII. *S. l. n. typ.* (Nuremberg?). In-4 de 4 ffnc., 44 ff. chif., sign. A-M.

La préface de *Simon Wolder* est datée de Francfort-sur-Mein, le 14 mars 1558. Au verso du titre, se trouve, gravé sur bois, le blason de ce Wolder.

(3) Copia || Eines Sendtbrieffs vom || Kônig auss Persia / an den Tůrckischen Key=|| ser / gen Constantinopel geschickt / den || Ersten Aprilis / dises || M.D.LX. Jars. || (*Vignette sur bois : cavalier turc sur un cheval au galop.*) *Fnc.* 4 *verso, in fine* : Gedruckt zu Nůrnberg / durch || Georg Kreydlein. *S. d.* (1560). In-4 de 4 ffnc.

(4) Newe zeyttung ausz Hispanien. || Wie durch Wunderbarli=|| chen Rath / vnaussprechlicher gůte / des All= || mechtigen Gotes / ein Kônigreych Tůrcki=|| scher art / In Affrica gelegen / sich von seiner || Machometischen Abgôttercy / zum Christlichen Ge=|| lauben newlich bekhert hat / Also / das der Künigsel=|| ber / Wie man schreibt / mit einer grossen anzal || seiner vnderthanen / durch die Tauff / mit || Christlichen Ceremonien / der Kirchen || daselb / sey eingeleibt worden / || Adjden ersten Julij / 1560. || inn nechst verschiennen || Jar / ꝛc. || Amos am VIII. Capitel || Sihe / Es kompt die zeit / ..... || Das ich einen Hunger ins Landschicken werde / ..... *Fnc.* 4 *recto, in fine* : Gedrůckt zu Nůrmberg. || durch Valentin Geyssler. || M.D.LXI. In-4 de 4 ffnc.

Le ffnc. 2 commence ainsi : « Casparus Peucerus / der Ertzney Doctor vnd Professor / ..... In Hinter Mauritania / haben die Sarraceni /..... »

(5) Auffgebot vnd warnung= || schrifft / So Die Chur / vnd Fürsten zů || Sachssen etc. an alle jre Chur vnd Fürstlichen gna-|| den Lanndstende / vnd Vnderthanen / derselben Für-|| stenthůmb vnd Lannde / des grawsamen Erbfeynds || der Christenhait / des Türcken / personlichen an-|| zugs halben / sich in fürsteender not / in Rü-|| stung vnd beraitschafft finden zulassen / || offentlich haben aussgehen || vnd verkündigen || lassen. || M.D.LXI. *S. l. n. typ.* In-4 de 4 ffnc.

Pièce datée de Torgau, 1541.

(6) Anbringen Türckischer || Legation / Ebrahimi Strotschij / gebor-|| nen Polecken / welche er vor Key. Maye. Rômischem || Kônig / vnnd andern des heyligen Rômischen Reichs || Churfůrsten / Fůrsten vnd Stenden / in Schlauoni=|| scher sprach zu Franckfurt gethon / Anno || M.D.LXII. den 27. Nouemb. || Mit kurtzer vermeldung der geschencke / || so er Key. Maye. vberantwort hat. || Item / von seinen Dienern / Geferten vnd Camelen. || Auss Lateinischer sprach verteutscht. || (*Vignette sur bois : le cortège de Ibrahim Strotschi*) || M.D.LXII. *Fnc.* 4 *recto, in fine* : Getruckt zu Nůrnberg / durch Jo=|| hann vom Berg / vnd Vlrich Newber. In-4 de 4 ffnc.

Le texte latin de cette plaquette se trouvera plus loin.

(7) Newe Zeytungen / || Von des Türgkischen || Keysers / Soldan Solimanus / tôdt=|| lichem abgang / vnd auff=|| satzung seins Sons || Selins. || M.D.LXVI. || (*Gravure sur bois : tête de Soliman?*) *S. l. n. typ.* In-4 de 4 ffnc.

(8) Avsszug ettlicher || Zeitungen / was sich zum anfang || des jetzigen Tŭrckenkriegs / an etlichen || orten inn Vngern / verloffen vnd zuge= || tragen hat. 1566. || *(Gravure sur bois.)* || Gedruckt zu Nŭrmberg / durch || Valentin Geyssler. In-4 de 4 ffnc.

(9) Newe zeitungen || welcher massen Her Laza= || rus von Schwendi Ritter / vnd der Rŏm. Kay. || May. Oberster in Zips / die Tŭrcken vnd Tar= || tern / zum andernmalerlegt / geschlagen / etliche || Schlŏsser erobert. Vnd was die Tŭrcken ge= || gen beyden Stetten vnnd Vestungen || Gula vnd Ziget / weiter fŭrge= || nommen haben. || 1566. || *(Fleuron.)* || Gedruckt zu Nŭrnberg / durch || Valentin Geyssler. In-4 de 4 ffnc. (le dernier blanc).

(10) **Macer** (Casper). Ein Bittpredig / || Wider den grausamen || erschrŏcklichen erbfeind / vnd durchächter || des hailigen Christlichen glaubens / vnd namens / || den Tŭrcken / vnd andere der Catholischen kirchen || lästerer / vnd verfolger / auss dem Propheti= || schen acht vnd sibentzigisten Psalm / || Deus uenerunt Gentes etc... || ... / Durch || D. Casparn Macer Thŭmbpredigern zŭ || Regenspurg. || Anno M.D.LXVI. || Luc. 6. || Bittet für die eŭch belaydigen. || Getruckt zŭ Ingolstatt / durch Alexander || vnd Samuel Weissenhorn. || Anno M.D.LXVII. In-4 de XXIIII pp., sign. A-F., titre rouge et noir.

(11) Erschrŏcklicher || Absagbrieff / des jetzi= || gen Tŭrckischen Kaysers / diss jetzt || lauffenden Jars / den von Venedig vber- || schickt / darinnen er das Kŏnigreich Cy= || pern erfordert / vnd allberait auff dem || Oceanischen Meer / sich auch ver= || fast gemacht hat / Cipern vnd || Malta zu vberzie= || hen. || *(Vign. sur bois.)* || Gedruckt zu Augspurg durch || Hans Zimmerman. || 1570. In-4 de 4 ffnc., le dernier blanc.

(12) Warhafftige || Newe Zeitung / Von || dem Gewaltigen vnd Frewdenreichen || Siege / welcher den 7. October in diesem 71. jare / || in einem Golfo oder Port auff dem Meer / Delepan= || do genant / von der Venediger vnd des Kŏniges || aus Hispanien Kriegsuolck / wider den grewli= || chen Erbfeind der gantzen Christenheit || den Tŭrcken / durch Gottes hŭlff Rie- || terlich erhalten worden. || *(Gravure sur bois.)* S. l. n. d. n. typ. (1571, Augsbourg?) In-4 de 4 ffnc.

(13) Zeytung vnd bericht / || Von der gantz Herrli= || chen vnnd seer gewaltigen obsigung || vnnd Victoria, der Christlichen / wider || die Tŭrckische Armada dergley= || chen hieuo : niemals vor= || gangen ist. || *(Fleuron.)* || Beschehen 40. Welscher Meyl / || oberhalb Lepantho / Soñtags den || 7. Octobris / diss 1571. || Jars. S. l. n. d. n. typ. (1571). In-4 de 4 ffnc.

Fnc. 2 recto incipit : Neŭwe zeytung ausz Venedig / vom 19. vnd 22. October, dises 1571. Jars ; à la fin se trouve la liste des officiers vénitiens tués ou blessés et des galères perdues.

(14) Ordenliche / vnd mehr dann || hie zůuor noch niemals aussgegangne || aigentliche Beschreybung : || Mit was (von Gott dem Allmechtigen || verlihenem) grossem Sig / vñ wunderbarlichem glůck / || etliche der Christenhait hoche Potentaten vnnd Bundsuerwandte / des allge=|| mainen Türgkischen Erbfeindes gantze Armada erobert / ..... || ..... haben..... || .....Auss Italianischer sprach / in || vnsere hoch Teutsche gebracht. || (*Gravure sur bois : bataille de Lépante.*) *Fnc.* 8, *recto l.* 19 : Getruckt zů Augsourg / bey || Michael Manger. In-4 de 8 ffnc.

(15) **Membre** (Philippe). Warhafftige vnd || vnterschiedliche Beschrei=|| bung / wie die Türcken anfengklich || das treffliche Königreich vnd Inseln Cypern / mit || grosser Macht vberfallen / vñ darinnen die Haupt=|| stadt Nicosia mit gewalt erobert / Auch volgent solches || ausserhalb der eynigen Statt vnd Port Famagusta / || vnter jhren gewalt gebracht. || Erstlich / beschrieben in Italianischer || Sprach / Durch Philippum Membre / gewesnen || Tolmetsch / in Türckisher vnd Arabischer Sprach / zu || Nicosia / Vnd jetzt ins Teutsch verfertigt. || Sampt einer kurtzen Vorred Vnd Summa= || rische beschreibung / der Insel Cypern / sehr || nützlich zu lesen. || Anno Domini. || M.D.LXXI. *S. l. n. typ.* (Augsbourg.) In-4 de 10 ffnc. (le dernier blanc, ou contenant peut-être le nom de l'imprimeur, manque; mais la préface est signée J. Lochner, Bibliopola).

Exemplaire raccommodé.

(16) Zwo erschröckliche Newe || zeittung / welche sich diss lxxj. Jar || hant zugetragen. || Die erst ist / Wie der Türck / die Statt Nicosiam / in || Cypern hat eingenommen / auch wie vil Tauseut Christen er || gefangen / etliche Tausent Gesebelt / was von gmeinem Kriegs || uolck / gewesen ist / was aber Iunckern / vnd ansehenliche Leute || waren / hat er gehn Constantinopel / vnd Alexandria geschickt / ||...|| (*Gravure sur bois.*) || Die ander ist / Von dem Christliehen Ritter / Herrn || Turj Georgs / wie er von den Türcken durch verrä- terey / || diss 1571. Jars erbärmlich vmbkommen ist / in || der Vestung Cammiss. *Fnc.* 4 *verso in fine* : Erstlich Gedruckt zu Wien. *S. d. n. typ.* (1571.) In-4 de 4 ffnc.

Plaquette d'une impression très grossière. Le second fnc. est signé par erreur Bij, le troisième Aiij. C'est un mélange de morceaux en prose et en vers ; l'un d'eux est daté de Venise, le 25 novembre (1571).

(17) Volkom̄ne / warhaffte || vnnd gründtliche beschreibung / der || Christ- lichen Armada aussfart / erlangten || herrlichen Victori wider den Erbfeind || Christlichen nammens / alles dess || nechst verschinen 71. Jars. || verloffen. || In welcher kürtzlich zufinden / alle particu-|| lariteten, vñ was zů volkomner Historischer warhafften || beschrei- bung zuwissen. Dergleichen hieuor niemalen im || druck aussgangen. Alles von ansehenlichen Be= || uelchsleüthen / die selbsten mit vnd

darbey || gewesst / beschriben / vnd auss Italia= || nischer inn Teutsche Spra= || chen verdolmetscht. || Mit Rôm. Kay. May. freyheit. || Dilingen. || Anno M.D.LXXII. In-4 de 24 ffnc., le dernier blanc.

(18) Newe Zeittung / || Wie die Ritter Santt || Johansen Ordens zů Malta / dem || Türckischen Keiser Selymus / auff wasser || vnd Landt / grossen abbruch vnd schaden / inn || behendigung etlicher Galleen vnnd zerstörung || seiner neuwen Schiffrüstung / so er wider die || Christenheit fürgenommen / in disem M.D.||Lxxij Iar / zů aussgang dess Aprellens / || zůgefůgt haben. || (*Grav. sur bois : plan d'un combat naval.*) Fnc. 3 *verso in fine* : Getruckt zů Basel / in || Sanct Johañes Vorstatt / bey || Samuel Apiario. || M.D.LXXII. In-4 de 4 ffnc. (le dernier blanc).

(19) Goleta || Warhafftige / eygentli= || che beschreibung / wie der Türck (ein || Feind Christliches Namens) die Herrliche vnd ge= || waltige Vestung Goleta / dergleichen die newe Vestung / beyde || bey Thunis in Affrica / belägert / gestürmt / endtlich erobert / || vnd zerstöret. Was sich auch vom Julio an / biss auff || 29 Septemb. diss 1574. Jars / diss orts ver= || loffen vnd zugetragen. || Dergleichen || Wie grausamer / Tyrannischer weiss / || die Türcken / die noch lebenden Christen in beyden || Vestungen / so jammerlich / on vnterscheyd / gesäybelt / vnd || auff stůck zerhauwen / Auch was sich allda sonsten || hierzwischen begeben / ordenlich in Truck || verfertiget. || Gedruckt zu Nürmberg / durch || Hans Koler (*1574*). In-4 de 8 ffnc., sign. A-B.

(20) Türckische, Persische, vnd..... || Sendtbrieff auss Con= || stantinopel geschrieben / von gestalt / ange= || sicht vnnd bildnůss Amurathis / des jetzt regierenden || Türckischen Keysers / auch von gegenwertigen Zustand / vnd || fürnembsten Regenten / gebrauch vnd gelegenheit des || Türckischen Keyserthumbs / Dergleichen vom || Persischen Krieg / vnd gewonheit || etlicher wilder Tartari= || scher Völcker. || (*Portrait du sultan Amurath.*) || Es wird auch hierin ordentlich vermelt / die Bekentnis || des Glaubens / welche Gennadius / der Christen Patri= || arch zu Constantinopel / dem Türckischen Key= || ser auff sein begeren angezeigt || vnd vberantwort.|| M.D.LXXXII. *Fnc.* 12 *recto l.* 35 : Erstlich gedruckt zu Nürnberg / durch Leonhart Heussler. *Verso blanc.* In-4 de 12 ffnc., le haut du titre légèrement rogné. Au fnc. 8 recto se trouve une vignette sur bois représentant le patriarche Gennadius, Au ffnc. 10 recto, une autre vignette représente un soldat tartare.

Cette plaquette contient plusieurs lettres de Constantinople ou de Moscou ; la première est écrite par *Franciscus von Billerbeg* à D. Chytræus ; au verso du titre se trouve une dédicace à Heinrich Rantzaw.

(21) **Dresserus** (Mattheus). Treuhertzige Hochzeittige || Vffmunterung. || Der sicherē / Schlum= || merenden / sorg / vnd Rewlosen Chri= ||

stenheit Zu heutigem Tûrcken Krieg. || Darinnē sie auss aller hand vernŭfft=||gemåssen vrsachen / vnnd Historischen Exem=||plen / sich wider den Ertz vnnd Erbfeind den Tûrcken || gerŭst vnnd auff zumachen / auffgemuntert. || Vnnd vermanet wŭrd. || Vor diesem / Anno 93. in einer sehr || schônen zierlichen Lateinischen Oration / durch || den...... Herrn Mattheum || Dresserum Doctorem vnnd Professorn || zu Leiptzig / recitiert vnnd inn || Druck gegeben. || Jetzmals gemeiner Teutscher Nation / ..... || ..... vnnd vbergesetzt || Durch.||Johannem Heinricum Rottmannum||Pfarrherrn zu S. Aurelien in Strassburg. || Gedruckt zu Strassburg / bey B. Jobins seligen Erben / || Anno 1595. In-4 de 4 ffnc. Au verso du titre, armes de Jacob Kipsen, conseiller de l'Université de Strasbourg. Titre imprimé en rouge et noir.

(22) Kurtzer Begriff || Was der Hochwürdig=|| ste / Durchleuchtigste / Hochgeborn Fŭrst || vnd Herr / Herr Albrecht / Ertzhertzog zu Oesterreich / || des H. Rôm. Stuls Cardinal vnd Kôn. May. in Hi=|| spanien Gubernator in seinen Erblånder / auch Rôm. || Kays. May. Bruder / im Niderlandt aussgericht hat. || Nem̄lich mit der statt vnd Schloss Cales / Ardres / || vnd Hŭlst / was sich mit dem Kriegsvolck || vnd Burgern begeben hat. || Item / Was sich mit Calis Malis / auch der Englischen vnd || Spanischen Armada vnd weiters zu getragen hat. || Alles auss Niderlåndischer spraach in Hochteutsch vbergesetzt / || Durch Conrad Lôw. || (*Vignette sur bois: assaut d'une ville.*) || Zu Côlln / Bey Willhelm von Lŭtzenkirchen || Jm Jar M.D.XCvj. In-4 de 12 ffnc.

Cette plaquette contient, ffnc. 10 et 11 (recto), des nouvelles relatives aux Turcs, datées de Constantinople, du 5 juillet 1596, et du camp de Waitzen, du 10 août.

3447. Pièces allemandes sur les Turcs, xviie siècle :

(1) **Julius** (Michaël). Threni Divini, || Das ist / || Klagwort des ewi=|| gen Gottes / vber das Gottlose Wesen || vnd Leben der Welt / zur Zeit des Propheten || Ezechielis /....... || Jn dieser jetzigen bôsen Grundsuppe || der Welt / zum Eingang vnd Anfang des jetzo an=|| geordneten Kirchengebets wider den Tŭrcken / in zweyen..... || ..... Predigten erkleret / ... || MD. (*Gravure sur bois : la Sainte Trinité.*) CV. || Durch M. Michaëlem Julium, Pfarrherrn vnd Superin-||tendenten zu Gotha. || Erffordt / bey Johann Beck. In-4 de 24 ffnc. Titre rouge et noir.

(2) **Hoe** (Matthias). Sechs || Tŭrcken Pre=|| digten / || In welchen aussführlich gehandelt || wird : Ob der Krieg wider den Tŭrcken mit || gutem gewissen / von den Christen gefŭhret werde : Wa=|| rauff man die Victori grŭnden solle / Was der Tŭrck / in / vnd || auswendig / seiner Ankunfft / Lehr / Leben vnd Thun nach sey / || ..... || Geprediget / vnd..... || in Druck verfertiget / || Durch || Matthiam Hoen / der H. schrifft Doct. || vnd Superintendenten zu Plawen. || Cvm gratia et

privilegio. || Leipzig / || In verlegung Abraham Lambergs. || Jm Jahr / M.DC.VI. (*Titre encadré.*) In-4 de 6 ffnc., 126 pp., 1 fnc.
Le titre est raccommodé.

(3) Copey oder Abschrifft zweyer || Mandat. || So der Türckish Käyser / || dem Heyligen Capucciner Orden verlihen / krafft || deren den Capuccinern erlaubt wird / den Christ= || lichen Catholischen Glauben durch die gantze || Türckey / ..... || Erstlich in Türckisher Sprach erthailt / hernach || in die Frantzösich vnd Italianisch / an jetzt in || Teutsch gebracht. || (*Monogramme du Christ.*) || Gedruckt zu Passaw / || Bey Tobia Nenninger / vnd Conrado || Frosch. Jhm Jahr 1630. In-4 de 4 ffnc.

(4) Der Vnbesunnene || Wahn / || Als würde in dem Römischen Reich wohl || wieder Fried vnd Ruh werden / auch weit besser stehen / Wenn nur || der Türck sich auff vnd herauss an die Grántze machete || vnd den Römischen Käyser jrgend wo angrieffe || bekriegete vnd beträngete. || Obes || Christlich / dem Reiche || Nützlich / vnd jhnen selbst vn= || schädlich seyn möchte. || (*Fleuron.*) || Jm Jahr / || M.DC.XXXI. *Page* 16, *l.* 17 : VVas VVIrd aVssrIChen hIer Abgott Mars / || Kans EnDe geben IetzIgen Iahrs. *S. l. n. typ.* In-4 de 16 pp.
Le chronogramme final donne la date de 1630.

(5) Newer angestalter || Ritter = Orden / || der vnbefleckten Jungfraw || Mariæ. || Wie solcher von Jhr. Königl. Mayt. in Po= || len angefangen / mit Aussschreiben / Gesetzen vnd Ordnungen || bestättiget vnd zu Männigliches Wissenschafft || publiciret worden. || (*Couronne.*) || Mit 16. starcken Gründen / mit welchen... || ..... H. Christoph Ratzeviel / Jhrer Königl. Mayt. || in Polen / von dem.... Ritters = Orden der vnbefleck= || ten Mariæ Brüder abrathet / ..... || M.DC.XXXIIX. *S. l. n. typ.* In-4 de 20 ffnc.

(6) Warhaffter Bericht || Von dem grossen Sig / || Welchen die Venetianische Schiff = Ar = || mada vnder dem Commando dero..... || Herrn Lorentzen Marcello / &c. wider die || Türcken erhalten. || Den 26. Brachmon / im Iahr 1656. || Auss der Italianischen in die Teutsche Sprach || vbersetzt. || I.G.M. || Darbey ein Kupferstuck / in welchem angezaigt wird / || wie beede Schiff = Armeen gegen einander || gestanden. || (*Marque typ.*) || Getruckt zu München / bey Lucas Straub. In-4 de 4 ffnc. (manque la planche sur cuivre).

(7) Treu vnd wolgemeine || Erinnerung / || bey der anietzt / von dem Erbfeind Christli= || chen Nahmens / dem Türcken / obschwebender / und || iemehr und mehr antringender allge= || meiner Noth und Gefahr. || Verfertiget von einem || des Reichs lieben Getreuen. || Anno 1663. *S. l. n. typ.* In-4 de 24 ffnc.

(8) Aussfürliche || Relation || Welcher Gestalt die Macht || der Türckischen Pforten von verschiedenen || Sæculis her gewachsen / und wie die Christliche || Königreich / Fürstenthümer / Land= und Herr= || schafften/ Städte und Vestungen nach und || nach von den Türcken erobert || worden. || Mit beygefügten Vrsachen / warum || dem Türckischen Bluthund mit vereinigten || Waffen zu begegnen seye. *S. l. n. d. n. typ.* (vers 1665). In-4 de 8 ffnc.

Le dernier fnc. légèrement raccommodé.

(9) Ewig denckwürdiges || Gedächtnisz-Schreiben aus Candia || von dem Herrn Gubernieur der Teutschen || und Frantzösischen daselbst befindlichen || Völcker. || Vom Verlauff der nummehr Weltberuffenen (von denen Türcken) || Candianischen Belägerung. || An einen vornehmen Teutschen Cavallier. || Jm Jahr 1667. *S. l. n. typ.* In-4 de 4 ffnc.

(10) Zwey || Nachdänckliche || Traum-Gesichte / || Von || Dess Türcken Untergang. || Zweifels ohn || von || Göttlicher Direction. || Herauss gelassen von mehrmahls zugetrof= || fen erfahrnem || Designante Somniatore. || (*Fleuron.*) || Gedruckt im Jahr 1684. *S. l. n. typ.* In-4 de 31(1) pp., front. gravé sur cuivre et signé : *G. I. Sch : fc.* La page 7-8 est blanche.

(11) Num. XLI. || Extract-||Schreiben / || Auss Wien vnd Sambor || Nebens einer aussführlichen Relation, was gestal= || ten Napoli di Romania, ein so berühmte Vestung im || Königreich Morea durch die Venetianische Waffen per || accord erobert worden. || Gedruckt den 10. October. || Anno 1686. *S. l. n. typ.* In-4 de 4 ffnc.

(12) Num. XXXVII. || Aussführliche vnd warhaffte || Relation || Von der herrlichen Victoria, || so die Venetianische Waffen in Eroberung || Patrasso, Lepanto vnd || deren Dardanellen wider den Erbfeind || erhalten. || Gedruckt den 28. Augusti ||Anno 1687. *S. l. n. typ.* In-4 de 4 ffnc.

(13) Num. XLIIII. || Relation-||Schreiben / || Auss Venedig von der durch die Venetiani= || sche sighaffte Waffen eroberten vortrefflichen Ve= || stung Corintho vnd anderen Orthen. || Gedruckt den 18. Septembr. || Anno 1687. *S. l. n. typ.* In-4 de 4 ffnc.

(14) Num. LXIIII. || Extract-||Schreiben / || Auss Wien / vnd Venedig / darinnen || zu vernehmen / was gestalten Maluasia vnd || Athen durch die Venetianische Waffen || erobert worden. || Gedruckt den 27. November. || Anno 1687. *S. l. n. typ.* In-4 de 4 ffnc.

(15) Ausführliche || Relation || Der vorbeygegangenen || Blutigen Action, || So bey Nissa / den 24. Sept. 1689. || Unter Commando Ihr. Fürstlichen || Durchl. Louis von Baaden / wider den Erbfeind || Christl.

Namens mehrmalen gar glûcklich und || victorieus gehalten worden. *S. l. n. d. typ.* In-4 de 4 ffnc.

3448. Pièces italiennes sur les Turcs. Prose, xvi⁰ siècle :

(1) Lo numero e la quantita de la ar= || mata cioe de li homini darme || de le galee ↄ deli pedoni chi || uerranno in aiuto de la || S. lega noua. || (*Armes du pape Jules II.*) || *S. l. n. d. n. typ.* (Rome, Imprimerie Pontificale, vers 1511.) 2 ffnc. de format in-4 : fnc. 1. titre en caract. goth.; verso blanc, fnc. 2, texte, car. rom., 27 ll.

Cette Sainte Ligue, organisée par Jules II, avait pour but immédiat de recouvrer la ville de Bologne et autres places d'Italie appartenant au S. Siège, ce qui n'avait qu'un rapport fort éloigné avec la lutte contre les Infidèles.

(2) Partita del || Turcho da Constātino||poli, e narratione || de lo ordine d tutto || il suo essercito si-||no a Viena. || M.D.XXXII. (*Titre encadré.*) *S. l. n. typ.* Petit in-4 de 4 ffnc.

C'est la traduction d'une lettre du 6 juillet, écrite à l'armée de Soliman devant Belgrade.

(3) Svcessi di Roma, et di tvt-||te l'Italia, con l'apparecchio de l'Armata contra Bar-||barossa, et di molti accidenti de la Magna, di nuo-||ue sette d'Heretici, con tutti li loro progressi, || & la Vittoria del Sofin' contra al || gran Turco; Et ultimamen-||te la morte del Sig. Luigi || Gritti Bassan' del || gran Turcho. || (*Vignette sur bois avec la devise* RO MA.) *S. l. n. d. n. typ.* In-4 de 12 ffnc., car. ital.

Cette plaquette se compose de deux lettres signées *Hieronimo Fantini* et datées toutes deux de Rome le 15 novembre 1534 et le 6 mars 1535.

(4) La presa di || Tunisi, con li Successi particolari, si della || presa della Goletta, ↄ Bastione a presso || a Tunisi, Come del numero delli cō= || battenti, che Barbarossa haueu || cōdotto, sotto la promessa di || vittoria li Alrabi in Cā= || po. Et la liberatione || delli Christiani || Schiaui || Stampata in Roma. adi. vɪɪj. di Agosto. || M.D.XXXV. || (*Vignette sur bois : un combat de débarquement.*) *S. typ.* In-4 de 4 ffnc., titre goth., le reste en car. ital.

(5) Gli succes||si della presa della Goletta con altre || particolarita de progressi dello eser||cito ↄ armata Cesarea insino alli || xix. di Luio. M.D.XXXV. || Et anche lo presa || de Tunice. || (*Même vignette que ci-dessus.*) *S. l. n. d. n. typ.* In-4 de 4 ffnc.. titre gothique, le reste en car. ital.

Ces deux plaquettes, qui ont un titre différent, présentent exactement le même texte, imprimé de la même manière, sauf que les lignes de la première sont plus serrées que celles de la suivante. Il n'y a quelque différence qu'au verso du fnc. 4. Les mots « Dat. in Tunisi die. XXIII. Lugio. M.D.XXXV. » qui se trouvent dans la seconde, à la fin de la lettre, ne se trouvent point dans l'autre.

(6) Copia di || vna lettera di Bar||zellona, || Del parlamento che nouamente ha || fatto il gran Turco cō li suoi Bassa || Baroni, Principi, &

Gētilhomi‖ni, se debbe lasciar la impresa ‖ cominciata cōtra Christia‖ni, o ritirarsi. ‖ Con la risposta che gli ha fatto ‖ ciascheduno. ‖ M.D.XXXVII. (*Titre encadré.*) S. l. n. typ. In-4 de 4 ffnc., sign. Aii.

Lettre datée de Barcelone le 20 septembre 1537 et signée *Diego Aluares.*

(7) Copia di avvisi della corte ‖ di Spagna, tradotti in Italiano. Che contiene le ‖ prouisioni di sua Maiesta, contra il gran ‖ Turcho, Tanto di genti, quanto di ‖ danari, et dogni altra cosa ‖ necessaria alla ‖ guerra. ‖ (*Les armes de la Maison d'Espagne.*) Fnc. 4 verso, l. 14 : Della Corte della Cesarea Maiesta alli otto di Lu-‖glio. M.D.XXXVII. ‖ Seruitore Diego d' Ormandi. S. l. n. d. (1537) n. typ. In-4 de 4 ffnc.

(8) Copia di vna ‖ Lettera dell' Armata del Principe Doria, che contiene. ‖ Il di che Sua Eccellentia giunse à Corfu. ‖ La Allegrezza & festa che fecero l' Armate del Reueren=‖dissimo Legato, & del Clarissimo Generale de Venitiani. ‖ Le Accoglienze del Principe fatte à sue Signorie. ‖ Il Raggionamento fatto tra loro, & la deliberatione di assal-‖tar Barbarossa. ‖ L' ordine di combattere dato dal Principe Doria à tutta l' Ar=‖mata. ‖ (*Vignette sur bois représentant, de gauche à droite, le doge de Venise, un prince (peut-être A. Doria) le pape et l'empereur.*) S. l. n. d. n. typ. Petit in-4 de 4 ffnc.

Cette lettre, signée *Basilio Tempesta*, est datée du 14 septembre 1538 « Di Galera alli Mollini » ; les deux flottes de Doria et de Barberousse restèrent en présence jusqu'au 27 devant Prévésa et se retirèrent sans avoir combattu.

(9) [**Capellono** (Lorenzo)]. Al Vittorio ‖ so principe ‖ D' Oria. S. l. n. d. n. typ. Petit in-8 de 12 ffnc., le dernier blanc, sign. A par 8 et B par 4 ff.

La dédicace est datée de Gênes le 15 décembre 1550 ; elle est adressée à Marco Centurione, lieutenant de Doria.

(10) La ‖ presa del ‖ Pignone, et l' ordine ‖ che ha tenuto la Maestà del Re Felippo ‖ a prenderla, & la quantita delle ga‖lere, & il numero delli solda‖ti, con il nome, & co-‖gnome delli Ca‖pitanij ‖ che si ritrouorono alla ditta impresa, ‖ con la morte dell' una & l' al=‖tra parte. ‖ Con una littera mandata dal gran Turco alla ‖ Maesta del nouo Imperator Massimi-‖liano, cosa dilettenole & bella. ‖ (*Fleuron.*) ‖ Stampata in Milano l' anno del nostro Signor ‖ M D LXIIII. In-4 de 4 ffnc., car. rom., sign. Aii.

(11) Aviso delli ‖ svcessi della presa ‖ del Pignone, seguita alli ‖ vi. di Settembre ‖ 1564. ‖ (*Fleuron au-dessus et au-dessous du titre; et armes des Médicis.*) ‖ In Firenze nel Garbo. In-4 de 4 ffnc., car. ital., sign. Aii.

Ce récit est identique à celui de la pièce précédente, mais ce numéro ne contient pas la lettre à Maximilien qui, dans le précédent, occupe le fnc. 4.

(12) Copia ‖ d' vna lettera dell' illvstrissimo ‖ ... S. Gran Maestro della Relligione ‖ de Cauallieri Gierosolimitani,.....‖.... scritta alla Santità

di N. S. Pio Papa IIII. alli xi. || di Settembre 1565. Et giunto in Roma alli xxij. || Nella quale le da auiso frà l' altre cose della vergognosa par-||tita dell' Armata Turchescha, || Et della Vittoria dell' Essercito Christiano || Et di più vi sono l' allegrezze de i fuochi, & tirar d' Atiglierie che si sono || fatte in Roma, Con l' auiso d' un Iubileo, & vna solenne || Processione, che si douea fare alli 23. di Settemb. || insegno di vna tanta vittoria. || (*Bois : Résurrection de N.-S.*) Fnc. 2 verso, *in fine* : Stampato in Bologna per Pellegrino Bonardo. *S. d.* (1565). 2 ffnc. (format petit in-4).

Le grand maître *de Lavalette* annonce la levée du siège de Malte.

(13) La vera, et famosa || indovinatione della Sibilla || Eritrea fatta ad instanza de' Prencipi di || Greci, quando gli dimandaron consi-||glio intorno l' Impresa di Troia. || nella qvale.....||..... molte altre cose vi si || diachiarano ancora appartenenti alla grandezza del || Christianesimo, & di diverse altre parti || del Mondo. || Particolarmente Del Regno Tur-||chesco..... : ove chiaramente || vi si vede quanto presto da Christiani debbi esser || distrutto, & annihilato || ..... || Dedicato || Al..... Signor || Felippo Ludovico || Flaisban. || (*Fleuron.*) || In Venetia, 1570. E Ristampata 1691. || Per Girolamo Albrizzi..... Petit in-4 de 23(1) pp., 7 planches sur cuivre intercalées dans le texte, dont une (p. 5) représente la sibylle, et une gravure sur bois de la Nativité.

(14) **Nazari** (Gio Battista). Discorso || della fvtvra et || sperata vittoria || contra il Tvrco, || Estratto da i sacri Profeti, et da altre Profetie, Prodigij, || & Pronostici : & di nuouo dato in luce; || per Gio Battista Nazari Bresciano. || (*Curieuse grav. sur bois.*) || In Venetia, || Appresso Sigismondo Bordogna. M.D.LXX. In-4 de 16 ffnc.

Curieuse plaquette dans laquelle est prophétisée un an d'avance la victoire de Lépante. Ornée de cinq gravures sur bois allégoriques, l'une d'elles (fnc. 8 verso) reproduit celle qui est sur le titre et qui représente un aigle, un agneau coiffé d'une mitre et tenant une crosse, et un lion, allégories du pape, de l'empereur et de Venise, avec la devise « VNIO CONSPIRAT SANTA INCVRSVRA COLVBREM ».

(15) Il svccesso || di qvanto oc-||corre circa l' a||guerra, de gli Illustrissimi S. || Venetiani cōtra il Turco. || Con la dimanda fattali da || vn' suo Ambasciatore di esso Turco, ve-||nuto a Venetia di nouo, con la prō||ta risposta del Serenis. Domi-||nio, è tutto cio ch' e occor-||so fra l' una & l' altra par||te circa le scaramu-||cie, morte, è pre||saglie. || (*Vignette sur bois : un homme entrainant une jeune captive.*) || In Verona, || Stampata per Bastian dalle Donne, & Gio-||uanni fratelli. *S. d.* (1570). 4 ffnc, form. in-16.

Cette plaquette contient des nouvelles datées de Venise et de Zara en mars 1570.

(16) Vltimi Auisi di Venetia. || Narratione della **gverra** principiata contra il || gran Turco, per gl' Illustriss. Sig. Venetiani, doue si comprende ||

assalti per terra, mouimenti per mare. || Signori, Conti, || Colonelli, Capitani spediti per tal mouimento, col || nome, cognome, & casata di ciascun di loro. || Et la superba ambasciata fatta ultimamente dall' Ambasciatore || del gran Turco, & l' honorata Risposta fattagli dal Senato || Venetiano. La creatione, & partita del Generale, || ..... & il nome di quelli || che hanno offerto in questa impresa genti || & dinari.....||..... col nome del || gran Duca di Toscana. || Et alcune ultime noue di Francia delli Vgonotti. || (*Vignette sur bois: allégorie de Venise.*) || In Viterbo, con licenza de' Superiori. R. B. *S. d.* (avril 1570). In-4 de 4 ffnc.

Légère déchirure au haut des feuillets enlevant quelques mots aux deux premières lignes.

Lettre de Venise du 1er avril 1570.

(17) Copia || di diverse lettere || venvte di Venetia, || Et di Zara. || Nella quale s' intende il tradimento vsato dal Tur||co, con far' dar fuoco nell' Arsenale, & la presa || di quel traditore che ciò fece, con lo || scoprimento di quelli i quali ha-||ueuano attossicato gran || quātità di biscotti. || Con auisi di Roma dello Stēdardo dato al S. Mar||c' Antonio Colonna contra il Turcho. || E della Rotta data al Turcho, dal Duca della Ros||sia. Con alcuni particulari di Franza. || La nobilissima città di Zara. || (*Bois représentant la ville de Zara.*) || Stampata in Fiorenza. *S. l. n. typ.* (1570). 4 ffnc., format in-16.

Lettre de Zara du 25 juin 1570; au dernier fnc. verso, un autre de Rome du 26 juin.

(18) Novi et vltimi || Avisi della Armata Vene-||tiana & Turchesca, venuta per lette-||re di 22. di Luglio. || Nel quale intenderete tutte le cose successe dal || primo di Luglio. sin al di presente. || Anchora..... la impresa chi han fatto || i nostri d' un Castello chiamato Marga-||rito, fortezza di molta impor-||tanzac, on numero di Tur=|| chi morti, & artiglia-||ria presa. || Con altri assalti & scaramuccie fatte in || diuersi luoghi. || (*Vignette sur bois.*) || In Napoli con licentia de i Superiori. *S. d.* (1570) *n. typ.* 4 ffnc. (format in-16).

(19) Avisi di tvt||te le scara-||mvzze fatte in || p'ù luoghi, cioè Cipro Catta-||ro, Sebenico, Zara, & al-||tri luoghi, || Con il numero de morti, feriti, prigioni, de || l' una e l' altra parte, con prese di Fuste || Galere Nauili, & altri legni, & di || più la Crucciata, concessa da || Sua Santità al Re Catholi-||co per anni cinque. || (*Le lion de Saint-Marc.*) *S. l. n. d. n. typ.* (Venise, 1570). 4 ffnc. (format in-16).

Ces nouvelles sont datées de Venise le 1er septembre 1570.

(20) Li || Capitoli del-||la Lega tra || Sva Maesta Catholica, || è la Santità del Papa, con questa Illustris||sima Signoria, insieme con altri Prin-|| cipi se lori uorranno, essergli, || S' intende anco la presa fatta dalla

Galera di || Maltesi, & la vittoria hauuta. Con li no-||mi delli Capitani, & il numero de || Fanteria Caualaria, & altre || cose degne. || (*Le lion de Saint-Marc.*) *Fnc.* 4 *verso, in fine* : Stampata il primo Settembrio : || M.D.LXX. *S. l.* (Venise). 4 ffnc. (format in-16).

(21) **Grotto** (Luigi). Oratione || di Lvigi Grotto || Cieco d' Hadria; || Nella creation del Serenissimo Prencipe di Vine-||gia, Luigi Mocenigo. || Nella qual si rallegra della sua dignità, & esshorta tutti || i Prencipi Christiani all' impresa contra Turchi. || (*Marque typ.*) || In Venetia, Appresso Andrea Arriuabene al se-||gno del Pozzo. MDLXX. In-4 de 12 ff.

(22) Relatione || di tvtto il svccesso || di Famagosta. || Doue s' intende minutissimamente tutte le scaramuccie, batte-||rie mine, & assalti dati ad essa Fortezza. || Et ancora i nomi de i Capitani, & numero delle genti || morte, cosi de Christiani, come de Turchi. || Et medesimamente di quelli, che sono restati pregioni. || (*Vue gr. s. bois du siège de Famagouste.*) || In Venetia || Con licentia de' Signori Superiori. || MDLXXII. In-4 de 4 ffnc., caractères gothiques, sauf le titre.

(23) Relatione || di tvtto il svccesso || di Famagosta. || .... || (*Fig. : vue d'un camp.*) || In Venetia. || .... || MDLXXII. ||. In-4 de 4 ffnc., caractères romains. La liste des blessés et prisonniers est en italique, au verso du fnc. 4.

Ces deux plaquettes, dont le texte est identique, contiennent la relation de la prise de Famagouste (4 août 1571), écrite par le comte *Nestor Martinengo*, qui commandait l'artillerie dans la place.

(24) Il felicissimo || svccesso della giornata || fatta dall' Armata Christiana contra || l' Armata Turchesca; || Per singolare aiuto del onnipotente || Signor Dio. || Doue a pieno s' intende il numero delle genti || morte, delle Galere prese & affondate, dei || prigioni, & dei Schiaui || ricuperati. || (*Le lion de Saint-Marc.*) || In Brescia. M.D.LXXI. In-4 de 4 ffnc.

Cette plaquette et les suivantes, jusqu'au numéro (39), se rapportent à la bataille de Lépante.

(25) Pvblica || letitia. || della miracolosa vittoria || ottenuta dalle Armate Christiane || contra quella del Turco. || Con la lista, si delle galere prese, & || affondate, come de capi, & solda||ti morti, feritii, & prigioni || fra una parte, & l' altra. || (*Le lion de Saint-Marc.*) *Au verso du fnc.* 4, *in fine* : Stampata in Venetia alli 19 Ottobrio & || ristampata in Mantoua alli 25 Ottobrio. || Con licenza delli Superiori. In-4 de 4 ffnc.

(26) Relatione || della giornata delle || Scorciolare, fra l' armata Turchesca, & Christiana alli || sette d' Ottobre 1571. ritratta dal Comenda||tor Romagasso. || Con il vero disegno del luogo, doue è seguita la || giornata, che fu || il di de S. Marco Papa, & confessore il di 7. d' Otto-||bre 1571. 40. miglia sopra Lepanto. || (*Gravure sur bois repré-*

sentant le grand étendard de Don Juan d'Autriche, béni par le Saint-Père, avec la note de ses dimensions.) || In Roma Appresso gli heredi di M. Antonio Blado Stampatori Camerali. In-4 de 4 ffnc. Fnc. 2 *verso* et fnc. 3 *recto* se trouve un plan sur bois de la bataille de Lépante.

Le *commandeur de Romégas*, chevalier de Malte, Français d'origine, avait été envoyé pour porter au pape Pie V la nouvelle de la victoire.

(27) L' ordine || delle galere || et le insegne loro, || con li Fanò, Nomi, & cognomi delli Magnifici, & ge-||nerosi patroni di esse, che si ritrouorno nella ar-||mata della Santissima Lega, al tempo della || vittoriosa, & miracolosa Impresa otte-||nuta, & fatta con lo aiuto || Diuino, || Contra la Orgogliosa, & Superba armata || Turchesca. || Fidelmente posto in luce. || (*Marque typ.*) || In Venetia. || Appresso Giouan Francesco Camotio. || M DLXXI. In-4 de 6 ffnc.

Au verso du fnc. 6 se trouve une grande gravure sur bois : une femme couronnée assise sur un trône et tenant d'une main une épée haute, de l'autre une balance, avec cette devise : IVSTITIAM DILIGITE O VOS QVI IVDICATIS TERRAM. Le recto de ce fnc. est blanc.

(28) **Egiptio** (Antonio). Avisi || Particulari vltimamente mandati dal || magnifico m Antonio Egiptio || maggiordomo dell' Illustrissimo || & Eccellentissimo Signor || Pauolo Giordano, || Al Mag. Pietro Egiptio suo fratello, Doue minuta-||mente si narra tutto il successo, e conflitto || fra l' armata Turchesca, e Christiana. || (*Grav. sur bois : Philippe II, le Pape et le Doge de Venise.*) S. l. n. d. n. typ. 2 ffnc. (format in-4).

Le second fnc. raccommodé.

(29) Ragvaglio || Particulare della vittoria dell' armata Christiana || contra la Turchesca. || Per lettere del Capitan Generale di mare de Venetiani, infino || alli noue del presente, date nel porto di Drago=|| meste, appresso la bocca del golfo || di Lepanto. || (*Trois gravures sur bois : Blasons du pape Pie V, de Philippe II et de Venise.*) S. l. n. d. n. typ. (1571). In-4 de 2 ffnc.

(30) Raggvaglio || delle allegrezze, || solennità, e feste || fatte in Venetia || per la felice || Vittoria, || Al Clariss. Sig. Girolamo Diedo || digniss. Consigliere di Corfù, || Rocco Benedetti. || In Venetia || Presso Gratioso Perchaccino. || M.D.LXXI. (*Titre orné et encadré, grav. sur bois.*) In-4 de 8 ffnc.

Lettre de *Rocco Benedetti* du 20 novembre 1571.

(31) Copia di vna || Lettera, della || Illvstrissima Signoria || di Venetia mandata al Sig. Don || Giouanni d' Austria. || Con una oda al medesimo Signor Don Gio. || In Modona. || Con Licenza de Superiori. || (*Fleuron.*) S. d. (1571). In-16 de 4 ffnc.

C'est la lettre adressée à Don Juan après la victoire de Lépante. Le fnc. 4 contient une ode en vers latins.

(32) **Bianchi da Luccioli** (Pietro). Pronostico || Et Givdicio Vniversale || Del presente Anno 1572. || Dell' Eccellentissimo Astrologo || Maestro Pietro Bianchi da Lvccioli || Discepolo di Nostr' Adamo ; || Nel quale secondo la dottrina de gli antichi Magi.....||....., si discorre || delle..... cose, che in detto Anno || deuono succedere. || Con Licentia. || (*Marque typ.*) || In Venetia || Appresso Giouan Francesco Camotio || M D LXXI. In-4 de 8 ffnc.

(33) **Buccio** (Pietro). Oratione || di Pietro Bvccio || Bresciano. || al Serenissimo Prencipe, || et Illvstrissima Signoria || di Venetia, || sopra la Vittoria Chri-||stiana contra Tvrchi, || Ottenuta l' Anno felicissimo. M.D.LXXI. Il || Settimo d' Ottobre. || Con gratia et privilegio. || (*Marque typ.*) || In Venetia, || Appresso Domenico de' Franceschi. M.D.LXXI. In-4 de 8 ff.

(34) **Groto** (Luigi). Oratione || di Lvigi Groto Cieco || Ambasciator || di Hadria. || Fatta in Vinegia, per l' allegrezza della uittoria ottenu-||ta contra Turchi dalla santissima Lega. || In questa terza impressione dall' Autore ricorretta. || (*Marque typ.*) || In Vinegia, appresso Francesco Rocca, & || Bastian de Ventura Compagni in piazza di || S. Marco. M D LXXI. In-4 de 6 ffnc.

(35) **Muret** (Antoine). Oratione || di M. Antonio Mvreto Dottore || et Cittadino Romano || Recitata || Per ordine del Popolo Romano dopo 'l ritorno in Roma || de l' Illustrissimo..... || Marc' Antonio Colonna, || de la felicissima vittoria di || mare contra Turchi. || Tradotta di latino in volgare. || (*Marque typ.*) || In Roma per gli Heredi di Antonio Blado. || Stampatori Camerali. || Con licentia..... *Au verso du titre :* Fu recitata nella chiesa di S. Maria in Araceli in || Campidoglio, à li xiii. di Decembre. || M.D.LXXI. In-4 de 4 ffnc.

(36) **Paruta** (Paolo). Oratione || fvnebre || del Mag. M. || Paolo Parvta. || In laude de' morti nella Vittoriosa batta-||glia contra Turchi || Seguita à Curzolari l' anno 1571. || alli 7. d' Ottobre. || (*Marque typ. rapportée.*) || In Venetia || Appresso Bolognin Zaltiero, 1572. In-4 de 16 ffnc. (manque le dernier, probablement blanc).

Le bas des ff. est légèrement rongé.

(37) Discorso || sopra dve grandi || e memorabili battaglie || navali fatte nel mondo, || l' vna di || Cesare Avgvsto || con M. Antonio, || L' altra delli Sig. Venetiani, || e della santissima || Lega || Con Svltan Selim || Signor di Turchi. || (*Marque typ.*) || In Bologna, Appresso Alessandro Benaccio, || M.D.LXXII. || Con licentia de i Superiori. In-4 de 1 fnc., 52 pp., 1 fnc., sign. A et F par 6 ff., B-E par 4 ff.

(38) **Meduna** (Fra Bartolomeo). Dialogo sopra || la miracolosa || vittoria ottenvta || dall' Armata della Santissima || Lega Christiana, contra ||

la Turchesca. || Del Reverendo || Padre Bartolomeo || Medvna dalla Motta || del Frivli. || Nel quale si dimostra essa vittoria esser venuta || dalla sola mano di Dio. || Et si discorre a pieno l'ordine del conflitto, || (*Fleuron.*) || In Venetia. M.D.LXXII. In-4 de 4 ffnc.

(39) **Grimaldo**. Copia || d'vna lettera || di Monsig. Grimaldo Com||missario di Sua Santita, || ultimamēte uenuta, || a Monsignor Odescalco || dal Zante. || Doue si narra la Battaglia presen= || tata à l'Occhiali Capitano Generale della || Armata Turchesca, & la fuga || di detto Occhiali. || (*Marque typ.*) || In Roma per gli Heredi d'Antonio Blado Stampatori || Camerali. M.D.LXXII. In-4 de 4 ffnc.

Cette plaquette contient trois lettres du mois d'août 1572, datées de Serigo et Zante.

(40) Vltimo aviso || de vna littera || venvta dall'armata || Christiana, alli 3. di Settembre 1572. || Doue s'intende gli assalti dati all'armata Turchesca, con || la perdita di 12. galere nimiche. || Con la uera relatione delli lochi abbrusciati || & saccheggiati. || (*Une croix avec la devise* : IN HOC SIGNVM VINCIT.) || In Roma, || Appresso Giouanni Osmarino, Et in Bologna, per Alessan-||dro Benacci. M.D.LXXII. In-4 de 4 ffnc.

(41) Relatione || venvta novamente || da Modone || Nella qual s'intende particularmente, gli assalti, || & scaramuccie date all'armata Turchesca, || cosi per terra come per mare. || Con il numero delli morti, & pregioni fatti || in dette scaramuccie. || Et ancora intenderete l'ordine che hà da tener || l'armata Christiana nel dar l'assalto ge-|| neral alla Turchesca. || (*Bois très grossier : Naissance de Vénus?*) || In Viterbo, Et dispoi ristampata in Bologna, || Con licentia..... *S. d. n. typ.* (1572). In-4 de 4 ffnc.

Lettre datée « Dall' Armata Christiana nel Porto di Nauarino adi. 21. di Ottobre 1572, a hore 22. »

(42) Il vero || Raggvaglio || della presa || di Biserta, || con l'vltimo avviso || del svccesso di Tunisi, || Et la sententia data con-||tra al Re Muley Hamida, || Con la investitvra del || Infante Muliazen nuouo Re di Tunisi. || Con il disegno di quelli paesi. || (*Deux vignettes sur bois.*) || Con licentia delli Superiori. || In Roma per gli Heredi d'Antonio Blado Stampatori. || Camerali. M.D.LXXIII. In-4 de 4 ffnc.

Au verso du titre et recto du fnc. suivant un plan gravé sur bois du port de Tunis et pays circonvoisins.

(43) Nuovi avisi venvti di || Messina, Napoli, e Roma : doue s'intende l'ordine, || che ha tenuto l'Altezza di Don Giouanni per || soccorrer la Goletta, & con il nume-||ro di Vascelli, che mena || con esso lui. || Et più s'intende li assalti c'hanno fatto ultimamente li Turchi || sotto la Goletta, con la pace fatta in Fiandra, e come || la Signoria di Venetia

hà mandato un suo || General in Candia per guardia || di quell' Isola. || (*Les armes de l'Ordre de Malte.*) || In Bologna per Alessandro Benacci || Con licentia de' Superiori. S. d. In-4 de 2 ffnc.

Avis datés de Rome le 22 août 1574.

(44) **Monte Rodigina** (Issicratea). Oratione || di || Mad. Issicratea || Monte Rodigina || nella congratulatione del Sereniss. Principe || di Venetia || Sebastiano Veniero. || (*Titre encadré.*) Fnc. *4 verso, in fine* : In Venetia, M D LXXVII. || Appresso Domenico, & Gio. Battista Guerra, || fratelli, Furlani. In-4 de 4 ffnc.

(45) — Seconda oratione || di || Mad. Issicratea || Monte Rodigina || Nella congratulatione dell' Inuitiss. & Sereniss. Principe || di Venetia || Sebastiano Veniero. || Da lei propria recitata nell' Illustriss..... || Collegio à sua Serenità. || (*Marque typ.*) || In Venetia, appresso Domenico & Gio. Battista Guerra, fratelli. || M.D.LXXVIII. In-4 de 4 ffnc.

Sebastiano Veniero commandait la flotte vénitienne à la bataille de Lépante.

(46) **Picca.** Oratione || per la gverra || contra Tvrchi || a Sisto Qvinto || Pont. Massimo, || et || a gl' altri prencipi christiani, || di Gregorio Picca. || (*Armes de Sixte V.*) || In Roma, || nelle case del popolo romano, || Appresso Giorgio Ferrario, 1589. || Con licentia..... In-4 de 14 ffnc.

(47) **Ammirato** (Scipione). Orazione || del Sig. Scipione || Ammirato || al Beatiss. et Santiss. || Padre, et Signor Nostro || Sisto Qvinto. || Intorno i preparamenti || Che hauerebbono à farsi contra la || potenza del Turco. || (*Marque typ.*) || In Firenze, || Per Filippo Givnti || MDXCIIII. || Con Licenza..... e Priuilegio. In-8 carré de 4 ffnc., 30 pp., 1 fnc. (qui manque, probab. blanc).

(48) **Crispo** (Gio. Battista). Dve Orationi || di Gio. Battista Crispo || professore di filosofia || per la presente gverra || contra Tvrchi dell' Anno 1594. || A Prencipi Christiani, || Nelle quali, dopo narrati i danni portine maggiori || da Macomettani, che da Heretici, || .... || (*Armes de Léonard de Harrach, à qui cet ouvrage est dédié.*) || Con Licenza..... || In Roma, Presso à Luigi Zannetti, 1594. || Ad Istanza di Giorgio Dagano, alla Scrofa, al Segno del Delfino. Petit in-4 de 26 ffnc.

Légères piqûres de vers.

(49) La Presa et Sacco || di Patras || Citta principale della Morea || a di 23. di Settembre || M.D.XCV. || Per il Sign. Don Pietro di Toledo || Generale delle Galee || di Napoli || Publicati da Bernardino Beccari || alla Minerua. ||..... Roma, appresso Nicolò Mutij 1595. Plaq. form. in-16 de 4 ffnc.

(50) **Frachetta** (Gir.). Oratione Prima || al sereniss. et generosiss. || Sigismondo Battori || Prencipe di Transilvania, || Vallachia, & Moldauia, &c. || del Sign. Girolamo Frachetta || Mandata dall' Autore à Sua Altezza || l' vltimo di del mese di Settembre || M D XCV. || & publicata da Bernardino Beccari alla Minerua. || (*Armes de Bathory*.) || In Roma, per Nicolo Mutij 1595. Con licenza..... In-4 de 6 ffnc.

(51) — . Oratione Seconda ||..... ||il dì 25. di Nouembre ||MDXCV. ||..... || In Roma, per Nicolo Mutij 1595..... In-4 de 6 ffnc.

(52) Avvisi || Ne' quali si da Ragguaglio della rot||ta che ha hauuto il Bassà di Tieffen || pac della città di Tergamesta, con || la prigionia del Bassà, e la morte || di cinque mila Turchi. & la presa || di 45. pezzi d' Artegliaria, & gran || quantità di Vettouaglie. || Il Progresso del Campo Imperiale passato || à Comar, & il numero delle genti. || La rotta data al Bassà della Natalia dalli Aidu||chi, con la morte di vn suo Fratello, & la pri=|| gionia del Figliuolo, cō la depredatio-||ne, & abbruggiatione di qual Paese. || Et il negotiar del Chiaus, con il gran Tartaro. || (*Fleuron*.) || In Roma, || Presso Bartholomeo Bonfadino. M.D.XCIX. Con Licenza..... || 4 ffnc. (format in-16).

3449. PIÈCES ITALIENNES SUR LES TURCS. PROSE. XVIIe ET XVIIIe SIÈCLES.

(1) Ragvaglio || dell' impresa || Fatta dalle Galere, e Galeoni della || sacra Religione Ierosolimitana. || Per ordine dell' Illustriss. Gran Mastro, || delle due Fortezze di Lepanto nella || Morea, alli 20. d'Aprile 1603. || Com preda de 80. pezzi d'Artiglieria grossa || Presa di 330 prigioni...... ||(*Croix de Malte*.) || In Pavia, || Con licenza de' Superiori. || 1603. Petit in-8 (format in-16), de 8 ffnc.

(2) Breve || Ragvaglio || dell' espvgnatione || De due Castelli, posti alla Boc-|| ca di Lepanto, e Patrasso. || Fatta dalle forze della || Sacra Religione Gierosolimitana, e dell' Illu=|| strissimo Gran Maestro di essa. || La mattina di Dominica, alli 20. d'Aprile, l'anno 1603. || Publicata in Firenze per Giouanni Tinti. || (*Armes de l'Ordre de Malte*.) || Stampata in Fiorenza, & in Bologna, Per il Benacci. || Con licenza...... In-4 de 2 ffnc.

(3) Relazione || del viaggio || et presa delle galere della || Religione di Santo Stefano dal di XXII. || d'Agosto a 14. d'Ottobre l'Anno 1605. || Comandate || dall' Ammiraglio Ingherrami. || (*Armes des Médicis*.) || In Firenze. || Nella Stamperia de Sermartelli. || M D CV. Petit in-4 de 4 ffnc.

(4) La vera relatione || di tre imprese || fatte dalle galere || di Santo Stefano que-||st' Anno 1606. || Cioè, || Di Laiazzo di Soria, || Di Namvr in Carmania, &c. || Della Finica in Satalia. || (*Armes des*

Médicis.) || In Firenze, & in Pisa, Appresso Giouanni Fontani, || l'Anno MDCVI. Petit in-4 de 4 ffnc.

(5) Relazione || del viaggio, e della || presa della Citta di Bona || in Barberia. || Fatta per commessione del..... Grandvca di || Toscana..... || ..... dalle Galere della Religio-|| ne di Santo Stefano il di 16. di || Settembre 1607. || Sotto il Comando di Silvio Piccolomini Gran || Contestabile di detta Religione..... || (*Armes des Médicis.*) || In Firenze. || Nella Stamperia de Sermartelli. || M DC VII. || Con Priuilegio. Plaq. in-4 de 8 ffnc., prép. p. la rel.

(6) L' horrenda || et sangvinosa || Battaglia || Seguita in Mare il dì 10. Maggio 1610. || Tra le Galee della Religione di Malta, & quelle del vice Ré || di Biserta, || Con la Vittoria per la parte Maltese. || (*Vignette sur bois : combat naval.*) || In Venetia, MDCX. || Ad instanza d'Iseppo Marcello. Petit in-4 de 4 ffnc. (les deux derniers raccom.).

(7) Relatione || della zvffa || Et del seguito frà le Galere di Malta, || & quelle di Biserta; || Con laquale s'intende, come quelle di Malta hanno acqui-|| stato due Galere di Biserta, l'vna chiamata la Capita-|| na de 28. banchi, & l'altra la Patrona de 25. banchi, || Con la liberatione de 220. Christiani schiaui sopra dette || Galere, & presa de 51. Turchi, frà quali si dice vi sia || il Nepote del Vicerè di Biserta. || (*Gravure sur bois : un embarquement.*) || In Milano, per gli Stampatori Cam. || Con licenza. 4 ffnc., format in-16.

Cette relation est datée de Naples, 4 juin 1610.

(8) Relazione || del viaggio, || et impresa || Fatta dalle Galere della Illustrissima || Religione di Santo Stefano, || per ordine del Serenissimo || Gran Duca di Toscana. || Del mese d'Agosto, l'Anno 1610. || (*Armes des Médicis.*) || In Fiorenza, || Nella Stamperia de' Sermartelli. 1610. || & in Siena, Appresso' Bonetti. Petit in-4 de 4 ffnc.

(9) Galeazze || Tirrene || Acclamazione di Paganino || Gavdenzio. || Al Serenissimo Gran Dvca || di Toscana || Ferdinando II. || (*Armes des Médicis.*) || In Pisa, Nella Stamperia di Francesco Tanagli || Con licenza..... *S. d.* (vers 1610). In-4 de 4 ffnc.

(10) Relazione || della presa || della Fortezza, e Porto || di Seleucia, **detta Agliman in Caramania**; || e di due Galere Capitane, & altri || Vasselli Turcheschj. || Fatta da sei Galere della Religione di Santo Stefano || il giorno dell' Ascensione 16. di Maggio 1613. || Con Privilegio || (*Armes des Médicis.*) || In Firenze. MDCXIII. || Nella Stamperia di Cosimo Giuntj. Plaq. de 6 ffnc. (format petit in-4).

La flotte des chevaliers de Saint-Étienne de Toscane, partie à la fin de mars 1612, de Livourne, embarqua, à Civita-Vecchia, le « comte de Candale, duc d'Halluyn » fils aîné du duc d'Épernon, avec une suite de cinquante gentilshommes français, parmi lesquels la plaquette italienne cite MM. de Cipiere, de

Loyiere, de Calonge, de Monberol et son frère, de Pley, de la Mote Magnas, de Sainct Sire, de Mompleir, de la Tour et son frère, Davenes, de Vic, de la Boysere, de Verneug, del Tour et de Vilandre.

(11) Relatione || dello sbarco || fatto || dell' armata || Tvrchesca || nell' Isola di Malta || Alli 6. di Luglio 1614. || (*Marque typogr.*) || In Bologna, in Padoa, p Gaspero Criuellari ad Instantia || di Lorenzo Scocta, 1614. Con Licenza de' Superiori. 2 ffnc., format petit in-4.

(12) Relatione || dello sbarco || fatto || dell' armata || Tvrchesca || Nell' Isola di Malta alli 6. di Luglio 1614. || (*La croix de Malte.*) || In Milano. || Per Pandolfo Malatesta..... *S. d.* (1614). In-16 de 4 ffnc.

Le texte, comme le titre, est le même que celui de la plaquette précédente; mais, à la suite de celui-ci, est l'*Imprimatur* du St Office (fnc. 4, *verso*).

(13) Relatione || Sommaria || Qual si manda à S. M. Cath. della vittoria, che Dio || N. S. hà datto nell' Impresa della Fortezza, || & Porto della Mamora || Alla sua Real armata, & Essercito del Mar Oceano ; || Capitano Generale Don Aloysio Faxardo ; || Nella quale si sono ritrouate cinque Galere di Spagna || sotto il comando del Dvca di Fernandina & trè || di Portugallo Capitano Generale il Conte || d'Elda. ||...|| Tradotta dalla lingua Castigliana nella lingua || Italiana fedelmente. || (*La vignette sur bois représentant un embarquement.*) || In Milano. || Nella Regia Ducal Corte, per M. Tullio Malatesta. || .... 1614. In-16 de 4 ffnc.

(14) Relatione || verissima || Nella quale si narra la gran rotta, || che hà hauuto il Gran Turco dal-|| l'essercito del Rè di Persia alli || 17. di Marzo 1615. || Et ancora s'intende la morte di Ottanta-|| cinque mila Turchi, con la presa || di tre fortissime Città. || Notificata dal Capitano della Conserua della || Serenissima Signoria di Genoua. || (*Fleuron.*) || Stampata in Ronciglione. & poi in Milano || per Pandolfo Malatesta stampatore || R. C. Con licenza de' Superiori. *S. d.* (1615). In-16 de 4 ffnc.

(15) Vera || relatione || della vittoria || che hanno havvto li galeoni del || Conte Mauritio, & altri otto Galeoni di Biscaglia. || General de' quali era D. Federico di Toleto. || Contra vinti Nauili Turcheschi, che andauano rub||bando nell' Isole Canarie. Cō la liberatiōe di doi-|| cento Christiāi. & 800. Turchi fatti Schiaui. || Successa nel Mese di Luglio. 1619. || (*Vignette sur bois : un preux tenant d'une main une lance et de l'autre un cimeterre.*) || In Napoli, Perugia, Mantoua, & In Modona, Per An-|| tonio, e Filippo Gadaldini. 1619. Cō iicēza de' Sup. In-16 de 4 ffnc.

(16) Relatione || della presa || Che hanno fatto le Galere della Sacra || Religione di Malta. || Sotto il Comando del Signor Bagliuo della Morea, || di tre grossi Vascelli da Guerra || de Corsari. || Con la nota delli Schiaui fatti, e liberatione data || a' Christiani a' 13. di Giugno 1638. ||

(*Armes de l'Ordre de Malte.*) || In Roma, Nella Stamparia d' Andrea Fei. 1638. || Con licenza..... || Si vendono à Pasquino ad instanza di Lodouico Dozza. In-4 de 4 ffnc.

Trou peu important provenant d'une brûlure.

(17) Relatione || della || gloriosa impresa || fatta in Barbaria || dalle galere || della Religione || Gerosolimitana, || Sotto il comando || dell' eccellentiss.^{mo} Sig. Prencipe || Landgravio Federico d' Assia || Generale. || (*Croix de Malte.*) || In Roma, || Appresso Francesco Moneta. MDCXL. || Con licenza..... In-4 de 4 ffnc.

Cette relation est dédiée au Cardinal Barberino par *Lodovico Dozza*, qui l'a rédigée.

(18) Fedel Relatione || mandata || Dall' Illustriss. Sign. Balio di Cremona || F. Bernardo Vecchietti || Generale delle Galere della sacra || Religione Gerosolimitana. || Del viaggio, e presa delle tre Galeotte, Fuste, || e Vascelli d' Infedeli. || Fatta dalle medesime Galere in Leuante. || (*Armes de l'Ordre de Malte.*) || In Roma, || Appresso Lodouico Grignani. 1641. || Con..... || Si vendano à Pasquino, da Carlo Manni Romano. In-4 de 4 ffnc.

(19) Relatione || del || sangvinoso || Combattimento || e presa || d' vn galeone, || e d' vn pinco de' Tvrchi || Fatta dalle Galere di Malta alle Crociere || di Rodi il dì 28. di Settembre || 1644. || (*Armes de l'Ordre de Malte.*) || In Malta, & in Roma, Per Lodouico Grignani 1644. || Con licenza..... In-4 de 4 ffnc.

Au fnc. 4 verso se trouve la liste des morts et des blessés.

(20) Relatione della || Vittoria || ottenvta || Dalle Armi della Serenissima || Republica di Venetia. || Sotto il comando dell' Illust. & Eccellentiss. || Sig. Giacomo da Riua Capitan || delle Naui. || Contro l' Armata Turchescha in Asia || nel Porto di Fochie. || 1649. || Adi 12. Maggio. || (*Vignette sur bois : une flotte.*) || In Venetia, & in Milano, per Gio Battista, & Giulio Cesare fra-|| telli Malatesta Stampatori R. C. || Con licenza..... In-4 de 4 ffnc.

Il existe une édition française de cette relation dans la Bibl. du comte Riant.

(21) Le glorie || della Repvblica || Panegirico || Per la Vittoria de S. S. Veneziani, || contro le Armi Ottomane || Composto..... || dal P. F. Fvlgentio || Arminio d' Avellino Agostiniano. || Teologo del....... Cardinal || Colonna. || ..... Verona || Per Francesco de Rossi. Con licenza..... *S. d.* (1651). Petit in-fol. (format in-8 carré) de 3 ffnc., 31(1) pp.

L'auteur, le P. *Fulgentio Arminio*, dédie ce panégyrique, prononcé à Vérone le 22 août 1651, à Gio. Francesco Loredano.

(22) Lettera di || Raggvaglio || Della Vittoria Nauale || consegvita || dall'

Armata della Sereniss.^{ma} || Republica di Venetia. || Sotto il Comando del Procurator Capitan General da Mar || Mocenigo. || Contro Turchi nell' Arcipelago. || *(Marque typ.)* || In Venetia. M DC LI. || Appresso Gio : Pietro Pinelli, Stampator Ducale. || Con licenza de' Superiori. Et altri non possino stampar la presente. In-4 de 10 ffnc.

Lettre signée *Gio : Carlo Serpentin*. Le dernier fnc. contient les noms des principaux officiers vénitiens.

(23) Relatione || Seguita del Combattimento al Porto di || Dardanelli contra L' Ottomano, della || Serenissima Republica Veneta, || Sotto la direttione, & Commando dell' Illustrissimo..... || . ... Signor || Iseppo Delfino || Dell' Ill..... Sig. Nicolo. || Seguito sotto li 16. di Maggio. || ..... || *(Le lion de St Marc.)* || In Venetia, E ristampata in Napoli, Per Ettorre Cicconio || Con licenza..... S. d. (1655). In-4 de 4 ffnc.

Cicconio a dédié cette relation à Marc-Antoine Bacci.

(24) Raggvaglio || Della Vittoria Nauale || Consegvita à Dardanelli. || Dall' Armata della Serenissima || Repvblica di Venetia. || Sotto il Comando del già Illustriss..... Signor || Lorenzo Marcello || Capitan general da Mar. || Contro l' Armata Turchesca || Adì 26 Zugno 1656. || *(Vignette sur bois : fig. allég.)* || In Venetia, Appresso Gio. Pietro Pinelli, 1656. || Et in Roma, Nella Stamparia della R. C. Apost. 1656. || Con licenza..... In-4 de 4 ffnc.

(25) Vera e Reale || Relatione || Di quanto e successo nella gran || Vittoria Navale || Ottenvta a Dardanelli || Dall' Armata della Serenissima || Repvblica di Venetia. || Sotto il Comando del..... Sig. || Lorenzo Marcello || Capitan..... || Contro l' Armata Ottomana. || A di 26 di Luglio 1656. || *(Marque typ.)* || In Venetia; Appresso Gio. Pietro Pinelli, || Et in Roma Per Ignatio de' Lazari : 1656 || Con licenza...... In-4 de 4 ffnc.

Le texte est le même que celui de la plaquette précédente; dans toutes deux le fnc. 4 contient la liste des noms des principaux officiers vénitiens.

(26) Vera || Relatione || delle Vittorie Ottenvte || dal || Sig. Conte Serino || Contro il Tvrco || Con vn racconto di tutte le Piazze, e luoghi || presi, & abbrugiati, e con l' assedio di Ca-||nizza, posto dall' Essercito || Di S. M. Cesarea. || ..... Roma, per Francesco Moneta, M DC LXIV. || Con licenza..... In-4 de 8 pp.

(27) Relatione || Del Combattimento Glorioso seguito trà || Galere della Sereniss. Republica di || Venetia, & le Galere de Bei. || Sotto il commando del..... Sig. || Francesco Moresini || Cau.^r Capitan Generale da Mar. || La Notte delli 8. Marzo 1668. || Nelle Acque di Fraschia. || *(Marque typ.)* || In Venetia, M DC LXVIII. || Appresso Gio : Pietro Pinelli, Stampator Ducale. || Con licenza..... In-4 de 4 ffnc.

(28) Relazione || venvta da Adrianopoli || Intorno all' ordine, e l' equi-

paggio || del Gran Tvrco || Nella vscita in Campagna del suo Essercito, || scritta da vn Signore Particolare || In data delli 11. Maggio 1672. f° 2, v°, *in fine* : In Ancona, Per Francesco Serafini. 1671. || Con licenza.... 2 ffnc. de format petit in-4.

(29) Lettera di Livorno || con || La Relatione || Della Presa fatta dalle Galere || di S. A. Serenissima || Il Gran Dvca || di Toscana || Della Capitana delle Galere di Biserta, || Oue s' intende il numero de' Turchi fatti Schiaui, || e de' Christiani liberati. || (*Trophée*.) || In Roma, Per Paolo Moneta. M DC LXXV. || Con licenza. ... In-16 de 8 pp.

La lettre est datée du 22 juillet.

(30) Vera, e distinta || Relazione || delli stati, que possiede || Il Gran Signore || de' Tvrchi || Consistenti in Imperij, Regni, Ducati, Soldanati, || e Principati, || Con nota di tutte l'Entrate, che dalli d. Stati ne ricaua, || ..... || Aggivntovi || Vn succinto racconto degli Acquisti fatti dalla Sacra Lega dell' Anno 1683. || sino al 1689. || (*Vignette sur bois*.) || In Venezia, & in Firenze, per Vincenzio Vangelisti. Con....... 1689. In-4 de 8 pp.

(31) Nvova, || e vera || Relazione || Della Vittoria hauuta dalle Galere della Reli-|| gione di Malta contro trè Vascelli || Turcheschi d' alto bordo. || Sotto gli Auspicij del Glorioso S. Gio. Battista || Protettore della stessa. || Alli 15. del Mese di Maggio 1683. || (*Vignette sur bois : combat naval*.) || Stampata prima in Genoua, Bologna, ed in Roma, Per il Moneta || 1683 Con licenza..... || Si vendono in Piazza Madama in Bottega di Francesco Leoni. In-fol. (format in-16) de 2 ffnc.

(32) Relatione || Dell' Acquisto della Fortezza di || Santa Maura || Fatto Dall' armi || Della Serenissima Republica di Venetia Sotto la pru-|| dente valorosa Condotta, e Commando || Dell' Exc.....Proc. || Francesco Moresini || Capitain General de Mar l'Anno 1684. || Ausführlicher || Bericht ||.....|| Aus dem Italiänischen ins Hochteutsche übersetzt /.....|| Nürnberg / || In Verlegung Georg Scheurers / ..... *S. d.* Petit in-4 de 16 pp. imprimé sur deux colonnes : texte italien et traduction allemande en regard. Il devrait y avoir une carte qui manque.

(33) Vera, e distinta || Relazione || Della gran Vittoria ottenuta || Dall' Armi Imperiali || nella Servia, || Sotto il Comando || del Serenissimo Principe || di Baden || Contro Turchi, alli 29. d'Agosto 1689. || (*Fleuron*.) || In Venetia, & in Bologna, per Pier Maria Monti. || Con licenza..... *S. d.* (1689) 2 ffnc. (format petit in-4).

(34) Vera, e distinta || Relatione || dell' acquisto fatto || Dall' Armi della Serenissima Republica di Venetia. || Dell' Isola, e Fortezza || di Scio || in Arcipelago, || Sotto la Direttione dell' Illustrissimo..... Signor || Antonio Zen || Cavalier, e Capit. Gen. da Mar, || E della ritirata de'

Turchi da' nuovi tentativi, che havevan || intrapreso contro la Piazza di Cicluth || in Dalmatia. || (*Marque typ.*) || In Venetia, 1694. || Per Antonio Pinelli Stampator Ducale. || Con Licenza.....; Et altri non possi Stampar la presente. 2 ffnc. (format petit in-4).

(35) Nvova, vera, e distinta || Relatione || Della Vittoria ottenvta || dall' armi della Serenissima || Repvblica di Venetia || Contro gli Ottomani nella Campa-|| gna d'Argos, alli 10. Giugno 1695. || Sotto il prvdentissimo comando || dell' illvstrissimo..... Signor || Alessandro Molini || Capitan Generale da Mar. ||(*Le lion de Saint-Marc.*) || In Venetia, et in Modona, 1695. || Per Demetrio Degni. Con Licenza.... 2 ffnc. (format in-4).

(36) Nvova, vera, e distinta || Relatione || Della Vittoria ottenuta || dall' armi della Seneriss. || Repvblica di Venetia || Contro gl' Ottomani nella Campagna d'Argos, || Sotto il Prudente, e Valoroso Commando || Dell' Illustriss..... Signor || Alessandro Molin || Capitan General da Mar. || (*Fleuron.*) || In Venetia, Brescia, et in Milano, || Nella Regia Ducal Corte, per Marc' Antonio Pandolfo Malatesta || Stampator Regio Camerale. *S. d.* (1695). 2 ffnc. (format petit in-4).

Cette relation est sensiblement la même que la précédente; mais il y manque tout ce qui est dans l'autre à partir de la ligne 10 du fnc. 4 verso jusqu'à la fin, soit 35 lignes.

(37) Relazione || Della Segnalata Vittoria || Ottenuta dall' Armi Venete contro il Turco || li 21. Agosto 1695. || Sotto il Comando generale dell' Eccellentissimo Sig. || Alessandro || Molini || Con altra lettera del Campo sotto Namur. || (*Vignette sur bois : place forte turque attaquée par une flotte vénitienne.*) || Venezia, & in Reggio, per il Vedrotti. 1695. Con lic. de' Sup. 2 ffnc. (format petit in-4).

(38) Relazione || Della || presa fatta || di una Nave Algerina || dalle Galere || di S. A. R. || il Serenissimo || Gran-Duca || di Toscana || Li 7. Giugno 1716. ||(*Armes des Médicis.*) || In Lucca M D CCXVI. || Per Domenico Ciuffetti.)(Con Lic. de' Sup. 2 ffnc. (format in-4).

(39) Diario || Della Battaglia seguita in Ungheria il dì 5 Agosto 1716 tra gl' || Esserciti Ottomano, e Cesareo comandato dal Seren. Principe || Eugenio di Savoja Generalissimo dell' Armi Imperiali. || *Le texte suit;* Page 11, *in fine* : In Roma M D CCXVI. || Nella stamperia di Gio : Francesco Chracas..... In-8 de 11(1) pp.

(40) Relazione || Delli Combattimenti seguiti trà l' Armata Veneta, e || l' Ottomana nell' Acque d' Imbro, & in quelle di || Santo Stratti, e Monte Santo nei giorni || 12. 13. e 16. di Giugno 1717. *Fnc.* 2 *verso, in fine* : In Venezia, et in Padova M DCC XVII. || Per li Fratelli Sardi, Con Licenza..... 2 ffnc. (format in-4). Texte sur deux colonnes.

Le texte commence à la suite du titre, fnc. 1 recto.

(41) Nuova || Relazione || Della Segnalata Vittoria || Ottenuta dall' Armata della Serenissima || Repubblica Veneta, & Ausiliarie. || Nell' acque di Coron || Il dì 23. Luglio 1717. || *(Le lion de Saint-Marc.)* || In Bologna, M D CC XVII || Per Carlo Alessio, e Clemente Maria Fratelli Sassi. || Con licenza....., e Privilegio. 2 ffnc. (format in-4).

(42) Lettera || All' Illustrissimo Signor Balì d'Acri || Fra Don Antonio Emanuel || Di Lisbona, || Contenente la Relazione delle Feste fatte in || Siena in occasione dell' Esaltazione al Gran || Magistero di Malta dell' Eminentissimo, || e Reverendissimo || Fra Marc' Antonio || Zondadari. || In Siena, nella Stamperìa di Francesco Quinza. || l'Anno 1720. Con licenza..... In-4 de 16 pp.

(43) Relazione || istorica || della congiura || de' schiavi turchi || di Malta || Scoperta li 6. Giugno dell' Anno corrente 1749., || e tutti li fatti posteriormente seguiti || fino al giorno 25. Luglio. || *(Fleuron.)* || In Roma MDCCXLIX. || Nella Stamperia del Chracas, presso S. Marco al Corso..... In-4 de VIII pp.

(44) Relazione || istorica || Della Congiura de' Schiavi || Turchi di Malta, scoperta || li 6. Giugno dell' anno || corrente 1749. || E di tutti li fatti posterior-|| mente seguiti fino al pre-|| sente giorni 25.. Luglio. || *(Fleuron.)* || In Palermo, MDCCIL. || Nella Regia Stamperia d' Antonino Epiro..... In-8 de 16 pp.

Le texte est le même que celui de la pièce précédente.

(45) Breve, e distinta || Relazione || dell' acquisto fatto || di una || galeotta Turca, || espugnata e vinta da un capitano || della sagra || Religione di Malta || *(Fleuron)*. || In Roma 1768. Per il Puccinelli. || Con licenza.... || Si vendono da Giovani Bartolomick nella Bottega || al Corso dirimpetto il Palazzo Fiani. 2 ffnc. (format petit in-4).

(46) Distinta || Relazione || di un caso assai funesto || avvenuto in Costantinopoli || E Sentenza terribile pronunziata dal || primo Visire, contro un Prete || Greco, condannato ad essere || abbrugiato vivo. || *(Marque typ.)* || In Venetia, 1768. || Con Licenza..... 2 ffnc. (format in-4).

3450. Pièces italiennes sur les Turcs, Poésie, XVIe siècle :

(1) **Perosino** (Daniel). La guerra noua del Turcho contra la po||tente Cita di Rhodi principiada adi vinti || sei Zugno. 1522. Cōposta per Daniel pero||sino. Stampata Nouamente. || *(Vue de Rhodes assiégée, grav. sur bois.)* Fnc. 4 verso, col. 2, ligne 21 : Finis. || ☙ Stampata a Napoli per maestro || Zuane di Conti. S. d. In-4 de 4 ffnc., sign. Aii.

Le texte, imprimé sur deux colonnes, commence au-dessous de la gravure sur bois du fnc. 1. Le titre est en caractères gothiques ; le reste en car. rom. Fnc. 2 recto, col. 2 et fnc. 3 verso, col. 2 se trouvent deux vignettes sur bois. Ce petit poème se compose de soixante-huit strophes de huit vers chacune.

(2) ❦ El lachrimoso Lamento che fa el gran Maestro || de Rodi con gli suoi cauallieri a tutti gli || principi della Christianita nella sua || partita, Con la presa de Rodi. || (*Gravure sur bois: vue du siège de Rhodes.*) Fnc. 4 verso, *in fine* : ❦ Stampata in Roma in Campo di || Fiore per Antonio Bla||do Dasola. S. d. In-4 de 4 ffnc. Texte sur deux colonnes, titre et colophon en caractères gothiques, le reste en car. rom.

(3) Il Lacrimoso Lamento || che fece il gran maestro di Rodi. || Con gli suoi Caualieri a tutti gli Principi della Christianità || nella sua partita. Con la presa di Rodi. || (*Vue de Rhodes très grossièrement gravée sur bois.*) S. l. n. d. n. typ. In-4 de 4 ffnc., non rogn.

Cette édition, également sur deux colonnes, donne, avec quelques différences d'orthographe, lemême texte que la précédente; elle semble avoir été imprimée plus tard et présente tous les caractères d'une édition populaire peu soignée. Le titre n'est pas imprimé en caractères gothiques.

(4) **Blessi** (Manoli). Barzeletta || de qvattro com-||pagni Strathiotti de || Albania, || Zvradi di an-||dar per il mondo || alla ventura capo di loro Ma-||noli Blessi da Napoli || di Romania. || (*Fleuron.*) || Con Privilegio. || In Venetia. 1570. In-8 de 20 ffnc., sign. A-B par 8 ff., C par 4 (le dernier, probablement blanc, manque). Exemplaire remonté.

Au verso du titre, dédicace en prose à Francesco Ottobon.

(5) **Metello** (Vicenzo). Sopra il Fvoco || dell' Arsenale di Venetia, || & la Guerra promossa || dal Turco. || Al Clariss. M. || Ottaviano Valiero, || Vicenzo Metello Iustinopolitano. || In Venetia, || Appresso Domenico Farri. M D LXX. (*Titre encadré.*) In-4 de 4 ffnc.

(6) Canzone || fatta alla serenissima || Repvblica Venetiana || Sopra la presente guerra, con il uaticinio della Vittoria. || Al clarissimo..... || ...... Signor Francesco Priuli Procurator || di Santo Marco dignissimo. || (*Marque typ.*) || In Venetia. S. d. (1570). In-4 de 6 ffnc., sign. A par 4, B par 2 ff.

La dédicace en prose, qui se trouve au fnc. 2, est signée *Battista di Bernardi*.

(7) Capitolo || a Selin Imperator || de Turchi : Delle feste & allegrezze || ch' ei faceua in Costantinopoli, || & per tutta la || Turchia : || Della presa de l'Isola di Cipro. || Nuouamente composta & data in luce; || Con tre Sonetti bellissimi. || *Portrait sur bois du sultan, buste, au-dessous duquel se trouve ce nom* : SELIN). S. l. n. d. n. typ. 4 ffnc., form. in-16.

(8) Invocatio||ne, nvovamente posta || in luce. Nellaquale si inuita tutti gli || Principi Christiani a douer uenir || a questa Santa impresa. || Contra gli infedeli || per accrescimento della fede Christiana & || per racquistare gli luochi persi. || (*Marque typ. : le lion de Saint-Marc.*) S. l. n. d. (1570-1571). 8 ffnc., form. in-16, Sign. A_4.

Poésies sur la bataille de Lépante :

(9) **Adrario** (Antonio). Per la vittoria || dell' armata || Christiana. || Di M. Antonio Adrario, da Cherso. || Con licentia de' superiori. || *S. l. n. d. n. typ.* In-4 de 4 ffnc.

(10) Le Alegrez= || ze fatte in Vene= || tia per la miracolosa || Vittoria ottenuta dalla Santissima Liga || il di de Santa Iustina adi 7 || Ottobrio. 1571. *S. l. n. d. n. typ.* 4 ffnc. (format in-8), ff. remontés.

Même impression que la Barzeletta de Manoli Blessi, n° (4).

(11) **Aliprandi** (H. N.). Canzone dell' Illvstre || Signora Hortensia Nvvolona || Aliprandi, per occasion della Vittoria. *S. l. n. d. n. typ.* In-4 de 4 ffnc. (le dernier, probablement blanc, manque).

(12) **Amaltheo** (G. B.). Canzone || di M. Giovanbattista || Amaltheo || All' Illvstr^{mo} et Eccellent^{mo} || Sign. Marcantonio Colonna General dell' || armata di Santa Chiesa, || Sopra la Vittoria || seguita contra l'armata Turchesca. || (*Marque typ.*) || In Venetia, Appresso Onofrio Farri. 1572. In-4 de 6 ffnc., sign. A-B, B par 2 ff.

(13) **Arnigio** (B.). Prima || Canzone || del || Sig. Bartolomeo || Arnigio, || Nella quale si celebra la Gloriosissima Vittoria della || Christiana Lega in Mare contra l' armata Turchesca. || (*Marque typ.*) || In Venetia, Appresso Giorgio || Angelieri. M.D.LXXII. In-4 de 4 ffnc.

(14) — . Vn' altra || Canzone || del || Sig. Bartolomeo || Arnigio, || All' Invittissimo || Don Giovanni d' Avstria, || Nella celebratissima Vittoria dell' Armata Christiana || contra la Turchesca. || (*Marque typ.*) || In Venetia, M.D.LXXII. In-4 de 4 ffnc.

(15) Aviso || a Svltan || Selin, || de la rotta della sva || Armada, & la morte de || i suoi Capitani. || Composta in lingua vinitiana, con vn || Sonetto, il qual lo esorta à || venir à la fede di Christo. || (*Fleuron.*) || In Venetia, || M.D.XCVI. 4 ffnc. (form. in-16).

(16) **Barbante** (A.). Canzona || di Andrea Barbante || Rhodigino, || In allegrezza della felicissima Vittoria riceuuta || dall' armata Christiana contro || l' armata Turchesca. || (*Armes des Colonna.*) *S. l. n. d. n. typ.* In-4 de 4 ffnc.

(17) Al || Beatissimo || Padre || Pio Qvinto || Pont. Massimo, || Per l' acquistata || Vittoria. || Versi Toscani, tradotti di Latino. || (*Armes de Pie V.*) || Bononiæ, Typis Alexandri Benaccii. || De licentia Superiorum. *S. d.* 4 ffnc. (format in-8).

(18) La Bella || et Dotta || Canzone || Sopra la vittoria dell' Armata della Santissima || Lega, nuouamente seguita contra || la Turchesca. *S. l. n. d. n. typ.* In-4 de 4 ffnc.

(19) **Blessi** (Manoli). Manoli Blessi || Nella Rotta || dell' armata || de Svltan Selin, || Vltimo Re || de Tvrchi. || (*Titre encadré avec, au milieu, la marque typ. des Guerra; dans le bas, une vue de Venise.*) S. l. n. d. n. typ. (Venise, Guerra, 1571.) In-4 de 4 ffnc.

(20) — . Manoli Blessi || nella rotta || dell' armata || de Svltan Selin, vltimo || Re de Tvrchi. || (*Marque typ.*) || Con Privilegio. 8 ffnc. (form. in-16).
Autre édition de la pièce précédente.

(21) — . Sonetti || di Manoli || Blessi || Strathiotto. || (*Marque typ.*) || In Venetia. 1572. 4 ffnc. (form. in-16).

(22) — . Manoli Blessi || Sopra la presa || de Margaritin. || Con vn Dialogo piaceuole di vn Greco, et di || vn Fachino. || Con licenza de' Superiori. || (*Marque typ.*) || In Venetia, || Appresso Andrea Muschio. M.D.LXXI. In-4 de 4 ffnc.

(23) Cantico || Reprehensibile || de Sier Alessio || de i disconzi || A Selin Imperator || de Tvrchi. || (*Marque typ.*) Fnc. 2 recto, incipit : Cantico || Indigne induperator Sier Selin, || Dedecus magnum de to misier Pare, || ..... S. l. n. d. n. typ. 2 ffnc. (format in-4).
Curieux poème de 29 vers macaroniques.

(24) Canzone || Alla Sereniss^{ma} Rep^{ca} || di Venetia || Nella vittoria || navale || Con due Sonetti appresso. || (*Titre encadré des Guerra.*) S. l. n. d. n. typ. (Venise, Guerra, 1571.) In-4 de 4 ffnc.

(25) Novissima || Canzone || Al Sereniss. Sig. || D. Giovanni d' Avstria || Generale dell' Armata || della santissima Lega || sopra la vittoria || Seguita contra l' armata Turchesca, il VII. giorno || di Ottobre MDLXXI. || Con tre Sonetti vno all' Eccell^{mo} Sig. Sebastiano Veniero General || dell' armata Venetiana : || Vno all' Eccell^{mo} Sig. Marc' Antonio Colonna General dell' armata di Santa Chiesa : || Et vno à N. S. Papa Pio Quinto. || (*Marque typ. des Guerra.*) || In Venetia, MDLXXI. In-4 de 8 ffnc.

(26) Canzone || Al Signor Dio || Sopra la felic^{ma} vittoria || dell' Armata della sant^{ma} || Lega, contra la Turchesca. || All' Illvstriss^{mo}..... || Sig. Domenico Bollani Vescouo di Brescia. || (*Marque typ.*) || In Venetia, MDLXXII. In-4 de 4 ffnc.

(27) Nvova || Canzone || A Selin Imperator || De Tvrchi. || In lingva venetiana. || (*Marque typ.*) || In Venetia, M.DLXXII. In-4 de 4 ffnc.

(28) Noua, & Dotta || Canzone || nella || Gloriosa Vittoria contra || Turchi. || (*Marque typ.*) || In Venetia, || Appresso Giorgio Angelieri. || M.D.LXXI. In-4 de 4 ffnc., titre et texte encadrés.

(29) Canzone || overo || Barzelletta || Sopra la vittoria || dell' armata || Christiana || Contra la Tvrchesca. || In Lingua Forlana || (*Marque typ.*) ||

In Venetia, appresso Gratioso Perchacino. || M. D. LXXI. *Fnc. 1 verso, incipit* : Trusse mò, trusse Stilin || Stizze mo, stizze gran Turch, || Stizze mò, Sen March to purch. || T' Haas pur tant pal diauul trussaat || Chu tu fees restaat..... In-4 de 4 ffnc.

(30) Canzone || per || la Gloriosa Vittoria contra || il Turco. || Con dve sonetti, et vn' epigramma || latino. || (*Marque typ.*) || In Venetia. || (*Fleuron.*) *S. d.* (vers 1571). In-4 de 4 ffnc.

(31) Nova || Canzone || per || la gloriosissima || Vittoria || dell' Armata Christiana contra la Turchesca. || (*Marque typ.*) || In Venetia, Appresso Giorgio || Angelieri. M. D. LXXII. In-4 de 4 ffnc.

(32) Canzone || sopra la vittoria || dell' Armata || Christiana || contra la Tvrchesca. || (*Marque typ.*) || In Venetia, appresso Gratioso Perchacino, M. D. LXXI. In-4 de 4 ffnc.

(33) Canzone || sopra la vittoria || dell' Armata Christiana || contra la Turchesca. || Con vn sonetto appresso. || (*Marque typ.*) || In Venetia, || Appresso Giorgio Angelieri, || M. D. LXXII. In-4 de 4 ffnc.

(34) Canzone sopra || la Vittoria. || *Le texte suit. S. l. n. d. n. typ.* 6 ffnc. (form. in-4), sign. a_3. Chaque page est encadrée.

(35) Canzone || sopra la vittoria || ottenvta dall' Armata || de' Prencipi Christiani || contra la Turchesca. || Al Santiss. S. N. Papa Pio Quinto. || (*Marque typ.*) || In Venetia, || Appresso Andrea Muschio. || M. D. LXXI. In-4 de 4 ffnc.

(36) Tre || Canzoni || al Serenissimo || Principe di Venetia || Nella felicissima Vittoria dell' Armata || Christiana contra l' infedele. || (*Marque typ.*) || In Venetia, appresso Gratioso Perchacino. || M. D. LXXII. In-4 de 8 ffnc.

(37) Tre || Canzoni || sopra la gverra || Tvrchesca, || Et sopra la Vittoria, nuouamente contra || quella natione ottenuta. || Con licentia de Superiori. || (*Titre encadré des Guerra.*) *Fnc.* 8 *verso, in fine* : In Venetia, || Appresso Domenico, & Gio. Battista Guerra, || fratelli. M D LXXI. In-4 de 8 ffnc.

(38) Capitolo della Academia || de Altin, ditta la Sgionfa, corretto per el Zenzega, || Dottor e Legislator Poueiotto, || Sora la Vittoria Christiana. *S. l. n. d. n. typ.* In-4 de 4 ffnc.

(39) Capitolo in Lode || di tvtti li || Sopracomiti, || et d' alcvni prencipi, || che si sono ritrouati, et portati valorosamente nel || giorno della battaglia, & Vittoria nauale || contra Turchi. || (*Marque typ.*) || In Venetia, || Appresso Domenico, & Gio. Battista Guerra, fratelli. || M DLXXII. In-8 de 8 ffnc.

(40) Varii || Componimenti || di diversi || Avttori, || Sopra la Vittoria dell' Armata || della Santissima Lega. || *(Titre encadré avec une marque typ. au milieu et la devise :* NEC VI, NEC METU.) *S. l. n. d.* In-4 de 4 ffnc.

Recueil de onze sonnets italiens suivis de poésies latines ; deux de ces sonnets sont de *Gio. Angelo Tirabosco*, un de *Cesar Pauese* ; les autres pièces sont anonymes.

(41) Compositioni di-|| Diverse sopra || la vittoria de l'Ar=||mata del Turcho cioe Stanze, So=|| netti sopra, uarii suggetti in || tal matteria. || Et Vn sonetto in lingua Bergama= || scha ridichuloso tutte cose || non piu stampate. || *(Le lion de Saint-Marc.) S. l. n. d.* 4 ffnc. (format in-8), ff. remontés.

Impression assez grossière.

(42) Dechiaratione || di vn salmo fatto so= || pra la felicissima Vittoria de || l' armata Christiana. || Con un Barzelletta : & un Sonetto || nuoua-mente stampato. || *(Marque typ.) Fnc.* 4 *verso, incipit* : Zambo de Val Brombana; || à Seli gran Turc. || Hoc quæ pars est ò Seli salamelech, || Dell' Vniù de Hic, & Hæc, & Hoc ; || Sessant..... || Hæc, il Papa, Hic, Re Filippo, Hoc Venetiani. || Tif, il Scioppo, taf, le Spade, tof, l' artelaria. *S. l. l. n. d.* 4 ffnc. (format in-8) remontés.

(43) El gran Dio, el Santo padre, el Re deuoto, || I nostri mazorenghi, i homeni ardij, || che uedendo..... *S. l. n. d. n. typ.* In-4 de 4 ffnc.

Pièce sans titre comprenant vingt-six strophes de huit vers.

(44) **Fabbretto** (Santo). Nvova || Canzone || Sopra la Santiss. Lega || fatta innanzi la con-||segvita vittoria. || Al beatissimo nostro Signore Papa Pio Quinto, || con tre Sonetti composti per Santo || Fabbretto da Mudiana. || (*(Marque typ. d'Onofrio Farri.)* || In Venetia, MDLXXII. In-4 de 4 ffnc.

(45) Il Fate Ben || Per Voi. || Nel quale si descriuono le piissime || opera-tioni, il grandissimo valo||re, e mirabili fatti di Fate || Ben per Voi. || Nella battaglia di Lepanto li sette || d' Ottobre M.D.LXXI. || *(Marque typ.)* || In Venetia, MDLXXI. 4 ffnc., form. in-16.

(46) **Fiorentino** (C. B.). Nvova || Canzone || nella felicissima || Vittoria Christiana || Contra Infideli, || Del Sig. C. B. Fiorentino. || *(Marque typ.)* || In Venetia, MDLXXI. In-4 de ffnc.

(47) **Gratian dalle Codeghe.** Dve Sonetti || Di M. Gratian || Dalle Codeghe. || *(Marque typ.)* || In Venetia, || Appresso Onofrio Farri. MDLXXII. *Fnc* 2 *recto, l.* 4 : Sonetto secondo. || Sat Slim prch' i nuostr Chrstian || Han pars qusi lung temp adurmintà, || Prch' ieran..... 2 ffnc., format in-4.

(48) **Gualtieri** (Felice). Corona || Per la Vittoria || Della Santa Lega || Contra Infideli || Di M. Felice || Gvaltieri. || (*Marque typ.*) || In Venetia, appresso Domenico, et Gio. Battista Guerra, || fratelli MDLXXII. In-4 de 4 ffnc.

(49) **Gualtieri** (Guido). Canzone || di M. Gvido || Gvaltieri per la || felicissima vittoria de || l' Armata Christiana || contra la Turchesca. || (*Armes de Pie V.*) || In Ancona per Astolfo dê Grandi. 1571. In-4 de 4 ffnc.

(50) *Du même* : Le Tre Sorelle || Canzoni di || Gvido Gvaltieri || da San Genesi, || Per la felicissima Vittoria Nauale de Christiani || contra Infideli. || All' Illustrissimo..... Gieronimo || Rusticucci, Cardinal di Santa Chiesa. || (*Armes des Doria.*) || In Venetia. *S. d.* (vers 1571). In-4 de 12 ffnc.

(51) **Guarnello.** Canzone || Nella Felicissima Vittoria || Christiana contra infideli || al Serenissimo Don || Gio. d' Avstria. || Del cavalier Gvarnello. || (*Marque typ.*) || In Roma per gli Heredi di Antonio Blado Stampatori Camerali. *S. d.* (vers 1571). In-4 de 4 ffnc.

(52) *Le même* : (*Titre encadré des frères Guerra.*) Au fnc. 4 verso se trouve un sonnet qui n'est pas dans la précédente édition. *S. d.* In-4 de 4 ffnc.

(53) **Giusto** (Vincentio). Boscherezza || Canzone || Nella felicissima Vittoria Christiana || contra Infideli || di M. Vincentio Givsto || da Vdine. || (*Marque des Guerra.*) || In Venetia, M.DLXXI. In-4 de 4 ffnc.

(54) **Gravatio** (Egidio). Nvova || Canzone || del R. P. F. Egidio || Gravatio Eremitano, || Nella felicissima vittoria contra Turchi. || All' illustre Sig. il Sig. Conte || Matthio Caldogno da Vicenza. || Con Licentia de' Svperiori. || (*Marque typ.*) || In Venetia, || Appresso Gio. Antonio Bindoni. MDLXXII. In-4 de 4 ffnc.

(55) **Groto** (Lvigi). Canzone || di Lvigi Groto || Cieco d' Hadria, || **Nella** morte del clariss. || M. Agostin Barbarigo. || All clariss. M. Giovanni || Dolfino, del Clariss. M. Giuseppe Sig. suo singolare. || (*Marque typ.*) || In Venetia, Appresso Onofrio Farri. 1572. In-4 de 4 ffnc.

3451. PIÈCES ITALIENNES SUR LES TURCS, POÉSIE, XVIe SIÈCLE :

— *Suite des poésies sur la bataille de Lépante :*

(1) Littera || venvta da || l'inferno, a || Selim grā Turco, man-||data da Sultan suo || Padre. || Con vn pronostico in || Pasqui nata, del presente anno. Fatto || sopra il gran Turco, Cosa dilet-||teuole da intendere. || Con vn Sonetto in dialogo de Caracossa e || Plutone. Posta nouameote in || Rima per il Vergelli da || Camerino || (*Gravure sur bois : une tête de Turc et au-dessous :* SELIN.) *S. l. n. d. n. typ.* 4 ffnc. (format in-16).

(2) Lamento || et vltima || Disperatione || di Selim Gran Tvrco || per la perdita della sua Armata, il qual || dolendosi di Occhiali, & di se || stesso & d' altri, || Racconta cose degne || d' esser intese. Con vn Dialogo di Ca-||ronte, & Caracosa, & altre com-||positioni piaceuolissime nel || medesimo genere. || (*Curieuse gravure sur bois*) || Stampata in Venetia. 4 ffnc. (format in-16).

Piqûres de vers.

(3) **Magagno**. Frotola || de Magagnò || Per la Vittuoria de i nuostri Segnore || contra i Turchi. || (*Fleuron.*) *S. l. n. d. n. typ.* (1571). In-4 de 4 ffnc.

Au verso du titre, une dédicace à Giacomo Contarin, datée de Vicence, 25 octobre 1571.

(4) *Du même* : Frotola || de Magagnò || Per la Vittuoria de i nuostri Signuore || contra i Turchi. || (*Fleuron.*) *S. l. n. d. n. typ.* 4 ffnc.

Cet exemplaire ne contient pas la dédicace imprimée dans l'autre au verso du titre; Mais au fnc. 4 verso se trouve une pièce de 14 vers patois, sous le titre : « Zambo del Val Brombana a Seli gran Turc. », dont voici les trois derniers :

 « L'Aquila col Leò, col bech, e i grif,
 « Te squarzarà ol cur fo del magot;
 « Sta mò à senti el tof, el taf, el tif. »

(5) **Maganza** (Gio. Battista). Hercvlana, || in Lingva || Venetiana, || Nella Vittoria dell' Armata Christiana || contra Turchi. || Di m. Gio. Battista Maganza. || (*Marque typ.*) || In Venetia, || Con licentia di Superiori, 1571. In-4 de 6 ffnc.

(6) *Du même* : Canzone di || M. Gio Battista || Maganza || *Le texte suit.* *S. l. n. d. n. typ.* In-4 de 4 ffnc.

(7) [**Magno** (Celio)]. Trionfo || di Christo || per la vittoria || contra Tvrchi || Rappresentato || al Sereniss. Prencipe || di Venetia || Il di di San Stefano || Con privilegio. || (*Vignette sur bois*) || In Venetia, || Appresso Domenico, & Gio. Battista Guerra, fratelli. || MDLXXI. In-4 de 4 ffnc.

(8) *Du même* : Canzone || Nella vittoria || dell' Armata || della Santissima || Lega || Contra la Turchesca. || (*Titre encadré des Guerra.*) *S. l. n. d.* (Venise, vers 1571.) In-4 de 4 ffnc.

(9) Sonetto || a M. Celio Magno || Sopra la sva Canzone, || Nella Vittoria dell' Armata || Christiana, contra la Turchesca. || (*Marque typ.*) || In Venetia, || Appresso Domenico, & Gio Battista Guerra, fratelli. || M D LXXII. 2 ffnc. (format in-4).

(10) **Malombra**. Nvova || Canzone || nella felicissima || Vittoria || Contra Infideli; || Di M. Bartolomeo Malombra. || (*Marque typ. de Farri.*) || In Venetia, M.D.LXXI. || Con licentia de' Superiori. In-4 de 4 ffnc.

(11) **Marostica** (Vicenzo). Venetia || trionfante. || (*Fleuron.*) || Di M. Vicenzo Marostica || Con licentia de' Signori superiori || (*Grav. sur bois : la Justice et la Force couronnent Venise.*) || In Venetia, Appresso Domenico Farri. || M.D.LXXII. In-4 de 8 ffnc. (le dernier blanc).

(12) **Mutio** (Hieronimo). Rime del Mvtio || Ivstinopolitano, || Per la gloriosa vittoria || Contra Tvrchi. *S. l. n. d. n. typ.* In-4 de 20 ffnc.

(13) **Nelli** (Pietro). Sonetti || Et Epigrammi || di M. Pietro Nelli || Senese. || (*Fleuron.*) ||

    A Venetia.   Profetia.
    Alla Santiss. Lega.   Del Pontefice Pio.
    Della Lega.   Epigrammi.

Con due altri Sonetti al Sig. D. || Giouanni d'Austria. || (*Marque typ.*) || In Venetia Appresso Gio.Antonio Bindoni. || M.D.LXXII. In-4 de 4 ffnc.

(14) **Nuti** (Giulio). Pie || Rime Sopra || la felice vittoria || de Christiani || contra il Tvrco. || Di Giulio Nuti da' l Borgo à S. Sepolcro. || All' illvstrissimo S.re || il Sign. Don Pietro Orsino. || (*Armes des Orsini.*) || In Pervgia, || Per Valente Panizza Stampator pub. Con licentia || de' Signori Superiori. M.D. LXXI. In-4 de 32 ffnc.

(15) Parafrasi || poetica || Sopra alcuni Salmi di Dauid || Profeta, || Molto accommodate per render gratie à Dio della Vittoria donata || al Christianesmo contra Turchi, || Acciòche le nostre allegrezze sieno ueramente Christiane, || e grate à sua Diuina Maestà. || (*Marque typ.*) || In Venetia, || Appresso Giorgio Angelieri. *S. d.* In-4 de 4 ffnc.

(16) Pianto, || et Lamento || de Selim, || Drian Imperador || de Tvrchi. || Nella rotta, e destruttion della sò Armada. || Con una Esortation fatta a Occhialì. || (*Marque typ.*) || In Bologna, per Alessandro Benaccio. || Con licentia de' Superiori. *S. d.* 4 ffnc. (format in-16).

A la fin de la première poésie, fnc. 3 verso, se trouve une vignette sur bois, d'exécution pitoyable, où l'on peut croire reconnaitre un personnage indistinct qui en conduit un autre à cheval sur un bélier.

(17) Pianto et || Lamento de Selin, || Drian Imperador || de Tvrchi : || Nella rotta, & destruttion della sò Armada. || Con vn' Esortation fatta a Occhiali. || (*Figure sur bois : Sélim?*) || In Veniexia, appresso Andrea Muschio. M.D.LXXI. In-4 de 4 ffnc.

Même texte que la plaquette précédente, mais d'une exécution plus soignée.

(18) **Saetti**. Sogno || di Giovanni || Saetti da Sassvolo, || Sopra la Vittoria ottenvta || da la Santa Lega contra il Turco. || (*Armes des Doria.*) || In Venetia. *S. d.* (1571). 12 ffnc. (format in-4) sign. A6. le dernier blanc.

(19) [**Salvi** (Virginia, & Beatrice)]. Dve || Sonetti || Di due Gentildonne Senesi, || Madre, || & Figliuola, || A. M. Celio Magno. || (*Marque typ. des Guerra.*) || In Venetia, M D LXXI. 2 ffnc. (format in-4).

(20) **Santonino** (Agostino). Canzone || nella pvblica || Letitia, || Per la felicissima Vittoria nauale ottenuta contra || Turchi, á i Cuzzolari. || Di M. Agostino Santonino. || Con due Sonetti del medesimo. || (*Marque typ.*) || In Venetia, M D LXXII. In-4 de 4 ffnc.

(21) Dve Sonetti || L'vno in lode del || Sereniss. D. Giovanni || d'Avstria, || L'altro nella natiuità dell' Infante di Spagna, || nato a' IIII. di Decemb. del M D LXXI. || (*Marque typ.*) || In Venetia, Appresso Onofrio Farri, 1572. 2 ffnc. (format in-4).

(22) Stanze || alla venitiana || dell' origine, e svces-||so de la Verra contra Turchi || per fin alla ottegnuda Vittoria. || Con vna barcelletta || in laude delle Gallie Grosse. || (*Blason.*) *S. l. n. d. n. typ.* 8 ffnc. (format in-16).

Piqûres. Au verso du titre un dédicace datée du 7 janvier 1572, adressée au sign. Annibal Padoan, maître de chapelle de l'archiduc Charles, est signée *Beneto Livelli*.

(23) **Thiepoli** (Giacomo). Tre Sorelle || Corone di || Sonetti || di M. Giacomo Thiepoli || Venetiano : || Sopra la felicissima Vittoria Nauale. || All' illvs... || Il Signor Giacomo Foscarino : || Dignissimo Generale. || (*Marque typ.*) || In Vinegia, Presso Altobello Salicato, || M.D.LXXII. In-4 de 18 pp., 1 fnc., blanc.

(24) *Du même* : Canzone || di M. Giacomo || Thiepoli Venetiano, || In lode dell' illvstrissimo || & Eccellentiss. Signor Marc' Antonio || Colonna, generale dell' armata || di Santa Chiesa. || Per la felicissima vittoria || Nauale contra Turchi. || (*Marque typ.*) || In Vinegia, Presso Altobello Salicato, || M D LXXII. In-4 de 20 pp.

(25) [**Thomasi** (Zaccharia di)]. I Felici || Pronostichi, || Da verificarsi, || contro à infedeli || a favor della chiesa christiana. || Contenuti in Cinque Canzoni : || Fatte sopra l' Italia, || la Città di Venetia, la Guerra di Cipro, la San-||tissima Lega, & la miracolosa & felice Vittoria || già ottenuta contro l' Armata Turchesca. || Con licentia de' Svperiori. || (*Marque typ.*) || In Venetia, || Appresso Nicolò Beuilacqua. M.D.LXXII. In-4 de 30 ff.

(26) **Tognon**. Ration || In Miezi Versvri, || o veramen canzon || in lengva pavana, || Fatta fora la vettuoria d' i tre lighè, che puossegi || stare ingroppe à vn in vita d' agni, e in || besecuola d' i besecuoli per hanor || del roesso mondo : || Fatta da Tognon Ambasaore || del Comun de Pinaman. || (*Marque typ. des Guerra.*) || In Venetia, M D LXXI. In-4 de 4 ffnc.

(27) La || Trombetta || de Tognon. || A I Slezaore
   Segnore slezaore
   Ve priego, che slezando, in tel toccare

La me Trombetta. à no uogiè fallare ;
Perque.....

S. l. n. d. n. typ. 2 ffnc. (format in-4).

(28) **Valvasone** (Erasmo di). Al serenissimo || Don Giovanni || D'Avstria || Generale || della Santa Lega || Sonetti, & Canzoni || Dell' Illvstre Sig. Erasmo || Di Valvasone, || Per l'Espeditione contra Turchi, et per la || Vittoria ottenuta. || (*Marque typ.*) || In Venetia, appresso Domenico, et Gio. Battista Guerra, || fratelli. M D LXXII. In-4 de 10 ffnc.

(29) Vettuoria incontra el Turco, || de Menon. || (*Marque typ.*) || In Venetia, || Appresso Andrea Muschio. M.D.LXXI. In-4 de 4 ffnc.

(30) Nella Vittoria dell' Armata della Santissima Lega || nouamente seguita contra la Turchesca. || *Le texte suit. S. l. n. typ.* In-4 de 4 ffnc.

(31) **Zarotto** (Gio.). Sonetti || di M. Gio Zarotto || Ivstinopolitano, || sopra la gverra || Tvrchesca. || In Allegrezza della felicissima vittoria nauale. || Con l'essortatione fatta || all' Imp. accio S. Maestà Cesarea entri in lega. || (*Marque typ.*) || In Venetia, appresso Onofrio Farri. || M D LXXII. In-4 de 4 ffnc.

(32) Zolante || de Monelo || che canzona le so va-||lentisie fatte contra || l' Armada Tvrchesca. || (*Marque typ. d'Onofrio Farri.*) || In Venetia s. d. (vers 1571). In-4 de 4 ffnc.

(33) [**Zoppio** (Hieronimo)]. Lavde || del Santiss. || Et Grandiss. || Pio Qvinto || Pontefice, || Per la gloriosiss. & feliciss. Vittoria || contra Turchi. || (*Armes de Pie V.*) || In Bologna, || Per Alessandro Benaccio. 1571. || Con licencia delli Superiori. In-4 de 4 ffnc.

(34) **Blessi** (Manoli). Vn || Sonetto || di Manoli Blessi || Strathiotto. || Con un insonio del medesimo || sopra Modon. || (*Marque typ.*) || In Venetia, M D LXXII. 2 ffnc. (format in-16).

(35) *Du même* : Manoli Blessi, || Al Signor Zan Miches, || ditto Giesuf Ebreo. || *Le texte suit. S. l. n. d. n. typ.* 4 ffnc. (format in-16).

Daté du « 16 April 1572 ».

(36) **Leoni** (Benedetto). Vna nvova || Canzone || di Benedetto || Leoni. || Al Clarissimo Signore il || Signor Catarin Zeno, fu del Clarissimo || Signor Nicolò. || (*Marque typ.*) || In Venetia, M.D.LXXVII. In-4 de 4 ffnc.

3452. Pièces italiennes sur les Turcs. Poésies, XVIIe et XVIII[o] siècles :

(1) **Chiabrera** (Gabriello). Canzoni || di Gabriello Chiabrera || Per le Galere della || Religione di S. Stefano. || Al Serenissimo G. Duca di Toscana || Cosmo Secondo. || In Firenze, || Appresso Zanobi Pignoni.

1619. || Con licenza..... Petit in-4 de 30 ffnc. (le dernier, probablement blanc, manque).

Titre raccommodé.

(2) Lamento || fatto da || Svltam Ibraim || Imperator de Tvrchi || Per la perdita || di Clissa. || (*Marque typ.*) || In Bologna, Per Domenico Barbieri. 1648. || Sotto le Scuole. All' Insegna delle due Rose. || Con Licenza..... 2 ffnc. (format in-4).

(3) [**P. F. B. (M^r)**]. Preghiera || a Dio || nell' invasione || dell' Avstria || Fatta || da i Tvrchi. || (*Fleuron.*) || In Roma, || Appresso Gio: Battista Buffotti, M.DC.LXXXIII. || Con licenza..... In-8 de 14 pp., 1 fnc. (blanc).

(4) Imprecatione || e lamento || del || Gran Tvrco || Nelle || Presenti sue perdite || (*Marque typ.*) || In Roma, per Domnico Ant. Ercole, 1686. || Con licenza..... 2 ffnc. (format in-8).

(5) Nova || Aggivnta || Di vintiquattro Sonetti lugubri, ch' es-||clamano contro la maluagità de fati || Per la morte inaspettata || del serenissimo..... || Francesco || Morosini || Prencipe immortale..... || Vniti alli 200. || In sua lode formati;..... || consecrati al merito... del..... || Sign. Caualier || Pietro Morosini || Dignissimo Nipote... || In Venetia, Per Domenico Lovisa. M.DC.XCIV. || Con Licenza..... In-8 de 30 pp. Exemplaire à toutes marges.

La dédicace, adressée à Pietro Morosini, est signée *Nicolò Porta*.

(6) Per la liberazione || di Corfú || assediato da' Turchi || Alli 27. del Mese di Luglio, || e abbandonato da' medesimi || La notte del 21. d' Agosto 1716. || Canzone || del signor abbate || Brandaligio Venerosi || de' Conti di Strido. || (*Fleuron.*) || In Pisa, MDCCXVI. || Nella Stamperia di Francesco Bindi..... In-4 de 8 ffnc. (le dernier blanc manque).

Ce petit poème se compose de douze strophes de quatorze vers.

3453. PIÈCES LATINES SUR LES TURCS, PROSE :

(1) Rich=|| ardi Bartolini Pe=|| rusini Oratio, ad Imp. Cæs. || Maximilianū Aug. ac po= || tentiss. Germaniaɛ̃ Prin||cipes, de expeditione || contra Turcas su||scipienda. || Cvm Privilegio || Imperiali. *Encadr. gr. sur bois au titre avec la date de* MDXVIII. *Au fnc.* 11 *recto, l.* 18 : In excusoria Sigismundi Grim̄ Medici, & Marci || Vuirsung officina Augustæ Vindelicoɛ̃ || Anno salutis. M.D.XVIII. duo= || decimo Kaleñ. Octobres. Petit in-4 de 12 ffnc. (le dernier blanc manque), car. rom., 37-38 ll.

Cet opuscule est dédié à Conrad Peutinger.

(2) Ad Illvstris || simos Germaniae Principes || et Spiræ Conventvm Lv-|| cilli Philalthei oratio || Religiosissima || de Bello Jn Tvrcas || susci-

piendo. || Cautum Caroli. V. Imperatoris In-||victiss:, Nec non Mediolanen'. Senatus de-||creto, ne quis orationem hanc imprimere audeat. || Mediolani apud Andream Caluum. || M.D.XLII. III Calen'. Maias. Petit in-4 de 16 ffnc., sign. A-B par 6 ffnc., C par 4.

(3) Tvrcici Lega= || ti Ebrahimi Strotschii || ortu Poloni, propositio, Schlauonica lingua || coram Cęsarea Maiestate, Rom. Rege, & cæ||teris sacri Romani imperij Electorib. Prin-||cipibus atq; Statibus, Anno M.D.LXII. || ad 27. Nouemb. diem Franco-||furdiæ habita. || Vnà cum breui munerum ab ipso Cæsareæ Maiestati ex= || hibitorum, nuncupatione. || Et de eiusdem Ministris, Comitibus atque Camelis. || M.D.LXII. Plaq. de 4 ffnc.

Ibrahim Strotschi est aussi appelé « Ebrahimus Statius ». Le second feuillet contient la liste des membres de l'ambassade turque qui fit son entrée à Francfort, le 23 Novembre 1562. Il existe une édition allemande de cette narration. L'arrivée à Francfort, de chameaux chargés de présents, fit sur les populations un effet énorme. Cf. l'édition allemande n° 3437(6).

(4) Serenissimo || Ioanni || Avstriaco, || Inuictissimo fœderis Christianorum Imperatori. || Psalmvs. || Rochi Benedicti Veneti. || Ob diuinam gloriosamq̃ Victoriam partam in Prælio nauali || aduersus Turcas. || (Marque typ.) || Venetijs, Apud Gratiosum Perchacinum. M D LXXI. Petit in-4 de 4 ffnc.

(5) Io. Baptistae || Rasarii, || De Victoria Christia-||norum ad Echinadas : || Oratio. || (Marque typ.) || Venetiis, || Cvm Privilegio : || Apud Vincentium Valgrisium : || MDLXXI. Petit in-4 de 8 ffnc.

(6) Ioannis Francisci || Carrarae Foroivliensis || Ivreconsvlti || Oratio || Ad Pium Quintum Pont. Max. || qua Principes ad bellum contra Selinum || excitantur post victam classem || Turcicam. || (Marque.typ.) || Venetijs, ex Officina Dominici Guerræi, & Io. Baptistæ fratrum. || M D LXXII. Petit in-4 de 16 ffnc.

(7) Titiani Vecellii || Eqvitis || Pro Cadvbriensibvs || Ad Sereniss. Venetiarum Principem || Aloysivm Mocenicvm || Oratio. || Habita VI Kalend Ianuarii M D LXXI. || Pro magna nauali Victoria Dei gratia || contra Turcas. || (Marque typ.) || Venetijs, ex Officina Dominici Guerrei, et Io Baptistæ, fratrum. || M D LXXI. Petit in-4 de 4 ffnc.

(8) Francisci || Bocchii || Oratio || De Lavdibvs Serenissimi || Ioannis Avstrii, Svmmi, || Fortissimiq́ve Dvcis. || (Marque typ.) || Florentiæ || Apud Bartholomæum Sermartellium. || M D LXXVIII. Petit in-4 de 10 ffnc.

(9) De || Fvtvro Tvrcarvm || In Regno Cypri || Interitv || Palmerii Scardantis || Elegia. || Ad Clarissimum Ioannem Baptistam Calbum, || Ascriuij Rectorem, Prouisoremq. designatum. || (Marque typ.) ||

Venetiis, || Ex officina Dominici Guerrei, & Io. Baptistæ fratrum. || M D LXXII. Petit in-4 de 4 ffnc.

(10) **Pantzer.** Q.F.F.S. || Exercitatio Academica || De || Eripienda || Turcis Palæ-||stina, || Quam || Annuente Deo T.O.M. || Amplissimo Philosophorum Ordine || Consentiente, || In Illustri Albertina, || sub præsidio || M. Danielis Hoynovii, || Placidæ Eruditorum Censuræ || subjicit. || Christianus Wilhelmus || Pantzer. || Anno MDCXCIX. Die Novemb. || H.L.Q.S. || Regiomonti, || Typis Friderici Reusneri, Seren. Elect. Brand. || & Acad. Typogr. Hæredum. Petit in-4 de 10 ffnc.

3454. PIÈCES LATINES SUR LES TURCS, POÉSIE :

(1) **Valle** (Nicolas de). ☙ Roma Constantinopoli sorori carissime || Responsum editum a Nicolao de valle. || (*Le texte suit.*) S. l. n. d. n. typ. (commenc. du XVIe siècle.) In-4 de 6 ffnc. (le dernier blanc), car. goth., 33 ll., sans sign. ni récl.

Pièce très rare.

(2) Carmina de certo Turcaŗ || adventv non credito || cvm exhortatione || ad arma in eos sv||scipienda per || Ioan. Bapti||stam Catha || nevm. || (*Armes du pape Léon X.*) S. l. n. d. n. typ. (vers 1520). Petit in-4 de 10 ffnc., car. rom., sign. a-b par 4 ff., C par 2 ff.

Le deuxième fnc. est occupé par une dédicace à Léon X de l'auteur Joan. Bapt. Cathaneus Forocorneliensis.

(3) **Locher.** Exhortatio heroi=|| ca⁻Iacobi Locher Philomusi ad Principes Ger= || manię & status pro serenissimo Romano-||rum ac Hispaniarū Rege Carolo, cō=|| tra hostes sacrosancti Imperii || detestabiles. || ☙ Ad Lectorem Epigramma. || Carolus Austriaco de semine nobilis heros, || Et rex..... || Dii bene uortant. S. l. n. d. n. typ. Plaq. de 6 ffnc. (form. pet. in-4), sign. Aiiij.

Une dédicace en prose à Léonard de Eck, qui occupe le verso du titre et le recto du second fnc. porte la date de : « Datu in oppido Vlmano tertio Nonas Augusti. Anno XXI [*1521*]. » L'auteur se dit le compatriote de Eck.

(4) Captivitas || Rhodi Per || Sicvlvm. *Fnc. 16 recto, l. 10* : Impressum Romæ in campo flore apud magistrum Mar=|| cellum Silber alias Franck Anno a Natiuitate do||mini nostri Iesu Christi Millesimoquin|| gentesimo vicesimotertio Die vero || Mensis aprilis. xvi. Pontifica||tus Adriani nr̃i Pape || Sexti Anno || Primo. || (*Titre encadré; au-dessus du mot :* « Captivitas » *armes d'Adrien VI et blason dans lequel on lit en travers* S.P.Q.R.) Petit in-4 de 16 ffnc., car. ital., sign. A-D.

La préface en prose de « *Julius Simon Siculus* » occupe le verso du premier fnc., le second et le recto du troisième. Au même recto se trouve un plan de Rhodes gravé sur bois. Le poème est une plainte proférée par l'île de Rhodes et adressée à Rome. Le numéro suivant en est la réponse.

(5) **Lepidus** (R.). Romae ‖ Responsio Per ‖ Raymvndvm Lepidvm ‖ Sulmoniensem ‖ edita. ‖ (*Armes d'Adrien VI.*) ‖ Roma, Rhodo Adriano Charæ' germana sorori ‖ Respondet, sacro patre fauente meæ. *S. l. n. d. n. typ.* (Rome, Franck, 1523.) (*Titre encadré.*) In-4 de 12 ffnc., car. ital.

Le r° du dernier fnc. est occupé per une sorte de dédicace en prose d'un certain « Berardus » à « Guillaume van Enckevoort, de Mierlo, un des amis d'Erasme ». Cette pièce et la précédente sont peu communes.

(6) **Mynsinger**. Ioachimi ‖ Mynsigeri Dentati ‖ Stuggardiani Neccharides. ‖ Tubingæ per Huldenrichum Morhart. ‖ An. M.D.XXXIII. In-4 de 12 ffnc., car. rom.

Ce poème en l'honneur de Philippe, comte palatin du Rhin, duc de Wurtemberg, a été réimprimé avec l' « Exhortatio » en 1540, dans les « Poemata » du jurisconsulte et poète latin allemand *Joachim de Frundeck Mynsinger* (1517-1588).

(7) — Exhortatio ‖ ad bellvm contra tvrcas ‖ svscipiendvm. ‖ Authore Ioachimo Mynsinger Denta=‖ to Stutgardiano. ‖ ... *S. l. n. d. n. typ.* (*Tubingen, H. Morhart, vers 1533.*) Petit in-4 de 10 ffnc., sign. A par 4 et B par 6 ff.

Au titre se trouve une épigramme de quatre vers « Ad Lectorem Caspar Volland », au verso du titre une épigramme de 15 vers « Bernardus Otto Canonicus Stutgardian. ad Lectorem ». Ensuite, ff. 2 et 3, une préface en prose signée « Alexander Marcoleon. » Le petit poème de Mynsinger ne commence qu'au fnc. 5, sign. B. Le dernier ff. est blanc. Cf. n° 3377.

(8) **Lang** (J.). Ad Iesvm ‖ Christvm Dei Filivm, pro ‖ Christianis contra Turcas, ‖ Ioannis Langi Silesij Elegia. ‖ Philippica prima. ‖ in qva de Tvrcarvm origine ‖ rebus gestis... Deq̃; nostrorum temporum bellis ‖ intestinis, tumultibus,... ‖ ... multa obiter, pie ‖ ... commemorantur. ‖ Antverpiae apud Ioannem ‖ Gymnicum. Anno M.D.XL. *Fnc.* 32 *recto*, *l.* 21 : Antverpiae Excvdebat‖ Ioannes Crinitus Anno M.D.XL. Petit in-8 (form. in-16), sign. A-D, car. ital., 30 ll.

Joannes Langus a le titre de « reuerendissimi domini Vuratisl. à Secretis et Epistolis primarius », dans une lettre que lui adresse Stanislas, évêque d'Olmutz, le 4 mars 1539, lettre imprimée à la fin de cette plaquette (ffnc. 31 v° et 32 r°).

(9) **Bruschius** (Gaspar). Ad divvm Ferdi=‖ nandvm Romanorvm, ‖ Germaniæ Bohemiæ ac Pannoniarum Re=‖ gem Augustiss. Elegia Encomiastica &‖ ad suscipiendum aduersus Turcas pe=‖ stilentissimos Christiani nominis ‖ hostes bellum iustissimum, ‖ scripta a Gaspare Bru=‖ schio Slaccenuual‖densi, Anno ‖ ætatis suę ‖ XXI. ‖ Carolus occiduas partes, Ferdinandus Eoas ‖ Imperio,..... ‖ Norinbergæ apud Ioan. Guldenmundt. *S. d.* (1540). In-4 de 4 ffnc.

(10) **Reusner** (Nicolas). Germania ‖ ad divvm Ma-‖ximilianvm Avstria=‖ cvm II. Romanorvm im=‖ peratorem inuictissimum, cæterosq̃3 ‖ sacri Imperij illustrissimos Ele=‖ ctores ac principes ‖ De pace et concordia domi ‖ constituenda, deq̃3 expeditione in ‖ Turcas suscipienda. ‖ Authore ‖ Nicolao Revsnero ‖ Leobergense Silesio. ‖ (*Armes de la*

Maison d'Autriche.) *S. l. n. d. n. typ.* (vers 1566?). In-4 de 14 ffnc., sign. A-D par 4 ff., sauf D qui en a 2.

Fnc. 11 v° se trouve une poésie en vers grecs du même N. Reusner, adressée à « Joanni Cratoni ».

(11) Ad Reuerendissimos et Illu‖strissimos Sacri Romani Imperii Electores : ‖ Reliquos q̃ inclitos in concilio Augustensi ‖ Germanorū Principes : Carmē exhortatoriū : ‖..... *S. l. n. d. n. typ.* (1566). In-8 de 8 ffnc.

(12) Ad Devm ‖ Depraecationes ‖ dvae, ‖ Psalmistico ordine, et ex Dauidicis Psalmis, alijsq́; ‖ Sacris scripturis depromptæ, ‖ Ob partam Victoriam contra Turcas. ‖ *(Marque typ.)* ‖ Venetiis, ‖ Apud Andream Muschium. M.D.LXXI. Petit in-4 de 4 ffnc.

(13) Io. Antonii ‖ Taygeti ‖ Brisciani ‖ Ecloga Navtica ‖ Idmon ; ‖ Seu Christianorum & Turcarum Nauale ‖ certamen. ‖ *(Cartouche avec les mots* : Lvdovico Federico Ivrec. Clarissimo Patricio Brixiano D.) ‖ Brixiae, apvd Vincentivm ‖ Sabbivm. M.D.LXXI. Petit in-4 de 12 ffnc.. le dern. blanc.

(14) **Modico**. De ‖ Victoria ‖ Christianae Classis ‖ Carmen ‖ Gvlielmi Modicii ‖ Monteferratensis. ‖ *(Fig. sur bois.)* ‖ Cum Licentia Superiorum. ‖ Neapoli, ‖ Apud...(?) Cacchium. ‖ 1572. Petit in-4 de 20 ffnc.

Le bas du titre a une légère déchirure.

(15) **Mucius**. In Maritimam ‖ contra Tvrcas ‖ Victoriam; ‖ Achillis Mvcii Bergomatis Carmen ‖ Elegvm. ‖ *(Marque typ.)* ‖ Brixiae apvd Vincentivm Sabbivm. ‖ M.D.LXXII. In-4 de 8 ffnc.

(16) **Sanleolino** (Seb). Sebastiani ‖ Sanleolini. I. C. Florentini ‖ Ad Principes Christianos ‖ Carmina : ‖ Quibus eos ad bellum à Sacri Fœderis Socijs aduersùs ‖ Turcas cōmunes hostes susceptum ab omnibus ‖ vnanimiter conficiendum exhortatur ‖ ..... ‖ Eiusdem..... in Victoriam Naupactiacam, laudemq; ‖ Gloriosissimi Iohannis Austriaci..... ‖ ..... Ode. ‖ *(Marque typ.)*. ‖ Florentiae ‖ Apud Iuntas M D LXXII. ‖ Con Licentia..... In-4 de 4 ffnc., 48 pp., 2 ffnc., sign. *, A.-F. par 4 ff. et G par 2.

(17) **Zanni**. Descriptio ‖ Celeberrimae ‖ Navalis Pvgnae, ‖ ac felicissimæ Palmę ad Echinades ‖ Diuina ope habitę. ‖ Authore ‖ Francisco Zannio Veneto. ‖ *(Marque typ.)* ‖ Venetijs, apud Gratiosum Perchacinum, ‖ MDLXXII. Petit in-4, 18 ffnc., le dernier blanc ; sign. A-C par 4 ff., D par 6 ff.

(18) **Léon** (B.). Bernardini ‖ Leonis ‖ Privernatis ‖ De Bello Tvrcico ‖ Heroico Versu ‖ Libri II. ‖ Ad Gregorivm XIII. ‖ Pont. Max. ‖ *(Marque typ.)* ‖ Romae, ‖ Apud Hæredes Antonij Bladij Impressores

Came-||rales. M.D.LXXIII. Petit in-8 (form. in-16) de 32 ff. chif., sign. A-D.

(19) **Scarsabursa.** Io. Baptistae || Scarsabvrsae || Foroivliensis, || De Felicissima Adversvs || Turcas nauali Victoria ad Echinadas. || Libri tres. || (*Marque typ.*) || Venetiis, Apud Ioan. Baptist. Somaschum. || M.D.LXXIII. In-4 de 4 ffnc., 42 ff. chif., sign. A-L par 4 ff., sauf A par 8 et L par 2.

(20) Echo || Christianae Victoriae || nvncia. || *Le texte suit. S. l. n. d. n. typ.* Petit in-4 de 2 ffnc., car. ital., sans sign. ni récl.

Pièce anonyme de 60 vers latins dont les 31 derniers justifient, par leur forme, le titre d'*Echo*. En voici un échantillon :

Quid hoc fragoris peruagantis aera ?	æra ?
Quippe æra Martis ; at quis es, qui ita loqueris ?	quæris ?
Jam desino, si, quæ rogauero, indicas.	dicas.
Hæc maris ab ora ; an in mari pugna edita est ?	ita est.
....	
.... Tu loquax aura ualeas.	eas.
Et quando rursus læta referes, dicito.	cito.
FINIS.	

(21) Jvlii Favsti Epigramma || pro victoria. || Clariss. Andreae Delphino. || (*Fleuron typ.*) || Jam curuæ tutò sulcabunt AEquora naues, || Anguem quod scissum deuehit unda Maris ; || Merces mutabunt nulla formidine nautæ || Non merget puppes cauda Draconis aqua. || (*Fleuron.*) *Encadr. au titre. S. l. n. d. n. typ.* Petit in-4, 4 ffnc. (le dernier blanc manque.)

(22) **Gambara.** Ad Devm || Gratiarvm Actio || pro victoria || de Tvrcis habita. || Laurentij Gambaræ Brixiani. || Eivsdem || In Regem Turcarum post || amissam classem. || (*Armes de Pie V.*) *S. l. n. d. n. typ.* (*1572*) In-4 de 6 ffnc., sign. A₃.

(23) Carmen pivm || Christophori || Paganelli || Castrocarensis. || (*Fleuron typ. et marque.*) || Florentiae, || Ex Typographia Georgij Marescotti. 1587. || Superiorum permissu. Petit in-4, sign. A-B, 15(1) pp., marque et colophon à la dernière page.

(24) Ad || Lvdovicvm || XIV. || Invictissimvm || Galliae, et Navarrae || Regem etc. || Pro vindicando Orientis || Imperio. || Parænesis. || Anconæ, Ex typogr. cam. 1687. || Svperiorvm permissv. In-8 de 16 pp.

La dédicace, en prose latine, est signée « Petrus Paulus Raphaelius ».

(25) **Augustinis** (Augustinus de). Ad Avgvstinvm || Nanvm || Maximo Hispaniarvm Regi || Catholico Oratorem || Designatvm || Avgvstini de Avgvstinis || Elegia || De Triumpho Turcarum ex Pannonia. || (*Marque typ.*) || Veronæ, || Apud Hieronymum Discipulum || MDXCV. In-4 de 4 ffnc.

3455. Pièces portugaises sur les Turcs, (1684-1697) :

(1) Carta || pastoral || del illustrissimo, || y reverendissimo Señor || D. Fr. Alonso de S. Tomas || obispo de Malaga..... || a los fieles de su obispado, || exortandolos a hazimiento de gracias, en ocasion del Tri|| unfo que tuvieron las Armas Cesareas, y Catolicas || contra las Otomanas, el dia 12, de Se-||tiembre de 1683. || ..... || (*Fleuron*.) || En Lisboa. || En la Emprenta de Miguel Manescal...... || ..... Año de M DC LXXXIV. Petit in-4 de 31(1) pp.

(2) Eclipse || da || Lva Otomana || ou || Compendio historico || De todos os successos desta ultima Guerra contra || os Otomanos, desde seu principio atè a de= || struição dos Turcos : || Pelas Armas da Liga Christaã, estabelecida entre || Leopoldo I || Emperador, || e || Ioam Terceiro, || Rey de Polonia, || ..... || Pelo Santissimo S.N.P. || Innocencio XI. || Em Lisboa. || Na Officina de Miguel Deslandes..||...... Anno 1684. Petit in-4 de 68 pp.

Le dernier feuillet en lambeaux, mais raccommodé avec un fragment de carte.

(3) Relaçam || da insigne Vitoria || Conseguida pelas Armas da Serenissima Republica || de Veneza, & Auxiliares, || Debaixo do mando do..... || Francisco Morosini, || Contra o Exercito Otomano da Moréa, que manda-||va Kalib, Visir principal da mesma Regiaõ, || assistido de outros tres Baxàs. || Succedido a 7. de Agosto, & se publica em Sesta || feira 21. de Setembro de 1685. || Tirada das Cartas do mesmo Senhor Capitaõ General, & de ou-||tras muito fide dignas, que trouxe o ultimo Correo de || Italia a esta Catholica Corte || E divulgada nesta de Lisboa em Segunda feira o 1. || de Outubro do mesmo Anno. || Lisboa. || ..... Migvel Deslandes. || ..... Anno 1685. || Com todas as licenças necessarias. Petit in-4 de 7(1) pp.

(4) Prodigios || do valor inavditos || execvtados pelas armas impe-||riaes, & Auxiliares em Vngria, desde quatorze de Julho, || até vinte de Agosto do Anno presente de 1685. || Ganhando as quatro insignes Vitorias da Tomada da Cidade de || Esseck, sua assolação pelo sogo, & da sua celebrada Ponte, || Liberdade da Cidade de Estrigonia, do sitio nella posto por || o Seraskier.. .., com a derrota, || ..... de seu Exercito, & o expugna-||vel da grande Fortaleza de Neuheufel, Chave da Chri=|| standade. || Referemse com noticias tiradas das que trouxe hum Gentilho-||mem da Corte Imperial a esta de El Rey Nosso Senhor, que || chegou em Quinta feira 13. de Setembro. || Publicouse em a Corte de Madrid em Terça feira 18. de || Setembro deste Anno de 1685. || E se divulga nesta de Lisboa em o 1. de Outubro do mesmo Anno. || Lisboa. || ...... Migvel Deslandes. || 1685. || Com...... Petit in-4 de 31(1) pp.

(5) Diario || do || sitio, e gloriosa conquista || da Cidade de Coron, || Metropoli da Morea, || Pelas Armas da serenissima Republica || de Veneza, & as Tropas, & Esquadras Auxiliares || de Sua Santitade, da Sagrada Religiaõ Jeroso-||limitana, & do Serenissimo Gran Duque de Florença, em a celebre Campanha do || Anno vitorioso de 1685. || Remetido || pelo.....senhor gran || Mestre da Sagrada Religiaõ Jeroso· limitana, Dom || Gregorio Carraffa..... || a seu Embaixador Ordinario em esta Catholica Corte,.....||.....Dom Joaõ de Villavicencio, || ..... em a Corte de Madrid em Quinta feira 18. || de Outubro de 1685. || E divulgada nesta de Lisboa em Segunda feira 29. do mesmo || Mez, & Anno. || Em Lisboa. || ..... Miguel Deslandes. || .... 1685. || Com... Petit in-4 de 16 pp.

Le dernier feuillet contient la liste des Chevaliers de Malte tués ou blessés au siège de Coron.

(6) Continvaçam || Historica || do || estado, successos, || e progressos || da || Liga Sagrada || contra || Tvrcos. || Formada das Cartas que trouxe o ultimo Correio do Norte. || ..... Madrid em Terça feira 23. de || Outubro de 1685. || E divulgada nesta de Lisboa..... 5. de || Novembro..... || Em Lisboa. || ..... Deslandes. || ..... 1685. || Com..... Petit in-4 de 15(1) pp.

(7) Continvaçam || Historica || ..... || Formada das Cartas, que trouxeraõ os ultimos Correios de || Italia, & do Norte. || ..... Madrid em Terça feira 6. de No=||vembro de 1685. || ..... Lisboa em Segunda feira 19. do mesmo Mez, ||& Anno. || (*Fleuron.*) || Lisboa. || ..... Deslandes || ..... 1685. || Com..... Petit in-4 de 15(1) pp.

(8) Continvaçam || Historica || ..... || Formada das Cartas, que trouxe o ultimo Correio do || Norte. || ..... Madrid em Terça feira 27. de No-|| vembro de 1685. || ..... Lisboa em Segunda feira 10. de Dezembro || do mesmo Anno. || (*Fleuron.*) || Lisboa, || ..... Deslandes. || ..... 1685. || Com..... Petit in-4 de 15(1) pp.

(9) Continvaçam || Historica || ..... || Formada das Cartas, que trouxeraõ os ultimos Correios || do Norte, & Italia. || ..... Madrid em Terça feira 4. de De-||zembro de 1685. || ..... Lisboa em Segunda feira 17. de Dezembro || do mesmo Anno. || (*Fleuron.*) || Lisboa. || ..... Deslandes. || ..... 1685. || Com..... Petit in-4 de 15(1) pp.

(10) Descripcion || de las plazas || de ambas Vngrias, || y la Cröacia, || Conqvistadas por las armas || Cesareas desde el Año de 1683. hasta || todo el de 86. || ..... (*Page 18, in fine*) : Por Sebastian de Armendariz, Librero de Ca||mara de su Magestad, y Curial || de Roma. || En la Imprenta de Antonio Roman. Petit in-4 de 18 pp.

(11) Relaçam || das || Rogaçoens, & ieivns, || qve se fizeram || em todo o Imperio Otomano || por mandado do Graõ Senhor || Ameth Zelin, ||

Sultão. Empe-‖rador do Oriente, & Occiden-‖te, Senhor dos Senhores, & ver‖dadeiro descendente do Gran-‖de Profeta Mafoma. *Page* 4, *in fine* : Lisboa..... Deslandes..... 1686. Com..... Petit in-4 de 4 pp.

(12) Relaçam ‖ historica ‖ do Anno de 1686. ‖ tocante ao estado, successos, e ‖ progressos da liga sagrada contra Turcos. ‖ Formada das cartas, de Italia, e ‖ do Norte. ‖ Publicada nesta Cidade de Lisboa a 31. de Julho. *Page* 12, *in fine* : Lisboa. Na Officina de Joam Galram. Com todas as licenças necessarias. Anno de 1686. 12 pp.

(13) O Excellentissimo Senhor ‖ Duque de Lorena, ‖ e o ‖ Visir Abdi Baxa, Governador da ‖ Cidade de Buda. ‖ (*Grossière gravure sur bois : un Turc armé de deux cimeterres lutte contre des arquebusiers.*) ‖ Lisboa. Por Domingo Garneiro. Anno 1686. *Au verso du titre* : Dvodecima relaçam historica do anno de 1686. tocante ao estado, successos, & progressos da Liga Sagrada contra Turcos, Formada das ultimas cartas, que vieraõ á Corte de Madrid por hum Extraordinario..... contém relaca, m distinta da prodigiosa vitoria que se alcançou em 14. de Agosto....... & rendimento da Cidade de Buda. In-4 de 16 pp.

(14) Relaçam ‖ verdadeira, ‖ e ‖ copia da carta, ‖ escritta a hum senhor da ‖ Corte de Castella, donde se declara, & dà conta da feliz Vitoria, que alcançou o Se-‖nhor Emperador de Alemanha contra o E-‖xercito do Turco, ‖ & domodo com que se ‖ ganhou a grande Cidade de Buda..... ‖ Lisboa ‖ ..... Deslandes, ‖ ..... 1686. ‖ Com..... In-4 de 7(1) pp.

(15) Primeira ‖ Relaçam ‖ Historica, ‖ pertencente ao estado, successos, ‖ y Progressos da Liga Sagrada contra Turcos : ‖ Publicada nesta Corte de Lisboa a 1. de Fevereiro, ‖ Do anno de 1687. ‖ ..... ‖ (*Fleuron.*) ‖ Lisboa. ‖ ..... Deslandes, ‖ ..... 1687. ‖ Com..... Petit in-4 de 12 pp.

(16) Vndecima ‖ Relaçam, ‖ e primeiras ‖ noticias ‖ de duas insignes vitorias ‖ alcançadas, a primeira pelas Armas de Mar, & ‖ Terra da Serenissima Republica de Veneza, go-‖vernadas pelo..... Capitão General ‖ Francisco Morosini, a 26. de Iulho do presente An-‖no de 1687. ‖ E a outra conseguida pelos ‖ Exercitos Imperiaes, dirigidos pelos Serenissimos Heroes, ‖ os Duques de Lorena, & Baviera, junto a Darda ‖ sobre o Rio Dravo, a 10. de Agosto : ‖ Ambas com circunstancias taõ admiraveis,..... ‖ Publicada nesta Corte de Lisboa a 26. de Setembro, ‖ do Anno de 1687. ‖ Lisboa, ‖ ..... Deslandes, ‖ ..... 1687. In-4 de 12 pp.

(17) Noticias ‖ do que se tem passado no ‖ exercito turco ‖ de Vngria, & em Constantinopla, ‖ desde o combate de Harsan, ‖ & vitoria dos

Imperiaes, até 8. de Novembro || de 1687. || Vindas em duas Cartas, a primeira de 8. de Outubro, & || a segunda de 8. de Novembro do mesmo anno. || (*Fleuron*.) || Lisboa. || ..... Deslandes, || Impressor de Sua Magestade. || ..... 1688. 16 pp.

(18) Segvndas || noticias || de Constantinopla, tir a-||das de duas cartas escritas da mesma Cidade a 26. de Novembro, & 14. de Dezembro || de 1687. || Publicadas nesta Corte de Lisboa a 3. de Abril || Anno de 1688. *Page* 12, *in fine* : Lisboa..... Deslandes..... 1688. (*Fleuron*.) 12 pp.

(19) Terceiras || noticias || de Constantinopla, tir a= || das de duas cartas, huma de 25. de Fevereyro, & || outra de 10. de Março do presente anno de 1688. || que em 20. dias de viagem trouxe ultimamente || a Veneza a Nao Franceza, chamada Nossa Senho-||ra do Carmo : ..... || Publicadas nesta Corte de Lisboa a 4. de Iunho, || Anno de 1688. || (*Fleuron*.) || Lisboa || ..... Deslandes. || ..... 1688. 11(1) pp.

(20) Quinta || relaçam || historica, pertencente ao estado, successos, || & Progressos da Liga Sagrada contra Turcos : || Publicada nesta Corte de Lisboa a 6. de Iulhio do || Anno de 1688. || Derrotta..... || (*Fleuron*.) || Lisboa || ..... Deslandes. || ..... 1688. 12 pp.

(21) Sexta || relaçam || .... || .... 17. de Iulhio do || Anno de 1688. || Determinação..... || Lisboa. || ..... Deslandes. || ..... 1688. 15(1) pp.

(22) Relaçam || extraordinaria || do que ultimamente aconteceo || na reúnião absoluta de toda a Transilvania á obe-||diencia do Senhor Emperador,..... || Vai acrecentada hũa Carta de Constantinopla de 9. de Mayo, || que declara o estado presente das cousas dos Turcos,...|| Publicada nesta Corte de Lisboa a 6. de Agosto do Anno de 1688. || (*Fleuron*.) || Lisboa, || ..... Deslandes. || ..... 1688. 12 pp.

(23) Oitava || Relaçam || historica, || pertencente ao estado.....||..... da Liga Sagrada contra Turcos : || Publicada..... a 17. de Agosto do || Anno de 1688. || Concorrem..... || (*Fleuron*.) || Lisboa. || ..... Deslandes. || ..... 1688. 15(1) pp.

(24) Nona || relaçam || ..... a 30. de Agosto do || Anno de 1688. || Dilação..... || (*Fleuron*.) || Lisboa. || .... 1688. 12 pp. (Manquent les pages 5 à 8.)

(25) Relaçam || extraordinaria, || que contem duas cartas, || Hũa de Constantinopla de 10. de Junho deste anno de 1688. || ..... || Outra de Zara,....., de 4 de Ju-||lho..... || Publicada nesta Corte a 25. de Setembro. || (*Fleuron*.) || Lisboa, || ..... Deslandes. || ..... 1688. 12 pp.

(26) Primeira noticia || trivmphante || e por mayor || da valorosa tomada da cidade||principal, || e ||castello de Belgrado || Em feis de Setembro do Anno de 1688. pellas Armas Impe-||riaes governadas pello Sere-

nissimo Duque Eleytor || de Baviera. || Carta escrita a sua alteza electoral || por Osman Baxá de Alepo..... || Conquista || Da Fortalesa de Gradiska,.....||..... publicada nesta Corte, & Cidade de || Lisboa em 14. de Outubro de 1688. || Lisboa. || Por Domingos Carneyro Impressor das Tres || Ordens Milares. || Com... 7(1) pp. Au dos de la page 7 se trouve une gravure sur bois décrite plus haut.

(27) Decima || tercia || Relaçam || historica, || que contem as primeiras noticias || da tomada da Cidade principal, & Castello de || Belgrado, || a 6 do mez de Setembro de 1688. || ..... || Publicada nesta Corte a 14. de Outubro. || Carta escrita a S. A. Eleytoral por Osman Baxá.....|| Conquista da Fortaleza de Gradiska. || (*Fleuron*.) || Lisboa || ..... Deslandes, || ..... 1688. 8 pp.

Cette relation n'a, avec la précédente, que des différences de pure forme ; le fond est exactement le même.

(28) Decima quarta || Relaçam || historica, || pertencendo ao estado.....||..... da Liga Sagrada contra || Turcos, Anno de 1688. || Publicada nesta Corte a 22. de Outubro. || Noticias..... || (*Fleuron*.) || Lisboa. || ..... Deslandes. || 1688. 15(1) pp.

(29) Diario || das marchas que fez desde || 21. de Julho o principal Exercito Imperial di-||rigido ao Savo. || Passagem memoravel do mesmo Rio.....||... . Expugnaçam da Fortaleza, & Cidade de || Belgrado, ||..... a 6 de Setembro do || presente anno de 1688. || Publicada nesta Corte a 10. de Novembro. || (*Fleuron*.) || Lisboa, || ..... Deslandes, ||..... 1688. 25(1) pp.

(30) Manifesto || por parte de elrey || Christianissimo de França. || das rasoens que obrigaram a || tomar as armas contra o Imperio, as quais devem persuadir a to-||da a Christandade das sinceras tençoens de Sua Magestade pa-||ra a firmeza da tranquillidade publica, feyto a 24. de Settem-||bro de 1688. *Page* 15, *in fine* : Lisboa. Na Officina de Miguel Manescal, Impressor do Santo Officio. M.DC.LXXXIX. Com todas as licenças necessarias. 15(1) pp.

(31) Decima oitava || Relaçam || historica, || e ultima da campanha do || Anno de 1688. || pertencente ao estado.....||..... da Liga Sagrada contra Turcos. || Publicada nesta Corte a 25. de Janeiro. || Disposiçoens..... || Lisboa, || ..... Deslandes, || ..... 1689. 11(1) pp.

(32) Primeira || Relaçam || historica, || pertencente ao estado..... || da Liga Sagrada Contra || Turcos, Anno de 1689. || Publicada nesta Corte a 18. de Março. || Progresso..... || (*Fleuron*.) || Lisboa..... Deslandes,..... 1689. 12 pp.

(33) Segunda || Relaçam || ..... || Publicada..... a 16. de Abril. || Particulares... . || (*Fleuron*.) || Lisboa..... Deslandes, ... 1689. 16 pp.

(34) Terceira || Relaçam || ..... || pertencente ao estado..... || ..... da Liga Sagrada..... || ..... : & varias noticias de toda a Europa, || Anno de 1689. || Publicada..... a 23 de Mayo. || Avisos..... || (*Fleuron*.) Lisboa,..... Deslandes,..... Com todas..... (*S. d.* = 1689.) 15(1) pp.

(35) Mercvrio || da Evropa, || Com suas noticias principaes, || nam so dos successos da Liga Sagrada || Contra Infieis, mas descreve-se o caminho, que fez El-Rey || da Graõ Bretanha Jacobo II. defensor da Fé, desde que sahio || de Londres a França, até chegar a Irlanda, aonde fica || de caminho para vir ao Reyno de Escocia. || E descripçam do Reyno de Inglaterra. || (*Figure*.) || Publicada em esta Corte de Lisboa aos 20. de Mayo. || Lisboa..... Domingos Carneyro..... Anno M.DC.LXXXIX. 16 pp.

(36) Segvndo || Mercvrio || ..... || nam so dos successos da Liga Sagrada || ....., mas daõse noticias de todos os successos del-|| Rey..... Jacobo II..... || (*Figure*.) || Publicado em esta Corte de Lisboa aos 28. de Mayo. || Lisboa,..... Domingos Carneyro,..... Anno M.DC.LXXXIX. 11(1) pp.

(37) Terceiro || Mercvrio || ..... || Publicado nesta Corte de Lisboa aos 7. de Junho. || Lisboa,..... Domingos Carneyro,..... Anno M.DC.LXXXIX. 12 pp.

(38) Relaçam || fidelissima || da victoria || que alcançou o exercito imperial || governado pelo Serenissimo Principe Luis de Baden, contra || os Turcos entre o Rio Morava, & Nissa. || E tamben noticia do estado da guerra dos Venesianos || na Morea, || Divulgada em Barcelona a 21. de Settembro de 1689. || Pelo Extraordinario despachado pela Magestade || Imperial. || (*Une couronne*.) || Lisboa,..... Domingos Carneyro,..... Anno 1689. 8 pp.

Au bas de la page 8, gravure sur bois représentant une tour armée de canons.

(39) Relaçam || da segunda, e insigne victoria, al-||cançada pelas Armas Imperiaes, governadas pelo || Serenissimo Principe Luis Guilhelmo, Marquez || de Baden, & de Hochberg, &c. || Contra o Exercito de Solimaõ III. Sultaõ dos Turcos, governado || pelo Seraskier Arap Baxà, junto á Cidade de Nizza, || e primeiras noticias da batalha naval; || que ganharaõ aos Othomanos as Armadas de Veneza, || & Malta, || ..... || Publiçada nesta Corte a 28. de Novembro de 1689. || (*Fleuron*.) || Lisboa..... Miguel Manescal..... M DC LXXXIX. Com todas..... 7(1) pp.

(40) Relaçam || historica || ..... Com a plausivel noticia de hũa terceira, & importante vittoria, que || alcançou..... Luis de Baden, contra || o rebelde EmeriKo TeKeli. || Publicada..... a 16. Dezembro de 1689. Cartas de Varsavia a 7. de Outubro de 1689. *Page* 8, *in fine* : Lisboa, Miguel Manescal, M DCLXXXIX. 8 pp.

(41) Relaçam || historica || tocante ao estado, successos, e || progressos da Liga Sagrada contra Turcos, || Confirmaçaõ da vittoria, & expugnaçaõ de Viddin. || Publicada nesta Corte a 21. de Janeiro de 1690. || Cartas de Leopoli a 23. de Outubro de 1689. *Page* 8, *in fine* : Lisboa, Miguel Manescal, 1690. 8 pp.

(42) Breve || Relaçam || da insigne vittoria, que || o senhor Principe Luis de Baden alcançou do exerci-||to Otomano em Ungria entre os dous rios Savo, & || Dravo em 19. de Agosto,..... || Cum huma succincta noticia de outra gloriosa vittoria, que || os Venesianos conseguiraõ dos Turcos por mar, || ..... || Publicada nesta corte de Lisboa em o 1. de Outu-||bro de 1691. || *(Fleuron.)* || Lisboa. || ..... Miguel Manescal..... || Anno M.DC.XCI. 4 ffnc.

(43) Exactissima || noticia || da memoravel batalha, || em que as armas Catholicas triumfàraõ || do formidavel poder Otomano na Un-||gria entre o rio Savo, & Danubio || em 19. de Agosto de 1691. || Com outras da Curia Romana, || Publicada nesta corte de Lisboa em 15. de Outubro || de 1691. || *(Fleuron.)* || Lisboa. || ..... Miguel Manescal,..... || Anno M.DC.XCI. 8 pp.

(44) Relaçam || verdadeira || e || distinta da grande || Vitoria || alcançada pelas armas ceza-||rias gorvernadas pelo Principe Eugenio de Saboya,|| contra as Otomanas, regidas pelo Graõ Sultaõ, junto || de Zenta nas margens do Rio Tibisco, em onze de || Settēbro de 1697..... || Publicada nesta Corte em 16. de Novembro. || *(Fleuron.)* || Em Lisboa, ||..... Miguel Manescal,..... || ..... Anno de 1697. 15(1) pp.

Le texte, à partir de la ligne 12 de la page 4, est sur deux colonnes.

XV

LA LUTTE CONTRE L'ISLAM APRÈS LES CROISADES

1. Histoire de l'empire ottoman depuis la conquête de Constantinople. — Lutte des Etats chrétiens contre l'Islam.

3456. Georgii Agricolæ Chemnicencis Oratio de Bello adversus Tvrcam, ad Ferdinandum..... Regem, & Principes Germaniæ. Ioannis Baptistæ Rasarii de Victoria Christianorum ad Echinadas Oratio, cum duabus eâdem de re Ioan. Stvrmii epistolis. De Sarracenis et Tvrcis Chronicon Wolfgangi Drechsleri, emendatum & auctum à Georgio Fabricio Chemnicensi, cum appendice, Quâ historia illa ad hæc vsq; tempora continuatur : Edita studio & opera Ioannis Rosini..... *Au verso de la p. 219* : Lipsiæ, imprimebat Michael Lantzenberger, Impensis Henningi Grosii, Bibliop. Anno M.D.XCIIII. Petit in-8 de 1 fnc., 219(1) pp., rel. vél.

3457. Annales Svltanorvm Othmanidarvm, a Tvrcis sva lingva scripti : Hieronymi Beck a Leopoldstorf, Marci fil. studio & diligentia Constantinopoli aduecti MDLI a Ioanne Gaudier dicto Spiegel, interprete Turcico Germanice translati. Ioannes Levnclavivs nobilis Angriuarius, Latine redditos illustravit et auxit..... Francofvrdi, Apud Andreæ Wecheli heredes, Claudium Marnium & Ioannem Aubrium. MDLXXXVIII. In-4 de 5 ff., 519(1) pp., rel. vél.

Première édition de cet ouvrage compilé par L. Beck ; la bibliothèque du comte Riant contient aussi la seconde publiée également par les soins de Leunclavius en 1596. (Cf. nº 3488.) Les Annales Tvrcici ne vont que jusqu'à la page 95 ; tout le reste est rempli par le supplément et les notes de l'éditeur.

3458. Aulae Tvrcicae, Othomanniciq've Imperii, descriptio, qva Tvrcarvm Palatina Officia, mores : sectę item Mahometicę, Imperiorumque ex ea prodeuntium status, luculenter enarrantur : primùm ab Antonio Geufræo Gallicè edita : recens autem in Latinam linguam conuersa, Per Wilhelmvm Godelevaevm. His commodè accesserunt : Belli Cyprij inter Venetos, & Zelymum Turcarum Imp. nouissimè gesti, Libri III. Item, Bellum Pannonicum... Vnà, cum Epitome... Authore, Petro Bizaro. *Au dern. fnc. verso* : Basileæ, per Sebastianvm Henricpetri. Anno M.D.LXXIII. Mense Martio. Petit in-8 de 50 ffnc., 340 pp., 2 ffnc., rel. parch.

Ce recueil, dû à *N. Honinger*, répond assez mal à son titre ; il contient bien au commencement le traité d'*Antoine Geuffroy*, traduit en latin par *W. Godelevæus* ;

à la suite on ne trouve nullement les ouvrages annoncés, mais, à leur place, un discours de *Bessarion* « De bello suscipiendo contra Turcam », un autre d'*Æneas Sylvius* « De Constantinopolitana clade », etc.....

3459. Pars I. Aulæ Turcicæ, Othomanniciq've Imperii descriptio : qva Turcarum Palatina Officia, mores, religio : sectæ item Mahometicæ, Imperiorumq̃3 IIII ex ea prodeuntium status luculenter enarrantur. Primùm ab Antonio Gevfræo gallicè edita :..... postremò nunc aucta..... Pars II. Solymanni XII. & Selymi XIII. Tvrcar. Impp. contra Christianos : uicissimq̃3 Christianorvm contra hos, sub auspicijs..... Caroli V, Ferdinandi & Maximiliani II, res gestæ..... ab anno cIɔ.Iɔ.XX. usq3 in præsentem annum cIɔ.Iɔ.LXXVII. peractæ. Ex uarijs auctoribus in unum Opusculum collectæ per N. Honigervm Koningshof. Franc..... *Au verso de la p.* 509 : Basileæ, per Sebastianum Henricpetri, Anno salvtis..... cIɔ Iɔ LXXVII. Mense Martio. In-8 de 4 ffnc., 509(1) pp., 1 fnc., cart., non rogn.

Seconde édition, revue et augmentée, du recueil précédent.

3460. Auszug eines brie‖fes wie einer so in der Tür= ‖ ckey wanhafft seinem freund in dise land ‖ geschrieben vnd angezeygt was, das ‖ Türckich regiment vnd wesen sey ‖ vñ wie er es mit den landen so er ‖ erobert zůhaltenn pfligt, kürtz= ‖ lich in Teutsch sprach gepra‖cht, nůtzlich diser zeyt zů ‖ wissen. 1526. (*Titre encadré.*) S. l. n. typ. In-4 de 4 ffnc., rel. vél.

Cette lettre est datée d'Andrinople le 1er mars 1526. Voir *Weller* n° 3727.

3461. **Aventinus.** Von den Vrsachen / vnd ‖ Gegenwehr des Türckischen Krieges / ‖ zů diser zeit / vnd auch sonst sehr nutz= ‖ lich zů lesen. ‖ Durch den Hochgelerten vnd weit= ‖ berůmpten Herren Johannem ‖ Auentinum. ‖ Getruckt zů Straszburg /\bey ‖ Christian Müller / Jm Jar / ‖ M.D.Lviij. Petit in-4, 48 ffnc., rel. vél.

L'auteur de cet opuscule est l'historien bavarois *Johann Thürmayer*, plus connu sous le nom d'Aventinus. Cf. un traité du même auteur, n°s 3471-72.

3462. [—] Türckische Historien, oder Warhaftige Beschreibunge aller Türcken Ankunfft, Regierung, Königen, vnd Keysern, Kriegen, Schlachten, Victorien vnd Siegen, wider Christen vnd Heiden..... Item von der Türcken Religion vnd Gesatz..... von der gemeinen Turcken Leben, Wesen, Handel vnd Wandel..... Aus Italienischer Sprach in vnsere Deudsche verdolmetsch, durch..... Heinrich Müller..... Gedruckt zu Franckfurt am Mayn, durch Paulum Reffeler, in verlegung Thome Rebarts vnd Kilian Hahns, M.D.LXX. Petit in-fol. de 27 ffnc., 85 ff. chif., 3 ffnc.; 105 ff. chif., 4 ffnc.; 55 ff. chif., rel. vél.

L'ouvrage est divisé en trois livres ayant chacun une pagination particulière. Les derniers ff. du troisième livre sont occupés par l'ouvrage de *Luther* « Vom Krieg wider den Türcken. Anno M.D.XXIX ».

3463. **Bocignolus** (Michael). Epistola Michaelis Bocignoli Ragusei ‖ ad Gerardū Planiā Cæsareæ Maiesta‖tis secretarium, in qua exponit causas rebel‖lionis Axmati a Solymano Turcarum im-‖peratore, & quo pacto Axmati cōsilia op=‖ pressa fuerint cum ipsius interitu, præte-‖rea ut Solymanus rebus Cayri compositis, ‖ expeditionem in Valachiam susceperit. ‖ .... adduntur ‖ quoqȝ p̄fecturarum Turcicarū & quorū-‖dam prouinciarū recentiora nomina. *S. l. n. d. n. typ.* (1524). Petit in-4 de 8 ffnc. (le dernier blanc), rel. vél.

> Cette lettre, datée de Raguse le 29 juin 1524 et imprimée probablement en Italie (Rome ?), raconte la fin tragique d'Achmet-pacha, Grec de naissance, général de Soliman II, qui avait beaucoup contribué à la prise de Rhodes et qui, envoyé en Égypte, voulut s'y rendre indépendant, fut vaincu et étouffé dans un bain (1524).

3464. **Boecler** (Jo. Henr.). Commentarivs historico-politicvs de Rebvs Tvrcicis, qvem nvnc primvm ex manvscripto edidit,..... vna cvm instrvctissima Scriptorvm Tvrcicorvm bibliotheca adjecit N. C. J. Bvdissae, Sumpt. Davidis Richteri, M D CCXVII. 1 vol. in-12, d.-rel. bas., non rogn. (front.).

> *Jean Henri Boecler*, savant allemand (1611-1692), fut un des plus grands érudits de son époque et fut appelé en Suède par la reine Christine qui le nomma professeur d'éloquence à Upsal et son historiographe. Il quitta le pays à cause de la rigueur du climat, tout en conservant ses pensions, et vint professer à Strasbourg ; il était surtout renommé pour ses connaissances dans les littératures grecque et hébraïque.

3465. **Bulgarini**. La vie du Reverend Pere Dominique de Saint Thomas Ottoman, fils d'Ibrahim Empereur des Turcs, de l'Ordre des Freres Prêcheurs. Composée en Italien par le R. Pere Octavien Bulgarini Neapolitain... Et traduite en François par un Religieux du même Ordre. Besançon, Gauthier. *S. d.* (vers 1709). In-12, rel. vél. ital.

3466. **Cambini**. Libro d' Andrea Cambini ‖ Fiorentino della ori‖gine de tvrchi, et ‖ imperio delli ‖ Ottomanni. ‖ (*Marque typ. de Junte.*) ‖ M.D.XXXVII. F° 76 *recto*, *l.* 25 : Stampato in FirenZe per Benedetto di Gionta dello ‖ Anno. M.D.XXXVII. In-16 de 76 ff. chif., rel. vél.

3467. — Commen‖tario de Andrea ‖ Cambini Fiorentino, del=‖ la origine de tvr=‖ chi, et imperio ‖ della ca=‖ sa otto=‖ manna. ‖(*Fleuron.*) ‖ M.D.XL. In-16 de 72 ff. chif., rel. vél.

> Troisième édition de l'ouvrage précédent, elle ne porte pas de nom d'imprimeur, mais sort probablement des presses florentines de B. Junte. Il en existe une autre édition, également de 72 ff. chif., qui porte la date de 1538. Cf. n° 3489.

3468. **Camerarius** (J.). De Rebvs Tvrcicis Commentarii dvo accvratissimi, Joachimi Camerarii Pabepergensis. A filiis nunc primùm collecti ac editi..... Francofvrti, Apud heredes Andreæ Wecheli..... M D XCVIII. Petit in-fol. de 143(1) pp. — **Bruce** (Guillaume). Gvlielmi Brvssii Scoti de Tartaris Diarivm. Ad illvstrem Georgivm Talbottum..... Francofvrti, Apud heredes Andreæ Wecheli..... M.D XCVIII. Petit in-fol. de 11(1) pp. Ensemble 1 vol. cart.

> Cf. n° 3488.

3469. De caussis Magnitudinis Imperii Tvrcici, et virtvtis ac felicitatis Tvrcarvm in bellis perpetuæ : Vberti Folietæ lucubratio. De re militari adversvs Tvrcas institvenda consilium Augerij Busbequij. Series Impp. Tvrcicorvm : Proximi biennij res in Vngaria actæ. Narratio Belli Cyprii, inter Venetos & Turcas superioribus annis gesti. 15 (*marque typ.*) 94. Lipsiæ, Cvm privilegio. *Fnc.* 59 *verso :* (Marque *typ.*) Lipsiæ, Imprimebat Michael Lantzenberger, Impensis Henningi Grosij. Anno M.D.XCIIII. Petit in-8 de 60 ffnc. (le dernier blanc), rel. vél.

L'épître dédicatoire de ce recueil est signée *David Chytræus* ; c'est à lui que l'on doit la narration de la guerre de Chypre.

3470. De caussis Magnitudinis Imperii Tvrcici et virtutis ac felicitatis Tvrcarum in bellis perpetuæ : Vberti Folietæ Genuensis, Lucubratio. Cui adiuncta est Series Impp. Tvrcicorvm, & Narratio Belli Cyprii inter Venetos & Turcas superioribus annis gesti. Rostochii, Typis Augustini Ferberi iunioris. Anno cIɔ Iɔ XCIII. Petit in-8 de 30 ffnc., rel. vél.

Nouvelle édition de ce recueil de *Chytræus* ; il contient également, bien que le titre ne l'indique pas, un court chapitre « De nobilitate turcica » de *Busbecques*.

3471. Chronicorvm Tvrcicorvm, In quibus Tvrcorvm origo, principes, imperatores, bella, praelia, caedes,..... et caetera huc pertinentia..... exponuntur..... Accessere narratio de Baiazethis filiorvm seditionibvs ; Tvrcicarvm item rerum Epitome ; quomodo nimirum captiui Christiani distrahantur, & ab Imperatore Turcico, caeterisq̃ Turcis tractentur : Et Iohannis Aventini Liber..... omnia nvnc primvm..... collecta..... à..... Philippo Lonicero..... Omnia viuis insuper imaginibus illustrata, Cum rerum & verborum Indice copioso. Impressvm Francoforti ad Moenvm, M.D.LXXVIII. [*J. Feyerabendt.*] 3 tomes de 4 ffnc., 130 ff. chif., 4 ffnc. ; 4 ffnc., 255(1) pp. ; 4 ffnc., 271 ff. chiff., 5 ffnc., en 1 vol. in-fol., rel. veau est. (rel. du xvɪᵉ siècle).

Première édition de ce recueil dû à *Philippe Lonicer* ; le tome troisième renferme une édition de la « Chronique de Scanderberg », de *Marinus Barletius*, sans la préface de l'auteur. Chaque tome est orné de nombreuses figures gravées par J. Amman. Le recueil de Lonicer a été réimprimé, en 1584, chez Feyerabendt.

3472. Chronicorvm Tvrcicorvm..... Tomvs Primvs..... 1584. Francofvrti, Excudebat Ioan. Wechelus, impensis Sigismundi Feyerabendij. 2 tomes in-8 de 8 ffnc., 453(1) pp., 6 ffnc. ; 8 ffnc., 208 pp., 7 ffnc., d.-rel. bas. br., trop rogn.

Exemplaire en mauvais état. Le tome second a un titre particulier : « Chronicorvm Tvrcicorvm, in qvibvs bellvm Venetis nvper a Selymo II. Tvrcarvm Imp. illatum continetur : item bellum Pannonicvm, & aliquot Epistolæ..... de insula Naxo à Turcis occupata..... Tomvs secvndvs... Item de bello Persico..... 1584. »

3473. **Chytræus** (David). Dauidi Chytræi Chronicon Anni M.D.XCIII. MDXCIIII. et initii M.D.XCV. Utile & iucundum lectu. Lipsiæ, Impensis... Henningi Grosii, 1595. In-8 de 1 fnc., 150 pp. — Continuatio historica ab anno 1595. & tribus sequentibus usq ; ad præsentem annum. Accessit eivsdem Procemivm Metropolis seu successionis Episcoporum. Lipsiæ, Imp.

Henningi Grosij, MDXCIX. In-8 de 263(1) pp. — Anni proximè elapsi M.D.XCIX Euentus aliquot memorabiles annotati... M.DC. *S. l. n. typ.* In-8 de 28 ffnc. — Primæ et secvndæ partis Chronici Saxoniæ, & vicini orbis Arctoi : minore forma in 8ᵘᵒ expressi, Appendix :..... Lvbecæ, In officina Typographica Asweri Crögeri, Anno M.D.XCIII. In-8 de 52 ffnc. (le dern. blanc). Ensemble 1 vol. rel. veau, plats ornés.

<blockquote>
Avec ces différents ouvrages de *Chytræus* [*David Kochhaff*], on a relié un opuscule de *William Bruce* : « Ad Principes Popvlvmqve Christianvm, De Bello « Aduersus Turcos gerendo,..... Gvilielmi Brvssii Scoti Consilium..... Lipsiæ, « Anno M.D.XCV. *In fine* :..... Imprimebat Michael Lantzenberger, Impensis « Henningi Grosii..... » In-8 de 79(1) pp., et un ouvrage anonyme : «·Memorabiles « aliqvot Euentus Anni proximè elapsi M.D.XCV. fideliter annotati qvibvs « accesservnt Epistolæ dvæ ad Sigismundum III. Poloniæ & Sueciæ Regem. Vna « Clementis VIII. Pontif. Romani, altera Cham Kazikierey Tartarorum Czarij. « Excvsi Anno M.D.XCVI. » In-8 de 44 ffnc. *S. l. n. d. n. typ.*
</blockquote>

3474. **Corbelli** (Nicolò Maria). Historia di molti svccessi & avvenimenti fortvnati Accaduti nel Regno di [Fenicia, & Armenia..... In Venetia, Presso Stefano Curti. M DCLXXXVIII. In-12, br.

3475. **Cordero** (Iuan Martin). Las Qvexas y || Llanto de Pompeyo || adonde brevemente se || muestra la destrucion de la Republica Ro||mana. Y el hecho horrible y nunca oido || de la muerte d' el hijo d' el gran Turco || Solimano dada por su mismo padre, || con vna declamacion de la muer-||te por consolacion de vn ami-||go. Al muy magnifico Se-||ñor Gonçalo Perez. || [*Petite marque de Nuyts.*] || En Anvers, || En casa de Martin Nucio à la enseña || de las dos Cigueñas. || 1 5 5 6. Petit in-8, 124 ffnc., rel. vél.

<blockquote>
Piqûres de vers aux premiers feuillets. Ce volume contient cinq opuscules de Cordero, écrivain espagnol, natif de Valence, qui est surtout connu par ses traductions espagnoles d'auteurs latins. Le second des opuscules indiqués au titre est le récit de la mort de Moustapha Moukhlissi, fils ainé de Soliman II, qui le fit tuer le 28 août 1553 à l'instigation de la sultane Roxelane. On trouve ensuite la traduction espagnole de deux traités d'Erasme : *Declamacion de la muerte* et *Exhortacion a la virtud*. Le cinquième et dernier traité a pour titre : La manera de escrivri en castellano.
</blockquote>

3476. **Depellegrin**. Relation du Voyage du sieur Depellegrin, dans le royaume de la Morée, ou Recueil historique de ce qui s'est passé de plus remarquable dans ce Royaume dépuis la Conquête que les Turcs en ont fait sur les Venitiens. à Marseille, chez Jean-Baptiste Boy, 1722. 2 tomes en 1 vol. in-8, rel. v. br.

3477. Distinto || Ragguaglio || Delle vane Supplicazioni, || e Digiuni ordinati || dal || Gran Sultano || in tutto lo stato ottomano || Per Lettera di Costantinopoli, || Tradotta dall' Idioma Arabo nell' Italiauo. || (*Bois.*) || In Venezia, ed in Padova, || Per il Penada, Con. L. de' S. 1738. Plaq. in-4 de 4 ffnc., rel. toile.

3478. Documenti di Storia Ottomana del secolo XVI. Firenze, 1842. 1 vol. in-8, br.

<blockquote>
Recueil de Relations, jusqu'alors inédites, d'ambassadeurs vénitiens, savoir:
</blockquote>

de *Daniello de' Ludovici*, 1534; *Bernardo Navagero*, 1553: *Domenico Trevisano*, 1554; *Marino Cavalli*, 1560; *Marcantonio Barbaro*, 1573; *Andrea Badoaro*, 1573; *Costantino Garzoni*, 1573, et deux relations anonymes, l'un de 1553, l'autre de 1579.

3479. **Dornau.** Casparis DornavI de Incrementis Dominatus Turcici, ex varijs Historicis & Chronologis novâ methodo digestus, & non tàm ad scientiam, quàm prudentiam accommodatus Liber. 16 (*fleuron typ.*) 15. Francofurti Typis Nicolai Voltzij....., Impensis Iohannis Thymij. In-4 de 64 ffnc., rel. vél.

> Curieux tableau synchronique. Dornau (1577-1632) est surtout connu par un recueil de facéties latines publié en 1610 où de nombreux auteurs burlesques ont puisé.

3480. **Dryselius** (Erland.). Luna turcica Eller Turkeske Måne, Anwijsandes lika som uti en Spegel det Mahometiske wanskelige Regementet,... Jönkiöping, Tryckt aff Petter Hultman, Åhr 1694. In-8 de 8 ffnc., 519(1) pp., 1 fnc., 11 pl. gr. sur bois, rel. vél. — **Gitsich** (Joh. Diderich von). Illucida turcica luna Oder der Türckische Schein= und Glantz=beraubte Mond, das ist: Eine Historische und Politische Beschreibung Wie das Tückische Reich zu einer so grossern Mecht gelanget und nach dem jüngsten Friedens= Bruch so sehr entkrafftet sey..... Gottingen, Woycken, Anno M DCLXXXVII. Petit in-4, rel. bas.

3481. Ein erschröckenliche || Newe Zeitung, so geschehen ist den || 12. tag. Junij / in dem 1542. jar / in einem Stetlein || Schgarbaria genent / 16. Welsch meyl wegs von || Florentz gelegen. Da haben sich grausamer Erdbi || dem siben in einer stundt erhaben. Wie es da || zu ist gangen / wirdt man hyrin be= || griffen finden. || Ein andere zeytung / geschehen in des Türcken land / Von einer Stat / welche ver= || suncken ist / das auch nit ein mensch || daruon ist kommen. || 1542. || (*Gravure sur bois.*) Plaq. in-4 de 4 ffnc., rel. parch.

3482. La Grande || Bataille Donnee || entre les Tvrcs || & les Perses : || Et de l'Espee rouge, & de couleur de sang, || qui s'est veuë sur la ville de Constan-||tinople, le quinziesme No-||uembre dernier. || Auec la lettre escrite de Constantinople a Paris. || (*Vignette sur bois.*) || A Lyon, || Par Iaqves Mallet, || Iouxte la copie Imprimee à Paris, || auec Priuilege du Roy. || M.DC.XIX. Petit in-8 de 14 pp., 1 fnc. bl., rel. vél.

3483. **Guazzo** (Marco). Historie di Mes||ser Marco Gvazzo ove||se conteneno le gverre di || Mahometto imperatore de turchi haute p quin||deci anni continui con la Signoria di Venetia || poi con il Re di Persia vsuncassano : il Re di || Napoli Ferdinando; & lassedio di Rodi : || & in che guisa; & in che luogo mori || Con le guerre di suo figliuolo Ba||iasit fatte con il Carabogdan || Vaiuoda della Valachia : || Et con il Soldan del Cairo, & molte giornate Con la || morte de i ualorosi capitani il magnifico Bertol-||do, il Conte Girolamo da nouello, il Conte || Giulio patre del duca dAtri, e molti altri; || Opera nuoua & nouamēte stāpata. Con gratia & priuilegio. || (*Marque de Bern.*

Bindoni.) || In Venetia. al segno de la Croce. M.D.XLV. *Au f.* 32 *verso*, Impresse in Venetia per Bernardino || Bindoni Milanese l' anno || M.D.XLV. Petit in-8, 32 ffnc., car. ital., rel. vél.

Marco Guazzo a pris part aux guerres dont il a fait le récit; il est également l'auteur d'une *Histoire universelle* qui a eu deux éditions en 1540 et 1544. Cf. n° 2223 l'édition de 1544.

3484. **Guglielmotti** (P. Alberto). Marcantonio Colonna alla battaglia di Lepanto. Firenze, Le Monnier, 1862. 1 vol. — Storia della marina Pontificia nel medio evo dal 728 al 1499. Firenze, 1871. 2 vol. — La guerra dei Pirati e la Marina Pontificia dal 1500 al 1560. Firenze, 1876. 2 vol. — La squadra permanante della marina romana. Storia dal 1573 al 1644. Roma, Voghera Carlo, 1882. 1 vol. — La squadra ausiliaria della marina romana a Candia ed alla Morea Storia dal 1644 al 1699. Roma, 1883. 1 vol. — Gli ultimi fatti della squadra romana da Corfù all' Egitto, dal 1700 al 1807. Roma, 1884. 1 vol. Ensemble 8 vol. in-12, br.

3485. **Hammer** (Joseph von). Geschichte des Osmanischen Reiches, grossentheils aus bisher unbenützen Handschriften und Archiven. Pest, Hartleben, 1827-1835. 10 vol., avec carte. — *Du même* : Constantinopolis und der Bosphoros, örtlich und geschichtlich beschrieben. Pesth, Hartleben, 1822. 2 vol. Ensemble 12 vol. in-8, d.-rel. veau fauve (rel. uniforme).

3486. **Hartnach** (Daniel). Breviarium Historiæ Turcicæ, Exhibens Vitas Imperatorum omnium,..... Præcipuè verò Incrementa Imperii Turcici, ab initio ad hæc usque tempora, Quibus in fine addita Historia Obsidionis Viennæ, Anno 1683..... Hamburgi & Holmiæ, Apud Gottfried Liebezeit, Bibliop. Hanoviæ, typis Aubryanis, 1684. In-4, rel. parch. — *On a relié avec cet ouvrage* : Kurtze doch gründliche Beschreibung Alter und Neuer Wiener = Belägerung, Welche, so wol Anno 1529. als Anno 1683. von dem Türckischen Erb=Feinde jedesmahl vergeblich gethan..... sampt der..... Residentz=Stadt Wien Eigentlicher Abriss und Fortification,..... Gedruckt im Jahr 1684 (*S. l. n. typ.*).

3487. Histoire || veritable || de la grande et || admirable deffaite de l'armée du || Turc, auec la perte de soixante || mille hommes, par Simon Siech || Satrape de Suze, cousin du || grand Sophi de Perse, depuis || n'agueres Chrestien. || Auec le diuertissement du Siege de Malthe en-||trepris par le grand Turc, & empes-||ché par les Perses. || Prins sur la Coppie imprimee à Venise, & tra-||duit d'Italien en François. || (*Fleuron typ.*) || A Paris, || chez Nicolas Rousset en l'Isle du Palais, || vis à vis des Augustins. || M.DC.XV. Plaq. in-8 de 16 pp., rel. vél.

3488. Historiae Mvsvlmanae Tvrcorvm, de monvmentis ipsorvm exscriptæ, libri XVIII. Opus Jo. Levnclavii Amelburni, lectu dignissimum;..... Accessere commentarii dvo, Libitinarivs index Osmanidarvm..... cum Onomastico gemino, & Indice copioso. Francofvrti, Apud heredes Andreæ Wecheli,

Claudium Marnium & Ioann. Aubrium, MDXCI. In-4 de 20-20 pp., 898 col., 1 p., 23 ffnc. — Annales Svltanorvm Othmanidarvm, a Tvrcis sva lingva scripti : Hieronymi Beck a Leopoldstorf, Marci fil. studio & diligentia Constantinopoli aduecti MDLI..... a Ioanne Gaudier dicto Spiegel, interprete Turcico Germanice translati. Ioannes Levnclavivs nobilis Angriuarius, Latine redditos illustrauit et auxit, vsque ad annum cIɔ IɔXXCVIII..... Editio altera. Francofvrdi, Ap. And. Wecheli heredes..... MDXCVI. In-4 de 260 pp., 14 ffnc. — **Curion.** Caelii Avgvstini Cvrionis Sarracenicæ historiæ libri tres, ab avtore innvmeris locis emendati..... His accessere Wolfgangi Drechsleri earundem rerum Chronicon, siue Breuiarium. Item, Cæl. Avgvst. Cvrionis Marochensis regni in Mauritania nobilissimi à Sarracenis conditi, descriptio,..... Cælii Secvndi Cvrionis de bello Melitensi à Turcis gesto, historia noua..... Francofvrdi, Apud A. Wecheli heredes,..... MDXCVI. In-4 de 171(1) pp., 4 ffnc. — **Camerarius** (J., senior). De Rebvs Tvrcicis Commentarii dvo..... a filiis nunc primùm collecti ac editi..... Francofvrti, Apud heredes A. Wecheli,..... MDXCVIII. In-4 de 143(1) pp. [*A la page* 125 *commence* : « Iohannis Cvspiniani..... Oratio protreptica qua Christiani ad bellum Turcicum excitantur. Cui accessit Alphonsi regis Neapolitani..... oratiuncula eiusdem argumenti. Vtraque..... edita à Iohanne Weidnero Lendsidelio.] — **Bruce.** Gvlielmi Brvssii Scoti de Tartaris Diarivm..... Francofvrti, Ap. hered. A. Wecheli..... MDXCVIII. In-4 de 11(1) pp. Ensemble 1 vol. in-4, rel. veau; sur les plats, armes de M. de Montchal.

Recueil d'ouvrages rares et intéressants. Le premier est une traduction des Annales de l'historien turc Saaeddin.

3489. **Jove** (Paul), **Cambini** & **André le More**. Commenta||rio de le cose de || Tvrchi, di Pavlo || Iovio, Vescovo || di Nocera, || a Carlo Qvin||to Imperadore || Avgvsto. || (*Fleuron.*) || MDXXXVIII. || (*Titre encadré.*) — Commen||tario de Andrea || Cambini Fiorentino, del||la origine de Tvr=|| chi, et imperio || della ca=|| sa otto||manna. || MDXXXVIII. — Opera chiamata con||fvsione della se tta machv||metana, composta in lingua Spagnola, per Giouan An=|| drea gia Moro & Alfacqui, della citta de Sciatiua, || hora per la Diuina bontà Christiano e Sacer=|| dote, Tradotta in Italiano, per Dome=|| nico de GaZtelu Secretario del Illustrissimo Signor Don Lo||pe de Soria Imba=|| sciador Cesa= || reo ap= || presso la Illu=|| strissima Signoria di Venetia. || Il meso di Marzo MDXXXVII. || *S. l. n. typ.* (Venise?) Petit in-8 de 36 ffnc., 72-74 ff. chif., 2 ffnc. (le dernier manque), rel. vél.

Le commentaire sur les Turcs du célèbre *Paul Jove* a joui, pendant tout le xvie siècle, d'une immense réputation et se trouve sans cesse cité dans les ouvrages postérieurs; malheureusement aucun bibliographe n'a donné de renseignements exacts sur les diverses éditions de cet opuscule. La première édition connue est celle de Rome (1535), les éditions italiennes publiées peu après sont généralement accompagnées du Commentaire de *Cambini*, souvent réimprimé lui aussi au xvie siècle. Ce volume renferme, dans les 74 derniers feuillets, le traité contre l'Alcoran de Jean-André le More. Ce traité se trouve parfois séparé. Cf. n° 3524.

3490. Jove (Paul). Commen‖tario de le cose ‖ de Tvrchi, di Pav‖lo Iovio, Vesco‖vo di Nocera, ‖ a Carlo Qvin‖to Imperadore ‖ Avgvsto. ‖ In Venetia, M.D.XXXX. Petit in-8 de 36 ff., rel. vél.

3491. — Turcicarum re-‖rvm commentarivs ‖ Pauli Iouii episcopi Nucerini ad Ca‖rolum V. Imperatorem Augustum : ‖ ex Italico Latinus factus, Francisco ‖ Nigro Bassianate interprete. ‖ Origo Turcici imperii. ‖ Vitæ omnium Turcicorū Imperatorum. ‖ Ordo ac disciplina Turcicæ militiæ exactis‖simè cōscripta, eodē Paulo Iouio authore. ‖ (*Marque typ.*) ‖ Parisiis. ‖ Ex officina Roberti Stephani. ‖ M.D.XXXIX. Petit in-8 de 87(1) pp., rel. vél.

> La première traduction latine, publiée en 1537, a été reproduite en 1538 par les soins de Robert Estienne (c'est notre édition que les bibliographes disent être datée inexactement de 1539).

3492. Kriegsübung dess fürtrefflichsten vnd streitbarsten ersten Römischen Kaisers Julij..... durch Franciscum Floridum Sabinum. Die wunderbarliche Histori, von der Christen auszzug, vnder kaiser Heinrichen dem vierdten, zu des hailigen lands,..... durch Benedictum Aretinum in vier bücher eingetheilt vnd ordenlich beschriben. Die belegerung vnd eroberung der Kaiserlichen statt Constantinopolis, welche Mahomet der Türck als man nach Christi geburt Mcccc. vnd liij. gezalt, dem Kaiser Constantino abgedrungen, durch Leonhardum den Ertzbischoff zu Mitylene..... dargegeben. Item der schönen Insel vnd porten Rhodus verlust,..... Von Jacobo Fontano, dem Bapst Adriano, in schrifften, wie es alda ergangen, übersendet. Alles aus Lateinischer sprachen, ins deutsch newlich verdolmetschet, Durch Heinrichen von Eppendorff. Gedruckt zu Strassburg in Hans Knoblouchs druckerey, durch Georgen Messerschmidt, des jars M.D.lj. Petit in-fol. de 4 ffnc., 153 ff. chif. 1 dernier fnc. blanc qui manque; rel. vél.

> Entre autres ouvrages intéressants traduits en allemand par *Henri de Eppendorff*, nous signalerons l'importante relation de la prise de Constantinople de *Léonard de Chio*.

3493. Kunass, baron de Machowitz (Joan. Wenceslas). Olea armata Habsburgica Austriaco-Hispana Contra Oleastrum Turcicum. Pragæ, Typis Universitatis Carolo-Ferdinandeæ, in Collegio Soc. Jesu., per Factorem A. G. Konias, 1696. Petit in-fol., rel. bas. (fatiguée).

> Ouvrage orné d'un très beau front. in-fol. grav. sur acier par *J. U. Kraus*, d'après *Christian Dittmann* et représentant l'arbre généalogique des Habsbourg avec les portraits de tous les souverains. Dans un angle de la planche, Kunass de Machowitz présente une pancarte où l'on peut lire : « Dum ad Lunam fatuam Oleaster Turcicus..... damno publico excrevit, Rudolphus I..... ad Solem Eucharisticum.... condidit Domum Austriacam..... ut Christianitatem exscinderet..... »

3494. Lacuna (André de). Rervm prodigio=‖sarvm qvae in Vrbe Con=‖stantinopolitana, & in alijs ei finitimis ac=‖ciderunt Anno à Christo nato M.D. ‖ XLII. brevis atque succincta ‖ enarratio. ‖ De prima trvcv‖lentissimorvm Tvrcarvm ‖ Origine, deq̄ eorum tyrannico bellandi‖ritu, & gestis, breuis & compen‖diosa expositio. ‖ Coloniae, ‖ Ioannes Ruremundus excudebat, ‖ Anno M.D.XLIII. Plaq. de 16 ffnc. (le dernier blanc (?) manque), rel. vél.

Cet opuscule se compose d'une lettre écrite de Constantinople le 15 juillet 1542, imprimée quelque temps après à Venise, et qu'*André de La Cuna* ou *La Guna* (1499-1560) a traduite en latin. Il l'a fait suivre d'une courte compilation faite par lui d'après divers ouvrages grecs ou italiens. Le petit traité de Lacuna a été souvent imprimé avec d'autres du même genre. (Cf. n° 3539.)

3495. Lettre ‖ dv Pere ‖ Pacifiqve de ‖ Provin, Predicatevr ‖ Capucin, estant de present à Con-‖stantinople, enuoyee au R. P. Io-‖seph le Clerc, Predicateur du mes-‖me Ordre, & Deffiniteur de leur ‖ Prouince de Tours. ‖ Sur l'estrange mort du grand Turc, ‖ Empereur de Constantinople. ‖ ..... ‖ (*Fleuron typ.*) ‖ A Paris, ‖ De l'Imprimerie de François Hvby, ruë ‖ S. Iacques, à la Bible d'Or. ‖ M.DC.XXII. ‖ Avec privilege dv Roy. Petit in-4 (form. in-16) de 28 pp., 1 fnc., rel. vél.

3496. **Mahomet II.** Epistole Mau‖metis Turcarū Jmperatoris ‖ elegantissine : multa prudentia acrimoniaq₃ referte. ‖ Magister Gregorius Latice=‖ phalus de Konitz candido lectori. *Suit une épigramme de huit vers.* Fnc. 2 *recto*, *incipit* : Laudinij equitis Hierosolimi=‖ tani Ad Francinū Beltrandū ‖ Comitē in eplas Magni Turci Prefatio. ‖ ..... *Fnc.* 20 *recto, l.* 13 : Impressum Liptzk p Jacobū Tanner ‖ Herbipolensem. Anno dñi 1504. ‖ Die Nona Nouembris. ‖ (*Marque de l'imprimeur.*) In-4 de 20 ffnc., sign. A-D par 4 ff., sauf A qui en a 6; car. goth., 2 grand.; rel. vél.

Cette édition est due à « Magister Gregorius Laticephalus de Konitz », auteur des huit vers du titre et d'une dédicace au verso du titre. La bibliothèque du comte Riant renferme plusieurs éditions incunables de ces lettres.

3497. — Tvrco=‖ rvm Imperatoris epi‖stolæ aliquot ad varios Christianæ ‖ ac suę etiam dictionis Principes, ‖ populos, ac Ciuitates, ‖ lectu sane di-‖ gnissimæ. ‖ Eorundem item ad Turcam Responsio. ‖ Item de origine Turcorum nonnulla. ‖ Vaenevnt Antverpiae ‖ In ædibus Delphorum a Ioanne Steelsmano. ‖ Anno M.D.XXXIII. ‖ Mense Maio. *Fnc.* 16 *verso, marque typ.* Petit in-8 de 16 ffnc., rel. vél.

La dédicace de Laudinus occupe le folio 2. Le traité sur l'origine des Turcs commence à l'avant-dernier folio et est emprunté au Vénitien *J. B. Egnatius.*

3498. — Lettere ‖ del gran Mahvmeto ‖ Imperadore de' ‖ Tvrchi : ‖ scritte a diversi re, ‖ Prencipi, Signori, e Repvbliche, ‖ con le risposte loro; ‖ ridotte nella volgar lingva ‖ da M. Lodovico Dolce. ‖ Insieme con le lettere di ‖ Falaride Tiranno de gli Agrigentini. ‖ [*Fleuron typ.*] ‖ Con Privilegio. ‖ [*Marque de l'impr.*] ‖ Vinegia Appresso Gabriel ‖ Giolito de' Ferrari. ‖ M. D LXIII. Petit in-8 de 192 pp., rel. vél.

Traduction italienne de ces lettres de Mahomet II, faite par Louis Dolce, littérateur italien, né en 1508, mort en 1568, qui a donné à la suite des *Épîtres* qui nous sont parvenues sous le nom de Phalaris et dont le véritable auteur n'est pas connu comme l'a démontré Bentley.

3499. — Symmachi || Cons. Ro. Epistolæ familiares. || Item || Lavdini || Equitis hierosolymitani in epistolas || Turci magni traductio. *Suit au titre vn quatrain en l'honneur de Symmaque.* In fine : Argentoraci || Ex officina Ioannis Schotti : || Impensis vero egregij I.V. Doctoris || Georgij Maxilli (als übelin) episcopalis || curię Argentinen. Signatoris. III. idus || Augusti. anno a natali Christi. || M.D.X. In-4 de 46-10 ffnc., rel. vél.

> Cette édition, la seconde des lettres de Symmaque, a été faite sur d'autres manuscrits que la première et contient 343 lettres de plus. Il y en a eu, en 1511, une contrefaçon.

3500. — Epistola||rvm Symmachi || V. C. Praefecti Vrbi || libri duo. || D. Ambrosii epistolæ in Symmachū II. || Epistolarū Magni Turci ad uarias gen-||tes liber unus, à Laudino Equite || Hierosolymitano latine || redditus. || (*Marque de Froben.*) *Au verso de la page* 263 : *marque de Froben.* || Basileae Calend. Septemb. || Anno M.D.XLIX. Petit in-8 de 4 ffnc., 263(1) pp., d.-rel. veau.

> Cette édition des lettres de Symmaque a été donnée par Mart. Lipsius et Sig. Gelenius qui se sont servis des éditions déjà données à Venise et à Strasbourg, mais le premier livre tout entier a été ajouté sur des manuscrits. Les lettres du Grand Turc vont de la page 236 à la page 263 incl.

3501. **Mariti** (Giovanni). Istoria Della Guerra Accesa Nella Soria l' Anno 1771 Dalle Armi di Aly-Bey dell' Egitto E continovazione del Successo a Detto Aly-Bey fino a quest' Anno 1772, Con Aggiunte, e Note. Firenze, stamperia Allegrini, Pisoni e Comp., 1772. In-8, titre gravé et impr. en bleu, cart. toile bl.

3502. Le || Massacre || dv || Grand Tvrc, || et dv sovverain||Pontife de Constantinople, || nouuellement aduenu par || la rebellion de ses || subiets : || Avec le nombre des || Villes & Pays conquis sur eux || par leurs Princes voisins. || A Paris, chez Nicolas Rovsset, || Libraire au Palais. || 1622. || Auec Permission. Petit in-8, 14 pp., 1 fnc., rel. vél.

> Il est question de ce récit de la mort d'un sultan Amurat, qui paraît être Amurat III.Cf. n° 3495.

3503. **Minadoi** (Gio Thomaso). Historia della gverra fra Tvrchi et Persiani,..... Diuisa in Libri Noue..... riformata, & aggiuntiui i successi dell' anno M.D.LXXXVI. Con vna descrittione di tutte le cose pertinenti alla religione, alle forze, al gouerno, & al paese del Regno de Persiani..... In Venetia, M D LXXXVIII. Appresso Andrea Muschio, & Barezzo Barezzi. In-4 de 16 ffnc., 383(1) pp., 14 ffnc., une carte géog. Rel. vél.

> *G. Th. Minadoi* (1540-1615) étudia la médecine et passa sept ans en Orient ; de retour en Italie, il fut médecin du duc de Mantoue, puis professeur à l'Université de Padoue (1596). Son ouvrage sur les guerres Turco-Persanes fut vivement attaqué par *Leunclavius*, et l'auteur publia, en 1596, une « Apologia » pour se défendre.

3504. **Moffan.** Soltani || Solymanni Tvrca-||rum Imperatoris horrendum || facinus, scelerato in proprium || filium, natu maximum, Solta-||num Mustapham, parricidio, || Anno Domini 1553 || patratum : || Ante octo menses in || carcere apud infideles quidē scri-||ptum, nunc uerò primùm in || lucem editum : || Autore Nicolao à Mof-||fan Burgundo. || Basileae per Ioan-||nem Oporinum. *P.* 61 *verso* : Basileae, ex Of=||ficina Ioannis Oporini, Anno Salutis || humanæ M.D.LV. Mense || Nouembri. Petit in-8 de 61(1) pp., rel. vél.

> N. de Moffan commença par étudier le droit, mais le goût des aventures le porta à embrasser le métier militaire ; dans un combat dont il ne dit pas le nom, en Bulgarie, il fut grièvement blessé et fait prisonnier par les Turcs (1552) ; il subit pendant trois ans une étroite captivité qu'il raconte dans sa dédicace au duc Christophe de Würtemberg. A la suite de cette dédicace se trouve une pièce de vers « Ad..... Christophorvm Ducem Vuirtembergensem,....., M. Toxicæ Rheti..... in Turcas adhortatio ».

3505. **Münch** (Ernst.). Ueber die Türkenkriege namentlich des sechszehnten Jahrhunderts. Sammlung von Denkschriften verschiednen Inhalts, aus dem lateinischen und französischen. Nebst einer gedrängten Darstellung der Ereignisse zwischen Christen und Türken, und den Versuchen der Griechen zur Freyheit, von der Eroberung Konstantinopels bis auf unsere Zeit..... Zürich, Orell, Fussli und Cº, 1821. In-8, cart. perc. br. — *Du même.* Die Heerzüge des christlichen Europas wider die Osmanen, und die Versuche der Griechen zur Freiheit, von dem ersten Erscheinen der Osmanenmacht bis zum allgemeinen Ausstand des hellenischen Volkes im J. 1821. Basel, Schweighauser, 1822-1823. 3 vol. in-8 cart.

3506. **Norberg** (M.). Turkiska Rikets Annaler, Sammandragne ur defs egna Urkunder. Christianstad, F. F. Cedergréen.-Hernösand, Jonas Svedbom, 1822. 4 parties en 5 vol. in-12, d.-rel. veau f.

> Le premier volume, seul imprimé à Christianstad, ne porte pas de date.

3507. || La novvelle || Conversion || dv roy de Perse. || Auec la deffette de deux cents mil || Turcs apres sa Conuersion. || (*Fleuron.*) || A Paris. || Par François Hyby, ruë S. Iacques || au Soufflet verd, deuant le College || de Marmontier. || M.DC.VI. In-16 de 1 fnc., 6 ff. chif., 1 fnc. blanc, rel. vél.

3508. Il Raggvaglio || delle maravigliose || pompe, || Con le qvali Meemeht || Terzo Imperator de Turchi è vscito || fuori di Constantinopoli. || (*Gravure sur bois : un Turc représenté à mi-corps.*) || In Milano, per Pandolfo Malatesta. || Con licenza..... Fnc. 4 verso, *l.* 19 : Di Venetia adi 3. Settembre 1596. || Di V.S..... || Diuotissimo Seruitore. || A.M. 4 ffnc. (form. in-16), rel. vél.

3509. Relazione della venvta di Hagi Hussein Effendi inviato straordinario della Porta Ottomana, E della pubblica Udienza, che ha avuto dal Re Nostro Signore il giorno 18. Settembre 1741. (*Fleuron.*) In Napoli. M DCC.XLI. Per Francesco Ricciardo Impressore del Real Palazzo. In-4 de 10 ffnc., une planche gravée en taille-douce par *Fran. Sesone* sur le dessin de *Ferd. Sanfelice*, cart.

3510. **Richier** (Christophe). De rebus Turcarū || ad Franciscvm Gallo-|| rum Regem Christianiss. libri quinque. || Christophoro Richerio Thorigneo Se=|| none, Gubiculario Regio, & Cancellario || Franciæ à secretis, authore. || De origine Turcarū, & Ottomanni imperio. || De moribus & institutis illius gentis. || De Tammerlanis Parthi rebus gestis. || De expugnata à Maomethe Constātinopoli. || De Castellinoui Dalmatiæ oppidi recenti direptione. || (*Marque typ.*) ||..... Parisiis. || Ex officina Rob. Stephani,..... || M.D.XL. In-8 carré de 115(1) pp., 6 ffnc., rel. vél.

Ch. Richier, originaire de Sens, fut valet de chambre du roi François Ier, secrétaire du chancelier de France et employé par François Ier et Henri II à des missions diplomatiques en Suède et en Danemark.

3511. **Riseberg** (Laurent). Compendiaria praecipvarvm rervm Tvrcicarvm Relatio Septem distinctis capitibus Tvrcorvm originem, oeconomica, ecclesiastica et politica; septem item Principum, septem Regum, & septem Imperatorum res gestas historiophilis exhibens : Ex diuersissimis autoribus collecta..... Helmaestadii, Excudebat Iacobus Lucius, Anno M.D.XCVI. In-4 de 12 ffnc., 254 pp., 1 fnc., d.-rel. vél.

Quelques feuillets raccommodés.

3512. **Rocca** (Vicente). ⁋ Hystoria en la qual se trata de la origen y guer|| ras que han tenido los Turcos, desde su comienço, hasta || nuestros tiempos : con muy notables successos que con diuersas gētes || y nasciones les han acōtescido : y delas costūbres y vida ðllos. || Dirigida al Illustrissimo señor dō Carlos de Borja Du||que de Gandia y Marques de Lombay. Recopila || da por Vicente Rocca cauallero Valenciano. || ⁋ Vista y examinada por mandado delos Señores || Inquisidores deste reyno de Valencia. || 1556. || (*Au-dessus du texte du titre (imprimé en rouge et noir) est gravé sur bois le blason des Borgia, supporté par deux anges.*) F°. CLIII verso : ⁋ A loor y gloria de Dios todo poderoso : || y dela sacratissima virgen Maria su madre : || hasido impresso el presente libro en la insigne || ciudad de Valencia. Acabosse el po= || strero de Octubre. Año || 1555. In-fol. de 4 ffnc., CLIII ff. chiff. (1 fnc., probab. blanc, manque), rel. parch. (plusieurs ff. raccommodés). 2 col. de 50 lignes, car. goth., rel. vél.

3513. **Sansovino** (Francesco). Gl' Annali overo le vite de' principi et signori della Casa Othomana di M. Francesco Sansouino. Ne quali si leggono di tempo in tempo tutte le guerre particolarmente fatte dalla nation de' Turchi, in diuerse prouincie del mondo contra i Christiani...... (*Armes de P. Zbc. owski.*) In Venetia. MDLXXI. *Dernier fnc. verso* : In Venetia, Appresso Iacopo Sansouino MDLXX. In-4 de 10 ffnc., 134 ff. chif., 1 fnc., rel. vél. Sur le titre et au verso du 10e fnc. se trouve le blason des Zborowski.

Ouvrage dédié au prince Pierre Zborowski, grand palatin de Sandomir. *Francesco Tatti Sansovino* (1521-1586) était fils d'un architecte et sculpteur célèbre, et consacra sa vie à l'étude des lettres; ses ouvrages sont au nombre de plus de cinquante.

3514. **Sansovino.** Gl' Annali Tvrcheschi overo vite de Principi della Casa Othomana... ne qvali si descrivono di tempo in tempo tvtte le gverre fatte... in diuerse Prouincie del Mondo. Con molti particolari della Morea... & dell' Imperio & stato de Greci. (*Armes de P. Zborowski.*) In Venetia, M D LXX III. P. 224, l. 10 : In Venetia, Appresso Enea de Alaris. M.D.LXXIII. In-4 de 12 ffnc., 224 pp., rel. vél.

Nouvelle édition.

3515. **Soranzo** (Lazaro). L' Ottomanno..... Doue si dà pieno ragguaglio non solamente della Potenza del presente Signor de' Turchi Mehemeto III de gl' interessi, ch' egli hà con diversi Prencipi, di quanto machina contra il Christianesmo, & di quello che all' incontro si potrebbe à suo danno oprar da noi; ma ancora di varij Popoli, Siti, Città, e viaggi, con altri particolari di Stato necessarij à sapersi nella presente guerra d' Ongheria..... In Ferrara, Per Vittorio Baldini,..... 1598. Petit in-8 de 16 ffnc., 191(1) pp., 8 ffnc. — Oratione del Sig. Lazaro Soranzo, ad Henrico IIII. Christianissimo Rè di Francia, e di Nauarra. Nell' assolutione data à Sua Maestà da Clemente VIII..... In Ferrara, Per Vittorio Baldini..... 1598. Petit in-8 de 4 ffnc., 52 pp. Ensemble 1 vol. in-8, rel. vél.

3516. — L' Ottomanno..... Qvarta editione. Con aggiunta di nouo e copiosissimo Indice. Napoli, Costantino Vitale. M.D.C. Petit in-4, rel. vél. ital.

3517. **Spanduvinus** (Théodore). Der Türcken heymligkeyt. || Ein New nutzlich büchlein von der Türcken vrsprung, || pollicey, hofsytten vnd gebreuchen, in vnd ausser der zeit||ten des Kriegs, mit vil andern warhafftigen lustigen || anzeygenn, durch Theodorum Spanduuinum || Contacusinum von Constantinopel, weylant || bebstlicher heilikeyt, Leonidem. x. in welsch= || er sprach beschribenn zůgeschickt, vnnd || in newligkeytt durch Casper vonn || Aufses in ein gemein teutsch || gezogen. M.D.xxiij. || *Gravure sur bois au-dessous de laquelle se trouvent ces mots* : Paruus sum sed jucundus. Fnc. 47 *recto*, l. 21 : Gedruckt vnd volendt, durch Georg Erlinger zů || Bamberg, am Freytag nach dem Auffart= || tag jm jar nach der gepurt vnsers erlö= || sers, fünffzehenhunndert vnnd jm drey vnnd zweyntzigsten jar .||. ꝛc. In-4 de 48 ffnc., le dernier blanc (les derniers ff. raccom.), rel. vél.

Théodore Spanduvinus, Spanduvinos ou *Spandugnino* était un moine grec qui vivait au xve siècle.

3518. — Theodoro || Spandvgnino || Della casa regale de || Cantacusini Patritio Constantinopo-||litano, delle historie, & origine de || Principi de Turchi, ordine del||la Corte, loro rito, & costu||mi. Opera nuouamente || stampata, ne fin qui || missa in luce. || In Lucca per Vincentio Busdrago a di 17. di || Settembre M.D.L. Petit in-8 de 112 ffnc. (le dernier blanc manque), rel. vél.

3519. **Syndromvs Rervm Tvrcico-Pannonicarvm**, historiam centvm qvinqvagenta annorum complectens; qva qvicqvid a capta Constantinopoli ad Annum usq3 partæ per Christum salutis M DC. inter Christianos Turcasq̃3 rerum pace militiaq̃3 gestum est, imprimis autem ab excessu Matthiæ Coruini, Hungariæ Regis,..... perscribitur..... Omnia e diversis scriptoribvs collecta, et in vnum hoc corpus bono publico redacta. (*Marque typ.*) Francofvrti ad Moenvm, Typis & sumptibvs Wechelianorum, apud Danielem & Dauidem Aubrios & Clementem Schleichium. Anno M.DC.XXVII. In-4 de 4 ffnc., 336 pp., 12 ffnc., rel. vél.

Recueil de narrations tirées de divers auteurs, dont les noms sont donnés dans l' « Index narrationvm tvrcicarvm » qui se trouve, au fnc. 4, en tête de l'ouvrage.

3520. **Tanco** (V. D.). Libro dell' origine, et svccessione dell' imperio de' Tvrchi. Composto da Vasco Dias Tanco, & nuouamente tradotto dalla Lingua Spagnuola nella Italiana per il Signor Alfonso di Vlloa .... (*Marque typ.*) In Vinegia, appresso Gabriel Giolito de' Ferrari, MDLVIII. Petit in-8 de 237(1) pp., rel. vél.

Vasco Dias Tanco alias *Clavedan del Estanco*, originaire de Frexenal en Espagne, a composé son ouvrage d'après Paul Jove et divers auteurs dont il donne la liste, mais loin de les suivre aveuglément, il ne s'est pas fait faute de les contredire et les réfuter. L'original espagnol, paru en 1547, avait comme titre : « Palinodia de la nefanda..... nacion de los Turcos. »

3521. **Turcken puechlein.** ‖ Ein Nutzlich Gesprech / oder vn ‖ derrede etlicher personen / zu ‖ besserūg Christlicher orde= ‖ nung vn̄ lebens / gedich‖tet. In die schwe= ‖ ren leüffdieser vn‖ser zeit dienst= ‖ lich. ‖

Suivent quatre vers :

Bas Türckē püchlin bin jch fry genannt
Vnd beger den Cristen werden bekant.
Domit Sy sich zū besserung keren
Vnd dester bas des Türcken erweren.

Fnc. 28 verso, l. 16 : Geendet inn Mertzen als ‖ man zalt / Tusent funff hundert ‖ zwentzig und zwey jar. ‖ (*Fleuron.*) [Bâle, Th. Wolff.] Plaquette petit in-4, 28 ffnc., sign. A-G. Rel. vél.

C'est un dialogue entre un Hongrois, un Turc et un Bohémien sur les événements de cette époque. Plaquette rare.

3522. **Türkischer Kayser** ‖ Ankunfft, Krieg vnd Sig, wider die ‖ Christen biss auff den zwelfften yetzt ‖ Regierenden Tyrannen Soleymannum, An den Edlen ‖ vnd Vesten, Hansen von Trenbach zū Waltperg, Dess Durchleüch= ‖ tigen Hochgebornen Fürsten, des Jungen Fürsten vnd Herrn, ‖ Hertzog Albrechts in Bayrn ℞c. Hofmayster yetzt ‖ zū Ingoldstadt, geschriben. ‖ (*Gravure sur bois.*) ‖ ¶ Getruckt zū Augspurg durch Hainrich Stainer. ‖ M.D.XLIII. Petit in-fol. de 2 ffnc., XXIII ff. chif., 1 fnc. (blanc, manque), rel. vél., 15 fig. sur bois (y compris celle du titre, et 2 au verso du dernier feuillet).

3523. **Verdier** (G. S. du). Compendio dell' Historie Generali de Tvrchi Con tutto quel ch' è successo di più memorabile sotto il Regno di XXIII. Imperatori cominciando da Ottomano primo, sino à Mohomet IV di questo nome hoggi regnante. Raccolto..... dal Signore di Verdier,..... tradotto dal Francese da Ferdinando de Servi..... Aggiuntoui..... la continuatione de' Successi e Guerre seguite tra la Potentissima Casa Ottomana, e la Serenissima Republica di Venetia dall' Anno 1647. sino al 1662..... Venetia, Gio: Battista Scaluinoni, MDCLXII. 2 tomes en 1 vol. in-4, rel. parch., front.

> Traduction italienne de l'assez médiocre *Abrégé de l'histoire des Turcs* de *Gilbert Saulnier du Verdier* († 1686), dont le style a été le seul mérite. Le traducteur y a ajouté des extraits de *Girolamo Brusoni* sur les guerres de Candie et de Dalmatie, de 1647 à 1662, qui forment les trois derniers livres du second tome.

2. Les Turcs (XVIe-XVIIe siècles).

MŒURS ET RELIGION
CONDITION DES CHRÉTIENS SOUS LA DOMINATION DES TURCS

3524. **André le More.** Opera chiamata con‖fvsione della se tta machv‖ metana, composta in lingua Spagnola, per Giouan An= ‖ drea gia Moro & Alfacqui, della citta de Sciatiua, ‖ hora per la Diuina bontà Christiano e Sacer= ‖ dote, Tradotta in Italiano, per Dome= ‖ nico de Gaztelu Secretario del Il= ‖ lustrissimo Signor don Lo‖pe de Soria Imba=‖sciador Cesa=‖ reo ap=‖ presso la Illu=‖ strissima Signoria di Venetia. ‖ Il mese di Marzo M D XXXVII. *In fine*, 1er *fnc. recto* : Stampata in Spagna ne la città di Seuiglia ne li ‖ anni del nostro S. M D XXXVII. ‖ Il mese di Marzo. ‖ *Au verso du second fnc. se trouve gravé un fût de colonne brisée.* Petit in-8 de 74 ff. chif., 2 ffnc., dérel.

> Jean André, dit le More, se convertit au catholicisme pendant un séjour en Espagne; son traité contre l'Alcoran, traduit en italien par *D. de Gaztelu* ou *Gazelo*, a été souvent réimprimé. Le Catalogue de la Bibliothèque Orientale de M. Thonnelier en contenait une édition datée de 1540 et signalée comme étant de la plus grande rareté. L'édition de 1537 est, à notre avis, vénitienne, et c'est un tirage à part, peut-être factice, de l'édition publiée à la suite des Commentaires de *Paul Jove* et de *Cambini*, imprimés, en 1537-38, avec des caractères italiens. Cf. n° 3489.

3525. Opera chiamata‖confvsione della setta‖Machumetana, composta... ‖ per Giouan Andrea gia Moro..... ‖ ....., della Citta de Sciati=‖uia..... ‖ Tradotta in Italiano, per ‖ Domenico de Gaztelu..... ‖ M.D.XLIII. *S. l. n. typ.* Petit in-8 de 72 ff. chif., rel. vél.

> Cette édition donne exactement le même texte que celle de 1537, avec laquelle elle ne présente que des différences typographiques; certaines incorrections, qui n'existent pas dans la précédente, permettent de croire que nous avons ici une contrefaçon.

3526. **Angelico di Milano** (Fra). Fioretti istorici Di cose curiose successe in diuersi tempi in Leuante..... Opera curiosa per qual si sia persona, che desidera sapere la Politica de' Turchi, la loro insatiabile Auaritia, e la grandissima auuersione che con essi hanno al nome Cattholico li Scismatisci..... Milano, Ambrogio Ramellati, 1689. Vol. in-12, rel. parch.

> Fra Angelico di Milano était franciscain, commissaire apostolique en Orient et Gardien du couvent de Jérusalem.

3527. Balbi (Hier.). Hieronymi Balbi Episco= || pi Gurcensis ad Clemen||tem. VII. Pont. Max. de || Ciuili. & Bellica Fortitu-||dine liber, ex Mysteriis || Poetæ Vergilii nunc pri-||mum depromptus. cui ad||ditus est alter continens || Turcarum originem, mo||res, Imperium, aliaq3 præ || clara scitu, cognituq3 di||gnissima. (*Encadrement gravé sur bois.*) Fnc. 49 *recto incipit* : Hieronymi || Balbi Episcopi || Gvrcencis ad || Clementem || VII. Pont. Max. || De Rebvs Tvrcicis || Liber. (*Encadrement gravé sur bois.*) Fnc. 90 *recto* : R O M A E || Apvd F. Minitivm || Calvvm Anno || a partv Virginis || M.D.XXVI. || Cum gratia & priuilegio. S.D.N. || Clementis. VII. Pont. Max. || ad decennium. Petit in-4 de 90 ffnc., sign. A-M, a-k, le dernier fnc. remonté, relié en 2 plaquettes séparées, vél. blanc.

> Jérôme Balbi, mort en 1535, devint, après des aventures de jeunesse retentissantes, évêque de Gurck (1519-1256). La vieillesse l'obligea à se démettre de son évêché. La première édition de son opuscule a été imprimée à Rome en 1526. (C'est la nôtre). Il a été réimprimé à Bologne en 1530.

3528. Bassano (Luigi). I Costvmi || et i modi partico-||lari de la vita de || Turchi, descritti da M. Luigi Bas-||sano di Zara. || (*Marque typ.*) || Con gratia & priuilegio di nostro Signore || Papa Paulo III. || M.D.XLV. *In fine* : Stampato in Roma per Antonio || Blado Asolano. || M.D.XLV. Petit in-8 de 4 ffnc., 62 ff. chif., 2 ffnc. (le dernier blanc manque), rel. vél. rouge, tr. rouge.

3529. Beck. Matthiæ Friderici Beckii Specimen Arabicum, hoc est, Bina Capitula Alcorani XXX. de Roma & XLIIX. de Victoria..... Arabicè descripta, Latinè versa,.... His nostris Temporibus Quibus Imperium Romano-Germanicum Victorias contra Muhammedanos prosequitur accommodatum Argumentum. Augustæ Vindelicorum, Sumptibus Laurentii Kronigeri, & Theoph. Goebelii Hæredum, Typis Koppmaieranis, Anno 1688. Petit in-4, rel. vél.

> L'arabe est imprimé avec des caractères hébraïques.

3530. Cantacuzène (Jean). Christianæ Religionis acerrimi propugnatoris D. Ioannis Cantacvzeni Imperatoris Constantinopolitani qui assumpto monachi habitu Ioasaph Monachvs est cognominatus,..... contra Saracenorum hæresim, pro Christiana religione Apologiæ IIII. Eiusdem contra Mahometem Orationes IIII. nunc primum in lucem editæ. Basileæ. 1 vol. in-fol. de 4 ffnc. 108 pp., 1 fnc., d.-rel. vél. bl., coins.

> Texte grec imprimé en 1543, à Bâle, par Nicolas Brylinger, pour J. Oporinus qui a signé la préface latine.

3531. Cleynaerts. Nicolai || Clenardi || Peregrinationum, ac de rebus || Machometicis epistolæ || elegantissimæ. || Accescére autem supra priorem editionem || aliquot epistolæ ut amœnæ ita falsæ, sed || citra gentis alicuius offensionem. || Lovanii, || Apud Martinum Rotarium. || 1551. Vol. petit in-8, de 84 ffnc. (le dernier, blanc ou marqué, manque), rel. veau.

Nicolas Cleynaerts ou *Clenard* (1495-1542) professeur d'hébreu à Louvain, puis à Salamanque, passa au Maroc en 1540 pour se perfectionner dans la langue arabe et mourut à Grenade, après avoir commencé une traduction du Coran qu'il se proposait de réfuter. Son ouvrage des *Peregrinationes* est peu commun; il a été imprimé, à Louvain, par *Rutger Velpius.*

3532. C. M. Die herunvorandringende Türcken = Befahr : Das ist; Wohlgemeinte, doch unvorgreiffliche Erinnerung, in was hochbesorgtem und gefährlichem Zustande, unser liebes Vatterland Teutscher Nation, und das gantze Heil. Röm. Reich jetziger Zeit stecke : auch wie diesem blutdürstigem Erb- und Ertz-Feinde fruchtbar- und ersprieszlich zu begegnen wäre : vermittelst einer Unterredung fürgestellet, durch C. M. Diesem ist beygefügt die Oration, so Heinrich de la Tour, Vicecomte von Tourenne, gegen den König in Franckreich, zu Marsal, den 31. Augusti Anno 1663. über den jetzigen Türcken = Krieg, soll gehalten haben. Gedruckt im Jahr 1663. *S. l. n. typ.* Petit in-4, rel. vél. — Türckischen Staats und Regiments Beschreibungen; Dast ist : Gründliche Nachricht von der Ottomannischen Monarchi Ursprung, Wachsthum, derselben Form zu regieren, Landschafften, Städten, Vestungen, &c. Jtem was vor Potentaten auf dasselbe Reich zu prætendiren Diesen sind beygefügt etliche der berühmtsten so woln alten als neuen Weissagungen, Muthmassungen und Erklärungen, von gedachten Türckischen Reichs Tyrannen und Untergang. M.DC.LXIV. In-4, rel. vél.

Ces deux ouvrages ont été imprimés avec les mêmes caractères, probablement à Nuremberg.

3533. Crusius (Martin). Tvrcograeciae libri octo..... qvibvs Graecorvm statvs sub imperio Turcico..... describitur..... Basileae, Per Leonardvm Ostenivm, Sebastiani Henricpetri impensa. *S. d.* (1584). Petit in-fol. de 22 ffnc., 559(1) pp. (*inexactement numérotées*), rel. veau marbr.; au dos et sur les plats, chiffre du comte Riant.

Textes grec et latin en regard. Le portrait de Crusius se trouve au verso du titre.

3534. Dorostamus (Athanase). Neueste Beschreibung derer Griechischen Christen in der Türckey,..... aufgesetzt, erläutert und bestätiget mit neuen Zeugnissen..... und Anmerckungen von Jacob Elssner. Berlin, Kunst, 1737-1747. 2 tomes en 1 vol. in-12, avec pl. et portr., rel. vél.

Le second tome est une suite due à J. Elssner qui contient quelques renseignements sur la Terre Sainte.

3535. Dyalogus christiani || contra sarracenum. || [*Marque de Eustace*] || ℭ Uenũdantur Parisius in vi||co Judaico sub signo duorum || Sagittario♃ :

aut in Palatio || regio tertio Pilari. Petit in-8 de 36 ffnc., caractères goth., plaquette rel. vél. blanc.

> Au verso du titre, figure sur bois employée par Eustace, avec son monogramme : un auteur offrant son livre au Pape. Au verso du fnc. 36, la marque d'Eustace (n° 949 de Silvestre).

3536. ⊄ La genealo=||gie du grant || Turc a present || regnant. (*Titre encadré.*) *Fnc.* 55 *recto, l.* 6 : ⊄ Cy fine ce present liure lequel fut acheue || d'imprimer le. vi°. iour de nouembre Lan || mil cinq cens dixneuf pour Francois re= || gnault libraire iure de luniuersite. *Au verso : Marque de F. Regnault.* In-8 de 56 ffnc. (le dernier blanc manque, ainsi que le ffnc. 21 signé C.),prép. p. rel.

> Le premier cahier de 4 ffnc., comprenant le titre, le prologue et la table des chapitres, est refait en facsimilé d'après le procédé Pilinski.
> La « Généalogie » est divisée en 36 chapitres ; les 8 premiers seuls ont trait à l'origine et à la succession des sultans ottomans, les autres sont tous consacrés à la description des mœurs, coutumes des sultans et des peuples, à l'organisation de leur empire.

3537. **Gennadius Scholarius.** Reverendis || simi Patris Genadii Scholarii Pa=|| triarchæ Cōstantinopolitani, Libellus de || quibusdam fidei articulis, quos Tur-||corum Imperator voluit ab eo || scire, factusq3 est inter eos || de his dialogus, qui in-||scribitur Via Sa=||lutis hominum || nusq̄ antehac || Impressus. || Parisiis. || Apud Michaelem Vascosanum, Via ad || Diuum Iacobum, sub signo Fontis. || M.D.XXXIII. *Fnc.* 2 *recto, incipit* : Reverendissimi Patris || ... Libellus ..||..., quem e Græco in Latinum, Georgius Hermonymus Spartanus accuratissi-||me traduxit. || Interrogat Turcus, Respondet Patriarcha. || ..... Plaq. in-4 de 10 ffnc., rel. vél.

> Curieux traité sous forme de dialogue. Une seconde partie commence au verso du f° 7.

3538. — Epistola Constantinopoli recēns scripta. De praesenti Tvrcici Imperii Statv, et Gubernatoribus præcipuis, & de bello Persico. Item Confessio fidei, qvam Gennadivs, Patriarcha Constantinopol. post captam primùm à Turcis vrbem, Mahometi II. Imp. flagitanti exhibuit. & de Tartaris quædam. (*Fleuron typ.*) Wittebergae Ex typographia Simonis Gronenbergij. 1582. Petit in-8 de 24 ffnc. (le dernier blanc), cart.

> Le premier morceau de ce recueil est une lettre de *François de Billerbeg* à David Chytræus ; elle est datée de Constantinople, le 9 juillet 1581. La profession de foi du patriarche Gennadius Scholarius est imprimée en grec, avec la traduction latine en regard.

3539. **Georgiewitch** (B.). De Turcarum || Ritv et Caeremoniis, || Autore Barptolomæo Georgieuich || Hungaro Peregrino Hierosoly-||mitano, qui tredecim annos || apud eosdem seruitutem || seruiendo, omnia expe||rientia didicit. || Additis quamplurimis dictionibus, || etiam Numero, cum Salutatio-|| nibus & Responsionibus || Persarum. || Antverpiae || apud Gregorium Bontium. || 1544. (*Marque typ. au verso du titre*). Petit in-8 de 24 ffnc. (*Au verso du fnc. 24 une gravure sur bois représente :* « *Georgievits Peregrinus Hierosolymitanvs* ». — De afflictione || tam captivorvm || quàm etiam sub Turcæ tributo viuentium || Christianorum, cum figuris res clarè ex||primentibus : additis nonnullis vo||cabulis ..... || ..... linguę Scla-||uonicæ cū interpre-|| tatione Latina, || libellus. || Autore Bartholomæo Georgij Hongaro, || pere- grino Hierosolymitano..... Fnc. 16 recto, l. 30 : Anuerp. typis Copenij. An, 1544. Petit in-8 de 16 ffnc. avec 7 gravures sur bois et le portrait de l'auteur au verso du fnc. 16. Ensemble rel. veau f.

A la suite des deux traités de Georgiewitch, on a relié : « Prognosticon Antonii Torquati de Euersione Europæ, & alia quædam .... Antverpiae, apud Martinum Nutium, M.D.XLIII. », opuscule de 62 ffnc. qui contient plusieurs petits traités sur l'Ethiopie, le prêtre Jean, l'origine et les mœurs des Turcs. Le traité sur l'origine des Turcs est emprunté à *André de Lacuna*. Cf. n° 3494.

3540. [**Georgiewitch**]. Prophetia de ma||ometani, et altre || cose Turchesche, Tradotte per|| M. Lodovico || Domenichi. || Con priuilegio, || In Firenze || 1548. F° 15 *recto*, *incipit* : La miseria cosi de || de i prigioni, come || anco de Christiani, che viuono || sotto il tributo del Turco, insie-||me co i costumi & cerimonie di || quella natione in casa & alla guer||ra, tradotti per || M. Lodo- vico Domenichi. Petit in-8 de 48 ffnc., rel. vél. Titre raccom.

Cette rarissime traduction italienne, imprimée en 1548, sans nom d'imprimeur, ne porte pas non plus le nom de l'auteur.

3541. — Profetia || de i Tvrchi, || della loro rouina, || ò la conuersione alla fede di Christo per || forza della Spada Christiana. || Il lamento delli Chri|| stiani, che uiuono sotto l'Imperio || del gran Turcho. || La essortatione || contra li Turchi alli Rettori || della Repu. Christiana. || Cose ueramente pie, & à ogni Chri=||stiano da legger utile, e molto necessarie. || Nouamēte cōposte et diuolgate, || Per Bartolomeo Georgieuitz || Pellegrino di Gierusalē. || 1553, || (*Fleuron*.) *Fnc.* 28 *verso*, *marque de l'imprimeur & colophon* : Impresso in Roma || per M. Antonio Blado. || M.D.LIII. || Si uendano alla bottegha del Segno della Gatta || in Campo di Fiore. Petit in-4 de 28 ffnc., caract. ital., encad. gravé sur bois au titre. — *A la suite* : Libellvs || vere christi||ana lectione dignus diuersas res || Turcharum breui. tradens || Barpt. Geor. ph. authore. *Fnc*. 72 *verso*, *colophon* : Impressum Romæ apud Anthonium Bladum im=||pressorē Cameralem decima quinta Septēb. || M.D.LII. || Venditur tribus iulijs exemplar apud Magistrū || Ioannem in insignio Gattæ in campo Floris. || Finis libelli. In-8 de 72 ffnc., encad. sur bois au titre. Ensemble 1 vol. rel. vél.

Georgiewitch a également publié (n° 1480) un voyage à Jérusalem à la suite duquel se trouvent les petits traités sur sa captivité dont il y a eu un si grand nombre d'éditions.

3542. — De Origine || imperii Tvrco=||rvm, eorvmqve admi=|| nistratione & disciplina, breuia quæ-||dam capita notationis loco || collecta. || Cui || Libellvs de Tvrcorvm || moribus, collectus à Bartholæmo Ge-||orgieuiz, adiectus est, || Cum præfatione reuerendi uiri D. || Philippi Melanthonis. || (*Fig. sur bois : buste du sultan.*) VViterbergæ. || Anno M.D.LX. Petit in-8 de 96 ffnc., rel. vél. bl., figg. sur bois.

Contient : 1° une courte histoire des empereurs turcs, avec leurs portraits gravés sur bois ; 2° « De Turcarum moribus » epitome où Georgiewitch raconte sa captivité ; 3° De afflictione captivorum, suivi d'un vocabulaire slavon ; 4° De Christianorum Cladibus..... sorte de prophétie, traduite du Persan par Georgiewitch ; 5° Disputatio cum Turca. C'est le récit de la discussion que Georgiewitch eut à Waradin, avec un Turc, sur des matières religieuses ; 6° Deploratio cladis christianorum, suivi de l'Exhortio contra Turcam ; 7° le récit du meurtre de Moustapha fils du sultan Soliman, accompli par l'ordre de ce dernier, en 1553. Ce récit a pour auteur *Nicolaus a Moffan*. (Cf. n° 3501.)

3543. — De || Tvrcarvm || Moribvs || Epitome, || Bartolomæo Georgieuiz || Peregrino Autore. || Ex variis æditionibus adauctū opus, & lin-||guæ Turcice principiis locupletatum. || (*Marque typ.*) || Parisiis, Apud Hieronymum de Marnef, & Gu||lielmum Cauellat..... || 1556. Très petit in-8 de 170 pp., 3 ffnc., rel. vél., fig. sur bois.

3544. *Le même*, *édition de* 1568. Très petit in-8 de 170 pp., 3 ffnc., rel. parch., fig. sur bois.

Ces deux éditions sont identiques ; seule la date est changée au titre, et l'on a corrigé certaines fautes de la première édition. Le titre de l'édition de 1568 porte lignes 6 et 7 : & lin||guæ Turcicæ..... au lieu de Turcice.

3545. — De Tvrcarvm moribvs Epitome, Bartholomaeo Georgieuiz Peregrino auctore. (*Marque typ.*) Genevæ, Apud Ioann. de Tovrnes. M.DC.XXIX. In-16, rel. vél. — *Du même*. De Turcarum Moribvs Libellvs..... Helmestadii, Typis & Sumptibus Johannis Heitmulleri, cIɔ Iɔ cLXXI. Petit in-4, rel. vél.

3546. Libellus de moribus Turcarum. Turchicę spurcitię et p || fidiæ Suggillatio & confutatio duobus Libellis lectu iucun||dissimis nec minus gratis conclusa. || Quorum prior fœdissimos mores & turpissima institu=|| ta eorum aperit & confutat. || Posterior Alcoranū Turchicę perfidiæ instrumentū va||lidissimis argumentis improbat. confutat. explodit. Est au= || tem Richardi ordinis p̄dicatoriie græco (cum apud latinos || minus cultus extaret) nuper tralatus. || Pręmissis quibusdam de Turcharum in Christianum nomē || odio & Christianorum in eos iam concepta resistentia : lectu || non indignis : & vtriusq3 operis titulis seu capitibus. || (*Marque de Marnef*.) || Quæ oīa vęnundantur a fratribus de Marnef sub Pelicano. || *S. d.* (*vers 1515*). In-8 carré de 4 ffnc., lxxxvii ff. ch., et 1 ffnc. (?), rel. vél.

Édition rare qui contient le « Liber de moribus et institutis..... » imprimée au xve siècle, *s. l. n. d. n. typ.* (Cf. n° 72), réimprimée à Paris, chez Henri Estienne, en 1511, par les soins de Jacques Lefèvres d'Étaples. (Cf. n° 3558.) A la suite, on trouve l' « Oratio Testimonialis » et la Prédiction de *Joachim de Flore*, qui accompagnent d'ordinaire ce traité. Les *ff*. XLVII *recto*, *l*. 12 à XLVIII *verso* sont occupés par le petit opuscule anonyme « De decem nationibus christianis ». Ce recueil est terminé par la « Confutatio Alcorani » du dominicain *Demetrius Richardus*, autrement dit *Ricold de Monte Croce*, le missionnaire bien connu qui visita l'Asie centrale à la fin du xiiie siècle et nous a laissé, de son voyage, une fidèle et intéressante relation. Ce traité avait été d'abord en latin ; il fut traduit en grec par *Demetrius Cydonius*, et ce texte grec fut retraduit en latin par *Bartholomeus Picenus de Montearduo*. C'est ce dernier texte, publié pour la première fois à Paris, en 1511 (Cf. n° 3558) que nous avons ici, édition donnée par les soins de *Josse Bade* qui en a adressé la dédicace, datée du 15 des calendes d'avril 1514, à Jean Le Maire de Belges.

3547. — : Libellvs || de ritv et moribvs || Tvrcorvm ante || LXX. Annos ae= || ditvs, || Cum prefatione Marti= || ni Lutheri. || Vittembergæ apud Io= || hannem Lufft. || Anno. M.D.XXX. Petit in-8°(format in-16) de 84 ffnc., rel. veau estamp. (Ancienne reliure du xvi° siéle.)

C'est le traité anonyme décrit précédemment. Cette édition-ci est due aux soins de Luther qui a placé, en tête, un avis au Lecteur (fnc.-1 verso, fnc.-4 verso). Outre l' « Oratio Testimonialis » et la Prophétie de *Joachim de Flore*, inséparables du « Libellus..... » on trouve (ff. 81 recto-84 verso) le petit traité « De decem nationibus ».

3548. — : Saracenish / Türck || isch / vñ Mahometisch Glaub / || Gesatz / Chronic / Gotsdienst / Ceremonien / Alle Ge= || bräuch / Ordnungen / Disciplinen / in Kriegs vnnd Fridens zeitenn || Durch einen Sibenbürger / vmb das M.CCCC. vnnd || Sechs vnd Dreissigst Jar / selb erfaren || vnnd beschriben. || * || (*Gravure sur bois*.) || Die Zehen Nationen vnd Sec || ten der Christenheit / Des gleich wie mechtig ein iede / || Vnnd worinñ sie Glaubens halb nit übereyn kommen. Diser zeit || schweren spaltungen gar lustig und nützlich zulesen || *⁂* || *Fnc. 16 verso, l. 12 :* ☜ Zů Strassburg bei Christian Egenolphen / || Jm Meyen / des Jars / M.D.XXX. In-4 de 16 ffnc. cart.

Version allemande, dont nous n'avons pu découvrir l'auteur, du traité anonyme « De ritu et moribus Turcorum ». L'introduction, où l'auteur raconte comment il fut fait prisonnier par les Turcs, n'a pas été reproduite dans cette traduction; il en est de même de la prophétie de Joachim de Flore; mais ce recueil contient bien (*ff. 14 verso*-16 *verso*) une traduction allemande du petit traité « De decem nationibus ».

3549. — : Chronica vnnd be= || schreibung der Türckey || mit yhrem begriff / ynnhalt / prouincien / || völckern / ankunfft / kriegē / reysen / glauben / religi= || onen / gesatzen / sytten / geperdē / weis / regimentē / || frümkeyt / vnnd bossheiten / von eim Siben= || bürger xxij. jar darinn gefangen gelegen || yn Latein beschrieben / verteütscht. || Mit eyner vorrhed D. || Martini Lutheri. || Zehen oder aylff Nation vnd Se= || cten der Christenheyt. || Anno M.D.XXX. *Fnc.* 53 *verso, l.* 11 : Gedruckt zu Nůrmberg durch Fridericum Peypus. *Fnc.* 54 *blanc.* Petit in-4 de 54 ffnc., car goth., 4 gr., sign. A-O par 4 ff., sauf N. qui n'en a que 2. avec réclames, majusc. et manchettes, rel. vél.

Cette traduction allemande du traité de l'anonyme Transylvain a été faite à la demande de Luther qui y a mis une préface (*ffnc.* 1 *verso*-4 *verso*), texte allemand de l'édition de Wittenberg. (Cf. n° 3547.) Cette nouvelle traduction est plus complète que la précédente; elle comprend l'avant-propos où l'auteur anonyme raconte comment il a été fait prisonnier par les Turcs; les termes même des deux traductions ne sont point identiques. On trouve également, dans cette édition, une traduction du traité « De decem nationibus » (*ffnc.* 36-38). Les derniers ffnc. (39-54) sont occupés par des extraits des chroniques de *Sébastien Franck* et de *Pierre Apien*.

3550. — : Ausz Rathschlage Herren Erasmi || von Roterdam / die Türcken zubekriegen / Der vrsprung vnnd || alle geschichten der selbigen gegen

Römische Keyser vnnd || gemeyne Christenheyt / Vō anbegiñ des **Türckisch**|| en namenn / nach der kürtze new verteutscht. || ℭ Kriegs rüstung vnd behendigkeit der Türcken / durch || Sabellicum beschriben im ix. bůch Enneadis. x. || Turckisch vnd Machometisch Glaub || Gesatz / Chronic / Gotsdienst / Ceremoniē / alle gbraůch / || Ordnungen / Disciplinen / in Kriegs vnnd Fridens zeiten. || ℭ Die Zehen Nationen vnnd Secten der Christenheit / || Des gleich wie mechtig ein iede / Vnnd woriñen || si Glaubens halb nit überein kom̄en. || *Vignette sur bois. S. l. n. d. n. typ.* 2 vign. sur bois dans le texte. Petit in-4 de 24 ff. chiff., dérel.

Le traité de l'anonyme Transylvain, sous le titre de « Türckisch Glaub..... », est ici réuni aux traductions du traité d'*Erasme* (ff. I-VIII), à un abrégé de *Sabellico* (ff. VIII verso, IX) et à son inséparable « Liber de decem nationibus » qui commence au f° XXII. Le traité d'Erasme a eu, de son côté, de très nombreuses éditions. Cf. n° 3341-42.

3551. Machvmetis Sa-||racenorum principis, eius'que || svccessorvm vitae, doctrina, ac ipse || Alcoran, || Quo uelut authenico legum diuinarum codice Agareni & || Turcæ, alij'q3 Christo aduersantes populi reguntur. || quæ ante annos cccc, uir multis nominibus, Diui quoq3 || Bernardi testimonio, clarissimus, D. Petrus Abbas Clunia-||censis, per uiros eruditos, ad fidei Christianæ ac sanctæ ma-||tris Ecclesię propugnationem, ex Arabica lingua || in Latinam transferri curauit. || ..... cum Philippi Melanchtonis præmonitione..... || ..... Hæc omnia in unum uolumen redacta sunt, opera & studio Theodori Bibliandri, || ..... || Anno salvtis hvma-||næ, M D.L. Mense Martio. [*Bâle ou Zurich.*] 1 vol. in-fol., 12 ffnc., 227(1) pp., 4 ffnc., 358(2) col. (90 ff.), 235(1) pp., rel. veau.

Ce livre est une collection d'un certain nombre de traités, réfutations des croyances religieuses des Musulmans, tels que ceux de Vivès, Savonarole, Nic. de Cusa, Ricold de Monte Croce, etc...., récits de captivité chez les Mahométans, et plusieurs autres opuscules, tels que le traité anonyme De Moribus Turcarum, la lettre de Pie II à Mahomet II, le traité de Jacques Sadolet sur l'état de la Hongrie, le traité de Barth. Georgiewitch...... &c..... &c.
Ce *Corpus* est l'œuvre du laborieux *Théodore Buchmann*, plus connu sous le nom de *Bibliander*.

3552. Mahometis || Abdallæ Filii Theo=||logia Dialogo explica=|| ta, Hermanno Nellingav||nense interprete. || Alcorani Epitome, || Roberto Ketenense Anglo interprete. || Iohannis Alberti Vuidmestadij Iurisconsulti Nota= || tiones falsarum impiarumq3 opinionum Mahu= || metis, quæ in hisce libris occurrunt. || Iohannis Alberti Vuidmestadij Iurisc. ad Lu=|| douicum Alberti F. Palatij Rhenani Co=|| mitem, Bauariæ utriusq3 Principem || Illustriss. optimumq3 Dicatio. || M.DXLIII. (*Vienne, 1543.*) Petit in-4 de 60 ffnc., rel. vél.

Joh. Albert Widmanstad a publié, dans cet opuscule, avec une épître dédicatoire et des notes, la traduction du Coran, faite par un moine Hermann de Nellingen, et l'abrégé de Robert de Kent, anglais d'origine et archidiacre de Pampelune, qui vivait au milieu du xiie siècle.

3553. **Menavino.** Trattato de cos-||tvmi et vita de || Turchi, Composto per Giouan || Antonio Menauino Genouese || da Vultri. || Al Christianissimo || Re di Francia ‖ ..... In Firenze ‖ M.D.XLVIII. In-8 de 245(1) pp., 4 ffnc. (le dernier blanc), rel. parch.

G. A. Menavino accompagnait son père, à l'âge de douze ans, sur un navire qui allait de Gênes à Venise, quand tous deux furent pris par des corsaires turcs. Le père recouvra bientôt sa liberté; mais Gio Antonio passa de nombreuses années chez les Turcs, dont il fut même contraint d'embrasser la religion, et ce n'est que lontemps après qu'il put revenir en Italie.

A la suite du traité de *Menavino* on a relié l'opuscule de *Georgiewitch* « Prophetia de mahometani..... », traduction italienne de L. Domenichis imprimée en 1548, à Florence. (Cf. n° 3540.)

3554. Pater (Paul). Insignia Tvrcica, ex variis superstitionum tenebris, Orientalivm maxime popvlorvm, gemina disquisitione academica, in illvstri Salana, nunc primum in lucem protracta (*un croissant sur champ de sinople*) ad svmmvm virvm Ph... Iac... Spenervm..... Ecclesiæ Francofvrtensis Antistitem..... Prodevnt in nobilis Ienæ, e Collegio Mvsarvm Krebsiano. *S. d.* [*1683?*] In-4, rel. parch.

Ouvrage des plus bizarres de l'astronome hongrois Paul Pater (1656-1724), où il étudie l'origine du croissant qui figure sur les étendards turcs et montre combien de telles armes conviennent à ce peuple.

3555. [Ramberti (Benedetto)]. Libri tre delle ‖ Cose de Tvrchi. ‖ Nel primo si descriue il uiaggio da Venetia à Costanti=‖ nopoli, con gli nomi de luoghi antichi & moderni : ‖ Nel secondo la Porta, cioe la corte de Soltan So=‖ leymano, Signor de Turchi : ‖ Nel terzo il modo del reggere il stato & imperio suo. ‖ (*Marque des Alde.*) *In fine* : In Vinegia, nell' anno ‖ M.D.XXXIX. ‖ In Casa de' Figlivoli ‖ di Aldo. Petit in-8 de 37 ff. chiff. 1 fnc., rel. chag. vert.; sur les plats, dent. et marque des Alde, tr. dor., dos orné. Ex-libris de *Syston Park*.

Première édition fort rare et intéressante pour l'histoire de l'imprimerie des Alde, car elle montre l'époque de la dissolution de la société des oncles et neveux. Suivant un manuscrit de l'Ambrosienne, l'auteur serait Benedetto Ramberti et c'est à tort que l'on aurait attribué cet ouvrage au célèbre *Andrea Navagero*.

3556. — Delle cose ‖ de Tvrchi. ‖ Libri tre. ‖ Delli qvali si descrive ‖ nel primo il viaggio da Venetia à Costan=‖ tinopoli, con gli nomi de luoghi an=‖ tichi et moderni. Nel secondo ‖ la Porta, cioe la corte de ‖ Soltan Soleyma=‖ no, Signor ‖ de Turchi. Nel terzo & ‖ vltimo il modo del ‖ reggere il sta‖to et Im=‖ perio ‖ suo. *In fine* : In Vinegia, nell' anno ‖ M.D.XXXXI. ‖ In casa di Maestro Ber‖nardin Milanese. Petit in-8 de 37 ff. chif., 1 fnc., rel. veau fauve, tr. dor.; filets et armes du comte Riant sur les plats (Closs).

Cette édition reproduit identiquement, comme composition typographique, celle d'Alde, donnée en 1539, à l'exception toutefois des lignes de la fin des livres I et II qui présentent une légère différence.

3557. Ricold de Monte Croce. Verlegung ‖ des Alcoran ‖ Bruder Richardi / Pre=‖ diger Ordens / An=‖ no. 1300. ‖ Verdeudscht durch ‖ D. Mar. Lu. ‖ Wittemberg. ‖ M.D.XLII. [*Ce titre est entouré d'un encadrement sur bois.*]

Fnc. 84 *recto* : Gedruckt zu Wittem= || berg : Durch Hans || Lufft. || M.D.XLII. *Verso blanc.* Petit in-4 de 84 ffnc., signat. A-X, manchettes, init. gr., dérel.

Traduction allemande faite par Luther qui y a ajouté une préface, de la réfutation du Coran écrite par Ricold de Monte Croce.

3558. — CONTENTA || Ricoldi ordinis prædicatorum contra sectam Ma= || humeticam / non indignus scitu libellus. || Cuiusdam diu captivi Turcorū prouinciæ septem= || castrensis / de vita & moribus eorundem || alius non minus necessarius ||

```
    LI        BEL        LVS
              SO
              LI
   REGNVM ET CHRI = IMPERIVM
              STO
              DO
              MI
              NO
              CVM
              P. ET
              S.S.
         I         N
         S         E
         C   V    L A.
```

|| Adiūcṭ est īsup libellꝰ de vita & moribꝰ Iudæorū. *Fnc.* 86 *verso*, *l.* 37 : ℂ LIBELLI de vita & moribus Iudæorum dño Victore nunc || Sacerdote Christiano olim Iudæo et totius operis Finis || Parisijs ex officina Hērici Stephani Anno || Domini. 1511. Vltima || Aprilis || .·. Petit in-4 de 86 ff., rel. vél.

Ce recueil contient la « Confutatio Alcorani » de Ricold de Monte Croce (Cf. n° 3546), précédée d'une épitre adressée à Guillaume Petit par *Jacques Lefèvre d'Étaples*, qui avait dirigé la publication de cet ouvrage. Le traité de Ricold va du f. 1 recto au f. 28 verso ; il est immédiatement suivi du traité anonyme « De moribus Turcorum », de l' « Oratio testimonialis » et de la Prophétie de *Joachim de Flore*. Celle-ci finit au f. 62 verso, l. 37. L. 38 : « Libellorū de impugnatione legis Turcorū & de moribꝰ / vita || & neqtia eorū : impressorū Parisijs ī officina Henrici Stephani || ..... finis. Anno Christi..... || ..... M D XI. 16. Aprilis ». Le recueil se termine par le traité de *Victor de Carben,* rabbin de Cologne converti, dont le titre se trouve au recto du f. 63, au-dessous d'une figure sur bois représentant la Sainte-Trinité.

3559. — Epistola Pavli Angeli || ad Saracenos : cum libello cōtra Alcoranū. || pro ҏuida : preuiaq3 dispositione conuer || sionis infideliū oīum mirabiliter : & fere || repente : ad Iesum X͞pm D͞n͞m Deum || nostrum, uiam, ueritatem & uitam || plene satietatis : cui soli sit semper || omnis laus, honor & gloria, no-||bis autem obedientia fidelis, || & pura tantum. || Amen. || (*Marque d'impri-*

meur : la Justice avec les initiales A. B.) *S. l. n. d. n. typ.* (XVIe siècle.) Petit in-8 de 66 ff. chif., rel. vél.

> Cet ouvrage contient deux traités sur les Turcs; le premier, indiqué au titre, est celui de P. *Angelo.* Le second n'est autre qu'une traduction italienne, donnée par le même P. Angelo, du traité de *Ricold de Monte Croce. F.* numéroté 17 (en réalité 18) *inc.* : « ℭ Prologo de Frate Ricoldo del ordine de Predicatori..... Libello Aureo contra lo Alcorano : per il sopranominato Paulo di cognomēto Angelo : in materna lingua (per la pmessa fatta a Papa Hadr. II)...., tradutto. » On a relié, avec cet exemplaire, une carte du XVIIIe siècle intitulée : « Theatrum et Fructus Belli inter Augustum Carolum Sextum et Turcas gesti ».

3560. Smith (Tho :). Epistolæ Duæ Quarum altera de Moribus ac Institvtis Tvrcarvm agit : Altera septem Asiæ Ecclesiarvm notitiam continet... Oxonii, Exc. H. Hall, Impensis Ric. Davis, 1672. In-16, rel. vél.

3561. Solis (Giulio Cesare). Descrittione di molte Isole famosissime; nella qvale brevemente si narrano le cose principali di quelle. Con l'origine di molte Città del Mondo..... Jnsieme col Dominio, potenza, Cerimonie, & Legge de' Turchi..... In Padoua, per il Pasquaro. M.D.XCVII. In-8 carré de 2 ffnc., 70 ff. chif., rel. parch. (titre remonté).

3562. Stamler (J.). Dialogo || di Giovanni || Stamlerno Av= || gustense de le sette de diuerse || genti, e de le religio= || ni del mondo. *P.* 151, *l.* 12 : Stampato in Vinegia per Giouanni Pa= || douano, del mese di Febraro. (*XVIe siècle*). In-16 de 5 ffnc., 151(1) pp., rel. vél.

> Curieux ouvrage dialogué, en XIV actes (et non en douze, comme le prétend Brunet). *Stamler* se propose principalement de réfuter les religions des Tartares, des Sarrasins et Turcs. Il existe de ce traité une édition latine, imprimée à Augsbourg, qui ne porte pas non plus de date d'année. L'édition italienne est des premières années du XVIe siècle.

3563. Sylburg (Frid.). Saracenica, siue Moamethica : in qvibvs Ismaeliticae seu Moamethicae sectæ præcipuorum dogmatum Elenchus : ex Evthymii Zigabeni Panoplia Dogmatica. De Saracenorvm principe & pseudopropheta Mohamete historia; incerti auctoris. Saracenorvm ad Christianam Ecclesiam sese aggregantium Catechesis, & Saracesnismi anathematizatio. Ex Theophanis & Anastasii Ecclesiastica historia de Moamethicæ sectæ primordiis narratio. Græce et Latine nvnc primvm edita, cum Annotationibus... (*Marque typ.*). Ex typographeio H. Commelini, Anno 1595. [*Heidelberg*]. Petit in-8 de 4 ffnc., 152 pp., rel. vél., tr. rouge.

> Textes grecs et latins en regard, recueillis et traduits par Sylburg.

3564. Torquemada (Jean de). Tractatus contra princi= || pales errores pfidi machometi ꝫ turcho⁊ || siue sarraceno⁊ festināter copulatus p re || ueredissimū dominū Johannem de turre cremata || romane eccľie tituli sancte marie trās tyberī pre= || sbyterū cardinalē sancti sixti vulgariter nūcupatū || (*Marque de Guillaume Eustace.*) || ℭ Venūdāt Parisiⁱ ī vico Judaico sub signo duo|| rū Sagittario⁊ : aut in palatio regio tertio pilari. Petit in-8, lvi ff., car. goth.

à 2 col., titre rouge et noir, fig. sur bois au verso, avec le monogramme de Guill. Eustace.

Cet exemplaire a appartenu à *Guillaume Coëffeteau*, dominicain, et après sa mort, au couvent des dominicains de la rue Saint-Honoré.

3565. **Vivès.** Ioannis || Lodovici Vivis || Valentini, || De Concordia & discordia in hu=||mano genere, ad Carolum || V. Cæsarem, Libri || Quatuor. || De pacificatione, Liber Vnus. || Quàm misera esset uita Christianorum || sub Turca, Liber Vnus. || (*Marque typog.*) || Lvgdvni, || Ex officina Melchioris & Gasparis Trechsel fratrum, || Anno M.D.XXXII. In-8 de 268 ffnc., rel. vél.

Jean-Louis Vivès (1492-1548), né à Valence, en Espagne, mourut à Bruges. Il était passé en Angleterre quand, en 1528, ayant voulu prendre le parti de Catherine d'Aragon contre son mari Henri VIII, il fut emprisonné, puis obligé de revenir sur le continent. Son traité *De vita Christianorum* a été publié dans plusieurs recueils. Cf. notamment n° 3551.

3566. [**Ziger** (Emeric)]. Epistola || cvivsdam pii conci-||onatoris, ex Turcia, ad M. Illy. || missa, qualis nam status Euā-||gelij, & Ecclesiarū sub Turco || sit indicans, cū Præfatio-||ne Illyrici. || Matth. 2. || Ideo dico uobis, auferetur à uobis regnum || cælorum, & dabitur genti facienti fructus eius. *Fnc.* 7 *recto, l.* 10 : Magdebvrgi apvd Christi-||anum Rhodium. || Anno 1549. Très petit in-8 de 8 ffnc. (le dernier blanc? manque). rel. vélin blanc, un peu trop rogné dans le haut.

Cette lettre, datée de Tolna en Hongrie, le 3 août 1549, est adressée à Mathias Flach, plus connu sous le nom de Flacius Illyricus, alors lecteur à l'Académie de Wittenberg. L'auteur de cette lettre, Émeric Ziger, lui raconte les vexations que les chrétiens de Hongrie ont à souffrir de la part des Turcs. Ce Ziger, il est presque inutile de le dire, est un fervent partisan de la réforme et il semble s'être rendu à Tolna dans un but de propagande. Ses efforts sont paralysés par les Turcs et les Papistes qu'il confond dans son aversion. Il prie Flach de faire connaître en Allemagne la situation précaire de l'Église Évangélique en Hongrie. Il se plaint du manque de livres et prie Flach de lui en faire avoir. Enfin il le charge de ses salutations pour Mélanchton et pour les Hongrois qui sont à Wittenberg, notamment Mathieu Notzer.
En éditant cette lettre, Flach l'a fait précéder de quelques mots (3 ffnc.) où l'on retrouve toute la fougue et la virulence qui le caractérisaient et qui lui attirèrent les persécutions des protestants eux-mêmes.

3567. **Bon.** Il serraglio del Gransignore, descritto da Ottaviano Bon, Bailo Veneto a Costantinopoli nell' anno 1608. [Édité par *G. Berchet.*] Venezia, P. Naratovich, 1865. 1 plaq. in-8, rel. toile, couvert. — **Chierici** (Alfonso). Vera Relatione Della Gran Città di Costantinopoli Et in particolare del Serraglio del Gran Turco. Divisa in cinqve capi..... In Poschiavo, Per il Podestà Bernardo Massella, 1669. Vol. in-16, rel. vél. — **Rossotto** (D. Andrea). Delle peripetie della Corte Rappresentate nelle Vite de Fauoriti dell' Imperio di Costantinopoli. Roma, A. B. del Verme, 1657-1655. 2 tomes en 1 vol. in-12, rel. vél.

3568. Constantinopolitan- Oder Türckischer Kirchen-Staat, In welchem die vornemstē Glaubens Puncten des Alcorans..... in einer kurtz-gefasseten doch gewissen und deutlichen Erzehlung vorgestellet wird. Leipzig, Fr. Grosschuff, 1699. In-12, rel. vél., front. gravé sur cuivre et pl. généal. — **Klinckovius** (Johan). De originibus & ratione status Turcici Oratio..... Wittenbergæ, Lit. Matthæi Henckelii, (*1661*). (*Thèse académique.*) In-4, d.-rel. bas. — **Montalbanus** (Joannes Baptista). De Moribvs Tvrcarvm Commentarivs Auctore Ioanne Baptista Montalbano Bononiense Ph. & I.V.D. Romae, Apud Guliemum Facciottum, 1625. In-12, d.-rel. bas. n. (Exemplaire en mauvais état.) — Türkenkalender auf das Jahr 1455. Mit Einleitung une Erläuterungen herausgegeben von Dr *Alexander Bieling.* Wien, Kubasta & Voigt, 1873. 1 plaq. in-8, rel. toile, couv. — **Warnerus.** Levini Warneri de Rebus Turcicis Epistolae ineditae. Edidit *G. N. Du Rieu.* Lugduni Batavorum, E. J. Brill, 1883. In-8, rel. toile.

3. Lutte contre l'Islam. — XVIe siècle[1].

3569. **Camerarius** (J.). Commentarius || captae vrbis, dvctore Ca-||rolo Borbonio, ad exquisitum modum con||fectus : vbi non modo ordine magis quàm || hactenus ab aliis exposita omnia, sed multa || etiam aliter cernere liceat, Authoris inno-||minati. || Huic adiecta sunt poematia duo, || Carolus, siue Vienna Austriaca. || Carolus, siue Tunete. Anastasij. || De Origine Tvrcarvm, Io. Bapti-||stæ Egnatij Veneti Libellus. || (*Marque de l'imprimeur.*) || Parisiis. || Ex officina Roberti Stephani. || M.D.XXXIX. 1 plaq. petit in-4 de 32 pp., rel. vél.

L'humaniste *Joachim Camerarius* (1500-1574) est l'éditeur de ce recueil ; il est de plus l'auteur du « Carolus, sive Vienna Austriaca », poème sur le siège de Vienne, en 182 alexandrins, et du poème sur Tunis, de 200 vers. Le traité sur l'origine des Turcs qui suit (p. 26, *ad finem*) est du Vénitien *Giambatista Cipelli,* dit *Egnazio* (1473-1553), l'historien rival de Sabellico.

3570. **Campana** (Cesare). Compendio || historico, || delle gverre vltimamente || successe tra Christiani, & Turchi ; || & tra Turchi, & Persiani : || Nel quale particolarmente si descriuono quelle fatte in || Ungheria, & Transiluania, fino al presente || Anno MDXCVII. || ..... || Con vn Sōmario dell' origine de' Turchi, e Vite di tutti i Prencipi di Casa Ottomana ; || & vn' arbore, nel quale si contengono tutti gli Imperatori di detta Casa. || ..... || (*Marque typ.*) || In Vinegia, Presso Altobello Salicato, || & Giacomo Vincenti, compagni. MDXCVII. Petit in-4 de 4 ffnc., 65 ff. chiff., avec un arbre généal. et une carte de Hongrie et Transylvanie, rel. vél., tr. r.

3571. **Capitvla** San=||ctissimi fœderis initi inter Svm=|| mum Pontificem, Cæsareamquȝ Maiestatem, & Venetos || Contra Turcas. || [*Grande figure sur bois* : Charles-Quint et Paul III.] || Per Guilielmum Vorsterman. Cum Gratia & Priuilegio. *Fnc.* 4 *recto, l.* 18 : Venundantur Antuerpię per Guilielmum

---

1. Les ouvrages relatifs au siège de Malte se trouveront au chapitre des Ordres religieux et militaires.

Vorsterman||num Sub intersignio Monocerotis deaurati. || Cum Gratia & Priuilegio. *Au verso, la grande marque de Vorsterman.* Petit in-4, rel. veau fauve, filet, dos orné, tr. rouge.

 Plaquette très rare. Vorsterman était l'imprimeur officiel de Charles-Quint, et fut même le premier qui eut cette charge. Exemplaire de *Servais* et de *Rymenans*.

 3572. **Cocarella** (Don Benedetto). Cronica istoriale di Tremiti, composta in latino da..... Data poscia lunghi anni, alla Stampa nuouamente, dal Reuerend. P. Don Alberto Vintiano..... Hora Volgarizata ; à commun beneficio da Don Pietro Paolo di Ribera..... Con la brieue Descrittione della Fortezza moderna, & Isole antiche del luogo ; gia dette Diomedee..... In Vinetia, Presso Giouanni Battista Colosino, 1606. In-4 de 12 ffnc., 102 pp., avec carte et front. — **Ribera** (D. Pietro Paolo di). Svccesso de' Canonici Regolari Lateranensi nelle loro Isole Tremitane ; Dette anticamente Diomedee, con l' Armata del gran Turco Solimano, del 1567..... Vinetia, Colosino, 1606. In-4 de 10 ffnc., 53(1) pp. Ensemble 1 vol. rel. vél.

 Ces deux rares ouvrages, l'un édité, l'autre composé par Ribera, chanoine de Latran, sont relatifs à Tremiti, petite île de la mer Adriatique, dans laquelle se trouve un couvent de chanoines qui, attaqués en 1567 par une flotte turque, lui opposèrent une victorieuse résistance. Ces deux ouvrages, imprimés séparément, se trouvent toujours réunis.

 3573. **Cortese** (Alexandre). T. Alex||andri Cortesii Li||ber unus, de Virtutibus Bellicis || Matthiæ Coruini, Hun= || gariæ Regis In= || uictissimi || Vincentij Obsopœi opera in || lucem æditus. || Haganoæ per Iohan. Secerium. || M.D.XXXI. Petit in-8, 28 ffnc., car. ital., encadr. gr. sur bois au titre, et marque (Janus) de l'impr. au recto du dernier f., cart.

 Première édition, donnée par les soins de Vincent Obsopœus, de ce poème de Cortese, poète de talent.

 3574. **Corvinus** (M.). **Sadolet.** Oratio sanctissimi fede||ris initi inter pontificē : hispanū || et Venetos. habita Rhome tertio || Nonas Octobris Anno vndeciō. || Breue Julij secūdi pon. max. ad || reges duces et principes christianos : in quo continentur potiores || Licet plures sint alie cause priuatiōis cardinalium hereticoȝ Scis||maticorumqȝ. *Fnc. 5 verso blanc. Fnc. 6 recto, l.* 25 : De mandato p̄fati magnifici domini Secretarij Impressi ego || Jacobus de Martzochis. || Impressum Liptzk per Martinuȝ Herbipolensem Librarium || elegantiss. politisqȝ. || *(Marque typ.) S. d.* [1511.] Petit in-4 de 6 ffnc., car. goth.; *à la suite duquel on a relié* : Iacobi || Sadoleti. E. Carpent. Leo= || nis .X. Pont. Max. a secretis || in promulgatione generalium || Induciarum Oratio in beate || semper uirginis ad Meneruaȝ || habita decimo nono kȷ. Apri||lis. M.d.xviii. || *(Armes de Léon X.) Titre encadré. S. l. n. d. n. typ.* (Rome, 1517?). Petit in-4 de 8 ffnc., car. goth. au titre et rom. dans le texte. — *A la suite* : Ad Leo||nem Papam decimum Maximiliani || Cæsaris Responsio. || *S. l. n. d. n. typ.* (Rome, 1517?). In-4 de 4 ffnc., car. rom. Ensemble 3 plaq. en 1 vol. rel. vél.

 La « Responsio » est une lettre de l'empereur Maximilien, datée de Mechling, le dernier jour de février 1517, en réponse aux exhortations du Souverain-Pontife d'entreprendre la guerre contre les Turcs.

3575. Faber (J.). Sermones con= || solatorii reverendiss. in Chri= || sto Patris..... Domini Ioannis Fabri Epī || Viennen. habiti ad plebem eius, ac Christi mili= || tes, super immanissimi Turcorum Tyranni || altera imminenti obsidione Inclytæ vr= || bis Viennensis. Anno a nato Iesu. || M.D.XXXII. || Viennæ Austriæ in ædibus || Ioannis Singrenij. F° 134 r°, l. 16 : Impressum & finitum Viennæ Pänoniæ superioris, per Io= || annem Singrenium, ultima die Mensis Septembris. Quo || ..... Carolvs, huius no||minis quintus, ac glorio-sissimus.....||..... Rex Ferdinandvs, cum potentissimo || ..... exercitu, || intra & extra urbis Viennensis mœnia, in || occursum truculentissimi Turco-rum || Tyranni, conuenerant. An= || no a Christo nato || M.D.XXXII. Petit in-4 de 134 ff. chif., rel. vél.

3576. — Sermo || Ioannis Fabri || Episcopi Viēnen, pro= || fœlici victoria, aduer= || sus infideleis, habi= || tus in sancta || ecclesia || Metropolitana || Pragen. || Anno à Christo nato || Ihesu. M D XXXVII. || Quinta die Mensis Augusti. *Titre encadré.* Fnc. 20 recto, *incipit* : Excvdebat in inclyta || Vrbe Pragensi Ioan= || nes Colvber, die || mensis Avgvsti || vigesima se= || ptima : || Anno .M.D.XXXVII. Petit in-4 de 20 ffnc., rel. vél.

Sermon prononcé à propos des victoires remportées par l'empereur Ferdinand sur les Turcs alliés du prétendant Jean Zapolya; la guerre finit, en 1538, par le traité de Gross-Wardein, après des alternatives de succès et de revers, pendant lesquels les Impériaux et notamment les Viennois avaient un moment conçu de vives inquiétudes, ainsi qu'en témoignent les sermons de l'évêque de Vienne. (Cf. n° préc.)

3577. Foglieta (Uberto). Vberti Folietae De Sacro Foedere in Selimvm Libri Quattuor. Eivsdem variæ expeditiones in Africam, cum obsidione Melitæ. Accedit Index copiosissimus..... *(Marque typ.)* Genvæ. Ex Officina Hieronymi Bartoli. MDLXXXVII. In-4 de 4 ffnc., 326 pp., 8 ffnc., rel. vél.

U. Foglieta (1518-1581), banni de Gênes, sa patrie, pour des causes demeurées peu connues, se retira à Rome sous la protection du cardinal Hippolyte d'Este. Son livre ne parut qu'après sa mort, publié par son frère *Paolo Foglieta*; ses divers ouvrages historiques ont eu de nombreuses éditions et ont été souvent utilisés, en tout ou en partie, par les compilateurs de recueils. (Cf. n°s 3469-70.)

3578. — Istoria di Mons. Vberto Foglietta Nobile Genovese della Sacra Lega contra Selim, e d' alcune altre imprese di suoi tempi, cioè Dell' impresa del Gerbi, soccorso d' Oram, impresa del Pignon, di Tunigi, & assedio di Malta, fatta volgare per Givlio Gvastavini, Nobile Genovese. *(Marque typ.)* In Genova, Appresso Gioseffo Pauoni. MDXCVIII. Petit in-4 de 4 ffnc., 671(1) pp., 6 ffnc., rel. parch.

Traduction italienne faite par le médecin Giulio Guastavini, auteur de commentaires sur le Tasse.

3579. Herold. Princeps Iuuentu·||tis, sive || Panegyri||cvs, Ferdinando Av=|| striaco, Imp..... dica-||tus, quo pro rebus in Pannonia illa || Inte ramnensi benè & fortiter gestis, || Germaniæ gratulatio describit : deq̄ȝ || continuando in Turcam bello, & ui-||ctoriæ successu [sequendo, ratio= || nes adferuntur : || Basilio Ioannne He-||rold˜ authore. || Adiecimus eiusdem || authoris Turcici belli M.D.LVI. An||no gesti historiolam, Dialogo || descriptam. *In fine* : Basileæ, per Ioan-||nem Oporinum, Anno Salutis huma-||næ M.D.LVII. Mense || Martio. Petit in-8 de 174 pp., 1 fnc., rel. vél.

    Rare. J.-B. Herold (1511-1570) commença à se faire connaître par des ouvrages dans lesquels il défendait le protestantisme contre les attaques des auteurs catholiques. Il a publié un nombre très considérable de travaux embrassant des sujets fort divers ; ils sont généralement estimés.

    3580. **Jean-Louis de Parme.** Discorso || di M. Giovanlvigi di Par||ma, sopra l'impresa del||l' Avstria fatta dal || Gran Tvrco, nel || M.D.XXXII. *Fnc.* 64 *verso*, *l*. 8 : ¶ In Bologna per Bartholomeo Bonardo & || Marc' Antonio Grossi, l' anno || M.D.XLIII. il mese || di Ottobre. || (*Marque typ.*) Petit in-8 de 64 ffnc., rel. vél., non rogn.

    Gian Luigi ou Gio. Alvise da Parma, qui vivait au milieu du xvie siècle, a écrit cet ouvrage sur la demande du marquis Luigi de Gonzague, auquel il l'a dédié.

    3581. **Jurien de la Gravière** (L'amiral). La guerre de Chypre et la bataille de Lépante. Paris, 1888. 2 vol. — Les chevaliers de Malte et la marine de Philippe II. Paris, 1887. 2 vol. — Doria et Barberousse. Paris, 1886. 1 vol. — Les Corsaires barbaresques et la marine de Soliman le Grand. Paris, 1887. 1 vol. Ensemble 6 vol. in-18, br., avec cartes. — **Schels** (J. B.). Die Züge des Andrea Doria, Admirals des Kaisers Karl V, nach Morea 1532-1533. [A. d. *Oestr. milit. Zeitsch.*, 1828, IV.] In-8, cart.

    3582. **Ladislas de Macédoine.** Oratio || ad invictissi= || mvm Romano= ||rvm Imperatorem Caro= || lvm, V. Fe. Pi. semper Aug. || ac..... || ..... Prīcipes, & reliquos sacri Ro. || Imperij status, pro Hun= || garis & Sclauis. || Per Reveren : Ladis= ||laum de Macedonia..... || .....Augustę in Comi= || cijs Imperij || habita. || Pridie Kal. Octob: || Anno. M.D.XXX. (*Titre encadré.*) S. l. n. d. n. typ. (1530). Petit in-4 de 8 ffnc., le dernier blanc, rel. vél.

    En 1530, les armées de Soliman II ayant envahi la plus grande partie de la Hongrie et de l'Esclavonie, ces pays réclamèrent le secours de Charles-Quint, et c'est à ce propos qu'eut lieu la mission à Augsbourg de Ladislas II de Macédoine, évêque de Varad, conseiller du roi de Hongrie et de Bohême, Ferdinand. Les noms des autres membres de l'ambassade sont donnés au verso du titre : « Lector candide, nolo te nomina Oratorū & Regni Hungarię & Sclauoniç ignorare. Regui Hvngariae : Reverendissimvs Ladislavs de Macedonia..... Magnificvs Nicolavs comes de Thurocz..... Regni Sclauoniae. Egregii Thomas Kamariaii, aulicus Regius, & Georgius Spijczko. »

    3583. **Malaspina** (Germanus). Ill:^{mi} & Ŗ^{mi} Dñi Germanici Marchionis Malaspinæ, Epi: S. Severi, Nuncij ad Regem Regnumq̃; Poloniæ Apostolici Oratio, De fœdere cum Christianis Principibus contra Turcam feriendo in Comitiis Varsauien̄. (*Marque typ.*) Cracoviæ. In Officina Lazari?... Anno Domini MDXCVI. In-4 de 28 ffnc. (le dernier blanc), titre raccom. et remonté, rel. vél.

3584. Mandina (Benedict.). D. Benedicti Mandinæ, Congregationis Clericorvm regvlarivm, Episcopi Casertani, Nuncij ad Regem Senatumq; Polonum Apostolici Oratio, de foedere cum Christianis contra Turcam paciscendo. Habita in Comitiis Varsauiæ 3. Calend. April. 1596. Cracoviæ, In Officina Lazari. Anno Domini, 1596. In-4 de 20 ffnc. (le dernier blanc), rel. vél.

Mandina fut évêque de Caserta de 1594 à 1604, année de sa mort, Germanus Malaspina, évêque de San Severo en 1583, mourut également en 1604.

3585. Marcello (Pietro) et **Girello** (Silvestro). Petri Marcelli || Patricii Veneti de || vitis Principvm et || gestis Venetorvm || Liber. || Hvc accesservnt || Vitæ illorum Principum, qui post Marcelli || ætatem imperarunt. Per Syluestrum || Girellum Vrbinatem. || (*Marque typ. d'Arrivabene.*) || Venetiis, M.D.LIIII. Petit in-8 de 4 ffnc., 142 ff. chif., 2 ffnc. (blancs). — **Conti** (Hieron). Commentarii || Hieronymi Comitis || Alexandrini || De acerrimo, ac omnium difficillimo Turcarum || bello, in Insulam Melitam gesto, Anno || M D LXV. || Addita sunt singulorum locorum interualla, || necnon mensuræ, & obiter obscurio-||rum locorum explicationes. || Cum Indice rerum omnium locupletissimo. || (*Marque typ.*) || Venetiis, ex officina Stellæ Iordani Ziletti. || M.D.LXVI. Petit in-8 de 16 ffnc. (3 blancs), 63 ff. chif., 1 fnc. (bl.). — Narratio || de capta || Famagvsta || Brevis item et || vera expositio pvgnae || Navalis inter christia-||nos & Turcas ad VII. diem Octobris, An-||ni Christi M.D.LXXI. apud Insu-||lam Ithacam siue Echina-||des, commissæ. || Epistola deniqve || Rocchii Benedicti de || hilaritate solennis || gratulationis & dierum festorum propter || victoriam partam, profligata clade || Turcica Venetijs celebra-||torum. || Lipsiae || Anno M.D.LXXI. Petit in-8 de 16 ffnc., le dernier blanc. — **Muret** (M. A.). M. Antonii || Mvreti || I.C. ac Civis || Romani || Oratio. || Mandatu S.P.Q.R. habita in || reditu ad vrbem. || M. Antonii Co=|| lvmnæ post Tvr=||cas navali prælio || victos. || Habita est in Ca=|| pitolio Idib. Decemb. || M.D.LXXI. || Rostochii. || Recvsa M.D.LXXII. Petit in-8 de 12 ffnc. Ensemble 4 tomes in-8 en 1 vol. rel. veau, plats estampés, fermoirs (vieille reliure datée de 1573, d'une remarquable exécution et très légèrement restaurée).

Recueil factice, fait au XVIe siècle, de plusieurs rares et intéressants ouvrages sur l'histoire de Venise et des guerres turques. Le troisième ouvrage contient deux récits anonymes; celui de la prise de Famagouste peut être attribué à *Nestore Martinengo*, il a du moins été écrit sous son inspiration. La lettre de *Rocco Benedetti* a été imprimée en italien, à Venise, le 20 nov. 1571. Cf. n° 3448.

3586. Perault (Raymond). Raymundi tituli sancte Marie noue sancte || Romane ecclesie presbyteri Cardinalis Gur||ceū. aplice sedis ad Germaniā Daciāqʒ Lega||ti ad illustrissimos senatores sacri romani im||perij Nuremberge cōmorantes Epła quam || scripsit cū in itinere Podagra inuasus nō pos-||set pro animi desiderio satis celeriter Senatuʒ || adire ne quid temporis amitteret in deliberan || da contra Turcos expeditione. ||..... *Fnc. 6 recto*, *l.* 25 : felicissime valete. Vlme. xxx || Julij. M.D. primo. *Fnc. 6 verso incipit* : Eiusdem Raymundi Cardinalis legati || ad Heluetios Epistola. *S. l. n. d. n.*

typ. [Augsbourg, Jean Froschauer, vers 1501.] Plaq. in-4 de 8 ffnc., car. goth., rel. vél.

> La lettre du cardinal Perault aux Suisses est pour engager ces derniers à entrer dans la ligue des princes chrétiens contre les Turcs qui venaient de s'emparer de Modon et de Coron et menaçaient l'Italie méridionale. D'origine française, Raymond Perault avait une première fois été envoyé en Allemagne pour y recueillir, à la suite d'un jubilé, les aumônes des fidèles destinées à être employées contre les Turcs. Cela lui valut les évêchés de Gurck (Goritz) et de Saintes; nommé cardinal en 1493, Alexandre VI le renvoya comme légat en Allemagne. Il mourut à Viterbe en 1505 à l'âge de 70 ans.

3587. **Pindemonte.** Discorso del Sig. Leonida Pindemonte gentil'hvomo veronese. Nel quale si raccontano tutte le gloriose imprese fatte da gl' inuiti, e magnanimi Eroi Christiani, contra l'empia setta Maumetana, & com' hebbe principio, & origine l' Imperio Ottomano. Et insieme i nuoui fatti d' armi dell' inuitissimo..... Prencipe Transiluano. Doue si monstra à Prencipi Christiani il modo, col quale..... si potrebbe..... ricuperare il Santissimo Sepolcro di Cristo..... In Milano, Per Gratiadio Ferioli. 1596. Con licenza .... Petit in-8 de 45(1) pp., 1 fnc. (bianc), br.

3588. **Tarducci** (Achille). Il Tvrco vincibile in Vngaria Con mediocri aiuti di Germania, Discorso Appresentato à i tre supremi Capitani dell' Essercito confederato contra il Tvrco. E doppo mandato alli suoi amici d' Italia Da Achille' Tarducci da Corinaldo della Marca Anconitana, Diuiso in tre parti principali..... In Ferrara, per Vittorio Baldini,..... 1597. Petit in-8 de 8 ffnc., 174 pp., d.-rel. vél., non rogn.

> Tarducci a fait précéder son ouvrage de trois lettres : à Maximilien, roi élu de Pologne, archiduc d'Autriche; à Sigismond, prince de Transylvanie, Moldavie, Valachie, etc.; à Francesco Aldobrandino, général de la sainte Église, commandant l'armée italienne en Hongrie.

3589. — Delle Machine, Ordinanze, et Qvartieri antichi, et moderni. Come quelli da questi possino essere imitati senza punto alterare La soldatesca de i nostri tempi..... Aggiuntoui..... le fattioni occorse nell' Ongaria Vicino à Vaccia nel 1597. e la Battaglia in Transiluania contra il Valacco 1600. Fatte dal signor Giorgio Basta, Generale dell' armi nell' Vngaria superiore. Con la vera effigie del medesimo, e con una Tauola..... In Venetia, M.DCI., Appresso Gio. Battista Ciotti..... In-8, rel. toile.

> Ouvrage sur l'art militaire, dans lequel l'auteur prend comme exemple la guerre de Hongrie de 1597, et notamment une bataille gagnée par l'italien Georges Basta, général distingué et écrivain militaire.

3590. [**Ugolini** (Periandro degli)]. Narratione || overo compendio delle cose || notabili occorse nella creatione, & coro-||natione del Serenissimo || Re de' Romani. || Con la dichiaratione della pace nuouamente fatta tra la || Maestà dell' Imperatore, & il Gran Turco. || (*Armes de Maximilien.*) || In Bologna, In San Mammolo, al segno del Mercurio. 1562. In-4 de 4 ffnc., d.-rel. chag. viol., coins.

3591. Türckhen belegerung || der statt Wien. || M.D.XXIX. *Fnc.4 recto, l.* 18 : Gedruckt zu Nürenberg bey || dem Petreo. Plaq. petit in-4 de 4 ffnc., cart.

3592. Zamoïsky. La deffaicte des Tartares et Tvrcs faicte..... par le seignevr Iean Zamoïsky..... avec le nombre des capitaines et soldats morts ivsques av nombre de septante cinq mil hommes, assemblez pour ravager le royavme de Pologne sovbs la condvite de Begliarbé Bassa, novvelle édition avec notes et à laquelle on a ajouté le Discovrs de Iean Zamoïsky tenv a la Diète de Varsovie en MDXC et la réponse de Sigismond III..... Paris, Techener, 1859. In-12, rel. toile, couv.

Réimprimé d'après un exemplaire de 1590, peut-être unique, avec un avant-propos de *Charles Sienkiewicz*.

EXPÉDITIONS EN AFRIQUE, XVIe SIÈCLE [1]

3593. Calvete de Estrella (Juan Christóbal). Joannis Christophori Calveti Stellae de Aphrodisio expvgnato, qvod vvlgo Aphricam vocant, Commentarivs, cvm scholiis Bartholomaei Barrienti Illiberitani. Editio latina VIII. Accedvnt eivsdem Calveti carmina varia..... Matriti Anno M.DCC.LXXI. Apvd Ant. Perez de Soto. 1 vol. petit in-8, rel. veau marb.

Suivant *Rachel*, la première édition de l'œuvre de Stella (Juan Cristóbal Calvete de Estrella) date de 1551. La nôtre est presque aussi rare.

3594. [Charles-Quint. *Lettre datée de Regensburg, 16 juillet 1532, invitant les princes & le peuple allemand à se préparer à la guerre contre les Turcs.*] 1 feuille in-plano, car. goth., 35 ll. ll., sans nom d'imprimeur. Les caractères rappellent ceux qu'employait, au XVIe siècle, Albert Kunne, à Memmingen.

Incipit : Wir Karl der fůnfft von gots gnaden Rőmischer Kayser / zu allen zeyten merer des Reychs / in Germanien / zu Hispanien / bayder Sicilien / Iherusalem / Hungern / Dalmacien / Croacien ꝛc. kůnig || Ertzhertzog zu Osterreych /..... Embieten allen vnd yeglichen fruṁen Christglawbigen menschen / Geystlichs vnd weltlichs || Stands / in was wirden oder wesen..... *Explicit, l.* 34..... Geben in vnser vnd des Reychs Stat Regenspurg den xvi. tag des Monats Julij Anno im XXXij || Vnsers Kayserthumbs im zwellfften vnd vnserer Reyche im xvij.

Au-dessous, à gauche, signature de Charles-Quint imprimée en fac-simile. Sceau et contre-seing mss.

Pièce fort rare, dans un fort bel état de conservation.

3595. Cirni (Ant. Franc.). Svccessi || dell' armata || della M^{ta} C^{ca} || Destinata all' impresa di Tripoli di Barbe-||ria, Della presa delle Gerbe, e pro-|| gressi dell' armata Turche-||sca, scritti per Anton || Francesco Cirni || Corso. || [*Armes des Médicis.*] || In Fiorenza appresso Lorenzo Torrenti||no, Con priuilegii. MDLX. Petit in-8 de 160 ff. (chif. par erreur 156) et 4 ffnc., rel. parch.

3596. — Comentarii || d' AntonFrancesco || Cirni Corso, || ne qvali si descrive la gverra || ultima di Francia, la celebratione del Concilio || Triden-

---

1. Cf. n°s 3435-46, 3448, 3469-70, 3577-78,

tino, il soccorso d' Orano, l' impresa del || Pignone, e l' Historia dell' assedio di Malta || diligentissimamente raccolta..... In Roma, Appresso Giulio Accolto, MDLXVII. 1 vol. petit in-4, 4 ffnc., 136 ff. et 1 carte, rel. vél.

3597. Copia delli auisi venuti di. || Barbaria della presa della Goletta colli parti||culari del numero delle Arteglierie & || nauili presi & homini morti || (*Armes de Charles-Quint.*) *S. l. n. d. n. typ.* [1535]. Plaq. très petit in-4 de 4 ffnc., car. rom., 23 ll. ll., rel. vél. blanc, raccom. à un feuillet.

Plaquette rare contenant une relation anonyme de la prise de la Goulette, datée du 19 juillet 1535.

3598. ℭ Copia della lettera della uictoria di Orano || cita de Aphrica mandata al Sanctissimo nro || signor Iulio papa. II. dal Serenissimo & catho||lico Ferdinando Re de Aragona || *S. l. n. d. Fnc.* 2 *verso, l.* 19 : ..... Scripta in uilla de ual de oleto : Prima die || mensis Iunii. Anni M. d. ix. || Lo humilissimo..... Plaq. in-4 de 2 ffnc., titre et texte en car. rom., cart.

3599. Noua Lettera de la presa de la cipta || di Orano in Affrica : nella quale par||ticularmente se contiene il modo de la || Victoria piu profusamente che nella || lettera de la Catholica Maiesta man||data alla Sanctita de Nostro Signore..... *In fine* : de Cartagine a 24 de Magio de 1509. Plaq. in-4, 4 ffnc., titre gothique, texte en car. rom., cart.

Cette lettre est de Baltasar de Rio, secrétaire du cardinal Arborensi, adressée à Jérôme Vigne Valentin, « oratore » de S. M. le roi d'Espagne, des Deux-Siciles et de Jérusalem, résident en cour de Rome. Très rare.

3600. **Etrobius.** ¶ Cōmentarium || seu potius diarium, || expeditionis Tvniceae, || a Carolo V. Imperatore, || semper Augusto, Anno M.D.||XXXV. susceptæ. || ¶ Ioanne Etrobio interprete. || (*Marque typ.*) || ¶ Lovanii excudebat Iacobus Batius || An. 1547. Mens. De. || ¶ Cum priuilegio Cæs. || Impensis Petri Phalesii, ac Martini Rotarii. Petit in-8 de 68 ffnc. (le dernier blanc), rel. vél., avec une carte de Tunis et La Goulette.

Fort rare. Première édition d'un récit contemporain de l'expédition de Charles-Quint à Tunis, réimprimé par *Sceppere* en 1554. Cf. nᶜˢ 3606, 3607.

3601. La Historia || dell' Impresa di Tripoli || di Barberia, || della presa del Pegnon di Velez || della Gomera in Africa, || Et del successo della potentissima armata Turchesca, || uenuta sopra l' isola di Malta l' anno 1565. || La descrittione dell' Isola di Malta. || Il disegno dell' Isola delle Zerbe, & del Forte, fattoui || da Christiani, & la sua descrittione. || (*Armes de l'ordre de Malte.*) *S. l. n. d. n. typ.* (1566?). Petit in-4 de 8 ffnc., 87 ff. chif., 1 fnc., rel. vél.

Cet ouvrage, sans nom d'auteur, commence par une épître au lecteur de *G. B. Tebaldi*, datée de Della Penna, le 3 mars 1566. Nous avons pu constater que le texte de la partie concernant le siège de Malte reproduit avec quelques modifications (des phrases entières sont parfois les mêmes) celui de l'ouvrage attribué par Haym à Pietro Gentile di Vendome et qui pourrait aussi bien l'être à Marino Fracasso. On trouve aussi à la fin la liste des chevaliers morts pendant le siège de Malte. (Cf. Ordre de Malte.)

3602. Houdoy (J.). Tapisseries représentant la Conqueste du royaume de Thune par l'Empereur Charles Quint. Histoire et documents inédits. Lille, Danel. S. d. In-8 remonté en in-fol., d.-rel. chag. rouge, coins, tête dor., 13 planches photographiques.

Tiré à 210 exemplaires sur papier de Hollande, n° 159.

3603. La lettera de || la presa d' Africa. || venvta all' illvstris. || Et Reuerendissimo || Cardinal de la || Cveva, con il nome & || numero de morti, é feriti || da l' una & l' altra || parte. || (*Grav. sur bois.*) Fnc. 4 verso, *l.* 18 : In Bologna per Anselmo Giaccarello, S. d. (*1550*). Plaq. petit in-8 de 4 ffnc., rel. peau de Suède, fil., tr. dor., aux armes du comte Riant.

3604. Nucula. Commentariorvm || De Bello Aphrodi=||siensi libri || qvinqve || Avctore Horatio || Nvcvla Inte=||ramnate. (*Armes du pape Jules III.*) *Dernier fnc. recto*, *l.* 7 : ❛ Romæ apud Valerium & Ludoui || cum Fratres Brixienses. || Anno Domini || M.D.LII. In-8 de 368 pp., 4 ffnc., une carte occupe les pp. 8-9 ; rel. vél.

Ouvrage fort rare écrit sous l'inspiration du duc de Vega, Vice-Roi de Sicile, qui commandait le contingent sicilien au siège de Méhédia (Africa) en 1550.

3605. Raggvaglio || dell' acqvisto || di Tvnisi, et d' altre || particolarita. || Con il dissegno di quelli paesi. || (*Armes du roi d'Espagne.*) || In Roma, & ristampata in Modona : || Con licenza..... *S. d.* (vers 1573). In-4 de 4 ffnc., non coupés ni rognés, rel. mar. rouge, dent. int., tr. dor. (Chambolle-Duru).

Rarissime plaquette en remarquable état. Le verso du fnc. 1 et le recto du fnc. 2 sont occupés par une carte : « Il vero dissegno della citta di Tvnisi, e Biserta. » Le fnc. 3 contient une lettre datée de Palerme, le 17 octobre 1573 et raconte l'occupation de Tunis par Don Juan d'Autriche dix jours auparavant.

3606. Scepperus (Cornelius). Rerum à Carolo. V. || Cæsare Avgvsto || in Africa bello Gestarum Commen-||tarij, elegantissimis iconibus ad || historiam accommodis || illustrati. || Authorum Elenchum..... || Antverpiæ. || Apud Ioan. Bellerum..... Anno M.D.LIIII. In-8 de 8 ffnc., 183 ff. chif., 8 ffnc., 3 planches, rel. vél.

3607. *Le même, avec la date de* M.D.LV. In-8, rel. vél.

Recueil fait par les soins de *Corneille De Sceppere*, qui a écrit une préface des ouvrages de *J. C. Calvete de Estrella*, *Paul Jove*, *Nicolas de Villegagnon*, *Etrobius*. Les deux exemplaires ne diffèrent absolument que par la date du titre. Les trois planches donnent les plans de Tunis, d'Africa et d'Alger.

3608. Schreiben auss Constanti=||nopoli / den Zehenden Octobris / Anno || M.D.LX. Von der grossen Niderlag || der Christen / vor der Insul Gerbe / || vnd was ferrer mit denselben || gehandelt worden || ist ·. || (*Gravure sur bois.*)|| Anno M.D.LXI. Fnc. 4 recto, *l.* 16 : Gedruckt zu Nůrnberg / durch Ge=|| orgium Kreydlein. Plaq. in-4 de 4 ffnc., br.

3609. Villegagnon (N. de). Caroli. V. Impe=||ratoris expeditio in || Africam ad Argieram : Per Ni=|| colaum Villagagnonem || Equitem Rhodium || Gallum. || Ad D.G. Bellaium Langæum Subal||pinarum gentium Proregem, & pri= || mi ordinis Equitem apud Christi||anissimum Francorum || Regem. || Argentorati per || Vuendelinum Rihelium. || 1542. In-8 de 20 ffnc., rel. vél.

Nicolas Durand de Villegagnon (1510-1571), né à Provins, entra, en 1531, dans l'ordre de Malte et prit une part brillante à l'expédition de Charles-Quint contre Alger (1541) ; devenu vice-amiral de Bretagne, il tenta de fonder au Brésil une colonie pour les réformés français, mais échoua complètement. La traduction allemande de sa relation du siège d'Alger se trouve à la suite du travail de *W. Schomburgck.*

3610. **Zanchi.** Ad Sacratiss. Sapientiss. Ter=|| maximumq3 principem, Carolum. V. Rom. Imp. Semp. || Aug. & Africæ victorem inuictiss. & triumpha-|| torem fœliciss. Ioannis Chrysostomi Zanchi || Bergomatis Canonici regularis Lateranen. || Panegyricus. || (*Armes impériales.*) *S. l. n. d. n. typ.* (Rome, vers 1536). Petit in-4 de 20 ffnc., rel. vél.

L'ouvrage débute par une épître de *Georgius Logus Silesius*, qui se donne comme l'éditeur du panégyrique de *Zanchi* ; sa dédicace, adressée à Matthias Heldt, est datée de Rome le 1er mars 1536.

3611. **Carrecto** (Fr. de). Opuscula historica duo : Alterum de Expulsione Ugonis de Moncada Siculi Proregis, Alterum de Africano Bello per Invictissimum Imperatorem Carolum V. gesto. *S. l. n. d. n. typ.* In-4 de 116 pp., rel. vél.

Extrait factice du tome I des « Opuscoli di Autori Siciliani » publiés à Catane 1758 à 1796. Cette collection, l'un des premiers journaux littéraires qu'on ait publiés en Sicile, paraissait par les soins de *Salvatore de Blasi* ; elle est fort rare!

Montoiche (Guillaume de). Voyage et expédition de Charles Quint au pays de Tunis. *S. l. n. d. n. typ.* In-4, rel. toile.

Extrait factice de la Collection des Chroniques Belges inédites : « **Voyage des Souverains des Pays-Bas**, » publiés par MM. *Gachard* et *Piot* ; Bruxelles, Hayez, 1881.

Wiens (Eberhard). Unternehmungen Kaiser Karls V. gegen die Raubstaaten Tunis, Algier und Mehedia. Münster, Coppenrath, 1832. In-4, rel. toile, avec 1 carte géog.

3612. **Rachel** (Paul). Die Geschichtschreibung über den Krieg Karls V. gegen die Stadt Mahadia oder Afrika (1550). (*In.-Diss.*) Dresden, Meinhold, 1879. In-8, rel. toile. — **Schomburgck** (W.). Die Geschichtschreibung ueber den Zug Karl's V gegen Algier 1541. Leipzig, Rossberg, 1875. In-8, rel. toile, couv. — **Voigt** (Georg). Die Geschitschreibung über den Zug Karl's V. gegen Tunis (1535). Leipzig, Hirzel, 1872. Grand in-8, cart., couv.

LA GUERRE DE CHYPRE. — LÉPANTE [1]

3613. **Arrighi** (Antonio). Antonii Arrighii De Bello Cyprio Libri V. Patavii. MIDCCLXIV. Typis Seminarii. 1 vol. in-4, rel. vél.

On a relié, à la suite de l'Histoire de la guerre de Chypre, un ouvrage du même auteur : « De vita et rebus gestis Aloysii Ruzzini, episcopi Bergomatium. Patavii, 1764. » Ces deux éditions ont été publiées après la mort d'A. Arrighi.

1. Cf. nos 3446, 3448, 3450, 3577-78, 3581, 3585.

3614. Arroyo (Marco Antonio). Relacion || del progresso || de la Armada de || la Santa Liga, || Hecha entre el Papa Pio Quinto, el Rey Cat holico || Phelippe segundo, y Venetianos contra el || Turco debaxo del caudillo y gouierno || del Serenissimo Don Inan de Au= || stria Capitan general || della. || Escritta..... || Con vn breue discurso del mismo sobre el ac= || crescentamiento delos Turcos. || (*Fleuron.*) || En Milan, Por Miguel Tin. || 1576. In-4 de 2 ffnc., 102-23 ff. chif., 1 fnc., rel. vél.

3615. Bizzari (Pierre). Histoire || de la gverre || qvi c'est passee || entre les Venitiens et || la saincte ligue, contre les Turcs || pour l'Isle de Cypre, és annnées 1570. || 1571. & 1572. || Faicte en Latin par Pierre Bizare, & mise en || Françoys par F. de Belle-forest || Commingeois. || Histoire (certes) memorable & vray, contenant plu-||sieurs beaux exemples de constance & pieté chre-||stienne és vaillans Champions de la Religion Ca-||tholique, & pudiques Dames qui sont morts par || la cruelle & desloyable tyrannie des Turcs, tant és || Villes de Nicosie, & Famagoste, || qu'ailleurs. || A Paris, || chez Sebastien Niuelle, rue Sainct || Iaques, aux Cicognes. || M.D.LXXIII. || Auec Priuilege. 1 vol. petit in-8 de 24 ffnc., 286 pp., avec 1 carte, rel. vél.

> Ouvrage excessivement rare, surtout avec le « vray plant & pourtraict de l'assiette des Villes de Modon & Navarrin..,.. », qui manque à presque tous les exemplaires et que contient le nôtre.

3616. — Cyprivm || Bellvm, inter || Venetos, et Selymum || Tvrcarvm Imperatorem || gestum, Libris tribus, summa cura & dili-||gentia descriptum : Et iam primùm || in lucem editum. || Authore, || Petro Bizaro. || Vnà, cum Indice locupletissimo. || (*Marque typ.*) S. l. n. d. n. typ. [Bâle, circ. 1573]. In-8 de 36 ffnc., 283 ff. chif., 2 fnc., br.

> Rare. Traduction latine de l'ouvrage précédent, parue à peu près en même temps que l'édition française, mais ne contenant pas les plans de Modon et de Navarin.

3617. Caracciolo (Ferrante). I commentarii || Delle Gverre || Fatte co' Turchi || Da D. Giovanni d' Avstria, || dopo che venne in Italia. || Scritti da Ferrante Caracciolo || Conte di Biccari. || (*Marque typ.*) || In Fiorenza. M.D.LXXXI. || Appresso Giorgio Marescotti. In-4 de 4 ffnc., 137(1) pp., 5 ffnc., rel. veau f., aux armes de *De Thou*.

> Ouvrage fort rare, dont la publication est due à *Scipione Ammirato* qui avait trouvé à Naples le manuscrit de Caracciolo, compagnon d'armes de Don Juan d'Autriche.

3618. Carrafa (Ferrante). L' Avstria dell' Illustriss. S. Ferrante Carrafa Marchese di S. Lvcido..... dove si contiene la Vittoria della Santa Lega all' Hechinadi nell' anno. 1571. Prieghi per la Unione. Gioie hauute per quella. Svccessi auuenuti dopó la Vittoria per tutto l' anno 1572..... Vna Oratione alla Santità di Gregorio XIII. intorno all' accrescimento della Lega, & all' espeditione della Santiss. Crociata. (*Blason.*) Con licenza..... In Napoli,

M D LXXIII. Appresso Gioseppe Cacchij, dell' Aquila. In-4 de 166 ff. chif., 10 ffnc., rel. vél.

<small>A la suite de son poème en l'honneur de Don Juan d'Autriche, Carrafa a publié de nombreuses lettres écrites par lui aux papes et aux princes pour les engager à assurer le succès de la Sainte Ligue dont son héros était le général.</small>

3619. Cas merueilleux ‖ A OVYR, ET ESPOV-‖uentable à reciter, de certain fleu‖ues de feu & fumee decoulant du ‖ Montgibello, pres la Cité de Ran‖douza, aduenu au mois de No-‖uēbre, Mil cinq cens soixante six. ‖ Ioinct vn aduertissement du desseing de la guer‖re que prent le Turcq contre l'Empereur. ‖ (Marque typ.) ‖ A Lyon, ‖ Par Benoist Rigaud. ‖ 1566. ‖ Auec Permission. Petit in-8 de 4 ffnc., non rogn.

—. Copie de diuer-‖SES LETTRES, TOV-‖chant le Roy Catholique, & la ‖ guerre entre l'Empereur & le ‖ grand Turc. ‖ (Marque typ.) ‖ A Lyon, ‖ Par Benoist Rigaud. ‖ 1567. ‖ Auec Permission. Petit in-8 de 8 ffnc., non rogn.

—. DISCOVRS ‖ DE L'ARMEE DES ‖ Venitiens & du Turc, ‖ & des rencontres ‖ d'icelles, ‖ Selon ce qu'en a esté escript de Cirigo, ‖ le douziéme iour d'Aoust, à vn ‖ grand Seigneur estant ‖ à Rome. ‖ (Marque typ.) ‖ A Lyon, ‖ Par Michel Iove. ‖ 1572. ‖ Auec permission. Petit in-6 de 8 ffnc. (deux blancs).

—. COPIE D'VNE ‖ LETTRE VENVE ‖ DE LA SAINCTE ‖ LIGVE, ‖ Laquelle raconte comment le grand Turc ‖ est departi de Constantinople : de la ‖ rebellion du peuple, & en quel estat se ‖ trouue son armee : Auec autres ad-‖uertissemens particuliers, comme en ‖ lisant on pourra entendre. ‖ (Marque typ.) ‖ A Lyon, ‖ Par Benoist Rigavd. ‖ 1572. ‖ Auec permission. In-8 de 8 ffnc. (le dernier blanc), fig. sur bois au recto du fnc. 7.

—. MEMOIRES ‖ DIGNES D'ESTRE ‖ ENTENDVES, VENVES ‖ DE MESSINE, ‖ Auec vn recit du nombre des gens de ‖ guerre, galeres, nefs, & autres vais-‖seaux, artillerie & munitions, tirans ‖ en Leuant contre le grand Turc, auec ‖ le Seigneur don Iean d'Autriche. ‖ Ensemble le depart des Gomenisses, du tres-‖excellent Seigneur Marc Antoine ‖ Colonne, & du Sieur Gene-‖ral des Venitiens. ‖ (Fig. sur bois.) ‖ A Lyon, ‖ Par Benoist Rigavd. ‖ 1572. ‖ Auec Permission. Petit in-8 de 8 ffnc. (le dernier porte une marque typ. au recto).

—. CRONIQVE ‖ DES PLVS NOTA-‖BLES GVERRES ADVE-‖nues entre les Turcs & Princes ‖ Chrestiens iusques ‖ à present. ‖ Choses vrayement dignes d'eternelle memoire au ‖ contentement de tous amateurs ‖ de vertu. ‖ Ensemble vne pronostication sur la ‖ maison des Ottomans. ‖ (Fleuron.) ‖ A Paris. ‖ Pour Iean Ruelle, rue S. Iaques enseigne S. ‖ Hierome. ‖ 1573. Petit in-8 de 14 pp. (le dernier feuillet blanc manque). Ensemble 6 plaq. en 1 vol. rel. mar. gren., fil. sur les plats, dos orné, dent. int., tr. dor. (Chambolle-Duru).

3620. **Contarini** (Pietro Gio.). Historia delle cose svccesse dal principio della gverra mossa da Selim Ottomano à Venetiani, Fino al di della gran Giornata Vittoriosa contra Tvrchi, Descritta non meno particolare che fedelmente da M. Gio. Pietro Contarini Venetiano. Con Privilegio. (*Marque typ.*) In Venetia Appresso Francesco Rampazetto. M.D.LXXII. Petit in-4 de 4 ffnc., 55 ff. chif. (1 fnc., peut-être blanc, qui manque), rel. vél.

3621. — *Le même*, avec une planche gravée sur cuivre qui occupe le verso du fol. 49 et le recto du fol. 50. Petit in-4 de 4 ffnc., 56 ff. chif., rel. vél.

3622. — Historia delle cose svccesse..... da M. Gio. Pietro Contarini, et hora ridata alla luce da Gio. Battista Combi Veneto..... Venetia, MDCXLV. Alla Minerva. Petit in-4, rel. parch.

> Ces trois numéros contiennent les première, deuxième et troisième édition de l'histoire de Contarini. Suivant Cicogna, la seconde édition, imprimée comme la première, en 1572, chez Rampazetto, diffère de celle-ci en ce qu'elle contient la double planche gravée (verso du fol. 49 et recto du fol. 50) donnant le plan de la bataille de Lépante. Ces éditions sont également recherchées.

3623. — Ioan. Petri Contareni Veneti Historiae de Bello nvper Venetis a Selimo II. Tvrcarvm imperatore illato, liber vnus, Ex Italico sermone in latinum conuersus, a Ioan. Nicolao Stvpano, philos. et medico..... Basileæ per Petrum Pernam, Anno M.D.LXXIII. Petit in-4 de 6 ffnc., 147(1) pp., avec un plan de la bataille de Lépante, titre remonté et piqûres, rel. vél.

3624. — Historische vnd gründliche Beschreibung Der letzten grossen Schlacht, so zwischen den Venediern vnd dem Türcken vffn Meer gehalten worden, Darinnen zu erschen, was der Türck zu erbawung der Collegien, deroselben gelerten,..... Erstlichen von einem Venetianer Fürstliches Stammes in Wellische Sprach, darnach vom Herrn Johan Nicolao Stupano..... ins Latein, Jetzo aber durch Heinricum Habermehl..... in die Deutsche Sprach transferirt. Dressden, M.D.XCix. Fnc. 104 verso, *in fine* : Gedruckt zu Dressden durch Hieronymum Schütz, Im Iahr Christi M D XCIX. Petit in-4 de 104 ffnc., rel. parch., plats ornés (jolie reliure du xviie siècle).

3625. COPIE || DE LA LETTRE || enuoiée par Selim Em-||pereur des Turqz, au Seigneur || Domp Iouan d'Austric, Ca-||pitaine general de la li-|| gue saincte. || Auec le nombre & description des presens || qu'il luy a enuoiez || (*Marque typ.*) || A Paris, || Pour Iehan Dallier libraire demourāt sur le pont || S. Michel, à l'enseigne de la rose blanche. || 1572. || Auec Priuilege. Plaq. petit in-8 de 8 ffnc., rel. vél.

3626. Derniers aduis nouel-||lement venus de Constanti-||nople, du grand peril || qu'a passé l'armee || du Turc. || *Auec l'expedition des gens de guerre* || *que le Roy Catholique auoit en l'e*||*stat de Milan : & le despart du* || *General Foscarini, & plusieurs* || *autres choses.* || (*Fleuron.*) || A Lyon, || par Benoist Rigaud. || 1573. || Avec permission. Plaq. in-12 de 4 ffnc., dérel.

3627. **Diedo** (Girolamo). Lettera || del clarissimo || S. Girolamo Diedo || Nobile Venitiano, || All' Illvstrissimo Signor || Marc' Antonio Barbaro, || Allhora dignissimo Bailo in Costantinopoli, & hora || meritissimo Procurator di S. Marco : || Nella qvale, cosi fedelmente, come || particolarmente, & à pieno si descriue la gran Battaglia Nauale || seguita l' Anno M.D.LXXI. a' Curzolari, || nuouamente corretta, & ristampata. || [*Marque de Ziletti.*] || In Venetia, M D LXXXVIII. || Presso gli Heredi di Francesco Ziletti. Plaq. petit in-4 de 30 ff., car. ital., rel. vél. bl.

La lettre de Girolamo Diedo est datée de Corfou, le 31 décembre 1571 ; cette édition est due aux Ziletti qui y ont mis une préface, elle n'est pas moins rare que la première, imprimée en 1572, aussi a-t-on, en 1865, réimprimé le récit de Diedo dans le tome VII de la « *Biblioteca rara* ».

— La Battaglia di Lepanto descritta da Gerolamo Diedo, e la dispersione della invincibile Armata di Filippo II, illustrata da documenti sincroni. Milano, Daelli, 1865. Pl. 1 vol. in-12, rel. toile, non rogn.

3628. Erschröcklicher || Absagbrieff / des jetzi= || gen Türckischen Kaysers / diss jetzt || lauffenden Jars / den von Venedig vber= || schickt / darinnen er das Königreich Cy= || pern erfordert / vnd allberait auff dem || Oceanischen Meer / sich auch ver= || fast gemacht hat / Cipern vnd || Malta zu vberzie= || hen. || (*Gravure sur bois.*) || Gedruckt zu Augspurg durch || Hans Zimmerman. || 1570. Petit in-4 de 4 ffnc. (le dernier blanc manque), car. goth., 20 ll. ll., rel. vél.

3629. **Graziani** (A. M.). Antonii Mariæ Gratiani a Bvrgo S. Sepvlchri episcopi Amerini de Bello Cyprio libri qvinque..... Romæ..... Apud Alexandrum Zanettum, 1624. (Titre front. dessiné par *At. Pomeranci* et gravé par *Cl. Mellan.*) 1 vol. petit in-fol., rel. mar. gren., tr. dor.; sur les plats, fil. et armes (reliure du xviie siècle).

L'ouvrage commence par une dédicace de *Charles Graziani*, éditeur de l'ouvrage de son oncle, mort en 1611 à l'âge de 75 ans. Cf. un ouvrage du même auteur, n° 2222.

3630. — Anton Mariæ Gratiani a Burgo S. Sepulchri Episcopi Amerini de Bello Cyprio Libri quinq͡ͅ. juxta exemplar Romæ impressum. (*Titre gravé et encadré.*) S. l. n. d. n. typ. In-12, rel. vél.

La première édition de l'Histoire de l'évêque d'Amalia a été donnée à Rome en 1624, celle-ci est probablement celle imprimée, en 1661, à Nuremberg.

3631. — Histoire de la guerre de Chypre, écrite en latin par Antoine Maria Gratiani, Evesque d'Amelia et tradvite en francois par Monsieur Le Peletier..... Paris, Pierre & Imbert Debats. M.DCCI. 1 vol. in-4, rel. veau f.

3632. **Guarneri** (J. A.). Io. Antonii Gvarnerii Canonici Bergomatis de Bello Cyprio Libri tres..... (*Marque typ.*) Superiorum permissu. Bergomi, Typis Comini Venturæ. cIɔ Iɔ xcv iI. Petit in-4 de 8 ffnc. et 174 ff. chiffrés, rel. parch.

3633. Historia || dell' immortal svsces || so & fato d'arme della Santissima Lega || contra il perfido Turco. || l' anno M D LXXI. il di set=|| te Ottobrio, con la Gloriosa Vittoria, & l' in||credibil Rotta dil Turco. || Con tvtte le canzoni, || & sonetti sin qui vsciti fora, & molti || altri Componimenti. || (*Marque typ.*) || Ad instantia de Giuseppe Genaro. 1572. (*Venise.*) In-12 de 96 ffnc., rel. vél.

> Rare. Cet ouvrage est divisé en deux parties, l'une, comprenant les 84 premiers ffnc., renferme diverses poésies, le nombre des morts et blessés de l'armée chrétienne, le nom des capitaines et pachas turcs, et l'ordre de bataille des galères de la Sainte Ligue; la seconde partie, de 12 ffnc., renferme un discours de *Luigi Groto* (*Cieco d' Hadria*) au doge Mocenigo. Cf. n° 3448.

3634. **Khuen** (J.). Panegyris || in electionem || et creationem || serenissimi principis, || Ac Domini..... Sebastiani Venerii. || Inclytæ Venetorum Reip. Ducis, Anno à || Christo nato 1577, die qui-||dem 11 Junij electi & creati. || In qua quidem memorabilis illius Prælij Naualis, anno 1571 || iuxtà sinum Corinthiacum inter Christianos & Turcas hoc || eodem Sebastiano Venerio Veneto-||rum belli Duce commissi & confecti :..... || ..... descriptio ||..... continetur. || Avctore Ioanne Khven || Breidbachio Coloniense, || Philosopho, Medico, & Poëta. || Venetiis, Apud Cornelium Ariuabenum. || M.D.LXXVII. In-4 de 39 ff. chif., 1 fnc., cart.

3635. [**Leti**]. La vita di Don Giovanni d' Austria figlio natvrale di Filippo IV. Rè di Spagna. Opera Istorica e Politica raccolta e scritta da N. N. (*La sphère.*) In Colonia, Appresso Pietro del Martello, M.DC.LXXXVI. In-12, rel. vél.

> Cet ouvrage, probablement imprimé à Genève, a été attribué par *Melzi* au fécond libelliste *Gregorio Leti*.

3636. **Manolesso** (Emilio Maria). Historia Nova, nella qvale si contengono tutti i successi della guerra Turchesca, la Congiura del Duca de Nortfolch contra la Regina d' Inghilterra; la guerra di Fiandra, Flisinga, Zelanda, & Holanda; l' vccisione d' Vgonotti, le morti de Prencipi, l' elettioni de noui, e finalmente tutto quelle che nel mondo è occorso, da l' anno M D LXX. sino all' hora presente,..... (*Marque typ.*) Stampata in Padoua Per Lorenzo Pasquati, Anno MDLXXII. Petit in-4 de 100 ffnc., rel. parch.

> Ouvrage divisé en trois livres, le premier est tout entier consacré à la guerre de Chypre et à Lépante.

3637. **Montefiore** (Marc Antoine de). Marci Antonii || Montiflorii || de pvgna navali Cvrsvlaria || Commentarivm. || (*Marque typ.*) || Genvae apvd Antonivm Bellonvm : || M.D.LXXII. In-4 de 89 ff., 1 fnc. (blanc), rel. parch., piq. de vers.

> Ouvrage dédié à Janus Lumellinus, doge de Gênes, et publié par les soins de Hieron. Lumellinus.

3638. **Neumayer**. Bellum Cypricum Oder Beschreibung des Krieges, Welchen im Jahr Christi 1570. 71. vnd 72. der Grosstürck Selim wider die Venetianer wegen des Königreichs Cypren geführet..... Durch H. Johann

Wilhelm Neumayr von Ramssla daselbst Erbgesessen. Leipzig, In Verlegung Heuning Grossen des Jüngern,..... 1621. (*Titre encadré.*) Vol. in-4, rel. vél., non rogn., piqûres de vers.

Au verso du fnc. 4, une gravure sur cuivre, signée C. G., d'une bonne exécution, donne les portraits de Sélim et du Bassa Mustapha.

3639. **Paruta** (Paolo). Historia Vinetiana..... divisa in dve parti..... In Vinetia, Appresso Domenico Nicolini, MDCV. 2 tomes en 1 fort vol. in-4, rel. parch.

Première édition de l'excellente histoire de *Paruta* (1540-1598) qui s'étend de 1513 à 1572 et fait suite à celle du cardinal Bembo. Le portrait de l'auteur est gravé sur le titre de chaque tome. Le tome II a un titre particulier : « Della « Historia Vinetiana..... parte seconda. Nella qvale in libri tre si contiene la « Guerra fatta dalla Lega de' Prencipi Christiani contra Selino Ottomano, Per « occasione del Regno di Cipro. »

3640. — Storia della guerra di Cipro. Libri tre. Siena, Pandolfo Rossi, 1827. In-8, d.-rel. mar. vert, tête lim., non rogn.; au dos, chiffre du comte Riant.

Réimpression moderne du second volume de l' « Historia Vinetiana » de Paruta.

3641. **Rasario.** Io. Baptistae || Rasarii, || De Victoria Christia-||norum ad Echinadas : || Oratio. || (*Marque typ.*) || Venetiis, || Cvm Privilegio : || Apud Vincentium Valgrisium : || M D LXXI. In-4 de 8 ffnc., rel. vél.

Discours prononcé dans l'église de Saint-Marc, à Venise, le 14 novembre 1571 par Giambatista Rasario.

3642. **Rasario & Sturm.** Io. Baptistae || Rasarij, || De Victoria Chri-|| stianorum ad Echinadas, Oratio. || Item, Ioan. Sturmij eadem de || Re : ad Philippvm Hanoicvm, || & Ludoicum Witgensteinium Comites : || duæ Epistolæ.|| (*Marque typ.*)|| Argentorati,|| Impensis Iosiæ Richelij,||M.D.LXXII. Petit in-8 de 20 ffnc. (le dernier blanc). — Narratio || de capta || Famagvsta || Brevis item et || vera expositio pugnae || Navalis inter Christia||nos et Turcas ad VII. diem Octobris, An||ni Christi M.D.LXXI. apud Insu-||lam Ithacam siue Echina||des, commissæ. || Epistola deniqve || Rochii Benedicti de || hilaritate solennis || gratulationis & dierum festorum propter || victoriam partam, profligata clade || Turcica Venetijs celebra-||torum. || Lipsiae || Anno M.D.LXXI. Petit in-8 de 16 ffnc. (le dernier blanc). Ensemble 1 plaq. rel. vél.

Cf. n° 3585.

3643. [**Sasomeno**]. Narratione || della gverra || di Nicosia, || fatta nel regno di Cipro || da Tvrchi l' anno || M D LXX || ....: || In Bologna, Per Biagio Bignami Bolognese. || MDLXXI. In-4 de 12 ffnc., rel. vél.

Relation d'un chevalier cypriote *Gio. Sasomeno*, publiée par *Francesco Altomira*, qui contient à la fin une liste des capitaines de gentilshommes italiens, ou cypriotes tués, prisonniers ou disparus et de précieux renseignements sur les pertes subies par l'armée chrétienne.

3644. **Vander Hammen y Leon** (Don Lorenzo). Don Ivan de Avstria. Historia; por Don Lorenzo Vander Hammen y Leon, natvral de Madrid, y vicario de Ivbiles. Año 1627....: En Madrid, Por Luis Sanchez..... In-4, rel. parch.

3645. Del successo in Famagosta (1570-71). Diario d' un contemporaneo. [*Per nozze* pubb. per *Leonardo Antonio Visinoni.*] Venezia, Tip. Emiliana, 1879. In-16, cart., couv. — **Moroni** (Gaet.). Commissione data dal doge Alvise Mocenigo a Paolo Tiepolo..... nell' anno MDLXXI..... in proposito della lega contra il Turco. Venezia, Merlo, 1845. In-8, br. (*Per Nozze.*) — **Podacataro** (A.). Relatione di Alessandro Podacatoro de' successi di Famagosta dell' anno 1571 ora per la prima volta pubblicata. Venezia, Cecchini, 1876. In-8, rel. toile. — **Ricciboni** (Antonio). Storia di Salamina presa e di Marc' Antonio Bragadino comandante. Venezia, tip. d. gazzetta privil., 1843. In-8, rel. toile. (*Per Nozze.*) — **Soranzo** (Alvise). Relatione della battaglia di Lepanto. Venezia, Cecchini, 1852. In-8, cart., couv. [*Per Nozze* Soranzo-Vidoni, *pub. p.* G. Pieriboni *e* J. Silvestri.] — [**Zane** (Hieronimo)]. Il bello e veramente degno ordine tenuto nell' ornare di Generale Capitano di mare, il clarissimo et illustrissimo Signor Hieronimo Zane, le Sacrosante feste di Pasqua di Resurrettione. Venetia, 27 marzo 1570. Ripprodutto et pubblicato da Vittorio Pinaffo. [*Sans titre*], tipogr. della Gazzetta di Venezia. [*Per nozze* Ciucchetti-Pinaffo.] Petit in-8 carré de 14 pp. Ensemble 6 plaq.

3646. **Bonghi** (Diego). Di un graffito sull' Avorio. Napoli, Nobile, 1859. 1 plaq. in-4, rel. toile, couv. — [**Chiarelli**]. La vittoria di Lepanto. Cenni storici per l' occasione del suo centenario in Santa Anastasia di Verona. Verona, 1871. In-8, cart., couv. — **Giuriato** (Giuseppe). Lepanto (MDLXXI-MDCCCLXXI). Estratto dall' *Archivio Veneto*, Tomo II, 1871. In-8, cart., couv. — **Guglielmotti** (Alberto). Marcantonio Colonna alla Battaglia di Lepanto. Firenze, Felice Le Monnier, 1862. Vol. in-12, rel. toile. — **Urbani** (D.). Lepanto. MDLXXI. Venezia, Antonelli, 1866. In-8, cart. — **Rosell** (Don Cayetano). Historia del Combate de Lepanto, y juicio de la importancia y consecuencias de aquel suceso..... Madrid, Real Academia de la historia, 1853. In-8, cart. perc. Ensemble 6 vol. ou plaq.

Guerres du XVIIᵉ siècle.

3647. **Antonio de Espinosa**. Copia de huma carta que || escreveo da Cidade de || Argel || o padre procvrador Fr. Antonio de || Espinosa, Religioso Calçado da Ordem da Santissima || Trindade..... || Da noticia nesta carta do estrago que fez na Cidade de Ar-||gel a Armado do Christianissimo Rey de França, com || a individuaçaõ dos lances, & ruinas que padecè || raõ os ditos Hospitaes : || a O.M.R.P.Fr. Antonio Silvestre, || Administrador Géral dos Hospitaes da Cidade de Argel || ..... *Page* 8, *l.* 29 : Lisboa, || Na Officina de

Miguel Deslandes, || Impressor..... || ..... Anno 1688. In-4 de 8 pp., rel. vél.

>Lettre d'un religieux de la Merci racontant le bombardement d'Alger par la flotte française, en juin 1688. La lettre porte la date du 16 août. *Rare*.

3648. [**Dalerac**]. Mémoires du chevalier de Beaujeu. Contenant ses divers voyages, tant en Pologne, en Allemagne, qu'en Hongrie, avec des Relations particulieres des Affaires de ces Pays-là, depuis l'année M DC LXXIX. (*Marque typ.*). A Amsterdam, chez les Héritiers d'Antoine Schelte, M DCC. In-12, rel. vél.

>Édition séparée du tome I des *Anecdotes de Pologne*, du même auteur. Important pour le siège de Vienne.

— Histoire du triomphe des Chrétiens; Contenant Les Particularitez des Avantages & des Victoires les plus memorables remportées par les Chrétiens sur les Turcs; depuis la Naissance de Mahomet IV. iusques à present. Et autres Pieces curieuses touchant la même Histoire... Paris, Le Prest, M DC LXXXIV. In-8, rel. veau, tr. r.

>Ouvrage anonyme non cité par Barbier; il est dédié au marquis de Villequier, premier gentilhomme de la Chambre.

3649. Deffaite || d'vne armee || de qvarante mille || hommes, svr les Tvrcs || par les forces de l'Empereur, le 3. || d'Aoust 1601. || (*Fleuron*) || A Lyon, || Par Flevry Dvrand. || MDCI. || Auec Permission. Plaq. in-8 de 8 pp., rel. vél.

>Victoire remportée par l'Empereur sur l'armée de Sigismond Battory composée de Turcs et de Transylvains. Rare.

3650. Discovrs || de la mort de Michel || Vayuode de Valaquie, apres la victoire obte-||nue par luy & Georges Baste, côtre Sigis-||mond Battori : traduit de l'Italien im-||primé à Prague en Septembre, || 1601. || Auec l'extrait d'vne lettre escritte de Fräc||fort du 26. dudit moys, contenant plu-||sieurs notables particularitez. || (*Fleuron*.) || A Paris, || De l'Imprimerie de Denys Duval, rue S. || Iean de Beauvais, au cheual volant. || 1601. Petit in-4 (format in-16), de 8 pp., 28 ll. ll., rel. vél.

3651. Extract= Schreiben aus Venedig, || was sich zwischen der Venedianischen und Türckischen Armee, in || diesem 1668. Jahr, vom 13. Augusti biss zu Aussgang desselben Monats begeben und || zugetragen hat,..... (*vign. sur bois*). *S. l. n. d. n. typ.* Placard in-fol., un peu rogné, cart.

3652. [**Gerdes** (Joachimus)]. Dijudicatus Mars & Turca, Das ist Unvorgreiffliches Bedencken Wegen des Türcken Einfalles, Neben einer Von dem Hochberühmten grossen D. E. V. R. ausgegebenen Bellonen und Irenen-Klage Unparteysch aussgefertigt. Verlegts Michael Volck, In Franckfurt und Lübeck zu finden, 1671. — Ein unvergreifliches Bedencken wegen der Türcken Einfalls In der Christenheit Grentzen, und nit von Seiten der Christen der Krieg, durch Gottes Beystand wieder desselben Ertzfeinde glücklich zu führen sey..... Auffgetragen von J. G. Lübeck, Verlegts Michael

Volck, Gedruckt bey Seel..... Jm Jahr 1664. 2 tomes in-12, en 1 vol. rel. parch.

3653. **Hermann** (J.). Xenivm. Calvino Tvrcicvm pro Rebellibvs Bohemis. Caluinotŭrckish Newes Jahr für die Rebellischen gegen jhren König vnd Kayser Maynaidigen Böheim. Fertiges Jahr zubereittet, vnd verfertiget. Heŭriges aber Zur Glückwŭnschung jhres so trefflich erhaltenen intents, Præsentirt vnnd Verhert, durch Iohannem Hermannum Böheimb von Teütschen Brodta. Getruckt Jm Jahr, 1621. *S. l. n. typ.* Petit in-4, rel. vél. bl., tr. r.

3654. La || Memorable || Bataille || nouuellement donnée : || Entre les Chrestiens & || les Turcs. || Avec vn Recit veri= || table, de ce qui s'est passé à la pitoyable || & constante Mort, du Marquis || de Beaurepaire Prouençal. || [*Fleuron typ.*] || A Paris, || De l'Imprimerie de Mathiev Co-||lombel, ruë neufue S. Louys, || prés le Palais, à la Colombe. || M.DC.XXXIII. || Auec Permission. Petit in-8 de 14 pp. et 1 fnc., cart.

Exemplaire de la Bibliothèque de M. J. Renard.

3655. Origine, e corso del Danvbio Con la Cronica Vngara, e Turchesca. Et vn racconto de Fatti Memorabili della Guerra di Candia, Polonia, & Vngara contro il Turco, Liberatione di Vienna, acquisto di Strigonia, & altre Piazze, con l'attacco di Buda. Con gl' Acquisti fatti dall' Armate vnite, cioè Pontificia, Veneta, Toscana, e Maltese, Per tutto l'Anno M.DC.LXXXIV. Tradotto dall' Idioma Tedesco in Italiano..... Norimberga. Et in Macerata, Per il Piccini, 1685. In-12, rel. vél.

3656. Politisches, doch unvorgreiffliches, Bedenken, über den bevorstehenden Türken-Krieg. Worinnen zu mehrern Verständnus, ausgeführet wird, warum der Türke vormals Siebenbürgen angefallen, von dar aus seine Macht in Ungarn gezogen, und den lezt= verwichenen Türken-Krieg angefangen, nachmaln auf XX. Jahr= Frieden gemachet habe;..... Gedruckt im Jahr Christi 1683. In-12, rel. vél.

3657. Recveil Historiqve contenant diverses pieces cvrievses de ce temps. (*La Sphère.*) Sur l'imprimé a Cologne chez Christophrevan Dick M DC LXVI. Petit in-12 de 2 ffnc., 350 pp., rel. mar. bleu, tr. dor., fil. (Simier).

> Joli exemplaire ayant appartenu à M. Pieters. On trouve à la page 2 le « Tableau des pieces contenües au present Recueil. Proiet pour l'entreprise d'Alger. Relation des voyages faits à Thunis par le sieur *de Bricard*. Relation... contenant... l'Expédition de Gigery de l'année 1664. Relation de la campagne d'Hongrie, & des Combats de Kermain & S. Godart..... »

3658. Relacion || de la Victoria qve los || Monges Bernardos de nuestra Señora || de Oya tuuieron de cinco nauios || de Turcos, en 20 de Abril. || A Don Alonso de Cabrera..... || ..... Andres de Mendoza. || ..... *In fine* : Impresso con licencia en Alcala de Henares, *S. d.* (*1624*). Petit in-fol. de 2 ffnc., raccom., rel. vél.

> Le couvent de N.-D. d'Oya se trouve en Galicie, près de La Guarda, sur la rivière de Miño.

3659. Relacion || de novelas cvriosas || y verdaderas, de || vitorias y casos sucedidos en mar y tierra, en Espa||ña, Alemania, Francia, Italia, y Cōstantinopla. || Dase quenta de la famosa presa que hizieron en Leuante seis Galeones por ordē || del Duque de Osuna. Y del famoso hecho de los vezinos de la Redondela contra || los Moros. Y otro de dos fragatas de Gibraltar en Berberia. Y la presa que alli hi||zieron dos naues del Conde Mauricio. Y la que hizieron ocho naues Olandeses || junto a Argel. Y otra muy rica y famosa que hizo aora el dicho Conde de cinco || nauios de Argel. Y del cerco de la Marmora. Y otro sucesso en Marsella || contra Turcos. Y de las discordias de Turcos y Venecianos, por lo||que vsó vn primer Bisir, Turco, con su Interprete Veneciano, || y con el Embaxador de Venecia. || Refiriense alsi mismo los assaltos, vitorias y buenos sucessos de Alemania... || (*Armes d'Espagne.*) || Con licencia lo imprimió en Seuilla Iuan Serrano || de Vargas y Vreña, en frente del Correo mayor, || Año de mil seiscientos y veinte. Petit in-fol. de 2 ffnc,, rel. vél., raccom.

> Ce journal contient aussi le récit des fêtes célébrées à Madrid pour la canonisation de saint Isidore; et cela seul occupe près de deux pages sur trois.

3660. Relatione || Della conquista fatta della Galera || Capitana || d'Alessandria, || nel Porto di Metellino, || Per opera del Capitano Marco Iakimoski, || Schiauo in detta Galera. || Con liberatione di 220. Schiaui Christiani. || (*Armes.*) || In Roma, Per Lodouico Grignani. 2628. [*1628.*] || Con licenza de' Superiori. || Si vendono à Pasquino da Marc' Antonio Benuenuti. Petit in-4 de 4 ffnc., br.

> Le recto du second feuillet est occupé par une dédicace à Scipione da Diacceto, conte di Castel Villano, signée Marco Tomeo Marnauitio. Le héros de cette aventure, Marc Iakimosky, était originaire de Podolie.

3661. Mandatum monitorium Potentissimi Regis Poloniæ &c. ad Jesuitas. Königlichs Mandat..... Darbey ein kurtzer doch gründtlicher Bericht, auss was vrsachen die Pollnische Stände solches zu begeren bewegt worden :..... Desswegen der Türck in Polen zufallen alles zuverderben... Erstlich gedruckt zu Kracaw, durch Donatum Stampsy.., Jm Jahr 1620. Petit in-4 de 10 ffnc., d.-rel. bas. — Kurtze Relation vnd warhaffte Erzehlung, was sich in der Polnischen Expedition von Tag zu Tag wider den Erbfeind Christliches Nahmens, vnd den König in Schweden, ꝛc begeben, vom 1. Septembris dess 1621. Jahrs, biss auff den 24. Octobris. Auss gewissen vnd warhafftigen Zeittungen auss der Polnischen in die Teutsche Sprach versetzet. Jederman zum besten. (*Grav. sur bois.*) Gedruckt zu Augspurg, durch Andream Aperger, Jm Jahr Christi M.DC.XXI. In-4 de 4 ffnc., rel. chag. mar. — **Petricius** (Joan. Inn.). Rervm in Polonia ac præcipuè Belli cū Osmano Turcarū Imperatore gesti finitiq́ue Historia anno M.DC.XX & M.DC.XXI. Cracoviæ, In Officina Andreæ Petricouij..... Anno Domini M.DC.XXXVII. In-4, dérel. — Wahrhaffter Bericht, Was nach angefangenen Krieg Wider die Cron Polen, von Jhrer Königl. Mayest. in Schweden bey der Ottomañischen

Porta, durch sonderbahre zum zweitenmahl daselbsten verordnete abgesandten...... *S. l. n. d. n. typ.* (1657). In-8 de 11(1) pp., cart. (piqûres de vers).

— **Leupe** (P. A.). Kruistocht in den Atlantischem Oceaan, 1615. [Extr. de Kisniek v. het hist. Genodsch. XXIX.] Utrecht, 1874. In-8, cart.

LA PRISE DE CANDIE PAR LES TURCS [1]

3662. **Anticano** (Sertonaco), Frammenti Istorici Della Guerra di Candia... Cioè. Inuasione del Regno. Resa di Canea. Successi di Terra. Presa di Retimo. Morte del Gener. Corn. Successi di Mare. Morte del Capitan delle Naui Morosini. In Bologna... 1647. A spese di Gio: Battista, e Gioseppe Coruo. In-12, rel. toile, non rogn.

3663. *Un autre exemplaire*, en brochure originale.

Suivant Cicogna (Bibl. Venez., I, 154), ce nom de Sertonaco Anticano serait l'anagramme de *Antonio Santacroce*, historien et poète vénitien du xviie siècle. On a également attribué cet ouvrage à *Girolamo Brusoni*, à *Casimir Frescot* ou à *Girolamo Michieli dalla Brazza*.

3664. **B** (P. C.). Venediger Löwen Muth und türckischer Udermuth : oder Das hefftig-bekriegte, Noch unbesiegte, doch Hülff-benöthigte Candia, Vorweisend Eine ausführliche Beschreibung solcher Insul, was von etzlich hundert Jahren her merckwürdiges darinnen vorgegangen; Sonderlich aber, was sich mit Einnahm dieser Insul, so Anno 1645. geschehen, und dann nachgehends mit Belagerung der Haupt-Stadt Candia, biss auf dieses 1669ste Jahr daselbsten begeben..... beschreiben durch P. C. B. Han. Nürnberg, Joh. Hoffmann, *s. d.* In-12, frontisp. et 10 pl. gravé sur cuivre, rel. vél.

3665. **Brusoni** (Girolamo). Historia dell' Vltima Guerra tra' Veneziani, e Tvrchi..... Nella quale si contengono i successi delle passate Guerre nei Regni di Candia, e Dalmazia, Dall' Anno 1644. fino al 1671..... In Venezia, Presso Stefano Curti. M.DC.LXXIII. In-4, rel. vél. bl.

Ouvrage peu commun, réimprimé à Bologne, en 1676. Cf. n° 3523.

3666. Das Von den Türcken auffs äusserst bedrangte, Aber : Durch die Christliche Waffen der Heroischen Republic Venedig auffs tapfferst beschützte Candia Vorgestelt In einer ausführlichen Beschreibung Dess heutigen Kriegs= und Regiments= Staats der Venetianer, in dem Königreich Candia und in der Levante : Auffgesetzt In Venedig, an den König in Engelland, durch den Graffen von Castlemaine, und in unsere Hoch. Teutsche Sprache gebracht. Wobey mit angehengt eine umständliche Erzehlung Dessen, was seint dem ersten An = und Einfall der Türcken, von Anno 1646. biss auff diese Zeit,..... Mit einer..... Land-Charte dess..... Eylands..... Candia, wie auch noch einer See-Charte der Levante..... mit mehr anderen..... Kupffer=

---

1. Cf. n°ˢ 3438, 3440, 3523, 3655.

Figuren..... In Franckfurt am Mayn, Durch Wilhelm Serlin,..... Im Jahr 1669. In-4, d.-rel. chag. viol., front. et 9 pl.

3667. Description || Bvrlesqve || Du Combat Naual des Venitiens, || & des Turcs. || Avec la solemnité dv fev || de Ioye fait par M^r l'Ambassadeur de Venize, || deuant le Pont des Tuilleries à Paris. || (*Fleuron.*) || A Paris, || Chez Pierre Variqvet, ruë S. Iean de Latran, || deuant le College Royal. || M.DC.XLIX. Très petit in-fol. de 16 pp. sign. A-D, rel. vél.

Cette curieuse plaquette contient une pièce de vers dignes de la *Muse historique* de Loret, mais donnant des renseignements parfaitement exacts sur un des combats soutenus par les Vénitiens pendant que les Turcs assiégeaient Candie.

3668. [Ducros (Joseph)]. Histoire des voyages de Monsieur le marquis Ville en Levant et du siege de Candie. Paris, Clousier et Aubouyn. M DC LXIX. In-12, rel. veau fauve; sur les plats, filets et armes du comte Riant.

François Ville, marquis de Cigliano & Volpiano, comte de Camerano, général de cavalerie du duc de Savoie et lieutenant-général au service de la France, avait été choisi comme généralissime en 1665, par la république de Venise, pour commander les troupes qui défendaient Candie. Mais il se retira en 1668, devant l'impossibilité de sauver la place. *Ducros*, auquel on doit la rédaction de cet ouvrage, dit, dans la préface, que le marquis Ville l'a relu avant sa publication.

3669. **Frugoni** (Francesco Fulvio). Candia angvstata Providentissimis Sereniss. Venetorum Reipublicæ Viribus miraculose defensa..... Venetiis, M.DC.LXIX. Ex Typographia Combi, & La Noù. In-12, rel. vél. ital.

Cet ouvrage contient deux pièces, l'une en latin, l'autre en italien ; ce ne sont guère que des déclamations pour engager les princes chrétiens à courir au secours de Candie.

3670. Iovrnal de l'Expedition de Monsievr De la Fveillade, Pour le secours de Candie. Par un Volontaire. (*Marque typ.*) A Lyon, chez Iean Thioly, ruë Merciere, à la Palme. M.DC.LXIX. Avec Approbation & Permission. 1 vol. in-12, 4 ffnc., 198 pp., 1 fnc. & 1 plan du siège de Candie, rel. veau fauve.

Récit de l'expédition que François d'Aubusson de la Feuillade organisa pour secourir les Vénitiens assiégés dans Candie par les Turcs.
Dans la préface qu'il y a mise, le libraire Thioly déclare n'avoir pu découvrir l'auteur de ce journal. Nous n'avons pas été plus heureux que lui. On trouve dans ce récit (pp. 120-137) une *Liste des morts et blessés en Candie sous Monsieur de la Feuillade*.

3671. **La Guilletiere** (de). Athenes ancienne et novvelle. Et l'estat present de l'Empire des Turcs, contenant la vie dv svltan Mahomet IV..... Ce qui s'est passé dans le Camp des Turcs au Siege de Candie..... Avec le Plan de la Ville d'Athenes. Paris, Estienne Michallet, M.DC.LXXV. Vol. in-12, avec 2 planches, rel. veau, dos orné.

3672. [**La Solaye** (de)]. Memoires ov relation militaire; Contenant Ce qui s'est passé de plus considerable dans les attaques, & dans la deffence de la ville de Candie depuis l'année 1645, qu'elle fut bloquée des Turcs, iusques au iour de sa reduction. Auec les Noms de plusieurs Gentilshommes François qui y ont esté tuez ou blessez... Les negociations, & les principaux Articles du traité de Paix. Par vn Capitaine François, commandant dans la Place pour les Venitiens. Paris, Barbin, M.DC.LXX. In-12, rel. veau.

> L. de la Solaye, capitaine d'infanterie, avait suivi en 1648 M. de Saint-André-Montbrun, quand celui-ci vint remplacer, à Candie, le marquis Ville et prendre le commandement des corps auxiliaires qui défendaient la place, de concert avec les Vénitiens.

3673. **Loutaud** (Le chevalier de). La Campagne des François en Candie. En vers Heroï-Comiques. En suite l'état du Secours de Mer & de Terre, auec les noms des Officiers & Volontaires qui ont fait cette Campagne, y compris les morts & les blessez. Et quelques petites pieces de Poësie Heroïque. Par le Cheualier de Loutaud. A Paris, Chez Pierre Variqvet....., M DC LXX. In-12, rel. veau marb., fil.

> Loutaud était officier des galères sous les ordres de Vivonne et a écrit, jour par jour, dans des vers absolument prosaïques, ce qui s'est passé au siège de Candie depuis l'arrivée des troupes françaises envoyées par Louis XIV, sous les ordres de Beaufort et de Navailles (1669) ; on trouve, à la fin du volume, des renseignements sur la composition de cette petite armée.

3674. Relation || de la || victoire obtenve || par les armes || de la || Sere-nissime Repvbliqve || de Venise, sous le commandement de || l'Illustrissime..... Seigneur Iaqves de Riva, Capitaine des Vaisseaux, || contre l'Armée Tur-quesque, en Asie, au Port de Foquie. || Traduite d'Italien en François, par N.D.F. Et par luy || dediée à..... || .....Michel Morosini, Ambassadeur ordinaire de..... || .....Venise, au prés du Roy Tres-Chrestien. || (Armes de France et de Navarre.) || A Paris, || Par Antoine Estiene,..... || M.DC.XLIX. || Avec Permission. In-4 de 8 pp., d.-rel. mar. bleu.

> L'auteur de cette plaquette donne de curieux détails sur les agissements des Anglais dans le Levant dans la première moitié du xviie siècle : « Les prisonniers « ont rapporté, qu'il y auoit dix-sept vaisseaux Anglois en l'Isle de Smyrne, que « les Turcs faisoient dessein de charger de soldats pour les conduire en « Candie..... ». Surpris par Riva, les capitaines anglais s'engagèrent à ne point faire de transports de troupes. Cf. le texte italien de cette plaquette n° 3440 (20).

3675. Testamentum seu ultima voluntas Agonizantis Reginæ Candiacæ, seu Candiæ, per Notarium publicum nomine Infortunium Candiotum &c. &c. &c. Advocatum publicum pro Pupillis & Viduis emortuis..... Anno à delusâ & turpiter venditâ Candiâ M.DC.LXIX. Die VI Septembris Subjec-tionis Venetæ seu Sclavitatis meæ qvadringentis septvagenta qvinqve Annis peractis. Typis Fratrum Belliconis Amphoracii & Glossacis. Impressum Venetiis Sub Signo Magni Vexirii. Petit in-4 de 12 ffnc., rel. vél.

> Le texte de ce curieux pamphlet, relatif à la chute de Candie, est suivi de deux pièces en style épigraphique « Tumulus Candiæ, » et « Captæ Mausoleum Candiæ ». L'auteur accuse les Vénitiens d'avoir trahi la Chrétienté en rendant Candie aux Turcs.

3676. **Valiero** (Andrea). Historia Della Guerra di Candia di Andrea Valiero, Senatore Veneto. (Blason du St Empire.) In Venetia, M.DC.LXXIX, Presso Paolo Baglioni. In-4, rel. parch.

3677. *Le même ouvrage.* [*publié par G. Paoletti*]. Trieste, Col. Coen, 1859, 2 tomes in-8 en 1 vol., rel. toile, couv.

3678. **Vellajo** (Nicolò). La gverra Cretense..... In Torino, M.DC.XL.VII. Ad instanza di Gio. Manzolino. In-4, rel. vél.

> Récit d'un contemporain. Cicogna dit que l'on rencontre plusieurs éditions de cet ouvrage, portant toutes également la date de 1647, et qu'en réalité il n'y en a qu'une, dont l'auteur ou les libraires changeaient, suivant l'occurrence, le titre et la dédicace. Notre exemplaire est dédié à Frédéric Tana, comte de Limone, gentilhomme de la Chambre du duc de Savoie, colonel de la garde suisse de S. A.

3679. **Cornaro.** Orazione inedita di Andrea Cornaro, nobile veneto, nella partenza da Candia del provveditore generale Gio. Giacomo Zane l' anno 1614. Venezia, Merlo, 1856. In-8, cart. [*Per Nozze* Peregalli-Albrizzi, *p. p.* Giacomo Piamonte]. — Relazione di Bernardo Venier, duca di Candia. MDCXVI. Venezia, Antonelli, 1867. (*Per Nozze* Emo-Capodilista-Venier.) Grand in-8, rel. toile, couv.

LE SECOND SIÉGE DE VIENNE[1]

3680. **Biezanowski** (Stan. Jos.). Oriens Byzantinvs, in Austria, & Pannonia Triumphatus, Serenissimo..... principi Joanni III..... regi Poloniarvm.... ob res, pro Orbe Christiano, fortiter, & feliciter gestas..... Cracoviæ, typ. Vniversitatis, (MDCLXXXIII). Petit in-fol., br. — **Chruscinski** (Stan. Ad.). Clypeus Serenissimi Joannis tertii, Regis Poloniarum,... Austriacæ domus a Turcarum invasione vindicator..... Brigæ, Typis G. Trampii, (MDCCXVII). Petit in-fol., d.-rel. vcau.

> Ce second ouvrage est une Histoire généalogique de la maison de Sobieski, qui se termine par un panégyrique du roi Jean.

3681. **Filippelli** (Girolamo). Vienna assediata, e liberata, Historia vera. Poema nella Rima del Primo Canto della Gierusalemme Liberata del Tasso. Dedicata all' illvstrissimo Sig..... Giovanni Belarmino ad Istanza di Gierolamo Filippelli Autore. (*Fleuron.*) In Viterbo, Appresso Pietro Martinelli. 1684..... (*Titre encadré*). Petit in-4 de 27(1) pp., rel. mar. vert, fil. sur les plats, dos orné, tr. dor., dent. int. (Weber).

3682. **Kochowski.** Commentarivs Belli Aduersùm Turcas ad Viennam, & in Hungaria. Anno Ch: M.DC.LXXXIII. gesti Ductu & auspicijs Serenissimi Ac Potentissimi Ioannis III. Regis Poloniarvm..... Cracoviæ, In Officina Alberti Gorecki..... 1684. In-4, rel. vél.

> *Vespasien de Kochow Kochowski*, gentilhomme polonais, devint gentilhomme de la Chambre et historiographe du roi Jean Sobieski et voïvode de Cracovie. Il a publié plusieurs ouvrages estimés sur l'histoire de Pologne.

3683. **Pignatelli** (Stefano). I Trionfi delle Armi Cristiane per la Liberazione di Vienna Ragionamento di Stefano Pignatelli. In Roma. Per Michel' Ercole.

---

1. Cf. n°ˢ 3438, 3648.

M DC LXXXIV..... In-4, rel. parch. — **Lancelotti** (Filippo, principe di Lauro). Secondo centenario della liberazione di Vienna dall' Assedio dei Turchi (1683-1883). Ricordi storici. Roma, Cuggiani, 1883. In-4, rel. toile.

3684. Raggvaglio historico della Guerra trà l'Armi Cesaree, et Ottomane dal principio della Ribellione degl' Vngari sino l' Anno corrente 1683, e principalmente dell' Assedio di Vienna e sua Liberazione. Venetia, Presso Gio: Giacomo Hertz, M DC LXXXIII. In-12, avec portrait de Starenberg et pl., cart. — Descrizione dello Stendardo Regale del Gran Tvrco Inuiato dal Re di Pollonia Giouanni III. al Sommo Pontefice Innocenzio XI. Con la sposizione delle parole Arabiche, iui tessute..... In Napoli, Presso Giuseppe Roselli 1684..... A spese di Antonio Bulifon. In-12, rel. vél.

> Le second ouvrage, dû à *Bulifon*, décrit un étendard pris par Jean Sobieski lors de la levée du siège de Vienne ; une planche du « Ragguaglio » précédent en donne la figure.

3685. **Röder von Diersburg** (Freiherrn Ph.). Des Markgrafen Ludwig Wilhelm von Baden Feldzüge wider die Türken, grösstentheils nach bis jetzt unbenützten Handschriften. Carlsruhe, Müller, 1839-1842. 2 vol. in-8, d.-rel. veau, tête lim., non rogn., couv.; au dos, chiffre du comte Riant, pl. — Mémoires sur les Campagnes du prince Louis de Baden contre les Turcs et les Français en Hongrie, et sur le Rhin. Par un Officier Autrichien. Bruxelles, Flon, 1787. 2 tomes en 1 vol. in-12, rel. toile.

3686. **Trips** (Fr. Xavier). Heroes ChrIstIanI In VngarIa & aLIbI aDVersVs IVratos hostes otoMannos strenVè pVgnantes. seV eLogIa eorVM qVI pro Deo enses sVos strInXerVnt Contra barbaros..... Anno saLVatorIs DoMInI IesV ChrIstI aVthore Fran. XaVerIo TrIps. TypIs Verò atqVe eXpensIs ArnoLDI MetternICh propè AVgVstInIanos AgrIppInæ. In-4, rel. vél.

> Rare et curieux ouvrage, le titre, la dédicace, les titre des diverses poésies présentant une série ininterrompue de chronogrammes; c'est un chronogramme qui donne la date d'impression, 1688.

3687. **Vaelkeren** (Johan Peter von). Dell' Assedio di Vienna con le Vittorie de' Cristiani. Scritto dal Signor Giovan Piero da Velcheren..... Volgarizzato per opera di Antonio Bulifon, ed accresciuto di molte notizie. In Vienna d' Austria presso Leopoldo Voigt 1683. E in Napoli presso Giuseppe Roselli 1684. A spese di Antonio Bulifon..... In-12, avec front., 2 pl. et fig., rel. vél.

> C'est la traduction italienne, par *A. Bulifon*, de l'œuvre en quelque sorte officielle de Vaelkeren, historiographe impérial, dont la relation, publiée en latin en 1683, parut l'année suivante en français, en allemand et en italien. Cf. n° 3684.

3688. La Volpe Hà lassà el Pelo sotto Vienna, Qvaderni Venetiani Per la straggie, de Turchi, e Ribelli fatta dall' Arme Cesaree, e Collegate. Dedicato Al....... il Signor Simon Nasini, Cittadino Veneto. (*Marque typ.*) In Venetia,

M.DC.LXXXIV. Presso Domenico Milocco, e Pietro Zini..... In-4, rel. vél., titre et quelques feuillets remontés.

> Pièce de vers en l'honneur de l'échec des Turcs devant Vienne. Le titre, assez bizarre, n'est autre que le dernier vers de ce poème « La Volpe sotto Vienna hà lassà el Pelo ». L'épître dédicatoire est signée de l'un des éditeurs P. Zini, qui pourrait bien aussi être l'auteur même des vers.

3689. **Arce** (Don Pedro de). La comedia de el sitio de Viena, fiesta qve se representó a los Felizes Años de la Reyna Madre Nuestra Señora, D. Mariana de Avstria; el dia veinte y dos de diziembre de 1683, en el Real Salon de Palacio. Lisboa, Migvel Deslandes, M.DC.LXXXIV. Petit in-4, rel. vél., titre remonté. — **Guglielmini**. Il Sarmata trionfante Per la gloriosa Vittoria riportata contro l'Armi Ottomane sotto Vienna liberata. Ode consecrata all' illvstrissimo signore Don Gasparo Bassadonna. Di Domenico Gvglielmini Catanese Frà gl' Accademici Infecondi l' Eteneo. In Roma, Per Domenico Antonio Ercole, 1684. In-4 de VIII pp., cart. — **Meloncelli** (P: Gabriel Maria). Il Colosso per la liberazione di Vienna, e per le Vittorie ottenute in Vngaria dall' Armi Cesaree, e Collegate contro la Potenza Ottomana. Ode... . Roma, Marc' Antonio e Orazio Campana, 1683. In-4, cart. — Applavsi poetici per la liberazione di Vienna Dall' Armi Ottomane. Componimenti di varii sogetti Raccolti da Francesco Antonio Tinassi e Dedicati Al..... Cardinale Benedetto Panfilio (Armes du C^{al} en rouge et noir). Roma, per il Tinassi. M DC LXXXIV. In-4 de 4 ffnc., 168 pp., d.-rel. bas.

> On a ajouté à la main le nom de la plupart des auteurs qui ont composé les poésies de ce recueil.

De Vienna liberata ab immanissimo Turcarum Tyranno SS. Mariæ nominis præsidio triumphale canticum..... Romæ, M D CCVI, Typis Jo: Francisci Chracas. In-4 de 7(1) pp. (form. in-8), cart.

LA SAINTE LIGUE (1683-1699)[1].

3690. Dell' Acquisto, e del ritiro de' Veneti dall' Isola di Scio nell' anno M.DC.XCIV. Libri tre al Serenissimo Principe, e Senato di Venezia. *A la suite* : Confronto, e Correzioni agli sbagli presi nella sua storia dall' Autore Garzoni sopra l' acquisto, e ritiro da Scio. *Page* 46, *in fine* : In Francfort, M D CCX. 2 parties in-4 de 2 ffnc., 125(1) pp., avec 19 pl. ou cartes géog. et 2 ffnc., 46 pp., en 1 vol. rel. vél.

> Nous n'avons su trouver aucun renseignement sur l'auteur ou les auteurs de ces deux ouvrages, le second est une critique point par point de toute la partie de l' « Istoria della R. di Venezia » de Garzoni qui traite de la prise de Chio.

3691. Archipelagus turbatus, Oder Dess Schönen Griechen-Lands, verwüstete und Erödete Wasser-Felder, Auf welchen zu sehen seyn, Dess Egeischen und anhangender Meeren, Insulen, und angräntzender Länder,

---

1. Cf. n°s 3438, 3440, 3455, 3480, 3484, 3493, 3648, 3685.

besonders auch dess Peloponnesi oder Halb-Insul Morea... Augspurg, Jac. Enderlin, MDCLXXXVI. In-12, avec nombreuses et jolies planches gr. sur cuivre, rel. vél.

3692. **Arrighi** (Antonio). De Vita et Rebus gestis Francisci Mauroceni Peloponnesiaci Principis Venetorum Ad Senatum Libri IV. Patavii. CIƆIƆCCXLIX. Excudebat Josephus Cominus. Vol. in-4, avec portrait de Morosini, rel. vél.
— **Morosini**. Dispaccio di Francesco Morosini... intorno al bombardamento ed alla presa di Atene l' ano 1687. Venezia, Tip. del Commercio, 1862. In-8, cart. [*Per Nozze* Morosini-Costantini, *pub. p.* Nicolò Varola *et* Franc. Volpato.]

3693. **Bernino** (Domenico). Memorie historiche raccolte da..... Di ciò che hà operato contro li Turchi il Sommo Pontefice Innocenzo undecimo..... In Napoli, Per li Socii Dom. Ant. Parrino, e Michele Luigi Mutio. M.DC.XCV. 1 vol. petit in-4, d.-rel. veau, dos orné.

3694. **Bizozeri**. La Sacra Lega contro la Potenza Ottomana. Svccessi delle Armi Imperiali, Polacche, Venete, e Moscovite;..... Con tutti gli accidenti successiuamente sopraggiunti dall' anno 1683. sino al fine del 1689. Racconti veridici breuemente descritti da Don Simpliciano Bizozeri Barnabita Milanese. In Milano, MDCXC..... per Marc' Antonio Pandolfo Malatesta. 1 vol. in-4, rel. vél.

> Certains bibliographes assurent que cet ouvrage est en deux volumes, le second ayant été imprimé en 1700. Celui-ci forme cependant un tout complet allant jusqu'en 1689 et rien n'indique qu'il doive y avoir un tome II.

3695. — La Sagra Lega contro la Potenza Ottomana. Successi delle Armi Imperiali, Polacche, Venete, e Moscovite..... Tutti gli accidenti successivamente sopraggiunti dall' Anno 1683. sino al fine del 1691..... Historia fatta porre in luce da Michele Luigi Mutii..... In Napoli per li Socii Parrino, e Mutii, 1692. (Le tome III, daté de 1699, porte ainsi que le tome II : Nella stampa, e à Spese di Michele Luigi Mutii.) 3 vol. in-12, d.-rel. veau rac., tr. lim.; au dos, chiffre du comte Riant.

> Cet ouvrage, orné de planches et de nombreux portraits est attribué par la bibliographie vénitienne de Cicogna à l'imprimeur *M. L. Mutii*, mais nous avons pu constater que jusqu'en 1689 il est absolument identique comme texte à l'ouvrage précédent qui porte le nom de *S. Bizozeri*.

3696. [**Capece** (Carlo Sigismondo)]. Tributo di Lode Alle Gloriosissime Azzioni del Serenissimo Elettore Massimiliano Emmanvele, dvca di Baviera, &c..... In occasione della presente guerra de' Cristiani Confederati contro l' Armi Ottomanne,..... Roma, Bvssotti, MDCLXXXIV. 1 plaq. petit in-4, avec 1 planche généal., d.-rel. basane.

> A la suite d'une dédicace et du discours de Capece se trouvent de nombreuses poésies italiennes, latines, grecques de différents auteurs.

3697. **Caputi** (Vincent Marie). Historiæ Sacri Foederis libri tres. Neapoli. MDCCXCV. Apud Simonios. In-8, rel. vél.

> Exemplaire en grand papier, non rogné.

3698. **Carrara Bora** (Gio: Antonio). Il Morosini overo la Morea conqvistata dall' Armi della Serenissima Repvblica di Venezia Condotte dall' Illustriss. & Eccellentiss. Caualier Procurator &c. Francesco Morosini..... Applavso poetico..... In Trevigi, M.DC.XCIII. Per il Curti. 1 vol. in-12, rel. vél. — **Cattaneo** (Tomaso). Orazione Detta in lode dell' Illustriss..... Francesco Morosini..... Nell' acqvisto di Napoli di Romania..... Venezia. M.DC.LXXXVI. Per Aluise Pauin..... In-12, rel. vél.

3699. **Coronelli** (P. M.). Description geographique, et historique de la Moree; reconquise par les Venitiens. Du Royaume de Negrepont, des lieux circonvoisins, et de ceux qu'ils ont soûmis dans la Dalmatie, & dans l'Epire, depuis la Guerre qu'ils ont declarée aux Turcs en 1684, iusqu'en 1687....: Paris, Nicolas Langlois, M.DC.LXXXVII. 1 vol. in-fol., avec cartes et planches, rel. veau brun.

Cf. n° 1191.

3700. **Correa de Britto** (Joseph). Epitome historico de todos os progressos, que tiveraõ as Armas Cesareas, contra a soberba das Luas Othomanas, desde o cerco de Viena, com todos os successos das Armadas de Venesa, & mais Auxiliares, redusido de varias noticias do Imperio, a esta géral que offerece ao zelo mais Catholico de Portugal..... Lisboa, na Officina de Joaõ Gabraõ..... 1686. 1ᵣₑ *partie* : 3 ffnc., 48 pp. 2ᵉ *partie* : 2 ffnc., 54 pp., et 1 fnc. & 3 portraits gr. sur cuivre. 2 parties en 1 vol. petit in-4, rel. vél. blanc, manque le dernier f. (blanc?) de la 2ᵉ partie.

On ne sait rien sur cet auteur qui vivait, croit-on, dans la deuxième moitié du xvɪɪᵉ siècle et de qui on cite quatre ouvrages.

3701. Diario del assedio, y expvgnacion de la Civdad de Bvda, metropoli del Reyno de Vngria :..... Con Licencia en Madrid : Por Sebastian de Armendaritz, Librero de Camara de su Magestad..... En la Imprenta de Antonio Roman. Año 1686. In-4 de 2 ffnc., 28 ff. chif., rel. parch. — An Historical Description of the glorious conquest of the City of Buda..... By the Victorious Arms of the Thrice Illustrious and Invincible Emperor Leopold I..... London, Clavell, 1686. Plaq. in-4, d.-rel. veau, coins, titre remonté, 2 planches gravées sur cuivre.

D'après l'avis au lecteur, le second ouvrage est la traduction du récit d'un témoin oculaire qui aurait d'abord écrit en français.

3702. Eclipse da Lva otomana, ou Compendio Historico de todos os successos desta ultima Guerra contra os Otomanos, desde seu principio atè a destruição dos Turcos : pelas Armas da Liga Christaã, estabelecida entre Leopoldo I, Emperador..... & outros Principes do Imperio,..... Em Lisboa. Na Officina de Miguel Deslandes..... 1684. Plaq. in-4, rel. vél. (Le plan de Vienne manque.) — **Nomi** (Federigo). Bvda Liberata. Poema Eroico :..... In Venezia, M D CCIII. Per Girolamo Albricci. In-12, dérel.

3703. Esatta notitia del Peloponneso volgarmente Peninsola della Morea divisa in otto provincie Descritte Geograficamente..... con sue Istorie, &

acquisti fatti dalla Serenissima Repvblica di Venetia, Dall' Anno 1684. sino al dì presente. Adornato di quantità di figure in Rame..... In Venetia, M.DC.LXXXVII. Per Girolamo Albrizzi. In-4, avec nomb. cartes et pl., rel. vél.

3704. **Francisci** (Erasme). Der blutig = lang = gereitzte, endlich aber Sieg-hafft-entzündte, Adler = Blitz, Wider den Glantz dess barbarischen Rebels, und Mord-Brandes, In historischer Erzehlung der Kriegs = Empörungen Ungarischer Malcontanten, wie auch grausamen Kriegs = Verwüstung der Ottomannisch-Tartarischen in Ungarn..... Nürnberg, In Verlegung Joh. Andr. Endters Seel. Söhne, Anno M.DC.LXXXIV. 1 vol. petit in-4, rel. parch.

3705. **Graziani** (Jean). Francisci Mauroceni Peloponnesiaci, Venetiarum Principis Gesta. Scriptore Joanne Gratiano Bergomensi..... Patavii, M.DC.XCVIII. Ex Typographia Seminarii. 1 vol. in-4, rel. veau f., tr. jasp.

Cf. n° 2743.

3706. Istoria della Sacra Lega Conclusa trà S. M. C. Polacca, e la Sereniss. Republica Veneta, Nell' Anno 1684 : contro il Turco. Ragguaglio primo, O sia l' oprato dalla Ser^{ma} Republica nel medemo anno... In Venetia, 1685. Per Antonio Bosio. In-12, rel. vél.

3707. **Locatelli** (Alessandro). Racconto Historico della Veneta Guerra in Levante Diretta dal Valore del Serenissimo Principe Francesco Morosini... contro l' Impero Ottomano... dall' anno 1684 sino all' anno 1690. Opera postuma... Colonia [en *réalité* Venise], M.DC.XCI. A spese di Girolamo Albrizzi. 1 vol. in-4, d.-rel. veau, tr. lim.; au dos, chiffre du comte Riant.

3708. Le Mars Venitien, ou le Theatre des triomphes des Venitiens sur les Infideles, Contenant la Description Historique & Geographique des Provinces, Villes, Forteresses, places & Isles, Où les Armes Venitiennes, avec les puissances alliées ont fait, & font encore à present leurs heureuses operations, expeditions & conquestes, tant par mer que par terre. Avec les Traitez & Alliances faites par les Princes & Puissances Chrestiennes contre ces Barbares. (*Fleuron.*) A Cologne, Chez Jacques Le Jeune. 1687. [Imprimé en *Hollande.*] In-12 de 2 ffnc., 184 pp., 4 ffnc., rel. vél.

3709. [**Moro** (G. B.)]. Memorie Istoriografiche del Regno della Morea, racqvistato dall' Armi della Ser^{ma} Repvblica di Venetia; di Quello di Negroponte, è de Littorali siñ à Salonicchi. Consecrato All' Illmo et Ecc^{mo} Sr Marchese Alessandro Pallavicino. In Venetia, per Giuseppe Maria Ruinetti... 1688. (*Titre front. gravé.*) Petit in-8, rel. vél., 39 pl.

Cet ouvrage, attribué à *Giambatista Moro*, a paru, en 1687, à Venise, format in-fol. Les planches gravées de cette seconde édition sont dues à *Coronelli*. L'ouvrage suivant est anonyme.

— Narratione veridica di qvanto svccede gjornalmente Ne' Presenti Tempi di Guerra in Costantinopoli Con le Ribelione de Turchi è loro Confusioni. In Venetia, M.DC.LXXXX. Per Domenico Louisa... In-12, avec grav. sur bois, rel. toile r.

3710. **Pacifico** (Don Pierantonio)]. Descrittione delle Provincie che formano la tanto decantata Peninsola della Morea, Nella quale si contiene l' origine d' essa, le Città, il sito, i costumi di quei Popoli, & altro... Diuisa in due libri... adornato di 20. figure in Rame. Di D.P.A.P... In Venetia, M.DC.LXXXVI. Presso Girolamo Albrizzi S. Zulian... 2 tomes en 1 vol. in-12, avec fig., rel. parch. — **D. G. B. P.** Il Regno della Morea sotto i Veneti, Memorie Historiche Delle Guerre, & Acquisti Fatti dall' Armi della Serenissima Republica Veneta Contro la Potenza Ottomana in Levante Sotto il Commando del Serenissimo Francesco Morosini... Principiando dall' Assedio di S. Mavra fino li Giorni correnti... Descritto da D.G.B.P... In Venetia. M.DC.LXXXVIII. Presso Leonardo Pittoni... Petit in-8, rel. vél.

3711. Pohlen, Wie so Kaltsinnig? Das ist, Warumb und welcher Gestalt die Hitze der Polnischen Waffen wider den Türcken sich bisshero vermindert; Durch was Staats-Briffe Franckreich diesen Hof bestricket, und zu der grossen Ambassade veranlasset;..... Leipzig, Verkaufft J. F. Gleditsch, Druckts C. Göze. MDC LXXXV. Petit in-4 de 79(1) pp., d.-rel. bas. n.

3712. **Porta** (Nicolo). Breve; e svccinto Racconto delle gloriose Imprese; Vittorie segnalate, ed Acquisti memorabili fatti in Levante dal valor' impareggiabile del Serenissimo Francesco Morosini..... Descritti in doicento Sonetti..... In Venetia, Per Domenico Lovisa, M.DC.XCIII. Petit in-8, rel. vél., non rogn. — [**Rossi.**] Svccessi dell' Armi Venete in Levante, nella Campagna, 1685. Sotto la prudente condotta del Capitan Generale da Mar Francesco Morosini... Descritti da N. N... Venetia, M.DC.LXXXVI. Presso Stefano Curti... In-12, avec portrait de Morosini et 4 pl. (il manque celle de la prise de Coron), rel. toile.

<blockquote>Le second ouvrage, que nous attribuons à *Gio Domenico Rossi*, est anonyme, mais cet auteur a signé la dédicace à Lorenzo Morosini, frère du héros de la Morée. *Nicolo Porta* prend le titre de gentilhomme crétois et chanoine de la cathédrale de Venise.</blockquote>

3713. Relatione || distinta || di qvanto... corso nell' assedio, et || Espugnatione della Città di || Corone || Nella Morea || Sotto l' Armi della Serenissima || Repvblica di Venetia, || E delle Truppe, e Squadre ausiliarie del Pa-||pa, della S. R. Gerosolimitana, e del Gran || Duca di Toscana nella celebre Campa-||gna dell' Anno 1685. || (*Fleuron.*) || In Messina, || Nella Stamperia di Vincenzo d' Amico; || Con licenza... In-4 de 12 pp., cart., titre raccommodé.

<blockquote>Pages 11 et 12 se trouvent les noms des morts et blessés. Exemplaire en médiocre état.</blockquote>

3714. **Steffani** (R. P. Sebastiano, Carmelitano). Il Faro della Fede, cioè la Christianità illustrata dalle insigni essemplarità de' Veneti, e nell' vltime mosse dell' armi Ottomane nell' Austria ; e nella santa Lega conclusa contro Turchi; Oue Distintamente si accennano le notabili fontioni dell' vltimo Giubileo..... con gl' armamenti Nauali..... & solenne imbarco del Generaliss. Morosini..... In Venetia, M.DC.LXXXIV. All' Insegna del Nome di Dio..... In-12, rel. vél., non rogn., avec témoins.

3715. **Tebaldi** (Pio). La Morea..... in cui si descriuono le Città principali Costumi, e Riti di quei Popoli, da quanti, & da chi fù dominata, con altre notabili curiosità. Annessoui le Vittorie vltimamente ottenute dalla Sereniss. Republica di Venetia. Adornata oltre la Carta Geografica dell' Arcipelago & della Morea, con 12 Figure in Rame..... In Venetia, MDC.LXXXVI. Presso Leonardo Pittoni. Petit in-8, rel. vél.

3716. Veridico Giornale di tutto quello, che succede nell' Vngaria trà l' Armi Imperiali sotto il commando del Sereniss. Dvca di Lorena, e quelle de' Turchi nell' Anno MDCLXXXIV..... In Roma, Per Domenico Antonio Ercole. 1684. Si vendono in Piazza Madama da Francesco Leone. Plaq. in-4 de 18 ffnc., cart.

> Ce journal comprend huit numéros, chacun renfermant une lettre datée du camp de l'empereur; le n° 8 a été imprimé séparément. Le vendeur *Francesco Leone* a en même temps signé la dédicace à monsignor Gio. Ciampini.

3717. Der hohe Berg Olympus, Von welchem zu sehen das Weltberuffene, vormals Schöne, bisshero durch das Wüten der Türcken, sehr verwüstete, nunmehro aber, durch die Gnad Gottes, vermittels Christlicher Waffen widerum florierende, Feste und Wasser-Griechen Land, mit dess Egeischen Meers-Insulen oder Wasser-Feldern..... Augspurg, Jac. Enderlin, MDCLXXXVIII. Petit in-8, planches h.-t., tit. r. et n., d.-rel. parch., avec coins. — Warhafftig= und Eigentliche Beschreibung, Der A. 1683. von dem Türckishen Erb=Feind grausam=erlitten=sehr langwierig= und schmertzlichst=aussgestandenen Gefängnusz, Dess Wolgebornen Herrn, Herrn Claudii Angeli De Martelli..... der mehr als miraculosen, durch den Allerhöchsten Augenscheinlich am Tag ligenden, und in der That selbst warhrhafftig=verspuhrten Erhalt= und Erlösung. Gedruckt im Jahr 1690. Petit in-8, avec portr. de Martelli, rel. vél. — Ausführliche Beschreibung Natoliens, oder Klein-Asiens Insonderheit aber Der nahe dabey im Archipelago gelegnen Weltbekandten Insel Chius oder Scio, Welche in dem jüngst zurücke gelegten 1694ten Iahr von der Durchleuchtigsten Venetianischen Signorie durch den H. Capitain General Antonio Zenn Denen Türcken tapffermüthig entzogen worden;..... Nürnberg, Joh. Leonh. Buggel. In-12, avec front. gr. sur cuivre, rel. vél. — Siegende Irene vnd frohlockender Hymenæus, Oder des Friedens mit den Türcken vnd der Vermählung des Römischen Königs, Richtige und umständliche Beschreibung..... Nürnberg, Zu finden bey J. J. Felsseckers sel. Erben, 1699. In-4, 2 pl., rel. vél.

5. Guerres entre les Turcs et les Chrétiens. — XVIIIe siècle.

3718. **Brue** (Benjamin). Journal de la campagne que le grand vesir Ali-Pacha a faite en 1715 pour la conquête de la Morée. Paris, Thorin, 1870. 1 vol. in-12, rel. toile, couv.

> Benjamin Brue était interprète de l'ambassade française à Constantinople. Son intéressante relation a été publiée par *A. Dumont* d'après un manuscrit appartenant à M. *Georges Finlay*.

3719. **Cæsare** (Francesco Maria). Eugenius seu Mariæ Virginis per Eugenium Trophæa, Nuper de innumeris Turcarum relata copiis foeda clade profligatis, atque ex Dacia Moesiaque ejectis, Cum Argumentis Agnelli de Amato. Neapoli, CIƆ IƆCCXXIV. Ex Officina Dominici Roselli..... Petit in-4 avec portr. & pl., rel. vél.

> Poème en l'honneur des victoires remportées par le prince Eugène de Savoie, sur les Turcs, composé par un prêtre séculier napolitain.

3720. **Caputi** (Andrea). Vere, e distinte notizie dell' assedio, e liberazion di Corcira, oggi detta Corfú, Isola famosa del Mar Jonio dall' Armi Ottomane. Seguìta in Agosto del corrente Anno 1716. Raccolte, e date alla luce da Andrea Caputi. (*Gravure sur cuivre.*) In Napoli, per Bernardo Michele Raillard, e Francesco Ricciardo Socii 1716. Petit in-4 de 3 ffnc., 24 pp., 1 pl. gravée sur cuivre, rel. vél.

3721. **Difesa** Per Il Capitan Girolamo Alfano. Contro Il Procuratore de' Mori, Turchi, & Ebrei di Tunisi, & Algeri. Il Spettabile Regente Signor D. Vincenzo de Miro Delegato per S. E. *S. l. n. d. n. typ.* (circ. 1715.) Plaq. pet. in-fol., 11 ffnc., rel. vél.

> Opuscule relatif à la prise d'un corsaire, en 1714, par le capitaine Alfano, de l'île de Procida. Le texte, imprimé sur deux colonnes, est signé à la fin *Giuseppe Crostarosa*.

3722. **Ferrari** (Girolamo). Delle Notizie Storiche della Lega tra l' Imperatore Carlo VI. e la Republica di Venezia Contra il Gran Sultano Acmet III. e de' loro Fatti d' armi dall' Anno 1714. sino alla pace di Passarowitz... Libri qvattro. In Venezia, Presso Carlo Buonarrigo..... M DCCXXIII. In-4, rel. vél., ital.

3723. — Delle Notizie Storiche della Lega tra l' Imperatore Carlo VI. e la Repubblica di Venezia..... Seconda edizione. In Venezia M D CCXXXVI. Nella Stamperia di Stefano Orlandini..... In-4, rel. vél.

> La première édition de 1723, éditée avec plus de soin que la seconde, contient un portrait du Vénitien Aloys Pisani à qui l'ouvrage est dédié. Ce portrait ne se retrouve pas dans l'édition de 1736.

3724. [**Ferretti**]. Relazione || dell' assedio levato || dall' armi ottomanne || Sotto Corfu || Il dì 21. Agosto 1716. || e l' inseguimento de' nostri || contro de' Turchi. || (*Fleuron.*) || In Firenze MDCCXVI. || Nella Stamperia di Sua Altezza Reale || Per Gaetano Tartani, e Santi-Franchi..... Plaq. in-4 de 2 ffnc., cart.

Lettre écrite de Corfou, le 22 août 1716, par le Sig. Cav. Ferretti, à Monsignor Nunzio Vincentini.

3725. Glorieuse || Campagne || de || L'Armée Imperiale || contre || Les Turcs, || Représentée par quelques Symboles, || Avec || Des Devises tirées de l'Ecriture || Sainte, qui marquent la présente || Année 1717. *Au bas du 4ᵉ f. verso* : A Liege, chez Jean François de || Milst, Imprimeur de S. A. S. E. In-12 de 4 ffnc., rel. vél.

3726. **Pasch di Krienen** (Conte). Breve descrizione dell' Arcipelago e particolarmente delle diciotto Isole sottomesse l' anno 1771. al Dominio Russo... Con un ragguaglio esatto de tutte le Antichità da esso scoperte..... a specialmente del sepolcro d' Omero e d' altri celebri personaggi. In Livorno 1773. Per Tommaso Masi. In-8, rel. toile, 2 pl.

3727. Religio Vindicata. Sive Relatio belli turcici inter Augustissimum Cæsarem Carolum Sextum et Orientem gesti... Anno Incarnationis Dominicæ MDCCXX. Viennæ, typis Joan-Bapt. Schilgen... Petit in-8, pl. h.-t., rel. vél.

3728. Turcicidium || orIentIs phosphorI. * || Post || * DIlvcvlvm. * || Sive || Victoria || de Turcis || Anno 1716. Die 5. Augusti || à || Cæsareanis relata : || Nunc denuò || Emblemate Symbolico, & Stylo lapidario || chronicè ad mentis oculum repræsentata. || *S. l. n. d. n. typ.* Plaq. in-4, 6 ffnc., rel. vél

Cette plaquette contient un nombre considérable de chronogrammes.

3729. Veredico Racconto || Della disfatta dell' Esercito || Ottomano nelle Pianure || di Temisvar. || Datagli dal Serenissimo || Principe Eugenio || di Savoja. || Commandante delle Armi di Cesare. || (*Aigle à deux têtes.*) In Venezia, || Si Stampa, e si vende da Girolamo Albrizzi, || Libraro in Campo della Guerra a S. Giuliano..... Plaq. in-4 de 2 ffnc., d.-rel. bas.

3730. La || Victoire || des || Chretiens, || Remportée sur les Turcs. || Vers Liriques. || A Liege, || chez Jean-Philippe Gramme, Im-||primeur & Marchand Libraire, ruë des || sœurs de Hasques. *S. d.* Petit in-4 (format in-16), de 4 ffnc., non rogn., rel. vél.

Vers de mirliton en l'honneur de la prise de Belgrade par le prince Eugène.

3731. Collata mutuo gavdia ecclesiæ...., Collocencis pariter &..... Varadiensis de victo ad Petrovarad Tvrca ac recepto dextre Temesvarino de ingrvente atroce gentilitatis rabie liberatarvm..... Anno, quo Davidicum Oraculum in Turca exinanito completum est. In ILLa DIe perIbVnt CogItatIones eorVM. (*1716*). Tyrnaviæ, Typis Academicis per Fridericum Gall. Grand in-8, rel. toile.

Le titre présente de nombreux chronogrammes; l'un d'eux donne la date de l'impression du volume.

Capistrelli (Filippo). La Turchia depressa Belgrado ricuperato Dal Serenissimo Principe Eugenio di Savoja Tenente Generale dell' Armi Cesarce, &c. Sonetto..... Roma, Stamp. del Bernabò, MDCCXVII. Placard f° cart. — **Pitonius** (J. O.). Hungaria in libertatem ab Austria vindicata. Melodramma musicis concentibus decantandum, dum sub..... auspiciis Josephi primi Romanorum..... Regis..... Comes Paulus Zichy de Zichs..... pro Doctoratùs Laureà publicè..... propugnat..... Romæ, Ex Typographia Jo: Jacobi Komarek Bohemi... MDCXCV. In-4 de 14 pp., rel. toile. — **Memmo** (Andrea). Relazioni dirette al Veneto Senato da Andrea Memmo gia bailo a Costantinopoli nel 1714 e 1715 intorno alla prigionia da lui sofferta al Topanà e nel Castello di Abido edita e pubblicata da G. B. Foscolo. Venezia, tipografia di Alvisopoli, 1840. In-8, plaq. cart. perc. — **Weingarten** (A. von). Aus den Feldzügen der Venezianer gegen die Pforte am Ende des siebenzehnten Jahrhunderts. [Extr. fact. des *Œster. milit. Zeitsch.* 1828.] 1. In-12, cart.

3732. Feldzug des K. K. galizischen Armee-Korps gegen die Türken im Jahre 1788, nach Originalquellen bearbeitet. Wien, Ant. Strauss, 1824. **In-8**, cart. pap. — Istoria e descrizione della città di Belgrado in cui si espongono tutti gli avvenimenti accaduti a quella piazza nelle varie guerre co' Turchi. Fino alla conquista fattane nel di 8. di Ottobre 1789. dalle armi di S. M. l' Imperatore Giuseppe II. comandate dal Feld Maresciallo Laudon. In Italia. 1789. In-12, d.-rel. bas. (avec un plan de Belgrade). — **K.** Die Belagerung von Ismail durch die Russen, im Jahre 1790. Extrait, *s. l. n. d. n. typ.* **In-12**, cart. 1 pl. — **Volney** (M. de). Considérations sur la guerre actuelle des Turcs. A Londres, 1788. (*Titre gravé, avec une vignette*). In-8, rel. veau; sur les plats, armes de Jean-Jacques-Marie, comte d'Astorg.

6. Alliances des États occidentaux avec les Turcs.

3733. Apologia cuiusdam || Regiae Famae Stvdiosi || qua Cæsariani Regem Christianiss. arma & au-||xilia Turcica euocasse vociferantes, impuri || mēdacii & flagitiosæ calumniæ manifestè ar-||guuntur. || (*Marque typ.*) || Lvtetiae, || Apud Carolum Stephanum, Typographum || Regium, è regione scholæ Decretorum. || M D LI. || Cum priuilegio Regis. In-4 de 22 ffnc. — Altera Apologia pro || Rege Christianissimo || contra Cæsarianos, in qua de causis belli inter || Regem & Cæsarem recèns orti breuissimè & ve-||rissimè agitur. || (*Marque typ.*) || Lvtetiae, || Apud Carolum Stephanum,..... || M.D.LII. || Cum priuilegio..... In-4 de 30 ffnc. Ensemble 1 vol. rel. vél.

Ce sont deux des nombreuses apologies que Henri II fit faire en réponse aux attaques des Impériaux qui lui reprochaient ses alliances avec les Turcs. Ces deux pièces ont été attribuées à *Pierre Danès*, évêque de Lavaur (1497-1577), helléniste distingué et l'un des représentants du roi de France au Concile de Trente.

3734. Articoli, et capitolationi fatte tra il Christianissimo Rè di Francia, & di Nauarra, & l'Imperatore de' Turchi. Stampati in Parigi in lingua Francese l'anno 1619. & tradotti in Volgare con ogni diligenza. *S. l. n. d. n. typ.* (Vers 1620.) Plaq. petit in-4, 6 ffnc., rel. vél.

3735. [**Brun** (Antoine)]. Gesta Impio-||rvm per Francos, sive || Gesta Francorum per Impios, ex varijs || Auctoribus omni exceptione maioribus || collecta. || A Lvdovico de Crvzamonte || Doctore Catholico. || Rhenopoli. || M D C XXXII. In-4 de 30 pp., 1 fnc. blanc, sign. A-D, rel. vél.

Première et très rare édition d'un curieux libelle contre la politique française, dans lequel l'auteur fait à la France de sanglants reproches pour sa bonne entente avec les Turcs et les puissances protestantes. Une traduction française parut, l'année suivante, à « Rhenonville », sans nom d'imprimeur, ainsi qu'une traduction espagnole à Francfort. « Ludovicus de Cruzamonte » n'est autre que *Antoine Brun*, Franc Comtois (1600-1654), procureur général au Parlement de Dôle et plénipotentiaire, en 1642, au Congrès de Münster. On a généralement ignoré que les *Gesta impiorum* fussent une première édition du *Policismus Gallicus*.

3736. — Policismvs Gallicvs Siue, Foedvs Triplex Gallo-Tvrcicvm & Tvrco-Gallicvm Gallo-Hollandicvm & Hollando-Gallicvm Gallo-Svecicvm & Sveco-Gallicvm tvm et Patrocinivm Genevæ Regvm Christianissimorum Christianissimum perspicue Demonstrans. (*Fleuron.*) Cosmopoli, Apud Vdonem Belgam ad Insigne Aquilæ Volantis. M.DC.XLVI. Petit in-4 de 1 fnc., 29(1) pp., d.-rel. bas. noire, assez fortement rogné.

Nouvelle édition latine du libelle d'*Antoine Brun*.

3737. COPPIE || DE LA REQVE-||STE PRESENTEE || au Turc par l'Agent de la Royne || d'Angleterre, le 9. de Nouem-||bre 1587. || *Traduicte sur la coppie imprimee en Al-||lemand en la ville d'Ingolstad, chez* || *Dauid Sartorius 1588. & inseree* || *dedans le Liure de Pierre Hanson* || *de Saxe, portant ce titre*, Admo-||nition ou Aduertissement aux || fideles Germains, pour se garder || des Caluinistes. || A VERDVN. || Pour Iacques Eldreton. || 1589. Plaq. petit in-8 de 16 pp., rel. vél.

Violente attaque contre les Anglais qui, à la fin du xvɪᵉ siècle, cherchaient à lier amitié avec les Turcs, dans l'intérêt de leur commerce. A la page 14 commence une poésie latine « *De Elizabetha Angliæ presenta Regina* & *Pseudopapa Ecclesiæ Anglicanæ* » (24 vers) ; suivent une épigramme latine de deux distiques et « *Les Vertus de Iezabel Angloise* » qui commencent ainsi :

« Massacrer ses subiects qui font profession
« Du nom de Iesus Christ, mettre leurs biens en proye,
« Leur arracher du vêtre & le cœur et le foye,
....
« Detester hautement le sacré mariage
« Pour se brusler au feu d'vne impudique rage,
....

La dernière page contient une poésie : « *Aux Anglois affligez pour la Religion Catholique* » et ce quatrain :

« Anglois, vous dictes qu'entre vous
Vn seul Loup viuant on ne trouue,
Non, mais vous auez vne Louue
Pire qu'un milion de Loups ».

FIN

3738. Documenti sulle relazioni della Citte Toscane coll' Oriente Christiano e coi Turchi fino all' anno M D XXI, raccolti ed annotati da *Giuseppe Müller*.

Firenze, Cellini, 1879. 1 vol. in-4, 2 pl. facsim., d.-rel. chag. r., tr. lim.; au dos, chiffre du comte Riant.

3739. Episto=|| la missa ex Vrbe sv-||per insidijs à Gallorum rege structis || apud Venetos, ex quorum conci-||lio duo fratres omnia secreta Ve||netorum prodiderunt Gal||lo & ille Turcis. || Accessit Pas-||qvillvs Romanvs in no || uos Mameluchos Turcogallos, || vnà cum vaticinio de Gallo & || Aquila. Superaddito nouo va || ticinio iam breui, de huius || sæculi portentis. || Antverpiae || Ex officina Martini Nutij Anno à || Christo nato M.D.XLII. || mense Octobri. Petit in-8 de 8 ffnc., les deux derniers blancs, cart.

> Rare plaquette. Curieux petit recueil dirigé contre la France. Le première lettre, datée du 3 septembre 1542, raconte la trahison des frères Constantin et Nicolas Canasi, dénoncée par N. Marteloso, de Vérone. Les deux derniers feuillets blancs contiennent une poésie latine manuscrite, de 16 distiques, intitulée « *Querimonia Pasquilli* », également dirigée contre la France.

3740. [**Jansénius** (Cornelius)]. Alexandri Patricii Armacani, Theologi Mars Gallicvs sev de Ivstitia Armorvm, et Foedervm Regis Galliæ, Libri dvo, Editio novissima..... Anno M.DC.XXXIX., s. l. n. typ. (*Hollande?*). In-12, rel. vél.

> Cet ouvrage, publié sous un nom supposé, est du célèbre Jansénius, depuis évêque d'Ypres, qui en publia la première édition en 1635. Il contient de vives attaques contre les alliances des Rois de France avec les Turcs, considérées comme criminelles.

3741. LI BER TAS. || Sendschrifften der Königlichen Maie=|| stat zů Franckreich, ꝛc. An die Chur vnd Fürsten, Stende || vnd Stett des Heyligen Römischen Reichs Teutscher Nation, darinn sie sich jrer || yetzigen Kriegsrüstung halben vffs kürtzest erclert. || Henricus secundus Francorum Rex, vindex Libertatis || Germaniæ, & Principum captiuorum. || Apologia, darinn...... || .....gůt gerücht vertheydingt vñ verantwort würdt, von eynem seiner ge=|| trewen, widder der Keyserischen lügenhafftigen, schentlichē verleumbdung, damit jren || May. zůgemessen, sie habe des Türcken kriegs volck, die Christenheyt anzu=|| greiffen,..... bewegt. || ..... || 15 (*Armes de France*) 52 || S. l. n. typ. In-4 de 16 ffnc. (le dernier déchiré), rel. vél.

3742. **Belin**. Des capitulations et des traités de la France en Orient. 1er article [*Extrait s. l. n. d.* (Juillet 1869.)] (*La dernière page rétablie à la main*). — **Bouvet** (Francisque). La Turquie et les Cabinets de l'Europe depuis le XVe siècle ou la Question d'Orient. Deuxième édition. Paris, Giraud, 1854. In-12, rel. toile, non rogn. — **Lavallée** (Th.). Des Relations de la France avec l'Orient depuis les temps anciens jusqu'à nos jours. [*Extrait de la Revue indépendante.*] Paris, 1843. In-8, cart. — **Mireur**. Ligue des ports de Provence contre les pirates barbaresques en 1585-1586. Paris, Imp. nat., 1886. In-4, br. — La politique prussienne en Orient à la fin du siècle dernier. [*Extrait s. l. n. d. n. typ.*] In-8, cart. — **Vandal** (Albert). Une ambassade en Orient sous Louis XV. La mission du marquis de Villeneuve, 1728-1741. Paris, Plon, 1887. In-8, br.— **Zeller** (Jean). Quæ primæ fuerint legationes a Francisco I in Orientem missæ. Thesis. Parisiis, Hachette, 1881. In-8, rel. toile. Ensemble 7 vol. ou plaq.

3743. **Amari** (Michele). Trattato stipolato da Giacomo II di Aragona col sultano d' Egitto il 29 Gennaio 1293. Memoria. Roma, Salviucci, 1883. [*Reale Acc. dei Lincei*]. In-4, cart., couv. — [**Ferrato** (Pietro)]. Il marchesato di Mantova e l' Impero Ottomano alla fine del secolo xv°. Documenti inediti. Mantova, Mondovi, 1876. In-8, cart., couv. [*Per Nozze* Treves de' Bonfili-d' Almbert.] — **Foucard** (Cesare). Relazioni dei duchi di Ferrara e di Modena coi Re di Tunisi. Cenni e documenti. Modena, Pizzolotti, 1881. In-4, cart., couv. — **Pagani** (Zaccaria). Viaggio di Domenico Trevisan ambasciatore veneto al Gran Sultano del Cairo nell' anno 1512... Venezia, tip. Antonelli, 1875. [*Per Nozze* Miari-Buzzati, *pub. p.* G. Soranzo e N. Barozzi.] In-8, cart. (édit.) — **Mas Latrie** (L. de). Instructions de Foscari, doge de Venise, au Consul de la République chargé de complimenter le nouveau roi de Tunis en 1436. [*Bibl. de l'École des Chartes*, XLII, 1881]. In-8, cart. Ensemble 5 vol. ou plaq.

7. La question d'Orient. — XIXe siècle.

3744. Acht Wochen in Syrien. Ein Beitrag zur Geschichte des Feldzuges 1840, mit einer Karte vom Kriegsschauplatz. Stuttgart und Tübingen, Cotta, 1841. In-8, rel. toile. [In Widemann u. Hauff : Reisen- u. Länderbeschreibungen d. ält. u. n. Zeit.]

3745. **Collegno** (Giacinto). Diario dell' assedio di Navarino. Memorie di Giacinto Collegno, precedute da un ricordo biografico da *Massimo d' Azeglio*. Torino, Pelazza, 1857. Plaq. in-12, rel. toile, couv.

3746. [**Russell** (Lord John)]. De l'établissement des Turcs en Europe, trad. de l'anglais par A. B., ancien secrétaire d'ambassade. Paris, Ponthieu, 1828. 1 vol. in-8, rel. toile, couv.

3747. **Saripolos** (N. J.). Condition politique et sociale des Grecs sous la domination ottomane. (Extr. du *Bull. de l'Ac. des sc. mor. et p.*, XXV, 1886.) In-8, cart. — Stambul och det moderna Turkiet. Politiska, sociala och biografiska Skildringar af *en Osman*. Stockholm, Bokförlagsbyrån. (*S. d.*) 2 parties en 1 vol. in-8, cart.

3748. **Ubicini** (M. A.). La question d'Orient devant l'Europe. Documents officiels, manifestes, notes, firmans, circulaires, etc., depuis l'origine du différend..... Paris, E. Dentu, 1854. In-12, cart. perc. v.

3749. **Valentini** (Baron de). Traité sur la guerre contre les Turcs, traduit de l'allemand par *L. Blesson*. Berlin, Fincke, 1830. 1 vol. in-8, rel. veau, avec carte et pl.

3750. **Boré** (Eugène). Question des lieux Saints. Paris, Lecoffre, 1850. 1 plaq. in-8, br. — Réponse à la brochure de M. Eugène Boré intitulée Question des lieux Saints. Constantinople, Coromilla & Paspalli, 1851. 1 plaq. in-8, br. — **Boyard** (N. J. B.). La Russie et l'empire ottoman tels qu'ils sont et tels qu'ils devraient être. Paris, Roret, 1854. 1 vol. in-8, rel. toile, non rogn. — [**Crampon** (Ernest)]. De la neutralité de l'Autriche dans la guerre d'Orient, précédé d'un Avant-Propos sur le Traité de Berlin. Nouvelle édition. Paris, Amyot, 1854. 1 vol. in-8, rel. toile. — **Ficquelmont**. Le côté religieux de la question d'Orient. Paris, Amyot, 1854. In-8, rel. toile, non rogn. — **Forcade** (Eugène). Histoire des causes de la guerre d'Orient d'après des documens français et anglais. Paris, Lévy, 1854. Vol. in-12, rel. toile. — **Lamartinière** (Ch.). Les hommes de la question d'Orient. Paris, 1853. In-8, cart. perc. ponc. — **Léouzon Le Duc**. La question russe. I. Le prince Menschikoff. II. L'église gréco-russe. III. La Russie devant l'Europe. Paris, Hachette, 1853. — *Du même*. La Russie et la civilisation européenne. Paris, Lecou, 1854. 2 vol. in-12, rel. toile. — **Morpurgo** (Victor). Politique de la Russie en Orient. Avenir de la Turquie..... Documents. Paris, D. Giraud, 1854. In-12, cart. perc. — La guerre contre la Russie pendant l'année 1854 par *un ancien chef d'escadron d'état-major*. Dessin par *J. A. Beaucé*. Paris, Boizard, 1854. Vol. in-8, rel. toile. Ensemble, 11 vol. ou plaq.

3751. **Dolgoroukoff** (Pierre). La vérité sur la Russie. Paris, Franck, 1860. In-8, rel. toile, non rogn. — **Dragonetti** (Giulio). La quistione di Oriente e l'Italia. Napoli, dalla Stamp. dell' Iride, 1861. Plaq. in-12, cart., couv. — **Lenormant** (François). Une persécution du Christianisme en 1860. Les derniers événements de Syrie. Paris, Dentu, 1860. 1 vol. in-8, rel. toile. — **Poujoulat** (Baptistin). La vérité sur la Syrie et l'expédition française..... avec une préface de *M. Poujoulat*. Paris, Gaume et Duprey, 1861. In-8, rel. toile. — **Saint-Marc-Girardin**. Les origines de la question d'Orient. (Extr. de la *Revue des Deux-Mondes*, 1864 et 1865.) In-8, rel. toile. — *Du même*. La Syrie en 1861. Condition des chrétiens en Orient. Paris, Didier et Cie, 1862. In-12, cart. perc. v. — **Sayn Wittgenstein** (Prinz Emil zu). Der Schutz der Christen im Orient. Frankfurt a. M. 1860. In-8, cart. — La France en Syrie. Paris, Dentu et Challamel, 1860. In-8, 1 broch. cart. pap. Ensemble, 8 vol. ou plaq.

<small>On a relié, en tête de la dernière plaquette, une lettre pastorale de l'évêque de Moulins, Mgr de Dreux-Brézé, à tous les curés de son diocèse et datée du 6 août 1860.</small>

3752. **Bourgade** (F.). Asssociation de Saint-Louis ou croisade pacifique ayant pour but de répandre la civilisation chrétienne parmi les Musulmans. Paris, Firmin Didot, *s. d.* In-8, cart. (couv.). — **Lavigerie** (Mgr). Discours en faveur des Chrétiens orientaux, prononcé à l'Église de S. Louis des Français. Rome, impr. Salviucci, 1862. In-8, couv. — **Dupanloup** (Monsignor). Discorso pronunciato a Roma in favore delle Chiese d' Oriente..... nella chiesa di S. Andrea della Valle, li 3 giugno 1862. Roma, *s. d.* (1862). In-8. — Discours prononcé en faveur des églises d'Orient..... dans l'église de Saint-André de la Vallée. Rome, typogr. de l'Observateur romain, 1862. In-8. Ensemble 1 plaq. cart. pap. — **Wallon** (H.). Rapport au Conseil général de l'Œuvre des Écoles d'Orient..... pendant l'année 1856. Paris, 1857. In-8, cart. — Programme de la Société chrétienne orientale. Paris, 1853. In-8, cart., couv.

XVII

ORDRES RELIGIEUX ET MILITAIRES

1. Ouvrages généraux [1].

3753. **Carvalho** (Laurentius Pires). Enucleationes Ordinum Militarium tripartitæ..... Ulyssipone, Ex Typographia. Michaelis Manescal..... MDCXCIII. — *Tome II* : Enucleationes..... Septenæ..... Vlyssipone, Apud Michaelem Deslandes..... Anno 1699. 2 vol. in-fol., d.-rel. toile.

3754. **Giustiniani** (Bernardo). Historie cronologiche dell' origine degl' Ordini Militari et di tvtte le Religioni Cavalleresche infino ad hora instituite nel Mondo..... In Venezia, Presso Combi & Là Noù..... MDCXCII. 2 vol. petit in-fol., avec figg., d.-rel. toile.

Ouvrage fort intéressant, surtout grâce aux gravures représentant les costumes des divers ordres.

3755. **Gourdon de Genouillac** (H.). Dictionnaire historique des Ordres de chevalerie. Paris, Dentu, 1860. In-8, rel. toile, fig.

3756. **Lutzenburg** (Bernard de). De ordinibvs || militaribus, & armorum militariū, || fratris Bernardi de Lutzenburgo or||dinis Prædicatorum libellus utiliss. || (*Grav. sur bois, répétée au recto du dernier f.*) *Au verso du titre et au verso du fnc. 10* : image de la Vierge grav. sur bois. *Fnc.* 11 v°, *l.* 23 : ℭ Finis. || ℭ Colonie apud Eucharium Ceruicornum. || Anno 1 5 2 7 mense Julio. Petit livret in-8 de 12 ffnc., sig. a-a$_3$ et b., imp. gothique très fine, cart.

Très rare.

3757. **Mendo, S. J.** (André). De Ordinibvs Militaribvs; Disqvisitiones Canonicæ, Theologicæ, Morales, et Historicæ, pro foro interno, & externo. Opvs elaboratvm ad praxim ipsorvm ordinvm, nec-non Iurisprudentium, & Confessariorum. Secvnda editio, ab ipso avctore addita. (*Marque typ.*) Lvgdvni, Sumptibus Horatii Boissat, & Georgii Remevs. MDCLXVIII. Petit in-fol., rel. veau estamp.

3758. **Mennens** (Franc.). Militarivm Ordinvm origines, statvta, symbola, et insignia, Iconibus, additis genuinis. Hac editione mvltorvm ordinvm, & quotquot extitere, accessione locup'etata, serieq́; temporum distributa.....

---

1. Cf. n°ˢ 732 à 744.

Coloniae Agrippinae, Et denuo Maceratae, Apud Petrum Saluionum, M.DC.XXIII. Ad instantiam Francisci Manulessij Bibl. Anconitani.

F. Mennens, né à Anvers en 1582, était fils du célèbre alchimiste Guillaume Mennens. La première édition de son ouvrage est de Cologne, 1613.

3759. Das Ritter-Wesen und die Templer, Johanniter und Marianer oder Deutsch-Ordens-Ritter insbesondere. Stuttgart, J. B. Metzler, 1822-1824. 3 vol. in-8, d.-rel. bas. n., non rogn.

3760. **Steenackers** (F.-F.). Histoire des ordres de chevalerie et des distinctions honorifiques en France. Paris, Lacroix, Verboeckhoven et Ce, 1867. In-4, avec pl. en couleur, d.-rel. chag. r., tête marbr., non rogn.; au dos, chiffre du comte Riant.

3761. **Torelli** (Thomas Aloysius Silvius). Armamentarii historico-legalis Ordinum Eqvestrium et Militarium in codices tripertiti In quorum Primo decem Discursibus præmissis Res Eqvestres per pendentibus peculiares alphabetica regula de quolibet Ordine singillatim Discursus habentur..... Forolivii Typis Anton. Barbiani..... 1751-58. 3 vol. in-fol., d.-rel. bas. n.

3762. **Wahlen** (Auguste). Ordres de chevalerie et marques d'honneurs. Bruxelles, 1844. — Supplément. Bruxelles, 1855. Ensemble 1 vol. **grand in-8**, avec nombr. pl. en couleur, d.-rel. mar. brun, plats toile, tête dor., non rogn.

3763. **Wal** [(Le baron de)]. Recherches sur l'ancienne constitution de l'Ordre Teutonique et sur ses usages comparés avec ceux des Templiers; suivis d'éclaircissements sur l'histoire et l'abolition de l'ordre du Temple. Mergentheim, Jean George Thomm, 1807. 2 vol. in-8, avec 1 planche, d.-rel. toile.

3764. **Zapater** (Fr. Miguel Ramon). Cister militante en la Campaña de la Iglesia contra la Sarracena furia. Historia general de las Ilustrisimas Inclitas y Nobilisimas Cauallerias del Templo de Salomon, Calatraua, Alcantara, Avis, Montesa, y Christo..... Impresa en Çaragoça por Agustin Verges,..... Año 1662. (*Titre encadré et gravé.*) Petit in-fol., rel. vél., 1 pl.

3765. **Montagnac** (Elizé de). Histoire des Chevaliers Templiers et de leurs prétendus successeurs suivie de l'Histoire des Ordres du Christ et de Montesa. Paris, Auguste Aubry, 1864. In-12, avec 2 gravures, rel. toile. — [**Roux** (L'abbé)]. Histoire des trois ordres réguliers et militaires des Templiers, Teutons, Hospitaliers, ou Chevaliers de Malthe. Paris, Lottin, 1725. 2 tomes en 1 vol. in-12, rel. veau. — **Strubycz** (Matthias). Brevis atque Accurata Descriptio historico-geographica Ad Ecclesiasticam & Profanam In primis Ordinum Johannitarum, Teutonicorum & Templariorum faciens Historiam..... in lucem protracta a *Justo Laurentio Diezio.* Amstelædami, Impensis Auctoris, ap. A. Strander, 1727. Petit in-8, cart.

3766. **Charmasse** (Anatole de). État des possessions des Templiers et des Hospitaliers en Mâconnais..... et partie de la Bourgogne d'après une enquête de 1333. Paris, Champion, 1878. In-8, cart. — Documents sur les ordres du Temple et de Saint-Jean-de-Jérusalem en Rouergue. Rodez, Ratery, 1861. In-8, rel. toile, non rogn., couv. — Malteser Urkunden und Regesten zur Geschichte der Tempelherren und der Johanniter; herausgegeben von Dr *Hans Prutz*..... München, Theod. Ackermann, 1883. In-8, cart. perc., couv.

2. Les Templiers.

3767. **Addison** (C. G.). The Knights Templars. 2^d edit. London, Longman, 1842. In-8, rel. toile (édit.), avec pl.

3768. **Boutaric** (Edgard). Clément V, Philippe le Bel et les Templiers. Paris, Palmé, 1874. 1 vol. in-8, rel. toile, couv.

3769. **Cibrario** (Comte Louis). Breve storia dell' ordine del Templo coll' analisi critico-legale degli atti del procedimento per cui fu abolito. Torino, Fontana, 1848. Vol. in-4, rel. toile, couv. Tirage à 40 exemplaires. — Dei Tempieri e della loro abolizione. Degli ordini equestri di S. Lazzaro di S. Maurizio e dell' Annunziata. Sesta edizione. Torino, Botta, 1868. Vol. in-8, d.-rel. chag., tête peigne, non rogn., couv.; au dos, chiffre du comte Riant. Portrait de l'auteur.

3770. **Delaville le Roulx**. Documents concernant les Templiers extraits des archives de Malte. Paris, Plon, 1882. Vol. in-8, d.-rel. chag., couv., tête peigne, non rogn.; au dos, chiffre du comte Riant.

Cf. n° 3766.

3771. **Dupuy**. Traittez concernant l'histoire de France : sçauoir la condamnation des Templiers, auec quelques Actes : l'histoire dv Schisme, les Papes tenans le Siege en Auignon : et qvelqves procez criminels. A Paris, chez la veuue Mathvrin dv Pvis et Edme Martin, 1654. Vol. in-4, rel. vél.

Première édition de l'ouvrage de *Pierre Dupuy* (1582-1651), historien français, né à Agen, qui devint Garde de la Bibliothèque du Roi et Conseiller au Parlement. Son frère, *Jacques Dupuy* (1586-1656), également Garde de la Bibliothèque du Roi, a donné cette édition accompagnée d'un portrait de P. Dupuy, gravé par *Nanteuil*.

3772. — Traittez concernant l'histoire de France..... A Paris, chez Edme Martin, 1700. 1 vol. in-12, rel. veau éc. (portrait).

Troisième édition de l'ouvrage de Dupuy. La seconde était de 1685. Le portrait diffère de celui de la première édition.

3773. — Histoire de la condannation des Templiers, celle du Schisme des Papes tenans le Siege en Avignon & quelques Procès criminels, Par..... Edition nouvelle, augmentée de l'Histoire des Templiers de Mr Gurtler & de plusieurs autres Pièces curieuses sur le meme sujet. A Brusselle, chez François Foppens, 1713. 2 vol. petit in-8, rel. veau marbr., tr. rouge.

Nouvelle édition, avec l'éloge de Dupuy par *Perrault*, son portrait à chaque volume et un portrait du connétable de Bourbon gravé par *Harrewyn* d'après *Titien*. Cette édition est due aux soins de *Jean Godefroy*.

3774. — Histoire de l'Ordre militaire des Templiers, ou Chevaliers du Temple de Jérusalem depuis son Etablissement jusqu'à sa Decadence & sa Suppression Par..... Nouvelle Edition, revuë, corrigée & augmentée d'un grand nombre de Pièces Justificatives..... A Brusselles, chez Pierre Foppens, 1751. 1 vol. in-4, rel. veau.

Cette édition ne contient plus l'histoire du schisme et les Procès criminels, mais contient en revanche la Règle de l'Ordre du Temple et une suite chronologique des Grands Maîtres. Elle est divisée par chapitres.

3775. **Ferreira** (Alexandre). Memorias e noticias da celebre Ordem dos Templarios. Para a historia da admiravel Ordem de Nostro Senhor Jesu Christo..... Parte Primeira. Lisboa Occidental, J. Antonio da Sylva, 1735. 2 vol. in-4, rel. veau, front. au t. I.

Tout ce qui a paru.

3776. **Gürtler** (Nicolas). Historia Templariorum observationibus ecclesiasticis aucta. Amstelædami Apud Henricum Wetstenium. cIɔ Iɔ CxCI. Petit in-8, rel. veau fauve.

3777. **Kolinovics** (Gabriel). Chronicon militaris ordinis Equitum Templariorum..... nunc primum..... edidit *Martinus Georgius Kovachich*..... Pestini, Litteris Trattnerianis, (*vers 1789*). In-8, d.-rel. bas., coins. Ex-libris de Th. Karajan. Portraits de Kolinovics, du comte Antoine Jancovics, à qui l'ouvrage est dédié, et 1 planche.

G. Kolinovics naquit, en 1698, à Senkowicz (Hongrie) et mourut en 1770 laissant d'importants ouvrages historiques sur la Hongrie, et un grand nombre de manuscrits.

3778. **Maillard de Chambure** (C.-H.). Règle et statuts secrets des Templiers, précédés de l'histoire de l'établissement, de la destruction et de la continuation moderne de l'Ordre du Temple. Paris, Brockhaus, 1840. In-8, d.-rel. mar. vert, tr. peigne.

3779. [**Mansuet** jeune (Le P.)]. Histoire critique et apologétique de l'ordre des chevaliers du Temple de Jérusalem, dits Templiers. Par feu le R. P. M. J., Chanoine Régulier de l'ordre des Prémontrés..... Paris, Guillot, 1789. 2 tomes en 1 vol. in-4, d.-rel. veau éc., tr. peigne; au dos, chiffre du comte Riant (avec 1 planche en couleur).

Cet ouvrage a été publié par le *P. Baudot*, Prémontré. La préface et la table des matières sont du P. capucin *Joseph-Romain Joly*.

3780. **Schottmüller** (Konrad). Der Untergang des Templer-Ordens, mit urkundlichen und kritischen Beiträgen. Berlin, Mittler, 1887. 2 vol. in-8, br — *Du même* : Bericht über die archivalischen Forschungen zur Geschichte und den Process des Tempelherrn-Ordens. [Abdr. a. d. *Sitz. d. k. p. Akad. d. Wiss. zu Berlin*, XLVIII, 1886.] In-4, br.

3781. **Wilcke** (Ferdinand). Geschichte des Ordens der Tempelherren. Nebst Bericht über seine Beziehungen zu den Freimaurern und den neuern Pariser Templern. Halle, Schwetschke, 1860. 2 tomes en 1 vol., d.-rel. veau, tête marbr., non rogn.

3782. **Anton** (Karl Gottlob). Versuch einer Geschichte der Tempelordens. [2ᵉ *édit. corrigée et augmentée.*] Leipzig, Ad. Friedr. Böhme, 1781. In-12, d.-rel. bas., ébarb. — **Bini** (Telesphoro). Dei Tempieri in Lucca. Lucca, Bertini, 1839. In-8, rel. toile. — **Campomanes** (Don Pedro Rodriguez). Dissertaciones historicas del Orden y Caballeria de los Templarios..... *S. l. n. typ.*, 1795. In-12, rel. toile. — **Fraissinet** (Édouard). Essai sur l'histoire de l'ordre des Templiers, traduit de l'original allemand publié à Leipzig en 1779. Bruxelles, Mortier, 1840. 1 vol. in-8, d.-rel. bas., tr. jaspée. — Heiligthümer aus dem Archive der Tempelherren. Erfurt, Heinrich Knick, 1811. In-12, d.-rel. bas. — **Jacob**. Recherches historiques sur les Croisades et les Templiers..... Paris, Éverat, 1828. In-8, avec 4 pl., d.-rel. veau bl., tête dor., non rogn. [De la bibliothèque de M. *J. Jacquette.*] — **Reghellini**. Précis historique de l'ordre du Temple, origine de la Fr∴Maç∴par le F∴M. Reghellini de Schio. (Ex États de Venise.)..... Or∴ de Jérusalem, chez le Silence, rue du Niveau, au Compas. L'an de la G∴L∴5840. (*Publication faite en Belgique.*) Petit in-8 (in-16), rel. toile. — **Rey** (E.). L'Ordre du Temple en Syrie et à Chypre. Les Templiers en Terre Sainte. Arcis-sur-Aube, Frémont, 1888. In-8, br. Ensemble, 8 vol. ou plaq.

3783. **Bourquelot** (Félix). Notice sur le cartulaire des Templiers de Provins (XIIᵉ et XIIIᵉ siècles). Extr. de la *Bibl. de l'Éc. des Chartes*, XIXᵉ année. In-8, cart. — Cartulaire des Templiers du Puy-en-Velay publié par *Augustin Chassaing*. Paris, Champion, 1882. In-8, rel. toile, non rogn., couv. — **Brunet** (Victor-Armand). Les commanderies des Templiers du département du Calvados. Paris, Jouaust, 1869. Plaq. in-8, cart., non rogn. [Tiré à 275 ex.] — **Barthélemy** (Comte Édouard de). Obituaire de la commanderie du Temple de Reims. *S. l. n. d. n. typ.* (Extrait factice des Mélanges de l'Académie des inscriptions et belles-lettres). 1 plaq. grand in-8, cart. — **Le Gentil**. Souvenirs archéologiques sur les Templiers en Artois. Arras, De Sède, 1873. In-8, cart. — **Tonini** (A. G.). I Templari nel Piacentino. Estratto della Strenna Piacentina, 1885. In-12, cart. Ensemble, 6 vol. ou plaq.

3784. Statuts secrets des Templiers : Geheimstatuten (Die) des Ordens der Tempelherren nach der Abschrift eines vorgeblich im Vatikanischen Archive befindlichen Manuscriptes zum ersten Male in der lateinischen Arschrift und in deutscher Uebersetzung herausgegeben von *Dr. Werzdorf*... Halle, G. Schwetschke, 1877. In-8, cart. perc. — Lateinische Hymnen aus angeblichen Liturgien des Tempelordens... bearbeitet von *Hermann Hoefig.* Parchim, Wehdemann, 1870. In-8, rel. toile, couv. — **Prutz** (Hans). Geheimlehre und Geheimstatuten des Tempelherren-Ordens. Ein kritische Untersuchung... Berlin, E. Sieg. Mittler und Sohn, 1879. In-8, cart., perc. bl., couv. — Statutenbuch des Ordens der Tempelherren aus einer altfranzösischen Handschrift herausgegeben von *D. Friedrich Münter.* Berlin, Voss, 1794. In-8, portr., d.-rel. chag. r. Ensemble 4 vol. ou plaq.

3785. Baphomet, Actenstücke zu dem durch des Herrn J. v. Hammer Mysterium Baphometis revelatum wieder angeregten Prozesse gegen die Tempelherren;..... herausgegeben durch *Franz Maria von Nell.* Mit zwey Steintafeln. Wien, Gräffer, 1820. In-8, cart. — **Loiseleur** (Jules). La doctrine secrète des Templiers, étude suivie du texte inédit de l'enquête contre les Templiers de Toscane..... Paris et Orléans, 1872. In-8, rel. toile. (Ouvrage tiré à 200 exemplaires, accompagné de planches représentant l'idole attribuée aux Templiers et les coffrets de M. le duc de Blacas.) — **Mignard.** Éclaircissements sur les pratiques occultes des Templiers. Dijon, Douillier, 1851. 1 pl. lith. — Monographie du coffret de M. le duc de Blacas. Paris, Dumoulin, 1852. 1 pl. lith. — Suite de la monographie du coffret de M. le duc de Blacas, ou preuve du Manichéisme de l'Ordre du Temple. Paris, Dumoulin, 1853. 4 pl. lith. Vol. in-4, d.-rel. chag. — **Nicolai** (Friedrich). Versuch über die Beschuldigungen welche dem Tempelherrenorden gemacht worden, und über dessen Geheimniss; nebst einem Anhange über das Entstehen der Freymaurergesellschaft..... zweite verbesserte Auflage. Berlin und Stettin, 1782. In-12, 2 tomes en 1 vol. cart. perc., pl. h.-t. — *Le même, traduction française.* Amsterdam, D. J. Changuion, 1783. In-12, rel. toile, 1 pl. — **Reinaud** (Abbé). Lettre à M. le baron Silvestre de Sacy sur la Collection de Monuments orientaux de S. Exc. M. le comte de Blacas. Paris, Didot, 1820. — Schreiben an den H. B. Sylvester de Sacy über die Sr. Exc. dem Herrn Grafen Blacas zugehörige Sammlung orientalischer Denkmähler. Übersetzt durch *Fedor Grafen Karaczan.* Wien, Heubner, 1823. 2 plaq. in-8, br. Ensemble 7 vol. ou plaq.

3786. **Havemann** (Dr Wilhelm). Geschichte des Ausgangs des Tempelherrenordens. Stuttgart und Tübingen, J. G. Cotta, 1846. In-8, rel. toile. — Histoire de l'abolition de l'ordre des Templiers. A Paris, chez Belin, et à Rouen chez Besongne, 1779. 1 vol. in-12, rel. bas. fauve. — **Lavocat** (M.). Procès des frères et de l'Ordre du Temple. Paris, Plon, 1888. 1 vol. in-8, br. — **Neveu** (Abbé Léon). Procès des Templiers. (*Thèse.*) Paris, Delalain, 1877. Plaq. in-8, rel. toile, couv. — [**Pissot**]. Procès et condamnation des Templiers, d'après les pièces originales et les Manuscrits du tems; servant d'introduction à la tragédie des Templiers; par M. Raynouard. Paris, Gervais et Maison, an XIII-1805. In-8, cart. — **Raynouard.** Monumens historiques relatifs a la condamnation des chevaliers du Temple et a l'abolition de leur ordre. Paris, A. Egron, 1813. In-8, d.-rel. bas. — *Du même..* Les Templiers.

Vienne, Schrämbl, 1818. (*Titre gravé.*) Très petit in-8, rel. toile. — **Stippe** (Joh. Jac.). Dissertatio..... de Templariorum Eqvitum ordine sublato..... Halæ, literis Salfeldianis, (M D CCV). In-4, rel. toile. — **Wichmanshausen**. De extinctione ordinis Templariorum. Diss. Ac. Lipsiæ, Fleischer, 1687. 1 plaq. in-4, cart. — **Widman** (Sv.). De ordine Templariorum. Upsaliæ, literis Wernerianis, 1724. In-12, rel. vél. Ensemble 10 vol. ou plaq.

3787. **Bellot** (Philippe). L'Ordre du Temple, poëme. Paris, juillet 1857. 1 plaq. in-8, rel. toile, couv. — **Raynouard**. Les Templiers, Tragédie..... Représentée pour la première fois sur le Théâtre Français par les Comédiens ordinaires de l'Empereur, le 24 floréal an XIII (14 mai 1805); Précédée d'un précis historique sur les Templiers. Paris, Giguet et Michaud, an XIII-1805. In-8, rel. toile, pl. [Édition originale.] — Die Tempelherren. Ein dramatisches Gedicht in fünf Aufzügen, 1788. (1 pl.) — Die Tempelhern, ein Trauerspiel in fünf Aufzügen. Nach einem dramatischen Gedichte fürs Theater bearbeitet. (1 pl.) Mannheim, in neuen Kunstverlage, 1796. — Tugendopfer, Trauespiel in fünf Aufzügen. Mannheim, im n. Kunst., 1796. Br. in-8. — **Werner** (F. L. Z.). Dalens Söner, eller Tempelherrarne på Cypern och Kor Sbröderna..... öfversättning af *Georg. Scheutz*. Andra Upplagan. Stockholm, Huldberg, 1864. In-12, rel. toile, couv.

LE TEMPLE MODERNE [1]

3788. [**Fabré Palaprat**]. Lévitikon, ou exposé des principes fondamentaux de la doctrine des Chrétiens-Catholiques-primitifs; suivi de leurs Évangiles, d'un Extrait de la Table d'or, et du rituel cérémoniaire pour le service religieux, etc. et précédé du statut sur le gouvernement de l'Église, et la hiérarchie lévitique. Paris, A la librairie des Chrétiens primitifs et chez J. Machault, Trésorier-général... . 1831. In-8 de 316 pp., d.-rel. bas., envoi autog. de Fabré Palaprat.

3789. Mélanges sur l'Ordre du Temple. 1 vol. in-8, d.-rel. veau. **Sarrut** (Germain) et **Saint-Edme**. Biographie de M. Fabré-Palaprat. Paris, Poussielgue, 1836. 32 pp. et 1 portr. lithog. — Observations sur un muet guéri par le galvanisme présenté à l'Académie royale des Sciences le 22 décembre 1834; par M. le Dr Fabré-Palaprat. Extrait du *Journal de la Société des Sciences physiques*. (Février 1835.) [Paris, imp. Ducessois.] 8 pp. — [**Fabré-Palaprat** ou **Guillon** (Aimé)]. Jérusalem et Rome. Débats entre les journalistes protecteurs du Catholicisme romain de nos jours, et les conservateurs du Christianisme de l'Église primitive; pour faire suite au livre : de l'Église chrétienne primitive, et du Catholicisme romain de nos jours..... Paris, Au bureau central d'imprimerie et de librairie..... 1834. 82 pp., couv. — [**Plusard**]. Recherches historiques sur les Templiers et sur leurs croyances

---

1. Cf. nos 3778, 3781.

religieuses, Par J. P....., Ancien Élève de l'École Polytechnique..... Paris, Dentu et Delaunay, 1835. 2 ffnc., 70 pp., 1 fnc., couv. — Ordre du Temple, Symbole de la foi des Chrétiens primitifs. [Paris, Guyot.] 8 pp. — Doctrine de la haute Initiation du Temple, révélée dans une série de leçons faites au Grand Convent métropolitain de l'Ordre, par M. l'évêque de Nivernais, précepteur du Grand Convent. Paris, Tilliard, 1833. 12 pp. — [**Dehèque**]. Hiérologies ou Discours historiques et dogmatiques sur les Superfétations apportées à la révélation du Christ, prononcés au Temple des Chrétiens primitifs... suivis du Discours sur les trois versions de la Bible..... par M. le C. Marie de Venise..... Paris, Bureau central, 1835. 255(1) pp., couv. — Réponse au libelle diffamatoire de M. J. Duchesne aîné, ayant pour titre : Histoire de la condamnation d'un Templier en 1832,..... Paris, Guyot, 1835. viij-56 pp. — Ordre du Temple (*Armes*). Paris, 1837. 22 pp. — Réflexions d'un ancien Templier. Paris, Duverger, 1836. 14 pp. — [**L'Hote** (J.-B.)]. Église chrétienne primitive. Lettre pastorale de M. l'évêque de Nancy, primat-coadjuteur de Lorraine. Paris, Ducessois, 1832. 30 pp., 1 fnc. — **Rebière** (Julien). Anniversaire du martyre de Jean le Précurseur. Discours prononcé le 26 juin 1834, à l'église des Chrétiens Primitifs..... Paris, au secrétariat du Temple, 1834. — etc., etc.

3790. Histoire de la condamnation d'un Templier en 1832. Paris, Delaunay, 1833. Br. in-8, fortement mouillée, 1 fnc. et 48 pp.

L'auteur est *Jean Duchesne* aîné sous le nom de F. Jean de Nord-Amérique.

3791. Histoire curieuse de la démission d'un grand-chancelier de l'Ordre du Temple, grand-comte de l'Ordre, et vénérable doyen de la grande maison métropolitaine d'initiation, en l'an de l'Ordre DCC XVIII. Ex typis militiæ Templi. Schebat 718 (janvier 1837). In-8 de 2 ffnc., 112 pp., imprimé à Paris, chez A. Moessard, cart.

3792. Lettre aux soi-disans membres du conseil général d'administration de l'Ordre du Temple pour faire suite à l'Histoire curieuse de la démission d'un Grand-chancelier de cet Ordre en 1836. Imprimerie de l'Ordre du Temple, 1837. In-8 de 39(1) pp., rel. toile, non rogn.

3793. Manuel des Chevaliers de l'Ordre du Temple. (*Armes du Grand-Maitre Fabré-Palaprat.*) A Paris, chez les FF. J.-B. Poulet et Ch.-A. Poulet, père et fils, Grands Adeptes de l'Aigle noir de St Jean, Imprimeurs de la Milice du Temple, quai des Augustins, n° 9. 699 (*1817*). 1 vol. in-8 de 1 fnc., 246-ij pp., rel. toile, non rogn.

A notre exemplaire est joint le feuillet original 47-48 ; il offre avec le feuillet cartonné, relié avec le volume, une certaine différence qui le rend particulièrement intéressant, car les quelques mots retranchés ont fait précisément le sujet de la dispute survenue, à cette époque, entre plusieurs des adeptes de Fabré-Palaprat, dispute qui amena une séparation dans l'Ordre nouvellement organisé. Ces retranchements constituent ce que l'on a appelé la falsification de la charte donnée par Jacques Molay ou par son Conseil. Ce feuillet est un document d'autant plus intéressant que Fabré-Palaprat en a fait détruire, avec le plus grand soin, tous les exemplaires, et un très petit nombre (quatre ou cinq à peine) ont pu échapper à cette destruction. Ces renseignements proviennent d'une lettre du libraire parisien Guillemot, jointe à notre exemplaire, ainsi qu'un calendrier perpétuel de l'Ordre du Temple.

3794. **Recueil de Documents sur l'Ordre du Temple** (1835-1841). 1 vol. in-4, d.-rel. veau.

Ce recueil comprend diverses pièces, mandements et lettres du grand-maître Fabré-Palaprat, Rapports au conseil d'administration de l'Ordre, Manifeste du grand Convent, Bulletins de l'Ordre du Temple (n°s III-VI, avril-août 1838), etc...

3795. **Ordre des Chevaliers du Temple.** (*Armes du Temple moderne.*) A. M. D. G. Bruxelles, Imprimerie de l'Ordre du Temple. 722 (1840). 1 vol. petit in-fol. de 2 ffnc., 120 pp., rel. toile, non rogn., couv.

Un second titre (p. 1) : « Statuts des chevaliers de l'Ordre du Temple, formés des règles sanctionnées dans les Convents-Généraux et rédigés en un seul Code, par le Convent-Général de Versailles, de l'an 586 (1705). »
A la suite des statuts sont imprimés divers documents, allocutions, manifestes, rescrits du xix° siècle et une liste des grands-maîtres de l'Ordre continuée depuis Jacques de Molay jusqu'à Jules de Moreton-Chabrillan (1838), remplaçant Fabré-Palaprat.

3796. **Actes du Convent-Général de l'Ordre du Temple**, tenu à Paris, en 1836 et 1837. (*Armes*). Paris, 1837. In-16 de 2 ffnc., 273(1) pp., 1 fnc., d.-rel. veau.

3797. **Traduction littérale en français du texte latin des statuts de l'Ordre du Temple**, de la Charte de Transmission, des Notes, etc. contenus dans la dernière Édition in-18 (707-1825), du Manuel des Chevaliers de l'Ordre du Temple. (*Armes.*) Paris, Guyot, 715-1833. In-16 de 188 pp., 1 fnc. (errata), d.-rel. veau.

3. Les Hospitaliers ou Chevaliers de Malte.

3798. **Abela** (Giovanfrancesco). Della || Descrittione || di Malta || Isola nel Mare || Siciliano || Con le sve Antichita, ed altre notitie || Libri Quattro. || Del Commendatore || Fra Gio : Francesco Abela || Vicecancelliere della Sacra ed Eminentissima Religione || Gierosolimitana. || (*Gravure représentant saint Paul*). || In Malta, || Per Paolo Bonacota MDCXLVII. || Con licenza de' svperiori. In-4 de 10 ffnc., y compris le front. gravé par *il Buonamici*, une carte de Malte (comprenant 2 ff.) et un plan de l'antique cité de Malte. 573(1) pp., 8 ffnc., rel. parch., légères mouillures à la fin.

Cet ouvrage, savant et rare, est le premier livre qui ait été imprimé à Malte, où même depuis cette date de 1647 l'imprimerie ne fonctionna longtemps que pour publier les actes officiels des Grands-Maîtres. La « Descrittione » du commandeur *Abela* (1582-1655) a été réimprimée à Malte en 2 vol. in-fol., 1772-1780. *Seiner* en a inséré une traduction latine dans le « Thesaurus antiquitatum et historiarum Siciliæ ».

3799. — Malta illustrata..... corretta, accresciuta, e continovata dal Conte Giovannantonio Ciantar..... con le piante di Malta, e della sua antica città, e delle Isole adiacenti, e con diversi Rami..... In Malta nella Stamperia del Palazzo di S.A.S. M DCC LXXII. Per F. Giovanni Mallia..... 2 vol. in-fol., front. à chaque tome et 21 pl., cart.

3800. Abregé des Memoires donnez av Roy, svr la Revnion de l'Ordre & grande Maistrise de S. Iean de Ierusalem (maintenant de Màlthe) à la Couronne, sans porter preiudice à la Noblesse de France, sans démembrer ledit Ordre ny offencer le sainct Siege Apostolique. M.DC.XXVII. Petit in-4 (in-16) de 32 pp., rel. vél.

> Une note imprimée en manchettes (p. 3) dit que « Ces memoires sont entre les mains de Monsieur Martin, cōseiller d'Estat & cōmis sur les aduis ». L'auteur de ces Mémoires, l'ex-chevalier de *Moncol*, reproche surtout aux Grands-Maîtres de l'Ordre leur vassalité vis-à-vis des Rois d'Espagne qu'ils doivent, par serment, à cause de la donation de Malte, s'engager à défendre envers et contre tous, « *sans excepter mesme le sainct Siege* ». Cf. n° 3805.

3801. **Acciardi** (Michele). Mustafà Bassà di Rodi schiavo in Malta, o sia la di lui congiura all' occupazione di Malta descritta da M. A. In Napoli M DCCLI. Appresso Benedetto, ed Ignazio Gessari. In-4, d.-rel. parch. — Relazione istorica della coniura dei schiavi turchi di Malta Scoperto li 6 Giugno dell' Anno corrente 1749. E dei fatti posteriormente seguiti Fino al giorno 25. Luglio. In Bologna, M.DCC.XLIX. Per Carlo Alessio, e Clemente Maria Fratelli Saffi..... In-4 de 8 pp., br.

3802. **Beaulaigue**. Discovrs || veritable de la || Prinse de L'ango en || l'Archipelago par les Che-||ualliers de Malte. || A Monsievr de Champier || Gentilhomme Ordinaire de la || chambre du Roy, Cappitaine de cent gentilhommes ||.....|| (*Marque typ.*) || A Paris, || Chez Gvillavme Marette Imprimeur, || ruë S. Iacques à l'enseigne du Gril. || M.DC.XI. || Auec permission. Plaq. de 14 pp., 1 fnc. blanc, sign. A-B, rel. vél. Exemplaire un peu rogné.

> Récit d'un fait d'armes exécuté dans les premiers jours de juin 1611. La dédicace est signée « De Beavlaigve », peut-être bien le même qu'un capitaine Beaulaigue qui se distingua dans l'expédition.

3803. **Beckmann** (Johann Christoph). Beschreibung des Ritterlichen Johanniter=Ordens und dessen absonderlicher Beschaffenheit im Herrn=Meisterthum in der Marck, Sachsen, Pommern und Wendland..... Mit nöthigen Anmerckungen..... auch einem Anhang mit Extract aus denen Capitul=Schlüssen... und anderen Beylagen Vermehret von Justus Christoph Dithmar..... Franckfurth an der Oder Verlegts J. G. Conradi 1726. In-4 av. front., cart. — **Dithmar** (Justus Christoph). Geschichte des Ritterlichen Johanniter=Ordens und dessen Herren=Meisterthums in der Marck, Sachsen, Pommern und Wendland..... wie auch..... Herrn Abt de Vertot ins Teutsche ubersetzte Dissertation..... Franckfurth an der Oder, Bey J. G. Conradi, 1728. In-4 av. 12 pl. grav. sur cuivre, contenant 7 fig. et 49 blasons; d.-rel. bas. n.

3804. **Boyssat-Lucieu** (Pierre de). Histoire des chevaliers de l'ordre de l'Hospital de S. Jean de Hierusalem contenant leur admirable institution..... la conqueste et les troys grandz sièges de Rhode, le merveilleux siège de Malte..... Lyon, 1612. 2 tomes en 1 vol. petit in-4, rel. mar. rouge, filets, tr. dor., *reliure ancienne*. [Titre frontispice refait à la main pour les deux parties.]

3805. — Histoire des Chevaliers de l'ordre de S. Iean de Hiervsalem; contenant levr admirable Institution & Police; la Suitte des Guerres de la Terre Saincte, où ils se sont trouuez, & leurs continuels Voyages, Entreprises, Batailles, Assauts & Rencontres. Cy-deuant escrite par le feu S. D. B. S. D. L..... & augmentée de Sommaires..... d'Annotations à la marge..... par I. Bavdoin. Derniere edition. Où l'on a joinct les Ordonnances du Chapitre General, tenu en l'an 1632..... Oevvre enrichie d'vn grand nombre de Figures en taille-douce; & illustrée..... des Vies des Serenissimes Grands-Maistres..... & autres Traittez fort remarquables par F. A. de Naberat..... A Paris, Pour Iacqves D'Allin..... M.DC.XLIII. In-fol., rel. veau fauve, aux armes d'un Chevalier de Malte. Le front. est déchiré.

<blockquote>
Cette histoire est traduite en partie de Bosio par S. D. B. S. D. L. (le sieur *de Boissat, sieur de Lucieu*). A la fin de l'ouvrage se trouve un dernier traité dû au Commandeur de Naberat « Malthe svppliante avx pieds dv Roy. Contre l'Autheur de l'Abregé des Memoires presentez à sa Maiesté, pour la reünion de la Grand Maistrise de l'Ordre de S. Iean de Hierusalem à sa Couronne »; on y donne le nom de l'auteur de ce pamphlet, le Chevalier *de Moncol*, chevalier de Malte dégradé en 1612. Cf. n° 3800.
</blockquote>

3806. **Bosio** (Iacomo). La Corona del Cavalier Gierosolimitano..... In Roma, Appresso Francesco Zannetto M.D.LXXXVIII..... 1 vol. petit in-4 de 8 ffnc., 328 pp., 1 fnc. rel. vél.

<blockquote>
Bosio était frère servant de l'Ordre de Malte, dont il fut l'agent à Rome, sous le pontificat de Grégoire XIII. Son ouvrage est divisé en cinq parties; chacune est précédée d'un frontispice gravé, le même pour toutes; mais les tirages des frontispices des parties II et III sont bien supérieurs aux autres. Sur le titre sont gravées les armes du Grand-Maitre de Malte, Hugo de Loubenx Verdale, à qui le livre est dédié.
</blockquote>

3807. — Le Imagini de' Beati, e Santi della Sacra Religione di S. Gio. Gierosolimitano. E di altre persone Illustri. Con vn breuissimo Compendio della Vita, e de' miracoli loro. Cauato dalla prima, e seconda parte dell' Istorie della medesima Sacra Religione. Scritte da Iacomo Bosio. Di nuouo date in luce con la vita di Donna Sàcha Reina di Aragona, & di Andrea, Secondo Re d'Vngheria Cauate dalle Istesse Istorie per Francesco Trvglio. (*Blason.*) In Roma, Et ristampata in Palermo, Per Decio Cirillo, 1633..... In-8, rel. mar. rouge, fil., tr. dor., dent. int., dos orné (Dupré).

<blockquote>
Cet ouvrage, compilé par *F. Truglio* d'après les œuvres de *J. Bosio*, contient les portraits des Bienheureux Gérard, Raymond du Puy, Pietro da Imola, de sainte Vbaldesca, religieuse de l'Ordre de St Jean de Jérusalem, de St Hugues, commandeur de Gênes, du B. Gherardo Mercati da Villamagna, frère servant, du B. fra Gerland, de St Nicaise, martyr, chevalier de St Jean, de Don Garçia
</blockquote>

Martinez, de sainte Flore, de Dona Sancha d'Aragon et de André de Hongrie, soit 13 fig. grav. sur cuivre.

3808. — Dell' Istoria della Sacra Religione et Ill.ma Militia di S. Gio. Gierosol.no..... di nvovo ristampata. In Roma, Appresso Guglielmo Facciotto, 1620-1684. 3 vol. in-fol., rel. parch.

> Mouillures & raccommodages au tome I.er. Chaque titre est entouré d'un encadrement gravé sur cuivre, celui du tome III est différent des deux autres.
> Tome III : Seconda Impressione. In Napoli, MDCLXXXIIII. Presso Dom. Anto. Parrino.

3809. **Bouhours, S. J.** Histoire de Pierre d'Aubusson grand-maistre de Rhodes. Seconde édition. Paris, Seb. Mabre-Cramoisy, MDCLXXVII. In-12, rel. veau marbr., tr. dor.; sur les plats et au dos, chiffre du comte Riant. — **Streck** (Emil). Pierre d'Aubusson, Grossmeister des Iohanniter-Ordens. (*Programm*). Chemnitz, H. Wilisch (1873). In-8 car., cart.

3810. **Bourg** (A. du). Ordre de Malte. Histoire du grand-prieuré de Toulouse. Deuxième édition. Paris et Toulouse, 1883. 1 vol. in-8, d.-rel. veau, tête peigne, non rogn.; au dos, chiffre du comte Riant. — **Sénemaud** (Ed.). L'Ordre de Malte dans les Ardennes. Mézières, F. Devin, s. d. In-8, cart. couv.

3811. **Breithaupt** (Johann Friederich). Christliche Helden Insel Malta, Mit eygentlicher derselben Landschafft, wie auch dess Ritterlichen Johanniter Ordens von Jerusalem, zu Malta : tugentlichen Lebens und schönen Regiments wahrer Beschreibung..... Gedruckt zu Franckfurt am Mayn, bey Wolffgang Hoffmann, In Verlegung Friderici Hulsij. Anno 1632. Petit in-4, d.-rel. bas. n., front. grav. sur cuivre.

3812. **Brés** (Honoré de). Malta antica illustrata co' monumenti, e coll' istoria [*carte et planches*] Roma, nella Stamperia de Romanis, 1816. In-4, d.-rel. bas., coins.

3813. — Recherches historiques et politiques sur Malte Par *** Ornées de Gravures, et de la Carte de cette Isle, par le Citoyen Capitaine. Paris, Cramer, An VII. Petit in-8, d.-rel. bas. n.

3814. **Carasi.** L'ordre de Malthe dévoilé ou voyage de Malthe;... 1790. S. l. n. typ. 2 tomes en 1 vol. in-8, d.-rel. veau marbré; au dos, chiffre du comte Riant.

> Violent pamphlet contre les Chevaliers de Malte; l'auteur, après avoir fui la maison de son père, s'était engagé dans un régiment à la solde de l'Ordre de Malte et était resté deux ans dans cette île, de 1780 à 1782.

3815. **Cartulaire** des Hospitaliers (Ordre de Saint-Jean de Jérusalem) du Velay, publié par *Augustin Chassaing*. Paris, Picard, 1888. 1 vol. in-8, br. — Cartulaire de la commanderie de Saint-Amand, publié par *Anatole de Barthélemy*. Paris, Champion (1882). In-8, cart., couv.

3816. Catalogue général et alphabétique des familles nobles de France admises dans l'ordre de Malte depuis l'institution de cet ordre jusqu'à présent....... Paris, Bachelin-Deflorenne, 1872-73. 1 vol. in-8, d.-rel. veau jaune, non rogn. — **Grasset** (Emman. Ferd. de). Preuves de noblesse des dames religieuses de Beaulieu en Quercy de l'ordre de St Jean de Jérusalem. Paris, Dumoulin, 1868. Plaq. in-8, rel. toile, non rogn.

3817. **Correa** (Thomas). Oratio habita || Ad Xystvm V. || Pont. Max. || Nomine Magni Magistri || familiæ hospitalis || S. Ioannis Baptistæ. || A Thoma Corræa. || Obedientiam prestante ornatissimo viro F. Francisco de Astorch || Sagreuille Domino, & Sororis Magni Magistri filio. || Romę IIII. Kal. Augusti Anno M.D.LXXXV. || Permissv svperiorvm. || [*Armes de l'Ordre*] || Romæ. || Expensis Valerij Pasini prope Gymnasium Rom. || M.D.LXXXV. *In fine* : Romæ, || Apud Iacobum Ruffinellum. M.D.LXXXV. Petit in-4 de 8 ffnc., rel. vél.

<small>Thomas Correa, poète et grammairien, né à Coïmbre en 1537, enseigna avec beaucoup de succès, à Palerme, à Rome et à Bologne. Au dernier fnc. se trouve la réponse faite par Ant. Buccapadula, au nom de Sixte-Quint.</small>

3818. **Curione d'Asso.** Il Glorioso Trionfo della Sacro Santa Religion Militare de' Nobili, Valorosi, e inuitti Caualieri di S. Giouanni Gierosolimitano detti prima Hospitalieri, e poi di Rodi, & vltimamente di Malta. Nel quale si mostra la loro singolar, e inuiolabil fedeltà verso Dio..... Parte Prima. In Milano, Per l' Herede di Pacifico Pontio, & Gio. Battista Piccaglia. M.DC.XVII. In-4, rel. vél.

<small>Le dominicain *Domenico Maria Curione d'Asso* fut chargé, par les chevaliers de Malte, d'écrire leur histoire ; mais la mort l'empêcha de faire paraître autre chose que cette première partie.</small>

3819. — El glorioso Trivmpho, de la Sacrosanta Religion militar de los Nobles, e Invencibles Caualleros de S. Iuan Gerosolimitano... Primera Parte, en la qual se muestra la singular, è inuiolable fidelidad destos Religiosos Caualleros para con Dios. Traduzida de Italiano en Español, y en muchos lugares acrecentada, por Pablo Clascar del Vallès..... En Barcelona Por Esteuan Liberos, 1619. Petit in-8, rel. parch., titre raccom.

<small>Cette traduction de *Pablo Clascar* parut l'année de la mort de l'auteur.</small>

3820. **Delaville le Roulx** (J.). De prima origine Hospitalariorum Hierosolymitanorum. Paris, Thorin, 1885. In-8, br. — La commanderie de Gap. Extr. de la *Bibl. de l'École des Chartes*, t. XLIII, 1882. In-8, cart. — Un anti grand-maître de l'Ordre de Saint-Jean de Jérusalem, arbitre de la paix conclue entre Jean Galéas Visconti et la République de Florence (1391-1392). Paris, 1879. In-8, cart., couv. — **Guillaume** (Paul). Origines des chevaliers de Malte et rôle des donations de la commanderie de Gap (xie-xiie siècles). Paris, Picard, 1881. In-8, rel. toile, non rogn., couv. — **Saige** (Gustave). Les origines de l'Ordre de l'Hôpital Saint-Jean de Jérusalem. Donations dans l'Albigeois antérieures à la première croisade. Paris, Hérold, 1864. In-8, cart., couv. — **Ulhorn** (Gerh.). Die Anfänge des Johanniterordens. [Abd. a. d. *Brieger's Zeitschr. f. Kirchengesch*, 1883, VI, Gotha]. In-8, cart. Ensemble 6 plaquettes.

3821. **Devillers** (Léopold). Inventaire analytique des archives des commanderies belges de l'ordre de Saint Jean de Jérusalem ou de Malte. Mons, Manceaux, 1876. In-4, rel. toile.

3822. Distinta || Relazione || Del Combattimento seguito il dì 4. Agosto 1764. || al capo Tavalara in Sardegna || Tra tre Galeotte dell' || Eminentissimo Gran Maestro della || Sagra Religione Gerosolimitana, || e quattro Galeotte Tunisine, || Con la gloriosa Vittoria ripor-||tata dalli Maltesi. || (*Fleuron*.) || In Roma M DCC LXIV. || Nella Stamperia del Chracas,... Plaq. de 2 ffnc., format petit in-4, cart.

3823. **Dubsky, baron de Strebomislitz** (Ferd. Léop.). Fundata species facti, vel potius... deductio, qua Ordinem Rhodensium, nunc Melitensium Equitum, ad præsens tempus, legaliter..... adhuc existere in Regno Hungariæ : & ibi habere Bona..... Brunæ, Typis Mariæ Elizabethæ Sinapianæ Viduæ, Anno 1705. In-4, rel. vél.

3824. **Figueiredo** (Jozé Anastasio de). Nova Historia da Militar Ordem de Malta e dos Senhores Grão-Priores della, em Portugal..... Lisboa, na Officina de Simão Thaddeo Ferreira. 1800. 3 vol. petit in-fol., d.-rel. toile, non rogn.

3825. **Funes** (Juan Augustin de). Coronica de la illvstrissima milicia, y sagrada religion de San Ivan Bavtista de Iervsalem..... Año 1626. En Valencia, Por Miguel Sorolla..... 1 vol. in-fol., rel. parch., titre remonté.

Juan Augustin Fúnes Laliguera y Zapata, chevalier de Malte, vivait au commencement du xviie siècle; il entra en 1607 dans l'Ordre de Malte : servit dix ans à bord des vaisseaux de l'Ordre. Il se retira ensuite en Aragon, son pays natal, où il obtint la commanderie de Mallen.

3826. **Goussancourt** (Mathieu de). Le Martyrologe des Chevaliers de S. Iean de Hiervsalem, dits de Malte. Contenant levrs eloges, armes, blasons, Preuues de Cheualerie, & descente Genealogique de la plvspart des Maisons Illustres de l'Europe. Avec la svitte des Grands-Maistres..... A Paris, chez Siméon Piget M DCLIV. 2 tomes en 1 vol. in-fol., contenant un grand nombre de blasons gr. sur cuivre, rel. veau f.

3827. **Herquet** (Karl). Der St Johanniterorden nach seiner inneren Verfassung und seinen jetzigen Verhältnissen. Würzburg, Stahel, 1865. In-8, cart. — Juan Ferrandez de Heredia Grossmeister des Johanniterordens, 1377-1396. Mülhausen i Th., Foerster, 1878. In-8, cart. — Chronologie der Grossmeister des Hospitalordens während der Kreuzzüge. Berlin, Schesier, 1880. In-8, cart.

3828. **Herrlich** (C.). Die Balley Brandenburg des Johanniter-Ordens von ihrem Entstehen bis zur Gegenwart und in ihren jetzigen Einrichtungen.

Berlin, C. Heymann, 1886. In-8, rel. toile (édit.), pl. phot. — **Winterfeld** (A. von). Geschichte der Ritterlichen Ordens St. Johannis vom Spital zu Jerusalem. Mit besonderer Berücksichtigung der Ballei Brandenburg oder des Herrenmeisterthums Sonnenburg. Berlin, M. Berendt, 1859. In-8, rel. toile (édit.), pl. chromo et sur bois.

3829. **Karnovitch**. Les chevaliers de Malte en Russie au temps de l'empereur Paul I [*En Russe*]. S. Pétersbourg, 1880. In-8, rel. toile.

3830. **Luppé de Garrané** (Jean Bertrand de). Mémoires et Caravanes; suivis des Mémoires de son neveu *Jean Bertrand de Larrocan d'Aiguebère*. Publiés pour la première fois par le *comte de Luppé*. Paris, Aubry, 1865. 1 vol. petit in-4, d.-rel. mar. vert, tête jasp., non rogn., avec 1 pl. et 2 tabl. généal. Tiré à 300 exemplaires. Exemplaire avec envoi d'auteur à *A. Thierry*.

3831. **E. Mannier**. Les commanderies du Grand-prieuré de France de l'Ordre de Malte d'après les documents inédits conservés aux Archives nationales à Paris. Paris, Aubry, 1872. 2 vol. in-8, d.-rel. chagr. rouge, coins, tête dorée; au dos, chiffre du comte Riant.

3832. **Marulli** (Geronimo). Vite de' Gran Maestri della Sacra Religione di S. Giovanni Gierosolimitano..... Napoli, Ottauio Beltrano, M.DC.XXXVI. Petit in-fol., rel. vél., front.

3833. Mémoire historique pour l'ordre souverain de St Jean de Jérusalem, suivi de considérations..... sur le rétablissement de cet ordre. Paris, Egron, 1816. In-8, d.-rel. veau marbr., tête lim., dos orné, non rogn. — Réclamation de l'ordre souverain de Saint Jean de Jérusalem au Congrès d'Aix-la-Chapelle. [Paris.] A. Egron, Octobre 1818. In-8, cart. — Réclamation de l'ordre souverain de St-Jean-de-Jérusalem. Adressée au Roi de France et aux deux Chambres dans l'intérêt général de l'Ordre et dans l'intérêt particulier des trois langues françaises. *S. l. n. typ.* 1817. In-8, rel. toile

Cette Réclamation (1817) est signée des nom du bailli de Lasteyrie du Saillant, des commandeurs de Bataille, Peyre de Chateauneuf, de Dienne; c'est le même texte que la « Réclamation » de 1818 adressée au Congrès d'Aix-la-Chapelle.

3834. **Mondagnaro** (A.). Relatione || della gran vittoria || Che anno ottenuto le sei Galere della || Religione di Malta in Leuante || della presa della Gran Sol-||dana de Turchi. || Et altri Vascelli, che portauano il Ni-||pote del Gran Turco a visitare il || corpo di Maumetto alla || Mecca. || Opera molto curiosa da intendere || Composta in Ottaua Rima d' Andrea || Mondagnaro Napolitano. || (*Vignette sur bois*.) || In Viterbo, per Pietro Martinelli || Con licenza..... 6 ffnc. (format in-16), cart.

3835. **Naberat** (F. A. de). Sommaire des privileges octroyez a l'ordre de S. Iean, par les Papes, Empereurs, Roys & Princes..... Ensemble les trois abregez intitvlez Malthe suppliante aux pieds du Roy. La Response à la Declaration de Messieurs les Prelats de l'Assemblée Generale de France, tenüe à Paris l'an 1625. L'Instruction pour faire les preuues de Noblesse..... & autres particuliers Traictez. Dediez a la Royne. *S. l. n. d. n. typ.* In-fol., nombr. figg. et pl., rel. vél. (aux armes).

<blockquote>C'est une sorte de tirage à part, avec des titres frontispices à chaque nouveau traité, d'un ouvrage qui se trouve généralement à la suite de l'Histoire des chevaliers de Malte de *Boissat de Lucieu* et *J. Baudoin*. Cf. n° 3805. Les frontispices et autres gravures sont d'un bien meilleur tirage que dans l'édition de 1643.</blockquote>

3836. Nvova, e distinta || Relatione || d' vna diabolica risolutione seguita || nella città di Malta || Di vna Figliuola d' eta di anni 19., quale do-||minata dal Diauolo, hà dato morte al || proprio Padre, e Madre, & à due figli-||uoli d' vna sua Balia, vno di trè||mesi, e l' altro di quindeci. || Con il seuero, e giusto castigo, che ne hà fatto la Giu-||stitia, & vn' auuertimento, che fece al Popolo || auanti la sua morte. || Seguito alli 10. Agosto 1672. || (*Grav. sur bois.*) || Bologna, Piacenza, & in Milano, Per Antonio Malatesta. || Con licenza..... 2 ffnc. (format in-4), cart.

3837. **Osterhausen** (Christian von). Eigentlicher und gründlicher Bericht dessen was zu einer volkommenen Erkantnuss und wissenschafft, dess Hochlöblichen, Ritterlichen Ordens, S. Johannis von Jerusalem zu Malta, vonnöthen. Secunda Editio..... Gedruckt zu Augspurg, durch Andream Aperger,..... Anno M.DC.L. Petit in-8, titre r. et n., 19 pl. h.-t., 1 front., rel. parch. — **Niederstett** (Burchard). Malta vetus et nova..... auspiciis et jussu Christophori Casparis liberi baronis a Blvmenthal edita. Helmestadii, in typ. Calixtino..... per Henningvm Mvllervm, anno cıɔıɔc lx. In-4, dérel., front. gravé par *A. Aubry*. — **Ortenburg** (Heinrich von). Der Ritter-Orden des heiligen Johannes von Jerusalem. Regensburg, G. J. Manz, 1866. In-8, rel. toile.

3838. [**Paciaudi**]. Memorie de' Gran Maestri del sacro militar ordine Gerosolimitano. (*Armes du grand-maître de Rohan.*) Parma, Dalla Stamperia Reale, cıɔ ıɔcc lxxx. 2 planches et méd. gravés dans le texte. 3 vol. in-4, rel. vél.

<blockquote>Magnifique édition sortie des presses de Bodoni qui a signé la dédicace au grand-maître de Rohan. L'auteur de l'ouvrage est le P. *Paolo Maria Paciaudi* (1710-1785), théatin, historiographe de l'Ordre de Malte ; mais sa mort interrompit son travail qui ne contient que les vies des fondateurs et des dix premiers grands-maîtres.</blockquote>

3839. **Pantaleon** (J. H.). Militaris ordinis || Iohannita-||rvm, Rhodiorvm, || avt Melitensivm eqvitvm, rervm || memorabilivm terra mariqve, à sexcentis || ferè annis pro republica Christiana, in Asia, Africa, & Europa || contra Barbaros..... fortiter gesta||rum, ad præsentem usq3 1581 Annum, Historia Noua, libris || duodecim comprehensa..... || ...., nvnc primvm || summa diligentia conscripta..... : Authore Henrico || Pantaleone......|| (*Marque typ.*) || Cum S. Cæs. Maiest. priuilegio || ad sexennium. || Basileæ, Anno M.D.LXXXI. || (Guarinus). Petit in-fol. de 6 ffnc., 387(1) pp., 6 ffnc., rel. mar. gren. jansén., dent. int., tr. dor. (Chambolle-Duru), nomb. fig. sur bois dans le texte.

<blockquote>Fort rare. Au verso du fnc. 5 se trouve un portrait sur bois de l'auteur, Henri Pantaleon (1522), à l'âge de 60 ans. Il était alors doyen de la Faculté de médecine</blockquote>

de Bâle, poète lauréat et comte palatin. On a conservé, dans notre exemplaire, deux anciens feuillets de garde dont l'un porte les deux mentions : « Ex-libris Joh. Heinrici Pantaleonis Basiliensis, 1587 » — « Ex-libris Maxiimliani Pantaleonis, Año 1610. 16 octob. » Nous avons donc probablement l'exemplaire même de l'auteur, passé ensuite dans la Bibliothèque de R. Fæsch qui y mis quelques annotations marginales peu importantes.

3840. **Paoli** (Paulo Antonio). Dell' Origine ed Istituto del sacro militar ordine di S. Giovambattista Gerosolimitano detto poi di Rodi, oggi di Malta... Roma [L. Perego Salvioni], 1781. 1 vol. in-4, br.

3841. **Pauli** (Seb.). Codice diplomatico del Sacro Militare Ordine Gerosolimitano, oggi di Malta, Raccolto da varj documenti di quell' archivio per servire alla storia dello stesso Ordine in Soria..... Lucca, Marescandoli, 1733-1737. 2 vol. in-fol., rel. vél., pl.

Pauli a utilisé pour son travail des documents aujourd'hui disparus et qui existaient encore de son temps aux archives de l'Ordre de Malte.

3842. **Pozzo** (B. dal). Historia della Sacra Religione militare di S. Giovanni Gerosolimitano detta di Malta del Signor Commendator F. Bortolameo Co: dal Pozzo Veronese, Caualier della medema... [*Tome I*] : In Verona, MDCCIII. Per Giouanni Berno... [*Tome II*] : In Venezia, MDCCXV. Appresso Gerolamo Albrizzi..... 2 vol. in-4, rel. veau moucheté, tr. rouges. — Ruolo generale de' cavalieri Gerosolimitani della veneranda lingua d'Italia, raccolto dal Com^{re} Fr. Bartolomeo del Pozzo Per sin' all' Anno 1689, continuato dal Com^{re} Fr. Roberto Solaro di Govone per tutto l' Anno 1713. Torino, Francesco Mairesse, e Giovanni Radix, 1714. In-4, rel. parch.

3843. Relacion verdadera de || las insignes vitorias que la esquadra de las seys || Galeras de la Religion de san Iuan de Malta ha alcançado, desde prime||ro de de Mayo deste presente año de 1634. hasta vltimo de Iulio del mis||mo año, contra Turcos, y Cosarios de Tripol, y otras partes de Berbe-|| ria. Remitida de Madrid a don Antonio de la Encina Contreras, || Recibidor General del partido de Casti-||lla la vieja. || Impresso con licencia del Ordinario, en Valladolid por la viuda de Cordoua. || Acosta de Francisco Ruyz de Valdiuielso mercader de libros. || *Deux fig. sur bois. Suit le texte*..... S. d. (1634). Petit in-fol. de 2 ffnc., rel. vél.

3844. Ruolo delli cavalieri, cappellani conventuali, e serventi d'armi ricevuti nella veneranda lingua d'Italia della Sagra Religione Gerosolimitana e distinti nelli rispettivi priorati. Malta, Nella stamperia del Palazzo di S. A. E. per Fra Giovanni Mallia..... 1789. In-4, rel. toile. — Ruolo dei cavalieri..... ricevuti nella veneranda lingua d' Italia del sovrano Ordine Gerosolimitano..... compilato..... dal fra *Felice Patroni Griffi*. Roma, 1861. In-8, cart. — **Bonazzi** (Francesco). Elenchi delle famiglie ricevute nell' Ordine Gerosolimitano formati per sovrana disposizione dai priorati di Capua e di Barletta nell' anno 1801. Napoli, de Angelis, 1879. 1 plaq. in-8, br.

3845. **Seddall** (The Rev. Henry). Malta : past and present. Being a history of Malta from the days of the Phoenicians to the present time. London, Chapman and Hall, 1870. In-8, avec carte, rel. toile, non rogn. (édit.).

3846. **Shaw** (Claudius). Malta « Sixty years ago » ; also a synoptical sketch of the order of St John of Jerusalem, from its first formation till the evacuation of Malta..... London, Tinsley, 1875. In-8 carré, rel. toile (édit.). — **Tallack** (William). Malta under the Phenicians, Knights & English. London, A. W. Bennett, s. d. In-8, rel. toile (édit.), planches.

3847. **Taaffe** (John). The history of the order of St. John of Jerusalem. London, Hope, 1852. 4 tomes en 2 vol. in-8, rel. toile (édit.). — **Bedford** (Rev. W. K. R.). Notes on the old hospitals of the order..... of St John of Jerusalem in England. London, Harrisson, 1881. Plaq. in-8, cart.

3848. **Vassallo** (G. A.). Storia ta Malta mictuba ghal poplu. Malta. Tipografia Fratelli Bonello, 1862. — **Preca** (Annibale). Storia sacra bil Malti mil bidu tad-digna sal migia ta sidna Gesu' Cristu..... Malta, 1863. Tipografia Fratelli Bonello. Ensemble 2 tomes petit in-8 en 1 vol. d.-rel. mar., tête dorée, non rogn.; au dos, chiffre du comte Riant. — Catachismu fuk l' istoria ta Malta u Ghaudex ghat-tfal. Malta, Stamperia ta F. Cumbo, 1859. Plaq. in-12, cart.

> Ce dernier ouvrage est un petit catéchisme historique en langue maltaise pour les îles de Malte et Gozzo.

3849. **Vertot** (L'abbé de). Histoire des Chevaliers Hospitaliers de Saint Jean de Jérusalem, appellez depuis les Chevaliers de Rhodes et aujourd'hui les Chevaliers de Malte. Paris, Rollin, Quillaut et Desaint, M DCC XXVI. 4 vol. in-4, rel. veau f., tr. rouge, avec les portraits des grands maîtres.

> Exemplaire en grand papier de la première édition. Reliure aux armes.

3850. **Villarosa** (Marquis di). Notizie di alcuni Cavalieri del sacro ordine Gerosolimitano illustri per lettere e per belle arti. Napoli, 1841. In-8, br.

3851. **Villeneuve-Bargemont** (L. F. de). Monumens des grands-maîtres de l'ordre de Saint-Jean de Jérusalem ou vues des tombeaux élevés à Jérusalem, à Ptolemaïs, à Rhodes, à Malte, etc. Paris, Blaise, 1829. 2 tomes et planches en 2 vol. grand in-8, d.-rel. chag. rouge, tête dor., non rogn.; au dos, chiffre du comte Riant.

3852. **Weislinger** (Joann. Nicol.). Armamentarium Catholicum perantiquæ, rarissimæ ac pretiosissimæ Bibliothecæ, quæ asservatur Argentorati in celeberrima Commenda eminentissimi Ordinis Melitensis Sancti Johannis Hierosolymitani,..... Argentinæ, Typis Ioannis Francisci Le Roux..... 1749. 1 vol. petit in-fol., d.-rel. veau jaune, tr. limaçon.

3853. **Wochenblatt** der Johanniter-Ordens-Balley Brandenburg. [1860 (origine) à 1865 incl.; 1870-1886.] 6 vol. in-8, d.-rel. chag. rouge, tr. lim.; au dos, chiffre du comte Riant. Années 1884-1886 en livraisons.

<small>Ce journal, organe des chevaliers (allemands-protestants) de Saint-Jean-de-Jérusalem (Brandebourg), n'est pas dans le commerce.</small>

3854. **Zio** (Francesco). Trattato || delle ceremonie, || che s' vsano nel creare || I cavalieri di S. Giovanni || Gierosolimitano. || con la descrittione dell' Isola di Malta. || (*Portrait du Grand-Maitre de La Valette, grav. sur bois.*) || In Roma, Appresso Giulio Bolani de gli Accolti, 1566. (*Grav. sur bois au verso du titre.*) In-4 de 16 ffnc., rel. vél.

<small>Sorte de cathéchisme par demande et réponse, abrégé des règles observées pour recevoir un chevalier de Saint-Jean-de-Jérusalem. L'auteur, F. Zio, était chevalier de Malte.</small>

3855. **Bardy** (Gustave). Ordre Souverain des Hospitaliers réformés de Saint-Jean de Jérusalem. Organisation de son premier couvent en France. Paris, Challamel, 1859. — De la situation présente de l'ordre de Malte, du caractère de sa réforme, de son ancien état en Poitou. Paris, Rouvier, 1859. — *Du même.* La nouvelle question romaine. Paris, Challamel, 1861. Ensemble 3 plaq. in-8, cart. et br. — **Flandin** (Eugène). Histoire des chevaliers de Rhodes depuis la création de l'ordre à Jérusalem jusqu'à sa capitulation à Rhodes. Tours, Mame, 1873. Grand in-8, rel. toile, non rogn., avec pl. — **Laquesnoy** (L'abbé de), **La Platière** (Comte de). Fastes de l'ordre de Malte, selon la série chronologique de ses Grands-Maitres; accompagnés de notes critiques, et ornés de portraits de ses plus illustres chevaliers..... A Paris, chez M. le Comte de la Platière, M. le Prieur du Temple, Bailly, libraire..... 1789. Grand in-4, d.-rel. v. f. [Incomplet. Ne va que jusqu'à la page 32. On y voit le front. et le portr. de Gérard, fondateur de l'ordre.] — **Miège**. Histoire de Malte. Bruxelles, Gregoir & Wouters, 1841. 4 tomes en 2 vol. in-8, rel. toile. — **Montagnac** (Élizé de). Histoire des chevaliers hospitaliers de St Jean de Jérusalem.... Paris, Aubry, 1873. In-8. In-12, rel. toile, 1 grav. et portrait du bailli de Colloredo. — *Du même.* Chevaliers de Malte, Organisation contemporaine, Liste générale. Paris, Bachelin Deflorenne, 1874. In-12, rel. toile, 2 gravures sur bois. Ensemble 8 vol. ou plaq.

3856. **Ceva-Grimaldi** (Francesco). Sunto di notizie storiche riguardante il sacro militare ordine degli Ospedalieri di S. Giovanni di Gerusalemme dalla sua origine al presente. Montesanto, Tip. del Diogene, s. d. 1 plaq. in-8, cart., couv. — **Cicognara** (Conte Vincenzo). I Cavalieri dell' Ordine di S. Giovanni di Gerusalemme, detti di Malta. Napoli, Nobile, 1840. In-12, rel. toile. — **Fenicia** (Salvatore). Cantica con comenti sul principio e nobile scopo dell' inclito Ordine Gerosolimitano di S. Giovanni. Napoli, Perrotti, 1859. Plaq. in-8, rel. toile, couverture, avec un portrait en couleur de l'auteur. — **Fontana** (Conte Aldigherio). L'origine della sacra et eminentissima religione Gerosolimitana, con la serie de' suoi Gran Maestri..... Bologna, Pisarri,

1704. Vol. in-12, rel. vél. — **Magri** (Carlo). Il valore Maltese, difeso da Carlo Magri della Valletta contro le calunnie di Girolamo Brvsoni. Roma, Stamp. del Dragondelli, 1667. In-8, rel. vél. — **Mascellis** (Rob. de). L' ordine sovrano di S. Giovanni di Gerusalemme in Napoli. Napoli, S. de Marco, 1859. In-8, cart., couv. — **Onofrj** (Pietro d'). Succinto Ragguaglio dell' origine, progresso, e stato presente del sacro militar Ordine Gerosolimitano. Napoli, Gaetano Raimondi, 1781. In-8, rel. toile. Ensemble 7 vol. ou plaq.

3857. **Curzon** (H. de). Une réception au Temple. Alexandre de Vendôme, 1er février 1604. Extr. de la *Bibl. de l'Éc. des Chartes*. Paris, 1886. — Eminentissimo principi F. D. Gregorio Carafae in Magnum Ierosolymitani Ordinis Equitum Magistrum electo, Clericorum Regularium Gratvlatio. Neapoli, Benzi, 1680. In-12, rel. toile. — **Persoglio** (Vincenzo). Sant' Ugo Cavaliere ospitaliere Gerosolimitano e la Commenda di S. Giovanni di Prè... Genova, tipografia Arcivescovile, 1877. In-8, 1 vol. cart. perc. gr., couv. — Le même opuscule, 1878. In-8, br., pl. — **Sagramoso**. Lettera del sign. marchese Mich. Enr. Sagramoso balì del S. Ord. di Malta al Co. Ignazio Zanardi di Mantova. (*Per Nozze* p. p. *Giamb. Carlo Giuliari.*) In-4, br. — **Sciaditico** (Amaranto). Il Pazzo di Cristo, ovvero il Brandano da Siena vaticinante nell' Esaltazione gloriosissima al Gran Magistero Gerosolimitano dell' Em..... Zondadari. Poesia fanatica. Siena, Quinza, s. d. In-4, rel. vél. Ensemble 5 vol. ou plaq.

3858. **Mas Latrie** (L. de). Archives, bibliothèque et inscriptions de Malte. Paris, Imp. impériale, 1857. In-8, rel. toile. — Extraits des archives de Malte, ouvrages généalogiques, manuscrits, pièces détachées, etc. Gand, 1855. Plaq. in-8, d.-rel. toile. — **Miller**. Institut de France. Rapport sur les travaux des Écoles d'Athènes et de Rome pendant l'année 1878. Paris, Didot, 1879. In-4, cart. — [**Vassallo**]. Catalogo dei Codici e dei Manoscritti che si conservano nella pubblica biblioteca di Malta. Valetta, Stamp. di Governo, 1856. In-8, rel. toile, couv. — **Smitmer** (Franç. Paul de). Catalogo della biblioteca del sagro militar Ordine di S. Giovanni Gerosolimitano oggi detto di Malta..... M D CC LXXXI. *S. l. n. typ.* In-12, rel. veau.

Cet exemplaire de Smitmer porte l'ex-libris de James Bentley qui a mis en note sur le feuillet de garde « *Scarce and useful, not printed for sale*, 1790. »

3859. [**Bacon** (de)]. Destruction de l'Ordre de Malte en faveur de l'ordre militaire de Saint-Louis. Par M. de B. A Paris, se trouve chez les Marchands de Nouveautés, 1789. 1 plaq. in-8, rel. toile, non rogn. — **Privat de Fontanilles**. Malthe ou Lisle-Adam, dernier grand maître de Rhodes et premier grand maître de Malthe. Poëme dédié à Monseigneur le duc de Valentinois. Paris, Huart, Moreau & Durand, 1749. — **Villebrune** (L.). Mémoire historique et politique sur les vrais intérêts de la France et de l'Ordre de Malte..... Paris, Cocheris, An cinquième de la Republique (1797, vieux style). — **Bonnier**. Recherches sur l'ordre de Malte et examen d'une question relative aux

Français ci-devant membres de cet ordre, par le C^en Bonnier, actuellement ministre plénipotentiaire de la République française à Lille; suivis d'une Lettre du citoyen Merlin, Ministre de la Justice..... sur la même question. Paris, Imprimerie de la République, An VI. 3 tomes en 1 vol. in-8, d.-rel. veau estampé, non rogn. — **M****** (Le chev. de). Révolution de Malte en 1798; gouvernement, principes, loix, statuts de l'Ordre. Réponse au manifeste du prieuré de Russie. *S. l. n. typ.*, 1799. Petit in-4, d.-rel. bas. n. — **Mimaut** (Jean-François). Notice historique sur l'état actuel, le commerce, les mœurs et les productions des isles de Malte et du Goze. Paris, Huet, an VI. In-8, rel. toile. — Malta's vorige und jetzige Lage in politischer Hinsicht. Köln, VII. bey Haas und Sohn, 1799. In-12, cart. — **Reumont** (Alfred). Die letzten Zeiten des Johanniterordens. [Extr. de l'*Hist. Taschenbuch*, Neue F., V.] In-12, br. — **Terrinoni** (Gius.). Memorie storiche della resa di Malta ai Francesi nel 1798 e del S. M. Ordine Gerosolimitano dal detto anno ai nostri giorni. Roma, tip. d. belle arti, 1867. In-8, rel. toile, couv. — [**Verri** (Giovanni)]. Epilogo dell' istoria dell' ordine di S. Giovanni di Gerusalemme detto volgarmente di Malta. Cosmo, Ostinelli, 1814. Plaq. in-8, rel. toile. Ensemble 8 vol. ou plaq.

3860. **Lacroix** (Frédéric). Malte et Le Goze. [Extr. de l'*Univers ou Histoire de tous les peuples.*] Paris, Didot, 1848. In-8, carte et pl. h.-t., cart. perc. bl. [Le titre manque.] — [**Saint Priest** (Chevalier F. E. de)]. Malte par un voyageur françois. *S. l.*, 1791. 2 tomes en 1 vol. in-8, 16-6 pl. h.-t. et front., rel. parch. [Attribué à Destournelles par Quérard.] — **Zammit** (N.). Malte et son industrie. Malte, 1867. In-8, rel. toile (Mouillures). — **Perolari-Malmignati** (Pietro). Alcune occhiate à Malta. Padova, Sacchetto, 1870. 1 vol. in-12, rel. toile, couv. — **S. M.** La chiesa di San Giovanni Battista in Malta. Descrizione. Malta, Laferla, 1848. In-8, cart., couv. [Inscriptions lapidaires des chevaliers de Malte.] — Neuestes Gemälde von Malta. Nonneburg und Leipzig, Schumann und Barth, 1799-1800. In-8, 3 tomes cart. en 2 vol. — **Winterberg** (A.). Malta. Geschichte und Gegenwart..... Wien, A. Hartleben, 1879. In-8, 2 plans et 18 fig., cart. perc. vert. Ensemble 8 vol. ou plaq.

LE SECOND SIÈGE DE RHODES

3861. **Bourbon** (Jacques, bâtard de). La Grande || Et merueilleuse, & trescruelle oppugnatiō de la no||ble Cite de Rhodes, prinse nagueres par le Sultan Se||lyman, a present grand Turcq, ennemy de la tressain||ctefoy Catholicque, redigee par escript, par excellēt || & Noble cheualier Frere Iacques, bastard de Bour||bon, commendeur de Sainct Mauluiz Doysemōt, || & fonteines, au Prieure de France. || ¶ Et par ycelluy dernieremēt Reueue, & tresdiligē||ment corrigee, & augmentee en plusieurs lieux, || pourtāt quelle auoit este a la p̄miere editiō cor=||rumpue & deprauee : par la grāde &

inexcusable || negligence de Limprimeur. || Imprimee de Rechief par le vouloir & commāde=||mēt du desusdict Seigneur, autheur du liure. L'an || mil. Cinq cens. xxvij. Au Moys de Octobre. (*Titre encadré.*) Petit in-fol. de 36 ffnc.; 45 ll. ll., lettres rondes, dérel.

La première édition de cet ouvrage est de 1525, à Paris, chez P. Vidoue. L'auteur, fils naturel de Louis de Bourbon, prince-évêque de Liége, combattit au siège de Rhodes et mourut le 27 septembre 1527, il avait été nommé depuis peu grand prieur de France. L'*explicit* du f° 36 r° indique que cette seconde édition a été imprimée « le premier iour Doctobre » (1527), elle contient encore un assez grand nombre de fautes.

Notre exemplaire est en excellent état de conservation.

3862. **Fontanus** (Jac.). Ad Adri||anvm Pont. M. Iacobi || Fontani Ivdicis Ap||pellationum Rhodiorum || Epistola ele||gantiss. missa e Rhodo, post deuictā || a crudelissimo Christianorū ho||ste Turcha insulam, é qua, ut || aliâs docta est, ita quoque; || summatim, quicquid || eo bello egregie || gestū est, de=|| prehendes || qui le=|| ge=|| ris. || Tvbingae An. || M.D.XXIII. || (*Titre encadré.*) In-4 de 6 ffnc., le dernier (blanc?) manque, titre remonté, rel. vél.

Rarissime édition de cette intéressante narration de la chute de Rhodes; on n'a connu généralement que celle de 1527, considérée comme la première par la plupart des bibliographes. L'auteur, Jacques Fontanus ou Fonteyn, était originaire de Bruges et avait succédé à Guillaume Caoursin, comme juge d'appeaux, dans l'île de Rhodes.

3863. — De Bello Rhodio || Libri Tres || Clementi VII. Pont. || Max. || Dedicati. || Authore Iacobo Fontano Brugēsi Iuriscōsul || to, Iudice appellationū Sacræ nobilisqʒ mi||litiæ Hierosolymitanæ & populi Rhodii. (*Encadrement gravé sur bois au titre.*) Fnc. 42 *verso*, l. 29 : Romæ in ædibus. F. Minitii Calui, Mense || Februario, Anno M.D.XXIIII. Fnc. 43 *recto, blanc.* Fnc. 43 *verso, incipit* : Fontanvs candido lectori, S.||... (*Avertissement pour les fautes d'impression suivi des corrections.*) Fnc. 44 *blanc.* In-4 de 44 ffnc., sign. A-L, car. rom., 41 ll. ll., avec récl. et titre cour. (Il manque le fnc. 4 qui doit être blanc.) Rel. vél.

Première et fort rare édition de ce précieux ouvrage, qu'il ne faut pas confondre avec la lettre du même auteur, imprimée l'année précédente.

3864. — De Bello || Rhodio, Libri Tres, Cle||menti VII. Pont. Max. || dedicati, Iacobo Fontano Brugensi autore. || Ad Reuerendiss. Principem ac Dominum D. Albertum || S. Romanæ Ecclesiæ Cardinalem, Moguntinumq̃; Archiepi=|| scopum, &c. ut deliberet, non modo de bello Turcico, sed eti=|| am de sanandis Ecclesiasticis dissentionibus, Philippi Melanch=|| thonis Exhortatoria Epistola. || Haganoæ apud Ioannem Secerium || Anno M.D.XXVII. || Mense Augusto. (*Titre encadré.*) In-4 de 56 ffnc., sign. A-O, car. rom., 33 ll. ll., récl. et tit. cour., rel. vél.

Réimpression peu commune de l'ouvrage précédent ; la lettre de *Mélanchton* occupe le verso du premier feuillet et les 2 suivants. Une autre édition, à laquelle on a ajouté d'autres opuscules, a paru en 1540. Toutes sont rares.

3865. — La mvy la-||mentable con-||quista y cruenta batalla de Rho||das, neueamente sacada de latin en lengua Ca-||stellana, por el bachiller

Christoual de Arcos cle||rigo, cura de la sancta yglesia de Seuilla.....
(*Vignette sur bois.*) En Medina del Campo. || ¶ Impresso por Francisco del
Canto. || M.D.LXXI. || Acosta de Gabriel y Antonio de Hurucña hros. Petit
in-8 de 208 ff. chif., rel. parch.

 Traduction espagnole de *Fontanus*. Le traducteur a dédié son œuvre à Don Alonso Manrique, archevêque de Séville. Le folio 16 porte au recto une vignette sur bois et au verso la marque de l'imprimeur Del Canto. Le texte commence au folio suivant.

 3866. **Guichard** (Thomas). Oratio habita ab || eloquentissimo Viro. F.
Thoma || Guichardo Rhodio, iuris utriusq3 || Doctore, Illustrissimi Hieroso-
lymi || tanę Religionis Magistri Ora/||tore, coram Clemente. vii. || Pont. Max.
in qua Rho/||diorum oppugnationis || & deditiõis summa || continetur. ||
(*Armes de Clément VII.*) Titre encadré. Fnc. 11 *verso*, l. 24 : Impressum
Romæ per magistrum Marcellum || in Campo Florę. xxx, die Decēbris.
M.D.xxiii. Plaq. in-4 de 12 ffnc. (le dernier blanc manque), sign. A-C, car.
rom., 28 ll. ll., exemplaire non rogn., rel. vél.

 Rare. Récit résumé du siège et de la reddition de Rhodes, par un témoin oculaire.

 3867. — Oratio habita ab eloqventis= || simo viro, F. Thoma Guichardo
Rhodio, || iuris vtriusque doctore, illustrissimi Hieroso= || lymitanæ Religionis
Magistri Oratore, co= || ram Clemēte VII Pont. Max. in qua Rho= || diorum
oppugnationis & deditionis sum= || ma continetur. || (*Marque typ.*) || Parisiis ||
Ex Officina Roberti Stephani || ..... || M.D.XXVII. Plaq. in-8, sign. a par
8 ff. chif. et b par 4, le dernier f. blanc, 31 ll., cart.

 3868. **Mayre**, S. J. (Jacques). Liladamvs ultimus Rhodiorum primusque
Melitensium Equitum Magnus Magister seu Melita. Poëma Heroïcvm...
Editio altera... emendata. Avenione, Apud Petrum Offray... M.DC.LXXXVI.
In-8, d.-rel. veau.

 Poème latin en XXV chants sur la chute de Rhodes du jésuite Jacques Mayre (1628-1694), dont la première édition est de Paris, 1686.

 3869. Rodis belegerung. || wie der Turckisch Keyser || vor Rodis sich
gelegert vñ gestirmbt || hat durch eynenn Ritter den die || võ Rodis in
Candia vmb || hilff geschickt habenn || herauss schrieben || worden. ||
(*Encadrement gr. sur bois, au titre.*) *S. l. n. d. n. typ.* Au dernier f. recto,
fig. sur bois représentant un chevalier (de Rhodes?); sur une banderole, en
lettres gothiques, l'inscription « Tondalus der Ritter ». Petit in-4, 4 ffnc.,
avec fig. sur bois, rel. vél.

 3870. **Schneiderwirth** (Joh. Herm.). Geschichte der Insel Rhodus. Heili-
genstadt, Dunkelberg, 1868. In-8, rel. toile. — **Tercier**. Mémoire sur la
prise de la Ville & de l'Isle de Rhodes, en 1522, par Soliman II. (Extr. du
t. XXVI des *Mém. de litt. de l'Ac. des I. et B.-L.*, 1753). In-4, cart.

LE SIÈGE DE MALTE

3871. **Arcucci.** Io. Baptistae || Arcvcii Neapolitani || Odarvm Libri II. || Ad Sigismvndvm Avgvstvm || Poloniae Regem. || (*Marque de l'imprimeur.*) *Au fnc.* 64 recto : Excudebat Ioannes Boyus. || Neap. Anno M.D.LXVIII. Petit in-8, 64 ffnc., rel. vél.

> Les poésies dont se compose ce recueil sont adressées à des papes, des cardinaux, des princes et surtout à des humanistes, parmi lesquels nous voyons le Français, *Salmon Macrin*. L'ode VIII est relative à la levée du siège de Malte par les Turcs.
> Arcucci, gentilhomme napolitain, n'est guère connu que par ce recueil de poésies latines. Cependant il a aussi écrit en italien, dans le dialecte toscan.

3872. **Balbi** (Francisco). La verdade-||ra relacion de to-||do lo qve el anno de M.D.LXV. || ha svccedido enla isla de Mal-||ta, de antes que llegasse l' armada sobre || ella de Soliman gran Turco. Hasta || que llego el soccoro postrero del Rey || catholico nuestro señor don || Phelipe segūdo de-||ste nōbre. || Recogida per Francisco Balbi de Correggio en todo el sitio sol-|| dado, y en esta segunda Impression por el mismo || autor reuista, emendada, y ampliada. || Dirigida al Serenissimo señor Don Iuan de Austria || su señor. || (*Armes du roi d'Espagne.*) || Con licentia y privilegio. || En Barcelona en casa de Pedro Reigner. || 1568. Petit in-4 de 128 ff. chif. (marqués par erreur 131), 1 carte, rel. mar. brun, tr. dor., dent. int.; au dos, chiffre du comte Riant. (Dupré.)

> La première édition est de 1567.

3873. **Castellani.** Vincentii || Castellani || Forosemproniensis || De Bello Melitensi || Historia. || (*Marque typ.*) || Pisavri || Apud Hieronymum Concordiam || M.D.LXVI. Petit in-8 de 2 ffnc., 40 ff. chif., rel. parch.

3874. **Conti.** Commentarii || Hieronymi Comitis || Alexandrini || De acerrimo, ac omnium difficillimo Turcarum || bello, in Insulam Melitam gesto, Anno || MDLXV. || Addita sunt singulorum locorum interualla, necnon mensūrae,..... || Cum Indice rerum omnium locupletissimo. || (*Marque typ.*) || Venetiis, ex officina Stellae Iordani Ziletti. || MDLXVI. Petit in-8 de 15 ffnc. (titre, dédicace, index et 2 ff. blancs), 63 ff. chif., rel. vél.

> La dédicace à Frédéric de Bavière est signée *Natalis Comes*, c'est-à-dire **Noël Conti**, auteur milanais, mort en 1582, qui offre bien cet ouvrage comme s'il était le sien « res gestas..... a me descriptas », et pourtant le titre donne pour auteur un Hieronymus Comes, d'Alexandrie.

3875. — Commen=||tarii Hieronymi || Comitis..... || Noribergæ || Excudebant Vlricus Neuberus, & Theo=||doricus Gerlatzen. || M.D.LXVI. *Fnc.* 63 *recto* : Insvlæ || Melitae Descriptio || ex commentariis || rervm qvotidia-||narvm. || F. Ioan. Qvintini He-||dvi ad Sophvm. || M.D.LXVI. Petit in-8 de 16 ffnc., 71 ff. chif., 1 fnc. blanc, cart.

> Édition identique comme texte à la précédente, jusqu'au fol. chif. 63, mais

très inférieure comme exécution typographique. Elle contient en outre une lettre de Jean Quintin, écrite de Malte le 20 janvier 1533.

3876. **Curion.** Caelii Se-||cundi Curionis || de bello Melitensi histo-||ria noua. || Item Io. Valettæ Melitensium || principis Epistola, summam || eiusdem belli com-||plexa. || Accessit rerum et uerborum..... || ..... Index ||..... *Dernier fnc. recto* : Basileae, Ex Offici-||na Ioannis Oporini, Anno Sa-||lutis humanæ M.D.||LXVII. Mense || Augusto. Petit in-8 de 148 pp., 6 ffnc., rel. vél. bl., tr. rouge.

 L'italien Curion, contemporain du siège de Malte, devint un ardent partisan de Luther et écrivit surtout des volumes de controverse qui lui valurent de nombreux désagréments. Son histoire du siège de Malte est peu connue. La lettre du Grand-Maître de La Valette, document de premier ordre, a été imprimée et traduite dans un grand nombre de recueils.

3877. Discorso sopra le co||se de Lisola di Malta, narran||do il Dissegno, Forza, Modo, & cōmodità, c' hāno || i Turchi ad offenderla, & opprimerla, & l' aiuto de-||fensione, e soccorso, che potrebbe darsele da || Christiani, con bellissime considerationi. ||..... *Fnc.* 4 *verso, l.* 34 : Di Napoli M D LXV. || Con licentia delli superiori. Plaquette petit in-4 de 4 ffnc., car. rom., 38 ll., d.-rel. bas.

3878. ⁋ Een sekere ende || warachtighe goede nyeuwe tij= || dinghe van het belech van het Eylant || van Malta / met die scoone victorie die || de Christenen (door Gods gratie) ver= || creghen hebbē seghen den gedueregē || Christenen vyam den Turck / || voor het fortres van || Sint Elmo. || ouergheset wt dat Italiaens int duyts. || [*Fleuron typ.*] || Gheprint Thantwerpen || op die Lombaerde || Ueste indē wittē || Hasewint by. || Jan van Ghelen. || Met Preuilegie. || *S. d.* [1565]. Plaquette petit in-4, 4 ffnc., rel. vél. blanc.

 Contient deux lettres dont la première rapporte l'attaque et la défense du fort Saint-Elme, qui eurent lieu les 15 et 16 juin 1556. Cette lettre, datée de Malte 17 juin 1556, est signée F. J. Valet (La Valette). La deuxième est une traduction flamande de la relation italienne d'Orlando Magro, pilote de la Galère Capitane du Grand-Maître de Malte (22 juin 1565).

3879. **Fracasso.** Trattato || del svccesso || della potentissima || armata del gran Turco || Ottoman Solimano. || Venvta sopra || l' Isola di Malta l'Anno || M.D.LXV. || (*Armes de l'ordre de Malte.*) *S. l. n. d. n. typ.* (peu après 1665). Petit in-8 de 56 ffnc., rel. vél., titre remonté.

 Cet ouvrage ne porte ni nom d'auteur, d'imprimeur, de lieu ni date d'impression; il est dédié à Antonio Verantio, évêque d'Agria, par un certain *Marino Fracasso*, également auteur d'une poésie qui occupe le verso du fnc. 3. Le texte commence au recto du fnc. 4. Les deux derniers feuillets contiennent la liste des chevaliers morts pendant le siège de Malte. Suivant une bibliographie, du reste fort incomplète, du siège de Malte, publiée avec une réimpression du poème : « Il Svccesso de l'armata de Solimano... », l'auteur de cette fort rare plaquette serait bien M. Fracasso. Cf. n°s 3601 et 3890.

3880. — Della || Historia || di Malta, || Et svccesso della gverra || seguita tra quei Religiosissimi Cauallieri, & || il potentissimo gran Turcho Sulthan ||

Solimano, l'anno. || MDLXV. || Con la descritione della Isola & alcuni sonetti agionti. || (*Armes.*) *S. l. n. d. n. typ.* Petit in-8 de 56 ffnc., rel. vél.

    C'est le même texte que l'ouvrage précédent, il n'en diffère que par des dispositions typographiques et par les pièces liminaires qui occupent les ffnc. 1 (verso du titre), 2, 3 et 4 (recto). Le verso du titre est occupé par un sonnet adressé aux Chevaliers de Malte, le fnc. 2 contient une dédicace au cardinal Hippolyte d'Este de *Pietro Gentile di Vendome*, que Haym désigne comme l'auteur de l'ouvrage et qui date cette dédicace de Rome, 4 décembre 1565. Au *fnc. 3 recto* se trouve la poésie « al medesimo » de *Marino Fracasso* qui existe dans l'exemplaire précédent. Suivent une description abrégée de Malte et un sonnet. L'une et l'autre édition semblent sortir d'imprimeries vénitiennes.

    3881. **Fratta** (Giovanni). La Malteide || Poema || ..... || In Venetia, || Appresso Marc' Antonio Zaltieri M DXC VI. Vol. in-4 de 8 ffnc., 125 ff., 1 fnc. (blanc), rel. vél.

    Jean Fratta, gentilhomme de Vérone, a dédié à Ranuccio Farnese, duc de Parme, sa Malteide, poème en vingt-quatre chants, en l'honneur du siège de Malte soutenu par La Valette. Le poème est précédé d'une flatteuse appréciation du Tasse.

    3882. **Grangeus** (Claudius). De Bello || Melitensi a || Solimano Turcarum Prin-||cipe gesto. || Clavdii Grangei || Bitvrigis, Græcæ & Latinæ Elo-||quentiæ Professoris Com-||mentarius || (*Marque typ.*) || Apvd Gabrielem Cartier. || MDLXXXII. *S. l.* (*Genève*). Petit in-8 de 62 pp., 1 fnc. (blanc), rel. veau, fil., tr. rouge.

    A la suite de cet ouvrage on a relié :
    « Tvrbatvs Imperii Romani Statvs, civsqve origo et cavsa. Hoc est. Informatio circa præsentes Imperij discordias, earumque Authores. A. P. A. (*Fleuron.*) Anno M.DC.XIV. »

    3883. **Halma** (N., jeune). La Maltéide ou le Siége de Malte, par Soliman II, empereur des Turcs. Poëme en seize chants;... Paris, Dentu, 1811. Vol. in-8, rel. veau. — La Valette, eller Maltas Belägring 1565. Dramatiserad Historiemålning. Svensk Original. Stockholm, Hjerta, 1830. In-8, d.-rel. bas. n.

    3884. **Klebitius.** Insulæ Melitensis, qvam aliàs || Maltam vocant, Historia, || quæstionib. aliquot Mathematicis || reddita iucundior. || (*Figure géométrique.*) || Hvic accesservnt : || Vltimæ obsidionis breuis commemoratio, || & testimonium S. Euangelistæ Lucæ, || de humanitate huius Insulæ erga || peregrinos. Anno. 1565. *Fnc.* 24 *recto, in fine* : Avth. Wil. Klebitio || Impress. Antuerp. approbatione Ecclesiast. || typis Æ. Diest. 2. Augusti. 1565. In-8 de 24 ffnc., rel. vél.

    Bizarre ouvrage du pasteur protestant Klebitius qui vivait au milieu du xvie siècle. Sa description de Malte est empruntée à Jean Quintin, qui avait visité Malte en 1533 et avait pour la première fois fait imprimer sa relation en 1536. Cf. n° 3875. Un court chapitre sur le moyen de combattre les Janissaires est emprunté à Paul Jove ; le nombre des troupes qui ont attaqué et défendu Malte donne lieu à de curieux calculs. On a ajouté à cet exemplaire deux plans gravés sur cuivre, en 1567, par *Dnco Zenoi*, et qui représentent le siège de Malte et la cité La Valette.

3885. **Klébitius.** *Le même ouvrage.* In-8, rel. vél.

Le texte et la disposition typographique de cet exemplaire sont les mêmes que pour le précédent, mais au recto du fnc. 24, avant la date, on n'a pas imprimé le nom de l'auteur; il n'y a que cette seule ligne qui manque.

3885 *bis.* In-8, br.

Double du n° 3885 à la suite duquel on a broché le traité de *Cælius Secundus Curio* : « De bello Melitensi historia noua..... Bâle, Oporinus, 1567. » N° 3876.

3886. Kurtzer ausszug der ge= ‖ schichten, so sich zugetragen haben mit ‖ kriegsübung vnnd belegerung der Insul Malta, ‖ mit benennung aller schiff, des Türckischen kriegs= ‖ volcks, der Scharmützel, der Stürm von tag zu ‖ tag, biss auf der Feind abzug, Auch wie der Herr ‖ Don Garzia mit der hülf ankommen, vnnd was ‖ sich mit des Dragut vnd anderer namhaften per= ‖ sonen tödlichem abgang zugetragen, Alles in ‖ disem 1565. Jar verloffen, aus dem Wel= ‖ schen in das Teutsch gebracht. ‖ (*Fleurons.*) ‖ Getruckt zu Nürmberg, bey ‖ Hans Wolf Glaser. ‖ *S. d.* Plaq. in-4 de 8 ffnc. (le dernier blanc manque), rel. vél.

Le nom de l'auteur de ce court écrit du siège de Malte se trouve peut-être à la fin du fnc. 7 verso. L'ouvrage finit ainsi : « Geschriben auss Malta den 24. Septemb. dess 1565. Jars. von Martin Croua. » C'est la traduction d'un original italien.

3887. **Megiser** (Hieronymus). Propugnaculum Europæ. Warhaffte, eigentliche vnd aussführliche beschreibung der viel vnd weitberühmten Africanischen Insul Malta : welche dieser zeit des hochlöblichen Johanniter Ritter Ordens Residens, vnd gegen Mittag zu, der Christenheit einige frontier vnd vormaur ist wider den Erbfeind..... Gedruckt zu Leipzig In Verlag Henning Grossen des Jüngern Anno M.DC.VI. *In fine* : Leipzig, Gedruckt bey Valentin am Ende, Typis Hæredum Beyeri. Anno M.DC.VI. Petit in-8 de 8 ffnc., 263(1) pp. et 11 planches, br.

3888. *Le même* : Leipzig... Anno M.DC.X. Petit in-8 de 8 ffnc., 263(1) pp. et 11 planches, rel. vél.

Ces deux exemplaires ne diffèrent que par la disposition typographique et l'orthographe du titre, et par le premier cahier qui a dû être réimprimé pour permettre à Megiser de prendre son nouveau titre d'historiographe de l'électeur de Saxe. Les autres cahiers sont absolument identiques et la dernière page porte l'indication de l'impression de 1606.

3889. Poemata ‖ in lavdem ‖ Eqvitvm Melitensivm ‖ Ex variis Avctoribvs ‖ selecta ‖ in gratiam illvstrissimi ‖ ac praestantissimi viri ‖ Petri Avilae Hispani. ‖ (*Armes de l'Ordre de Malte*). ‖ *S. l. n. d. n. typ.* Petit in-8 de 22 ffnc. — Rime di diversi ‖ in lode de' signori ‖ Cavalieri ‖ di Malta. ‖ (*Armes de l'Ordre de Malte.*) *In fine* : Roma Appresso Giulio Accolto, ‖ MDLXVII. Petit in-8 de 28 ffnc. (les deux derniers blancs). Ensemble rel. en 1 vol. veau; sur les plats, fil. et armes du comte Riant, dos orné, tr. dor. (Thompson).

Ces deux opuscules, dont l'un ne porte aucune indication typographique, sortent évidemment tous deux des presses de G. Accolto, car c'est ce dernier qui a signé la dédicace du recueil latin adressée à Don Pedro d'Avila. Les deux recueils ne sont pas toutefois la traduction l'un de l'autre et les pièces qu'ils donnent sont parfaitement distinctes ; nous croyons plutôt que ce sont deux parties d'un même recueil, ayant chacune des signatures particulières.

3890. Il Svccesso de l' Armata de Solimano Ottomano, Imperatore de Turchi, nell' impresa dell' Isola di Malta..... con una Bibliografia dell' Assedio (1565). Torino, Società bibliofila, 1884. (*Réimpression à* 250 *ex.* n° 172.) In-8, rel. toile, couv.

3891. Tvtto || il svccesso prima del || dvro assedio, et crvdelissi-||ma oppugnatione fatta da Turchi alle mariti-||me fortezze dell' Isola di Malta, & poi della || memorabile liberatione di quello convergo || gnosissima partita de nemici. || Et principalmente delle horribili batterie, & delli spessi, e rabbiosi, & || insoportabili Assalti dati ad esse Fortezze ||....... Aggiontoui || appresso un Catalogo de i nomi d' alcu||ni de i principali Caualieri uccisi. || .... || Stampata nella Città di Roma. || Restampata in Bologna per Alessandro Benaccio. || MDLXV. Plaq. form. petit in-4 de 6 ffnc., cart.

3892. **Viperano.** Ioan. Antonii || Viperani. || De Bello Melitensi || Historia. || (*Marque typ.*) || Pervsiae. || Ex Officina Andreae Brixiani. || M.D.LXVII. Petit in-4 de 4 ffnc. (dont un blanc qui sert de base à une carte de Malte), 38 ff. chif., sign. A-K par 4 ff., sauf K qui en a 6, rel. vél.

Viperano alias *Veparani* (1540-1610), né à Messine, devint en 1588 évêque de Giovenazzo. Ses écrits sont considérés comme fort rares.

RÈGLES ET STATUTS DE L'ORDRE DE MALTE

3893. Breve e particolare istruzione del Sacro Ordine Militare degli Ospitalari, detto oggidì volgarmente di Malta,..... Stesa da un Cavalier Professo della Medesima Religione, Edizione seconda, arricchita della Parafrasi al Salmo XLI, composta dallo stesso Autore. In Padova, Nella Stamperia di G. Comino, per Giovanni Baldano, 1724. — Lettera Apostolica della Santita' di Nostro Signore Benedetto XIV. Con cui si confermano, e si rinnovano i privilegj, le grazie, e i diritti del Sacro Militar Ordine Gerosolimitano, con alcune dichiarazioni, ed ampliazioni. *S. l. n. d. n. typ.* (*Circ. 1754.*) Petit in-8, rel. vél.

3894. *Le même*, sans la lettre de Benoît XIV. In-8, rel. vél.

L' « Istruzione » a été rédigée par le grand-maître de Malte, Marcantonio Zondadari. Une première édition à douze exemplaires fut donnée, d'après un manuscrit, par un chevalier habitant Paris. Comme elle était pleine d'incorrections, fra Camillo, conte Pola, chevalier de l'Ordre, fit paraître cette nouvelle édition.

3895. Statvta || Ordinis Domvs || Hospitalis Hierv= || salem. Verso du f. 205, *in fine* : Romae, apud Antonium Bladum || Impressorem Cameralem, || Die 3. Augusti. 1556. Petit in-8, 205 ff. chif., 1 fnc., rel. parch.

La publication de ces statuts est faite sous les auspices du grand-maître, Claude de la Sengle, par les soins d'un nommé « *Didacus Rodriguez* ».

3896. Statvti della Religione de Cavalieri Gierosolimitani. tradotti di latino in lingua Toscana dal R. F. Paolo del Rosso Caualier' di detto Ordine. Aggiuntoui vn breue raccolto dell' Origine e fatti d' essa Religione. Con la descrizione dell' Isola di Malta nvovamente stampati. (*Armes de La Valette, grand-maître*). In Fiorenza, Per li Giunti 1567. Con Priuilegio di N S. Pio V. del Re Cattolico & del Duca di Fiorenza, & Siena. (*Titre raccom.*) Petit in-8 de 8 ffnc, 414 pp., 1 fnc., avec le lys rouge des Giunti.

L'abrégé de l'histoire de Malte n'occupe que 3 des 8 premiers ffnc., et la description de l'île va de la page 403 à 414 incl. Une note manuscrite au feuillet de garde, porte « La presente edizione è citata come Testi di Lingua nella quinta impressione del Vocabolorio della Crusca. [Signé] Ab. Luigi Razzolini. »

3897. Statvta Hospitalis Hiervsalem. Romæ, cvm privilegio, 1588. 1 vol. in-4, rel. mar. rouge, plats estamp. à froid. (Très belle reliure italienne du XVIe siècle.)

Cette édition des statuts de l'Ordre de St-Jean de Jérusalem ou de Malte, a été donnée par *Ptolemæus Veltronius*, sous les auspices du Grand-Maître Hugues de Loubeux-Verdalle. Elle est ornée de 37 planches (les premières représentent les portraits des grands-maîtres, les 20 dernières, dont quelques-unes ont le texte imprimé derrière, sont relatives aux scènes de la vie des Chevaliers). La date et le lieu d'impression sont indiqués au premier feuillet de l'Index.

3898. Statvti della sacra religione di S. Gio. Gerosolimitano con le ordinationi dell' vltimo capitolo generale celebrato nell' anno 1631..... aggiontoui li Priuilegj, il modo di dar la Croce e di fare li miglioramenti alla Commende. In Borgo Nvovo, nel Marchesato di Roccaforte, MDCLXXVI. (Titre gravé et encadré.) *A la suite on a relié* : « S. D. N. D. Vrbani divina Providentia papæ VIII. Caeremoniale super electione Magni Magistri Hospitalis S. Ioannis Hierosolymitani. Romæ, ex Typ. Reu. Cam. Apost. MDCXXXV. » *Avec la traduction italienne*. 1 vol. in-4, rel. vél.

Magnifique et rare ouvrage, divisé en trois parties ayant chacune une pagination particulière. En tête de chaque partie se trouve un portrait du Grand-Maître Nicolas Cotoner. La troisième partie a également un titre gravé et orné.

3899. Volvme che contiene gli statvti della Sacra Religione Gerosolimitana; le Ordinazioni dell' vltimo Capitolo Generale..... il nvovo Cerimoniale prescritto dalla Santità di N. Sig. Papa Vrbano VIII. Sopra l' Elezione de' Gran Maestri..... In Borgo Novo, nel Marchesato di Roccaforte MDCCXIX. Per Antonio Scionico..... Front. et portrait du grand-maître R. Perellos. Petit in-fol., rel. vél.

Cette publication n'est qu'une réimpression de l'édition de 1676. Chaque partie a un titre spécial, parfois encadré dans la même gravure que le frontispice, et une pagination particulière. Un des premiers propriétaires du livre y a ajouté des notes marginales et plusieurs pages manuscrites, ayant pour but de tenir ce Code au courant des plus récents changements. Il a ajouté à la liste des grands-maîtres les successeurs de Perellos, y compris Pinto d'Ajoureca, élu en 1741.

3900. Istrazioni sopra gli obblighi piu' principali de' Cavalieri di Malta opera d' uno di essi della Veneranda Lingua di Francia Tradotta... in lingua

Italiana..... In Malta, nel Palazzo, e stamperia di S. A. S. 1758. Per D. Niccolò Capaci. In-4, rel. vél., front. aux armes du grand-maître Emmanuel Pinto, quelques pages remontées.

C'est la traduction de l'ouvrage français « Instructions sur les principaux devoirs d'un chevalier de Malte, dressées sur les mémoires d'un chevalier de Malte (par le P. *François-Aimé Pouget*, de l'Oratoire). Paris, 1712 ». Traduction officielle faite sous les auspices du grand-maître.

3901. Codice del sacro militare ordine Gerosolimitano riordinato per comandamento del sacro generale capitolo celebrato nell' anno M DCCLXXVI..... In Malta, Nella Stamp. del Palazzo di S. A. E. Per Fra Giovanni Mallia, 1782. — Privilegi della sacra Religione di San Giovanni Gerosolimitano..... Malta, Mallia, 1777. — Compendio delle materie contenute nel Codice del sacro militare Ordine Gerosolimitano. Malta, Mallia, 1783. Ensemble 1 vol. d.-rel. veau rac., tr. lim., au dos, chiffre du comte Riant.

Importante publication connue sous le nom de *Code Rohan*, du nom du Grand-Maître, sous les auspices duquel elle a paru.

3902. **Rogadeo** (Giandonato). Dei ricevimento de' Cavalieri, e degli altri fratelli dell' insigne Ordine Gerosolimitano nella veneranda lingua d' Italia. Napoli, Presso Vincenzo Orsino, 1785. In-4, d.-rel. bas., non rogn., **titre encadré**.

3903. Difesa dell' antica consuetudine della sacra religione di Malta a' pro della veneranda Lingua d' Italia in comune. Contra la pretenzione de' Cavalieri Regnicoli, promossa dalla Fedelissima Città di Napoli Nella Supplica data a S. M. C. C., acciocche si degnasse provvedere, che le Dignità, e Commende del Regno a' soli Cavalieri Regnicoli si concedano. *S. l. n. d. n. typ.* (XVIIIe siècle). Plaq. in-4, d.-rel. bas. — **Garavita**. Trattato della poverta de' Cavalieri di Malta, Raccolto dal fu Venerando Priore di Lombardia Garavita. In Borgo Novo, Nel Marchesato di Roccaforte, M D CCXVIII. Per Antonio Scionico..... In-8, cart. — Lettres-patentes du Roi, portant confirmation des Privilégés & Immunités accordés à l'Ordre de Malte. Données à Fontainebleau au mois d'Octobre 1776. Lille, imp. Peterinck-Cramé, *s. d.* (1777). In-4, cart.—Lezioni su gli statuti del Sacr' Ordine Gerosolimitano nell' Università degli studj di Malta per l' anno 1792. Nella Stamp. del Palazzo di S. A. E. presso Fr. G. M. M D CC XCII. Petit in-8, rel. toile. — Officia propria recitanda a religiosis Ordinis militaris Sancti Joannis Hierosolymitani, ad formam breviarii romani, accommodata..... Monachii, Typ. J. Chr. Mayr, 1784. In-8, rel. veau ondulé, tranches dorées, fil. — Privilegia sacræ religionis Hierosolymitanæ. Bvlla Pii Papæ Qvarti..... *S. l. n. d. n. typ.* In-4, rel. vél. — Vota theologica in ea qvestione an Professio emissa in Religione Hierosolymitana in Gradu Equestri absque Cingulo Militiæ, sit valida. *S. l. n. d. n. typ.* In-4, rel. parch. — L'Église militante et triomphante en l'ordre de Malte. Plaidoyé fait le 24 Avril 1663. en l'Audience de la grande Chambre du Parlement de Paris, sur la dignité de l'ordre de Malthe,

& la specialité de ses Priuilèges..... Paris, De l'Imprimerie de Iean B. Nego, MDCLXV. In-4, cart. perc. — Privilegios concedidos, e confirmados por el Rei D. João o V..... a' Ordem, e Milicia da Sagrada Religião de S. João do Hospital de Jerusalem de Malta em 3 de Dezembro de 1728..... Lisboa, na regia typog. Silviana, 1814. In-4, d.-rel. bas. Ensemble 9 vol. ou plaq.

4. L'Ordre teutonique.

3904. **Anderson** (J. G. L.). Geschichte der Deutschen Ordens-Commende Griesstedt. Erfurt, Neumann, 1867. In-8, rel. toile, non rogn.

3905. Ernewerter Bericht Vom Preussischen Abfall Vnd Was wegen würcklicher Execution der Preusischen Achtserclärung hibevor gehandelt ist worden..... Getruckt in der Churf. Hauptstatt Mayntz Durch Hermann Meres. Jm Jahr 1627. Petit in-4, rel. vél., dos et plats ornés (anc. rel.).

3906. **David** (M. Lucas). Preussische Chronik mit Beifügung historischer und etymologischer Anmerkungen, hrsgg von D. *Ernst Henning*. Königsberg, Haberland, 1812. 8 tomes en 2 vol. petit in-4, d.-rel. mar. brun, tr. limaç.; au dos, chiffre du comte Riant.

> Lucas David, jurisconsulte et historien prussien du xvi siècle, rassembla pendant quarante ans les matériaux de cette chronique et mourut, en 1583, avant d'avoir pu la terminer.

3907. **Dudik** (Dr Beda). Des Hohen deutschen Ritterordens Münz-Sammlung in Wien. Mit steter Rücksicht auf das Central-Archiv des Hohen Ordens geschichtlich dargestellt. Wien, Gerold's Sohn, 1858. 1 vol. in-4 avec 22 planches, d.-rel. chagr. rouge, coins, tête dorée, non rogn.; au dos, chiffre du comte Riant. — Der deutsche Ritterorden nach seinem neuesten Bestimmungen. Abd. a. d. *Oesterr. Revue*, 1866. In-8, br.

3908. **Duellius** (R.). Historia ordinis eqvitvm Tevtonicorvm Hospitalis S. Mariae V. Hierosolymitani....... Viennae Avstriae, P. C. Monath, 1727. Grand in-4, rel. toile, pl. généal.

3909. **Elben** (Christ. Gottfried). Einleitung in die Geschichte des teutschen Ordens. Nürnberg, Grattenauer, 1784. 3 parties en 1 vol. in-8, rel. toile, non rogn. — *Du même* : Sammlungen für die Geschichte des Hoch- und Teutsch = Meisterthumbs. Tübingen, 1785. In-8, br.

3910. **Estor** (Johann George). Practische anleitung zur Arenprobe so bei den Teutschen erz= und hochstiften ritterorden und ganerbschaften gewönlich,..... Marburg, Ph. Casimir Müller, 1750. 1 vol. in-4 avec nomb. pl., d.-rel. veau rac., tr. limaç., non rogn.; au dos, chiffre du comte Riant.

3911. **Hennes** (Johann Heinrich). Commenden des Deutschen Ordens in den Balleien Coblenz, Altenbiesen, Westphalen, Lothringen, Oesterreich und Hessen. Mainz, Kirchheim, 1878. 1 vol. — *Du même* : Codex diplomaticus Ordinis Sanctae Mariae Theutonicorum. Urkundenbuch zur Geschichte des Deutschen Ordens insbesondere der Ballei Coblenz. Mainz, Kirchheim, 1845-1861. 2 vol. — **Hennig** (Ernst). Die Statuten des Deutschen Ordens. Nebst einer Vorrede von dem Herrn..... v. Kotzebue. Königsberg, Nicolovius, 1806. 1 vol. Ensemble 4 vol. in-8, rel. toile, non rogn.

3912. **Hess** (Sebast.). Discursus....... de potissimis personarum tam imperantium, quam parentium in imperio juribus, Succinctâ Equestris Ordinis Teutonici Historiâ, necnon ejusdem XLVIII Magnorum Magistrorum iconibus..... Herbipoli, Typis Joannis Michaëlis Kleyer, 1720. Grand in-8, cart.

> Cet exemplaire ne contient pas le texte du *Discursus* de S. Hess; ce n'est que le recueil des portraits gravés sur cuivre de 48 Grands-Maîtres de l'Ordre Teutonique, auquel on a ajouté une planche sur cuivre, gravée par *J. Salver*, représentant cinq scènes relatives aux origines de l'Ordre.

3913. **Jeroschin** (Nicolaus von). Die Deutschordenchronik. Ein Beitrag zur Geschichte der Mitteldeutschen Sprache und Litteratur von Dr *Franz Pfeiffer*. Stuttgart, Köhler, 1854. 1 vol. in-8, cart., non rogn.

3914. **Lites** ac Res gestae inter Polonos Ordinemque Cruciferorum. Posnaniae, Typis Ludovici Merzbachi, 1855-1856. 3 vol. in-4 avec un portr. de lord Dudley et nomb. planches photogr.; d.-rel. chag. (édit.).

> Recueil dû au comte *T. Dzialyński*, et qui comprend, entre autres documents, des chroniques de *Jean Dlugosz* et du Cardinal *Sbigneus Olesnicki*, évêque de Cracovie, de 1423 à 1455.

3915. **Luther** (Martin). An die herrn || Deutschs Ordens/||das sie falsche Keuscheyt meyden vnd || zur rechten ehlichen Keuscheyt || greyffen Ermanung. || (*Fleuron.*) || Martinus Luther. || Wittemberg. || 1523. [*Imprimé par* Joh. Grunenberg; *un encadrement gravé sur bois entoure ce titre*]. Plaq. petit in-4 de 10 ffnc., signat. A-C (B n'a que 2 ff.), *le fnc.* 10, *qui est blanc, manque à cet exemplaire*, rel. vél. bl.

3916. **Mongitore** (Antonio). Monumenta historica sacræ domus mansionis SS. Trinitatis Militaris Ordinis Theutonicorum Urbis Panormi, et magni ejus præceptoris... Panormi, Ex Off. Typ. J. B. Aiccardo, 1721. Grand in-4, rel. vél., tr. r.

3917. **Pettenegg** (Gaston, graf Pöttikh von). Sphragistische Mittheilungen aus dem Deutsch- Ordens- Centralarchive. Wien, Gerold, 1885. In-8, br. — Die Urkunden des Deutsch- Ordens- Centralarchives zu Wien. I Band (1170-1809). Prag und Leipzig, 1887. In-8, br.

3918. **Pierre de Düsbourg**. Petri de Dusburg, Ordinis Teutonici Sacerdotis, Chronicon Prussiæ, in quo Ordinis Teutonici Origo, nec non Res ab ejusdem Ordinis Magistris ab An. M CC XXVI. usque ad An. M CCC XXVI. in Prussia gestæ exponuntur, cum incerti Auctoris Continuatione usque ad Annum M CCCC XXXV. Accesserunt his..... Dissertationes XIX..... Auctore et Collectore Christophoro Hartknoch. Francofurti et Lipsiæ, Sumtibus Martini Hallervordii..... Jenæ, Typis Johannis NisI. Anno MDCLXXIX. Petit in-4, rel. vél.

3919. **Roth von Schreckenstein** (K. H. Frhrn). Die Insel Mainau. Geschichte einer Deutschordens-Commende vom XIII. bis zum XIX Jahrhunderte. Mit Urkundenbuch..... Karlsruhe, Braun, 1873. In-8, rel. toile.

3920. **Salles** (Félix). Annales de l'Ordre Teutonique ou de Sainte-Marie de Jérusalem depuis son origine jusqu'à nos jours. Paris, 1887. 1 vol. grand in-8, br.

* 3921. **Schlözer** (Kurd von). Die Hansa und der deutsche Ritter-Orden in den Ostseeländern. Berlin, Hertz, 1851. In-8, rel. toile.

3922. **Schütz** (Gaspard). Rerum Prussicarum Historia ex Codice manu auctoris scripto edita. Gedani, Typis Thomæ Johannis Schreiberi, 1769. 1 vol. petit in-fol., rel. bas. rac., tr. rouge; sur les plats, chiffre du comte Riant.

3923. Tabulae Ordinis Theutonici..... edidit *Ernestus Strehlke*. Berolini, apud Weidmannos, 1869. Grand in-8, d.-rel. mar. br., non rogn.; au dos, chiffre du comte Riant.

3924. **Töppen** (M.). Des deutschen Ordens Anfänge. [Aus d. *Neue Preuss. Provinz Blätter*, VII]. Königsberg, 1849. In-8, rel. toile. — Geschichte der Preussischen Historiographie von P. v. Dusburg bis auf K. Schütz. Oder Nachweisung und Kritik der..... Kroniken zur Geschichte Preussens unter der Herrschaft des deutschen Ordens. Berlin, Hertz, 1853. In-8, rel. toile. — Historisch-comparative Geographie von Preussen. Gotha, Perthes, 1858. In-8, rel. toile.

3925. **Venator** (Caspar). Historischer Bericht von dem Marianisch-Teutschen Ritter-Orden, wo, und wie derselbe entsprungen, von einer Zeit zur andern gewachsen; absonderlich aber, wie die Preussische Länder innerhalb 54 Jahren erobert, 300 Jahr inngehabt,..... samt beygefügten in Kupfer gestochenen Wappen und Namen, einiger disem Ritter-Orden..... Nürnberg, gedruckt bey Andreas Knorzen, zu finden bey Georg Scheurern, 1680. Petit in-4, rel. vél., front. et nomb. pl.

3926. **Voigt** (Johann.). Geschichte Preussens, von den ältesten Zeiten bis zum Untergange der Herrschaft des deutschen Ordens. Königsberg, Bornträger, 1827-39. 9 vol. in-8 avec portr. de Voigt, rel. toile, non rogn.

3927. — Codex Diplomaticus Prussicus. Urkunden=Sammlung zur ältern Geschichte Preussens, nebst Regesten. Königsberg, Bornträger, 1836-57. Tomes 1 à 5 (manque le 6ᵉ et dernier), en 1 vol. in-4, d.-rel. veau brun, tête marbrée, ébarbé; au dos, chiffre du comte Riant.

3928. — Geschichte des deutschen Ritter-Ordens in seinen zwölf Balleien in Deutschland. Berlin, Reimer, 1857-59. 2 tomes en 1 vol. in-8, d.-rel. chag. r., tr. marbr. — *Du même* : Geschichte der Ballei des deutschen Ordens in Böhmen. Wien, K. Gerold, 1863. In-8, rel. toile.

3929. — Commentatio de ordinis equitum teutonicorum certamine cum judicis Westphaliae secretis gesto..... [*Thèse*]. Regiomonti, Hartung, (1823). In-8, cart. — Geschichte Marienburgs, des Stadts und des Haupthauses des deutschen Ritter-Ordens in Preussen. Königsberg, Bornträger, 1824. In-8, avec pl., rel. toile, non rogn. — Uebersichtliche Darstellung der Rechtsverfassung Preussens während der Zeit der Ordensherrschaft. Marienwerder, Baumann, 1834. In-8, cart. — Der Ritter-Orden S. Mariä des deutschen Hauses zu Jerusalem in Preussen. Königsberg, Bornträger, 1843. In-4, rel. toile. — Das Stillleben des Hochmeisters des deutschen Ordens und sein Fürstenhof [Abdr. aus d. *Hist. Taschenb.* 1.] In-12, rel. toile. — Ueber die Grenzen von dem Markgrafen Waldemar im Jahre 1310 an den deutschen Orden abgetretenen Gebiete von Danzig, Dirschau und Schwetz [*Prog.*]. *S. l. n. d. n. typ.* In-4, cart., couv. Ensemble 6 vol. ou plaq.

3930. [**Wal** (Le baron de)]. Histoire de l'ordre teutonique par un chevalier de l'ordre. Paris, Vve Valade, et Reims chez Cazin, 1784-1790. 8 vol. in-12 avec cartes, rel. bas. fauve.

De la bibliothèque du comte Louis Tascher de La Pagerie. Cf. n° 3763.

3931. **Wigand de Marbourg**. Chronicon seu Annales, primum ediderunt *Joannes Voigt* et *Eduardus Comes Raczyński*. Posnaniæ, 1842. In-8, rel. toile.

3932. **Bruennek** (H. M. E. de). De auctoritatis qua Prussiae ordines sub Ordinis Teutonici imperio utebantur initio et incremento. Bonn, Neusser, 1865. In-8, br. — Fasciculus Rerum Curlandicarum primus, continens.....3. Die Scheidungen und Gräntzen zwischen dem Stifft Curland und dem Teutschen Orden..... in lucem editus a *Christiano Nettelbladt*. Rostochii, typ. I. I. Adleri, 1729. In-4, rel. toile, non rogn. — **Fuchs** (J. M.). Nachweise über di frühere Geschichte von Mittelfranken (Besitzungen des Deutschen Ordens.) Separatabd. *S. l. n. d. n. typ.* In-4, cart. — **Herrmann** (E. A.). Rationis quæ Ordini militari Teutonico cum Ordine ecclesiastico sæculo XIII ineunte in Prussia intercesserit explicatio. Berolini, E libraria C. Bethgii, 1837. In-12, br. — *Le même* : [*Acad. Diss.*]. Berolini, Trowitszchy, 1837. In-8, cart. — **Holland** (Chr. Fr.). Discursus juridicus vel quasi compendium equestre de origine, juribus, ac privilegiis Ordinis Teutonici ac nobilitatis immediatæ S. R. I. in suis et aliorum statuum territoriis Competentibus. Francofurti ad Moenum, ap. Ph. H. Hutterum... typ. J. B. Eichenbergii, 1749. In-4, d.-rel. bas. — **Rethwisch** (Conrad). Die Berufung des Deutschen Ordens gegen die Preussen. Berlin, O. Loewenstein, 1868. In-8, cart. — **Romanowski** (Joan. Nep.). De Conradi, ducis Masoviae, atque Ordinis Cruciferorum prima mutuaque conditione. Posnaniae, Zupanski, 1857. In-8, cart. — **Watterich** (Dʳ J. M.). Die Gründung des Deutschen Ordenstaates in Preussen..... mit einer Karte..... und einer lithogr. Tafel. Leipzig, W. Engelmann, 1857. In-8, rel. toile. Ensemble 9 vol. ou plaq.

3933. **Ablaing van Giessenburg** (Baron d'). De Duitsche Orde, of beknope geschiedenis, indeeling en Statuten der Broeders van het duitsche Huis van St. Marie van Jérusalem. 'Sgravenhage, M. Nijhoff, 1857. Vol. in-8, rel. toile (une planche lithog.). — **Arbois de Jubainville** (D'). L'ordre teutonique en France. Paris, Dumoulin, 1871. Plaq. in-8, cart., couv. — **Bagatta** (F.). L'ordine teutonico, studi storici. Estr. d. *Giornale Euganeo*. In-8, cart. — Notice historique sur l'ancienne grande commanderie de l'Ordre teutonique dite des Vieux-Joncs dans la province..... de Limbourg. Gand, Gyselynck, 1849. In-8, rel. toile, 3 pl. — Pacte du Seigneur de Sarvantikar avec les Chevaliers de l'Ordre teutonique. Document arménien de l'an 1271. Traduction et notes (par P. L. A.). Venise, imprim. arménienne de Saint-Lazare, 1873. In-8, photogr., cart., couv. — **Perlbach** (Max). Das Haus des Deutschen Ordens zu Venedig. (Abd. a. d. *Altpr. Monatsschrift*, XVII, 1880). In-8, cart. — *Du même* : Beiträge zur Kritik der ältesten Deutschordensstatuten. Abd. a. d. *Histor. Aufs. d. Andenken an G. Waitz*. Hannover, 1886. In-8, br. — **Prutz** (Hans). Die Besitzungen des Deutschen Ordens im Heiligen Lande. Leipzig, Brockhaus, 1877. In-8, rel. toile, couv., 1 carte géog. — *Du même*. Eilf Deutschordens-Urkunden aus Venedig und Malta. [Abd. a. d. *Altpr. Monatsschrift Bd.* XX, Hft 5.]. In-8, cart. — Das Ordensbuch der Brüder vom deutschen Hause St. Marien zu Jerusalem..... herausgegeben von *Ottmar F. H. Schonhüth*. Heilbronn, Landherr, 1847. In-8, rel. toile, titre rouge et bleu. — **Zwiedeneck-Südenhorst** (H. v.). Ueber den Versuch einer Translation des deutschen Ordens an die ungarische Grenze. Wien, Karl Gerold, 1878. Plaq. in-8, cart. Ensemble 12 vol. ou plaq.

3934. **Bachem** (Konrad Joseph). Versuch einer Chronologie der Hochmeister des teutschen Ordens vom Jahr 1190 bis 1802. Munster, Waldeck, 1802. 1 plaq. in-4, rel. toile, non rogn. — **Böhm** (Martin), **Perschke** (Iacob.),... Conspectus Magistrorum Ordinis Teutonici generalium. Thorunii, Impressit Joh. Nicolai, 1712. In-4, rel. toile. — **Dahl**. Die Familie der Walpoden in Mainz, sodann die drei ersten Hochmeister, und der älteste Chronik=schreiber des deutschen Ordens. Abd. a d. *Hvartbl. des Ver. f. Lit. u. Kunst. zu Mainz*. II. In-8, cart. — Hartmann's von Heldrungen, Hochmeisters des deutschen Ordens, Bericht über die Vereinigung des Schwertordens mit dem deutschen Orden..... Herausgegeben von *Ernst Strehlke*. Riga, Häcker, 1865. In-8, cart. — **Lavisse** (E.). De Hermanno Salzensi, ordinis teutonici magistro... Parisiis, Hachette, 1875. In-8, cart. pap. — **Lorck** (Andreas). Hermann von Salza. Sein Itinerar. Inaugural-Dissertation. Kiel, C. F. Mohr (P. Peters), 1880. In-8, cart. perc. br. — **Schönhuth** (Ottmar F. H.). Heinrich von Hohenlohe, der hohe Meister des ritterlichen deutschen Ordens in seiner Beziehung zur ehemaligen

Deutschordens-Stadt Mergentheim. Mergentheim, Thomm, 1855. In-8, cart
— *Du même* : Wolfram von Nellenburg, Meister Deutschordens in deutschen und wälschen Landen..... Mergentheim, Thomm, 1859. In-8, cart. — **Schuster** (Moritz). Der deutsche Ritterorden bis zum Tode Hermanns von Salza. Leipzig, Hinrichs, 1868. In-8, cart. Ensemble 9 vol. ou plaq.

5. Ordre de Saint-Étienne de Toscane.

3935. **Fontana**, S. J. (Fulvio). I Pregj della Toscana nell' imprese piv' segnalate de' Cavalieri di Santo Stefano..... In Firenze, MDCCI. Per Pier Mattia Miccioni, e Michele Nestenus..... Grand in 4, front. et 37 planches grav. en taille-douce, rel. vél.

Bel ouvrage dont les gravures représentent les combats les plus mémorables dans lesquels se sont signalés les membres de l'ordre de Saint-Etienne de Toscane, la plupart sont des batailles navales contre les Turcs ou les corsaires barbaresques. Au verso du titre, on a collé un portrait du grand-duc Cosme III de Médicis.

3936. [—] Le Glorie immortali della Sacra, ed Illvstriss^{ma} Religione di S. Stefano Tanto nelle Armi, quanto nelle Lettere. Data alla luce dal conte Aldigherio Fontana..... In Milano, Per li Fratelli Sirtori..... 1706. 1 vol. petit in-4, avec 1 front. et 7 portr. gr. sur cuivre, rel. vél. ital.

Édition peu commune, que Pezzana déclare n'avoir pu voir; le comte *Ald. Fontana* a réédité, en l'augmentant, l'œuvre de son oncle le jésuite F. Fontana (*voyez n° précéd.*). Les portraits des grands ducs de Toscane, de Ferdinand I à Cosme III, ont été dessinés et gravés par *Hub. Vincent*; le septième portrait, dessiné par *Hieronymo Pecci*, est celui du chevalier *J. B. Andriani*, auquel cette édition est dédiée.

3937. — L' Origine della Sacra Milizia di Santo Stefano Papa, e Martire, Con la serie delle AA. RR. de' suoi Gran Maestri, e delle Imprese più segnalate de' suoi Cavalieri, Con un Catalogo di tutti quelli, che hanno goduto, e che presentemente godono le Dignità..... Seconda Impressione..... In Parma, Per il Monti, M D CC XVIII..... Petit in-4, rel. vél.

Cette édition contient un nouveau tirage du frontispice et des six portraits d'*Hubert Vincent*.

3938. **Marchesi** (Giorgio Viviano). La Galeria dell' Onore Ove sono descritte le Segnalate Memorie del Sagr' Ordine Militare di S. Stefano P. et M. e de' suoi Cavalieri Colle Glorie antiche, e moderne dell' illustri loro patrie, e famiglie..... In Forli, Per li Fratelli Marozzi, M D CC XXXV. 2 vol. in-fol., d.-rel. toile.

3939. **Piazza**. Bona Espugnata Poema del Cavalier Conte Vincenzio Piazza Al Serenissimo Cosimo Terzo Granduca di Toscana e Granmaestro dell' Ordine..... di Santo Stefano coll' Allegoria estratta dal Conte Marcantonio Ginanni..... e cogli Argomenti del Conte Fabbrizio Monsignani..... In Parma, nella Stampa di Corte di S. A. S. 1694..... Petit in-8, rel. vél.

Poème en douze chants en l'honneur de la prise de Bone (1608) par les Florentins et de la campagne de 1607-1608 pendant laquelle les chevaliers de Saint-Étienne se distinguèrent particulièrement. L'ouvrage est orné d'un frontispice, d'un portrait de l'auteur et de douze gravures en taille-douce d'une bonne exécution, dessinées par *Mauro Oddi*, gravées par *N. Dorigny* et *Arnoldo V. Westerhout*.

3940. RELATIONE || DELLA PRESA || DI DVE BERTONI || DI TVNIS || Fatta in Corsica da quattro Galere di Toscana, || con la presa di molti Turchi, e liberatione || di alcuni schiaui Christiani. || *Seguita alli 23. di Nouembre 1617.* || [*Armes des Médicis.*] || In Fiorenza, & in Viterbo. Con licenza de' || Superiori. 1617. Plaq. petit in-4 de 4 ffnc., cart.

3941. Privilegia, et Facultates ab Illustrissimo..... Cosmo Medices Florentiae, et Senarvm Dvce Religioni, & militibus Sancti Stephani concessa. 1565. (*Armes des Médicis.*) Florentiæ apud Filios Laurentii Torrentini, & Carolum Pectinarium Socium. 1566. Grand in-4 de 6 ffnc., 86 pp., 11 ffnc. — Al nome dello Omnipotente Dio, et del beato S. Stefano Papa..... Dichiaratione sopra alcuni Capitoli, & Statuti della nostra Religione..... (*Armes des Médicis.*) In Fiorenza, appresso i Figliuoli di Lorenzo Torrentino. 1563. Grand in-4 de 4 ffnc. — Al nome dell' onnipotente Dio..... Dichiarazioni..... del Gran Maestro, & Capitolo generale dell' anno. 1565..... (*Armes des Médicis.*) In Fiorenza..... 1565. Grand in-4 de 6 ffnc. — Al nome..... Statvti, Ordini, Riformazioni, & addizioni del Capitolo Generale dell' anno. 1566..... In Fiorenza..... 1566. Grand in-4 de 11(1) pp. Ensemble 1 vol. rel. vél.

3942. Statvti, et Constitvtioni del Ordine di Santo Stefano. Fondato, et dotato dall..... Cosimo de Medici Dvca di Fiorenza, et di Siena. Con le facultà, & Priuilegii concessi dalla Santità di Pio quarto Pont. Max. Et con le dichiarationi, & additioni fatte sino a questo anno. M.D.LXV. (*Armes des Médicis.*) In Fiorenza, Con Priuilegio. 1565. *Titre encadré. In fine* : In Fiorenza appresso i Figliuoli di Lorenzo Torrentini, & Carlo Pettinari Compagni. 1565. Petit in-4 de 158 ff. chif., 18 ffnc. — Privilegia, & falcultates ab Illustrissimo..... Cosmo Medices Florentiae, et Senarvm Dvce Religioni, & militibus Sancti Stephani concessa. 1565. (*Armes des Médicis.*) Florentiæ apud Filios Laurentii Torrentini, & Carolum Pectinarium Socium. 1566. Petit in-4 de 4 ff. chif. — Al Nome del l' onnipotente Dio, & del Beato Santo Stefano Papa Protettore della nostra Religione. Statvti, Ordini, Riformazioni & addizioni del Capitolo Generale del l' anno. 1566..... In Fiorenza..... 1566. Petit in-4 de 16 pp. — Al nome..... Dichiarazioni..... Addizioni del Gran Maestro, e Capitolo Generale dell' Anno. 1567..... In Fiorenza..... 2567 (1567). Petit in-4 de 8 pp. — Al nome..... Addizioni..... del Capitolo generale dell' anno 1568..... In Firenze nella Stampa Ducale. 1568. In-4 de 8 pp. En 1 vol. rel. parch.

3943. Statuti dell' Ordine de Cavalieri di S^{to} Stefano Ristampati con l' Addiz.^{ni} in tempo de Serenissimi Cosimo II; e Ferdin: II e della S. C. M.

dell' Imperatore Francesco I. Granduchi di Toscana e Gran Maestri. (*Titre gravé et encadré.*) *In fine* : In Pisa l'anno M D CCXLVI. Nella Stamperia di Cristofano Bindi..... Petit in-4, rel. vél. bl., tr. r.

3944. **Arbinotus** (F. Steph.). Panegyricvs Serenissimi Ferdinandi Medices nvper magni dvcis Etrvriae tertii Nunquam satis laudati Principis. Ad Serenissimam heroidem Christianam A Lotharingia..... Ferdinandi iam Coniugem..... (*Armes de Médicis et Lorraine.*) Florentiæ, Apud Christophorum Marescotum, 1609. In-4 de 18 ffnc., br. — **Baccio Bandinelli**. Orazione, o' vero Il Principe Esemplare Sopra la vita, e morte del Serenissimo Cosimo II. G. Dvca di Toscana..... In Firenze, Appresso Zanobi Pignoni. 1621. In-4, br.

6. Saint-Sépulcre. — Saints Maurice & Lazare. — Saint Lazare & Mont-Carmel.

3945. **Hermens** (J.). Histoire de l'ordre du Saint Sépulchre, son origine, son but et sa destination, avec appendices, relatifs à la fondation de l'ordre et à sa réorganisation par S. S. le pape Pie IX. Traduit par *Lessurios* d'après la 2e édition de l'ouvrage allemand. Maestricht, Jos. Russel, 1872. In-4, 2 planches, fig. et portrait du patriarche Valerga. — *Du même* : Der Orden vom heil. Grabe. II. Auflage. Köln und Reuss, Schwann, 1870. In-4, 2 planches en couleurs, fig. et portrait de Valerga. Ensemble 1 vol. in-4, d.-rel. mar. bleu, tête lim., non rogn.; au dos, chiffre du comte Riant.

L'édition allemande est supérieure comme impression et exécution des planches à la traduction.

3946. Anciens statuts de l'ordre hospitalier et militaire du Saint Sepulchre de Jérusalem, Suivis des Bulles, Lettres-patentes et Réglemens authentiques dudit Ordre. Paris, Cailleau, 1776. In-8, rel. veau, 2 pl.

3947. **Allemand** (Comte). Précis historique de l'ordre royal hospitalier-militaire du S.-Sépulchre de Jérusalem. Paris, 1815. In-12, d.-rel. toile, non rogn. — **Artaud de Montor**. Considérations sur Jérusalem et le tombeau de Jésus-Christ suivies d'informations sur les Frères-Mineurs et l'Ordre des Chevaliers du Saint-Sépulcre. Paris, Le Clere, 1846. In-8, rel. toile. — **Baudry des Lozières** (Le Ch^{er}). Discours pour l'assemblée générale des chevaliers du St-Sépulcre de Jérusalem, tenue à l'hospice des Ménages, à l'occasion de la fête de Saint-Louis. Paris, Lefebvre, 1821. 1 plaq. in-8, cart. — **Couret** (A.). L'ordre du Saint Sépulcre de Jérusalem. Orléans, Herluison, 1887. Grand in-8, br., fig. (Extr. de *la Terre-Sainte*.) — **Hercolani** (Ercolani conte Gaddi). Cenno storico del sacro militare ordine del Santo Sepolcro di Gerusalemme. Napoli, Piscopo, 1860. Plaq. grand in-8, rel. toile, non rogn. — **Hody** (Baron de). Notice sur l'Ordre du Saint Sépulcre de Jérusalem. (*S. l. n. d. n. typ.*) In-8, cart. — **O' Kelly de Galway** (Alph.). Mémoire sur l'Ordre du St Sépulcre de Jérusalem, suivi de la matricule biographique des chevaliers et des pélerins des Pays-Bas depuis les temps les plus reculés jusqu'à nos jours. Bruxelles, Devaux, 1873. 1 vol. grand in-8, rel. toile, fig. — **Stroobant** (C.). Notice sur un chapitre de l'Ordre du Saint-Sépulcre de Jérusalem, tenu en 1558 dans l'église de Hoogstraten. Anvers, Buschmann, 1849. In-8, cart. Ensemble 8 vol. ou plaq.

3948. Bullarium seu literæ Romanorum Pontificum ad sacram religionem, et ordinem militarem D. D. Mauritii, et Lazari. Necnon ad ædem Thononiensem Deiparæ Virgini Compassionis..... eidem religioni adjectam quæ domus sancta, vel Albergamentum scientiarum..... nominatur. Augustæ Taurinorum, ex Typographia regia. S. d. 1 vol. petit in-fol., rel. bas. rouge, tr. dor., dos et plats ornés. — Ceremoniale che si hà da osseruare dandosi l' habito a' cavalieri militi della sacra religione de Santi Mauritio et Lazaro. Torino, Pizzamiglio. S. d. (xviie siècle?). 1 vol. in-4, d.-rel. bas.

3949. **Cibrario** (Comte Louis). Précis historique des ordres religieux et militaires de S. Lazare et de S. Maurice avant et après leur réunion. Traduit de l'italien par *Humbert Ferrand*. Lyon, Imprimerie de Louis Perrin, 1860. Vol. in-8 carré, d.-rel. chag., tête peigne, non rogn.; au dos, chiffre du comte Riant. (4 planches dont 3 en couleurs.)

3950. Privilegia, indvlta, immvnitates, exemptiones, et gratiæ A Summis Pontificibus, ac à Sancta Sede Apostolica postremo concessæ Serenissimo D. Dvci Sabavdiæ, Magno Magistro..... Ordinum S. Mavritii..... & S. Lazari..... cvm Bvllis Institutionis, fundationis..... & annexionis dictarum Militarium de nouo approbatarum, & confirmatarum. Tavrini, Apud Ioannem Dominicum Tarinum, M DC IIII. Petit in-fol. de 2 ffnc., 84 pp., rel. veau.

Exemplaire portant la signature d'Étienne Baluze.

3951. **Vernazza** (Josephus). De ordine Sancti Mauritii liber antiquissimus omnium, ex ignoratis Membranis descriptus..... Augustae Taurinorum; MDCCCXVI. Typis regiis. In-4, d.-rel. v. f.

3952. **Jannotta** (Domenico). Notizie storiche della chiesa, e spedale di San Lazzaro di Capua..... Napoli, nella stamperia di Giuseppe di Domenico, 1762. In-4, d.-rel. toile, frontispice et 5 planches. — **Perrero** (A. D.). Prima carovana de' cavalieri della..... Milizia de' SS. Maurizio e Lazaro. [Extr. factice des Curiosità e Ricerche..... di St. Subalpina, XIII, 1879.] In-8, cart. — Regi magistrali provvedimenti relativi all' ordine dei Santi Maurizio e Lazzaro, preceduti da breve storia dello stesso ordine. Torino, Marzorati, 1864. 1 vol. in-8, rel. toile, couv. — **Ricci** (G. B.). Istoria dell' ordine equestre de' SS. Maurizio, e Lazaro, col Rolo de' Cavalieri, e Comende; fatta pubblica dal Cavaliere D. Giovanni Battista Ricci, Officiale nel Regimento della Marina, 1714. Torino, Nella Stampa di Gio. Francesco Mairesse (1714). In-4, rel. vél. — **Tioli** (L.). Ordine dei Santi Maurizio e Lazzaro e suoi grandi maestri. Firenze, G. Gaston, 1867. In-8, cart., couv. — **Travers** (Émile). Une réception dans l'ordre religieux & militaire des Saints-Maurice-&-Lazare de Savoie au xviii⁰ siècle. Paris & Caen, 1873. In-8, br.

3953. Déclaration du Roy, portant décharges des Decimes & autres impositions du Clergé, pour toutes les Maladeries, Hôpitaux, & autres biens des Ordres Roïaux, Militaires & Hospitaliers de Nôtre-Dame du Mont-Carmel, & de saint Lazare de Jerusalem. A Paris, Chez Louis-Denis Delatour & Pierre Simon. M D CC XXII. In-8, dérel. — Arrest du Conseil d'Etat du Roy, en faveur des Ordres Roïaux..... de Nôtre-Dame du Mont-Carmel & de saint Lazare de Jerusalem : portant décharge du dixième denier. Paris, Delatour & Simon, M D CC XXII. In-8, dérel. — Arrest..... portant décharge du huitième denier en faveur des Ordres..... de Nôtre-Dame du Mont-Carmel & de Saint-Lazare..... Paris, Delatour & Simon, M D CC XXII. In-8, dérel. — Arrest..... qui décharge des Taxes du Clergé, les Ordres..... Paris, Delatour & Simon, M D CC XXII. In-8, dérel.

Ces pièces sont extraites d'un même recueil, les signatures des ff. se suivent, mais chacune a sa pagination.

3954. **Gautier de Sibert**. Histoire des Ordres royaux, hospitaliers-militaires de Notre-Dame du Mont-Carmel et de Saint-Lazare de Jérusalem. Paris, Imprimerie Royale, 1772. In-4, d.-rel. veau rac., tête lim., front.

3955. Mémoires regles et statvts ceremonies et privileges des Ordres militaires de Nostre Dame du Mont Carmel et de S. Lazare de Jerusalem. A Lyon, chez Antoine Cellier..... M DC XLIX. (Titre front. gravé.) In-8, rel. mar. rouge, fil. sur les plats, tr. dor., dent. int.; au dos, chiffre du comte Riant. (Dupré.)

La dédicace au Grand-Maître marquis de Nérestang est signée L. P. C. D. M.

3956. L'Office à l'usage des Chevaliers de Nostre-Dame du Mont-Carmel & de S. Lazare de Jerusalem. (*Fig.*) Imprimé à Paris, aux depens de l'Ordre, par J. B. Coignard, 1700. Petit in-12, rel. vél. vert; au dos, chiffres de l'ordre de Saint-Lazare et du Mont-Carmel.

3957. [**Desplaces** (Laurent Ben.)]. Essai critique sur l'histoire des ordres royaux, hospitaliers et militaires de Saint Lazare de Jérusalem et de Notre-Dame du Mont-Carmel. A Liége, J. J. Tutot, 1775. In-12, d.-rel. v. rac. — **Marsy** (A. de). Liste des chevaliers de l'ordre de Saint-Lazare de Jérusalem et de Notre-Dame du Mont-Carmel de 1610 à 1786. Paris, Dumoulin, 1875. In-8, rel. toile. [Extrait de la *Revue historique et nobiliaire*, tiré à 40 exempl.] — **Rocher** (L'abbé). Recherches historiques sur la Commanderie de Boigny et sur l'Ordre des Chevaliers de Saint-Lazare de Jérusalem. Orléans, G. Jacob, 1865. In-8, rel. toile, 2 pl. lith. — **Vignat** (Eugène). Les lépreux et les Chevaliers de Saint-Lazare de Jérusalem et de N.-D. du Mont-Carmel. Orléans, H. Herluison, 1884. In-8, 4 pl. h.-t., d.-rel.

7. Saint Georges[1] & Divers.

3958. Compendio historico dell' origine, fondazione, e stato : Priuilegi Imperiali, Regij &c. Bolle, Breui, Motuproprij, Monitorij, Fulminatorij. Pontificij, & altri Diplomi dell' Ordine Eqvestre Imperiale Angelico Avreato Costantiniano di San Giorgio del Cavaliere Historico generale dell' ordine medesimo. Venetia, M.DC.LXXX, Presso Andrea Poletti. In-4 de 1 fnc., 27(1) pp., avec un tableau généalogique et chronologique, et une planche avec cinq grav. sur cuivre. — Isaaci Imperatoris antiqvæ regvlæ eqvitvm S. Georgii, Sacræ, Augustæ Militiæ..... à D. Basilio Magno traditæ..... dicatæ ab Andrea Camillo Locarino, Comite & Domino Villæ Vicentinæ... Venetiis, M.DC.LXIX. Typis Brigonei, eiusdem Ordinis typographi. In-4 de 3 ffnc., 10 pp., fig. sur bois. — Regulæ Eqvitibvs Angelicis..... Sancti Georgii præscriptæ ab humil^{mo} et religiosiss^{mo} Angelo Maria Angelo, Flavio, Comneno eorundem Equitum Supr° Magistro Editæ... ... Bavariæ Duci....... Fernando Mariæ, Dictorum Equitum & Supr^l Mag^i protectori annuenti dicatæ a Comite Germanico Bertuci..... dicatæ. Monachii, Typis Lucæ Straub, Anno M.DC.LXIX. In-4 de 2 ffnc., 28 pp., 5 planches gr. sur cuivre, signées « Isabella Monaca in S^a Croce d'V:^{a} F: », dont trois portraits (le premier est celui d'Angelo Comnène). — Privileggia imperialia, confirmationes apostolicae, diplomata regvm, & principvm ad Fauorem Familiae Angelae Flaviae Comnenae Imperialisque Militiae..... Constantinianę sub Titulo S. Georgij..... ab Angelo Maria Angelo Flauio Comneno Principe Macedoniæ, &c. Eiusdem Militiæ Supremo Hæreditario Moderatori..... Venetiis, M.DC.LXXI. Ex typographia Benedicti Milocchi. In-4 de 2 ffnc., 111(1) pp., avec le portrait du pape Clément X, celui de l'auteur (grav. sur cuivre) et une planche généal. Ensemble 4 tomes en 1 vol. in-4, rel. mar. rouge, fil. sur les plats, tr. dor., dent. int.; au dos, chiffre du comte Riant. (Dupré).

3959. Definitorium sive Constitutiones Sac. Ang. Aureatæ militiæ Constantinianæ..... sub titulo..... S. Georgii..... ex græco in latinum sermonem versæ a..... Georgio Castrioto..... denuo revisæ et iconibus augmentatæ a..... Ioanne Philippo de Zobel. Altenburgi, Litt. Richterianis, 1746. In-4, d.-rel. veau marbr., tête peigne.

3960. Iconografia o sia descrizione in figura dell' apparizion della Croce a Costantino il Grande, e delle Croci, ed Abiti dell' Angelico Sagro, e Militar Ordine Costantiniano di S. Giorgio..... Napoli, per Vincenzo Flauto, 1766. In-4, d.-rel. toile, frontispice et 26 planches gravées en taille-douce.

3961. **Musenga** (Filippo). La vita di Costantino il Grande in sei libri divisa. Coll' aggiunta..... di Appendici pertinenti al Sacro Real Ordine de' Cava-

---

1. Cf. n°s 3288-99.

lieri Costantiniani di S. Giorgio; delle Regole ad essi prescritte,.....; e de' Privilegj concessi all' Ordine..... Napoli, Vincenzo Flauto, 1769-1770. 3 vol petit in-fol., d.-rel. toile, nombreuses planches.

> Le premier volume seul porte ce titre. Le second et le troisième sont entièrement consacrés à l'Ordre Constantinien de St. Georges. Le tome II : « Dissertazioni critiche su i passi piu controversi, che s' incontrano nella vita di Costantino il Grande..... » Le tome III : « Regole e statuti del Sacro Angelico Ordine Costantiniano di S. Giorgio..... ». Chaque tome a le même frontispice, et l'on retrouve dans le troisième les 23 planches qui représentent les insignes et costumes de tous les associés ou membres de l'Ordre de St. Georges.

3962. **Nicollis** (Laur. Vigil. de). Anacephalaeosis ceu Brevis res diplomatica supremi Angelici Constantiniani Heracliani, primi, ordinis S. Georgii; Cujus (jure sanguinis) magnus magister perpetuus D. Joannes Antonius Angelus Flavius Comnenus Lascaris, Palaeologus &c..... Posonii, Typis Joannis Pauli Royer, Anno Christi MDCCXXII. In-4, 2 planches grav., fig. dans le texte, 1 grand portrait de Comnène Lascaris gravé par Dietell. — *On a relié à la suite* : Caeremoniale observandum in dando habitu, et cruce equitibus sacri supremi..... ordinis S. Georgii;..... Posonii, Royer, 1722. Ensemble 1 vol. in-4, rel. veau.

> Exemplaire à toutes marges.

3963. **Comnène** (A. M. Angelo Flavio). Priviléggia imperialia, confirmationes apostolicae,... ad Fauorem Familiae Angelae Flaviae Comnenae, Imperialisque Militiae... S. Georgij. Venetiis, Milocchi, 1671. In-4 cart., non rogn., front.

> Cf. n° 3958.

3963 *bis*. *Le même ouvrage*, cart.

> Ce deuxième exemplaire est assez fortement mouillé; mais il renferme des notes ms. sur le feuillet de garde, ayant pour titre : « Copia de la resulta del « pleito que el Illmo señor Obispo de Lerida moito contra los cav^os militares de « San Iorge, S. Lazaro, y San Estevan, con la declaracion de la sacra congrega- « tion del concilio el año del 1576. »

3964. **Statvti e Privilegi della Sacra Religione Costantiniana. Avreata Angelica di San Giorgio.** (*Sceau de l'ordre.*) Stampato in Trento. M.DC.XXIV. Per Gio Trainer. In-4, rel. parch.

> Les statuts de l'Ordre sont recueillis et publiés par le comte Maiolino Bisaccioni, grand chancelier de l'Ordre.

3965. Statuti del Sacro Imperial Ordine Cavalleresco e dell' inclita Religione Angelica, Aurata, Costantiniana, ricompilati per ordine di... Francesco Farnese, duca di Parma..... e gran maestro nell' anno della comun Salvezza MDCCV. Napoli, nella Stamperia reale, MDCCLXXXV. In-4, rel. vél., 9 pl.

3966. *Le même ouvrage*, rel. vél.

> Magnifique exemplaire en grand papier.
> On a ajouté à cet exemplaire deux traités manuscrits, l'un relatif à l'Ordre de

St. Janvier, l'autre « Dimostrazione dell' Analogia tra gli Statuti, e Privilegj dell' Inclito Real Ordine Costantiniano e l' Ordine di Santo Stefano ». Dans les deux exemplaires les 9 planches qui sont numérotées I-VII, IX, XII, sont empruntées à l'Iconografia (n° 3960).

3967. Del Real Ordine Militare di S. Giorgio della Riunione. Legge istitutiva..... e decreto che abolisce l' Ordine delle Due Sicilie. Napoli, Stamp. reale, 1853. In-4 br. avec 4 pl.

3968. **Castrone** (Giuseppe). Delle speciali caratteristiche dell' Ordine Costantiniano. Napoli, G. de Angelis, 1877. In-8, rel. toile, couv. — Dissertazione (breve) sul sagro militar ordine Costantiniano di S. Giorgio di cui la Maesta del Re N. S. Ferdinando IV per ispécial grazia dell' Altissimo, è il glorioso legitimo Gran Maestro. *S. l. n. d. n. typ.* In-4, rel. vél. — Propugnacolo dell' Ordine Sacro e Militare Costantiniano di San Giorgio. Napoli, Pellegrini, 1858. In-8, br. — **Radente** (Antonio). Saggio de' privilegj, e delle giurisdizioni che esercitano i Gran Priori Costantiniani nella chiesa abbaziale di S. Antonio Viennese in Napoli. Napoli, Pierro, 1846. In-8, br. — Rito e forma da praticarsi nell' armare une o più Cavalieri del Real Ordine Costantiniano di S. Giorgio nella Capitale di Napoli... Napoli, Dalla Stamperia Reale, 1826. Plaq. in-4, br. — **Schizzi** (Conte Folchino). Sulla milizia Costantiniana. Milano, G. Truffi, 1828. In-4, cart., couv., 2 pl. Ens. 6 vol. ou plaq.

3969. **Federici** (F. Domenico Maria). Istoria de' Cavalieri Gaudenti. Vinegia, Stamp. Coleti, 1787. 2 vol. in-4, avec planches gr. sur bois. d.-rel. toile, non rogn.

Exemplaire en grand papier. Très bel état.
Les *Frères joyeux*, à l'histoire desquels le savant dominicain Federici a consacré l'ouvrage ci-dessus, étaient une sorte d'ordre de chevaliers de la Vierge Marie, dont la fondation remontait au xiii° siècle.

3970. Institutum ordinis eqvitvm militiæ Christianæ, sub titulo B. Virginis Mariæ Matris Dei, & S. Michaelis Archangeli. Viennæ Avstriæ, Ex off. Gregorii Gelbhaar, 1630. Plaq. in-4, d.-rel. bas.

Rare histoire de l'Ordre autrichien de Saint-Michel.

3971. Definições e Estatutos dos Cavallieros, e Freires da Ordem de Nosso Senhor Jesu Christo, com a historia da origem, e principio della. Lisboa, Miguel Manescal da Costa, 1746. In-4, d.-rel. bas., 4 pl.

L'Ordre du Christ a succédé aux Templiers en Espagne.

3972. Bulla Apostolica S. D. N. Vrbani Papae VIII. erectionis Religionis Militiae Christianae, svb titvlo Conceptionis B. Mariae Virginis Immacvlatae, et Regvla Sancti Francisci, Eiusquè Priuilegiorum, Exemptionum, & Indultorum. Romae, Ex Typ. Reu. Cam. Ap., MDCXXIV. Et Neapolj, apud Octauium Beltranum, 1626. Petit in-4, dérel.

Au verso du titre une gravure sur cuivre représente la Croix de l'Ordre

3973. **Samper** (Hippolyto de). Montesa illvstrada. Origen, fvndacion, principios..... preeminencias, dignidades, heroes, y varones illvstres de la..... Religion militar de N. S. Santa Maria de Montesa, y San George de Alfama. Valencia, G. Vilagrasa, Año 1669. 2 vol. grand in-4, rel. vél.

Important pour l'ordre de Montesa, héritier en Portugal des biens et personnes de l'Ordre du Temple.

3974. **Schurzfleisch** (Henr. Leonard.). Historia Ensiferorum, ordinis teutonici Livonorum. Vitembergae, Io. Gu. Meyeri et God. Zimmermanni, ex officina Christ. Gerdesii, A. cIɔ Iɔ ccI. In-8, titre r. et n., d.-rel. peau de daim.

3975. Statuts de l'Ordre du Saint Esprit au droit desir ou du Nœud, institué à Naples en 1352 par Louis d'Anjou..... Manuscrit du xiveme siècle conservé au Louvre dans le Musée des Souverains français avec la description du manuscrit par le comte *Horace de Viel-Castel*. Paris, Engelmann et Graf, [Imp. J. Claye] M D CCC LIII. In-fol., rel. chag. rouge, tr. rouge; au dos et sur les plats, chiffre du comte Riant (Gruel); avec 17 planches en chromolith.

3976. **Cessac** (P. de). La commanderie de la Chassaigne Saint Antoine, de l'Ordre de Saint Antoine de Viennois, commune de Saint Frion (Creuse). Châteauroux, Majesté, 1886. In-12, br. — **Giustini** (G. P.). Cenni sulla venerabile istituzione de' Cavalieri di S. Salvatore di Mont Real, Gerusalemme, Rodi e Malta..... Napoli, Cons, 1871. In-8, br. — Ordre de Mélusine. Chevalerie d'honneur de Son Altesse Marie de Lusignan, princesse royale de Chypre, de Jérusalem et d'Arménie. Statuts. Paris, Morris, 1881. In-8, rel. toile.

XVIII

HISTOIRE DU COMMERCE [1]

3977. Altmeyer (J. J.). Histoire des relations commerciales et diplomatiques des Pays-Bas avec le nord de l'Europe, pendant le XVIe siècle, accompagnée de pièces justificatives inédites. Bruxelles, Périchon, 1840. In-8, rel. toile, non rogn., couv.

* **3978. Benedict** (T. W. G.). Versuch einer Geschichte der Schiffarth und des Handels der Alten. Neue wohlfeilere Ausgabe. Leipzig, Jacobaer, 1819. 1 vol. in-8.

3979. Berchet (Guglielmo). La repubblica di Venezia e la Persia. Nuovi documenti e regesti. Venezia, Antonelli, 1866. 1 vol. in-8, rel. toile, non rogn., avec 5 planches de photographies. — Relazioni dei Consoli Veneti nella Siria. Torino, Paravia, 1866. 1 vol. in-8, rel. toile, non rogn. — Del Commercio dei Veneti nell' Asia. Memoria letta all' Ateneo Veneto il 7 Gennajo 1864. Venezia, 1864. 1 plaq. in-18, rel. toile.

* **3980. Brederlow** (Goswin, Freiherrn von). Geschichte des Handels und der gewerblichen Kultur der Oster=Reiche im Mittelalter..... Berlin, Dümmler, 1820. 1 vol. in-8.

3981. Cauchy (Eugène). Le droit maritime international considéré dans ses origines et dans ses rapports avec les progrès de la civilisation. Paris, Guillaumin, 1862. 2 tomes en 1 vol. in-8, d.-rel. veau jaune, tête limaç., non rogn., (couv.); au dos, chiffre du comte Riant. — **Hautefeuille**. Histoire du droit maritime international. Paris, Guillaumin, 1858. In-8, d.-rel. veau, tête lim., non rogn.; au dos, chiffre du comte Riant.

3982. Consolato del mare (Il). Libro di consolato || novamente stampato et ricor= || retto, nel quale sono scritti capitoli & statuti & buone || ordinationi, che li antichi ordinarono per li casi || di mercantia & di mare & mercanti & ma||rinari, & patroni di nauali. || *(Gravure sur bois.)* || MDXXXIX. F⁰ 122 *recto, in fine* : Stampato in Vinegia per Giouanni Padoanno || Ad instantia di Giouan Battista Pedrezano. || MDXXXIX. *Au verso, marque typ.* In-8 car., de 6 ffnc., 122 ff. chif., rel. vél.

Première et fort rare édition d'un ouvrage des plus importants pour l'histoire du commerce dans le Levant au moyen âge; il contient les règles de droit mari-

---

1. Principalement comme conséquence des Croisades.

time que les Vénitiens avaient empruntées au xiii⁰ siècle à la Compagnie Catalane de Barcelone et les premières Capitulations que leur avaient consenties, aux xii⁰ et xiii⁰ siècles, différents princes chrétiens. La république de Venise avait chargé, au xvi⁰ siècle, *Gio. B. Pedrezzano* de recueillir ces règles et de les publier.

3983. — : Libro del Consolato de' Marinari, Nelquale si comprendono tutti gli statuti, & ordini disposti da gli antichi per ogni caso di Mercantia, ò di Nauigare, cosi à beneficio de' Marinari, come de' Mercanti, & Patron de' Nauilij. Con l' aggiunta delle Ordinationi sopra l' Armate di Mare, sicurtà, entrate, & vscite. (*Marque typ.*) In Venetia, Per Francesco Lorenzini, M.D.LXIIII. In-8 de 8 ffnc., 118 ff. chif. (inexactement numér. 117), 2 ffnc., rel. vél. ital.

3984. — : Il Consolato del Mare; nel qvale si comprendono tutti gli Statuti, & Ordini : disposti da gli antichi, per ogni caso di Mercantia & di Nauigare : cosi a beneficio di Marinari, come di Mercanti, & Patroni di naue, & nauilij. Con l' aggivnta delle ordinationi sopra l' Armate di Mare, sicurtà, entrate & vscite. Di nuouo..... ristampato..... In Venetia, Appresso Daniel Zanetti, & Compagni. M.D.LXXVI. In-8 carré de 8 ffnc., 230 pp. — *A la suite se trouve* : Il Portolano del Mare, nelqval si dichiara minvtamente, del sito di tvtti i porti, qvali sono da Venetia in Leuante, & in Ponente : & d' altre cose vtilissime, & necessarie à i Nauiganti. Di nvovo..... ristampato. (*Marque typ.*) In Venetia, Appresso Daniel Zanetti, & Compagni. M.D.LXXVI. In-8 carré de 2 ffnc., 39 ff. chif., 1 fnc. (blanc). Ensemble vol. in-8, rel. parch. (ancien manuscrit).

Il Portolano del Mare, œuvre du noble vénitien *Alvise da Mosto*, a été publié pour la première fois en 1490, et souvent réimprimé depuis. On le trouve généralement réuni à *Il consolato del Mare*. Cf. n⁰ˢ 4010-12.

3985. — : Il Consolato del Mare; nel qvale si comprendono tutti gli Statuti & Ordini : disposti da gli antichi, per ogni caso di Mercantia & di Nauigare : Cosi a beneficio di Marinari, come di Mercanti, & Patroni di naue, & nauilii. Con l' aggivnta delle Ordinationi sopra l' Armate di Mare, sicurtà, entrate, vscite; & con il Portolano del Mare. Di nuouo..... corretto, & ristampato..... In Venetia, Appresso gli Heredi di Francesco Rampazetto. M.D.LXXXIIII. In-8 de 8 ffnc., 230 pp.; 2 ffnc., 38 ff. chif., rel. parch.

Le « Portolano del Mare » a un titre et une pagination à part.

3986. — : Il Consolato del Mare ;..... con il Portolano..... con vna nvova tavola de i capitoli. (*Marque typ.*) In Venetia, Appresso Lucio Spineda. M D XCIX. In-8 de 8 ffnc., 232 pp. et 2 ffnc., 67(1) pp., rel. vél.

Cette édition présente une très grande ressemblance avec la précédente; le « *Portolano* » a également un titre à part et une pagination particulière.

3987. — : Il Consolato del Mare ;..... con il Portolano del Mare. Con esatta diligenza Corretto, & Ampliato delle leggi della Sereniss. Repvb. di Venetia. a tal materia appartinenti..... In Venetia, Appresso li Ginammi. 1658. In-8 de 8 ffnc., 236-68 pp., rel. vél.

Entre les deux parties de cet ouvrage, on a relié : « Parti Prese nell' Eccellentiss. Conseglio di Pregadi ; Con diuerse Leggi cauate del Statuto. In materia de Naui, e sua Nauigatione. (*Marque typ.*) Stampate per Gio: Pietro Pinelli. *S. d.* (*Venise*). » (In-8 de 39(1) pp.) Le Portolano n'a pas dans cette édition de titre particulier, mais la pagination en est encore spéciale.

3988. Delle decima e di varie altre gravezze imposte dal Comune di Firenze della moneta e della mercatura de' Fiorentini fino al Secolo xvi. Lisbona e Lucca, MDCCLXV-MDCCLXVI. 4 vol. in-4, d.-rel. parch., coins, non rogn.

Ouvrage d'un intérêt supérieur pour l'histoire du commerce, non seulement de Florence, mais de tout le moyen âge. Le troisième volume contient le traité « La pratica della Mercatura » écrit au commencement du xive siècle par Francesco Balducci Pegolotti, commis-voyageur au service de la célèbre maison de commerce des Bardi de Florence. Ce traité a été publié par *Pagnini* d'après le manuscrit unique de la Biblioteca Riccardiana. Le quatrième volume du « Della Decima » est consacré au traité de *Giovanni da Uzzano*, également écrit dans la première moitié du xive siècle, mais postérieur à celui de Pegolotti.

* 3989. **Depping** (G. B.). Histoire du commerce entre le Levant et l'Europe depuis les Croisades jusqu'à la fondation des colonies d'Amérique. Paris, Imprimerie royale, 1830. 2 vol. in-8.

3990. **De Vigne** (Félix). Recherches historiques sur les costumes civils et militaires des Gildes et des Corporations de métiers, leurs drapeaux, armes, blasons, etc., avec une introduction historique par *J. Stecher*. Gand, Gyselinck, *s. d.* (1847). In-8, avec 35 planches, rel. toile, non rogn.

3991. **Fréville** (Ernest de). Mémoire sur le commerce maritime de Rouen depuis les temps les plus reculés jusqu'à la fin du xvie siècle. Rouen, Le Brument. Paris, Durand, 1857. 2 tomes en 1 vol. in-8, d.-rel. chag., tr. peigne; au dos, chiffre du comte Riant. — **Martin** (Alphonse). Les plus anciennes communautés d'arts et métiers du Havre..... Fécamp, Durand, 1880. In-8, rel. toile, couv.

3992. **Formaleoni** (V.). Historia de la navigacion, del comercio, y de las colonias de los pueblos antiguos en el Mar negro..... traducida al español por el E. S. D. *Ant° Gomez Calderon*. Paris et Méjico, Seguin, 1828. 2 tomes en 1 vol. in-8, rel. toile, non rogn.

3993. **Germain** (A.). Histoire du commerce de Montpellier antérieurement à l'ouverture du port de Cette. Montpellier, impr. Martel, 1861. 2 tomes en 1 vol. in-8, d.-rel. chag. rouge, tr. limaç. — **Dulaurier** (Ed.). Notice sur deux privilèges accordés par les rois de la Petite-Arménie aux marchands de Montpellier. Imp. imp. *S. d.* [Extr.] 1 pl. fac-sim. In-4, cart.

3994. **Herrmann** (Friedrich). Ueber die Seeräuber im Mittelmeer und ihre Vertilgung. Lübeck, Michelsen, 1815. In-8, cart. — **Jaeger** (Fred. Guil.). De Hamburgensium infestissimos olim commerciis Germaniae septentrionalis piratas opprimentium meritis. Hamburgi, Nestler, 1828. In-8, cart., tr. dor.

3995. **Herzfeld** (L.). Metrologische Voruntersuchungen zu einer Geschichte des ibraïschen resp. altjüdischen Handels. Leipzig, Wilfferodt, 1863. In-8, rel. toile, non rogn.

3996. **Heyd** (Wilhelm). Geschichte der Levanthandels im Mittelalter. Stuttgart, Cotta, 1879. 2 vol. in-8, d.-rel. veau f., non rogn.
> On a joint à cet exemplaire des comptes rendus, extraits de revues et une lettre d'envoi de l'auteur au comte Riant.

. 3997. — Histoire du commerce du Levant au Moyen-âge. Édition française refondue et considérablement augmentée par l'auteur, publiée sous le patronage de la Société de l'Orient Latin par *Furcy-Raynaud*. Leipzig, Harrassowitz, 1885-86. 2 vol. in-8, br.

3998. — Le colonie commerciali degli Italiani in Oriente nel medio evo. Venezia e Torino, Basadonna, 1866-68. 2 tomes en 1 vol. in-12, d.-rel. veau brun, non rogn. — Die italienischen Handelscolonien in Palästina, Syrien und Kleinarmenien zur Zeit der Kreuzzüge. Abd. a. d. *Zeitschr. f. Staatsw.*, 1860. In-8, rel. toile. — Beiträge zur Geschichte des Levantehandels im xiv. Jahrhundert. (Festschrift zur vierten Säcular-Feier der Universität zu Tübingen, 1877.) Stuttgart, K. Aue. In-4, rel. toile. — « Ueber Funda und Fondaco. » Zu Diez' etymol. Wörterbuch..... [Abd.], 1880. In-8, cart. — Ueber die angeblichen Münzpragen der Venetianer in Accon, Tyrus und Tripolis. (Abd. a. d. des *Numism. Zeitsch.*, 1879. Wien). In-8, cart.

* 3999. **Hirsch** (Theodor). Danzigs Handels und Gewerbsgeschichte unter der Herrschaft des deutschen Ordens. Leipzig, Hirzel, 1858. 1 vol. in-8.

* 4000. **Hübsch** (F. L.). Versuch einer Geschichte des böhmischen Handels. Prag, Haase, 1849. 1 vol. in-8.

4001. **Lappenberg** (J. M.). Urkundliche Geschichte des hansische Stahlhofes. Hamburg, Langhoff, 1851. In-4, 3 pl. h.-t., 2 parties en 1 vol. cart. perc. gr.
— **Laurent** (J. C. M.). Das älteste hamburgische Handlungsbuch aus dem vierzehnten Jahrhundert..... Hamburg, Perthes-Besser und Mauke, 1841. In-8, cart.
> L'exemplaire de *Laurent* est interfolié avec notes manuscrites en allemand.

4002. **La Primaudaie** (F. Élie de). Études sur le commerce au moyen-âge : Histoire du commerce de la Mer Noire et des colonies génoises de la Krimée. Paris, Comptoir des impr. réunis, 1848. In-8, rel. toile, non rogn., couv. — **Bruun** (Ph.). Notices..... concernant les colonies italiennes en Gazarie. (Extr. des *Mémoires de l'Ac. des Sc. de Saint-Pétersbourg*, 1866.) In-4, br. — **Sainte Marie Névil**. Caffa et les colonies génoises de la Crimée. Paris, Dentu, 1856. In-8, rel. toile.

4003. **Lenthéric** (C.). La Grèce et l'Orient en Provence. Paris, Plon, 1878, 1 vol. — Les villes mortes du golfe de Lyon. Paris, Plon, 1876. 1 vol. — La

Provence maritime ancienne et moderne. Paris, Plon, 1880. 1 vol. — La région du Bas-Rhône. Paris, Hachette, 1881. 2 vol. Ensemble 5 vol. in-12, rel. toile, non rogn., couv.

4004. **Marquard** (Joh.). De Jure Mercatorum et Commerciorum singulari libri IV. Francofurti. Impensis Thomæ Matthiæ Götzij. *S. d.* (*1661*). (*Titre front. gravé.*) 1 vol. petit in-fol., rel. veau marb., tr. rouge; au dos et sur les plats, chiffre du comte Riant.

4005. **Mas Latrie** (L. de). Traités de paix et de commerce et documents divers concernant les relations des Chrétiens avec les Arabes de l'Afrique Septentrionale au moyen-âge. Paris, Plon, 1866. — Supplément et tables. Paris, Baur et Détaille, 1872. Ensemble 1 vol. in-4, d.-rel. chag. rouge, tête dorée, non rogn.

4006. — Commerce et expéditions militaires de la France et de Venise au moyen âge. Documents publiés par M. *de Mas Latrie*. Paris, Imp. nat., 1879. In-4, rel. toile. — Relations et commerce de l'Afrique Septentrionale ou Magreb avec les nations chrétiennes au moyen âge. Paris, Didot, 1886. In-12, br. — Privilège commercial accordé en 1320 à la république de Venise par un roi de Perse, faussement attribué à un roi de Tunis. (Extr. de la *Bibl. de l'Éc. des Chartes*. Paris, 1870.) In-8, br.

4007. Mémoire sur la situation commerciale de la France avec les États Unis d'Amérique depuis l'année 1775 jusqu'en 1795. *S. l. n. d.* 1 vol. in-4, rel. peau de Suède, aux armes du comte Riant.

4008. **Mery** (Louis) et **Guindon** (F.). Histoire analytique et chronologique des actes et délibérations du corps et du conseil de la municipalité de Marseille, depuis le xème siècle jusqu'à nos jours. Marseille, typ. des Hoirs Fessat, 1842-45. 4 vol. in-8, br.

Exemplaire de M. de Salvandy.

* 4009. **Michel** (Francisque). Recherches sur le commerce, la fabrication et l'usage des étoffes de soie, d'or et d'argent et autres tissus précieux en Occident, principalement en France pendant le moyen-âge. Paris, Crapelet, 1852-1854. 2 vol. in-8, tirés à 250 exemplaires.

4010. **Mosto** (A. da). OPERA NO || VA CHIAMATA PORTOLA || no laqual narra tutte le terre : & porti de le || uante cominciādo a Venetia andādo per || tutta la Schiauonia sin a Corfu cō tutta la || Grecia la Morea & Napoli de Romania || cō tutto Larcipelago : Cōstātinopoli Can || dia Rodi Cipro & tutto il Leuāte & tutte || le isole : terre citta e castelli & porti & quāti || miglia da vna terra a laltra & da vna isola || a laltra : || & tutte starie porti valle e colphi : || scagni : fōdi : e Sechi dintorno. Nouamēte || stāpata p Paulo dāza sul pōte de riuoalto. || (*Marque typ. avec la devise* « Ponge, onge » ||. (*Titre encadré.*) *In fine* : ℭ Finito lo libro chiamato Portolano composto || per vno gentilhuomo Venetiano loqual ha vedu || to tutte questé parte antescritte lequale sonovti||lissime per tutti i nauighanti che voleno se||curamente nauighar con lor nauilii || in diuerse parte del mondo. || Laus Deo Amen. || ℭ Stampato in Vineggia per Paulo Danza. || (*Marque typ. ut supra.*) In-24 de 40 ffnc. à 2 col., rel. mar. noir jans., tr. dor., dent. int. (Dupré.)

> Rarissime édition de cet ouvrage de géographie attribué à *Alvise da Mosto* autrement dit *Cadamosto*, le célèbre voyageur, ou à un certain *Coppo*. Notre édition, probablement imprimée vers 1518, n'a été connue par aucun bibliographe, toutefois un catalogue de Rosenthal porte un ouvrage qui semble identique au nôtre comme titre, mais avec le nom des frères Zio comme imprimeurs.

4011. — Il Portolano del Mare, nelqval si dichiara minvtamente del sito di tvtti i porti,... di nvovo... corretto, & ristampato. (*Marque typ.*) In Venetia, Appresso Daniel Zanetti..... M.D.LXXVI. Petit in-4 de 2 ffnc., 39 ff. chif., 1 fnc. blanc, br.

> Le Portolano se trouve rarement seul ; il est habituellement relié à la suite du « Consolato del Mare ». Cf. n°s 3984 et suiv.

4012. — Il Portolano del Mare di Alvise da Mosto,.... Nel qual si dichiara minutamente del sito di tutti i Porti, quali sono da Venezia in Levante et in Ponente..... Venezia, M.DCCC.VI. Presso Silvestro Gnoato. In-4, br.

4013. **Oderico** (Gasparo Luigi). Lettere liguistiche ossia osservazioni critiche sullo stato geografico della Liguria fino ai tempi di Ottone il Grande con le Memorie storiche di Caffa. ed altri luoghi della Crimea posseduti un tempo da' Genovesi, e spegazioni de' Monumenti Liguri quivi esistenti. Bassano, M DCC XCII. In-8, pl. h.-t., d.-rel. v. tach.

4014. **Oresme** (Nicole). Traictie de la première invention des monnoies..... texte français et latin d'après les manuscrits de la bibliothèque impériale et Traité de la monnoie de *Copernic* texte latin et français, publiés et annotés par M. *L. Wolowski*. Paris, Guillaumin et Cie, 1864. In-8, cart. perc.

4015. **Pasi** (Barth. di). Tariffa de pexi e mesvre. || Con gratia et privilegio. *Fnc. 1 verso. incipit* : Prohemio del Prestantissimo Miser Bartho-||lomeo di Paxi da Venetia. ||..... *Fnc. 2 recto, incipit* : Qvi comincia la vtilissima opera chiama-||ta taripha laqval tracta de ogni sorte || de pexi e misvre conrispondenti per tvto || il mondo fata e composta per lo excelen||te et eximio miser Bartholomeo di Paxi da || Venetia. ||..... *Fnc. 148 verso, col. 2, l. 33* : Stampato in uenesia per Albertin || da lisona uercellese regnante lin-||clyto principe miser Leonardo lo||redano. Anno domini. 1503. A di || 26. del mese de Iuio. Finis. *Manque le dernier fnc. qui contient la fin du* Registrum. Petit in-4, 156 ffnc., sign. a-z, &, ↄ, ℟, A-M par 4 ffnc., sauf a qui en a 8 ; car. rom. ; texte sur 2 colonnes ; rel. mar. rouge, fil. et orn. à froid sur les plats (rel. vénitienne à rubans du XVIe siècle fortement restaurée).

> Ouvrage d'une grande rareté.

4016. — Tariffa || de i pesi, e misvre || corrispondenti dal Leuante al Ponente : || e da una terra, e luogo allaltro quasi p || tutte le parti dil Mondo :

con la dichia= || ratione, e notificatione di tutte le robbe : || che si tragono di uno paese per laltro. || Composta per M. Bartholomeo di || Pasi da Vinetia. Con la sua || tauola copiosissima, e faci= || lissima a trouare ogni cosa || per ordine, nuouamēte || fatta : e con somma || diligēza reuista, || e stāpata. || In Vinetia. M.D.XL. (*Encadrement gravé sur bois au titre.*) F° 200 recto, in fine : In Vinegia. Nelle case di Pietro di Nicolini da Sabbio. || Ne glianni dilla salutifera Circoncisione dil no= || stro Signore. M.D.XL. || Dil mese di Genaio. In-8 de 12 ffnc., 208 ff. chif., car. ital., 2 col., rel. mar. brun, dent. int., tr. dor.; au dos, chiffre du comte Riant. (Dupré.)

> Cet ouvrage donne une énumération très complète des monnaies, poids et mesures en usage sur les différentes places commerciales au moyen âge, ainsi que des marchandises qu'on y rencontre. La première édition a été imprimée en 1503, puis sont venues celles de 1521 et de 1540, toutes trois d'une grande rareté.

4017. **Peruzzi** (S. L.). Storia del commercio e dei banchieri di Firenze in tutto il Mondo conosciuto dal 1200 al 1345. Firenze, Cellini, 1868. In-8, avec planches, d.-rel. mar. vert, tr. marbr.

4018. **Peyssonel** (M. de). Traité sur le Commerce de la Mer Noire..... A Paris, chez Cuchet, MDCCLXXXVII. In-8, 2 vol. rel. v. avec coins. — **Schroeder** (Car. Henr. de). Observationes de commercio Russico in mari nigro. Dorpati, literis M. G. Grenzii. *S. d.* In-8, cart.

4019. **Port** (Célestin). Essai sur l'histoire du commerce maritime de Narbonne. Paris, Durand, 1854. In-8, rel. toile, non rogn., couv.

4020. **Raynal** (Guillaume Thomas). Histoire philosophique et politique des établissemens et du commerce des Européens dans les deux Indes. Genève, Jean Léonard Pellet, 1781. 10 vol. in-8 avec portr. et pl. et 1 vol. d'Atlas, rel. bas. fauve.

4021. **Reinaud**. Relations politiques et commerciales de l'empire romain avec l'Asie Orientale (l'Hyrcanie, l'Inde, la Bactriane et la Chine) pendant les cinq premiers siècles de l'ère chrétienne..... avec quatre cartes. Paris, Imprimerie Impériale, 1863. In-8, rel. toile.

4022. **Roth** (Joh. Ferd.). Geschichte des Nürnbergischen Handels. Ein Versuch. Leipzig, Ad. Fried. Böhme, 1800-1802. 4 vol. in-8, front., rel. bas. n.

4023. **Sadowski** (J. N. von). Die Handelstrassen der Griechen und Römer durch das Flussgebiet der Oder, Weichsel, des Dniepr und Niemen..... Aus dem Polnischen von *Albin Kohn*. Mit 2 Karten und 3 lithog. Tafeln. Jena, Costenoble, 1877. In-8, rel. toile, couv.

4024. **Saint-Priest** (Comte de). Mémoires sur l'ambassade de France en Turquie et sur le commerce des Français dans le Levant. Paris, Leroux, 1877. 1 vol. in-8, d.-rel. v. f., non rogn., couv.

> Publication de l'École des langues orientales. L'éditeur de ces Mémoires est M. Schefer.

4025. **Sauli** (Lodovico). Della Colonia dei Genovesi in Galata. Torino, 1831. 2 tomes en 1 vol. in-8, d.-rel. mar. bleu, tête limaç., non rogn.; au dos, chiffre du comte Riant. — **Desimoni**. [Memoria] sui Quartieri dei Genovesi a Costantinopoli nel secolo xii. Estr. dal *Giornale Ligustico*. Genova, 1874. — Du même. I Genovesi ed i loro quartieri in Costantinopoli nel secolo xiii. Estr. dal *Giornale Ligustico*, Anno III. Ensemble 1 plaq. in-8, rel. toile. — **Launay** (Marie de). Notice sur le vieux Galata (Péra des Génois). [Extr. de l'Univers, Revue orientale, n°ˢ 1-4, Nov. 1874-Mars 1875.] Plaq. in-8, cart. pap.

* 4026. **Scherer** (H). Allgemeine Geschichte des Welthandels. Leipzig, H. Schultze, 1852-1853. 2 vol. in-8.

4027. **Sigismund** (Reinhold). Die Aromata in ihrer Bedeutung für Religion, Sitten, Gebräuche, Handel und Geographie des Alterthums. Leipzig, Winter, 1884. In-8, rel. toile, couv.

4028. **Straccha** (B.). Clarissimi || Ivrisconsvlti || Benvenvti Stracchae || Patritii Anconitani || De Mercatvra, sev || Mercatore || Tractatvs. || (*Marque typ.*) || Venetiis. Cum Privilegio. Petit in-8 de 40 ffnc. (3 ff. blancs), 287 ff. chif., 1 fnc. (blanc)., rel. vél.

> Cet important ouvrage, dont le titre ne porte pas de date, a été imprimé à Venise, chez Alde, en 1553. Les différentes parties portent des titres particuliers et, à la suite de la première, qui est seule, à proprement parler, le *Tractatus de Mercatura*, se trouvent plusieurs autres traités « De Contractibus Mercatorum; Titulus Mandati; De Sponsionibus; de Nautis, navibus et navigatione; De Decoctoribus; Quomodo procedendum sit in causis Mercatorum. »

4029. **Tafel** (G. L. Fr.) und **Thomas** (G. M.). Urkunden zur älteren Handels- und Staatsgeschichte der Republik Venedig mit besonderer Beziehung auf Byzanz und die Levante. Vom neunten bis zum Ausgang des fünfzehnten Jahrhunderts. Wien, Aus der Kais-Kön. Hof- und Staatsdruckerei, 1856-1857. 3 vol. in-8, d.-rel. chag., tête lim., non rogn.; au dos, chiffre du comte Riant. — Friedens- und Handelsvertrag des Griechischen Kaisers Michael Palaeologus mit der Republik Venedig vom Jahre 1265. S. l. n. d. n. typ. (1850). In-8, rel. toile.

4030. [**Usselinckx** (W.)]. Bedenckinghen Over den staet vande vereenichde Nederlanden : Nopende de Zeevaert, Coop. handel, ende de gemeyne Neeringe inde selbe. Ingevalle den Peysmet de Aerts-hertogen inde aenstaende Vrede-handelinge getroffen Wert. Door een lief-hebber eenes oprechten ende bestandighen Vredes voorghestelt. (*Marque typ.*) Gedruckt int Jaer ons Heeren. 1608. Petit in-4 de 8 ffnc., br.

4031. — Discovrs by Forme van Remonstrantie : Vervatende de Noodsaeckelickheyd vande Oosindische Navigatie, by middel vande vvelcke, de vrye Neder-landsche Provintien, apparent zijn te gheraecken totte hooghste Prosperiteyt, int stuck vande alder-rijck ende costelijckste waren vande gheheele vverelt..... Ende dit alles tot groote vercleeninge, ja in eenighe quartieren gantsche vernietinghe der groote aensienlijcke Heerschappije vande Hispaenche ende Portugesche Natien, in de selve quartieren. Ghedrvckt Anno 1608. Petit in-4 de 8 ffnc., le dernier blanc, br.

4032. **Usselinckx**. Grondich Discours over desen aen-staenden Vrede-handel. *S. l. n. d. n. typ.* Petit in-4 de 8 ffnc., br.

4033. — Memorie vande ghevvichtighe redenen die de Heeren Staten generael behooren te bevveghen, om gheensins te wijcken vande handelinghe ende vaert van Indien. *S. l. n. d. n. typ.* (1608.) Petit in-4 de 4 ffnc., br.

4034. — Naerder Bedenckingen, Ober de zee-vaerdt, Coophandel ende Neeringhe als mede de versekeringhe vanden Staet deser vereenichde Landen, inde teghenwoordighe Vrede-handelinghe met den Coninck van Spangnien ende de Aerts-hertoghen. Door een lief-hebber eenes oprechten, ende bestandighen vredes voorghestelt. (*Fleuron.*) Ghedruckt in het Jaer ons Heeren 1608. Petit in-4 de 18 ffnc., sign. A-E (E par 2 ffnc.), br.

4035. — Vertoogh, hoe nootwendich, nut entende profijtelick het sy voor de vereenighde Nederlanden te behouden de Vryheyt van te handelen op West-Indien, Inden vrede metten Coninck van Spaignen. *S. l. n. d. n. typ.* Petit in-4 de 10 ffnc., sign. A-C (C. par 2 ff.), br.

4036. — Onpartydich Discours opte handelinghe vande Indien. *S. l. n. d. n. typ.* Petit in-4 de 4 ffnc., br.

Exemplaires en très bel état de ces divers opuscules d'Usselinckx; ils sont tous d'une grande importance pour l'histoire du commerce des Indes orientales et occidentales au commencement du xviie siècle; ils sont en outre excessivement rares.

4037. [—]. Auszführung allerhand wolbedencklicher Argumenten, Anzeigungen, vmbstenden vnd beweiss der Vrsachen, Warumb die Vereinigte Provintzen in Niderlandt die Herrn Staden, auff anfordern der Spanischen, Die Schiffarten, Ihn Ost vnd West Indien, nicht verlassen, noch sich deren begeben, vnd davon abstehn können noch sollen. Auss dem Latein in Teutsch versetzt. (*Fleuron typ.*). Getruckt im Jar 1608. Petit in-4 de 6 ff. sign. A-B (B. par 4 ff.). Br.

Traduction fort rare.

4038. **Wizniewski** (Prince Adam). Histoire de la banque de Saint Georges de Gênes. Paris, 1865. In-8, rel. toile.

4039. Zee-Rechten, inhoudende dat Oudste en Hoogste Water-Recht, dat de Gemeene Knoopliden en Schippers hebben gemaakt in Wisbuy. De Zee-Rechten gemaakt by Keyser Karel, als mede die van Konink Philippus de derde..... t' Amsterdam, Hendrik Harmensz, 1698. — **Weytsen** (Quintyn). Tractaet van Avaryen..... van nieuws oversien..... door Mr. S. Van Leeuwen. Amsterdam, 1698. — Aenmerckingen ende Bedenckingen over de Zee-Rechten, uyt het Placcaet van Koninck Philipps uytgegeven den lesten

Octobris 1563..... in't licht uytgegeven door Taco van Glins. **Amsterdam,** Harmensz, 1695. — Compendium juris maritimi..... von J. R. E. Anno M DC XCVIII. Lübeck. J. Wiedermeyer. Ensemble 1 vol. in-8, rel. bas. br., fers à froid sur les plats (rel. all. du xviie siècle).

4040. **Bargès** (Abbé J. L.). Recherches archéologiques sur les colonies phéniciennes établies sur le littoral de la Celtoligurie. Paris, Leroux, 1878. 1 vol. in-8, rel. toile, couvert., non rogn., 8 planches lithog. — **Oberhummer** (Eugen). Phönizer in Akarnanien. Untersuchungen zur Phönizischen Kolonial- und Handels- Geschichte..... München, Ackermann, 1882. In-8, br. — **Ollier de Marichard** (Jules) et **Pruner-Bey**. Les Carthaginois en France. La colonie lybio-phénicienne du Liby (canton de Bourg-Saint-Andéol, Ardèche). Montpellier, Coulet, 1870. In-8, br. — **Tarbox** (Increase N.). Tyre and Alexandria : the chief commercial cities of Scripture times. Boston, Massachusetts, Sabbath- school society, (1865.) In-12, rel. toile (édit.). — **Wiberg** (C. F.). Bidrag till kännedomen om Phoeniciernas, Etruskernas och Massiliensernas Handelförbindelser med nordvestra Europa. Gefle, Blomberg, 1866. In-4, br. Ensemble 5 vol. ou plaq.

4041. **Belgrano** (L. T.). Due contratti genovesi di noleggio del secolo XIII. Genova, Stabilimento Armanino, s. d. 1 plaq., rel. toile, couv. — *Du même* : Cinque documenti genovesi orientali. Genova, tip. d. sordo-muti, 1885. (Estr. degli *Atti della Soc. lig. di St. Patria.*) 1 plaq. grand in-8, rel. toile, couv. — *Du même.* Tavole genealogiche a corredo della illustrazione del registro arcivescovile di Genova. Genova, tip. d. sordo-muti, 1873. 1 vol. grand in-8, rel. toile, couv. Ensemble 1 vol. et 2 plaq. — **Canale** (Michel G.). Tripoli e Genova. Con un discorso preliminare sulle Colonie degli antichi popoli e delle repubbliche italiane nel medio evo. Genova, Ciminago, 1886. 1 plaq. in-8, br. — **Desimoni** (C.). Spigolature Genovesi in Oriente. Estr. dal *Giornale Ligustico*, fasc. IX-X. In-8, cart. — Una Colonia Genovese nella Georgia superiore. Estr. dal *Giornale Ligustico*, fasc. III-IV. In-8, cart. — I conti dell' ambasciata al Chan di Persia nel M CCXCII, pubblicati da *Cornelio Desimoni.* Genova, tip. de' Sordo-Muti, 1879. In-8, d.-rel. mar., tête dor., non rogn.; au dos, chiffre du comte Riant. — Sulle monete nominate nei conti dell' ambasciata al Chan di Persia... Estr. dal vol. XIII degli *Atti della Societa Ligure di Storia Patria.* In-8, cart. — **Senarega**. Intorno all' impresa di Megollo Lercari in Trebisonda. Lettera di Bartolomeo Senarega a Giovanni Pontano, pubblicata da *Cornelio Desimoni. S. l. n. d. n. typ.* Grand in-8, cart. Ensemble 9 vol. ou plaq.

4042. **Canal** (Daniele). Relazione dei Consolati di Alessandria e di Soria per la Repubblica Veneta tenuti da Lorenzo Tiepolo negli anni MDLII-MDLX. Venezia, G. Antonelli, 1857. (*Per Nozze.*) In-8, rel. toile, couv. — **Musatti** (Eugenio). Del commercio di Venezia coll' Egitto. Documenti. Venezia, Visentini, 1870. In-4, cart., couv. — **Wilken**. Über der Venetianischen

Consuln zu Alexandrien in 15ten und 16ten Jahrhunderte. (*Histor. philolog. Abhandl.*, 1831). In-4, cart. — **Diehl** (Charles). La Colonie vénitienne à Constantinople à la fin du xive siècle. Rome, 1883. Plaq. in-8, rel. toile, non rogn., couv., avec lettre d'envoi au comte Riant. — **Morana** (Gio: Antonio M.). Saggio delli commerciali rapporti dei Veneziani colle Ottomane scale di Durazzo ed Albania e con quelle d' Aleppe, Siria e Palestina..... Venezia, F. Andreola, 1816. In-8, rel. toile. — **Musatti** (Eugenio). Venezia e le sue conquiste nel Medio-Evo. Lipsia, 1881. In-8, rel. toile. — Trattato perpetuo d' amicizia e di commercio concluso nel 1756. Fra la Serma Repubblica di Genova e S. M. il Re di Danimarca e di Norvegia..... confermato, e ratificato nel 1789. Genova, Franchelli, 1790. In-4, rel. toile. (*Textes français et italien.*) Ensemble 7 vol. ou plaq.

4943. **Bongi** (Salvatore). Della mercatura dei Lucchesi nei secoli xiii e xiv. Rivista dell' Opera di Mons. Telesforo Bini, intitolata Dei Lucchesi a Venezia. Lucca, Canovetti, 1858. 1 plaq. in-8, br. — Il commercio tra l' Italia e l' Oriente. Roma, 1872. In-8, rel. toile, couv. — La Croisade de Constantinople et son influence sur le développement du commerce de l'Europe dans le Levant. Paris, Berche et Train, 1879. Vol. in-8, d.-rel. chag., tr. peigne; au dos, chiffre du comte Riant. — **Eichhorn** (Joh. Gottl.). Geschichte des Ostindischen Handels vor Mohammed. Gotha, Ettinger, 1775. In-12, cart. — **Gaffarel** (Paul). De Franciæ commercio regnantibus Karolinis. Paris, Thorin, 1869. In-8, cart. — **Hüllmann** (Karl Dietrich). Geschichte des Byzantinischen Handels bis zum Ende der Kreutzzüge. Frankfurt an der Oder, 1808. In-8, rel. toile, non rogn. — **Langlois** (V.). Notice sur le chrysobulle, octroyé par Léon V, roi d'Arménie, aux Siciliens, en 1331. Extr. des *Mélanges asiatiques de l'Ac. des sc. de Saint-Pétersbourg*, t. IV. Plaq. in-8, cart. (1862). — **Rockinger** (Ludwig). Ueber Formelbücher vom dreizehnten bis zum sechtzehten Jahrhundert... Quellen. München, Ch. Kaiser, 1855. In-8, rel. toile, couv. — **Roman** (J.) Tarif des droits de leyde ou de marché perçus par ordre des consuls d'Embrun à la fin du xive ou au commencement du xve siècle (Extr. du *Bull. du Comité des trav. hist.*, n° 2 de 1885). In-8, br. — **San Filippo** (Pietro Amat di). Del commercio e della navigazione dell' isola di Sardegna nel secoli xiv e xv. Cagliari, Timon, 1865. Plaq. in-8, rel. toile, couv. — **San Quintino** (Giulio de' conti de). Cenni intorno al commercio dei Lucchesi coi Genovesi nel xii e xiii secolo. Lucca, Bertini, 1838. In-8, br. — **Speck** (Ernst). Die gegen den Handel der Lateiner mit den Saracenen gerichteten kirchlichen und staatlichen Verbote. Zittau, R. Menzel, 1880. In-4, rel. toile. Ensemble 12 vol. ou plaq.

4044. **Canneman** (Dideric. Wernardus). De Batavorum mercatura levantica..... (In.-Diss.). Hagae Comitis, apud S. de Visser, 1839. In-8, cart. perc. — **Marchal** (M.). Notice sur les relations commerciales des Flamands avec le port d'Alexandrie d'Egypte..... Extr. des *Bull. de l'Ac. r. de Belgique*, t. XI In-8, cart. — **Erdmannsdörffer** (Bernhard). De Commercio quod inter Venetos e

Germaniæ civitates ævo medio intercessit. Lipsiæ, typ. Teubneri, 1858. Plaq. in-8, rel. toile. — **Falke** (Joh.). Die Geschichte des deutschen Handels. Leipzig, Mayer, 1859-60. 2 tomes en 1 vol. in-12, rel. toile, non rogn. — **Löhren** (Alf.). Beiträge zur Geschichte des gesandtschaftlichen Verkehrs im Mittelalter. I. Die Zeit vom vierten bis zum Ende des neunten Jahrhunderts. Marburg, Friedrich, *s. d.* In-8, rel. toile. — **Neumann** (Max). Geschichte des Wechsels im Hansagebiete bis zum 17e Jahrhundert nach archivalischen Urkunden..... Erlangen, Ferd. Enke, 1863. In-8, cart. perc. bl. — Der deutsche Handelsvertrag mit China. Extr. du *Grenzboten*, XXI, (1862). In-8, cart. — **Cassel** (J. Ph.). Nachrichten von den Privilegien und Hanlungsfreiheiten welche die Könige von Portugal ehedem der deutschen Kaufleuten und Hansastädten ertheilet haben. Bremen, Meier (1776). In-4, cart. — **Wessely** (J.). Österreich's Waldschäze und sein Holzexport. Wien, 1867. In-8, cart. couv. — **Wetzel** (Aug.). Drei Kieler Burspraken aus dem Anfange des fünfzehnten Jahrhunderts. *S. l. n. d. n. typ.* In-8, cart. Ensemble 10 vol. ou plaq.

* 4045. COMMERCE DE L'AMBRE : **Aurifaber**. Svccini historia. Ein kurtzer gründlicher bericht woher der Agtstein oder Börnstem vrsprünglich komme, das er kein Baumhartz sey, Sonder ein geschlecht des Bergwachs, Vnd wie man jnen manigsaltiglich in artzneien möge gebrauchen. Durch Andream Aurifabrum..... 1572. Gedruckt zu Königsperg bey Johañ Daubman. Petit in-8 de 72 ffnc.

4046. — : **Hartmann** (Philippus Jacobus). Succini prussici physica et civilis Historia cum demonstratione ex autopsia et intimiori rerum experientia deducta... Francofurti, Mart. Hallervord, 1677. In-8, frontisp. et pl. h.-t., rel. vél. — *Du même*. Succincta succini prussici historia et demonstratio. Berolini, imp. J. M. Rüdinger, 1699. In-4, rel. vél.

4047. — : **Klobius** (J. F.). Ambriæ historiam... exhibet... Wittenbergæ, typ. M. Henckelii, M.DC.LXVI. In-4, d.-rel. bas. verte (aux armes du mis de Morante), avec carte géog. et deux curieuses pl. — **Thilo** (M. Isaac). Dissertatio physico-historica de succino Borussorum, prima nomina, descriptionem et materiam ejus exhibens..... Lipsiae, Ch. Michaelis, M DC LXIII. In-4, rel. vél.

* 4048. — : **Wigand** (J.). Vera historia de svccino Borvssico. De alce Borvssica. & : de herbis in Borussia nascentibus... per Iohannem VVigandvm D. qvondam Episcopum Pomezaniensem. Iam vero primvm... in lucem edita stvdio..... Ioannis Rosini, pastoris VVickerstadensis. Ienae, Typis Tobiæ Steinmanni. Anno XC. (*1590*). 1 vol. petit in-8 de 12 ffnc., 153 ff. chif., 5 ffnc. (le dernier blanc).

4049. **Hasse** (Joh. Gottf.). Der Aufgefundene Eridanus oder neue Aufschlüsse über den Ursprung, die Zeit der Entstehung, das Vaterland und die Geschichte des Bernsteins. Riga, Hartknoch, 1796. In-8, rel. toile. — **Helbig** (W.). Osservazioni sopra il commercio dell' ambra. Roma, Salviucci, 1877. [Extr. de la *R. Ac. dei Lincei*]. In-4, rel. toile, couv. — **Lohmeyer** (Karl). Ist Preussen das Bernsteinland der Alten gewesen? Königsberg, Rosbach, 1872. In-8, cart. — **Oppert** (J.). L'ambre jaune chez les Assyriens. Paris, Vieweg, 1880. In-4, cart., couv. — **Rogge** (Adolf). Antwort des Assyriologen Julius Oppert auf die Frage : « Ist Preussen das Bernsteinland der Alten gewesen? » Extr. d. *Altpreuss. Monatsschrift*, 1880. In-8, cart. — **Van Bastelaer** (D. A.). L'ambre taillé ou véritable et l'ambre moulé ou faux dans l'antiquité. Bruxelles, Baertsoen, 1876. In-8, cart. couv.— **Waldmann** (F.). Der Bernstein im Altertum. Separatabdruck aus dem Programm des livl. Landesgymnasiums..... Fellin, F. Feldt, 1883. In-4, cart. Ensemble 7 vol. ou plaq.

XIX

LITTÉRATURE

1. Littérature grecque.

4050. Anecdota graeca e mss. Bibliothecis Vaticana, Angelica, Barberiniana, Vallicelliana, Medicea, Vindobonensi deprompta, edidit et indices addidit P. *Matranga*. Pars prima Tzetzae et Heraclidis allegorias Homericas comprehendens. Romae, Typ. Bertinelli, 1850. In-8, rel. toile.

4051. **Ansse de Villoison** (Jean Bapt. Gaspard d'). Anecdota græca, e Regia Parisiensi, & e Veneta S. Marci Bibliothecis deprompta. Venetiis, typ. Fr Coleti, 1781. 2 tomes en 1 vol. in-4, d.-rel. veau rac., non rogn.; au dos, chiffre du comte Riant.

4052. **Bachmann**. Anecdota graeca. Lipsiæ, sumpt. J. C. Hinrichs, 1828. 2 vol. in-8, rel. veau frap., fil., dent. int.

4053. **Bekker** (Emmanuel). Anecdota græca. Berolini, Nauck, 1814-1821. 3 vol. in-8, rel. veau f.. fers à froid, tr. marbr.

4054. Bibliothèque des auteurs grecs, avec une traduction latine en regard, publiée par F. Didot. 34 vol. grand in-8, d.-rel. peau de truie; au dos, chiffre runique du comte Riant.

> Aristote, tomes 1, 2, 3, 4, 1re partie, 4 vol.; Euripide et fragments, 2 vol; Aristophane et scholies, 2 vol.; Eschyle et Sophocle, 1 vol.; Démosthène, 1 vol.; Homère, 1 vol.; Théocrite, Bion, Moschus et scholies, 2 vol. en 3 parties; Hésiode, 1 vol.; Platon, tomes 1 et 2, 2 vol.; Erotici scriptores, 1 vol.; Poètes comiques, 1 vol.; Diodore de Sicile, 2 vol.; Hérodote, 1 vol.; Pausanias, 1 vol.; Thucydide, 1 vol.; Petits géographes et atlas, 3 vol.; Strabon, 2 vol.; Ptolémée, tome 1, 1 vol.; Fragments des historiens, 5 vol.

4055. **Hésiode**. Hesiodi Ascræi quæ extant. Ex recensione Johannis Georgii Grævu, cum ejusdem animadversionibus et notis. Accedunt notæ ineditæ Josephi Scaligeri, et Francisci Guieti... Amstelodani, apud Danielem Elzevirium, cIɔ Iɔ LXVII. In-8, titre r. et n., rel. parch.

4056. Idylles de Bion et de Moschus, traduites en français par *J. B. Gail*... Ouvrage orné de Figures dessinées par *le Barbier*. De l'Imprimerie de Didot jeune. A Paris, chez Gail. L'an troisième. 1 vol. in-12, rel. veau, tr. dor.

> A l'exception du portrait de Gail, les gravures, d'après *Le Barbier*, sont en double état, avant et après la lettre.

4057. **Egger** (E.). Les Économiques d'Aristote et de Théophraste. Bordeaux, Gounouilhou, 1880. In-8, cart. — Mémoire sur quelques nouveaux fragments de l'orateur Hypéride. Paris, Imp. imp., 1868. In-4, rel. toile. — Nouveaux fragments d'Euripide et d'autres poètes grecs publiés par *Henri Weil*. Paris, Didot, 1879. In-4, cart. couv., 2 pl. phot.

LITTÉRATURE GRECQUE MODERNE

4058. Ἀλφάβητος τῆς ἀγάπης. Das ABC der Liebe, eine Sammlung Rhodischer Liebeslieder herausg..... übersetz..... von *Wilhelm Wagner*. Leipzig, B. G. Teubner, 1879. In-8, rel. toile.

Chants populaires de Rhodes de 1350 à 1453.

4059. **Arabantinos** (P.). Συλλογή τῶν δημωδῶν ἀσμάτων τῆς Ἠπείρου. Ἐν Ἀθήναις. 1880. In-8, rel. toile.

Recueil des chants populaires de l'Épire.

4060. **Cigallas** (Joseph de). Esquisse d'un tableau de la philologie néohellénique. Hermopolis, 1846. (*En grec*.) In-8, rel. toile, couv. — **Sathas** (Constantin). Νεοελληνικὴ φιλολογία. Βιογραφαι τῶν ἐν ταῖς γράμμασι διαλαμψάντων Ἑλλήνων, ἀπὸ τῆς καταλύσεως τῆς Βυζαντινῆς αὐτοκρατορίας μέχρι τῆς ἑλληνικης ἐθνεγερσιας (1453-1821), avec un complément par *Dimitri Kopoulos*. Athènes, André Koromilas, 1868-1871. In-8, d.-rel. v. f.

Littérature néo-hellénique. Biographie des Grecs célèbres dans les lettres, sciences et arts depuis la chute de Constantinople jusqu'à la régénération de la Grèce (1453-1821), avec un complément par *Dimitri Kopoulos*.

4061. **Gidel** (A. Ch.). Études sur la littérature grecque moderne. Imitations en grec de nos romans de chevalerie depuis le xiie siècle. Paris, Imp. Impériale, 1866. 1 vol. in-8, rel. toile, non rogn., couv.

4062. Medieval greek texts; being a collection of the earliest compostions in vulgar greek, prior to the year 1500, edited..... by *Wilhem Wagner*. Part I. containing seven poems..... with an essay on the greek version of Apollonius of Tyre by M. *A. Ch. Gidel*. London, Asher, 1870. In-8, rel. toile, couv.

Publication de la *Philological Society*.

4063. **Xanthinon**. Ἀσμα δημοτικὸν Τραπεζοῦντος τῆς Βυζαντινῆς ἐποχῆς,, pub. p. *Gabriel Destournis*. [Texte grec et traduction russe.] Saint-Pétersbourg, 1881. In-8, rel. toile.

4064. Δημοτικὰ Τραγουδια. Ο Χαρτζιανης και η Αρετη. Ο υιος του Ανδρονικου. Η εκδικησις του ανδρος. εκδιδοντος Αιμυλιου Λεγρανδιου. Paris, Maisonneuve, 1870. In-8, br. — **Legrand** (E.). Recueil des Chansons populaires grecques. Paris, Maisonneuve, 1874. 1 vol. in-8, d.-rel. chag.; au dos, chiffre du comte Riant. — **Deville** (G.). De popularibus cantilenis apud recentiores græcos. Paris, 1866. Plaq. in-8, cart.

2. Littérature latine.

4065. **Catulle.** C. Valeri Catulli Liber. Les poésies de Catulle, traduction en vers français par *Eugène Rostand*, texte revu..... avec un commentaire..... par *F. Benoist.* Paris, Hachette, 1882. (Imprimé chez L. Perrin, Lyon.) 2 tomes en 1 vol. in-8, d.-rel. chag., coins, tête dorée, non rogn.; au dos, chiffre du comte Riant.

4066. CLASSIQUES LATINS : C. Julii Caesaris Commentaria cum supplementis A. Hirtii et aliorum edidit *Frider. Kraner.* Lipsiæ, Tauchnitz, 1861. — **Cornelii Nepotis** Vitae et fragmenta, edidit *Georg. Aenoth. Koch.* Lpzg, 1855. — **Sallustii Crispi** Operum reliquiae, edidit *Franc. Doroth. Gerlach.* Lpzg 1856. — **M. Tullii Ciceronis** Opera quae supersunt omnia edid. *J. G. Baiter, C. L. Kayser.* Lpzg, 1860-1869. 11 vol. — **Titi Livii** Ab Urbe Condita libri, edidit *Mart. Hertz.* Lpzg, 1857-1863. 4 vol. — **P. Ovidii Nasonis** Carmina edidit *Alex. Riese.* Lpzg, 1871. 1 vol. — **Cornelii Taciti** Opera, edidit *Frid. Haase.* Lpzg, 1855. 2 vol. — **P. Terentii Afri** Comoediae, recensuit *Carol. Dziatzko.* Lpzg, 1884. — **Albii Tibulli** Elegiae cum carminibus pseudo-tibullianis, edidit *Eduardus Hiller.* Lpzg, 1885. — **Phaedri** Augusti Liberti Fabulae Aesopiae, edidit *Alex. Riese.* Lpzg, 1885. — **D. Iunii Iuvenalis** Saturae, edidit *Otto Ribbeck.* Lpzg, 1858. — **P. Vergilii Maronis** Opera, edidit *Herm. Paldamus.* Lpzg, 1854. — **Q. Horatii** Opera omnia, edidit *Godofredus Stallbaum.* Lpzg, Tauchnitz, 1854. Ensemble 11 vol. in-8, d.-rel. veau f., non rogn. — **Lucanus** (M. Annaeus). Pharsalia cum indice rerum, ad optimorum librorum fidem accurate edita. Lipsiae, Otto Holtze, 1878. Petit in-8, d.-rel. bas. n. [Collect. Tauchnitz.]

4067. **Plaute.** M. Accl Plavti comœdiæ superst. xx... Amsterodami, Apud Joan. et Corn. Blaeu. A° cIↃ IↃCXL. Titre front. In-12, rel. vél. — **Benoist** (E.). Lettre à Monsieur Egger, membre de l'Institut, sur divers passages de l'Aulularia. Lyon, Perrin, 1865. 1 plaq. in-8, rel. toile.

4068. **Petronius** (T.). T. Petronii Arbitri fragmentum nuper Tragurii Dalmatiæ repertum cum annotationibus Joannis Schefferi, Argentoratensis. Accedit dissertatio ejusdem de fragmenti hujus vero auctori. Upsaliæ, Henr. Curio, 1665. Petit in-8, rel. vél. tr. r.

4069. **Tacite.** C. Cornelii Taciti opera quæ exstant ex recensione et cum animadversionibus Theodori Ryckii. Lugduni Batavorum, ap. J. Hackium, cIↃ IↃCLXXXVII. 2 parties en 1 vol. in-12, rel. vél., front. — H. Savilius in Taciti Histor. Agricolæ vitam, et Commentarivs de militia romana. Amstelodami, apud Ludovicum Elzevirium, A° 1649. In-12, rel. vél.

4070. **Térence.** *Fnc.* 1, *titre* : ℭ Terentius. *Au-dessous, la marque de Jean Prevel* (Silvestre, 333). *Fnc.* 1 *verso* : ℭ Jo. Glorireso christianissi. gallorũ || regis secretario et primario in=|| subrie questori Franciscus || Asulanus. S.

F. cxliiij *verso, l.* 31 : ☾ Lutetie arte ⁊ industria Joānis Preuel. xxij. || die Maij. Anno || Domini. M.||d.xxij. Très petit in-8, 95 mm. de h^t sur 46 mm. de large, 16 ffnc., cxliiij ff. chif., car. goth., 2 grand., 38 ll. ll., signat. A-V par 8 ff., tit. cour., manchettes. Rel. vél.

> Cette édition microscopique est la reproduction de celle donnée par Alde en 1517 selon la révision de Francesco d'Asola qui l'a dédiée au célèbre Grolier, dont le nom est si étrangement défiguré dans l'épitre dédicatoire. Dans cette édition de Paris, les passages en grecs sont remplacés par des blancs, qu'on a remplis à la main.

4071. Virgile. The works of Virgil, translated into english verse, by Richard late Earl of Lauderdale..... London, Bernard Lintott. *S. d.* [1718]. In-8, rel. v., filets à froid.

> Reliure dans un état médiocre.

LITTÉRATURE LATINE DU MOYEN AGE

4072. Erasme. Adagiorum D. Erasmi Roterodami Epitome..... Editio novissima..... Amstelodami, Apud Ludovicum Elzevirium, 1650. In-12, rel. parch.

> Première et jolie édition elzévirienne des adages d'Érasme.

4073. Garlande (Jean de). ☾ Johannis de Gallandia libel= || 1⁹ ☙ verborū cōpositis : omnibus variam eo⅖ composi= || tionem agnoscere cupientibus valde vtilis : familiari || expositione explanatus : vna cum interiectis metrorū || elucidationibus : necnon contentoruȝ verborum scʒm || conjugationum ordinem : ac eorū tabula, recentissime || summa diligentia reuisus. || (*Marque de Jehan Petit.*) || Venalis extat sub leone argen= || teo vici diui Jacobi. *Au bas du feuillet 49 :* ☾ Et sic est finis huius operis ⁊ fuit completuȝ die .viii. mensis || Maii. Anni Millesimi quingentesimi vndecimi. In-6 de 49 ff. chiff., 1 fnc., titre en 2 couleurs, rel. vél.

4074. Hagen (Hermann). Carmina medii aevi maximam partem inedita, ex bibliothecis helveticis collecta et edita. Bernae, apud Froben et Soc., 1877. In-12, rel. toile, non rogn., couv.

4075. Heinsius (Nicolaus). Poemata. Accedunt Joannis Rutgersii quæ quidem colligi potuerunt. Lugd. Batav., ex officinâ Elseviriorum, cIɔIɔc LIII. In-12, rel. parch.

4076. Jean de Salisbury. Joannis Saresberiensis Policraticvs : sive De nugis Curialium, & vestigiis Philosophorum libri octo. Lvgdvni Batavorvm, ex officina Plantiniana, Apud Franciscum Raphelengium, CIƆ IƆ XCV. In-16 de 8 ffnc., 507(1) pp., 9 ffnc., rel. veau (en mauvais état).

4077. — Policraticus, sive de nugis Curialium, et vestigiis philosophorum, libri octo. Accedit huic editioni ejusdem Metalogicus. cum indice copiosissimo. Lugduni Batavorum, ex officina Ioannis Maire, cIɔIɔ CXXXIX. In-8, titre r. et n., rel. parch.

4078. — Joannis Saresberiensis, postea episcopi Carnotensis opera omnia nunc primum in unum collegit..... *J. A. Giles*. Oxonii, J. H. Parker, 1848. 5 vol. in-8, rel. toile (édit.). — **Demimuid** (L'abbé M.). Jean de Salisbury. Paris, Thorin, 1873. 1 vol. in-8, br.

4079. Mureti (M. Antoine). Orationes. Ad optimarum editionum fidem accurate editae. Editio Stereotypa C. Tauchnitiana nova impressio. Lipsiae, Otto Holtze, 1876. Petit in-8, d.-rel. bas. n., couv.

Cf. nos 3448 (35), 3585.

4080. Ogier (Simon). Simonis Ogerii Avdomaropilitæ Melon Libri III. Ad Philippum Regem Catholicum. (*Marque typ.*) Dvaci, Ex officina Boscardiana, sub scuto Burgundiæ. Anno 1589. In-8 carré de 68 ff., rel. vél., titre et un f. légèrement raccom.

Ancienne impression de Douai. Simon Ogier, né à Saint-Omer, fut professeur à l'Université de Douai; il a fait paraître un grand nombre d'ouvrages en vers latins où il aime surtout à latiniser des mots grecs.

4081. Orationes || clarorvm hominvm, || vel honoris officiiqve || cavsa ad principes, || vel in fvnere de virtv-||tibvs eorvm habitae. || (*Marque.*) || In Academia Veneta || M.D.LIX. 7(1) ffnc., 176 ff., 2 ffnc. bl., rel. parch.

Ouvrage dédié au cardinal Alfonse Caraffa par les « Rhetores Academiæ Venetæ », c'est un recueil de discours et d'oraisons funèbres d'orateurs généralement vénitiens, parmi lesquels on remarque Bernard Justiniani, J. Camerarius, Ange Politien, Bernard Lorédan, M. A. Sabellico.....

4082. Polien. Virtvs vindicata : sive Polieni Rhodiensis Satyra in depravatos orbis incolas. Anno Salvtis M DCXVII. *S. l. n. typ.* In-12, rel. vél.

4083. Politien (Ange). Angeli Politiani, et aliorum uirorum illustriū, Epistolarum libri duodecim. Præterea, eorum quæ Græca sunt accuratissima interpretatio. *In fine* : Ex inclyta Germaniæ Basilea, apvd Andream Cratandrvm, mense Febrvario, Anno M.D.XXII. Vol. in-8 de 4 ffnc., 576 pp., 12 ffnc., rel. vél., titre encadré.

4084. Reinerus (Alemannicus). Poema Phagifacetum sive Thesmophagiam... Codicem miscellaneum bibliothecae Gymnasii Gothani descripsit... emendatius edidit *H. Habich*. Gotha, Engelhard-Reyer, 1860. In-4, cart. perc. viol.

Programme du gymnase Ernestinum de Gotha.

4085. Sforza. Carminum libri II... Venetiis, apud Paulum Zanfrettum M D LXXXIIII. 1 vol. in-4, rel. vél., titre légèr. raccom.

Volume de poésies latines dédié à Vespasien de Gonzague, duc de Sabioneta. Plusieurs de ces pièces célèbrent les combats de flottes ou armées chrétiennes contre les Turcs à Chypre, à Lépante, devant Tunis, etc.

3. Littérature provençale.

4086. Bartsch (Karl). Grundriss zur Geschichte der provenzalischen Literatur. Elberfeld, Friderichs, 1872. 1 vol. in-8, rel. toile, non rogn.

4087. Guillaume (Paul). Introduction au mystère de Sant Anthoni de Viennès publié d'après une copie de l'an 1506. Gap & Paris, 1884. — *Du même* : Istoria Petri & Pauli. Mystère en langue provençale du xv⁰ siècle publié d'après le manuscrit original. Gap & Paris, Maisonneuve, 1887. Ensemble 2 vol. in-8, br.

4088. Mahn (C. A. F.). Gedichte der Troubadours, in provenzalischer Sprache zum ersten und treu nach den Handschriften herausgegeben. Berlin, Duemmler, 1856-1873. 4 vol. — Die Biographieen der Troubadours, in provenzalischer Sprache. Berlin, Duemmler, 1853. 1 vol. — Die Werke der Troubadours, in provenzalischer Sprache, mit einer Grammatik und einem Wœrterbuche. Berlin, Duemmler, 1846-1859. 3 vol. — Ensemble 8 vol. in-12, d.-rel. veau f., tr. peigne.

4089. [**Millot** (Claude François Xavier)]. Histoire littéraire des troubadours, contenant leurs vies, les extraits de leurs pièces, & plusieurs particularités sur les mœurs, les usages, & l'histoire du xii⁰ & du xiii⁰ siècles. Paris, Durand, 1774. 3 vol. in-12, rel. veau f.

Cet ouvrage a été rédigé d'après les travaux de La Curne de St. Palaye.

4090. Mussafia (Adolf). Handschriftliche Studien. Wien, 1862-1870. 4 parties en 1 vol. in-8, rel. toile, couv.

4091. Nostradamus (Jean de). Les vies des plus celebres et anciens poetes provensavx, qvi ont floury du temps des Comtes de Prouuence. Recueillies des Oeuures de diuers Autheurs nommez en la page suyuante, qui les ont escrites, & redigees premierement en langue Prouensale, & depuis mises en langue Françoyse par Iehan de nostre Dame Procureur en la Cour de Parlement de Prouence... A Lyon, Pour Alexandre Marsilij. M.D.LXXV. *In fine* : A Lyon, Par Basile Bouquet. M.D.LXXV. Petit in-8 de 258 pp., 8 ffnc. (le dernier blanc, manque), rel. vél.

Ouvrage rare et recherché.

4092. Romania. Revue des langues et littératures romanes, publiée par *Paul Meyer* et *Gaston Paris*. Paris, Franck. Années 1 et 2. 1872-73. Ensemble 1 vol. in-8, rel. toile, non rogn.

4093. Stimming (Albert). Der Troubadour Jaufre Rudel, sein Leben und seine Werke. Kiel, Schwer, 1873. In-8, cart., couv. — Bertran de Born, sein Leben und seine Werke, mit Anmerkungen und Glossar. Halle, M. Niemeyer, 1879. In-8, rel. toile, couv.

4094. Bischoff (Hans). Biographie des Troubadours Bernhard von Ventadorn. Berlin, Schade, 1873. 1 plaq. in-12, rel. toile. — **Constans** (L.). Les manuscrits provençaux de Cheltenham, Notice et textes inédits. Paris, Maisonneuve, 1882. In-8, br. — **Delius**. Ungedruckte Provenzalische Lieder von Peire Vidal, Bernard v. Ventadorn, Folquet v. Marseille und Peirol v.

Auvergne. hrsgg. v. D' *Nicolaus Delius*. Bonn, König, 1853. Plaq. in-8, rel. toile, non rogn. — **Eichelkraut** (Franz). Der Troubadour Folquet de Lunel. Berlin, Hecht, 1872. Plaq. in-8, cart. — **Helfferich** (Adolf). Raymund Lull und die Anfänge der Catalonischen Literatur. Berlin, Springer, 1858. Grand in-8, rel. toile, couv. — **Pratsch** (Hugo). Biographie des Troubadours Folquet von Marseille *(In.-Diss.)*. Berlin, Schade, 1878. In-8, cart. Ensemble 6 vol. ou plaq.

4095. **Hüffer** (Franz). Guillem de Cabestanh, sein Leben und seine Werke. Berlin, Heimann, 1869. — *Du même* : Der Trobador Guillem de Cabestanh, sein Leben und seine Werke. Berlin, Heimann, 1869. 2 plaq. in-8, cart. & rel. toile. — **Levy** (Emil). Der Troubadour Bertolome Zorzi. Halle, Niemeyer, 1883. Plaq. in-8, rel. toile, non rogn. — **Mebes** (Albert). Ueber Garnier von Pont Sainte-Maxence. Breslau, Friedrich, 1876. In-8, cart. — **Napolski** (Max von). Leben und Werke des Troubadours Ponz de Capduoill. Halle, Niemeyer, 1879. In-8, rel. toile, couv. — **Sachse** (Max). Ueber das Leben und die Lieder des Troubadours Wilhelm IX, Graf von Poitou *(In.-Diss.)* Leipzig, Schlömp, 1882. In-8, rel. toile, couv. — **Vidal** (Pierre). Peire Vidal's Lieder herausgegeben von Dr. *Karl Bartsch*. Berlin, Ferd. Dümmler, 1857. In-8, cart. perc. gr. Ensemble 7 vol. ou plaq.

4. Littérature française.

MOYEN AGE

4096. **Adam de la Halle**. Œuvres complètes, poésie et musique, publiées par *E. de Coussemaker*. Paris, Durand & Pédone-Lauriel, 1872. 1 vol. grand in-8, avec 1 frontispice, d.-rel. chag. rouge, coins, tête dor., non rogn.; au dos, chiffre du comte Riant.

4097. Ad nobiles et egregios || adolescentes Antoni||vm et Gvielmvm Pra= || tos Illvstrissimi || Viri. D. Antonii Pra||ti Magni Gallia= || rvm Cancella||rii dvlcissi||mos liberos || Allobrogi||cæ narra||tionis || Libel||lvs. || +. *Fnc.* 64 *recto*, *l.* 11 : ☾ Allobrogicę narrationis liber per Ioan= || nem Pinum tolosanum senatorem & ora= || torem regium Venetiis ędituts : fi= || nit : per Alexā- drum de Bindonis || anno domini millesimo qn= || gētesimo decimosex= ||to. xii. Calēdas || decēbres. || +. Petit in-4 de 64 ffnc., car. ronds, rel. veau estamp. (fatiguée).

> Cet ouvrage est une traduction latine du roman de Pâris et de la belle Vienne, fille du Dauphin de Viennois; elle est due, croit-on, à *Jean de Pins*, plus tard évêque de Rieux.
> A la suite de ce roman, se trouve relié : « Hori Apollinis Niliaci Hieroglyphica, hoc est de sacris Aegyptiorū literis Libelli duo de Græco in Latinū sermonē a Philippo Phasianino Bononiēsi nunc primum trāslati. F° L, *verso*, *l.* 5 : Impressum Bononiæ apud Hieronymum Platonidem Bibliopolam Solertissimū : Anno Incarnationis Dominicæ. MDXVII. In-4 de 4 ffnc., 50 ff. chif. »

4098. Adam de Saint-Victor. Œuvres poétiques, précédées d'un essai sur sa vie et ses ouvrages. Première édition complète par *L. Gautier*. Paris, Julien, Lanier, Cosnard & Cie, 1858-59. 2 vol. in-12, d.-rel. chag. rouge, tr. limaç.

4099. Anciens poètes de la France (Les), publiés sous la direction de *M. F. Guessard*. Paris, Vieweg, 1859-1870. 10 vol. in-12, rel. toile, non rogn. (édit.).

Contenant : 1° Gui de Bourgogne, Otinel, Floovant, publiés par *Guessard* et *Michelant*, 1859; 2° Doon de Mayence, p. p. *Pey*, 1859; 3° Gaufrey, p. p. *Guessard* et *Chabaille*, 1859; 4° Fierabras, p. p. *Kræber* et *Servois*, 1860; 5° Huon de Bordeaux, p. p. *Guessard* et *Grandmaison*, 1860; 6° Aye d'Avignon, p. p. *Guessard* et *Meyer*, 1861; 7° Gaydon, p. p. *Guessard* et *Luce*, 1862; 8° Hugues Capet, p. p. *Guessard*, 1864; Macaire, p. p. *Guessard*, 1866; Aliscans, p. p. *Guessard*, 1870.

4100. Archevesque (Hue). Les dits de Hue Archevesque, trouvère normand du XIIIe siècle, publiés..... par *A. Héron*. Rouen, E. Cagniard, 1885. Petit in-4, d.-rel. veau, tête lim., non rogn.; au dos, chiffre du comte Riant.

Publication de la Société rouennaise des bibliophiles.

4101. Barbazan (Étienne). Fabliaux et contes des poètes françois des XI, XII, XIII, XIV et XVe siècles, tirés des meilleurs auteurs..... Nouvelle édition augmentée et revue sur les Ms. de la Bibl. Imp. par M. *Méon*. Paris, Crapelet, 1808. 4 vol. in-8, d.-rel. chag. brun; au dos, chiffre du comte Riant. [Chaque volume est orné d'une gravure sur acier.] — **Méon**. Nouveau recueil de Fabliaux et contes inédits, des poètes français des XIIe, XIIIe, XIVe, XVe et XVIe siècles. Paris, Chasseriau, 1823. 2 vol. in-8, rel. cuir de Russie frappé, fil., dos orné, 1 fig. en tête de chaque volume. Ex-libris de M. van der Helle.

4102. Bartsch (Karl). Romances et pastourelles françaises des XIIe et XIIIe siècles. Leipzig, Vogel, 1870. 1 vol. in-8, rel. toile, non rogn.

4103. Bibliophile troyen (Le). I. Visio quam vidit Karolus Imperator. de suo nomine. Venundatur Trecis, in viâ vulgò nuncupatâ du Temple, apud Poignée, bibliopolam. — Vision que l'empereur Karl a vue. Troyes, Poignée, imprimeur libraire, rue du Temple. Ensemble VIII-32 pp. — II. Comptes de l'église de Troyes, 1375-1380. Troyes, etc., XX-60 pp. — Anciens usages à Sainct-Estienne et à Nostre-Dame-aux-Nonnains, XIIe-XVIIIe siècles. Troyes, etc..... XIII-58 pp. Ensemble 1 vol. in-8, imprimé à Troyes par E. I. B. Caffé pour O. Poignée, 1851. D.-rel. chag. v., avec c., tête dorée.

4104. Blondel de Néele. Œuvres. [Édition de *P. Tarbé*.] Reims, 1862. 1 vol. in-8, rel. toile, couv.

4105. Étienne de Rouen. Le dragon normand et autres poèmes, publiés par M. *Henri Omont*. Rouen, Métérie, 1884. 1 vol. petit in-8, br.

4106. Gautier de Tournay. Gilles de Chin, poème publié pour la première fois avec introd. et notes par *Reiffenberg*. Bruxelles, Hayez, 1847. In-4, rel.

toile, non rogn., couv. — **Fumière** (L.). Gilles de Chin, et le Dragon, ou l'Épopée montoise. Mons, Em. Hoyois, s. d. In-8, cart., couv., av. mus. notée.

4107. **Guillaume de Normandie.** Le besant de Dieu. Mit einer Einleitung über den Dichter und seine sämmtlicher Werke, hrsgg. von *Ernst Martin*, Halle, 1869. In-8, rel. toile violette, non rogn. — *Du même* : Fergus..... herausgegeben von *E. Martin*. Halle, 1872. In-8, rel. toile, non rogn.

> *Guillaume de Normandie* est aussi appelé *Guillaume le Clerc* (XIIIe siècle); dans son « Besant de Dieu », il blâme vivement la Croisade contre les Albigeois ; ce poème est surtout intéressant pour faire apprécier les connaissances de l'époque en histoire naturelle. « Fergus » est simplement un roman de chevalerie.

4108. **Jacques d'Amiens.** L'art d'amors und le remede d'amors. Zwei altfranzösische Lehrgedichte, nach der Dresdener Handschrift zum ersten Male vollständige hrsgg. von Dr *Gustav Körting*. Leipzig, Vogel, 1868. In-8, rel. toile, non rogn. — Altfranzoesische Uebersetzung der Remedia Amoris des Ovid... herausg. von *G. Koerting*. Leipzig, Fues, 1871. In-8, rel. toile, non rogn.

4109. **Leroux de Lincy.** Recueil de chants historiques français depuis le XIIe jusqu'au XVIIIe siècle, avec des notices et une introduction. Paris, Gosselin, 1841-1842. 2 vol. in-12, d.-rel. chag., tête lim., ébarb.; au dos, chiffre du comte Riant. — Chants historiques et populaires du temps de Charles VII et de Louis XI publiés pour la première fois d'après le manuscrit original. Paris, Aubry, 1858. In-12, br.

> Le premier ouvrage est rare ; malgré son titre, il ne comprend des chants que jusqu'au XVIe siècle, les deux premiers volumes seuls ayant paru. Le second ouvrage a été tiré à 356 exemplaires.

4110. **Meyer** (Paul). Recueil d'anciens textes bas-latins, provençaux et français. Paris, Franck, 1874. 2 parties en 1 vol. — La vie latine de St Honorat et Raimon Féraut. Paris, 1879. — Les Mss. français de Cambridge. Bibliothèque de l'Université. Paris, 1886. — Rapport sur une mission scientifique en Angleterre. Paris, 1871. Ensemble 2 vol. et 3 plaq. in-8, rel. toile v., d.-rel. veau.

4111. Miracle de Nostre Dame, de Saint Iehan Crisothomes et de Anthure, sa mère; franskt skådespel från det fjortonde århundradet, efter en handskrift på National-Biblioteketi Paris för första gången utgifvet. Akademisk Afhandling..... af *Carl Wahlund*..... Stockholm, Norstedt & Söner, 1875. In-8, cart. perc., couv.

4112. Le Mirouer du Monde. Manuscrit du XIVe siècle découvert dans les archives de La Sarra et reproduit avec des notes par *Félix Chavannes*. Lausanne, Bridel, 1845. 1 vol. in-8, br.

4113. Le mystère des Trois Doms joué à Romans en MDIX, publié d'après le manuscrit original... par feu *Paul-Émile Giraud* et *Ulysse Chevalier*. Lyon, A. Brun, 1887. In-4, cart. (édit.).

> « Collection des Documents inédits pour servir à l'histoire du Dauphiné. » Tiré à 200 exemplaires.

4114. Nouvelles françoises en prose du XIIIe et du XIVe siècles publiées d'après les manuscrits avec une introduction et des notes par MM. *L. Moland* et *C. d'Héricault*. Paris, P. Jannet, 1856-1858. 2 vol. petit in-8, cart. perc.

4115. **Pathelin.** Maistre Pathelin, suivi du nouveau Pathelin et du testament de Pathelin, farces du XVe s. Nouv. édit., avec notices & notes par *P. Lacroix Jacob*. Paris, Delahays, 1859. — Recueil de farces, soties et moralités du XVe s., réunies pour la première fois par *Paul Lacroix*. Paris, Delahays, 1859. Ensemble 2 vol. in-12, d.-rel. chag. rouge, coins, tête dor., non rogn.

4116. Richard li Biaus. Roman inédit du XIIIe siècle en vers. Analyse et fragments publiés… par *C. C. Casati*. Paris, Franck, 1868. Plaq. petit in-8, cart. (Tiré à 200 exemplaires.)

4117. SOCIÉTÉ DES ANCIENS TEXTES FRANÇAIS : Miracles de Nostre Dame publié par *G. Paris* et *U. Robert*. Tomes 1 et 2, 1876-1877. 2 vol. — Le débat des herauts d'armes de France et d'Angleterre publié par *L. Pannier*, 1877. 1 vol. — Élie de Saint Gille chanson de Geste publiée par *G. Raynaud*, 1879. 1 vol. — La vie de Saint Gilles par Guillaume de Berneville publ. par *G. Paris* et *A. Bos*, 1881. 1 vol. — Raoul de Cambrai chanson de geste publiée par *Meyer* et *Longnon*, 1882. 1 vol. Ensemble 6 vol. in-8, rel. toile, non rogn., papier vergé.

4118. [**Sinner**]. Extraits de quelques poësies du XII. XIII. & XIV siecle. A Lausanne, chez François Grasset, 1759. Ex libris de L. A. Millin de Grandmaison. In-12, d.-rel. toile.

4119. **Abrahams** (Levinus). De Roberti Wacii Carmine quod inscribitur Brutus….. Dissertatio Universitatis Hafniensis. Hafniæ, And. Seidelin, 1828. In-8, cart. pap. rose, fil. or. — Codicem manu scriptum Digby 86 in Bibliotheca Bodleiana asservatum descripsit Dr *E. Stengel*. Accedit appendix in qua typis exhibita sunt : 1) La complainte Jérusalem contre Rome, e tribus libris : 2) La bestournee par Richard, carmen ineditum e duobus libris….. Hallis, in lib. Orphanotrophei, 1871. In-8, rel. toile. — **Dümmler** (E.). Zu den Carolingischen Rythmen. (Abd. a. d. *Zeitschr. f. d. Alterth.*, neue Folge, XII). Berlin, Weidmann, 1880. In-8, cart.

4120. **Aumeric.** La passion Sainte Catherine, poëme du XIIIe siècle, en dialecte poitevin, par Aumeric, moine du Mont-Saint-Michel, publié….. par *F. Talbert*. Paris et Niort, 1885. In-4, rel. toile. — **Bodel** (Jean). Les Congés… publiés avec Introduction et Glossaire par *Gaston Raynaud*. (Extr. de la *Romania*, IX.) Paris, 1880. — Les chansons de Jean Bretel publiées par *Gaston Raynaud*. Paris, Champion, 1880. In-8, cart. — Li Dis dou vrai Aniel. Die Parabel von dem ächten Ringe, französische Dichtung des XIII[en] Jahrhunderts… herausgegeben von *Adolf Tobler*. Leipzig, Hirzel, 1871. In-8, rel. toile. — Deux lais du XIIIe siècle, publiés d'après les mss. de la Bibl. nat. de Paris, par *Gotthard Gullberg*. Kalmar, Westin, 1876. Vol. in-8, rel. toile, couv. —

Mall (Ed.). De aetate rebusque Mariae Francicae nova questio instituitur. (*Diss. In.*) Halis Saxonum, 1867. In-8, cart. — **Peigné-Delacourt.** Analyse du roman du Hem, du Trouvère Sarrazin. Arras, Brissy, 1854. In-8, cart., couv., 1 pl. et lettre autog. de l'auteur. Ensemble 7 vol. ou plaq.

4121. **Dessaix** (Antony). Légendes et traditions populaires de la Savoie. Annecy, Perrissin, 1875. Vol. in-32, rel. toile, couv. — **Kervyn de Lettenhove.** Le Télémaque du xvme siècle. (Extr. des *Bull. de l'Ac. r. de Belgique*, t. X.) In-8, cart.; lettre de l'auteur au comte Riant. — Vie de l'homme (La), poëme de 1509, et la destruction de Jérusalem, légende de la même époque, avec remarques par *M. Mermet.* Vienne, Gemelas, 1838. Plaq. in-8, cart.

LE CYCLE DE CHARLEMAGNE

4122. **Aragona** (Tullia d'). Guerino detto il Meschino, nel quale si tratta come trovò suo Padre e sua Madre nella Città di Durazzo in Prigione, e diverse vittorie avute contro i Turchi. Lucca, Per Salvatore e Giandom. Marescandol. 1749. Vol. petit in-8, d.-rel. veau éc., tête lim., non rogn.

4123. **Guerino**... Nuovamente ristampata, correttamente ridotta alla sua vera lezione e di figure adornata. In Venezia, nella stamperia Negri, 1816. Vol. in-8, rel. toile.

4124. — Il Meschino detto il Guerrino. Venezia, Antonelli, 1839. Vol. in-8, br., avec portrait de l'auteur.

> Tullia d'Aragona (1510-1565), fille de Pietro Tagliava, archevêque de Palerme, et d'une belle dame de Ferrare, se rendit également célèbre par sa beauté et son intelligence. Le roman de chevalerie *Il Meschino o il Guerino* parut à Venise en 1560, il a été écrit d'après un canevas espagnol. L'édition de 1839 est précédée de la *Vie* de l'auteur par le *comte Giammaria Mazzuchelli*, et d'un avant-propos de *Francesco Zanotto*.

4125. **Bartsch** (Karl). Über Karlmeinet. Ein Beitrag zur Karlssage. Nürnberg, Bauer & Raspe, 1861. 1 vol. in-8, rel. toile, couv.

4126. La Chanson de Roland, traduction nouvelle, rhythmée et assonancée avec une Introduction et des Notes par *L. Petit de Julleville*. Paris, Lemerre, 1878. Vol. in-8, d.-rel. mar., coins, tête dorée, ébarb.; au dos, chiffre du comte Riant.

4127. La Chanson de Roland, traduite du vieux français et précédée d'une introduction par *A. d'Avril*. Paris, Albanel, 1867. In-12, rel. toile. — La Chanson de Roland. Texte critique et traduction par M. *Léon Gautier*. Tours, Mame, 1884. In-12, rel. toile, non rogn., couv. — **Beauquier** (J.). Bibliographie de la Chanson de Roland. Heilbronn, Henninger, 1877. In-8, br. — **Carlberg.** Étude sur l'usage syntaxique dans la Chanson de Roland. Lund, Berling, 1874. In-8, cart., couv. — **Michel** (Francisque). Examen de la dissertation de M. H. Monin sur le Roman de Roncevaux. Paris, Silvestre,

1832. In-8, cart. [Tiré à 100 ex.] — **Schleich** (Gust.). Prolegomena ad Carmen de Rolando anglicum. [In-. Diss.] Burgi, Hopfer, 1879. In-8, cart.

4128. Charlemagne, an anglo-norman poem of the twelfth century, now first published with an introduction and a glossarial index by *Francisque Michel*. London, Pickering. Paris, Techener, 1836. 1 vol. petit in-8, cart.

4129. Les Conquestes du grand Charlemagne, Roy de France et d'Espagne. Avec les faits & gestes des douze Pairs de France & du grand Fiérabras, & le combat fait par lui contre le petit Olivier qui le vainquit. Et des trois Frères qui firent les neuf épées, dont Fiérabras en avoit trois pour combattre contre les ennemis; comme vous verrez ci-après. A Troyes, chez la Veuve de Jacques Oudot, & Jean Oudot fils, Imprimeur-Libraire rue du Temple, 1736. — Conqueste du grand Charlemagne, roi de France. Avec les faits héroïques des douze Pairs de France et du grand Fierabras; et le combat fait par lui contre le petit Olivier, qui le vainquit; et des trois frères..... A Lille, chez la Veuve Pillot, Imprimeur-Libraire, rue de Prêtres. (*S. d.*) — Conquestes du grand Charlemagne..... A Troyes, chez Garnier, Imprimeur-Libraire, rue du Temple. 3 tomes in-12 en 2 vol., d.-rel. bas. et veau marbré.

Bibliothèque bleue. Cf. n. 4099.

4130. Dietrich von Bern. Erste Ausfahrt, herausgegeben von Dr *Franz Stark*. Stuttgart, ged. auf K. des lit. Vereins, 1860. In-8, d.-rel. veau, tête lim., ébarb.

4131. THE ENGLISH CHARLEMAGNE ROMANCES. I. Sir Ferumbras, ed. by *Sidney J. Herrtage*. — II. The Sege of Melayne and the Romance of the Duke Rowland and Sir Otuell of Spagne', together with a fragment of the Song of Roland, ed. by *S. J. Herrtage*. — III & IV. The Lyf oth the noble and crysten Prince Charles the Grete, transl. by *Caxton*... éd. by *S. J. H.* — V. The romance of the Sowdone of Babylone and of Ferumbras his son who conquerede Rome, re-ed. by *Emil Hausknecht*. — VI. The tail of Rauf Coilyear... with the fragments of Roland and Vernagu... ed. by *S. J. H.* — VII, VIII & IX. The boke of the duke Huon of Burdeaux done into English by Sir *John Bourchier, lord Berners*... re-ed. by *S. L. Lee*. — X. The Right pleasant... Historie of the Foure Sonnes of Aymon, Part. I, ed. by *O. Richardson*. London, published for the *Early Text Society*, by Trübner, 1879-1884. 10 vol. br.

4132. Girart de Roussillon, Chanson de Geste traduite pour la première fois par *Paul Meyer*. Paris, Champion, 1884. — La légende de Girart de Roussillon. Texte latin et ancienne traduction bourguignonne publiés par *Paul Meyer*. Nogent-le-Rotrou, 1878. 1 vol. et 1 plaq., d.-rel. veau f. ét rel. toile. — **Longnon** (A.). Girart de Roussillon dans l'histoire. (Extr. de la *Revue historique*. Paris, 1878.) In-8, cart., couv.

4133. L'Histoire des deux nobles et vaillans Chevaliers Valentin et Orson, fils de l'Empereur de Grèce. 1 vol. in-8, cart. (*Le titre manque.*) — Histoire des nobles prouesses et vaillances de Gallien Restauré, fils du noble Olivier, le Marquis, & de la belle Jacqueline, Fille du Roi Hugon, Empereur de Constantinople. A Troyes, chez Jean Garnier, *s. d.* In-4, d.-rel. bas.

Impressions populaires.

4134. La Historia del Emperador Carlo Magno. en la qval se trata de las grandes proezas, y hazañas de los doze Pares de Francia, y de como fueron vendidos por el traidor Ganalón; y de la cruda batalla que huevo Oliveros con Fierabras, Rey de Alexandria. (*Gravure sur bois.*) En Pamplona, por Iuan Micòl. Año 1695. In-12, rel. vél.

Rare édition populaire espagnole du xviie siècle, analogue aux publications françaises de la Bibliothèque bleue.

4135. **Koschwitz.** Sechs Bearbeitungen der altfranzösischen Gedichts von Karls des Grossen Reise nach Jerusalem und Constantinopel. herausgg. von *Eduard Koschwitz.* Heilbronn, Henninger, 1879. — Karls des Grossen Reise nach Jerusalem und Constantinopel, ein altfranzösisches Gedicht des xi Jahrhunderts, herausgg. von *E. Koschwitz.* Heilbronn, Henninger, 1880. — Ueberlieferung und Sprache der Chanson du voyage de Charlemagne à Jérusalem et à Constantinople. Heilbronn a/N, Henninger, 1876. — Über die Chanson du Voyage de Charlemagne à Jérusalem et à Constantinople. Strassburg, Trübner, 1875. 3 vol. in-8, d.-rel. chag. et rel. toile. et 1 plaq. cart.

4136. **Leduc** (Herbert). Le roman de Foulques de Candie. Reims, 1860 In-8, rel. toile.

Tiré à 300 exemplaires. Publié par M. *Tarbé* dans la Collection des poètes de Champagne antérieurs au xvie siècle. Herbert Leduc, de Dammartin, a vécu à la fin du xiie siècle et au commencement du xiiie.

4137. **Le Laboureur** (Louis). Charlemagne. Poëme héroïque. A Paris, Louys Billaine, M DC LXIV. In-8, front., rel. vél.

4138. **Paris** (Gaston). Histoire poétique de Charlemagne. Paris, Franck, 1865. In-8, d.-rel. chag. r., non rogn.; au dos, chiffre du comte Riant.

4139. — Le Carmen de Prodicione Guenonis et la légende de Roncevaux. [2e édition.] Paris, 1882. In-8, rel. toile, non rogn. — La Chanson du pélerinage de Charlemagne. Paris, Didot, 1877. In-4, cart. — *Le même* : Paris, 1880. In-8, rel. toile.

4140. **Prise** (La) de Pampelune. Ein Altfranzösisches Gedicht herausgegeben von *Adolf Mussafia.* Wien, C. Gerold's Sohn, 1864. In-8, cart. perc. bl. — **Demolin** (Edm.). La légende de Charlemagne. [Extr. fact. du *Contemporain*, XXXVI, 1880.] In-8, cart.

La « Prise de Pampelune » forme le t. Ier de Altfranzösische Gedichte aus Venezianischen Handschriften hrsg. von A. Mussafia.

4141. Roman van Karel den Grooten en Zijne XII Pairs (Fragmenten), uitgegeven door Dr *W. J. A. Jonckbloet*. Leiden, D. du Mortier en Zoon, 1844. 1 vol. in-8, rel. toile.

Collection des « Werken uitgegeven door de Vereeniging ter Bevordering der oude Nederlandsche Letterkunde ». Texte flamand.

4142. **Turpin**. Caroli magni et Rolandi historia Joanni Turpino Archiepiscopo Remensi vulgo tributa ad fidem codicis vetustioris emendata et observationibus..... illustrata a *Sebastiano Ciampi*. Florentiæ, Molini, 1822. — Gesta Caroli magni ad Carcassonam et Narbonam et de ædificatione monasterii Crassensis, edita..... a *Sebastiano Ciampi*. Florentiæ, Magheri, 1823. 2 tomes en 1 vol. in-8, rel. toile, couv.

4143. — Die sogenannte Poitevinische Uebersetzung des Pseudo-Turpin, nach den Handschriften mitgetheilt von *Theodor Auracher*. In-8, rel. toile.

4144. — Turpini Historia Caroli magni et Rothlandi. Texte revu et complété d'après sept manuscrits par *Ferdinand Castets*. Paris, Maisonneuve, 1880. 1 vol. in-8, rel. toile, couv.

Publication de la Société pour l'étude des langues romanes.

4145. — History of Charles the Great and Orlando, ascribed to Archbishop Turpin; translated from the Latin in Spanheim's Lives of ecclesiastical writers..... with english metrical versions by *Thomas Rodd*. London, 1812. 2 vol. in-8, cart. (édit.).

4146. — : **Demarquette** (A.). Précis historique sur la maison De Harnes, 963 à 1230, suivi d'une version romane, attribuée à Michel de Harnes du Faux Turpin. Douai, Adam d'Aubers, 1856. 1 vol. in-8, avec pl., rel. toile, non rogn., couv. [Tiré à 100 ex.] — La Chronique dite de Turpin publiée..... par *Fredrik Wulff*. Lund, Berling, 1881. In-4, rel. toile, couv.

4147. Vita sancti Karoli Magni sæc. xii^{mi} a Bollandistis in Actis SS. memorata, postea deperdita; quam nunc et in Legendario ecclesiæ B. M. V. Aquensis et in vetere papyraceo Codice a se repertam, primum edidit *Petrus Steph. Kaentzler*. Ruræmundæ, Romen, 1874. In-8, rel. toile, non rogn.

4148. **Ancona** (A. d') et **Monaci** (E.). Una leggenda araldica e l'epopea carolingia nell' Umbria. Imola, tip. Galeati e figlio, 27 novembre 1880. Plaq. petit in-8, rel. toile, non rogn., couv. — **Angel Fayolle**. Origine des villes de Ribérac, Mussidan,..... Analyse d'une étude historique de M. Charles Grellet-Balguerie. Ribérac, Delacroix, 1881. In-8, cart., couv. [Légende de Renaud de Montauban] — Examen critique des trois histoires fabuleuses dont Charlemagne est le sujet. (Extr. de l'*Hist. de l'Acad. des I. et B. L.*, t. XXI.) In-4, cart. — Examen de la tradition historique touchant le voyage de Charlemagne à Jérusalem. (Extr. fact. de l'*Hist. de l'Acad. des Insc. et Belles-Lettres*, 1754.) Plaq. in-8, cart. — **Keller** (Victor). « Le siège de Barbastre » und die Bearbeitung von Adenet le Roi. (*In.-Diss.*) Marburg, E. Sipmann, 1875. In-4, br. — **Manitius** (Max). Das Epos « Karolus Magnus et Leo papa ». (A. d. *Neues Archiv*..... VIII. *S. l. n. d.*) In-8, cart. — **Morf** (H.), Étude sur la date, le caractère et l'origine de la chanson du pèlerinage de Charlemagne. Paris, 1884. (Extr. de la *Romania*, 1884.) Plaq. in-8, rel. toile. Ensemble 7 vol. ou plaq.

LITTÉRATURE FRANÇAISE MODERNE

* 4149. [**Blocqueville** (M^{ise} de)]. Rome. Paris, Hetzel, 1865. In-8, rel. peau de Suède, tr. peigne, envoi d'auteur au comte Riant.

4150. **Boileau.** Œuvres diverses du Sieur D*** avec Le Traité du Sublime ou du Merveilleux dans le Discours, Traduit du Grec de Longin. Paris, Thierry, M.DC.LXXV. 1 vol. in-12, prép. p. rel.

4151. — Œuvres diverses du Sieur D*** avec Le Traité du Sublime ou du Merveilleux dans le Discours, Traduit du Grec de Longin. Nouvelle Edition revûë & augmentée. A Paris, chez Denis Thierry, rüe Saint-Jacques à l'enseigne de la Ville de Paris, M.DC.XCII. Avec Privilege du Roy.

Cette édition, non citée par Brunet, contient les Satires 1 à 14; le discours sur la Satire; les épîtres 1 à 10; la lettre au duc de Vivonne sur son entrée dans le Phare de Messine; le remerciement à l'Académie; L'Art poétique; Le Lutrin; les pièces sont suivies d'une table analytique, Le traité du Sublime que le titre annonce ne s'y trouve pas, mais sous la même couverture on a relié : Œuvres diverses Du Sieur D*** avec le traité du Sublime ou du Merveilleux dans le Discours traduit du Grec de Longin. Nouvelle Edition revûë & augmentée. A Amsterdam, chez Isaac Moreton. M.DC.XCII.
Cette édition-ci ne contient que le traité du Sublime.

4152. — Œuvres de Boileau Despréaux. A Paris, de l'Imprimerie et de la fonderie de P. Didot l'aîné, 1815. 3 vol. in-8, rel. veau frappé, fil. et tranches dorées, exemplaires sur papier vélin.

De la collection des meilleurs ouvrages de la langue françoise dediée aux amateurs de l'art typographique.

4153. **Bouchor** (Maurice). Les chansons joyeuses. Poésies. Dans la Forêt; variations sur quelques airs de Shakespeare; chansons joyeuses. Paris, Charpentier, 1874. 1 vol. in-12, rel. toile, non rogn., couv.

Édition originale.

4154. **Chalette.** La Joinvilléide. Poème héroïque. Châlons, Boniez-Lambert, 1838. In-8, rel. mar., fil. sur les plats.

4155. Classiques français imprimés par Didot. 14 vol. in-8, d.-rel. peau de truie, coins; au dos, chiffre du comte Riant.

1º Œuvres de Fénelon, précédées d'études sur sa vie par M. *Aimé Martin*, 1857. 3 vol.
2º Œuvres de Bossuet, 1856. 4 vol.
3º Œuvres de Bourdaloue, 1840. 3 vol.

4° Petits poètes français depuis Malherbe jusqu'à nos jours, avec des notices... par M. *P. Poitevin.* 2 vol.
5° Œuvres complètes de Montesquieu, 1854. 1 vol.
6° Œuvres complètes de Delille. Cinquième édition, 1855. 1 vol.

4156. La fleur des Chansons. *S. l. n. d. n. typ.* 1 vol. petit in-8, avec nombr. figg., d.-rel. chag., tr. peigne.

4157. **La Bruyère.** Les Caractères... suivis du discours à l'Académie et de la traduction de Théophraste. Paris, Belin-Leprieur, 1845. 1 vol. in-8, d.-rel. peau de truie, coins, tr. rouge; au dos, chiffre runique du comte Riant.

Édition très jolie, ornée de vignettes et de plusieurs gravures sur Chine, signées J. David, Grandville, Penguilly, Chevin.....

4158. **Lauras** (Le P. M.). Bourdaloue, sa vie, et ses œuvres. Paris, Palmé, 1881. 2 vol. in-8, rel. toile, port.

4159. **Laya** (Léon). Les jeunes gens. Comédie en trois actes, en prose. Paris, Michel Lévy frères, 1855. In-12, d.-rel. chag. r.

4160. **Le Sage.** Histoire de Gil Blas de Santillane... précédée d'une notice... par M. *Patin.* Paris, Werdet et Lequien, 1829. 4 vol. in-32, d.-rel. v., tr. marb., 4 grav. sur cuivre.

4161. **Massillon.** Œuvres complètes. Edition collationnée sur les manuscrits & sur les meilleurs textes avec notes, variantes, notices, augmentées de pièces rares ou inédites et suivies de nouvelles recherches biographiques par l'abbé *E. A. Blampignon.* Bar-le-Duc, Guérin, 1865-67. — Correspondance inédite de Massillon, évêque de Clermont, publiée par l'abbé *Blampignon.* Bar-le-Duc, Guérin, 1869. 3 vol. grand in-8, avec portrait, d.-rel. chag. r., coins, tête dor., non rogn.; au dos, chiffre du comte Riant, et 1 vol. in-12, d.-rel. chag. r.

4162. **Molière.** Les Oevvres de Monsieur Moliere. Edition nouvelle Enrichie de Figures en taille-douce; & augmentée des OEuvres posthumes. [*La Sphère.*] A Amsterdam, Chez Jacques le Jeune, M DC LXXXIV. 5 vol. petit in-12, rel. marb. rouge, tr. dor., dent. int., dos orné, fil. sur les plats.

4163. — Théatre complet, publié par *D. Jouaust,* avec la préface de 1682, annotée par *G. Monval.* Paris, Jouaust, 1882-83. 8 vol. in-12 et 1 album (suite de gravures pour illustrer cette édition), br.

4164. Le regard de Dieu sur la France. Ode applicable aux projets du Premier Consul sur l'organisation du culte catholique. [Par un Employé au Bureau de la Guerre.] Paris, Migneret, An X-1802. In-8, rel. toile.

4165. **Rimmel** (Eugène) Le livre des parfums; préface d'Alphonse Karr. Bruxelles, Muquardt, *s. d.* (c. 1868). 1 vol. in-8, rel. toile, non rogn., couv.

4166. **Sarasin.** Les Oevvres de Monsievr Sarasin. A Paris, chez Avgvstin Covrbé, M.DC.LVI. In-4, rel. bas.

4167. **Scarron** (Paul). Le Virgile travesti en vers burlesques... avec la suite de Moreau de Brasei, nouvelle édition revue, annotée et précédée d'une étude sur le burlesque par *Victor Fournel*. Paris, Adolphe Delahays, 1858. Petit in-8, cart. perc. v.

Bibliothèque gauloise.

4168. **Villiers de l'Isle-Adam** (Auguste). Morgane, drame en cinq actes et en prose. Saint-Brieuc, Imprimerie-Librairie Guyon Francisque, 1866. In-8, rel. toile. Hommage de l'auteur au comte Riant.

4169. **Villon** (François). Œuvres complètes..... nouvelle édition, revue, corrigée et mise en ordre avec des notes historiques et littéraires par *P. L. Jacob*..... A Paris, P. Jannet, 1854. In-8, cart. perc. r.

5. Littérature allemande.

4170. **Aschbach** (Jos.). Roswitha und Conrad Celtes. 2te vermehrte Auflage. Wien, Braumüller, 1868. In-8, rel. toile, non rogn. — **Köpke** (Rud.). Hrosuit von Gandersheim. Zur Litteraturgeschichte des zehnten Jahrhunderts..... Berlin, Mittler, 1869. In-8, rel. toile, facsimilé.

4171. **Bartsch** (Karl). Mitteldeutsche Gedichte. Stuttgart, 1860. — Deutsche Liederdichter des zwölften bis vierzehnten Jahrhunderts. Leipzig, Göschen, 1864. — Untersuchungen über das Nibelungenlied. Wien, Braumüller, 1865. 1 vol. in-8, rel. toile. Ensemble 3 vol. in-8, rel. toile.

4172. **Carmina Burana**. Lateinische und Deutsche Gedichte einer Handschrift des XIIIe Jahrhunderts aus Benedictbeuern auf der K. Bibliothek zu München. Stuttgart, Liter. Verein, 1847. 1 vol. in-8, rel. toile, non rogn.

4173. **Edelsteine**. Deutscher Dichtung und Weisheit im XIII. Jahrhundert. Ein mittelhochdeutsches Lesebuch zusammengestellt und mit einem Wörterbuche versehen von *Philipp Wackernagel*. Dritte verbesserte Auflage. Franckfurt a M., Heyder und Zimmer, 1865. In-8, cart. perc. r.

4174. **Fliegenden** (die) Blätter des XVI und XVII Jahrhunderts in sogenannten Einblatt-Drucken, mit Kupferstichen und Holzschnitten; zunächst aus dem Gebiete der politischen und religiösen Caricatur. Aus den Schätzen der Ulmer Stadtbibliothek woort- und bildgetren herausgegeben von J. Scheible. Stuttgart, J. Scheible, 1850. In-8, 88 fig. h.-t., d.-rel. v.

4175. **Hallberg** (L. E.). Wieland. Étude littéraire suivie d'analyse et de morceaux choisis de cet auteur traduits pour la première fois en français. Paris, Thorin, 1869. 1 vol. in-8, rel. toile, non rogn.

4176. **Liliencron** (K. von). Die historischen Volkslieder der Deutschen vom 13 bis 16. Jahrhundert. Leipzig, Vogel, 1865-69. 4 vol., d.-rel. veau brun, non rogn.; au dos, chiffre du comte Riant.

Importante et intéressante collection qui donne, outre le texte, des notices biographiques et historiques, et souvent aussi la musique.

4177. **Meyer** (Wilhelm). Der Ludus de Antichristo und ueber die Lateinischen Rythmen. München, Straub, 1882. In-8, cart., non rogn. — **Meyer et Hofman** (Conr.). Die Textcritik von Lutwins Adam und Eva. [Extr. de l'*Ac. des sciences de Berlin*], 1888. In-8, cart. — Das Drama vom Ende des Römischen Kaisertums und von der Erscheinung des Antichrists, nach einer... Handschrift des zwölften Jahrh... Uebersetzung von *Gherard von Zezschwitz*. Leipzig, Hinrich, 1878. In-8, rel. toile, couv.

4178. **Mittler** (Franz Ludwig). Deutsche Volkslieder. 2to, mit einem Quellenverzeichniss vermehrte wohlfeile Auflage. Frankfurt a M., K. Th. Völcker. 1865. 1 vol. in-8, rel. toile, non rogn.

4179. **Pfeiffer** (Franz). Deutscher Classiker des Mittelalters. Mit Wort-und Sacherklärungen. Leipzig, Brockhaus, 1864-69. 8 parties en 3 vol. in-12, d.-rel. chag. vert, tr. peigne. *Mouillures*.

Contient : Walther von der Vogelweide, hrsgg. v. *F. Pfeiffer*, 1864 ; Kudrun, hrsgg. v. *K. Bartsch*, 1865 ; Das Nibelungenlied, hrsgg. v. *K. Bartsch*, 1866 ; Hartmann von Aue, hrsgg. v. *Fedor Bech*, 1867 ; Gottfried's von Strassburg Tristan, hrsgg. v. *Reinh. Bechstein*, 1869.

4180. **Haupt** (Joseph). Untersuchungen zur Gudrun. Wien, Gerold, 1866. In-8, rel. toile, non rogn. — **Kauffmann** (Hugo). Ueber Hartmanns lyrik. Danzig, 1885. In-8, cart. — **Keck** (K. Heinr.). Die Gudrunsage. Drei vorträge über ihre erste Gestalt und ihre Wiederbelebung. Leipzig, Teubner, 1867. In-8, rel. toile, non rogn. — **Zingerle** (Ignaz v.). Reiserechnungen Wolfger's von Ellenbrechtskirchen, Bischofs von Passau, Patriarchen von Aquileja. Ein Beitrag zur Waltherfrage. Heilbronn, Henninger, 1877. In-8, rel. toile, non rogn., couv., avec facsimilé.

4181. **Romvart**. Beiträge zur Kunde mittelalterlicher Dichtung aus italiænischen Bibliotheken von *Adalberg Keller*. Mannheim, Bassermann, 1844. 1 vol. in-8, rel. toile, non rogn.

4182. **Soltau** (Fr. Leonard von). Ein Hundert deutsche historische Volkslieder, gesammelt und in urkundlich Texten chronologisch geordnet. [2e *édition*.] Leipzig, Schrey, 1845. — Soltau's Deutsch Volkslieder zweites Hundert, hrsgg. von *H. R. Hildebrand*. Leipzig, Mayer, 1856. Ensemble 2 vol. in-12, rel. toile, non rogn., couv.

4183. **Thomasin von Zirclaria**. Der wälsche Gast ; zum ersten Male hrsgg. von Dr *Henr. Rückhert*. Quedlinburg und Leipzig, Basse, 1852. In-8, rel. toile, non rogn.

4184. **Gessner** (Salomon). La mort d'Abel. Paris, Renouard, 1802. 1 vol. petit in-12, rel. bas. r., tr. dor., 1 pl. en taille douce. — **Grimm** (Wilhelm). Vridankes Bescheidenheit. Göttingen, Dieterich, 1834. In-12, cart. — **Karajan** (Theodor von). Zu Siegfried Helbing und Ottacker von Steiermark. Zwei Vorträge. Wien, Gerold's Sohn, 1870. Plaq. in-8, cart. — **Kauffmann**

(A.). Die Königin Polyxène von Sardinien, eine deutsche Fürstentochter. S. l. n. d. Plaq. in-8, cart. — Orendel und Bride. Eine Rûne des deutschen Heidenthums umgedicht im zwölften Jahrhundert zu einem befreiten Jerusalem. herausg. von *Ludwig Ettmüller*. Zürich, Meyer & Zeller, 1858. In-8, rel. toile. — **Saintonges** (J.-C.). Sagas rhénanes ou recueil des plus intéressantes traditions du Rhin. Mayence, Halenza, s. d. In-12, rel. toile. Ensemble 6 vol. ou plaq.

6. Littérature anglaise.

4185. Anecdota literaria; a collection of short poems in english, latin and french, illustrative of the literature and history of England in the thirteenth century..... edited by *Thomas Wright*. London, J. Russel Smith, 1844. In-8. rel. toile. (Tiré à 150 exemplaires.)

4186. Early mysteries and other Latin poems of the twelfth and thirteenth Centuries edited from the original mss. by *Thomas Wright*. London, Nichols, 1838. In-8, rel. toile. — Three early english metrical romances, with an introduction and glossary. Edited..... by *John Robson*. London, printed for the *Camden Society*, by John Bowyer Nichols, 1842. Rel. toile (édit.).

4187. **Ellis** (Georg.). Specimens of the early english poets. London, Washburne, 1845. 3 vol. in-12, d.-rel. bas. v.

4188. — Specimens of early english metrical romances, to wich is prefixed an historical introduction..... A new edition, revised by *J. O. Halliwell*. London, Bohn, 1848 (pl. en couleurs). Vol. in-8, rel. toile (édit.).

4189. **Grein** (C. W. M.). Bibliothek der Angelsächsischen Poesie in kritisch bearbeiten Texten und mit vollständigem Glossar. Göttingen, Wigand, 1857-1864. 4 tomes en 2 vol. in-8, d.-rel. chag. rouge, tr. limaç.

4190. The Mabinogion from the Llyfr Coch o Hergest and other ancient Welsh manuscripts, with an English Translation and Notes; by Lady *Charlotte Guest*. London, Longman, 1849. 3 vol. in-8, d.-rel. mar. rouge, coins, tête dor., non rogn.

4191. The Mabinogion; from the Welsch of the Llyfr Coch o Hergest (the Red Book of Hergest) in the library of Jesus College, Oxford. Translated with notes by Lady *Charlotte Guest*. London, Quaritch, 1877. D.-rel. toile, tr. dor. (édit.)

4192. Metrical Romances of the thirteenth, fourteenth, and fifteenth centuries : published from ancient Manuscripts. With an introduction, notes, and a glossary by *Henry Weber*. Edinburgh, Ramsay, 1810. 3 vol. in-12, rel. veau f., tr. marb.

4193. **Percy** (Thomas). Reliques of ancient English Poetry consisting of old heroic ballads, songs, and other pieces of our earlier poets, together with some few of later date..... edited with introd..... notes, &c. by *Henry B. Wheatley*. London, Bickers and sons, 1876-77. 3 vol. in-8, rel. toile (édit.).

7. Littérature italienne.

4194. Carmina medii ævi. Alla Libreria Dante in Firenze, 1883. In-8, rel. toile, couv. [Tiré à 200 Exemplaires, n° 142.]

4195. Lamenti de' Secoli xiv et xv. Alla Libreria Dante in Firenze, 1883. In-8, d.-rel. mar. rouge, tête lim., non rogn.; au dos, chiffre du comte Riant.

Tirage à 200 exemplaires numérotés, n° 97. Cet ouvrage publié avec une introduction de *A. Medin*, comprend une douzaine de curieuses poésies inédites ou fort rares.

4196. **Medin** (Antonio) & **Frati** (Ludovico). Lamenti storici dei Secoli xiv, xv e xvi raccolti e ordinati. Bologna, Romagnoli Dall' Acqua, 1887. Tome 1er seul. 1 vol. in-12, br.

4197. **Manzoni** (Alessandro). Epistolario, raccolto e annotato da *Giovanni Sforza*. Milano, Carrara, s. d. (1882-1883). 2 tomes en 1 vol. in-12, rel. toile.

4198. **Mazza** (F. Carl' Angelo). Il tempio della virtu, allusivo al tempio di Gerosolima eretto nel regio appartamento del Sereniss. principe di Toscana Ferdinando III. in occasione di celebrarsi in esso dalla sua somma pietà l'anniversaria Festa di S. Francesco di Paola l'anno MDCCVI. Panegirico. In Roma, Francesco Gonzaga, MDCCVII. In-4, front., d.-rel. bas. n.

4199. Novella della figlia del re di Dacia. Testo inedito del buon secolo della lingua [pubblicato da Allessandro Wesselofsky]. Pisa, tip. Nistri, 1866. In-8, cart. perc. bl.

Exemplaire en grand papier, couverture, tiré à 100 exemplaires, n° 5.

4200. **Pellico** (Silvio). Opere scelte di....., cioè : Le mie prigioni colle addizioni di Maroncelli, dei doveri degli uomini, Tancreda, Rosilde, Eligi e Valafrido, Adello, Eugilde dalla Roccia..... Parigi, presso Baudry, 1837. In-8, portr., d.-rel. veau f.

Ce volume forme le tome II de la : Collezione de' migliori autori italiani antichi et moderni.

4201. **Petrarca** (Francesco). Le rime || di M. Francesco Petrarca || estratte da un suo originale. || Il trattato || delle virtu morali || di Roberto rei di Gerusalemme || Il tesoretto || ei Ser Brunetto Latini. || Con quattro canzoni || di Bindo Bonichi || da Siena. || In Roma, || nella Stamperia del Grignani || MDCXLII. In-fol., rel. parch.

4202. **Savonarola** (Ieronimo). Poesie..... illustrate e pubblicate per cura di *Audin de Rians*. Firenze, Baracchi, 1847. In-8, rel. toile, portr. (quelques mouillures).

4203. **Valignani** (Federico). Chieti. Centuria di Sonetti istorici di Federico Valignani marchese di Cepagatti..... Napoli, Felice Mosca, 1729. In-8, front., titre r. et n., rel. parch.

4204. **Valvasone** (Erasmo di). L' Angeleida di Erasmo di Valvasone ridotta alla vera lezione. Udine, fratelli Mattiuzzi, M DCCC XXV. Petit in-8, cart. perc. br.

Cet ouvrage forme le t. I de la « Collezione di opere scelte di autori friulani ».

4205. **Bresciani** (A.). Lionello faisant suite au juif de Vérone. Paris, 1872. In-12, rel. toile. — **Koehler** (Fr.). Beiträge znr Textkritik Luidprands von Cremona. Abd. a. d. *Neues Archiv.* VIII. In-8, cart. — **Machiavel** (Nicolas). Le Prince..... traduit et commenté par A. N. Amelot, sieur de la Houssaie. Amsterdam, H. Wetstein, 1683. In-12, portr., d.-rel. chag. v., avec coins. — **Pignotti** (Lorenzo). La felicità dell' Austria e della Toscana. Poemetto..... Seconda edizione. Firenze, Grazioli, 1791. In-8, cart. — **Porro** (Giulio). Leonardo da Vinci. Libro di annotazioni e memorie. Milano, Bortolotti, 1881. In-8, br., 1 pl. photog. — **Serminocci**. Un capitolo delle Definizioni di Jacomo Serminocci. [Pub. p. *Pasquale Papa*.] Firenze, 1887. In-8, br. (*Per Nozze*.) — **Vanini** (Anton Siro). Orazione funebre per le real esequie celebrate alla Sacra Cesarea..... Maesta di Maria Teresa, Imperatrice Regina, recitata in Milano. Firenze, 1781. In-8, br. Ensemble 7 vol. ou plaq.

8. Divers.

4206. Les avantures d'Antar fils de Cheddad. Roman arabe des temps anté-islamiques, traduit par *L.-Marcel Devic*. Paris, Hetzel, s. d. 1 vol. in-12, rel. toile, non rogn. — **Ibn-el-Ouardi**. Fragmentum libri Margarita mirabilium edidit, latine vertit C. J. *Tornberg*. Upsaliæ, exc. R. Ac. typ., 1835-1839. Deux parties en 1 vol. in-8, cart.

4207. Historia di Amadis di Grecia cavallier dell' Ardente Spada. Nuouamente dal Spagnuelo nella Lingua Italiana tradotta. In Venetia, Appresso Marc' Antonio Zaltieri. M.D.CVI. 2 parties en 1 vol. in-16, rel. veau éc., tr. r.; au dos, chiffre du comte Riant.

4208. **Holberg** (Lodovico di). La polvere arabica o sia l' Alchimista, Commedia in 1 acto..... dal danese originale in italiano tradotta da G. M. W. Venezia, Bock, 1775. In-12, rel. vél.

4209. **Rebolledo** (Don Bernardino de). Selua Sagrada d' el Conde don Bernardino de Rebolledo, Señor de Irian..... Colonia Agrippina, en Casa de Antonio Kinchio, 1657. In-4, 2 frontispices, d.-rel. v., tach.

4210. **Soumarokoff**. Sinave & Trouvore Tragedie Russe en vers, faite par Monsieur Soumarokoff & traduite en François par Mr. le Prince Alexandre Dolgorouky. *In fine* : Imprimé dans l'Academie Imperiale des Sciences a St.

Petersbourg, 1751. In-8, rel. mar. bleu, doublé de moire rouge, tr. dor., fil. et fers à froid sur les plats. Ex-libris de Gilbert de Pixérécourt.

4211. **Vesselovski.** Barlaam et Josaphat. Roman Byzantin. 1877. In-8, cart. [*En Russe.*] — **Zotenberg** (H.). Notice sur le livre de Barlaam et Joasaph accompagnée du texte grec et des versions arabe et éthiopienne. Paris, Imp. nat., 1886. In-8, rel. toile, couv.

9. Littérature des Croisades. — Torquato Tasso.

MOYEN AGE

4212. **Alexandre du Pont. Raymond Lulle.** Roman de Mahomet, en vers du XIIIme siècle..... et Livre de la Loi au Sarrazin, en prose du XIVme siècle..... publiés pour la première fois, et accompagnés de notes, par MM. *Reinaud*..... et *Francisque Michel*. Paris, Silvestre, 1831. In-8, d.-rel. toile.

Tirage à 200 exemplaires numérotés. N° 142.

4213. Li romans de Bauduin de Seboure IIIe Roy de Jhérusalem; poëme du XIVe siècle, publié pour la première fois d'après les Manuscrits de la Bibliothèque royale. Valenciennes, B. Henry, 1841. 2 tomes en 1 vol. in-4, d.-rel. veau fauve; au dos, chiffre du comte Riant.

Belle publication tirée à 260 exemplaires numérotés.

4214. Li Bastars de Buillon (faisant suite au roman de Baudoin de Sebourg). Poëme du XVe siècle, publié pour la première fois d'après le ms. unique de la Bibl. de Paris, par *Aug. Scheler*. Bruxelles, Closson, 1877. 1 vol. in-8, d.-rel. chag., tête peigne, non rogn.; au dos, chiffre du comte Riant.

4215. Le livre de Baudoyn, conte de Flandre; suivi de fragments du roman de Trasignyes, publié par MM. *C. P. Serrure* et *A. Voisin*. Bruxelles, Berthot et Périchon, 1836. In-8, d.-rel. chag. v., 1 pl. et fig. — Histoire de Gilion de Trasignyes et de dame Marie, sa femme, publiée par *O. L. B. Wolff*. Paris et Leipsic, 1839. In-8, rel. toile.

4216. Le Chevalier au Cygne, et Godefroid de Bouillon, poëme historique publié pour la première fois par le baron *de Reiffenberg* et *A. Borgnet*. Bruxelles, Hayez, 1846-54. 3 tomes en 2 vol. in-4, avec planches, d.-rel. veau gris, tête marbr., non rogn.; au dos, chiffre du comte Riant.

4217. La Chanson du Chevalier au Cygne et de Godefroid de Bouillon publiée par *C. Hippeau*. Première partie : Le Chevalier au Cygne. Paris, Aubry, 1874. In-12, d.-rel. chag.; au dos, chiffre du comte Riant. (Tiré à 300 ex. sur papier vélin.) — Sermon du XIIIe siècle tiré d'un manuscrit de la Bibliothèque de Rouen par *C. Hippeau*. Paris, Champion, *s. d.* Plaq. in-8, cart. couv.

4218. **Le Roux de Lincy.** Analyse du roman de Godefroi de Bouillon. Paris, Schneider et Langrand, 1841. Plaq. in-8, cart. — **Pigeonneau** (H.). Le cycle de la croisade et de la famille de Bouillon. Saint-Cloud, Belin, 1877. In-8, rel. toile.

4219. La Chanson d'Antioche composée au commencement du XIIe siècle par le pélerin Richard, renouvelée sous le règne de Philippe-Auguste par Graindor de Douay. Publiée pour la première fois par *Paulin Paris*. Paris, Techener, 1848. 2 vol. in-8, d.-rel. mar. rouge, coins, tête dor., non rogn.; au dos, chiffre du comte Riant. — La Chanson d'Antioche..... publiée par M. *Paulin Paris*, traduite par la *marquise de Sainte Aulaire*. Paris, Didier, 1862. In-12, d.-rel. toile.

> Ce poème, le premier du Cycle de la Croisade, est aussi le seul qui fournisse sur ce sujet des renseignements historiques d'une réelle importance.

4220. La conquete de Jerusalem, faisant suite à la chanson d'Antioche, composee par le Pelerin Richard et renouvelee par *Graindor de Douai* au XIIIe Siecle, publiee par *C. Hippeau*. Paris, Aubry, 1868. In-8, d.-rel. mar. brun, tête lim., non rogn.; au dos, chiffre du comte Riant.

> Collection des poètes français du moyen âge. Tirée à 250 exemplaires.

4221. La comtesse de Ponthieu. Roman de chevalerie inédit publié..... par *Alfred Delvau*. Paris, Bachelin-Deflorenne, 1865. In-8, rel. toile.

> Tiré à 150 exemplaires numérotés. N° 117.

4222. El cantare di Fierabraccia et Uliuieri. Italienische Bearbeitung der Chanson de Geste Fierabras. Herausgegeben von *E. Stengel*. Abhandlung von *C. Buhlmann*. Marburg, Elwert, 1881. In-8, rel. toile, couv. — **Gröber** (Gust.). Die handschriftlichen Gestaltungen der Chanson de Geste « Fierabras » und ihre Vorstufen. Leipzig, Vogel, 1869. In-8, rel. toile, non rogn.

> Cf. n°s 4099, 4131.

4223. Dystorie van Saladine. Gent, Annoot-Braeckman, s. d. (*1848*). Vol. in-4, d.-rel. chag., tranche dorée, coins; au dos, chiffre du comte Riant.

> Réédition à petit nombre (n° 14) pour les Bibliophiles flamands d'un ouvrage imprimé vers l'an 1480, chez Arend de Keysere, poème de 1636 vers sur les croisades, composé par un poète flamand. Cette réédition a été faite par les soins de *C. P. Serrure*.

4224. LEs Conquestes du tres-||noble & Vaillant Che-||ualier Geoffroy a la || grand Dent. Seigneur || de Lusignen & sixiesme filz de Melusine & de Ray-||mondin, Conte dudict Lieu. XI. F || [*Figure sur bois : un Chevalier. Cette figure est signée des lettres* C. H.] || A ROVEN. || ¶ Chez Richard Aubert, Libraire ruë de l'Orloge || deuant le Lyon D'or. Petit in-4 de 88 ffnc., car. rom., 2 col., 39 ll., signat. A-L, récl., figg. & init. grav., broché.

> Impression populaire de ce roman de chevalerie.

4225. Histoire des seigneurs de Gavres. Roman du xve siècle, publié par Van Dale. Bruxelles, s. d. In-4, avec 95 chromos dans le texte, rel. vél.

Ce volume, exécuté en 1845 à la lithographie de Gobert, et publié sous la direction de M. *Émile Gachet*, reproduit en entier et page pour page le texte et les vignettes du manuscrit de cette Chanson de Geste; à la fin se trouvent un glossaire et la liste des souscripteurs.

4226. Miracle de Nostre Dame, de Robert le Dyable, fils du duc de Normendie, à qui il fu enjoint pour ses meffaiz qu'il féist le fol sans parler; et depuis ot Nostre Seignor mercy de li, et espousa la fille de l'empereur. Rouen, Édouard Frère, 1836. Vol. in-8, d.-rel. mar. bleu, non rogn., 1 planche.

Publié par la Société des Antiquaires de Normandie, avec une notice de M. *A. Deville*. Cf. n°s 4111, 4117.

4227. [**Barbazan** (Étienne)]. L'ordene de Chevalerie, Avec une dissertation sur l'origine de la langue Françoise, un essai sur les étimologies, quelques contes anciens, et un glossaire. Lausanne et Paris, 1759. 1 vol. in-12, rel. veau marb., frontispice.

E. Barbazan (1696-1770) a donné dans ce livre une édition de l'Ordene de Chevalerie, de *Hue de Tabarie* (Hugues Chastelain de Saint-Omer, prince de Galilée et seigneur de Tibériade, l'un des compagnons de Godefroi de Bouillon.) Cette édition a été réimprimée dans le recueil de *Fabliaux*. Cf. n° 4101.

4228. Le pas Saladhin, piece..... relative aux Croisades, publiée pour la première fois d'après le manuscrit de la Bibliothèque du Roi par *G. S. Trébutien*. Paris, Silvestre, 1836. In-8, d.-rel. chag., coins, tr. dor., non rogn.

4229. LA TERRIBLE || ET MERVEILLEVSE VIE DE || Robert le Diable. v. F. || [*Figure sur bois représentant Robert le Diable*] || A ROVEN. || chez Abraham Cousturier, Libraire tenant sa boutique, pres || la grand' porte du Palais, au Sacrifice d'Abraham. Petit in-4 de 20 ffnc., car. rom., 2 col., 39 ll., signat. A-E, avec récl., figg, & init. gr. sur bois, br.

Édition populaire de ce roman dont le héros est, croit-on, Robert Courte-Heuse, fils aîné de Guillaume le Conquérant, qui se signala dans les combats de la première croisade.
Cette édition n'est pas citée par *Frère*. (Bibl. norm.)

4230. **Sonan** (Biard de). Chriserionte || de Gavle. || Histoire memorable, || nouuellement & miraculeuse-||ment trouuée en la Terre || Saincte. || par le Sieur de Sonan, l'vn des cent || Gentils-hommes ordinaires de la || maison du Roy. || (*Marque typ.*) || A Lyon. || Pour Barthelemy Vincent. || M.DC.XX. || Auec Priuilege du Roy. In-8, de 4 ffnc., 225(1) pp., rel. veau fauve, fil., tr. dorée.

Rare. Curieux roman de Chevalerie. L'auteur, Arthus Biard, escuyer, S^r de *Sonan*, très probablement Dauphinois ainsi qu'il semble résulter d'un acte imprimé à la dernière page, passé le 13 février 1620 devant M. André Fauier, notaire royal delphinal, a dédié son ouvrage à Lesdiguières, gouverneur du Dauphiné.

4231. Die Lieder des Castellans von Coucy nach sämmtlichen Handschriften kritisch bearbeitet..... von *Fritz Fath*. Heidelberg, Hörning, 1883. Plaq. in-8, rel. toile, couv. — **Pucci** (Anton). Historia della Reina d' Oriente... Poema cavaleresco del xiii° Secolo pubblicato..... dal dottore *Anicio Bonucci*. Bologna, Romagnoli, 1862. In-8, rel. toile. [Tirage à petit nombre. N° 154.] — **Sertorio** (Luigi). La partenza del figlio di Melisenda per la guerra di Terra Santa. [Extrait.] *S. l. n. d. n. typ.* In-8, cart.

MODERNES [1]

4232. **Angelius** (Petrus). Petri Angelii Bargaei Poemata omnia diligenter ab ipso recognita... (*Marque typ.*). Romæ, Ex Typographia Francisci Zannetti, M.D.LXXXV. — Petri Angelii Bargaei Syriados libri sex. Priores. (*Marque typ.*). Romæ,... Zannetti, M.D.LXXXV. 2 tomes in-8, de 12 ffnc., 424 pp. et de 12 ffnc., 179(1) pp. en 1 vol. rel. vél.

> *Pierre Angelio* ou *degli Angeli* (1517-1596), né à Barga, eut une existence des plus aventureuses. Ses poésies complètes, publiées d'abord en 1568 par *Giunti*, furent réimprimées par ses propres soins en 1585 et comprennent son *Cynegeticon, seu de Venatione libri VI*, son meilleur ouvrage. Sa *Syrias* est un poème épique latin sur la première croisade; cette première édition des six premiers livres est fort rare. Quant à l'œuvre, contemporaine du Tasse, elle lui est considérablement inférieure.

4233. — ..... Syrias hoc est expeditio illa celeberrima Christianorum Principum, qva Hierosolyma ductu Goffredi Bulionis Lotharingiæ Ducis à Turcarum tyrannide liberata est. Eivsdem votivvm carmen in D. Catharinam. (*Marque typ.*). Florentiae, Apud Philippvm Ivnctam, M DXCI. 1 vol. in-8 de 12 ffnc., 496 pp., rel. vél. anc.

> Première édition complète de la *Syrias*, celle de 1585 ne contenant que les VI premiers chants; le poème d'Angelius a été réimprimé à Florence et à Venise en 1616.

4234. — Hierosolyma Hoc est expeditio illa celeberrima Chistianorum Principum, qua Goffredo Bulione dvce à Turcarum tyrannide Hierusalem liberatur Petri Angelii Eivsdem votivvm carmen in D. Catharinam. Accesserunt luculentissima Roberti Titii scholia. (*Marque typ.*). Florentiae M.DC.XVI. Apud Io: Donatum, & Bernardinum Iunctas, & Socios. In-4, de 13 ffnc., 496 pp., 1 fnc., rel. vél.

> Réimpression posthume de la *Syrias*. Édition rare et estimée.

4235. **Bracciolini** (Francesco). Della Croce racqvistatata. Poema Heroico... Libri XV. (*Marque typ.*). A Parigi, Per Renato Ruelle alla insegna di S. Nicolao..... l'Anno 1605. 1 vol. petit in-8, rel. vél.

> Ouvrage estimé de François Bracciolini, (1566-1646), qui le fit paraître pendant son séjour en France où il accompagnait comme secrétaire le nonce Maffeo Barberini, depuis pape sous le nom d'Urbain II. Cette première édition ne contient que les 15 premiers livres.

---

1. Cf. n°ˢ 3029, 3201-3206, 3266, 3275.

4236. **Bracciolini** (F.). La Croce racquistata Poema Heroico... Libri Trentacinque... In Venetia M DC XIIII. Presso Bernardo Giunti, Gio. Battista Ciotti, & Compagni. In-12, rel. mar. r., tr. dor., fil. sur les plats; au dos, chiffre du comte Riant (Dupré).

4237. **Campeggi** (Ridolfo). Il Tancredi, Tragedia..... (*Titre front. gravé.*) Au dernier fnc., recto : Bologna, Appresso Bart. Cochi, 1614. 1 vol. in-4, rel. vél.

4238. **Campelli** (Bernardin). Gervsalemme cattiva. Tragedia..... Venetia, M DC XXIII..... Apresso C. Tomasini. 1 vol. in-4, br. (titre front. gravé).

4239. **Caviceo** (Jacques). Il peregrino di M. Iaco||bo Caviceo da Par||ma nvovamente || revisto. || M.D.XXXIII. || *S. l. n. typ.* 1 vol. in-8 de 279 ff., 1 fnc. blanc, rel. mar., fil. et orn. sur les plats (ancienne reliure).

Jacques Caviceo (1443-1511) publia la première édition de son célèbre roman en 1526, à Venise, chez Helisabetta di Rusconi & Nicolo Zoppino. Cet ouvrage eut immédiatement un très grand succès et les premières éditions en sont rares. La nôtre nous paraît avoir été également imprimée à Venise.

4240. **Cervantès** (Miguel de). Persilès et Sigismonde, ou les pélerins du Nord. Traduit de l'espagnol par *H. Bouchon Dubournial*. Nouvelle édition. Paris, Mequignon-Marvis, 1822. 2 vol. grand in-8, d.-rel. chag. r., coins, tête dor., non rogn.

Un des plus attachants et peut-être le meilleur des ouvrages de Cervantès.

4241. **Ceuli** (T.). L' Oriente conqvistato. Poema Heroico di Tiberio Cevli. Dedicato all' Altezza Ser^{ma} del Sig. Duca Gio Federico di Bransvich e Lvnebvrgh. In Roma, Per Filippo Maria Mancini, M DC LXXII. (*Titre gravé et encadré.*) In-12 de 6 ffnc., 431 (1) pp., 1 fnc., rel. mar. rouge, fil. sur les plats, tr. dor., dent. int.; au dos, chiffre du comte Riant. (Dupré).

4342. **Grandi** (Ascanio). Il Tancredi, poema heroico..... con gli argomenti del Sig. Givlio Cesare Grandi, fratello dell' Auttore..... In Lecce M DC XXXII. Appresso Pietro Micheli Borgognone. 1 vol. in-4, rel. vél.

Beau titre frontispice gravé et encadré; dans l'encadrement se trouvent les portraits d'*Ascanio Grandi* et de *Carlo Emanuel*, duc de Savoie, à qui l'ouvrage est dédié.

4243. **Grossi** (Tommaso). I. Lombardi alla prima crociata. Canti quindici. Milano, Presso Vincenzo Ferrario, 1826. 2 fascic. en 1 vol. in-8, d.-rel. mar. bleu, plats toile, tête lim., non rogn ; au dos, chiffre du comte Riant.

4244. **Grossi**. Sui primi cinque canti dei Lombardi alla prima crociata di Tommaso Grossi ; Ragionamento di Don Libero..., e pubblicato da Don Sincero. Milano, Rusconi, 1826. — Don Libero. Secondo ragionamento..... pubblicato da Don Sincero. Milano, 1826.— Sonetto di mastro Soppiattone poeta romantico e professore emerito di furberia letteraria sulla Leggenda dei Lombardi alla prima crociata... Milano, Manini, 1826. — Sonetto secondo...

ed argomenti in ottava rima. Milano, Manini, 1826. — Sonetto terzo..... Milano, Manini, 1826. — Congratulazione di Ambrogio Mangiagalli al suo amico Tommaso Grossi..... Milano, Cavalletti, 1826. — Lettera del professore Don Ironico..... Milano, Agnelli, 1826. — Giudizio dell' Antologia di Firenze..... Milano, Stella, 1826. — Su la critega del sciur Don Liber sestinn improvvisaa de Don Giustin tegnuu a ment da on amis só de lú per nom Flonflon. Milan, Malatesta, 1826. — I Lombardi..... Pensieri del Lombardo E. D. Milano, Manini, 1826. — Rimm improvvisaa sui Lombard a la prima crociada del scior Gross..... Milan, Manin, 1826. — Cartello di sfida che un imparziale senza Don invia a Don Sincero..... Milano, Agnelli, 1826. — ..... et 10 autres opuscules relatifs au poème de T. Grossi. Ensemble 1 vol. in-8, d.-rel. mar. rouge, tr. lim.; au dos, chiffre du comte Riant.

4245. Het leven van Walter van Montbarry, groot-meister van de Orde der Tempelieren. (Huit het Hoogduitsch). In den Haage, by J. C. Leeuwestijn, 1802. 2 vol. in-8, cart., non rogn.

4246. **Lope de Vega.** Ierusalen conquistada, epopeya tragica. De Lope Felis de Vega Carpio..... ala Magestad de Felipe Hermenegildo Primo deste nombre, y Tercero del Primo..... En Barcelona. Año M.DC.IX. A costa de Raphael Nogues Librero. *In fine* : En la Emprenta de Gabriel Graells y Giraldo Dotil. Any 1609. In-16, rel. mar. rouge, tr. dor., dent. int., fil. sur les plats; au dos, chiffre du comte Riant (Dupré).

Première édition d'un poème en 20 livres sur la croisade de Richard Cœur-de-Lion, qui se termine par la captivité de ce prince.

— *Le même.* En Madrid, en la imprenta de Iuan de la Cuesta, Año de M DC IX. 1 vol. in-4, rel. parch.

Exemplaire incomplet, dont plusieurs ff. sont refaits à la main.

4247. **Nozzolini** (Tolomeo). La Sardigna ricvperata, Del Reuerendo M. Tolomeo Nozzolini. Alla nobiltà Pisana. (*Marque typ.*) In Firēze, per Fr$\bar{a}$co. Onofri 1635. In-4, d.-rel. parch., avec coins.

Nozzolini a célébré dans ce poème en 18 chants la guerre de Sardaigne, faite par les Pisans, sous les ordres de Gualtiero Lanfranchi, contre le roi sarrasin Musatto, roi de Sardaigne et de Corse.

4248. Reyse naer't Heylige Land, gedaen door Malherus, die door de Turken gevangen, van Discreta syne Vrauwe verlost word. Treur-spel. Voor den tweeden keer in Druk gegeven. Tot Ipre, by T. F. Walwein..... Petit in-8, rel. mar. tête de nègre, tr. n. rogn. et dor., dent. int. (Chambolle-Duru).

4249. Seghelijn van Jherusalem, naar het Berlijnsche handschrift en den ouden druk..... uitgegeven van *J. Verdam.* Leiden, Brill, 1878. In-8, rel. toile, couvert.

4250. **Torelli** (Pomponio). Il Tancredi Tragedia di Pomponio Torelli Conte di Montechiarugolo, Nell' Academia de' Sig. Innominati di Parma il Perdvto.

Con privilegio. (*Armes du duc d'Urbino*). In Parma, per Erasmo Viotti, M.D.XCVII. Con licenza de' Superiori. Petit in-4 de 4 ffnc., 55(1) pp., rel. mar. rouge, tr. dor., plats à compartiments (rel. anc.).

4251. *Le même*. Nuovamente pubblicata per cura di *Licurgo Cappelletti*. Bologna, presso Gaetano Romagnoli, 1875. In-8, br.

<blockquote>Cette tragédie de Torelli (1539-1608) est considérée comme une des meilleures de l'ancienne littérature italienne. L'édition originale de 1597 était devenue fort rare, aussi *L. Cappelletti* a-t-il jugé à propos de la réimprimer en y ajoutant une notice sur l'auteur dans le « Scelta di curiosità letterare inedite o rare » (tirage à 206 exemplaires).</blockquote>

4252. **Verulam**. Die besondern Avanturen Ludwigs, Grafens von Gleichen, wie derselbe in einem Creutz=Zuge nach dem gelobten Lande unter die Saracenen als ein Gefangener gerathen, durch eine Saracenerin aus der Gefangenschafft errettet, und bey seiner ersten Gemahlin wieder in Teutschland ankommen, auch mit beyden in Ehestand bis ans Ende blieben. In einer anmuthigen und lehrreichen Geschichte beschrieben..... Schneeberg, Carl Wilh. Fulden, 1730. Petit in-8, front., rel. vél., tr. r.

4253. [**Voltaire**]. Tancrede, tragédie, en vers croisés, et en cinq actes; représentée par les Comédiens Français ordinaires du Roi, le 3 Septembre 1760. Paris, Prault, 1761. 1 vol. in-8, rel. veau (aux armes), portrait de Voltaire.

4254. **Zinano** (Gabriele). L'Eracleide... Al inuittissimo... Don Filippo IIII... Rè di Spagna... Per il Deuchino. Con licenza, e Priuil. In Venetia, M DCXXIII. (*Titre front. grav.*) 1 vol. in-4, rel. parch.

<blockquote>Le bas du titre est coupé, mais sans que cela atteigne la gravure.</blockquote>

4255. **Bertolotti** (Davide). Tragedie, dall' autore in parte rifatte e per la prima volta insieme unite. Milano, Giov. Silvestri, 1832. 1 vol. in-12, rel. toile, couv., avec portrait de l'auteur. — *Du même* : I crociati a Damasco, tragedia. Milano, 1829. 1 vol. in-8, rel. toile, couv.

<blockquote>Le premier ouvrage comprend les tragédies de *Tancredi, Ines de Castro, I Crociati a Damasco, Irene*, chacune ayant sa pagination particulière. Le second volume est l'édition originale.</blockquote>

— **Briz** (Francesch Pelay). La Orientada, poema. Barcelona, Roca y Bros, 1887. 1 vol. in-8, rel. toile, couv., non rogn. — **Collovati** (Antonio). Il Crociato. Padova, Coi Tipi della Minerva, 1839. Plaq. in-8, d.-rel. veau, tête peigne, non rogn.; au dos, chiffre du comte Riant.

4256. **Girardi** (Lui Alfonso). Liriche. Torino, Cotta, 1858. — J crociati di Danimarca canti XII. Venezia, Cecchini, 1846. 2 vol. in-12, rel. toile, non rogn. — **Guerria** (G.). Il Crociato e Teresa. Dramma in due parti e quattro quadri. Estr. dal *Florilegio drammatico*, anno II, fasc. 70, 1845. In-12, cart. couv. — **Roncaglia** (Emilio). Gli Italiani in Oriente, canti quattordici. Firenze, F. Le Monnier, 1857. In-12, d.-rel. chag., tête lim., non rogn.; au dos, chiffre du comte Riant. — **Royer** (A.) & **Vaëz** (G.). Gerusalemme, opera in quattro atti..... musica del maestro cav. Giuseppe Verdi, traduzione di *Calisto Bassi*..... Milano, G. Ricordi, s. d. — **Rossi** (Gaetano). Il Crociato in Egitto melo-dramma eroico..... Musica del Sig. Maestro Giacomo Meyerbeer..... Venezia, Casali, 1827. Ensemble 1 vol. in-12, d.-rel. veau, tête lim.; au dos, chiffre du comte Riant. — **Sedaine** (J.). Richard Cœur de lion, comédie en trois actes en prose et en vers..... Paris, Brunet, 1786. In-8, d.-rel. bas. noire.

4257. **Achille** (Aless. d'). Discorso letto il di 6 Luglio 1861 nella sala dell' Accademia della Concezione..... Roma, Menicanti, 1864. In-8, rel. toile. — [**Blocqueville** (M^{ise} Davoût d'Eckmühl de)]. Chrétienne et Musulman, par l'auteur de Perdita. Paris, Dentu, 1861. — Perdita par ××××× Paris, 1859. Ensemble 2 vol. in-12 et in-8, rel. toile, avec hommage autog. de l'auteur. — **Canale** (Giovanni). Amatvnta..... Venetia, Zaccaria Conzatti, MDC LXXXI. In-12, rel. parch. — **Cummins** (Miss Maria S.). La rose du Liban (El Fureidis). Traduit par *Ch. Bernard Derosne*. Paris, Hachette, s. d. — **Devoille**. Les Croisés. Deuxième édition. Paris, Libr. d'éduc., s. d. 2 vol. in-12, rel. toile. — Provisori Veneti Lycei-convictus... [*Poésies, en l'honneur d'Al. dalla Vecchia, l'une d'elles a pour titre :* « Morte della crociata »]. S. l. n. typ. 1856. In-4, cart. — **Riccoboni** (Mme). Histoire de Christine, reine de Suabe et celle d'Aloïse de Livarot. Paris, 1788. 1 vol. in-8, rel. veau. — **Scott** (Sir Walter). Count Robert of Paris. Edinburgh, Black, 1887. 1 vol. in-8, cart. édit. — **Stigand** (William). Athenaïs or the first Crusade..... London, Edw. Moxon, 1866. In-8, cart. perc. r. — **A. R. et C. R.** Première Croisade. Extr. de la *Revue de la Suisse cath.*, XII, 1880. In-8, cart. Ensemble 10 vol. ou plaq.

TORQUATO TASSO

4258. Opere di Torquato Tasso colle controversie sopra la Gerusalemme liberata divise in sei Tomi. Firenze, Tartini e Franchi, 1724. 6 vol. in-4, rel. vél. bl. ital.

Édition publiée par les soins de *J. G. Bottari* et de l'Académie della Crusca.

4259. La Giervsalemme liberata, overo il Goffredo..... con gli Argomenti del Sig. Oratio Ariosti... Parma, Erasmo Viotto, M.D.LXXXI. Petit in-4 de 4 ffnc., 242 pp., 21 ffnc., rel. vél.

La première édition complète de la Jérusalem délivrée est de 1580; l'année précédente les quatre premiers chants seuls avaient paru.

4260. Giervsalemme liberata..... con gli Argomenti del Sig. Horatio Ariosti..... Ferrara, Appresso Domenico Mammarelli, e Giulio Cesare Cagnacini, 1582. In-12 de 10 ffnc., 576 pp., 6 ffnc. rel. veau f. — Il Goffredo overo Gierusalemme liberata..... con gli Argomenti..... del Signor Horatio Ariosti... Venetia, Gio. Battista Ciotti, 1599. In-12 de 12 ffnc., 576 pp., 12 ffnc. (le dernier blanc manque), rel. vél.

4261. La Giervsalemme liberata...., con le Figure di Bernardo Castello; e le Annotationi di Scipio Gentili, e di Giulio Gvastavini. In Genova, M.D.LXXXX. *In fine* : In Genova, Appresso Girolamo Bartoli 1590. 1 vol. in-4 de 255(1)-71(1)-40 pp., 4 ffnc., rel. veau fauve.

Très bel exemplaire d'une édition rare et recherchée. Le titre-frontispice et les dessins de Castelli ont été gravés par *Agostino Carracci*. Notre exemplaire porte, en marge des « Annotatione » de Gentili et de Guastavini, de nombreuses notes manuscrites que, d'après la comparaison des écritures, un des précédents possesseurs du livre ne craint pas d'attribuer à Torquato Tasso lui-même; dans tous les cas, elles sont d'un littérateur distingué, connaissant remarquablement bien le poème.

4262. Di Gervsalemme conqvistata. . libri XXIIII. In Parigi, Appresso Abel L'Angelier... M.D.LCXV (*1595*). In-12 de 12 ffnc. (deux blancs), 361 ff. chif., 3 ffnc., rel. vél.

Édition rare, car elle a été supprimée par arrêt du Parlement comme contenant, Chant XX, Stances 75-77, des idées contraires à l'autorité du Roi. (Cf. n° 4264.)

4263. La Giervsalemme..... con gli Argomenti del Sig. Gio: Vincenzo Imperiale, figurata da Bernardo Castello. Stampata per Giuseppe Pauoni. In Genoua, 1604. (Titre front. gravé). In-12, rel. mar. brun, plats à compart., tr. dor., dos orné. (Thompson.)

Les planches de Castello ne sont pas gravées d'après les mêmes dessins que l'édition de 1590, n° 4261.

4264. Di Gervsalemme conqvistata..... libri XXIIII. In Parigi, Appresso Abel L'Angelier..... M.D.CXV. In-12, rel. veau f.

D'après l'édition d'Ingegneri. Réimpression de l'édition supprimée de 1595.

— Il Goffredo overo la Giervsalemme liberata... col commento del Beni... In Padoua per Francesco Bolzetta l'Anno M.DC.XVI. In-4, rel. vél.

4265. La Gervsalemme liberata..... Con gli Argomenti a ciascun Canto di Bartolomeo Barbato, con le Annotationi di Scipio Gentile, e di Giulio Guastauino. Padova, P. P. Tozzi, M DC XXVIII. In-4, rel. vél. [Titre encadré et 20 pl.] — La Gervsalemme liberata..... Con la vita di lui [da *Guido Casoni*]. Con gli Argomenti à ciascun Canto di Bartolomeo Barbato; con le Figvre di Rame a ciascun Canto. In Venetia, per Stefano Cvrti, s. d. (Titre front.), rel. vél., 20 pl.

Cf. n° 4261. Les gravures de l'édition de Venise, quoique pareilles à celles de l'édition de 1628, sont meilleures.

4266. Il Goffredo overo Gierusalemme liberata..... Con gli Argomenti, e con l'Allegoria..... Roma, Appresso Guglielmo Facciotti. 1632. Ad instanza di Pompilio Totti. In-12, rel. vél., tr. dor., front. et pl.

Édition peu commune, imprimée en caractères microscopiques.

4267. Il Goffredo overo Gierusalemme liberata..... Con gli Argomenti del Signor Horatio Ariosti : Aggiantovi i cinque canti del Camillo Camilli. MDCLII. (*Amsterdam, Elzevier.*) In-12 de 436-239(1)-186 pp., rel. vél.

Rare édition elzévirienne.

4268. La Gerusalemme liberata..... con l'Allegoria....'. gli Argomenti del Sig. Oratio Ariosti..... Adornata di bellissime Figure in Rame [d'après *Séb. Le Clerc*]. In Parigi, Apppresso Tomaso Jolly, 1698. 2 tomes en 1 vol. in-32, rel. veau, tr dor., dos orné (Féchoz-Letouzey).

4269. La Gerusalemme liberata..... con le figure di Giambatista Piazzetta. Venezia, G. Albrizzi, MDCCXLV. In-fol., d.-rel. veau rac., tr. lim.; au dos, chiffre du comte Riant.

<blockquote>Magnifique édition, ornée d'un frontispice, du portrait de l'impératrice Marie-Thérèse, de 21 planches et d'une cinquantaine de figures dans le texte, d'une remarquable exécution.</blockquote>

4270. Il Goffredo, ovvero Gerusalemme liberata...., nuova edizione arricchita di figure in rame e d' annotazioni colla vita dell' autore. In Venezia, MDCCLX. Presso Antonio Groppo. 2 vol. in-8, rel. mar. rouge, orn. sur les plats.

<blockquote>Cette édition est très estimée tant par la correction du texte que par les remarquables illustrations, les 20 planches sont de *Castello*. d'après l'édition de 1617, les autres gravures, au nombre de 101, sont de *P. A. Novelli*.</blockquote>

4271. La Gerusalemme liberata..... Parigi, M.DCC.LXXVI. Appresso Delalain. 2 vol. in-12, rel. veau marb., tr. dor. Titre dessiné par *Moreau le jeune*; au tome I, front. de *Cochin*. — Il Goffredo..... con gli Argomenti del signor Gio: Vincenzo Imperiale. In Padova, nella stamperia del Seminario, Appresso Gio: Manfrè. MDCCLXXVII. In-12, rel. veau, tr. r.; au dos, chiffre du comte Riant. 20 planches sur cuivre. — La Gerusalemme liberata. Londra, MDCCLXXXIII. 2 tomes en 1 vol. in-12, rel. vél., tr. r. [Édition en fins caractères]. — La Gerusalemme liberata..... In Parigi, si vende da Cazin..... MDCCLXXXV. 2 vol. in-12, br.

4272. Gerusalemme liberata..... Venezia, Presso Antonio Zatta e figli, MDCCLXXXVII. 2 vol. in-8, rel. veau, tr. rouge.

<blockquote>Cette édition de 1787 forme les tomes 28 et 29 du « Parnasso Italiano » de *Rubbi*; elle est ornée de jolies vignettes de *Valle*. Les deux volumes sont enfermés chacun dans un étui en basane fauve.</blockquote>

4273. La Gerusalemme liberata... Parma, nel regal palazzo, MDCCXCIV. Co' tipi Bodoniani. 2 tomes en 1 vol. grand in-4, d.-rel. mar. f., coins, **tête** dor., non rogn.; au dos, chiffre du comte Riant.

<blockquote>Magnifique édition, l'une des quatre publiées par le célèbre imprimeur Bodoni, dédiée à Charles IV, roi d'Espagne, empereur des Indes. Elle n'est pas moins remarquable par l'excellence du texte que par l'exécution typographique.</blockquote>

4274. La Gerusalemme liberata..... Pisa, dalla tipografia della società literaria. MDCCCVII. 2 vol. grand in-4, d.-rel. chag. viol., coins, tr. dor.; au dos, chiffre du comte Riant.

<blockquote>Belle édition dédiée à Joseph Napoléon, roi de Naples, par *Giovanni Rosini*, avec un portrait de Tasso, dessiné par *P. Ermini* et gravé par *R. Morghen*.</blockquote>

4275. La Gerusalemme liberata..... pubblicata da *A. Buttura*. Parigi, Lefevre, M D CCC XX (*imp. chez P. Didot*). 4 vol. in-32, rel. mar. viol., plats ornés, tr. dor. — Canti IV, IX e XII della Gerusalemme liberata..... che fanno seguito al primo abbozo del poema che si conserva nella Vaticana... Roma, tip. della pace, 1877. In-12, rel. toile, couv. — Stanze celte de la Gerusalemme liberata annotate e collegate..... ad uso de le Scuole..... da *G. Mazzantini* e *G. Padovan*. Torino, Loescher, 1885. In-8, rel. toile, couv.

4276. Il Goffredo..... Trauestito alla Rustica Bergamasca da Carlo Assonica..... Venetia, Appresso Nicolò Pezzana, M.DC.LXX. 1 vol. in-4, rel. veau marb., tr. r.; au dos, chiffre du comte Riant.

4277. La Gerusalemme liberata..... trasportata in lingua Calabrese in ottava Rima in questa prima edizione di Carlo Cusentino..... Cosenza, M D CC XXXVII. In-4, d.-rel. veau rac., tête rouge; au dos, chiffre du comte Riant.

4278. Ra Gerusalemme deliverâ dro Signor Torquato Tasso tradûta da diversi in Lengua Zeneize. In Zena, In ra Stamparia de Bernardo Tarigo, *s. d.* (1755). In-fol. de 2 ffnc., 289(1) pp., 1 fnc., d.-rel. toile.

Première édition de cette traduction en dialecte génois faite par six traducteurs, *Steva de Franchi, Ambroeuxo Conti, Gaetan Gallin, Toso Paolo, Giacomo Guidi, Zan'Agostin Gastaldi*.

4279. Sofronia e Olindo, episodio della Gerusalemme liberata di Torquato Tasso tradotto in dialetto lodigiano dal..... *Francesco de Lemene*, prima pubblicazione per cura di *Cesare Vignati*. Milano, Cl. Wilmant, 1852. (*Per Nozze*). In-4, cart. (édit.), texte et titre encadré.

4280. La Gerusalemme liberata travestita en lingua milanesa a Sua Eccellenza Carlo, Conte, e Signore di Firmian..... In Milano, M D CC LXXIII Appresso Gio. Batista Bianchi..... 2 vol. grand in-4, d.-rel. toile.

Cette traduction est due à *Domenico Balestrieri* qui a employé 17 ans à la mener à bien.

4281. Lo Tasso napoletano; zoe a Gierosalemme libberata de lo Sio Torquato Tasso votata a llengua nosta da Grabiele Fasano de sta Cetate: e dda lo stisso apprensata a la llostrissima nobelta Nnapoletana (*Blason*). Napole, Li 15 Abrile 1689. a la Stamparia de Jacovo Raillardo..... In-4, rel. veau, tête rouge, non rogn.; au dos, chiffre du comte Riant.

Édition ornée d'un frontispice remonté et de 20 planches d'après les dessins de *Castelli*.

4282. *Le même*, rel. bas. mouchetée.

Exemplaire légèrement taché et plus rogné que le précédent. En revanche, les gravures d'après Castelli sont infiniment supérieures comme tirage et ne portent pas, dans le fond à gauche, l'indication du chant auquel elles se rapportent.

4283. La Giervsalemme libberata..... votata a lengua Napoletana da Gabriele Fasano. A Nap.[oli]. Per Mechele Loise Muzio, 1706. In-12, rel. vél.

4284. El Goffredo del Tasso canta' alla barcariola dal dottor Tomaso Mondini..... In Venetia, M DC XCIII. Per il Lovisa à Rialto. Petit in-4, rel. vél., front., et 20 pl.

4285. El Goffredo..... canta' alla Barcariola dal dottor Tomaso Mondini..... In Venezia, M D CC XXVIII. Per Domenico Lovisa à Rialto. In-4, rel. veau. — El Goffredo del Tasso canta a la barcariola del dottor *Tomaso Mondini* co i argomenti a ogni canto d'un incerto autor. Venezia, 1840. [Portrait du Tasse.] In-8, rel. toile.

> Cette traduction en dialecte vénitien, publiée pour la première fois à Venise en 1693 a été fort appréciée car, jusqu'en 1840, il n'y a pas eu moins de six éditions. L'édition de 1840 est accompagnée d'un dictionnaire des mots de dialecte vénitien employés dans la traduction.

4286. Gottfried von Bullion, oder das Erlösete Jerusalem. Erst von dem..... Torquato Tasso in Welscher Sprache beschrieben vnd nun in Deutsche Heroische Poesie Gesetzwelse..... Getruckt zu Franckfurt am Mayn, in Verlegung Daniels vnd Davids Aubrj vnd Clemens Schleichen Anno M DC XXVI. In-4, rel. vél., front. et 21 excellentes grav. sur acier.

> Première traduction allemande due à *Werdter*, avec les gravures en taille-douce de *Roman*.

4287. Befreites Jerusalem übersetzt von *J. D. Gries*. Sechste Auflage. Leipzig, Weidmann, 1844. 2 tomes en 1 vol. in-16, d.-rel. bas. — Befreites Jerusalem. Uebersetzt von *Duttenhofer*. Berlin, Hofmann, 1854. 2 tomes en 1 vol. in-12, rel. toile, couv., non rogn.

4288. Godfrey of Bovlogne or the Recouerie of Jervsalem. Done into English Heroicall verse, by Edward Fairefax Gent. and now the second time Imprinted..... together with the life of the said Godfrey. London, Printed by John Bill, 1624. (Titre encadré.) 1 vol. in-4, d.-rel. veau fauve, tr. dor., ornements sur les plats (Remarquable reliure au petit fer du xviie siècle).

> Cette traduction passe pour la meilleure qui existe dans quelque langue que ce soit. Elle a paru pour la première fois en 1600 dans le format in-fol.

4289. Jerusalem delivered..... translated by John Hoole. The eighth edition with notes. London, 1803. 2 vol. in-8, rel. cuir de Russie, pl. — Jerusalem delivered : translated from the Italian..... by John Hoole. First American, from the eighth London edition with notes. Newburyport and Exeter, 1810. 2 vol. in-8, rel. toile, pl.

4290. Translations from the Jerusalem delivered of Tasso, with various original poems, &c., &c. by the Author. London, C. Roworth, 1813. In-8, cart.

> Les auteurs de Bibliographies du Tasse n'ont pas connu cette traduction anglaise des amours de Renaud et d'Armide. Notre exemplaire porte de nombreuses corrections à la main.

4291. The Jerusalem delivered... translated into english spenserian verse, with a life of the autor, by *J. H. Written*. Third edition. London, Longman,

M.DCCC.XXX. 2 tomes en 1 vol. in-2, d.-rel. veau, coins, dos orné. Portrait du Tasse et vignettes sur acier. — The Jerusalem delivered..... translated by *Alex. Cuningham Robertson*. With an Appendix. Edinburgh and London, 1853. In-8, rel. toile (édit.). — The Jerusalem delivered... translated into english spenserian verse..... by *J. H. Written*. Fifth edition with twenty-four engravings on wood by *Thurston*, and eight engravings on steel. London, Bohn, 1857. In-8, rel. toile (édit.). — Jerusalem delivered translated in the metre of the original by *Charles Lesingham*. Second edition, privately printed. London, Barrett & sons, Printers, 1874. In-8, rel. toile (édit.).

4292. Iervsalem libertada..... traduzido al sentido de lengua Toscana en Castellana por Iuan Sedeño..... En Madrid por Pedro Madrigal. 1587. A costa de Esteuan y Francisco Bogia. In-8 de 8 ffnc., 341 ff. chif., 18 ffnc. (le dernier blanc), rel. veau f., dos orné.

4293. La Jerusalem libertada..... puesta en verso castellano..... por el *Teniente General Marques de La Pezuela*..... Se imprime del orden de S. M. Madrid, por Aguado, 1855. 2 vol. in-fol., d.-rel. chag. rouge, tête dor., non rogn., couv.

4294. La Jerusalen libertada : de Torcuato Tasso. Trasladada al castellano de la traduccion francesa hecha en prosa en 1774..... por Don *Antonio Azquierdo de Wasteren*. Madrid : D. Tomàs Jordan, 1832. 2 vol. in-16, rel. veau, pl.

4295. La Delivrance ‖ de Hiervsalem ‖ mise en vers François, de ‖ l' Italien de Torquato Tasso ‖ Par Jean dv Vignav ‖ Sʳ de Vvarmont Bourdelois ‖ A Monseignevr ‖ le prince de Conty. ‖ Auec priuilege ‖ du Roy. ‖ A Paris, ‖ Chez mathieu guillemot. ‖ au pallais en la gallerie ‖ par ou l'on va à la ‖ Chancellerie. *In fine* : Achevé d'imprimer le 9. Juillet. 1595. In-12 de 3 ffnc., dont le titre-front. gravé, 259 ff. chif., 9 ffnc., rel. mar. rouge, tr. dor., fil. sur les plats, dent. int.; au dos, chiffre du comte Riant (Dupré).

Première et rarissime traduction française de la Jérusalem délivrée.

4296. La Hiervsalem dv sievr Torqvato Tasso, Rendüe Françoise par Blaise de Vigenere Bourbonnois (*Portrait de Tasso*). A Paris, chez Abel L'Angelier... CIƆ. IƆ. XCIX. 1 vol. in-8 de 18 ffnc., 658 pp., rel. mar. rouge, fil. sur les plats, tr. dor., dent. int.; au dos, chiffre du comte Riant (Dupré).

4297. La Hiervsalem dv Seignevr Torqvato Tasso. Rendüe Françoise par Blaise de Vigenere Bourbonnois. A Paris, De l'Imprimerie d'Anthoine Dv Brveil..... MDCX. In-8, rel. vél.

4298. La Hiervsalem Deliurée dv Tasse. A Paris, chez Denis Thierry..... 1671. 2 vol. in-16, rel. veau, ex-libris de M. des Casaux. Titre front. gravé et planches.

Jolie édition dont chaque chant est orné d'une gravure de *Séb. Le Clerc*. La traduction en vers est de *V. Sablon*.

LITTÉRATURE 481

4299. La Hiervsalem delivrée, poëme..... tradvit en vers françois par M. Le Clerc..... A Paris, chez Clavde Barbin, M DC LXVII. In-4, rel. veau marbr., tr. r.; au dos, chiffre du comte Riant.

Cette traduction ne comprend que les 5 premiers chants; elle est ornée d'un frontispice et de 5 planches par *F. Chayeau*. Le texte italien se trouve en manchettes.

4300. *Le même* : rel. veau (anc. rel. fatiguée).

Le titre seul diffère de l'édition précédente, car il ne comprend pas avant la mention « A Paris » la marque de Barbin avec la devise *Gloire à Dieu seul*. Il manque à cet exemplaire la planche du Chant Ier, placée à la suite du privilège ; mais il est moins rogné que le précédent.

4301. Chant XVI de la Jérusalem Délivrée, mis en vers par un jeune homme de cette ville. A Dijon, chez Louis Hucherot, M.DCC.LXI. In-8 de 20 pp., rel. vél. — Jérusalem délivrée... Nouvelle traduction. Londres [*Cazin*], M D CC LXXX. 2 vol. in-16, rel. veau, tr. dor. Au tome 1, front. dessiné par *Desrays*. — [La Jérusalem délivrée, ou] Cours de langue italienne; à l'aide duquel on peut apprendre cette langue chez soi, sans maître... par M. *Luneau de Boisjermain*. Paris, chez l'Auteur, 1783-1784. 3 vol. in-8, rel. vél.

4302. Jérusalem délivrée..... traduit de l'italien. Nouvelle édition..... enrichie de la vie du Tasse, ornée de son portrait et de vingt belles gravures. Paris, Bossange, An XI-M.DCCCIII. 2 vol. in-8, rel. veau.

La traduction est de *Lebrun*, les gravures sont de Le Barbier. Sur les plats des deux volumes se trouvent l'aigle impériale et l'indication « Fontainebleau » en or. Cet exemplaire provient de la bibliothèque de Fontainebleau et avait été emporté par l'Empereur pendant son séjour à l'île d'Elbe, puis donné par lui au médecin de l'île qui avait favorisé son retour en France. On a joint à cet exemplaire une lettre explicative du libraire italien H. F. Münster, de Florence.

3303. Jérusalem délivrée. Traduction nouvelle en vers français, strophe pour strophe, pas un vers de plus, pas un vers de moins; par *Louis Bourlier*, de Laval. Paris, 1838. In-12, d.-rel. chag. r., tête lim., non rogn.; au dos, chiffre du comte Riant. — Jérusalem délivrée, nouvelle traduction, avec la vie du Tasse et des notes historiques... par M. *A. Mazuy*. Paris, Knab, M D CCC XXXVIII. In-8, d.-rel. chag. n., 20 vignettes gr. sur bois. — La Jérusalem délivrée, traduction nouvelle en prose, par M. *Philippon de La Madelaine*, augmentée d'une description de Jérusalem, par M. *de Lamartine*. Édition illustrée par MM. *Baron* et *C. Nanteuil*. Paris, Mallet, 1841. In-8, d.-rel. veau, coins. — La Jérusalem délivrée suivie de l'Aminte, Traduction nouvelle par *Auguste Desplaces*. Paris, Charpentier, 1845. In-12, rel. toile.

4304. Scipii Gentilis Solymeidos libri dvo priores de Torqvati Tassi Italicis expressis. Venetiis, Apud Altobellum Salicatium, 1585..... Petit in-4 de 26 ff. chif. [il manque le cahier B], rel. vél. Ex-libris du marquis de Morante.

4305. Hierosolyma vindicata seu Heroicvm Poema Torqvati Tassi Epico Carmine donatum ab Adm. R. D. Hieronymo de Placentinis Foroliviensi ;..... Forolivii, Typis Josephi Siluæ, M DC LXXIII. In-12, rel. vél. — Bullioneidos, sive Hierusalem liberata Torquati Tassi Heroico Carmine donata ab Adm. R. D. Dominico De Zannis Cremonensi. Cremonæ, Ap. Petrum Ricchini, 1743. Vol. in-12, rel. vél. [Traduction littérale d'un latin très élégant.] — Godefreidos seu Jerusalem liberatæ... latina versio auctore D. *Balthassare Frambaglia.* Taurini, ex typ. Ignatii Soffietti, 1786, 2 vol. in-8, rel. veau.

4306. O Godfredo ou Hiervsalem libertada... Traduzido na Lingua Portugueza... por Andre Rodrigvez de Mattos. Lisboa, Na officina de Migvel Deslandes, M.DC.LXXXII. In-4, rel. vél.

4307. Befriade Jerusalem. Öfversättning af *A. F. Skjöldebrand.* Stockholm, J. Hörberg, 1825. 2 tomes en 1 vol. in-8, d.-rel. chag. r., tr. lim.; au dos, chiffre du comte Riant. — Befriade Jerusalem, öfversatt af *Carl A. Kullberg.* Stockholm, Brudin; tryckt hos E. Westrell, 1860. 2 tomes en 1 vol. in-8, d.-rel. chag., coins.

4308. Di Gervsalemme conqvistata..... Libri XXIIII. Roma, Guglielmo Facciotti, M.D.XCIII. Petit in-4 de 6 ffnc., 290 pp., 1 fnc., rel. vél. [Il manque les pp. 3-4, 5-6.]

4309. Di Gervsalemme conqvistata... Libri XXIIII. Venetia, MDCXXVIII. Appresso Alexandro de' Vecchi. Petit in-4, rel. vél.

Cette édition de 1628 reproduit celle dédiée par A. Ingegniri au cardinal Cinthio Aldobrandini. (Cf. n° précédent.)

4310. Della Gervsalemme conquistata... libri XXIV. Nouellamente ristampati con gli argomenti... del Sig. Battista Massarengo... In Venetia, p Bernardo Giunti & Gio. Battista Ciotti, 1609. (*Titre encadré.*) Très petit in-12, rel. veau f., tr. rouge.

4311. Manoscritti inediti di Torquato Tasso, ed altri pregevoli documenti per servire alla biografia del medesimo posseduti ed illustrati dal *conte Mariano Alberti* e pubblicati con incisioni e fac-simili per cura di *Romualdo Gentilucci.* Lucca, Giusti, 1837. In-fol., rel. toile, 29 pl. de portraits en fac-similés. — Lettere di Torquato Tasso disposte per ordine di tempo ed illustrate da *Cesare Guasti.* Firenze, Le Monnier, 1852-1855. 5 vol. in-12, br. — Costanzo, Torquato, Bernardo Tasso e poetesse del secolo XVI. Venezia, Bernardi, 1816. In-32, rel. toile.

OUVRAGES CONCERNANT LA JÉRUSALEM DÉLIVRÉE

4312. **Tasso** (Torquato). Apologia... in difesa della sva Giervsalemme liberata. Con alcune altre Opere, parte in accusa, parte in defesa dell' Orlando furioso dell' Ariosto, della Gierusalemme istesa, e dell' Amadigi del Tasso Padre...

Ferrara, Appresso G. C. Cagnacini, et Fratelli, 1585. In-16 de 114 ffnc., rel. vél. — *Le même* :... Mantoua, Per Francesco Osana, MDLXXXV. (*Titre rac.*) In-16 de 69 ffnc., 219(1) pp., 1 fnc. (blanc), rel. vél. — Apologia... Aggiontoui la riposta dell' istesso Tasso, al Discorso del Lombardelli... In Ferrara, ad instāza di G. Vasalini, 1586. In-16 de 8 ffnc., 227(1) pp. — Risposta... alla lettera di Bastian Rossi... con un discorso sopra il parere fatto dal Sig. Franc. Patrizio in difesa di Lodouico Ariosto... Ferrara, nella stamp. di Vittorio Baldini, Ad instanza di Giulio Vassalini, 1585. In-16 de 8 ffnc., 117(1) pp., 1 fnc. Ensemble 1 vol. rel. vél. — **Lombardelli** (Orazio). Discorso intorno ai contrasti que si fanno sopra la Giervsalemme liberata di Torqvato Tasso... In Ferrara, ad instanza di Giulio Vassalini, 1586. *In fine* : In Ferrara, Appresso Vittorio Baldini, Stampator Ducale, 1586. In-8, de 156 pp., 2 ffnc. — Risposta del S. Torq. Tasso al discorso del Sig. Oratio Lombardelli Intorno à i contrasti, che si fanno sopra la Gierusalemme liberata. In Ferrara, Per Vittorio Baldini, 1586. In-8 de 31(1) pp., en 1 vol. rel. parch. Ensemble 4 vol. rel. vél. ou parch.

4313. **Alessandro** (Gio. Pietro d'). Dimostratione di luoghi tolti et imitati in piu autori dal Sig. Torquato Tasso nel Golfredo..... raccolti da Gio. Pietro d'Alessandro. Napoli, Appresso Costantino Vitale, 1604. Vol. in-12, rel. vél. — **Fioretti** (Carlo). Considerazioni di Carlo Fioretti da Vernio, intorno a vn discorso di M. Giulio Ottonelli da Fanano sopra ad alcune dispute dietro alla Gierusalèm di Torq. Tasso. Con quella parte d'esso discorso dell' Ottonelli la qual pertiene à questo soggetto, diuisa in 187. particelle, e sotto a ciascuna particella la risposta particolare del detto Fioretti in forma, e ordine di dialogo. In Firenze, Per Antonio Padouani M.D.LXXXVI. Vol. petit in-8 de 157(1) pp., rel. vél. — **Guastavini** (Giulio). Del Sig. Givlio Gvastavini Risposta all' Infarinato Accademico della Crusca Intorno alla Gierusalemme liberata del Sig. Torquato Tasso. In Bergamo, Per Comino Ventura, MDLXXXVIII. Vol. in-8 de 4 ffnc., 88 ff., rel. parch. — *Du même*. Discorsi et annotationi di Givlio Gvastavini sopra la Gierusalemme liberata di Torquato Tasso. In Pavia, Appresso gli Heredi di Gierolamo Bartoli, 1592. 1 vol. in-4 de 7(1), 344, 13(1) pp., 16 ffnc., rel. vél. — **Malatesta** (Porta). Il Rossi o vero del parere sopra alcvne obiettioni, fatte dall' Infarinato Accademico della Crusca intorno alla Gierusalemme liberata del Sig. Torquato Tasso..... In Rimino, Appresso Giouanni Simbeni, 1589. Petit in-8 de 10 ffnc., 110 pp., 1 fnc., rel. vél. Ensemble 5 vol. rel. vél.

4314. **Ottonelli** (Giulio). Discorso..... sopra l' abvso del dire Sva Santità, Sva Maestà, Sva Altezza, Senza nominare il Papa, l' Imperatore, il Principé. Con le difese della Gierusalemme Liberata del Signor Torq. Tasso dall' oppositioni degli Accademici della Crvsca.... In Ferrara, Ad instanza di Giulio Vassalini..... 1586. *In fine* : In Ferrara, Per Vittorio Baldini, Stampator Ducale. Petit in-8 de 12 ffnc., 175(1) pp., rel. vél. — **Patrici** (Francesco).

Della poetica..... la Deca disputata nella qvale..... si mostra la falsità delle.... opinione, che di Poetica, a dì nostri vanno intorno. Et vi a aggiunto il Trimerone del medesimo, in risposta alle oppositioni fatte dal signor Torquato Tasso al parer suo scritto in diffesa dell' Ariosto..... Ferrara, per Vittorio Baldini..... 1586. In-4 de 4 ffnc., 250 pp., 4 ffnc., d.-rel. bas. n. — **Rossi** (Bastiano de'). Lettera di..... cognominato lo Inferigno, Accademico della Crusca..... nella qvale si ragiona di Torquato Tasso, del Dialogo dell' epica poesia di Messer Camillo Pellegrino..... (*Marque typ.*) In Firenze, a Stanza degli Accademici della Crusca, 1585. In-16 de 72 pp., d.-rel. bas. n. — [**Salviati** (Lionardo)]. Dello Infarinato Accademico della Crusca Risposta all' apologia di Torqvato Tasso..... In Firenze, Per Carlo Meccoli, e Saluestro Magliani. 1585. Petit in-8 de 8 ffnc., 149(1) pp., 1 fnc., rel. mar. rouge, tr. dor. Ensemble 4 vol.

4315. **Gentili** (Scipio). Annotationi..... sopra la Gierusalemme liberata di Torquato Tasso. In Leida (*en réalité*, Londres), 1586. In-8 de 3 ffnc., 274 pp., 1 fnc., rel. veau, avec armes sur les plats. — **Martinelli** (Bonifacio). Annotationi sopra la Giervsalemme liberata del sig. Torqvato Tasso..... (*Marque typ.*) In Bologna, Per Alessandro Benacci, M D LXXXVII. Petit in-4 de 142 pp., 1 fnc., d.-rel. bas. n. — **Zuccolo** (Vitale). Discorsi..... sopra le cinquanta conclusioni del Sig. Torquato Tasso, di nuovo dati in luce dal Sig. Camillo Abbioso. In Bergamo, Per Comin Ventura M D LXXXVIII. In-4 de 8 ffnc., 104 ff. chif., dérel.

4316. **Birago** (Francesco). Dichiarationi, et Avvertimenti Poetici, Istorici, Politici, Cauallereschi, & Morali. Nella Gerusalemme Conquistata del Signor Torquato Tasso. Milano, Somasco, 1616. 1 vol. petit in-4, rel. parch., titre raccom.

> Birago s'était fait une réputation à la fin du xvie siècle d'arbitre souverain pour trancher les questions chevaleresques sur lesquelles roulent la plupart de ses ouvrages.

4317. **Abriani** (Paolo). Il Vaglio risposte apologetiche all' osservationi del P. Veglia sopra il Goffredo del Sig. Torquato Tasso. Venetia, Per Valvasense, 1662. In-4, rel. toile, non rogn. [Déchirure au bas du titre.] — **Galilée**. Considerazioni al Tasso di Galileo Galilei e discorso di Giuseppe Iseo sopra il poema di M. Torquato Tasso per dimostrazione di alcuni luoghi in diversi Autori da lui felicemente emulati. Venezia, stamp. di Sebast. Valle, 1793. In-12, d.-rel. bas. noire, tr. jasp. [Cette édition a échappé aux recherches de Ferrazzi.] — [**Vagenti** (Paolo)]. Dialogo intorno alla Gerusalemme liberata... con nuove Annotazioni sopra il Canto Primo..... Venezia, Geremia, M D CCXXXVII. In-8, d.-rel. bas. — **Zito** (Mario). La Bilancia critica..... in cui bilanciati alcuni luoghi, notati, come difettosi, nella Gerusalemme Liberata del Tasso, trouansi di giusto peso, secondo le pandette della Lingua Italiana. Venetia, Gonzatti, 1686. In-8, rel. vél.

4318. **Cavedoni** (C.). Osservazioni sopr' alcune carie lezioni della Gerusalemme Liberata di Torquato Tasso. [Extr. des *Mem. d. Rel., Mor.*, *e di Letter.* Modena, 1823.] In-8, cart. — **Carrer** (Luigi). La Gerusalemme liberata e la conquistata, riscontri e considerazioni. Padova, 1828. In-8, rel. toile. — **Colagrosso**. Studij sul Tasso e sul Leopardi. Forli, 1883. In-8 carré, rel. toile, couv. — **Grisy** (A. de). De Torquati Tassi poemate quod inscribitur Gerusalemme Conquistata. (*Thèse.*) Parisiis, E. Thorin, 1868. In-8, rel. toile, couv. — **Guérin** (V.). Considérations générales sur l'épopée, Introduction à une étude sur la Jérusalem délivrée du Tasse. Lyon, Vingtrinier, 1859. In-8. br. — **Mangelli** (Francesco). Della Gerusalemme liberata di Torquato Tasso. Forli, Croppi, 1882. In-8, br. — **Marc-Monnier**. Le Tasse et ses critiques récents. (Extr. de la *Bibl. univ. et Rev. suisse*, 89ème année, 1884.) In-8, cart. — **Mirabella** (Francesco M.). Perchè Irlanda e non già Islanda nella XLIV ottava della Gerusalemme liberata. Bologna, Fava e Garagnani, 1884. In-8, br. — **Ortensio** (Raf. d'). Di Torquato Tasso, del suo secolo e della Gerusalemme. Firenze, Le Monnier, 1874. In-8, cart., couv. — Sechs Darstellungen aus Tasso's Befreitem Jerusalem... entworfen von Peter Von Cornelius. Berlin, Reimer, 1843. Album in-fol., rel. toile. Ensemble 10 vol. ou plaq.

4319. **Ferrazzi** (Giuseppe Jacopo). Torquato Tasso, studi biografici-critici-bibliografici. Bassano, Pozzato, 1880. Vol. in-12, rel. toile. — **Guidi** (Ulysse). Annali delle edizione e delle versioni della Gerusalemme liberata. Bologna, Guidi, 1868. Vol. in-8, rel. toile.

4320. **Serassi** (Abbate Pierantonio). La vita di Torquato Tasso. Roma, Pagliarini, M D CC LXXXV. In-4, rel. vél., fig.

4321. — La vita di Torquato Tasso. Seconda edizione. Bergamo, Locatelli, 1790. 2 tomes in-4 en 1 vol., d.-rel. bas. n., non rogn.

4322. **Manso** (Giambatista). Vita di Torquato Tasso [pub. p. c. di *B. Gamba*]. Venezia, Alvisopoli, 1825. In-12, rel. toile, port. lith. de l'auteur, couv. — [**Charmes** (Jean de)]. La vie du Tasse. Paris, Michallet, M D C X C (portr. de Tasso). In-12, rel. mar. rouge. tr. dor. (anc. rel.).

L'ouvrage de *De Charmes* est un abrégé de Manso.

4323. **Bonaventura da Sorrento** (P. Fra). Torquato Tasso, Appunti e note. Napoli, Accattoncelli, 1872. In-8, cart., couv. — **Campori** (Giuseppe). Torquato Tasso e gli Estensi. III. Le principesse Sorelle. Lucrezia. (Estr. degli *Atti e mem. d. Deputazioni di Storia patria per le Provincie Modenesi e Parmensi.*) Modena, Vincenzi, 1884. 1 pl. in-8, cart., couv. — **Canonici Fachini** (Marchesa Ginevra). Della prigione di Torquato Tasso. Lettera..... al signor Giovanni Monti. Roma, Boulzaler, 1827. In-8, rel. toile. — **Capponi** (Marchese Gaetano). Sulla causa finora ignota delle sventure di Torquato Tasso. Firenze, Pezzati, 1840. 1 vol. in-8, cart. (mouillures). — **Corradi** (Alfonso). Le infermità di Torquato Tasso. Pisa, 1881. [Extr. des *Mem. d. reale Istituto*

Lombardo.] Plaq. in-4, cart. — **Ebert** (Friedrich Adolf). Torquato Tasso's Leben und Charakteristik nac Ginguéné dargestellt. Leipzig, Brockhaus, 1819. In-12, rel. toile. Ensemble 6 vol. ou plaq.

4324. **Giacomazzi** (Stefano). Dialoghi sopra gli amori le prigione le malattie ed il genio di Torquato Tasso. Brescia, Cavalieri, 1827. In-12, rel. toile, port. — **Masinelli** (Antonio). Il Tasso a Castelvetro e la sala dell' antico palazzo. Modena, 1876. In-12, cart. — **Modestino** (Carmine). Della dimora di Torquato Tasso in Napoli negli anni 1588, 1592, 1594. Discorsi tre. In Napoli, dalla Stamperia del Vaglio, 1859. Petit in-4, cart. pap. — **Rosini** (Giovanni). Saggio sugli amori di Torquato Tasso e sulle cause della sua prigionia. Pisa, Niccolò Capurro, 1841. In-8, rel. toile. — **Zanoni** (Enrico). La vita e il genio di Torquato Tasso. Milano, Battezati, 1877. Vol. in-12, br. **Zuccala** (Giovanni). Della vita di Torquato Tasso libri due. Milano, Bocchetto, 1819. In-12, d.-rel. bas., couv. Ensemble 6 vol. ou plaq.

4325. **Anivitti** (V.). Fatto e principio ricordati al monumento del Tasso. Roma, 1857. In-8, cart. — **Borgogno** (Tommaso). Nel ripristinamento della cella di T. Tasso, elogio funebre letto nella chiesa di S. Onofrio di Roma, ed iscrizioni di *Giovanni Torlonia*. [Roma, Piale], 1848. In-8, cart. — **Cardinali** (Luigi). Del Monumento sepolcrale di T. Tasso operato dal cavaliere Giuseppe Fabris. Bologna, 1829. In-8, cart. — **Bucci** (Lorenzo). Oratione fvnerale..... nell'Essequie di Torqvato Tasso. In Ferrara, 1600. Per Vittorio Baldini. (*Titre encadré*). Petit in-4 de 10 ffnc., rel. vél. — **Malespini** (Lorenzo Giacomini Thebalducci). Oratione in lode di Torqvato Tasso Fatta ne l' Accademia degli Alterati..... In Fiorenza, per Filippo Givnti. MDXCVI. Petit in-4 de 40 pp., d.-rel. bas. n. Ensemble 5 vol. ou plaq.

TASSO. — IMITATIONS ET DÉRIVÉS

4326. **Camilli** (Camillo). Cinqve Canti..... aggivnti al Goffredo del sig. Torqvato Tasso. di nuovo reuisti & corretti, con aggiunta de gli Argomenti à ciascun Canto del S. Francesco Melchiori Opitergino. (*Marque typog.*) In Vinegia, Presso Altobello Salicato, M.D.LXXXV. 1 vol. in-4 de 32 ff. chif., rel. vél.

4327. La Gerusalemme liberata o sia il Tasso ridotto in Quattro Sceniche Rapprezentationi da F.N.V. Venezia, Gio: Maria Lazzaroni, MDCCLXXXI-MDCCLXXXII. 4 Parties rel. en 1 vol. in-8, d.-rel. veau tach., tête lim.; au dos, chiffre du comte Riant.

4328. **Oliva** (Domenico Simeone). La Tasseorta per l' anno primo della liberta' nazionale. Poema in quattro canti. Napoli, Luigi Nobile, 1820. In-8, rel. toile, couv.

4329. **Pascale** (Dot. Pietro). La Gerusalemme liberata, tragicommedia sacra..... Napoli, Catello Longobardo, MDCCLXXIX, In-8, rel. parch.

4330. Vera (D. Iuan Antonio de). El Fernando o Sevilla restaurada. Poema heroico escrito con los versos de la Gerusalemme liberata del insigne Torquato Tasso, ofrecido alla Magestad de Filippo IV el grande monarca de España, emperador de las Indias. En Milan, Henrico Estefano, 1632. In-4, rel. parch. Titre gravé avec ornements et encadrement, frontispice et pl. h.-t.

12. Littérature de la Quatrième Croisade.

4331. Caraccio (Antonio). L'Imperio Vendicato, Poema heroico d' Antonio Caraccio, Barone di Corano. Dedicato alla Serenissima Repvblica di Venetia. Con gli Argomenti, e Chiaue dell' Allegoria del Conte Givlio di Montevecchio E con le Dichiarationi historiche del Marchese Gregorio Spada. (*Marque typ.*) In Roma, per Gio: Battista Bussotti. M.DC.LXXIX..... Petit in-4, rel. mar. rouge, dos orné, fil. sur les plats. tr. dor. (ancienne reliure).

4332. — L' Imperio Vendicato..... In Roma, Per Nicolò Angelo Tinassi Stampator Camerale. M.DC.XC. Petit in-4, rel. mar. rouge, dos orné, fil. sur les plats, tr. dor. (ancienne reliure).

<small>Cette seconde édition est complète en 40 chants, alors que la première de 1679 s'arrêtait au 20e; celle de 1690 a également en plus le portrait d'A. Caraccio. L'une et l'autre sont ornées d'un joli frontispice qui porte les signatures *Carol, Marat. Inu.* et *Petr. Sanct. Bartol. sculp.*</small>

4333. Manzano. I tre primi canti del Dandolo, poema heroico dell' Illustre Signor Scipione di Manzano. Con le Annotationi del Signor Nicolò Claricino. Aggiontoui l' argomento del Poema..... (*Marque typ.*) In Venetia MDXCIIII. Appresso Francesco Bariletti. 1 vol. in-8 de 141(1) pp., rel. mar. rouge, dent. int., tr. dor.; au dos, chiffre du comte Riant. (Dupré.)

4334. Marinella (Lucrezia). L' Enrico, overo Bisantio acqvistato. Poema heroico..... In Venetia, MDCXXXV. Appresso Ghirardo Imberti. In-12, rel. mar. tête de nègre, tr. dor., fil. sur les plats, dos orné. (Chambolle-Duru.)

4335. — L' Enrico ovvero Bisancio acquistato. Venezia, Antonelli, 1845. In-8, br., portr. de Lucrezia Marinella.

4336. [**Roux de Rochelle**]. La Byzanciade, poème, par l'auteur des **Trois âges**. Paris, Firmin Didot, 1822. In-8, d.-rel. chag. rouge, tête limaç., non rogn.; au dos, chiffre du comte Riant.

<small>Exemplaire avec envoi de l'auteur à Hyacinthe Didot.</small>

4337. Ziliolo (Alessandro di Giulio). I primi cinqve canti della Constantinopoli Acqvistata. Poema Eroico. Di Alessandro di Givlio Ziliolo. Con licenza de' Superiori, e Priuilegio. (*Fig. sur bois.*) In Venetia, M.DC.XXII. Presso Bernardino Corsi. In-12 de 1 fnc., 130 pp., 1 fnc., rel. mar. rouge, fil. sur les plats, tr. dor., dent. int.; au dos, chiffre du comte Riant. (Chambolle-Duru.)

> *Ziliolo*, qui avait commencé ce poème dans sa jeunesse et ne l'a pas achevé, s'est depuis fait un nom comme historien par son ouvrage « Istorie memorabili de' suoi tempi », dont il donna la première édition en 1642.

4338. **Basso** (Luigi). Brano del carme Dandolo ossia la presa di Costantinopoli. Padova, Prosperini, 1859. In-8, rel. toile. (*Per Nozze*.) — **Cagliari** (P.). Enrico Dandolo all' assalto di Costantinopoli. Verona, P. M. Zanchi, 1862. In-8, rel. rel. toile, couv. — **Colleoni** (Giovanni). Ritmo de' cittadini di Venezia per Arrigo Dandolo dopo la conquista di Costantinopoli. [Extrait fact. de l'*Ape, almanacco per l'anno 1836*.] In-32, cart. — **Fanton** (Jacopo). Arrigo Dandolo alla presa di Costantinopoli. Vittorio, Longo, 1873. In-8, rel. toile, couv. (*Per Nozze*.) — **Piermartini** (G.). Enrico Dandolo, tre canti. Venezia, Merlo, 1844. In-8, d.-rel. veau. Ensemble 5 vol. ou plaq.

4339. [**Balbi** (Lucio Antonio)]. Alessio Comneno o si I Veneziani in Costantinopoli. Tragedia. [Venezia, Curti], 1791. 1 vol. in-8, rel. vél. — **Fuller** (Tho.). Andronicvs, or, the Vnfortunate Politician shewing, Sin; stoutly punished, Right; surely rescued. London, Wilson, 1846. In-12, rel. veau. — **Lemercier** (Népomucène Louis). Baudoin, empereur, tragédie en trois actes et en vers. Paris, Collin, de l'imprimerie de Didot jeune, 1808. In-8, d.-rel. bas. noire. — **Le Rousseau** (Julien). Baudoin IX, comte de Flandre, premier empereur latin de Constantinople. Drame historique en cinq actes. Paris, Lecou, 1854. In-12, rel. toile, couv.

13. Les guerres contre l'Islam après les Croisades[1].

LITTÉRATURE — POÉSIES

4340. **Assarino** (Luca). Ragvagli di Cipro..... Da lui dedicati all' Illvstriss. Sig. Carlo Doria Co: di S. Christofaro &c. (*Marque typ*.) In Bologna, MDCXLII. Per Giacomo Monti, e Carlo Zenero..... In-12 de 12 ffnc., 233(1) pp., 9 ffnc., d.-rel. bas. n.

4341. *Le même* : ..... dedicati al Molto Illust. Sig. Capitano Gioseffo Ciccolini, Nobile Todino. (*Marque typ*.) In Bologna, Et in Macerata, per il Grisei, 1642. In-12 de 17 ffnc., 263(1) pp., rel. vél.

4342. Applausus Vo-||tivus, || Ob memoratu dignissimam, & || nunqvam satis celebrandam ad Tibiscum in Hungaria, || A. C. 1697. D. XI. Sept. à Turcis reportatam Victoriam, || in Communi Vratislaviæ Gaudio || conscriptus. || *Suit le texte*..... Fnc., 2 *incipit* : Erfreulicher Blück-Wuntsch || Wegen des in

---

1. Cf. nos 3266, 3450-52, 3454, 3573.

Hungarn..... *In fine* : Bresslau / || Zu finden bey George Seydeln / || Buch= Händler. Plaq. in-fol. (form. in-4) de 2 ffnc., cart.

Le premier feuillet contient une poésie latine, et le second une traduction très libre de cette poésie.

4343. **Attendolo**. Oratione || militare || di Gio. Battista Attendolo || Capvano || all' Altezza del Sereniss. Sig. || D. Giovanni d' Avstria || Per la Vittoria navale ottenvta || della Santa Lega nell' Echinadi. || Impressa del Publico della Città di Capva, per consiglio publico. || (*Armes.*) || Con licenza..... || In Nap. Appresso Gioseppo Cacchi || M D LXXIII. Petit in-4 de 34 ff. chif., 2 ffnc., rel. vél.

Attendolo fut l'un des principaux défenseurs du Tasse contre ses ennemis ; son discours sur la bataille de Lépante a été imprimé par ordre du Conseil de la ville de Capoue ; il est suivi de poésies de plusieurs auteurs, relatives à la même victoire.

4344. **Bartholi** (Christoforo). Rime || del Signor || Christoforo || Bartholi. || In Lavde Della Gran Vit-||toria Nauale ottenuta dalla Sacra Legha || contra Turchi, alli Curzolari. || L' Anno M D LXXI. || Con Licentia de' Superiori. || (*Marque typ.*) || In Vinegia Presso Sigismondo Borgogna. || M D L XIII. Petit in-4 de 18 ffnc. — Sonetti || di Messer || Christoforo || Bartoli. || Al Christianissimo || Henrico iij. Rè di Francia, & di Polo-||nia, & nella presa de la Goletta. || (*Marque typ.*) || In Ancona per Astolfo de Grandi, 1575. Petit in-4 de 14 ffnc., rel. vél. ital.

Avec ces deux opuscules de Bartholi ou Bartoli, on a relié deux plaquettes latines : « Repetitio Domini Antonii de Matthaeis Romani Ivriscons. ad Rvbricam et ad. L. primam Digestis de novi operis Nvnciatione..... Romæ, M DLXVI » et « Etvriae Lavs..... Ferdinando II Dicata Lepido Maccabrvno Decano Senensi Avctore..... Senis, M DCXXVIII ».

4345. **Benamati**. La Vittoria navale : Poema Heroico di Gvid' Vbaldo Benamati. Libri XXXII. Con gli Argomenti del già Sig. Marc' Antonio Benamati Padre dell' Autore. Consacrato alla Sereniss. Signora Donna Vittoria della Rovere, principessa d' Vrbino, e gran dvchessa di Toscana. In Bologna, M DC XLVI. Per Giacomo Monti. Petit in-4 de 18 ffnc., 306 pp., 1 fnc., rel. veau marb., tr. rouge ; au dos, chiffre du comte Riant.

4346. **Bolognetti**. La || Christiana || Vittoria Maritima || del Sig. Francesco || Bolognetti. || (*Marque typ.*) || In Bologna, || Per Alessandro Benaccio. || MDLXXII. Petit in-4 de 64 ff. chif., rel. vél.

4347. **Bonamor**. In obitv || Sereniss. Principis || Venetiarvm, || Sebastiani Venerii || Boni Amoris || Oratio. || (*Marque typ.*) || *S. l. n. d. n. typ.* (vers 1578). Petit in-4 de 2 ffnc., 7 ff. chif., 1 fnc. blanc (qui manque), rel. vél.

Oraison funèbre de S. Veniero, l'un des plus illustres combattants vénitiens de Lépante, depuis doge.

4348. **Bonarelli** (Co. Prospero). Il Solimano, Tragedia..... *Dernier fnc.*, *verso* : In Firenze, Nella Stamperia di Pietro Cecconcelli, M DC XX. In-4, rel. vél., titre front. et planches à l'eau-forte de *Callot*.

4349. [**Cardoso** (Jean-François)]. Guerre de Tripoli, Poeme traduit pour la première fois du latin en français, et précédé d'une notice sur la vie de l'auteur et sur le recueil intitulé Deliciæ Poetarum Lusitanorum, par *S. Delatour*. Paris, Vaton, M RCCC XLVII (*1847*). 1 vol. in-8, d.-rel. chag.

<small>Cardoso était professeur de langue latine à San-Salvador, prov. de Bahia (Portugal), et célèbre dans son poème l'expédition de 1798 des Portugais contre Tripoli.</small>

4350. Chiabrera. Amedeida, Poema di Gabriello Chiabrera Al Serenissimo Carlo Emanvel Dvca di Savoia, etc..... (*Marque typ.*) In Genova, Appresso Givseppe Pavoni, M DCXX. In-8, rel. veau, fil. sur les plats, tr. rouge; au dos, chiffre du comte Riant.

<small>Poème en 23 chants sur la campagne du duc Amédée de Savoie, au secours de Rhodes assiégée par les Turcs.</small>

4351. — Amedeida Poema eroico di Gabriello Chiabrera, con gli argomenti in ottava rima del Forestiero Idrontino, e Colla Vita dell' Avttore da lui stesso descritta..... In Genova, Per Benedetto Guasco. 1654. In-12, rel. toile. — Scio Poemetto di Gabriello Chiabrera. All' Illvstriss. Signore il Sig. Pier Givseppe Givstiniano. (*Marque typ.*) In Genova, Per Givseppe Pavoni. M DC XXI..... In-8, d.-rel. veau f.; au dos, chiffre du comte Riant.

4352. Costo (Tomaso). La || Vittoria || della Lega || di Tomaso Costo, || da lvi medesimo corretta || ..... || Aggivntovi nel fine parecchie || stanze del medesimo Autore in varij soggetti. || Con alcvne brevi annotationi ne' || fini de' Canti del Signor Giulio Giasolini. || (*Armes des Pignatelli.* || In Napoli, || Appresso Gio. Battista Cappelli. MDLXXII. In-4 de 91(1) pp. — *Du même* : Il || Pianto di Rvggiero || ..... || Con alcvne Stanze del Signor || Don Scipione de' Monti. || (*Blason.*) || In Napoli, || Appresso Gio. Battista Cappelli. MDLXXXII. In-4 de 28 pp. Ensemble 1 vol. in-4, rel. vél.

<small>Tomaso Costo (1560-1630), qui devint secrétaire du duc d'Ossuna, vice-roi de Naples, et travailla à la continuation de l'Histoire du P. Collenuccio, avait débuté par des ouvrages poétiques devenus très rares.</small>

4353. Francius (Petrus). Petri Francii Laurus Europaea, seu celebres Christianorum de Turcis victoriae. Accedunt breves Annotatiunculæ in usum commodumque Legentium. (*Marque typ.*) Amstelodami, cIɔ Iɔ c LXXXVII. In-12, rel. parch. (anc. rel.).

<small>Pierre Frantz (1645-1704) fut professeur d'éloquence à Amsterdam, sa ville natale. Le *Laurus* contient des poésies sur le siège de Bude, les victoires des Vénitiens et des Polonais sur les Turcs, etc. Les notes sont purement littéraires. Sous la même reliure, se trouvent les ouvrages suivants :
Jacobi Gronovii epistola..... de Pallacopa, ubi descriptio ejus ab Arriano facta liberatur ab Isaaci Vossii frustrationibus. Lugd. Batavorum, 1686.
Jacobi Gronovii epistola..... qua respondetur Argvtiolis, quibus in appendice observationum ad Pomponium Melam utitur Isaacus Vossius. Lugd. Batavor., 1687.
Ad Nummum Furiæ Sabinæ Tranquillinæ Aug. Imp. Gordiani tertii uxoris Dissertatio. Auctore Otthone Sperlingio..... Amstelodami, 1688.</small>

4354. Gabelmann. Nicolai Gabelmanni Germani Monomachiæ Hvngarotvrcicæ Carminum Libri Duo. Ad Illustriss: D... Franciscvm de Nadasdy... Adiectæ sunt aliæ duo odæ : altera de strage Turcarum SarkanSigethana, altera de fertilitate Hungariæ. Lege. Iudica. (*Marque typ.*) Patavii, M.D.XC. Apud Paulum Meiettvm. Petit in-4 de 8 ffnc., 56 ff. chif., cart.

4355. Gherardi (Pierre). In Foedvs || et Victoriam || contra Tvrcas || ivxta sinvm Corinthiacvm || Non. Octob. ∞DLXXI. || Partam || Poemata uaria. || Petri Gherardii Burgensis studio, || & diligentia conquisita, ac disposita. || Ad Gvlielmvm Sirletvm || S. R. E. Card. Ampliss. || Cvm Pri [*marque typ.*] vilegio || Venetiis. ∞DLXXI. Ex Typographia Guerræa. Petit in-8 de 8 ffnc., 439(1) pp., et 12 ffnc., entre les pp. 128 et 129, rel. vél. blanc.

L'ouvrage ci-dessus est une réunion d'un grand nombre de pièces composées à la louange de Don Juan, du Pape, &c. C'est un recueil des plus intéressants.

4356. Jacques VI ou Ier. Den Slach || van || Lepanten. || In Schotschen dicht beschreven || Door den Alderchristelijcxsten Coning ende oprech-||ten belijder der waerheydt, Iacobvm || door de ghenade Gods Coning van En-|| ghelandt, Schotlant, Vrancrijck ende || Yrlant, Beschermer des gheloofs. || In Nederlandtschen dichte ghetrouwe=||lijck overgheser. || Door || Abraham vander Myl. || (*Fleuron.*) || T'Amstelredam, || By Cornelis Claesz. ende Laurens || Jacobsz. Boeckvercoopers op't Water. || *S. d.* Petit in-8 de 16 ffnc., tous remontés et lavés (oh! combien mal!), rel. vél.

Traduction flamande d'une pièce de vers composée par Jacques VI d'Ecosse et Ier d'Angleterre, publiée à Londres en 1603 sous le titre de « *His Majesties Lepanto or heroicall Song..... exerc. at vacant Houres*». Cette traduction est faite par *Abr. Vander Myl*. Le poème est précédé d'un court récit de la bataille de Lépante. Cette traduction a dû paraître peu de temps après l'original.

4357. Lucchesini, S. J. (Joan. Laur.). In Serenissimae Reipvblicae Venetae de Tvrcarvm classe victoriam Epinicivm. Dictvm in Collegio Romano avthore Ioanne Lavrentio Lvcchesinio Lvcensi e Societate Iesv. (*Monogramme de la Cie de Jésus.*) Romæ, Ex Typographia Ignatii de Lazaris. 1663. Superiorum permissu. In-8 de 19(1) pp., cart.

4358. Meyer (A.). Antonii || Meyeri || Elegia || de Navali Christia-||norvm victoria, ex memora-||bili pugna ad fauces sinus Co-||rinthiaci depugnata no-||nis Octob. Anno || 1571. || Ad Reuerendiss. Episcop. Atrebatensem. || (*Marque typ*) || ¶ Dvaci. || Excudebat Lodouicus de Vvinde || Typog. iur. An. 1572. Plaq. in-8, form. in-16 de 8 ffnc., rel. mar. bleu, dent. int., non rogn. (Chambolle-Duru.)

Jolie édition sortie des presses de Loys de Winde, le second imprimeur douaisien.

4359. Raccolta || di || Varii Poemi || Latini, e Volgari : || Fatti da diuersi bellissimi ingegni nella felice || Vittoria reportata da Christiani || contra Turchi. || (*Marque typ.*) || In Venetia, || Appresso Giorgio Angelieri. 1571.

F⁰ 56 *verso*, *l*. 27 : In Venetia, || A instantia di M. Lorenzo Parma. Petit in-8 de 4 ffnc., 56 ff. chif., rel. vél.

> Recueil analogue à celui de *Luigi Groto* (cf. n° 4357) dont plusieurs pièces ont, du reste, trouvé place ici, avec une cinquantaine d'autres, en tout 54. Celui-ci est dû à l'imprimeur Angelieri.

4360. Raccolta di || Varii Poemi || Latini, Greci, e Volgari. || Fatti da diuersi bellissimi ingegni nella felice || Vittoria riportata da Christiani con-|| tra Turchi alli VII. d' Ottobre || del MDLXXI. || Parte prima, || Con la Relatione di tutto il successo di Famagosta. || Et i nomi de i Bassà, & Capitani ch' erano || nell' armata Turchesca. || (*Armes*.) || In Venetia, per Sebastiano Ventura : || M.D.LXXII. — Parte seconda. || (*Marque typ*.) || In Venetia, per Bastiano Ventura..... *In fine* : In Venetia, ad instantia di Bastian de Ventura..... MDLXXII. 2 parties de 60 et 48 pp., rel. en 1 vol. petit in-8, rel. vél., exemplaire non rogn. mais lavé, titre légèr. raccom.

> La première partie contient diverses poésies et le récit de la prise de Famagouste de *Nestore Martinengo* (p. 47), la seconde partie contient plusieurs pièces de *Gio Maria Verdizotti*, de *M. Alemanio Fino*..... et une courte lettre de Martinengo. Ce recueil diffère complètement du précédent, bien que le titre en soit assez semblable.

4361. **Rilli** (Annibale). De Bellis pro Christiana Republica Contra Turcas Anno MDCCXVI foeliciter gestis. Poema elegiacum... Romæ, MDCCXXII. Typis A. de Rubeis. In-4, titre rouge et noir, rel. vél. rouge, plats ornés (rel. anc.).

4362. **Rossetti** (Marco). La Sacra Lega divisa in Quaranta Libri, overo Canti..... In Padova Nella Stamperia del Seminario. M.DC.XCVI. Petit in-4, front. et portr. de Rossetti en taille-douce, rel. vél.

> Poème en l'honneur des victoires remportées sur les Turcs par les armées de la Sainte Ligue formée, en 1683, par le Pape, l'Empereur, Venise et le roi de Pologne.

4363. [**Saint-Jory** (R. de)]. Avantures secrètes arrivées au Siege de Constantinople. A Paris, Vᵛᵉ Jombert, M.DCCXI. Petit in-8, rel. bas. f. — La Turca fedele. Nella Presa di Coron, e suoi accidenti Amorosi. Con un succinto racconto fatto da un schiauo della Vita, Amori, fortune, azioni e disgrazie del famoso co: Emmerico Techeli. E con l' intiero ragguaglio di tutto ciò, che di notabile occorse nell' assedio, e presa di Budal del Mioni... In Venezia, MDCCXXV. Per Domenico Lovisa. In-12, rel. vél., tr. r.

> Le premier ouvrage est un roman historique sur la chute de Constantinople en 1453. Le second est également un roman historique, l'auteur en est peut-être un certain *Mattio Nanin Gagnan* qui a signé la dédicace adressée à Piccoli Nobile di Ceneda.

4364. **Santinelli**. La Gverra Alla Sacra... Maestà di Leopoldo primo... Con l' occasione delle replicate Vittorie sull' Essercito del Seraschiero, e delle numerose conquiste di Nehisel, Ponte d' Essech, Eperia, &c. Si consiglia Sua Maestà Cesarea di non Acconsentire alla Pace col Gran Signore de Turchi, Oda del marchese Santinelli... *S. l. n. d. n. typ*. In-4 de 8 pp., cart.

4365. Triumphus Cæsaris Leopoldi profligato Mahomete Quarto Turcarum Imperatore. Scenicè exhibitus à studiosâ Juventute Gymnasii SS. Trinitatis Lovanii 2. & 4. Septembris Anno 1690. Lovanii, apud Æ. Denique, Anno 1690. (*Titre et quelques feuillets raccom.*) In-4, d.-rel. veau.

4366. **Smogulecki** (Nicolas de Smogulec). Avgvsto Regi Sigismundo III. Vigor Poloni Martis : victoriam de Othomannica tyrannide, canoras inter mvsas gratvlatvr Dvm. Ioannes Nicolavs Smogvlecki philosophiam pvblice propvgnat in Coll° R° Soc^{is} Iesv. (*Titre frontispice* dessiné par *Anto. Pomeranti* et gravé par *Carol. Audran.*) *Page 20, in fine* : Romae, Typis Francisci Corbeletti, MDCXXIX. Svperiorvm permissv. Petit in-fol. de 1 fnc., 20 pp., rel. vél.

4367. Trofeo || della Vittoria || Sacra, || Ottenuta dalla Christianiss. Lega contra Turchi || nell' anno MDLXXI. || Rizzato da i più dotti spiriti de' nostri tempi, || nelle più famose lingue d' Italia; || Con diuerse Rime, raccolte, e tutte insieme disposte || da Luigi Groto cieco di Hadria. || Con vn breuissimo Discorso della Giornata. || (*Gravure sur bois.*) || In Venetia, Appresso Sigismondo Bordogna, & Franc. Patriani. *S. d.* (1572). In 8 de 10 ffnc., 126 ff. chif. (inexactement numérotés 120), 16 ff. chif., 2 ffnc.; 2 gravures sur bois représentant la bataille de Lépante et le cimier de l'étendard du Grand Bacha. Rel. vél.

> *Très rare* collection *complète* de plus de cent cinquante compositions versifiées sur la bataille de Lépante, réunies par les soins de *Luigi Groto*. Celui-ci a également écrit l'abrégé du récit de la bataille, pièce liminaire en prose. Melzi (*Dict. des anonymes*) a décrit un *Trofeo della Vittoria sacra* qui ne correspond aucunement à notre ouvrage. Les 18 derniers feuillets (16 chif. et 2 ffnc.) contiennent un certain nombre de pièces latines.

4368. **Villaroel** (P.). Echinadvm Navmachia, in qva B. Virginis Precibvs de innumera Turcarum classe insignis diuinitus est reportata victoria... cum Indice rerum notabilium. (*Image de la Sainte-Vierge*) Neapoli, Ex Typographia Lazari Scorigij. M.DC.XIV. In-12, rel. vél.

> Poème en 20 chants sur la bataille de Lépante. L'auteur « Frater Petrus Villaroel Stylitanus » était mineur de la stricte Observance, de la province de Naples.

4369. **Vitellius** (Jacobus). ΣΩΤΗΡΙΑ sive Votvm Salvtis, Quod Jllvstrissimvs D. Dominvs Stanislavs Comes in Wisnicz Lvbomirski... Ob Memorandam Ex Osmano Crudelissimo Turcarum Tyranno, in Valachia victoriā S. S. Salvatoris Basilica in Wisnicz sumptu opulento.... Exsolvit.... *Fnc.* 8 *verso*, *colophon* : Impensis, ex fundatione perpetua, M. D. Bartholomæi Nouodworski, Equitis Melitensis..... excussa. Cracoviae, In Typographia Matthiæ Andreouiensis, Anno D. 1630. Plaq. in-4 de 8 ffnc., car. ital., rel. vél.

4370. **Vecchia** (Luigi dalla). Due sonetti sulla Battaglia di Lepanto. Venezia, Gaspari, 1871. In-8, br.

4371. Zeno (Apostolo). La conquista di Navarino, componimenti poetici.....
In Venezia, Presso Pietr' Antonio Brigonci, 1687. — La resa di Modone.....
In Venezia, Presso Pietr' Antonio Brigonci, 1687. — L'incendio Veneto.....
In Venezia, Presso il Bosio, 1686. Ensemble 1 vol. in-8 carré, rel. vél., non rogn.

Très bel exemplaire, sauf une légère déchirure au titre. Les poèmes d'*Apostolo Zeno* (1668-1750) sont écrits facilement, il était fort jeune quand il les composa; depuis il concourut à la fondation de l'Académie *degli animosi* et écrivit de nombreux opéras très goûtés qui lui valurent les titres de poète et historiographe de l'empereur Charles VI, place dans laquelle, sur sa demande, il fut remplacé par Métastase.

XX

PHILOLOGIE

Linguistique. — Grammaires. — Dictionnaires. Onomastique.

4372. **Bopp** (François). Grammaire comparée des langues indo-européennes... Traduite sur la deuxième édition et précédée d'une Introduction par M. *Michel Bréal*. Paris, Imprimerie Impériale, 1866-69. 3 vol. in-8, d.-rel. veau, tr. peigne, non rogn., couv.; au dos, chiffre du comte Riant. — **Chavée** (H. J.). Lexiologie indo-européenne ou Essai sur la science des mots sanskrits, grecs, latins... Paris, Franck, 1849. In-8, rel. toile.

4373. **Müller** (Max). La science du langage. Traduit de l'anglais, sur la quatrième édition par MM. *Georges Harris* & *Georges Perrot*. Paris, Durand, 1864. 1 vol. in-8, rel. toile, non rogn., couv.

4374. Αταχτα. Mélanges, c'est-à-dire Recueil de notes et études sur la langue Grecque Ancienne et Moderne par *Coray*. Paris, Imprimerie d'Eberhard [Didot], 1828-1832. 5 vol. in-8, veau fauve, filets.

> Les deux premiers volumes contiennent des opuscules de *Th. Prodrome*, avec des notes, les autres renferment des lexiques. Le dernier a été publié après la mort de *Coray* par M. *Fournaki*. Notre exemplaire provient de la bibliothèque Yéméniz.

4375. **Brassius** (J.). Gradus ad parnassum Græcus,..... edidit et emendavit *Fr. Guiel. Siedhof*. Gottingæ, 1838-40. 2 vol. in-8, d.-rel. veau f., tr. jasp.

4376. **Clenard** (Nicolas). Grammatica græca a *Stephano Moquoto*, è Societate Jesu recognita ad usum Collegiorum ejusdem Societatis..... Editio ultima. Lugduni, Apud Ludov. Declaustre, 1715. In-12, d.-rel. bas. n.

4377. **Courtaud-Divernéresse** (J.-J.). Dictionnaire Français-Grec. Paris, 1859. 1 fort vol. in-8, d.-rel. chag. r., tr. limaç.; au dos, chiffre du comte Riant.

4378. **Du Cange** (Charles Du Fresne). Glossarium ad scriptores mediae et infimæ Græcitatis. Lugduni, apud Anissonios, Joan. Posuel & Claud. Rigaud, 1688. 2 vol. in-fol., rel. veau (aux armes).

> Livre très recherché et devenu rare.

4379. Lubin (Eilhard). Clavis et fundamenta græcæ linguæ..... editio nova ; præ cæteris omnibus multam partem correctior in lucem edita operà et studiò I. K. Amstelodami, apud Ludovicum Elzevirium, cIↄ IↃc LI. In-12, rel. parch. — **Granito** (Angelo). Lettera della pronunzia greca e discorso della necessità..... di studiare le lingue greca e latina. Napoli, G. Nobile, 1845. In-8, cart., couv.

4380. Pade (W.). Wörterbuch der Griechischen Eigennamen. Dritte Auflage, neu bearbeitet von Dr *Gustav Eduard Benseler*. Braunschweig, Vieweg, 1863-70. 1 fort vol. in-8, d.-rel. veau f., non rogn.

4381. Sophocles (E. A.). Greek Lexicon of the roman and byzantine periods (From B. C. 146 to A. D. 1100). New York, Scribner & Leipzig, Harrassowits, 1888. 1 fort vol. grand in-8, d.-rel. veau f., coins.

* **4382. Forcellini** (Æg.). Totius latinitatis Lexicon..... in hac editione post tertiam auctam et emendatam a *J. Furlanetto*..... novo ordine digestum..... atque emendatum cura..... Doct. *Vincentii De-Vit*. Prati, Typis Aldinianis, 1858-1875. — **De-Vit**. Lexici Forcelliniani pars altera sive Onomasticon totius latinitatis. Prati, Typis Aldinianis, 1859-1883. Ensemble 9 vol. in-4, d.-rel. chag., coins, tr. lim. ; au dos, chiffre du comte Riant.

4383. VII Anciens textes français publiés d'après les meilleures leçons. Lund Ohlsson, 1866. In-4, rel. toile.

> Cette publication, tirée à 150 exemplais, est due à M. *E. Lindfors* ; elle commence par les *Serments de Strasbourg* (842) et contient une importante *Chanson de saint Alexis* du xie siècle.

4384. Bartsch (Karl). Chrestomathie de l'ancien français (viiie-xve siècles) accompagnée d'une grammaire et d'un glossaire. Leipzig, Vogel, 1866. 1 vol. in-8, rel. toile, non rogn.

4385. Benlœw (Louis). Rhythmes français et rhythmes latins pour servir d'appendice aux traités de rhétorique. Paris et Leipzig, 1862. — *Du même*. Des rhythmes grecs et particulièrement des modifications de la quantité prosodique amenées par le rhythme musical. Paris et Leipzig, 1863. — **Benloew** (Louis) et **Weil** (Henri). Théorie générale de l'accentuation latine. Paris et Berlin, 1855. Ensemble 3 volumes in-8, rel. toile.

4386. Boissière. Dictionnaire analogique de la langue française. 3e édition. Paris, Boyer, *s. d.* 1 vol. in-8, d.-rel. chag., tranch. peigne ; au dos, chiffre du comte Riant.

4387. Brachet (Auguste). Dictionnaire des doublets ou doubles formes de la langue française. Paris, Franck, 1868. In-8, rel. toile, non rogn. — Dictionnaire étymologique de la langue française. Avec une préface de M. *Egger*. Troisième édition. Paris, Hetzel, *s. d.* In-12, rel. toile, couv.

4388. Burguy (G. F.). Grammaire de la Langue d'oïl ou grammaire des dialectes français aux XIIe et XIIIe siècles suivie d'un Glossaire. 2e édition. Berlin, Weber, 1869. 3 tomes en 1 vol. in-8, d.-rel. chag. rouge, tr. limace. — **Didot** (Ambroise Firmin). Remarques sur la réforme de l'ortografie française, adressées à M. Raoux. Paris, Didot, 1872. In-8, rel. toile, non rogn., couv.

4389. Dhuez (Nathanael). Le vray gvydon de la langue françoise. Accompagné de quatre Dialogues François & Allemands; comme aussi d'un gentil bouquet de Sentences & Proverbes. Dass ist der Rechte Weg-weiser, zu der Frantzösischen Sprach... A Leyde, chez Bonaventure & Abraham Elseviers. 1639. — Nova nomenclatvra quatvor lingvarvm, Gallico, Germanico, Italico, & Latino idiomate conscripta. Lvgd. Batav. Ex officinâ Elseviriorum 1640. Ensemble 2 vol. petit in-8, rel. vél.

   Premières éditions des deux traités souvent réimprimés de *N. Dhuez* ou *Duez*, grammairien probablement genevois.

4390. Dictionnaire universel françois et latin, vulgairement appelé Dictionnaire de Trévoux. Nouvelle édition. A Paris, Par la Compagnie des Libraires associés, 1771. 8 vol. in-fol., rel. veau, tr. rouge.

4391. Diez (Fr.). Grammatik der romanischen Sprachen. Bonn, Weber, 1870-71. 2 tomes en 1 vol. — Etymologisches Wörterbuch der romanischen Sprachen. [3e *édition*]. Bonn, Marcus, 1869-70. 2 tomes en 1 vol. — Anciens Glossaires romans corrigés et expliqués, trad. par *Alfred Bauer*. Paris, Franck, 1870. [Bibl. des hautes études, 5e fasc.] Ensemble 3 vol. in-8, d.-rel. mar. brun, tr. limaç. et rel. toile, non rogn., couv.

4392. Hœufft (J. H.). Verzameling van Fransche woorden, uit de Noordsche talen afkomstig of door sommigen afgeleid. Breda, Broese & comp., 1840. In-8, cart.

4393. La Curne de Sainte Palaye. Dictionnaire historique de l'ancien langage françois ou Glossaire de la langue françoise depuis son origine jusqu'au siècle de Louis XIV. Publié par les soins de *L. Favre*..... Niort, Favre, 1875-1882. 10 vol. in-4, d.-rel. chag. noir, coins, tête dorée, non rogn., couvertures; au dos, chiffre du comte Riant. — **Favre** (L.). Le Glossaire de La Curne de Sainte Palaye et M. Paul Meyer. Niort, L. Favre, s. d. In-8, cart.

4394. Larchey (Lorédan). Les excentricités du langage français. Deuxième édition. Paris, aux bureaux de la Revue anecdotique, 1861. In-12, rel. peau de Suède, tr. dor.; au dos, chiffre du comte Riant. (Gruel.) — **Nisard** (Ch.). De quelques parisianismes populaires. Paris, Maisonneuve, 1876. In-12, rel. toile.

4395. Le Héricher (Édouard). Histoire et Glossaire du Normand, de l'Anglais et de la langue française..... Paris, Aubry, s. d. 2 tomes & supplément en 1 vol. in-8, d.-rel. mar rouge, non rogn.; au dos, chiffre du comte Riant.

— *Du même* : Philologie topographique de la Normandie. Caen, Hardel, 1863. In-4, rel. toile, non rogn. — **Romdahl** (Axel). Glossaire du patois du Val de Saire (Manche). Linköping, Ridderstad, 1881. In-8, rel. toile, couv.

4396. **Loth** (J.). Essai sur le verbe néo-celtique en irlandais ancien et dans les dialectes modernes. Son caractère, ses transformations..... Paris, Ern. Leroux, 1882. In-8, rel. toile. — **Arbois de Jubainville** (H. d'). Les Celtes et les langues celtiques. Paris, Didier, 1882. In-8, br.

4397. **Morandini d'Eccatage** (F.). Grand dictionnaire des rimes françaises. Paris, Ghio, 1886. Grand in-8, br.

4398. **Métivier** (Georges). Dictionnaire Franco-Normand ou Recueil des mots particuliers au dialecte de Guernesey faisant voir leurs relations romanes, celtiques et tudesques. London, Williams and Norgate, 1870. In-8, rel. toile (édit.).

4399. **Onofrio** (J. B.). Essai d'un Glossaire des patois de Lyonnais, Forez et Beaujolais. Lyon, Scheuring, 1864. In-8, d.-rel. chag. rouge, tr. lim.; au dos, chiffre du comte Riant.

4400. **Paris** (Gaston). Étude sur le rôle de l'accent latin dans la langue française. Paris, Franck, 1862. In-8, rel. toile, non rogn.

4401. **Ponton d'Amécourt** (A. de). Panorama des mots, nouveau dictionnaire des synonymes. Paris, Lecoffre, 1853. In-12, rel. toile. — **Richard de Radonvilliers** (J.-B.). Enrichissement de la langue française. Dictionnaire des mots nouveaux. Deuxième édition. Paris, 1845. In-8, d.-rel. veau. — **Scheler** (Aug.). Dictionnaire d'étymologie française. Bruxelles et Paris, 1862. In-8, d.-rel. chag. r., tr. lim.

4402. **Somaize**. Le Dictionnaire des Précieuses, augmenté par *Livet*. Paris, Jannet, 1856. 2 vol. in-12, rel. toile.

4403. **Zlatagorskoï** (E.). Essai d'un dictionnaire des homonymes de la langue française avec la traduction allemande, russe et anglaise. Leipzig, Brockhaus, 1862. In-8, rel. toile.

4404. **Christiernsson** (A. B.). Études sur l'histoire de la langue française jusqu'au temps de Malherbe. Première partie. (Diss. Ac.). Stockholm, Marcus, 1869. In-8, cart. — **Collin** (Z.). Recherches sur les diphtongues de la langue française. (Diss. Ac.). Lund, Berling, 1863. In-8, cart. — **Geijer** (Per Adolf). Sur la dérivation et l'emploi des temps de la conjugaison française. Upsal, Schultz, 1869. In-8, cart. couv. — *Du même* : Études sur les Mémoires de Philippe de Comines. Upsal, Edquist & Berglund, 1871. In-8, rel. toile. — **Heeren** (Arn. Herm. Ludw.). Ueber den Einfluss der Normannen auf die französische Sprache und Litteratur. Göttingen, Dieterich, 1789. In-8, rel. veau. — **Lenander** (J. H. R.). Observations sur les formes du verbe dans la Chanson de geste Gui de Bourgogne. Malmo, Förlagsaktiebolaget, 1874.

In-8, cart. — **Lücking** (Gust.). Die ältesten französischen Mundarten. Berlin, Weidmann, 1877. In-8, rel. toile, couv. — **Mussafia** (Ad.). Uber die Quelle des altfranzösischen Dolopathos. Wien, 1865. In-8, rel. toile. — **Svènsson** (R. E. L.). Några Jemförelser mellan Franskan i XII:te och XVI:de Åhrundradet. Lund, Ohsson. 1865. In-8, cart. Ensemble 9 vol. ou plaq.

4405. **Cocheris** (H.). Histoire de la grammaire. Paris, 1874. In-12, rel. toile. — **Charencey** (H. de). La langue basque et les idiomes de l'Oural. 1er fasc. Structure grammaticale et déclinaison. Paris, 1862. In-8, rel. toile. — **Coussemaker** (E. de). Délimitation du flamand et du français dans le nord de la France, avec une carte coloriée par M. *Bocave*. Dunkerque, 1857. In-8, cart. — **Derenbourg** (H.). Ousâma Ibn Mounkidh... Préface du livre du bâton par Ousâma. Texte arabe... avec une traduction française. Note sur quelques mots de la langue des francs au douzième siècle. Paris, 1887. 2 plaq. in-8, br. — **Hagberg** (J. Th.). Du sens primitif dans les langues romanes. Lund, Berling, 1859. In-8, cart. — Romanische inedita auf italiänischen Bibliotheken, gesammelt von *Paul Heyse*. Berlin, Wilh. Hertz, 1856. In-8, rel. toile. — **Schwab** (Moïse). Des points voyelles dans les langues sémitiques. St Quentin, imp. J. Moureau, *s. d.* In-8, cart. — **Socin** (A.). Liste arabischer Ortsappellativa. [A. d. *Zeitschr. d. Pal.-Ver.*, IV.] In-8, cart. Ensemble 9 vol. ou plaq.

4406. **Bendsen** (Bende). Die nordfriesische Sprache nach der Moringer Mundart..... herausgegeben von Dr *M. De Vries*. Leiden, Brill, 1860. In-8, rel. toile. — **De Crane** (J. W.). Gesta Fresonum, uit die Apographa Juniana, met aanteekeningen, voorafgegaan door eene voorlezing over Franciscus Junius. Workum, H. Brandenburgh, 1837. In-4, cart., non rogn.

4407. **Benecke** (Georg. Friedrich). Mittelhochdeutsches Wörterbuch..... ausgearbeitet von Dr *Wilhelm Müller*. Leipzig, Hirzel, 1854-61. 3 tomes en 4 vol. gr. in-8, rel. toile, non rogn.

4408. **Diefenbach** (Lorenz). Vergleichendes Wörterbuch der gothischen Sprache. Frankfurt a/M., Baer, 1851. 2 tomes en 1 vol. in-8, d.-rel. chagr. r., tête lim., non rogn. — **Dietrich** (Franz). Ueber die Aussprach des Gothischen waehrend der Zeit seines Bestehens. Eine sprachgeschichtliche Abhandlung nebst einem kritischen Anhang ueber die namen des Jornandes. Marburg, Elwert, 1862. In-8, rel. toile, non rogn.

4409. **Diefenbach** (L.). Novum glossarium latino-germanicum mediæ et infimæ ætatis. Frankfurt a. M., Sauerländer's Verlag, 1867. 1 vol. in-8, d.-rel. chagr. rouge, tr. lim.

4410. **Eccard** (Io. Georg.). Historia studii etymologici linguæ germanicæ hactenus impensi. Hannoveræ, Fœrster, 1711. Petit in-8, d.-rel. vél.

4411. **Heintze** (A.). Mittelhochdeutsches Lesebuch für hohere Lehranstalten. Stolp, Eschenhagen, 1864. In-8, rel. toile, non rogn.

4412. **Lexer** (Mathias). Mittelhochdeutsches Handwörterbuch; zugleich als Supplement und alphabetischer Index zum Mittelhochdeutschen Wörterbuche von Benecke-Müller-Zarncke. Leipzig, Hirzel, 1872-78. 3 vol. in-8, rel. toile, non rogn.

4413. **Rieger** (Max). Alt- und Angelsächsisches Lesebuch nebst Altfriesischen Stücken, mit einem Wörterbuche. Giessen, Ricker, 1861. In-8, rel. toile.

4414. **Schade** (O.). Altdeutches Wörterbuch. Halle, 1866. In-8, rel. toile.

4415. **Hahn** (K. A.). Mittelhochdeutsche Grammatik. Neu ausgearbeitet von D*r* *Friedrich Pfeiffer*. Frankfurt a. M., Brönner, 1865. In-8, rel. toile. — **Kehrein** (Joseph). Sammlung Alt- und Mitteldeutscher Wörter aus Lateinischen Urkunden. Nordhausen, Förstemann, 1863. In-8, rel. toile, non rogn. — **Martin** (Ernst). Mittelhochdeutsche Grammatik nebst Wörterbuch zu der Nibelunge Nôt. Dritte Auflage. Berlin, Weidmann, 1867. In-8, rel. toile. — **Müllenhoff** (Karl). Altdeutsche Sprachproben. Berlin, Weidmann, 1864. In-8, rel. toile. — **Nauhaus** (Sam.). Dissertatio historico-critica de antiquissimis linguæ germanicæ monumentis..... Slargardiæ, Tiller, 1723. In-4, d.-rel. bas. n. — **Pflugk-Harttung** (J. von). Le nom « Manno », lettre à M. le baron Antonio Manno. Turin, Paravia, 1883. In-8, cart. couv. — **Thurnwald** (A.). Lehrbuch der mittelhochdeutschen Sprache für Gymnasen. Prag, Tempsky, 1864. In-8, rel. toile. — **Zingerle** (Ignaz V.). Die Alliteration bei mittelhochdeutschen Dichtern. Wien, Gerold, 1864. In-8, rel. toile, non rogn. — **Baecker** (Louis de). Analogie de la langue des Goths et des Francs avec le sanskrit. Gand, Hebbelynck, 1858. In-8, rel. toile. — **Westergaard** On the connexion between sanscrit and icelandic. [Extr. des *Mém. de la Soc. des Antiq. du Nord*, 1842.] In-8, cart. Ensemble 9 vol. ou plaq.

4416. **Ambrosoli** (Solone). Breve saggio di un vocabolario italiano-islandese. Como, 1882. Petit in-4, rel. toile, non rogn., couv. Tiré à 100 ex. (n° 58).

4417. **Bäumlein** (W.). Untersuchungen über die ursprüngliche Beschaffenheit und die weiteren Entwicklungen des griechischen und über die Entstehung des gothischen Alphabets. Tübingen, H. Laupp, 1833. In-8, 2 pl. h. t. — **Grimm** (Wilhelm). Zur Literatur der Runen. Nebst Mittheilung runischer Alphabete und gothischer Fragmente aus Handschriften... Wien, C. Gerold, 1828. In-8. [Extr. de : Wiener Jahrbücher der Literatur, t. XLIII.] Ensemble 1 vol. in-8, cart. pap.

4418. Bibliotheca normannica. Denkmäler Normannischer Literatur und Sprache, herausgegeben von Hermann Suchier. I. Reimpredigt, hrsgg. v. *H. Suchier*. II. Der Judenknabe, hrsgg. v. *Eugen Wolter*. Halle, Niemeyer, 1879. 2 tomes en 1 vol. in-8, rel. toile couv.

4419. **Gyarmath** (Samuel). Affinitas linguæ hungaricæ cum linguis fennicæ originis grammatice demonstrata. Gottingæ, Dieterich, 1799. In-8, rel. toile, non rogn.

4420. **Meyer** (Ludwig). Fremmedordbog eller kortfattet Lexicon over fremmede, i det danske Skrift-og Omgangs Sprog forekommende, tilligemed de i danske Skrifter meest brugelige fremmede Ordforkortelser. Tredie, fovogede og forbedrede udgave ved F. P. J. Dahl. Kjøbenhavn, J. H. Schubothes, 1833. In-8, d.-rel. veau f.

4421. **Michaeler** (Carolus). Tabulae parallelae antiquissimorum teutonicae linguae dialectorum, moeso-gothicae, franco-theotiscae, anglo-saxonicae, runicae et islandicae, aliarumque, non nisi ex priscis monimentis collectae, et per octo sermonis partes ordine grammatico commode dispositae, ac animadversionibus, exemplisque illustratae, subjectis etiam ad exercitationis copiam monimentis selectissimis..... Oeniponte, Wagner, CIƆ IƆCC LXXVI. In-8, d.-rel. v. br.

4422. **Marsh** (George P.). The origin and history of the english language and of the early literature it embodies. London, Sampson, 1862. In-8, rel. toile (édit.).

4423. **Mätzner** (Eduard). Altenglische Sprachproben nebst einem Wörterbuche unter Mitwirckung von *Karl Goldbeck*. Berlin, Weidmann, 1867-69. 2 tomes en 1 vol. grand in-8, d.-rel. veau jaune, non rogn., couv.

4424. **Stratmann** (Francis Henry). A Dictionary of the old English language compiled from writings of the xiii, xiv, and xv centuries. Krefeld, Kramer & Baum, 1867. In-8, d.-rel. chagr. r.

4425. **Reinaud**. Rapport sur le tableau des dialectes de l'Algérie et des contrées voisines de M. Geslin. Paris, Panckouke, 1856. — Rapport sur un Essai de grammaire de la langue des Kabyles par le capitaine Hanoteau. Paris, 1857. — De l'état de la littérature chez les populations chrétiennes arabes de Syrie. Paris, Imp. imp., 1856. — Notice sur une gazette arabe de Beyrout. Paris, Imp. imp., 1858. — Notice sur le dictionnaire bibliographique arabe, persan, et turc de Hadji-Khalfa. Paris, 1859. — Notice sur les dictionnaires géographiques arabes et sur le système primitif de la numération chez les peuples de race berbère. Paris, Imp. imp., 1861. — **Renan**. Lettre à M. Reinaud sur quelques manuscrits syriaques du Musée Britannique. Paris, 1852. 7 plaq. in-8, br.

4426. Alphabet arabe, arménien et persan, avec le Pater et l'Ave Maria en ces langues et en latin. Rome, Impr. de la propagande, 1783-1797. 3 plaq. in-12, rel. vél.

ONOMASTIQUE

4427. **Belèze** (G.). Dictionnaire des noms de baptême. Paris, Hachette, 1863. In-8, rel. toile, non rogn., couv. — **Bourdonné**. Atlas étymologique et polyglotte des noms propres les plus répandus. Paris, Durand, 1862. In-8 obl., cart. [1re livraison, A.]

4428. Du Pont. Essay sur la maniere de traduire les noms propres françois en latin. Dedié à Messire Vauquelin de Vrigny. Paris, Witte et Quillau, 1710. In-12, rel. veau.

4429. Förstemann (Ernst). Altdeutsches Namenbuch. Nordhausen, Förstemann, 1856. In-4. — Die deutschen Orstnamen. Nordhausen, Förstemann, 1863. 1 fort vol. in-4, d.-rel., chagr. rouge, tr. limaç., & 1 vol. in-8, rel. toile, non rogn.

4430. La Roque (G. A. de). Traité de l'origine des noms et des surnoms, de leur Diversité, de leurs Proprietez, de leurs Changemens..... Avec les Noms des Fondateurs de grand nombre de Communautez, soit Seculieres ou Regulieres,....., le temps de leurs Fondations..... Par Messire Gilles-André de la Roque, Chevalier Sieur de la Lontiere. Paris, Estienne Michallet, M.DC.LXXXI. In-12, rel. veau fauve, fil. sur les plats, dos orné.

Première édition devenue rare d'un ouvrage recherché qui a été ensuite publié dans le « Traité de la Noblesse » du même auteur, édition de 1734.

4431. Merlet (L.). Dictionnaire des noms vulgaires des habitants des diverses localités de la France. Chartres, Petrot-Garnier, 1883. In-12, rel. toile. — **Millet** (Dr. A.). Études lexicographiques sur l'ancienne langue française à propos du dictionnaire de M. Godefroy. Paris, Lechevalier, 1888. In-8, br. — **Quicherat** (J.). De la formation française des noms de lieu. Paris, Franck, 1867. In-12, rel. toile.

XXI

HISTOIRE LITTÉRAIRE

1. Histoire littéraire.

OUVRAGES GÉNÉRAUX

4432. **Bandini** (Ang. Maria). Collectio veterum aliquot monumentorum ad historiam præcipue litterariam pertinentium. Arreti, sumptibus Mich. Bellotii, 1752. 1 vol. petit in-8, rel. parch.

4433. **Blancucio** (Benoît). Indices tres observationum miscellaneorum variarumq. lectionum quibus Veterum scripta partim emendantur, partim illustrantur..... Romae, apud Zannettum, 1697. Petit in-4, rel. parch.

4434. **Fabricius** (Joannes Albertus). Bibliotheca ecclesiastica, in qua continentur de scriptoribus ecclesiasticis S. Hieronymus cum veteri versione græca quam vocant Sophronii, et nunc primum vulgatis editoris notis, Hieronymum cum Eusebio accurate conferentibus..... Hamburgi, apud Christian. Liebezeit & Theod. Christ. Felginer, M DCC XIIX. 1 vol. in-fol., rel. vél.

De la bibliothèque de *Francesco Vargas Macciucca*

4435. — Historia bibliothecae Fabricianae qua singuli eius libri eorumque contenta et si quæ dantur variae editiones augmenta epitomae versiones scripta adversa..... auctore Joanne Fabricio..... Wolffenbuttelii, sumtibus Godofredi Freytagii, 1718-1719. 3 vol. in-4, rel. veau f. tr. jaspée.

4436. — Bibliotheca græca. [2e *édition.*] Hamburgi, Liebezeit, *puis* Bohn, 1708-1754. 14 vol. pet. in-4, rel. parch. blanc, tr. jaspée.

4437. — Bibliotheca latina mediæ et infimæ ætatis cum supplemento *Christiani Schœttgenii.* Editio prima italica 'a *P. Joanne Dominico Mansi*..... Patavii, Ex typogr. seminarii 1754. 6 tomes en 3 vol. in-4, rel. veau f., dos orné, fil.

4438. — Bibliographia antiquaria sive introductio in notitiam scriptorum qui antiquitates hebraicas, graecas, romanas et christianas scriptis illustrarunt. Editio tertia,..... studio et opera *Paulli Schaffshausen.* Hamburgi, apud Ioann. Bohn, 1760. 2 tomes en 1 vol. in-4, rel. veau br., fil., tr. marbrée.

4439. **Barth** (Ioh. Matth.). Mantissa in B. I. Alb. Fabricii Bibliographiam antiquariam, sive introductionem in notitiam auctorum, qui antiquitates hebraicas, graecas, romanas, germanicas et christianas scriptis illustrarunt. Ratisbonæ, apud Zunkel, 1751. Petit in-4, d.-rel. vél.

4440. **Foscarini** (Marco). Storia arcana ed altri scritti inediti. Firenze, Vieusseux, 1843. 1 vol. in-8, rel. toile, non rogn., couv.

4441. **Grässe** (Joh. Georg. Théod.). Lehrbuch einer allgemeinen Literärgeschichte aller bekannten Völker der Welt von der ältesten bis auf die neueste Zeit. Dresden und Leipzig, Arnold, 1837-1859. 4 tomes en 8 vol. in-8, rel. toile, non rogn.

4442. **Hamberger** (M. Georg Christoph). Zuverlässige Nachrichten von den vornehmsten Schriftstellern vom Anfange der Welt bis 1500..... Lemgo, bey Joh. Heinr. Meyers Witwe 1756-1764. 4 vol. in-12, rel. toile.

4443. — Kurze Nachrichten von den vornehmsten Schriftstellern vor dem sechzehnten Jahrhundert in einem Auszuge aus seinem grössern Werke. Lemgo, Meyer, 1766. In-8, rel. toile, non rogn.

4444. **Jöcher** (Christian Gottlieb). Allgemeines Gelehrten-Lexicon. Leipzig, Gleditsch, 1750-1751. 4 tomes avec portr. de Jöcher. — **Adelung** (Joh. Christoph) & **Rotermund** (H. W.). Fortsetzung zu Jöcher's Gelehrten Lexico. Leipzig, Gleditsch & Heyse, 1784-1819. 6 tomes. Ensemble 10 vol. in-4, rel. toile, tr. rouge.

Répertoire dont l'éloge n'est plus à faire.

4445. **Klefeker** (Io.). Bibliotheca eruditorum praecocium sive ad scripta huius argumenti spicilegium et accessiones. Hamburgi, Liebezeit, 1718. In-8, rel. veau, front.

4446. **Labbe** (Philippe). Bibliotheca Bibliothecarum curis secundis auctior. Accedit Bibliotheca nummaria....., editio III auctior, & additus *Joann. Seldeni* liber de nummis. Rothomagi, Excud. Ant. Maurry, 1678. 1 vol. in-12, rel. parch.

4447. **Lenglet du Fresnoy** (L'abbé). Méthode pour étudier l'histoire, avec un Catalogue des principaux historiens, & des Remarques sur la bonté de leurs Ouvrages, & sur le choix des meilleures Éditions. Nouvelle Édition augmentée & ornée de cartes géographiques. Paris, chez Pierre Gandouin, 1729. 4 vol. — Supplément. A Paris, chez Rollin Fils & De Bure l'aîné, 1739-40. 2 vol. Ensemble 6 vol. in-4, rel. veau f. Les deux vol. du supplément sont aux armes de M. d'Épinay.

4448. **Montfaucon** (Bernard de). Bibliotheca Bibliothecarum manuscriptorum nova. Parisiis, Briasson, 1639. 2 vol. in-fol., rel. vél., non rogn.

4449. **Photius.** Myriobiblon sive Bibliotheca librorum quos legit et censuit Photius patriarcha Constantinopolitanus, Græcè edidit *David Hoeschelius.*

Rothomagi, Ioan. & David Berthelin, 1653. 1 vol. in-fol., rel. veau fauve, dos orné, filets.

> Cette édition est la plus recherchée. Cet exemplaire, comme celui de la bibliothèque de Dresde, n'a que l'avis de l'imprimeur au lecteur, sans la préface signée Th. M.

4450. [**Saint Hyacinthe**]. Matanasiana, ou mémoires littéraires, historiques, et critiques, du docteur Matanasius, S. D. L. R. G. A la Haye, chés la Veuve de Charles Le Vier, 1740. 2 tomes en 1 vol. in-12 avec 1 frontisp. et 1 port. de Codrus Urceus, rel. veau f.

* 4451. [**Savonarola** (Rafaello)]. Universus terrarum orbis scriptorum calamo delineatus, hoc est auctorum fere omnium qui de Europæ... Regnis... quovis tempore, & qualibet lingua scripserunt, cum anno, loco, et forma editionis eorum uberrimus elenchus..... studio, et labore Alphonsi Lasor a Varea. Patavii, Ex typographia olim Frambotti, nunc Jo: Baptistæ Conzatti, 1713. 2 vol. in-fol., rel. parch., avec planches et cartes.

> Cet ouvrage recherché est orné de plus de mille estampes sur cuivre et de fig. de costumes gravées sur bois d'après Titien. Le nom de Alph. Lasor a Varea est un anagramme du nom du R. P. Rafaello Savonarola, théatin, qui n'a donné ici qu'un abrégé d'un travail beaucoup plus considérable demeuré manuscrit.

4452. **Saxius** (Christophe). Onomasticon literarium, sive Nomenclator historico-criticus præstantissimorum omnis aetatis, populi, artiumq. formulae scriptorum. ..... Traiecti ad Rhenum, apud Gisb. Tiem à Paddenburg..... 1775-1790. 7 tomes avec portr. de Saxius. — Saxii onomastici literarii mantissa recentior, sive pars octava, nomenclaris scriptorum..... Trajecti ad Rhen. 1803. 1 vol. — Quaestiones literariae,..... bonarum artium historiae potissimum universae, rhetorices, poëtices, antiquitatis graecae, & romanae... a Christ. Saxio. Traiecti Batav. apud Ioann. van Schoonhoven, 1767. 1 vol. — Christoph. Saxii epistola ad virum amplissimum eruditissimumque Henricum van Wijn..... de Veteris Medici Ocularii Gemma sphrajide..... Traiecti ad Rh., Joh. v. Schoonhoven, 1774. 1 vol. — Onomastici literarii Epitome..... Trajecti ad Rhenum, G. T. a Paddenburg..... 1792. 1 vol. Ensemble 11 vol. in-8, d.-rel. veau fauve.

> Exemplaire absolument complet de cet ouvrage estimé. Le portrait de Saxius se trouve dans le tome VII.

4453. **Schütz**, S. J. (Henri). Commentarius criticus de scriptis & scriptoribus historicis, tam antiquis, quam novis, ad faciliorem... historiæ qua ecclesiasticæ, qua profanæ, notitiam concinnatus... ac dissertationibus illustratus. Ingolstadii & Monachii, Sumpt. J. Fr. X. Cräz & Th. Summer, MDCCLXI. Petit in-4, d.-rel. veau rac., tr. lim.; au dos, chiffre du comte Riant.

4454. **Struvius** (Burcard. Gotth.). Introdvctio in notitiam rei litterariae et vsvm bibliothecarvm Accessit Dissertatio de doctis impostoribvs et huic tertiæ editioni accedvnt svpplementa necessaria. Ienae, sumpt. Ern. Cl. Bailliar, 1710. In-8, rel. vél.

4455. **Swertius** (Franciscus). Selectae christiani orbis deliciae ex urbibus, templis, bibliothecis et aliunde..... editio auctior. Coloniae Agrippinae, Bevaardi Gualteri, cIɔIɔcXXV. In-8, titre gravé, cart. perc.

4456. **Teissier** (Ant.). Catalogus avctorvm qvi Librorvm Catalogos, Indices, Bibliothecas, Virorum Litteratorum Elogia, Vitas, aut Orationes Funebres, Scriptis consignârunt..... cum *Philippi Labbæi* Bibliotheca nummaria in duas partes tributa..... Genevæ, Apud Samvelem de Tovrnes. 1686. In-4, rel. vél.

4457. **Vogel** (Ernst Gustav). Literatur früherer und noch bestehender europäischer öffentlicher und Corporations-Bibliotheken. Leipzig, T. O. Weigel, 1840. In-8, cart. perc. v.

VOYAGES LITTÉRAIRES

4458. **Blume** (Friedrich). Iter italicvm. Berlin und Stettin, in der Nicolaischen Buchhandlung, 1824, [*ensuite*] Halle, E. Anton, 1827-1836. 4 tomes en 1 vol. in-12, d.-rel. chag.

Voyage à travers les archives et bibliothèques des différents états dont se composait l'Italie.

4459. — Bibliotheca librorvm manvscriptorvm italica. Gottingæ, Imp. Bibliop. Dietericiani, 1834. 1 vol. in-8, rel. toile. couv.

4460. **Dudik**. Iter romanum. unternommen und veröffentlicht von *Beda Dudik*. Wien, Manz, 1855. 2 tomes en 1 vol. in-8, d.-rel. veau br., tête lim., non rogn., couv.

4561. **Gerbert** (Martin). Iter Alemannicum, accedit Italicum et Gallicum. Editio secunda. Typis San-Blasianis, 1773. In-8, avec 10 planches, d.-rel. toile, non rogn.

Ouvrage estimé du savant Gerbert à qui l'on doit d'intéressantes recherches sur l'histoire de la musique. Ce livre, comme plusieurs autres du même auteur, a été exécuté dans l'abbaye de Saint-Blaise, dans la Forêt-Noire, dont Gerbert fut nommé prince-abbé en 1764.

4462. **Hegenitius, Ortelius, Loysius**. Gotfr. Hegenetii Itinerarivm Frisio-Hollandicum, et Abr. Ortelii Itinerarium Gallo-Brabanticum in quibus quæ visu, quæ lectu digna. Accedit Georgii Loysii C. V. Pervigilium Mercurii, in quo agitur de præstantissimis peregrinantis virtvtibvs. Editio ultima. Lugd. Batavor. Apud viduam Henrici Verbiest, 1647. In-12, rel. vél., fers à froid.

4463. **Mabillon** (J.). Iter Germanicum et Jo. Launoii de Scholis celebribus a Carolo M. et post Carolum M. in Occidente instauratis liber. Accedunt: Facultas Parisiensis de doctrina pronuncians, et veteres formulæ protestationum Romæ a pontificibus in Parisiensi et quibusdam aliis Academiis a doctoribus fieri solitarum. præmissa est præfatio Io. Alberti Fabricii. Hamburgi, sumtu Christiani Liebezeit, a. MDCCXVII. In-8. — **Carpenterius** (Irenaeus). Eruditorum Coelibum semicenturia novissima. Subjungitur Claudii Baduelli de ratione vitae studiosae ac literatae in matrimonio collocandae et degendae... Vittembergae, apud Chr. Theoph. Ludovicum, A. cIɔ Iɔ cc XVII. In-8, Ensemble 1 vol. rel. parch.

4464. **Montfaucon** (Dom Bernard de). Diarium italicum sive monumentorum veterum, bibliothecarum, musæorum, &c. Notitiæ singulares in Itinerario Italico collectæ. Additis schematibus ac figuris. Parisiis, J. Anisson, 1702. Vol. in-4, rel. veau.

4465. **Pflugk-Harttung** (Julius von). Iter Italicum. Stuttgart, Kohlhammer, 1883. 2 tomes en 1 vol. in-8, d.-rel. mar. rouge, tête marbr., non rogn., couv.; au dos, chiffre du comte Riant.

4466. **Zaccaria, S. J.** (Francesco Antonio). Excursus literarii per Italiam ab anno M DCC XLII ad annum M D CC LII. Venetiis, Ex Remondiniano Typographio. In-4, rel. vél., 5 planches; on a ajouté à la fin de l'exempl. un portrait du général des jésuites *Laurent Ricci*, d'après *Steiner*.

F. A. Zaccaria (1714-1795) entra à 15 ans dans la Compagnie de Jésus et parcourut l'Italie à la recherche de documents pour son œuvre capitale l'*Histoire littéraire de l'Italie*, vivement attaquée dès son apparition et non moins vivement défendue. A la dissolution de la Société de Jésus, il se retira à Rome où le pape le chargea de divers professorats. Son *Excursus per Italiam* est un travail préparatoire à son Histoire littéraire et dans lequel il a relevé de nombreuses inscriptions fort précieuses.

4467. Archivalische Reisen im vorigen Jahrhundert. Mitgetheilt von Dr *Haeutle*. [A. d. *Archiv. f. Oester. Gesch.*, LIV, 1876]. In-8, cart. — **Bethmann**. Voyage historique dans le nord de la France, traduit de l'allemand et précédé d'une introduction par *Edmond de Coussemaker*. Paris, Didron, 1849. In-8, cart., 1 pl. de facsim. — **Hopf** (K.). Reiseberichte [*Extrait s. l. n. typ.*] (1862.) In-8, cart. — **Löwenfeld** (S.). In den Bibliotheken der Normandie. Bericht über eine Reise im August 1882. [A. d. *Neues Archiv.* IX.] In-8, cart. — **Schulte** (Fr.). Iter Gallicum. (mit 4 Tafeln Schiftprober). Wien, Gerold, 1868. In-8, rel. toile. Ensemble 5 vol. ou plaq.

ANTIQUITÉ — LITTÉRATURE NÉO-HELLÉNIQUE

4468. **Boehmer** (Eduard). Romanische Studien. Verzeichniss rätoromanischer Literatur. Bonn, Ed. Weber, 1883. 1 vol. in-8, rel. toile.

4469. **Camerarius** (Joachim), senior. Decuriæ XXI Συμμικτων Προβληματων seu variarum et diversarum Quæstionum de natura, moribus, sermone. Ap. Hieron. Comelinum, 1594 (*Genève*). 1 vol. in-8, rel. vél.

Livre *rare*. Ouvrage posthume, publié par les deux fils de l'auteur, *Joachim* et *Philippe Camerarius*.

— **Halm** (Karl). Ueber die handschriftliche Sammlung der Camerarii und ihre Schicksale. München, Straub, 1873. In-8, br.

4470. **Crusius** (Martin). Germanograeciae libri sex : In quorum prioribus tribus, Orationes : in reliquis Carmina, Græca & Latina, continentur. ob graecae linguae studium, quod iampridem Alpes in Germaniam transvolavit, diligenter retinendum, & ad plurimarum rerum, quæ ab anno cIɔ.Iɔ.LXVI. usque ad tempus præsens conti gerunt, non iniucundam cognitionem, editi... Basileæ, per Leonardum Ostenium, Sebast. Henricpetri impensa. 8 ffnc., 363(1) pp. et 5 ffnc., rel. bas. rac.; sur les plats, chiffre du comte Riant.

4471. [**Donati** (Sebastiano)]. De' dittici degli antichi profani, e sacri Libri III. coll' appendice d' alcuni necrologj. Lucca, F. M. Benedini, 1753. In-4, rel. veau f., avec pl.

4472. **Gaddi** (Iacobo). De scriptoribus non ecclesiasticis græcis, latinis, italicis Primorum graduum in quinque Theatris scilicet Philosophico, Pœtico, Historico, Oratorio, Critico..... [*Tome I*] : Florentiæ, typis Amatoris Massæ, 1648. [*Tome II*] : Lugduni, Typ. Ioan. Pet. Chancel, 1649. 2 tomes en 1 vol. petit in-fol., rel. vél.

> Ouvrage estimé. De la bibliothèque de Henr. Ios. Rega, le célèbre médecin de Louvain.

4473. **Grúter** (Jean). Lampas, sive Fax artium liberalium, hoc est thesaurus criticus in quo infinitis locis Theologorum, Jurisconsultorum, Medicorum, Philosophorum, Oratorum, Poetarum, Grammaticorum, scripta supplentur, corriguntur, illustrantur, notantur..... Francofurti ad M., E collegio Palthe- niano, sumtibus Ionæ Rhodii bibliopolæ, 1602-1623. 7 forts vol. in-8, rel. parch.

> Très utile et très intéressant recueil dans lequel Gruter a réuni un grand nombre de dissertations et d'opuscules d'humanistes des xve et xvie siècles et relatifs principalement à la littérature classique grecque et latine. Le 7e volume a été ajouté postérieurement par Jean Philippe Wængler (en latin Paræus), philologue et commentateur allemand qui a surtout travaillé sur Plaute.

4474. **Müller** (Ottfried). Histoire de la littérature grecque jusqu'à Alexandre le Grand. Traduite, annotée et précédée d'une étude sur Ottfried Müller & sur l'école historique de la philologie allemande par *K. Hillebrand*. Paris, Durand, 1865. 2 vol. in-8, d.-rel. veau br., non rogn., couv.; au dos, chiffre du comte Riant.

4475. **Chauvin** (Victor). Les romanciers grecs et latins. Paris, Dentu, 1862. Vol. in-12, rel. toile. — **Havet** (Ernest). Étude sur la réthorique d'Aristote. Paris, Delalain, 1846. In-8, d.-rel. chag. — **Patin**. Études sur les tragiques grecs : Euripide, Eschyle, Sophocle. 2e édition. Paris, Hachette. 4 vol. in-12, d.-rel. veau f., tr. r. Ensemble 6 vol.

4476. **Baehrens** (Emil.). Unedirte lateinische Gedichte. Leipzig, Teubner, 1877. In-8, rel. toile. — Callimaque considéré comme bibliographe et les origines de la bibliographie en Grèce. Extr. de l'*Ann. de l'Assoc. p. l'encour des études grecques*. Paris, Chamerot, 1876. In-8, cart. — **Dezeimeris** (Reinh).

Études sur le Querolus. Bordeaux, Gounouilhou, 1841. — *Du même* : Corrections et remarques sur le texte de divers auteurs. Bordeaux, Ferret, 1883. 2 plaq. in-8, br. — **Egger** (E.). Étude sur l'éducation et particulièrement l'éducation littéraire chez les Romains. Thèse de doctorat présentée..... en 1833. Paris, Colin, 1888. In-8, br. — **Hervieux** (Léop.). Notice historique et critique sur les fables latines de Phèdre et de ses anciens imitateurs directs et indirects. Paris, Didot, 1884. In-12, cart. — **Wislicenus** (Hugo). Loki; das Nibelungenlied; das Dionysostheater in Athen. Bevorwordet von *Carl Bartsch* und dem Herausgeber *G. A. Wislicenus*. Zürich, Schabelitz, 1867. In-8, rel. toile. Ensemble 7 vol. ou plaq.

4477. **Ellissen** (A.). Analekten der mittel- und neugriechischen Literatur. Leipzig, Wigand, 1855. 5 tomes en 4 vol. in-12, d.-rel. chagr. r., non rogn.; au dos, chiffre du comte Riant.

4478. **Fant** (Ericus Michael). Historiola litteraturae graecae in Svecia. Upsal, Edmann, 1778. 1 vol. petit in-4, rel. vél.

4479. **Rizo** (Iacovaky Néroulos). Cours de littérature grecque moderne donné à Genève..... publié par *Jean Humbert*. Genève, Abraham Cherbuliez, 1827. In-8, portr., cart. perc. n.

AUTEURS ECCLÉSIASTIQUES

4480. **Bellarmin** (Le cardinal). De scriptoribus ecclesiasticis liber unus. Editio novissima prioribus emendatior. Bruxellis, Typ. Joannis Leonard, 1719. 1 vol. in-12, rel. veau fauve.

4481. **Dowling** (Joan. Goulter). Notitia Scriptorum S. S. Patrum aliorumque veteris Ecclesiæ monumentorum quæ in Collectionibus Anecdotorum post annum Christi M D CC, in lucem editis continentur, nunc primum instructa. Oxonii, e typ. academico, 1839. In-8, rel. toile (édit.).

4482. Initia librorum patrum latinorum, sumptibus Academiae Caesareae Vindobonensis. Vindobonae, venumdat C. Geroldi filius, 1865. In-8, rel. rel. toile.

4483. **Ittig** (Thomas). De Bibliothecis et Catenis Patrum, variisque veterum Scriptorum Ecclesiasticorum Collectionibus..... Tractatus. Lipsiæ, Sumpt. Hæred. F. Lankisii, 1707. In-8, d.-rel. veau éc., tête lim., non rogn.; au dos, chiffre du comte Riant.

Bon ouvrage du théologien allemand *Ittig* (1643-1710), professeur à la faculté de théologie de Leipzig, sa ville natale.

4484. **Reifferscheid** (August). Bibliotheca Patrum latinorum Italica..... Wien, Karl Gerold, 1865-1871. 2 tomes en 1 vol. in-8, d.-rel. chagr. r. Couverture.

4485. **Sardagna, S. J.** (Carol.). Indiculus Patrum ac Veterum Scriptorum ecclesiasticorum, qui a primordiis Christianæ religionis ad tempora usque BB. Thomae Aquinatis et Bonaventurae Ecclesiam..... illustrarunt, Ordine alphabetico digessit..... Ratisbonae, ex typ. Zunkeliana, 1772. In-8, rel. veau.

4486. **Walch** (Iean Georges). Bibliotheca patristica litterariis annotationibus instructa. Editio nova emendatior et multum auctior adornata ab *Io. Traug. Lebr. Danzio*. Ienae, sumtu Crœkeriani 1834. XLVIII-806 pp. — Initia doctrinae patristicae introductionis instar in patrum ecclesiae studium, auctore *J. Traug. Lebr. Danzio*. Adhaerent supplementa ad bibliothecae patristicae Walchianiae editionem novam. Iena, Crœker, 1839. 48 pp. Ensemble 1 vol. in-8, rel. bas. bleue, tr. jaspée; *aux armes du marquis de Morante*.

4487. **Zorn** (Petrus). Bibliotheca antiquaria et exegetica in universam scripturam S. Vet. et Novi Testamenti. Francofurti & Lipsiæ, apud Chr. Gottl. Nicolai, 1724. 1 vol. in-12, d.-rel. parch.

4488. **Caspari** (C. P.). Eine Augustin fälschlich beilegte Homilia de sacrilegiis. Aus einer Einsiedeler Handschrift des VIII[en] Jahrhunderts. Christiania, Dybwad, 1886. Plaq. in-8, br. — **Huemer** (Joh.). Hugo Ambianensis sive Ribomontensis. Opuscula herausgegeben..... zur Geschichte der mittelalterlischen Dichtung. Wien, Hölder, 1880. In-8, rel. toile, non rogn. — **Weber** (Alf.). Untersuchungen uber die : « Vie des anciens Pères..... ». Frauenfeld, Huber, 1876. In-8, rel. toile, couv.

MOYEN AGE

4489. **Du Méril** (Edélestand). Mélanges archéologiques et littéraires. Paris, Franck, 1850. In-8, d.-rel. chag., tr. lim.

4490. — Poésies populaires latines antérieures au douzième siècle. Paris, 1843. — Poésies populaires latines du Moyen-âge. Paris, 1847. Ensemble 1 vol. in-8, d.-rel. chag. r., tr. marbr.

4491. — Poésies inédites du Moyen-âge précédées d'une histoire de la Fable Esopique. Paris, Franck, 1854. — *Du même*: Études sur quelques points d'archéologie et d'histoire littéraire. Paris, Franck, 1862. Ensemble 2 vol. in-8, d.-rel. chag. br. et br.

4492. **Kölbing** (Eugen). Beiträge zur vergleichenden Geschichte der romantischen Poesie und Prosa des Mittelalters unter besonderer Berücksichtigung der englischen und nordischen Literatur. Breslau, Koebner, 1876. In-8, rel. toile, couv.

4493. **Leyser** (Polycarpe). Historia poetarum et poematum medii aevi decem post annum a nato Christo cccc, seculorum... Halae Magdeb., sumptu novi bibliopolii..... 1721. 1 gros vol. in-12, d.-rel. veau rac., tr. limaç.

4494. **Oesterley** (Hermann). Wegweiser durch die Literatur der Urkunden-Sammlungen. Berlin, Georg Reimer, 1885-1886. 2 vol. in-8.

4495. **Robert** (A. C. M.). Fables inédites des xiie, xiiie et xive siècles, et fables de La Fontaine rapprochées de celles de tous les auteurs qui avoient, avant lui, traité les mêmes sujets, précédées d'une notice sur les fabulistes. Paris, Étienne Cabin, 1825. 2 vol. in-8 av. fac-sim., portr. de La Fontaine gr. par *Cathelin* d'après *Rigaud* et 90 pl. gr. en taille-douce par *Legrand*, d.-rel. chagr. rouge, tr. jasp. — **Taine** (H.). La Fontaine et ses fables. 3e éd. Paris, Hachette, 1861. In-12, rel. toile.

4496. **Sachs** (C.). Beiträge zur Kunde alt-französischer, englischer und provenzalischer Literatur aus französischen und englischen Bibliotheken. Berlin, Nicolai, 1857. In-8, rel. toile.

4497. Vom Römischen Kaisertum deutscher Nation. Ein mittelalterliches Drama. Nebst Untersuchungen über der byzantinischen Quellen der deutschen Kaisersage, von Dr *Gerhard von Zezschwitz*. Leipzig, Hinrichs, 1877. In-8, rel. toile, non rogn., couv.

4498. **Francke** (Kuno). Zur Geschichte der lateinischen Schulpoesie des xii und xiii Jahrhunderts. München, Riedel, 1879. Vol. in-8, cart., couv.— **Gautier** (Léon). Cours d'histoire de la poésie latine au moyen-âge. Leçon d'ouverture. Paris, Le Clere, 1866. In-8, cart. — **Heeren** (Arn. Herm. Ludw.). Geschichte der classischen Litteratur im Mittelalter. Göttingen, Röwer, 1822. 2 tomes en 1 vol. in-12, rel. toile. — **Wattenbach** (W.). Die Anfänge lateinischer profaner Rythmen des Mittelalters. A. d. *Ztschr. d. d. Alterthum.*, 1871. In-8, cart. Ensemble 4 vol. ou plaq.

4499. **Batiffol** (P.). Jérôme de Jérusalem, d'après un document inédit. Extr. de la *Rev. des Quest. hist.* In-8, cart. — **Galvani** (Giov.). Origine dei trovatori dai bardi e per occasione dei troverri dagli scaldi. In-4, *S. l. n. d. n. typ.* rel. toile. — **Nisard** (Ch.). Des poésies de Sainte Radegonde attribuées jusqu'ici à Fortunat. Extrait de la *Revue historique*, tome XXXVII, 1888. Nogent-le-Rotrou, Gouverneur. In-8, br. — **Sathas** (C.). La tradition hellénique et la légende de Phidias, de Praxitèle et de la fille d'Hippocrate au moyen âge. Le Puy, Marchesson, *s. d.* In-8, cart. — **Sepet** (Marius). Esquisse d'une représentation dramatique à la fin du quinzième siècle. Paris, Palmé, 1868. In-8, rel. toile, couv. Ensemble 5 vol. ou plaq.

ALLEMAGNE

4500. **Cruel** (R.). Geschichte der deutschen Predigt im Mittelalter. Detmold, Meyer, 1879. Vol. in-8, d.-rel. chag., tête peigne, non rogn.; au dos, chiffre du comte Riant. — **Eckart**. Predigten [pub. p. *Sievers*; extr. des *Zeitschr. f. D. A.*, neue Folge, III, 1873.] In-8, cart.

4501. **Docen** (Bern. Jos.). Miscellaneen zur Geschichte der teutschen Literatur, neu-aufgefundene Denkmäler der Sprache, Poesie und Philosophie unsrer Vorfahren enthaltend. München, E. A. Fleischmann, 1809. 2 tomes en 1 vol. in-8, cart. pap.

4502. **Dreyer** (Io. Charles Henri). Monumenta anecdota virorum post fata illustrium et clarorum quibus varia rei literariae, historiarum, antiquitatum et iuris Germanici argumenta illustrantur et expenduntur. Lubecæ et Altona, Iversen, 1760. *Tome Ier seul paru.* — *Du même*: Notitiae librorum manuscriptorum historiæ Cimbricae. Rostoch, Bœdner, 1759. Ensemble 1 vol. et 1 plaq. In-4, cart. et rel. toile.

4503. **Freher** (Marq.). Directorivm in omnes fere, qvos svperstites habemvs, Chronologos, Annalivm scriptores et historicos potissimvm Romani Germanicique Imperii. Iterum recognovit..... Io. David Koelerus..... Accessit Casparis Sagittarii dissertativncvla de praecipvis scriptoribvs Historiae Germanicae. Norimbergæ, I. D. Tauber, 1734. Petit in-4, cart., port.

4504. **Greith** (Carl). Spicilegium vaticanum. Beiträge zur nähern Kenntniss der vatikanischen Bibliothek für deutsche Poesie des Mittelalters. Frauenfeld, Ch. Beyel, 1838. In-8, rel. toile, non rogn.

    Contient un aperçu sur le catalogue des mss. du Vatican, une liste des mss. en haut-allemand, en latin & en français se rattachant à l'histoire de la littérature allemande du moyen âge, et le *Gregorius vf dem Steine*, de Hartmann von Aue, publié ici pour la première fois.

4505. **Holland** (Dr H.). Geschichte der altdeutschen Dichtkunst in Bayern. Regensburg, Pustet, 1862. 1 vol. grand in-8, rel. toile, non rogn., couv.

4506. **San-Marte** (A. Schulz). Zur Waffenkunde des älteren deutschen Mittelalters. Mit dreizehn Abbildungen aus Handschriften zur Parcivaldichtung..... Quedlinburg und Leipzig, Gottf. Basse, 1867. In-8, 13 pl. h.-t., cart. perc. bl., couv.

    Cet ouvrage forme la partie II du tome IV de la « Bibliothek der gesammten deutschen National-Literatur. »

4507. Symbolæ ad literaturam teutonicam antiqviorem..... editæ sumtibus *Petri Friderici Suhm*. Havniæ, typ. Horrebowii, 1787. In-4, rel. toile.

4508. **Walther** (Ph. A. F.). Systematisches Repertorium über die Schriften sämmtlicher historischer Gesellschaften Deutschlands. Darmstadt, Jonghaus, 1845. 1 vol. in-8, rel. toile, non rogn.

4509. Wienerische (der) Hannszwurst oder lustige Reysebeschreibung aus Salzburg in verschiedene Länder. herausgegeben von Prehauser. Pintzkerthal, *s. d. et sans nom d'imprimeur.* In-12, rel. parch.

4510. **Grasshoff** (R.). Die briefliche Zeitung des xvi. Jahrhunderts. Leipzig, Vollrath, Januar 1877. In-8, rel. toile. — **Keller** (H. A. von). Altdeutsche

Handschriften. 1. 2. Tübingen, Laupp, 1864. In-8, br. — **Pflugk-Harttung** (J. von). Theodor von Sickel und die Monumenta Germaniæ diplomata. Stuttgart, Kohlhammer, 1885. In-8, cart., couv.—**Wattenbach** (W.). Hartmann Schedel als Humanist. A. d. *Forsch. f. d. Gesch.*, xi. Göttingen, 1871. In-8, cart. — **Winkelmann** (Ed.). Ueber die ersten Staats-Universitäten. Heidelberg, 1880. In-4, cart.

ANGLETERRE

4511. **Hazlitt** (W. Carew). Hand-book to the popular, poetical, and dramatic Literature of Great Britain from the Invention of Printing to the Restauration. London, John Russell, 1867. In-8, d.-rel. bas. (édit.).

4512. Observations on the three first volumes of the history of english poetry, in a familiar letter to the author. London, J. Stockdale... MDCCLXXXII. In-4, d.-rel. v., avec coins, filets or.

4513. **Wright** (Thomas). Biographia britannica literaria; or Biography of literary characters of Great-Britain and Ireland. London, Parker, 1842-1846. 2 vol. in-8, rel. toile (édit.).

L'un des volumes comprend la période anglo-saxonne, l'autre la période anglo-normande.

FRANCE

4514. **Barbey d'Aurevilly** (J.). Les œuvres et les hommes : Les philosophes et les écrivains religieux. Paris, Frinzine, 1887. 1 vol. in-8, br.

4515. **Blampignon** (E. A.). Étude sur Malebranche, d'après des documents manuscrits, suivie d'une correspondance inédite. Paris, Douniol, 1861. 1 vol. in-8, d.-rel. veau fauve (Gruel). — Massillon d'après des documents inédits. Paris, Palmé, 1879. 1 vol. in-12, rel. toile, couv. — Bibliographie de Malebranche. (Extrait de la *Bibliog. oratorienne* du P. Ingold.) Montbéliard, Hoffmann, s. d. 1 plaq. in-8, cart. — Les facultés de théologie de France. Paris, Douniol, 1872. 1 plaq. in-8, cart. Ensemble 2 volumes et 2 plaquettes in-8.

4516. **Hauréau** (B.). Hugues de Saint-Victor. Nouvel examen de l'édition de ses œuvres. Paris, Pagnerre, 1859. In-8, rel. toile. — Mémoire sur les récits d'apparitions dans les sermons du moyen-âge. [Extr. des *Mém. de l'A. d. I. & B.-L.*] Paris, Imp. nat., 1873. In-4, cart. — Notice sur les œuvres authentiques ou supposées de Jean de Garlande. Paris, Imp. nat., 1877. In-4, rel. toile. — Notice sur un manuscrit de la reine Christine à la Bibliothèque du Vatican. Notice sur les Mélanges poétiques d'Hildebert de Lavardin. [Extr. des *Mém. de l'Ac. d. I. & B.-L.*, t. XXVIII et XXIX.] — Mémoire sur le « Liber de viris illustribus » attribué à Henri de Gand. Paris, Imp. nat., 1883. Ensemble 1 vol. in-4, rel. toile. — Notice sur un poëme contenu dans le numéro 386 des manuscrits de Cambrai. Paris, Imp. nat., 1884. In-4, cart. Ensemble 6 vol. ou plaq.

4517. Histoire littéraire de la France... Par des Religieux Bénédictins de la Congrégation de St Maur et continué par des membres de l'Institut. Tomes 1 à 10. Paris, Palmé, 1865-1868. Tomes 11 à 15. Paris, Didot, 1820-1841. Tomes 16-29. Paris, Didot & Impr. Nat., 1822-1885. — Table générale par ordre alphabétique des matières contenues dans les quinze premiers volumes de l'Histoire littéraire de la France, par *Camille Rivain*. Paris, Palmé, 1875. 1 vol. Ensemble 29 vol. in-4, d.-rel. chag. rouge, coins, tête dorée, non rogn.; au dos, chiffre du comte Riant.

4518. La Rue (L'abbé de). Essais historiques sur les Bardes, les Jongleurs et les Trouvères Normands et Anglo-Normands suivis de pièces de Malherbe, qu'on ne trouve dans aucune édition de ses œuvres. Caen, Mancel, 1834. 3 vol. grand in-8, rel. toile, non rogn.

Bel exemplaire en grand papier vergé de cet ouvrage estimé.

4519. Nettement (Alfred). Histoire de la littérature française sous la Restauration. 2e édition. Paris, Lecoffre, 1858. — Histoire de la littérature française sous le Gouvernement de Juillet. 2e édition. Paris, Lecoffre, 1859. 4 tomes en 2 vol. in-8, d.-rel. veau, tête lim., ébarb.; au dos, chiffre du comte Riant.

4520. Nyrop (Kristoffer). Den oldfranske Heltedigtning. Histoire de l'épopée française au moyen-âge accompagnée d'une bibliographie détaillée. København, Reitzel, 1883. 1 vol. in-8, rel. toile, non rogn., couv.

4521. Potiquet (A.). L'Institut national de France, ses diverses organisations. Paris, Didier, 1871. 1 vol. in-8, d.-rel. chag.; au dos, chiffre du comte Riant.

4522. Rajna (Pio). Le Origini dell' epopea francese. Firenze, Sansoni, 1884. 1 vol. grand in-8, rel. toile, non rogn. — **Rathail** (J. de). De l'existence d'une épopée franke à propos de la découverte d'un chant populaire mérovingien. Paris, Franck, 1848. In-8, rel. toile.

4523. Staaff (Le lieutenant-colonel). La littérature française depuis la formation de la langue jusqu'à nos jours. Paris, Didier, 1870-71. 3 vol. in-8, rel. toile, non rogn., couv.

4524. Wailly (N. de). Mémoire sur Geoffroy de Paris. Paris, Imp. nat., 1849. In-4, br. — Mémoire sur un opuscule anonyme intitulé « Summaria brevis et compendiosa doctrina felicis expeditionis et abbreviationis guerrarum ac litium regni Francorum ». Paris, Imp. nat., 1849. In-4, br. — Notice sur Guillaume Guiart, lue à l'Acad. des Insc. et B.-Lettres, III, 2e série. In-8, br.

4525. Bourgain (Abbé L.). La chaire française au XIIe siècle d'après les manuscrits. Paris, Palmé, 1879. 1 vol. in-8, rel. toile, couv., non rogn. — *Du même* : Les sermons latins rimés au moyen âge. Extr. des *Mém. de la Soc.*

d'*agric. sc. et arts d'Angers*. Angers, Lachèse et Dolbeau (1880). 1 plaq. in-8, rel. toile. — **Lecoy de la Marche** (A.). La chaire française au moyen-âge. Paris, Didier, 1868. In-8, d.-rel. veau, non rogn.; au dos, chiffre du comte Riant. — Sermon du xiiie siècle, tiré d'un manuscrit de la bibliothèque de Rouen, par M. *C. Hippeau*. Paris, Champion, s. d. In-8, cart., couv.

4526. **Bozon** (A.). De Vitali Blesensi. Paris, Plon, 1878. In-8, cart. — **Ferry** (C.). De Marbodi Rhedonensi episcopi vita et carminibus. Nemausi, Jouve, 1877. In-8, cart., non rogn., couv. — **Gillet** (Joseph). De Petro Cellensi abbate Sancti Remigii Remensis et Carnotensi episcopo. Lutetiæ Parisiorum, Hachette, 1881. In-8, rel. toile, non rogn., couv. — **Hebert-Duperron** (V.). De venerabilis Hildeberti, primo Cenomanensis episcopi, deinde Turonensis archiepiscopi vita et scriptis. Bajocis, A. Delarue, 1855. In-8, cart.

4527. **Beaucourt** (G. du Fresne de). Les Chartier. Recherches sur Guillaume, Alain et Jean Chartier. Caen, Le Blanc-Hardel, 1869. In-4, rel. toile. — **Boucherie** (A.). La langue et la littérature françaises au moyen-âge et la Revue des Deux-Mondes. Paris, Maisonneuve, 1880. Plaq. in-8, cart. — **Briquet** (A.). Dissertation historique et littéraire sur les Chroniques martiniennes. Paris, Techener, 1855. 1 plaq. in-12, cart. — **Defrémery** (C.). Examen de la nouvelle édition de Noël du Fail. Paris, 1875. — Note bibliographique et littéraire sur un exemplaire non cartonné de la comédie de Destouches, *Le philosophe marié*. Paris, 1880. — **Foucher de Careil** (A.). Descartes, la princesse Elisabeth et la reine Christine d'après des lettres inédites. Paris, Germer-Baillière, 1879. In-8, rel. toile, non rogn., couv. — **Jadart** (H.) & P. **Pellot**. Maître Robert de Sorbon et le village de Sorbon (Ardennes). Reims, impr. coopérative, 1888. In-8, br. [Tiré à 400 ex. non mis dans le commerce.] — **Leber**. Testament littéraire de M. C. Leber, suivi d'une description sommaire des livres et objets d'art les plus remarquables de son Cabinet. Orléans, H. Herluison, 1860. In-8, cart. perc. v. — **Martin** (Ernest). Examen critique des manuscrits du Roman du Renart. Bâle, J. Schweighauser, 1872. In-8, cart. — Mémoire historique pour servir à l'éloge de Charles du Fresne, sieur Du Cange. Paris, Delatour, 1766. In-4, rel. toile, 1 pl. — **Puymaigre** (Comte de). Jeanne d'Arc au Théatre (1439-1875). Paris, Douniol, 1875. — *Du même* : Les poëmes chevaleresques. Paris, Gervais, 1880. In-8, cart. [Extraits du *Correspondant*.] — **Robert** (Ulysse). Documents inédits concernant l'Histoire littéraire de la France. Paris, Palmé, 1875. In-4, rel. toile, couv. — **Saige** (G.). Notice sur François-Nicolas Baudot, seigneur du Buisson et d'Ambenay, historiographe de France. Extr. des *Doc. de la Soc. de l'h. de Paris*. Paris, 1883. In-8, cart., couv. — **Vauzelles** (Ludovic de.) Vie de Jacques de Vintimille, littérateur et savant du xive siècle. Orléans, 1865. — *Du même* : Marc de Vintimille ou les Chevaliers de Rhodes. Orléans, 1866. 2 vol. in-8, rel. toile, non rogn. — [**Brunet** (Pierre-Gustave)]. Notice sur le roman en vers des sept Sages de Rome. Paris, Techener, 1839. 1 plaq. in-8, rel. toile.

ESPAGNE — PORTUGAL

4528. **Branco** (Manoel Bernardes). Portugal e os estrangeiros. Obra dividida em quatro partes contendo os seguientes assumptos. 1. Diccionario das escriptores estrangeiros, que escreveram obras consagradas a Portugal..... 2. Diccionario das obras Portuguezas..... 3. Noticia dos Portuguezes que..... se distiguiram nas lettres. 4. Noticia das recordações e monumentos existentes em diversas partes do mundo, construidos por Portuguezes..... Lisboa, Pereira, 1879. 2 tomes en 1 vol. in-8, d.-rel. chag. r., non rogn.; au dos, chiffre du comte Riant.

4529. **Ticknor** (G.). Histoire de la littérature espagnole. Première Période : Depuis les origines jusqu'à Charles-Quint. Trad. de l'anglais, avec notes de *D. Pascal de Gayangos* et *D. Henri de Vedia*, par *J.-G. Magnabal*. Paris, Durand, 1864. 1 vol. grand in-8, rel. toile, non rogn.

4530. **Rubio y Lluch** (D. Antonio). El sentimiento del honor en el teatro de Calderón..... precedida de un prologo da D. Marcelino Menéndez Pelayo. Barcelona, Viuda e hijos de J. Subirana, 1882. In-8, cart. perc. br., couv. Envoi d'auteur au comte Riant. — **Schwab** (Moïse). Monuments littéraires de l'Espagne. [Extr. des *Actes de la Société philologique*, Année 1875.] In-8, br. — **Wolf** (Ferd.). Proben portugiesischer und catalanischer Volksromanzen. Wien, 1856. In-8, rel. toile.

ITALIE

4531. **Belgrano**. Rendiconto dei lavori fatti dalla Società ligure di Storia patria negli anni accademici 1865-1866. Genova, Tip. de' Sordo-Muti, 1867. 1 vol. in-8, rel. toile, couv. — Elogio di Antonio Crocco, letto alla Societa ligure di Storia Patria, il dì VIII Marzo 1885. Genova, Tip. de' Sordo-Muti. 1 plaq. in-8, br. — Della vita e delle opere del marchese Gerolamo Serra [avec un portrait du Mis Serra]. Genova, Tip. de' Sordo-Muti, 1859. 1 vol. in-8, cart., couv. — L'Istituto storico italiano (estratto dalla *Nuova Antologia*). Roma, Tip. della camera dei deputati, 1887. 1 plaq. in-8, br.

4532. **Bertacchi** (Angelo). Storia dell' Accademia Lucchese. Tomo I. Lucca, Giusti, 1881. 1 vol. grand in-4, rel. toile, avec deux lettres du Dr Bertacchi au comte Riant.

4533. **Fabricius** (Jean Albert). Conspectus thesauri litterarii Italiae..... subjoncto peplo Italiae *Io. Matthaei Toscani*. Hamburgi, sumtu Christ. Wilh. Brandt, 1730. Petit in-8, d.-rel. bas. noire.

4534. Pétrarque. **Arrigoni** (Louis). Notice historique et bibliographique sur vinq-cinq manuscrits... ayant fait partie de la Bibliothèque de François

Pétrarque. Milan, 1883. In-8, cart., fig. — [**Meneghelli**(Ant.)]. Index Francisci Petrarchae Epistolarum quae editae sunt et quae adhuc ineditae... Patavii, typ. Seminarii, 1818. In-16. — **Narducci** (Enrico). Catalogo dei codici petrarcheschi delle biblioteche Barberina, Chigiana, Corsiniana, Vallicelliana, e Vaticana e delle edizioni petrarchesche esistensi nelle biblioteche pubbliche di Roma. Torino-Roma-Firenze, Loescher, 1874. In-8, rel. toile, couv.

4535. — : **Valentinelli** (Giuseppe). Codici manoscritti d'opere di Francesco Petrarca od a lui riferentisi posseduti dalla biblioteca Marciana di Venezia. Venezia, Cecchini, 1874. Grand in-8, br.

4536. **Sforza** (Giovanni). F. M. Fiorentini ed i suoi contemporanei lucchesi. Saggio di storia letteraria del secolo XVII. Firenze, Menozzi, 1879. In-8, br., avec portr. — L'ingegnere Iacopo Seghizzi detto il frate da Modena ed i Lucchesi. [*Per Nozze.*] Lucca, Giusti, 1886. In-8, br.

4537. **Zeno** (Apostolo). Dissertazioni Vossiane..... cioe' giunte e osservazioni intorno agli Storici Italiani che hanno scritto latinamente, rammentati dal Vossio nel III. libro de Historicis Latinis. In Venezia, per Giambatt. Albrizzi..... 1752-53. 2 vol. in-4, rel. parch.

4538. **Sundby** (Thor). Brunetto Latinos Levnet og Skrifter. Kjøbenhavn J. Lund, 1869. In-8, rel. toile. — **Nisard** (Ch.). Brunetto Latini est-il l'auteur du *Pataffio* ? Paris, Imp. Nat., 1886. In-4, cart. — **Cart** (Th.). Sopra alcuni codici del Tesoretto di Ser Brunetto Latini. *S. l. n. d. n. typ.* In-8, cart.

4539. **Giorgi** (I.). Anedotto di un Codice Dantesco. Livorno, Vigo, 1890. In-8, cart., couv. — **Livi** (Giovanni). Il Guiccardini e Domenico d'Amorotto. Nuova edizione ampliata. Bologna, Gaet. Romagnoli, 1879. In-8, tit. r. et n. — **Petrucciis** (Joh. Ant. de). Sonecti composti. [Compte rendu par *Alfonso Miola.*] In-8, cart. — **Sabbadini** (Remigio). Guarino Veronese e il suo epistolario edito e inedito. Biografia. Salerno, tip. nazionale, 1885. In-8, rel. toile. — **Schio** (Giovanni da). Sulla vita e sugli scritti di Antonio Lossi, Vicentino, uomo di lettere e di stato. Padova, 1858. In-8, rel. toile.

BELGIQUE ET HOLLANDE

4540. **Goes** (J. Antonides van der). Alle de Gedichten. [3ᵉ édit.] Te Amsterdam, by Nic. ten Hoorn, 1714. 1 vol. petit in-4, rel. vél.

4541. **Hofdijck** (W. J.). Geschiedenis der nederlandsche Letterkunde. Amsterdam, Kraay, 1857. In-8, d.-rel. toile.

4542. **Serrure** (C. A.). Geschiedenis der nederlandsche en fransche Letterkunde in het Graefschap Vlaenderen, van de vroegste tyden tot aen het einde der regering van het huis van Burgondie..... Gent, Duquesne, 1855. In-8, cart. perc. bl.

PAYS DIVERS

4543. **Ampère** (J. J.). La science et les lettres en Orient. Paris, Didier, 1865. 1 vol. in-8, rel. toile, non rogn., couv.

4544. **Blondel** (Auguste) et **Mirabaud** (Paul). Rodolphe Töpffer, l'écrivain, l'artiste et l'homme. Ouvrage illustré de 25 photog. et suivi d'une bibliographie complète. Paris, Hachette, 1886. 1 vol. grand in-8, br.

4545. **Landberg** (Carlo, Graf von). Critica arabica. N°s I et II. Leyde, Brill, 1886-1888. 2 vol. in-8, br.

Cette publication, parue à intervalles irréguliers, n'a pas été mise dans le commerce.

4546. **Otto** (Friedrich). The history of russian literature, with a lexicon of Russian Authors. Translated from the German, by the late *George Cox*. Oxford, Talboys, 1839. 1 vol. in-8, rel. toile, non rogn.

4547. **Quatremère** (Étienne). Recherches critiques et historiques sur la langue et la littérature de l'Égypte. Paris, Impr. Impériale, 1808. 1 vol. in-8, rel. toile, non rogn.

4548. **Révillout** (Eugène). Un poème satyrique composé à l'occasion de la maladie du poète musicien hérault d'insurrection Hor-Ut'a (Άρνωθης) (papyrus de Vienne). Paris, Leroux, 1885. In-4, br., avec pl. — **Rougé** (Vicomte J. de). La littérature de l'ancienne Égypte. Extr. de la *Revue des Conférences*. Paris, 1883. In-8, cart.

4549. **Toldy** (Franz). Geschichte der Ungrischen Dichtung von den ältesten Zeit bis auf Alex. Kisfaludy..... aus dem Ungrischen übersetzt von *G. Steinacker*. Pest, Heckenast, 1863. In-8, rel. toile, portr. de Toldy.

4550. Abhandlung von Livländischen Geschichtschreibern. Riga, Hartnock, 1772. In-8, rel. toile. — **Lavollée** (R.). De poetis latino-polonis..... Parisiis, Didier, 1869. In-8, rel. toile. [Thèse.] — **Martinov** (Le P.)] La Société des anciens textes russes. S. l. n. d. n. typ. In-8, cart. — *Du même* : La littérature slave depuis dix ans. Paris, Soc. bibliog., 1879. In-8, cart., couv. — **Schwab** (Moïse). La littérature rabbinique et la littérature chrétienne du moyen âge. Elie del Medigo. Pic de la Mirandole. Extr. des *Annales de philosophie chrétienne*, 1878. In-8, cart.

2. Universités et écoles.

4551. **Bimbenet**. Histoire de l'Université de lois d'Orléans. Paris et Orléans, 1853. 1 vol. in-8, rel. toile, couvert., non rogn. — **Doinel** (Jules). Guy Fabri et Guillaume Rebrachien. Orléans, Herluison, 1887. In-8, br. — *Du même* : Hugues le Boutellier et le massacre des clercs à Orléans en 1236. Orléans, Herluison, 1887. In-8, br. — **Vassal** (C. de). Recherches sur le collège royal d'Orléans. Orléans, Herluison, 1861. In-8, rel. toile, non rogn. couv.

4552. **Budinzsky** (Alexander). Die Universität Paris und die Fremden an derselben im Mittelalter. Berlin, Wilh. Hertz, 1876. In-8, rel. toile, non rogn., couv.

4553. **Denifle** (Le P. Heinrich). Die Entstehung der Universitäten des Mittelalters bis 1400. Berlin, Weidmann, 1885. 1 vol. in-8, d.-rel. veau jaune, tête lim., non rogn.; au dos, chiffre du comte Riant.

4554. **Maitre** (Léon). Les écoles épiscopales et monastiques de l'Occident depuis Charlemagne jusqu'à Philippe Auguste (768-1180). Paris, Dumoulin, 1866. In-8, rel. toile.

4555. **Nicolson** (W.). The english, scotch and irish historical libraries, giving a short view and character of most of our Historians, either in print or manuscript..... to which is added a letter to the Reverend White Kennet, in defence of the englisch historical library, &c..... a new edition. London, Evans and Becket, 1776. In-4, d.-rel. bas. (ex-libris de Léonard L. Hartley).

William Nicolson a été successivement évêque de Carlisle et Derry, archevêque de Cashel. Son ouvrage a été publié d'abord en 1696-99, à Londres, cette édition-ci, la troisième, est de beaucoup la plus estimée et indispensable pour l'étude de l'histoire littéraire d'Angleterre.

4556. **Winkelmann** (Eduard). Urkundenbuch der Universitaet Heidelberg. Zur fuenfhundertjaehrigen Stiftungsfeier der Universitaet im Auftrage derselben. Heidelberg, Winter, 1886. 2 vol. grand in-8, br., avec lettre d'envoi au comte Riant.

Importante publication.

4557. **Verdière**, S. J. (Ch.). Les anciennes Universités et la collation des grades. Paris, Lecoffre, 1879. In-8, cart. couv. — **Spirgatis** (Max). Personalverzeichniss der Pariser Universität von 1464, und die darin aufgeführten Handschriften- und Pergamenthändler. Mit einer Facsimiletafel. Leipzig, Harrassowitz, 1888. In-8, br. — **Margerie** (A. de). Les Universités catholiques et la question sociale... Paris, Dubuisson et Cie, 1878. In-8, cart. pap. [Extrait de l'*Association catholique*, 15 mai 1878.] — **Jourdain** (Ch.). Un collège oriental à Paris au treizième siècle. Paris, Paul Dupont, s. d. [Extr. de la *Revue des Sociétés savantes*.] Plaq. in-8, cart., couv. — **Geffroy** (A.). Le concours d'agrégation d'histoire et ses dernières transformations. Paris, Chamerot, 1885. In-8, br. — *Du même* : L'école française de Rome. Ses premiers travaux. Paris, Thorin, 1884. Br. in-8. Ensemble 6 vol. ou plaqu.

XXII

BIBLIOGRAPHIE

1. Bibliophilie et histoire du livre.

4558. [**Bollioud-Mermet**]. De la Bibliomanie. A La Haye, M.DCC.LXI. [Réimpression faite à Paris, chez Jouaust, 1865, tirée à 200 exemplaires]. In-12, rel. toile.

4559. **Richard de Bury**. Philobiblion, traité sur l'amour des livres..... traduit pour la première fois en Français, précédé d'une Introduction et suivi du Texte latin revu..... par *Hippolyte Cocheris*. Paris, Aubry, 1856. [Tiré à 500 exemplaires.] In-12, rel. peau de Suède, tr. dor.; sur les plats, armes du comte Riant. (Gruel.)

4560. **Werdet** (Edmond). Histoire du livre en France, depuis les temps les plus reculés jusqu'en 1789. Paris, Dentu, 1861-1862. 4 tomes en 3 vol. in-12, d.-rel. veau, tête lim., ébarb., couv.

4561. **Blades** (William). Les livres et leurs ennemis. Traduit de l'Anglais. Paris, A. Claudin, 1883. Vol. in-8, d.-rel. chagr., tête lim., non rogn. (Portrait de l'auteur et 2 planches). — **Martin** (Alexis). Études sur les Ex-dono et dédicaces autographes. Paris, Baur, 1877. In-8, rel. toile. — **Saint-Genois** (Jules de). Les couvertures et feuillets de garde des vieux livres et des manuscrits. Paris, Rouveyre, 1874. Plaq. in-12, rel. toile. (Tirage à petit nombre.) — **Schall** (J. Fr.). Ausführliche Anleitung zur Restauration vergelbter, fleckiger und beschädigter Kupfertische u. s. w. Leipzig, Weigel, 1863. Plaq. in-8, rel. toile.

LIVRES IMAGINAIRES

4562. Catalogus librorum manuscriptorum, qui, capta nuperrime in Terra Sancta urbe munitissima, inter secretiora arcis expugnatæ reperti sunt. Ex Arabica in linguam Germanicam prima hac editione translati. *S. l. n. d. n. typ.* Petit in-8 de 8 ffnc., rel. mar. rouge, tr. dor., dent. int. (Dupré.)
Catalogue d'ouvrages fantaisistes.

4563. Catalogvs von den raresten Büchern und Manvscriptis welche bishero in der Historia Litteraria noch nicht zum Vorschein kommen..... Franckfurth und Leipzig, Anno 1720. Petit in-8, rel. vél., 1 pl.
Curieux catalogue de livres imaginaires, La gravure grotesque qui sert de frontispice porte comme signature « Raphaël d'Urbino in. et del. A. 1724 », et « Carolo Cesio et Edelin fc. : A. 1789 » tandis que la date du livre est 1720.

2. Ouvrages auxiliaires.

4564. **Bonnardot** (A.). Essai sur l'art de restaurer les estampes et les livres. Seconde édition. Paris, Castel, 1858. In-12, rel. peau de Suède, tr. dor.; sur les plats, armes du comte Riant. (Gruel.) — *Du même.* De la réparation des vieilles reliures, complément de l'Essai sur l'art de restaurer..... Paris, Castel, 1858. In-8, rel. toile.

4565. **Brulliot** (François). Dictionnaire de Monogrammes, Chiffres, Lettres initiales et Marques Figurées sous lequels les plus célèbres Peintres, Dessinateurs, et graveurs ont désigné leurs noms..... Munich, Zeller, 1817. In-4, cart.

4566. Congrès bibliographique international tenu à Paris du 1er au 4 juillet 1878 sous les auspices de la Société Bibliographique. Compte-Rendu des Travaux. Paris, Soc. Bibliog., 1879. Vol. in-8, d.-rel. chagr., tr. lim.; au dos, chiffre du comte Riant.

4567. Dissertation critique et analytique sur les chronogrammes publiée en 1718. Nouvelle édition, revue et corrigée par l'auteur. A Bruxelles, chez la Vve Foppens, cIɔ Iɔ cc XLI. Petit in-8, rel. v., tit. r. et n.

Curieux ouvrage non cité par Barbier et Quérard dans lequel on trouve, à la fin de l'épigramme, la signature suivante qui n'est qu'un pseudonyme dans lequel se trouve un chronogramme : ALEXIUs PHILOs COMATIADES. Sur le feuillet de garde on lit : *Barbier ne donne pas cet ouvrage.* DE LUYNES.

4568. **Michel** (Marius). La reliure française depuis l'invention de l'imprimerie jusqu'à la fin du xviiie siècle. Paris, 1880. 1 vol. in-4 br., grav., pl.

4569. **Nagler** (G. K.) et **Andresen** (A.). Die Monogrammisten. München, Franz, 1858-1871. 4 vol. in-8, d.-rel. veau, tête lim., ébarb.; au dos, chiffre du comte Riant.

4570. **Poulet-Malassis** (A.). Les Ex-libris français depuis leur origine jusqu'à nos jours. Nouvelle édition, ornée de 24 planches. Paris, Rouquette, 1875. In-8, d.-rel. mar., tr. peigne; au dos, chiffre du comte Riant.

4571. **Sanders** (William Bliss.). Examples of Carved Oak Woodwork in the Houses and the Furniture of the 16th & 17th Centuries. With 25 Illustrations Photo=Lithographed... London, Quaritch, 1883. In-fol., rel. toile (édit.).

Très bel ouvrage, tiré à petit nombre.

4572. **Schleiermacher** (A. A. E.). Bibliographisches System der gesammten Wissenschaftskunde mit einer Anleitung zum Ordnen von Bibliotheken, Kupferstichen,..... und Geschäftspapieren. Braunschweig, Vieweg, 1852. 2 vol. in-8, rel. toile.

4573. **Schwarz** (Chr. J.). De ornamentis librorvm et varia rei librariæ vetervm svpellectile dissertationvm antiqvariarvm hexas. Primvm collegit et rencensvit atqve praefatione indicibvsqve necessariis instrvxit *Iohann.*

Christian. Levschnervs. Lipsiæ, ex off. Langenhemiana, 1756. In-4, d.-rel. veau, coins. (5 planches.)

4574. [**Silvestre** (Louis Catherine)]. Marques Typographiques. Paris, Jannet, 1853. 1 vol. gr. in-8, d.-rel. chagr. r., n. r.; au dos, chiffre du comte Riant.

4575. **Tassis** (S. A.). Guide du correcteur et du compositeur..... sixième édition. Paris, Didot, s. d. — *Du même.* Traité pratique de la ponctuation. Paris, Didot, 1860. 2 tomes en 1 vol. in-12, rel. toile.

4576. **Collan** (K.). Om bibliografiska Systemer och Bibliotheksmethoder. Helsingfors, Frenckell, 1861. In-8, rel. toile. — **Nizet** (F.). Notice sur les catalogues de bibliothèques publiques, 3e édition. — Bibliographie de Léon XIII d'après le catalogue idéologique. Bruxelles, Vanbuggenhoudt, 1888. 2 plaq. in-8, br. — [**Sanchez** (Gius.)]. Saggio di un sistema di bibliografia disegnato sull' ordine osservato da Giambattista la Porta..... Napoli, 1820. In-8, cart.

4577. **Didot** (Ambroise Firmin). Essai typographique et bibliographique sur l'histoire de la gravure sur bois. Paris, Didot, 1863. Vol. in-8, rel. toile, couv. — **Sieurin** (J.). Manuel de l'amateur d'illustrations. Gravures et portraits pour l'ornement des livres français et étrangers. Paris, Labitte, 1875. Vol. in-8, d.-rel. chagr., tête lim., non rogn., couv.; au dos, chiffre du comte Riant. — **Valentinelli** (Giuseppe). Dei cataloghi a stampa di codici manoscritti. Venezia, Grimaldo, 1871. Plaq. in-8, rel. toile. — **Weigel** (T. O.). Verzeichniss der Xylographischen Bücher des XV. Jahrhunderts. Leipzig, 1856. Plaq. in-8, cart. Ensemble 4 vol. ou plaq.

ANONYMES ET PSEUDONYMES

4578. **Franklin** (Alfred). Dictionnaire des noms, surnoms et pseudonymes latins de l'histoire littéraire du Moyen-âge, 1100 à 1530. Paris, Didot, 1875. 1 vol. in-8, rel. toile, non rogn.

4579. **Moller** (Johan.). Homonymoscopia... sive Schediasma de Scriptoribus homonymis... Hamburgi, sumpt. G. Liebezeitii, typ. F. C. Greffling MDCXCVII. In-8, d.-rel. vél.

4580. **Barbier** (Antoine Alexandre). Dictionnaire des ouvrages anonymes et pseudonymes. Seconde édition. Paris, Barrois, 1822-1827. 4 vol. in-8, d.-rel. veau f., coins, portr. de l'auteur.

4581. *Le même.* 3e édition revue et augmentée par MM. *Olivier Barbier, René & Paul Billard.....* Paris, Daffis, 1872-1879. 4 tomes en 8 vol. grand in-8, d.-rel. chag. r., coins, tête dorée, non rogn.

4582. **Quérard** (J.-M.). Les supercheries littéraires dévoilées. Seconde édition, considérablement augmentée, publiée par MM. *Gustave Brunet* et

Pierre Jannet..... Paris, Daffis, 1869-70. 3 tomes en 6 vol. grand in-8, d.-rel. chag. r., coins, tr. dorée, non rogn., avec port. de Quérard.

Un des 100 exemplaires sur grand papier vergé (n° 8).

4583. **Lancetti** (Vincenzo). Pseudonima ovvero tavole alfabetiche de' nomi finti o supposti degli scrittori con la contrappozione de' veri..... Milano, Pirola, 1836. In-8, rel. toile, non rogn.

4584. **Manne** (E. de). Nouveau dictionnaire des ouvrages anonymes et pseudonymes la plupart contemporains. Nouvelle édition. Lyon, Scheuring, 1862. In-8, rel. toile, non rogn., couv.

4585. [**Melzi**]. Dizionario di opere anonime e pseudonime di scrittori italiani o come che sia aventi relazione all' Italia di G. M. Milano, Pirola, 1848-1859. 3 vol. grand in-8, d.-rel. chag. rouge, ébarbé; au dos, chiffre du comte Riant.

4586. **Sommervogel** (Carlos). Dictionnaire des ouvrages anonymes et pseudonymes, publiés par des religieux de la Compagnie de Jésus depuis sa fondation jusqu'à nos jours. Paris, Soc. bibliographique, 1884. 2 tomes en 1 vol. in-8, d.-rel. veau, non rogn.; au dos, chiffre du comte Riant.

4587. **Van Doorninck** (J. I.). Bibliotheek van nederlandsche Anonymen en Pseudonymen. 'S Gravenhage, Nijhoff. *S. d.* (1866). In-8, d.-rel. veau brun, non rogn., couv.

4588. **Brunet** (Gustave). Imprimeurs imaginaires et libraires supposés. Paris, Tross, 1866. 1 vol. in-8, d.-rel. veau brun, non rogn., couv.

4589. **Weller** (Emil). Die falschen und fingirten Druckorte. Repertorium der seit Erfindung der Buchdruckerkunst unter falschen Firma erschienen deutschen, lateinischen und französischen Schriften. Leipzig, Engelmann, 1864. — *Du même :* Index Pseudonymorum. Woerterbuch der Pseudonymen oder Verzeichniss aller Autoren, die sich falscher Namen bedienten. Glauchau u. Leipzig, Th. Moritz, 1867. Ensemble 2 vol. in-8, rel. toile, non rogn., couv.

3. Histoire de l'imprimerie et de la librairie.
Catalogues d'incunables.

4590. **Assier** (A.). La bibliothèque bleue depuis Jean Oudot Ier jusqu'à M. Baudot, 1600-1863. Paris, Champion, Chossonnery et Henry, 1874. In-8, rel. toile. [Tiré à 120 ex. num. N° 9.] — **Socard** (Alexis). Livres populaires, Noëls et cantiques imprimés à Troyes depuis le XVIIe siècle jusqu'à nos jours, ouvrage orné de vingt gravures originales, avec la musique de plusieurs airs. Paris, Aubry; Troyes, Dufey-Robert, 1865. In-8, rel. toile. [Tiré à 192 ex. num. N° 179 sur papier de Hollande.]

4591. **Audiffredi** (Jo. Bapt.). Specimen historico-criticum editionum italicarum saeculi xv..... Romae in typogr. Paleariniano, 1794. 1 vol. in-4, rel. vél. blanc, non rogn.

4592. — Catalogus historico-criticus romanarum editionum saeculi xv. in quo praeter editiones a Maettario, Orlandio, ac P. Laerio relatas et hic plerumque plenius uberiusque descriptas plurimae aliae quae eosdem effugerunt, recensentur ac describuntur..... Romae, ex Typ. Paleariniano, 1783. 1 vol. in-4, rel. parch.

4593. **Bandini** (Angelo Maria). De Florentina Iuntarum typographia eiusque censoribus. Lucae, typis Fr. Bonsignori, 1791. 2 tomes en 1 vol. in-8, d.-rel. veau rac., tr. limaç.

4594. **Berjeau** (J. Ph.). Catalogue illustré des livres xylographiques. Londres, Stewart, 1865. 1 vol. in-8, rel. toile, non rogn.

Tiré à 105 exemplaires, n° 28. Cf. n° 4577.

4595. Bibliotheca Smithiana, seu catalogus librorum D. Josephi Smith Angli per Cognomina Authorum dispositus. Venetiis, typis Jo-Bapt. Pasquali, 1755. [*Contient les préfaces des éditions incunables.*] — Catalogus librorum rarissimorum ab artis typographicæ inventoribus, aliisque ejusdem artis principibus ante annum M D excusorum. *Très rare.* Ensemble 1 vol. in-4, rel. vél., tr. jasp. et 1 vol. petit in-4, cart.

4596. **Blades** (William). A catalogue of Books printed by William Caxton or attribued to his press. London, 1865. In-8, rel. vél., front. (Exemplaire en grand papier.)

4597. **Bodoni.** In morte del cavaliere Giambattista Bodoni, sommo tipografo avvenuta il 30 novembre 1813. Parma, Vedova Bodoni, 1814. In-8, d.-rel. bas. n., non rogn.

4598. **Brunet** (Gustave). La France littéraire au xve siècle, ou catalogue raisonné des ouvrages en tout genre imprimés en langue française jusqu'à l'an 1500. Paris, Franck, 1865. 1 vol. in-8, d.-rel. veau f., couv.

4599. **Caballero** (Raimundo Diosdado). Breve examen acerca de los primeros tiempos del arte tipografico en España Version Castellana por Don *Vicente Fontan.* Roma, Fulgoni, 1793. Madrid, 1865. — **Valentinelli** (Giuseppe). Delle biblioteche della Spagna. Wien, 1860. Ensemble 2 vol. in-8, rel. toile, non rogn., et rel. bas. grenat, tr. jasp., aux armes du marquis de Morante.

4600. **Campbell** (M.-F.-A.-G.). Annales de la typographie néerlandaise au xve siècle. La Haye, M. Nijhoff, 1874. — 1er Supplément. La Haye, 1878. — 2^d Supplément. La Haye, 1884. Ensemble 1 vol. in-8, d.-rel. chag. r., tête dorée, non rogn., couv.; au dos, chiffre du comte Riant.

4601. **Capialbi** (Vito). Memorie delle tipografie calabresi... con un' appendice sopra alcune biblioteche di Calabria ed un discorso sulla tipografia Montelionese. Napoli, Porcelli, 1835. In-8, rel. toile, ébarbé.

4602. **Castellani** (Carlo). Notizia di alcune edizioni del secolo XV non conosciute fin ora dai bibliografi, un esemplare delle quali è conservato nella biblioteca Vittorio-Emanuele di Roma. Roma, 1877. Plaq. grand in-8, br.

4603. **Clessius Wineccensis** (Ioannes). Unius seculi eiusque virorum literatorum monumentis tum florentissimi, tum fertilissimi : Ab anno Dom. 1500. ad 1602. Nundinarum Autumnalium inclusiue, Elenchus consummatissimus librorum, hebræi, græci, latini, germani aliorumque Europæ idiomatum... Francofurti, Ex off. Ioannis Saurii, 1602. 1 vol. in-4, rel. parch.

Exemplaire roux.

4604. **Duthillœul** (H. R.). Bibliographie douaisienne..... nouvelle édition. Douai, Adam d'Aubers, 1842. — [Avec les deux Appendices de MM. *Émile Nève* et *Ch. de Chènedollé*. Bruxelles, Heberlé, 1850-1851.] 1 vol. in-8, d.-rel. veau, tr. lim.

4605. ELZEVIER : **Pieters** (Ch.). Analyse des matériaux les plus utiles, pour de futures annales de l'imprimerie des Elzevier. Gand, Annoot-Brackman, 1843. In-8, rel. toile, av. pl. [Tiré à 50 ex.] — *Du même* : Annales de l'imprimerie des Elzevirs, ou Histoire de leur famille et de leurs éditions. Deuxième édition. Gand, Annoot-Brackman, 1858. In-8, avec pl., rel. mar. citron, fil., dent. int., tr. dor.; au dos, chiffre du comte Riant.

4606. — : **Brunet** (Gustave). Recherches sur diverses éditions elzéviriennes, faisant suite aux études de MM. Bérard & Pieters, extraites des papiers de M. Millot. Paris, Aubry, 1866. In-12, rel. toile, non rogn. [Tiré à 250 ex. N° 41.] — **La Faye** (De). Catalogue complet des Républiques imprimées en Hollande in-24, avec des Remarques sur les diverses éditions. Nouvelle édition par *J. Chenu*. Paris, Potier, 1854. — Catalogue des livres rares et précieux composant la bibliothèque d'un amateur (M. L. T.) [*Tripier*]. Paris, Potier, 1854. Ensemble 1 vol. in-12, d.-rel. chag. bleu, tête dor., non rogn. — **Renne** (A. de). Recherches historiques et bibliographiques sur les Elsevier. Bruxelles, Wahlen, 1847. In-8, rel. toile, portr. et fac-sim. [avec la Table imprimée par *Chenu* à 10 exemplaires]. — **Walther** (Ch. F.). Les Elzeviers de la bibliothèque impériale de St Pétersbourg. St Pétersbourg, S. Dufour, 1864. In-12, d.-rel. veau br., non rogn. — *Du même* : Catalogue méthodique des dissertations ou thèses Académiques, imprimées par les Elzevir de 1616 à 1712..... Bruxelles, Heussner, 1864. In-8, rel. toile, non rogn. Ensemble 5 vol. ou plaq.

4607. **Gesner** (Johann Georg). Verzeichniss der vor 1500 gedrukten auf der öffentlichen Bibliothek zu Lübeck befindlichen Schriften..... Lübeck, Donatius, 1782. In-4, cart.

4608. **Hain** (Louis). Repertorium bibliographicum, in quo libri omnes ab arte typographica inventa usque ad annum MD. typis expressi ordine alphabetico..... recensentur. Stuttgart, Cotta, 1826-1838. 4 vol. in-8, d.-rel. chag. rouge, coins, tête dorée, non rogn.

Exemplaire en papier collé.

4609. **Harisse** (Henry). Excerpta Colombiniana. Bibliographie de quatre cents pièces gothiques françaises, italiennes & latines du commencement du xvie siècle..... Paris, 1887. — *Du même* : La Colombine et Clément Marot. 2e édition Paris, chez tous les marchands de nouveautés, 1886. Ensemble 1 vol. et 1 plaq. in-8, avec pl., br.

4610. **Herluison** (H.). Recherches sur les imprimeurs et libraires d'Orléans. Orléans, Herluison, 1868. 1 vol. in-8, avec figg. et fac-sim., d.-rel. veau br., non rogn.

4611. **Holtrop** (Joh. Guil.). Catalogus librorum sæculo xv° impressorum quotquot in Bibliotheca Regia Hagana asservantur. Hagæ Comitum, M. Nijhoff, 1856. 1 vol. in-8, d.-rel. veau brun, tr. jasp.

4612. **Holtrop**. Thierry Martens d'Alost. Étude bibliographique. La Haye, M. Nijhoff, 1867. In-8, rel. toile, non rogn.

4613. **Hoffmann** (Joannes Daniel). De typographiis earumque initiis et incrementis in regno Poloniæ et magno ducatu Lithuaniæ cum variis observationibus..... Dantisci, apud Georgium Marcum Knochium, 1740. Petit in-4, rel. toile.

4614. **Humphreys** (H. Noel). A history of the art of printing from its invention to its wide-spread development in the middle of the 16th. century. Preceded by a short account of the Origin of the alphabet,..... London, Quaritch, 1867. 1 vol. in-fol., avec 100 planches, rel. toile, non rogn. (éditeur).

Tiré à 300 exemplaires (n° 12).

4615. **Jansson** (Th.). Theodori Janssonii ab Almeloveen... De Vitis Stephanorum, celebrium Typographorum Dissertatio epistolica..... subjecta est H. Stephani Querimonia Artis Typographicæ. Ejusdem Epistola de statu suæ Typographiæ. Amstelædami, apud Janssonio-Waasbergios, 1683 (portrait de Robert Estienne). — Th. J. ab A. Opuscula Sive Antiquitatum e sacris profanarum specimen, conjectanea, veterum poetarum fragmenta, & plagiariorum syllabus. Amstelædami, Apud Janssonio-Waesbergios, cIɔ Icc LXXXVI. Ensemble 1 vol. in-12, rel. vél.

4616. **Klemm** (Heinrich). Beschreibender Catalog des Bibliographischer Museums. Dresden, Klemm, 1884. In-12, rel. toile, non rogn.

Catalogue de la belle collection d'incunables réunie par M. Klemm et exposée aujourd'hui à Leipzig dans la Neu Buchhändlerbörse.

4617. **Laborde** (Léon de). Débuts de l'imprimerie à Mayence et à Bamberg, ou description des lettres d'indulgence du pape Nicolas V, *pro regno Cypri*, imprimées en 1454. Paris, Techener, 1840. In-4, avec pl., cart.

Tiré à petit nombre et devenu rare.

4618. **Laire** (François Xavier). Specimen historicum typographiae romanae xv. saeculi. Romae, Monaldini, 1778. 1 vol. in-8, rel. toile.

4619. — Index librorum ab inventa typographia ad annum 1500; chronologicè dispositus cum notis historiam typographico-litterariam illustrantibus. Senonis, apud vid. & fil. P. H. Tarbé, 1791. *A la suite du tome II* : Catalogue des livres de la bibliothèque de M*** [*Loménie de Brienne*] faisant suite à l'Index librorum..... de Laire, par Guillaume de Bure l'aîné... Paris, De Bure, 1792. Ensemble 2 vol. in-8, rel. bas. rac.

4620. **Lappenberg** (J. M.). Zur Geschichte der Buchdruckerkunst in Hamburg am 24 Juni 1840. Hamburg, Meissner, 1840. Grand in-8, rel. toile.

4621. **La Serna Santander** (De). Dictionnaire bibliographique choisi du quinzième siècle, ou description par ordre alphabétique des éditions les plus rares et des plus recherchées du quinzième siècle..... Bruxelles, J. Tarte, an XIII. 1805-1807. 3 vol. in-8, d.-rel. veau brun ébarbé.

4622. **Lempertz** (Heinrich). Bilder-Hefte zur Geschichte der Bücherhandels und der mit demselben verwandten Künste und Gewerke. 65 Tafeln mit 280 bildlichen Darstellungen..... Cöln, 1853-1865. Verlag von J. M. Heberle (H. Lempertz). 1 vol. in-fol., rel. chag. mosaïque (éditeur).

Magnifique publication.

4623. Manuel du Cazinophile. Le petit-format à figures, collection parisienne in-18 (vraie collection de Cazin). Paris, Corroënne et Rouveyre, 1878. In-8, rel. toile, couv. (Tirage à petit nombre). — **Nauroy** (Ch.). Bibliographie des impressions microscopiques. Paris, Charavay, 1881. Vol. in-16, d.-rel. mar. vert, tête peigne, non rogn.; au dos, chiffre du comte Riant.

Tiré à 250 exemplaires, n° 108.

4624. **Mendez** (Fray Francisco). Tipografía española, ó historia de la introduccion, propagacion y progresos de l'arte de la imprenta en España... segunda edicion corregida y adicionada por Don *Dionisio Hidalgo*. Madrid, imprenta de las escuelas pias, 1861. 1 vol. in-8, avec fac-sim. et une liste chronologique des villes où l'on a imprimé au xve siècle, d.-rel. veau brun, non rogn.

4625. [**Mercier de Saint-Léger**]. Lettre de M. l'abbé de S^t-L***, de Soissons, à M. le baron de H*** [*Heinecken*] sur différentes Éditions rares du xve siècle. A Paris, chez Hardouin... 1783. In-8, d.-rel. bas. f. — **Madden** (J. P. A.). Lettres d'un bibliographe. Versailles, Aubert, 1868. In-8, rel. toile.

4626. **Namur** (A.). Catalogue descriptif et explicatif des éditions incunables de la bibliothèque de l'Athénée grand-ducal de Luxembourg. Bruxelles, Heussner, 1863. In-8, d.-rel. chag.

4627. **Oporinus** (Johannes). Librorum per Ioannem Oporinvm partim excusorum hactenus, partim in eiusdem Officina uenalium, Index : singulis ad ordinem alphabeticum redactis, & adiecta impressionis forma. Basileae, 1552. Petit in-8 de 76 pp., 1 fnc., rel. vél. — **Jociscus**. Oratio de ortv, vita, et obitv

Ioannis Oporini Basiliensis, Typographicorū Germaniæ Principis, recitata in Argentinensi Academia a Ioanne Henrico Hainzelio Auguistano. Avthore Andrea Iocisco Silesio, Ethicorum in eadem Academia professore. Adiunximus librorum per Ioannem Oporinum excusorum Catalogum. Argentorati, Excudebat Theodosius Rihelius, M.D.LXIX. Petit in-8 de 52 ffnc., d.-rel. vél., coins.

4628. **Orlandi** (Pellegrino Antonio). Origine e progressi della Stampa osia dell' arte impressoria e notizie dell' opere stampate dall' anno M.CCCC.LVII. sino all' anno M.D. [Bologne, Constantin Pisari, 1722.] 1 vol. in-4, rel. toile.

4629. **Pellegrini** (Fra Domenico Mª). Della prima origine della stampa in Venezia per opera di Giovanni da Spira del 1469, e risposta alla difesa del Decor Puellarum del signor Ab. Mauro Boni. Venezia, A. Zatta, 1794. In-8, d.-rel. bas. n., non rogn. — **Berlan** (F.). La introduzione della Stampa in Milano a proposito dei Miraculi de la gloriosa Verzene Maria, colla data del 1469. Venezia, Visentini, 1884. In-8, cart., couv.

4630. **Pennino** (Antonio). Catalogo ragionato dei libri di prima stampa e delle edizioni aldine e rare esistenti nella biblioteca nazionale di Palermo..... Vol. I. Palermo, Lao, 1875. Tome Ier seul, br.

4631. **Pericaud l'aîné** (Antoine). Bibliographie Lyonnaise du xve siècle. Nouvelle édition. Lyon, Perrin, 1851. Vol. in-8, d.-rel. veau.

4632. **Quirini** (Le cardinal Angelo Maria). Liber singularis de optimorum scriptorum editionibus quæ Romæ primum prodierunt post divinum typographiæ inventum, a Germanis Opificibus in eam urbem advectum....... Recensuit, adnotationes, indicemque adjecit *Jo. Georg. Schelhorn.* Lindaugiæ, 1761. In-4, d.-rel. vél.

Utile ouvrage dans lequel sont reproduites les préfaces de plusieurs éditions incunables.

4633. **Reichhart** (P. Gottfried). Die Druckorte des xv. Jahrhunderts nebst Angabe der Erzeugnisse ihrer erstjährigen typographischen Wirksamkeit. Mit einem Anhange Verzeichniss der ersten Typographen und jener Druckorte deren allerersten Drucker bis jetzt unbekannt geblieben sind..... Augsburg. Fid. Butsch, 1853. In-4, cart. perc.

4634. **Ruelens** (Charles) & **Baecker** (Augustin de). Annales Plantiniennes depuis la fondation de l'imprimerie plantinienne à Anvers jusqu'à la mort de Chr. Plantin, 1555-1589. Paris, Tross, 1866, avec port. de Plantin. — **Degeorge** (Léon). La maison Plantin à Anvers. 1555-1877. Bruxelles, Callewaert, 1877, avec portr. et pl. — *Le même* : Deuxième édition. Bruxelles, Gay et Doucé, 1878. [Un des 500 ex. sur papier vergé, n° 378.] Ensemble 3 vol. in-8, rel. toile et d.-rel. chag. grenat, non rogn.; au dos, chiffre du comte Riant.

4635. Verzeichniss der Manuscripte und Incunabeln der Vadianischen Bibliothek in St Gallen. St Gallen, Zollikofer, 1864. 1 vol. in-8, rel. toile, non rogn., couv.

4636. **Weller** (Emil). Repertorium typographicum. Die deutsche Literatur im ersten Viertel des sechszehnten Jahrhunderts, im Anschluss an Hain's Repertorium und Panzer's deutsche Annalen. Nördlingen, Beck, 1864. 1 vol. in-8, rel. toile, non rogn.

Cf. nos 4608 et 4663.

4637. **Willshire** (William Hughes). A descriptive Catalogue of early prints in the British Museum. German and Flemish Schools. London, Longman, 1879-1883. 2 vol. grand in-8 avec pl. en fac-sim., rel. toile, non rogn. (édit.).

4638. **Zambrini** (Francesco). Le opere volgari a stampa dei secoli xiii e xiv, indicate e descritte. Bologna, Garagnani e Fava, 1866. 1 vol. in-8, d.-rel. veau f., non rogn.

4639. **Zapf** (George Guillaume). Annales typographiae Augustanae ab ejus origine usque ad annum MDXXX. Accessit *Francisci Antonii Veith* Diatribe de Origine et incrementis artis typographicae in urbe Augusta Vindelica. Augustæ Vindel. impensis Alb. Frid. Bartholomæi, 1778. In-4, rel. veau f.

4640. Catalogue d'un marchand libraire du xve siècle tenant boutique à Tours, publié par le Dr *Achille Chereau*. Paris, Académie des bibliophiles, 1868. In-12, rel. vél. [Tirage à 300 exemplaires.] — Catalogvs librorvm Wechelianorvm qvi in officina libraria Danielis et Davidis Avbriorvm ac Clementis Schleichij, Anno M.DC.XVIII. venales reperiuntur... Francofurti, Anno Christi MDCXVIII. In-4, rel. vél. — **Roeder** (Paullus). Catalogvs Librorvm qui saeculo xv... Norimbergae impressi sunt. [Nuremberg], typ. Arnoldianis, 1742. In-4, d.-rel. vél. — **Omont** (H.). Specimens de caractères hébreux gravés à Venise et à Paris par Guillaume le Bé (1546-1574). Paris, 1887. In-8; br.

4641. **Cappi** (Conte Alessandro). La Biblioteca classense illustrata ne' principali suoi codici e nelle più pregevoli sue edizioni del secolo xv. Rimini, Orfanelli e Grandi, 1847. In-8, rel. toile. — **Leonii** (Lorenzo). Inventario dei codici della comunale di Todi. Todi, Foglietti, 1878. — *Du même* : Editiones saeculi decimiquinti quae in bibliotheca comunali Tuderti asservantur. Firenze, 1879. Ensemble 1 vol. in-8, cart. — **Minieri Riccio** (C.). Catalogo di novantotto rari libri incunabili... Edizione di cento esemplari. Napoli, Detken, 1865. In-8, rel. toile. — **Tornabene** (Francesco). Catalogo delle edizioni del secolo xv e de' manoscritti che si conservano nella Biblioteca de' Benedettini Casinesi in Catania. Catania, 1846. In-8, rel. toile, non rogn. — **Travali** (Gius.). Un inventario di libri del secolo xv. Palermo, Davy, 1888. In-8, br. — **Boero** (Michele L.). Le mie impressioni sull' arte della stampa ed affini alla Esposizione nazionale di Torino, 1884. Genova, 1885. In-8, br.

— **Reinaud.** Notice des ouvrages arabes, persans, turcs et français imprimés à Constantinople. [Extr. du *Bull. univ. des sciences*, novembre 1831.] Paris, Didot. In-8, br.

4. Répertoires bibliographiques.

OUVRAGES GÉNÉRAUX

4642. Bibliographia historico-politico-philologica curiosa, quid in quovis scriptore laudem censuramve mereatur exhibens, cui præfixa celeberrimi cujusdam viri de studio politico bene instituendo dissertatio epistolica posthuma. Germanopoli, 1677. 1 vol. petit in-8, rel. vél.

Exemplaire interfolié.

4643. Bibliotheca nominalis curiosa Seu notitia Avtorvm et Librorvm maximam partem nostri Ævi, juxta Autorum nomina ordine Alphabetico instituta. Editio secunda, emendatior. Vitembergae, a Bibliopolio Christ. Theoph. Ludovici, s. d. (1783). — Bibliothecæ nominalis..... continvatio adjecta Nvmophylacii Cvriosi designatione. Wittembergæ, In Bibliopolio..... Lvdovici, 1705. 2 tomes en 1 vol. petit in-8, cart.

4644. **Branca** (Gaetano). Bibliografia storica osia collezione delle migliori e più recenti opere di ogni nazione intorno ai principali periodi e personaggi della storia universale. Milano, Schiepatti, 1862. 1 vol. in-8, rel. toile, non rogn.

4645. **Brunet** (Gustave). Curiosités bibliographiques et artistiques. Genève, J. Gay et fils, 1867. In-8, rel. toile, ébarbé, couvert. Tiré à 250 ex.

4646. **Brunet** (Jacques-Charles). Manuel du libraire et de l'amateur de livres. 5ᵉ *édition*. Paris, Didot, 1860-1864. 6 vol. — Supplément par MM. *P. Deschamps* et *G. Brunet*. Paris, Didot, 1878-80. 2 vol. en un. —[(**Deschamps**(P.)]. Dictionnaire de Géographie ancienne et moderne à l'usage des libraires par un bibliophile. Paris, Didot, 1870. 1 vol. Ensemble 8 vol. grand in-8, rel. plein mar. rouge, dos orné, filets, dent. int., tête dorée, non rogn.; sur les plats, armes du comte Riant.

Superbe exemplaire en papier fort.

4647. **Clément** (David). Bibliothèque curieuse, historique et critique ou Catalogue raisonné de livres difficiles à trouver. Göttingen, Schmid, 1750-60. 9 tomes en 3 vol. in-4, d.-rel. bas., tr. jasp.

Cet excellent livre est malheureusement resté inachevé.

4648. **Colomies.** Bibliothèque choisie de M. Colomies, Seconde edition revue & augmentée de beaucoup par l'auteur. A Amsterdam, chez George Gallet. M DC XCIX. In-12, rel. parch.

4649. **Constantin** (Robert). Nomenclator insignium scriptorum, quorum libri extant vel manuscripti, vel impressi : ex bibliothecis Galliæ, & Angliæ :

Indexque totius Bibliothecæ, atq; Pandectarū doctissimi atq; ingeniosissimi viri C. Gesneri. Parisiis, apud Andream Wechelum 1555. Petit in-8, rel. vél. bl.

4650. **Dantès** (A.). Tables biographiques et bibliographiques des sciences, des lettres et des arts, indiquant les œuvres principales des hommes les plus connus en tous pays et à toutes les époques avec mention des éditions les plus estimées. Paris, Delaroque, 1866. 1 vol. in-8, d.-rel. veau fauve, non rogn.

4651. **Delepierre** (Octave). Analyse des travaux de la Société des Philobiblion de Londres. Londres, Trübner, 1862. Vol. in-8, d.-rel. chagr. (édit.).

Tiré à 300 exemplaires. Exemplaire sur grand papier.

4652. **Denis** (Ferd.) **Pinçon** (P.). et **De Martonne**. Nouveau manuel de Bibliographie universelle. Paris, Roret, 1857. 1 vol. in-8, rel. chagr. vert, plat orné, tr. dor.; aux armes du comte Riant.

4653. [**Duclos** (abbé)]. Dictionnaire bibliographique, historique et critique des livres rares..... Paris, Cailleau, 1791. — Supplément [par *J. Ch. Brunet*]. Paris, Delalain, 1802-an X. 4 vol. in-8, d.-rel. chagr., tr. peigne; au dos, chiffre du comte Riant. — **Fournier** (F. I.). Dictionnaire portatif de bibliographie. Paris, Fournier frères, 1805. In-8, d.-rel. parch.

4654. **Ebert** (Friedrich Adolf). Allgemeines bibliographisches Lexicon. Leipzig, Brockhaus, 1821-1830. 2 tomes en 1 vol. in-4, d.-rel. chagr. rouge, coins, non rogn.

4655. **Georgi** (Theophile). Allgemeines Europaïsches Bücher-Lexicon. Leipzig, Georgi, 1742-53. Suppléments 1 à 3. Leipzig, Schönermarck, 1750-1758. Ensemble 5 vol. in-fol., d.-rel. vél. bl., non rogn.

Ouvrage recherché, bien que ce ne soit qu'une liste sèche et indigeste de toutes espèces de livres; son seul avantage est l'indication des prix de tous les ouvrages mentionnés.

4656. **Gesner** (Conrad). Bibliotheca instituta et collecta, primum à Conrado Gesnero : Deinde in Epitomen redacta, & nouorum Librorum accessione locupletata, tertiò recognita & in duplum post priores editiones aucta per *Iosiam Simlerum* : Iam verò postremò aliquot mille, cùm priorum tùm nouorum authorum opusculis, ex instructissima Viennensi Austriæ Imperatoria Bibliotheca amplificata, per *Iohannem Iacobum Frisium* Tigurinum..... Tiguri, Excud. Christoph. Froschoverus, 1583. *In fine* : Supplementum epitomes bibliothecæ Gesnerianæ..... *Antonio Verderio*..... collectore. Lugduni, Apud Barth. Honorati. cɪɔ.ɪɔ.ɪɔxxcv. 1 vol. petit in-fol., rel. toile, non rogn.

Dernière édition, la plus complète avec les notes et les additions de *Simler* et de *J.-J. Frisius*. Le supplément de *Du Verdier*, sieur *de Vauxprivas*, manque souvent. Bel exemplaire.

4657. **Graesse** (Jean George Théodore). Trésor des livres rares et précieux, ou nouveau dictionnaire bibliographique..... Dresde, Rudolf Kuntze, 1859-67, et Supplément, 1869. 7 tomes, dont le 6ᵉ en 2 parties, en 4 vol. in-4, d.-rel. mar. noir, coins, tête dor., non rogn. ; au dos, chiffre du comte Riant.

4658. **Guild** (Reuben A.). The Librarian's Manuel; a treatise on Bibliography, comprising a select and descriptive list of bibliographical works ;..... to which are added Sketches of publick Libraries, illustrated with Engravings. New-York, Charles B. Norton, 1858. Petit in-4, cart.

> Tirage à 500 exemplaires. L'un des 10 exemplaires sur grand papier.

4659. **Lalanne** (Ludovic). Curiosités bibliographiques. Curiosités littéraires. Paris, Delahays, 1857. 2 vol. in-16, d.-rel. mar. viol., coins (Gruel).

4660. **Mira** (Giuseppe M.). Manuale teorico-pratico di bibliografia. Palermo, Stamp. Piola e Tamburelli, 1861-62. 2 tomes en 1 vol. in-8, d.-rel. veau br., non rogn.

4661. **Namur** (P.). Bibliographie paléographico-diplomatico-bibliologique générale ou Répertoire systématique indiquant 1° tous les ouvrages relatifs à la paléographie; à la diplomatique; à l'histoire de l'imprimerie et de la librairie; à la bibliographie; aux bio-bibliographies et à l'histoire des bibliothèques; 2° la notice des recueils périodiques, littéraires et critiques des différents pays..... Liége, P. J. Collardin, 1838. 2 vol. in-8.

4662. **Oettinger** (E. M.). Archives historiques contenant une classification chronologique de 17000 ouvrages pour servir à l'étude de tous les siècles et de toutes les nations. Carlsrouhe, Groos, 1841. 1 vol. in-8, d.-rel. veau (dos orné), coins. — *Du même*. Bibliographie biographique ou Dictionnaire de 26.000 ouvrages tant anciens que modernes. Leipzic, Engelmann, 1850. 2 vol. grand in-8, rel. toile, édit.

4663. **Panzer** (George Wolfgang). Annales typographici ab artis inventae origine ad annum MD post Maittairii, Denisii aliorumque doctissimorum virorum curas in ordinem redacti, emendati et aucti. Norimbergae, Zeh. 1793-1797. — Annales typographici..... ab anno MDI ad annum MDXXXVI. Norimbergae, 1798-1803. 11 vol. — Annalen der ältern deutschen Litteratur... von Erfindung der Buchdruckerkunst bis zum MDXXX. Nürnberg, Lechner, 1788-1805, & Leipzig, Hempel, 1802. *3 tomes*. Ensemble 13 vol. in-4, rel. bas., tr. dor.

> Aux *Annalen d. deutschen Litteratur*, on a ajouté 19 et 26 pages d'additions manuscrites, en allemand.
> Quelques piqûres à la reliure et quelques taches aux dernières pages du tome X.

4664. **Peignot** (Gabriel). Répertoire bibliographique universel. Paris, Renouard, 1812. 1 vol. in-8, d.-rel. mar. citron, coins, tr. jaspée. — **Simonnet**. Essai sur la vie et les ouvrages de Gabriel Peignot. Paris, Aubry, 1863. In-8, br. [Tiré à 350 ex.].

4665. **Petzholdt** (Julius). Bibliotheca bibliographica. Kritisches Verzeichniss der das Gesammtgebiet der Bibliographie betreffenden Litteratur des In-

und Auslandes in systematischer Ordnung. Leipzig, Engelmann, 1866.
1 vol. gr. in-8, rel. toile.

4666. The Philobiblion, a monthly bibliographical Journal. Vol. I (*origine*) et II, de Décembre 1861 à Décembre 1863. London et New-York. 2 tomes en 1 vol. in-8, rel. toile.

>Exemplaire sur papier de Chine. Cf. n° 4651.

4667. The retrospective Review, consisting of criticisms upon, analyses of, und extracts from curious..... and scarce old books. London, John Russell Smith, 1853-1854. 2 vol. in-8, rel. toile, édit.

4668. **Struvius**. Bibliotheca historica, instructa a B. *Burcardo Gotthelf Struvio*, aucta a B. *Christi. Gottlieb Budero*, nunc vero a *Ioanne Georgio Meuselio*, ita digesta, amplificata et emendata ut paene novum opus videri possit. Lipsiae, apud hered. Weidmanni et Reichium 1782-1804. 11 vol. in-8, d.-rel. veau brun, non rogn.

> La dernière est la meilleure édition de cet excellent ouvrage bibliographique qui est malheureusement resté inachevé pour les parties qui devaient comprendre l'histoire moderne de l'Italie, de l'Allemagne, des Pays-Bas et du Nord de l'Europe.

4669. **Tenant de Lacour**. Mémoires d'un bibliophile. Paris, Dentu, 1861. In-12, rel. peau de Suède, fil. et armes du comte Riant sur les plats, tr. dor., dent. int. (Gruel).

4670. Thesaurus librorum rei catholicæ. Handbuch der Bücherkunde der gesammten Literatur der Katholicismus und zunächst der katholischen Theologie..... Zwei Bande in 1 Band cart. Würzburg, Stahel, 1850. — Thesaurus librorum rei catholicæ. Ergängzungsheft. Theologisches Lach- und Sachregister..... Würzburg, Stahel, 1850. Ensemble 2 vol. in-8, cart. et br.

4671. **Tonelli** (Francesco). Bibliotheca bibliografica antica e moderna; d' ogni classe, e d' ogni nazione. Guastalla, stamp. Costa, 1782-83. 2 tomes en 1 vol. in-4. d.-rel. bas. f.

4672. **Vallée** (Léon). Bibliographie des Bibliographies. Paris, Terquem, 1883. — Supplément. Paris, Terquem, 1887. 2 vol. in-8 dont l'un d.-rel. chagr. rouge, non rogn. au chiffre du comte Riant, et l'autre br.

4673. **Vogt** (Joannes). Catalogus historico-criticus librorum rariorum,..... Hamburgi, sumptibus Christiani Heroldi, 1753. — **Gerdes**. Florilegium historico-criticum librorum rariorum. Groningæ, apud Hajonem Spandaw, 1740. 2 vol. in-12, rel. vél.

4674. **Weigel** (Io. Aug. Gottl.). Apparatus literarius sive Index librorum lectissimorum. Lipsiæ, 1807-1817. 4 tomes en 2 vol. in-8, cart.

LITTÉRATURE CLASSIQUE GRECQUE ET LATINE — LITTÉRATURE NÉO-HELLÉNIQUE

4675. **Engelmann** (Wilhelm). Bibliotheca scriptorum classicorum et græcorum et latinorum. [7ᵉ édit. revue & augmentée.] Leipzig, Engelmann, 1858. 1 vol. in-8, d.-rel. veau f., non rogn.

4676. **Hoffmann** (S. F. G.). Lexicon bibliographicum sive Index editionum et interpretationum scriptorum graecorum tum sacrorum tum profanorum. Lipsiae, Weigel, 1832-36. 3 vol. in-8, d.-rel. chag. bleu, tr. jasp.

4677. **Rubió y Lluch**. Estudio crítico-bibliográfico sobre Anacreonte y la coleccion anacreóntica, y su influencia en la literatura antigua y moderna. Barcelona, Subirana, 1879. In-8, rel. toile, non rogn., couv.

Envoi autographe signé de l'auteur à M. le comte Riant.

4678. **Deschamps** (P.). Essai bibliographique sur M. T. Cicéron, avec une préface par J. Janin. Paris, Potier, 1863. In-8, rel. toile, non rogn.

4679. **Legrand** (Emile). Bibliographie Hellénique ou description raisonnée des ouvrages publiés en grec par des Grecs aux xvᵉ et xvɪᵉ siècles. Paris, Leroux, 1885. 2 tomes en 1 vol. grand in-8, d.-rel. chagr. r., tête lim., non rogn.; au dos, chiffre du comte Riant.

Excellent ouvrage tiré à 325 exemplaires.

4680. **Papadopoulos-Vrétos**. Νεοελληνικη Φιλολογια, ητοι καταλογος των απο ητωσεως της βυζαντινης αυτοκρατοριας μεχρι εγκαθιδρυσεως της εν Ελλαδι βασιλειας τυπωθεντων βιβλιων παρ' Ελληνων εις την ομιλουμενην, η εις την αρχαιαν ελληνικην γλωσσαν. Εν Αθηναις, 1854. 2 tomes en 1 vol. in-8, d.-rel. veau brun.

Important ouvrage contenant le catalogue de tous les ouvrages publiés en langue grecque par les Grecs depuis la chute du Bas-Empire jusqu'à la fondation du royaume actuel de Grèce.

PÈRES DE L'ÉGLISE — HISTOIRE ECCLÉSIASTIQUE

4681. **Cave** (Guillaume). Scriptorum ecclesiasticorum historia literaria, a Christo nato usque ad Saeculum xiv. facili methodo digesta..... accedunt scriptores gentiles christianae religionis oppugnatores & cujusvis sæculi Breviarium..... Editio novissima. Basileæ, apud Joh. Rudolph. Im-Hoff, 1741-1745. 2 vol. in-fol., rel. bas. f.

Dernière édition de cet excellent ouvrage.

4682. **Goldwitzer** (Franz Wenzel). Bibliographie der Kirchenväter und Kirchenlehrer vom ersten bis zum dreyzehnten Jahrhunderte. Landshut, Thomann, 1828. 1 vol. in-8, rel. toile.

4683. **Hoven** (J. Dan. ab). Scriptorum præcipue ecclesiasticorum et imprimis medii ævi, a plerisque librorum ecclesiasticorum et rariorum censoribus vel omissorum vel minus curate recensitorum Syllabus. Campis, Apud Æ. Valkenier, 1767. In-4, br.

4684. **Hurter**, S. J. (H.). Nomenclator literarius recentioris theologiae catholicae theologos exhibens qui inde a Concilio Tridentino floruerunt, ætate, natione, disciplinis distinctos. Oeniponti, Wagner, 1871-1886. 3 tomes en 4 vol. in-12, br.

4685. **Possevino**, S. J. (Antonio). Apparatvs sacer ad Scriptores veteris et novi Testamenti, eorum interpretes, Synodos & Patres Latinos ac Græcos,... Postrema hac editione... ab ipso Auctore recognitus... atque in dvos tomos distributus... Coloniæ Agrippinæ, Apud Ioannem Gymnicvm... Anno M DC VIII. (Titre front. gravé). 2 tomes en 1 vol. petit in-fol., rel. vél.

Le savant jésuite Possevino a passé en revue dans son Apparatus environ huit mille écrivains, tant sacrés que profanes, dont il signale rapidement les opinions, les ouvrages et les éditions.

4686. **Walch** (Jean Georges). Bibliotheca theologica selecta litterariis adnotationibus instructa. Iena, Crœcker, 1757-1765. 4 vol. in-8, rel. veau, tr. jasp.

Découpure légère aux titres.

ORDRES RELIGIEUX

4687. Bénédictins : **Le Cerf de la Viéville** (D. Filippe). Bibliothèque historique et critique des auteurs de la Congrégation de St Maur, où l'on fait voir quel a été leur caractère particulier, ce qu'ils ont fait de plus remarquable : où l'on donne un Catalogue exact de leurs ouvrages, et une idée générale de ce qu'ils contiennent. A la Haye, chez Pierre Gosse, M DCC XXVI. In-12, titre r. et n., rel. v.

D'après une note manuscrite sur la garde de cet ouvrage, il aurait été publié par les soins de *Jean Leclerc*.

4688. — : **Pez** (Don Bernard). Bibliotheca Benedictino-Mauriana, seu de ortu, vitis, et scriptis patrum Benedictinorum e celeberrima congregatione S. Mauri in Francia, libri II. Augustae Vindel., Veith, 1716. 1 vol. in-12, rel. bas. f.

4689. Cluny : **Marrier** (Martinus) et **Quercetanus** (Andreas). Bibliotheca Cluniacensis in qua S. S. Patrum Abb. Clun. Vitae, Miracula, Scripta, Statuta, Privilegia, Chronologiaque duplex, item Catalogus Abbatiarum, Prioratuum, Decanatuum, Cellarum et Eccles. à Clun. Cœnobio dependentium, unà cum Chartis et Diplomat. donationum earumdem. Lutetiæ Parisiorum Sumptibus Rob. Fouet, 1614. 1 vol. in-fol., rel. veau f.

Notre exemplaire contient les *notes* ; 178 col. et 3 ffnc.

4690. Dominicains : **Altamura** (F. Ambrosio de). Bibliothecae Dominicanae. Accuratis Collectionibus, primò ab ordinis Constitutione, usque ad annum 1600. productae hoc seculari Apparatu Incrementum, ac prosecutio. Romae, Tinassi, 1677. 1 vol. in-fol., d.-rel. toile, tr. jaspée.

4691. — : **Quétif** (J.) et **Echard** (Jacques). Scriptores ordinis praedicatorum recensiti notisque historicis et criticis illustrati..... Lutetiæ Parisiorum, apud J. B. Christophorum Ballard, & Nic. Simart, 1719-21. 2 vol. in-fol., rel. parchemin.

Bel exemplaire.

4692. FRANCISCAINS : **Civezza** (Marcellino da). Saggio di bibliografia geografica storica etnografica San Francescana. Prato, Guasti, 1879. 1 vol. in-8, d.-rel. chag. rouge, tr. limaç.

4693. — : **Dionysius Genuensis**. Bibliotheca scriptorum ordinis Minorum S. Francisci Capuccinorum. Genuae, typ. Ant. Georgij Franchelli, 1680. 1 vol. in-4, rel. parch.

4694. JÉSUITES : **Backer** (A. de) et **Sommervogel**, S. J. (C.). Bibliothèque des écrivains de la compagnie de Jésus. 2e édition. Liège, 1869-1876. 3 vol. in-fol., d.-rel. mar., non rogn.

Le carton d'une des couvertures est cassé pour le tome 1er.

4695. — : **Sommervogel** (Carlos). Bibliotheca Mariana de la Compagnie de Jésus. Paris, Picard, 1885. 1 vol. in-8, rel. toile, non rogn.

MOYEN AGE

4696. **Chevalier** (Ulysse). Répertoire des Sources historiques du Moyen-âge. Bio-Bibliographie. Paris, Soc. bibliographique, 1877-1886. — Supplément. Paris, 1888. Ensemble, 1 vol. grand in-8, rel. mar. brun, dent. int., tête dor., non rogn.

4697. — Notices bio-bibliographiques, extraites du Répertoire des sources du Moyen âge : Jeanne d'Arc. Montbéliard, Hoffmann, 1878. — N.-S. Jésus-Christ. 1878. — S. Paul, apôtre, 1880. — St Thomas d'Aquin, 1883. — La Vierge Marie, 1879. Ensemble 5 plaquettes in-12, cartonnées.

4698. **Alès** (Anatole). Description des livres de liturgie imprimés aux xve et xvie siècles faisant partie de la bibliothèque de S. A. R. Mgr. Charles-Louis de Bourbon (comte de Villafranca). Paris, Hennuyer, 1878. 1 vol. grand in-8, d.-rel. chagr. rouge, tête dor., non rogn., couverture. [Tiré à 150 ex.] — **Brambach** (Wilh.). Psalterium. Bibliographischer Versuch über die liturgischen Bücher des christlichen Abendlandes. Berlin, Asher, 1887. In-8, br.

4699. **Wackernagel** (Philipp). Bibliographie zur Geschichte des deutschen Kirchenliedes im xvie Jahrhundert. Franckfurt a. M., Heyder & Zimmer, 1855. Grand in-8, br.

4700. **Weale** (W. H. James). A descriptive catalogue of rare manuscripts & printed books chiefly liturgical, exhibited in the historical Music Loane Exhibition, Albert Hall, London. Juin-Octobre 1885. London, Quaritch. 1 vol. in-8, d.-rel. chagr., avec planches.

4701. — Bibliotheca liturgica. Catalogus missalium ritus latini ab anno M.CCCC.LXXV. impressorum. Londini, apud Bern. Quaritch, 1886. 1 vol. in-8, d.-rel. chagr.

4702. **Ferrario** (Giulio). Storia ed Analisi degli antichi Romanzi di cavalleria e dei poemi romaneschi d' Italia con dissertazioni sull' origine, sugl' istituti, sulle cerimonie de' cavalieri, sulle corti d' amore..... Milano, tipogr. dell' Autore, 1828-29. 4 vol. grand in-8, avec planches color., d.-rel. mar. r., tête lim., non rogn.; au dos, chiffre du comte Riant.

> Important et bel ouvrage dont le quatrième volume est consacré à la bibliographie des romans de chevalerie. Cette partie est l'ouvrage de *Melzi*. Cf. n° 4704.

4703. **Gayangos** (Pascual de). Libros de Caballerias con un discurso preliminar y un Catalogo razonado. Madrid, Rivadeneyra, 1857. 1 vol. grand in-8, d.-rel. veau fauve, non rogn., couv.

4704. **Melzi** (G.). Bibliografia dei romanzi di cavalleria in versi e in prosa italiani opera pubblicata nel 1829,..... rifatta nella edizione del 1838 da P. A. *Tosi*. Milano, Daelli e C., 1865. In-12. — Catalogo della raccolta che per la bibliografia del Petrarca e si va continuanda dall' avvocato de' *Rossetti* di Trieste. Trieste, Marenighi, 1834. Ensemble 2 vol. in-8 & in-12, rel. toile, non rogn.

4705. **Potvin** (Charles). Bibliographie de Chrestien de Troyes, comparaison des manuscrits de Perceval le Gallois..... Bruxelles, Muquardt, 1863. In-8, avec facsim., rel. toile, non rogn.

4706. **Viollet-le-Duc.** Bibliographie des Chansons, Fabliaux, contes en vers et en prose, facéties, pièces comiques et burlesques, dissertations singulières, aventures galantes, amoureuses et prodigieuses ayant fait partie de la collection de M. *Viollet-le-Duc*. Nouvelle édition, avec avant-propos par M. *Antony Méray*. Paris, Claudin, 1859. In-8, br.

ALLEMAGNE

4707. **Alberti** (Eduard). Lexikon der Schleswig-Holstein-Lauenburgischen und eutinischen Schriftsteller von 1829 bis Mitte 1866. Kiel, Maack, 1867-68. 2 tomes en 1 vol. petit in-8, d.-rel. chag. rouge. — **Junghans** (Wilh.). Die älteren Landesarchive Schleswig-Holsteins und deren Rücklieferung von Seiten Dänemarks. Kiel, Homann, 1865. In-8, cart.

4708. **Maltzahn** (Wendelin von). Deutscher Bücherschatz des sechszehnten, siebenzehnten und achtzehnten bis um die Mitte des neunzehnten Jahrhunderts. Iena, Mauke, 1875. 1 vol. in-8, d.-rel. chagr. r., tête dor., non rogn.; au dos, chiffre du comte Riant.

> Le comte Riant a ajouté à son exemplaire une table manuscrite, par noms d'auteurs, qui facilite singulièrement l'usage de cet ouvrage.

4709. **Röhricht** (R.). Bibliographische Beiträge zur Geschichte der Geissler. [Extr. de *Zeitschr. f. K. G.*] In-8, cart.

4710. **Seelen** (Io. Henr. à). Memorabilium Flensburgensium historicorum ecclesiasticorum, iuridico-politicorum, literariorum, Sylloge. Lubecae, typ. Greenianis, 1752. In-4, cart.

4711. **Weller** (Emil). Die ersten deutschen Zeitungen herausgegeben mit einer Bibliographie. 1505-1599. Tübingen, Laupp, 1872. 1 vol. in-8, rel. toile, non rogn., couv.

4712. **Wiechmann** (C. M.). Meklemburgs altniedersächsische Literatur. Ein bibliographisches Repertorium..... Erster Theil, Bis zum Jahre 1550. Schwerin, Bärensprung, 1864. In-8, rel. toile.

ANGLETERRE

4713. **Hazlitt** (W. Carew). Bibliographical collections and notes on early english Literature. London, Reeves and Turner, Quaritch, 1876-1889. 3 séries en 4 vol. in-8, rel. toile (édit.).

> Exemplaire complet de cet important ouvrage.

4714. **Lowndes** (Will. Th.). The bibliographer's manual of english literature. New edition, revised... by *Henry G. Bohn* with an Appendix. London, Bohn-Bell & Daldy, 1857-1864. 11 vol. in-12, rel. toile (édit.).

4715. **Trübner** (Nicolas). Bibliographical guide to American Litterature. London, Trübner, 1859. In-8, d.-rel. v. (édit.). — Trübner's Catalogue of Dictionaries and Grammars of the principal languages and dialects of the world. 2[d] edition. London, Trübner, 1882. In-8, rel. toile, non rogn.

BELGIQUE — PAYS-BAS

4716. **André** (Valère). Valeri Andreae Desseli... Bibliotheca belgica : de Belgis vita scriptisq. claris. praemissa topographica Belgii totivs sev Germaniæ inferioris descriptione. Editio renovata, & tertia parte auctior. Lovanni, Tip. Iacobi Zegers, 1643. In-4, de 8 ffnc., 900 pp., d.-rel. toile, non rogn.

> Valère André, né à Desschel (Brabant) en 1588, mort à Louvain (1656). Édition rare et fort recherchée, car elle a été augmentée par les soins mêmes de l'auteur, et les éditions publiées depuis ne contiennent pas tous les renseignements de celle-ci.

4717. **Asher** (G. M.). A bibliographical and historical essay on the dutch books and pamphlets relating to New-Netherland and to the Dutch West-

India Company and to its possessions in Brazil, Angola, etc., and also on the maps, arts, etc., of New-Netherland with fac-similes..... Amsterdam, Fred. Muller, 1854-67. Vol. in-4, d.-rel. mar. rouge, coins, tête dorée, non rogn.; au dos, chiffre du comte Riant (Dupré).

4718. **De Wind** (S.). Bibliotheek der Nederlandsche Geschiedschrijvers. Eerste Deel bevattende de inlandsche Geschiedschrijvers der Nederlanden, van de vroegste tijden top op den Munsterschen vrede (970-1648). Middelburg, Abraham, 1835. 1 vol. in-8, d.-rel. veau f., non rogn.

4719. **Foppens** (Jean François). Bibliotheca Belgica. Bruxellis, per Petrum Foppens, 1739. 2 vol. in-4, d.-rel. veau rac., tr. limaç., avec nombreux portraits.

ESPAGNE — PORTUGAL

4720. **Antonio** (Nicolas). Bibliotheca hispana vetus, sive hispani scriptores qui ab Octaviani Augusti aevo ad annum Christi MD. floruerunt. Matriti, apud vid. & hær. Ioach. Ibarræ, 1788. 2 vol. — Bibliotheca hispana nova sive hispanorum scriptorum qui ab anno MD. ad MDCLXXXIV. floruere Notitia. Matriti, apud Ioach. de Ibarra, 1783-88. 2 vol., avec portr. d'Antonio et de Charles III. Ensemble 4 vol. in-fol., d.-rel. veau rac., tr. limaç.

Magnifique exemplaire.

4721. **Bover** (D. Joaquin Maria). Biblioteca de ecritores baleares. Palma, Gelabert, 1868. 2 tomes en 1 vol. in-8, d.-rel. chag. rouge, tête limaç., non rogn., couv.

4722. [**Dibdin** (Th. Frognall)]. Bibliotheca Lusitana; or Catalogue of books and tracts, relating to the History, literature, and poetry, of Portugal : forming part of the library of *John Adamson*..... Newcastle on Tyne, T. & J. Hodgson, 1836. In-12, iv-115(1) pp., d.-rel mar. olive, coins, tr. dorée.

Rare. Édition « privately printed ». Exemplaire provenant de la bibliothèque de M. *John Whitefoord Mackensie* et portant sur le premier feuillet de garde une dédicace de Th. Fr. Dibdin.

4723. **Gallardo** (Bartholomé José). Ensayo de una biblioteca española de libros raros y curiosos..... Madrid, Rivadeneyra, 1863. 2 vol. grand in-8, d.-rel. chag. r., non rogn.; au dos, chiffre du comte Riant.

4724. **Hidalgo** (Dionisio). Diccionario general de bibliografia española. Madrid, Impr. de las escuelas pias, & impr. de La Guirnalda, 1862-1881. Ensemble 7 tomes. Les tt. 1-4, d.-rel. veau fauve, non rogn.; les tt. 5-7 brochés.

4725. **Muñoz y Romero** (Thomas). Diccionario bibliográfico-histórico de los antiguos reinos, provincias, ciudades, villas, iglesias y santuarios de España... Madrid, Rivadeneyra, 1858. 1 vol. in-8, rel. toile, non rogn., couv.

4726. **Pellicer y Saforcada** (D. Juan Antonio). Ensayo de una bibliotheca de traductores españoles. Donde se da noticia de las traducciones que hay en castellano de la sagrada escrittura, santos padres, filosofos, historiadores..... Madrid, Ant. de Sancha, 1778. 1 vol. petit in-4, dérel.

4727. **La Tassa** (D. Félix de). Bibliothecas antigua y nueva de escritores Aragoneses, aumentadas y refundidas en forma de diccionario bibliográfico-biográfico por Don *Miguel Gomez Uriel*. Zaragoza, Calisto Ariño, 1884-85. 3 vol. grand in-8, br.

4728. **Pinto de Sousa** (José Carlos). Biblioteca historica de Portugal, e seus dominios ultramarinos, na qual se contém varias Historias daquelle, e destes Ms. e impressas em prosa, e em verso, só, e juntas com as de outros Estados, escritas por authores portuguezes, e estrangeiros; com hum Resumo das suas Vidas, e das opiniões que ha sobre o que alguns escrevêraõ: dividida em quatro partes..... Lisboa, na typogr. do Arco do Cego, 1801. 1 vol. in-8, d.-rel. veau f., tr. marbr.

4729. **Silva** (Innocencio Francisco da). Diccionario bibliographico Portuguez estudos applicaveis a Portugal e ao Brazil. Lisboa, Imprensa nacional, 1858-70 (y compris les 2 vol. de supplément). 9 tomes en 5 vol. in-8, d.-rel. veau f., non rogn.

FRANCE

4730. Bibliographie générale des travaux historiques et archéologiques publiés par les Sociétés savantes de la France..... par *R. de Lasteyrie* et *C. Lefèvre-Pontalis*. Tome I. Ain-Gironde. Paris, Imp. nat., 1888. In-4, cart.

4731. **Bourquelot et Louandre**. La littérature française contemporaine. Paris, 1846-1857. 6 vol. in-8, d.-rel. veau, tête peigne, non rogn.

Les tomes IV, V sont de MM. *Bourquelot* et *Maury*, le VIe de M. *Bourquelot*.

4732. **Ersch** (Jean Samuel). La France littéraire contenant les auteurs français de 1771 à 1796. Hambourg, Hoffmann, 1797-98. 3 vol. — Supplément à la France littéraire contenant outre les additions et corrections, les nouveaux articles jusqu'en 1800. Hambourg, Hoffmann, 1802. 1 vol. — Second supplément..... contenant..... les nouveaux articles jusqu'en 1805. Hambourg, Hoffmann, 1806. 1 vol. Ensemble 5 vol. in-8, d.-rel. veau f., tr. jaspée.

4733. **Franklin** (Alfred). Les sources de l'histoire de France. Notices bibliographiques et analytiques des inventaires et des recueils de documents relatifs à l'histoire de France. Paris, Didot, 1877. 1 vol. in-8, d.-rel. mar. rouge, tête limaç., non rogn.; au dos, chiffre du comte Riant.

4734. **Girault de Saint-Fargeau** (A.). Bibliographie historique et topographique de la France. Paris, Didot, 1845. Vol. in-8, d.-rel. veau.

4735. **La Croix du Maine et Du Verdier.** Les Bibliothèques françoises. Nouvelle édition revue, corrigée & augmentée... Par M. *Rigoley de Juvigny*. A Paris, chez Saillant & Nyon & Michel Lambert, 1772-73. 6 vol. in-4, rel. veau f.

4736. **Lelong** (Le P.). Bibliothèque historique de la France contenant le catalogue des ouvrages imprimés et manuscrits qui traitent de l'histoire de ce royaume ou qui y ont rapport, nouvelle edition revue par Ferret de Fontette. Paris, 1768-1778. 5 vol. in-fol., rel. v. m., aux armes de France.

Bel exemplaire.

4737. **Lorenz** (Otto). Catalogue général de la librairie française depuis 1840. Paris, O. Lorenz, 1867-1888. 11 tomes en 7 vol. Les quatre premiers vol. d.-rel. veau, tête peigne, ébarb., les derniers brochés.

4738. **Monod** (G.). Bibliographie de l'histoire de France. Paris, Hachette, 1888. In-8, br.

4739. **Quérard** (J.-M.). La France littéraire..... Paris, Firmin-Didot, 1828-1869. 12 tomes en 6 vol. in-8, d.-rel. veau brun, non rogn., couv.

4740. Lorraine : **Schmit** (J.-A.). Catalogue descriptif des estampes relatives à la guerre de Trente-ans en Lorraine pendant la période dite suédoise, 1631-1648. Nancy, Wiener, 1868. In-8, cart.

4741. Lyon : **Gonon.** Bibliographie historique de la ville de Lyon pendant la Révolution française. Lyon, Marle, 1844. 1 vol. in-8, d.-rel. chag. (titre encadré), fac-similé d'un plan de Commune-Affranchie (*Lyon*).

4742. Normandie : **Frère** (Édouard). Manuel du bibliographe normand. Rouen, Le Brument, 1858-1860. 2 vol. in-8, d.-rel. chag., dos orné.

4743. Paris : **Jacob** (Louis). R. P. Lvdovici Iacob, Cabilonensis, Carmelitæ, Bibliographia parisina, hoc est, Catalogus omnium Librorum Parisiis Annis 1643. & 1644. inclusiué excussorum. Parisiis, Sumpt. Roleti Le Dvc, M DC XLV. In-4, rel. vél.

4744. Picardie : **Dramard** (E.). Bibliographie géographique et historique de la Picardie. I. Boulonnais et pays reconquis. Paris, Techener, 1881. 1 vol. in-8, d.-rel. veau, tête lim., ébarbé; au dos, chiffre du comte Riant. — *Du même*. Tables des Bulletins & Mémoires publiés par la Société des antiquaires de la Morinie. Saint-Omer, H. d'Homont, 1883. In-8, rel. toile, couv.

4745. — : **Marsy** (Arthur de). Bibliographie Noyonnoise. Paris, Champion, 1877. — Bibliographie Picarde. Amiens, Delattre-Denoel, 1879-1884. — Projet de Bibliographie Compiégnoise. 1869. — Bibliographie Compiégnoise. Compiègne, Edler, 1874. Ensemble 1 vol. grand in-8, d.-rel. chag. noir, coins, tête dor., non rogn.

4746. **Fage** (René). Les œuvres de Baluze, cataloguées et décrites. Tulle, 1882. — Complément des œuvres de Baluze... Tulle, 1884. 2 vol. in-8, rel.

toile, non rogn., couv. — **Martin** (Gabriel). Bibliotheca Baluziana seu Catalogus librorum bibliothecæ Stephani Baluzii Tutelensis. Parisiis, ap. G. Martinum et J. Boudot, 1719. 3 vol. in-12, br.

4747. **Bailly** (Anatole). Notice sur Émile Egger, membre de l'Institut, sa vie et ses travaux. Paris, Pedone-Lauriel, 1886. 1 vol. in-8, rel. toile, couv., avec un portrait en héliogravure de M. Egger. — **Rozière** (E. de). Bibliographie des œuvres de M. François Mignet. Paris, Larose et Forcel, 1887. In-8, br. — **Lasteyrie** (Robert de). Jules Quicherat. Sa vie et ses travaux. Paris, Impr. nat., 1883. Plaq. in-8, portr., cart. pap., couv. Envoi de l'auteur.

ITALIE — GÉNÉRALITÉS

4748. Accademia delle Scienze di Torino (Il Primo secolo della R.). Notizie storiche e bibliografiche (1783-1883). Torino, Paravia, 1883. Rel. toile, non rogn., couv.

4749. **Bertocci** (Giuseppe). Repertorio bibliografico delle opere stampate in Italia nel secolo XIX. Roma, Armanni, 1876. — [Tome 1 : Storia, seul.] 1 vol. in-8, d.-rel. veau jaune, non rogn., couv.

4750. **Ciampi** (Sebastiano). Bibliografia critica delle antiche reciproche corrispondenze politiche, ecclesiastiche, scientifiche, letterarie, artistiche dell' Italia colla Russia, colla Polonia ed altre parti settentrionali... Firenze, Mazzoni, 1834 & Firenze, Piatti, 1839-42. 3 tomes en 1 vol. in-8, d.-rel. veau f., non rogn.

4751. **Coleti** (Giovanni Antonio). Catalogo delle storie particolari civili ed ecclesiastiche delle Città e de' Luoghi d' Italia, le quali si trovano nella domestica Libraria dei fratelli *Coleti* in Vinegia. Vinegia, 1779. 1 vol. in-4, rel. vél. bl., non rogn.

4752. **Haym** (Niccola Francesco). Biblioteca Italiana osia notizia de' libri rari Italiani divisa in quattro parti cioè istoria, poesia, prose, arti e scienze;... Milano, Giuseppe Galeazzi, 1771. 2 tomes en 1 vol. in-4, rel. veau f., tr. marbrée.

4753. **Lozzi** (Carlo). Biblioteca istorica della antica e nuova Italia. Saggio di bibliografia analitico comparato e critico, compilato sulla propria collezione con un discorso proemiale. Imola, Galeati, 1886-87. 2 vol. in-8, br. — Il Bibliofilo... diretto da *Carlo Lozzi*. 1880 [origine] à 1883. Firenze. In-8, rel. toile.

4754. **Mazzuchelli** (Gianmaria). Gli scrittori d' Italia cioé notizie storiche e critiche intorno alle vite, e agli scritti dei letterati italiani. Brescia, Per Giambattista Bossini, 1753-1763. 3 vol. in-fol., rel. vél., tr. jasp.

Excellent ouvrage resté malheureusement inachevé. Il contient seulement les lettres A et B.

4755. **Mortillaro** (Barone Vincenzo). Opuscoli di vario genere. Palermo, Tip. del Giorn. Letterario, 1836. In-8, rel. toile, couv., planch.

Études bibliographiques et archéologiques.

4756. **Palumbo** (Ern). Sulla bibliografia d' Italia lettere critiche. Napoli, Stamp. del Fibreno, 1868. In-12, cart. — **Reumont** (Alfredo). Bibliografia dei lavori pubblicati in Germania sulla Storia d' Italia. Berlin, Rid. Decker, 1863. In-8, cart. perc. bl.

4757. **Ricciardo** (Francesco). Biblioteca Italiana, o sia notizia de' libri rari nella lingua Italiana, divisa in quattro Parti principali; cioe istoria, poesia, prose, arti, e scienze..... 2da edizione. Venezia, Ceremia, 1736. 1 vol. in-4, rel. parch.

4758. **Thieury** (Jules). Bibliographie italico-normande. Paris, Aubry, 1864. In-8, rel. toile.

ITALIE — BIBLIOGRAPHIES PARTICULIÈRES DES ÉTATS, PROVINCES ET VILLES

4759. BARI : **Volpicella** (Luigi). Bibliografia storica della provincia di terra di Bari. Napoli, de Rubertis, 1884-87. 1 fort vol. in-8, br.

4760. BOLOGNE : **Alidosi** (Gio Nicolo Pasquali). I Dottori Bolognesi di Teologia, Filosofia, Medicina, e d' Arti Liberali dall' anno 1000 per tutto Marzo del 1623. Bologna, per Nicolo Tebaldini, 1623. Titre gravé.— *Du même*: Li Dottori Bolognesi di Legge canonica, e civile dal principio di essi per tutto l' anno 1619. Con li viuenti per ordine del loro Dottorato, Et vn' Appendice..... e tre Tavole vna delle dignità, e cose curiose, l' altra delli Cognomi de' Forestieri, e delli Dottori. Bologna, Bartolomeo Cochi. MDCXX. — *Du même* : Appendice, Dichiaratione, e correttione Al Libro delli Dottori Bolognesi di Legge Canonica, e Ciuile. Per tutto li 6. d' Agosto MDCXXIII. Bologna, Nicolò Tebaldini, M DCXXIII. Ensemble 3 tomes in-8 en 1 vol. rel. vél. — *Du même* : Li dottori forestieri Che in Bologna hanno letto Teologia, Filosofia, Medicina, & Arti Liberali, Con li Rettori dello Studio da gli anni 1000. sino per tutto Maggio del 1623. Bologna, Nicolò Tebaldini, M.DC.XXIII. 1 vol. in-8, rel. vél.

4761. — : **Fantuzzi** (Giovanni). Notizie degli scrittori bolognesi. Bologna, nella stamperia di S. Tommaso d' Aquino, 1781-1794. 9 vol. in-4, d.-rel. parch.

4762. — **Orlandi** (Pellegrino Antonio). Notizie degli scrittori bolognesi e dell' opere e loro stampate e manoscritte. Bologna, per Costantino Pisarri, 1714. 1 vol. in-4, rel. vél., non rogn.

4763. ÉTAS-PONTIFICAUX : **Runghiaschi** (Le P. Luigi). Bibliografia storica delle città, e luoghi dello stato pontificio, Opera utile Agli Storici, Antiquarj,

Giuristi, Naturalisti, ed ogni altro Amatore delle Belle Arti. Roma, Stamperia Giunchiana, 1792 [& Supplément. Roma, 1793]. 1 vol. in-4, rel. veau vert rac., tr. marbr.

4764. FLORENCE : **Negri** (Giulio). Istoria degli scrittori fiorentini, la quale abbraccia intorno à due mila Autori, che negli ultimi cinque secoli hanno illustrata co i loro scritti quella nazione, in qualunque Materia, ed in qualunque Lingua, e Disciplina...... Ferrara. Per Bernardino Pomatelli, 1722. 1 vol. in-fol., rel. veau plein, brun, dent. intér., tr. dorée (Weber).

4765. FRIOUL : **Occioni-Bonaffons** (Giuseppe). Bibliografia storica Friulana dal 1861 al 1882. Udine, tip. Doretti, 1883. 1 vol. — **Valentinelli** (Giuseppe). Bibliografia del Friuli. Venezia, 1861. Ensemble 2 vol. in-8, br. et rel. toile, non rogn.

4766. LIGURIE : **Soprani** (Raffaele). Li scrittori della Ligvra, e particolarmente della Maritima. Genova, P G. Calenzani, MDCLXVII. In-4, rel. parch., front.

4767. MILAN : **Argelati** (Philippe). Bibliotheca scriptorum mediolanensium, seu acta, et elogia virorum omnigena eruditione illustrium, qui in metropoli Insubriæ, oppidisque circum jacentibus orti sunt..... Præmittitur *Josephi Antonii Saxii*, Historia litterario-typographica Mediolanensis ab anno MCDLXV. ad annum MD. nunc primum edita. Mediolani, in ædibus Palatinis, 1745. 2 vol. in-fol., d.-rel. veau rac.

4768. — : **Corte** (Bartolomeo). Notizie istoriche intorno a' medici scrittori Milanesi, & a' principali ritrovamenti fatti in Medicina dagl' Italiani. Milano, Stampa di Giuseppe Pandolfo Malatesta, 1718. 1 vol. in-4, rel. vél.

4769. NAPLES : **Minieri-Riccio** (Camillo). Notizie biografiche e bibliografiche degli scrittori Napoletani fioriti nel secolo XVII. Napoli, Ulrico Hoepli, 1875. — Notizie..... i cognomini dei quali cominciano con la lettera B. Napoli, Rinaldi e Sellitto, 1877. — Cenno storico intorno all' Accademia degli Oziosi in Napoli. Napoli, Stamp. della R. Università, 1862. — Cenno storico della Accademia Alfonsina, istituta nella Città di Napoli nel 1442. Napoli, Rinaldi e Sellitto, 1875. — Cenno storico della Accademia Pontaniana. Napoli, Rinaldi e Sellitto, 1877. — Biblioteca storico-topografica degli Abruzzi composta sulla propria collezione da *Camillo Minieri Riccio*. Napoli, V. Priggiobba, 1862. 6 br. in-8.

4770. — : **Soria** (Francesantonio). Memorie storico-critiche degli storici Napoletani. Napoli, stamp. Simoniana, 1781-83. 2 tomes en 1 vol. in-4, rel. vél.

4771. — : **Toppi** (Nicolò). Biblioteca napoletana et apparato a gli huomini illustri in lettere di Napoli, e del Regno, delle famiglie, terre, citta, e religioni, che sono nello stesso regno dalle loro origine, per tutto l' anno 1678. Napoli, Appresso Ant. Bulifon, 1678. — Adizioni copiose di *Lionardo*

Nicodemo alla biblioteca Napoletana del dottor Niccolo Toppi. Napoli, per Salv. Castaldo, 1683. 2 vol. petit in-fol., rel. vél.

4772. OMBRIE : **Iacobillo** (Louis). Bibliotheca Vmbriae sive de scriptoribvs Provincię Vmbriae Alphabetico Ordine digesta. Fvlginae, apud Aug. Alterium, 1658. 1 vol. in-4, d.-rel. bas.

4773. PARME : **Affo** (Ireneo) et **Pezzana**. Memorie degli scrittori e letterati Parmigiani. Parma, Stamperia Reale, 1789-1797. — [*Le même; continuation par* Angelo Pezzana.] Parma, dalla ducale tipografia, 1825-1833. Ensemble 7 vol. in-4, d.-rel. parch.

4774. PÉROUSE : **Vermiglioli** (Gio: Battista). Bibliografia Storico-Perugina... Perugia, F. Baduel, 1823. 1 vol. in-4, d.-rel. vél., coins, non rogn.

4775. PIÉMONT : **Chiesa** (F. Agostino della). Catalogo di tvtti li scrittori Piemontesi, et altri de i stati dell' Altezza Sereniss. di Savoia..... Torino, Appresso Cesare, e Gio. Francesco FF. de Caualeri, 1614. In-4, rel. vél.

4776. — : **Claretta** (Gaudenzio). Sui principali storici Piemontesi e particolarmente sugli storiografi della R. Casa di Savoia. Memorie storiche, letterarie e biografiche. Torino, Paravia, 1878. In-4, d.-rel. veau jaune, tête limaç., non rogn.; au dos, chiffre du comte Riant.

4777. PISTOIA : **Zacharia** (Franciscus Antonius). Bibliotheca Pistoriensis, descripta, inque duos libros distributa, quorum prior Manuscriptos trium præcipuarumque Pistoriensium Bibliothecarum Codices, posterior Pistorienses scriptores complectitur, cum duplici appendice, una veterum, altera recentium, utraque ineditorum hactenus, præstantiumque monumentorum. Augustæ Taurinorum, E. Typog. Regia, 1752. 1 vol. petit in-fol., d.-rel. veau rac., tr. limaç.

4778. RAVENNE : **Ginanni** (D. Pietro Paolo). Memorie storico-critiche degli scrittori Ravennati. Faenza, Presso Gioseffantonio Archi, 1769. 2 vol. in-4, cart.

> Important ouvrage qui a demandé à son auteur d'énormes recherches. *Ginani* ou *Ginanni*, né à Ravenne en 1698, mort en 1774, entra fort jeune dans l'ordre de Saint-Benoît, au Mont Cassin, s'adonna à une étude approfondie de l'histoire de l'Italie au moyen âge et résida fréquemment à Rome où Clément XIV le fixa en le nommant membre de la Congrégation des rites.

4779. SICILE : Memorie per servire alla storia letteraria di Sicilia. Palermo, Bentivenga, 1756. 2 vol. in-8, rel. vél., pl.

4780. — : **Mira** (Giuseppe M.). Bibliografia Siciliana ovvero Gran Dizionario bibliografico delle opere edite e inedite, antiche e moderne di autori siciliani o di argomento siciliano stampate in Sicilia e fuori..... Palermo, Gaudiano, 1875-1881. 2 tomes en 1 vol. grand in-8. d.-rel. veau jaune, non rogn.; au dos, chiffre du comte Riant.

4781. — : **Mongitore** (Antonino). Bibliotheca Sicula sive de scriptoribus siculis qui tum vetera, tum recentiora saecula illustrarunt notitiae locupletissimae... Panormi, ex typog. Didaci Bua, M D CC VIII-M D CC XIV. 2 vol. in-fol., rel. vél.

L'un des meilleurs recueils de ce genre.

4782. — : **Narbone** (Alessio). Bibliografia Sicola sistematica o apparato metodico alla storia letteraria della Sicilia. Palermo, Pedone, 1850-55. 4 tomes en 2 vol. in-8, d.-rel. veau brun, non rogn.

4783. — : **Salvo-Cozzo** (Giuseppe). Giunte e correzioni alla lettera A della bibliografia siciliana di *G. M. Mira*. Palermo, Virzi, 1881. 1 vol. in-8, rel. toile, non rogn., couv.

4784. Toscane : **Moreni** (Domenico). Bibliografia storico-ragionata della Toscana o sia Catalogo degli scrittori che hanno illustrata la storia delle città, luoghi e persone della medesina... Firenze, Ciardetti, 1805. 2 vol. grand in-8, rel. toile, non rogn.

4785. Venise : **Agostini** (F. Giovanni degli). Notizie istorico-critiche intorno la vita, e le Opere degli Scrittori Viniziani. Venezia, Occhi, 1752-54. 2 vol. in-4, d.-rel. veau rac., tr. limaç.

4786. — : **Cicogna** (Emmanuele Antonio) & **Soranzo** (G.). Saggio di bibliografia Veneziana. Venezia, Merlo, 1847. — Bibliografia Veneziana, aggiunta e continuazione del Saggio. Venezia, Naratovich, 1885. Ensemble 2 vol. grand in-8, d.-rel. chag. r., non rogn., couv.; au dos, chiffre du comte Riant.

4787. — : **Gamba** (Bartol.). Serie degli scritti impressi in dialetto veneziano..... giuntevi alcune odi di *Orazio* tradotte da *Pietro Bussolin*. Venezia, dalla tipografia di Alvisopoli, 1832. Vol. in-12, rel. toile.

4788. Vérone : **Giuliari** (Giambattista Carlo, conte). Della letteratura veronese al cadere del secolo xv e delle suo opere a stampa. Bologna, Garagnani, 1876. In-8, rel. toile, non rogn., couv. — *Du même*. La Biblioteca Veronese. Lettera all'..... marchese Ottavio di Canossa. Verona, Vicentini e Franchini, 1858. In-8, rel. toile, couv.

4789. Vicence : **Santa Maria** (Angiol Gabriello di). Biblioteca e storia di quei scrittori cosi della citta' come del territorio di Vicenza che pervennero fin' ad ora a notizia, dall' anno XLIX di Cristo al MDC. Vicenza, Per Giobatt. Vendramini Mosca, 1772-82. 6 vol. in-4, d.-rel. mar. bleu.

Ouvrage bien fait, utile à consulter pour l'histoire littéraire et la bibliographie.

ITALIE — DIVERS

4790. **Cancellieri** (Francesco). Dissertazioni epistolari bibliografiche sopra Cristoforo Colombo di Cuccaro nel Monferrato..... e Giovanni Gersen di Cavaglia' abate di S. Stefano in Vercelli, autore del libro de Imitatione

Christi, al Cl. Sign. Cavaliere Gianfrancesco Galeani Napione di Cocconato Passerano..... In Roma, per Francesco Bourlie, nel MDCCCIX. In-8, cart. perc. — *Du même*. Notizie della vita e delle miscellanee di Monsignor P. A. Tioli, con i cataloghi delle materie contenute in ciascuno de' XXXVI volumi lasciati alla biblioteca del SS. Salvatore de' Canonici lateranensi di Bologna. Pesaro, A. Nobili, 1836. In-8, cart.

4791. **Moroni** (Conte Alessandro). Nuovo Catalogo delle opere edite ed inedite dell' abate Francesco Cancellieri con un ragionamento su la vita e gli scritti del medesimo. Roma, 1881. In-8, br.

4792. **Bravetti** (Jacopo). Indice de' libri a stampa citati per testi di lingua nel vocabolario de' signori accademici della Crusca. Verona, Marchesani ed erede Merlo, 1798. Grand in-8. br. — **Razzolini** (Luigi) & **Bacchi della Lega** (Alberto). Bibliografia dei testi di lingua a stampa citati degli Accademici della Crusca. Bologna, Romagnoli, 1878. In-8, rel. toile, non rogn., couv.

AUTRES PAYS DE L'EUROPE — ORIENT — AFRIQUE

4793. **Schwab** (Moïse). Bibliographie de la Perse. Paris, Leroux, 1876. In-8, rel. toile, couv.

4794. **Watson** (Paul Barron). Bibliography of the Pre-Columbian discoveries of America. [Extr. of *The Library Journal*.] S. l. n. d. In-4, cart.

4795. **Kuhn** (Ernst) und **Müller** (Aug.). Wissenschaftlicher Jahresbericht über die Morgenländischen Studien im Jahre 1880. Leipzig, Brockhaus, 1883. In-8, cart., couv.

4796. **Zenker** (J. Th.). Bibliotheca orientalis. Manuel de bibliographie orientale. Leipzig, G. Engelmann, 1846-1861. 2 tomes en 1 vol. in-8, d.-rel. veau, tête lim., ébarbé; au dos, chiffre du comte Riant.

4797. **Ternaux-Compans** (H.). Bibliothèque asiatique et africaine. Paris, Arthus-Bertrand, 1841. In-8, d.-rel. toile, tr. marbr.

4798. **Kábdebo** (Heinrich). Bibliographie zur Geschichte der beiden Türkenbelagerungen Wien's, 1529 und 1683. Wien, Faesy & Frick, 1876. In-8, rel. toile, couv., 8 planches.

4899. **Brosset**. Catalogue de la bibliothèque d'Edchmiadzin. Saint-Pétersbourg, 1840. — **Miansarof**. Bibliographie Caucasica et transcaucasica. Essai d'une bibliographie systématique relative au Caucase, à la Transcaucasie et aux populations de ces contrées... Saint-Pétersbourg, 1874-1876. — **Patkanov** (К. Р.). Библиографич Ескій Очеркъ Армянской Исторической Литертуры.. Saint-Pétersbourg, 1880. (Bibliographie historique de l'Arménie.) Ensemble 1 vol. & 2 plaq. in-8, cart. & rel. toile.

4800. **Friederici** (Karl). Bibliotheca orientalis. Années 1876, *origine* à 1883 *incl.* Leipzig, London, New-York, Paris. 9 fascicules in-8, cart. (La première année est dans les deux éditions allemande et anglaise.)

4801. **Fræhn**. Indications bibliographiques relatives à la littérature historico-géographique des Arabes, des Persans et des Turcs, spécialement destinées à nos employés et voyageurs en Asie. Saint-Pétersbourg, Imp. de l'Ac. des Sciences, 1845. In-8, rel. toile.

Textes russe et français en regard.

4802. **Fürst** (Julius). Bibliotheca judaica. Bibliographisches Handbuch, umfassend die Druckwerke der jüdischen Literatur... Neue Ausgabe. Leipzig, Engelmann, 1863. 3 tomes en 1 vol. in-8, d.-rel. veau brun, non rogn., couv.

4803. **Steinschneider** (Moritz). Polemische und apologetische Literatur in Arabische Sprache, zwischen Muslimen, Christen und Juden, nebst Anhängen verwandten Inhalts. Leipzig, Brockhaus, 1877. In-8, rel. toile, non rogn.
— **Wüstenfeld** (F.). Die Übersetzungen arabischer Werke in das Lateinische seit dem XI. Jahrhundert. Göttingen, Dieterich, 1877. In-4. br.

4804. **Gay** (Jean). Bibliographie des ouvrages relatifs à l'Afrique et à l'Arabie. San Remo, J. Gay; Paris, Maisonneuve, 1875. Vol. in-8, rel. toile, Tiré à 520 exemplaires, n° 80.

4805. Liste des travaux de M. Rosset, membre de l'Académie impériale des sciences de Russie. Saint-Pétersbourg, 1880. 1 plaq. in-8, cart., couv.

4806. **Kertbeny** (K. M.). Bibliographie der ungarischen nationalen und internationalen Literatur : Ungarn betreffende deutsche Erstlings-Drucke, 1454-1600. Budapest, 1880. 1 vol. d.-rel. chagr. grenat, non rogn.; au dos, chiffre du comte Riant.

4807. **Schmaler** (J. E.). Zeitschrift für slavische Literatur, Kunst, und Wissenschaft. Bautzen, 1862-1864. T. 1 et 2 en 1 vol. rel. toile, non rogn.

4808. **Hanus** (I. J.). Quellenkunde und Bibliographie der böhmischslovenischen Literaturgeschichte vom Jahre 1348-1868. Prag, 1868. In-8, rel. toile.

4809. **Valentinelli** (Giuseppe). Bibliografia dalmata tratta da codici della Marciana di Venezia. Venezia, Cecchini e Naratovich, 1845. — Bibliografia della Dalmazia e del Montenegro. Zagabria, Ljudevits, 1855. 1 vol. et 1 plaq. in-8, cart. et rel. toile.

BIBLIOGRAPHIES SPÉCIALES DIVERSES

4810. ASTRONOMIE : **Curtze** (Maximilien). Die Originalhandschrift des Copernicanischen Hauptwerks ,, De Reuolutionibus " und die Neuausgabe desselben durch den Copernicus-Verein f. Wissensch. u. Kunst zu Thorn.

Greifswald, Kunike, 1872. — *Du même.* Über eine neue Copernicus-Handschrift, nach einem Briefe des Dr *O. Struve* in Pulkowa. Königsberg, Rosbach, 1873. — Fünf ungedruckte Briefe von Gemma Frisius, Thorn, 1874. — Ueber eine Handschrift der K. öff. Bibliothek zu Dresden. Dresden, Teubner, 1883 [avec une lettre de l'auteur à M. Petzholdt]. 4 plaq. in-8, br., avec 1 pl.

4811. BLASON : **Arnd.** Caroli Arndii..... Bibliotheca politico-heraldica selecta h. e. Recensus Scriptorum ad Politicam atque Heraldicam pertinentium,..... cum Præfatione de Selectissimis Bibliothecarum Theologiæ, Juridicæ, Medicæ, & Philosophicæ Collectoribus. Rostochii et Lipsiæ, Sumpt. Joh: Hēnr. Ruswormii, 1705. In-8, d.-rel. veau éc., tr. lim., front.

4812. — : **Guigard** (J). Bibliothèque héraldique de la France. Paris, Dentu, 1861. Vol. in-8, rel. toile. — *Du même.* Armorial du bibliophile. Paris, Bachelin Deflorenne, 1870-71. 2 parties en 1 vol. in-8, d.-rel. mar. rouge, tr. lim. — **Nahuys** (Cte Maurin). Bibliographie héraldique....... Bruxelles, Fr.-J. Olivier, 1883. Br. in-8.

4813. — : **Moule** (Thomas). Bibliotheca heraldica Magnæ Britanniæ. An analytical Catalogue of Books on Genealogy, Heraldry..... London, printed for the author, 1822. In-8, d.-rel. veau, coins (fatiguée), ex-libris de *John Bailey Langhorne*, front.

4814. BOTANIQUE : **Miltitz** (Friedrich von). Bibliotheca botanica..... Handbuch des botanischer Literatur..... mit Angabe der Preise und Recensionen..... Berlin, Rücker, 1829. — **Krüger** (M. S.). Bibliographia botanica. Handbuch des botanischen Literatur in systematischer Ordnung..... Berlin, Haude und Spener, 1841. — **Dochnahl** (Fried. Jac.). Bibliotheca Hortensis. Vollständige Garten-Bibliothek oder alphabischer Verzeichniss aller Bücher, welche über Gärtnerei, Blumen- und Gemüsezucht,..... von 1750 bis 1860 in Deutschland erschienen sind..... Nürnberg, Wilh. Schmid, 1861. Ensemble 3 vol. in-8, d.-rel. mar. citron, coins, tr. peigne, et rel. toile, non rogn.

4815. — : **Seguier** (Jean François). Bibliotheca botanica, sive catalogus auctorum et librorum omnium qui de Re Botanica, de Medicamentis ex Vegetabilibus paratis,.... & de Horticultura tractant; Accessit bibliotheca botanica *Jo. Ant. Bumaldi* seu potius *Ovidii Montalbani.* Hagæ Comitum, Apud Joan. Neaulme, 1740. 1 vol. in-4, d.-rel. bas. rac., non rogn.

4816. DROIT : **Amiaud** (Albert). Recherches bibliographiques sur le notariat français. Paris, Larose, 1881. 1 vol. in-12, rel. toile, non rogn., couv., front,

Tiré à 330 exemplaires (n° 314).

4817. — : **Costa** (Ethbin Heinrich). Bibliographic der deutschen Rechtsgeschichte. Braunschweig, Schwetzschke, 1858. In-8, rel. toile.

4818. — : [**Warée**]. Répertoire bibliographique des ouvrages de législation, de droit & de jurisprudence..... Nouvelle édition, corrigée et augmentée par M. *Ernest Thorin*. Paris, Durand, 1863. In-8, rel. toile.

4819. ÉCHECS : **Schmidt** (Anton). Literatur des Schachspiels. Wien, Gerold, 1847. — Catalogue of books on the origin, history, and practice of the game of chess, on sale by *Richard Simpson*. 1863. Ensemble 2 vol. in-8 & in-4, rel. toile.

4820. ENTOMOLOGIE : **Percheron** (A.). Bibliographie entomologique..... accompagnée de notices sur les ouvrages périodiques, les dictionnaires et les mémoires des sociétés savantes; suivie d'une table méthodique et chronologique. Paris, Baillière, 1837. 2 tomes en 1 vol. in-8, d.-rel. toile, n. jasp.

4821. GÉOGRAPHIE, VOYAGES : **Boucher de la Richarderie**. Bibliothèque universelle des voyages. Paris, Treuttel et Würtz, 1808. 6 vol. in-8, rel. veau, fil., dos orné, chiffre sur les plats.

4822. — : Catalogue of books, maps, plates on America and of a remarkable collection of early voyages, offered for sale by Frederic Muller, at Amsterdam. Amsterdam, Fred. Muller, 1872-1875. 3 parties en 1 vol. in-8, rel. toile (3 facsimilés). — Mapoteca Colombiana. Colleccion de los titulos de todos los mapas, planos, vistas, etc.... relativos á la América española, Brasil é islas adyacentes..... precedida de una introduccion..... por *E. Uricoechea*. Londres, Trübner, 1860. Vol. in-8, rel. toile.

4823. — : **Chavanne** (Joseph), **Karpf** (Aloïs), **Le Monnier** (Franz Ritter von). Die Literatur über die Polar-Regionen der Erde. Wien, Hölzel, 1878. In-8, rel. toile.

Publié par la Société Imp. Roy. de Géographie de Vienne.

4824. — : **Embacher** (Friedrich). Lexikon der Reisen und Entdeckungen. Leipzig, 1882. — **Stuck** (Gottl. Heinrich). Verzeichniss von aeltern und neuern Land-und Reisebeschreibungen. Halle, 1784. 2 tomes en 1 vol. — **Beckmann** Litteratur der älteren Reisebeschreibungen. Göttingen, 1808. 2 vol. — **Georg** (C.). Die Reiseliteratur Deutschlands aus den Jahren 1871 bis 30 april 1877. Leipzig, Hinriche, 1877. Ensemble 4 vol. & plaq. in-12, rel. toile et d.-rel. veau & chagr.

4825. — : **Engelmann** (Wilhelm). Bibliotheca geographica. Leipzig, W. Engelmann, 1858. In-8, rel. toile.

4826. — : **Jackson** (James). Liste provisoire de bibliographies géographiques spéciales. Paris, 1881. — **Castellani**. Catologo ragionato delle più rare o più importanti opere geografiche a stampa che si conserva nella biblioteca del Collegio Romano. Roma, 1876. Ensemble 2 vol. in-8, rel. toile, non rogn., couv.

4827. — : **Sabin** (Joseph). A Dictionary of books relating to America from its Discovery to the Present Time. New-York, J. Sabin, 1867. Vol. in-8, d.-rel. veau, tête lim., non rogn.; au dos, chiffre du comte Riant.

Ce dictionnaire va seulement de A à Barringer et n'a, à notre connaissance, pas été continué.

4828. — : Studj bibliografici e biografici sulla storia della geografia in Italia, pubblicati per cura della deputazione ministeriale istituta presso la società geografica italiana. Roma, Tipografia Elzeviriana, 1875. 2 parties en 1 vol. grand in-8, avec cartes & pl., d.-rel. veau, non rogn.

4829. — : **Tiele** (P. A.). Mémoire bibliographique sur les journaux des navigateurs néerlandais, réimprimés dans les collections de De Bry et de Hulsius Amsterdam, 1867. 1 vol. — **Asher**. Bibliographical essay on the collection of Voyages and Travels edited and publis'hed by Levinus Hulsius, and his successors. London, 1839. Ensemble 2 vol. in-8 et in-4, cart. et rel. toile.

4830. — : **Tiele** (P. A.). Mémoire bibliographique sur les journaux des navigateurs néerlandais réimprimés dans les collections de De Bry et de Hulsius et sur les anciennes éditions hollandaises des journaux de navigateurs étrangers..... Amsterdam, Fr. Muller, 1867. In-8, rel. toile. — *Du même*. Nederlandsche Bibliographie van Land- en Volkenkunde. Amsterdam, Fr. Muller, 1884. Ensemble 1 vol. in-8, d.-rel. veau, tête lim., ébarb.; au dos, chiffre du comte Riant.

4831. — : **Tobler**. Bibliographia geographica Palaestinae. Leipzig, Hirzel, 1867. In-8, rel. toile. — **Arconati Visconti** (Giammartino). Cenni bibliografici sui viaggi in Terra Santa. Torino, Bona, 1872. In-4, rel. toile.

4832. — : **Amat di San Filippo**. Bibliografia dei viaggiatori italiani. Roma, Salviucci, 1874. — *Du même*. Biografia dei viaggiatori italiani, colla bibliografia di loro opere. Edizione seconda. Roma, 1882. — *Du même et* **Uzielli** (G.). Mappamondi, carte nautiche, portolani, ed altri monumenti cartografici specialmenti italiani dei secoli XIII-XVII. Edizione seconda. Roma, 1882. — **Branca**. Storia dei viaggiatori italiani. Roma, 1873. — **Gubernatis** (A. de). Memoria intorno ai viaggiatori italiani nelle Indie Orientali. Firenze, 1867. — *Du même*. Storia dei viaggiatori italiani nelle Indie Orientali. Roma, 1873. Ensemble 6 vol. in-8 et in-12, d.-rel. veau jaune, rel. toile, non rogn. ou br.

4833. MÉDECINE : **Choulant** (Ludovicus). Bibliotheca medico-historica, sive Catalogus librorum historicorum de re medica et scientia naturali systematicus. Lipsiæ, Engelmann, 1842. In-8, rel. toile. — **Haeser** (Henricus). Bibliotheca epidemiographica sive Catalogus librorum de historia morborum epidemicorum..... Editio altera..... Gryphisvaldiæ, ex lib. acad., 1862. In-8, rel. toile.

4834. Pélerinages : Bibliographie des ouvrages relatifs aux Pélerinages, aux miracles, au spiritisme et à la Prestidigitation imprimés en France et en Italie l'an du jubilé 1875. Turin, 1876. In-12, rel. toile, non rogn., couv.

Tiré à 300 exemplaires (n° 258).

4835. — : **Frölichius** (Davidis). Bibliotheca, seu Cynosura Penegrinantium, hoc est, viatorum, omnium hactenus editorum absolutissimum..... in duas partes digestum : quarum prior, quatuor libris constans complectitur..... pars posterior totidem Libris exhibet..... Lectione variâ, conversatione curiosâ..... Ulmæ, impensis et typis Wolf. Endteri, M DC XLIV. In-12, front. 2 tomes en 1 vol. parch.

4836. Sismique : **Perrey** (Alexis). Bibliographie seismique. Catalogue de livres, mémoires et notes sur les tremblements de terre et les phénomènes volcaniques. Dijon, Rabutot, 1865. In-8, rel. toile, non rogn.

TABLES DE DIVERSES REVUES ET COLLECTIONS

4837. Asher (A.). A bibliographical essay on the *Scriptores rerum germanicarum*. London & Berlin, Asher, 1843. Plaq. grand in-4, cart.

4838. Cocheris (Hippolyte). Table méthodique et analytique des articles du Journal des Savants depuis sa réorganisation en 1816 jusqu'en 1858 inclusivement, précédée d'une notice historique sur ce journal, depuis sa fondation jusqu'à nos jours. Paris, Durand, 1860. 1 vol. in-4, d.-rel. veau gris, tête marbr., non rogn., couv.

4839. Czinár (Maurus). Index Alphabeticus Codicis diplomatici Hungariæ per Georgium Fejér editi. Pest, Gusztáv Emich, 1866. In-8, d.-rel. veau, tête lim., ébarb.; au dos, chiffre du comte Riant.

4840. Dorothée Scholarios. Table de la Patrologie grecque de Migne : Κλεις Πατρολογιας και Βυζαντινων συγγραφεων ητοι ευρετηριον παντων των συγγραμμάτων των θειων ημων πατερων, διδασκαλων και συγγραφεων των περιεχομενων εν τη Παρισιοις εκδοθειση πατρολογια εις τομους εκτον εξηκοντα χα ενα [*1857-1866*] υπο Μιγνιου [*Migne*]..... Athènes, typ. Georges Karijophyllè, 1879. 1 gros vol. in-4 avec portr., d.-rel. chagr. rouge, non rogn.; au dos, chiffre du comte Riant.

4841. Ersch (Joh. Sam.). Repertorium über die allgemeinern deutschen Journale und andere periodische Sammlungen... Lemgo, Meyer, 1790-1791. 3 vol. in-12, rel. toile.

4842. Fiebig (Otto). Corpus dissertationum theologicarum sive catalogus commentationum, programmatum aliorumque scriptionum academicarum ab antiquissimo usque ad nostrum tempus editarum..... Lipsiæ, Weigel, 1847. 1 vol. in-4, d.-rel. chagr. rouge, non rogn.; au dos, chiffre du comte Riant.

4843. Indice tripartita della prima serie dell' Archivio Storico Italiano cioè dei XVI tomi di esso Archivio et dei IX dell' Appendice. — Indice generale dell' Archivio Storico Italiano; nuova serie et terza serie, dal 1855 al 1872. Firenze, Vieusseux, 1857-1874. 2 vol. in-8, rel. toile.

4844. **Koner** (W.). Repertorium über die vom Jahre 1800 bis zum Jahre 1850 in Akademischen Abhandlungen, Gesellschaftsschriften und Wissenschaftlichen Journalen auf dem Gebiete der Geschichte..... Berlin, Nicolai, 1852-1854. 2 tomes en 1 vol. in-8, rel. toile.

4845. Nominum propriorum Virorum, Mulierum, Populorum etc., quæ in Viri illustris Jacobi Augusti Thuani Historiis leguntur index, cum vernaculâ singularum vocum Expositione..... Genevæ, apud Petrum Aubertum, MDC XXX IV. In-4, rel. parch.

4846. **Poole** (William Frederick). An Index to periodical literature..... third edition brought down to January 1882 with the assistance of *William I. Fletcher*. Boston, Osgood; London, Trübner, 1882. 1 fort vol. in-8 de 1442 pp., rel. toile (édit.).

4847. Register van academische Dissertatien en Oratien betreffende de Geschiedenis des Vaderlands..... Leiden, Brill, 1866. In-8, rel. toile, non rogn. — **Van Lier** (E. J.). Catalogus dissertationum et orationum juridicarum defensarum et habitarum ab a. 1600 usque ad 1866 in Academiis Neerlandiae, Germaniae et Sueciae..... Amstelodami, F. Müller, 1867. In-8, rel. toile, non rogn.

4848. Revue des Deux-Mondes. Table générale 1831-1874. Paris, bureau de la Revue des Deux-Mondes, 1875. 1 vol. cart. perc. v.

4849. **Rozière** (Eugène de) et **Chatel** (Eugène). Table générale et méthodique des mémoires contenus dans les recueils de l'Académie des Inscriptions et Belles-Lettres, & de l'Académie des Sciences morales et politiques. Paris, Durand, 1856. 1 vol. in-4, d.-rel. veau gris, non rogn.

4850. **Sommervogel**, S. J. (P. C.). Table méthodique des Mémoires de Trévoux (1701-1775). Paris, Durand, 1864-1865. 2 tomes en 1 vol. **in-12**, d.-rel. veau, tête lim., ébarb.

4851. Tables générales des travaux contenus dans les Mémoires de l'Académie (des Sciences), publiées par MM. les Secrétaires perpétuels. Première et seconde séries (I-XL). Paris, Gauthier-Villars, 1881. In-4, cart. perc.

4852. Tables générales et analytiques du Recueil des Bulletins de l'Académie Royale..... de Belgique. [Tomes I à L.] Bruxelles, Hayez, 1858-1883. 3 séries en 1 vol. in-8, d.-rel. veau; au dos, chiffre du comte Riant. — **Van Bruyssel** (Ernest). Table générale des notices concernant l'histoire de Belgique publiées dans les Revues belges de 1830 à 1865. Bruxelles, Hayez, 1869. In-8, rel. toile.

4853. Catalogi quatuor quorum duo ad Gronovii, Graevii, Sallengre, Poleni, et Burmanni thesauros antiquitatum graecarum, romanarum, et italicarum; duo ad Collectionem scriptorum rerum italicarum Muratorii, Tartinii, et Mittarelli. Bononiæ, Ex off. Guidi, 1853. Vol. in-12, rel. toile. — Catalogue raisonné de la bibliothèque elzévirienne (1853-1865.) Paris, Franck, 1866. In-16, rel. toile (édit.). — **Guigard** (Jean). Indicateur du Mercure de France (1672-1789). Paris, Bachelin-Deflorenne, 1869. In-12, rel. toile. — Index alphabeticus bibliothecæ Græco-latinæ veterum patrum antiquorumque scriptorum ecclesiasticorum cura et studio *Anderæ Gallandii*..... Venetiis, Albrizzi, 1765-81 seu 1788,,T. IV in-fol. Bononiæ, Typ. S. Thomæ Aquinatis, 1863. In-12, rel. toile. — **Koerting** (G.). Scriptorum et graecorum et latinorum quos *Ioannes Malala* Chronographus Byzantinus laudavit Index. Monasterii Guestfalorum, Coppenrath (1879). In-4, cart. — **Prost** (A.). Tables des morceaux accessoires, documents et titres contenus dans les deux éditions de l'Histoire de Lorraine par *Dom Calmet*. Paris, Soc. bibliog., 1877. In-8, rel. toile, couv. — **Stein** (H.). Inventaire sommaire des Tables générales des périodiques historiques en langue française. Leipzig, Harassowitz, 1888. In-8, br. Ensemble 7 vol.

4854. Inhaltsverzeichniss der Abhandlungen der Königl. Akademie der Wissenschaften zu Berlin aus den Jahren 1822 bis 1860. Berlin, Dümmler, 1862. In-8, cart. — Register zu deutsche Reichstagsakten. Chronologisches Verzeichniss der Urkunden und Akten. Alfabetisches Register der Orts-und Personen-Namen. Gotha, Perthes, 1887. In-8, br. [IXe volume des « Register »] — Uebersicht der Aufsätze, Miscellen und Karten welche in den Monatsberichten über die Verhandlungen der Gessellschaft für Erdkunde zu Berlin..... sowie in der Zeitschrift für allgemeine Erdkunde enthalten sind. Berlin, 1863. In-8, cart. — Verzeichniss sämmtlicher von der Kais. Akademie der Wissenschaften seit ihrer Gründung bis letzten October 1868. Wien, Gerold, 1869. In-8, cart. — Indice generale alla storia documentata di Venezia, di *S. Romanin*. Venezia, Naratovich, 1864. In-8, rel. toile, couv. — Περιεχομενχ..... Articles contenus dans les 13 volumes publiés jusqu'à présent par le Syllogue littéraire grec de Constantinople. Constantinople, Lorentz & Keil, 1882. In-12, cart. Ensemble 6 vol. ou plaq.

5. Bibliothèques.

BIBLIOTHÈQUES PUBLIQUES — HISTOIRE ET CATALOGUES — GÉNÉRALITÉS
BIBLIOTHÉCONOMIE

4855. **Becker** (Gustave). Catalogi bibliothecarum antiqui. I. Catalogi saeculo XIII vetustiores. II. Catalogus Catalogorum posterioris aetatis. Bonn, Cohen, 1885. In-8, rel. toile, non rogn., couv.

4856. **Edwards** (Edward). Memoirs of libraries : including a handbook of library economy. London, Trübner, 1859. 2 vol. in-8, rel. toile (édit.), nombreuses planches. — *Du même*. Libraries and founders of libraries. London, Trübner, 1865. 1 vol. in-8, d.-rel. veau, tr. lim.; au dos, chiffre du comte Riant.

4857. **Koeler** (David). Sylloge aliqvot scriptorvm de bene ordinanda et ornanda bibliotheca. Francofvrti, apvd Joannem Stein, 1728. In-4, rel. vél. Ex-lib. Andr. Tontoli.

4858. **Le Gallois**. Traitté des plvs belles bibliotheques de l'Europe. Des premiers Livres qui ont été faits. De l'invention de l'Imprimerie. Des Imprimeurs. De plusieurs Livres qui ont été perdus & recouvrez par les soins des Sçavans. Avec une Méthode pour dresser une Bibliothèque. A Paris, chez Estienne Michallet..., MDC.LXXX. In-12, rel. veau. [Peu commun.]

4859. **Lomeier** (J.). De bibliothecis liber singularis. Editio secunda. Ultrajecti, Ex Off. Johannis Ribbii, 1680. In-12, d.-rel. veau éc. — **Lipsius** (Justus). De Bibliothecis Syntagma. (*Marque de l'imprimeur*.) Antverpiæ, ex officina Plantiniana, apud Joannem Moretum, cIↄIↄcII. In-4, d.-rel. bas. n. — **Michaut** (N.). Pauca de bibliothecis apud veteres quum publicis tum privatis. Paris, Thorin, 1876. In-8, cart., couv.

4860. **Mader** (Joach. Joh.). De Bibliothecis atqve Archivis virorvm clarissimorvm libelli et commentationes. Cum Praefatione de scriptis et bibliothecis antedilvvianis... secundam editionem curavit I. A. S. D. [*Jean André Schmidt.*] Helmstadl, Typis G. W. Hamml, 1702. — De Bibliothecis accessio altera collectioni Maderianae adiuncta a I. A. S. D. Helmstadii, Typ. Hammii, 1705. Ensemble 1 vol. in-4, rel. veau f., dos orné, aux armes du comte d'Hoym.

4861. **Maichelius** (Daniel). Introductio ad historiam litterariam de præcipuis bibliothecis Parisiensibus,... in duas partes divisa. Cantabrigiæ, Typis Academicis, Impensis Corn. Crownfield... 1721. In-8, rel. veau.

4862. **Monteil** (Amans-Alexis). Traité de manuscrits de divers genres d'histoire. Nouvelle édition. Paris, impr. Duverger, 1836. 2 vol. — Catalogue des mss. et d'une partie des livres imprimés composant la bibliothèque de feu M. *Amans-Alexis Monteil*. Paris, Jannet, 1850. Ensemble 2 vol. et 1 plaq. In-8, cart. et rel. toile, non rogn.

4863. **Spizelius** (Theophilus). Sacra bibliothecarum illustrium arcana retecta, sive Mss. theologicorum in præcipuis Europæ bibliothecis extantium designatio; cum præliminari dissertatione, specimine novæ bibliothecæ universalis, et coronide philologica,..... Augustæ Vindelic..... Apud Gottlieb Goebelium, Typis Prætorianis, 1668. — **Veiellius** (Elias). Dissertatio in Selecta historiæ ecclesiasticæ Capita, sive in Dissertationes..... R. P. F. Natalis Alexandri, Ord. F. F. Prædic..... in qua..... ostenditur : Adversarium veritatis Evangelicæ tam gravem, causæ Pontificiorum plus offecisse, quam Protestantium..... Ulmæ, Sumtibus Georgii Wilhelmi Kühnen, 1699. Ensemble 2 tomes petit in-8 en 1 vol., d.-rel. vél., coins.

4864. **Valentinelli.** Delle biblioteche della Spagna. 1860. — Delle biblioteche e delle società scientifica-letterarie della Neerlandia. Wien, 1862. Ensemble 2 vol. in-8, cart. et rel. toile.

4865. **Omont** (Henri). Inventaire sommaire des manuscrits du supplément grec de la Bibliothèque nationale. Paris, Picard, 1883. — Inventaire sommaire des manuscrits grecs des Bibliothèques des départements. Paris, Champion, 1883. — Inventaire sommaire des manuscrits grecs conservés dans les bibliothèques publiques de Paris autres que la Bibliothèque nationale. Paris, 1883. — Catalogue des manuscrits grecs de la Bibliothèque royale de Bruxelles. Gand et Paris, 1885. — Catalogue des manuscrits grecs des Bibliothèques de Suisse. Leipzig, 1886. — Inventaire sommaire des manuscrits grecs de la Bibliothèque nationale. Ancien fonds grec. Théologie. Paris, 1886. — Le dernier des copistes grecs en Italie. Jean de Sainte-Maure (1572-1612). Paris, 1888. — Catalogue des manuscrits grecs des Bibliothèques des Pays-Bas. Leipzig, 1887. — Un premier catalogue des manuscrits grecs du cardinal Ridolfi. Paris, 1888. Ensemble 9 vol. ou plaq., rel. toile, cart. ou br.

4866. **Haenel** (Gustave). Catalogi librorum manuscriptorum qui in bibliothecis Galliae, Helvetiae, Belgii, Britanniae M., Hispaniae, Lusitaniae asservantur, nunc primum editi. Lipsiae, Hinrichs, 1830. 1 vol. grand in-4, d.-rel. chag. rouge, coins, tête dorée, non rogn.

4867. **Gachard.** Notice des manuscrits concernant l'histoire de Belgique, qui existent à la Bibl. impér. de Vienne. Bruxelles, 1864. — *Du même* : Une visite aux archives et à la bibliothèque royale de Munich. Bruxelles, 1864. — [**Saint-Genois** (J. de)] : Notices sur les mss. du dépôt d'archives de la Flandre Orientale à Gand. Gand, 1837. — **Canale** (Michel Giuseppe). Degli archivi di Venezia, di Vienna, di Firenze, di Francia et di Genova. Firenze, Giuseppe Mariani, 1857. Ensemble 4 vol. ou plaq. in-8, rel. toile, non rogn.

4868. **Jubinal** (Achille). Lettres à M. le comte de Salvandy sur quelques-uns des Manuscrits de la bibliothèque royale de La Haye. Paris, Didron, 1846. — *Du même* : Mémoire sur les mss. de la bibliothèque de l'école de médecine de Montpellier. Paris, 1849. — Un acrostique historique du xiiie siècle. Paris, 1875. Ensemble 1 vol. et 2 plaq. in-8, cart., rel. toile.

4869. **Castellani** (C.). Le biblioteche nell' antichità dai tempi più remoti alla fine dell' imperio romano d' occidente. Bologna, Monti, 1884. In-8, br. — [**Durey de Noinville**]. Table alphabétique des dictionnaires en toutes sortes de Langues. Dissertation sur les bibliothèques. Paris, Chaubert & Hérissant, 1758. 2 parties en 1 vol. in-12, d.-rel. veau. — **Hoffmann** (Fr. Lorenz). Peter

Lambeck (Lambecius), als bibliographisch-literarhistorischer Schrifsteller und Bibliothekar. Soest, 1864. In-8, rel. toile, non rogn. — **Eriksen** (W.). Les échanges internationaux littéraires et scientifiques. Paris, Picard, 1880. In-8, cart., couv. — **Passier** (Alph.). Les échanges internationaux littéraires et scientifiques (1832-1880). Paris, Picard, 1880. In-8, cart., couv. Ensemble 5 vol. ou plaq.

BIBLIOTHÈQUES DE FRANCE

4870. BIBLIOTHÈQUE NATIONALE : La Bibliothèque impériale, son organisation, son catalogue, par *un bibliophile*. Paris, Aubry, 1861. Plaq. in-12, rel. toile. — Bibliothèque nationale. Département des manuscrits, chartes et diplômes. Département des imprimés. Notice des objets exposés. Paris, Champion, 1878. 2 parties en 1 vol. in-12, rel. toile. — Catalogue des dissertations et écrits académiques provenant des échanges avec les universités étrangères et reçus par la Bibliothèque nationale en 1882. Paris, Klincksieck, 1884. Vol. in-8, rel. toile. — État des Catalogues des bibliothèques de France (31 Décembre 1884). Paris, Champion, 1884. In-8, rel. toile. Ensemble 4 vol. ou plaq.

4871. — : **Martinov**, S. J. Les manuscrits slaves de la Bibliothèque impériale de Paris. Paris, Cosnard, 1858. In-8, br. — **Molinier** (A.). Inventaire sommaire de la collection Joly de Fleury. Paris, Picard, 1881. In-8, rel. toile, couv. — **Morel-Fatio** (A.). Catalogue des manuscrits espagnols de la Bibliothèque nationale. 1ʳᵉ livraison. Paris, Imp. nat., s. d. In-4, rel. toile, non rogn. — **Raynaud** (G.). Inventaire des manuscrits italiens de la Bibliothèque nationale. Paris, Picard et Champion, 1882. [Extr. du *Cabinet historique*, tiré à 200 ex.]. In-8, rel. toile, couv. — *Du même*. Catalogue des manuscrits anglais de la Bibliothèque nationale. Paris, Champion, 1884. In-8, rel. toile, lettre de l'auteur au comte Riant. — **Reinaud**. Notice sur le catalogue général des manuscrits orientaux de la Bibliothèque impériale. Paris, Imp. imp., 1855. In-8, br. Ensemble 6 vol. ou plaq.

4872. **Bordier** (Henri) et **Brièle** (Léon). Les archives hospitalières de **Paris**. Paris, Champion, 1877. 1 vol. in-8, d.-rel. chagr. rouge, tête peigne, non rogn.; au dos, chiffre du comte Riant.

Tiré à 150 exemplaires. Papier vergé.

4873. **Bordier** (Henri). Les archives de la France. Paris, Dumoulin, 1855. 1 vol. in-8, d.-rel. mar. (Gruel). — *Du même*. Les inventaires des archives de l'Empire. Réponse à M. le marquis de Laborde contenant un errata pour ses préfaces et ses inventaires. Paris, Bachelin-Deflorenne, 1867. 1 plaq. in-4, cart. — **Dessalles** (L.). Le trésor des Chartes, sa création, ses gardes et leurs travaux depuis l'origine jusqu'en 1582. Paris, Imp. royale, 1844. In-4. rel. toile, non rogn.

4874. [**Caron**]. Catalogue des manuscrits de la ville d'Arras. Arras, Courtin, 1860. 1 vol. in-8, rel. toile, couv.

4875. Catalogue des cartulaires des archives départementales. Paris, Imprimerie royale, 1847. Vol. in-4, rel. toile.

4876. Catalogue des Inventaires-Sommaires des Archives départementales mis en vente au 1er Avril 1868. Paris, P. Dupont et Dumoulin, 1868. In-8, cart. — Ministère de la marine..... Commission supérieure des Archives. Paris, Imp. nationale, 1885. In-8, cart. couv. — **Pannier** (Léopold). État des Inventaires-Sommaires et des autres travaux relatifs aux Archives de la France au 1er janvier 1875. Paris, Champion, 1875. In-8, cart., couv. — **Robert** (U.). Inventaire des Cartulaires..... suivi d'une Bibliographie. Paris, Picard, 1878. In-8, rel. toile, couv.

4877. Catalogue des livres imprimés et manuscrits de la Bibliothèque de la ville de Clermont-Ferrand (Puy-de-Dôme), mis en ordre par *B. Gonod*. Clermont-Ferrand, Perol, 1839. In-8, d.-rel. mar. (Ex-libris du Bibliophile Jacob.)

4878. **Delandine** (A. Fr.). Bibliothèque de Lyon. Notices sur les manuscrits qu'elle renferme..... Paris, Renouard, 1811-1812. 3 vol. in-8, d.-rel. veau éc., tête peigne, non rogn.; au dos, chiffre du comte Riant.

4879. **Delisle** (Léopold). Le cabinet des manuscrits de la Bibliothèque impériale. Paris, Impr. impériale, 1868-81. 4 vol. in-fol., cart. avec pl.

4880. [—]. Inventaire alphabétique des livres imprimés sur vélin de la Bibliothèque nationale. Complément du catalogue publié par Van Praet. Paris, Champion, 1877. In-8, rel. toile, non rogn., couv.

4881. — Inventaire de manuscrits de la Bibliothèque nationale. Fonds de Cluni. Paris, Champion, 1884. 1 vol. in-8, d.-rel. veau f., tête lim., non rogn., couv.

4882. — Les Collections de Bastard d'Estang à la Bibliothèque nationale. Nogent-le-Rotrou, Daupeley-Gouverneur, 1885. 1 vol. in-8, d.-rel. veau jaune, tête lim., non rogn., couv.

4883. — Inventaire général et méthodique des manuscrits français de la Bibliothèque nationale. Paris, Champion, 1876-78. 2 tomes en 1 vol. in-8, d.-rel. veau f., tête lim., non rogn., couv.

4884. — Inventaire des manuscrits conservés à la bibliothèque impériale sous les n°s 8823-11503 du fonds latin. Paris, Durand, 1863. — *Du même.* Inventaire des mss. de Saint-Germain-des-Prés. Paris, Durand, 1868. — *Du même.* Inventaire des mss. de l'abbaye de St Victor. Paris, Durand, 1869. — *Du même.* Inventaire des Mss. de la Sorbonne. Paris, Durand, 1870. — *Du même.* Inventaire des Mss. latins de Notre-Dame et d'autres fonds.

Paris, Durand, 1871. — *Du même.* État des Mss. latins de la Bibl. Nat. en 1871 et en 1874. Ensemble 1 vol. in-8, d.-rel. veau brun, tête lim., non rogn. couv.

4885. — Recherches sur l'ancienne bibliothèque de Corbie. Paris, Imp. imp., 1861. — Observations sur l'origine de plusieurs manuscrits de la Collection de M. Barrois. Paris, Lainé, 1866. — Notice sur le psautier d'Ingeburge. Paris, Lainé, 1867. — Note sur le catalogue général des manuscrits des bibliothèques des départements, suivie du Catalogue de 50 manuscrits de la Bibliothèque nationale. Nogent-le-Rotrou, Gouverneur, 1873. — Origine des archives du ministère des affaires étrangères. Nogent-le-Rotrou, Gouverneur, 1874. — Notes sur quelques manuscrits de la Bibliothèque d'Auxerre. Paris, Menu, 1877. — Notice sur un livre à peintures exécuté en 1250 dans l'abbaye de Saint-Denis. Paris, Champion, 1877. — Notice sur vingt manuscrits du Vatican. Paris, Champion, 1877. — Notice sur un manuscrit mérovingien de la Bibliothèque d'Épinal. Paris, Champion, 1878. 1 fac-similé. — Notes sur quelques manuscrits du Musée Britannique. Paris, 1878. — Les Bibles de Théodulfe. Paris, Champion, 1879. — Les manuscrits du comte d'Ashburnham. Paris, Champion, 1883. — Les manuscrits du comte d'Ashburnham. Rapport..... suivi d'observations sur les plus anciens manuscrits du fonds Libri et sur plusieurs manuscrits du fonds Barrois. Paris, Imp. nat., 1883. — Notice sur les manuscrits disparus de la bibliothèque de Tours pendant la première moitié du xixe siècle. Paris, Imp. nat., 1883. — Le plus ancien manuscrit du miroir de Saint Augustin, Paris, 1884. — *The palæographical Society.* (Compte-rendu extr. de la *Bibl. de l'Éc. des Chartres*). Nogent-le-Rotrou, Daupeley-Gouverneur, 1884. — Rapport sur les collections du département des Imprimés. Paris, Champion, 1885. — Mémoire sur l'école calligraphique de Tours au ixe siècle *(fac-similés)*. Paris, Imp. nat., 1885. — Deux notes sur des impressions du xve siècle. Nogent-le-Rotrou, Daupeley-Gouverneur, 1888. Ensemble 18 plaq. in-4 ou in-8, rel. toile, cart. ou br.

4886. **Franklin** (Alfred). Les anciennes bibliothèques de Paris. Églises, Monastères, Collèges, etc. Paris, Imp. impériale, 1867-73. 3 vol. in-fol., **cart.**

Le cartonnage du 2º volume est abîmé.

4887. — Histoire de la bibliothèque Mazarine. Paris, 1850. — Histoire de la bibliothèque de l'abbaye St Victor. Paris, 1865. — Recherches sur la bibliothèque publique de l'Église Notre-Dame de Paris. Paris, 1863. — Recherches sur la bibliothèque de la Faculté de Médecine de Paris. Paris, 1864. Ensemble 4 vol. in-12, rel. toile, non rogn.

4888. — **Laborde** (Le comte, *depuis* marquis de). De l'organisation des bibliothèques dans Paris. Paris, Franck, 1845. 1 vol. grand in-8, avec figg. d.-rel. chag. rouge; au dos, chiffre du comte Riant.

Cet ouvrage devait se composer de *douze lettres.* Il n'en a paru que 4, tirées à petit nombre; la quatrième n'a été imprimée qu'à 150 exemplaires et elle manque à beaucoup d'exemplaires. Notre exemplaire, avec les couvertures originales, a appartenu à M. *Fr. de Reiffenberg*. Il contient : 1re lettre : La Bibliothèque Royale occupe le centre topographique et intellectuel de la Ville de Paris. Février, 1885. 1 fac., 24 pp., figg. et 1 plan des bibliothèques dans Paris ; 2e lettre : Revue critique des projets présentés pour le déplacement de la Bibliothèque Royale. Mars 1845. 56 pp. et 4 pl. Extr. de *La Presse*, 14 février 1845 ; 4e lettre : Le Palais Mazarin et les Habitations de Ville et de Campagne au dix-septième siècle. Décembre 1845. 124 pp. et 3 pl. ; 8e lettre : Étude sur la construction des Bibliothèques. Avril 1845. 52 pp. et 13 pl.

4889. — Les Archives de France ; leurs vicissitudes pendant la Révolution, leur régénération sous l'Empire. Paris, Vve Renouard, 1867. 1 vol. petit in-8, d.-rel. veau f., non rogn.

4890. — : **La Fizelière** (Albert de). Rymaille sur les plus célèbres bibliotières de Paris en 1649 avec des notes et un essai sur les autres bibliothèques particulières du temps. Paris, Aubry, 1868. In-8, rel. toile, non rogn.

Extr. à petit nombre du *Bulletin du Bouquiniste*.

4891. **Lambert** (C. G. A.). Catalogue descriptif et raisonné des manuscrits de la bibliothèque de Carpentras. Carpentras, Rolland, 1862. 3 vol. in-8, broché.

4892. **Le Prince**. Essai historique sur la Bibliothèque du Roi, aujourd'hui Bibliothèque impériale..... Nouvelle Édition, revue et augmentée des Annales des bibliothèques..... par *Louis Paris*. Paris, 1856. In-12, rel. toile, non rogn.

4893. **Mallet** (Gilles). Inventaire ou Catalogue des livres de l'ancienne bibliothèque du Louvre fait en l'année 1373..... avec des notes historiques et critiques. Paris, De Bure, 1836. — **Paris** (Louis). Les manuscrits de la bibliothèque du Louvre, brûlés dans la nuit du 23 au 24 mai 1871 sous le règne de la Commune. Paris, 1872. (*Extr. du Cabinet historique.*) Ensemble 2 vol. in-8, rel. toile, non rogn.

4894. Notices et extraits des manuscrits de la Bibliothèque du Roi. [Impériale et nationale.] Tomes I à XXVI (2e partie), tome XXVII (2e partie), tome XXVIII (2e partie), tome XXIX (2e partie), tome XXX (1re partie), tome XXXI (1re partie). Paris, 1787-1884. Ensemble 44 vol., d.-rel. mar. bleu [Les 13 premiers], cart., non rogn. et br.

Les tomes XXIV, XXV, XXXI (tous 1re partie) sont en double, cart.

4895. **Paris** (Paulin). Les manuscrits français de la Bibliothèque du Roi. Paris, Techener, 1836-1848. 7 vol. in-8, d.-rel. chag.

4896. **Ravaisson** (Félix). Rapports au ministre de l'Instruction publique sur les bibliothèques des départements de l'Ouest, suivi de pièces inédites. Paris, Joubert, 1841. — *Du même*. Rapport adressé à son Exc. le ministre d'État au nom de la commission instituée le 22 avril 1861. (Réorganisation de la Bibl. Impériale). Paris, Panckoucke, 1862. Ensemble 2 vol. in-8, rel. toile, non rogn.

4897. **Robert** (Ulysse). Inventaire-Sommaire des manuscrits des Bibliothèques de France dont les catalogues n'ont pas imprimés. Fasc. 1-3, Paris, Picard et Champion, 1879-1882. En livr.

La troisième livraison va jusqu'à Nice.

4898. **Septier** (A.). Manuscrits de la Bibliothèque d'Orléans ou Notices sur leur ancienneté, leurs auteurs..... précédées de notes historiques sur les anciennes Bibliothèques d'Orléans. Orléans, Rouzeau-Montaut, 1820, In-8, d.-rel. veau, tête peigne, ébarb. — **Cuissard** (Ch.). Inventaire des manuscrits de la Bibliothèque d'Orléans. Fonds de Fleury. Orléans, Herluison, 1885. In-8, rel. toile, couv. — *Du même.* Documents inédits sur Abélard, tirés des manuscrits de Fleury. Orléans, Colas, 1880. In-8, br.

4899. **Travers** (Émile). Inventaire-Sommaire des Archives communales [de Béthune] antérieures à 1790. Béthune, 1878. In-4, rel. toile, non rogn.

4900. Catalogue des manuscrits de la Bibliothèque de la ville de Chartres. Chartres, Garnier, 1840. In-8, rel. toile. — **Chaminade** (Eug.). Monographie des manuscrits de chant de l'abbaye de Cadouin. Tournay, Soc. de S. Jean l'Evangéliste, Desclée, 1887. Broch. in-8.

Tiré à 300 exemplaires, avec musique notée.

— **Coussemaker** (E. de). Manuscrit du couvent de Ste Catherine de Sienne de Douai. Lille, Danel, 1873. Plaq. in-8, rel. toile, couv. (2 planches). — **Fleury** (P. de). Inventaire des manuscrits de la Bibliothèque de Poitiers. Poitiers, Dupré, 1868. In-8, rel. toile. — [**Gérard** (A.)]. Catalogue des livres manuscrits et imprimés composant la bibliothèque de la ville de Boulogne-sur-Mer. Première partie. Manuscrits. Rédigé en 1838. Révisé en 1844. *S. l. n. d. n. typ.* In-8, d.-rel. toile, coins, non rogn. — **Huot.** Schoppenwihr et son Chartrier..... Colmar, C. Decker, 1863. In-8, sceau imprimé en rouge, à la p. 49, plaq. — **Girardot** (Le baron de). Catalogue des manuscrits de la bibliothèque de Bourges. Paris, Didron, 1859. In-4, rel. toile, non rogn., avec pl. (Texte autographié.)

Tiré à 90 exemplaires dans ce format.

— **Hérelle** (G.). Notice sur les manuscrits de la Bibliothèque de Vitry-le-François. Vitry-le-François, Pessez, 1876. Plaq. in-8, cart. — **Kohler** (Ch.). Inventaire de la bibliothèque de Saint-Gildas en Berry. Nogent-le-Rotrou, Daupeley-Gouverneur, 1886. Plaq. in-8, cart. Lettre au comte Riant. — **Ledieu** (Alcius). Catalogue analytique des manuscrits de la bibliothèque d'Abbeville. Abbeville, Caudron, 1886. In-8, rel. toile. — **Le Glay**. Mémoire sur les archives du chapitre de Saint-Pierre de Lille. Lille, Danel, 1856. In-8, cart. — *Du même.* Mémoire sur les archives de l'abbaye de Cisoing. Lille, Danel, 1854. In-8, cart. — **Mangeart** (J.). Catalogue descriptif et raisonné des Manuscrits de la bibliothèque de Valenciennes. Paris, Techener, 1860. In-8, br. — **Michelant**. Catalogue de la bibliothèque de François Ier à

Blois, en 1518. Paris, Franck, 1863. In-8, rel. toile. — *Du même*. Note sur un manuscrit de Jean d'Outremeuse. Liége, Carmanne, 1870. In-8, cart. — **Omont** (H.). Catalogue des manuscrits de la bibliothèque publique de Conches (Eure). Paris, Picard, 1878. In-8, br. — *Du même*. Notes sur quelques manuscrits d'Autun, de Besançon et Dijon, précédées du Projet d'un Catalogue général des manuscrits de France en 1725. Paris, Champion, 1883. In-8, cart. couv. — **Prost** (Auguste). Notice sur la collection des manuscrits de la Bibliothèque de Metz..... Paris, Imp. nat., 1877. In-4, cart. perc. gr. — [**Saige** (G.)]. Rapport..... sur la publication des documents historiques extraits des archives du palais de Monaco. Monaco, 1885. In-4, br. Ensemble 19 vol. ou plaq.

BIBLIOTHÈQUES D'ANGLETERRE

4901. **Botfield** (Beriah). Notes on the cathedral libraries of England. London, 1849. Printed by Whittingham, Chiswick. 1 vol. in-8, rel. toile (édit.).

4902. **Ewald** (Alex. Charles). Our public records. A brief Handbook to the national archives. London, Pickering, 1873. In-8, rel. toile.

4903. Reports of the Royal Commission on Historical Manuscripts. London, 1874-1887. 9 tomes en 6 vol. in-4, d.-rel. veau f., tête lim., non rogn.; au dos, chiffre du comte Riant et 2 tomes en 13 fasc. in-8, br.

« Reports » 1 à 11 inclus.

4904. Reports of the Deputy Keeper of the public Records. London, 1840-1888. 9 tomes en 3 vol. in-4, d.-rel. mar. et 39 fasc. in-4 et in-8, br.

Il manque les 12-15ᵉ « Reports », années 1851 à 1860.

4905. Index to the Printed Reports of sir Francis Palgrave, the Deputy Keeper of the public records. 1840-1861. London, Eyre, 1865. In-4, br.

4906. CAMBRIDGE : A Catalogue of the Manuscripts preserved in the library of the University of Cambridge. Cambridge, 1856-1861. Tomes I à IV. 4 vol. in-8, rel. toile, édit. — Index, by H. R. Luard. Cambridge, 1867. In-4, rel. toile. — **Smith** (J. J.). A Catalogue of the Manuscripts in the library of Gonville and Caius College, Cambridge. Cambridge, 1849. 1 vol. in-8, d.-rel. toile.

4907. — : **Cowie** (Morgan). A Descriptive Catalogue of the manuscripts and scarce books in the Library of Sᵗ John's College, Cambridge. Cambridge, 1843. In-4, rel. toile (édit.). — **Meyer** (Paul). Les manuscrits français de Cambridge. I. Saint John's College. [Extr. de la *Romania*, VIII.] Paris, 1879. In-8, br.

4908. — : **Nasmith** (Jacobus). Catalogus librorum manuscriptorum quos Collegio Corporis Christi et B. Mariæ Virginis in Academia Cantabrigiensi legavit Matthæus Parker. Cantabrigiæ, J. Archdeacon, 1777. 1 vol. in-4, avec portr. de *Parker*, broché.

Intéressant et utile ouvrage.

4909. LONDRES : A list of Books of reference in the reading room in the British Museum. Second edition, revised. Printed by order of the trustees. [Avec une préface de *J. Winter Jones*]. (London, Woodfall and Kinder), 1871. 1 vol. in-8, avec 2 planches, cart. (édit.). — **Neubauer** (Ad.). Catalogue of the hebrew manuscripts in the Jews' College, London. Oxford, R. Hart, 1886. In-8, cart. — **Sims** (Richard). Handbook of the library of the British Museum..... with some account of the principal libraries in London. London, J. Russell Smith, 1854. In-8, rel. toile.

4910. OXFORD : Bibliothecæ Bodleianæ Codicum Manuscriptorum Orientalium Catalogus. Oxonii, 1787-1835. 2 tomes (le tome 2 en 2 parties) in-fol., rel. toile, pl.

Le premier volume est dû à *J. Uri*, la seconde partie est d'*A. Nicholl*, avec une préface et des notes de *E. B. Pusey*.

4911. — : **Black** (W. H.). A Catalogue of the manuscripts bequeathed unto the University of Oxford by Elias Ashmole... Oxford, 1845. Grand in-4, rel. toile.

4912. — : Catalogi Codicum Manuscriptorum Bibliothecæ Bodleianæ. Oxonii, 1853-1886. 10 vol. in-8, rel. toile, et 1 fasc. br.

1. Pars Prima, recensionem Codicum Græcorum continens. Confecit *O. Coxe*, 1853.
2. Partis secundæ fasciculus primus, *O. Coxe*, 1858 (Catal. cod. mss. Laudianorum). — Pars secunda, 1885.
3. Pars tertia Codices græcos et latinos Canonicianos complectens. *O. Coxe*. 1854.
4. Pars quarta Codices Thomæ Tanneri, ep. Asaphensis compl., conf. *A. Hackman*. 1860.
5. Partis quintæ fasc. primus (et secundus) R. Rawlinson Codicum classes tres compl., conf. *G. D. Macray*. 1878.
6. Pars sexta Codices Syriacos compl., conf. *R. Payne Smith*, 1864.
7. Pars VII. Codices æthiopici, digessit *A. Dillmann*. 1848.
8. Pars octava Codices Sanscriticos compl., conf. *Th. Aufrecht*. 1864.
9. Pars XII. Catalogue of the Hebrew Manuscripts... compiled by *A. Neubauer*, with forty facsimilés. 1886.

4913. — : Catalogue of the printed books and Manuscripts bequeathed by Francis Douce to the Bodleian Library. Oxford, 1840. In-fol., rel. toile, pl.

4914. — : Codices manuscripti et Impressi cum notis manuscriptis, olim d'Orvilliani... Oxonii, 1806. — Catalogus manuscriptorum qui a E. D. Clarke comparati in Bibliotheca Bodleiana adservantur. Oxonii, 1812-1815. Ensemble 3 fasc. in-4, d.-rel. toile.

4915. — : **Coxe** (H. O.). Catalogus Codicum Mss. qui in Collegiis Aulisque Oxoniensibus hodie adservantur. Oxonii, 1852. 2 vol. grand in-4, rel. toile.

4916. — : **Kitchin** (G. W.). Catalogus codicum mss. qui in Bibliotheca Ædis Christi apud Oxonienses adservantur. Oxonii, 1867. In-4, rel. toile (édit.).

4917. — : **Magnæus** (Finn.). Catalogus Codicum CLIII Manuscriptorum Borealium, præcipue Islandicæ originis, qui nunc in Bibliotheca Bodleiana adservantur. Oxonii, 1832. In-4, rel. toile.

4918. — : **Mortara** (Conte Aless.). Catalogo dei Manoscritti italiani che sotto la denominazione di Codici Canoniciani Italici si conservano nella Biblioteca Bodleiana a Oxford. Oxonii, 1864. In-4, rel. toile.

BIBLIOTHÈQUES ALLEMANDES

4919. **Adrian** (J. Valentinus). Catalogus codicum manuscriptorum bibliothecæ Academiæ Gissensis.:. Accedunt tabulæ lithog. VIII. Francofurti ad Moenum, Sauerlaender, 1840. In-4. rel. toile.

4920. **Bodemann** (Eduard). Die Handschriften der kön. öffent. Bibliothek zu Hannover. Hannover, Hahn, 1867. In-8, d.-rel. veau, tr. peigne, non rogn.; au dos, chiffre du comte Riant. — **Grotefend** (C. L.). Verzeichniss der Handschriften und Incunabeln der Stadt-Bibliothek zu Hannover. Hannover, Culemann, 1844. In-8, rel. toile.

4921. Catalogus codicum manu scriptorum Bibliothecae Regiae Monacensis. [Tomes III-VII.] Monachii, 1868. 5 tomes en 4 vol., d.-rel. veau; au dos, chiffre du comte Riant.

Les tomes III et IV contiennent les Codices latini, V-VI les Codices Germanici, VII Codices diversi.

4922. **Chmel** (Joseph). Die Handschriften der k. k. Hofbibliothek in Wien. Wien, Gerold, 1840-41. 2 vol. in-8, d.-rel. veau brun, tête limaç., non rogn.

4923. **Czerny** (Albin). Die Handschriften der Stiftsbibliothek St. Florian. Linz, Ebenhöch, 1871. Vol. in-8, rel. toile.

4924. **Ebert** (Fried. Adolph.). Zur Handschriftenkunde. Leipzig, Steinacker und Hartknoch, 1825. 2 tomes. — *Du même* : Bibliothecae Guelferbytanae codices graeci et latini classici. Lpzg, 1827. Ensemble 1 vol. petit in-8, d.-rel. veau f., tête limaç., non rogn.

4925. Exempla codicum Amplionarum Erfurtensium Saeculi ix-xv. Herausgegeben von *Wilhelm Schum* i mit 55 Abbildungen auf 24 Blättern. Berlin, Weidmann, 1882. In-fol., rel. toile.

4926. **Förstemann** (Ernst). Die Gräflich Stolbergische Bibliothek zu Wernigerode. Nordhausen, F. Förstemann, 1866. Vol. in-8, rel. toile.

4927. **Hartwig** (Otto). Schema des Realkatalogs der königl. Universitätsbibliothek zu Halle a/S. Leipzig, Harrassowitz, 1888. In-8, br.

Beiheft 3 v. d. Centralblatt für Bibliothekswesen.

4928. **Heinemann** (Otto von). Die Handschriften der Herzoglichen Bibliothek zu Wolfenbüttel. Erste Abbtheilung. Die Helmstedter Handschriften. 3 tomes en 2 vol. grand in-8, d.-rel. veau, tête lim., non rogn., couv.; au dos, chiffre du comte Riant; le 2ᵉ volume (tome III) broché.

Magnifique publication avec trois vues des ancienne et nouvelle bibliothèques de Wolfenbüttel et de nombreux fac-similés en photogravures ou chromo-lithog.

4929. **Hoffmann von Fallersleben.** Verzeichniss der altdeutschen Handschriften der k. k. Hofbibliothek zu Wien. Leipzig, Weidmann, 1841. In-8, rel. toile.

4930. **Jaffé** (Philippus) & **Wattenbach** (Guilelm.). Ecclesiae metropolitanae Coloniensis codices manuscripti, descripti. Berolini, apud Weidmannos, 1874. Grand in-8, rel. toile, non rogn., couv.

4931. **Irmischer** (Joh. Conrad). Handschriften-Katalog der königlichen Universitäts-Bibliothek zu Erlangen. Frankfurt à M., Heijder & Zimmer, 1852. 1 vol. in-8, avec 2 pl. fac-sim., rel. toile, non rogn., couv.

4932. **Kelchner** (Ernst). Die von Uffenbach'schen Manuscripte auf der Stadtbibliothek zu Frankfurt a. M. Frankfurt a. M., Osterrieth, 1860. Plaq. in-8, cart.

4933. **Linde** (Dʳ A. v. d.). Die Handschriften der königlichen Landesbibliothek in Wiesbaden. Wiesbaden, Rodrian, 1877. In-8, rel. toile, non rogn., couv.

4934. **Maier** (J. J.). Die musikalischen Handschriften der K. Hof- und Staatsbibliothek in Muenchen. *Erster Theil.* Die Handschriften bis zum ende des XVII Jahrhunderts. Muenchen, Palm, 1879. In-8, br. — **Thomas** (G. M.). Miscellen aus lateinischen Handschriften der Münchener Bibliothek. [A. d. *Sitzungsberichte d. Kön. bayer. Ak. d. Wiss.*, 1875, II.] In-8, cart.

4935. **Müller** (Chr. Gottfr.). Notitia et recensio Codicum mss. qui in bibliotheca episcopatus Numburgocizensis asservantur. Lipsiae, Breitkopf & Haertel, 1806. 8 parties en 1 vol. in-12, cart.

4936. **Petzholdt** (Dʳ Julius). Handbuch deutscher Bibliotheken... Halle, H. W. Schmidt, 1853. In-8, 7 pl. lith. h.-t., cart. perc. bl. — Urkundliche Nachrichten zur Geschichte der Sächsischen Bibliotheken. Dresden, G. Schönfeld, 1855. In-8, rel. toile. — Adressbuch der Bibliotheken Deutschlands mit Einschluss von Oesterreich- Ungarn und der Schweiz. Neu herausgegeben von Dʳ Julius Petzholdt. Dresden, G. Schönfeld, 1875. In-8 (couverture). — **Burkhardt** (C. A. H.). Hand- und Adressbuch der deutschen Archive im Gebiete des deutschen Reiches, der österreich-ungarischen Monarchie, der russischen Ostseeprovinzen und der deutschen Schweiz..... Leipzig, W. Grunow, 1875. In-8 (couverture). Ensemble 1 vol. d.-rel. v. f.

4937. **Ratjen** (H.). Verzeichniss der Handschriften der Kieler Universitätsbibliothek, welche die Herzogthümer Schleswig und Holstein betreffen.

Kiel, Akad. Buchhandlung, 1858-66. 3 tomes en 1 vol. in-8, rel. toile, non rogn.

4938. **Reiserus** (M. Antonius). Index manuscriptorum bibliothecae Augustanæ cum adpendice duplici, præmissus historiæ literariæ et librariæ ibid. a M. Antonio Reisero... S. l. sumtu Theoph. Goebelii : typo Jacobi Koppmaieri, 1675. In-4, cart. perc.

4939. **Reuss** (Jeremias David). Beschreibung einiger Handschriften aus der Universitäts-Bibliothek zu Tübingen, nebst Anzeige oder verschiedenen Lesarten. Tübingen, Heerbrandt, 1778. In-8, 2 fac-simile, cart. perc. v.

4940. **Schnorr von Carolsfeld** (Dr. Franz). Katalog der Handschriften der königl. öffentl. Bibliothek zu Dresden. Leipzig, Teubner, 1882-1883. 2 tomes en 1 vol. d.-rel. veau, tête peigne, non rogn.; au dos, chiffre du comte Riant.

4941. **Schurzfleisch** (Henri Léonard). Notitia bibliothecæ principalis Vinariensis. Accedunt Claudi Salmasi in chronicum Hieronymi latinum variæ lectiones et emendationes... Vittembergæ, Schrœder, 1712. 1 vol. petit in-4, cart. — **Westergaard** (N. L.). Codices Indici Bibliothecæ regiæ Havniensis enumerati et descripti... subjungitur index Codicum Indicorum et Iranicorum. Havniæ, Berling, 1846. In-4, d.-rel. veau f., tête lim., non rogn.

4942. Tabulae codicum manu scriptorum praeter Graecos et Orientales in bibliotheca palatina Vindobonensi asservatorum, edidit Academia Cæsarea Vindobonensis. Vindobonae, Gerold filius, 1864-73. 6 tomes en 3 vol. in-8, d.-rel. veau olive, non rogn.; au dos, chiffre du comte Riant.

4943. **Wilken** (Friedrich). Geschichte der Bildung, Beraubung und Vernichtung der alten Heidelbergischen Buchersammlungen. Ein Beytrag zur Literärgeschichte vornehmlich des 15º und 16º Jahrhunderts. Heidelberg, Aug. Oswald, 1817. In-12, 2 pl. h.-t., dont l'une rognée, rel. perc. bl.

4944. **Dudik** (B.). Bibliothek und Archiv im fürsterzbischöflichen Schlosse. Wien, Braumüller, 1870. — Handschriften der Bibliothek des Metropolitancapitels in Olmütz. 2 plaq. In-8, cart. et rel. toile. — Excerptorum ex bibliothecæ Paulinæ Lipsiensis libris manuscriptis pars prima. Lipsiae, A. Edelmann, (1865). — **Herdmann** (Car. Frid.). Catalogus codicum manuscriptorum, qui in Bibliotheca academica Marburgensi asservantur, latinorum. Marburgi, Chr. Garthe, 1738. In-4, rel. toile. — **Hoffmann** (Fr. Lorenz). Mittheilungen über die Handschriften-Kataloge öffentlicher Bibliotheken, von welchen sich Abschriften in der Hamburgischen Stadtbibliothek befinden. Leipzig, Melzer, 1854. In-8, cart. — **Jaeck** (Henrich Joachim). Beschreibung von mehr als 1100 zum theile noch ungedruckten Handschriften von VIII. bis XVIII. Jahrhundert auf Pergament in der öffentlichen Bibliothek zu Bamberg. Nürnberg, 1831. In-8, rel. toile. — **Iaenichius** (Petrus). Notitia bibliothecae Thorunensis qua de ejus origine et incrementis codicibus msstis aliisque notatu dignis, nonnulla breviter et succincte exponuntur. Accessit eiusdem oratio in laudem B. Godofredi Krivesii. Ienae, sumtu Joh. Phil. Haasii, 1723. Plaq. petit in-4, 56 pp., d.-rel. bas. noire. — **Martini** (Adolph). Beiträge zur Kenntniss der Bibliothek des Klosters St. Michaelis in Lüneburg. Lüneburg, Herold und Wahlstab, 1827. In-8, cart. pap. — **Meinertz** (Otto). Die Handschriften und alten Drucke der Gymnasial-Bibliothek zu Braunsberg. Braunsberg, Heyne, (1882). In-4, cart. — Nachricht von der Auffindung alter Handschriften des Domcapitels zu Havelberg durch Herrrn Hofrath und Prof. Dr. *Riedel*. Mit 4 lith. Facsimile's. [Extr. du *Serapeum*.] Leipzig, Weigel, 1840. In-8, cart. — **Reinwald** (G.). Aus der Stadtbibliothek in Lindau. Lindau, Stoffel u. Wachter (1879). In-8, cart. — **Rullmann** (F.). Ueber die Herstellung eines gedruckten Generalkataloges der grossen Manuscriptenschätze im deutschen Reiche. Freiburg i. Br., Wagner, 1875. In-12, rel. toile. — Verzeichniss einer Sammlung von Doubleten der König. Universitäts-Bibliothek... Greifswald, Hache, 1868. In-8, cart. Ensemble 13 plaq.

BIBLIOTHÈQUES D'ITALIE

4945. **Bianchi** (Nicomede). Le materie politiche relative all' estero degli Archivi di Stato Piemontesi. Bologna e Modena, Zanichelli. Roma, Torino, Firenze, Bocca, 1876. 1 vol. grand in-8, d.-rel. veau, couv.; au dos, chiffre du comte Riant.

4946. — Le carte degli Archivi Piemontesi. Roma, Torino, Firenze : Bocca, 1881. 1 vol. grand in-8, d.-rel. veau, couv.; au dos, chiffre du comte Riant.

4947. Bibliotheca Casinensis seu Codicum manuscriptorum qui in tabulario Casinensi asservantur series per paginas singillatim enucleata, notis, characterum speciminibus ad unguem exemplatis aucta cura et studio monachorum Ordinis S. Benedicti abbatiae Montis Casini. Ex. typ. Casinensi 1873-1880. 4 volumes grand in-4, d.-rel. chag. rouge, tr. lim.

4948. **Caravita** (Don Andrea). I Codici e le arti a Monte Cassino. Monte Cassino, pei tipi della Badia, 1869-1870. 3 vol. in-12, rel. toile, couv.

4949. **Cecchetti** (Bartolomeo). Della dispersione di documenti veneziani e di alcuni archivii del Veneto. Venezia, Antonelli, 1866. — Di alcune fonti della storia veneta fino al seculo XIII. Venezia, Naratovich, 1867. — Dell' importanza degli Archivi notarili d'Italia e prima statistica di quelli del Veneto. Ven., Antonelli, 1868. — Degli Archivj Veneti Antichi. Venezia, tip. del commercio, 1871. [Estr. dall' *Archivio Veneto*, I]. — Costituzione istorica degli Archivi Veneti antichi (1200-1872). Venezia, Grimaldo, 1873. — **Cérésole** (Victor)]. La vérité sur les déprédations autrichiennes dans les archives générales des Frari à Venise. Padoue, imp. du Séminaire, 1866. — Delle depredazioni austriache negli archivi di Venezia. Relazione e Documenti. Venezia, Sonzogno, 1866. Ensemble 7 plaq. in-8, cart.

4950. Codices manuscripti Bibliothecae Regii Taurinensis Athenaei per linguas digesti, & binas in partes distributi. Taurini, ex Typographia regia, M DCC XLIX. 2 vol. in-fol., d.-rel. veau, tête lim., non rogn.; au dos, chiffre du comte Riant.

Le catalogue est dû à l'abbé *Giuseppe-Luca Pasini*, bibliothécaire de l'Université de Turin, avec l'aide d'*Antonio Rivantella* et de *Fr. Berta*.

4951. **Grossi** (Gennaro). La Scuola e la bibliografia di Monte Cassino. Saggio istorico. Napoli, 1820. 1 vol. in-8, rel. toile, non rogn. — **Tosti** (D. Luigi). La Biblioteca dei codici manoscritti di Monte Cassino. Napoli, 1874. In-4, cart. — Di alcuni mss. che sono nell' archivio Cassinese del secolo XI e XII. Napoli, 1842. 1 plaq. in-8, br.

4952. Inventario del R. Archivio di stato in Lucca. Lucca, dalla tipografia Giusti, 1872-1880. 3 vol. in-4, cart. (édit.).

4953. **Janvitius** (Iac. Marc.). Bibliotheca. Almi Conuentus S.S. Ioannis, et Pavli Venetiarum Ordinis Prædicatorum..... Venetiis, Typis J. Prodocimi. M.DC.LXXXIII. In-4, cart., front. gravé par *Isabella Piccini*.

4954. **Iosa** (P. M. Antonio Maria). I Codici manoscritti della biblioteca Antoniana di Padova. Padova, tipogr. del Seminario, 1886. In-8, br. — **Minciotti** (Luigi Ma). Catalogo dei codici manoscritti esistenti nella biblioteca di Sant' Antonio di Padova..... con brevissimi cenni biografici degli autori. Padova, 1842. In-8, rel. toile, non rogn.

4955. **Lami**. Catalogus codicum manuscriptorum qui in Bibliotheca Riccardiana Florentiae adservantur in quo multa opuscula anecdota in lucem passim proferuntur..... Jo. Lamio auctore. Liburni, Ex Typ. Sanctinii, 1756. In-fol. br., portr. de Lami.

4956 Legislatione positiva degli archivii del regno raccolte dal *marchese Angelo Granito, principe di Belmonte*. Napoli, Raimondi, 1855. In-8, rel. toile, couv.

4957. I manoscritti Torrigiani donati al R. Archivio di stato di Firenze. Firenze, Cellini, 1878. In-8, br. — **Paoli** (Cesare). Le carte dei Gondi donate all' Archivio di stato di Firenze. Firenze, 1883. In-12, cart.

4958. **Martini** (Pietro). Catalogo della biblioteca sarda del cavaliere Lodovico Baille, preceduto dalle Memorie intorno alla di lui vita. Cagliari, A. Timon, 1844. In-8, br. — *Du même*. Sulla biblioteca della regia Universita di Cagliari. Cagliari, A. Timon, 1845. In-8, br.

4959. **Minieri Riccio** (C.). Catalogo di mss. della Biblioteca. Napoli, Giuseppe Dura, 1868. 2 vol. in-8, rel. toile et cart.

4960. **Mittarelli** (Joh. Ben.). Bibliotheca codicum manuscriptorum monasterii S. Michaelis Venetiarum prope Murianum una cum Appendice librorum impressorum seculi xv. Opus posthumum. Venetiis, Ex typ. Fentiana, 1779, sumptibus præfati monasterii. In-fol., d.-rel. veau, coins, quelques pages légèrement mouillées, beau portrait de Dom Mittarelli.

> Mittarelli, mort en 1787 à l'âge de 58 ans, avait été abbé général de la congrégation des Camaldules.

4961. **Mucciolo** (Joseph Maria). Catalogus codicum manuscriptorum Malatestianae Cæsenatis bibliothecæ fratrum minorum conventualium fidei, custodiæque concreditæ historica præfatione, variisque adnotationibus illustratus..... Cæsenæ, typis Gregorii Blasinii..... 1780-1784. 2 tomes avec pl. en 1 vol. in-fol., d.-rel. parch.

4962. **Narducci** (H.). Catalogus codicum manuscriptorum praeter orientales qui in Bibliotheca Alexandrina Romae adservantur. Romae, Bocca, 1877. In-8, rel. toile.

4963. **Palermo** (Francesco). Classazione dei libri a stampa dell' I. e R. Palatina in corrispondenza di un nuovo ordinamento dello scibile umano. Firenze, 1854. 1 vol. grand in-8, rel. toile.

4964. **Pitra** (Dom) et **Stevenson**. Codices manuscripti palatini graeci Bibliothecae Vaticanae descripti, praesidente I. B. Cardinali Pitra...... recensuit..... Henricus Stevenson. Romae, ex typographeo Vaticano, 1885. In-4, d.-rel. mar., tête dorée, ébarb.; au dos, chiffre du comte Riant.

4965. **Poggio** (Federico Vincenzo di). Notizie della libreria de' padri Domenicani di S. Romano di Lucca. Lucca, Presso Filippo Maria Benedini, 1792. In-4, d.-rel. vél., non rogn. — **Prete** (Leone del). Cenni storici sulla origine e progresso della pubblica biblioteca di Lucca. Lucca, Giusti, 1876. In-8, cart. couv.

4966. **Rozan** (L'abbé de). Lettera dell' abate de Rozan su de' Libri e Msc. Preziosi conservati nella biblioteca della SS^{ma} Trinità di Cava..... Napoli, 1809. Tradotta dal Francese dal lettor cassinese D. *Gabriele Morcaldi*. Napoli, Vincenzo Orsini, 1822. Petit in-4, rel. toile. — Lettre a M^r le Bibliotecaire de la Bibliotèque du Roi, a Naples. Naples, 1800. In-8, rel toile.

4967. **Spata**. Le pergamene greche esistensi nel grande Archivio di Palermo tradotte ed illustrate da Giuseppe Spata. Palermo, Clamis e Roberti, 1862. Grand in-8, rel. toile, couv. — Diplomi greci inediti ricavati da alcuni manoscritti della Biblioteca comunale di Palermo, tradotti da G. Spata. Torino, stamp. reale, 1870. In-4, rel. toile. — Diplomi greci siciliani inediti (ultima serie) tradotti et pubblicati da G. Spata. Torino, stamp. reale, 1871. In-8, rel. toile.

4968. **Tomasino** (Jacobo Philippo). Bibliothecae Patavinae manuscriptae publicae & privatae quibus diversi scriptores hactenus incogniti recensentur, ac illustrantur..... Utini, typis Nic. Schiratti, 1639. In-4, rel. parch.

4969. **Trinchera** (Francisco). Syllabus Graecarum membranarum quae partim Neapoli in maiori Tabulario et primaria Bibliotheca, partim in Casinensi coenobio ac Cavensi et in episcopali tabulario Neritino iamdiu delitescentes....., nunc tandem..... in lucem prodeunt. Neapoli, Typis Josephi Cataneo, 1865. 8 planches. In-4, d.-rel. veau.

4970. **Valentinelli** (Joseph). Bibliotheca manuscripta ad S. Marci Venetiarum. Venetiis, typ. commercii, 1868-71. 2 vol. in-8, d.-rel. veau, tête marbr., non rogn., couv.

4971. **Müntz** (Eugène) et **Fabre** (Paul). La Bibliothèque du Vatican au XVe siècle d'après des documents inédits..... Paris, Thorin, 1887. In-8, br. (Fasc. 48 de la Bibl. des Écoles françaises d'Athènes et de Rome.) — **Müntz** (E.). La Bibliothèque du Vatican au XVIe siècle. Paris, Leroux, 1886. In-16, br. — *Du même*. La bibliothèque du Vatican sous les papes Nicolas V et Calixte III. Le Puy, Marchessou, s. d. Br. in-8. — **Rossi** (G. B. de). La biblioteca della sede apostolica ed i Catalogi dei suoi manoscritti. Roma, Cuggiani, 1884. In-4, cart. couv. — **Zanelli** (Domenico). La biblioteca vaticana dalla sua origine fino al presente. Roma, 1857. In-8, rel. toile.

4972. **Mortillaro** (Marchese Vincenzo). Elenco cronologico delle antiche pergamene pertinenti alla real Chiesa della Magione..... Palermo, Pietro Pensante, 1858. In-4, cart. perc. v. — **Lettieri** (Maur.). Regiae bibliothecae Borbonicae codices arabici descripti quorum Specimina arabice et latine..... edidit. Tomus I. Grammatici et philosophici. Neapoli, ex regia typ., 1837. In-4, br. — **Mondello** (Fortunato). La Biblioteca e la pinacoteca in Trapani. (Extrait des *Nuove effemeridi siciliane*, XII, 1881.) S. l. n. d. n. typ. In-8, br. — **Padiglione** (Carlo). La biblioteca del museo nazionale nella certosa di S. Martino in Napoli ed i suoi manoscritti..... Napoli, F. Giannini, 1876. Petit in-4, cart. perc. v. — **[Volpicella]**. De' manoscritti della biblioteca nazionale di Napoli. S. l. n. n. d. typ. [Napoli, 1866.] In-8, cart.

4973. **Bibliofilo** (Un) [d'Adda]. Indagini storiche, artistiche e bibliografiche sulla libreria Visconteo-Sforzesca del Castello di Pavia..... Milano, Gaetano Brigola, 1875. In-8, photog., cart. perc. — Codices Cryptenses seu Abbatiae Cryptae Ferratae in Tusculano, digesti et illustrati cura et studio D. Antonii Rocchi. Tusculani, typis Abbatiae Cryptae Ferratae, 1883. Grand in-4, cart. perc., couv. — **Kohler** (Ch.). Note sur un ms. de la bibl. d'Arezzo. — **Olivieri** (Agostino). Carte e Cronache manoscritte per la Storia Genovese esistenti nella Biblioteca della R. Università Ligure. Genova, tip. de' sordomuti, 1855. In-8, rel. toile. — Spicilegium capitularis bibliothecae Veronensis. Estr. dall' *Archivio st. italiano*. 3^a serie, t. XXV, 1877. In-8, cart. — Statistica del regno d'Italia. Biblioteche anno 1863. Firenze, Le Monnier,

1865. Grand in-8, rel. toile, non rogn. — **Stengel** (Edm.). Mittheilungen aus französischen Handschriften der Turiner Universitäts-Bibliothek. Halle A. S., Lippert, 1873. In-4, rel. toile, couv. Ensemble 7 vol. ou plaq.

DIVERS

4974. **Abrahams** (N. C. L.). Description des manuscrits français du Moyen-âge de la Bibliothèque royale de Copenhague. Copenhague, Thiele, 1844. In-4, rel. toile. — **Adler** (J. G. Chr.). Descriptio codicvm qvorvndam cvficorvm partes Corani exhibentivm in Bibliotheca regia Hafniensi. Altonae, Ex off. Eckardiana, 1780. In-4, d.-rel. veau, coins.

4975. Bibliothèques Grecques d'Orient et leurs mss. visitées par un voyageur anglais en 1858. Moscou, 1871. In-8, rel. perc., non rogn. [*En russe.*]

4976. Catalogus centuriae librorum rarissimorum manuscript. & partim impressorum,..... Qua anno cIɔ Iɔ CCV. Bibliothecam Publicam Academiæ Upsaliensis auxit et exornavit Joan. Gabr. Sparvenfeldus. Upsaliæ, typ. Werneri, 1706. In-4, d.-rel. toile.

4977. **Derenbourg** (Hartwig). Les manuscrits arabes de l'Escurial. Tome premier : Grammaire. Rhétorique. Poésie..... Paris, Leroux, 1884. 1 vol. grand in-8, avec 1 pl., d.-rel. veau jaune, tête limaç., non rogn.; au dos, chiffre du comte Riant. — **Miller** (E.). Catalogue des manuscrits grecs de la Bibliothèque de l'Escurial. Paris, Imp. nat., 1848. In-4, d.-rel. veau, tête lim., non rogn.; au dos, chiffre du comte Riant.

4978. **Eguren** (José Maria de). Memoria descriptiva de los códices notables. Madrid, Rivadeneyra, 1859. Grand in-8, rel. toile, non rogn.

4979. **Elberling** (Carl. Wilh.). Katalog over Roeskilde Kathedrallkoles Bibliothek. Roeskilde, Hanson, 1857-1858. 2 tomes en 1 vol. in-8, rel. toile.

4980. **Gardthausen** (V.). Catalogus codicum graecorum sinaiticorum. Oxonii, e typ. Clarendoniano, 1886. Vol. in-8, rel. toile (édit.), fac-similés.

4981. **Hagen** (Hermannus). Catalogus codicum Bernensium (Bibliotheca Bongarsiana). Bern, Haller, 1874. 1 vol. in-8, avec portr. de Bongars, rel. veau olive, tête peigne, non rogn.; au dos, chiffre du comte Riant. — *Du même.* Jacobus Bongarsius. Ein Beitrag zur Geschichte der gelehrten Studien des 16-17 Jahrhunderts. Bern, A. Fischer, 1874. In-4, cart., avec portr. de Bongars. — **Jahn** (Alb.). Die Kunde und Benutzung der Bongarsischen Handschriften- und Büchersammlung der Stadtbibliothek in Bern... mit... Bemerkungen... von *A. W. Cramer.* Bern, Wyss, 1878. In-8, cart., couv.

4982. **Heitz** (Ernst). Les bibliothèques publiques de la Suisse en 1868. Basel, Schweighauserische Buchdr., 1872. In-4, rel. toile.

Publication faite par les soins de la Société suisse de statistique avec textes français et allemands en regard.

4983. Index codicum Bibliothecæ Alcobatiæ, in quo non tantum codices recensentur : sed etiam quot tractactus, epistolas, &c. singuli codices contineant exponitur..... Odisiponte, ex typ. regia, Anno M DCC LXXV. In-4, rel. veau f.; aux armes du cardinal de Souza y Silva, patriarche de Lisbonne.

4984. Inventarium omnium et singulorum Privilegiorum, Litterarum, Diplomatum, quæcunque in Archivio regni in arce Cracoviensi continentur. Lutetiæ Parisiorum, Berolini et Posnaniæ, 1862. 1 vol. in-8, rel. toile.

4985. Jong (P. de). Catalogus codicum orientalium Bibliothecae Academiae Regiae Scientiarum quem a Clar. Weijersio inchoatum, post hujus mortem edidit... Lugduni Batavorum, Brill, 1862. In-8, rel. toile.

4986. Minzloff (Charles Rodolphe). Souvenir de la bibliothèque impériale publique de St-Pétersbourg contenant des gravures et autres feuilles volantes du xve siècle. [*8 planches.*] Leipzig, F. A. Brockhaus, 1862. In-fol., rel. toile. — *Du même.* Die Altdeutschen Handschriften der kais. öff. Bibliothek zu St. Petersburg. St. Petersburg, Buchdr. d. k. Ak. d. W., 1853. In-8, d.-rel. toile, 1 fac-sim.

4987. Muralt (E. de). Catalogue des manuscrits grecs de la Bibliothèque impériale publique. St Pétersbourg, 1864. In-8, br., 9 pl.

4988. Sanderus (Antonius). Bibliotheca belgica manuscripta, sive elenchus universalis codicum mss. in celebrioribus Belgii cœnobijs, ecclesijs, urbium, ac privatorum hominum bibliothecis adhuc latentium... Insulis, ex Officina Tussani le Clercq, MDCXLI. In-4, 2 tomes en 1 vol., rel. parch.

4989. [Scherrer (Gustav)]. Verzeichniss der Handschriften der Stiftsbibliothek von St. Gallen herausgegeben auf Veranstaltung und mit Unterstützung des Kath. Administrationsrathes des Kantons St. Gallen. Halle, Verl. der Buchh. des Waisenhauses, 1875. Vol. in-8 carré, d.-rel. veau, tête lim., non rogn.

4990. Sinner (J. R.). Catalogus codicum mss. Bibliothecae Bernensis. Bernae, ex officina typ. Ill. Reipublicae, M DCCLX-M DCCLXXII. 3 vol. in-8, rel. veau f.

4991. Steffenhagen (Emil) und **Wetzel** (August). Die Klosterbibliothek zu Bordesholm und die Gottorfer Bibliothek. Kiel, 1884. In-8, rel. toile, couv.

4992. Tornberg (C. J.). Codices arabici, persici et turcici Bibliothecæ regiæ Universitatis Upsaliensis. Imp. Reg. Un. Upsaliensis, 1849. 1 vol. In-4, d.-rel. veau. [Exemplaire interfolié.] — *Du même.* Codices orientales bibliothecæ regiæ Universitatis Lundensis. Supplementa. Lundæ, lit. Berlingianis, 1850-1853. In-4, rel. toile.

4993. Laserna-Santander (de). Mémoire historique sur la bibliothèque dite de Bourgogne, présentement bibliothèque publique de Bruxelles. Bruxelles, De Braeckenier, 1809. — **Peignot** (G.). Catalogue d'une partie des livres composant la bibliothèque des ducs de Bourgogne au xv⁰ siècle, seconde édition revue et augmentée du catalogue de la Bibliothèque des Dominicains de Dijon, rédigé en 1307. Dijon, Lagier, 1841. Ensemble 1 vol. in-8, d.-rel. veau, dos orné. — **Kervyn de Lettenhove**. Notice sur quelques manuscrits de la bibliothèque de Bourgogne. Bruxelles, Hayez, s. d. — *Du même*. Le psautier de Saint Louis et la bibliothèque de l'Université de Leyde. Bruxelles, Hayez, s. d. 2 plaq. in-8, rel. toile et cart.

4994. **Boos** (Dr H.). Die Handschriften der Ministerialbibliothek zu Schaffausen. Schaffausen, 1877. Br. in-8. — Catalogue des livres appartenant à la Société d'histoire et d'archéologie de Genève. Genève, Ramboz, 1869. In-8, cart., couv. — **Wackernagel** (Wilh.). Die altdeutschen Handschriften der Basler Universitætsbibliothek. Basel, Schweighausericher Buchhandlung, 1836. In-4, cart.

4995. **Geel** (Iacob). Catalogus librorum manuscriptorum qui inde ab anno 1741 bibliothecæ Lugduno Batavae accesserunt. Lugd. Batav., Brill, 1852. In-4, rel. toile, non rogn. — [**Grandjean** (M.)]. Bibliothèque de l'Université de Liége. Catalogue des manuscrits. Liége, Vaillant-Carmanne, 1875. In-8, rel. toile. — **Laude** (J.). Catalogue des manuscrits de la bibliothèque publique de Bruges. Bruges, Vanghe, 1859. In-8, rel. toile. — **Robert** (U.). État des Catalogues des manuscrits des Bibliothèques de Belgique et de Hollande. Paris, Picard, 1878. In-8, cart., couv. — **Wilbaux** (Am.). Catalogue de la bibliothèque de la ville de Tournai. Tournai, Casterman, 1860. In-8, d.-rel. veau f. [Tome Ier seulement.] Ensemble 5 vol. ou plaq.

BIBLIOTHÈQUES ET COLLECTIONS PARTICULIÈRES

4996. **Abbadie** (Antoine d'). Catalogue raisonné de manuscrits éthiopiens appartenant à Antoine d'Abbadie. Paris, Imp. impériale, 1859. In-4, **rel**. toile.

4997. **Andres** (Giovanni). Catalogo de' codici manoscritti della Famiglia Capilupi di Mantova. Mantova, Presso la Societa' all' Apollo, 1797. In-12, rel. toile.

4998. **Barack** (Dr K. A.). Die Handschriften der Fürstlichfürstenbergischen Hofbibliothek zu Donaueschingen. Tübingen, Laupp und Siebeck, 1865. 1 fort vol. grand in-8, d.-rel. veau fauve, au dos, chiffre du comte Riant; tr. peigne, couv.

4999. **Barrois** (J.). Bibliothèque protypographique ou Librairies des fils du roi Jean, Charles V, Jean de Berri, Philippe de Bourgogne et les siens. Paris, de l'imprimerie de Crapelet, chez Treuttel et Würtz, 1830. In-4, d.-rel. chag., coins, dos orné, planches. — Protypographie ou Librairies des fils du roi Jean. Paris, Crapelet, 1830. Plaq. in-4, rel. toile, avec 6 planches.

Tiré à 50 exemplaires num. Ex-libris de Van der Helle.

— **Hyver de Beauvoir.** La librairie de Jean duc de Berry au château de Mehun-sur-Yevre. 1416. Paris, Aubry, 1860. In-12, rel. toile.

Tiré à 300 exemplaires.

5000. Catalogo di manoscritti ora posseduti da D. Baldassare Boncompagni compilato da *Enrico Narbucci*. Roma, Tipog. delle scienze matematiche e fisiche, 1862. In-8, rel. toile.

5001. Catalogue des livres imprimés et manuscrits comprenant la Bibliothèque de M. E. Burnouf. Paris, Duprat, 1854. In-8, d.-rel. mar. cit., coins.

5002. **Cambis-Velleron** (Le marquis Joseph-Louis Dominique de). Catalogue raisonné des principaux manuscrits du cabinet de M. Joseph-Louis-Dominique de Cambis. Avignon, chez Louis Chambeau, 1770. 1 vol. in-4, rel. bas. f.

Ouvrage fort rare, qui n'a été tiré qu'à quelques exemplaires, 24 dit-on. Ce catalogue, très intéressant, a été rédigé par M. de Cambis-Velleron lui-même.

5003. **Montfaucon** (Bernard de). Bibliotheca Coisliniana, olim Segueriana; sive manuscriptorum omnium Græcorum, quæ in ea continentur, accurata descriptio.... Parisiis, apud Lud. Guerin, & Car. Robustel, 1715. 1 vol. in-fol., rel. veau brun.

5004. Catalogue af autograph letters and historical manuscripts being the collection of Monsr A. Donnadieu. Compiled by Messrs. Puttick and Simpson, 1851. In-4, rel. toile (édit.), nombreux fac-similés.

Printed for private Distribution.

5005. Bibliotheca manoscritta di Tommaso Giuseppe Farsetti, patrizio veneto e balli del Sacr' Ordine Gerosolimitano. Venezia, Fenzo, 1771. In-8 d.-rel. vél., coins.

Avec une préface de *Jacopo Morelli*.

5006. **Pinchart** (Alexandre). Catalogue de la Bibliothèque de M. F. V. Goethals..... Manuscrits. Bruxelles, G. A. Van Trigt, 1878. In-8, rel. toile.

Exemplaire en grand papier.

5007. **Joursanvault.** Catalogue analytique des archives de M. le baron de Joursanvault..... Paris, Techener, 1838. 2 tomes en 1 vol. in-8, rel. toile, non rogn., fac-sim.

5008. A Catalogue of the Archiepiscopal manuscripts in the Library at Lambeth Palace. With an account of the Archiepiscopal Registers and other records there preserved. London, Law and Gilbert, 1812. 1 vol. in-fol., 1 pl., fac-similé.

Ouvrage tiré à 100 exemplaires et non mis dans le commerce.

5009. Catalogue des livres et des manuscrits composant la Bibliothèque de M. Philippe Le Bas. Paris, Labitte, 1860. In-8, d.-rel. cit., coins.

5010. **Delion** (J.-F.). Catalogue de la bibliothèque de M. le comte *Charles de l'Escalopier*, avec une notice sur sa vie..... Paris, Delion, 1866-67. 3 vol. grand in-8, d.-rel. veau brun, non rogn.

Exemplaire sur papier vergé.

5011. Catalogue of the extraordinary collection of splendid Manuscripts..... formed by M. *Guglielmo Libri*. London, 1859. — Catalogue of the celebrated Library of M. *Guglielmo Libri*. Part the first A-L. London, 1861. 2 vol. in-8, d.-rel. bas. et d.-rel. mar. j., coins.

5012. [**Mingarelli** (Jean Aloys)]. Graeci Codices manuscripti apud Nanios patricios venetos asservati. Bononiae, typis Laelii a Vulpe, 1784. 1 vol. in-4, d.-rel. veau f.

5013. Catalogue de la Bibliothèque de M. *Abraham de Noroff*. 1re partie. S.-Pétersbourg, 1808. 1 vol. in-8, br.

5014. Bibliotheca Petaviana et Mansartiana ou Catalogue des bibliothèques de feu Messieurs Alexandre Petau conseiller au Parlement de Paris; et François Mansart intendant des Bâtimens de France. Auxquelles on a ajouté le Cabinet considerable des manuscrits du fameux Justus Lipsius. La vente se fera par Abrah. de Hondt, le 23 Fevrier & suiv. 1722. A La Haye chez Abraham de Hondt, 1722. Petit in-8, 1 fnc., 354 pp., d.-rel. veau rac., non rogn , avec prix.

Catalogue de la riche et précieuse bibliothèque qui avait été formée par Paul Petau, conseiller au Parlement.
Parmi les livres dont elle se composait, une partie provenait de la bibliothèque de *Claude Fauchet* et de celle de *Pierre Daniel*, bailli de Saint-Benoit-sur-Loire, qui avait recueilli une partie des livres et manuscrits de cette abbaye après le pillage de cette communauté.
Alexandre Petau enrichit la bibliothèque que lui avait laissée son père, notamment de manuscrits grecs.
Le père *Sirmon* et *André Duchesne* se servirent des manuscrits de cette bibliothèque pour publier l'un les œuvres de Marcellin, de Theodoret, etc., l'autre ses Historiens de France.

5015. **Morelli** (Don Jacopo). Bibliotheca Maphæi Pinellii Veneti magno jam studio collecta, descripta & annotationibus illustrata. Venetiis, typis Caroli Palesii, 1787. 6 vol. grand in-8, avec portrait de Pinelli, cart., non rogn.

5016. Catalogue de la riche bibliothèque de Rosny. Paris, Bossange, 1837. 1 vol. in-8, rel. toile [avec les prix de vente en regard]. — Catalogue de manuscrits très précieux..... composant la collection de Mme la duchesse de B. [erry]. Paris, 1864. 2 vol. in-8, rel. toile.

5017. Catalogue de la Bibliothèque de M. C. P. Serrure. Bruxelles, Olivier, 1872-1874. 2 tomes en 1 vol. in-8, rel. toile.

5018. **Wlassof**. Catalogue des livres rares et précieux de la bibliothèque de M. de Wlassoff..... suivi d'une description sommaire de ses gravures, tableaux, pierres gravées et bronzes. Moscou, Semen, 1819. 1 vol. in-8, rel. mar. rouge à longs grains, dent. sur les plats, doublé de tabis, tr. dor.

Ouvrage estimé, tiré à petit nombre.

5019. [**Yemeniz**]. Catalogue de mes livres. Lyon, Perrin, 1865-1866. 3 tomes en 1 vol. d.-rel. mar. rouge, tête lim., ébarb.; au dos, chiffre du comte Riant.

5020. **Leroux de Lincy**. Recherches sur la bibliothèque du grand Condé, suivies du Catalogue des manuscrits qui se trouvoient dans cette bibliothèque. Paris, Lahure, 1860. Plaq. in-8, cart. — **Milanesi** (Carlo). Catalogo dei manoscritti posseduti dal marchese Gino Capponi. Firenze, 1845. In-8, br. — Catalogue de la Bibliothèque du Palais de San Donato à Florence (Vente aux enchères, mai 1880). Paris, Pillet et Mannheim, 1880. 1 vol. grand in-4, rel. toile, non rogn. — Bibliotheca ecclesiastica Mabillonica. *S. l. n. d. n. typ.* In-4, d.-rel. veau marb., tête lim.; au dos, chiffre du comte Riant. — **Landoni** (Teodorico). Relazione di..... intorno a libri specialmente manoscritti appartenuti alla nobile famiglia Spreti ed acquistati dal municipio di Ravenna. Bologna, Giacomo Monti, 1875. Petit in-8, cart. perc. bl., couv. — **Kraus** (E. X.). Die Handschriftensammlung des Freiherrn Louis Numa de Salis. [Abd. a. d. *Jahrb. d. Ver. v. Alterth. in Rheinland*, 1880.] In-4, cart. Lettre au comte Riant. — Indice dei manoscritti di storia veneta e d'altre materie posseduti dall' avvocato Giuseppe M. Malvezzi. Venezia, tipografia del Commercio, 1861. Plaq. in-8, cart. pap. — **Hoffmann** (F. L.). Notice relative à une collection de manuscrits possédée par David Flud van Giffen et vendue à la Haye en 1705. [Bruxelles, Heussner, 1860.] In-8, br., tiré à 25 exempl. — **Fulin** (R.). Dei codici manoscritti della biblioteca Querini-Stampalia. *S. l. n. d. n. typ.* [Estr. da l'*Archivio veneto*, XIV, 1884.] Plaq. in-8, cart. — **Mas Latrie** (René de). Rapport sur les archives des notaires en Italie. [Extr. de la *Bibl. de l'École des Chartes*, t. XXXVII.] Paris, 1876. In-8, rel. toile, couv. — Catalogo ragionato de cinquanta volumi in foglio manoscritti di Giuseppe M. Capodieci. In Syracusa, per il Pulejo, 1810. — In-4, rel. toile. — **Bünemann**. Catalogvs Msstorvm membranaceorvm..... item librorvm..... rarissimorvm..... venalivm apvd Ioannem Lvdolphvm Bünemannvm Reg. Bibliothec..... Mindens..... rectorem [1732]. In-12, cart. — **Braghirolli** (W.). Inventaire des manuscrits en langue française possédés par Francesco Gonzaga I, capitaine de Mantoue. [Extr. de la *Romania*, t. IX.] In-8, br. — **Wattenbach** (W.). Die Handschriften der Hamiltonschen Sammlung. [Abd. a. d. *Neues Archiv.*, VIII.] In-8, cart. — **De Pauw** (Napoléon). Middeleeuwsche Boekerijen in Vlaanderen van Priesters, Heeren en Poorters. [Extr. du *Nederl. Museum*, V, 1881]. In-8, cart. — **Dee** (John). The private diary, and the catalogue of his library of manuscripts, from the original mss. in the Ashmolean Museum at Oxford, and Trinity College library, Cambridge. Edited by *James Orchard Halliwell*. London, John Bowyer, 1842. Petit in-4, rel. toile (édit.).

6. Revues [1].

5021. Allgemeine Monatschrift für Literatur. Herausgegeben von Dr. L. *Ross* und Dr. *G. Schwetschke.* Halle, Schwetschke, 1850. (Tomes I et II en 1 vol.) — Allgemeine Monatschrift für Wissenschaft und Literatur..... Halle [*puis* Braunschweig]. Années 1851-1854. Ensemble 5 vol. rel. toile.

5022. Annuaire de l'association pour l'encouragement des études grecques. de 1867 à 1887. 21 vol. in-8, rel. toile, non rogn.

Les années 1885, 1886, 1887 sont brochées.

5023. Archiv der Gesellschaft für ältere deutsche Geschichtkunde..... herausgegeben von *J. Lambert Buchler* und *C. G. Dümge.* Frankfurt a. M. [*puis* Hannover] 1819 (*origine*) à 1874. — Neues Archiv, 1876-1888. Ensemble 23 vol. in-8, d.-rel. veau; au dos, chiffre du comte Riant et 9 fasc. br. [Tomes 12, 13, 14 des neues Archiv.]

Dès le cinquième volume (1824) cette publication paraît sous la direction de *G. H. Pertz.*

5024. Archiv für Litteratur- und Kirchen-Geschichte des Mittelalters. Herausgegeben von P. *Heinrich Denifle* und *Franz Ehrle.* Tomes I-III. Berlin, 1885-1887, en livraisons.

5025. Archivio della Societa Romana di Storia Patria. Roma : presso la Società. [Tome I (1877) fasc. 1, 2 et 3 ; tomes II-VIII (1878-1885) en livraisons.] — Atti della R. Società Romana di Storia Patria. Roma, 1885-1888. Fasc. 1-7.

5026. Archives des missions scientifiques et littéraires. Choix de rapports et instructions publiés sous les auspices du Ministère de l'Instruction publique et des Cultes. Paris, Imp. nat., 1850-1887. 1re série, 8 vol., 1850-1859; 2e série, 7 vol., 1864-1872; 3e série, 13 vol., 1873-1887. Ensemble 27 vol., d.-rel. chag. rouge, non rogn. et 1 vol. br.

5027. Atti della R. Accademia Lucchese. [Tomes XXII-XXV.] Lucca, Giusti, 1883-1889. 4 vol. in-8, br.

5028. Bibliothèque de l'École des Chartes. Paris, 1839 (*origine*)-1885. Séries 1-7. et Tables des séries 1 à 6. Ensemble 47 vol. in-8, rel. toile, non rogn.

5029. Bijdragen voor vaterlandsche Geschiedenis en Oudheidkunde, verzameld en uitgegeven door *Is. An. Nijhoff.* Arnhem, 1837 (*origine*)-1856. *Nieuwe Recks* : 1859-1862. Ensemble 13 tomes en 6 vol. in-8, rel. toile et le dernier br.

---

1. Nous avons placé ici les diverses revues au lieu de les mettre à l'ordre des matières, afin que le lecteur puisse les retrouver plus rapidement.

5030. Bulletin du comité d'histoire et d'archéologie du diocèse de Paris. 1re, 2e et 3e années en nos. Paris, 1883-1885.

La troisième année s'est arrêté au n° 3. Ce recueil était publié par MM. Longnon, P. Viollet, Rohault de Fleury, Cte de Marsy, etc.

5031. Bulletin d'Histoire ecclésiastique et d'Archéologie religieuse des diocèses de Valence, Digne, Gap, Grenoble et Viviers. Livraisons 37-39, 41-43, 45-49, 52-61. Montbéliard, puis Valence, 1886-1889. — Bulletin de la Société d'Études des Hautes-Alpes. Gap, 1882-1888. Fasc. 1 à 28 (incl.), Fasc. 30 (1889), br.

5032. Bulletin de la Société des Antiquaires de France. Années 1865-1873 en 5 vol. in-8, rel. toile. Années 1874-1886 en livraisons, nomb. pl. [Il manque le fasc. du 1er trimestre de 1885.] — Mémoires de la Société des Antiquaires de France. Tomes XXXI-XLVII. Paris, 1865-1886. Tomes XXXI-XXXIII en 1 vol. in-8, rel. toile, les autres br.

5033. Centralblatt für Bibliothekswesen hrsgg. von Dr *O. Hartwig* und Dr *K. Schulz*. Leipzig, Harrassowitz. Années 1884 (*origine*)-1884, en livraisons.

5034. École Française de Rome. Mélanges d'archéologie et d'histoire. IIe et IIIe Années. Paris, 1883-1884, en livraisons.

5035. Forschungen zur deutschen Geschichte. Göttingen, 1862-1886. Tomes I à XXVI. 20 tomes en 10 vol. in-8, rel. toile. Tomes 21-26 en livraisons.

5036. Der Geschichtforscher, herausgegeben von *Joh. Georg. Meusel.* Halle, Gebauer, 1775-1779. 7 parties en 5 tomes in-12, cart.

5037. Giornale ligustico di archeologia, storia e belle arti, fondato e diretto da *L. T. Belgrano* ed *A. Neri*. I-XV. Genova, tipog. del r. istituto Sordo muti, 1874-1888. Vol. I-XII, rel. toile; vol. XIII-XV en fasc.

5038. Görres-Gesellschaft. Historisches Jahrbuch. München, 1880-1888. Tomes I-IX, en livraisons.

Les trois premiers volumes sont rédigés par *Georg. Hüffer*, les trois suivants par *V. Gramich*, les derniers, sous le titre de « Historisches Iahrbuch Im Auftrage des Görres-Gesellschaft », ont été publiés sous la direction d'*Hermann Grauert*.

5039. Historische Zeitschrift herausgegeben von *Heinrich von Sybel*. München, Cotta. Années 1859 (*origine*) à 1883 & livr. 1 et 2 de 1884. Les années 1859 à 1871 sont rel. toile, non rogn., sauf 1865 & 1866; le reste est broché.

Manquent livr. 3, de 1865; livr. 1, de 1866; et livr. 4, de 1880.

5040. Jahresberichte der Geschichtswissenschaft... hrsgg. von *F. Abraham, Hermann, Jastrow, Meyer*... Berlin, *E. S. Mittler & Sohn & Gaertner*, 1880-89.

Années 1878 (*origine*) à 1885. 8 vol. grand in-8 dont les 4 premiers rel. toile, non rogn., les autres br.

5041. **Lange** (Karl Julius). Der nordische Merkur. Ein Journal historischen, politischen und literarischen Inhalts. Zür die preussischen Staaten, und die ubrigen Länder des nördlichen Deutchlands herausgegeben von Karl Julius Lange. Berlin, H. Frölich, 1805. 3 vol. petit in-8, d.-rel. bas., avec coins.

5042. Mémoires de la Société d'Archéologie et de Numismatique de Saint-Pétersbourg. Tomes I-VI. St. Pétersbourg et Berlin, 1847-1852. 3 vol. in-8, rel. toile, nomb. pl.

5043. Les Missions catholiques... Lyon et Paris, 1868-1887. 17 tomes en 15 vol. in-4, rel. toile. — Album des missions catholiques, Paris-Lille, 1888. 4 tomes br. in-4 en 1 cartonnage, nomb. photog. — **Werner** (O.). Katholischer Missions-Atlas, zweite Auflage. Freiburg im Brisgau, Herder, 1885. In-4, rel. toile [19 cartes]. — Le *même*, traduit de l'Allemand, revu & augmenté par M. *Valérien Groffier*. Lyon, 1886. In-4, d.-rel. toile (édit.), [20 cartes].

5044. Mittheilungen des Instituts für oesterreichische Geschichtsforschung..... redigirt von *E. Mühlbacher*. Innsbruck, Wagner, 1880-1887. Tome I, d.-rel. chag.; Tomes II-VIII, br. et en fasc.

5045. Neuer Anzeiger für Bibliographie und Bibliothekwissenschaft..... herausgegeben von Dr. *Julius Petzhold*. Dresden, Schönfeld, 1856-1867. 12 tomes en 4 vol. in-8, rel. toile, non rogn.

5046. Repertorium der verhandelingen en Bijdragen, betreffende de Geschiedenis des Vaderlands, in Mengelwerken in Tijdschriften tot op 1860 verschenen door R. Fruin, J. T. Bodel Nijenhuis, L. J. F. Janssen, W. N. du Rieu, W. I. C. Rammelman Elsevier en J. de Wal..... Leiden, E. J. Brill, 1863. In-8, cart. perc.

5047. Revue critique d'histoire et de littérature publiée sous la direction de MM. P. Meyer, Ch. Morel, G. Paris, H. Zotenberg, etc. Paris, Franck-Leroux. Années 1866 (*origine*) à 1885. Ensemble 33 vol. in-8. Les 5 premiers (tomes 1 à 19) rel. toile, non rogn.; les autres br. ou en fasc.

5048. Revue d'histoire diplomatique publiée par les soins de la Société d'histoire diplomatique. 1re année, 1887. In-8, br.

5049. Revue des questions historiques publiée sous la direction de M. le Mis de Beaucourt, de 1874 à 1888 et table 1866 à 1876. 15 années en numéros.

Manquent : 1874, n^{os} d'avril et juillet; 1875, n^{os} de janvier et avril; 1876, n^{os} de janvier et octobre; 1885, n° d'octobre.

5050. Revue historique publiée sous la direction de M. G. Monod, de 1877 à 1888, 12 années en n^{os} br., avec la Deuxième table générale (1881 à 1885), rédigée par *Camille Couderc*.

Manquent : 1879, mai à août; 1888, mai, juin, novembre et décembre.

5051. Rivista storica italiana diretta dal prof. *C. Rinaudo*. (Années 1884 (*origine*)-1887, année 1888 fasc. 1, 2 et 3.) Torino, Bocca, 1888, en livraisons.

5052. Serapeum. Zeitschrift für Bibliothekwissenschaft, Handschriftenkunde und ältere Litteratur. Herausgegeben von Dr *Robert Naumann*. Leipzig, Weigel. Tomes 1 à 26, année 1840 (*origine*) à 1865. Ensemble 26 vol. in-8, d.-rel. mar. brun, tr. jaspée.

5053. Wissenschaftliche Studien und Mittheilungen aus dem Benedicter-Orden, mit besonderer Berücksichtigung des Ordensgeschichte und Statistik. Haupt-Redacteur : P. *Maurus Kinter*. Tomes I-VII. Brünn, Rohrer, 1880-1886. 7 vol. in-8, br. ou en fasc.

7. Paléographie et diplomatique.

5054. **Brinckmeier** (Eduard). Glossarium diplomaticum zur Erläuterung schwieriger, einer diplomatischen, historischen, sachlichen, oder Worterklärung bedürftiger lateinischer, hoch- und besonders niederdeutscher Wörter und Formeln, welche sich in Öffentlichen und Privaturkunden, Capitularien... .....Inschriften, Siegeln u. s. w. des gesammten deutschen Mittelalters. Gotha, Perthes, 1855-56. 2 tomes en 1 vol. in-4, d.-rel. chag. vert, tr. limaç.

5055. **Chassant** (L. A.). Dictionnaire des abréviations latines et françaises. 2e *édition*. Paris, 1862. — *Du même* : Paléographie des Chartes et des Manuscrits du XIe au XVIIe siècle. 5e *édition*. Paris, 1862. — *Du même* et P.-J. **Delbarre** : Dictionnaire de sigillographie pratique. Paris, 1860. Ensemble 3 vol. in-12, rel. toile, non rogn.

5056. **Delisle** (Léopold). Mélanges de paléographie et de bibliographie. Paris, Champion, 1880. 1 vol. in-8 et 1 atlas in-fol., rel. toile.

5057. — Études paléographiques et historiques sur des Papyrus du VIme siècle en partie inédits renfermant des homélies de saint Avit et des écrits de saint Augustin. Genève, Fick, 1866. Broch. in-4, avec 5 planches en fac-similé. — Notice sur cinq manuscrits de la Bibliothèque nationale et sur un manuscrit de la Bibliothèque de Bordeaux contenant des recueils épistolaires de Bérard de Naples. Paris, Imp. nat., 1877. — Notice sur les manuscrits de Bernard Gui. Paris, Imp. nat., 1879. 2 plaq. in-4, rel. toile et cart. et 1 atlas in-fol., rel. toile.

5058. Paleografia artistica di Montecassino. Litografia di Montecassino, 1876-1877. 2 fasc. petit in-fol. avec 35-16 pl. lith. ou en couleur. Ensemble 1 vol. d.-rel. mar. rouge, coins, tête dor., ébarb.; au dos, chiffre du comte Riant.

5059. **Neubauer** (Ad.). Facsimile of Hebrew Manuscripts in the Bodleian Library. Oxford, 1886. 40 pl. héliog. in-fol. en portefeuille.

5060. Recueil de facsimilés à l'usage de l'École des Chartes. Fasc. 1 à 4. Paris, 1880-1887. 4 fasc. in-fol. pl., héliog. en portef.

5061. Fac-simile d'un livre de prières (Κυνδακαριον) des XII⁰ et XIII⁰ siècles. Moscou, Garilov, 1869. 1 vol. petit in-4, d.-rel. mar. rouge, tête peigne, non rogn., couv. [*En vieux Russe-Slavon.*]

5062. **Sreznevski** (I. I.). Remarques paléographiques sur les mss. Grecs. Saint-Pétersbourg, 1876. In-8, rel. toile, non rogn., couv. [*En Russe.*]

Supp., t. XXVIII des *Mém. de l'Acad. des sciences*.

5063. **Tononi** (A. G.). Scuola di paleografia e critica storica presso l'archivio pontificio vaticano. Firenze, 1887. In-8, br.

5064. **Zinkernagel** (Karl Fried. Bernh.). Handbuch für angehende Archivare und Registratoren. Nordlingen, Beck, 1800. 1 vol. in-4, cart., avec 4 pl.

5065. **Bachelin** (A.). Description du livre d'heures du cardinal Albert de Brandebourg, ayant appartenu à la maison de Schoenborn. Paris, Bachelin-Deflorenne, 1868. In-8, cart., 2 pl. photogr. — **Gautier** (Léon). Quelques mots sur l'étude de la paléographie et de la diplomatique. 3ᵉ édition. Paris, Aubry, 1864. In-12, rel. toile, non rogn. — **Havet** (Julien). La tachygraphie italienne du xᵉ siècle. — L'écriture secrète de Gerbert. Paris, Imp. nat., 1887. 2 br. in-8, 1 pl. héliog. — **Mas-Latrie** (Comte de). De la formule « Car tel est notre plaisir » dans la Chancellerie française. [Extr. de la *Bibl. de l'Éc. des Chartes*, XLII, 1881.] In-8, cart. — *Du même* : Les éléments de la Diplomatique pontificale. [Extr. de la *Rev. des quest. hist.*, avril 1886.] Paris, Palmé, 1886. In-8, br. — **Miola** (Alfonso). L'insegnamente della paleografia nella Biblioteca nazionale di Napoli. Napoli, Rubertis, 1885. In-8, br. — **Namur** (A.). Sur un manuscrit de « Plinii historia naturalis », de la fin du onzième siècle, conservé à Luxembourg. [Extr. des *Bull. de l'Acad. r. de Belgique*, 2ᵉ série, XI.] In-8, br. — **Pillito** (Ignazio). Analisi paleografica de cinque codici dei secoli XIV e XV appartenenti all' Archivio di stato in Cagliari. Cagliari, Calassi, 1879. In-4, cart., couv. — **Schwetschke** (Gust.). Paläographischer Nachweiss der Unächtheit der Kölner Freimaurer- Urkunde vom J. 1535. Halle, Gebauer, 1843. In-8, br. Ensemble 10 vol. ou plaq.

XXIII

DIVERS

1. Philosophie.

5066. Collection des moralistes anciens, dédiée au Roi. Paris, Didot l'aîné, et de Bure, 1782. 12 vol. petit in-12, rel. mar. rouge, tr. dor., dos et plats ornés.

> Comprend le Manuel d'Epictète, traduit par M. N.; la Morale de Sénèque (extraite de ses œuvres avec un discours préliminaire par M. N.); la Morale de Confucius (trad. du latin par M. Levesque); les Maximes d'Isocrate (trad. de l'abbé Auger); les Entretiens de Socrate (trad. du grec de Xénophon par M. Levesque); Les Caractères de Théophraste et pensées morales de Ménandre, les Sentences de Théognis, de Phocylide, de Pythagore (Levesque); les Pensées morales de Cicéron (id.); celles de divers auteurs chinois (idem).

— Les livres classiques de l'Empire de la Chine recueillis par le *Père Noel*. Paris, De Bure & Barrois, 1784. 7 vol. petit in-12, rel. mar. rouge, tr. dor., dos et plats ornés.

5067. **Descartes** (René). Principia philosophiæ, ultima Editio cum optima collata, diligenter recognita, & mendis expurgata. Amstelodami, Apud Danielem Elsevirium, 1677. Vol. in-4, rel. vél.

> La première édition des *Principia Philosophiæ* a paru chez L. Elzevier en 1644. Notre édition comprend les *Méditations*, les *Principes de Philosophie*, le *Discours sur la Méthode*, le *Traité des passions de l'âme*.

5068. — Renati Descartes Epistolæ, partim ab Auctore Latino sermone conscriptæ, partim ex Gallico translatæ. Amstelodami, Ex Typographia Blaviana, 1682-1683. 3 tomes en 2 vol. in-4, rel. vél.

5069. — Œuvres philosophiques publiées par *L. Aimé-Martin*. Paris, Au bureau du Panthéon littéraire, 1852. 1 vol. in-8, d.-rel. peau de truie, coins; au dos, chiffre runique du comte Riant.

5070. **Diogène Laërce**. Les Vies des plus illustres philosophes de l'antiquité, avec leurs dogmes, leurs systèmes, leur morale et leurs sentences les plus remarquables; traduits du grec. Paris, Lefèvre & Charpentier, 1840. 1 vol. in-12, d.-rel. chagr. r., tr. peigne.

5071. **Ficin** (Marsile). Marsilii ficini floren-|| tini doctoris in omni disciplinarū genere profundissi||mi de triplici uita aurea uolamina tria. videlicet. ||

Primus de uita sana : seu de cura ualitudinis eorum : || qui litterarum studio incumbunt. || Secundus de uita longua. || Tertius de uita celitus comparanda. || Item apologia quedam : in qua de medicina : astrolo=|| gia : uita mundi : subtiliter tractatur. || Item de magis : qui christum statī natū adorauerūt. || Item q̃ ad uitā securitas & aī trāq̃litas necessaria sit. || Item p̄clarissimaɲ̄ sniaɲ̄ toti'opis breuis ānotatio. || ..... In fine ......Impres||sum autem Venetiis summa diligentia per Cæsarem || arriuabenum uenetum Anno ab incarnatione domi||ni milesimo quingentesimo decimo octauo die uero || ultimo aprilis. Vol. petit in-8, de CXI ff. chif., 1 fnc., rel. vél.

5072. **Fortin de la Hoguette** (Philippe). Testament ou Conseils fideles d'un bon pere a ses enfans. Où sont contenus plusieurs raisonnemens Chrestiens, Moraux & Politiques par P. Fortin, Sr de la Hoguette. A Leide, chés Jean Sambix, 1653. In-12, 16 ffnc., 320 pp., rel. vél.

La première édition de Fortin de la Hoguette est de 1648. Ce livre a donné une grande réputation « de prudence et de sagacité » (*Mém. de Huet*) à son auteur.

5073. **La Serre**. La vie heureuse ou l'homme content, enseignant l'art de bien vivre..... nouvelle édition. A Paris, Aug. Besoigne, 1693. In-12, front. et pl. h.-t., rel. v. rac.

5074. **Lulle** (Raymond). La Clavicvle, ov la Science de Raymond Lvlle. Avec tovtes les Figures de Rhetorique. Par le sieur Iacob. Et la Vie du mesme Raymond-Lvlle, par Monsieur Colletet. A Paris, chez Iean Remy,.... M DC XLVII. In-8, rel. vél., portrait de R. Lulle gravé par Montcornet.

Rare édition publiée par le Carme Louis Jacob de Saint-Charles.

5075. **Nores** (Jason de). In || M. T. C. || Universam philosophiam || de || Vita & Moribus : || Brevis & distincta || Institvtio. || Jasonis Denores || Nobilis Cyprii. || ..... || Ambergæ. || Apud Michaëlem Forsterum. || M.D.XCVII. Petit in-12 de 4 ffnc.-92 ff. [inexactement marqués 181(1) pp.], rel. mar. rouge, dos et plats ornés, tr. dor. (rel. anc.).

5076. **Pascal**. Les pensées. Texte revu sur le manuscrit autographe, avec une préface et des notes par *Auguste Molinier*. Paris, Lemerre, 1877-79. 2 vol. petit in-8, avec portr. de Pascal, gr. à l'eau-forte, d.-rel. chag. vert, non rogn. — **Maynard** (L'abbé). Pascal, sa vie et son caractère. Paris, Dezobry et Magdeleine, 1850. 2 tomes en 1 vol. in-8, rel. toile.

5077. **Charles** (Émile). Roger Bacon, sa vie, ses ouvrages, ses doctrines. Bordeaux, Gounouilhou, 1861. Vol. in-8, rel. toile. — **Chambrun** (Comte de). La Foi, l'Espérance et la Charité. Statues par Eug. Guillaume. Paris, Garnier, 1882. In-8, cart. avec 3 photog. — *Du même*. La philosophie et la muse. Dialogues sur la musique. Paris, Lévy, 1884. In-8, br. — **Deschamps**. La religion et la musique. Chalons-sur-Marne, Martin, 1880. In-8, cart.

2. Beaux-Arts.

ARCHITECTURE

5078. **Bosc** (Ernest). Dictionnaire raisonné d'architecture. Paris, Didot, 1877-1880. 4 tomes en 2 vol. grand in-8, d.-rel. chag., tête peigne, non rogn.; au dos, chiffre du comte Riant.

5079. **Boucoiran** (L.). Ariège, Andorre et Catalogne. Guide historique, pittoresque et descriptif aux bains d'Ussat et d'Ax. Paris, Giraud, 1854. In-8, rel. toile, non rogn., avec 20 pl. — Guide aux monuments de Nîmes et au pont du Gard. Nîmes, Roger et Laporte, 1863. Plaq. in-8, cart., non rogn., avec 8 pl. — Languedoc et Provence. Guide historique et pittoresque dans Nîmes et les environs. Nîmes, 1863. In-12, rel. toile, non rogn., avec 20 pl.

5080. **Fergusson** (James). The illustrated Handbook of Architecture. Second edition with nearly 900 ill. engravings. London, Murray, 1859. Vol. in-8, rel. toile (édit.).

5081. **Fonda** (Girolamo). Elementi di architectura civile, e militare. Roma, Mainardi, 1764. 2 tomes en 1 vol. in-4, d.-rel. veau, coins, planches.

5082. **Lubersac** (Abbé de). Discours sur les monumens publics de tous les âges et de tous les peuples connus, suivi d'une Description de Monument projeté à la gloire de Louis XVI & de la France. Terminé par quelques Observations sur les principaux Monumens modernes de la ville de Paris, & plusieurs projets de décoration... pour cette Capitale. A Paris, De l'Imprimerie Royale, MDCCLXXV. In-fol., rel. veau marbr., front. et 2 pl. d'après les dessins de l'auteur.

5083. **Gélis-Didot** et **Grassoreille** (G.). Le château de Bourbon-l'Archambault. Paris, Chamerot, 1887. In-4, br., grav. s. bois. [Tiré à 370 ex., n° 127.] — **Barbier de Montault** (Mgr X.). Le château de Bourbon-l'Archambault (Allier). Moulins, Desrosiers, 1876. 1 vol. in-12, rel. toile, couv. — **Montégut** (Émile). En Bourbonnais et en Forez. 2ᵉ édition. Paris, Hachette et Cⁱᵉ, 1881. In-16, cart. perc. v., couv.

5084. **Morel de Voleine**. De l'influence de la liturgie catholique sur l'architecture... principalement dans le diocèse de Lyon. Lyon, A. Brun, 1861. — Suite aux considérations sur l'architecture dans ses rapports avec la liturgie. Lyon, Vingtrinier, 1863. Ensemble 1 vol. in-8, rel. toile, fig. — Saint Pothin et la chapelle de Fourvière. Lyon, Vingtrinier, s. d. In-8, cart.

5085. **Pelet** (Auguste). Description de l'amphithéâtre de Nîmes. 3ᵉ édition. Nîmes, Roger et Laporte, 1866. In-8, cart. perc. p. — *Du même*. Notice sur la Maison-Carrée. Biographie de Sigalon. 6ᵉ édition, revue, corrigée... Nîmes, impr. Clavel-Ballivet et Cⁱᵉ, 1863. In-8, cart. perc. — **S**. (M. de). Catalogue du Musée de Nîmes. — **Trichaud** (J. M.). Itinéraire du visiteur aux principaux monuments d'Arles. Deuxième édition. Arles, Cerf, 1859. In-12, rel. toile.

5086. **Percier et Fontaine.** Recueil de décorations intérieures comprenant tout ce qui a rapport à l'ameublement. Paris, 1812. 1 vol. in-fol., d.-rel. mar., 74 planches.

5087. **Rohault de Fleury** (G.). La Toscane au moyen âge. Lettres sur l'architecture civile et militaire en 1400. Paris, Morel, 1874. 2 tomes en 1 vol. in-8, d.-rel. chag. r., tr. lim. ; au dos, chiffre du comte Riant.

5088. [**Barichella** (V.).] La loggia del palazzo Vescovile. Cenno sopra un monumento vicentino. Lonigo, Gaspari, 1881. 1 plaq. in-12, rel. toile. (*Per Nozze* du Dr Lampertico et de Laura Balbi.) — *Du même* : Andrea Palladio e la sua scola. Lonigo, G. Gaspari, 1880. In-8, rel. toile, portr. — **C. C.** I capi d' Arte di Bramante da Urbino, nel Milanese [avec un portrait de Bramante]. Milano, Tip. della Soc. coop., 1870. 1 br. in-8. — **Corroyer** (Édouard). L'architecture militaire au Mont Saint-Michel. Paris, Plon, 1881. Plaq. in-8, cart., non rogn., couv. — **Palustre** (Léon). Destruction du château de Montal (Lot). (Extr. du *Bulletin monumental*, n° 1, 1881.) In-8, cart. — **Reinaud.** Notice sur deux ouvrages relatifs à l'architecture des Arabes et des Maures. Paris, Imp. Royale, 1842. In-8, br. — **Soultrait** (Comte de). Notice sur les monuments civils de Luxeuil. Besançon, Dodivers, 1883. — Notice archéologique sur l'abbaye de Monthenoit. Besançon, Dodivers, 1885. 2 plaq. in-8, pl. — **Thierry** (C. S.). Recherches sur les moyens de perfectionner les productions de l'architecture civile. Paris, Crapelet, 1851. In-8, rel. toile, couv. — **Tolomei** (A.). La cappella degli Scrovigni e l' arena di Padova. Padova, Salmin, 1881. In-8, cart., 1 pl. — **Tondini** (G.). Un edifizio programma o la cattedrale di Diakovar. Descrizione con digressioni saggio di estetica popolare e di buon panslavismo. Firenze, Bocca, 1884. In-8, cart.

FAÏENCES

5090. **Casati** (C. Charles). Notice sur les faïences de Diruta (avec une planche de la Chromotypographie Danel). Paris, Lévy, 1874. Plaq. in-4, cart., couv. — **Lecocq** (Jules). Études sur la céramique picarde. Première partie. Une plaque en faïence de Sinceny. [*Extrait du* Vermandois, *tiré à 200 ex.*] Saint-Quentin, Triqueneaux-Devienne, 1874. In-8, rel. toile, couv., 1 planche. — **Molinier** (Émile). Les Majoliques italiennes en Italie. Paris, Picard, 1883. In-8, cart. couv., fig. (Tiré à 150 exemplaires, n° 18.) — *Du même.* Note sur les origines de l'émaillerie française. Épernay, Bonnedame, s. d. In-8, cart. — **Ris-Paquot.** Manière de restaurer soi-même les faïences, porcelaines, cristaux..... avec planches en couleur. Amiens et Paris, 1872. In-8, rel. toile. — **Warmont** (A.). Recherches historiques sur les faïences de Sinceny, Rouy et Ognes. Chauny et Paris, 1864. In-8, d.-rel. chag., coins, tête dor., non rogn.; au dos, chiffre du comte Riant, pap. vergé, fig. en couleurs.

PEINTURE ET SCULPTURE

5091. Courajod (Louis). Sculptures de Gérard van Obstal, conservées au Musée du Louvre. Paris, Menu, 1876. Tiré à 70 exemplaires. — Un portrait de Michel Le Tellier au Musée du Louvre. Paris, Menu, 1876. — Fragments des mausolées du Cte de Caylus et du Mis du Terrail conservés au Musée du Louvre. Paris, Champion, 1878. (2 grav. sur bois de *Puyplat*). — Germain Pilon et le tombeau de Birague par devant notaires. Paris, Champion, 1878. — Deux épaves de la chapelle funéraire des Valois à Saint-Denis aujourd'hui au Musée du Louvre. Extr. des *Mémoires de la Soc. des Antiq. de France*. Paris, 1878. (1 phototypie et gravures sur bois.) — Alexandre Lenoir, son journal et le musée des monuments français. Tome Ier. Paris, Champion, 1878. — Léonard de Vinci et la statue de Francesco Sforza. Paris, Champion, 1879. (Nomb. grav.). — La cheminée de la salle des caryatides au Musée du Louvre. Paris, 1880. — Observations sur deux dessins attribués à Raphaël et conservés à l'Académie des Beaux-Arts de Venise. Paris, Champion, 1880. — Une œuvre inédite de Jean Bullant ou de son école. Paris, Champion, 1880. (Nombreuses gravures.) — Les chandeliers de la chapelle du château d'Ecouen au Musée du Louvre, dessins par *E. Corroyer*. Extr. des *Mém. de la Soc. des Antiq. de France*. Paris, 1880. — Acquisitions du musée de la sculpture moderne au Louvre en 1880. Dessins de *L. Letrone*. Paris, Rapilly, 1881. Ensemble 11 plaq. ou vol. in-8, rel. toile, ou cart.

5092. La Boullaye (E. Jullien de). Étude sur la vie et sur l'œuvre de Jean Duvet, dit le Maître à la Licorne. Paris, Rapilly, 1876. Petit in-8 avec 1 pl., rel. toile, non rogn'.

5093. Kunstdenkmäler des christlichen Mittelalters in den Rheinlanden. Herausgegeben von Ernst Aus' M Weerth. Erste Abdeilung : Bildnerei. Leipzig, 1857 & 1860; Bonn, 1868. 3 parties en 1 vol. grand in-8, d.-rel. mar. br., coins, tête dorée, non rogn.

5094. Müntz (E.). Ricerche intorno ai lavori archeologici di Giacomo Grimaldi antico archivista della Basilica Vaticana. Firenze, Tipografia della Gazzetta d'Italia. 1881. — Notes sur les mosaïques chrétiennes de l'Italie. Extrait de la Revue archéologique. Janvier-Février 1883. Paris, Baer, 1883. 1 planche. — Les arts à la Cour des papes. Rome, Cuggiani, 1884. — Le palais pontifical de Sorgues (1319-1395). Extr. des *Mém. des Antiquaires de France*, t. XLV. Paris, 1885. — Les peintres d'Avignon pendant le règne de Clément VI (1342-1352). Tours, Bousrez, 1885. pl. et fig. — Les peintures de Simone Martini à Avignon. Extr. des *Mém. des Antiquaires de France*, t. XLV. Paris, 1885. 1 pl. — **Müntz** (E.) et **Frothingham** jun. (A. L.). Il Tesoro della Basilica di S. Pietro in Vaticano dal XIII al XV secolo con una scelta d'inventarii inediti. Roma, A cura della Soc. Rom. di storia patria, 1883. 1 pl. Ensemble 1 vol. in-8, rel. toile. — **Müntz** (E.). Les Mosaïques byzantines portatives. Caen, Le Blanc-Hardel, 1886. In-8, br., 1 pl. — Les antiquités de la ville de Rome aux xiv°, xv° et xvi° siècles. Paris, Leroux, 1886. In-8, br., pl. Tiré à 150 exemplaires. — Études iconographiques et archéologiques sur le moyen âge. Première série. Paris, Leroux, 1887. In-16, br. — L'histoire des arts dans la ville d'Avignon pendant le xiv° siècle. Paris, Leroux, 1888. In-8, br., pl. Ensemble 1 vol. et 4 plaq.

5095. **Neergaard** (T. C. Bruun). Sur la situation des beaux-arts en France ou lettres d'un danois à son ami. A Paris, Dupont, an IX-1801. In-8, d.-rel. v. f.

5096. **Casati** (Charles). Petits musées de Hollande et grands peintres ignorés. Paris, Didier, 1881. In-8, cart., couv. — **Castan** (Auguste). Les origines et la date du Saint Ildefonse de Rubens. Besançon, Dodivers, 1884. In-8, br. — **Cherbuliez** (Victor). Un cheval de Phidias. Causeries athéniennes. Deuxième édition. Paris, Lévy, 1864. Vol. in-12, rel. toile, avec photographie. — [**Delaville-Le-Roulx**]. Jean Theurel (1699-1807). Les portraits d'un fusilier centenaire. Tours, Rouillé-Ladevèze (*1881*). In-8, rel. toile, 2 pl. — **Durrieu** (Paul). Un tableau de l'atelier de Verrochio au Musée du Louvre. Paris, Rouam, 1883. In-4, cart., couv., fig. — **Linas** (Ch. de). Notice sur quelques émaux byzantins du xi° siècle, conservés au musée national de Pesth. *S. l. n. d. n. typ.* 1 pl. in-8, cart. — *Du même*: Anciens ivoires sculptés. Le triptyque byzantin de la collection Harbaville, à Amiens. Extr. de la *Revue de l'art chrétien*, 1885. In-8, cart., 2 pl. phot. — **Mas Latrie** (L. de). Testaments d'artistes vénitiens. Jacobello del Fiore, Gentile Bellini, Palma Vecchio. *S. l. n. d. n. typ.* In-8, cart. — **Mély** (F. de). François Marchand et le tombeau de François Ier. Chartres, Selleret, 1887. In-8, br., 4 pl. phot. — **Morbio** (C.). Leonardo da Besozzo, ed alcune antiche miniature lombarde. *S. l. n. d.* Plaq. in-8, cart. pap. *Extr. du « Politecnico »*, vol. XIX. — [**Saige** (Gust.)]. Les Beaux-arts au Palais de Monaco avant la Révolution. I. Les princes et le palais depuis le seizième siècle. Monaco, 1884. In-8 carré, rel. toile, couv., non rogn. (Tiré à 250 Ex. num., n° 81.)

DIVERS

5097. L'Alphabet de la mort de Hans Holbein... publié... par Anatole de Montaiglon. Paris, E. Tross, 1856. In-8, rel. toile (édit.), fig.

5098. BRÉVIAIRE DU CARDINAL GRIMANI. Fac-simile des miniatures contenues dans le Bréviaire Grimani conservé à la Bibliothèque de St-Marc exécuté en photographie par *Antoine Perini*, avec explications de *François Zanotto* et un texte français de M. *Louis de Mas-Latrie*. Venise, Ongania, 1880. 2 vol. in-4, dont l'un se compose de 110 planches photographiques. — **Soranzo**. Un coup d'œil au bréviaire du cardinal Grimani dans la bibliothèque de St-Marc à Venise. Venise, Ongania, 1881. In-12. Ensemble 2 vol. in-4, d.-rel. mar. rouge, coins, tr. dor.; au dos. chiffre du comte Riant, et 1 plaq. in-12, cart.

Ce bréviaire, à l'usage de l'ordre de Saint-François, fut exécuté au xv° siècle par ordre, croit-on, de Sixte IV (1471-1484). C'est un des plus beaux manuscrits connus ; il est orné de miniatures de Hans Memling, de Gérard van der Meire, ou Gérard de Gand, et de Lievin d'Anvers.

5099. **Cocheris** (H.). Patrons de broderie et de lingerie du xvıe siècle reproduits par le procédé Lefman et Lourdel et publiés d'après les éditions conservées à la Bibliothèque Mazarine. Paris, Lib. de l'*Écho de la Sorbonne*, s. d. Vol. in-8, carré, rel. chag., dent. intér.; au dos, chiffre du comte Riant.

5100. **Labarte** (Jules). Histoire des arts industriels au Moyen-Age, et à l'époque de la Renaissance. Deuxième édition. Paris, Ve Morel, 1872-75. 3 vol. grand in-4, avec nombr. figg. et planches, d.-rel. chag. rouge, coins, tête dorée, non rogn.; au dos, chiffre du comte Riant. — *Du même*. Quel nom l'or émaillé a-t-il reçu des Grecs..... ? Réponse au Mémoire de M. de Lasteyrie : « L'electrum des anciens..... ». Paris, Morel, 1866. In-4, rel. toile.
— **Lasteyrie** (Ferdinand de). L'Electrum des anciens était-il de l'émail ? Dissertation sous forme de réponse à M. Jules Labarte. Paris, Firmin Didot frères, 1857. Plaq. in-8, d.-rel. cart. perc., couv.

5101. **Laborde** (Le comte Léon de). Glossaire français du Moyen-âge à l'usage de l'archéologue et de l'amateur des arts précédé de l'inventaire des bijoux de Louis, duc d'Anjou, dressé vers 1360. Paris, Labitte, 1872. Petit in-8, d.-rel. chag. r., non rogn.; au dos, chiffre du comte Riant.

5102. Quellen der Byzantinischen Kunstgeschichte. Ausgezogen und übersetzt von *Fr. W. Unger*. I Band. Enth : I-III Buch. Wien, Braumüller, 1878. In-8, rel. toile.

5103. **Théophile**, prêtre et moine. Essai sur divers arts, publié par le comte *Charles de l'Escalopier*, et précédé d'une introduction par *J. Marie Guichard*. Paris, Toulouse, 1843. 1 vol. in-4, d.-rel. veau.

5104. **Urbani de Gheltof**. Les arts industriels à Venise au Moyen-âge et à la Renaissance. Venise, Usiglio & Diena, 1885. Vol. grand in-8, cart. (édit.), nomb. fig. — *Du même* : La collezione del doge Marin Faliero e i Tesori di Marco Polo. Venezia, Kirchmayr e Scozzi. 1881. Plaq. in-8, cart.

5105. **Amador de Los Rios** (D. José). El arte latino-bizantino en España y las coronas visigodas de Guarrazar. Madrid, Imprenta nacional, 1861. In-4, rel. toile, 6 pl. — **Bloche** (Arthur). La vente des diamants de la couronne, son histoire, Catalogue raisonné des Joyaux, Orné de 35 dessins des principaux bijoux. Paris, Quantin, 1888. 1 vol. in-8, carré, br. — **Guiffrey** (J.). Note sur une tapisserie représentant Godefroy de Bouillon et sur les représentations des preux et des preuses au xve siècle. Paris, 1880. — *Du même* : Les comptes des dépenses de Fontainebleau de 1639 à 1642. Fontainebleau, Bourges, 1887. 2 plaq. in-8, cart. et br. — **Grésy** (Eug.). Inventaire des objets d'arts composant la succession de Florimond Robertet, ministre de François Ier. [Extrait du XXXe vol. des *Mém. de la Soc. des Ant. de France*.]

In 8, rel. toile, non rogn. — **Robert** (Ch.). Article sur « les Emailleurs de la Renaissance, par M. Aloïs Heiss ». [Extr. de la *Rev. arch.*, 1882. In-8, br. — **Trautmann** (Franz). Kunst und Kunstgewerbe vom frühesten Mittelalter bis Ende des achtzehnten Jahrhunderts. Nördlingen, Beck, 1869. In-8, rel. toile, couv. — **Travers** (Émile). Les instruments de musique au xive siècle d'après Guillaume de Machaut. Paris, Plon, 1882. In-8, rel. toile, couv. — *Du même*. Le carillon de Béthune au xvie siècle. Paris, Plon, 1880. In-8, cart., couv. — **Vallet de Viriville**. Notice de quelques manuscrits précieux sous le rapport de l'art. Paris, 1866. [Extr. de la *Gazette des Beaux-Arts*.] Grand in-8, rel. toile, fig.

3. Sciences.

5106. **Aviso** (Urbanus de). Ad sacram Christinae Svecorvm Reginæ Maiestatem Vrbani de Aviso Romani In Vniuersas Mathematicas Disciplinas Dissertatio. Romæ, apud Mascardum, 1682. In-12 de 24 pp., cart.

5107. **Axtius**. Tractatus de arboribus coniferis et pice conficienda, aliis que ex illis Arboribus provenientibus, in lucem editus à Johanne Conrado Axtio..... Jenæ, Impensis Johannis Bielkii..... Typis Samuelis Krebsii, M.DC.LXXIX. Vol. petit in-12, front., d.-rel. chag.

Rare. Jean Conrad Axt était docteur de l'Université de Helmstædt. A son traité des conifères, il a ajouté une curieuse lettre où il accuse Guy Patin d'avoir empoisonné son fils avec de l'antimoine. Cette accusation fut jugée calomnieuse par l'Université d'Iéna qui força Axt à supprimer cette lettre des éditions subséquentes et fit détruire tous les exemplaires qui restaient de celle de 1679.

5108. **Bacci**. L'Alicorno Discorso dell' eccellente medico, et filosofo M. Andrea Bacci; nella quale si tratta della Natura dell' Alicorno, & delle sue virtù Eccellentissime..... (*Marque typ.*) In Fiorenza, Appresso Giorgio Marescotti, M D LXX III. 1 vol. petit in-4 de 4 ffnc., 80 pp., rel. vél.

5109. **Bachet de Méziriac**. Problèmes plaisants & délectables qui se font par les nombres, par Claude-Gaspar Bachet, sieur de Méziriac. Quatrième édition, revue, simplifiée et augmentée par *A. Labosne*. Paris, Gauthier-Villars, 1879. 1 vol. petit in-8 carré, d.-rel. chag. rouge, tr. peigne, non rogn.; au dos, chiffre du comte Riant.

5110. **Bacon**. Sylva Sylvarvm, Sive Historia naturalis, in decem Centurias distributa, Anglicè olim conscripta a Francisco Bacono, Barone Vervlamio, Vicecomite S^{ti} Albani, Angliæ quondam Cancellario : nunc Latio transscripta à Iacobo Grvtero, P. F., Medicinæ candidato. *La date se trouve au frontispice* : Lvg. Batavor. Apud Franciscum Hackium. 1648. 1 vol. petit in-12, rel. parch.

L'ouvrage anglais de *Francis Bacon* a été publié pour la première fois en Angleterre par *W. Rawley* en 1627. En 1648, il en parut simultanément deux éditions latines en Hollande, chez Hack et chez Elsevier, d'après lesquelles on imprima, en 1684, les *Opera omnia*. A la suite de la Sylva Sylvarum se trouve, avec une pagination spéciale, le « Novus Atlas, Opus imperfectum..... cum Præfatione W. Ravvley. »

5111. Bang (Thomas). עץ הקדם. Cælum Orientis et prisci mundi Triade Exercitationum Literarium..... Hauniæ Typis Petri MorsingI..... Sumptibus vero Petri Hauboldi..... M.DC.LVII. 1 vol. in-4, rel. vél.

> Ouvrage rare dans lequel l'auteur *Bang* ou *Bangius* (1608-1661) recherche l'origine des lettres, des signes astronomiques, caractères cabalistiques, etc..... *Bang* a dédié ce livre à N.-S. Jésus-Christ.

5112. Belon (Pierre). De admirabili operum antiquorum et rerum suscipiendarum præstantia. Liber primus. De medicato funere, seu cadauere condito, & lugubri defunctorum eiulatione. Liber secundus. De medicamentis nonnullis, seruandi cadaueris vim obtinentibus. Liber tertius. Parisiis, apud Benedictum Preuost, 1553. 1 vol. petit in-4, rel. vel.

> Ouvrage très intéressant sur les monuments funéraires des anciens et les usages observés dans les sépultures, et pour la conservation des cadavres. Il est dédié au cardinal de *Tournon*, qui fut le protecteur de P. Belon et lui fournit l'argent nécessaire pour son fameux voyage en Orient.

5113. — P. Bellonii Cenomani de Arboribvs coniferis, resiniferis, aliis quoque nonnullis sempiterna fronde virentibus, cum earundem iconibus ad viuum expressis. Item de melle cedrino, Cedria, Agarico, Resinis, & iis quæ ex Coniferis proficiscuntur..... Parisiis, Apud benedictum Preuost, in via Frementella..... 1553. 1 vol. petit in-4 de 8 ffnc., 32 ff. chif., rel. vél.

5114. — La nature & diuersité des poissons, Auec leurs pourtraicts, representez au plus pres du naturel. Par Pierre Belon du Mans. A Monseigneur le Reuerendiss. Cardinal de Chastillon. A Paris, Chez Charles Estienne, Imprimeur ordinaire du Roy. M.D.LV. 1 vol. in-8 oblong de 20 ffnc., 448 pp. et nomb. figg., rel. vél.

> Ouvrage fort rare, traduction française par l'auteur lui-même de l'édition latine de 1553.

5115. Borri (Gioseppe Francesco). La Chiave del Cabinetto... In Colonia, Appo Pietro del Martello, M.DC.LXXXI. — *Du même*. Istrvzioni politiche... date al Rè di Danimarca. (*La Sphère*.) In Colonia, Appo Pietro del Martello, M.DC.LXXXI. 2 tomes en 1 vol. in-12, rel. veau, tr. r.

> La « Chiave del Cabinetto » est un recueil de dix lettres sur l'alchimie. Borri était un visionnaire en même temps qu'un médecin assez distingué.

5116. Brasavola. Antonii Mvsae Brasauoli Ferrariensis, Examen omnium simplicium, quorum vsus in publicis est officinis..... Cvm indice. Lvgdvni, Apud Ioannem Frellonium. 1556. 1 vol. très petit in-8 (in-16) de 862 p., xxxij ff., rel. vél.

5117. Camerarius (Joachim) junior. Symbolorum ac Emblematum Ethicopoliticorum Centuriæ Quatuor... Mogvntiæ, Sumptibus, Ludovici Bourgeat...

M.D.XCVII. 1 vol. in-8, rel. toile, avec frontisp. et 400 grav. sur cuivre dans le texte.

> Joachim Camerarius (1534-1598). Réédition de son ouvrage d'histoire naturelle qui n'est qu'une suite de courtes notices anecdotiques sur les plantes, les quadrupèdes, les oiseaux, les poissons et reptiles.

5118. **Carmagnanini** (Filippo). Della quadratura del circolo e del doppiamento del cubo con la giunta di altre simili cose Dimostrazioni geometriche. In Firenze, Viviani, 1751. 1 vol. in-4, rel. toile. 8 planches de fig. géom.

> Ouvrage avec textes latin et italien en regard. Il est dédié « alla Maesta della SSma Regina Madre Vergine ».

5119. [**Ceredi** (Giuseppe)]. Tre discorsi sopra il modo d'alzar acqve da' lvoghi bassi. Per adacquar terreni. Per leuar l'acque sorgenti, & piouute dalle cāpagne, che non possono naturalmente dare loro il decorso. Per mandare l'acqua da bere alle Città, che n' hanno bisogno, & per altri simili vsi. Opera non piu stampata. (*Marque typ.*) In Parma, Appresso Seth Viotti. 1567. In-8 de 10 ffnc., 96 pp. et 4 planches, nomb. fig., rel. vél.

5120. **Duret** (Cl.). Histoire || admirable des || plantes et herbes esmer-|| ueillables & miraculeuses en nature : mesmes || d'aucunes qui sont vrays Zoophytes, ou Plant'-||animales, Plantes & Animaux tout ensemble, || pour auoir vie vegetatiue, sensitiue & animale : || Auec leurs Portraicts au naturel,..... Par M. Clavde Duret..... A Paris, chez Nicolas Bvon..... M.DCV. Petit in-8, rel. parch., avec nomb. figg. sur bois.

> Ouvrage peu commun. Ce livre, comme d'ailleurs tous ceux de cet auteur, est une compilation érudite, fourmillant de citations, mais faite sans critique aucune.

5121. [**Estienne** (Charles)]. De re hortēsi li= || bellvs, vvlgaria || herbarum, florum, ac fructicum, qui || in hortis cōseri solent nomina La-||tinis vocibus efferre docens ex pro-||batis authoribus. || In puerorum gratiam atq; vtilitatem. || (*Marque typ.*) || Recognitus & auctus. || Parisiis. || Ex Officina Roberti Stephani. || M.D.XXXVI. Petit in-8 de 107(1) pp., 10 ffnc. (*le dernier blanc. manque*), rel. veau marb., tr. dor.; au dos, chiffre du comte Riant.

> L'un des premiers ouvrages de Charles Estienne, de la famille des grands imprimeurs de ce nom ; ce traité d'horticulture a été reproduit, en 1554, dans le « Prædium rusticum », modèle des « Maisons rustiques » de nos jours.

5122. **Falco**. Iacobvs Falco || Valētinvs, || Miles Ordinis || Montesiani, || Hanc circvli qvadratvram || invenit. || *Figure d'un homme* (*Archimède?*) *agenouillé et tenant un compas*. || Antverpiae, || Apud Petrum Bellerum, sub scuto Burgundiæ. || M.D.IXC. Plaq. in-4 de 29(1) pp., rel. toile.

> Jacques Falco était commandeur de l'ordre de N.-D. de Montesa et de Saint-Georges dans le royaume de Valence.

5123. **Ferrari, S. J.** (Jean-Baptiste). Hesperides sive de malorum aureorum cultura et usu. Romæ, sumptibus Hermanni Scheus. 1646. 1 vol. in-fol. orné de 101 pl. gr. sur cuivre par C. Blœmart d'après Pietro de Cortone, rel. veau brun

5124. Ferrari (Lodovico). I sei cartelli di Matematica disfida primamente intorno alla generale risoluzione delle equazioni cubiche..... con sei contro-cartelli in risposta di *Nicolò Tartaglia*, comprendenti le soluzioni de' quesiti dall' una e dall' altra parte propositi. Raccolti, autografati e pubblicati da *Enrico Giordani*. Milano, L. Ronchi, 1876. 1 vol. in-8, rel. toile, non rogn., couv.

Réimpression à 212 exemplaires d'opuscules rares, avec introduction bibliographique.

5125. François, S. J. (Jean). L'Art des Fontaines. C'est a dire Pour trouuer, esprouuer, assembler, mesurer, distribuer, & conduire les Sources dãs les lieux publics & particuliers..... Avec l'art de niveler..... Edition seconde..... A Rennes, Chez P. Hallavdays..... M.DC.LXV. In-8, avec fig., rel. veau.

5126. — La science des eavx qvi expliqve en qvatre parties levr Formation, Communication Mouuemens, & Meslanges. Avec les arts de condvire les eavx, et mesvrer la grandeur tant des Eaux que des Terres..... A Rennes, Chez Pierre Hallavdays..... M.DC.LIII. In-8, avec figg., rel. veau.

✱ **5127. Giorgi** (Federico). Libro di M. Federico Giorgi del modo di conoscere i bvoni falconi, astori, e sparavieri, di farli, di governarli, et di medicarli, come nella tavola si pvo vedere. (*Fleuron.*) Con Priuilegio. (*Marque typ.*) In Vinegia Appresso Gabriel Giolito de Ferrari. MDXLVII. In-8 de 53 ff., 2 ffnc., rel. vél.

5128. Grandi (Guido). Quadratura circuli, et hyperbolæ Per Infinitas Hyperbolas, & Parabolas Quadrabiles Geometricè exhibita, & demonstrata. Editio altera..... In qua, præter alia multa, ad veterem Appendicem de Rectificatione Curvarum, altera accessit de earundem, & Curvilineorum Spatiorum Transformatione infinitis modis expedienda..... Pisis, MDCCX. Ex Typ. Francisci Bindi. In-4, rel. vél., fig.

Guido Grandi (1671-1742) entra dans l'ordre des Camaldules, fut nommé en 1700 professeur de philosophie à l'université de Pise, chaire qu'il échangea, en 1714, contre celle de mathématiques. Son ouvrage de la « *Quadratura circuli* » lui valut une interminable querelle avec Alessandro Marchetti qui trouvait *impies* certaines de ses propositions mathématiques.

5129. Hartenfels. D. Georg. Christoph. Petri ab Hartenfelss..... Elephantographia Curiosa, Editio altera auctior et emendatior, cum multis figuris æneis, Cui accessit ejusdem auctoris Oratio panegyrica de Elephantis..... necnon Justi Lipsii epistola de eodem argumento erudite conscripta..... Lipsiæ & Erfordiæ, Typis & Impensis J. M. Funckii, MDCCXXIII. In-4, rel. veau marbr., fil.; au dos, chiffre du comte Riant (titre remonté).

Hartenfels (1633-1718), premier médecin de l'électeur de Mayence, fut nommé, en 1690, professeur de médecine à Erfurt, sa ville natale. Son ouvrage sur les mœurs des éléphants est orné de 26 curieuses planches gravées sur cuivre par un graveur d'Erfurt, Jacob Petrus; cette seconde édition est la plus estimée.

5130. Horst. Gregorii HorstI, D. De tvenda sanitate stvdiosorvm et litteratorvm Libri dvo..... Editio nova..... Marpvrgi Cattorvm. Typis ac Sumptibus Casparis Chemlini. Anno M.DC.XXVIII. In-8, rel. vél.

5131. Hippocrate. Magni Hippocratis Coi, Medicorum Principis, Coacæ prænotiones, Græcè & Latinè. Opus divinum. Cum versione D. Anutii Foesii Mediomatricis : Et Notis Joh. Jonstoni Med. Doct. (*Marque typ.*) Amstelædami, Ex Officinâ Elzevirianâ, cIɔ Iɔ CLX. In-12, titre r. et n., rel. parch.

5132. Jode (Cornelius de). De Qvadrante Geometrico Libellvs. In qvo qvidqvid ad linearvm et svperficiervm, vtpote altitvdinvm et latitvdinvm, dimensiones facit lucidissime demonstratur. Additæ figuræ æneæ XXXVII. ad maiorem doctrinæ intelligentiam & lucem hactenus non ita expositæ. Sumptibus & expensis Cornelii de Ivdæis editus. (*Grav. sur cuivre.*) Noribergæ, typis Christophori Lochneri, M.D.XCIIII. In-4 de 4 ffnc., 63(1) pp., d.-rel. bas. n.

Cornelius de Jode était originaire d'Anvers. Il a eu une grande réputation comme cosmographe ; il mourut à Mons, dans des circonstances bizarres, en **1600**,

5133. Jonston (Jean). Joh. Jonstoni Thaumatographia naturalis, in decem Classes distincta..... Amstelodami, Apud J. Janssonium à Waesberge, et E. Weyerstraet. M DC LXV. In-12, rel. parch.

Jonston (1603-1775), né à Sambter (Grande-Pologne) d'une famille écossaise, fit son éducation en Angleterre et refusa toutes les chaires qu'on lui offrit pour se livrer à ses études d'histoire naturelle qui lui valurent une grande réputation.

5134. — Historiæ naturalis de Quadrupedibus Libri, cum æneis figuris... (*Titre front. gravé, 80 pl.*) — De piscibus et cetis libri V..... (*titre front. gravé, 47 pl.*) — De exanguibus aquaticis libri IV. (20 *pl.*) — De avibus libri VI. (*Titre front. gravé, 62 pl.*) — De insectis libri III, de serpentibus et draconibus libri II. (28-12 *pl.*). Amstelodami, Apud Ioannem Iacobi fil. Schipper, M DC LVII. 6 parties en 2 vol. in-4, rel. veau.

Cet ouvrage du médecin polonais Jonston forment un corps complet d'histoire naturelle.

5135. Mallement de Messange. Le grand et fameux problême de la Quadrature du cercle, Résolu géométriquement par le Cercle et la Ligne Droite..... Paris, J.-B. Coignard, M.DC.LXXXVI. Vol. in-12, rel. veau.

5136. Menabenus. Apollonii Menabeni medici et philosophi Insvbris, Tractatvs de magno Animali, quod Alcen nonnulli vocant, Germani verò Elend, & de ipsius partium in re medica facultatibus : Item Historia Cervi rangiferi & Gulonis Filfros vocati..... Accessit Remb. Dodonæi Medici Cæsarei de Alce Epistola. Coloniæ Apud Maternum Cholinum. M.D.LXXXI. In-16 de 8 ffnc., 88 pp., d.-rel. vél.

Menabenus, médecin italien du xvie siècle.

5137. — Apollonii Menabeni medici, et philosophi, Insvbris, Tractatus de magno Animali, siue Bestia, & de ipsius partium in re medica facultatibus;

cui adiungitur, Historia Cervi rangiferi, et Gulonis Filfros vocati..... Mediolani, Apud Michaelem Tinum,..... M.D.LXXXI. In-4 de 39(1) pp., rel. vél.

5138. **Mizauld** (Ant.). Le mirouer du temps, au=∥ trement dict, Ephemerides perpetuelles de l'Air : par les-∥quelles sont touts les iours dōnez urais signes de touts ∥ changemens de temps, seulemēt par choses qui a touts ∥ apparoissent au Ciel, en l'Air, sur Terre, & en l'Eaue. Le ∥ tout par petits Aphorismes, & breues sentences dili-∥gemment compris. ∥ Oultre ce, aduertissement tresutile en forme ∥ de prologue, sur les presages, & signes donnez par les ∥ animaux, touchant les mutatations de l'Air : auecques ∥ breue instruction pour tost et seurement pouoir iuger ∥ d'un chascun changement de temps, aussi bien le iour ∥ que la nuict, soit aux champs, ou a la uille, en toutes sai-∥sons, & pais. ∥ (*Marque typ.*) ∥ A Paris, ∥ De l'imprimerie de Regnauld Chaudiere, ∥ & Claude son filz. ∥ 1547. ∥ Auec priuilege du du Roy. ∥ Petit in-8 de 94 ff. chif., 6 ffnc. — Le Mirouer de l'air, par bon ∥ ordre & breues sentences donnant a un chascun ueue, ∥ & auecques causes coignoissance tresfacile presque de ∥ toutes choses faictes & engendrees en l'Air : comme ∥ sont pluyes, gresles, tonnoires, fouldres, esclairs, nei-∥ges, orages, uentz & autres. le tout ueu par l'autheur, ∥ & plus que le Latin augmēté, & facilemēt interpreté. ∥ (*Marque typ.*) ∥ A Paris. ∥ De l'imprimerie de Regnaud Chaudiere, ∥ & Claude son filz. ∥ 1548. ∥ Auec priuilege du Roy. Petit in-8 de 8 ffnc., 128 pp. Ensemble 2 tomes en 1 vol. rel. veau, fil. sur les plats (belle reliure).

Ces deux rares ouvrages de Mizauld, dédié l'un à Catherine de Médicis, l'autre à Éléonore d'Autriche, veuve de François Ier, sont respectivement la traduction de deux livres précédemment publiés en latin « Phænomena, siue Aeri Ephemerides » et la « Metereologia ». Ce sont les deux ouvrages les plus recherchés du célèbre médecin de Montluçon.

5139. — Antonii Mizaldi..... Planetæ siue Planetarum Collegium..... Parisiis, Apud Carolam Guillard,..... M.D.LIII. In-8 de 24 ffnc. — .....Asterismi : siue Stellatarum octaui cœli imaginum Officina. Eiusdem, periti rerum cœli Philosophi, seu Astronomi Encomium elegans iuxtà ac ingeniosum..... Parisiis, Guillard, M.D.LIII. In-8 de 42 ffnc. — Cosmographiæ, seu mvndi sphaerae, Libri tres, noua methodo & dilucida conscripti. .....Eiusdem Geographica quædam... Lvtetiæ, ap. Fed. Morellum, M.D.LXVII. In-8 de 71(1) pp. — Alexikepus, seu avxiliaris et medicvs hortvs, Rerum variarum, & secretorū Remediorum accessione locupletatus. Lvtetiæ, ap. Fed. Morellum..... M.D.LXXIIII. In-8 de 12 ffnc., 107(1) pp., 5 ffnc. — Artificiosa Methodus comparandorvm Hortensium Fructuum, olerum..... quæ corpus clemēter purgent,..... Lvtetiæ, Ex Off. Fed. Morelli, 1575. In-8 de 8 ffnc., 39 ff. chif., 1 fnc. blanc. — Harmonia svperioris natvræ mvndi et inferioris..... Parisiis, e. o. F. Morelli, 1577. In-8 de 8 ffnc., 3 ff. chif. — Paradoxa rervm coeli..... Parisiis, e. o. F. Morelli, 1577. In-8 de 36 ff. chif. — Memorabilium, vtiliū, ac ivcvndorvm Centvriæ novem..... Lvtetiæ, ap. F,

Morellum..... M.D.LXXXIIII. In-8 de 16 ffnc., 132 ff. chif. Ensemble 1 vol. in-8, rel. veau (xvi° s.), tr. r.

5140. — Harmonia svperioris natvræ mvndi et inferioris; vnà cum admirabili fœdere & sympatheia rerū vtriusq;. Quibus annectuntur Paradoxa doctrinæ cœlesti accommoda..... Parisiis, Ex Officina Federici Morelli Typographi Regij, 1576. In-8 de 36 ff. chif. — Paradoxa rervm cœli, ad Epiponvm Philuranum, & socios..... Parisiis, Ex Officina Federici Morelli..... 1576. In-8 de 36 ff. chif. — Harmonia cœlestivm corporum & humanorum, Dialogis vndecim astronomicè & medicè .... elaborata, & demonstrata..... Lvtetiæ, Apud Iacobum Keruer, via Iacobæa, sub duobus Gallis. M.D.LV. In-8 de 60 ff. chif. 1 vol. in-8, rel. parch.

5141. — Memorabilium, vtiliū, ac ivcvndorvm Centvriæ novem, in Aphorismos Arcanorum omnis generis locupletes, perpulchrè digestæ... Lvtetiæ, Apud Federicum Morellum... M.D.LXVI. In-8 de 16 ffnc., 136 ff. chif., dérel.

5142. — Le Iardin medicinal enrichi de plvsieurs & diuers remedes & secrets. Compose par Anthoine Mizald, de Molusson en Bourbonnois, Docteur en medecine. Mis nouuellement en François. (*Marque typ.*) Par Iean Dvrant M.D.LXXVII. *In fine* : De l'Imprimerie de Ieremie Des Planches, 1578. In-8 de 462 pp., 5 ffnc. (déchirure au titre). — Le Iardinage d'Antoine Mizavld medecin. Contenant la maniere d'embellir les iardins, les preseruer de toute vermine, & en tirer remedes propres aux maladies des hommes. Item, comme il favt enter les Arbres, & les rendre medicinaux..... Par Iean Dvrant. M.D.LXXVIiI. In-8 de 8 ffnc., 399(1) pp. Ensemble 1 vol. in-8, rel. veau, fil., tr. rouge.

5143. — Historia Hortensivm qvatvor opvscvlis methodicis contexta, qvorvm primvm, hortorvm cvram, ornatvm & secreta quamplurima ostendit. Secundum, Insitionum artes proponit. Tertium, Auxiliares & medicas Hortensium vtilitates percurrit. Quartum, Iucunda et benefica medicandorum Hortensium olerum, radicum, fructuum, vuarum, vinorum et carnium artificia explicat. Omnia amœnae volvptatis et inenarrabilis vtilitatis abundè plena..... Coloniae Agrippinae, Apud Ioannem Gymnicum sub Monocerote, Anno M.D.LXXVII. In-8 de 8 ffnc., 296 pp., dérel.

Texte latin du « *Jardinage d'A. Mizauld*..... »

5144. — Artificiosa Methodus comparandorvm Hortensium Fructuum, olerum, radicum, vuarum, vinorum, carnium & iusculorum, quæ corpus clemēter purgent, & variis morbis, absque vlla noxa & nausea, blandè succurrant..... Lvtetiæ, Ex Officina Federici Morelli, Typographi Regij. 1575. In-8 de 8 ffnc., 39 ff. chif., 1 fnc. (blanc), rel. parch. Ex-libris de la bibliothèque de Lazare Meyssonnier, philosophe médecin de Mâcon.....

5145. *Le même ouvrage* : Coloniae Agrippinae, apud Ioannem Gymnicum sub Monocerote, M D LXXVIII. Petit in-8 de 8 ffnc., 76 pp., 1 fnc. (blanc).

5146. Mizauld. De Hortensivm Arborvm insitione opvscvlvm, Antonii Mizaldi Monlvciani stvdio et diligentia concinnatvm. Eivsdem Dendranatome, hoc est partiũ corporis arborei explicatio breuis : vbi de earundem nutritione. (*Marque typ.*) Lvtetiae, Apud Federicum Morellum, in vico Bellouaco, ad vrbanam Morum. M.D.LX. In-8 de 28 ff. chif. — Secretorvm Agri Enchiridion primvm, hortorvm cvram, auxilia, secreta, & medica præsidia inuentu prompta, ac paratu facilia, Libris tribus pulcherrimis complectens :..... Lvtetiae, Apud Federicum Morellum in vico Bellouaco, ad vrbanam Morum, 1560. In-8 de 8 ffnc., 180 ff. chif. Ensemble 1 vol. in-8, rel. veau.

5147. — Alexikepvs, sev Avxiliaris Hortvs, extemporanea Morborum Remedia ex singulorum viridariis facilè comparanda paucis proponens..... ad haec Dioclis Caristij Epistola ad Antigonum, de tuenda valetudine per hortensia..... Lvtetiæ, Apud Federicum Morellum in vico Bellouaco, ad vrbanam Morum, 1565. In-8 de 8 ffnc., 267(1) pp., 6 ffnc., d.-rel. vél.

5148. Mydorge (Claude). Examen dv livre des recreations mathematiqves, & de ses Problemes en Geometrie, Mechanique, Optique, & Catoptrique... derniere edition. (*Marque typ.*). A Paris, Chez Antoine Robinot..... M.DC.XXXIX. 3 parties en 1 vol.

Ouvrage curieux, orné de figures; son auteur « Claude Mydorge, Escuyer, Sieur de la Maillarde, Conseiller du Roy, et Tresorier General de France en Picardie », était un des intimes amis de Descartes et a joui, comme mathématicien, d'une assez grande réputation. La 3ᵉ partie contient des procédés sur la fabrication de fusées et pièces d'artifices.

5149. Nausea (Frédéric). Fride= || rici Navseae || Blancicampiani epi||scopi Viennẽn, de Locu= || stis Lib. vnus. || Viennæ per Io. Singreniũ. (*Titre encadré.*) S. d. [vers 1545]. Petit in-4 (format in-16) de 18 ffnc., le dernier blanc, rel. vél.

Frédéric Nausea von Weissenfeld, évêque de Vienne (Autriche) de 1541 à 1552. La préface adressée aux archiducs d'Autriche Maximilien et Ferdinand est datée de Vienne, 1544. Son ouvrage est un curieux traité sur les sauterelles, la huitième plaie d'Égypte; il en dépeint les habitudes, énumère un certain nombre d'invasions de sauterelles qui, selon le digne évêque, ont pour mission de punir les faux témoignages.

5150. Peucer (Caspar). Elementa doctrinæ de circvlis cœlestibvs et primo motv, recognita et correcta..... Wittebergæ. Excvdebat Iohannes Crato. M.D.LIII. *On a relié avec cet ouvrage* : Novæ Qvestiones Spheræ, hoc est de circvlis coelestibvs, et primo mobili, in gratiam studiosæ iuuentutis scriptæ, a M. Sebastiano Theodorico Vuinshemio, Mathematum Professore. *In fine* : Vitebergæ, Excvdebat Iohoannes Crato. M.D.LXIIII. Petit in-8, rel. vél.

Caspar Peucer (1525-1602), célèbre mathématicien allemand, très mêlé au mouvement de la Réforme où il se montra partisan des idées de Mélanchton, son beau-frère, ce qui lui valut en 1576 un emprisonnement dont il a laissé un intéressant récit. Sébastien Theodoricus était professeur à Wittemberg dans l'Université dont Peucer avait été nommé recteur après la mort de Mélanchton.

5151. **Plebani** (Benedetto). Il Regolo calcolatorio e l'aritmetica logaritmica vicendevolmente illustrati..... Torino, Stamp. dell' Unione tipog. editrice, 1868. In-8, rel. toile, couv. — EYRHKA. La quadratura del circolo e più ancora la rettificazione perenne di tutti gli archi della sua circonferenza..... Torino, Candeletti, 1872. In-8, rel. toile, couv.

5152. **Porta** (J.-B. delta). Io. Baptistae Portae Neapolitani Svae Villae Pomarivm. Expecta propediem candide lector reliquos nostræ Villæ libros. Syluas cæduam, & glandariam, Oliuetum, Vineam, Arbustum, Hortos Coronarium, & Olitorium, Segetem, Pascua, Cultum, & quicquid ad vniuersam agricolationis historiam pertinere vitum est. (*Marque typ.*) Neapoli, Apud Horatium Saluianum, & Cæsarem Cæsaris, M.D.LXXXIII. In-4 de 323(1) pp., rel. parch.

5153. **Rondelet** (Guillaume). La premiere partie de l'Histoire entiere des Poissons Composée premierement en Latin par maistre Guilaume Rondelet Docteur regent en Medecine en l'vniuersite de Mompellier. Maintenant traduites en François sans auoir rien omis estant necessaire à l'intelligence d'icelle. Auec leurs pourtraits au naïf. (*Marque typ.*) A Lion, Par Mace Bonhome a la Masse d'or. M.D.LVIII. Avec privilege dv Roy povr dovze ans. In-4 de 6 ffnc., 181(1) pp., 4 ffnc., nomb. fig.; d.-rel. veau, coins.

Ouvrage rare du médecin Guillaume Rondelet (1507-1566), la première édition latine a paru à Lyon en 1554, in-fol. L'une et l'autre édition (la française est plus recherchée) sont estimées à cause de la bonne exécution des nombreuses figures gravées sur bois.
Au verso du fnc. 6 se trouve un portrait sur bois de Guillaume Rondelet.

5154. **Rosenberg** (I.-C.). Rhodologia seu Philosophico-Medica generosæ Rosæ descriptio. Flosculis Philosophicis, Philolog. Philiatr. Politicis, Chym. etc. adornata,..... Argentinæ, Typis Marci ab Heyden, Anno 1628. (*Titre gravé et encadré.*) In-12, rel. veau.

On a joint à cet exemplaire un bon portrait de Rosenberg.

5155. **Stiernhielm** (Georg.). Archimedes reformatus..... Holmiæ, typis Petri à Selov, *s. d.* (1645?) Petit in-fol., rel. vél., 1 pl.

5156. **Vander Mye** (Fred.). De morbis et symptomatibvs popvlaribvs Bredanis tempore obsidionis, et eorvm immvtationibvs pro anni victvsq. diversitate, deqve medicamentis in svmma rervm inopia adhibitis, Tractatvs dvo. Eiusdem Dissertationes duæ Medico-Physicæ, de Contagio, & Cornv Monocerotis quondam in aquis circa Bredam reperto. (*Marque typ.*) Antverpiæ, Ex Officina Plantiniana, M.DC.XXVII. In-4, rel. toile.

5157. La verge de Jacob ou l'Art de trouver les Tresors, les Sources, les Limites, les Metaux, les Mines, les Mineraux, & autres choses cachées, par l'usage du Bâton fourché. Par I. N. A Lyon, chez Hilaire Baritel, ruë Merciere, à la Confiance, M.DC.XCIII. In-12, 1 pl., rel. veau (fatiguée).

Rare et curieux volume dont l'auteur est demeuré inconnu.

5158. **Volkamer** (Joh. Christophe). Nürnbergische Hesperides, oder gründliche Beschreibung der Edlen Citronat-Citronen- und Pomeranzen-Früchte..... Franckfurth u. Leipzig, Joh. Andrea Endter, 1708. 1 vol. in-fol. de 4 ffnc., 255(1) pp., 4 ffnc. et 17(1) pp., d.-rel. toile, non rogn., avec planches soigneusement exécutées.

Ouvrage très rare. Notre exemplaire contient l'*Obeliscus Constantinopolitanus*.

4. Articles omis.

5159. **Lavinheta** (Bernardus de). ¶ Practica cōpendiosa artis Raymūdi Lul. || ℭ Explanatio... artis illumi||nati doctoris... ad oēs facul-||tates : per reuerendū magistrū Bernardū de lauinhe-||ta..... lucubrata : et ad com-|| munem omnium vtilitatem edita. || ¶ Huius operis nouē sunt libri. ||..... *F⁰ cclxiij*, *v⁰*, *l. 15* : ℭ Ad laudem Jesu Christi.....||..... finiuit Bernardus de Lauinheta hoc opus in conuentu || sancti Francisci aīs sancti Bonauenture Lugduni prima || Martij Anno domini. 1523. Impressum in edibus Ioan-||nis Moylin aīs de Cambray. Anno a virginis partu. 1523. || Die .xxx. mensis Maij. In-8 de 6 ffnc., 264 ff. (inexactement chiffrés 263), d.-rel. veau, figg. grav. sur bois.

Le neuvième livre de celte sorte d'encyclopédie a pour titre particulier : « ..... de questionibus artificialibus : ⁊ ad mentē cuiuslibet artificis. De memoria : ac de Jesu xp̄o : ⁊ probatione fidei christianae cōtra turchos et infideles cōfutāndo eo⅖ erroneas sectas. » On sait qu'une des grandes préoccupations de Raymond Lulle fut la question de la lutte contre l'Islanisme.

5160. **Græsse** (J. G. Théodore). Guide de l'amateur de Porcelaines et de Poteries, ou Collection complètes des marques de fabriques de porcelaines et de poteries de l'Europe et de l'Asie. Dresde, Schoenfeld, 1885. 1 vol. in-12, rel. toile.

5161. **Monumenta Germaniae historica** edidit Societas aperiendis fontibus rerum germanicarum medii aevi. In-4, grand papier. — Auctores antiquissimi. Tom 1 et 2. Salviani, Eugippius, Eutropi. En 1 vol, in-4, d.-rel. mar., non rogn. — Tomes 3 et 4. Victoris Vitensis, Corippi. Ven. Hon. Clement. Fortunati. En 1 vol. in-4, d.-rel. mar., non rogn. — Tome 5. Jordanis, Magni Ausonii. 1 vol. in-4, d.-rel. mar., non rogn. — Tome 6. Aur. Symmachi, Alcimi Ed. Aviti. 1 vol. in-4, d.-rel. mar., non rogn. — Tome 7. Mag. Fol. Ennadi. 1 vol. in-4, d.-rel. mar., non rogn. — Tome 8. Apollinaris Sidonii. 1 vol. in-4, br. — Antiquitates poetarum latinorum medii aevi. Tom. 1, 2 et 3, pars I. 2 vol. in-4, d.-rel. mar., et 1 br. — Epistolae. Tom Ier, pars I Gregorii I Papae. 1 vol., br. — Epistolae saeculi xiii. Tome 1 1 vol. in-4, d.-rel. mar., non rogn. — Tome 2. 1 vol. in-4, br. — Libri confraternitatum sancti Galli augiensis fabariensis. 1 vol. in-4, d.-rel. mar., non rogn. — Necrologia Germaniae. Tome 1, pars 1 et 2, br. — Scriptores rerum merovingicarum. Tome 1er Gregorii Turonensis opera. 1 vol. in-4, d.-rel.

mar., non rogn. — Scriptorum qui Vernacula lingua usi sunt, deutsche Chroniken und andere Geschichtsbücher des Mittelalters. Tom. 2. 1 vol. in-4, d.-rel. mar., non rogn. — Tome 4, pars 1. 1 vol. in-4, br. — Diplomatum regum et imperatorum Germaniae. Tome 1er, 1re et 2^e p^{ie}. 1 vol. in-4, d.-rel. mar., non rogn. 1re part. en pap. ordinaire; tome 2, pars I, br. — Legum formulae merovingici karolini aevi. 1 vol. in-4, d.-rel. mar., non rogn. — Legum Capitularia legum francorum. Tom. 1, pars 1 et 2, br. — Legum nationum germanicarum. Tom. 5, pars I, br.

5162. La Paleologeide ouuero Diana Flaggellata di Virbio Accademico tra Spensierati lo Sfaccendato. Dedicata alla Verità. In Spizberga, Per Ruggiero Nemesiano. M DCC XX. In-12, avec une eau-forte signée M. B. en deux états, rel. vél. italien.

5163. **Reisch** (Gregorius). Margarita philosophica. Strasbourg, J. Schott, 1504. In-8 de 336 ffnc., rel. vél. *Fnc.*, *1 r°*, *titre* : Margarita philosophica. || (*Gravure sur bois.*) || *Fnc. 1 v°*, *incipit* : Suo Gregorio Reisch generosi Comitis de || Zolrn alumno : Adam Vuernherus Tema||rensis. Salutem. P.D. || ..... || Ex Heydelberga .iij. Kł. Ianu||arias. M.CCCC.lxxxxvj. || *Fnc. 2 r°*, *inc.* : Margarita philosophica || totius Phīæ Ratiōalis Naturalis & Moralis prī||cipia dialogice duodecim libris cōplectēs..... *Fnc.. 332 v°*, *l. 32* : Rursus exaratum puigili noua itēqʒ : || secūdaria hac opera Joannis Schotti || Argentineñ. Chalcographi Ciuis : ad || 17 kł. Apriles Anno gratie 1504..... *Au fnc. 335 v°* : marque de J. Schott (Silvestre, 819) ; le fnc. 336 est blanc.

> Cet ouvrage est une curieuse encyclopédie, ornée de nombreuses gravures sur bois tirées avec le texte, plusieurs feuillets ont de la musique notée et l'on prétend que nous avons dans cet ouvrage le premier exemple connu de figures d'anatomie. Panzer (*Annales typ.*) et Hain, *13852*, parlent, ce dernier d'après des renseignements de seconde main et avec doute, d'une première édition in-4 sans lieu ni date d'impression dans laquelle l'ouvrage est daté d'Heidelberg, 1496, et ils supposent que ce peut être la date d'impression. Nous croyons que l'édition in-4 de 1503, chez J. Schott (*Brunet*, IV, 1200-1), est la première ; on peut remarquer que la nôtre semble bien datée au verso du titre de 1496, mais ce n'est que la date de la pièce de vers adressés à Reisch. L'auteur était prieur d'une chartreuse près de Fribourg.

5164. Le Roman de la guerre de Troie : **Dunger** (Hermann). Die Sage vom trojanischen Kriege in den Bearbeitungen des Mittelalters, und ihren antiken Quellen. Leipzig, Vogel, 1869. Plaq. in-8, rel. toile, non rogn. — **Lüthgen** (Edm.). Die Quellen und der historische Werth der fränkischen Trojasage. Bonn, Weber, 1876. In-8, cart., couv. — **Sarradin** (A.). De Josepho Iscano, Belli Trojani, xii° post Christum sæculo poeta. (*Thèse.*) Versaliis, Ex typ. Cerf et filii, 1878. In-8, rel. toile.

5165. **Romberch**. Congestorium Artificiose || Memorie. V. P. F. Joānis Romberch || de Kyrspe. Regularis obseruantie || predicatorie : Omnium de me-||moria preceptiōes aggre||gatim complectens : || opus oībus Theo||logis : predica= || toribus ʒ || confessoribus : Juristis : iudicibus procu= || ratoribus :

aduocatis ⁊ notarijs : || medicis philosophis. Artiuʒ || liberalium professoribus. || Insuper mercatorib⁹ || nuntijs ⁊ tabel= || larijs perne-||cessarium. (*Fleuron.*) *F⁰ 104 r⁰, l. 4* : ☙ Venetijs per Melchiorem Sessam || Anno domini 1533. || Mensis Iulij. || *Marque de M. Sessa.* In-8 de 104 ff. chif., car. goth., 22 curieuses fig. sur bois, rel. vél.

>Ouvrage peu commun du dominicain *Jean Host de Romberch*, natif de Kyrpsen, en Westphalie, et qui vivait au commencement du xvɪᵉ siècle. C'est, à notre avis, par erreur que les auteurs des « Scriptores ordinis predicatorum » ont parlé d'une première édition de 1520 que, du reste, ils n'ont pas vue.

5166. [**Solignac**]. Amusemens des eaux de Schwalsbach, des bains de Wisbaden et de Schlangenbad. Auec deux Relations curieuses ; l'une de la Nouvelle Jerusalem ; et l'autre d'une partie de la Tartarie indépendante. Avec des Figures en Taille-douce. Nouvelle édition. Liége, Everard Kints, 1729. In-12, rel. veau.

5167. **Trithème**. Polygraphie, et || Vniuerselle escriture Caba-||listique de M. I. Trithe-||me Abbé, || Traduicte par Gabriel de Collange, || natif de Tours en Auuergne. || A Paris, || Pour Iaques Keruer demeurant en la || ruë Sainct Iaques, à l'enseigne || de la Licorne. || 1564. || Avec privilege dv Roy. (*Encadrement gravé sur bois au titre.*) In-8, de 18 ffnc., 300 ff. chif., figg., d.-rel. mar. br., coins, tr. r.

>Ouvrage en magnifique état. Au verso du titre, un beau portrait sur bois de Gabriel de Collange « Gabriel Colangelius » à l'âge de 37 ans. On le retrouve aussi au verso du folio 193 et à celui du folio 245, dont le recto porte : « Tables et figures planispheriques, extensiues & dilatatiues des recte & auerse, seruants à l'vniuerselle intelligence de toutes escritures tant methathesiques, transpositiues, mythologiques, numerales, anomales, que orchemales, par Gabriel de Collange..... » A Paris, 1561. (*Même encadrement qu'au titre.*)

5168. Trithème : **Müller** (K. E. Hermann). Quellen, welche der Abt Tritheim im zweiten Theile seiner Hirsauer Annalen benutzt hat. Halle a S., Buchhandl. des Waisenhauses, 1879. In-8, rel. toile, couv. — **Schneegans** (W.). Abt Johannes Trithemius und Kloster Sponheim. Kreuznach, Schmithal, 1882. In-8, rel. toile, couv. — **Silbernagel** (Dʳ). Johannes Trithemius. Eine Monographie. Landshut, Krüll, 1868. In-8, rel. toile.

5169. Von drien Christen. || Dem Römischen Christen. || Dem Böhemschen Christen : || Dem Thürckischen Christen. || (*Au dessous, fig. sur bois : 3 hommes attablés. Cette fig. se retrouve au verso du titre.*) *S. l. n. d. n. typ.*) Plaquette petit in-4, 10 ffnc., avec figg. sur bois, rel. vél.

5170. **Ault-Dumesnil** (D'). Dictionnaire historique, géographique et biographique des croisades. Paris, Migne, 1852. 1 vol. grand in-8, d.-rel. mar., non rogn.

5171. **Lacroix**. Dictionnaire des missions catholiques avec introduction par le Dʳ de Djunkovskoy. Paris, Migne, 1863. 2 vol. grand in-8, d.-rel. chag., non rogn.

5172. **Migne** (L'abbé). Dictionnaire des manuscrits ou recueil de catalogues manuscrits existants dans les principales bibliothèques d'Europe concernant les matières ecclésiastiques et historiques. Paris, Migne, 1853. 2 vol. grand in-8, rel. toile, non rogn.

5173. **Pascal** (L'abbé). Origine et raison de la liturgie catholique en forme de dictionnnaire suivie de la liturgie arménienne de G. Avedichien. Paris, Migne, 1863. 1 vol. grand in-8, rel. toile, non rogn.

5174. **Peltier** (L'abbé). Dictionnaire universel et complet des conciles tant généraux que particuliers. Paris, Migne, 1846. 2 vol. grand in-8, d.-rel. toile, non rogn.

5175. **Pérennès et G. Brunet.** Dictionnaire de bibliographie catholique et Dictionnaire de Bibliologie catholique. Paris, Migne, 1858-1860. 6 vol. grand in-8, rel. toile, non rogn.

5176. **Pétin** (L'abbé). Dictionnaire hagiographique ou vies des saints et des bienheureux honorés en tout temps et en tous lieux. Paris, Migne, 1865. 2 vol. grand in-8, rel. toile, non rogn.

5177. **Nagler** (G. K.). Die Monogrammisten. Münchén, Franz, 1858-1871. 4 vol. in-4, d.-rel. veau, ébarbé.

5178. Archivalischen Zeitschrift. Herausgegeben von D*r* *Franz von Löher*. [Tomes I à XII]. Stuttgart, Spemann, 1876. 12 vol. in-12, br.

5179. **Vitez de Zredna** (Jean). Joannis Vitéz de Zredna episcopi Varadiensis in Hungaria Orationes in causa expeditionis contra Turcas habitæ item Aeneae Sylvii Epistolae ad eundem exaratae. 1453-1457..... edidit D*r* *Guilelmus Fraknói*. Budapestini, 1878. Petit in-fol., rel. toile.

5180. Chronicon de Lanerscot. MCCI-MCCCXLVI. E codice Cottoniano nunc primum typis mandatum. Impressum Edinburgi, 1839. In-4, cart.
Publié pour le *Maitland Club* par *Joseph Stevenson*.

5181. **Gervasius de Tilbury.** Otia imperialia. In einer auswahl neu herausgegeben... von *Felix Liebrecht*. Hannover, C. Rümpler, 1856. In-8, rel. toile.

5182. **Perrot et Chipiez.** Histoire de l'art dans l'antiquité. Égypte, Assyrie et Chaldée. Phénicie, Chypre, Judée, Sardaigne, Syrie, Cappadoce. Paris, Hachette, 1882-1887. 4 vol. grand in-8, nomb. planches et grav., d.-rel. bas. (édit.).

5183. **Pitra** (Dom). Études sur la collection des Actes des Saints par les RR. PP. Jésuites Bollandistes. Paris, Lecoffre, 1850. In-8, rel. toile, couv.

5184. **Schade** (Oskar). Ecken auszfart nach dem alten Straszburger Drucke von MDLIX... Hannover, Rümpler, 1854. In-8, cart.
Tiré à 150 exemplaires.

5185. Saxius (Christophorus). Monogrammata Historiae Batavae. Traiecti ad Rhenum, Barth. Wild, 1774. In-8, rel. veau.

5186. Grimm (Jacob). Kleinere Schriften. Berlin, Dümmler, 1864-1869. 4 tomes en 2 vol. in-8, rel. toile.

5187. Böhmer (J. F.). Regesta..... Die Urkunden der Römischen Könige und Kaiser von Conrad I. bis Heinrich VII. 911-1313. Frankfurt am Main, Varrentrapp, 1831. In-4, rel. toile.

5188. Iani Da‖miani Senensis ad Leonem X. Pont. Max. de ‖ expeditione in Turcas Elegeia, cū argutissimis do-‖ctissimorum uirorum epigrammatibus. ‖ Epistola Pisonis ad Io. Coritium, de conflictu Polo‖norum & Lituanorum cum Moscouitis. ‖ Henricus Penia ad Reuerend. Card. de Saulis, de ges-‖tis Sophi contra Turcas. ‖ Epistola Sigismundi Poloniæ Regis ad Leonem X. ‖ Pont. Max. de uictoria contra Schismaticos Mo‖scouios, apud Aras Alexandri Magni parta. ‖ Erasmi Roterodami Epistola ad Le‖onem X. Pont. Max. de laudibus illius, & noua ‖ Hieronymianorum operum æditione. ‖ Eiusdem ad Reuerendiss. D. Grimannum S. M. ‖ Cardinalem epistola. ‖ Eiusdem ad Reuerendiss. Dn. Raphaelem Rea-‖rium tit. S. Gæorgii Cardinalem Epistola.‖ Eiusdem ad eximium sacræ Theologiæ Doctorem ‖ Martinum Dorpium Hollandum Epistola Apo-‖logetica de suarum lucubrationum æditione. ‖ Eiusdē in laudē urbis Selestadij Panegyricū Carmē. ‖ .....*Fnc. 56 r°, l. 20* : Basileae Ioannes Frobenivs typis svis excvdebat. Mense Avgvsto. M.D.XV. (*Marque typ.*) Petit in-4 de 56 ffnc., rel. vél.

5189. Manente. Historie di Ciprian Manente da Orvieto. Nelle qvali partitamente si raccontano i fatti svccessi dal DCCCC LXX. quando comincio l'imperio in Germania, insino al MCCCC. Nvovamente date in lvce. Con Privilegio. (*Marque typ.*) In Vinegia Appresso Gabriel Giolito de' Ferrari MDLXI. In-8 de 8 ffnc., 312 pp., rel. vél. ital.

5190. Historia de vita et rebvs gestis Viperti, Marchionis Lvsatiæ, Bvrggrafii Magdeburgensis, Comitis Groicensis; auctore Monacho Pegauiensi. Et altera de Bellis Friderici Magni, seu Admorsi, Landgrafij Turingiæ, Palatini Saxoniæ, Marchionis Mysniæ & Osterlandiæ : auctore Johanne Garzone Bononiensi. (*Marque typ.*) Francofvrti Apud Andream Wechelum M.D.LXXX. Petit in-fol. de 3 ffnc., 46 pp. — Oratio de historia, eivsqve dignitate, partibvs..... Scripta & recitata..... a Reinero Reineccio Steinhemio. (*Marque typ.*) Francofvrti Apvd And. Wechelvm M.D.LXXX. 2 ffnc., 31(1) pp. — Historia de vita et rebvs gestis Adolfi II. Comitis Nordalbingiæ Holsatorvm et Stormariorvm : ex illustri & perantiqua Comitum Schaumburgiorum gente :... Excerpta de Annalibus Helmoldi, Presbyteri Butzouiensis... In fine adiecimus è Crancij Saxonia Synopsia, qua gentis Schaumburgiæ primordia... explanatur. (*Marque typ.*) Francofvrti Apud Andream Wechelum. M.D.LXXX. 2 ffnc., 18 pp., 1 fnc. — Vandaliæ & Saxoniæ Alberti Cranzii Continvatio Ab

anno Christi 1500, vbi ille desijt : per stvdiosvm qvendam historiarvm insti-
tvta. Accessit Metropolis sev episcoporvm in Viginti Diœcesibus Saxoniæ,
Catalogus, vsq; ad præsentem annum 1585. deducta, Cum Præfatione Davidis
Chytræi & Indice. (*Marque typ.*) Wittebergæ Typis hæredum Iohannis
Cratonis Anno M.D.LXXXV. 2 ffnc., 338 pp.; 5 ffnc., 48 pp. Ensemble
1 vol. petit in-fol., rel. parch., fers à froid sur les plats (anc. reliure).

5191. **Lannoy** (De). Œuvres de Ghillebert de Lannoy, voyageur, diplomate et moraliste recueillies et publiées par *Ch. Potvin* avec une carte par
J. C. Houzeau. Louvain, Lefever, 1878. In-8, rel. toile.

5192. Analecta Bollandiana. Tomes I à VII. Paris & Bruxelles, 1882-1888.
4 vol. in-8, rel. toile et 12 fasc. br.

TABLE ALPHABÉTIQUE

Les chiffres renvoient aux numéros du Catalogue.

A

Abbadie (Antoine d'). 4996.
Abbeloos (J.-B.), 2175.
Abbioso (Camillo), 4315.
Abbon, 2020.
Abel (H.-F. Otto), 2574.
Abela (Gio. Franc.), 3798-99.
Ab Ithel (J. W.), 2003.
Ablaing von Giessenburg (Baron d'), 3933.
Aboulfaradge, 2174-76.
Aboulfathi, 2177.
Aboulfeda (Emaddin Ismaël), 2178, 2204.
Abou 'l Mahaçen ibn Togri Bardi, 2179.
Abou-Mohammed Assaleh, 2180-81.
Abraham (prêtre arménien), 1894.
Abraham Ecchellensis, 1935, 2201.
Abrahams (N. C. L.), 4119, 4974.
Abriani (Paolo), 4317.
Acciaioli (Donato), 2670.
Acciardi (Michele), 3801.
Accolti (Benedetto), 3004-3008, 3022-23.
Achery (Dom Luc d'), 1851.
Achille (Aless. d'), 4257.
Acominatos *voir* Akominatos.
Acosta de Andrada (Séb.), 3411.
Adam de la Halle, 4096.
Adam de Saint-Victor, 4098.
Adami (A.-F.), 2147.
Addison (C. G.), 3767.
Adelphus (J.), 3109-3111.
Adelung (J. Chr.), 4444.
Adelung (Fr.), 2957.
Adler (J. G. Chr.), 2178, 2892, 4974.
Adrario (Ant.), 3450 (9).
Adrian (J. Val.), 4919.
Adriani (G. B.), 2650.
Adrichem (Christian), 2298.

Æmylius (Paulus); *voir* Émile (Paul).
Affo (Ireneo), 4773.
Agathangelos, 3244.
Agostini (Gio. degli), 4785.
Agricola (Georges), 2805, 3456.
Aguilera (Gomez de), *voir* Gomez.
Akominatos (Michel), *voir* Michel.
Akominatos (Nicetas), *voir* Nicetas.
Alantsee (Ambroise), 3401.
Albéric de Trois Fontaines, 1985-1986.
Albert d'Aix, 2021.
Albert de Stade, 2022.
Alberti (Ed.), 4707.
Alberti (comte M.), 4311.
Alcala y Burgos (J. de), 3288.
Alès (Anat.), 4698.
Alessandro (Gio Petro d'), 2299, 4313.
Alethophilus Franco, *voir* Eckhard Fidelis.
Alexandre (C. A.), 2347,
Alexandre VI, 3412.
Alexandre du Pont, 4212.
Alidosi (G. N. P.), 4760.
Aliprandi (H. N.), 3450 (11).
Alishan (L. M.), 3245-46.
Alizeri (F.), 2696.
Allatius (Léon), 3298.
Allemand (Comte), 3947.
Allodi (L.), 1852.
Almeruth (J. M.), 3290.
Almosnino (Moyse ben Baruch), 2352.
Altamura (Amb. de), 4690.
Altmeyer (J. J.), 3977.
Altomira (Fr.), 3643.
Al Umari, 2182.
Amadoddin, 2204.
Amador de los Rios, 2300, 5105.

Amaltheo (G. B.), 3450 (12).
Amari (Michele), 2182, 2982-84, 3743.
Amat di San Filippo, 4832.
Ambrosoli (Solone), 4416.
Ameilhon, 2367.
Amelot de la Houssaye (A. N.), 2738.
Amelot de la Houssaie, 4205.
Amiani (P. M.), 2688.
Amiaud (Albert), 4816.
Ammirato (Scipione), 3301, 3302, 3448 (47), 3617.
Ampère (J. J.), 4543.
Anastasio, 3569.
Ancelot, 3201.
Anchersen (J. P.), 3085.
Anciens poètes de la France (Les), 4099.
Ancona (Aless. d'), 2206, 4148.
Anderson (J. G. L.), 3904.
Andlaw (Fr. baron d'), 2366,
Andrade (Fr. de), 3265.
André (Valère), 4716.
André le More (Jean), 3489, 3524-25.
Andree (Jacob), 3303.
Andres (Gio.), 4997.
Andresen (A), 4569.
Angel Fayolle, 4148.
Angelico di Milano (fra), 3526.
Angelius (Petrus), 4232-34.
Angelo (P.), 3559.
Angelucci (Angelo), 2762.
Angleberme (J. Pyrrhus d'), 3010.
Angreville (J. E. d'), 2803.
Anisius (Fra Michael), 3304.
Anivitti (V.), 4325.
Ankershofen (G. von), 3102.
Ansaldo (Fr.), 2033.
Ansbert, 2023.
Anselme (le P.), 2397.
Ansse de Villoison (J. B. G. d'), 4051.
Anstruther (Rob.), 2086.
Anticano (Sertonaco), 3662-63.
Anton (K. Gottl.), 3782.
Antoniewicz (N.), 2809.
Antonio (N.), 4720.
Antonio de Espinosa, *voir* Espinosa.
Apien (Pierre), 3549.
Apollinaire Sidoine, *voir* Sidoine.
Aprea (Ant. di), 2669.
Arabantinos (P), 4059.
Aragona (Tullia d'), 4122-24.
Arakel de Tauriz, 3250.
Arbellot (abbé), 3106.
Arbinotus (F. St.), 3944.
Arbois de Jubainville (H. d'), 2483, 3180, 3933, 4396.
Arce (Pedro de), 3689.

Archevesque (Hue), 4100.
Arconati Visconti (Giamart.), 4831.
Arcos (Christoval de), 3865.
Arcucci (Jo. Bapt.), 3871.
Arenst (N.), 3263.
Aretin (J. Chr. baron d'), 2207.
Aretinus (Bened.), 3492.
Argelati (Phil.), 4767.
Ariosti (Horatio), 4259-60, 4267-68.
Arisdaguès de Lasdiverd, 3247.
Arminio d'Avellino (Fulgentio), 3449 (21).
Arnd (Carl.), 4811.
Arndt (W.), 2151.
Arneth (A. d'), 2462.
Arneth (J. von), 2394.
Arnigio (Bart.), 3450 (13-14).
Arnold (Th.), 2003.
Arnold de Lübeck, 2084.
Arrighi (Ant.), 3613, 3692.
Arrigo de Settimello, 3305-3306.
Arrigoni (Louis), 4534.
Arroyo (M. Ant.), 3614.
Artaud de Montor, 2103, 3947.
Artelli (A.), 2761.
Aschbach (Jos.), 2985, 4170.
Asher (A.), 4829, 4837.
Asher (G. M.), 4717.
Asola (Francesco d'), 4070.
Assarino (Luca), 4340.
Asselineau (Ch.), 1890.
Assemani (Jean Simon), 2201.
Assier (A.), 4590.
Assonica (Carlo), 4276.
Astengo (A), 2725.
Attendolo (Gio Bat.), 4343.
Aubert (Edouard), 2781.
Aubert (Guillaume), 3011.
Aubery (Antoine), 2456.
Audiffredi (J. B.), 4591-92.
Aufrecht (Th.), 4912.
Auger (abbé), 5066.
Augustinis (Aug. de), 3454 (25).
Ault-Dumesnil (D'), 5170.
Aumeric, 4120.
Auracher (Théod.), 4143.
Aurifaber (And.), 4045.
Aus'M Weerth (Ernst), 5093.
Auteurs Grecs (Bibliothèque des), 4054.
Avanci da Ferino (G.), 2839.
Avedichien (G.), 5173.
Aventinus, 2026-27, 2046, 2136, 3461-62, 3471-72.
Avesbury (Robert de), 1946.
Aviso (U. de), 5106.
Avril (A. d'), 4127.
Axt (Jean Conrad), 5107.

Ayloffe (Sir J.), 1855.
Aytoun, 3113.

Azeglio (Massimo d'), 2651, 3745.
Azquierdo de Wasteren (Antonio), 4294.

B

Babelon (Ernest), 2414, 2957.
Babenstuber (L.), 2209.
Babington (Ch.), 2003.
Bacchi della Lega (Alberto), 4792.
Bacci (Andrea), 5108.
Baccio Bandinelli, 3944.
Bachelin (A.), 5065.
Bachem (K. J.), 3934.
Bachet de Méziriac, 5109.
Bachmann, 4052.
Backer (A. de), 4694.
Bacon (François), 5110.
Bacon (Roger), 2003.
Bacon (M. de), 3859.
Badiche (M. L.), 3107.
Baduel (Claude), 4463.
Bächtold (Jakob), 2134.
Baecker (L. de), 4415.
Bähr (J. K.), 2954.
Baehrens (Emil), 4476.
Baer (Aug.), 2761.
Bäumlein (W.), 4417.
Bagatta (F.), 3933.
Bailly (An.), 4747.
Baiul (Fr.), 3436(11).
Baker (Geoffroy), 2028.
Balbi (Hier.), 3527.
Balbi (Francisco), 3871.
Balbi (L. Ant.), 4339.
Baldelli (Francesco), 2121, 3006.
Baldessano (G.), 2781-82.
Balestrieri (Domen.), 4280.
Baluze (Étienne), 1851, 1856-1857, 4746.
Balzani (Ugo), 2148, 2689.
Banchero (Gius.), 2935.
Bandini (A. M.), 4432, 4593.
Bang (Thomas), 5111.
Bangert (H.), 2084.
Barack (K. A.), 2145, 4998.
Barbante (A.), 3450(16).
Barbaro (Fr.), 2732.
Barbaro (Nicolo), 1894, 3281.
Barbato (Bart.), 4265.
Barbazan (E.), 4101, 4227.
Barbe (Abbé), 3095.
Barberio (G. B.), 3276.
Barbey d'Aurevilly, 4514.
Barbier (A. A.), 4580-81.
Barbier (O.), 4581.
Barbier (J.), 1931.

Barbier de Felcourt, 2934.
Barbier de Montault, 2884, 5083.
Bardy (Gustave), 3855.
Baret (Eugène), 2132.
Bargès (Abbé J. L.), 4040.
Barghon Fort-Rion (F. de), 2463.
Barhebræus (Greg.), *voir* Aboulfaradge.
Barichella (V.), 5088.
Barletius (Marinus), 3265, 3268, 3471-72.
Barnaud de Crest, *voir* Froumenteau.
Barozzi (N.), 3165.
Barradas, S. J. (S.), 2301.
Barranger (A.), 2951.
Barrau (J. J.), 2439.
Barrella (Matteo), 2133.
Barrois (J.), 4999.
Barsov (N.), 2840.
Bart (Victor), 2414.
Barth (Gaspard), 1858, 2073.
Barth (J. Math.), 4439.
Barthélemy (A. de), 2433, 2882, 2952, 3815.
Barthélemy (E. de), 2934, 3198, 3783.
Bartholi (Christ.) *ou* Bartoli, 4344.
Bartholini (Richard) *ou* Bartolini, 2075, 3453(1).
Bartsch (Karl), 4086, 4095, 4102, 4125, 4384, 4476.
Bassano (Luigi), 3528.
Basso (Luigi), 4338.
Batiffol (P.), 4499.
Batjin (N.), 2933.
Baudoin (J.), 2420, 2906, 3805, 3835.
Baudoin d'Avesnes, 2029.
Baudot, 3779.
Baudry des Lozières, 3947.
Bauer (Alf.), 4391.
Baumann, 1905.
Bayan (George), 3246.
Baye (Baron J. de), 2955.
Bazancourt (De), 2652.
Beaucourt (Mis de), 3279, 4527, 5049.
Beaujeu (Cher de), 3648.
Beaulaigue, 3802.
Beaumann (F. F. L.), 2151.
Beaumanoir (Philippe de), 3210.
Beaune (Henri), 2934.
Beaupré, 2914.
Beauquier (J.), 4127.
Beauvais (F.), 3078.
Beauvais (Vincent de), 2081, 2259, 3065.

Beccari (Bern.), 3448(49).
Bech (Fedor), 4179.
Bechstein (Reinh.), 4179.
Becichemo (Marino), 3307.
Beck (Jérome), 3457, 3488.
Beck (Mat. Fr.), 3529.
Becker (Gust.), 4855.
Becker (Paul), 2954.
Beckmann (J. Chr.), 3803.
Beckmann, 4824.
Bedford (W. K. R.), 3847.
Bedrosian (Sahag), 2205.
Bekker, 2173.
Bekker (Ém.), 4053.
Bel (C. A.), 2807.
Belèze (G.), 4427.
Belgrano (L. T.), 2636, 2693, 3196, 4041, 4531, 5037.
Belin, 3742.
Bellarmin (Le C^{al}), 4480.
Belleforest (F. de), 2044, 3615.
Belleval (René de), 2542.
Bellot (Philippe), 3787.
Belon (Pierre), 5112-5114.
Beltrani (G. B.), 2653.
Beltrano (C.), 2650.
Bembo (P.), 2733.
Benamati (Guidubaldo), 4345.
Bendsen (Bende), 4406.
Benecke (G. F.), 4407.
Benedetti (Rocco), 3448(30), 3453(4), 3585, 3642.
Benedict (T. W. G.), 3978.
Benevides (Francisco da Fonseca), 2630.
Benincasa (B.), 3130.
Benlœw (L.), 4385.
Benoist (F.), 4065.
Benoiston-Châteauneuf, 2993, 2995.
Benseler (G. E.), 4380.
Bentivoglio (C^{al}), 2621.
Berchet (G.), 3567, 3979.
Bergame (Jacques Philippe de), 2092, 2281.
Berger (Élie), 2151, 2433.
Berger (Philippe), 2339.
Berger de Xivrey, 2368, 2993, 3193.
Berjeau (J. Ph.), 4595.
Berlan (F.), 4629.
Berlepsch (H. A.), 2764.
Bernard (Aug.), 1867, 2527.
Bernard (S^t), 3108.
Bernard de Montmélian (J.), 2784.
Bernard-Derosne (Ch.), 4257.
Bernard le Trésorier, 2018.
Bernardi (Bat. di), 3450(6).
Berners (Sir John Bourchier, lord), 4131.
Berneville (Guill. de), 4117.

Bernino (Dom.), 3693.
Bernis (C^{al} de), 2457.
Beronius (Magnus Olavus), 3085.
Bertacchi (Ang.), 4532.
Bertarelli (Paolo), 2273.
Bertheau (F.), 2151.
Berthout van Berchem, 2785.
Bertocci (Gius.), 4749.
Bertolotti (David), 2995, 4255.
Bertrand (Al.), 2936.
Besold (Christ.), 2353, 3012.
Bessarion (Le cardinal), 3302, 3308-3310, 3458-59.
Bessas de la Mégie (Cte O. de), 2933.
Bétencourt (Dom), 2907.
Bethmann, 4467.
Beumelburg (V.), 2395.
Beverley (Alfred de), 1945.
Beving (A.), 3160.
Beyer (G.), 3104.
Beyerlinck (L.), 2210.
Bezold (Georg), 3311.
Bialloblotzky (C. H. F.), 2192.
Bianchi (Nic.), 4945-46.
Bianchi da Luccioli (Pietro), 3448(32).
Bianconi (J. B.), 2167.
Biberach (B. de), *voir* Burchard.
Biberach (Nicolas de), 1969.
Bibliander (Th. Buchmann, *dit*), 3312, 3551.
Bicling (Al.), 3568.
Biemmi (Gianm.), 2683.
Biezanowski (S. J.), 3680.
Biffignandi Buccella (P. G.), 2730.
Bikélas (Christ.), 2354.
Bilbassov (V.), 3182.
Billard (R. et P.), 4581.
Billerbeg (Fr. von), 3446(20), 3538.
Bimbenet, 4551.
Bini (Telesforo), 3782.
Bion, 4056.
Birago (Francesco), 4316.
Bischoff (Hans), 4094.
Bizozeri (Simpliciano), 3694-95.
Bizzari (Pierre) *ou* Bizaro, 2694, 3458, 3615-3616.
Black (W. H.), 4911.
Blades (W.), 4561, 4596.
Blampignon (E. A.), 4515.
Blancard (Louis), 2853.
Blancardus (Nic.), 2166.
Blanchard (Louis), 2421.
Blancmesnil (Cte de Delley de), 3013.
Blancucio (B.), 4433.
Blasiis (Gius. de), 2654.
Blessi (Manoli), 3450 (4, 19-22), 3451 (34-35).
Blesson (L.), 3749.

Bloche (A.), 5105.
Blocqueville (Mlle de), 2475, 4149, 4257.
Blommaert (Ph.), 2109.
Blondel (Aug.), 4544.
Blondel de Neele, 4104.
Bluhme (Fr.), 2648.
Blume (Fried.), 4458-59.
Bobadilla (Fr.), 3313.
Boccard, 2786.
Bocchius (Fr.), 3453 (8).
Bocignolus (Mich.), 3463.
Bock (F. de), 2465.
Bodel (Jean), 4120.
Bodemann (Ed.), 4920.
Böcking (Ed.), 1902.
Boecler (J. H.), 3464.
Böhm (Martin), 3934.
Böhmer (J. F.), 1860-63, 5187.
Boehmer (Ed.), 4468.
Boehmius (J. G.), 2576.
Boero (Michele L.), 4641.
Boettiger (C. G.), 2576.
Bohlen (P. von), 2905.
Boileau, 4150-52.
Boilisle (A. de), 2435, 3263.
Boissat ou Boyssat-Lucieu (Pierre de), 3804-3805, 3835.
Boissière, 4386.
Bollioud-Mermet, 4558.
Bolognetti (Franc.), 4346.
Bon (Ottaviano), 3567.
Bona (George), 3380.
Bonaini (Franc.), 2714.
Bonamor, 4347.
Bonardo (Gio. M.), voir Monardo.
Bonarelli (Prospero), 4348.
Bonaventura da Sorrento (Fra), 4323.
Bonazzi (Francesco), 3844.
Bond (E. A.), 2003.
Bongars (J.), 1974-1775, 2458.
Bonghi (Diego), 3646.
Bongi (Salv.), 4043.
Bonichi (Bindo), 4201.
Bonifaccio (Giov.), 2728.
Bonn (H.), 2577.
Bonnardot (A.), 4564.
Bonneau Avenant, 2459.
Bonnechose (E. de), 2607.
Bonnell (H. E.), 2414, 2810.
Bonneserre de Saint-Denis, 2925.
Bonnier (Le Cen), 3859.
Bonstetten (Alb. de), 2767.
Bonturini, 3078.
Bonucci (Anicio), 4231.
Bonucci (Carlo), 3033.
Boor (Car. de), 2170.

Boos (H.), 4994.
Bopp (François), 4372.
Borchgrave (E. de), 2555.
Bordier (Henri), 2440, 4872-73.
Boré (Eugène), 3750.
Borel d'Hauterive, 2908, 3014.
Borghesi (Bart.), 2718.
Borgogno (Tom.), 4325.
Borgnet (A.), 4216.
Bormann (Eug.), 2339.
Born (Bertrand de), 4093.
Borrelli (Carlo), 2909.
Borri (G. Fr.), 5115.
Bos (A.), 4117.
Bosc (Ernest), 5078.
Bosio (Jacques), 3806-3808.
Bosius (J. And.), 2968.
Boskhier (Ph.) ou Bosquier, 3314.
Bossuet, 4155.
Botfield (Beriah), 4901.
Bottari (J. G.), 4258.
Boucher de Guilleville, 2459.
Boucher de La Richarderie, 4821.
Boucher de Molandon, 2955.
Boucherie (A.), 4527.
Bouchon Dubournial (H.), 4240.
Bouchor (Maurice), 4153.
Boucoiran (L.), 5079.
Bouhours, S. J., 3809.
Bouquet (Dom), 2000.
Bourbon (Jacques de), 3861.
Bourdaloue, 4155.
Bourdonné, 4427.
Bourg (A. du), 3810.
Bourgade (P.), 3752.
Bourgain (Abbé L.), 4525.
Bourgeat (Abbé J. B.), 2260.
Bourlier (Louis), 4303.
Bourquelot, 2394, 3783, 4731.
Bourquenoud, S. J. (A.), 2339.
Bourrousse de Laffore (De), 2484.
Boutaric (E.), 2260, 2398, 2415, 2435, 3768.
Bouterwek (C. W.), 2031.
Bouvet (Franc.), 3742.
Bover (Joach. Ma), 4721.
Bower (Walter), 2056.
Boyard (N. J. B.), 3750.
Bozon (A.), 4526.
Bozzo (S. V.), 2655.
Bracciolini (Fr.), 4235-36.
Bracelli (Jacques), 2695.
Brachet (Aug.), 4387.
Braghirolli (W.), 5020.
Brakelond (Jocelin de), 2030.
Brambach (Wilh.), 4698.
Branca, 4832.

Bibliothèque Riant. — II².

Branca (Gaet.), 4644.
Branco (Manoel Bernardes), 4528.
Brandel (Henri), 2272.
Brandowski (A.), 2851.
Brandt ou Brant (Sébastien), 3315.
Brantôme, 2441.
Brasavola (Ant. Musa), 5116.
Braschi (J. B.), 2686.
Brassard (F.), 2511.
Brassius (J.), 4375.
Braunar (Alois), 3263.
Bravetti (Jac.), 4792.
Brazza (Girolamo Michieli dalla), 3662-63.
Bréal (Michel), 4372.
Brederlow (Gosw. von), 3980.
Brehme (A. G.), 2958.
Breithaupt (J. Fr.), 3811.
Brentz (Jean), 3316, 3434 (15), 3435 (6).
Brès (Honoré de), 3812-13.
Bresciani (A.), 4205.
Bresslau (Harry), 2852.
Bretel (Jean), 4120.
Bretenau (H. zu), 3102.
Brewer (J. S.), 2003.
Brianville, *voir* Fine.
Bricard (De), 3657.
Bridel, 2765.
Brièle (Léon), 4872.
Brimont (A. de), 2651.
Brinckmeier (Ed.), 2578, 5054.
Bring (Ebbe Samuel), 3085.
Briquet (A.), 4527.
Briz (Fr. Pelay), 4255.
Bröchner (Hans), 2326.
Bromley (Sir George), 1885.
Brosset, 3250, 4799
Brouwer (Christ.), 2579.
Brown (Rawdon), 2734.
Bruce (William), 3468, 3473, 3488.
Brue (Girolamo), 3718.
Bruel (A.), 1867, 2433.
Bruennek (H. M. E. de), 3932.
Brulliot (Fr.), 4565.
Brun, 2838.
Brun (Antoine), 3735-36.
Brunet (Victor Arm.), 3783.
Brunet (Gustave), 4527, 4582, 4588, 4598, 4606, 4645-46, 5175.

Brunet (J. Ch.), 4646.
Brunet de Presle, 2340, 2394.
Brunfels (O.), 3395.
Bruns (P. J.), 2176.
Bruschius (G.), 3454 (9).
Brusoni (Girolamo), 3523, 3662-63, 3665.
Bruun (Dr), 2393.
Bruyne (Ph. de), 2629.
Bruzen de La Martinière, *voir* La Martinière.
Bucci (Lorenzo), 4325.
Buccio (Pietro), 3448 (33).
Buchmann, *voir* Bibliander.
Buchon (J. A. C.), 1941, 2040, 2112, 2361, 3131-34, 3138.
Buckle (H. Th.), 2598.
Buder (Chr. G.), 1962, 4668.
Büdinger (Max), 2580, 2807.
Budinzsky (Alex.), 4552.
Buffier, S. J. (Cl.), 2656.
Bugenhagen (J.), 3368.
Buhlmann (C.), 4222.
Bulgarini (Octavien), 3465.
Bulgaris (N. T.), 3162.
Bulifon (Ant.), 3684, 3687.
Bumald (Jo. Ant.), 4815.
Bunau (H. von), 3114.
Bünemann, 5020.
Büntigus (G.), 3376.
Burchard de Biberach, 2032.
Burel (Jean), 2523.
Burgermeister, 2910-11.
Burguy (G. F.), 4388.
Burigny (Jean Lévesque de), 2355.
Burkhardt (C. A. H.), 4936.
Burnouf (Ém.), 3286.
Bury (De), 3200.
Bury (R. de), *voir* Richard de Bury.
Busbecques (A. de), 3323, 3469-70.
Busenello (Fr.), 2760.
Bussieres, S. J. (J. de), 3266.
Busson (Arnold), 2597.
Bustron (Florio), 3222.
Buttura (A.), 4275.
Buxtorf (Jean), 2302, 2322.
Buzelin ou Bucelin (Jean), 2485.
Byzantine (La), 1934-1940.
Byzantios (Scarlatos), 2383.

C

Caballero (R. D.), 4599.
Cabaret d'Orville (ou d'Orronville), *voir* Orronville.
Cabart de Villermont, 2088.

Cabestanh (Guillem de), 4095.
Caccianotti (Sereno), 2729.
Cadamosto, *voir* Mosto (A. da).
Cæsare (Fr. Mª), 3719.

Caffaro, 2033-2034.
Cagliari (P.), 4338.
Cabour, S. J. (A.), 3159.
Caillot (Ant.), 3200.
Cais di Pierlas (Cte E.), 2637.
Calderon (A° Gomez), 3992.
Caliari (P.), 3130.
Calisse (Carlo), 2648, 2718.
Calligaris (J.), 2008.
Callimachus (S.), 2742.
Callimaco (Philippe), 3317.
Calvete de Estrella (Juan Christobal), 3593, 3606-607.
Cambini (Andrea), 3466-67, 3489.
Cambis Velleron (Mis de), 5002.
Camera (Matteo), 2673-74, 2885.
Camerarius (L. J. F.), 2236.
Camerarius (Joachim), 3309, 3468, 3488, 4469.
Camerarius junior (Joach.), 5117.
Camilli (Camillo), 4267, 4326.
Campana (Cesare), 2255, 3570.
Campbell (M. F. A. G.), 4600.
Campbell (W.), 2003.
Campeggi (Ridolfo), 4237.
Campell (Ulric), 1905.
Campelli (Bern.), 4238.
Campomanes (Pedro Rodriguez), 3782.
Campori (Gius.), 4323.
Camusat ou Camuzat (Nicolas), 1891, 2137, 2211.
Canaes de Figueiredo Castello-Branco (Jose Barbosa), 3015.
Canal (Daniele), 4042.
Canale (M. Gius.), 4041, 4257, 4867.
Cancellieri (Franç.), 4790.
Candidus (Pantaleo), 2635.
Canneman (D. W.), 4044.
Canonici Fachini (Marquesa Ginevra), 4323.
Cansino (Jacques), 2352.
Cantacuzène (Jean), 3530.
Cantagalli (D.), 2862.
Cantoral (Hier. Val. de), 3318.
Cantrel (Émile), 2470.
Cantu (Cesare), 2638.
Capasso (Bart.), 2671.
Capduoill (Pons de), 4095.
Capece Carlo Sigism.), 3696.
Capellono (Lorenzo), 3448 (9).
Capgrave (John), 2003.
Capialbo (Vit.), 4601.
Capistrelli (Filippo), 3731.
Capperonier, 2100.
Cappi (Cte Al.), 4641.
Capponi (Mis Gaet.), 4323.
Capranica (Domin.), 3319.
Caputi (Andrea), 3720.

Caputi (Vinc. M.), 3697.
Caraccio (Ant.), 4331-32.
Caracciolo (Ferrant), 3617.
Carafa (Vincent cardinal), 3435 (7).
Carasi, 3814.
Caravita (Andrea), 4948.
Carben (Victor de), 3558.
Cardevacque (A. de), 2527.
Cardinali (Luigi), 4325.
Cardoso (J. Fr.), 4349.
Carlberg, 4127.
Carlyle (J. D.), 2179.
Carmagnanini (Fil.), 5118.
Carmoly (E.), 2328, 3163.
Carolidis (Gaulos C.), 2330.
Caron, 4874.
Carpentier (S.), 2912.
Carrafa (Ferrant, Mis de S. Lucido), 3618.
Carraffa (Placido), 2710.
Carrara (Franç.), 2891.
Carrara (Gio. Fr.), 3453 (6).
Carrara Bora (Gio. Ant.) 3698.
Carré (François), 2042.
Carrecto (Fr. de), 3611.
Carrer (Luigi), 4318.
Cart (Th.), 4538.
Carutti (Domenico), 2649.
Carvalho (Laur. Pires), 3753.
Casati (Charles), 1887, 2651, 4116, 5000, 5096.
Casaubon (Isaac), 2350
Casotti (Franç.), 2949.
Caspari (C. P.), 4488.
Cassel (P.), 2811.
Cassel (J. Ph.), 4044.
Cassini da Perinaldo (Francesco), 2327.
Castan (Auguste), 2151, 2937, 3112, 5096.
Castellani (Carlo), 4602, 4826, 4869.
Castellani (Vinc.), 3873.
Castelli (Ignazio), 2995.
Castets (Ferd.), 4144.
Castiglione (Mat. de), 3211.
Castiglione (Valeriano), 2647.
Castiglioni (C. O.), 2900.
Castrone (G.), 3968.
Catalani (Mich.), 3319.
Cathaneus (J. B.), 3454 (2).
Catino (Gregorio di), 2689.
Cattaneo (Tomaso), 3698.
Catulle, 4065.
Cauchy (Eugène), 3981.
Caussin (le P.), 2245..
Cavallari (Saverio), 2956.
Cave (Guill.), 4681.
Cavedoni (C.), 4318.
Caviceo (Jac.), 4239.
Caxton, 4131.

Caylus (comte de), 2938.
Cecchetti (Bart.), 2735, 3143, 4949.
Cécyl (Aimé), 2486.
Ceneau (Robert), 2400.
Centeno (A.), 3016.
Cepione (Coriolano C.), *voir* Cippico.
Ceredi (Giuseppe), 5119.
Ceresole (Victor), 4949.
Ceriani (A.), 1864.
Cerrato (Gius.), 2650, 3220.
Ceruti (A.), 2051.
Cervantes, 4240.
César (Jules-), 4066.
Cessac (P. de), 2884, 3976.
Cetta (A.), 2297.
Ceuli (Tib.), 4241.
Ceva Grimaldi (Fr.), 3856.
Chabaille, 1867.
Chabouillet (M. A.), 2939, 2953.
Chahan de Cirbied, 2198.
Chalette, 4154.
Chamard (Dom Fr.), 2487-88, 2884.
Chamberlayne (Ed.), 2600.
Chambrun (Cte de), 5077.
Chambure, *voir* Maillard de Chambure.
Chaminade (E.), 4900.
Champfeu (Cte de), 3151.
Champollion-Figeac, 1867.
Chantelauze (R.), 2463.
Chantelou (Dom Ch.), 1928.
Chardon, 3113.
Charencey (H. de), 4405.
Charles (Émile), 5077.
Charles-Quint, 3435 (10 à 13), 3594.
Charmasse (A. de), 3766.
Charmes (J. de), 4322.
Charpentier (Irénée), 4463.
Charrière, 1867.
Charrière (L. de), 2766.
Chassaing (Aug.), 2490-91, 2523, 3783, 3815.
Chassant (Alph.), 2913, 5055.
Chastel (L. F.), 2934.
Chastenay de Lenty (Victorine de), 2656.
Chatel (Eugène), 4849.
Chaudoir (Baron), 2864.
Chauveau (R. P.), 2476.
Chauvin (Victor), 4475.
Chavanne (J.), 4823.
Chavannes (F.), 4112.
Chavée (H. J.), 4372.
Chavigny (J.-A.), 3320.
Chazaud (A.), 2516.
Chènedollé (Ch. de), 4604.
Chennevières (Ph. de), 3202.
Chenu (J.), 4606.
Chéon (De), 3242.

Cherbuliez (V.), 5096.
Chereau (Ach.), 4640.
Cheregati (Franç.), 3004.
Chergé (Ch. de), 2934.
Chéruel (A.), 2399, 2608.
Chevalier (Ulysse), 1922, 2492, 4113, 4696-4697.
Chevreul (Henri), 2826.
Chiabrera (Gab.), 3452 (1), 4350-51.
Chiarelli, 3646.
Chierici (Alf.), 3567.
Chiesa (Agost. Della), 4775.
Chio (L. de), *voir* Léonard de Chio.
Chipiez, 5182.
Chmel (Jos.), 4922.
Chodowiecki (D.), 3106.
Choiseul-Daillecourt (M. de), 3078.
Choulant (L.), 4833.
Christ (Wilh.), 2297.
Christiernsson (A. B.), 4404.
Christmann (G. A.), 2032.
Chruscinski (S. A.), 3680.
Chypre (Ph. de) *voir* Philippe.
Chytræus (David), 3469-70, 3473, 5190.
Chytræus (Nathan), 2940.
Ciampi (Séb.), 2122, 2165, 4142, 4750.
Ciampini (Joh.), 2384.
Cibrario (Cte Luigi), 1883, 2687, 2723, 3769, 3949.
Cicéron, 4066, 5066.
Cicogna (Ém. Ant.), 2736, 4786.
Cicognara (Léop.), 2763.
Cicognara (Cte Vinc.), 3856.
Cigala (Math.), 2212.
Cigallas (J. de), 4060.
Cimarelli (Ben.), 3260.
Cimerio (Pet.), 2804.
Cinagli (Ang.), 2854.
Cinnamus (Joannes), 1939.
Cipelli (Luigi), 2904.
Cipelli, *voir* Egnazio.
Cipolla (C.), 2008.
Cippico (Coriolano), 2742, 3256-57 *bis*.
Cirni (Ant. Fr.), 3595-96.
Citri de La Guette, 2088.
Ciuffi (Gaet.), 2726.
Civezza (Marcellino da), 4692.
Clara (Osbert de), 2086.
Claretta (Gaudenzio), 2703, 3135, 4776.
Clari (Robert de), 1956.
Claricino (Nicolò), 4333.
Clarke (Hyde), 2297.
Clascar (Pablo), 3819.
Clavijo, 2393.
Cleaveland (E.), 3017.
Clédat (L.), 2130.

Clément (David), 4647.
Clément (Pierre), 2442.
Clenard *ou* Cleynaerts (Nicolas), 3531, 4374.
Clermont-Ganneau, 3212.
Cléry, 2460.
Clessius Wineccensis (Joannes), 4603.
Clewberg (Chr.), 3213.
Clichtove (Josse), 3322.
Cluver (Ph.), 2556.
Cnustin (Heinr.), 3436 (17).
Cobole, 3434 (6).
Cocarella (Bened.), 3572.
Coccio (Marc Antonio), *voir* Sabellico.
Cocheris (H.), 2493, 2543, 4405, 4559, 4838, 5099.
Cochet (l'abbé), 2494.
Cockayne (O.), 2003.
Codagnello (J.), 1993.
Cole (Ch. A.), 2003.
Coleti (Gio. Ant.), 4751.
Colladon, 2801.
Collan (K.), 4576.
Collegno (Giacinto), 3745.
Colleoni (Gio.), 4338.
Collet (L.), 2303.
Colletet, 5074.
Collin (J.), 2527.
Collin (Z.), 4404.
Collin de Plancy (J.), 3018.
Collinus (Gaspard), 2799.
Collovati (Ant.), 4255.
Colomies, 4648.
Combefis (Fr.), 1937, 1996.
Combes (François), 2422, 2812.
Combi (Gio. Bat.), 3622.
Comes, *voir* Conti.
Comines (Ph. de), 2443-44.
Comnène (Anne), 1936, 2154-56.
Comnène (A. M. Angelo Flavio), 3289, 3958, 3963-63 *bis*.
Comnène (Démétr.), 3290.
Comnène (le P^{ce} Georges), 3290.
Comnène (Jean), 2356.
Comnène (Pierre Stephanopoli de), 3290.
Conde (Jose Ant.), 2986.
Confucius, 5066.
Conrad de Liechtenaw, 2045.
Conrad le Philosophe, 2046.
Conring (Herm.), 3323.
Consolato del Mare (Il), 3982-87.
Constans (L.), 4094.
Constantin (Rob.), 4649.
Constantin le patriarche, 2385.
Contarini (P. Gio.), 3620-24.
Contarini (Luigi), 1999.
Contelorio (Felice), 2639, 2719.

Conte (Ambro euxo), 4278.
Conti (Hieron.), 3585, 3874-75.
Conti (Noël), *voir* Conti (Hieron.).
Conti (Vinc. de), 2685.
Coolidge (W. A. B.), 2994.
Copernic, 4014.
Coppi (Gio. Vinc.), 2722.
Coppin (Jean), 3325.
Coptius (Fr.), 3326.
Coray, 4374.
Corbelli (Nic. Maria), 3474.
Corbizzi (Monaco de'), 3214.
Corblet (Abbé J.), 3287.
Cordero (J. Mart.), 3475.
Cornaro (Andrea), 3679.
Cornaro (Flaminius Cornelius), 2009.
Cornélius Nepos, 4066.
Cornet (Enrico), 1894, 3264, 3281.
Corniani degli Algarotti (Lauro), 2761.
Cornide, *voir* Saavedra.
Coronelli (P. M.), 3699.
Corradi (Alf.), 4323.
Corrard (Charles), 2103.
Correa (Thomas), 3817.
Correa de Britto (Joseph), 3700.
Corroyer (Ed.), 5088.
Corsini (Od.), 2720.
Corte (Bartol.), 4768.
Cortese (Alex.), 3573.
Corvinus (M.), 3574.
Costa (Etbbin Heinrich), 4817.
Costo (Tom.), 4352.
Cottin (Mme), 3019.
Couderc (Camille), 5050.
Courajod (Louis), 5091.
Courcelles (de), 2208.
Couret (Alph.), 2304, 2812, 3083, 3947.
Courlon (Geoffroy de), 2061.
Courtaud-Divernéresse (J. J.), 4377.
Cousin (Louis), 2357.
Coussemaker (E. de), 4096, 4405, 4467, 4900.
Couré (Morgan), 4967.
Cox (G. W.), 3078.
Coxe (O.), 1965, 4912, 4915.
Coyer (G. F.), 2914.
Cramer (C. Fried.), 2305.
Cramer (Franz.), 2105.
Crampon (Ernest), 3750.
Crenneville, *voir* Folliot.
Crispo (Gio. Bat.), 3448 (48).
Cristoboulos, 1894.
Cromer (Martin), 2841.
Cronbergk (Hartmudt von), 3434 (10).
Croonendaal (P. de), 2622.
Cros, S. J. (L. J. M.), 3200.
Crostarosa (G.), 3721.

Croua (Martin), 3886.
Crouzay (Aymon de), 2775.
Cruel (R.), 4500.
Crusius (Martin), 3533, 4470.
Cuissard (Ch.), 4898.
Cummino (Maria), 4257.
Cuper (Gisbert), 2855.
Curæus (Adam) ou Cureus, 3348-49.
Curion (Cael. Aug.), 2966, 3488.
Curion (Cael. Secundus), 2966, 3480, 3876, 3885 bis.
Curione d'Asso, 3818-19.
Curtze (Max), 4810.
Curzon (H. de), 3857.
Cusentino (Carlo), 4277.
Cuspinien (J.), 3327-28, 3488.
Cydonius (Demetrius), 3546.
Czerny (Albin), 4923.
Czinár (Maurus), 4839.

D

Dahl, 3934.
Dahlmann (C. F.), 2215, 2572.
Dahn (Félix), 2557.
Daire (l'abbé), 2553.
Dalerac, 3648.
Damien (J.), 5188.
Dandolo (G. A.), 2763.
Danès (Pierre), 3733.
Dannenberg (H.), 2883.
Dannhauer (J. C.), 2285.
Dansey (Crairsbank), 3020.
Dantès (A.), 4650.
Danz (J. Tr. Lebr.), 4486.
Darragon (B.), 2439.
Darsy (F. L.), 2553.
Darttey. 2297.
Datta (P. L.), 3135.
Datta (Pietro), 3258.
Daugnon (F. F. dei), 2885.
Daurignac, 3198.
David (Étienne), 3119.
David (Lucas), 3906.
Decagny (Paul), 2544.
Dechant (Norbert), 3432.
Decianus (J. Fr.), 3329.
De Crane (J. W.), 4406.
Defrémery (C.), 2967, 4527.
Degeorge (Léon), 4634.
Dehèque, 3789.
Delaborde (H. F.), 2073, 3205.
Delandine (A. Fr.), 4878.
Delarc (O.), 2658.
Delatour (S.), 4349.
Delattre (Le P.), 3432.
Delaville Le Roulx (J.), 2495, 3215, 3259, 3433, 3770, 3820, 5096.
Delbare (Th.), 3088.
Delbarre (P. J.), 5055.
Delepierre (O.), 4651.
Delille, 4155.
Delion (J. F.), 5010.
Delisle (Léopold), 2123, 2146-47, 2151, 2416-2417, 2453, 2496, 3197, 4879-85, 5056-57.
Delius (Nic.), 4094.
Deloche (Max), 2401.
Delpit (Jules), 1869.
Delprat (G. H. M.), 3181.
Del Rio (Balthasar), 3330, 3599.
Delvau (Alfred), 4221.
Demarquette (A.), 4146.
Demarsy (Arthur), voir Marsy.
Demay (G.), 1867, 2856-58.
Demimuid (M.), 4078.
Demolin (Edm.), 4140.
Dempster (Thomas), 3007-3008.
Denifle (Le P. H.), 4553, 5024.
Denis (Ferd.), 4652.
Denys le Chartreux, 3331.
Depellegrin, 3476.
Depping (G. B.), 3989.
Derenbourg (H.), 2328, 4405, 4977.
Descartes (R.), 5067-69.
Deschamps, 5077.
Deschamps (P.), 4646, 4678.
Desimoni (C.), 2650, 2693, 2701-2, 3130, 3220, 4025, 4041.
Desnoyers (J.), 2993.
Desplaces (A.), 4303.
Desplaces (L. B.), 3957.
Desquiron de S. Aignan (A. T.), 2329.
Dessaix (Ant.), 4121.
Dessalles (L.), 4873.
Destournis (Gab.), 4063.
Dethier (Ph. A.), 1894, 2386.
Devic (L. Marcel), 4206.
De Vigne (Félix), 3990.
Deville (A.), 3193, 3432, 4226.
Deville (G.), 4064.
Devillers (Léop.), 3821.
De-Vit (V.), 4382.
Devoille, 4257.
De Vries (M.), 4406.

De Wind (S.), 4718.
Dewitz (R.), 2586.
Dezeimeris (R.), 2953, 4476.
Dhuez (Nath.), 4389.
Diacre (Paul), 1970.
Dibdin (Th. Frognall), 4722.
Didot (Ambroise-Firmin), 2102, 2105, 4388, 4577.
Diedo (Girolamo), 3627.
Diefenbach (Lorenz), 4408-4409.
Diehl (Charles), 4042.
Diersburg (R. von), *voir* Röder.
Dietrich (Franz), 4408.
Dietrich (Vital), 3436(18).
Diez (Fr.), 4391.
Diez (J. Laur.), 3765.
Dillmann (A.), 4912.
Dimock (J. F.), 2003.
Diogène Laerce, 5070.
Dion (A. de), 2497.
Dirks (J.), 2904, 3181.
Dithmar (J. Chr.), 3803.
Dittmar (W.), 2026.
Dittmer (G. M.), 2583.
Djellal Eddin as Soyouti, 2184.
Djunkovskoy (Dr de), 5171.
Dlugosz (Jean), 3914.
Dobrowsky (J.), 2023.
Docen (B. J.), 4501.
Dochnahl (M. S.), 4814.
Döring (Ed.), 2860.
Doglioni (G. N.), 2737.
Doinel (Jules), 2459, 4551.
Dolce (Lod.), 3498.
Dolfin (Zorzi), 3287.
Dolgorouki (Pce Pierre), 2824.
Dolgoroukoff (Pierre), 3750.
Dombrowski, 2144.
Domenichi (Lod.), 3540.
Domnizon, 1920.
Donati (Seb.), 4471.
Donato *ou* Donati (Jérôme), 3332.
Dondini, S. J. (G.), 2275.
Doniol (Henry), 1925.
Donzellini (Hieronimo), 1872-1875.
Dorn (Bernh.), 2813, 2896.
Dornau (Casp.), 3479.
Dorostamus (Ath.), 3534.
Dorothée de Nonembasie, 2157.
Dorothée Scholarios, 4840.
Dorr (Robert), 2995.
Dorsch (J. G.), 3021.
Douais (Abbé C.), 1923, 2436.
Douay (L'abbé), 2504.
Douët d'Arcq, 2859, 2921.
Dove, 2130.

Dowling (J. Goulter), 4481
Dozy (R.), 2326, 2987-88.
Dozza (Lod.), 3449 (17).
Dragonetti (G.), 3751.
Dramard (E.), 4744.
Drapeyron (L.), 2358.
Drechsler (Wolf.), *voir* Dreschler.
Dreschler (Wolf.), 2805, 2966, 2968, 3456, 3488.
Dresserus (Mat.), 3446 (21).
Dreux-Brézé (Mgr de), 3751.
Dreyer (J. Ch. H.), 4502.
Dreyss (Ch.), 2217.
Drumont (Édouard), 2306.
Dryselius (Erland), 3480.
Dubeux, 3193.
Dubois (E.), 3079.
Du Bois (Jean), 1972.
Dubsky de Strebomislitz (Ferd. Léop.), 3823.
Dubuisson-Aubenay, 2524.
Du Cange, 1867, 1939, 2098-99, 2545, 2842, 3137-38, 4378.
Duchat (Yves), 3022-23.
Du Chesne (André), 1980-1981, 2498-2503.
Duchesne aîné (Jean), 3789-90.
Duchinski (F. H.), 2813.
Ducis (Le chanoine), 2784, 2787, 2952.
Duclos (Abbé), 4653.
Ducros (Joseph), 3668.
Dudik (Beda), 3907, 4460, 4944.
Duellius (R.), 3908.
Dümge (C. G.), 2077, 5023.
Dümichen (J.), 2331.
Dümmler (E.), 4119.
Düsburg, *voir* Pierre de D.
Duffus Hardy (Sir Thomas), 1893, 1908, 1910, 1912, 1964, 2003.
Dulaurier (Édouard), 2198, 2205, 3002, 3248, 3993.
Dumbar (Gérard), 1963.
Du Méril (Édélestand), 4489-91.
Dumont (Albert), 2394.
Du Moulin (Gabriel), 2659.
Dupanloup, 3752.
Du Pont, 4428.
Du Preau (Gabriel), 2069.
Dupuy (A.), 2505.
Dupuy (Pierre), 3771-74.
Durand (Anth.), 2861.
Durand (J.), 2394.
Durand (Dom U.), 1889, 1990.
Duret (Claude), 5120.
Durey de Noinville, 4869.
Du Rieu (G. N.), 3568.
Durrieu (Paul), 2506, 2640, 2671, 5096.
Dusevel (H.), 2546.

Duthilloeul (H. R.), 4604.
Duttenhofer, 4287.
Duvernoy (Cl.), 3083.

Dyonisius Genuensis, 4693.
Dzialinski (T.), 3914.

E

Ebert (Fr. Ad.). 4323, 4654. 4924.
Eccard (J. G.), 1958, 2558, 4410.
Ecchellensis, *voir* Abraham.
Echard (Jacques), 4691.
Eck (J. von), 3333, 3436 (2).
Eckart, 4500.
Eckertz (G.), 1969.
Eckhard Fidelis *alias* Alethophilus Franco, 3334.
Eckstein (F. A.), 2037.
Edwards (Edward), 2003, 4856.
Eelking (J.), 2555.
Efferhen (H. von), 3335.
Egger (E.), 4057, 4476.
Egiptio (Ant.), 3448 (28).
Egli (E.), 3086.
Egnatio *ou* Egnazio (G. B. Cipelli *dit*), 3497, 3569.
Eguren (J. Mª de), 4978.
Ehrle (Franz), 5024.
Eichhorn (J. G.), 4043.
Ekkehard d'Ura, 2052.
Elben (Chr. Gott.), 3909.
Elberling (C. W.), 4979.
Eldad le Danite, 2328.
Elien, 2332.
Eliezer ben Nathan, 2191.
Ellis (Georg), 4187-88.
Ellis (Henry), 1886.
Ellissen (Ad.), 2159, 4477.
Elmacin, 2185.
Elsner (Alois.), 2566.
Embacher (Fried.), 4824.
Émile (Paul), 2396, 3009.
Emmius (Ubbo), 2247.
Enault (Louis), 2482.
Endlicher (St. Lad.), 2007.
Engel (André), 2559.
Engel (W. H.), 3223.

Engelmann (W.), 4675, 4825.
Engeström (A. von), 2328.
Ensmingen (Godefroi d'), 2147
Ensz (Gaspard), 2805.
Eobanus Hessus (A.), 3336.
Éparque (Ant.), 3282.
Eppendorff (H. von), 3492.
Érasme (D.), 3338-39, 3550, 4072, 5188.
Erdmann (F. von), 2893, 2905, 2996.
Erdmannsdörffer (B.), 4044.
Eriksen (W.), 4869.
Ernin (M. N.), 3250.
Ernoul, 2018.
Erpen (Th.), 2185.
Ersch (Jean Samuel), 4732, 4841.
Eschassériaux, 2788.
Eschavannes (E. d'), 3243.
Esneaux (J.), 2814.
Espagnac (Abbé d'), 2418.
Espinosa (Antonio de), 3647.
Essarts (Alf. des), 3024.
Estaintot (Vte R. d'), 2934.
Estanco (Clavedan del), 3520.
Estève (José), *voir* Valentinus (J. S.).
Estienne (Charles), 5121.
Estienne (Henri), 3340.
Estor (J. G.), 3910.
Étienne de Rouen, 4105.
Etrobins (Joan.), 3600, 3606-607.
Ettmüller (Ludw.), 4184.
Eucher (Saint), 2789.
Eusèbe de Césarée, 2055.
Eustathius Thessalonicensis, 3139.
Eutrope, 1970.
Ewald (A. Ch.), 4902.
Ewerlöf (F. A.), 2272.
Eyselin (Simon), 3434 (9).
Eyssenhardt (Fr.), 2225.
Eytzing (Michel d'), 2218.

F

Fabbretto (Santo), 3450 (44).
Faber (J.), 3575-76.
Fabre (Paul), 4971.
Fabré-Palaprat, 3788-97.
Fabri (F. F.), 1905.
Fabricius (Georg.), 2805, 2968, 3456.

Fabricius (J. A.), 4434-39, 4533.
Fabricius (Jacob), *voir* Andree.
Facchinelli (Ag.), 3342.
Faccioli (G. T.), 3240.
Factor (Nicolas), 3354.
Fage (René), 4746.

Fairefax (Edw.), 4288.
Falco (Ben. di), 1999.
Falco (Jacobus), 5122.
Falcon (Nicolas de), 2080-83.
Falconet, 2099, 2969.
Falke (J.), 4044.
Fallmerayer (J. Phil.), 3140-41.
Fallue (L.), 3193.
Fanelli (Fr.), 2341.
Fani (Enrico), 3160.
Fano (Bartolomeo Dionigi da), 2255.
Fant (Éric Mich.), 4478.
Fanta (A.), 2597.
Fanton (Jac.), 4338.
Fantuzzi (Gio.), 4760.
Fara (J. F.), 2723.
Farine (Ch.), 3079.
Farra Viceconte (Grassino), 3343.
Farulli (Gregorio), 2682.
Fasano (Gab.), 4281-83.
Fassinius (F. V.), 2307.
Fath (Fritz), 4231.
Fauconnet (Dr Ch.), 2790.
Fauriel (C.), 2089.
Faust (Isaac Henri), 3410.
Faustus (Julius), 3454 (21).
Favé, 2980.
Favre (L.), 4393.
Favrat (L.), 2765.
Fayard (E.), 2530.
Fazelli (Thomas), 2012.
Federici (G. B.), 2692.
Federici (F.), 2698.
Federici (Domen. Mª), 3969.
Feldmann, 3079.
Félix Faure (J. A.), 3188.
Feller (J. Fr.), 1876.
Fénelon, 4155.
Fenicia (Salv.), 3856.
Fergusson (James), 5080.
Ferrand (Humbert), 3949.
Ferrari (Gir.), 3722-23.
Ferrari (Lodovico), 5124.
Ferrari, S. J. (J. B.), 5123.
Ferrariis (A. de), 3260.
Ferrario (G.), 4702.
Ferrarius (Zacharie), 3350.
Ferrato (Pietro), 3743.
Ferrazzi (G. J.), 4319.
Ferreira (Alex.), 3775.
Ferrero (E.), 1859.
Ferretti, 3724.
Ferry (C.), 4526.
Fessler (J. A.), 2806.
Feuerlein (J. J.), 2317.
Feuilloley, 2493.

Feyerabend (Sig.), 1978.
Fichard (Jean), 2276.
Ficin (Marsile), 5071.
Fick (Édouard), 2767.
Ficker (Julius), 1969, 2641.
Ficoroni (F. de), 2862.
Fiebig (Otto), 4842.
Ficsque (Manuel de), 2601.
Figueiredo (Jozé Anast. de), 3824.
Figueiredo, *voir* Canaes.
Filangieri, arch. de Naples, 3417
Filiarchi (Cosimo), 3344.
Filiasi (Cte Giac.), 2739.
Filippelli (Gir.), 3684.
Filippi (J.), 2008.
Filleau de La Chaise, 3189.
Fincati (L.), 3264.
Fine de Brianville (Cl. Oronce), 2916.
Finlay (G.), 3142.
Fiorelli (Jacques), 2359.
Fiorentini (F. M.), 2642.
Fiorentino (C. B.), 3450 (46).
Fioretti (Carlo), 4313.
Fiorio (Gir.), 3243.
Fischer (Karl), 3119.
Fischer (Will.), 2382.
Fisher (Fred. H.), 3242.
Fisher (Th.), 1969.
Flach (Mat.), 3566.
Flamare (H. de), 3181.
Flandin (Eugène), 3855.
Fleuriau, S. J. (T. C.), 3249.
Fleury (P. de), 4900.
Florianus (M.), 1942.
Floridus Sabinus (Franciscus), 3492.
Fock (Otto), 2581.
Förstemann (Ernst), 4429, 4926.
Fœrster (Rich.), 2394.
Foglieta (Uberto) *ou* Folieta, 2699, 3469-70, 3577-78.
Folliot de Crenneville (Victor), 3223.
Fonda (Girolamo), 5081.
Fontan (Vincent), 4599.
Fontana (Cte Aldigh.), 3856, 3936-37.
Fontana (Fulvio), 2768, 3935-37.
Fontana (J. J.), 2394.
Fontani (F.), 1881.
Fontanini (Just), 2752.
Fontanus *ou* Fonteyn (Jacques), 3395, 3492, 3862-3865.
Fontette (Ferret de), 4736.
Fontoulieu (Paul), 2482
Foppens (J. Fr.), 2618, 4719.
Forcade (Eugène), 3750.
Forcellini, 4381.
Fordun (J. de), 2056.

Foresti, *voir* Bergame.
Forgeais (A.), 2863, 2921.
Formaleoni (V.), 3992.
Fornelli (Nic.), 3079.
Fortia d'Urban (De), 2079, 2208.
Fortin de La Hoguette, 5072.
Foscarini (Marco), 4440.
Fossetier (Julien), 2582.
Foucard (Cesare), 3743.
Foucher (Victor), 3208.
Foucher de Careil (A.), 4527.
Fourmont (H. de), 3025.
Fournaki, 4374.
Fournel (Victor), 2507, 4167.
Fournier (Aug.), 2154.
Fournier (Édouard), 1919, 2507.
Fournier (F. J.), 4653.
Fracassetti (Gius.), 2690.
Fracasso (Marino), 3601, 3879-80.
Frachetta (Gir.), 3448 (50-51).
Fraehn (C. M.), 2186, 2864, 2894-97, 2954, 4801.
Fraissinet (Ed.), 3782.
Fraknói (Guil.), 5179.
Frambaglia (Balth.), 4305.
Franc (Léon), 2800.
Franchi (Steva de), 4278.
Franchini (Isid.), 3018.
Francisci (Erasme), 3704.
Franck (Ad.), 2959.
Franck (Séb.), 3549.
Francke (Christian), 3345.
Francke (H. G.), 1962.
Francke (Kuno), 4498.
Franckenau (G. E. de), 2917.
François, S. J. (J.), 5125-26.
Frangepán (Franz de), 3346.
Frangipani (Cl. C.), 3329.

Franklin (Alf.), 4578, 4733, 4886-87.
Frantz (Pierre), 4353.
Frati (Lud.), 3287, 4196.
Fratta (Gio.), 3881.
Fregoso (Gianbatista), 2697.
Freher (Marq.), 2004-2005, 4503.
Freig (Thomas), 2396.
Freising, *voir* Othon.
Frémy (E.), 2454.
Frère (Edouard), 4742.
Freund (Albin), 2363.
Fréville (E. de), 3991.
Friederici (Karl), 4800.
Friedlaender (Julius), 3429, 3433.
Friedrich (Rich.), 2260.
Frisi (A. F.), 2711.
Frisius (J. J.), 4656.
Froboese (Julien), 3104.
Frölichius (David), 4835.
Froissart, 2057-59.
Frothingham (A. L.), 5094.
Froumenteau (N.), 2445.
Frugoni (Fr. Fulvio), 3669.
Fuchs (J. M.), 3932.
Fulin (Rin.), 2146, 2740, 5020.
Fuller (Thomas), 3026-27, 4339.
Fumagalli (Angelo), 2709.
Fumée (Mart.), 2168.
Fumi (L.), 2712.
Fumière (L.), 4106.
Funck, 3028.
Fundgraben des Orients, 2960.
Funes Lafiguera y Zapata (Juan Augustin), 3825.
Furcy-Raynaud, 3997.
Furlanetto (J.), 4382.
Furrer (Sigism.), 2791.
Fürst (Julius), 4802.

G

Gabelmann (N.), 4354.
Gachard, 3095, 4867.
Gachet (Émile), 2030.
Gaddi (Jac.), 4472.
Gaedechens (O. C.), 2867.
Gaffarel (Paul), 4043.
Gaguin (Robert), 2060.
Gail (J. B.), 4056.
Gaillard (Just), 2697.
Gaillard (V.), 3196.
Gairdner (J.), 2003.
Galanaces (D.), 2395.
Galateo (Il), *voir* Ferrariis (A. de).
Galilei (Galileo), 4317.

Galland (And.), 4853.
Gallardo (Barth. José), 4723.
Galles (H.), 2951.
Gallin (Gaetan), 4278.
Galvani (C. Gio), 2049, 3079, 4499.
Gamba (Bartol.), 4787.
Gambara (Laur.), 3454 (22).
Gangarossa, *voir* Silvagius.
Garat, 2418.
Garavita, 3903.
Gardthausen (V.), 4980.
Garkavi (A.), 2811.
Garlande (Jean de), 3029, 4073.
Garnier (Ed.), 2403.

TABLE ALPHABÉTIQUE

Garnier (J.), 2553.
Garnier (Sébastien), 3203.
Garuffi (Giuseppe Malatesta), 2807, 3390.
Garzoni, 3690, 5190.
Gasquet (Am.), 2434.
Gast (Jean), 3005.
Gastaldi (Zan' Ag.), 4278.
Gatien Arnould (A. F.), 3029.
Gaudier dit Spiegel (J.), 3457, 3488.
Gauthier (Jules), 2953, 3160.
Gautier (Ad.), 2769.
Gautier (Léon), 2219, 4098, 4127, 4498, 5065.
Gautier de Sibert, 3954.
Gautier de Tournay, 4106.
Gauttier d'Arc (E.), 2660.
Gay (Jean), 4804.
Gayangos (Pascal de), 2048, 2194, 4529, 4703.
Gaztelu (Domenico de), 3489, 3524-25.
Gazzera (Cost.), 3181.
Gazzera (P.), 3118.
Gedeonov (S.), 2815.
Geel (Jacob), 4995.
Geffroy (A.), 2342, 2462, 2474, 2953, 4557.
Geijer (Per Alof), 4404.
Gelenius (Sig.), 1970.
Gélis-Didot, 5083.
Gelpke (E. F.), 2770.
Gemistus (Joannes), 3351.
Genet (J. V.), 2509.
Gennadius Scholarius, 3446 (20), 3537-38.
Gentile di Vendome (Pietro), 3601, 3879-80.
Gentili (Scipio), 4261, 4265, 4304, 4315.
Gentilucci (Romualdo), 4311.
Geoffroi de Vinsauf, 1943-44, 3176.
Geoffroy de Courlon, voir Courlon.
Georg (C.), 4824.
Georges (Abbé Étienne), 3180.
Georges l'Hamartole, 2158.
Georgi (Theoph.), 4655.
Georgiewitch (B.), 2566, 3320, 3539-3545, 3551, 3553.
Georgisch (Pierre), 1877.
Gérard (A.), 4900.
Gerbert (Martin), 4461.
Gerdes, 3652, 4673.
Germain (A.), 1926, 2510, 2601, 2865, 3993.
Gersdorf (E. G.), 2573, 2596.
Gerster (J. S.), 2780.
Gervais (Ern.), 3196.
Gervais (Paul), 2104.
Gervaise (Dom), 2419.
Gervinus, 2220.
Gesner (Con.), 4649, 4656.
Gesner (J. G.), 4607.
Gessner (Salomon), 3376, 4184.
Geuder de Heroltzberg (Jac.), 3352.

Geuffroy (Antoine), 3458-59.
Gfrörer (A.-F.), 2360.
Gherardi (Pierre), 4355.
Ghirardacci (Cher.), 2678.
Giacomazzi (Stef.), 4324.
Giannotti (Gasp.), 3238.
Giasolini (Giulio), 4352.
Gibbon (Ed.), 2361, 3031.
Giblet (Henri), 3224-25.
Gidel (A. Ch.), 2073, 4061-62.
Gilbert (J. T.), 2003.
Giles (J. A.), 2015, 2028, 2036, 2118, 3176, 4078.
Giles (Le Rév.), 2602.
Gille (F.), 2864.
Gilles (Nicole), 2044.
Gillet (Joseph), 4526.
Gilliéron (Jules), 2792.
Ginanni (P. P.), 4778.
Ginius (Léonard.), 3353.
Giordani (Enrico), 5124.
Giorgi (Fed.), 5127.
Giorgi (I.), 2689, 4539.
Giovanni (V. di), 1961.
Girardi (L. Ant.), 4256.
Girardot (B^{on} de), 2461, 4900.
Giraud, 3079.
Giraud (Paul-Émile), 4113.
Girault de Saint-Fargeau (A.), 4734.
Girello (Silvestro), 3585.
Gitsich (J. Diderich von), 3480.
Giudice (Gabriele del), 2657.
Giuliari (Cte G. B. C.), 3857, 4788.
Giulini (Giorgio), 2708.
Giuriato (G.), 3646.
Giustini (G. P.), 3976.
Giustiniani (Bern.), 2742, 3754.
Giustiniani (Lorenzo), 2661-62.
Giustiniani (Pancrace), 2741.
Giustiniani (Pierre), 2742.
Giusto (Vinc.), 3450 (53).
Glazemaker (J. H.), 2082.
Gleichius (J. A.), 2866.
Glocester (Robert de), 1947.
Glover (J.), 2003.
Gobler (Just.), 2577.
Godefroy Menilglaise (Mis de), 2109.
Godelevaeus, voir Geuffroy.
Goebel (Ant.), 3093.
Goeje (M. J. de), 2817, 2981.
Goergens (E. P.), 2994, 3032.
Goes, voir Van der Goes.
Goethals (F. V.), 2511.
Goiffon (Abbé), 1921.
Goldast (Melchior), 2002.
Goldbeck (Karl), 4423.

Goldmann (Arth.), 2563.
Goldwitzer (F. Wenzel), 4682.
Golinelli (Domen.), 2681.
Goltzius (H.), 2663, 2866.
Gomez (Antonio), 3418.
Gonod (B.), 4877.
Gonon (P. M.), 2532, 2535, 4741.
Gonzague, duc d'Adriano (Don Fernand de), 3435 (17).
Goodall (Walter), 2056.
Gorrini (Giac.), 2676.
Gorsch (Jacob), 3317.
Gosselin (Ant.), 2404.
Gosselin (J.), 2547.
Gottfrid (J. L.), 2221.
Goujet (Abbé), 2282.
Goullet (Robert), 2311.
Gourdon de Genouilhac, 2918, 3755.
Gourgues (Vte de), 2512.
Gourjon (H.), 2454.
Goussancourt (M. de), 3826.
Graef (Harald), 2054.
Graesse (J. G. Th.), 4441, 4657, 5160.
Graindor de Douai, 4219-4220.
Gramich (V.), 5038.
Grandgagnage, 3105.
Grandi (Ascanio), 4342.
Grandi (Guido), 2752, 5128.
Grandidier (P. A.), 2147.
Grandjean (M.), 4995.
Grangeus (Claud.), 3882.
Granito (Angelo), 4379.
Granito di Belmonte (A.), 4956.
Grapputo (Alb.), 2378.
Grar (J.), 3154.
Graser (Bern.), 2231.
Grasset (Emm. F. de), 3816.
Grasshoff (R.), 4510.
Grassius (A. J.), 2699.
Grasso (Giacomo), 3264.
Grassoreille (G), 5083.
Gratian dalle Codeghe (M.), 3450 (47).
Gratiano, voir Graziani.
Grauert (Herm.), 5038.
Grautoff (F. H.), 2583.
Gravatio (Egidio), 3450 (54).
Graziani (A. M.), 2222, 3629-31.
Graziani (J.), 2743, 3705.
Grégoire de Tours, 2063.
Grein (G. W. M.), 4189.
Greith (Carl), 4504.
Grémaud (J.), 2793.
Grésy (Eug.), 5105.
Greulinck (J. H.), 3079.
Gries (J. D.), 4287.
Griffi (Felice Patroni), 3844.

Grigorjew (W.), 2905.
Grillet (L. H.), 2800.
Grimaldo (Monsr), 3448 (39).
Grimm (Jacob), 5186.
Grimm (Wilh.), 4184, 4417.
Gringoire (Pierre), 3206.
Grisy (A. de), 4318.
Gröber (Gust.), 4222.
Gronovius (J. F.), 2351, 4353.
Gros (E.), 2802.
Grossi (Gennaro), 4951.
Grossi (Tommaso), 4243-44.
Grote (G.), 2343.
Grotefend (C. L.), 4920.
Groto ou Grotto (Luigi), 3448 (21, 34), 3450 (55), 3633, 4367.
Grouchy (Vte de), 2513.
Grumello (Antonio), 2064.
Grundlach (O.), 2926.
Gruter (Jean), 4473.
Gruyere (J.), 1905.
Gryphiander (J.), 2558.
Gualdo Priorato (Galeazzo), 2465.
Gualtieri (Felice), 3450 (48).
Gualtieri (Guido), 3450 (49-50).
Guarmani (Carlo), 3033.
Guarnello, 3450 (51-52).
Guarnerio (Gio. Ant.), 3632.
Guasconi (Bern.), 2603.
Guastavini (Giulio), 3578, 4261, 4265, 4313.
Guasti (Cesare), 4311.
Guazzo (Marco), 2223, 3483.
Gubernatis (A. de), 4832.
Guenther (Max), 2866.
Guérin (V.), 4318.
Guerria (G.), 4256.
Gürtler (Nicolas), 3773, 3776.
Guessard (F.), 4099.
Guest (Lady Charlotte), 4190-91.
Guglielmini (Dom.), 3689.
Guglielmotti (Alb.), 3484, 3646.
Gui (Bernard), 2436.
Guibal (G.), 2439.
Guichard (J. M.), 5103.
Guichard (Thomas), 3866-67.
Guidi (Giacomo), 4278.
Guidi (Ignazio), 3165.
Guiffrey (J.), 5105.
Guigard (Jean), 4812, 4853.
Guignes (J. de), 2997.
Guigue (M. C.), 2514.
Guild (Reuben A.), 4658.
Guillaume (Frère), 2420.
Guillaume (Paul), 2515, 2952, 2994, 3820, 4087.
Guillaume de Normandie ou le Clerc, 4107.

Guillaume de Tyr, 2066-2072.
Guillaume de Malmesbury, *voir* Malmesbury.
Guillaume de Nangis, 3197.
Guillaume le Breton, 2018, 2073.
Guillimannus (Fr.), 2027.
Guillon (Aimé), 3789.
Guillon (Félix), 3105.
Guindon (F.), 4008.
Guiracos, 3002.

Guizot, 2405-6.
Gullberg (Gotth.), 4120.
Gundling (N. J.), 2027.
Gunther de Pairis, 2074-2078, 2114.
Gurewitsch (J.), 2151.
Guyard (Stanislas), 2969.
Guyse (Jacques de), 2079.
Gyarmath (Sam.), 4419.

H

Habermehl (Heinr.), 3624.
Habich (H.), 4084.
Hackman (A.), 4912.
Haenel (Gust.), 4866.
Haerne (D. de), 2337.
Haeser (Henr.), 4833.
Haeutle (Dr), 4467.
Hagberg (J. Th.), 4405.
Hagen (Fr. von der), 3116.
Hagen (Herm.), 4074, 4981.
Hagendorn, 2267.
Hagenmeyer (H.), 2053, 3089.
Hahn (K. A.), 2951, 4415.
Hahn (Sim. Fr.), 1878.
Hahn (J. G. von), 3143.
Haigneré (Abbé), 3095.
Hain (Louis), 4608.
Haken (J. C. L.), 3034.
Hallberg (L. E.), 4175.
Hallenberg (J.), 2898.
Hallez-Claparède), 2918.
Halliwell (J. O.), 2028, 2124, 4188, 5020.
Halm (Karl), 4469.
Halma (V.), 3883.
Hamaker (H. A.), 2190, 2195.
Hamberger (G. Chr.), 4442-43.
Hamelow (Henri), 2226.
Hamilton (N. E. S. A.), 2003.
Hamilton (H. Claude), 1968.
Hamilton-Lang (R.), 3226.
Hammer (J. de), 2817, 2969, 3287, 3485, 3785.
Hampson (R. T.), 2224.
Hankius (Martin), 1976.
Hanotaux (G.), 3121.
Hanus (J. J.), 2838, 4808.
Hardwick (Ch.), 2003.
Harenbergius (J. C.), 3002.
Harisse (H.), 4609.
Hardy (E.), 2003, 2407.
Hardy (Sir W.), 2003.
Harnack (Otto), 2434.
Harris (Georges), 4373.
Hart (W. H.), 2003.

Hartenfels (G. Chr. P. von), 5129.
Hartknoch (Chr.), 3918.
Hartmann (Ph. J.), 4046.
Hartnach (Dan.), 3486.
Harttung (Julius), 2227.
Hartwig (O.), 2691, 4927, 5033.
Hasse (J. G.), 4049.
Hasse (F. R.), 2307.
Hasselbach (K. F. W.), 1865.
Haupt (Joseph), 4180.
Hauréau (B.), 2147, 2439, 3029, 4516.
Hausknecht (Emil), 4131.
Hautefeuille, 3982.
Havemann (Wilh.), 3786.
Havet (Ernest), 4475.
Havet (Julien), 2421, 5065.
Haydon (B. R.), 2763.
Haydon (S.), 2003.
Haym (N. Fr.), 4752.
Haython, 2080-2083, 3065.
Hazlitt (W. Carew), 4511, 4713.
Hearne (Tho.), 1946-1952.
Hebert-Duperron (V.), 4526.
Hedion (Caspar), 3434 (21).
Hédouin (P.), 3095.
Heeren (A. H. L.), 3035, 4404, 4498.
Hegenitius (Gotf.), 4462.
Hegesippe, 2308.
Heigel (C. Th.), 2576.
Heilprin (Louis), 2277.
Heinemann (O. von), 4928.
Heinrich (A.), 3036.
Heinsius (Nic.), 4075.
Heintze (A.), 4411.
Heitz (Ernst), 4982.
Helbig (W.), 4049.
Helian (Louis), 2738, 2742, 2744-46.
Hélinand, 2147.
Heller (W. F.), 3036.
Heller (Joh.), 2562.
Hellert (J. J.), 2969.
Helmold, 2084, 5190.
Hellwald (F. von), 2147.

Hénin (Ch^{er} d'), 3290.
Henne am Rhyn (A.), 3037.
Hennes (J. H.), 3911.
Hennessy (W. M.), 2003.
Hennin (H. Chr. de), 2226.
Henning (Ernst), 3906-3911.
Henschenius, S. J. (G.), 3234.
Héon (E.), 2660.
Herbelot (D'), 2961.
Herberstein (Sig. d'), 2816, 2821.
Hercolani (Ercolani conte Gaddi), 3947.
Herculano (A.), 2631.
Herda (R.), 2851.
Herdmann (C. Fr.), 4944.
Hérelle (G.), 4900.
Herfort (Henri de), 2085.
Héricault (C. d'), 4114.
Herluison (H.), 4610.
Hermann (Am.), 3277.
Hermann (J.), 3653.
Hermens (J.), 3945.
Herold (B. J.), 2068.
Herold (Jean), 3579.
Héron (A.), 4100.
Herquet (Karl), 3227, 3827.
Herrlich (C.), 3828.
Herrmann (Fr.), 3994.
Herrmann (E. A.), 3932.
Herrtage (Sidney J.), 4131.
Hervieux (Léop.), 4476.
Herrnbaur (J. G.), 2078.
Hersent (Charles), 3190.
Hertzberg (G. Fr.), 2344.
Herzfeld (L.), 3995.
Herzsohn (H. P.), 3239.
Hésiode, 4055.
Hess (Séb.), 3912.
Heuzé (G.), 3080.
Heyck (Ed.), 3038.
Heyd (Wilh.), 3996-98.
Heydenreich (Esaias), 3311.
Heyne (Chr. Gottl.), 2395.
Heyse (Paul), 4405.
Hezenmans (J. C. A.), 3181.
Hidalgo (Dionisio), 4624, 4724.
Higden (Raoul), 2003.
Hilarius (Henr.), 2166.
Hildebrand (H. R.), 4182.
Hildebrand (T.), 3106.
Hilferding (A.), 2843.
Hille (G.), 2147.
Hillebrand (Karl), 4474.
Hingeston (F. C.), 2003.
Hippeau (C.), 4217, 4220.
Hirsch (Ferd.), 2362.
Hirsch (Theod.), 2017, 3999.

Hisely (J. J.), 2771.
Hody (B^{on} de), 3091, 3095, 3947.
Hoe (Mat.), 3447(2).
Hoefer, 2288.
Hoefig (Herm.), 3784.
Höfler (C.), 2146.
Hoelderlin, 3287.
Hoeschel, 1936, 4449.
Hœufft (J. H.), 4392.
Hofdijck (W. J.), 4541.
Hoffmann (Christ. God.), 1879.
Hoffmann (S. F. G.), 4676.
Hoffmann (J. D.), 4613.
Hoffmann (Fr. Lorenz), 4869, 4944, 5020.
Hoffmann von Fallersleben, 4029.
Hofman (Conrad), 4177.
Hofmann (J. J.), 2226.
Hog (Thomas), 1966.
Holaind (Abbé), 2482.
Holberg (L. d'), 4208.
Holczel (Blaise), 3401.
Holland (Chr. Fr.), 3932.
Holland (Dr H.), 4505.
Holmes (G.), 1912.
Holtrop (J. G.), 4611.
Honinger (N.), 3458-59.
Hoogeweg (H.), 3181.
Hoole (John), 4289.
Hopf (Karl), 1894, 1956, 2228, 2671, 3130, 3144-45, 3284, 4467.
Horace, 4066.
Horányi (Alexius), 2107.
Horologgi (Gios.), 2067, 2164.
Horváth (Michael), 2806.
Horwood (A. J.), 2003.
Hottinger (J. H.), 2962-63.
Houdoy (J.), 3602.
Houzeau (J. C.), 5191.
Hoven (J. Dan. ab), 4683.
Hovgård (O. A.), 2156.
Howlett (R.), 2003.
Hoy (André), 2091.
Hozier (Charles d'), 2919
Huber (Alfons), 2807.
Huber (W.), 2801.
Hudelot (Jules), 2272.
Hueber (Philibert), 2868.
Hübner (E.), 2953.
Hübsch (F. L.), 4000.
Hübschmann (H.), 3247.
Hüffer (G.), 5038.
Hüllmann (K. D.), 4043.
Huemer (Joh.), 4488.
Hug (Arnold), 2363.
Huguenin (A.), 2422.
Huillard-Bréholles, 1866, 2516, 3183-84.

Humbert (Jean), 4479.
Humphreys (H. N.), 4614.
Huot, 4900.
Hurter, S. J. (H.), 4684.

Huschberg (J. F.), 2584.
Hutten (Ulrich de), 3355.
Hyver de Beauvoir, 4999.

I

Iäger (Ed.), 2747.
Iaenichius (Petrus), 4944.
Ibelin (Jean d'), 3210.
Ibn-el-Athir, 2189.
Ibn-el-Ouardi, 4206.
Ibn-Foszlan, 2186.
Ibn Khaldoun, 2187-88.
Igelström (J. d'), 2818.
Ilgen (Th.), 3221.
Ilovaisky, 2819.
Imperiale (Gio. Vinc.), 4263, 4271.

Ingegneri (A.), 4308-4309.
Ingerslev (A.), 3105.
Interiano (P.), 2700.
Iosa (Ant. Mª), 4954.
Iourgatitch, 2820.
Irico (Jean-André), 2643.
Irmischer (J. C.), 4931.
Isidore (Le cardinal), 3284.
Isocrate, 5066.
Isthvanfi (Nic.), 3380.
Ittig (Thomas), 4483.

J

Jackson (James), 4826.
Jacmon (Antoine), 2523.
Jacob, 3782.
Jacob de St Charles (Louis), 4743, 5074.
Jacob (P. L.), voir Lacroix (Paul).
Jacobillo (Louis), 4772.
Jacques I, roi d'Angleterre, 4356.
Jacques d'Amiens, 4108.
Jacques de Vitry, 2091, 3180.
Jacques Philippe de Bergame, voir Bergame.
Jadart (H.), 4527.
Jaeck (H. J.), 4944.
Jaeger (Fred. Guil.), 3994.
Jaffé (Ph.), 1933, 4930.
Jahn (Alb.), 4981.
Jal (A.), 2229, 2278, 3196.
Jalâlu'ddin, voir Djellal.
James (Dr Constantin), 2313.
James (G. P. R.), 3117-17bis.
Jannet (Pierre), 4582.
Jannotta (Domen.), 3952.
Jansénius (Corn.), 3740.
Jansson (Th.), 4615.
Janvier (A.), 2548.
Janvitius (J. Marc), 4953.
Jarrett (H. S.), 2184.
Jauna (Dominique), 3039.
Jean de Chiemsee, 3383.
Jean VI Catholicos, 3251.
Jean Louis de Parme, 3580.
Jellinek (Ad.), 2191, 2325.
Jenkins (R. C.), 3261.
Jérôme (Saint), 4434.
Jeroschin (Nic. von), 3913.

Jirecek (C. J.), 2844.
Joachim de Flore, 3546-48, 3558.
Joannides (Sab.), 3146.
Jociscus (And.), 4627.
Jöcher (Chr. Gottl.), 4444.
Johanneau (Éloi), 2762.
Johnes (Thomas), 2099.
Johnstone (James), 2024.
Joinville, 1943-44, 2018, 2093-2105.
Joly (J. R.), 3779.
Jonas (Just.), 3356, 3434(13).
Jonckbloet (W. J. A.), 4141.
Jones (George), 2309.
Jong (P. de), 4985.
Joppi (Vincenzo), 2761.
Jordanus von Osnabrück, 2573.
Joscelinus (J.), 1946.
Joseph ha Cohen, 2310.
Joseph ben Joshua ben Meir, 2192.
Josèphe (Flavius), 2311-12.
Josué le Stylite, 2193.
Jourdain (Amable), 3024.
Jourdain (Ch.), 2230, 4557.
Joursanvault, 5007.
Jove (Paul), 2799, 2821, 3489-91, 3606-7, 3884-85 bis.
Jubinal (Achille), 2125, 4868.
Jules II, 3413.
Julius (Michaël), 3447(1).
Jullien de la Boullaye, 2454, 5092.
Julliot (Gustave), 2061.
Jungfer (Hans), 2597.
Junghans (Wilh.), 4707.
Junkmann (W.), 3181.

Junius (Adrien), 2623.
Junquera (Santiago Perez), 2316.
Jurien de la Gravière, 2231, 3581.
Jurischitz (Nic.), 3434(18).
Jusserand (J. J.), 2151.

Justi (Ferd.), 2331.
Justiniani, *voir* Giustiniani.
Juvénal, 4066.
Juynboll (Th. G. J.), 2183.

K

Kábdebo (Heinr.), 4798.
Kaentzler (P. St.), 4147.
Kalckstein (K. von), 2423.
Karaczan (Cte Fedor), 3785.
Karajan (Th. von), 4184.
Karcher (J. D.), 3410.
Karnovitch, 3829.
Karpf (Aloïs), 4823.
Kauffmann (Hugo), 4180.
Kausler (E.), 2070, 3209.
Kausler (R.), 2070.
Keck (K. Heinr.), 4180.
Keglevich (J.), 2842.
Kehrein (Jos.), 4415.
Kelchner (Ernst), 4932.
Keller (Ad.), 4181.
Keller (Ferd.), 2994.
Keller (Victor), 4148.
Keller (H A. von). 4510.
Kent (Robert de), 3552.
Kéri, S. J. (F. B.), 2364-65.
Kertbeny (K. M.), 4806.
Kervyn de Lettenhove, 1866, 1954, 2057, 2059,
    2147, 2444, 2454, 2624, 3095, 3106, 3197,
    3241, 4121, 4993.
Kestner (E.), 3187.
Keza (Simon de), 1942, 2107.
Khangkow, 2822.
Khuen (Joan.), 3634.
Kind (C. J.), 1905.
Kinter (Maurus), 5053.
Kiracos de Gantsac, 3250.
Kirchmann (J.), 3040.
Kirsch (G. W.), 2176.
Kitchin (G. W.), 4916.
Klebitius (Wil.), 3884-85 *bis*.
Klefeker (Jo.), 4445.
Klein (Ernst), 2806.
Klemm (H.), 4616.
Klimke (C.), 3130.
Klinckovius (J.), 3568.
Klobius (J. F.), 4047.
Knellinger, S. J. (Balth.), 3357.

Knight (H. Gally), 2672.
Kochbaff (David), *voir* Chytræus.
Kochowski, 3682.
Kodrescu (Teod.), 2387.
Koehler (Fr.), 4205.
Köhler (Général G.), 3263.
Kölbing (Eugen), 4492.
Koeler (D.), 2005, 4857.
König (Dietrich), 2119.
König von Königsthal (G. G.), 2586.
Köpke (Rud.), 4170.
Körting (G.), 2151, 4108, 4853.
Kohler (Ch.), 4900, 4973.
Kohlschütter (Otto), 2752.
Kolinovics (Gab.), 3777.
Kollar von Kereszten (A. F.), 1853.
Komorowski (E.), 2151.
Kondakov, 2390.
Koner (W.), 4844.
Kopoulos (Dim.), 4060.
Koschwitz (Ed.), 4135.
Kosegarten (J. G. L.), 1865.
Kostomarov, 2822.
Kothen, 1921.
Kovachich (M. G.), 3777.
Krahmer (A. W), 2838.
Kraus (E. X.), 5020.
Krause (J. H.), 2366.
Krebs (Fried.), 2021.
Krehl (Lud.), 2905.
Kressner (Adolf), 2125, 2142.
Kreyssig (C. G.), 1962.
Krook (J. A.), 3085.
Krüger (Karl), 2119.
Krüger (M. S.), 4814.
Krug (Ph.), 2823, 2838.
Kruse (Fr.), 2560, 2812, 2820.
Kühn (Fritz), 3221.
Kugler (Bern.), 2021, 3041.
Kuhn (Ernst), 4795.
Kullberg (C. A.), 4307.
Kunass de Machowitz, 3493.

L

Labanoff de Rostoff (P^{ce}), 2824.
La Barre (Dom J. de), 1851.
Labarte (Jules), 2388-89, 5100.

Labbe, S. J. (Philippe), 1880, 1934, 2517,
    4446, 4456.
Laborde (J. de), 1882.

TABLE ALPHABÉTIQUE 625

Laborde (Cte Léon depuis Mis de), 2345, 4617, 4888-89, 5101.
Labosne (A.), 5109.
La Boullaye (E. Jullien de), *voir* Jullien.
La Bruyère, 4156.
Labutte (A.), 2518.
La Chauvelays (De), 2407.
La Chesnaye-Desbois, 2920.
Lachmé, 3080.
Lacombe (Armand), 2638.
Lacroix (A.), 2617.
Lacroix (Fréd.), 3860.
Lacroix (Paul), 2232, 2507, 4115, 4169.
La Croix du Maine, 4735.
La Cueva (Alf. de), 2738.
Lacuna (And. de) *ou* Laguna, 3494, 3539.
La Curne de Ste Palaye, 4393.
Ladislas de Macédoine, 3582.
La Farina (Gius.), 2234.
La Faye (De), 4606.
Lafitau (J. F.), 3177.
La Fizelière (A. de), 4890.
Lafortuna (Nic.), 2672.
La Guilletiere, 3671.
Lainé, 3014.
Lair (Jules), 2428.
Laire (Fr. X.), 4618-19.
Lake (J. J.), 3242.
Lalanne (Lud.), 2279, 2980, 4659.
Lalore (Ch.), 1929, 2869.
La Marc (De), 2659.
Lamansky, 2748.
La Martinière (Bruzen de), 2274.
Lamartinière (Ch.), 3750.
Lambert (C. G. A.), 4891.
Lambert Buchler (J.), 5023.
Lambert d'Ardres, 2109.
Lambros (Paul), 3428.
Lambros (S.), 2159, 2346, 2886-88, 3147, 3164.
Lami (Jean), 1881, 4955.
Lamprecht (F.), 3093.
Lamy (Th. J.), 2175.
Lancelotti, principe di Lauro (Fil.), 3683.
Lancetti (Vincenzo), 4583.
Landberg (C. graf von), 4545.
Landoni (Tod.), 5020.
Lang (God.), 2554.
Lang (J.), 3454(8).
Langdon (W. Chauncy), 2651.
Lange (Karl Jul.), 5041.
Langendyk (P.), 2624.
Langlois (V.), 2203, 2804, 2870-71, 3252-54, 3429, 3433, 4043.
Langtoft (Pierre), 1948, 2003.
Lannel (Jean de), 3092.
Lannoy (Ghillebert de), 5191.

La Nourais (P. A. de), 2969.
La Peyrère (Isaac de), 2286-87.
La Pezuela (Mis de), 4293.
La Platière (De), 3855.
La Porte (A. de), 2922.
Lappenberg (J. M.), 1984, 2604, 4001, 4620.
La Primaudaie (De), 2995, 4002.
Larchey (Lorédan), 4394.
La Roque (De), 2466.
La Roque (G. A. de), 4430.
La Rosière (De), 2597.
Larrocan d'Aiguebère (J. Bertr. de), 3830.
La Rue (Abbé de), 4518.
La Serna Santander, 4621, 4993.
La Serre, 5073.
La Serre (J. Puget de), 2280.
La Solaye, 3672.
Lasor a Varea (Alph.), 4451.
Laspeyres (E. A. Th.), 2038.
Lassota von Steblau (Eric), 2845.
Lasteyrie (F. de), 5100.
Lasteyrie (R. de), 4730, 4747.
La Tassa (Félix de), 4727.
Latham (R. G.), 2294.
Latini (Brunetto), 1867, 4201.
Latini (Gio.), 3275.
Laudinius *ou* Laudinus, 3496-3500.
Laude (J.), 4995.
Laugier, 3433.
Launay (Marie de), 4025.
Laurac (J. G.), 2508.
Lauras (Le P. M.), 4158.
Laurent (J. C. M.), 4001.
Lauro (Pietro), 2308.
Lauterbach (J.), 3358.
Lavalette (Le g^d maitre de), 3448(12), 3876, 3878.
Lavallée (Th.), 3742.
Lavardin (J. de), 3268.
Lavigerie (Mgr), 3752.
Lavinheta (Bern. de), 5159.
Lavisse (E.), 3934.
Lavocat (M.), 3786.
Lavoix (H.), 3432.
Lavollée (R.), 4550.
Lavret (Christ.), 2168.
Laya (Léon), 4159.
Lazari (Vincenzo), 2885.
Lazius (Wolfg.), 2288.
Le Bas (Ph.), 5009.
Le Beau, 2367.
Lebeau (Isidore), 2527.
Leber (C.), 4527.
Le Blon (Christ.), 2313.
Le Bon (Dr G.), 2970.
Le Bouvier (Gilles), 2921.

Bibliothèque Riant. — II²   40

Le Breton (Gaston), 3191.
Lebrun, 4302.
Lebrun Dalbanne, 2939.
Le Cerf de la Viéville (D. Filippe), 4687.
Le Clerc, 4299-4300.
Leclerc (Jean), 4687.
Lecocq (Jules), 5090.
Lecoy de la Marche, 2454, 3198, 4525.
L'Ecuy (J. B.), 3284.
Ledoin (Bélisaire), 3198.
Ledel (Jacques), 2101.
Ledieu (Alcius), 4900.
Leduc (Herbert), 4136.
Le Duchat, voir Duchat.
Le Ferron (Arnould), 2396.
Lefèvre (Jean), 2079.
Lefèvre-Pontalis (C), 4731.
Lefolii (H. H.), 2156.
Lefort (Ch.), 2772-73.
Le Gallois, 4858.
Le Gentil, 3783.
Léger (Louis), 2162.
Le Glay (A.), 2618.
Le Glay (Edw.), 3084, 3159, 4900.
Legrand (Émile), 2354, 3282, 4064, 4679.
Le Héricher (Ed.), 4395.
Lehndorff (Georg), 2289.
Lehr (Ernest), 2774.
Lehrberg (A. C.), 2838.
Le Huen (Nicole), 2116.
Leibnitz (G.), 1985-1986, 3359.
Leitzmann (J.), 2883.
Le Laboureur (Louis), 4137.
Lelewel (J.), 2883.
Lelong (Jehan), 2083.
Lelong (Le P.), 4736.
Lemaire de Belges (Jean), 2235-36.
Lemene (Fr. de), 4279.
Lemercier (Népomucène), 3201, 4339.
Le Mire (Aubert), 2618.
Lemoine (C.), 2105.
Lemoine (J. J.), 3080.
Le Monnier (Fr. von), 4823.
Le Moyne, S. J. (Pierre), 3204-3205.
Lempertz (H.), 4622.
Le Nain de Tillemont, 2018.
Lenander (J. H R.), 4404.
Lenglet du Fresnoy, 4447.
Lenormant (F.), 2297, 2338, 2664, 3751.
Lenthéric (C.), 4003.
Lentz (Samuel), 2561.
Leon (Bernard), 3454(18).
Leon (Fr. Paolo de), 2677.
Léon X, 3413-3415.
Léonard de Chio, 3283-84, 3492.
Leonhardt (Karl), 2382.

Leoni (Ben.), 3451(36).
Leonii (Lorenzo), 4641.
Léotard (E.), 3080, 3187.
Léouzon Le Duc, 3750.
Le Peletier, 3631.
Lepidus (Raym.), 3454(5).
Le Prévost, 3193.
Le Prieur, 2286.
Le Prince, 4892.
Lerberke (Hermann de), 2087.
Le Rousseau (Julien), 4339.
Leroux (Alfred), 1871, 2562.
Leroux de Lincy, 4109, 4218, 5020.
Le Roy (J., baron), 2029.
Le Sage, 4160.
L'Escalopier (Cte Ch. de), 2151, 5010, 5103.
Lesingham (Ch.), 4291.
Lessarios, 3945.
Leti (Gregorio), 3635.
Letronne, 3193.
Lettieri (Maur.), 4972.
Leunclavius (Joan.), 3457, 3488.
Leupe (P. A.), 3661.
Leuschner (Christ.), 4573.
Levesque, 5066.
Levesque (A.), 2934.
L'Evesque de La Ravalière, 2099.
Levezow, 2882.
Levi (Guido), 1852, 2130, 2691, 2716.
Lévy (Dr M. A.), 3163.
Lexer (Matth.), 4412.
Leyser (Polycarpe), 4493.
L'Hote (J. B.), 3789.
Liblin (J.), 2147.
Liebermann (F.), 1953.
Lieblein (J.), 2333.
Liebrecht (Felix), 5181.
Liliencron (K. von), 4176.
Lilii (Camillo), 2684.
Limborch, 2437.
Limminghe (Cte de), 2622.
Linas (Ch. de), 5096.
Lindberg (J. Ch.), 2882.
Linde (A. von der), 4933.
Lindenblatt (J.), 2111.
Lindenbrog (Erpold), 2424.
Lindenschmit (Lud.), 2957.
Lindfors (E.), 4383.
Lindner (Theod.), 2597.
Lingard (J.), 2605.
Lipse (Juste), 2266, 4859.
Lisola, 2467.
Liverani (Fr.), 2237-38.
Livet, 4402.
Livi (Gio.), 4539.
Ljubić (S.), 3122.

Locatelli (Al.), 3707.
Locher (Jacques), 3361, 3454(3).
Loeber (M. Gotthilf Fridemann), 2587.
Löher (Fr. von), 3241.
Löhren (Alf.), 4044.
Löw (Conrad), 3446(22).
Löwe (F.), 2163.
Loewe (L.), 2905.
Löwenfeld (S.), 1864, 2146, 4467.
Lœwenklau, 2816.
Logus (Georg.), 3436(10), 3610.
Lohenschiold (O. Ch. de), 3287.
Lohmeyer (Karl), 4049.
Loiseleur (Jules), 3785.
Lombardelli (Orazio), 4312.
Lomeier (J.), 4859.
Longnon (A.), 2519, 2524, 3191, 4117, 4132, 5030.
Longpérier (Adrien de), 2942.
Longpérier (Henri de), 2942.
Lonicer (Philippe), 3471-72.
Loparev (Chr.), 2356.
Lope de Vega Carpio, 4246.
Lopes (J. B. da Silva), 3118.
Lorck (Andreas), 3934.
Lorenz (O.), 1969, 2563, 2572, 4737.
Loserth (Johann), 2580.
Losinga (Herbert), 2086.
Loth (J.), 4396.
Lotichius (J. P.), 2226.
Louaudre, 4731.

Loubens (Mis de), 2090.
Loutaud (Ch^{er} de), 3673.
Louwius (P.), 3061.
Lowndes (W. Th.), 4714.
Loysius (Georg.), 4462.
Lozzi (Carlo), 4753.
Luard (H. R.), 2003, 4906.
Lubersac (Abbé de), 5082.
Lubin (Eilh.), 4379.
Lubomirski (P^{ce} J.), 2825.
Lucain, 4066.
Lucas (D^r), 2142.
Lucchesini, S. J. (J. L.), 4357.
Lucius (Jean), 2846.
Ludewig (J. P. de), 1888, 1995.
Ludolf (Job), 3410.
Lücking (Gust), 4404.
Lünig (J. Chr.), 2239.
Lüthgen (Edm.), 5164.
Lulle (Raymond), 5074, 5159.
Lumby (J. R.), 2003.
Luneau de Boisjermain, 4301.
Lunzi (Ermanno), 3165.
Luppé de Garané (J. B. de), 3830.
Lusignan (Étienne de), 2923, 3042-43, 3224, 3228-29.
Luther (Martin), 3316, 3362-68, 3549, 3557, 3915.
Lutzenburg (Bern. de), 3756.
Lycosthenes, 2210.

M

Mabille (Ed.), 2488, 2520.
Mabillon (Dom J.), 1987-1988, 4463.
Macer (Casper), 3446(10).
Machéras (L.), 3230.
Machiavel, 2691, 4205.
Macray (W. D.), 2003, 2149, 4912.
Macrin (Salmon), 3871.
Madden (J. P. A.), 4625.
Mader (J. J.), 4860.
Maerlant (J. van), 2147.
Mätzner (Ed.), 4423.
Magagno, 3451(3-4).
Maganza (G.-B.), 3451(5-6).
Magnabal (J. G.), 2300, 4529.
Magnæus (Finn.), 4917.
Magnasco (Salv.), 3080.
Magnesius (Eleut.), 3436(10).
Magnienville (R. de), 2474.
Magno (Celio), 3451 (7-8).
Magnússon (Eirikr), 2003.
Magri (Carlo), 3856.

Magro (Orlando), 3878.
Mahomet II, 3496-3500.
Mahn (C. A. F.), 4088.
Maichelius (Dan.), 4861.
Maier (J. Chr), 3081.
Maier (J. J.), 4934.
Maignen (Maurice), 2482.
Mailhard de la Couture, 2104.
Maillard de Chambure (C. H.), 3778.
Mailly, 3044.
Maimbourg (Louis), 3045-50.
Mainoni (Stef. de), 2899-2900.
Maitre (L.), 4554.
Major (Georg.), 3285.
Major (Thomas), 2717.
Makkari (Ahmed Ibn Mohammed Al), 2194.
Makrisi, 2195-97.
Makuscev (Vinc.), 1896, 2840, 3122.
Malaspina (Germ.), 3583.
Malatesta (Porta), 4313.
Malespini (L. G. Th.), 4325.

Mall (Ed.), 4120.
Mallement de Messange, 5134.
Mallet (Georges), 2788.
Mallet (Gilles), 4893.
Malmesbury (Guillaume de), 1964, 2003.
Malombra (Bart.), 3451 (10).
Malte-Brun (V. A.), 2521.
Maltzahn (Wendelin von), 4708.
Mamerot (Sebastien), 2117.
Mandina (Ben.), 3584.
Mandrot (Bernard de), 2803.
Manente (And.), 3123.
Manente (Ciprian), 5189.
Manesis (N. B.), 3162.
Mangeart (J.), 4900.
Mangelli (Franc.), 4318.
Manin (Daniele), 2758.
Manitius (Max), 4148.
Manne (E. de), 4584.
Mannheimer (Moses), 2325.
Mannier (E.), 2629, 3831.
Manno (Antonio), 1859, 2008, 2885.
Manolesso (Em. Maria), 3636.
Mansi (J. D.), 1857, 2642, 4437.
Manso (Giamb.), 4322.
Mansuet le jeune (Le P.), 3779.
Mantelius (J.), 2625.
Manuel (M.), 3200.
Manzano (Scipion di), 4333.
Manzo (Michele), 3427.
Manzoni (Ales.), 4197.
Marca (P. de), 2633.
Marcello (Pietro), 3585.
Marchal (M.), 4044.
Marchand (Louis), 2957.
Marchant (N. D.), 2891.
Marchesi (G. V.), 3938.
Marchianus (S.), 3384.
Marc-Monnier, 4318.
Marco (Saverio de), 3260.
Marczali (Heinr.), 2807.
Margeret (Capitaine), 2826.
Margerie (A. de), 4557.
Mariani (G. A.), 2768.
Marigny (Abbé de), 2971.
Marin, 2972.
Marinella (Lucrezia), 4334-35.
Marino (Gio. Bat.), 2329.
Mariti (Gio.), 3214, 3501.
Marks von Marksfeld (J.), 2885.
Marmora (And.), 3166.
Marostica (Vic.), 3451 (11).
Marquard (Joh.), 4004.
Marquis (Léon), 2497.
Marrast (Aug.), 2371.
Marrier (Mart.), 4689.

Marsh (G. P.), 4422.
Marsy (Cte A. de), 2147, 2240, 2513, 2884, 3105, 3957, 4745, 5030.
Martene (Dom Edmond), 1851, 1889, 1989-90.
Martiano (Gio. Mich.), 3260.
Martignier (D.), 2775.
Martin (L. Aimé), 4155, 5069.
Martin (Alexis), 3991, 4561.
Martin (Ch. T.), 2003.
Martin (Ernst), 4107, 4415, 4527.
Martin (F.), 2198.
Martin (Gabriel), 4746.
Martin (Henri), 2951.
Martin (Abbé J.), 2314.
Martinelli (Bonifacio), 4315.
Martinengo (Nestor), 3448 (22-23), 3585, 3642, 4360.
Martini (Ad.), 4944.
Martini (J. Christ.), 2241.
Martini (Pietro), 2724, 2989, 4959.
Martinov (Le P.), 4550, 4871.
Martonne (De), 4652.
Martorana (Carmelo), 2995.
Marulli (Geronimo), 3832.
Mascellis (Rob. de), 3856.
Masen (Jacques), 2579.
Masinelli (Ant.), 4324.
Mas Latrie (L. de), 2271, 2752, 2852, 3160, 3212, 3222, 3231-32, 3239, 3240, 3243, 3743, 3858, 4005-4006, 5065, 5096, 5098.
Mas Latrie (R. de), 3222, 5020.
Massarengo (Bat.), 4310.
Massillon, 4161.
Massmann (H. F.), 2053, 2106.
Masson (Fr.), 2457, 2469, 2472.
Massonio (Bern.), 3278.
Massuet (P.), 2847.
Matagrin, 2933.
Matranga (P.), 4050.
Mathieu (Pierre), 3192.
Matkovich (P. P.), 3003.
Matraja (Gius.), 2705.
Matthæus (Ant.), 1991.
Matthaeus (Jo.), 4533.
Matthieu d'Edesse, 2198, 2205.
Mattioli (Pietro di), 2679.
Mattos (Andre Rodriguez de), 4306.
Matzner (F. L.), 3180.
Maulde (De), 2315.
Maury (L'abbé), 3206.
Maxe-Werly (M. L.), 2904.
Maynard (Abbé), 5076.
Mayor (J. E. B.), 2003.
Mayre, S. J. (Jacques), 3868.
Mazarin, 2468.
Mazuy (A.), 4303.

TABLE ALPHABÉTIQUE 629

Mazza (Carl' Ang.), 4198.
Mazzantini (G.), 4275.
Mazzuchelli (Cte G. Ma), 4124, 4754.
Médicis (Étienne de), 2523.
Medin (A.), 2683, 4194-96.
Medovikov (P.), 3148.
Meduna (Bart.). 3448 (38).
Meerhemius (G. A.), 3081.
Megiser (Hieron.), 3887-88.
Mehren (F. A.), 3187.
Meibom (Henri), 2087, 2554, 3086.
Meinertz (O.), 4944.
Melanchton, 3356, 3864.
Mélissinos (S.), 3282.
Melleville, 2522.
Mellin (S. G.), 3085.
Meloncelli (G. M.), 3689.
Melot, 2100.
Mély (F. de), 5096.
Melzi, 4585, 4702-4704.
Membre (Ph.), 3446 (15).
Memmo (Andrea), 3731.
Menabenus (A.), 5136-37.
Menabrea (Léon), 2993.
Menard (Claude), 2096.
Menasseh ben Israël, 2316.
Menavino (Gio. Ant.), 3553.
Mendez (Franc.), 4624.
Mendez (Joachim), 3354.
Mendo, S. J. (And.), 2420, 3757.
Meneghelli (Ant.), 4534.
Meneses de la Ericeyra (Luis de), 3269.
Menestrier (Le P.), 2924.
Menichini (And.), 3369.
Menin (L.), 2165.
Mennens (Fr.), 3758.
Menzies (John), 1971.
Méon, 4101.
Méray (Antony), 4706.
Mercier (R. P.), 2527.
Mercier de Saint-Léger, 4625.
Mercure (Jean), 3370.
Merkel (C.), 2008.
Merlet (L.), 4431.
Mermet, 4121.
Mery (Louis), 4008.
Metello (Vicenzo), 3450 (5).
Métivier (Georges), 4397.
Meursius (J.), 3167.
Meusel (J. G.), 4668, 5036.
Meyer (Ant.), 4358.
Meyer (Ed.), 2326.
Meyer (Elard Hugo), 1984.
Meyer (J.), 2801.
Meyer (Lud.), 4420.

Meyer (Paul), 2152, 4092, 4110, 4117, 4132, 4907, 5047.
Meyer (Wilhelm), 4177.
Meyer von Knonau (G.), 1905.
Mézières (Ph. de), 3234.
Miansarof, 4799.
Michaeler (Carol.), 4421.
Michaud, 3351-58, 3093.
Michaut (N.), 4859.
Michaux aîné, 2527.
Michel (Francisque), 1869, 1953, 2062, 2102, 2447, 2610, 4009, 4127-28.
Michel (Marius), 4568.
Michel Acominatos, 2159.
Michelant, 4900.
Michele della Vedova da Pola, 3287.
Michelet, 1867, 3081.
Micyllus (J.), 3336.
Miège, 3855.
Migieu (Mis de), 2872.
Mignard, 3120, 3785.
Migne (Abbé), 5172.
Miklosich (F.), 1895.
Milanesi (Carlo), 5020.
Miliarakis (A.), 3168.
Milius (Abraham), 2290.
Miller (E.), 2160, 2374, 2382, 2891, 3156, 3230, 3858, 4977.
Millet (A.), 4431.
Millot (Cl. Fr. X.), 4089.
Mills (Ch.), 3059-60.
Miltitz (Fr. von), 4814.
Mimaut (J. Fr.), 3859.
Minadoi (Gio. Thom.), 3503.
Minciotti (L. Ma), 4954.
Mingarelli (J. A.), 5012.
Minicis (G. de), 2690.
Minieri Riccio (Camillo), 1961, 2133, 2665-2667, 2674, 2641, 4769.
Minzloff (Ch. R.), 4986.
Miola (Alfonso), 2952, 4539, 5065.
Mira (G. M.), 4660, 4780, 4783.
Mirabaud (Paul), 4544.
Mirabella (Fr. M.), 4318.
Miræus, voir Le Mire.
Mireur, 3742.
Misiewski (Th. A. de Smielowa Wola), 3372.
Mittarelli (J. B.), 4960.
Mitternacht (J. Seb.), 2291.
Mittler (Fr. L.), 4178.
Mizauld (A.), 5138-5147.
Mkhitar d' Aïrivank, 3250.
Modestino (Carmine), 4324.
Modico (Gulielm.), 3454 (14).
Moeller (Jo. Geo. Pet.), 3416.
Mœllerus (J. H.), 2905.

Moffan (N. de), 3504, 3542.
Mohammed ben Abi el Raïni el K'aïrouâni, 2199.
Mohy (Renacle), 3373.
Moland (L.), 4114.
Molanus (Jean), 3061.
Molière, 4162-63.
Molinari (J. A.), 2704.
Molinier (Aug.), 2428, 2527, 4871, 5076.
Molinier (Émile), 1871, 2450, 2527, 5090.
Moller (Johan.), 4579.
Molmenti (P. G.), 2749.
Moltke (L. N. de), 2713.
Moltmann (Johan.), 2597.
Moltzer (Jacques), *voir* Micyllus.
Mommsen (Th.), 2347.
Monaci (E.), 4148.
Monardo (Gio. Maria), 3270-71.
Moncada (F. de), 3150-51.
Moncol (Le Ch^{er} de), 3800.
Mondagnaro (A.), 3834.
Mondello (Fort.), 4972.
Mondini (Tom.), 4284-85.
Monfalcon, 2533-34.
Mongitore (Ant.), 3916, 4781.
Monmouth (H., comte de), 2621.
Monnet (L.), 2765.
Monnier (Fr.), 2414, 3104.
Monod (Gabriel), 2425, 4738, 5050.
Monodo, S. J. (Pietro), 3238.
Monro (Rob.), 2589.
Montagnac (Élizé de), 3765, 3855.
Montaiglon (A. de), 2943, 3206, 5097.
Montalbanus (J. B.), 3568.
Montalbanus (Ovidius), 4815.
Montaldo (Ad. de), 3281.
Montcarmet (E. de), 3180.
Montefiore (M. A. de), 3637.
Montégut (Émile), 5083.
Montégut (De), 2448.
Monteil (Amans-Alexis), 2408, 4862.
Montelius (O.), 2955.
Monterde (Gérôme), 3372.
Monte Rodigina (Isacratea), 3448 (44-45).
Montesquieu, 4155.
Montet (Alb. de), 2776.
Montevecchio (Cte Giulio di), 4331-32.
Montfaucon (B. de), 4448, 4464, 5003.
Montoiche (Guill. de), 3611.
Montucci, 2391.
Monval (G.), 4163.
Moquot, S. J. (Steph.), 4376.
Mora (Domenico), 3375.
Morana (G. A. M.), 4042.
Morandini d'Eccatage (F.), 4397.
Morant (Le P.), 1855.

Morbio (Carlo), 1898, 2468, 2885, 5096.
Morcaldi (Gab.), 4966.
Mordtmann (A. D.), 2386, 2891, 3287.
Moré de Previala (E. de), 2874.
Morel de Voleine, 2541, 5084.
Morel-Fatio (A.), 2873, 4871.
Morelli (J.), 3256, 5005, 5015.
Moreni (Domenico), 4784.
Moréri, 2282.
Moresini, *voir* Morosini.
Morf (H.), 4148.
Morisot (Cl. B.), 2242.
Morlais (M.), 2123, 2153.
Morlopino, 2761.
Mormayr (J. von), 3086.
Moro (G. B.), 3709.
Moroni (Cte Aless.), 4791.
Moroni (G.), 3645.
Morosini (And.), 3124.
Morosini (Francesco), 3692.
Morosini (Paolo), 2750, 3124.
Morossi (B.), 2756.
Mortara (Cte A.), 4918.
Morpurgo (Victor), 3750.
Mortier (L. P.), 3084.
Mortillaro di Villarena (V.), 2668, 4755, 4972.
Mortillet (J. de), 2957.
Mosch (Fr.), 2091.
Moschus, 4056.
Mosheim (R. von), 2564.
Mossi (Antonio), 3062.
Mossion, 2802.
Mosto (Alvise da), 3984-87, 4010-12.
Motta (Emilio), 2801.
Moudjir ed Dyn el Hanbaly, 2318.
Moule (Thomas), 4813.
Moura (José de Santo Antonio), 2180.
Mouskes (Philippe), 1954, 2138.
Mowat (R.), 2882, 2953.
Mucciolo (J. M.), 4961.
Mucius (Achilles), 3454 (15).
Mühlbacher (E.), 1861, 5044.
Mülinen (E. Fr. von), 2777.
Müllenhoff (Karl), 4415.
Müller (Aug.), 4795.
Müller (Chr. Gottfr.), 4935.
Müller (Heinr.), 3462.
Müller (K. E. H.), 5168.
Müller (J. B.), 2780.
Müller (Joseph), 2064, 2382, 3738.
Müller (Max), 4373.
Müller (Ottfried), 4474.
Müller (W.), 4407.
Münch (Ernst), 3505.
Münter (Fried.), 3432, 3784.
Müntz (Eugène), 4971, 5094.

Mulionus (Seb.), 2761.
Muller (J. Emmanuel), 2395.
Muller (L.), 2933.
Muller (S.), 2150.
Multivallis (J.), 2055.
Muñoz y Romero (Thomas), 4725.
Muntaner (Rancon), 2112, 3150-51.
Muralt (E. de), 2158, 2369, 2771, 4987.
Muratori (L. A.), 1899, 2008-2009.
Muratori (Pietro), 1900.
Muret (M. Antoine), 3448 (35), 3585, 4079.
Murith, 2790.
Murr (Christ. Th. de), 2956.

Musatti (Eugenio), 4042.
Musculus (And.), 3347.
Musenga (Filippo), 3961.
Mussafia (Adolf), 4090, 4140, 4404.
Mustoxidi (Andrea), 2763, 3169-70.
Mutii (M. L.), 3694-95.
Mutio (Hier.), 3451 (12).
Mydorge (Claude), 5148.
Myluis (Georg), 3376.
Mynsinger de Frundeck (Joachim), 3377, 3454 (6-7).
Mystakidis (M. L.), 3171.

N

Naberat (Le Cœur de), 3805, 3835.
Nagler (G. K.), 4569, 5177.
Nagy (J.), 1894.
Nahuys (Cte Maurin), 4812.
Namur (A.), 4626, 5065.
Namur (P.), 4661.
Nangis (G. de), voir Guillaume.
Nanni (P.), 3395.
Napoléon III, 2348.
Narbone (Al.), 4782.
Narbucci (Enrico), 4534, 4962, 5000.
Nasmith (Jac.), 4908.
Natta (Marc Ant.), 3378.
Naucler, 2243.
Naudé (Gabriel), 2266.
Naudet, 2934.
Nauhaus (Sam.), 4415.
Naumann (Rob.), 5052.
Nauroy (Ch.), 4623.
Nausea (Fr), 5149.
Navarrette (Martin Fernandez de), 3015.
Nazari (Gio. Bat.), 3448(14).
Neander (Aug.), 3107.
Nebe (Gust.), 2585.
Neckam (A.), 2003.
Neergaard (T. C. Bruun), 5095.
Negri (A. M.), 2323.
Negri (Giulio), 3094, 4764.
Nell (Franz Ma von), 3785.
Nelli (Pietro), 3451 (13).
Nellingen (Hermann de), 3552.
Nepos (Cornelius), 2799.
Neri (A.), 5037.
Nersès Klaietsi, 2200.
Neser (Aug.), 3379.
Nestor, 2161-63.
Nesselmann (G. H. F.), 2905.
Nettelbladt (Christ.), 3932.

Nettement (A.), 4519.
Neubauer (Ad.), 2325, 4909, 4912, 5059.
Neubaur (L.), 2328.
Neumann (Max), 4044.
Neumayer (J. Wilh.), 3638.
Nève (Émile), 4604.
Nève (Félix), 2205, 3084.
Nevenar (Hermann de), 2430.
Neveu (Léon), 3786.
Newbury (Guillaume de), 1968.
Newdorffer (J.), 3446(2).
Nicaise (Auguste), 2951-52.
Nicéphore Gregoras, 1978.
Nicétas Acominatos, 1978, 2164-65.
Nicholl (A.), 4910.
Nicolai (Fried.), 3785.
Nicollis (Laur. Vigil. de), 3962.
Nicolson (W.), 4555.
Niebuhr (B. G.), 1959.
Niederstett (Burch.), 3837.
Nigro (Fr.), 3491.
Nijhoff (J. An.), 5029.
Nil (Saint), 3380.
Nimtsch (E. H. de), 2078.
Nisard (Ch.), 2938, 4394, 4499, 4538.
Nitzsch (K. W.), 2150.
Nizet (F.), 4576.
Nobilleau (P.), 1928.
Noël (Le P.), 5066.
Nöldeke (Theod.), 2326, 3221.
Nogueira, S. J. (Louis), 3421.
Noltenius (R. A.), 2838.
Nomi (Fed.), 3702.
Noorden (Carl von), 2426.
Norberg (M.), 3506.
Nores (Jason de), 2760, 5075.
Nourry (Abbé G.), 3206.
Nostradamus (Jean de), 4091.

Nozzolini (Tolomeo), 4247.
Nucula (Horatio), 3604.
Nuti (Giulio), 3451 (14).

Nyáry (A.), 1894.
Nyrop (Krist.), 4520.

O

Oberhummer (Eugen), 4040.
Obrecht (Georg.), 3381.
Obsopæus (Vinc.), 3573.
Occioni-Bonaffons (Gius.), 4765.
Ochoa de la Salde (Juan), 3265.
O'Curry (Eugène), 2615.
Oderico (G. L.), 4013.
Oesterley (Herm.), 2565, 4494.
Oettinger (E. M.), 2244, 4662.
Ogier (Simon), 4080.
Ohsson (C. d'), 2999.
Ohsson (Ignace Mouradja d'), 2998.
O'Kelles (Edw.), 2953.
O'Kelly de Galway (A.), 3947.
Oksza (Th. d'), 1894.
Olearius (Jean), 3382.
Olesnicki (Sbign.), 3914.
Oliva (D. Sim.), 4328.
Olivieri (Agost.), 4973.
Ollier de Marichard (Jules), 4040.
Ollivier (Jules), 2993.
Omèridés (P. S.), 3172.
Omont (H.), 4105, 4640, 4865, 4900.
Onofrj (Pietro d'), 3422, 3856.
Onofrio (J. B.), 4399.
Opitergino (Fr. Melch.), 4325.

Oporinus (J.), 4627.
Oppel (J. O.), 2037.
Oppert (Gust.), 3003.
Oppert (J.), 2272, 4049.
Ordéric Vital, 2018.
Oresme (Nicole), 4014.
Orlandi (Pell. Ant.), 4628, 4762.
Orronville (Cabaret d'), 1941, 3255.
Ortelius (Abr.), 4462.
Ortenburg (H. von), 3837.
Ortensio (R. d'), 4318.
Orthmanus (M. Casp.), 3348.
Oster, (E.), 2154.
Osterhausen (Chr. von), 3837.
Othon de Freising, 2113, 2115.
Ottema (J. G.), 2628.
Otterbourne (Th.), 1951.
Otto (Fried.), 4546.
Ottonelli (Giulio), 4314.
Oudin (Casimir), 2147.
Oukhtanès d'Ourha, 3250.
Oultreman, S. J. (Le P. d'), 3696, 3152.
Ouspenski (Th.), 2165, 2828, 2848, 2973.
Ovide, 4066, 4108.
Ozeray (J. F.), 3095.

P

Paciaudi (Paolo Maria), 3838.
Pacifico (Pierantonio), 3710.
Pacifique de Provin (Le P.), 3495.
Padavino (J. B.), 1905.
Padiglione (Carlo), 3161, 3272, 4972.
Padovan (G.), 4275.
Pætsch (E.), 3093.
Paganelli (Christ.), 3454 (23).
Pagani (Z.), 3743.
Pagano (Carlo), 3153.
Pagezy (Jules), 3199.
Pagnini, 3988.
Paillard (A.), 2370.
Palacky (Fr.), 3002.
Palatius (Joh.), 2751.
Paléologue (Michel), 2368.
Palermo (Franc.), 4963.
Palma Cayet, 2168.
Palmieri (Matteo), 2670.

Palomes (A.), 2672.
Palumbo (Ern.), 4756.
Palustre (Léon), 5088.
Pangalus (Theod.), 3384.
Pannenborg (A.), 2073, 2078.
Pannier (Léop.), 4117, 4876.
Pansa (Francesco), 2675.
Pantaleon (Henri), 2068, 2821, 3839.
Pantzer (Chr. W.), 3410, 3453 (10).
Panzer (G. W.), 4663.
Paoletti (G.), 3077.
Paoli (Paulo Antonio), 3840.
Paoli (Cesare), 1884, 2131, 3161, 4957.
Paolo (Toso), 4278.
Papadopoulos-Vrétos, 4680.
Paparrigopoulo (M. C.), 2371.
Pape (W.), 4380.
Paradin (Claude), 2409.
Paraeus, *voir* Waengler

Parchi (G. B.), 3192.
Pardessus, 1903, 3216.
Parent (Auguste), 2317.
Paris (Gaston), 2078, 2328, 4092, 4117, 4138-4139, 4400, 5047.
Paris (Louis), 2041, 2161, 2918-19, 4892-93.
Paris (Mathieu), 2003.
Paris (Paulin), 2043, 2071-72, 2083, 2102, 2105, 2153, 4219, 4895.
Parisot (Val.), 2356.
Parme (Jean Louis de), *voir* Jean Louis.
Paruta (Paolo), 3448 (36), 3639-40.
Pascal (Blaise), 5076.
Pascale (Pietro), 4329.
Pasch di Krienen, 3726.
Pasi (Barth. di), 4015-16.
Pasini (G. Luca), 4950.
Pasius, S. J. (F.), 3399.
Paspatis (A. G.), 2372-73.
Pasquier (H.), 2153.
Passier (Alph.), 2931, 4869.
Passier (Henry), 2931.
Pastoret Mis de), 1903, 3081.
Pater (Paul), 3554.
Patin, 4475.
Patkanov (K. P.), 4799.
Patrici (Francesco), 4314.
Paulet (Léon), 3097.
Pauli (Seb.), 3841.
Pauly, 2945.
Pausanias, 2165.
Pauw (Napoléon de), 5020.
Pavie (Eusèbe), 3063.
Pazowski, S. J., 2829.
Pears (Edwin), 3125.
Pecock (Reginald), 2003.
Pedrezzano (Gio. B), 3982-87.
Pegolotti (Fr. Balducci), 3988.
Peigné-Delacourt, 2553, 3198, 4120.
Peignot (Gab.), 4664, 4993.
Pelet (Aug.), 5085.
Pellegrini (Dom. M^a), 4629.
Pelliccia (A. A.), 1998.
Pellicer y Saforcada (Juan Ant.), 4726.
Pellico (Silvio), 4200.
Pellissier (E.), 2199.
Pellot (P.), 4527.
Peltier (Abbé), 5174.
Penka (Karl), 2292.
Pennino (Ant.), 4630.
Perault (Raymond), 3586.
Percheron (A), 4820.
Percy (Thomas), 4193.
Pérennès, 5175.
Perez de Lara (Alonso), 3423-24.
Pericaud (Ant.), 4631.

Perlbach (Max), 3933.
Perny (Paul), 2482.
Perolari-Malmignati (Pietro), 3860.
Perosino (Daniel), 3450 (1).
Perraud (A.), 2615.
Perreau (A.), 2884.
Perrero (A. D.), 3952.
Perrey (Alexis), 4836.
Perrier (Eug.), 2041.
Perrot (Georges), 4373, 5182.
Perschke (Jacob), 3934.
Persoglio (Vinc.), 3857.
Pertz (G. H.), 1992, 2034, 5023.
Peruzzi (S. L.), 4017.
Pesthy (Fr.), 3380.
Petau (Alex.), 5014.
Petermann (H.), 2205.
Petersen (Chr.), 2955.
Petersen (Johann), 2559.
Pétin (Abbé), 5176.
Petit (E.), 1867.
Petit de Baroncourt, 2648, 2672.
Petit de Julleville (L.), 4126.
Pétrarque, 4201, 4534-35.
Petri (Suffridus) *ou* Peeters (Sjurd), 2626-27.
Petricius (J. J.), 3661.
Petrie (Henry), 1893.
Petrone, 4068.
Pétrovich (G. T.), 3272.
Petrucciis (J. A. de), 4539.
Pettenegg (Gast., comte Pöttikh von), 3917.
Petzholdt (Julius), 4665, 4936, 5045.
Peucer (Caspar), 5150.
Peutinger (Conrad), 2074.
Peyré (J. F. A.), 3098-98 *bis*.
Peyssonel (M. de), 4018.
Pez (Dom Bern.), 4688.
Pez (Jérôme), 2013.
Pezzana (Ang.), 4773.
Pfaffenhoffen, 2891, 3432.
Pfahler (J. G.), 3106.
Pfaltz (Chr. Aug.), 3386.
Pfanner (T.), 2926.
Pfeiffer (Franz), 3913, 4179.
Pfeiffer (Fried.), 4415.
Pflugk-Harttung (J. von), 2349, 2597, 4415, 4465, 4511.
Phèdre, 4066.
Philé (Manuel), 2374.
Philippe de Chypre, 2165.
Philippon de la Madelaine, 4303.
Philippson (Jean), *voir* Sleidan.
Photius, 4449.
Piamonte (Giacomo), 3679.
Piazza (Cte Vinc.), 2939.
Picca (Greg.), 3448 (46).

Piccolomini (Æ. Sylv.), 1884, 3458-59.
Piccolomini-Adami (Conte T.), 2712.
Pico (Ranuccio), 3099.
Pictet (A.), 2293.
Pieriboni (G.), 3645.
Pierling (Le P.), 2838.
Piermartini (G.), 4338.
Piero (Paolino di), 2147.
Pierre de Blois, 2118.
Pierre V, év. de Lodève, 2120.
Pierre de Dusburg, 3918.
Pieters (Ch.), 4605.
Pietrasanta duca di Serradifalco (D. Lo Faso), 3193.
Pietraszewski (Ign.), 2905.
Piétrement, 2289.
Pietro (F. Em. di), 3199.
Piette (Édouard), 2946.
Pigafetta (Filippo), 3302, 3310.
Pigeonneau (H.), 4218.
Pignatelli (Stefano), 3683.
Pignotti (Lorenzo), 4205.
Pike (L. O.), 2003.
Pillito (I.), 5065.
Pilot (J. J.), 2993.
Pinard, 2493.
Pinchart, 5006.
Pinçon (P.), 4652.
Pindemonte (Leonida), 3587.
Pinet (Antoine du), 2535.
Pins (Jean de), 4097.
Pinto de Sousa (José Carlos), 4728.
Pinton (Pietro), 2762.
Piolin (P.), 1928.
Piscatorius (J.), 3436 (12).
Pissot, 3786.
Pistalocius (Vinc.), 3387.
Pistorius (J.), 2006.
Pithou (P.), 1979.
Pitonius (J. O.), 3731.
Pitra (Card.), 4964, 5183.
Placentinis (Hieronym. de), 4305.
Planté (Adrien), 2371.
Plattner (Pl.), 1905.
Plaute, 4067.
Plebani (Ben.), 5151.
Plusard (J.), 3789.
Pocadatoro (A.), 3645.
Pococke (Edv.), 2174.
Poey d'Avant (E.), 2325.
Poggio (F. Vinc. di), 4965.
Pogodin (Mich.), 2163, 2830.
Poillon (L.), 2321.
Pointe (J. P.), 2536.
Pointeau (Ch.), 3063.
Poitevin (P.), 4155.

Poitou (Guillaume IX, comte de), 4095.
Pola (Cte Camillo), 3893-94.
Polain (M. L.), 2246, 3095, 3097.
Polien, 4082.
Politien (Ange), 4083.
Pollok (Ch.), 2153.
Pollux (Julius), 2167.
Polo (Marco), 2081.
Poncet (Le ch^{er}), 2449.
Poncet La Grave, 2607.
Pont (Alexandre du), *voir* Alexandre.
Ponton d'Amécourt (A. de), 4401.
Ponton d'Amécourt (Vte G. de), 2874.
Poole (W. Fr.), 4846.
Porcia (Jac.), 3260.
Porée (L'abbé), 2042.
Porro (Giulio), 1859, 1864, 4205.
Port (Célestin), 2478, 4019.
Porta (J. B. della), 5152.
Porta (Nicolo), 3712.
Posse (O.), 2153.
Posselt (E. L.), 2479.
Possenti (Ant.), 3273-74.
Possevino, S. J. (Ant.), 4685.
Possin, S. J. (P.), 1936.
Postansque (A.), 2131.
Postel (Guillaume), 2964.
Potiquet (A.), 4521.
Potocki (Comte J.), 2831-32.
Potthast (A.), 1904, 2085.
Potvin (Ch.), 4705.
Pouget (Franç.-Aimé), 3900.
Poujoulat (B.), 2314, 3053, 3154, 3751.
Poulet-Malassis (A.), 4570.
Poyssenot (Philibert), 2066.
Pozzo (Bart. dal), 3842.
Pozzo (P. de), *voyez* Puteo.
Prætorius (Joh.), 3388.
Prat (Henri), 3105.
Prati dalla Rosa (Pier Luigi), 3292.
Preca (Annibale), 3848.
Predelli (R.), 2753.
Prete (Leone del), 4965.
Prévault (H.), 3100.
Prichard (James Cowles), 2294.
Princtius (G.), 2210.
Prinz (P.), 2648.
Privat de Fontanilles, 3859.
Procope, 2168.
Prodrome (Th.), 4374.
Prologo (Arcangelo), 2727.
Promis (Carlo), 2707.
Promis (Domenico), 2885, 3153.
Promis (Vincenzo), 1859, 2942.
Prost (Aug.), 2148, 2884, 4853, 4900.
Prou (Maurice), 2061.

TABLE ALPHABÉTIQUE

Prudhomme (Evarite), 3247.
Pruner-Bey, 4040.
Prutz (Hans), 2070, 2110, 2115, 2339, 2576, 3064, 3116, 3119, 3766, 3784, 3933.
Ptolémée de Lucques, 1960, 2119.
Pucci (Anton), 4231.
Pulghee (D.), 2395.

Pullan (R. Popplewell), 2391.
Pusey (E. B.), 4910.
Puteo (Julius a), 3293.
Puteo (Paris de), 2247.
Puylaurens (Guillaume de), 2120.
Puymaigre (Cte de), 4527.

Q

Quaddri (A.), 2761.
Quatremère (E.), 4547.
Quérard (J. M.), 4582, 4739.
Quercetanus (And.), 4689.
Quétif (J.), 4691.

Quicherat (J.), 2410, 2450, 4431.
Quilici (G. M.), 3235.
Quintin (J.), 3875, 3884-85 *bis*.
Quirini (Angelo Maria), 3173-73 *bis*, 4632.

R

Rabanis (J.), 3239.
Rachel (Paul), 3612.
Rachio (Franc.), 3009.
Raczinski (Cte Ed.), 3931.
Radente (Ant.), 3968.
Rædle (N.), 1905.
Rahel (Pierre), 2201.
Raine (J.), 1868, 2003.
Rajna (Pio), 4522.
Ram (De), 3095.
Rambaud (Alfred), 2142, 2375-76.
Ramberti (Benedetto), 3555-56.
Ramos (Diego), 3425.
Ramus (Christ.), 2875.
Ramusio, *aliàs* Ramnusio, *aliàs* Ramnusio (Paolo), 3126-27.
Ranzov (H. de), 2284.
Rapoun (V.), *voir* Vahram.
Rasario (Gio. Bat.), 2805, 3453 (5), 3456, 3641-42.
Rasmussen (J. L.), 2975.
Ratjen (H.), 4937.
Raumer (Fr. von), 2590.
Ravaisson (Félix), 4896.
Ravisius Textor, 2281.
Ravoley (W.), 5110.
Rayet (O.), 2953.
Raynal (L'abbé), 4020.
Raynaud (Gaston), 4117, 4120, 4871.
Raynouard, 3786-87.
Razzolini (L,), 4792.
Re (Giuseppe Del), 1961.
Rebière (Julien), 3789.
Rebolledo (B. de), 4209.
Regenbogen (J.), 3081.
Reghellini, 3782.
Reichau, 3104.

Reichenau (Berno von), 2597.
Reichenbach (E.), 2800.
Reiffenberg (B^{on} de), 1954, 2153, 2629, 3119, 4106, 4216.
Reifferscheid (Aug.), 2154, 4484.
Reinach (S.), 2957.
Reinaud, 2338, 2904, 2956, 2980-81, 2990, 3196, 4021, 4425, 4641, 4871, 5088.
Reinaud (Abbé), 3785.
Reineccius (R.), 2022, 2081, 2554, 3065, 5190.
Reinerus (Alemannius), 4084.
Reinhard (J. P.), 3233.
Reinwald (G.), 4944.
Reisch (Greg.), 5163.
Reiserus (M. Ant.), 4938.
Reiset (Le comte de), 2462, 2471.
Reiske (J. J.), 2178, 2968, 2974.
Remedi (A. A.), 2882.
Rémusat, 2199.
Renda (Filippo), 2710.
Renda (Giovanni), 2710.
Renier (Léon), 2953.
Renne (A. de), 4606.
Rentzmann (W.), 2876.
Repetti (Em.), 2644.
Républiques (Collection des), 2213.
Rethwisch (Conr.), 3932.
Reumont (Alfr.), 3859, 4756.
Reusner (Nic.), 3397, 3454 (10).
Reuss (F. A.), 2146.
Reuss (J. D.), 4939.
Révillout (E.), 2334, 2877, 4548.
Rey (E. G.), 1867, 3217-18, 3782.
Rhodocanakis (D. J.), 3295-99.
Rhodomann (Laur.), 2319.
Rians (Audin de), 4202.
Ribbe (Ch. de), 2474.

Ribbegourt (Éveline), 3159.
Ribera (Pietro Paolo di), 3572.
Ribordy (Louis), 2795.
Ricci (Corrado), 2679.
Ricci (G. B.), 3952.
Ricci ou Riccio (Michel), 2249-50.
Ricciardo (Franc.), 4757.
Riccoboni (Ant.), 3645.
Riccoboni (Mme), 4257.
Richard de Bury, 4559.
Richard de Devizes, 1943-44.
Richard de Radonvilliers (J. B.), 4401.
Richard le pèlerin, 4219-4220.
Richardson (O.), 4131.
Richier (Chr.), 3510.
Richter (Ed.), 2994.
Richter (Gust.), 2427.
Ricold de Monte Croce, 3546, 3551, 3557-59.
Riedel (D^r), 4944.
Rieger (Max), 4413.
Rietstap (J. B.), 2927.
Rieus (Antoine Pierre de), 2093-2097.
Riezler (Otto), 2576.
Riga (Pierre), 2147.
Rigoley de Juvigny, 4735.
Rigord, 2018.
Riley (H. T.), 2003.
Rilli (Annibale), 4361.
Rilliet (Albert), 2771.
Rimmel (Eugène), 4165.
Rinaudo (C.), 5051.
Rinck (F. Th.), 2196.
Ringhieri (Fr.), 2329.
Rio (Balth. del), voir Del Rio.
Riseberg (Laur.), 3511.
Rishanger (William de), 2124.
Ris Paquot, 5090.
Rispart (Eugen), 2325.
Rittershuys (Conr.), 2076.
Ritzke (E.), 2144.
Rivain (Camille), 4517.
Rivander (Jonas), 3311.
Rivaz (P. de), 2796.
Rizo (Jacovaky Néroulos), 4479.
Rizzardo (Gir.), 3264.
Robaulx de Soumoy (A. L. P. de), 2039.
Robert (A. C. M.), 4495.
Robert (Charles), 2882, 2947, 5105.
Robert (Ulysse), 2146, 2919, 4117, 4527, 4897, 4995.
Robert de Torigny, 2123.
Robertson (Alex. Cuningham), 4291.
Robertus Monachus, 2121.
Robida (A.), 2778.
Robiou (F.), 2337.
Robson (John), 4186.

Robyns (Laurent), 2625.
Rocca (Vincent), 3512.
Rochebrune (O. de), 2952.
Rocher (L'abbé), 3957.
Rockinger, 4043.
Rodd (Thomas), 4145.
Rodrigue de Tolède, 2185.
Rodriguez (Didacus), 3895.
Roeder (Paul.), 4640.
Röder von Diersburg, 3685.
Roehl (H.), 2338.
Röhricht (R.), 3032, 3081, 3086, 3219, 4709.
Roesler (E.), 2339.
Rogadeo (Giandonato), 3902.
Roger (P.), 2550-51, 3083, 3086.
Rogge (Adolf), 4049.
Rogierus (J.), 3392.
Rohault de Fleury (G.), 5030, 5087.
Rokewode (J. G.), 2031.
Rolewinck (Werner), 2055, 2566.
Roman (J.), 4043.
Romanos (Jean), 3145, 3164.
Romanowski (J. Nep.), 3932.
Romberch (J.), 5165.
Romdahl (Axel), 4396.
Romégas (Comm. de), 3448 (26).
Roncaglia (Em.), 4256.
Roncioni (Raf.), 2714.
Rondelet (Guil.), 5153.
Rondet (Laur. Et.). 2327.
Rosada (C. S.), 2050.
Rosell (Cayetano), 3646.
Rosen (Georg), 2852.
Rosen (J.), 2968, 3456.
Rosenberg (I.-C.), 5154.
Rosenmüller (E. F. C.), 2965.
Roseo (Mambrino), 2255.
Rosini (Gio.), 4274, 4324.
Rosny (Lucien de), 3159.
Ross (L.), 5021.
Rossel, 2596.
Rossetti (Marco), 4362.
Rossetti (De), 4704.
Rossi (Antonio), 2049.
Rossi (Bastiano de), 4314.
Rossi (Gaetano), 4256.
Rossi (Comm. G. B. de), 2854, 2948, 4971.
Rossi (Gio. Domen.), 3712.
Ross (Giuseppe), 2155.
Rossi (Luigi), 3055.
Rosso (Paolo del), 3896.
Rossotto (And.), 3567.
Rostand (Eugène), 4065.
Rotermund (H. W.), 4444.
Roth (J. Ferd.), 4022.
Roth von Schreckenstein, 3919.

Rott (Ed.), 1905.
Rottingus (Mich.), 3283.
Rougé (V'ᵗᵉ J. de), 2877, 4548.
Rousselot de Surgy, 2248.
Roux (L'abbé), 3765.
Roux de Lusignan (J.), 3243.
Roux de Rochelle, 4336.
Royer (A.), 4256.
Rozan (Abbé de), 4966.
Roze (Abbé), 2549.
Rozière (E. de), 1924, 4747, 4849.
Rubió y Lluch (A.), 3155, 4530, 4677.
Ruble (Bᵒⁿ de), 2451-52.

Rudel (Jaufre), 4093.
Rudolph (C. A.), 2876.
Rückhert (Heinr), 4183.
Rule (Martin), 2153.
Rullmann (F.), 4944.
Rumohr (C. F. von), 2645.
Runghiasci (Luigi), 4763.
Rusconi (A.), 2650.
Russell (Lord John), 3746.
Rutebeuf, 2125.
Rutgers (J.), 4075.
Rymer, 1912.

S

Saaeddin, 3488.
Saavedra (J. Cornide de), 2101.
Sabatier (J.), 2335, 2889.
Sabbadini (Remi), 2732, 4539.
Sabellico, 2126-28, 3550.
Sabin (Joseph), 4827.
Sablon (V.), 4298.
Sacaze (J.), 2946.
Saccardo (G.), 2762.
Sachy (Eustache de), 2552.
Sacy (Silvestre de), 2202, 3196.
Sadolet (J.), 3395-96, 3551, 3574.
Sadous (A. L. de), 2343.
Sadowski (J. N. von), 4023.
Saetti (Gio.), 3451(18).
Saglio (E.), 2957.
Sagornino (J.), 2129.
Sagramoso (Mⁱˢ M. E.), 3857.
Saige (Gustave), 2320, 2524, 2527, 3840, 4527, 4900, 5096.
Saint-Allais (V. de), 2208.
Saint-Edme, 3789.
Sainte-Foix d'Arcq (Ph. A. de), 2914.
Sainte Garde (Jacques Carel de), 2991.
Sainte Marie Névil, 4002.
Sainte-Marthe (Louis et Scévole de), 2411.
Saint-Genois (Bᵒⁿ Jules de), 2619, 3180, 4561, 4867.
Saint-Hyacinthe, 4450.
Saint Jory (R. de), 4363.
Saint Marc Girardin, 3751.
Saint-Martin (abbé de), 2418.
Saint-Martin (J.), 3251.
Saint-Maurice (M.), 3081.
Saintonges (J. C.), 4184.
Saint-Priest (F. E. de), 3860.
Saint-Priest (comte de), 4024.
Saint-Yon, 3000.
Sakcinski, 1913.

Salcon *voir* Falcon.
Salimbene (Fr.), 1993, 2130.
Salisbury (Jean de), 4076-78.
Salles (Félix), 3920.
Sallet (A. von), 2864.
Sallier (abbé), 2100.
Salluste, 4066.
Salvago (Al.), 2701.
Salvi (Beatrice), 3451(19)
Salvi (Virginia), 3451(19).
Salviati (Lionardo), 4314.
Salvo-Cozzo (G), 4783.
Samper (H. de), 3973.
Sanchez (Gius.), 4576.
Sancio, 2650.
Sanders (Will. Bliss.), 4571.
Sanderson, 1912.
Sanderus (Ant.), 4988.
Sandret, 2925.
San Filippo (P. Amat di), 4043.
Sanguinetti (Ang.), 2953.
Sanleolino (Seb.), 3454(16).
San Marte (A. Schulz), 4650.
San Quintino (G. de' conti de), 4043.
Sansovino, 2754-55, 3323, 3513-14.
Santacroce (Antonio), 3662-63.
Santa Maria (Angiol Gabriello di), 4789.
Santinelli (Mⁱˢ), 4364.
Santonino (Ag.), 3451 (20).
Santoro, 2677.
Sanuto *ou* Sanudo Torsello (Marino), 2671.
Sanuto (Marino), 2131.
Saporta (G. de), 2297.
Saraceno (F.), 3135.
Sarasin, 4166.
Sardagna, S. J. (Carol.), 4485.
Sardagna (G. B.), 3145.
Saripolos (N. J.), 3747.
Sarpi (fra Paolo), 2760.

Sarradin (A.), 5164.
Sarrocchi (Margherita), 3275.
Sarrut (Germain), 3789.
Sasomeno (Gio.), 3643.
Sassenay (Cte F. de), 3161.
Sassenay (Mis de), 3242.
Sathas (C. N.), 3149, 3156-57, 3230, 4060, 4499.
Saulcy (F. de), 2878, 3429.
Saulger (Robert), 3161.
Sauli (Lodovico), 4025.
Sauvage (Denis), 2044.
Sauvaire (H.), 2318.
Savio (Fedele), 2649, 3220-21.
Savioli (L. V.), 2680.
Savonarola (Jérôme), 4202.
Savonarola (Raf.), 4451.
Savonarole, 3551.
Savvaïtov (Paul), 2382.
Saxius (J. A.), 4767.
Saxius (Christ.), 4452, 5185.
Sayn Wittgenstein (Prinz E. zu), 3751.
Sayous, 3200.
Scampoli (Giul.), 3396-96 bis.
Scarron, 4167.
Scarsabursa (J. B.), 3454(19).
Sceppere (Corneille de), 3600, 3606-3607.
Schade (O.), 4414, 5184.
Schafárik (J.), 1914, 2844.
Schaffshausen (Paul.), 4438.
Schall (J. Fr.), 4561.
Schannat (J.-F.), 1915.
Schatz (W.), 2146.
Schaumann (A. F. H.), 2596.
Schayes, 3154.
Scheffer-Boichorst (P.), 2573, 2597.
Scheidius (Chr. L.), 2558.
Scheler (Aug.), 4214, 4401.
Schelhorn (J. G.), 4632.
Schels (J. B.), 2650, 3130, 3287, 3581.
Scherer (J. Benoit), 2850.
Scherer (H.), 4026.
Scherrer (Gust.), 2134, 4989.
Scheutz (Georg), 3787.
Schiara (Ant. Th.), 3410.
Schierenberg (Aug.), 2342.
Schilter (Jo.), 2014.
Schiner, 2797.
Schio (Almerico da), 2956.
Schio (Gio. da), 4539.
Schirrmacher (F. W.), 3185-85 bis, 3187.
Schizzi (Cte Folch.), 3968.
Schleich (Gust.), 4127.
Schleiermacher (A. A. E.), 4572.
Schlözer (Kurd von), 2834, 3921.
Schlözer (A. Ludw.), 2838.

Schlosser (F. C), 3082.
Schlumberger (G.), 2890-91, 2904, 2942, 3430-31.
Schmaler (J. E.), 2843, 4807.
Schmidt (J. And.), 4860.
Schmidt (W. A.), 2153.
Schmidt (Ant.), 4819.
Schmidt (C.), 2438.
Schmidt (L.), 2327.
Schmidt (V.), 2976.
Schmit (J. A.), 4740.
Schneegans (W.), 5168.
Schneider (Carl.), 3242.
Schneiderwirth (J.-H.), 3870.
Schnitscher (J.-Chr.), 3001.
Schnorr von Carolsfeld (Franz.), 4940.
Schoen (J.), 2864.
Schönbach (A.), 3116.
Schoene (Gust.), 2597.
Schönhuth (O. F. H.), 3933, 3934.
Schötten (Ch.), 1962.
Schœttgenius (Christ.), 4437.
Schomburgck (W.), 3612.
Schott (André), 1977.
Schott (W.), 2905.
Schottin (R.), 2845.
Schottmüller (Konr.), 3780.
Schramm-Macdonald (Dr Hugo), 2244.
Schrant (J.-M.), 3100.
Schrevel (Theod.), 3178-79.
Schroeder (C. Henr. de), 4018.
Schroder (Eric), 2443.
Schryver (Pierre), 1932.
Schubert (Fr. Wilh.), 2111.
Schütz, S. J. (Henri), 4453.
Schulte (Fr.), 4467.
Schultens (Alb.), 2204.
Schulz (K.), 5033.
Schum (W.), 4925.
Schurer (Matth.), 2126.
Schurzfleisch (H. L.), 3974, 4941.
Schuster (Moritz), 3934.
Schutz (Gasp.), 3922.
Schwab (Moïse), 2328, 2957, 4405, 4530, 4550, 4793.
Schwandtner (G.), 2016.
Schwartz (Karl.), 2382.
Schwarz (Ph.-I.), 3287.
Schwarz (Chr. J.), 4573.
Schweitzer (Fred.), 3432.
Schweizer (P.), 1905.
Schwetschke (C.), 5021, 5065.
Sciaditico (Amaranto), 3857.
Scintu (Salv. Ang.), 2724.
Scioppio (Gaspard), 2699.
Scott (Sir Walter), 4257.

Scottus (A.-A.), 2669.
Scrivelius voir Schrevel.
Scriverius, voir Schryver.
Sedaine (J.), 4256.
Seddall (H.), 3845.
Sedeño (Juan), 4292.
Seelen (Jo. H. à), 4710.
Seguier (J. Fr.), 4815.
Seigneur (Maurice du), 2952.
Seldenus (J.), 4446.
Sémainville (Cte P. de), 2934.
Sempad le Connétable, 2203.
Senarega (Bart.), 4041.
Senart (E.), 2336.
Senckenberg (H. C.), 2002.
Sènemaud (Ed.), 3810.
Sénèque, 5066.
Sépet (Marius), 2143, 4499.
Septier (A.), 4898.
Sepulveda (Jo. Gen.), 3398.
Serarius, S. J. (N.), 3399.
Serassi (Pierant.), 4320-4321.
Serminocci (Jac.), 4205.
Serpentin (Gio. C.), 3449(22).
Serradifalco, voir Pietrasanta.
Serrure (C. A.), 4542.
Serrure (C. P.), 2108, 4215, 4223, 5017.
Sertorio (Luigi), 4231.
Sforza, 4085.
Sforza (Giovanni), 4197, 4536.
Sharpe (John), 1893.
Shaw (Claudius), 3846.
Sheppard (J.-B.), 2003.
Shirley (W. W.), 2003.
Sickel (Th.), 2780.
Siculus (Julius Simon), 3454(4).
Sidoine Apollinaire, 2132.
Siedhof (F. G.), 4375.
Sieurin (J.), 4577.
Sigismond de Saint-Maurice, 2798.
Sigismund (Reinh.), 4027.
Silbernagel, 5168.
Silva (Inn. Fr. da), 4729.
Silvagius (M.), 2251.
Silvestre (L. C.), 4574.
Silvestri (J.), 3645.
Simler, 2779, 2799.
Simon (Henry), 2928.
Simonnet (J.), 2105.
Simonsfeld (H.), 2050, 2131, 2573, 2756.
Simpson (Rich.), 4819.
Sims (Rich.), 4909.
Sinnamus, 1936.
Sinner (J. R.), 4118, 4990.
Sirtema de Grovestins, 2838.
Sjögren (A.), 2834.

Skabalanovitch, 2377.
Skion (K. I.), 3174.
Skjöldebrand (A. F.), 4307.
Slane (B^{on} de), 2187.
Sleidan (Jean), 2058, 2252.
Smet (J.-J. de), 1954, 3106, 3120, 3159.
Smith (Joseph), 4595.
Smith (J.-J.), 4906.
Smith (R. Payne), 4912.
Smith (Tho.), 2141, 3560.
Smitmer (Fr. P. de), 3858.
Smogulecki (N. de), 4366.
Sobrino (Mat. Rodriguez), 2321.
Socard (A.), 4590.
Socin (A.), 4405.
Socrate, 5066.
Solignac, 5166.
Solimani (A. A.), 2678.
Solis (Giulio Cesare), 2646, 3561.
Solovieff, 2835.
Soltau (Fr. Leonard von), 4182.
Somaize, 4402.
Sommervogel (C.), 4586, 4694-4695, 4850.
Sonan (Biard de), 4230.
Soprani (Raf.), 4766.
Soranzo (Alv.), 3645.
Soranzo (G.), 4786, 5098.
Soranzo (Lazare), 3352, 3515-16.
Soret (Fréd.), 2891.
Soria (F. A.), 4770.
Sorio (Bart.), 3187.
Sorlin Dorigny (Al.), 2395, 2891.
Sotzmann, 3240.
Soulavie (J.-L.), 2412.
Soultrait (Cte G. de), 2929-30, 5088.
Soumarokoff, 4210.
Souvigny (Gui de), 3298.
Spada (Mis Greg.), 4331-32.
Spanduvinus ou Spandugninus (Theod.), 3517-18.
Spangenberg (Cyriacus), 2593.
Spassky (Grég.), 2954.
Spata (Gius.), 2731, 4967.
Speck (Ernst), 4043.
Spencer-Smith (J.), 2956.
Sperduti (G.), 3243.
Sperling (O.), 2883, 4353.
Spiegel (J.), 2075.
Spiegel, voir Gaudier.
Spieshammer (J.), voir Cuspinien.
Spinello (Matteo), 2133.
Spirgatis (Max), 4557.
Spizelius (Theo.), 2322, 4863.
Sporschil (J.), 3067-68.
Sreznevski (J.-J.), 5062.
Staaf (L^t-colonel), 4523.

Staglieno (M.), 2650.
Stähl (C. H.), 2672.
Stamatiadis, 3128, 3158.
Stamler (Joh.), 2253, 3562.
Stapleton (Thomas), 1909, 2025, 2036.
Stark (Franz), 4130.
Stecher (J.), 3990.
Steenackers (F. F.), 3760.
Stefani (Fed.), 2131.
Steffani (Sebastiano), 3714.
Steffenhagen (Émil), 4991.
Stein (H.), 4853.
Steinschneider (M.), 4803.
Stella (Erasme), 2836.
Stella (J. Chr. Calvetus), *voir* Calvete de Estrella.
Stengel (Edm.), 4119, 4222, 4973.
Stephani (Mat.), 2926.
Stephanopoli de Comnène, *voir* Comnène.
Stevart (Pierre), 2789.
Stevenson (H.), 4964.
Stevenson (J.), 2003, 5180.
Steyert, 2540-41.
Stickel (D. G.), 2905.
Stigand (Will.), 4257.
Stimming (Albert), 4093.
Stippe (J. J.), 3786.
Stiernhielm (Georg), 5155.
Stockalper (E.), 2801.
Straccha (Benv.), 4028
Stratmann (Fr. H.), 4424.
Streck (Emil), 3809.
Strehlke (Ernst), 2017, 3923, 3934.

Streit (Lud.), 2070, 3129-30.
Strindberg (Aug.), 3001.
Stritter (J. G.), 2837.
Stroobant (C.), 3947.
Strotschi (Ibrahim), 3446 (6), 3453 (3).
Strubycz (Mat.), 3765.
Struve (O.), 4810.
Struvius (Burc. Gotth.), 2004, 4454, 4668.
Stubbs (William), 2003, 3237.
Stuck (Gottl. H.), 4824.
Studer (G.), 1905.
Stübel (B.), 1969.
Stumpf (J.), 1905.
Stumpf-Brentano (Karl), 2567.
Stupanus (J.-Nic.), 3623-24.
Sturmius (J.), 2805, 3456, 3642.
Suchier (H.), 4418.
Sudendorf (H.), 2568.
Suétone, 2350.
Suger, 2428.
Suhm (P. Fr.), 2178, 4507.
Sulpice Sévère, 2135.
Sundby (Thor), 4538.
Surget (J.), 3400.
Svénsson (R. E. L.), 4404.
Swertius (Fr.), 4455.
Sybel (H. von), 2254, 3082, 3101, 3221, 5039.
Sydow (O. von), 3088.
Sylburg (Fr.), 3563.
Sylva (Emm.), 3426.
Symmaque, 3499-3500.
Szaraniewicz (Isid.), 2173.

T

Taaffe (John), 3847.
Tabarie (Hue de), 4101, 4227.
Tabarrini (Marco), 2690.
Tacite, 4066, 4069.
Tafel (Th. L. F.), 2159, 2169, 2171, 2382, 2756, 3139, 4029.
Tageno, 2136.
Taine (H.), 4495.
Talbert (F.), 4120.
Tallack (Will.), 3846.
Tanco (Vasco Dias), 3520.
Tanfani (Leop.), 2671.
Tanfani Centofanti (L.), 2716.
Tangl (Karlmann), 2596.
Taranne (N. R.), 2020.
Tarbé, 4104, 4136.
Tarbox (I. N.), 4040.
Tarcagnota (Jean), 2255.
Tardieu (Amb.), 2527.

Tardif (Jules), 1854.
Tarducci (Achille), 3323, 3353, 3588-89.
Tardy (Jules de), 2934.
Tarnovius, 3323.
Tartini (J. M.), 2010.
Tassis (S. A.), 4575.1
Tasso (Torquato), 4258-4312.
Tausin, 2913.
Tebaldi (G. B.), 3601.
Tebaldi (Pio), 3715.
Tegliem (G.), 3436(23)..
Teissier (Ant.), 4456.
Tempesta (Basilio), 3448(8).
Tenant de Lacour, 4669.
Tengnagel (Seb.), 1920.
Tercier, 3870.
Térence, 4066, 4070.
Ternaux-Compans (H.), 4797.
Terrier de Loray (Le Mis), 3161.

TABLE ALPHABÉTIQUE 641

Terrinoni (Gius.), 3859.
Terwecoren, S. J. (Ed.), 3082.
Tesauro (Emm.), 2647.
Tessier (J.), 2153, 3121.
Teuffel (W. S.), 2945.
Teulet (A.), 1882, 2611.
Texier (Charles), 2392.
Thain-Davidson, 3242.
Thaumas de La Thaumassière (G.), 3210.
Theiner, 1916-1918, 2612.
Theodosius Melitenus, 2169.
Theophane, 2170-71.
Théophile, 5103.
Theophylacte, 1934.
Théophraste, 5066.
Thézan (D. de), 3014.
Thiepoli (Giacomo), 3451 (23-24).
Thierry (Amédée), 2342, 2807.
Thierry (Aug.), 2256, 2607.
Thierry (C. S.), 5088.
Thieury (Jules), 4758.
Thil-Lorrain, 3159.
Thomae (Heinr.), 2115.
Thomas (Ant.), 1874.
Thomas (G. M.), 2756-57, 3120, 3287, 4029, 4934.
Thomasi (Zaccharia di), 3451(25).
Thomasin von Zirclaria, voir Zirclaria.
Thompson (Edw. M.), 2003.
Thorin (Ernest), 4818.
Thorpe (Ben.), 1967.
Thülemeyer (H. Gunther), 2569.
Thürmayer (Jean), voir Aventinus.
Thurnwald (A.), 4415.
Tibulle, 4066.
Ticknor (G.), 4529.
Tiele (P. A.), 4829-4830.
Tilbury (Gervasius von), 5181.
Tillet (Jean du), 2396.
Tinassi (Antonio), 3689.
Tinti (Giov.), 3449(2).
Tió (Jaime), 3151.
Tioli (L.), 3952.
Tipaldo-Foresti (P.), 3410.
Tirabosco (Gio. Ang.), 3450(40).
Tite-Live, 2351.
Tobler (Adolf), 4120.
Tobler (Titus), 4831.
Todt (B.), 3130.
Toeche (Theodor), 2594.
Töppen (Max), 2017, 3924.
Toldy (Franz), 1942, 4549.
Tolomei (A.), 5088.
Tomasino (J. Th.), 2019, 4968.
Tommaseo (N.), 3244.

Tommasi (Gir.), 2706.
Tondini (G.), 5088.
Tonelli (Franc.), 4671.
Tononi (A. G.), 2597, 2731, 2955, 3106, 3783, 5063.
Topin (Marius), 3199.
Toppi (Nicolò), 4771.
Torcy, 2472.
Torelli (Pomponio), 4250-51.
Torelli (Th. A. S.), 3761.
Torigny, voir Robert.
Tornabene (Fr.), 4641.
Tornberg (Car. J.), 2181, 2188-89, 2901-2, 4206, 4992.
Tornielli (Aug.), 2323.
Torquemada (J. de), 3564.
Torrensi, S. J. (J.), 3399.
Tosi (P. A.), 4704.
Tosti (Luigi), 4951.
Tourtoulon (Ch. de), 2636.
Trabouillet (L.), 2473.
Tratziger, 1984.
Trautmann (Franz), 5105.
Travali (Gius.), 2671, 4641.
Travers (Émile), 2513, 2885, 2957, 3952, 4899, 5105.
Travers (Julien), 2707.
Trébutien (G. S.), 4228.
Treu (Max), 2173.
Trevet (Nicolas), 1966.
Triantafillis (Cost.), 2378.
Trichaud (J. M.), 5085.
Trinchera (Franc.), 4969.
Trips (Fr. X.), 3686.
Trithème, 5167-68.
Troitzki (J. G.), 2368.
Trokelowe (J. de), 1950.
Tronci (Paolo), 2715.
Trübner (N.), 4715.
Truglio (F.), 3807.
Trzebicki (André), 2851.
Tubero (Lud.), 3262.
Tuetey (A.), 2524.
Türst (Conrad), 1905.
Turenne (Le Vte de), 3323, 3532.
Turnbull (W. B.), 2003.
Turpin, 4142-46.
Turpin (Thomas), 2526.
Turuley (Achàm), 3354.
Tweddel (John), 2257.
Twiss (Sir Travers), 2003.
Tychsen (O G.), 2903.
Tychsen (Th. Chr.), 2903.
Typotius (J.), 3403.
Tytler (P. Fraser), 2613.

U

Ubaldini (Giamb.), 2670.
Ubaldino (P.), 2429.
Ubicini (M. A.), 3748.
Ugolini (Periandro degli), 3590.
Ulhorn (Gerh.), 3820.
Ulmann (H.), 2153.
Ulnerus (Israël), 3410.
Unger (Fr. W.), 5102.
Urbani (D.), 3646.
Urbani de Gheltof, 5104.

Urcullu y Zulueta (Felix Maria de), 3082.
Uri (J.), 4910.
Uricoechea (E.), 4822.
Uriel (Miguel Gomez), 4727.
Ursins (J. des), 1941.
Usselinckx (W.), 4030-37.
Uzielli (G.), 4832.
Uzier (Ant.), 3405.
Uzzano (G. da), 3988.

V

Vachez (A.), 3083.
Vaelkeren ou Velcheren (J. P. de), 3687.
Vaëz (G.), 4256.
Vagenti (Paolo), 4317.
Vahram Rapoun, 2205.
Valentin (F.), 3082.
Valentin de Cantoral (Hier.), voir Cantoral.
Valentinelli (Joseph), 1905, 4535, 4577, 4599, 4765, 4809, 4864, 4970.
Valentini (Bon de), 3749.
Valentinus (J. S.), 2324.
Valenzuela (G. M.), 3194.
Valiero (Andrea), 3676-77.
Valignani (Fed.), 4203.
Valle (Nicolas de), 3454 (1).
Vallée (Léon), 4672.
Vallet de Viriville, 2884, 2921, 5105.
Valmarana (Bened.), 3264.
Valois (Noël), 2435.
Valous (Vital de), 2537, 2541.
Valvasone (Erasmo di), 3451(28), 4204.
Van Bastelaer (D. A.), 4049.
Van Bruyssel (Ernest), 4852.
Vandal (A.), 3742.
Van den Bergh (L. Ph. C.), 1930.
Van den Helden (P. C.), 3084.
Vander Goes (J. A.), 4540.
Vander Hammen y Leon (Lorenzo), 3644.
Vandermye (Fred.), 5156.
Vandermyl (Abr.), 4356.
Van Doorninck (J. J.), 4587.
Van Glins (Taco), 4039.
Van Hasselt (A.), 3084, 3095.
Vanini (Ant. Siro), 4205.
Van Kampen (N. G.), 3069.
Van Lier (E. J.), 4847.
Van Meulen, voir Molanus.
Van Werweke, 1927, 2616, 2629, 2884, 2957.

Van Zierikzee (J. Æ.), 3181.
Varennes (Jacques), 2717.
Varennes (Valerand de), 2281.
Vassal (C. de), 4551.
Vassallo (G. A.), 3848, 3858.
Vassalo (Carlo), 2649.
Vassilievsky (V.), 2379-79 bis.
Vaublanc (Vte de), 3070.
Vaulx, S. J. (L. de), 3071.
Vautheleret (Bon M. de), 2801.
Vaux Cernay (Pierre de), 2137.
Vauzelles (L. de), 3294, 4527.
Vayra (Pietro), 1859.
Vedia (Henri de), 4529.
Vecchia (L. dalla), 4370.
Vecellio (Titiano), 3453 (7).
Vega (Lope de), voir Lope.
Veiellius (Elias), 4863.
Veith (Fr. Ant.), 4639.
Vella (Cajetano), 3427.
Vellajo (Nicolo), 3678.
Velseras (Marco), 27.8.
Velthuysen (Henr.), 2326.
Veltronius (Ptolem.), 3897.
Venator (Gasp.), 3925.
Venediger (Edm.), 2434.
Ventadour (Bern. de), 4094.
Venturi (A. G. Bat.), 2731.
Veparini ou Viperano (Jo. Ant.), 3892.
Vera (Juan Ant. de), 4330.
Verdam (J.), 4249.
Verdier (Du), 4735.
Verdier (A. du, seign. de Vauxprivas), 4656.
Verdier (G. Saulnier du), 3523.
Verdiere, S. J. (Ch.), 455".
Vermiglioli (G. B.), 4774.
Vernazza (Jos.), 3951.
Verri (Gio.), 3860.

Vertot (Abbé de), 3803, 3849.
Verulam, 4252.
Verzellino (Gio. Vinc.), 2725.
Vesconte (Matheo), 2128.
Vesme (Carlo), 2724.
Vesselovski, 4211.
Vétault (Alph.), 3104.
Vetter (Ferd.), 2780.
Vetter (P.), 2205.
Vettore (Francesco), 2879.
Veuillot (Louis), 2482.
Vic (Méry de), 1905.
Vidal (Peire), 4094-95.
Viel-Castel (Cte H. de), 3975.
Viellard (Léon), 2526.
Vigenere (Blaise de), 2138, 4297.
Vignat (Eugène), 3957.
Vignati (Cesare), 4279.
Vignau de Warmont (Jean du), 4295.
Vignier (Nicolas), 2258.
Vignolius (J.), 2880.
Villano (Gio.), 1999.
Villarocl (P.), 4368.
Villarosa (Mis di), 3850.
Villebrune (L.), 3859.
Villegaignon (N. de), 3609.
Villehardouin, 2018, 2138-42.
Villeneuve-Bargemont (L. F. de), 3851.
Villeneuve-Trans (Le Mis de), 3200.
Villers (Charles), 3035.
Villevieille (Dom J. J.), 2931.
Villiers (Abbé de), 3198.
Villon (François), 4169.

Vilmar (Edv.), 2177.
Vincent de Beauvais, *voir* Beauvais.
Vinisauf (Gaufred), *voir* Geoffroi de Vinsauf.
Vintemille (De), 3294.
Vintiano (Alb.), 3572.
Viollet (P.), 5030.
Viollet Le Duc, 4706.
Vion (Michel), 3105.
Virgile, 4066, 4071.
Visinoni (L. Ant.), 3645.
Vitellius (Jac.), 4369.
Vitéz de Zredna (Jean), 5179.
Vitry, *voir* Jacques.
Vives (J. L.), 3395, 3434 (21), 3565.
Vlasto (E. A.), 3286.
Vlasto (A. M.), 3175.
Vogel (Ernst Gust.), 4457.
Vogüé (Mis de), 3432.
Voigt (Georg), 3612.
Voigt (Joh.), 2111, 3926-29, 3931.
Voisin (A.), 4215.
Volkamer (J. Chr.), 5158.
Volney, 3732.
Volpicella (Luigi), 4759, 4972.
Voltaire, 3072-73, 4253.
Vorepierre, 2214.
Vosius (Isaac), 2262.
Vossius (G. J.), 2261.
Vron (Anthony de), 3434 (2).
Vuimannus (Nic.), 3406.
Vuitry (Ad.), 2413.
Vulson de la Colombière (Marc), 2932.
Vuy (Jules), 2773.

W

Wackernagel (Ph.), 4173, 4699.
Wackernagel (Wilh.), 4994.
Wadding (F. Lucas), 3236.
Waengler (J. Ph.), 4473.
Wagner (Aug.), 2672.
Wagner (Tobie), 3382.
Wagner (Wilh.), 4058, 4062.
Waha, S. J. (G. de), 3103-3103 *bis*.
Wahlen (Aug.), 3762.
Wahlund (Carl), 4111.
Wailly (N. de), 2041, 2103, 2105, 2140, 2142, 2431, 3193, 3197, 4524.
Waitz (G.), 2035, 2572-73.
Wal (Baron de), 3763, 3930.
Walch (B. G.), 2339.
Walch (J. Georges), 4486, 4686.
Waldheim (Jean de), 2767.
Waldmann (F.), 4049.
Wallon (H.), 2453, 3195, 3752.

Walpole (F.), 2977.
Walther (P. A. F.), 4508.
Walther (Ch. F.), 4606.
Warée, 4818.
Warkworth (John), 2028.
Warmont (A.), 5090.
Warnerus (Levin), 3568.
Warnkoenig, 2432.
Watson (P. Barron), 4794.
Wattenbach (W.), 2571-72, 4498, 4511, 4930, 5020.
Watterich (J. M.), 3932.
Wattrangh (C.), 2648.
Wauters (Alph.), 2620.
Wavrin (Jean de), 2003.
Waxel (Léon de), 2954.
Weale (W. H. J.), 4700-4701.
Weber (Alf.), 4488.
Weber (Henry), 4192.

Weckherlin, 3287.
Wedekind (A. C.), 2150.
Weidner (J.), 3488.
Weigel (Christ.), 2263.
Weigel (Jo. Aug. G.), 4674.
Weigel (T. O.), 4577.
Weil (Gust.), 2978.
Weil (Henri), 4057, 4385.
Weingarten (A. von), 3731.
Weislinger (J. Nic.), 3852.
Weiss (J. B.), 2264, 2360.
Weiss, *voir* Candidus.
Weller (Emil), 4589, 4636, 4711.
Wendover (R. de), 1965.
Wenger (J.), 2265.
Wenrich (J. G.), 2992.
Wenzel (G.), 1894.
Werdet (Edm.), 4560.
Werdter, 4286.
Werner (F. L. Z.), 3787.
Werner (O,), 5043.
Wernher (Peter), 3434 (1).
Werzdorf, 3784.
Wesseloisky (A.), 4199.
Wessely (J.), 4044.
Westergaard, 4415, 4941.
Westphalen (E. J. de), 1994
Wetzel (Aug.), 4044, 4991.
Weytsen (Quintyn), 4039.
Whear (Degoreus), 2266.
Wheatley (H. B.), 4193.
Whethamstede (J.), 1951.
Wiberg (C. F.), 4040.
Wichmanshausen, 3786.
Widman (Sv.), 3786.
Widmanstad (J. A.), 3552.
Wiechmann (C. M.), 4712.
Wieland, 4175.
Wiener (M.), 2310.
Wiens (Eberhard), 3611.
Wiesener (L.), 2614.
Wietersheim (Ed. von), 2295.
Wietrowski, S. J. (Max.), 3074-75.
Wiezniewski (P^{ce} A.), 4038.

Wigand (J.), 4048.
Wigand de Marbourg, 3931.
Wigorniensis (Florentius), 1967.
Wilbaux (Am.), 4995.
Wilcke (Ferd.), 3781.
Wilde (W. R.), 2950.
Wilken (F.), 2165, 2380, 3076, 4042, 4943.
Will (Cornelius), 1862, 3115.
Williams (G.), 2003.
Willshire (W. H.), 4637.
Wilmans (R.), 2153.
Wilson (Daniel), 2296.
Wimpheling, 3407.
Winand, 3112.
Winbom (J. Arv.), 2902.
Winkelmann (Ed.), 1863, 2595, 2606, 3186, 4511, 4556.
Winterberg (A.), 3860.
Winterfeld (A. von), 3828.
Wirten (Axel Emil), 2780.
Wislicenus, 4476.
Witasse (G. de), 2553.
Withof (J. H), 2078.
Wlassoff (De), 5018.
Wogt (J.), 4673.
Wolder (Simon), 3408, 3446(2).
Wolf (Ferd.), 4530.
Wolf (Jean), 2267, 2596.
Wolff (Alf.), 3221.
Wolff (Gust.), 3187.
Wolff (J. M.), 3082.
Wolff (O. L. B.), 4215.
Wolowski (L.), 4014.
Wolter (Eugen), 4418.
Wormstall (Jos.), 2337.
Worper de Renismageest, 2628.
Wree (O. de), 2881.
Wright (Thomas), 2003, 3029, 4185-86, 4513.
Wright (W.), 2193.
Written (J. H.), 4291.
Wulff (Fred.), 4146.
Würth-Paquet, 2616.
Wüstenfeld (Ferd.), 2974, 2979, 4803.

X, Y

Xanthinon, 4063.

Yemeniz (E.), 3161, 5019.
Yves de Chartres, 2143-44.

Z

Zabarella (Cte G.), 2759.
Zaccaria, S. J. (Fr. Ant.), 4466, 4777.

Zambelios (S.), 2381.
Zamboni de Silvii (Fr.), 2760.

Zambrini (Fr.), 4638.
Zammit (N.), 3860.
Zamoïsky (Jean), 3592.
Zanchi (J. Chr.), 3610.
Zander (A.), 3221.
Zane (Hier.), 3645.
Zanella (G.), 2763.
Zanelli (Ag.), 2382.
Zanelli (Domen.), 4971.
Zanetti (H. Fr.), 2129.
Zanni (Franc.), 3454(17).
Zannis (Domin. de), 4305.
Zanoni (Enrico), 4324.
Zanotto (Francesco), 3243, 4124, 5098.
Zapater (M. R.), 3764.
Zapf (G. G.), 4639.
Zappullo (Michele), 2268-70.
Zarfati (Isaac), 2192.
Zarncke (Fr.), 3003, 3180.
Zarotto (Gio.), 3451(31).
Zeller (B.), 3200.
Zeller (Jean), 3742.
Zenker (J. Th.), 4796.
Zeno (Apostolo), 4371, 4537.
Zezschwitz (Gh. von), 4177, 4497.

Ziger (Emeric), 3566.
Ziliolo (Aless. di Giulio), 4337.
Zinano (Gab.), 4254.
Zingerle (Ignaz von), 4180, 4415.
Zini (P.), 3688.
Zinkernagel (K. F. B.), 5064.
Zino (Vinc.), 3409.
Zio (Franc.), 3854.
Zirclaria (Th. von), 4183.
Zito (Mario), 4317.
Zlatagorskoï (E.), 4403.
Zohrab (J.), 2200.
Zon (P. D. W. V.), 3077.
Zonaras, 1940, 1978.
Zondadari (M. A.), 3893-94.
Zoppio (Hier.), 3451(33).
Zorn (Petrus), 4487.
Zotenberg (H.), 2172, 4211.
Zuccala (Gio.), 4324.
Zuccolo (Vitale), 4315.
Zurbonsen (Fr.), 2146.
Zwickaw (Joach. von), 3436(15).
Zwiedeneck-Südenhorst (H. von), 3933.
Zwinger, 2210.

MACON, PROTAT FRÈRES, IMPRIMEURS.

MACON, PROTAT FRÈRES, IMPRIMEURS

www.ingramcontent.com/pod-product-compliance
Lightning Source LLC
Chambersburg PA
CBHW070837250426
43673CB00060B/1554